ENCYCLOPÉDIE MODERNE

TOME DEUXIÈME

Algérie. — Anatomie comparée

PARIS,

TYPOGRAPHIE DE FIRMIN DIDOT FRÈRES, FILS ET Cie,

RUE JACOB, N° 56.

ENCYCLOPÉDIE

MODERNE

DICTIONNAIRE ABRÉGÉ

DES SCIENCES, DES LETTRES, DES ARTS

DE L'INDUSTRIE, DE L'AGRICULTURE ET DU COMMERCE

NOUVELLE ÉDITION

ENTIÈREMENT REFONDUE ET AUGMENTÉE DE PRÈS DU DOUBLE

PUBLIÉE PAR

MM. FIRMIN DIDOT FRÈRES

SOUS LA DIRECTION

DE M. LÉON RENIER

SECRÉTAIRE TRÉSORIER DE LA BIBLIOTHÈQUE DE L'UNIVERSITÉ
MEMBRE DE LA SOCIÉTÉ NATIONALE DES ANTIQUAIRES DE FRANCE
CORRESPONDANT DE L'INSTITUT ARCHÉOLOGIQUE DE ROME

———◦———

Tome Deuxième

———◦———

PARIS

FIRMIN DIDOT FRÈRES, FILS ET Cie, ÉDITEURS
IMPRIMEURS-LIBRAIRES DE L'INSTITUT DE FRANCE
RUE JACOB, No 56

———

M DCCC LXIII

ENCYCLOPÉDIE

MODERNE

OU

DICTIONNAIRE ABRÉGÉ

DES SCIENCES, DES LETTRES ET DES ARTS.

A

ALGÉRIE. (*Histoire.*) S'il faut en croire Salluste, qui avait été gouverneur de la Numidie, et qui s'appuyait sur des traditions populaires et sur les livres du roi numide Hiempsal, toute la contrée connue maintenant sous le nom général de Barbarie, et par conséquent l'Algérie, eut pour premiers habitants les *Gétules* et les *Libyens*, peuples sauvages, vivant sans lois, sans gouvernement, se nourrissant de la chair des bêtes fauves et de l'herbe des champs, se reposant là où la nuit les surprenait.

« A la mort d'Hercule, qui périt en Espagne, selon l'opinion répandue en Afrique, son armée, composée d'hommes de toutes les nations, se trouva sans chef; aussi ne tarda-t-elle pas à se disperser. Parmi les peuples qui la composaient, les Mèdes, les Perses et les Arméniens, passèrent en Afrique et vinrent s'établir sur les côtes de la Méditerranée. Les Perses s'approchèrent davantage de l'Océan; ils se firent des cabanes avec leurs vaisseaux renversés; se mêlèrent aux Gétules par des mariages, et comme, dans leurs fréquentes excursions, ils avaient changé souvent de demeures, ils se donnèrent à eux-mêmes le nom de *Numides*. Encore aujourd'hui, les habitations des paysans numides, appelées *Mapales*, ressemblent assez, par leur forme oblongue et leurs toits cintrés, à des carènes de vaisseaux.

« Aux Mèdes et aux Arméniens se joignirent les Libyens, peuple plus voisin de la mer d'Afrique que les Gétules, qui étaient plus près du soleil et de la région de feu. Ils ne tardèrent pas à bâtir des villes; car n'étant séparés de l'Espagne que par un détroit, ils purent établir avec ce pays un commerce d'échange. Les Libyens altérèrent peu à peu le nom de Mèdes, et, dans leur idiome barbare, les appelèrent *Maures*.

« Les Perses furent ceux dont la puissance prit le plus rapide accroissement; bientôt l'excès de leur population força les jeunes gens de se séparer de leurs pères et d'aller occuper, près de Carthage, le pays qui porte aujourd'hui le nom de Numidie.

« Dans la suite les Phéniciens, les uns pour délivrer leur pays d'un surcroît de population, les autres, dans des vues ambitieuses, engagèrent à s'expatrier la multitude indigente et quelques hommes avides de nouveautés; ils fondèrent sur la côte maritime, Hippone, Hadrumète et Leptis, et ces villes, bientôt florissantes, devinrent l'appui ou la gloire de la patrie. Pour ce qui est de Carthage, j'aime mieux n'en pas parler que d'en dire trop peu (1). »

Sans discuter le plus ou le moins de vraisemblance de ces traditions, dont Salluste lui-même déclare ne vouloir pas accepter la responsabilité (2), nous en rapporterons une autre qui nous a été conservée par Procope. Suivant cet historien, à l'époque de l'invasion de la Palestine par Jésus (Josué), fils de Navé, tous les peuples qui habitaient la région maritime, depuis Sidon jusqu'aux frontières de l'Égypte, et qui obéissaient à un seul roi, les Gergéséens, les Jébuséens, et les autres tribus nommées par les livres des Hébreux, abandonnèrent leur patrie pour échapper au glaive exterminateur des Israélites, traversèrent l'Égypte, allèrent s'établir en Afrique, dont ils occupèrent toute la côte septentrionale jusqu'aux colonnes d'Hercule, et fondèrent dans cette contrée un grand nombre de villes, dans lesquelles la langue phénicienne était encore en usage de son temps, au sixième siècle de l'ère

(1) Salluste, *Jugurth.* c. 18.
(2) *Cæterum*, dit-il, *fides ejus rei penes auctores erit.*

chrétienne. « Ces émigrés, ajoute-il, ont construit un château fort à l'endroit où s'élève maintenant la ville de *Tigisis*. Là, près d'une source très-abondante, sont deux stèles de marbre blanc, portant une inscription en lettres phéniciennes, qui signifie : « *Nous som-* « *mes ceux qui avons fui loin de la face du* « *brigand Jésus, fils de Navé* (1). » Suidas rapporte la même tradition et mentionne également ces inscriptions (2).

Quoi qu'il en soit, à l'époque où les émigrés de Tyr élevèrent, non loin des lieux qu'occupe aujourd'hui Tunis, les murs de la ville qui devait balancer la fortune de Rome, toute la contrée qui porte aujourd'hui le nom d'Algérie était occupée par les Numides, qui avaient pour voisins, à l'ouest des *Maures*, à l'est des *Libyens*, au sud des *Gétules*.

Carthage devint riche et puissante ; mais sa domination en Afrique ne fut ni aussi étendue ni aussi incontestée qu'on le croit généralement. Au commencement de la seconde guerre punique, c'est-à-dire au temps de sa plus grande splendeur, elle occupait, il est vrai, toutes les côtes d'Afrique depuis la petite Syrte (golfe de Cabès) jusqu'aux colonnes d'Hercule (détroit de Gibraltar) ; mais comme elle visait à la domination des mers et non à celle du continent, elle se bornait à la possession des côtes, laissant aux Numides l'intérieur des terres, et se bornant à leur imposer des tributs et à recruter chez eux des soldats, qui tournaient souvent contre elle les armes qu'elle leur avait données.

La domination des Carthaginois avait déjà plusieurs siècles de durée, lorsqu'ils se rencontrèrent en Sicile avec les Romains (266 avant J. C.). La lutte s'engagea aussitôt entre les deux peuples : on sait qu'elle se termina par la ruine de Carthage (146 avant J. C.).

Les Romains, après s'être emparés des domaines de Carthage, conquirent sur Jugurtha toute la Numidie, mais sans la conserver d'abord : ils en donnèrent la plus belle part au roi de Mauritanie Bocchus, qui les avait aidés à détruire leur ennemi, et ils laissèrent

le reste à un prince indigène ; puis ils enlevèrent à Juba cette nouvelle Numidie, fraction de l'ancienne, et l'abandonnèrent à un autre Juba, jusqu'à ce que, les États du roi maure leur étant aussi échus, ils en investirent le second Juba, en lui reprenant la nouvelle Numidie. Enfin, quatre-vingts ans après, la Mauritanie fut reprise à son tour pour former deux nouvelles provinces, dont la plus orientale, appelée Mauritanie Césarienne, était précisément la fraction occidentale naguère démembrée de l'ancienne Numidie. L'Algérie actuelle, alors représentée par la nouvelle Numidie et la Mauritanie Césarienne réunies, se trouvait constituer deux provinces subordonnées à un centre placé au dehors d'elles ; ce centre était Carthage, relevée par les Gracques, embellie par Auguste, et devenue chef-lieu d'une province gouvernée par un proconsul. La Numidie et la Byzacène, toutes deux limitrophes de la province carthaginoise, étaient gouvernées l'une et l'autre par des consulaires ; et, pour compléter la symétrie, les Mauritanies Césarienne et Sitifienne, qui suivaient la Numidie, et la Tripolitaine qui suivait la Byzacène, avaient chacune un de ces commandants du second ordre qu'on appelait présidents. Les territoires les plus éloignés appartenaient à d'autres centres : la Tingitane était liée aux destinées de l'Espagne, comme la Cyrénaïque aux destinées de l'Égypte.

La province d'Afrique (c'est ainsi que se nommait l'ensemble des possessions romaines dans cette partie du monde), presque tout entière entre les mains des propriétaires romains (1), était, sous les empereurs, le grenier de Rome, et de l'Italie devenue le jardin de Rome. Aussi les empereurs donnèrent-ils tous leurs soins à en assurer la tranquillité. Elle ne fut pas toujours tranquille cependant ; les exactions des gouverneurs y provoquèrent souvent des révoltes, et sous Tibère, le soulèvement des populations indigènes, guidées par Tacfarinas, faillit compromettre sérieusement la puissance romaine.

Cependant, au moment où l'empire d'Occident s'écroulait de toutes parts, l'Afrique était plus Romaine que l'Italie ; les noms les plus éclatants de la littérature latine, dans les derniers temps, lui appartiennent : citons entre autres, Apulée, Tertullien, saint Cyprien, Arnobe, saint Augustin. Les arts n'y étaient pas moins cultivés que les lettres : de tous côtés s'élevaient des villes, des monuments, dont les ruines

(1) Procope, *Vandal.* II, 10.
(2) Au mot Χαναάν. Ces témoignages si formels ont pourtant trouvé des contradicteurs. Gibbon admet l'existence des stèles, mais il doute des inscriptions ; Mannert regarde la tradition elle-même comme absurde, et cherche à réfuter le passage entier de Procope. La commission nommée par l'Académie des inscriptions et belles-lettres pour s'occuper de recherches sur la géographie ancienne du nord de l'Afrique, en a pensé autrement. « Certes, dit-elle dans son rapport « publié en 1835, l'espoir de retrouver des stèles « aussi curieuses pour l'histoire, et qui sont indiquées « avec tant de précision par un auteur véridique, par « un témoin oculaire, mérite qu'on dirige des explo- « rations et des fouilles entre Lambasa (Tezzoute) « et Tamugadis, où était placée l'ancienne Tigisis. »

(1) On lit dans Pline, que six propriétaires possédaient, à eux seuls, la moitié de l'Afrique, quand Néron les fit mourir. Sous Vespasien, il y avait dans la Mauritanie Césarienne (province d'Alger) treize colonies romaines, et douze dans la Numidie (province de Constantine).

frappent aujourd'hui nos soldats d'étonnement. On peut lire en effet, dans une *Histoire de l'Algérie*, par le Dʳ Wagner, écrivain allemand qui suivit les troupes françaises dans leur expédition de Constantine, l'admiration de l'armée quand, marchant sur l'ancienne capitale de Jugurtha, et frappée de la tristesse et de l'uniformité de la route, elle découvrit tout à coup les ruines de l'ancienne Calama (Ghelma). « Personne, dit le narrateur, ne s'attendait à cette rencontre ; ces grandes ruines jetées dans la solitude ranimèrent l'esprit de l'armée, qu'elles avertissaient solennellement qu'avant la France il y avait eu un peuple qui avait conquis et civilisé cette terre, et qu'il n'y avait point un coin de l'Afrique septentrionale, si stérile qu'il parût être, qui n'eût quelque monument imprévu du haut duquel Rome contemplait la France. »

Quand les barbares ravagèrent l'Italie, quelques tentatives faites en Afrique pour se séparer de la métropole furent facilement réprimées ; mais en 428, Boniface, qui commandait pour l'empereur Valentinien, se révolta ouvertement, et appela à son secours les Vandales, alors maîtres de l'Espagne. Genséric, un de leurs chefs, ayant passé la mer à la tête d'une puissante armée, s'empara de toutes les places qui tenaient encore pour l'empereur, et s'avança jusque sous les murs de Carthage, qu'occupait Boniface. Celui-ci, voyant alors qu'au lieu d'amis, il s'était donné des maîtres, fit près du chef barbare d'inutiles démarches pour l'engager à se retirer, l'attaqua, et fut vaincu.

Maîtres de l'une des plus belles provinces de l'empire, les Vandales s'y établirent, firent de Carthage leur capitale, et restèrent tranquilles possesseurs du pays pendant plus d'un siècle. Ils poussèrent même leurs excursions jusqu'en Italie ; Rome fut prise et pillée par Genséric, et Carthage, vengée, s'enrichit des dépouilles romaines. Gélimer occupait le trône qu'il avait usurpé sur son neveu, lorsque Justinien, qui régnait à Constantinople, résolut de réunir de nouveau l'Afrique à l'empire. Bélisaire, général des armées impériales, prit Carthage, chassa les Vandales, et réduisit tout le pays jusqu'aux colonnes d'Hercule (534).

Vers la fin du septième siècle, les Arabes, déjà possesseurs de l'Égypte, envahirent l'Afrique septentrionale, forcèrent les chrétiens à embrasser la religion de Mahomet, et ne tardèrent point à établir, sur toute l'Afrique romaine, une domination qu'au commencement du siècle suivant ils étendirent en Espagne, où ils furent appelés par la trahison du comte Julien.

L'invasion arabe changea complétement l'état politique du pays ; de nouvelles dénominations remplacèrent les noms romains, et les conquérants musulmans firent disparaître jusqu'aux dernières traces des deux cent quatre-vingt-treize églises épiscopales, que la persécution des Vandales avait déjà frappées à mort dans les seules limites du moderne territoire algérien.

Plusieurs dynasties arabes se succédèrent dans l'empire fondé en Afrique par les musulmans ; celle des Aghlabytes, dont Kaïrouan, et plus tard Tunis, fut la capitale, et celle des Édrysites ; furent renversées par celle des Fatymites, qui, occupés de la conquête de l'Égypte, laissèrent ensuite usurper leurs possessions occidentales par les Zéirites, auxquels succédèrent, dans les provinces de Tunis et de Constantine, les Hamadites, et dans celle de Tlemcen, les Ouahédites. Les trois dynasties que nous venons de nommer disparurent elles-mêmes, renversées par les Almoravides, que détruisirent à leur tour les Almohades. La domination passagère de ceux-ci fut promptement remplacée par celle des Zyanites de Tlemcen et des Hafsites de Bougie, alternativement maîtres d'Alger, suivant que la guerre en décidait, et qui se maintinrent jusque dans la seconde moitié du seizième siècle.

Avec la prise de Grenade s'était écroulée la domination musulmane en Espagne. Les derniers descendants des conquérants africains ayant eu à choisir entre l'exil et l'abandon de leur croyance, le plus grand nombre avait préféré l'exil, et s'était réfugié en Afrique. Ferdinand poursuivit ses ennemis jusque sur cette terre étrangère ; en 1504, les troupes espagnoles attaquèrent et prirent le fort de Mers-el-Kébyr, près d'Oran, et quatre ans après, le vieux cardinal Ximenès, à la tête d'une puissante armée, s'empara lui-même de cette dernière ville ; il rentra à Carthagène cinq jours après en être parti, laissant à Pierre de Navarre le soin d'étendre une conquête à laquelle il avait déjà contribué par sa valeur et son habileté. Après avoir soumis toutes les places des environs d'Oran, Navarre fit voile pour Bougie, et s'en empara sans coup férir. Une victoire si prompte, et qui n'avait rien coûté aux chrétiens, jeta l'épouvante dans tout le pays ; les villes voisines envoyèrent, à l'envi, des députés au vainqueur pour implorer sa protection et se soumettre à l'obéissance de Ferdinand ; Alger fut la première à donner l'exemple ; le roi de Tunis ne tarda point à faire sa soumission ; il n'y eut pas jusqu'au souverain de Tlemcen et aux Maures de Mostaganem qui n'envoyassent au général espagnol des ambassadeurs pour lui demander la paix, et pour s'offrir à être tributaires de la couronne de Castille. Tous ces événements se passèrent en 1510.

Mais toutes ces conquêtes, faites si rapidement par les Espagnols, leur furent enlevées avec la même rapidité ; Alger et Tunis retom-

ALGÉRIE

bèrent bientôt au pouvoir des Maures, aidés des secours des Turcs.

Les Espagnols, comme nous l'avons dit, s'étaient emparés d'Alger en 1510; pour défendre leur conquête du côté de la mer, ils élevèrent, sur un roc isolé au-devant de la ville, un fort qui donna une grande importance au port, et assura, pendant quelques années, leur domination dans ces parages. Mais ils traitaient la ville avec une rigueur si excessive, que les habitants n'attendaient qu'une occasion favorable pour se soulever et recouvrer leur liberté. La mort de Ferdinand, survenue en 1516, fut le signal de la révolte; les Algériens appelèrent à leur secours Salem-ebn-Témi, prince arabe renommé par sa bravoure et ses talents militaires; et celui-ci, pour rendre plus certain le succès de l'entreprise, eut recours à l'assistance d'un écumeur de mer, le premier *Barberousse (Aroudj.)* Cet homme, fils d'un renégat sicilien, nommé Yacoub, établi à Mételin (Lesbos), et pirate lui-même, s'était rendu redoutable sur toute la Méditerranée. Il avait perdu un bras devant Bougie, qu'il voulait enlever aux Espagnols; mais, plus heureux à Gygel, il venait de s'en emparer, de concert avec son frère Khayreddin, appelé plus tard à une célébrité plus grande encore.

Barberousse se rendit avec empressement à l'appel du cheik Salem-ebn-Témi; il attaqua par mer Alger, que l'Arabe investissait par terre. Les deux attaques réussirent : le fort et la ville furent pris, la garnison espagnole mit bas les armes, et Alger, au lieu d'être délivrée, ne fit que changer de maître.

Cependant la mésintelligence ne tarda point à éclater entre les deux vainqueurs. Barberousse se défit au plus tôt de son rival, et resta seul maître de la ville avec ses Turcs, qui devinrent le noyau de la milice algérienne. Le fils de Salem-ebn-Témi, qui, à la mort de son père, s'était réfugié chez les Espagnols, obtint d'eux une armée et une flotte, sous le commandement de Francisco de Vero. Mais cette flotte ne toucha le rivage que pour s'y briser, et les troupes de débarquement, attaquées par Barberousse pendant qu'elles se livraient au pillage, furent presque anéanties. Enflammé par ce nouveau succès, Barberousse résolut de chasser complètement les Espagnols des côtes d'Afrique; et il aurait probablement réussi, si, dans une expédition sur Tlemcen, il n'eût été tué en combattant les Espagnols d'Oran (1518).

Avant de quitter Alger, Barberousse avait appelé Khayreddin pour le remplacer pendant son absence. A la nouvelle de la mort de son frère, *Khayreddin*, surnommé aussi Barberousse, non moins habile et non moins redoutable, lui succéda. Il était à peine en possession du pouvoir, qu'il fut menacé par une flotte de vingt-six vaisseaux espagnols, portant 6,000 hommes de troupes. Mais le débarquement ayant été retardé, une tempête s'éleva, qui fit périr la plupart des vaisseaux avec 4,000 hommes environ. Les débris de l'expédition regagnèrent, à grand'peine, Iviça, l'une des Baléares, et les Maures restèrent maîtres d'Alger et de toute la côte.

Cependant Khayreddin, en butte à la haine des Arabes et aux attaques des Espagnols, voyant d'ailleurs son armée diminuer chaque jour, eut recours au sultan Sélim Ier, et en obtint (1520), en échange d'un acte formel de soumission, le titre de bey d'Alger, un secours de 2,000 janissaires, de l'artillerie et de l'argent. Avec ces renforts, le nouveau bey s'empara du fort espagnol qu'occupaient encore les habitants, et fit construire par des esclaves chrétiens la jetée qui réunit à la terre ferme l'îlot sur lequel il s'élève.

En 1533, le sultan Soliman appela près de lui Khayreddin, auquel il conféra la dignité de capitan-pacha. A son départ, le bey laissa le commandement d'Alger à un eunuque, renégat sarde, nommé *Hassan-Aga*, d'une bravoure égale à sa cruauté, et dont les talents militaires semblaient rappeler ceux de l'eunuque Narsès. Hassan, ancien pirate, continua, pendant son gouvernement, ses déprédations avec une telle audace, que le pape Paul III sollicita Charles-Quint d'y mettre un terme. Déjà ce prince, quelques années auparavant, avait renversé la puissance élevée par Barberousse à Tunis. Muley-Hassem régnait dans cette ville, sous la suzeraineté de l'Espagne; lorsque Khayreddin arriva à Constantinople, il conseilla au sultan de réunir à sa vaste domination les États de Muley; le sultan, adoptant ce conseil, confia à son capitan-pacha le commandement d'une flotte, avec laquelle celui-ci s'empara bientôt de Tunis. Maître de la ville et du fort de la Goulette, dont il augmenta les fortifications, Barberousse infesta la mer de ses brigandages, et menaça, non-seulement la Sardaigne et la Sicile, mais encore l'Italie et l'Espagne. Charles-Quint, pour mettre un terme à ces pirateries, rassembla à Cagliari 30,000 hommes de troupes d'élite, commandées par le marquis del Guasto, réunit 500 navires pour les porter, et s'embarqua lui-même avec son armée, le 16 juillet 1535. Après une heureuse navigation, l'empereur, arrivé devant Tunis, fit débarquer ses troupes. Les historiens remarquent qu'il occupa les mêmes lignes que saint Louis.

La prise du fort de la Goulette, emporté d'assaut, rendit l'empereur maître de la flotte

ALGÉRIE

et de l'arsenal ; une affaire générale lui livra la ville, et un mois s'était à peine écoulé depuis le départ de Cagliari, que Muley-Hassem, remonté sur son trône, se reconnaissait de nouveau vassal de l'Espagne. Vingt mille esclaves chrétiens durent leur liberté à cette glorieuse expédition. Le retour fut moins heureux, il est vrai ; une tempête violente dispersa la flotte.

Le succès de cette première expédition était d'un heureux augure pour l'avenir ; l'empereur répondit donc à l'appel du souverain pontife, et donna des ordres pour rassembler, sur les côtes d'Espagne et d'Italie, deux armées composées de ses meilleures troupes, auxquelles se joignit l'élite des nobles italiens et espagnols. Parmi ces derniers, on remarquait le conquérant du Mexique, Fernand Cortès, qui se présenta comme volontaire avec ses trois fils. Le grand maître de Malte envoya 500 chevaliers, accompagnés chacun de deux combattants. Les deux flottes sur lesquelles devaient s'embarquer les deux armées furent réunies sous le commandement du vieil André Doria, qui passait pour le plus grand homme de mer de l'époque (1541).

Cependant les préparatifs avaient traîné en longueur, l'empereur lui-même, à la fin d'août, n'était point encore au rendez-vous général. Enfin il arriva en Italie, et, le 16 septembre, il eut à Lucques une entrevue avec le pape, qui, bien que la guerre se fît à ses sollicitations, conjura le monarque de ne plus penser à une expédition trop tardive pour avoir du succès. Le marquis del Guasto et Doria lui adressèrent aussi la même prière ; ce fut inutilement, et les deux flottes, ayant mis à la voile, arrivèrent le 26 octobre devant Alger, non sans de grandes difficultés. Le débarquement se fit avec ordre et célérité, à une demi-lieue à l'est de la ville. Les forces réunies montaient alors à 22,000 hommes d'infanterie et à 1,100 chevaux ; mais le mauvais temps s'opposa au débarquement complet des bagages, des vivres et des munitions. Malgré cette fâcheuse occurrence, les attaques de l'ennemi furent énergiquement repoussées. L'investissement de la place était presque complet ; l'empereur s'était placé lui-même sur la hauteur de Sidi-Jacoub, qui domine la ville, et où s'éleva plus tard le fort de l'Empereur : l'attaque générale devait avoir lieu le lendemain, et tout faisait présager un heureux succès, lorsqu'un orage accompagné de grêle et de torrents de pluie vint éclater sur l'armée sans abri ; en même temps, une tempête des plus violentes dispersa la flotte. Hassan-Aga, profitant des désastres de l'armée chrétienne pour l'attaquer, fit de vigoureuses sorties, dans l'une desquelles il détruisit presque complétement les chevaliers de Malte.

Le 29, le mauvais temps s'étant un peu calmé, il fut possible de reconnaître les pertes des deux jours précédents : 150 vaisseaux et 8,000 hommes avaient péri. L'empereur, désespérant désormais de prendre la ville, et cédant aux conseils de Doria, qui lui avait écrit, se décida à la retraite ; mais, arrêté par les eaux grossies de l'Haratch et de l'Hammiz, il ne put arriver que le 31 au cap Matifoux, où l'attendaient les débris de sa flotte. Charles, en revoyant le vieil amiral, lui avoua qu'il était puni pour lui avoir désobéi. On mit à l'ordre de l'armée que le siége d'Alger était remis à l'année suivante, et l'on fit voile pour Bougie. Ce fut là que l'empereur, après avoir remercié les officiers qui l'avaient accompagné dans cette malheureuse expédition, quitta l'armée pour se rendre en Espagne par Carthagène.

Délivré des Espagnols, Hassan-Aga fit une expédition contre le roi de Tlemcen, qu'il rendit tributaire, et mourut peu de temps après son retour à Alger (1543). La milice turque élut aussitôt pour le remplacer un de ses chefs nommé *Haggy*, qui conserva le commandement jusqu'au moment de l'arrivée du nouveau pacha envoyé par la *Porte* : c'était *El-Hassan*, fils de Khayreddin (1544).

Depuis l'expédition de Charles-Quint, les Espagnols, non-seulement n'inquiétèrent plus les Algériens, mais ils perdirent même successivement toutes leurs possessions en Afrique. Bougie leur fut enlevé en 1552 ; ils conservèrent plus longtemps Oran et Mers-el-Kebyr, que les Algériens ne reprirent qu'en 1708.

Enhardis par l'impunité, les pirates algériens, ainsi que ceux de Tunis et de Tripoli, devinrent plus nombreux et plus audacieux que jamais. Pendant plus d'un siècle, ils portèrent la terreur et la désolation jusque sur les côtes d'Espagne et d'Italie ; ils débarquaient à l'improviste, dévastaient les villages et traînaient les habitants en esclavage. Louis XIV se chargea enfin de venger l'honneur de la chrétienté : neuf expéditions eurent lieu sous son règne, de 1663 à 1688 ; la seconde seulement fut accompagnée de quelque succès.

En 1663, le *duc de Beaufort*, avec six vaisseaux et six galères, donna la chasse aux pirates d'Alger, leur coula une vingtaine de navires, et les obligea de se tenir pendant quelques mois renfermés dans leurs ports. Mais l'année suivante, ils recommencèrent leurs courses, et le même duc de Beaufort fut encore chargé de les remettre à la raison. Seize vaisseaux allèrent débarquer devant Gygel, à cinquante lieues à l'ouest d'Alger ; 6,000 hommes, qui s'emparèrent de la ville, y construisirent un fort, et battirent un corps considérable de Maures. Cependant peu de temps après tout fut abandonné.

En 1665, le duc de Beaufort rencontra la flotte algérienne à la hauteur de Tunis, et lui fit éprouver de telles pertes, que, pendant seize ans, les corsaires d'Alger ne purent rien entreprendre.

En 1681, Duquesne, et Tourville qui servait sous lui, détruisirent presque complétement la flotte tripolitaine devant Chio. La paix fut conclue par la médiation du Grand Seigneur.

L'année d'après, Duquesne et Tourville arrivèrent devant Alger avec des forces considérables; ils brûlèrent trois vaisseaux algériens et bombardèrent la ville; mais la mauvaise saison ramena dans les ports de France la flotte qui, à son retour, fit éprouver de nouvelles pertes à la marine algérienne.

En 1683, le bombardement fut repris (1); la moitié de la ville était déjà renversée, lorsque le dey fut tué, au moment où il allait traiter. Le nouveau dey, *Hossayn*, surnommé *Mezzo-Morto*, qui avait rompu les négociations de son prédécesseur en le faisant assassiner, fit attacher le consul de France à la bouche d'un canon et massacrer tous les captifs français; la fuite seule put. le soustraire à l'exaspération de la populace. Son successeur *Ibrahim*, pour apaiser Louis XIV, lui envoya demander solennellement par Djafar-Aga le plus humble pardon; et cependant il fallut que Tourville en 1687, et le maréchal d'Estrées en 1688, allassent de nouveau châtier ces incorrigibles pirates, en jetant plus de dix mille bombes dans leur repaire. Ce fut quelques années plus tard (1694) que le gouvernement d'Alger reconnut les droits de propriété de la France sur le littoral, entre Bône et Thabarqah, indépendamment de la concession exclusive de la pêche du corail et du commerce entre Bône et Bougie.

En 1685, le maréchal d'Estrées avait imposé aux Tripolitains et au dey de Tunis la paix à des conditions rigoureuses.

Toutes ces expéditions furent honorables pour la France et glorieuses pour sa marine, mais elles n'eurent aucun résultat décisif, puisque les Algériens reprenaient la mer dès qu'ils avaient réparé leurs pertes.

Nous avons vu plus haut que Khayreddin s'était mis sous le patronage du sultan; depuis lors, la Porte avait continué d'envoyer des officiers avec le titre de pacha, pour gouverner Alger. Cet état de choses dura jusqu'au commencement du dix-septième siècle. A cette époque, la milice, mécontente du gouverneur

turc, qui la payait mal, sollicita et obtint du Grand Seigneur la faculté de se choisir un *dey* ou patron, qui, résidant continuellement à Alger, aurait l'administration de l'État, payerait la milice, et enverrait des tributs réguliers à Constantinople, au lieu d'en recevoir la solde des janissaires algériens. Le pacha nommé par la Porte devait conserver ses honneurs, son traitement; mais il n'opinait au divan que quand on lui demandait son avis, ou que la délibération avait lieu sur un objet intéressant la Porte.

Alger posséda donc un pacha et un dey, jusqu'au moment de l'élévation d'*Aly* (1710). Cet homme, sorti des derniers rangs de la milice turque, était doué d'une grande bravoure et d'une grande ténacité de caractère; aucun obstacle ne l'arrêtait. Un complot s'était organisé contre lui, il n'hésita point à faire tomber dix-sept cents têtes dans le premier mois de son avénement. Une telle rigueur donna naissance à de nouveaux complots, dont le pacha fut le principal fauteur; Aly le fit arrêter et embarquer pour Constantinople, et il envoya en même temps au sultan Ahmed III des ambassadeurs chargés de riches présents. Le divan ne put se dispenser d'approuver la conduite d'un homme qui employait de tels moyens de justification; Aly fut élevé à la dignité de pacha, et reçut l'investiture de cette dignité par l'envoi des trois queues. Les deys gouvernèrent, dès ce moment, sans partage.

Au commencement du dix-huitième siècle, tandis que les Espagnols étaient occupés et affaiblis par la guerre de la succession, la conquête du cardinal Ximenès, Oran, était retombée entre les mains des Maures. Affermi sur son trône, Philippe V songea, en 1732, à recouvrer cette importante possession; il chargea de l'expédition le comte de Montemar, qui s'en acquitta avec un bonheur justifié par ses bonnes dispositions, son activité, sa sagesse et son audace. Oran et Mers-el-Kébyr furent repris par les Espagnols, trois jours après leur débarquement. Le dey Aly, qui commandait l'armée musulmane, honteux de sa défaite et craignant l'indignation des siens, s'enfuit dans l'intérieur avec sa famille et ses trésors.

Un même jour, en 1732, vit à Alger l'élection de cinq deys qui furent massacrés les uns après les autres; leurs tombes se voient encore en dehors du faubourg de Bab-el-Oued.

L'année 1775 fut signalée par une expédition des Espagnols contre Alger. Quoique bien préparée, elle eut des résultats désastreux; et comme elle fut la dernière tentative de débarquement sur la côte africaine, avant la conquête française, elle jeta sur ces expéditions une défaveur exagérée. Le général O'Reilly, qui la commandait, échoua complétement

(1) Des bombardes d'une nouvelle invention, construites dans le port de Toulon sous la direction du fameux Renaud, produisirent le plus grand effet.

avec trente mille hommes et cent pièces de canon, dont il laissa la majeure partie au pouvoir des ennemis. Il est à remarquer que le dey *Mohammed*, qui commandait à Alger à cette époque, tenait déjà le pouvoir depuis 1766, et qu'il le conserva jusqu'en 1791, bien que, sous son règne, eussent eu lieu un bombardement de la ville par les Danois (1770), l'expédition d'O'Reilly (1775), et deux autres tentatives de bombardement (1783 et 1784) par l'amiral Barcelo. Mohammed mourut dans son lit, chose rare à Alger, à l'âge de plus de quatre-vingts ans. *Hassan*, son premier ministre, lui succéda sans opposition. Dans la seconde année de son règne, les Espagnols lui cédèrent Mers-el-Kébyr, et Oran, qu'un tremblement de terre venait de ruiner.

En 1793, la France ayant eu besoin de suppléer, pour l'approvisionnement de ses armées, à l'insuffisance des récoltes dans les provinces méridionales, le dey Hassan autorisa des exportations de blé que fournirent les maisons juives Bacri et Busnach. La liquidation et le payement des fournitures, qui continuèrent pendant plusieurs années et qui s'élevèrent à des sommes considérables, furent la cause première de nos démêlés avec Alger, et par suite de notre conquête.

A l'époque de l'expédition française en Égypte, la *Porte* enjoignit au dey d'Alger de déclarer la guerre à la France : les Français furent donc expulsés de leurs comptoirs de Bône et de la Calle, et le consul de France à Alger fut emprisonné. Mais cette mésintelligence fut de peu de durée, car un traité de paix avec la régence fut signé en 1801. Napoléon exigea que non-seulement la France, mais encore tous les États réunis sous la domination française ou compris dans son alliance, fussent respectés par les corsaires; Alger se soumit à cette injonction.

Cependant, les troubles politiques et les guerres qui avaient désolé l'Europe pendant vingt ans, ayant suspendu toutes les attaques contre Alger, cette puissance en profita pour se mettre dans un état de défense formidable et pour remplir son trésor par les courses de ses corsaires.

Après la paix générale de 1815, quelques Anglais ayant été maltraités à Bône, lord Exmouth fut chargé par son gouvernement d'aller, à la tête d'une escadre, demander satisfaction au dey d'Alger. Dans les premières négociations, l'amiral anglais avait consenti à accepter l'arbitrage de la Porte, ou, pour mieux dire, il était parvenu à le faire accepter au dey *Omar-ebn-Mohammed*. Le cabinet de Londres ayant rejeté cet arrangement, une seconde expédition, plus formidable que la première, fut dirigée contre Alger. Le 27 août, l'escadre anglaise, forte de trente-sept voiles,

dont six portant le pavillon hollandais, se présenta devant Alger, et signifia au dey que l'Angleterre exigeait : 1° l'abolition immédiate de l'esclavage des Européens; 2° une réparation suffisante des insultes et dommages que les sujets anglais venaient d'éprouver dans les États d'Alger.

Le dey ayant repoussé ces propositions avec mépris, le bombardement commença immédiatement. Bientôt les forts de la Marine et les chantiers, foudroyés par l'artillerie anglaise, restèrent sans défenseurs, et les bâtiments mouillés dans le port devinrent la proie des flammes. Mais cet éclatant succès fut chèrement acheté : plusieurs bâtiments anglais furent démâtés, et 2,400 hommes furent mis hors de combat. Cependant, comme la ville avait beaucoup souffert, le peuple se révolta et força le dey à demander la paix à lord Exmouth, qui, hors d'état de recommencer une nouvelle attaque, était sur le point de retourner à Gibraltar.

L'amiral exigea l'abolition absolue de l'esclavage chrétien, la délivrance, sans rançon, des captifs de toutes les nations européennes, la restitution d'une somme considérable payée récemment pour le rachat de 370 esclaves napolitains, enfin l'affranchissement de tout tribut précédemment imposé au pavillon hollandais, qui devait jouir, désormais, des mêmes avantages que l'Angleterre.

Le 8 septembre 1817, une de ces révolutions si fréquentes à Alger enleva à Omar le trône avec la vie. Il est vrai que, sous son règne, Alger avait été successivement humilié par les États-Unis (1) et par l'Angleterre; mais il avait supporté ces revers avec constance, et il s'en était relevé avec énergie; les fortifications de la Marine étaient plus formidables que jamais, et les vaisseaux d'Alger couraient de nouveau la mer.

Aly Codgia, qui avait fait périr Omar, lui succéda. Il passait pour lettré, mais il était sanguinaire et débauché. Une première conspiration ayant éclaté contre lui, il transporta de nuit, dans la Kasbah, sa résidence et ses trésors. Puis, s'entourant d'une garde composée d'Arabes et de Nègres, il ne cacha plus son dessein de fonder une dynastie héréditaire et d'exterminer le corps des janissaires. Il en avait déjà fait périr plus de quinze cents, lorsque la peste vint mettre un terme à ses projets et à ses cruautés (1818).

Hussein-Pacha (el-Hosayn-ebn-el-Hasan) lui succéda. Fort de l'héritage que lui avaient laissé ses prédécesseurs (les fortifications de

(1) En 1815, une division américaine s'étant présentée devant Alger, les Algériens, dont tous les bâtiments étaient en course, accédèrent, presque sans discussion, aux termes de la paix qui leur furent dictés.

la Marine et la résidence de la Kasbah), il repoussa avec hauteur la sommation que vinrent lui faire en 1819 les amiraux Jurien et Freemantle, au nom du congrès d'Aix-la-Chapelle, et répondit qu'il continuerait à attaquer les vaisseaux des puissances qui négligeraient de traiter avec lui.

En 1824, une flotte anglaise parut devant Alger, pour lui demander satisfaction de quelques actes de piraterie commis sur des sujets anglais : le différend se termina par des négociations. Ce fut à dater de cette époque que les relations de la France avec Alger prirent un caractère d'aigreur qui dégénéra bientôt en hostilité ouverte.

« Ce ne fut point un fait isolé, disait en 1829 le ministre des affaires étrangères à la chambre des Députés, qui amena la rupture entre la France et la régence d'Alger.

« Nos griefs remontent jusqu'à l'époque de l'arrivée au pouvoir du dey actuel, Hussein-Pacha. Mais c'est surtout depuis 1825 qu'ils ont acquis plus de gravité.

« A cette époque, contre la teneur expresse des traités, des perquisitions furent faites dans la maison consulaire à Bône, sous prétexte de contrebande. Des autorisations illicites de séjourner et de commercer dans cette ville et sur les côtes de la province de Constantine, furent accordées à des négociants anglais et mahométans. Un droit arbitraire de 10 pour 100 fut établi sur les marchandises introduites pour le compte de l'agent des concessions françaises.

« En 1826, des navires appartenant au saint-siége, mais couverts du pavillon blanc et de la protection de la France, furent injustement capturés, et la restitution en fut refusée. Des propriétés françaises à bord d'un navire espagnol furent confisquées. Ainsi furent violés deux principes qui ont constamment servi de base à nos transactions avec les régences d'Afrique : que le pavillon français couvre la marchandise quelle qu'elle soit, et que la marchandise française est inviolable, même sous le pavillon ennemi. Des visites arbitraires et des déprédations furent commises à bord des navires français. La souveraineté de la France, sur cette portion de territoire qui se trouve comprise entre la Seybouse et le cap Roux, et dont elle est en possession depuis le milieu du quinzième siècle, fut méconnue. Une somme de 2,000,000 de fr., reste d'une créance déjà remboursée à des juifs algériens pour des fournitures de grains faites dans les premières années de la république, somme versée dans la caisse des dépôts et consignations, pour y servir de gage aux créances françaises des sieurs Busnach et Bacri, en exécution d'une transaction passée le 28 octobre 1819, entre des commissaires

du roi et des fondés de pouvoir de ces sujets algériens, fut violemment réclamée en termes fort inconvenants, ainsi que le remboursement d'une autre somme de 2,000,000 de francs que le dey d'Alger accusait le consul de France d'avoir reçue, pour prix de prétendus bons offices qu'il aurait accordés à Bacri, alors privé de sa liberté et chargé de fers par son maître.

« Enfin, pendant que le gouvernement se disposait à faire à ces réclamations une réponse qui aurait contenu l'énumération de nos griefs et la demande de leur redressement, le 30 avril 1827, lorsque le consul général de France venait de se rendre auprès du dey, dans une occasion solennelle, pour le complimenter, suivant l'usage, la veille des fêtes musulmanes, une insulte grossière répondit seule à cet hommage accoutumé (1). »

En 1830, le ministre de la marine, montant à la tribune, s'exprima ainsi :

« Le gouvernement du roi, informé de l'insulte faite à notre consul, lui envoya l'ordre de quitter Alger, et celui-ci étant parti le 15 juin, le dey donna aussitôt l'ordre de détruire les établissements français en Afrique, et notamment le fort de la Calle, qui fut dépouillé complétement et ruiné de fond en comble, quand les Français l'eurent évacué le 21 juin.

« Ce fut alors que commença le blocus, qui, depuis cette époque, nous coûte annuellement plus de sept millions sans aucun résultat.

« Au mois de juillet 1829, le gouvernement du roi, reconnaissant l'inefficacité de ce système de répression, et pensant à prendre des mesures plus décisives pour terminer la guerre, crut cependant devoir, avant d'arrêter sa détermination, faire une dernière démarche vis-à-vis du dey.

« M. de la Bretonnière fut envoyé à Alger; il porta au dey, jusque dans son palais, nos justes réclamations. Le dey refusa d'y faire droit, et lorsque M. de la Bretonnière se disposait à s'éloigner du port, les batteries les plus voisines firent feu, toutes à la fois, sur le bâtiment parlementaire, à un signal parti du château même du dey. Le feu dura une demi-heure, jusqu'à ce que le bâtiment que montait M. de la Bretonnière se trouvât hors de la portée du canon...

« ... Désormais toute pensée de conciliation a été écartée, et le roi a dû chercher dans la force de ses armes une vengeance que des considérations d'un ordre plus élevé l'avaient engagé à suspendre... »

(1) M. Deval, consul de France, s'étant présenté chez le dey le jour de la fête du Baïram, avec les autres résidents européens, Hussein, à la suite d'une discussion, entra dans une telle colère, qu'il frappa de son chasse-mouche M. Deval au visage.

ALGÉRIE

La guerre contre Alger fut donc résolue, et les préparatifs d'une expédition formidable, destinée à aller venger la France et détruire la piraterie, furent commencés sur-le-champ et poussés avec la plus vigoureuse activité.

En moins de trois mois, trente-cinq mille hommes de nos meilleures troupes, parfaitement armés et équipés, amplement fournis en outre de tout ce qui est nécessaire dans un pays où la chaleur du jour et la fraîcheur des nuits sont des ennemis redoutables, se trouvèrent rassemblés autour de Toulon. La flotte qui devait conduire en Afrique cette belle armée se composait de cent bâtiments de guerre, au nombre desquels étaient onze vaisseaux et vingt-quatre frégates, et de près de quatre cents transports.

Le vice-amiral Duperrey, dont le nom jouissait parmi les marins d'une brillante réputation, fut mis à la tête de cet armement. Le général Bourmont, ministre de la guerre, prit lui-même le commandement des troupes de débarquement. Parmi les généraux placés sous ses ordres, on citait les lieutenants-généraux Berthezène, Loverdo, d'Escars, les maréchaux de camp Achard, Damrémont, Muuck d'Uzer, Tholozé; Valazé, du génie; Lahitte, de l'artillerie.

L'embarquement du matériel s'était opéré dans le courant d'avril et dans les premiers jours de mai; celui des troupes, qui formaient trois divisions, commença le 11 mai; mais, interrompu par le mauvais temps, il ne fut terminé que le 18.

Après avoir attendu, plus de huit jours, un vent favorable, la flotte mit à la voile le 25 mai, et sortit majestueusement du port de Toulon. Les hauteurs voisines étaient couvertes d'une nombreuse population, accourue de tous les points du royaume pour assister à ce magnifique spectacle; il y avait de longues années, en effet, que notre marine n'avait offert un tel développement, et ce n'était point sans un noble sentiment d'orgueil que l'on assistait à cet immense déploiement de la puissance française.

Séparées par un coup de vent, les trois divisions de la flotte se rallièrent à Palma (Majorque), et ne quittèrent ce point de relâche que le 10 juin. Deux jours après, à quatre heures du matin, les côtes d'Afrique étaient en vue; le 13, la flotte était mouillée dans la double rade que forme le promontoire de Sidi-Feruch, à cinq lieues ouest d'Alger, et le 14, au point du jour, le débarquement commençait. L'ennemi fit, dans cette circonstance, une faute grave, qui le perdit et qui assura le succès de l'expédition: dans la persuasion de battre l'armée française et de s'emparer de tout ce qu'elle avait avec elle, il la laissa débarquer sans l'inquiéter; il désarma même quelques

batteries de la côte, et en ramena les pièces à son camp placé sur le plateau de Staouëli, entre Alger et Sidi-Feruch, à plus d'une demi-lieue de la mer.

Le 15, l'armée était entièrement débarquée; le camp de Sidi-Feruch présentait alors l'aspect d'une ville: des magasins immenses s'élevaient de tous côtés; les distributions étaient régulières; l'eau se trouvait en abondance, le bois ne manquait pas pour les feux du bivouac; enfin, l'état sanitaire des troupes était satisfaisant, et la chaleur supportable.

L'intention du général en chef était de ne se porter en avant que lorsque le camp retranché serait achevé, et que le débarquement du matériel serait effectué. Il fallait aussi construire une route; déjà elle avait été poussée jusqu'à la position occupée par les généraux Berthezène et Loverdo, et l'on devait la continuer à mesure que l'armée s'avancerait vers Alger.

L'ennemi cependant, qui chaque jour recevait des renforts, attribuait à la crainte l'inaction apparente de l'armée française. Plein de confiance, il se mit en mouvement le 19, à la pointe du jour, et vint attaquer les lignes françaises. Repoussé sur tous les points, malgré la vigueur de son attaque, il fut poursuivi jusqu'à son camp, qu'il abandonna et qui tomba au pouvoir des vainqueurs. Les tentes des chefs étaient d'une magnificence remarquable, surtout celle d'Ibrahim, gendre de Hussein-Pacha, qui commandait l'armée avec le titre d'aga; elle avait plus de vingt mètres de long, et était divisée en plusieurs appartements ornés de tapis et de riches tentures.

L'armée resta jusqu'au 24 sans être inquiétée, dans la position de Staouëli, dont elle avait chassé l'ennemi; le général reçut même des Arabes quelques promesses de soumission, qui furent loin, il est vrai, de se réaliser; car, malgré les pourparlers, une attaque générale eut lieu de nouveau le 24; mais les assaillants ne tinrent pas mieux que la première fois: ils se débandèrent et ne s'arrêtèrent qu'à deux lieues en avant d'Alger. Ce fut dans ce combat, qui reçut le nom de Sidi-Kalef, que l'un des fils de M. de Bourmont fut blessé mortellement.

Les Algériens, après la défaite du 24, s'étaient retranchés dans une position avantageuse, où ils tinrent pendant quatre jours. Attaqués pendant la nuit du cinquième jour, ils furent culbutés, perdirent toute leur artillerie, et n'eurent que le temps de se réfugier sous les murs du château de l'Empereur (1), qui, commandant Alger, en défend aussi les

(1) Nous avons vu que ce fort fut élevé sur le mamelon même où Charles-Quint plaça son quartier général dans sa malheureuse expédition contre Alger. Dans le pays, il portait le nom de Sultan-Calassi.

approches, et sous ceux de la ville, dont le dey fit fermer les portes, pour forcer les fuyards à retourner au combat. Le même jour, l'armée française se porta devant Alger et commença l'investissement de la place. Dans la nuit, la tranchée fut ouverte devant le château de l'Empereur; cinq jours furent employés aux travaux de siége. Le 4, les batteries furent établies : le feu s'ouvrit à trois heures du matin ; à dix heures, celui de l'ennemi se taisait, les murs du fort étaient presque démolis, et déjà l'on commençait à le battre en brèche, lorsqu'une épouvantable explosion, accompagnée d'un épais nuage de fumée et de poussière, et suivie d'une horrible pluie de cendres, de pierres, de débris humains, annonça qu'il n'existait plus. Les Turcs, désespérant de pouvoir le défendre plus longtemps, l'avaient abandonné, en mettant le feu aux poudres.

Les troupes françaises s'emparèrent immédiatement des ruines, s'y fortifièrent, et s'occupèrent de la construction de deux batteries destinées l'une et l'autre à l'attaque de la Kasbah.

Cependant la ville était pleine de trouble et de confusion; le peuple, craignant une prise d'assaut, demandait à grands cris une capitulation ; Hussein-Pacha envoya donc un plénipotentiaire pour offrir, avec le remboursement des frais de la guerre, des excuses qui n'étaient plus admissibles. Sur la réponse du général en chef, que la base de toute négociation devait être l'occupation immédiate de la ville par les Français, Hussein-Pacha, voyant son règne terminé, consentit à une capitulation qui livrait à l'armée française la Kasbah avec tous les autres forts dépendant d'Alger, et la ville elle-même, à la condition que la libre possession de ses richesses personnelles lui serait laissée, ainsi que la faculté de se retirer avec sa famille dans le lieu qu'il lui conviendrait de fixer hors du territoire de la régence.

Le 5 juillet, les Français prirent possession d'Alger. A leur entrée, la ville était loin d'offrir l'aspect triste et désolé d'une ville vaincue. Les boutiques étaient fermées, mais les marchands, assis devant leurs portes, semblaient attendre le moment de les ouvrir. On voyait çà et là quelques groupes de Maures et de Turcs, dont les regards distraits annonçaient plus d'indifférence que de crainte. Quelques musulmanes voilées se laissaient entrevoir à travers les étroites lucarnes de leurs habitations; les juives, plus hardies, garnissaient les terrasses de leurs demeures, sans paraître surprises du spectacle nouveau qui s'offrait à leurs yeux. Nos soldats, moins impassibles, jetaient partout des regards avides et curieux; et tout faisait naître leur étonnement dans

une ville où leur présence semblait n'étonner personne. La résignation aux décrets de la Providence, si profondément gravée dans l'esprit des musulmans, le sentiment de la puissance de la France, qui devait faire croire à sa générosité, étaient autant de causes qui appelaient la confiance; aussi ne tarda-t-elle point à s'établir ; et si depuis elle s'est affaiblie, la faute en est à ceux qui ont gouverné si étrangement une population si facile à conduire (1).

La conquête d'Alger, en mettant fin à la honteuse piraterie à laquelle l'Europe s'était soumise pendant trois siècles, valut à la France 1,500 pièces d'artillerie, avec des munitions pour les alimenter pendant trois ans, un trésor de cinquante millions de francs, et une quantité immense de marchandises de toute espèce.

Après la prise de la ville, l'armée se concentra à l'entour, et éleva des retranchements sur les positions les plus importantes, pour les mettre à l'abri des attaques des Arabes et des Kabayles aux ordres du bey d'Alger, qui faisaient encore des courses dans les environs.

En s'emparant d'Alger, la France succédait par le fait au pouvoir du dey; la reconnaissance de ses droits donna lieu à un grand nombre d'expéditions qui étendirent progressivement, en Algérie, sa domination au point où elle se trouve aujourd'hui. Mais avant de tracer l'histoire des années qui se sont écoulées depuis la conquête, nous allons présenter quelques détails sans lesquels le récit des événements serait difficile à comprendre.

Bornée à l'ouest par l'empire de Maroc, au sud par le grand désert, à l'est par la régence de Tunis, au nord par la mer, la régence d'Alger, divisée jadis en plusieurs royaumes, puis en nombreuses provinces, n'offrait plus, au moment où les Français s'emparèrent de sa ville capitale, que trois *beylicks*, celui de Tlemcen à l'ouest, celui de Titery au sud, et celui de Constantine à l'est. Alger et ses environs formaient une quatrième division sous les ordres immédiats du dey, dont l'autorité ne s'exerçait que médiatement sur les trois autres.

Alger, que les habitants du pays appellent *Al-Djezair* (l'île), et qui paraît occuper la place de l'antique Icosium, s'élève, par étages, depuis le bord de la mer, jusqu'à une hauteur de cent dix-huit mètres, mesurés à la porte de la Kasbah qui domine la ville. Ses maisons, blanchies à la chaux, brillent aux rayons du soleil et l'annoncent au loin. Deux îlots, réunis pour n'en former qu'un seul qu'on appelle vulgairement *la Marine*, et qui est lié lui-même à la ville par une jetée, abritent, au sud, un petit

(1) Pélissier. *Annales algériennes*, t. 1er.

port, à la suite duquel est la rade; un phare s'élève au bout de la jetée; des batteries, formant une ceinture non interrompue autour de la place, et quelques forts peu éloignés, présentent un front armé de nombreuses pièces de canon.

Alger renferme quelques édifices remarquables : le plus important est la Kasbah, qu'habitait le dey; ses grands murs blancs, hérissés de canons à l'entrée des Français, renfermaient le palais du souverain, une poudrière, une mosquée, une ménagerie, des casernes, de vastes magasins, l'hôtel des monnaies et deux jolis jardins. Dix grandes mosquées élevaient leurs minarets dans les différents quartiers d'Alger; la plus grande et la plus belle se trouvait à l'entrée de la rue de la Marine : quelques-unes ont été démolies depuis l'occupation française; une autre a été donnée au culte catholique. Outre les grandes mosquées, on comptait encore une cinquantaine de chapelles, nommées *Marabouts* dans le pays. Les casernes des janissaires, l'ancien palais du dey dans le bas de la ville, et plusieurs maisons occupées par les chefs de la milice et par quelques riches habitants, méritent encore d'être signalés.

La ville en masse est, toutefois, mal construite; on y trouve un grand nombre d'impasses; les rues en sont si étroites qu'un chameau chargé touche les deux côtés dans les plus larges; il en est quelques-unes dans lesquelles deux hommes ont de la peine à marcher de front. La plus belle et la plus spacieuse, quoique ayant à peine trois mètres de largeur, communique de la porte Bab-Azoun à la porte Bab-el-Oued; c'est aussi la plus marchande. Les maisons mauresques, carrées et sans fenêtres sur la rue, ont toutes une cour intérieure, entourée, aux différents étages, de galeries sur lesquelles s'ouvrent les appartements. Bien disposées en général, elles présentent cependant un inconvénient qui, du reste, serait facile à corriger : faute d'ouvertures extérieures, l'air y circule mal; en y pratiquant des cheminées et des fenêtres, on produirait une ventilation parfaite. Ainsi restaurées, ces habitations pourraient égaler en commodité les habitations européennes qu'on élève à grands frais, et qu'elles surpassent en pittoresque.

Sous la domination turque, les maîtres d'Alger n'y toléraient qu'un mouvement silencieux; des herses de fer, abaissées tous les soirs entre les différents quartiers, interceptaient les communications; telle n'est pas l'Alger des Français. Nous empruntons à un ouvrage récent (1) le tableau que fait l'auteur, de l'aspect de la ville à son arrivée.

(1) *L'Algérie*, par M. Baude, 1840, 2 v. in-8°.

«'A la santé, à la douane, à la police, on se croirait en Europe; mais en échappant de leurs mains, on tombe dans un monde nouveau : une fourmilière d'individus, différents de traits, de couleur, de langage, d'habits, bourdonne autour de vous : Nègres, Maltais, Kabyles, se précipitent sur vos effets, comme les portefaix d'Avignon, si ce n'est qu'ils offrent leurs services, au lieu de les imposer. Par une déférence due à de nouveaux compatriotes, vous choisissez les Kabyles; ils suspendent votre bagage à de longs bâtons dont les extrémités portent sur leurs épaules, et ils se dirigent en cadence vers le logement indiqué. Un Turc, dont la tournure en turban vous donne un arrière-goût du carnaval, accourt, et vous embrassez un ancien camarade de collége; vous êtes coudoyé par un Juif qui, par un autre rapprochement entre l'Afrique et l'Europe, a couronné d'une perruque crasseuse et d'un chapeau rond son costume oriental. Une poussière suffocante obscurcit les rues en construction. Tandis que vous vous débattez au milieu d'un conflit de charrettes et de soldats, jadis également inconnus dans la ville, et que vous admirez l'élégante coiffure des Juives, une troupe de Biskris, armés d'outres dégouttantes d'huile, pénètre comme un coin dans la foule. Bientôt vous prenez une des rues du vieil Alger : à peine si les maisons sans fenêtres laissent deux mètres de largeur au passage, et si les saillies arc-boutées des étages supérieurs permettent de voir le ciel par échappées. Ce défaut de largeur et cette obscurité choquent d'abord un Européen; mais la fraîcheur vivifiante qui règne dans ces rues le réconcilie bientôt avec une disposition si bien appropriée à la chaleur du climat. Enfin, vous arrivez à une porte à plein cintre, sculptée; vous montez par un escalier revêtu d'une mosaïque de faïence, jusqu'à une cour carrée pavée en marbre; le harem, jadis impénétrable à tous, a été transformé en auberge, et la destination donnée à une maison reflète toute une révolution..... »

En sortant d'Alger par la porte de Bab-el-Oued, située au nord, on rencontre le fort Neuf, et plus loin celui auquel les Français ont donné le nom de fort des Vingt-Quatre Heures. Du côté opposé, est le fort Bab-Azoun. Le château de l'Empereur s'élevait au sud-ouest.

La banlieue d'Alger, ou le *Fhos*, est un pays délicieux, que la nature s'est plu à parer de ses plus riantes productions; il est coupé de ravins tapissés d'une végétation abondante et vigoureuse, et l'œil s'y promène sur une foule de sites plus pittoresques les uns que les autres. Le Fhos, borné par la mer, par le Sahel, chaîne de collines qui le sépare de la Mitidja, et par le Oued-el-Haracth, renferme, en commençant par l'ouest, les établissements suivants, qui n'existent que depuis quelques années : ce sont le camp et le village de Delhi-Ibrahim, le camp de Byr-Kadem, celui de Moustapha-Pacha, le village de Kouba, la Ferme-Modèle, et enfin la Maison-Carrée, au delà de l'Haracth. En pénétrant dans le Sahel, et sur la route de Blidah, l'on rencontre le camp de Doueira; puis, plus loin, dans la Mitidja le camp et le village de Bouffarik.

La population de l'Algérie se répartit dans deux grandes classes, complétement distinctes par leurs mœurs, leurs habitudes, leur condition sociale, leur costume : l'une habite les villes, l'autre est disséminée dans les campagnes. La première se compose de cinq éléments principaux : les *Turcs*, les *Koulouglis*, les *Maures*, les *Juifs* et les *Nègres*; la seconde ne comprend que les *Arabes* et les *Berbers* ou *Kabayles*, comme on les nomme aujourd'hui.

Les *Kabayles* sont les peuples autochthones de l'Afrique septentrionale; leurs tribus indépendantes représentent les Numides, premiers habitants du pays. Cependant, il est à présumer que chacune des invasions qui se succédèrent sur le sol africain vint augmenter le nombre des peuplades berbères, et compliquer les éléments qui les composaient; car les anciens usurpateurs du sol durent faire cause commune avec elles pour s'opposer aux progrès des nouveaux conquérants. On peut donc, en réalité, considérer les Kabayles comme un mélange de toutes les races dont le caractère indépendant a résisté aux diverses invasions. Leur organisation physique, selon M. Pélissier (*Annales algériennes*), se prête, du reste, à cette supposition, car ils n'ont pas de type bien déterminé : les traits caractéristiques du Midi s'y trouvent à côté de ceux des races du nord. Il existe même une tribu qui, par tradition, a conservé le souvenir d'une origine européenne.

Les Kabayles sont répandus sur tout le sol de la régence; mais, plus nombreux que partout ailleurs aux environs de Bougie, dans ces montagnes où les chaînes de l'Atlas, plus rapprochées, ont offert un asile plus sûr aux descendants des anciennes populations, ils forment un corps de nation que ni les Arabes ni les Turcs n'ont pu entamer. Laborieux et adroits, ils s'adonnent à la culture de l'olivier; ils élèvent des bestiaux, des chevaux, des ânes; ils récoltent du miel et de la cire. C'est à eux seuls qu'on doit l'exploitation du petit nombre de mines mises en rapport dans la régence; ce sont eux qui fabriquent les armes qui ne sont point apportées de l'Europe ou du Levant; c'est enfin chez eux que se fait presque toute la poudre qui se consomme dans le pays.

Les *Arabes*, pour la plus grande partie, descendent des conquérants de l'Afrique au septième siècle; ils occupent les plaines, et plus les lieux qu'ils habitent sont éloignés de la mer, mieux ils ont conservé la pureté de leur type originel. Parmi les tribus arabes, les unes s'adonnent à la culture de la terre, et sont sédentaires ou à peu près; d'autres se livrent à l'éducation des troupeaux, vivent sous la tente, et mènent une vie nomade; ces dernières portent plus particulièrement le nom de *Bédouins*. Celles de ces tribus qui habitent l'Atlas et les confins du désert s'enrichissent par le commerce qu'elles font avec l'intérieur de l'Afrique, d'une part, et les États de Tunis et de Maroc, de l'autre; elles habitent, en général, sous des tentes dont la réunion forme des *douars*. Ces tentes, en tissu de peau de chameau noir et brun, sont disposées en cercle, de manière à laisser dans le centre un grand espace vide, où les troupeaux sont enfermés la nuit. Les chevaux sont entravés avec des cordes tendues auprès de chaque tente; les armes et les selles sont toujours prêtes et sous la main, de sorte qu'en cas d'alerte, tout le douar peut être à cheval en moins de cinq minutes.

Chez les Arabes cultivateurs, dans la plaine de la Mitidja, par exemple, on rencontre d'assez beaux villages, appelés *djemaa*; quelques-unes des habitations sont en pierre; les autres, nommées *gourbis*, sont en torchis. Un *haouhh* est moins considérable qu'un *djemaa*. Toutes ces réunions d'habitations, bien situées en général, sont entourées de jardins et de beaux arbres qui en rendent le séjour agréable.

La différence de rang est marquée chez les Arabes : les guerriers et les *marabouts* forment, dans chaque tribu, l'ordre des *grands*; mais, quoique l'illustration de la naissance soit d'un grand poids, la *grandesse* est ouverte à quiconque a un cheval, de bonnes armes, et le courage de s'en servir.

Les marabouts sont des hommes qui, se consacrant entièrement à Dieu, se distinguent par la pratique des vertus et des bonnes œuvres; en dehors de toute hiérarchie sacerdotale, ce sont des saints vivants, placés par l'opinion, entre les hommes et les anges. Les marabouts morts en odeur de sainteté sont ensevelis en grande pompe; on élève sur leurs tombeaux de petites chapelles, quelquefois même des mosquées, où les croyants se rendent en pèlerinage.

La qualité de marabout est indélébile; elle se transmet de père en fils; mais chaque génération doit acheter, par les mêmes vertus et par la même piété, l'influence religieuse qui s'attache à ce titre.

Les arts et les sciences ont complétement

disparu chez les Arabes; à peine retrouve-t-on quelques traces d'instruction scientifique chez les marabouts du premier rang et chez les hommes de loi; mais l'instruction élémentaire est répandue, et il n'est pas de douar ou de village qui ne renferme une école de lecture et d'écriture. Ce peuple a, du reste, une grande aptitude aux travaux intellectuels, et il s'y livrerait avec succès si la carrière lui en était ouverte.

Chacune des tribus arabes, dont le nom se compose assez généralement du mot *oulad* ou *beni* (enfants ou fils), et d'un nom propre (*Beni-Semilim*, *Oulad-Maadi*, par exemple), est gouvernée patriarcalement par un *cheyk* ou chef, recommandable par sa naissance ou par ses talents. Complétement indépendantes les unes des autres, ces tribus se font fréquemment la guerre pour les sujets les plus légers, lorsqu'elles ne sont pas maintenues par un gouvernement ferme, ou réunies contre un ennemi commun; mais ces guerres sont peu sanglantes et de courte durée; elles se réduisent à quelques courses, à des surprises nommées *razzia*, dans lesquelles l'on pille les villages et les douars et l'on emmène les troupeaux.

Les Arabes combattent le plus souvent à cheval; ils sont armés d'un long fusil, dont ils se servent avec une adresse merveilleuse, d'un ou deux pistolets logés dans une sorte de ceinture, et d'un *yatagan*, sabre ou coutelas avec lequel ils tranchent la tête de leurs ennemis. Leur manière de combattre s'est modifiée depuis qu'ils ont les Français en tête, et surtout depuis l'organisation des corps réguliers d'Abd-el-Kader. Cependant, il est rare qu'ils attendent notre choc; ils se dispersent à l'approche de nos colonnes, pour revenir ensuite les harceler dans leurs mouvements de retraite. Cette tactique, qui est, du reste, la meilleure pour eux, leur a quelquefois parfaitement réussi. Afin de pouvoir rendre les derniers devoirs à leurs morts, ou plutôt afin d'en prévenir la mutilation, et en même temps pour dissimuler leurs pertes à l'ennemi, les cavaliers arabes sont tous munis d'une corde en poil de chameau, au moyen de laquelle ils entraînent les cadavres au galop. Quelquefois ces cordes leur servent d'armes offensives, comme les *lazos* des *Gauchos* de Buénos-Ayres.

La population des villes se compose, avons-nous dit, de *Turcs*, de *Koulouglis*, de *Maures*, de *Juifs* et de *Nègres*.

Toujours peu nombreux depuis qu'ils se rendirent maîtres du pays au seizième siècle, les *Turcs* se composaient de descendants des compagnons de Barberousse, d'esclaves recrutés en Turquie et rendus à la liberté, enfin, de renégats chrétiens (et c'était le plus

grand nombre), qui, dès qu'ils embrassaient l'islamisme, jouissaient des mêmes priviléges et de la même considération que les Turcs.

Tous les Turcs étaient soldats, et chacun d'eux pouvait prétendre à la dignité de dey; aussi était-il rare de voir s'écouler quelques années sans que le chef de l'État fût renversé violemment. Le gouvernement était despotique; le dey avait droit de vie et de mort sur tous ses sujets : mais ce pouvoir absolu était, comme on le voit, tempéré par la révolte et l'assassinat. Cependant, dans le principe, un conseil supérieur, ou *divan*, avait la haute direction gouvernementale et le pouvoir législatif; c'était même à ce divan qu'appartenait l'élection des deys. Malgré cette institution, l'élection, au lieu d'être le résultat d'une paisible délibération du divan, n'était le plus souvent que le produit d'une émeute soldatesque. Sous le dernier dey, le pouvoir du divan n'existait plus que de nom.

Le dey avait un certain nombre de ministres, chargés des différentes branches de l'administration. Mais, comme l'action de son gouvernement ne pouvait s'étendre directement sur les points éloignés, des gouverneurs, avec le titre de *beys*, exerçaient le pouvoir en son nom dans les différentes provinces. Les beys, au nombre de trois (ceux d'Oran, de Titery, de Constantine), devaient venir, tous les trois ans, à Alger, rendre compte de leur administration. Leur pouvoir était du reste aussi étendu dans leurs provinces que celui du dey à Alger : pourvu qu'ils envoyassent, tous les six mois, à leur souverain, la moitié du tribut qu'ils étaient obligés de payer chaque année, ils pouvaient administrer le pays comme ils l'entendaient; ils établissaient les impôts suivant leurs caprices, et allaient les percevoir à la tête de leurs troupes, quand les kaïds, chargés de le faire, n'en pouvaient venir à bout.

En cas de guerre, chaque bey était obligé de se rendre aux ordres du dey, avec un nombre de troupes fixé; et avec toutes celles qu'il pouvait réunir, quand il s'agissait de la défense du pays contre une puissance européenne. Lorsque les Français débarquèrent en Afrique, les forces des trois beylicks, réunies à celles d'Alger, formaient une armée de vingt-cinq à trente mille hommes.

La milice turque était divisée en compagnies ou *odas*, commandées par des officiers supérieurs, ayant sous leurs ordres des officiers subalternes.

Le dey et les beys avaient toujours près d'eux un certain nombre de soldats turcs qui formaient leur garde; ces *janissaires*, car c'est ainsi qu'on les appelait, jouissaient de certains priviléges et d'une grande considération.

Les *Koulouglis*, issus du mariage des Turcs avec les femmes maures, étaient admis dans la milice, mais sans pouvoir arriver aux grades supérieurs. Ils avaient été, jusqu'au commencement du dix-septième siècle, traités sur le même pied que les Turcs; mais ayant conspiré pour chasser ces derniers du pays, et leur complot ayant été découvert, ils furent exclus de tous les emplois de quelque importance, et soumis à une rigoureuse surveillance. On en vit cependant encore quelques-uns s'élever aux plus hauts postes : le dernier bey de Constantine, Achmet, était un Koulougli.

Les forces militaires du gouvernement algérien ne se bornaient point à la milice turque; chacune des tribus arabes qui lui étaient soumises entretenait un certain nombre de cavaliers à sa disposition.

La marine algérienne, si longtemps redoutable, était, lorsque Alger tomba entre les mains des Français, réduite à trois frégates, dont une en chantier, et à quelques bâtiments légers.

Les *Maures* habitent les villes et les villages qui en sont voisins. Quelle est leur origine? C'est ce qu'il est difficile d'établir. Nous avons vu qu'on appela ainsi les premiers habitants connus de la partie occidentale de la Barbarie; ils conservèrent ce nom sous les Romains, ainsi que l'indique celui de Mauritanie, donné à leur pays. Quand les Arabes eurent conquis l'Afrique, ils s'établirent peu dans les villes, d'où leurs mœurs les éloignaient; les Maures, au contraire, s'y concentrèrent, par cela même qu'ils ne devaient point y rencontrer leurs vainqueurs. De là, sans doute, l'habitude de donner le nom de Maures à tous les habitants des villes, quoiqu'à la longue bien des familles arabes aient dû se mêler à eux. Il est à remarquer que les Arabes, après avoir conquis l'Espagne, reçurent des chrétiens le nom de Maures, qu'ils conservèrent, et que ce fut sous ce nom qu'expulsés de l'Espagne, ils revinrent habiter la terre de leurs pères.

Traités avec dédain par les Turcs, les Maures sont mal vus des Arabes, qui les regardent comme peu supérieurs aux Juifs. Ils s'adonnent surtout au commerce.

Les *Juifs*, aussi nombreux que les *Turcs* et les *Koulouglis*, font remonter leur arrivée en Afrique à l'époque de la destruction de Jérusalem par Titus; mais il est probable que la plupart d'entre eux s'y réfugièrent quand ils furent expulsés d'Europe, au treizième siècle. Du reste, ils n'ont point eu plus à se louer de l'hospitalité des deys que de la tolérance des anciens rois chrétiens. Méprisés par les Turcs, les Maures et les Arabes, ils étaient encore forcés, dans ces derniers temps, comme en France au moyen âge, de se distin-guer des autres races par une marque extérieure : ils ne pouvaient porter que des vêtements noirs; leurs moindres fautes contre le gouvernement étaient punies du dernier supplice. A Alger, avant la conquête, un quartier de la ville leur était assigné; il leur était défendu, comme il l'est encore à Rome, d'habiter ailleurs. Les Juifs formaient cependant la portion la plus industrieuse de la population des villes; ils exerçaient la plupart des arts mécaniques; mais, comme partout ailleurs, ils préféraient le métier de brocanteurs, de revendeurs; quelques maisons juives se livraient cependant au haut commerce, et avaient acquis de grandes richesses. Il est inutile de dire que la révolution qui renversa la domination turque fut accueillie avec joie par la population juive, qui vit, dans cet événement, le signal de son émancipation.

Les *Nègres* sont des esclaves qui, ayant recouvré leur liberté, se sont fixés dans le pays; ils sont généralement maçons, portefaix, bouchers, etc.

Outre la population essentiellement citadine, dont nous venons de parler, les villes, et surtout Alger, renferment une population mobile qu'on peut comparer à nos Auvergnats et à nos Limousins; ce sont les Berbères de Beni-Mozab et les Biskris du Zab, parmi lesquels se recrutent les domestiques, les portefaix, les porteurs d'eau; on y trouve aussi un grand nombre de Kabyles et d'Arabes, nommés *medeny* (citadins), qui exercent la plupart des métiers. Chacune de ces races forme une corporation régie par des statuts particuliers.

Depuis la conquête, une nouvelle population est venue se joindre aux éléments déjà si variés de l'ancienne. Au 30 septembre 1843, le nombre des Européens établis en Algérie était de 58,444, et depuis il s'est encore accru. Mais cette nouvelle population présente elle-même des éléments distincts : ainsi à Alger, les Français sont les plus nombreux; à Bône, les Anglais et les Maltais sont en majorité; à Oran, ce sont les Espagnols. La situation de ces deux dernières localités suffit pour expliquer ce double résultat.

La religion mahométane, dominante dans toute l'étendue de la régence, y est divisée en plusieurs sectes : les Turcs et les Koulouglis sont *sunnites*, c'est-à-dire orthodoxes; les Arabes, les Berbères, les Mozabites, s'éloignent plus ou moins de cette orthodoxie. Bien que les Arabes aient une foi vive, bien qu'ils soient sincèrement attachés à leur croyance, les idées de tolérance ne leur sont point étrangères; ils respectent tout acte religieux, quel que soit d'ailleurs le culte de celui qui s'y livre, mais ils ne comprennent pas l'absence de toute idée religieuse. M. Pélissier raconte s'être trouvé sous les tentes arabes avec des Juifs, voyageurs comme lui ; ceux-ci faisaient, devant leurs hôtes, leurs prières accompagnées de mille cérémonies bizarres, sans exciter la plus légère marque de désapprobation ou de dédain. « Si les Arabes paraissaient étonnés d'une chose, ajoute le narrateur, c'était de voir que je n'eusse pas de prières à faire, comme eux et comme les Juifs ; et j'avoue qu'humilié de la pensée que cela pouvait leur donner une mauvaise idée de moi, et entraîné par l'exemple de ces hommes à fortes convictions, je leur donnai, par quelques signes extérieurs, la preuve que j'avais aussi des croyances et un culte..... »

La langue *arabe* est la plus généralement répandue. La langue *berbère* est parlée chez les Kabayles, tantôt seule, tantôt concurremment avec l'arabe. La langue *turque* était la langue officielle. La langue *franque*, patois mélangé d'italien, de provençal et de quelque peu d'arabe corrompu, est employée pour les communications des indigènes et des Européens sur tout le littoral algérien, aussi bien que sur les autres côtes méditerranéennes occupées par les musulmans. Depuis la conquête, la langue *française* a pris domicile dans la régence.

Située dans la plus chaude moitié de la zone tempérée, mais encore loin du tropique, l'Algérie doit à cette heureuse position, ainsi qu'à l'élévation du sol et au voisinage de la mer, un climat doux et salubre, surtout sur les pentes boréales de l'Atlas. Il est rare que, pendant l'hiver, le thermomètre descende au-dessous de + 10°, et si dans l'été il atteint de 26° à 32°, des vents frais et des brises de mer viennent modérer cette haute température. Les saisons se succèdent régulièrement : d'avril en octobre, le ciel est constamment pur, puis viennent les pluies qui durent jusqu'en mars. Les vents les plus communs sont ceux du nord et du nord-ouest ; ce dernier, pendant l'hiver, cause de violentes tempêtes. Le vent du sud, *simoun* des Arabes, souffle trois ou quatre fois par mois, et amène une chaleur accablante ; il est rare, heureusement, qu'il dure plus de vingt-quatre heures. Cependant, sur un assez grand nombre de points du pays, des causes locales d'insalubrité viennent contre-balancer d'une manière fâcheuse les avantages du climat : les environs de Bone, la partie septentrionale de la Mitidja, entre autres, sont couverts de marais d'eau salée, où se renouvelle sans cesse le germe de ces terribles fièvres intermittentes pernicieuses, qui, chaque année, font de nombreuses victimes, et déterminent, par l'encombrement des hôpitaux, des épidémies de typhus et de dyssenterie, cent fois plus redoutables que le fusil ou le yatagan des Arabes. Il faut ajouter que les soldats sont fatigués par des expéditions répétées, et qu'aux privations

qu'ils éprouvent quand ils sont en campagne, ils font succéder des excès de tout genre, à leur retour dans les cantonnements. Il est probable, néanmoins, qu'on pourrait porter remède à tous ces maux ; l'expédition française en Morée, contrée qui présente une analogie complète de climat avec l'Algérie, fournit un exemple frappant de ce que peuvent une bonne administration et des soins hygiéniques bien entendus. Pendant les six premiers mois de l'occupation, l'armée, forte de 12,000 hommes environ, en perdit douze cents, par suite des fièvres intermittentes produites par les marais de Navarin et de Patras ; des régiments entiers furent réduits à la moitié de leur effectif. Au mois d'avril 1829, une partie de l'armée rentra en France, laissant dans le pays une brigade de 4,000 hommes sous le commandement du général Schneider. Le premier soin du commandant en chef fut de donner des ordres pour caserner les troupes, pour améliorer leur régime alimentaire, pour modifier leur service d'après les exigences du climat, etc., etc. Les plus heureux effets résultèrent de cette sollicitude éclairée : non-seulement la mortalité diminua, mais elle devint inférieure à celle qu'on observe dans les contrées les plus favorisées de notre pays. Le nombre des malades s'abaissa même à une proportion si minime, qu'au moment de l'embarquement de la brigade pour rentrer en France, en 1833, elle ne laissa qu'*un malade* dans les hôpitaux ; et cependant les deux dernières années de l'occupation n'avaient point été sans orages ; le pays était, pour ainsi dire, en révolution, et l'armée, réduite à 3,000 hommes, dut occuper les points les plus éloignés du Péloponèse, et traversa, par conséquent, la presqu'île dans tous les sens, et par toutes les saisons.

Quoique le sol de l'Algérie soit varié, les terres dominantes sont légères et ferrugineuses ; on s'en aperçoit à leur teinte rougeâtre. Quand elles ne sont pas cultivées, elles se couvrent de buissons, de lentisques, de myrtes et de palmiers nains, dont les détritus forment une couche épaisse d'humus qui déguise la nature du fond. Dans les plaines, les terres sont tantôt noires et fortes, tantôt plus légères, mais presque toujours fertiles.

Les roches qui composent les montagnes n'ont été étudiées que sur quelques points peu éloignés du littoral ; il est probable que le granit forme l'arête principale du grand Atlas. Les schistes, les calcaires anciens, les calcaires grossiers, des marnes bleues et blanchâtres, des sables plus ou moins ferrugineux, se rencontrent dans les différentes montagnes, dans les différents terrains, suivant l'époque de leur formation. Des roches volcaniques ont été observées dans différentes localités. Le sel, dont l'abondance se révèle par les nombreuses sources qui en tiennent en dissolution, se trouve en roches d'un gris bleuâtre, au Gebel-el-Malehh (montagne de sel), à trois journées de Bône, et dans d'autres localités. On trouve dans les montagnes quelques gemmes, et même des diamants. Ce fait, avancé par Pline, puis révoqué en doute, a été confirmé depuis quelques années, puisque plusieurs grandes collections minéralogiques, à Paris, possèdent maintenant des diamants recueillis dans les sables aurifères du Oued-el-Rummel, qui coule à Constantine. D'autres rivières encore sont aurifères; il paraît même que l'or se trouve à l'état natif sur certains points. De riches mines de plomb, de fer, de cuivre même, promettent de fructueuses exploitations à ceux qui voudront sérieusement s'en occuper.

La végétation, aux environs d'Alger, a une vigueur remarquable, due à l'influence d'une douce température et d'eaux abondantes. Les terrains incultes sont couverts de broussailles au milieu desquelles s'élèvent des palmiers, des myrtes, des grenadiers, entremêlés d'oliviers et d'orangers sauvages. Les villes et les villages sont entourés de jardins ornés des plus belles fleurs, et surtout de la rose, cette reine de l'Orient, ainsi que de vergers où les fruits de l'Europe mûrissent à côté de ceux d'Afrique. Les haies, formées d'agaves et de nopals, fournissent aux habitants un fil solide qu'ils emploient en tissus. Au commencement du printemps, les pentes des collines dépourvues de broussailles se couvrent d'une foule de graminées dont la hauteur s'élève souvent à plusieurs pieds, et qui donnent un excellent fourrage. La vigne, cultivée pour le fruit seulement, fournit en abondance d'excellents raisins. Les oliviers acquièrent, aux environs d'Alger, des dimensions énormes, mais, comme ils ne sont point greffés, ils ne portent que de très-petites olives qu'on ne cueille pas ; ce n'est guère que dans les vallées de l'Atlas que cet arbre est cultivé et donne de riches récoltes d'huile. Les dattes mûrissent mal sous le climat d'Alger; il faut traverser l'Atlas pour obtenir ce fruit à un état parfait de maturité. Le mûrier est commun, bien qu'on n'élève point de vers à soie.

La culture principale, comme au temps des Romains, est le blé et l'orge; il faut y ajouter le maïs, une sorte de millet, le tabac, et quelques légumes, parmi lesquels les cucurbitacées, telles que les melons, les pastèques, les courges, etc., ont la préférence ; la pomme de terre commence à prendre faveur.

Le kermès, petit insecte analogue à la cochenille, est commun dans tout le pays, mais surtout du côté d'Oran; il fournit une belle couleur écarlate. La garance, et le henné, plante dont les femmes se servent pour colorer leurs cheveux et leurs ongles, sont aussi l'objet d'une culture assez étendue. Le coton et la canne à sucre, naguère cultivés dans la régence, sont à peu près abandonnés. Les habitants rapportent, à ce sujet, qu'un moulin à sucre fut autrefois établi dans le quartier d'Hamma, près d'Alger, mais que l'Angleterre acheta, au prix de 300,000 francs, du dey qui régnait à cette époque, la destruction de cette industrie, dont elle craignait la concurrence pour ses colonies.

Dans les montagnes du petit Atlas, surtout sur le versant boréal, on rencontre des forêts; le pin d'Alep, le cyprès, et différentes espèces de chêne (le liége, le chêne bellote, l'yeuse, etc.) y sont les arbres les plus communs.

Les lions, les panthères et quelques autres carnassiers du genre *Felis* (chat), sont communs, vers l'Atlas. L'hyène et le chacal y remplacent le loup, qui ne se trouve point en Afrique. Le renard, la genette, l'ichneumon, s'y rencontrent, et l'ours même, dont Cuvier révoquait l'existence; et qui, du reste, y est extrêmement rare. Parmi les rongeurs, on remarque la gerboise, petit animal dont la forme et les allures rappellent celles des sarigues de l'Amérique et des kanguros de la Nouvelle-Hollande. Quelques espèces de singes, le sanglier, la gazelle, complètent la faune sauvage de l'Algérie. Les animaux domestiques sont le cheval, l'âne, le mulet, le chameau, le dromadaire, le bœuf, le mouton et la chèvre. Le chat et le chien trouvent aussi une place sous la tente ou dans le kourbis, mais ce dernier animal, fidèle compagnon de l'homme dans nos contrées, est dédaigné de l'Arabe, qui concentre toutes ses affections sur son cheval.

Les oiseaux sont à peu près ceux de l'Europe méridionale, à l'exception de l'autruche, qui ne se montre cependant qu'aux confins du désert, et de la pintade qui, originaire de Numidie, s'y trouve en abondance, surtout aux environs de Constantine.

Les reptiles y sont communs; quelques serpents sont redoutables par leurs morsures; le crapaud atteint quelquefois une taille monstrueuse; le caméléon se rencontre fréquemment.

Parmi les insectes malfaisants, nous citerons : les sauterelles, dont les migrations, heureusement assez rares, sont un fléau redoutable; les moustiques, les punaises, les puces qui se multiplient par myriades jusque dans les campagnes; le scorpion, dont la piqûre peut quelquefois causer la mort; la tarentule, plus effrayante que dangereuse. Les mares contiennent une multitude de petites sangsues presque imperceptibles, qui occasionnent souvent de douloureux accidents aux hommes et aux animaux qui vont s'y désaltérer.

Nous terminerons cette longue énumération en nommant deux zoophytes qui forment une branche de commerce assez importante : ce sont le corail des parages de Bône et l'éponge des environs d'Alger.

Après ces détails, qui, nous l'espérons, ne seront point regardés comme superflus par le lecteur, nous reprendrons l'historique des événements.

Le général en chef, après avoir donné ses premiers soins à l'administration de la conquête, s'occupa d'étendre la domination française aux provinces de Constantine et d'Oran ; à cet effet, il chargea le général Damrémont d'aller prendre possession de Bône avec une brigade, et il envoya l'un de ses fils recevoir la soumission du bey d'Oran ; lui-même il dirigea sur Blidah une expédition qui fut sans résultats. Ce fut au retour de cette expédition qu'il reçut le bâton de maréchal de France.

Cependant la nouvelle des événements de juillet étant parvenue le 11 août à Alger, M. de Bourmont sentit la nécessité de concentrer toutes ses forces ; il se hâta donc de rappeler la brigade Damrémont, ainsi qu'un régiment qu'il avait envoyé à Oran sur la demande de son fils. Cette évacuation, et l'inaction dans laquelle resta le général depuis cette époque, accrut à tel point l'insolence des Arabes, que l'armée fut pour ainsi dire bloquée dans ses lignes, sans pouvoir se hasarder au dehors.

Le 2 septembre, le général Clausel, donné pour successeur au maréchal de Bourmont, arriva en rade d'Alger ; le jour même il fit son entrée dans la capitale de la régence, et dès le lendemain M. de Bourmont s'embarqua sur un petit brick autrichien, avec deux de ses fils. L'aîné était allé porter en France les drapeaux pris sur l'ennemi ; le quatrième avait été tué pendant la campagne.

Le général Clausel s'occupa d'abord de rétablir la discipline de l'armée, qui s'était relâchée depuis les derniers événements, puis de poser les principales bases pour le gouvernement de la conquête. Cependant le bey de Titery inquiétait toujours nos avant-postes ; ses maraudeurs massacraient les soldats isolés. Pour en finir, le général résolut d'aller l'attaquer jusque dans ses montagnes : une colonne de 8,000 hommes, avec deux batteries d'artillerie, partit d'Alger le 19 novembre, sous les ordres du général en chef lui-même ; elle traversa la Mitidja, s'empara de Blidah, que l'ennemi défendit faiblement, traversa le petit Atlas, après un sanglant combat au col de Téniah, et arriva devant Médéah, dont les habitants ouvrirent les portes à l'armée française. Le lendemain, le bey, qui avait pris la fuite à l'arrivée des colonnes françaises, abandonné des siens, et craignant de tomber entre les mains des Arabes du désert, aima mieux

se remettre entre les nôtres ; il se rendit donc prisonnier avec tous ses janissaires. Un nouveau bey fut aussitôt installé par les soins du général en chef, qui, deux jours après, manquant de vivres et de munitions, effectua sa retraite. Une garnison fut laissée à Médéah, mais n'y resta que peu de temps.

Le général Clausel avait de grands projets sur la colonie d'Alger ; il voulait, moyennant une reconnaissance de vasselage et un tribut annuel garanti par le bey de Tunis, céder les deux beyliks de Constantine et d'Oran à deux princes de la famille de ce souverain. Déjà même un traité était signé avec les envoyés tunisiens, les deux beys d'Oran et de Constantine étaient désignés, le général Damrémont avait pris possession d'Oran, lorsque le général Clausel fut rappelé en France.

La courte administration de ce général fut signalée par l'organisation des différents services publics, tels que la justice, la douane, par l'établissement de la ferme-modèle, par la création des zouaves et des chasseurs algériens, par la formation de la garde nationale algérienne, sous le nom de milice africaine, etc.

Le 20 février 1831, M. Clausel quitta la colonie, emportant avec lui les regrets de l'armée, et surtout de la population européenne d'Alger, qui s'élevait déjà à plus de 3,000 âmes.

Le général Berthezène, successeur du général Clausel, avait commandé une division pendant la campagne de 1830. A son arrivée, l'armée d'Afrique, dont plusieurs régiments avaient été successivement rappelés en France, prit le nom de division d'occupation. Le commandement de M. Berthezène fut désastreux pour la colonie ; dans une reconnaissance qu'il tenta sur Médéah, il fut repoussé par les Arabes et les Kabayles, qui lui mirent trois cents hommes hors de combat. Quelques jours après, l'ennemi ayant rassemblé toutes ses forces, au nombre de dix mille hommes environ, vint attaquer vigoureusement les avant-postes français, s'avança même jusqu'à une lieue d'Alger, et commença une lutte opiniâtre que soutint, non sans peine, et fut réduite, par les maladies, à cinq mille combattants au plus. Heureusement, les Arabes, manquant de vivres et de munitions, diminuaient chaque jour de nombre ; enfin, une attaque générale détermina leur retraite.

Une expédition sur Bône, mal conçue, et dont les résultats furent déplorables, acheva de perdre le général dans l'esprit de l'armée.

Presque toujours occupé à repousser l'ennemi, M. Berthezène eut peu de temps à donner à l'administration intérieure de la colonie ; on lui doit cependant quelques établissements utiles, et, entre autres, de belles casernes situées hors de la ville, au delà du faubourg de Bab-Azoun, un abattoir à la porte du même nom, la place du Gouvernement à Alger, la réparation de la jetée qui forme le port, en réunissant la Marine à la ville, etc.

Dès le mois de mai 1831, Casimir Périer, président du conseil des ministres, voulant se réserver une large part dans la direction des affaires d'Afrique, fit prendre au gouvernement la résolution de séparer, à Alger, l'autorité civile de l'autorité militaire, par la création d'un intendant civil indépendant du général en chef. L'application de ce nouveau système n'eut lieu, cependant, que quelques mois après. Les fonctions séparées du gouvernement militaire et de l'administration civile furent confiées au général Savary, duc de Rovigo, ministre de la police sous l'empire, et à M. Pichon, conseiller d'État, qui avait déjà rempli plusieurs missions diplomatiques importantes.

Cette séparation des deux autorités ne dura que peu de temps, car une ordonnance du 12 mai 1832 abrogea celle du mois de décembre précédent, et rétablit l'unité gouvernementale dans la colonie.

Le nouveau général arriva à Alger avec la résolution bien arrêtée de ne laisser qu'une partie des troupes en ville et de disséminer le reste sur les points principaux du Fhos et du Sahel; il ordonna donc la formation de différents camps; il s'occupa aussi de créer des routes carrossables qui n'existaient pas; une route, dite de Ceinture, unit d'abord les camps entre eux, et d'autres voies, partant d'Alger et se rendant aux points les plus importants, furent mises en exécution. Deux villages, à Kouba et à Delhy-Ibrahim, furent construits pour recevoir quelques centaines de colons allemands.

Cependant une expédition sanglante contre une des tribus de la Mitidja ralluma la guerre; vers la fin de septembre, les hostilités prirent un caractère sérieux, et la guerre sainte fut proclamée à Coléah. L'insurrection, quelque formidable qu'elle parût d'abord, fut, néanmoins, promptement réprimée, et la tranquillité reparut aux environs d'Alger.

A l'est de la régence, l'empereur de Maroc, forcé de renoncer à ses prétentions sur la province d'Oran, et surtout sur le district de Tlemcen, qu'il convoitait particulièrement, voulut, au moins, exercer une influence occulte dans les affaires de cette portion de l'Algérie; il se mit, à cet effet, en relation avec le jeune Abd-el-Kader, qui commençait à se faire connaître, et qui, par sa jeunesse, semblait devoir lui présenter plus de docilité que les autres chefs; il existait d'ailleurs, entre le monarque et le jeune émir, une sorte de parenté, puisqu'ils se disaient tous deux descendants du Prophète. Abd-el-Kader, en homme

habile, accepta le patronage qui lui était offert, se réservant de l'employer à son propre agrandissement.

Disons quelques mots de cet homme qui sut élever, en Afrique, une puissance rivale de la nôtre.

Abd-el-Kader (El-Hadji) (1) Oulid-Mahiddin appartient à une très-ancienne famille de marabouts, qui fait remonter son origine aux califes fatimites; il naquit à la Guetna de Sidi-Mahiddin, aux environs de Mascarah, sur le territoire des Hachems. Cette Guetna était une sorte de séminaire où les marabouts ses ancêtres réunissaient des jeunes gens pour les instruire dans les lettres, la théologie et la jurisprudence. Abd el-Kader fut aussi bien élevé qu'un Arabe peut l'être, par son père, qui trouva en lui une nature intelligente et vigoureuse. Encore fort jeune, aucun passage du Coran ne l'embarrassait, et ses explications devançaient celles des plus habiles commentateurs; il se livra aussi avec zèle à l'étude de l'éloquence et de l'histoire : aussi est-il maintenant l'homme le plus disert de son pays, avantage immense chez les Arabes, et connaît-il parfaitement l'histoire de sa nation et les points que la nôtre a de communs avec elle. Il ne négligea pas non plus les exercices du corps, dans lesquels il excelle; il passe généralement pour le meilleur cavalier de la Barbarie.

Abd-el-Kader est d'une grande bravoure; cependant son esprit semble plus organisateur que militaire.

Le père d'Abd-el-Kader, le vieux Mahiddin, était très-vénéré des Arabes. Les tribus qui avoisinent Maskara voulurent, en 1832, le reconnaître pour chef suprême, mais, prétextant son grand âge, il refusa cet honneur et offrit à sa place son jeune fils, qui fut agréé, bien qu'il eût à peine vingt-cinq ans. Peu de temps après, la ville de Maskara, qui, depuis l'expulsion des Turcs, se gouvernait en république, reconnut pour émir Abd-el-Kader; il eut dès lors un avantage marqué sur ses rivaux.

Au mois de mai de la même année, quelques milliers d'Arabes, conduits par le vieux Mahiddin et son fils, vinrent attaquer Oran. Bien que cette attaque fût sans succès, Abd-el-Kader s'y fit remarquer par un sang-froid, qui augmenta encore la confiance des siens.

Les hostilités continuèrent sans interruption sur ce point, jusqu'à la fin de l'année, époque à laquelle le général Boyer, qui y commandait, fut remplacé par le général Desmichels.

Depuis la désastreuse expédition de Bône, cette ville était restée au pouvoir d'un ancien

(1) Nom qu'on donne aux musulmans qui ont fait le pèlerinage de la Mecque.

bey de Constantine, nommé Ibrahim. Assiégé par Ben-Aïssa, lieutenant d'Achmet, bey actuel de la province, et réduit à la dernière extrémité, Ibrahim, de concert avec les habitants, eut recours aux Français. Le duc de Rovigo accueillit favorablement les envoyés d'Ibrahim, et fit partir avec eux, à leur retour, pour s'informer du véritable état des choses, le capitaine Joseph, plus connu sous le nom de Joussouf (1). Sur le rapport de cet officier, le général en chef dirigea sur Bône la felouque *la Fortune*, avec quelques munitions, et désigna le capitaine d'artillerie d'Armandy pour aller aider les habitants à prolonger la défense de la ville jusqu'au moment où il serait possible de leur envoyer des secours plus directs.

M. d'Armandy était à peine arrivé à Bône (29 février 1833), que Ben-Aïssa s'empara de la ville, dont les portes lui furent ouvertes par ses partisans; le capitaine français n'eut que le temps de se réfugier sur la felouque. La citadelle tenait encore, Ben-Aïssa menaçait de donner l'assaut si elle ne lui était livrée; ce fut alors que M. d'Armandy, assisté de Joussouf et suivi d'un faible détachement de marins que lui avait donné le commandant de la goëlette *la Béarnaise*, s'introduisit dans le fort, malgré l'opposition d'une partie de la garnison, et fit flotter sur ses murs le pavillon français. Ben-Aïssa, perdant dès lors tout espoir de s'en emparer, se retira après avoir pillé la ville et forcé les habitants à le suivre. Après cet acte d'énergie et de sang-froid qui assura à la France la possession de Bône, le capitaine d'Armandy fut nommé provisoirement commandant supérieur de cette ville, et reçut des troupes dans les premiers jours d'avril. Peu de temps après, le général Monck d'Uzer, déjà connu dans l'armée d'Afrique, où il avait commandé une brigade en 1830, vint prendre le commandement de la province.

Sur ces entrefaites, le duc de Rovigo, attaqué d'une maladie cruelle, obtint de rentrer en France. Le général Avizard, le plus ancien des maréchaux de camp de l'armée d'Afrique, prit le commandement. Ce fut sous sa courte administration que fut institué le *bureau arabe*, utile création qui devait donner à nos relations avec les tribus une régularité et une extension dont elles avaient manqué jusqu'alors. Le premier chef de ce bureau fut le capitaine de Lamoricière, dont le nom devait,

(1) Joussouf, dont l'origine est incertaine, et l'histoire fort diversement racontée, paraît être Italien de naissance; il était, en 1830, au service du bey de Tunis, lorsqu'une intrigue amoureuse le força de fuir son pays d'adoption, et de se jeter entre les bras des Français, occupés au siège d'Alger. Il a été fait maréchal de camp, après la bataille de l'Isly, au gain de laquelle il a eu une grande part.

plus tard, se rattacher aux plus beaux faits d'armes de notre armée d'Afrique.

Aux premiers jours d'avril, le général Voirol arriva à Alger comme commandant inspecteur des troupes; il devait exercer les fonctions de gouverneur, jusqu'au remplacement du duc de Rovigo, qui mourut à Paris dans les premiers jours de juin. Ayant peu de troupes à sa disposition, le nouveau général ne songea qu'à conserver ce que l'on possédait déjà, et à entretenir des relations amicales avec les Arabes et les Kabyles; il y réussit, et l'on peut dire que ce fut sous son gouvernement que nos possessions africaines jouirent de la plus grande tranquillité. Ce temps de calme fut employé à perfectionner les routes et à améliorer les différents établissements.

A Bône, le général Monck d'Uzer, suivant les mêmes errements, sut se faire craindre et respecter des Arabes, et fit régner la sécurité dans sa province, dont un nouveau point, Bougie, fut occupé par les Français, après une résistance énergique des Kabyles.

A Oran, le général Desmichels, luttant sans cesse avec Abd-el-Kader, qui semblait puiser des nouvelles forces dans ses défaites, faisait occuper Arzeu et Mostaganem, que menaçait l'émir. Cependant, à la suite d'un dernier combat qui eut lieu, le 6 janvier 1834, sous les murs d'Oran, les deux partis, également fatigués de la guerre, parurent vouloir s'entendre. Un traité fut conclu, mais tout à l'avantage d'Abd-el-Kader, qui acquit ainsi une importance qu'il n'aurait jamais eue par ses armes.

Au mois d'août 1833, on avait vu arriver en Afrique une commission de pairs et de députés, chargée par le gouvernement d'examiner le pays et d'éclairer la France sur les avantages et les inconvénients de sa conquête. Après un séjour de plus de deux mois en Afrique, la commission, de retour à Paris, soumit son travail à une seconde commission, présidée par M. Decazes, et qui, dans un long rapport, conclut, à la majorité de dix-sept voix contre deux, que l'Algérie devait être conservée.

A la suite de cette enquête et de cette délibération, parut une ordonnance, en date du mois de juillet de l'année suivante, qui institua, sur de nouvelles bases, la haute administration de la régence d'Alger, à laquelle on donna le nom significatif de *Possessions françaises dans le nord de l'Afrique*. Le commandement général et l'administration furent confiés à un *gouverneur général*, exerçant ses pouvoirs sous les ordres du ministre de la guerre, et assisté d'un officier général commandant les troupes, d'un officier général commandant la marine, d'un procureur général, d'un intendant militaire, d'un directeur des finances. Ces divers fonctionnaires formaient, auprès du gouverneur, un conseil où étaient aussi appelés les chefs des services spéciaux, civils et militaires, que l'objet en discussion pouvait concerner.

Le comte d'Erlon, revêtu du titre de gouverneur général, et les autres fonctionnaires nommés en vertu de l'ordonnance d'organisation, arrivèrent à Alger vers la fin de septembre 1834. Le général Voirol, ayant refusé le commandement des troupes qui lui était offert, le remit au général Rapatel et partit d'Alger dans le mois de décembre. Son départ fut un véritable triomphe : tous les kaïds des tribus se réunirent pour lui faire leurs adieux, et lui offrir, au nom de leurs administrés, des armes du pays; la population presque entière l'accompagna jusqu'au port, en exprimant hautement ses regrets de le voir s'éloigner; enfin, une médaille d'or lui fut offerte par les colons, comme un témoignage de la reconnaissance de la colonie.

Les trois actes les plus marquants de l'administration du comte d'Erlon furent l'établissement du régime municipal dans la régence, la division de la banlieue d'Alger en communes, et la création d'un collége dans cette ville.

Les événements militaires furent peu importants dans la province de Bône et dans celle d'Alger, bien que les hostilités fussent continuelles avec les Hadjoutes. Il n'en fut pas de même dans le beylik d'Oran, où la puissance d'Abd-el-Kader prenait chaque jour de nouveaux accroissements.

Mécontent du traité conclu par le général Desmichels, le gouverneur l'avait rappelé à Alger, et lui avait donné pour successeur le général Trézel, qui devait s'opposer à toutes les prétentions de l'émir; mais, par une contradiction singulière, tandis qu'il donnait des instructions énergiques pour la province d'Oran, lui-même, circonvenu par le juif Durand, agent d'Abd-el-Kader, il laissait ce dernier passer impunément le Schelyf (pour l'Arabe c'était le Rubicon) et venir installer à Milianah un bey à sa dévotion.

Cependant une partie des Douars et des Smélas, s'étant décidés à se séparer de l'émir, vinrent se mettre sous la protection du général Trézel, qui écrivit à Abd-el-Kader qu'il eût à renoncer à tout droit de souveraineté sur ces deux tribus; l'Arabe répondit avec hauteur que sa religion ne lui permettait pas de laisser des musulmans sous la domination française, et qu'il ne cesserait de poursuivre les tribus rebelles, fussent-elles renfermées dans les murs d'Oran. La guerre étant ainsi déclarée, on ne songea plus, de part et d'autre, qu'à combattre; mais cette fois, la fortune trahit les armes françaises : la journée désastreuse de la Macta (28 juin 1835) coûta à l'armée 300 hommes tués, 200 blessés, et la plus grande partie de son matériel. La conduite du général Trézel, au milieu de ces pénibles circonstances, fut noble et digne; dans ses rapports et dans son ordre du jour, il ne chercha point à déguiser l'étendue du mal ni à le rejeter sur les troupes; il en accepta la responsabilité, et se montra résigné à en accepter toutes les conséquences.

A la nouvelle de la défaite de la Macta, le comte d'Erlon rappela le général Trézel, en lui donnant l'ordre de remettre son commandement au général d'Arlanges.

Complétement subjugué par l'adroit agent de l'émir, le gouverneur nourrissait cependant encore l'espoir de rétablir la paix; Abd-el-Kader, de son côté, presque embarrassé de sa victoire, se montrait assez disposé à négocier. Mais bientôt la scène changea : le comte d'Erlon fut rappelé, et le choix de son successeur apprit aux Arabes que la France était décidée à ne reconnaître dans la régence d'autre souveraineté que la sienne.

Le maréchal Clausel arriva le 10 août 1835 à Alger, le comte d'Erlon avait quitté deux jours auparavant. L'un des premiers soins du nouveau gouverneur devait être de venger l'affront de la Macta; mais l'apparition du choléra dans la colonie ayant suspendu l'envoi des renforts qu'il attendait, l'expédition projetée fut retardée jusqu'au mois de novembre.

A cette époque, le gouverneur se rendit à Oran, avec le duc d'Orléans, qui voulut partager les travaux de l'armée, et y rassembla les troupes destinées à faire la campagne. Le 25 novembre, le corps expéditionnaire, fort de 11,000 hommes, divisés en quatre brigades, se mit en marche, et arriva le 6 décembre, après plusieurs combats avec l'ennemi, à Maskara, que la population musulmane avait complétement abandonnée.

Deux jours après, il fut décidé que la ville serait évacuée et brûlée; et en effet, le 9 au matin, après avoir mis le feu partout, l'armée reprit la route d'Oran, suivie de la population juive, désormais sans asile. Le 18, elle était rentrée dans ses cantonnements.

De retour à Oran, le maréchal ayant résolu une nouvelle expédition sur Tlemcen, s'occupa sans relâche des préparatifs nécessaires, que n'interrompirent pas quelques pourparlers avec Abd-el-Kader, et rentra en campagne le 8 janvier 1836. Le 13, l'armée occupa la ville qui était le but de l'expédition. Frappé de la belle position de Tlemcen, le gouverneur se décida à y laisser une garnison composée de volontaires, sous les ordres du capitaine du génie Cavaignac. L'occupation de cette place imposant l'obligation d'en assurer les communications avec Oran, le chef de l'armée crut devoir les établir par l'embouchure de la Tafna et la petite île de Rachgoun, puisqu'il n'y a que dix lieues de route par terre, le reste pouvant se faire par mer.

Ce fut donc cette route que suivit l'armée à son retour; malgré deux brillants avantages remportés sur les Arabes, elle dut toutefois renoncer à communiquer avec Rachgoun, et rentra à Tlemcen. Bien que le maréchal ne fût point parvenu au but qu'il se proposait, et qu'il fût loin d'avoir fait reconnaître l'autorité française dans le pays, il n'en persista pas moins à laisser une garnison dans le Mechouar (citadelle de la ville). Cette place ayant été mise en état de défense, abondamment approvisionnée, et confiée aux mains fermes et habiles du capitaine Cavaignac, l'armée reprit, le 7 février, la route d'Oran, où elle arriva le 12, après une affaire assez chaude avec les Arabes commandés par Abd-el-Kader en personne. Ce fut pendant son séjour à Tlemcen que le maréchal investit le commandant Joussouf du titre de bey de Constantine. Cette nomination fut l'origine des événements qui terminèrent d'une manière si désastreuse l'année 1836.

De retour à Alger, le gouverneur entreprit, au delà de l'Atlas, une nouvelle expédition, après laquelle il partit pour la France, afin de défendre les intérêts de la colonie à la chambre des députés; le général Rapatel fut chargé du commandement intérimaire. A la même époque, le général d'Uzer fut rappelé et remplacé par le colonel Duverger, qu'accompagna Joussouf-Bey. L'établissement du camp de Dréan, jalon jeté sur la route de Constantine, eut lieu presque immédiatement.

En quittant Oran, le maréchal avait ordonné au général d'Arlanges d'aller établir un camp à l'embouchure de la Tafna, pour de là ouvrir des communications avec Tlemcen; l'expédition eut lieu en effet, mais elle fut désastreuse, et l'armée, étroitement bloquée dans son camp, se trouva fortement compromise.

Lorsque la position des troupes à la Tafna fut connue à Paris, des ordres furent donnés pour que la division d'Oran reçût sur-le-champ un renfort de trois régiments. Le général Bugeaud, désigné pour prendre le commandement de ces troupes, débarqua le 6 juin à la Tafna, et se mit en campagne, après avoir abondamment pourvu le camp de vivres et de munitions. Le ravitaillement de Tlemcen, et une victoire complète remportée le 6 juillet, aux bords du Sig, sur Abd-el-Kader et les siens, signalèrent cette glorieuse expédition, qui ébranla un moment l'autorité de l'émir. Le 18 et le 19 du même mois, l'armée rentra à Oran, et le général Bugeaud, sans

avoir dépassé sa mission, qui était toute militaire, et après avoir laissé le commandement de la province au général de l'Étang, s'embarqua pour Alger, et de là pour la France, où l'attendait le grade de lieutenant général.

Nous passerons sous silence les événements, peu importants du reste, qui se passèrent sur les autres points de la régence, jusqu'au retour du maréchal, dont la présence donna une nouvelle activité aux opérations militaires.

L'expédition de Constantine étant une conséquence de l'approbation donnée à regret, il est vrai, par le ministre à la nomination de Joussouf, le gouverneur s'occupa des préparatifs nécessaires; mais tout sembla conspirer contre ce projet, conçu trop légèrement, et mis à exécution, dans une mauvaise saison, avec des moyens incomplets, et sur la foi d'un homme brave et fidèle, mais qui ne méritait pas cependant une confiance aussi entière. Nous ne reproduirons point les tristes détails de cette fatale expédition; nous nous contenterons de rappeler à nos lecteurs que dans sa retraite l'armée dut peut-être son salut au sang-froid et à l'habileté du commandant Changarnier et au courage des braves du 2e léger.

Le 1er décembre, les colonnes expéditionnaires rentrèrent à Bône; elles n'avaient eu, dans la campagne, que 500 hommes tués ou blessés; mais il en périt bientôt un si grand nombre dans les hôpitaux, que la perte totale peut être portée à 2,000 hommes.

Le camp de Ghelma resta occupé par le colonel Duvivier avec deux bataillons.

A peine rentré à Alger, le maréchal eut à s'occuper de la province d'Oran, où les affaires étaient loin de présenter un état satisfaisant. Des marchés passés avec la maison Durand permirent, il est vrai, de ravitailler la division, mais ce fut à nos dépens, puisque les approvisionnements que les Durand fournissaient à nos troupes leur étaient cédés par Abd-el-Kader, qui se procurait ainsi, par échange, des munitions de guerre. Le Mechouar fut ravitaillé de la même manière. Sur ces entrefaites, le général Brossard vint remplacer à Oran le général de l'Étang, et fit occuper d'une manière permanente la vallée de Misserghin et le camp du Figuier; ces deux postes rétablirent la sécurité dans les environs d'Oran, et furent surtout utiles à nos alliés, les Douars et les Smélas.

Le maréchal Clausel avait quitté Alger dans le courant de janvier 1837, avec l'espoir d'y revenir bientôt; il fut néanmoins remplacé en février par le général Damrémont, qui n'arriva à Alger qu'au commencement d'avril.

Pendant que le nouveau gouverneur prenait possession de son gouvernement, le général Bugeaud arrivait à Oran, avec une autorité assez vaguement définie, mais, par le fait, indépendante de celle du général Damrémont. La mission de M. Bugeaud était de combattre l'émir à outrance ou de faire avec lui une paix définitive et convenable; il débuta par un manifeste qui, s'adressant aux Arabes, avait pour but de les effrayer par la menace d'une guerre d'extermination. Mais à peine l'eut-il lancé, qu'il entama des négociations avec Abd-el-Kader, par l'entremise de l'inévitable Durand; le traité de la Tafna fut le résultat des négociations. Ce traité fut une grande faute : en établissant une autorité autour de laquelle les Arabes pouvaient se rallier, il devint pour nous une source d'embarras et de désastres, et faillit compromettre la souveraineté de la France en Afrique. En voici les principaux articles :

« Art. 1er. L'émir Abd-el-Kader reconnaît la souveraineté de la France en Afrique (l'émir refusa avec obstination la clause du tribut, qui seule établissait son vasselage).

« Art. 2. La France se réserve : dans la province d'Oran, Mostaganem, Mazagran, et leurs territoires; Oran, Arzeu, plus un territoire délimité, à l'est, par la Macta et le marais d'où elle sort; au sud, par une ligne partant de ce marais, passant par le bord sud du lac Sebea, et se prolongeant jusqu'au Rio-Salado (Oued-el-Malehh), dans la direction de Sidi-Saïd, et de cette rivière à la mer, de manière à ce que tout le terrain compris dans ce périmètre soit territoire français.

« Dans la province d'Alger : Alger, le Sahel, la Mitidja bornée à l'est jusqu'à l'Oued-Kaddara, et au delà : au sud, par la première arête de la première chaîne du petit Atlas jusqu'à la Chiffa (affluent du Mazafran), en y comprenant Blidah et son territoire; à l'ouest, par la Chiffa, jusqu'au coude du Mazafran, et de là par une ligne droite jusqu'à la mer, renfermant Coléah et son territoire; de manière que tout le terrain compris dans ce périmètre soit territoire français.

« Art. 3. L'émir administrera la province d'Oran, celle de Titery qui n'est pas comprise à l'ouest dans la limite indiquée par l'art. 2. Il ne pourra pénétrer dans aucune autre partie de la régence.

« Art. 9. La France cède à l'émir : Rachgoun, Tlemcen, le Méchouar et les canons qui étaient anciennement dans cette citadelle, etc., etc... »

Le général donna connaissance du traité aux officiers généraux et aux chefs de corps et de service de sa petite armée, qui semblèrent l'approuver, et le 1er juin il s'aboucha avec Abd-el-Kader. Celui-ci avait eu l'habileté d'attirer jusqu'au milieu des siens le général français, suivi d'une faible escorte; il semblait ainsi, aux yeux des Arabes, attendre son hommage; mais M. Bugeaud, par son maintien digne et énergique, remit bientôt le cérémonial sur le pied d'égalité.

Dans la province de Bône, les négociations ayant échoué avec le bey de Constantine, une nouvelle expédition sur cette place fut résolue, et le gouvernement, qui aurait voulu pouvoir éviter cette guerre avec honneur, décidé maintenant à la poursuivre avec énergie, ne négligea rien de ce qui pouvait en assurer le succès.

Dès les premiers jours d'août, le général Damrémont s'établit à Medjez-Amar en avant de Guelma, avec l'intention de faire de ce point sa base d'opération; vers la fin de septembre tout le personnel et tout le matériel de l'expédition s'y trouvèrent réunis. Le corps expéditionnaire était divisé en quatre brigades, sous les ordres du duc de Nemours, du général Trezel, du général Rullière et du colonel Combes; l'artillerie était commandée par le général Vallée, et le génie par le général Fleury.

Le 1er octobre, l'armée s'ébranla; elle arriva le 6 en vue de Constantine. De même qu'en 1836, Ben-Aïssa défendait la ville, et Achmet-Bey tenait la campagne avec sa cavalerie. Le jour même de l'arrivée, la reconnaissance de la place fut faite et l'emplacement des batteries déterminé; le 12, la brèche fut ouverte. Le chef de l'armée, jaloux d'éviter l'effusion du sang, fit alors sommer les assiégés de se rendre, en les éclairant sur les dangers de leur position. « Les Français, répondirent-ils, ne seront maîtres de Constantine qu'après avoir tué jusqu'au dernier de ses défenseurs. » A cette réponse, le général en chef s'écria : « Ce sont des gens de cœur; eh bien ! l'affaire n'en sera que plus glorieuse pour nous. » Peu de moments après, comme il se dirigeait vers la batterie de Nemours, un boulet parti de la place le renversa sans vie; le général Perrégaux, en se penchant sur lui, reçut une balle au front, et tomba grièvement blessé sur le corps de celui qui avait été son chef et son ami.

Le général Vallée ayant pris le commandement qui lui revenait de droit, se rendit, par ses bonnes dispositions, maître de la ville, qui fut emportée d'assaut le 13. Le colonel Combes, blessé mortellement sur la brèche, eut encore le courage de s'assurer du succès et de venir en rendre compte au duc de Nemours, qui commandait les colonnes d'attaque. Plus heureux, le colonel Lamoricière, renversé par l'explosion d'une mine, ne fut que brûlé, bien qu'on ait pu, pendant quelques instants, craindre pour sa vie.

Achmet-Bey, suivi de quelques centaines de cavaliers, s'enfuit vers le désert. Dans les quinze jours qui suivirent la prise de Constantine, plusieurs tribus firent leur soumission à la France.

Après avoir pourvu à l'administration et à la défense de la ville, dont il confia le commandement au général Bernelle, le général en chef se mit en route le 29 octobre, avec le reste de l'armée, et arriva sans obstacle à Bône, où il reçut sa nomination aux fonctions de gouverneur de l'Algérie. Peu de temps après, le bâton de maréchal le récompensa du glorieux fait d'armes auquel il avait attaché son nom.

Un nouveau mode d'organisation administrative fut introduit dans la province de Constantine; un réseau d'autorités émanées de la puissance française s'étendit sur tout le pays. A l'aide de ces intermédiaires, choisis parmi les notabilités indigènes, nous eûmes à notre disposition des forces agressives et répressives pour subjuguer nos ennemis et protéger nos amis, et notre domination fut rendue plus facile par l'emploi de ces forces laissées sous le commandement de leurs chefs.

L'année 1838 se passa sans autres événements importants que l'occupation de Storah, qui offre un point de débarquement bien plus voisin de Constantine que ne l'est Bône. Une ville française, sous le nom de Philippeville, s'éleva bientôt aux environs de la ville maure. Du côté d'Alger et d'Oran, des difficultés s'élevèrent pour l'interprétation du traité de la Tafna : l'on pouvait espérer néanmoins qu'elles seraient aplanies par la convention supplémentaire du 4 juillet 1838, signée par l'agent d'Abd-ed-Kader à Alger. Ce dernier refusa de la ratifier. Il fut facile dès lors de prévoir que la paix n'était qu'une trêve, dont plus d'un symptôme faisait déjà présager la rupture. L'administration de la colonie en profita toutefois pour s'occuper des progrès des différents établissements.

Une partie de l'année 1839 se passa cependant encore sans hostilités. Au mois de mai, la ville de Gygel fut occupée; la formation d'un établissement définitif dans cette place se justifiait et par la nécessité d'occuper par nous-mêmes, ou par nos amis, tous les ports importants dans l'étendue de la régence, et de plus de soutenir l'occupation de Djemilah et la consolidation du pouvoir de notre kalifah dans la Medjanah (portion voisine de la province).

Cependant Abd-el-Kader, après avoir réduit la ville d'Aïn-Madi, et s'être assuré de l'assistance ou au moins des sympathies de l'empereur de Maroc, envoya ses émissaires dans la province de Constantine afin de nous y susciter des ennemis. Les intrigues des agents de l'émir dans cette partie de nos possessions faisaient sentir de plus en plus, chaque jour, la nécessité de la fortifier contre les envahissements qui la menaçaient : le général Galbois se porta en conséquence sur Sétif, où il établit un poste.

Au mois de septembre eut lieu l'expédition du Biban ou des *Portes de Fer;* elle avait pour but de reconnaître toute la partie de la province de Constantine qui s'étend de cette capitale au Biban, et du Biban au Oûed-Kad-dara, en passant par le fort de Hamza. Le corps expéditionnaire, partagé en deux divisions commandées, l'une par le duc d'Orléans, l'autre par le général Galbois, et toutes deux sous les ordres du maréchal Vallée, s'étant rassemblé à Milah, en partit le 18, se dirigeant par Djemilah sur Sétif. Après avoir dépassé cette dernière place, les deux divisions se séparèrent : la première, sous les ordres du général Galbois, resta dans la province de Constantine; la seconde, de 3,000 hommes, commandée par le gouverneur et par le prince royal sous ses ordres, se porta vers le Biban. Le 28 à midi, commença le passage de ces redoutables roches que les Turcs n'avaient jamais franchies qu'en payant tribut, et où n'étaient jamais parvenues les légions romaines; quatre heures suffirent à peine pour cette difficile opération. Après avoir laissé, sur les flancs de ces immenses murailles dressées par la nature à une hauteur de plus de cent pieds, cette simple inscription : *Armée française,* 1839! la colonne déboucha dans la vallée de Hamza, et prit sa marche, sans être sérieusement inquiétée, vers Alger, où elle arriva le 2 novembre, après avoir fait, la veille, sa jonction avec les troupes qui l'attendaient au camp de Fondouk.

Abd-el-Kader n'avait point encore déclaré la guerre, mais on ne pouvait douter de ses mauvaises dispositions. Déjà, dès les premiers jours d'octobre, les Hadjoutes avaient exercé des razzias chez les tribus alliées de la France, et il s'en était suivi plusieurs engagements. Enfin, après des actes répétés d'hostilité, l'émir mettant de côté toute dissimulation, proclama la guerre sainte; les établissements français furent attaqués sur toute la ligne, et, malgré le courage de nos soldats, les colons, contraints d'évacuer la plaine, vinrent chercher un asile dans Alger; les coureurs de l'ennemi pénétrèrent jusque sur quelques points du massif, et les tribus alliées se réfugièrent sous la protection des camps.

A la première nouvelle de l'agression des Arabes et des malheurs qui en avaient été la suite, toutes les mesures nécessaires furent prises en France, pour mettre le gouverneur général en état de reprendre bientôt l'offensive. Des ordres rapidement expédiés poursuivirent et hâtèrent la mise en marche et l'embarquement d'un nombre considérable de troupes, et bientôt l'armée put repousser l'ennemi sur tous les points.

Les bornes de cet article, déjà trop long, ne nous permettent point d'entrer dans tous les détails de cette guerre, pendant laquelle de belles pages ont été ajoutées à notre histoire militaire; nos soldats de l'armée d'Afrique, dont les princes vinrent partager les fatigues et les exploits, se montrèrent dignes de leurs devanciers, à Mazagran, à Téniah et dans vingt autres lieux. Médéah, Milianah, Cherchel furent occupées successivement, malgré la résistance énergique de l'émir et de ses troupes régulières. Cependant, bien que la guerre fût allumée sur tous les points dans la province d'Alger, de Titery et d'Oran, celle de Constantine continua à jouir d'une tranquillité que ne parvinrent à troubler ni les émissaires d'Abd-el-Kader ni l'émir lui-même.

Le général Bugeaud vint, au commencement de 1841, remplacer le maréchal Vallée; il s'empressa, dès qu'il fut arrivé en Afrique, de concentrer ses troupes dans la province d'Alger, par l'évacuation de plusieurs postes peu importants. On avait compté sur son énergie entreprenante pour amener un heureux et prompt résultat. Il voulut réaliser les espérances qui reposaient sur lui, et pour arriver plus sûrement à frapper Abd-el-Kader, il résolut de lui enlever tout ce qui faisait sa défense, de le réduire à ses seules ressources; de ruiner l'influence qu'il exerçait sur certaines tribus, surtout dans la province d'Oran, d'où il tirait sans cesse de nouveaux moyens de continuer la guerre.

L'année 1841 commença heureusement par une victoire que remporta sur Ben-Thamy, califat d'Abd-el-Kader, une colonne de quatre mille hommes sortie d'Oran sous les ordres du commandant de la place (nuit du 12 au 13 janvier). Le printemps venu, après avoir ravitaillé Médéah et Miliana, le gouverneur général se mit à la tête d'une expédition, partie de Mostaganem, et se dirigea sur Tekedempt. Il s'en empara après un engagement très-vif, et les Arabes y mirent eux-mêmes le feu en se retirant. Ce premier échec ayant ébranlé la puissance d'Abd-el-Kader, le ramena à des sentiments plus doux que par le passé: beaucoup de prisonniers furent épargnés, et M. Dupuch, évêque d'Alger, put obtenir un échange qui rendit la liberté à cent trente-huit Français.

La colonne expéditionnaire, ne laissant que des ruines à la place où était la forteresse de Tekedempt, se dirigea sur Maskara, entra dans la ville sans résistance, et la trouva complètement déserte. Elle y mit une garnison, et rentra à Mostaganem, après avoir soutenu un dernier engagement au défilé d'Akb-el-Kredda. En même temps le général Baraguay d'Hilliers envoyé dans le bas Chélif, forçait l'émir à brûler ses places fortes de Boyhar et Thagas et infligeait un châtiment sévère à la tribu des Oulad-Ourah, qui nous était hostile. Ces succès portèrent leurs fruits, et, au bout de quelques mois, plusieurs tribus s'étant détachées

du parti d'Abd-el-Kader, demandaient à nos alliés protection contre l'émir.

Maskara avait été approvisionnée de manière qu'une division pouvait y passer l'hiver, empêcher les Hachems de se livrer à la culture, amener ainsi cette puissante tribu, source et base de la puissance d'Abd-el-Kader, à se soumettre, et déterminer la soumission de toutes les autres. A dix-huit lieues au sud de Maskara, se trouvait le fort de Saïda, que sa position rendait précieux à Abd-el-Kader; il lui servait à contenir le pays de la Yakoubia, impatient de sa domination. Ce fort fut pris et ruiné; le village de la Guetna, berceau de la famille de l'émir, subit le même sort, et aussitôt six tribus vinrent faire alliance avec l'armée française, à laquelle elles ont depuis constamment servi d'auxiliaires dans les attaques dirigées contre la grande tribu des Hachems.

L'ennemi ayant fait une irruption chez nos alliés de la Yakoubia que la garnison de Maskara, trop faible pour les défendre, fut obligée d'abandonner à leurs propres forces, le gouverneur général sentit la nécessité d'établir dans cette place des troupes suffisantes pour dominer la contrée. En conséquence, le général Lamoricière reçut l'ordre d'aller s'y installer avec sa division, et il y réussit après avoir eu à soutenir un engagement, au col de Bordj, avec Ben-Thamy, califat d'Abd-el-Kader. Ainsi placé au centre du pays ennemi, il put facilement rayonner dans tous les sens, et à la suite de plusieurs expéditions, toujours couronnées de succès, il parvint à pacifier la contrée et à attirer à lui toutes les populations. Les tribus de la Tafna, ainsi que l'aga de Ghozel, n'étant plus contenus par la crainte, levèrent l'étendard de la révolte contre Abd-el-Kader, et nommèrent pour leur chef le marabout Abdallah-Ould-Sidi-Chigr, qui, dans une entrevue solennelle avec le chef de la colonne française et le général Mustapha, proclama la déchéance de l'émir.

Pendant l'année qui venait de s'écouler, le pays avait fait un grand pas vers sa pacification: mais il y avait encore beaucoup à faire pour obtenir le résultat désiré. Encouragé par les intentions et par les espérances manifestées dans le discours que le roi avait prononcé à l'ouverture des chambres, le gouverneur général continua son œuvre. Dès le commencement de 1842, le général Lamoricière et le gouverneur lui-même dispersaient et poursuivaient les Arabes dans toutes les directions; le fort de Sebdou, unique place de la seconde ligne qui restât encore à l'émir, tombait en notre pouvoir, et quinze tribus nous faisaient leur soumission. En même temps les propriétés des Arabes émigrés étaient soumises à une nouvelle organisation. Sur ces entrefaites, la décision prise par la chambre des députés, qui adoptait enfin les projets formés sur l'Afrique par le gouvernement, vint donner une nouvelle activité aux opérations. Le printemps venu, le général Bugeaud punit les Beni-Menacer, tribu kabyle des environs de Cherchel, et obtint la soumission de plus de vingt autres tribus. Il se dirigea ensuite vers le *Chélif*, et enveloppant dans un mouvement concentrique les montagnes qui servaient de refuge aux tribus insoumises, délivra la plaine d'Alger, par cette immense razzia, des *incursions des montagnards*, et assura les communications entre Médéah, Miliana et Cherchel. Le général Lamoricière accomplissait de son côté une brillante expédition, et Abd-el-Kader **était** forcé de se rejeter de nouveau dans le désert.

Les colonnes expéditionnaires étant de retour, on les employa à des travaux plus pacifiques : on poussa la construction de la route qui lie Medeah à Blidah ; on s'occupa aussi du fossé d'enceinte de la Mitidja. En même temps on réglait les différents effectifs des *makzen* ou contingents fournis par nos alliés.

Le mois de septembre s'ouvrit par une grande concentration de troupes à Maskara et à Mostaganem ; il s'agissait de porter un coup décisif à Abd-el-Kader, qui avait encore obtenu la défection de quelques tribus, et, après avoir attaqué en vain les colonnes du général Lamoricière, combattu deux jours durant celles du général Changarnier. Mais ayant reconnu le cercle dans lequel on voulait l'enfermer, il se jeta dans les défilés du petit Atlas, et se dirigea vers le désert sur Tuggurt.

L'hiver était arrivé ; mais Abd-el-Kader s'était établi dans les montagnes de l'Ouarenseris, d'où il dominait tout le pays entre le Chélif et la Mina, et contenait par la terreur les tribus des environs qui nous étaient le plus attachées ; il était à craindre qu'un plus long séjour dans cette contrée ne lui rendît sa puissance d'autrefois : il fallait donc l'en déloger promptement. Une campagne d'hiver fut organisée. Le résultat des opérations répondit parfaitement à l'attente du général en chef, et en vingt-deux jours presque toute la chaîne de l'Ouarenseris jusqu'à l'Oued-Rihou, la vallée entière du Chélif, plusieurs tribus entières et la plus grande partie de celle des Flitas se trouvèrent soumises. Le général Changarnier dirigea ensuite une expédition contre les populations qui environnent Tenès, où nous n'avions pas encore porté nos armes.

L'année 1843 sembla commencer sous de fâcheux auspices : Abd-el-Kader, entré dans la vallée du Chélif, vit accourir à lui les populations ; il envahit l'agalik de Bràz et tenta une attaque sur Cherchel ; de toutes parts dans l'ouest, les hostilités reprirent une nouvelle vigueur. Mais les généraux de Bar et Changarnier se portèrent aussitôt à la rencontre de l'émir, tandis que le duc d'Aumale, par de nombreuses prises faites sur ses alliés, dédommageait les nôtres des pertes que leur avaient fait éprouver les razzias d'Abd-el-Kader. Le gouverneur se mit lui-même à la poursuite de l'émir, châtia les tribus coupables de défection, dispersa les Kabyles, et força enfin l'émir à chercher un refuge dans les montagnes. Des razzias incessantes vinrent ensuite confirmer ce succès et amener la soumission définitive d'un grand nombre de tribus. Mais de toutes ces opérations, exécutées avec audace et habileté, aucune n'eut un résultat aussi important que la prise de la Smalah d'Abd-el-Kader.

La Smalah était une population nomade, composée de la famille de l'émir et de celles des principaux personnages attachés à sa fortune : cette réunion renfermait de douze à quinze mille personnes ; la garde en était confiée aux troupes régulières de l'émir. Chargé par le général en chef de s'en emparer, le duc d'Aumale se dirigea vers Ouessek-ou-Rekaï, où elle campait. Il la trouva à Taguin (16 mai), et aussitôt il se précipita sur cette ville de tentes avec seulement cinq cents cavaliers, à la tête desquels étaient le colonel des spahis Joussouf et le lieutenant-colonel Morris. Au bout de deux heures, tout ce qui pouvait fuir était en fuite, chassant les troupeaux vers les déserts, et trois mille six cents prisonniers restaient en notre pouvoir, ainsi que les tentes d'Abd-el-Kader, sa correspondance, son trésor, quatre drapeaux, un canon, deux affûts et un grand nombre d'objets précieux. Le général Lamoricière coupa le chemin aux fuyards et fit encore des prisonniers nombreux et un butin considérable. Un dernier engagement avec les *débris de la Smalah* eut lieu le 22 juin, et l'avantage fut encore pour nous.

Nous terminerons ici le récit des opérations de l'armée française en Algérie ; nous aurons, ailleurs, occasion de parler de la campagne de 1844 (1).

Depuis que la victoire a fait tomber Alger entre nos mains, la question s'est élevée de savoir si cette conquête n'était point pour la France une charge pesante, et si la métropole pouvait, dans un avenir plus ou moins rapproché, en tirer quelques avantages ; il faut ajouter que cette question, traitée dans les chambres, n'a pas peu contribué à augmenter nos embarras en Algérie. On a fait valoir, contre la conservation d'Alger, les dépenses d'hommes et d'argent que cette possession a déjà coûté à la France ; on a prétendu qu'en cas de guerre continentale, nous aurions besoin de toutes nos ressources, et

(1) *Voy.* MAROC.

qu'il y aurait, par conséquent, nécessité d'abandonner l'Afrique ; on a dit, d'un autre côté, qu'en cas de guerre avec l'Angleterre, notre armée, bloquée du côté de la mer par les flottes ennemies, assaillie par terre par les Arabes, serait dans la nécessité de se rendre à discrétion.

Reprenons une à une ces différentes objections. Nous puiserons dans l'histoire notre réponse à la première. La province d'Afrique était, sans contredit, l'une des plus riches et des plus florissantes de l'empire romain ; croit-on que Rome y ait établi sa domination en douze ans ? un siècle et plus, des trésors, des armées entières furent employés pour achever cette conquête, qui fut ensuite, pendant cinq siècles, le plus beau fleuron de la couronne impériale. Arrivons aux temps modernes, et demandons aux Anglais ce que leur ont coûté leurs établissements des Indes ! Mais les Romains, jadis, dira-t-on, mais les Anglais, de nos jours, n'eurent point affaire à des populations fanatiques, regardant la guerre contre leurs ennemis comme un acte de religion ; ils purent donc prévoir le terme de leur lutte avec elles. J'admets que ces deux peuples furent, sous ce rapport, dans des conditions plus favorables que nous ; mais n'exagère-t-on pas le fanatisme musulman ? Grâce à notre ignorance du pays, nous avons su réunir contre nous des races qui, divisées de mœurs, de langage, d'intérêts, de sectes, étaient, sous les deys, perpétuellement en débat ; il ne nous convient pas, il est vrai, d'employer, pour gouverner, les mêmes moyens que les Turcs, mais nous pouvons gagner les populations musulmanes par la douceur et les bons procédés. Souvenons-nous toutefois, avant tout, que chez elles le fatalisme est le fond de la religion ; soyons forts, soyons justes, mais sévères à réprimer les écarts, et nous verrons bientôt toutes ces populations accepter notre domination comme leur étant imposée par la volonté divine. Bonaparte, avec vingt mille hommes au plus, sut maintenir l'Égypte malgré les Turcs et les Anglais. A l'ouest de la régence, notre maladresse a éveillé une jeune ambition, qui a cru pouvoir nous disputer l'empire ; mais dans la province de Constantine, rien de semblable n'est arrivé : Achmet est tombé devant nous ; il était musulman, cependant pas un homme ne s'est levé pour le soutenir, et, dans toute l'étendue du pays, notre autorité est établie et respectée. Mettra-t-on sur le compte du fanatisme religieux les brigandages des Hadjoutes et de quelques autres tribus ? Mais les mêmes faits ne se présentaient-ils pas en Syrie, en Arabie, quand les caravanes de *vrais croyants*, se rendant à la Mecque, ne pouvaient parcourir ces contrées qu'en payant tribut, et avec des escortes qui ne les sauvaient pas toujours des attaques des Bédouins ? Il a fallu toute la vigueur de Méhémet-Ali pour faire cesser ces excès, qui ont recommencé dès qu'il a cessé d'être maître.

Nous examinerons maintenant le cas de guerre continentale. On ne contestera pas que les combats soutenus depuis quinze ans en Afrique ne soient une bonne école pour notre armée ; ce n'est pas dans les loisirs de la garnison que se serait formée cette vaillante pléiade de jeunes généraux qui sont la gloire et l'espérance du pays. L'Algérie ne nous offrirait-elle pas d'autre avantage, que nous lui devrions beaucoup. Envisageons la question sous un autre point de vue : n'est-ce donc rien d'avoir en Algérie une armée brave, aguerrie, qui, transportée en quelques jours, par nos flottes, sur le point vulnérable de l'ennemi, peut opérer une puissante diversion ? Demandez à l'Autriche si l'armée d'Afrique jetée sur les côtes de la Lombardie, ne l'effrayerait pas plus qu'une armée rassemblée sur les bords du Rhin ou au pied des Alpes. Demandez à la Russie si elle verrait sans inquiétude l'armée d'Afrique débarquer sur les rives du Bosphore. L'occupation algérienne diminue nos ressources, dit-on ; quelle serait donc la force de la France, si son salut dépendait des quelques milliers d'hommes qui gardent nos possessions africaines ?

On dit généralement que la Méditerranée doit être un lac français ; nous faudrait-il donc, pour justifier ce mot, abandonner deux cents lieues de côtes qui, d'un côté, regardent Gibraltar et l'Espagne par Oran et ses ports, et de l'autre, Malte et l'Italie par Bône ? Admettons une guerre avec l'Angleterre, l'Espagne sera notre alliée ou notre ennemie ; dans l'un ou l'autre cas, soit par alliance, soit par conquête, Carthagène, les îles Baléares sont ouvertes à nos vaisseaux. Ainsi, maîtres de toute cette portion de mer qui baigne les côtes d'Afrique et d'Espagne, nous tenons en échec les forces anglaises. Ajoutons que l'abandon d'Alger, en supposant qu'il ne nous affaiblisse point directement ; augmenterait les forces de nos rivaux. Il n'existe pas de nation, pas de peuple, en Algérie ; dix races différentes s'en partagent le vaste territoire, aucune ne domine ; l'Afrique, d'ailleurs, ainsi que nous l'apprend l'histoire, a toujours été soumise à des maîtres étrangers : Carthaginois, Romains, Vandales, Grecs, Arabes, Turcs l'ont tour à tour possédée. Délaissée des Français, les mains débiles du sultan sont incapables de la conserver ; elle devient donc, ou la proie de quelque nouveau Barberousse qui rétablit la piraterie, ou, ce qui est plus probable et bien pis encore, elle tombe au pouvoir des Anglais.

Alger semble nous avoir été donnée par la Providence pour nous indemniser de toutes nos pertes, et pour nous faire remonter au rang que nous avons perdu ; Alger seule peut nous mettre en position de lutter avec l'Angleterre, notre ennemie irréconciliable, non par système, non par passion, mais parce que notre abaissement est une condition indispensable de son existence. Chaque jour, on parle de l'importance des colonies transatlantiques pour notre marine, et l'on semble faire bon marché de la plus belle colonie que jamais nous ayons eue, puisque étant à notre porte, puisque faisant partie d'un immense continent, elle nous offre, pour le développement de notre commerce et de notre puissance maritime, tous les avantages de nos autres établissements coloniaux, sans avoir aucun de leurs inconvénients. L'extension que les relations commerciales ont prise dans nos ports méditerranéens, depuis la conquête d'Alger, est un fait sans réplique ; abandonnons Alger, bientôt Marseille, Toulon et tout le midi de la France retombent dans la langueur.

Par quels moyens parviendra-t-on à rendre prochainement la colonie d'Alger réellement productive pour la France, ou du moins, comment pourra-t-elle bientôt se suffire à elle-même ? C'est en favorisant simultanément les progrès du commerce et de l'agriculture ; car dans un pays où l'un n'est guère alimenté que par les produits de l'autre, les développements que prendront la culture des céréales, des oliviers, des mûriers, du coton, la formation des haras, l'éducation des bestiaux, influeront puissamment sur la masse des transactions commerciales. Peut-être même vaudra-t-il mieux laisser le soin de ces développements aux besoins et aux tendances des indigènes, que leur propre intérêt ralliera nécessairement à nous, quand ils verront que notre domination en Afrique est un fait désormais accompli, qu'ils doivent accepter, ou du moins auquel ils doivent se résigner.

La nature de cet article ne comporte pas de plus longs développements ; nous renvoyons donc le lecteur qui voudrait pénétrer à fond la question de la colonisation d'Alger, à l'ouvrage déjà cité de M. Baude, où cet administrateur l'a traitée avec toute la supériorité d'un homme habitué aux affaires et connaissant le pays ; ainsi qu'à un livre plus récent de M. Évariste Bavoux (*Voyage politique et descriptif dans le nord de l'Afrique*), dans lequel, au milieu d'idées hasardées, se trouvent des détails d'un grand intérêt et des vues qui dénotent un esprit sage et étendu. Le lecteur lira aussi avec fruit le *Rapport* fait par M. Blanqui, à l'Académie des sciences morales et politiques, *sur l'état actuel de l'Algérie.* Quant aux documents de statistique, ils se trouvent réunis dans le *Tableau annuel* que fait paraître le ministre de la guerre *sur la situation des établissements français dans l'Algérie.* (1)

ALGONQUINS ou GRANDS ESQUIMAUX. (*Géographie.*) On appelle ainsi une tribu sauvage de l'Amérique septentrionale. Elle habite au N. O. de la mer d'Hudson, entre le lac des Esclaves et la mer Polaire, sur les bords du Copper-Mine et du Mackensie. Petits, trapus et faibles, les Algonquins ont le teint d'un jaune rougeâtre. Ils ignorent presque complétement les bienfaits de la civilisation ; ils vivent de la chasse et de la pêche, habitent d'étroites cabanes couvertes de peaux, se servent de traîneaux tirés par des chiens, et naviguent dans des canots formés de peaux de veau marin. Leur seule industrie consiste à travailler patiemment une pierre grise et poreuse, appelée pierre du Labrador, et à en faire des cruches et des chaudières. Ils sont chrétiens et catholiques pour la plupart.

ALGONQUINES (Langues). Sous ce nom, le père Charlevoix, dans son *Histoire de la Nouvelle-France,* comprend une famille d'idiomes américains qui régnait autrefois de l'est à l'ouest, à partir de l'Acadie, sur un espace de douze cents lieues. Cette famille est, selon M. Du Ponceau, la plus étendue de celles que parlent encore les aborigènes de la partie septentrionale du continent américain ; mais des nombreux dialectes entre lesquels elle se partageait, plusieurs sont déjà éteints et d'autres sont à la veille de l'être. Trente environ ont été étudiés par les missionnaires ou les voyageurs. Les principaux sont l'algonquin propre, avec lequel le chippéway paraît identique, le lénâpé ou delaware, l'abénaqui, le mohican, le massachussetts, et enfin le narragansetts, qui n'est qu'une variété du précédent.

Le système phonétique de ces langues, quoique plus étendu que celui de la famille iroquoise, n'embrasse cependant encore qu'un fort petit nombre d'éléments ; savoir : cinq voyelles pures, *a, e, i, o, ou ;* trois voyelles nasales, *an, ein, on,* et six consonnes, *k, h,* (aspirée du gosier), *n, r, s, t.* L'*ou,* ainsi que l'*i,* s'y emploie souvent comme consonne, et se prononce avec un sifflement particulier, qui, du reste, est inconnu dans plusieurs dialectes, et notamment dans l'algonquin propre. Toutes ces langues ont une prononciation très-sonore et fortement accentuée. Elles ont éminemment dans leur grammaire le caractère polysynthétique des idiomes américains, groupant dans chacune de leurs longues compositions de mots, les éléments de plusieurs de nos parties du discours. Du reste, quant à

(1) Voyez pour la bibliographie la fin de l'article précédent.

l'étymologie, elles ne présentent à peu près aucun rapport, même avec la famille la plus voisine, celle des langues iroquoises.

Les principaux traités imprimés que l'on peut consulter sur la constitution des langues algonquines, sont :

Roger Williams, *A Key to the language of America*, etc. Londres, 1643. Grammaire de la langue des Narragansetts.

Éliot, *Grammaire des Massachussetts*, 1666.

Cotton, *Vocabulaire* de la même langue.

Jonathan Edwars, *Observations on the language of the Muhhekaneew Indians.* Observations sur la langue des Mohicans, 1788.

Zeisberger, *Spelling-book, etc.*, Abécédaire, ou plutôt Vocabulaire de la langue lénâpé, seconde édit. Philadelphie, 1806.

Du Ponceau de Philadelphie, *Mémoire sur le système grammatical des langues de quelques nations indiennes de l'Amérique du Nord*, Paris, 1838.

Plusieurs voyageurs, entre autres Volney, et les missionnaires des diverses communions chrétiennes, notamment Heckewelder, ont aussi composé des vocabulaires et des grammaires de ces langues, mais qui sont, pour la plupart, restés manuscrits. D'intéressants fragments se trouvent cependant dans les recueils des sociétés savantes des États-Unis, tels que :

Les *Mémoires de l'Académie des sciences et des arts de Boston.*

Les *Collections des sociétés d'histoire de Massachussetts*, et celles de Philadelphie.

Les *Transactions de la société philosophique américaine*, et enfin le vol. des *Transactions de la société des antiquaires d'Amérique*, imprimé à Worcester (Massachussett) en 1820.

LÉON VAÏSSE.

ALGUES. (*Histoire naturelle*.) Ce mot, chez les anciens, désignait les plantes aquatiques sans apparence, soit qu'elles végétassent au fond des eaux douces, soit qu'on les trouvât sur les rochers, dans les profondeurs de la mer, ou jetées sur le rivage. *Vilior alga* est l'expression qui les désigne dans Virgile, et *algœ steriles* dans Ovide. Le mot alga a été assez exactement traduit sur nos côtes de France par celui de *goëmon*. Quelques botanistes l'avaient restreint aux zostères, qui croissent indifféremment dans l'Océan ou dans la Méditerranée, plantes dont les feuilles sont extrêmement longues et qui servent dans la verrerie pour emballer les glaces, les carreaux de vitres et les bouteilles. Les algues du vulgaire sont en outre employées dans les pays maritimes comme engrais ; sur les côtes du Poitou, et de la Bretagne particulièrement, on ramasse avec soin celles que les flots jettent sur l'estran ; on les y réunit en tas, et, soit après les avoir laissées quelque temps dans cet état, soit après les avoir réduites en cendres, on en couvre les champs.

Depuis Linné le nom d'algues avait pris une tout autre signification pour les botanistes : ceux-ci ont enfin retiré de la famille à laquelle ce nom avait été plus particulièrement imposé, une foule d'êtres qui ont été reconnus appartenir au règne animal, en y comprenant plusieurs végétaux d'une nature très-diffé-

rente: Ainsi, pour Linné et pour ses disciples, les varecs (*fucus*), les ulvacées, les conferves, les lichens, les hépatiques, étaient des algues. Aujourd'hui le nom d'algues n'est presque plus employé ; les plantes qu'on regarde comme telles n'ayant effectivement entre elles que peu de rapport. Le mot *hydrophyte* a prévalu pour les espèces aquatiques, et nous y renvoyons le lecteur.

BORY DE SAINT-VINCENT.

ALGUES. (*Agriculture.*) Sur les bords de la Méditerranée, ce mot désigne particulièrement la zostère marine ; sur les côtes de l'Océan, c'est une qualification générique de toutes les plantes marines rejetées par les flots ; ce sont, par exemple, les conferves, les ulves, les varecs, etc.

On les recueille pour en extraire la soude, ou pour les utiliser comme engrais.

Dans le premier cas, on procède à leur incinération dans des fosses plus profondes que larges, et proportionnées à la quantité de matières que l'on veut brûler. La combustion étant établie au fond de la fosse à l'aide de quelques branches sèches, on jette les algues dans le foyer par petites portions, afin de les brûler lentement ; et lorsque toutes les algues se trouvent ainsi consumées, on recouvre la fosse avec les gazons. Les cendres qui en résultent sont, en général, peu riches en sous-carbonate de soude ; les meilleures en contiennent à peine 12 p. 100. On peut les employer brutes pour les lessives ordinaires ; mais pour la fabrication des savons durs, il est nécessaire de les épurer et d'isoler le carbonate de soude par lixiviation, évaporation et calcination.

Il paraît que les algues offrent plus d'avantages à être employées comme engrais. Elles agissent alors comme tous les engrais végétaux et conviennent à toute espèce de terrain, l'alcali qu'elles retiennent paraissant spécialement destiné à réagir sur la matière végétale de manière à en accélérer la décomposition. Cependant le sel marin qu'elles retiennent en assez grande quantité pourrait souvent nuire à la végétation, si l'on ne prenait la précaution de les laisser pendant quelque temps exposées à la pluie avant de les porter sur les terres. C'est sous ce rapport que les algues récoltées sur les rochers sont préférées par le cultivateur à celles que les flots de la mer viennent déposer sur les rivages.

Pour employer les algues comme engrais, on les convertit d'abord en terreau en les stratifiant avec de la terre qu'on alterne avec elles en couches d'un demi-pied d'épaisseur. Dans cet état, le terreau peut être employé au bout de deux ans ; l'addition d'une petite quantité de chaux répandue sur les algues lors de leur stratification en couches, accélère leur fermen-

tation et réduit à un an le terme de leur conversion en terreau. DUBRUNFAUT.

ALHAMBRA, vaste forteresse de Grenade,
qui formait un des quatre quartiers de la ville,
et servait de palais aux rois maures. Situé au
sommet d'un coteau escarpé, enfermé dans
une double enceinte d'épaisses murailles, environné de tous côtés par les eaux du Xenil
et du Darro, l'Alhambra dut être imprenable,
tant qu'il ne put être attaqué avec du canon.
Cette forteresse, bâtie par Abou Abdallah-ben-
Naser, surnommé *Elgaleb Billah* (vainqueur
par la faveur de Dieu), qui régna de 1231 à
1273, reçut le nom de *Medinat Alhamra* ou
ville rouge, à cause de la couleur des matériaux qui furent employés à sa construction.
Selon une autre étymologie, ce mot *Alhamra*
serait une corruption d'*Alhamar*, nom de la
tribu arabe de laquelle était issu le prince qui
entreprit cette immense construction. Commencé ainsi vers le milieu du treizième siècle,
l'Alhambra ne fut entièrement achevé qu'en
1338, sous le règne d'Aboulhaggez : car les
successeurs d'Elgaleb Billah n'épargnèrent ni
le génie des architectes, ni les richesses de
leur trésor pour augmenter et embellir son
œuvre. Quand les Espagnols furent maîtres
de Grenade, ils cherchèrent à y ajouter encore,
et Charles-Quint fit élever sur les ruines de
quelques parties de la forteresse un palais
dont l'ensemble est imposant, mais dont l'architecture est peu en harmonie avec les restes
du palais arabe.

A l'extérieur, le palais des rois maures offre
l'aspect d'un vieux château ceint de tours et
de bastions. La principale entrée est pratiquée
dans une grosse tour carrée et s'appelait la
Porte du jugement. On pénétrait par là dans
une première cour, pavée de marbre blanc et
entourée d'un portique; puis dans une seconde, dite la *Cour des Lions*. Celle-ci, qui
forme un carré long, entouré d'une galerie
soutenue par des colonnes de marbre blanc,
est célèbre par les souvenirs qui se rattachent
au massacre des Abencerrages. Son nom lui
vient des douze lions de marbre qui ornent
le bassin placé au milieu d'elle, et qui soutiennent une magnifique coupole d'albâtre. Les
appartements sont vastes et multipliés, rafraî-
chis par des fontaines, et décorés avec une
richesse, une délicatesse, qui font de cet édifice un des plus curieux monuments de l'art
au moyen âge, et le plus admirable échan-
tillon qui nous soit resté de l'architecture
mauresque. Là pas une voûte qui ne soit dé-
coupée à jour; pas une muraille où ne soient
prodigués les caprices d'une merveilleuse ornementation. Partout le marbre, le stuc, le
porphyre; partout des peintures, des arabesques, des inscriptions; partout une richesse
d'imagination, une hardiesse et une délica-

tesse d'exécution, à faire croire que la pierre
est devenue intelligente pour obéir à la main
des ouvriers qui l'ont ainsi brodée à jour.

Au-dessus de l'Alhambra est une maison
de plaisance des rois maures, célèbre par sa
belle position et ses magnifiques jardins. C'est
le *Xeniralife* ou Généralife, autre merveille. — Au sommet de la montagne est une
ancienne mosquée, devenue maintenant une
église dédiée à sainte Hélène. **G.**

Voyez l'*Atlas*. ARCHITECTURE, pl. 8 et 10. On
voit sur la dernière de ces planches le plan et l'é-
lévation de l'Alhambra prise de la cour des Lions. Les
détails d'architecture mauresque de la planche 8
sont également tirés de cet édifice. On trouvera une
explication détaillée de ces deux planches au mot
ARCHITECTURE, tome III.

ALIBI. (*Législation.*) Ce mot latin, devenu français, signifie *ailleurs, dans un
autre lieu*; il est employé dans les matières
criminelles ou correctionnelles, ou même de
simple police, par la personne traduite en jugement, lorsqu'elle offre de prouver, 1° qu'elle
était présente dans tel lieu déterminé, autre
que celui où la contravention, le délit ou le
crime a été commis; 2° qu'elle y était présente au moment déterminé où il a été commis.

A ces deux circonstances qui doivent concourir, mais qu'il est souvent impossible de
prouver avec quelque précision, il faut en
ajouter une troisième, sans laquelle l'alibi serait vainement allégué; il faut que du lieu où
l'action a été commise, au lieu que l'accusé
a indiqué pour alibi, la distance soit considérable. De tous les faits justificatifs l'alibi est
sans contredit le plus péremptoire. Il peut se
prouver par des actes authentiques ou publics,
il peut se prouver par des témoignages.

ALICANTE, *Lucentum*. (*Géographie*.)
Ville maritime d'Espagne, située sur une baie
de la Méditerranée, chef-lieu de la province
d'Alicante, dans le royaume de Valence,
peuplée de 17,500 habitants. C'est le siège
d'un évêché, et une des villes les plus commerçantes et les plus riches de la péninsule.
Son port est très-fréquenté; elle est le centre
du commerce de l'Espagne avec l'Italie, et toutes les nations maritimes de l'Europe y ont des
consuls.

On exporte d'Alicante des fruits secs, de
l'huile d'olive, des étoffes de coton et du sa-
von. Mais le principal objet d'exploitation est
le vin, dit *vin d'Alicante*, ou *vino tinto*, à
cause de sa couleur foncée. C'est à Charles-
Quint que cette ville doit cette source de richesses; car les vignes qui produisent ce vin
proviennent de plants apportés, par ordre de ce
prince, des bords du Rhin dans le royaume de
Valence.

Alicante a soutenu deux siéges célèbres, en
1331 contre les Maures, et en 1709 contre

les Français, qui prirent et démantelèrent sa citadelle.

ALIDADE. (*Mathématiques.*) Les instruments qui servent à mesurer les angles, tels que le graphomètre, la boussole, etc., sont munis de visières, les unes fixes, les autres mobiles, qu'on dirige vers les objets dont on veut évaluer les positions relatives. Cet appareil est ce qu'on appelle une alidade. On la remplace avec avantage par une lunette, qui permet à la vue de s'étendre plus loin, et de mieux ajuster les signaux. *Voyez* ce mot et l'art. PLANCHETTE. L'alidade de ce dernier instrument étant sa partie la plus essentielle, nous en remettrons la description à cet article.   FRANCŒUR.

ALIDES. (*Histoire.*) Lorsque des soldats révoltés se furent souillés du meurtre d'Othman, troisième khalife des Arabes, les musulmans, effrayés des conséquences d'un tel crime, se montrèrent pour la première fois unanimes dans leur volonté, et appelèrent au trône *Ali*, fils d'Abou-Taleb.

Ali, neveu de Mahomet, élevé par lui, devenu son gendre et le compagnon de toute sa vie, semblait destiné, de préférence à tout autre, à lui succéder comme chef de cette religion nouvelle à laquelle il avait soumis le premier sa raison et sa foi. La haine d'une femme l'empêcha trois fois de recueillir l'héritage glorieux du prophète. Aïescha, la fille d'Abou-Bekr, l'épouse favorite du législateur de la Mecque, n'avait jamais pardonné à Ali d'avoir cherché à confirmer de sa voix puissante les soupçons conçus par quelques Arabes sur la fidélité qu'elle devait à son époux, et depuis ce jour elle fut pour lui une ennemie irréconciliable. La préférence marquée que lui avait toujours accordée Mahomet, l'heureuse mémoire dont elle était douée et qui lui avait permis de retenir jusqu'aux moindres discours du prophète de Dieu, expliquent l'autorité dont elle jouissait auprès des musulmans. Cette autorité suffit pour éloigner Ali pendant vingt-cinq ans du trône auquel l'appelaient des droits réels et de brillantes qualités. Lorsqu'il eut enfin triomphé de cette opposition entretenue par d'adroites manœuvres, Aïescha qui, entourée de tous ses partisans, essaya d'abord de lui résister par la force, sut, bien que vaincue, lui susciter de nouveaux ennemis. Il est vrai qu'Ali, aigri par les nombreuses injustices dont il se croyait depuis longtemps la victime, se laissa emporter vers des réactions qui nuisirent à sa cause.

L'un des premiers actes de son règne fut de déposer tous les gouverneurs de province : le plus puissant de tous, Moawia, fils d'Abou-Sofian, nourrissait une ambition sans bornes ; car il descendait du chef de ces Koréischites qui commandaient à la Mecque et dans le Hedjaz bien avant le jour où Mahomet, élevant autel contre autel, leur avait enlevé le pouvoir. Élevé par Omar au gouvernement de la Syrie, Moawia se garda d'obéir à l'ordre qui le privait de sa puissance. Il arma les Syriens, dont il avait su conquérir l'affection, prit le titre de khalife, et marcha contre Ali, qu'il accusait hautement du meurtre d'Othman son prédécesseur. Les deux armées se rencontrèrent dans les plaines de Sofféin, non loin de la ville de Raccah près des rives de l'Euphrate. Du côté de Moawia on comptait de nombreux et braves capitaines, parmi lesquels brillait Amrou, le conquérant de l'Égypte ; mais Ali, par sa valeur personnelle, sa force, son habileté dans le maniement des armes, laissait loin de lui tous les autres héros de l'islamisme. Il combattit avec tant de courage que Moawia se vit bientôt privé de ses plus intrépides défenseurs, et proposa une trêve qu'Ali, entraîné par de perfides conseils, eut la faiblesse d'accepter. Les musulmans, du reste, étaient las de carnage : de part et d'autre, on nomma des arbitres chargés d'examiner les prétentions des khalifes rivaux. L'adresse d'Amrou, politique aussi habile que vaillant soldat, fit triompher la cause de Moawia. Le mandataire chargé des intérêts d'Ali ayant consenti à prononcer en vue des deux armées la déchéance des deux compétiteurs, dans l'espoir faussement donné d'assurer la couronne à un nouveau khalife qui réunirait tous les suffrages, Amrou, mandataire du fils d'Abou-Sofian, s'écria que, puisque maintenant les deux khalifes étaient déposés par son collègue, il reprenait la couronne pour la placer de nouveau sur le front de Moawia, désormais seul maître de l'empire.

Un long tumulte suivit cet étrange jugement : les partisans d'Ali réclamèrent ; mais il en avait beaucoup perdu par la faiblesse dont il avait fait preuve en ne donnant pas suite à ses premiers succès. On ne reconnaissait plus en lui le fils adoptif, l'élève du prophète ; l'esprit du législateur arabe semblait l'avoir abandonné, et tandis que la Syrie, l'Arabie, l'Égypte, l'Afrique, obéissaient aux lois de son heureux rival, il eut beaucoup de peine à conserver son autorité sur la Mésopotamie et une partie de la Perse. Quatre ans après son avénement, il tomba sous le fer d'un assassin dans la mosquée de Coufa, ne laissant à *Haçan*, l'aîné de tous ses enfants, et le plus âgé des deux fils qu'il avait eus de Fatima, la fille chérie du prophète, qu'un héritage de gloire dont ce jeune prince n'était pas assez fort pour supporter le poids.

Moawia s'était hâté, à la mort d'Ali, de marcher à la tête de son armée contre la Mésopotamie ; mais Haçan ne voulut pas tenter le sort des armes. Son père, le brave des braves, l'élu de Mahomet, n'avait pu résister à l'ascendant du fils d'Abou-Sofian; qu'aurait-il pu faire, lui qui ne se sentait ni forcę ni courage ! Il accepta de son rival un riche traitement, abdiqua pour de l'or les droits qu'il tenait de sa naissance, et bientôt mourut à Médine, laissant après lui son frère *Hoçaïn*, plus digne héritier des vertus d'Ali.

Ce dernier rejeton de la famille du législateur des Arabes résolut, à la mort de Moawia, de réclamer, le sabre à la main, ses droits contre le khalife lézid. C'est un drame touchant que l'histoire de cette lutte sanglante où les Alides, au nombre d'environ soixante-douze personnes, presque toutes unies par les liens du sang, entreprirent de résister aux forces d'un prince dont les États s'étendaient sur la moitié du monde connu. Attiré par la trahison dans les plaines arides de Kerbelah près de l'Euphrate, Hoçaïn avait espéré réveiller en sa faveur les partisans de sa maison, mais son dessein avait été connu, épié, ses partisans mis à mort, et les Alides se trouvèrent cernés de tous côtés, sans autre espoir que celui de vendre chèrement leur vie. Jamais cause plus désespérée ne fut défendue avec plus d'enthousiasme. Tous ces fidèles amis d'un nom si cher à l'islamisme succombèrent l'un après l'autre, immolant chacun des bandes d'ennemis. Bientôt Hoçaïn se trouva presque seul; un de ses fils, six de ses frères, plusieurs de ses neveux lui faisaient un rempart de leurs cadavres. A ce moment suprême, ses ennemis n'osaient encore le frapper. Un d'eux cependant, moins touché que les autres de la crainte de répandre le sang d'un petit-fils d'un prophète, lui porta sur la tête un coup de son épée. Hoçaïn blessé se retira vers la porte de sa tente, s'y assit et, prenant dans ses bras son plus jeune fils, attendit la mort. Ce fut l'enfant que vint percer une des flèches dirigées contre le héros, qui lança au ciel le sang de l'innocente victime en s'écriant : *O Dieu, si vous nous avez refusé votre aide, accordez-la du moins à ceux qui ne vous ont pas encore offensé et punissez les méchants.* Le soleil s'avançait vers l'occident, et le combat avait duré depuis le matin. Accablé par le poids du jour, par le chagrin, par la souffrance, Hoçaïn se leva pour aller puiser quelques gouttes d'eau dans l'Euphrate; il fut tué sur les bords de ce fleuve et sa tête fut portée à Coufa, tandis que son corps, foulé aux pieds des chevaux, couvert de blessures et d'outrages, restait sans sépulture.

Les droits d'Ali et de ses descendants ont paru si incontestables à un grand nombre de musulmans qu'ils n'ont pas voulu reconnaître les trois premiers khalifes, Abou-Bekr, Omar et Othman, comme les légitimes successeurs du prophète, et qu'ils les considèrent comme de vrais usurpateurs. Cette divergence d'opinion a établi un schisme dans l'islamisme, et les sectateurs d'Ali, que l'on nomme *Schiites*, forment une église séparée. Hoçaïn est considéré par eux comme un martyr, et le 10 du mois de moharrem, anniversaire du massacre de Kerbelah, est pour eux une fête d'expiation où ils cherchent à racheter par le jeûne et le deuil le crime dont s'est alors souillé l'islamisme. Quant aux *sunnites* ou musulmans orthodoxes, bien qu'ils reconnaissent la validité de l'élection des trois premiers khalifes et les aient en grande vénération, ils déplorent les injustices dont Ali fut victime et la triste fin d'Hoçaïn.

Cependant tous les descendants du prophète n'étaient pas morts avec ce prince : un de ses fils, malade lors de l'expédition, lui avait survécu, et ce fut lui qui devint la tige nouvelle de la famille des Alides. A plusieurs époques ils tentèrent de ressaisir le pouvoir; ils se transmirent du moins les uns aux autres le titre d'imam ou souverain pontife, conservant ainsi une autorité religieuse, tandis que les Ommiades, et les Abbassides après eux, étendaient leur vaste empire des frontières de l'Inde jusqu'aux Pyrénées. Un savant orientaliste M. Etienne Quatremère, a caractérisé ainsi, dans un mémoire sur la dynastie des khalifes abbassides, les efforts que firent à plusieurs reprises les descendants d'Ali pour reconquérir le khalifat : « Les descendants d'Ali faisaient valoir des titres dont personne ne pouvait contester la légitimité. Le sang du prophète qui coulait dans leurs veines, les vertus d'Ali, l'assassinat odieux de ce khalife, le meurtre de son fils Hoçaïn, tout concourait à répandre sur cette famille un intérêt touchant et semblait devoir réunir en sa faveur les cœurs et les bras de tous les bons musulmans. Mais par une fatalité étrange, le malheur et la trahison s'attachèrent constamment aux pas des Alides; et toutes leurs tentatives n'aboutirent qu'à faire périr d'une mort cruelle des hommes estimables, dignes d'un sort plus heureux. Avouons-le toutefois, car l'impartialité est le premier devoir d'un historien, les descendants d'Ali durent, en partie, s'attribuer à eux-mêmes le mauvais succès de leurs entreprises. Cette famille s'était partagée en plusieurs branches dont chacune revendiquait pour un de ses membres le titre de khalife ou d'imam. Les prétentions de l'une étaient aux yeux des autres complétement illégitimes. Lorsqu'un des Alides prenait les armes dans quelque province de l'empire musulman, il était soutenu par ses parents, ses alliés et un certain nombre de personnes, pour qui un descendant de Mahomet était toujours un digne héritier du trône; mais on ne voyait pas la famille d'Ali tout entière se lever comme un seul homme pour défendre les droits du prétendant, armer en sa faveur les bras des nombreux partisans qu'elle comptait dans tous les pays soumis à l'islamisme. Dès lors ces tentatives, plus ou moins audacieuses, manquaient totalement d'ensemble. On pouvait obtenir des succès partiels ; mais ils se bornaient toujours à l'occupation d'une province, et leur influence ne s'étendait pas plus loin ; le prétendant, après quelques moments d'une existence brillante, finissait par succomber sous les coups d'adversaires puissants, qui joignaient à des forces supérieures tout ce que la ruse et la fourberie peuvent offrir de ressources. Enfin, il faut convenir que les descendants d'Ali se montrèrent rarement au niveau du rôle qu'ils étaient appelés à jouer. Parmi ceux qui, à différentes époques, revendiquèrent le titre de khalife, il n'en est pas un, à la vérité, qui ne se distinguât par des qualités morales dignes d'estime ; plusieurs montrèrent un courage personnel qui leur mérita l'estime même de leurs ennemis, mais aucun d'eux n'eut en partage cette prudence consommée, cette volonté ferme, cette énergie indomptable qui savent maîtriser les événements, tirer des succès tout le parti possible, se créer des ressources au milieu des revers les plus terribles et ramener la victoire au moment où tout semble désespéré. Ils surent vaincre, mais ils ne surent pas profiter de leurs victoires ; aussi leurs efforts n'amenèrent que des succès plus brillants que solides. Ils purent retarder de quelques moments, mais non prévenir la catastrophe terrible qui ne pouvait guère manquer de terminer des entreprises mal conçues et conduites avec plus de bravoure que de sagesse (1). »

Parmi les nombreuses ramifications de la famille des Alides, il en est une à laquelle, ainsi que nous l'avons dit, les *Schiites* reconnaissent l'autorité spirituelle et temporelle, transmise directement par Mahomet à ses descendants. Peu importe, au dire de ces sectateurs, si les imams issus d'Ali n'ont pu, par suite de la perversité des temps, exercer leur puissance légitime ; elle leur appartenait par la volonté du ciel, et ils n'en ont jamais été dépouillés aux yeux des véritables croyants. Ali, ayant été pour eux le premier imam qui succéda à Mahomet, eut pour successeur Haçan, qui légua son autorité à son frère Hoçaïn. Ici commence cet esprit de division qui causa de tout temps la perte des Alides ; tandis qu'une partie de leurs partisans considéraient comme chef de la famille et quatrième imam *Ali*, le seul des enfants de Hoçaïn qui eût échappé au massacre de Kerbèlah, beaucoup

. (1) *Journal asiatique*, octobre 1835.

d'autres tournaient leurs regards vers un de ses oncles, nommé *Mohammed*, qui n'avait pas, il est vrai, l'avantage d'être né de Fatima et d'avoir par conséquent Mahomet pour aïeul, mais qui avait en sa faveur la réputation d'une bravoure à toute épreuve. Ce fut toutefois Ali-ben-Hoçaïn qui triompha dans ce conflit de pouvoir : une voix céleste se fit entendre dans le temple de la Mecque, d'après quelques chroniques orientales, et le déclara légitime successeur de son aïeul. L'aide du ciel, il est vrai, n'alla pas plus loin : elle fut insuffisante pour le faire triompher des successeurs de Moawia, et, malgré les troubles qui pendant sa vie ébranlèrent le trône des khalifes, il mourut à Médine sans avoir exercé d'autre autorité que celle qu'il devait à sa haute piété.

Il eut pour successeur son fils aîné, *Mohamed-ben-Ali*, auquel de brillantes qualités semblaient promettre d'éclatants succès. Son frère Zéïd, à la tête d'un grand nombre de mécontents, était déjà maître de Coufa, en l'an de l'hégire 121, lorsqu'il tomba mortellement frappé d'une flèche qui lui avait traversé la tête. La cruelle politique des Ommiades employa le poison pour se défaire d'ennemis si dangereux ; et Mohammed, en mourant victime de la crainte qu'inspiraient ses prétentions, légua à son fils *Djadfar* le titre de sixième imam. Ce chef d'une puissante famille aurait pu alors espérer de recueillir enfin le prix de tant de travaux : la dynastie des Ommiades touchait à son déclin ; mais les descendants d'Abbas, plus heureux, plus adroits que les Alides, s'emparèrent du khalifat ; et les enfants d'Ali restèrent dans cette obscurité dont ils ne sortaient que pour mourir.

Une cause nouvelle vint encore affaiblir les chances qui pouvaient rester aux Alides : Djaâfar avait nommé d'abord pour son successeur au titre d'imam *Ismaël*, l'aîné de ses enfants ; Ismaël étant mort, il reporta ce titre sur son second fils *Mouça* ; mais Ismaël avait des enfants, et les partisans de cette famille infortunée se divisèrent de nouveau, les uns regardant Mouça comme leur chef, tandis que les autres, sous le nom d'Ismaïliens, reportaient toute leur vénération sur les enfants d'Ismaël, qu'ils regardaient comme les légitimes possesseurs de l'imamat. Mouça, appelé à Baghdad par le khalife Haroun-el-Reschid, y fut détenu dans une étroite prison et bientôt mis secrètement à mort.

Les prétentions des descendants d'Ali au titre d'imam, l'action qu'ils exerçaient sur quelques provinces de l'empire, étaient pour les khalifes de la maison d'Abbas un sujet de craintes incessantes qu'ils espéraient conjurer à force de crimes. *Ali*, fils de Mouça et son héritier, fut encore victime de ces terribles soupçons. Le khalife Almamoun avait espéré mettre fin aux troubles qu'excitaient dans l'empire des Arabes les trop légitimes prétentions des Alides, en désignant Ali-ben-Mouça pour son successeur ; mais cette concession, au lieu de ramener les partis, avait excité de tels orages à la cour des Abbassides, que l'infortuné Ali dut payer de sa vie le court espoir qu'il avait eu d'arriver enfin au trône. Il fut empoisonné à Tous, dans le Khoraçan ; et son tombeau est encore aujourd'hui pour les Schiites un lieu de pèlerinage.

Mohammed, Ali, Haçan furent les neuvième, dixième et onzième imams. Leur vie simple, leur éloignement des affaires publiques, l'espèce de captivité dans laquelle ils passaient leur existence, ne purent les sauver. Ils tombèrent, à leur tour, victimes d'un nom qui aurait pu leur donner un trône et ne leur donnait qu'un tombeau.

Mohammed-ben-Haçan, le douzième et le dernier des imams, selon l'opinion des Schiites, n'avait que six ans, lorsque son père mourut. Il disparut à l'âge de douze ans , en l'an de l'hégire 266 (de J. C. 879), et en lui s'éteignit la race des imams descendants de Mahomet. Sous le nom de *l'Imam-él-Mehdi* les Schiites ont de lui l'opinion la plus extravagante ; ils s'imaginent qu'il doit revenir un jour soumettre tout l'univers à ses lois. Plus d'une fois des imposteurs ont exploité cette croyance au profit de leur ambition et fondé sur un pareil titre de puissantes dynasties. Les Fatimites en Égypte , les Almohades en Afrique , en fournissent l'exemple ; tant il est vrai que des droits imaginaires justifiés par le succès ont souvent plus de valeur que les prétentions les plus légitimes.

Abulfedæ *Annales muslemici arabice et latine*, edit. Reiskius, t. 1.
Bibliothèque orientale de d'Herbelot, articles ALI et IMAM.
Monuments arabes, turcs et persans du cabinet de M. le duc de Blacas, par M. Reinaud, t. 1er.
Historia compendiosa dynastiarum, auctore Gregorio Abul-Pharajio.
Mouradja d'Ohsson, éd. in-f°. I, p. 88 et suiv.
        NOEL DES VERGERS.

ALIÉNATION. (*Législation.*) C'est la transmission, d'une main dans une autre, de la propriété ou de la possession d'un objet, par la volonté du propriétaire ou du possesseur.

L'aliénation peut être faite à titre gratuit ou à titre onéreux , au moyen d'une donation, d'une vente ou d'un échange. En aliénant sa chose, on use d'un droit inhérent à la propriété ; cependant lors même qu'elle reconnaît ce droit dans la personne du propriétaire, la loi civile a cru devoir en renfermer l'exercice dans certaines limites ; ainsi la femme mariée et le mineur ne peuvent aliéner leurs biens. Même à l'égard des personnes jouissant de la

plénitude de leurs droits, les aliénations à titre gratuit ne peuvent excéder les bornes que la loi a fixées , lorsqu'elles laissent de proches parents.

Ceux qui jouissent en vertu de l'envoi en possession provisoire, ne peuvent aliéner ni hypothéquer les immeubles de l'absent. Le mari peut aliéner les biens de la communauté sans le secours de la femme ; mais il ne peut aliéner les immeubles personnels de la femme sans son consentement. Ces dispositions, consacrées par la loi civile, sont une conséquence du principe que le droit d'aliéner suppose la qualité de propriétaire.

Les rédacteurs du Code ont presque toujours employé concurremment les mots *aliéner* et *hypothéquer*. En effet, l'hypothèque consentie sur un immeuble est une sorte d'aliénation, et elle peut toujours en produire l'effet (la dépossession du propriétaire), si celui-ci ne rembourse pas la créance pour laquelle il a consenti l'hypothèque.

Ainsi, relativement à la prohibition prononcée dans certains cas, et relativement à la capacité de celui qui la consent, l'aliénation et l'hypothèque sont toujours placées sur la même ligne.   COFFINIÈRES.

ALIÉNATION MENTALE. (*Médecine.*) *Alienatio*, d'*alienus*, étranger ; terme générique consacré par quelques auteurs célèbres pour exprimer le caractère commun de diverses espèces de maladies mentales.

L'encéphale, organe des facultés intellectuelles, est également l'organe des facultés affectives, des passions ; mais il y a une erreur généralement accréditée relativement à leur siége dans le système nerveux organique, erreur qui tend à perpétuer les idées les plus fausses sur le siége des maladies mentales et nerveuses.

Il faut savoir apprécier les analogies et les différences des affections mentales avec le *délire* des maladies aiguës , de l'ivresse et de l'empoisonnement.

L'influence de l'action immodérée du cerveau comme cause des maladies mentales, et celle des autres organes malades sur la production des mêmes affections, mérite d'être examinée.

Il y a des folies sympathiques, mais, dans la généralité des cas , la folie est une maladie idiopathique de l'encéphale. L'anatomie pathologique est d'un grand secours pour acquérir la connaissance des maladies mentales. En rapprochant les symptômes et les altérations pathologiques, on parvient à suivre, dans un grand nombre de cas , l'enchaînement des causes et des effets. En poussant un peu plus loin les inductions, on précise les signes auxquels on peut distinguer, pendant la vie, si une folie est due primitivement à la lésion des membres ou à la lésion de l'encéphale, ou bien encore à l'existence successive ou simultanée de ces deux lésions : résultat d'une utilité majeure, s'il peut être obtenu, et pour la justesse du pronostic et pour la juste appréciation de l'influence de l'hérédité, en même temps que cette connaissance rendrait les indications thérapeutiques beaucoup plus positives.

Est-il nécessaire de prévenir qu'en cherchant à rattacher les symptômes de la folie aux altérations que présentent les organes après la mort, on ne doit pas prétendre chercher à expliquer *l'essence* du délire? Il faudrait, pour arriver à la solution de ce problème, connaître le mode d'action de l'encéphale pour l'accomplissement des hautes fonctions qui lui sont dévolues ; or l'essence de cette action est impénétrable comme *l'essence* de tout autre phénomène naturel. Mais, en n'attribuant pas le délire aux modifications organiques appréciables par les sens, n'est-ce point faire de l'aliénation mentale un être abstrait, existant par lui-même; n'est-ce point faire un pas rétrograde, et admettre des maladies de l'âme, des affections mentales essentielles? C'est s'exposer aux contradictions les plus absurdes, c'est supposer mille changements dans un être spirituel qui est immuable de sa nature, c'est reconnaître que les facultés intellectuelles et morales sont le produit exclusif de l'âme, et nier, en présence des faits les *plus nombreux* et les *plus concluants*, que l'encéphale est la condition physique indispensable pour leur manifestation.   FALRET.

ALIEN — BILL. (*Législation anglaise.*) On appelle ainsi, en Angleterre, une loi sur les étrangers arrivés et résidant dans le pays. Proposée au parlement en décembre 1792, au moment où la Grande-Bretagne avait à craindre l'action des idées révolutionnaires, cette loi fut vivement attaquée par Fox, vivement soutenue par Burke et par Pitt. La chambre des communes l'adopta le 4 janvier 1793. Par l'Alien-Bill, tout étranger, soumis à son arrivée à une enquête sévère, fut astreint à prendre une carte de sûreté à la chancellerie du secrétaire d'État, qui pouvait la lui refuser, et sur le moindre soupçon lui interdire un plus long séjour dans le royaume. Malgré l'opposition que souleva cette loi, elle fut renouvelée à plusieurs reprises, et avec diverses modifications, mais toujours pour un temps limité. Sous le ministère de Canning, on crut enfin pouvoir l'abandonner ; mais on la remplaça par une autre, moins arbitraire et offrant plus de garantie aux voyageurs. Des mesures analogues existent sous d'autres noms dans différents pays, et une loi du 21 avril 1832 a fait adopter en France des précautions du même genre, justifiées peut-être par l'affluence des réfugiés politiques, après les événements de 1830 et 1831.

ALIGNEMENT. (*Art militaire.*) C'est la disposition de plusieurs hommes sur une même ligne droite.

Comme en géométrie deux points déterminent les lignes droites, ils déterminent aussi l'alignement. Autrefois c'était presque un art que de bien aligner les soldats d'un bataillon et les bataillons entre eux : mais depuis le père du grand Frédéric, qui le premier a introduit dans son armée l'alignement successif, individuel et par troupes, il n'y a pas un sous-officier de l'armée française qui n'en sache les principes, et ne puisse les bien faire exécuter.

S'il est vrai de dire que l'alignement est dans une troupe la base de l'ordre, et en fait la principale force, il ne faut pas entendre les alignements au cordeau, pour lesquels certains officiers se tourmentent si fort, ces manœuvres si bien dessinées sur une esplanade, mais si impraticables devant l'ennemi. Il faut qu'une troupe soit bien alignée, mais il semble qu'il y a de la folie à chercher là-dessus une précision rigoureuse, inutile dans la pratique, et vicieuse même pour deux raisons : 1° parce qu'on n'y peut parvenir qu'aux dépens de la célérité (chose capitale à la guerre), et que l'on prend la funeste habitude de manœuvrer pesamment ; 2⁴ parce que cette *précision géométrique* étant impossible devant l'ennemi, à cause de l'irrégularité du terrain, tout alors paraît dans le désordre à la troupe accoutumée à une régularité minutieuse ; et de l'opinion du désordre naît un désordre réel.

ALIGNEMENT. (*Droit administratif.*) Quiconque a visité nos plus anciennes villes a pu se convaincre qu'au moyen âge on ne suivait aucune règle dans la construction des bâtiments élevés sur la voie publique, et que les rues étaient généralement étroites et tortueuses. Il appartenait au siècle de Louis XIV de voir la fin de cet état de choses, qui fournissait peut-être aux artistes des points de vue plus pittoresques, mais qui gênait les communications, les rendait souvent impossibles et compromettait la santé publique. Ce n'est, en effet, qu'au 16 juin 1693 que remonte le premier acte important sur cette matière. La déclaration du roi, en date du jour précité, *fait défense à tous particuliers, maçons et ouvriers, de faire démolir, construire ou réédifier aucuns édifices ou bâtiments ; élever aucuns pans de bois, balcons ou auvents cintrés ; établir travaux de maréchaux, pieux, barrières, et étais, sans avoir pris les alignements et permissions nécessaires des trésoriers de France, à peine contre les contrevenants* *de vingt livres d'amende.* La même déclaration défend en outre, *sous peine de dix livres d'amende, de faire mettre ou poser sans une permission préalable, des auvents, pas, bornes, marches, éviers, siéges, montoirs à cheval, seuils et appuis de boutique excédant les corps des murs, portes, huis de caves, fermetures de croisées ou de soupiraux qui ouvriront sur la rue, enseignes, établis, cages, montres, étalages, comptoirs, plafonds, tableaux, bouchons, châssis à verres saillants, étaux, dos d'âne, râteliers, perches, barreaux, échoppes, abat-jour, auvents-montants, contrevents ouvrant en dehors, et autres choses faisant avance sur la voie publique.* Nous avons rapporté textuellement les termes de cette déclaration, parce qu'elle constitue la plus importante partie de la législation actuelle, l'article 29 du titre premier des lois des 10 et 22 juillet 1791 ayant spécialement maintenu tous les anciens règlements concernant la voirie des bâtiments.

Un autre acte (arrêt du conseil du 27 février 1765) attribua aux trésoriers de France le droit d'accorder les alignements, *à la charge par les parties intéressées de se conformer aux plans levés et arrétés par ordre de S. M.* Par l'ordonnance du 1er septembre 1779, on statua sur une des parties les plus importantes des alignements, les encoignures donnant sur les places, carrefours, rues, etc. Quatre ans plus tard (10 avril 1783), une ordonnance défendit sous des peines sévères de commencer aucune construction de face sur rue sans avoir au préalable déposé le plan desdites constructions et obtenu les alignements et permissions nécessaires. Enfin les lettres patentes du 25 août 1784 règlent pour la ville de Paris la hauteur des façades des maisons et bâtiments autres que les édifices publics.

Tel était, au 16 septembre 1807, l'état de la législation en matière de bâtiments. Ajoutons seulement que, par la loi du 24 août 1790 et par celle du 22 juillet 1791, l'administration de la petite voirie, qui comprend les alignements, les constructions, les anticipations, les saillies, les démolitions des bâtiments élevés le long des rues des villes, bourgs et villages, qui ne sont point grandes routes ou parties de grandes routes, a été attribuée aux maires des communes; tandis que, par la loi du 22 septembre 1789 et par celle du 7 octobre 1790, l'administration de la grande voirie, qui comprend les alignements, les constructions, les anticipations, les saillies, les démolitions des bâtiments élevés le long des rues des villes, bourgs et villages qui servent de grandes routes ou de partie de grandes routes, a été attribuée aux administrations départementales.

Mais aucune disposition législative n'avait encore réglé les alignements dans les cas d'ouverture de rues, d'élargissement de rues existantes ne faisant point partie d'une grande route : il y fut pourvu par un décret impérial en date du 16 septembre 1807, qui chargea les maires de ces alignements, *à la charge par eux de se conformer au plan dont les projets auraient été adressés aux préfets, transmis, avec leur avis, au ministre de l'intérieur, et arrétés en conseil d'État.*   D.

ALIMENTATION. (*Histoire naturelle.*) *Voyez* NUTRITION.

ALIMENTATION. (*Hygiène.*) Nous ne pouvons nous étendre ici sur les différentes espèces d'aliments qui composent la nourriture de l'homme; nous donnons seulement quelques préceptes sur l'alimentation qui convient aux différents âges et aux différents climats.

La nourriture qui convient le mieux à l'enfant qui vient de naître est le lait de sa nourrice. Les heures de ses repas doivent être rapprochées, surtout pendant les premiers mois, cependant il n'est jamais nécessaire de lui donner le sein plus de huit fois en vingt-quatre heures; s'il paraît le demander dans les intervalles, on peut lui donner de l'eau sucrée et plus tard un peu d'eau d'orge ou de gruau. Il faut se garder de la funeste habitude qu'ont les nourrices et la plupart des mères de gorger l'enfant de lait : des affections graves de l'estomac sont presque toujours la suite de cette pratique aveugle. Toutes choses égales d'ailleurs, un enfant élevé à la campagne consomme sans inconvénient plus de nourriture qu'un enfant nourri dans une grande ville. Vers neuf mois en général il convient de sevrer l'enfant qui, dès le troisième mois, a pu sans inconvénients s'habituer peu à peu à de légers potages d'abord maigres, puis gras. Dès que l'enfant est sevré, il faut, si rien dans sa santé ne prescrit un régime spécial, l'habituer peu à peu à manger toutes sortes d'aliments; nous exceptons bien entendu ceux dont l'usage est peu hygiénique même pour l'adulte. Dès l'âge d'un an quatre à cinq repas suffisent, et tous ne doivent pas être également forts. La nuit un peu de gruau très-léger ou d'eau sucrée apaise la soif de l'enfant qui, sauf les cas exceptionnels et très-rares, n'a pas besoin alors d'aliments. Vers deux ans, un enfant doit pouvoir manger indistinctement de tous les mets qui sont servis sur la table de ses parents; en lui donnant cette habitude on évite de le rendre difficile et on prévient aussi la gourmandise, résultat fréquent du refus de ce qui le tente. Les substances qui conviennent le mieux à l'enfance sont avant tout la soupe, la viande en général, soumise à la

3.

préparation la plus simple, c'est-à-dire bouillie ou rôtie; le gibier ne doit être donné
qu'exceptionnellement soit comme régal,
soit comme tonique. Les légumes de digestion facile, ou rendus tels par leur préparation,
sont d'un grand secours en variant la nourriture, pour maintenir l'équilibre des fonctions
digestives; quelques-uns, comme l'oseille, la
chicorée en salade, ont de plus des propriétés
spéciales qui en rendent l'usage excellent.

En été surtout, les légumes verts et la salade,
donnés avec la modération convenable conviennent à merveille aux enfants qui, pendant
leurs premières années, dans nos climats, éprouvent toujours au renouvellement des deux saisons principales, l'été et l'hiver, quelque
chose d'analogue à l'acclimatement d'un adulte
qui change de latitude. A mesure que les organes se développent et se fortifient, le régime,
sans cesser d'être réglé, peut devenir moins
rigoureux et l'on redoute moins pour l'adolescence que pour l'enfance, les aliments de digestion difficile ou doués de propriétés excitantes; mais, si l'usage exceptionnel peut en
être toléré, l'usage habituel doit en être interdit.

Les quatre repas sont de rigueur jusque vers
dix-huit ou vingt ans, et nous pensons qu'en
divisant ainsi l'alimentation, on répond mieux
aux besoins fréquents de l'économie, en même
temps qu'on ménage plus les organes digestifs. C'est surtout lorsque le corps prend un
développement rapide, que la viande est un
aliment nécessaire; l'enfant, l'adolescent, qui
n'en ont qu'une ration insuffisante, y suppléent
par une quantité de pain considérable; on observe communément ce fait dans les colléges,
et là aussi on voit fréquemment, à la suite de
cette alimentation presque exclusivement *pa-
naire*, survenir des affections graves de l'estomac ou de l'intestin. Plus tard, cette alimentation n'est plus nuisible; toutefois rien ne
peut remplacer avantageusement la viande
comme nourriture, surtout lorsqu'on exige du
corps des efforts musculaires.

Quand les organes ont pris tout leur développement, les repas doivent être réglés suivant le besoin, et l'on ne peut à cet égard classer ensemble l'ouvrier dont les muscles agissent pendant douze heures et l'homme de
bureau qui passe sa journée assis. C'est surtout à ce dernier que l'on doit recommander
la sobriété et le choix des aliments. L'homme
de peine, le manœuvre, sous l'influence d'une
action musculaire énorme, peuvent digérer les
aliments les plus grossiers, l'homme sédentaire,
quand il ne serait pas en général plus faible
et plus délicat, doit s'interdire ce qui est d'une
digestion difficile et surtout les substances, les
mets excitants. Tous les repas du charpentier,
du maçon, doivent être solides, sa santé, son
travail, loin d'en souffrir, y gagneront: toute-

fois il agit sagement en réservant pour son
souper les aliments les plus nourrissants. Ces
aliments pris au milieu de sa journée ont l'inconvénient de rendre l'ouvrier plus lourd et
moins habile pendant la digestion; le soir, au
contraire, ils réparent les pertes que le corps
a faites et leur assimilation s'achève tranquil-
lement pendant un bon sommeil.

Quant à l'homme sédentaire, s'il veut travailler après son repas, qu'il soit très-sobre,
encore fera-t-il mieux de laisser entre le repas
et le travail un intervalle proportionné aux
difficultés de la digestion. C'est aussi pour le
soir qu'il devra généralement réserver le principal repas, surtout s'il consacre au repos sa
soirée. Deux repas lui suffiront en général.

Ce qui précède concerne seulement les climats tempérés, et même dès le 43e degré de
latitude, l'instinct des peuples et la nature du
sol leur ont fait modifier leur alimentation.
Plus on s'avance vers le tropique, moins la
nourriture a besoin d'être solide. Un Toscan,
un Napolitain seraient bien en peine s'il leur
fallait manger à leur repas la quantité de viande
qui n'a rien que d'ordinaire pour un ouvrier
anglais.

Entre les tropiques et sous l'équateur, le régime est encore plus simple, quelques fruits
et surtout des aliments féculents en font la
base; le manioc est la principale nourriture du
nègre, le riz et l'eau lactée constituent celle
de l'Hindou.

C'est toujours au péril de sa vie, ou tout au
moins de sa santé, que l'homme des climats
septentrionaux transporté sous des latitudes
plus chaudes persiste à conserver son régime
et ses habitudes. La première chose à faire est
au contraire de suivre immédiatement l'exemple du peuple au milieu duquel on vit, en
ménageant toutefois la transition et en suivant
la marche de l'acclimatement.

Certains aliments doivent, soit à leur préparation soit à la nature des substances qui les
composent, des qualités nuisibles, surtout
quand on en fait un usage prolongé. Les viandes
salées ou fumées sont d'un usage plus fréquent
dans les pays septentrionaux que dans les
nôtres; elles ont sur la constitution des populations dont elles forment la principale nourriture un effet souvent funeste. C'est en grande
partie au poisson salé et presque toujours en
décomposition putride dont ils se nourrissent,
que les Norwégiens doivent la lèpre, qui est en-
démique sur leurs côtes.

La viande de porc, dont les diverses préparations constituent ce qu'on nomme la char-
cuterie, ne figure sur la table des riches que
comme moyen d'exciter le goût et de varier la
nourriture. Son usage, ainsi borné, ne peut
être qu'utile, surtout quand, parmi ces préparations, on choisit les plus simples et les moins

épicées; mais lorsqu'on en fait un usage journalier et que, comme le pauvre, on ne peut les avoir qu'à bas prix et d'une qualité inférieure, elles deviennent un aliment détestable et sont une des causes les plus actives des maladies de la peau. Parmi les préparations culinaires, il en est qui doivent au vin, et surtout aux épices qu'on y mêle, des propriétés excitantes. L'homme robuste et en santé ne doit en faire qu'un usage exceptionnel. Les condiments de haut goût ont sur les voies digestives, sur le foie, sur l'appareil urinaire, une action puissante et qui peut devenir promptement funeste. Dans les climats extrêmes, l'usage des épices semble moins nuisible à l'économie que dans les zones tempérées. L'Anglais, le Russe, comme l'habitant des Antilles et de l'Inde, emploient impunément des assaisonnements que le palais et l'estomac d'un Français ne sauraient supporter.

Aux approches de la vieillesse et lorsqu'il est entré dans cette dernière période de sa vie, l'homme doit ménager les forces de son estomac et se rappeler qu'il a moins besoin à cet âge d'une nourriture abondante. L'habitude de manger beaucoup, les préparations d'une cuisine trop recherchée sont alors funestes et amènent promptement des infirmités, que l'homme sobre et vivant d'aliments simples évite en général.

Nous n'avons encore rien dit des boissons, et quelques mots sur ce sujet nous suffiront. Dès que l'enfant est sevré, sa boisson sera de l'eau d'abord pure et bientôt après légèrement rougie d'un peu de vin. C'est surtout dans les villes et chez les enfants lymphatiques que l'usage du vin est bon; la dose en doit être augmentée un peu avec l'âge, mais à moins d'indications particulières, le vin pur n'est jamais nécessaire et serait même nuisible aux enfants.

Ces préceptes sont applicables à l'adolescence, jusqu'à l'âge où commence le travail musculaire; alors un peu plus de vin ajoute singulièrement aux propriétés toniques de la nourriture et augmente notablement les forces.

C'est par cette raison que les enfants ou les individus au début de l'adolescence, qui sont employés à des travaux dans lesquels ils dépensent beaucoup de force musculaire, les mousses, les manœuvres dans certaines usines, éprouvent de bons effets d'une ration de vin qui serait trop considérable pour des écoliers.

L'adulte doit savoir se borner au nécessaire pour le vin plus que pour toute autre chose. Sa profession, sa constitution déterminent la quantité qui lui convient. Dans la vieillesse, le vin est d'un secours précieux pour soutenir les forces et réveiller l'organisme. On connaît cet axiome de l'antiquité: le vin est le lait des vieillards. Dans les pays où le vin manque il est remplacé par la bière, boisson essentiellement hygiénique par elle-même, mais dont l'usage abusif a des effets tout aussi déplorables que ceux du vin. On a dit avec vraisemblance que la bière est pour beaucoup dans la lourdeur de corps et d'esprit des peuples du Nord.

Une boisson bien inférieure à cette dernière, c'est le cidre, dont l'usage est répandu dans quelques-uns de nos départements de l'ouest. On ne peut nier toutefois que la race normande n'ait été et ne soit encore une des plus belles de notre pays, et si elle perd chaque jour, si elle s'abâtardit, surtout dans les villes, ce n'est pas au cidre qu'elle le doit, c'est à l'eau-de-vie.

Tel est le résultat déplorable qu'on voit suivre partout l'abus de cette boisson funeste, et partout où l'usage en existe, l'abus en est inséparable. Mieux supportée sous les latitudes arctiques et surtout dans les pays humides que dans les autres climats, là aussi pourtant elle entraîne inévitablement à sa suite l'abrutissement et tous les désordres moraux et physiques. Il faut un peu plus de genièvre pour tuer un Anglais, un Hollandais, un Lapon que pour tuer un Français, un Espagnol ou un Hindou; mais le genièvre les tue tous quoiqu'à dose variable. Le Russe peut absorber impunément des quantités énormes d'alcooliques; les soldats russes, dans nos hôpitaux, buvaient par jour et par homme 120 grammes d'eau-de-vie et une bouteille de bière; mais ce triste avantage n'appartient qu'aux Russes, et l'on peut dire que l'eau-de-vie est pour eux un poison moins violent: voilà tout.

Les alcooliques remplacent imparfaitement le vin; toutefois ils sont précieux pour les approvisionnements maritimes, pour les expéditions où le bagage doit être restreint. Leur usage est encore excellent comme correctif des eaux malsaines que le voyageur ou le soldat sont souvent obligés de boire. Mais c'est en quelque sorte comme médicament, non comme boisson normale, qu'il faut les employer, et l'on doit en user comme de l'opium, cette substance qui leur ressemble tant dans ses effets, ressource admirable en thérapeutique, poison redoutable quand on en abuse.

Les pays lointains nous ont donné des boissons, parmi lesquelles figure en première ligne le café, puissant excitant du système nerveux, digne de tous les éloges qu'en ont faits les poëtes et dont la thérapeutique peut tirer un grand secours (Voyez CONTRE-POISONS), mais que ses propriétés rendent un agent dangereux, malgré le mot spirituel de Fontenelle. Le thé, inférieur au café à beaucoup d'égards, est une boisson excellente, un tonique précieux dans les pays malsains et dans toutes les conditions qui peuvent amener l'abattement moral et physique.   A. LE PILEUR.

ALIMENTS. (*Technologie.*) La conservation des substances alimentaires forme la base d'un art nouveau, qui a reçu de nos jours de grands perfectionnements. On a senti vivement l'utilité dont pouvaient être ces procédés, non-seulement pour la marine et pour les hôpitaux, mais encore pour l'économie domestique. Supposez les méthodes de conservation assez parfaites, nous pourrons jouir dans toutes les saisons des productions particulières à chacune : nous consommerons en hiver les produits abondants de l'été, et nous aurons dans la saison des fleurs les fruits succulents de l'automne. La nature, si variable dans ses bienfaits, tantôt si prodigue et tantôt si avare de ses biens, ne nous fera plus courir de chances funestes, parce que nous saurons, dans les années d'une abondance ruineuse, recueillir les produits superflus et les conserver pour les années de disette. Le commerce pourrait nous apporter les productions délicieuses des contrées équinoxiales, que nous goûterions dans toute leur fraîcheur ; et le même lieu réunirait les productions des climats brûlants de la zone torride avec celles des zones tempérées du nord et du midi. Mais les procédés de conservation des substances alimentaires ont présenté jusqu'ici beaucoup plus de difficultés que l'art de les produire. Dans ce dernier cas la nature agit avec nous et nous prête ses forces, tandis que dans l'autre nous luttons contre elle pour l'empêcher de détruire son propre ouvrage. Les productions du règne organique ne peuvent se conserver spontanément que dans l'état de vie ; une fois éteintes, elles subissent plus ou moins promptement la fermentation ou la putréfaction qui en dissocie les éléments et forme de nouveaux composés. Il faudrait donc, pour conserver les substances végétales ou animales, empêcher ou retarder le moment de cette altération spontanée qui finit par les détruire.

Parmi les causes qui tendent à accélérer la fermentation, on en a remarqué trois principales : la présence d'un ferment d'une nature particulière, celle de l'air ou de l'oxygène, et l'humidité. Si l'on supprime une de ces trois causes, la fermentation est empêchée, ou du moins l'altération des substances est considérablement retardée.

Le procédé de conservation des aliments en les privant d'humidité est connu et pratiqué depuis longtemps ; c'est ainsi qu'on dessèche les viandes, les fruits, les légumes qu'on veut conserver : mais cette méthode a le défaut d'altérer certaines substances, d'en rendre d'autres moins nutritives, et de leur enlever, dans tous les cas, leur fraîcheur naturelle.

La salaison et le fumage des viandes, quoique agissant d'une autre manière, produisent les mêmes effets ; et ces opérations ont de plus l'inconvénient de mêler à la matière alimentaire des substances hétérogènes et nuisibles, dont on ne peut les débarrasser à l'aide de lavages répétés que très-imparfaitement et aux dépens de la substance nutritive, qui est entraînée en partie.

Un enduit qui serait imperméable à l'humidité et à l'air pourrait très-bien conserver sans altération les substances solides qu'on en recouvrirait : c'est par un moyen de ce genre que l'on conserve aisément les œufs ; on les plonge dans de la cire fondue ou dans un lit de chaux, et on les retire revêtus d'un enduit mince de cire ou de chaux, qui suffit pour en empêcher la putréfaction. D'autres fois on se contente de les recouvrir de cendres.

Il serait à désirer qu'on pût trouver un vernis qui, sans altérer l'humidité, fût un peu élastique, point sujet à s'écailler, ni insalubre, mais facilement enlevable à l'eau bouillante ou autrement. Un vernis de cette espèce serait très-utile pour la conservation des substances animales qu'il garantirait complètement de l'influence de l'air sec ou humide. Les expériences faites à ce sujet par M. Herpin, et consignées dans les *Annales de l'industrie,* avril 1823, montrent qu'on n'est pas éloigné d'avoir atteint le but.

On conserve plusieurs substances animales ou végétales en les tenant plongées dans de l'alcool : les fruits à l'eau-de-vie et les préparations d'histoire naturelle sont dans ce cas.

Le vinaigre, ou l'acide pyroligneux, est encore un excellent antiseptique ; mais son emploi change la saveur des substances conservées de cette manière, et les viandes marinées n'auront jamais ni le goût ni la fraîcheur des viandes récentes.

Il serait trop long d'exposer ici tous les moyens que l'on a proposés ou essayés pour la conservation des substances alimentaires. Nous nous bornerons à la description de la méthode de M. Appert, qui nous a paru la plus étendue et la plus efficace, quoiqu'elle laisse plusieurs choses à désirer (1) ; elle a d'ailleurs pour elle la sanction d'une longue expérience et l'approbation de plusieurs sociétés savantes.

Le procédé de M. Appert s'applique à toutes les substances végétales ou animales, solides ou liquides ; il consiste principalement :

1° A renfermer dans des bouteilles ou des bocaux les substances que l'on veut conserver ;

2° A boucher ces différents vases avec la

(1) Par exemple, la fragilité et la petitesse des vases dans lesquels M. Appert renferme les substances, car ce sont des bouteilles ou des bocaux de verre qu'il emploie ; on les met aujourd'hui dans des vases de fer-blanc parfaitement soudés à la manière des Anglais.

plus grande attention, car c'est surtout du bouchage que dépend le succès;

3° A soumettre ces substances ainsi renfermées à l'action de l'eau bouillante d'un bain-marie pendant plus ou moins de temps, selon leur nature;

4° A retirer les bouteilles du bain-marie au temps prescrit. Ce procédé est simple; voyons comment il atteint le but. Les substances végétales ou animales fraîches contiennent naturellement une certaine quantité de ferment et d'eau, et acquièrent promptement, par le contact de l'oxygène de l'air, une disposition à la fermentation ou à la putréfaction. Si donc on les renferme dans des vases bien clos, on supprime par là l'action de l'oxygène de l'air, et par suite on détruit la cause la plus active d'altération : mais les substances organiques avaient déjà absorbé de l'oxygène, durant leur présence dans l'atmosphère et avant d'être renfermées; d'ailleurs le vase lui-même en contient un peu, soit dans les interstices des matières, soit dans le petit vide qu'on y laisse à dessein, puisqu'on ne le remplit pas en entier. Cette petite quantité d'oxygène suffirait pour développer la fermentation. Aussi, pour en prévenir les effets, soumet-on la substance renfermée dans le vase à l'action de l'eau bouillante, l'oxygène libre ou absorbé forme alors une nouvelle combinaison qui n'est plus propre à exciter la fermentation ou la putréfaction, et qui devient concrète par la chaleur de la même manière que l'albumine.

M. Appert a gardé par ce procédé et pendant plusieurs années toutes sortes d'aliments, de la viande, du gibier, du bouillon, du lait, des œufs, des légumes, des fruits, des boissons, des ragoûts; tout s'est parfaitement conservé. M. le capitaine Freyssinet avait emporté, pour son voyage autour du monde, des vivres préparés suivant la même méthode, et, à son retour, il en a fait manger à plusieurs personnes qui s'y sont trompées et ont pris de la volaille cuite depuis plus d'un an pour de la viande récemment préparée. L'efficacité de ce procédé est donc hors de doute, et nous pensons que, lorsqu'il aura reçu toute l'extension possible, il procurera tous les avantages dont nous avons parlé au commencement de cet article.

Nous ne traiterons pas ici de la préparation des substances alimentaires; *voyez* BOULANGER, CUISINIER, PATISSIER, VERMICELLIER, etc.

LENORMAND et MELLET.

ALIMENTS. (*Législation.*) On désigne sous ce nom tout ce qui est nécessaire à la vie : la nourriture, le vêtement et le logement.

L'obligation de fournir aux besoins de ceux qui lui doivent l'existence est imposée par la nature à l'homme comme à tous les animaux.

La loi divine a dû aller plus loin à cet égard que la loi naturelle; non-seulement elle ordonne de fournir aux besoins de ses enfants, de son époux, ou des auteurs de ses jours, mais, considérant le genre humain comme une seule famille, elle prescrit de donner des aliments à tous ceux qui sont dans le besoin.

Des peuples de l'antiquité ont consacré à cet égard des dispositions pleines de sagesse. On trouve dans le recueil de Dupré, *Prateius* (édition de Lyon, 1589, in-8°, p. 50, 51 et suivantes), plusieurs sages règlements de la législation grecque sur cette matière importante.

Plusieurs lois romaines avaient consacré l'obligation entre proches parents de se fournir des aliments; et cette obligation était même plus étendue qu'elle ne l'a jamais été d'après la législation française.

D'après notre code civil, le père et mère doivent nourrir, entretenir et élever leurs enfants naturels ou adoptifs. (*Voyez* ADOPTION.) A leur tour, ces derniers sont tenus de fournir des aliments à leurs père et mère et autres ascendants, lorsqu'ils sont dans le besoin. La même obligation est imposée aux époux entre eux. A l'égard des gendres et belles-filles, le code les oblige aussi à fournir des aliments à leurs beau-père et belle-mère, à moins que la belle-mère n'ait convolé à de secondes noces, ou que l'époux qui produisait l'affinité ne soit décédé ainsi que les enfants issus du mariage.

Les aliments ne sont accordés que dans la proportion du besoin de celui qui les réclame avec la fortune de celui qui les doit; aussi l'obligation de fournir des aliments peut-elle cesser lorsque l'une des parties n'en a plus besoin, ou que l'autre est hors d'état de les fournir. Presque toujours celui qui doit des aliments est condamné à payer à celui qui les réclame une pension suffisante pour fournir à ses besoins; mais les tribunaux sont autorisés, dans certains cas, à ordonner que la partie qui doit les aliments recevra dans sa demeure, nourrira et entretiendra la partie qui est fondée à les réclamer.

L'adoption étant une fiction légale de la paternité, l'obligation de se fournir des aliments est consacrée par l'article 349 du code entre l'adopté et le père adoptif.

COFFINIÈRES.

ALIQUOTE. (*Mathématiques.*) Lorsqu'on a remarqué qu'un nombre en divise exactement un autre, on dit qu'il en est partie aliquote : ainsi 2, 3, 4, 6 sont des aliquotes de 12, parce que ces nombres divisent 12 sans reste. Nous donnerons au mot FACTEUR les règles qu'on suit pour trouver toutes les parties aliquotes d'un nombre donné quelconque.

FRANCŒUR.

ALIQUOTES. (*Musique.*) En musique, l'on entend par parties aliquotes les sons secondaires qu'un corps sonore mis en vibration fait entendre en même temps que le son principal. Quand on frappe ou pince un corps sonore, si l'on y prête attention, on entend vibrer plusieurs sons; mais celui qui frappe le plus l'oreille après le son principal, c'est la douzième et ensuite la dix-septième. Ces deux sons, rapprochés de la tonique ou son principal, donnent la quinte et la tierce; et, comme le son de cette quinte ou douzième domine sur tous les sons secondaires, on la nomme *dominante*. Voyez Accord.   BERTON.

ALISE-SAINTE-REINE. (*Géographie* et *histoire*.) Village de France, département de la Côte-d'Or, arrondissement de Sémur. Population, 600 habitants.

Ce village n'a de remarquable en soi que les grands souvenirs qu'il rappelle. Il est bâti sur l'emplacement de l'ancienne *Alesia*, capitale de la peuplade gauloise des Mandubiens, et l'une des places les plus fortes et les plus importantes de la Gaule. Vercingétorix, vaincu par César, s'y retira avec une nombreuse armée, y fut assiégé par les Romains, et, après deux mois d'une courageuse défense, acheta le salut de son peuple en se livrant à ses ennemis, qui le firent périr et noyèrent dans son sang le dernier germe de la liberté gauloise. Lors de la chute de l'empire d'Occident, Alesia était le chef-lieu d'un pays qui portait le nom de *Pagus Alesiensis*, dont il est encore fait mention sous les rois de la seconde race. Cette ville devait être très-grande puisque César en porte la garnison à 80,000 hommes. Cependant elle n'offre plus aucunes ruines apparentes. Il serait très-difficile, pour ne pas dire impossible, de préciser l'époque de sa destruction; et on ne peut que conjecturer, selon l'opinion la plus probable, qu'elle a été ruinée lors de l'invasion des barbares, qui détruisirent le premier royaume de Bourgogne vers le milieu du sixième siècle.

Dissertation sur les frontières de la Gaule et de la province romaine, où l'on découvre la fameuse Alesia, assiégée par César, 1717, in-4°.

Lempereur, *Dissertation sur la ville d'Alesia.* 1706, in-12.

Belley (L'abbé), *Éclaircissements géographiques*, 1741, in-12.

Caylus, *Recueil d'antiquités*, t. V, p. 293.

         G.

ALISIER. (*Botanique*.) Genre de plantes de la famille des pomacées. Son nom latin est *Cratægus*. Il est propre à l'ancien continent, et se trouve en Europe et dans les contrées froides de l'Asie. On en connaît dix espèces, parmi lesquelles l'*Alisier Allougier*, l'*Alisier de Fontainebleau* et l'*Alisier commun* sont les plus remarquables. Les fruits de l'alisier, quoique un peu acerbes, se mangent, après avoir été mûris sur la paille. Son bois est blanc, très-liant, très tenace; il est recherché par les tourneurs, et les menuisiers en font la monture de leurs outils.

ALIZÉS (Vents). On nomme généralement *vents alizés* des vents réguliers qui soufflent à une certaine époque et dans une certaine direction. Mais ce nom s'applique plus spécialement à un vent qui, aux environs de l'équateur, souffle de l'est à l'ouest. On ignore la cause qui le produit; on a prétendu que c'était le mouvement de rotation de la terre; mais cette opinion n'offre pas une certitude suffisante. Quoi qu'il en soit, on profite des vents alizés pour la navigation, et on attend l'époque de leur arrivée pour aller dans les pays vers lesquels ils se dirigent. On y trouve tant d'avantage, qu'au lieu d'aller en ligne droite d'un lieu situé au-dessus des tropiques à un autre placé sous la même latitude, on préfère gagner les environs de la ligne, où l'on est sûr, au temps marqué, de rencontrer des vents réguliers et constants. *Voyez* VENTS.

ALJUBAROTTA. (*Géographie*.) Ce bourg de la province d'Estramadure en Portugal est connu dans l'histoire par la victoire signalée que Jean Ier, roi de Portugal, y remporta, le 14 août 1385, avec le secours des Anglais, sur les Castillans et les Français réunis. De cette bataille, dont l'anniversaire est resté pour les Portugais une fête nationale, date l'influence de l'Angleterre sur le Portugal.

ALKERMÈS. *Kermès* est un mot arabe, dont on a fait le nom d'une petite excroissance rouge qu'on trouve sur le chêne, où elle est produite par la piqûre d'un insecte qui fait extravaser le suc de l'arbre, et dont on se sert pour teindre en écarlate. C'est de là qu'on a nommé *alkermès* une liqueur, fort agréable, fabriquée généralement à Florence, presque inconnue à Paris, et à laquelle on donne une belle couleur rouge, à l'aide du kermès végétal.

Cette liqueur se prépare surtout au couvent de Santa-Maria-Novella. Les ingrédients qui entrent dans sa composition sont la feuille de laurier, le maïs, la muscade, la cannelle, le girofle. On fait infuser le tout, employé selon certaines proportions, dans de l'acool faible, puis on ajoute du sucre, et on colore ainsi qu'il a été dit.

ALKMAER (Bataille d'). (*Histoire*.) Dans la seconde moitié de l'année 1799, la France se trouvait dans une position critique. Après avoir perdu toutes ses conquêtes, elle se voyait menacée à son tour sur ses frontières. Dans le même temps où les Austro-Russes, qui venaient de ressaisir l'Italie, envahissaient la Suisse, une armée anglo-russe débarquait en Hollande, commandée par Abercromby. Masséna arrêta les premiers à Zurich; Brune, attaqué par Abercromby à Alkmaer, le fatigua, le tint en échec pendant un mois, le battit à plusieurs reprises. Les Anglais furent forcés de se rembarquer, en s'assurant, par un traité d'évacuation peu glorieux, les moyens de le faire avec tranquillité. Ce traité fut signé le 18 octobre.

ALLAITEMENT. (*Histoire naturelle.*) Action par laquelle les femelles des mammifères donnent à leurs petits une nourriture appropriée aux premiers besoins de ceux-ci. L'allaitement, étant commun à tous les animaux à sang chaud munis de mamelles, est un caractère important, par lequel l'immortel Linné fut averti que les baleines et autres cétacés (*voyez* ce mot) n'étaient point des poissons, encore que la forme extérieure de ces colosses et l'élément qu'ils habitent les eussent fait confondre avec eux dans l'antiquité. Les cétacés, qui sont munis de mains que le vulgaire prend pour les nageoires, allaitent leurs petits au milieu des mers en les tenant embrassés contre leur sein. Il en est à peu près de même de la femme et de la femelle du singe, qui, portant les mamelles sur la poitrine, sont aussi dans l'usage de porter leurs petits dans leurs bras, pour les élever jusqu'aux réservoirs dans lesquels ils doivent puiser la vie. Les autres mammifères ayant leurs mamelles autrement disposées, leurs petits sont, dès leur naissance, poussés par un instinct qui les leur fait chercher. Les sarigues et les kangaroos offrent une particularité très-remarquable : peu de temps après la conception, le fœtus sort du corps de sa mère, encore informe et à peine visible; il passe dans une sorte de poche que celle-ci porte sous le ventre, et qui est garnie des mamelons sur sa surface intérieure; rendu dans cet asile, il l'embrasse avec sa langue l'un de ces mamelons, qu'il n'abandonne plus tant qu'il n'est pas entièrement formé; on prétend même qu'il s'y réfugie encore durant quelque temps, alors même que, devenu un animal parfait, il peut courir autour de celle qui lui donna la vie.

Quelque temps avant l'accouchement, la nature se prépare à fournir les moyens de subvenir aux besoins du nouvel individu : les mamelles de la mère se distendent, les fluides y affluent; il se fait un commencement de sécrétion, d'abord limpide, et qui devient peu à peu du lait. Le mammifère trouve ainsi dès sa naissance un aliment approprié aux forces de son estomac. La durée de l'allaitement varie selon les espèces; il est, en général, en raison de l'accroissement comme de la durée de la vie et de la gestation, et sous ce rapport l'allaitement chez la femme est des plus longs. *Voyez* Génération.

BORY DE SAINT-VINCENT.

ALLAITEMENT. (*Médecine.*) L'enfant qui vient de naître ne peut encore se nourrir que d'aliments liquides, et la nature a préparé pour lui dans le sein maternel une nourriture qu'aucune autre substance ne saurait alors convenablement remplacer.

L'allaitement maternel, lorsqu'il est possible, est le plus salutaire soit pour l'enfant, soit pour la mère elle-même. Cet allaitement présente surtout le grand avantage que les qualités du lait se trouvent en rapport avec les forces assimilatrices de l'enfant. Le premier lait qui est sécrété, connu sous le nom de *colostrum*, est éminemment séreux; il possède une propriété légèrement laxative qui favorise l'expulsion du *méconium*. A mesure que les organes digestifs de l'enfant acquièrent une plus grande énergie, le lait devient de plus en plus consistant et nutritif.

Les femmes qui ne nourrissent pas sont exposées plus que les autres à voir leurs seins s'enflammer et s'abcéder; la glande mammaire, le tissu cellulaire ou les ganglions lymphatiques qui l'entourent, deviennent le siége d'engorgements qui sont souvent le germe funeste d'affections cancéreuses. En outre, la sécrétion du lait ne peut pas être brusquement interrompue avant le terme assigné par la nature, sans que d'autres organes soient menacés de devenir le siége du travail qui devait s'opérer dans les mamelles : de là la fréquence plus grande des métrites, des péritonites, chez les femmes qui ne nourrissent pas; de là une foule de maladies que le vulgaire regarde à tort comme l'effet du lait *répandu*. Ce n'est pas sans raison qu'on a conseillé aux femmes prédisposées à la phthisie pulmonaire de donner à téter à leurs enfants pendant les quinze ou vingt premiers jours; on cherche ainsi à fixer sur les mamelles une fluxion qui ne se porterait pas impunément sur les poumons.

Quelque utile que soit la lactation et pour la mère et pour l'enfant, il est cependant des cas où l'allaitement maternel cesse d'être possible. Les principales causes qui s'opposent à ce qu'il ait lieu sont un lait trop peu abondant, trop séreux, ou vicié par quelque virus; la mauvaise conformation des mamelons, l'état de grossesse, et l'existence des menstrues, qui modifient ordinairement les qualités du lait. Une femme en proie à des émotions vives, à des passions violentes, devient incapable de nourrir : sous l'influence de ces causes morales, si communes au sein des grandes villes, le lait s'altère d'une manière non douteuse; il peut même devenir un véritable poison pour l'enfant, produire des convulsions, de véritables attaques d'épilepsie, de funestes diarrhées.

Les femmes d'une constitution faible ne peuvent continuer à nourrir pendant quelque temps, sans tomber dans un état d'épuisement qui serait aussi fatal pour elles que pour leur enfant. Enfin il est des femmes qui, fortes et bien constituées en apparence, sont obligées de renoncer à nourrir, parce que l'enfant *ne profite pas à leur sein.*

La mère qui veut allaiter doit bien se pénétrer de toute l'étendue, de toute la rigueur des devoirs qu'elle s'impose. Si les plaisirs du monde la captivent encore, si, entraînée par eux, elle abandonne souvent son enfant à des mains étrangères, qu'elle cesse de remplir une fonction dont elle n'est pas digne : mieux vaut alors une nourrice mercenaire.

Le lait par lequel on remplace le plus ordinairement le lait de femme est le lait de chèvre ou de vache. L'analyse chimique apprend que le lait d'ânesse ou de jument est celui qui, par sa composition, se rapproche le plus du lait de femme ; il semble donc que généralement cette espèce de lait conviendrait davantage à l'enfant. Il faudrait en excepter peut-être les enfants éminemment lymphatiques et scrofuleux, qui semblent se mieux trouver de l'usage du lait de chèvre. Dès les premiers temps de la naissance, le lait d'ânesse pourrait être donné pur sans inconvénient. Le lait de chèvre ou de vache au contraire doit être coupé avec une quantité de liquide d'autant plus considérable que l'enfant est plus jeune.

L'enfant peut prendre le lait soit immédiatement au pis même de l'animal, soit au biberon. On peut facilement dresser une chèvre de manière que l'enfant puisse la téter sans accident. Pris au pis, le lait a une saveur qu'il perd dès qu'il a été exposé au contact de l'air : il cesse alors d'être une liqueur vivifiante ; il semble n'être plus aussi nutritif, et se digère plus difficilement.

C'est une opinion généralement répandue, que les enfants nourris avec le lait de chèvre prennent quelque chose des mœurs de cet animal ; aucun fait bien observé ne démontre l'exactitude de cette assertion.

Si l'enfant se porte bien, on doit commencer à lui donner du lait quatre ou cinq heures après la naissance. Toutes les fois que l'enfant présente quelque symptôme de malaise, s'il est agité ou assoupi, s'il a de la fièvre, des vomissements, de la diarrhée, on doit sur-le-champ diminuer la quantité de lait qui lui est habituellement donnée. L'observation a appris que les inflammations gastro-intestinales causent ou compliquent chez les enfants un grand nombre d'affections ; et chez eux, comme chez les adultes, des aliments introduits dans un estomac irrité ne peuvent qu'être funestes. Nous avons cru devoir insister sur ce point, parce que beaucoup d'enfants périssent victimes des préjugés de leurs parents ou de leurs nourrices, qui ne connaissent d'autre moyen d'apaiser leurs cris ou de calmer leurs souffrances que de les gorger de lait.

MARC et ANDRAL.

ALLEGHANYS. *Voy.* APALACHES.

ALLÉGEANCE (Serment d'). On appelle ainsi le serment de fidélité que les Anglais prêtent à leur roi en sa qualité de roi et seigneur temporel. C'est le lien qui les lie à son égard, en échange de la protection qu'il leur accorde. Toute personne revêtue d'office, d'emploi ou de place de confiance, doit prêter le serment d'allégeance, qui peut être exigé par le juge de paix, non-seulement de ceux dont la fidélité est suspecte, mais encore de tous ceux qui ont passé l'âge de douze ans. L'allégeance est ou *naturelle* ou *locale ;* elle est naturelle pour tous ceux qui sont nés dans un pays de la domination du roi d'Angleterre, et locale pour les étrangers aussi longtemps qu'ils se trouvent sous sa protection. L'allégeance naturelle est encore *perpétuelle* ou *temporaire.* Le serment d'allégeance fut introduit en Angleterre par Jacques 1er en 1606. En voici la formule : « *Je N.... proteste et déclare formellement devant Dieu et devant les hommes que je serai toujours fidèle et soumis au roi N....* » Puis vient une protestation contre cette doctrine que les princes excommuniés peuvent être déposés ou tués par leurs sujets.

On prête au roi d'Angleterre, en sa qualité de chef de l'église anglicane, un second serment qui se nomme *serment de suprématie.*

Les quakers sont dispensés du serment d'allégeance comme de tout autre serment ; ils le remplacent par une simple déclaration dont le gouvernement se contente.

ALLÉGER. (*Marine.*) Alléger un vaisseau, c'est le décharger d'une partie de son poids. Lorsqu'un navire est trop chargé et tire trop d'eau par conséquent, soit qu'il ait besoin de s'approcher des côtes, soit qu'il lui faille franchir un passage peu profond, on le débarrasse d'une partie des objets qui l'alourdissent. Un navire doit s'alléger encore quand il est près d'échouer, ou qu'il se voit dans la nécessité d'augmenter la vitesse de sa course.

Quand il s'agit de permettre à un bâtiment, en l'allégeant, de s'approcher des côtes, cette opération se fait au moyen de petits bâtiments qu'on appelle pour cette raison *allèges.* Leur forme n'est point déterminée, non plus que leur grandeur. Il y a des *gabares* qu'on appelle de ce nom, quoique leurs fonctions ne soient pas tout à fait celles dont nous venons de parler. C'est une allége qui fut construite à Toulon en 1830 pour aller chercher à Louxor l'obélisque qui orne aujourd'hui la place de la Concorde à Paris.

ALLÉGORIE. (*Littérature.*) L'allégorie remonte à la naissance du langage primitif. L'homme ne fut d'abord frappé que des objets physiques : le besoin fit naître bientôt les termes nécessaires pour les exprimer. Quand les choses intellectuelles se présentèrent à la pensée de l'homme, manquant de mots pour les rendre, il leur donna en quelque sorte une forme vivante, et les fixa dans son esprit à l'aide du nom des objets qui faisaient des images à ses yeux. L'allégorie est la figure universelle par laquelle le genre humain tout entier entra dans l'ordre intellectuel et moral. Partout où se rassemblent en quelques familles les éléments d'un peuple, l'allégorie vient au secours de la société naissante, et met dans le commerce général quelques idées nécessaires à tous. Loin donc que dans ce début des intelligences l'allégorie soit un voile, elle est au contraire une lumière ; elle rend sensible ce que le discours ne pourrait encore expliquer d'une manière claire et précise.

Chaque peuple ayant créé tour à tour les signes vivants du petit nombre de pensées devenues communes, les chefs, qui voulurent instruire leurs semblables, durent se servir de l'allégorie comme d'un interprète nécessaire : de là l'usage constant de représenter les idées abstraites par les images des objets corporels ; de là le caractère symbolique du langage des premiers poëtes, qui paraissent avoir été partout les instituteurs des nations. Leurs chants, remplis d'obscurités pour nous, et même pour des peuples qui n'étaient séparés d'eux que par quelques siècles, étaient compris de tous ceux pour lesquels ils avaient été créés ; mais avec le temps on perdit le sens primitif des allégories, on s'en tint à la lettre, on divinisa les êtres fictifs, et le paganisme couvrit la terre de dieux chimériques. Alors, comme chez les Égyptiens par exemple, l'allégorie devint une langue cachée, mystérieuse, interdite aux profanes, et réservée aux seuls prêtres, qui voulurent intercepter, par des ténèbres épaisses, la lumière de la vérité. Pythagore et d'autres philosophes grecs transportèrent cette langue dans leur pays, mais ils en gardèrent les énigmes pour eux, ou ne les dévoilèrent qu'à un petit nombre d'initiés, après de longues épreuves pour les rendre dignes de cette communication. Pour tout le reste, la fable fut une religion riante et voluptueuse, facile et pleine d'allégories que l'on n'entendait pas, quoique quelques-unes fussent d'une extrême évidence. Ainsi on ne voyait plus dans Minerve et Vénus, dans Mars et Apollon, des êtres allégoriques pour désigner la prudence, la beauté, le génie de la guerre, et la lumière du soleil, mais de véritables divinités, faites par l'homme à son image, parce que sa faiblesse n'aurait pu les comprendre, sans rapprochement de leur nature avec la sienne.

Le chancelier Bacon, Blackwel son compa-

triote ; l'abbé Conti, noble vénitien ; Basnage, dans son *Histoire des Juifs ;* l'abbé Pluche, dans son *Histoire du ciel ;* Court de Gebelin, Dupuis, et d'autres encore, ont cherché à expliquer les allégories mythologiques. Leurs savants travaux ont jeté un grand jour sur cette matière. Grâce à ces hardis investigateurs de l'antiquité, on suit avec une espèce de certitude l'origine, les mystères, les progrès, la durée, la décadence des religions, presque toutes filles de l'allégorie, et marquées à l'empreinte de leur mère. On voit la vérité ressembler souvent à un astre qui brille de la plus vive lumière, disparaître bientôt, comme lui, sous un voile de nuages : mais l'éclipse de l'astre n'est que passagère et ajoute à son éclat, celle de la vérité dure quelquefois des siècles et la rend au monde encore tout obscurcie de ténèbres ; il faut un long espace de temps pour les effacer. Dans une pareille situation des esprits, l'allégorie existe encore ; elle entre dans les formes du langage, mais personne ou du moins presque personne n'y soupçonne un sens caché : je me sers de cette modification, parce qu'à aucune époque il ne manque parmi les nations quelques intelligences privilégiées qui représentent la raison humaine, et sont comme des dépositaires chargés de conserver et de perpétuer la vérité dans le monde.

Les Grecs, les Romains, et les modernes, qui ne sont qu'une froide et pâle contre-épreuve de ces deux grands peuples, entendent par le mot allégorie, dans son sens le plus étendu, cette fiction dont l'artifice consiste à offrir à l'esprit un objet de manière à lui en représenter un autre avec lequel il a du rapport.

L'allégorie, dans le langage des rhéteurs, est une figure du discours qu'on peut regarder comme une métaphore prolongée.

Toutes les espèces d'allégories obligent les écrivains et les lecteurs à mettre en jeu leur imagination, les uns pour revêtir de formes vivantes la pensée ou les sentiments qu'ils veulent éveiller, les autres pour comprendre le sens du problème offert à leur intelligence. Le premier mérite de l'allégorie est la justesse continue des termes de la comparaison ; le second doit consister dans cette clarté, dans cette transparence qui laissent voir la vérité à travers un voile qui ne l'obscurcit jamais.

L'allégorie est souvent un moyen adroit de donner une leçon à des hommes que l'aveuglement de leurs passions ou l'orgueil du pouvoir rendraient sourds ou rebelles à la vérité. L'allégorie devient nécessairement la figure favorite de l'esclave qui veut faire entendre ses plaintes légitimes, sans courir le risque d'irriter son maître. L'ingénieux langage et la voix timide de l'allégorie ont plus d'une fois désarmé un despote assez ombrageux pour s'offenaer de la liberté même de la prière directe. Aucun peuple n'est plus riche en allégories de cette espèce que les Orientaux, parce qu'aucun peuple n'est plus voisin du soleil, qui enflamme toutes les imaginations, et plus à la merci du despotisme, qui contraint tous les sentiments. Peut-être les peuples de l'Asie actuelle n'entendent-ils plus le sens mystérieux de leurs allégories religieuses, mais ils font, comme leurs pères, un usage utile des détours de l'allégorie Espérons que la vérité, qui pénètre chez eux avec les connaissances de l'Europe, leur permettra un jour de lever tous les voiles dont ils sont encore forcés de couvrir la vérité qu'ils n'osent montrer toute nue à leurs maîtres, et qu'alors l'allégorie ne sera plus pour eux que ce qu'elle est pour nous, un heureux ornement du discours.

Quand les peuples libres sont corrompus par la fortune et par l'ivresse du pouvoir, ils ressemblent aux tyrans ; le courage lui-même se voit forcé de leur voiler la vérité. Ainsi ce Démosthène, que l'on comparait au Jupiter tonnant, était quelquefois contraint de recourir à l'allégorie pour aborder les passions des Athéniens. Peut-être Socrate n'aurait pas bu la ciguë, s'il eût consenti à tempérer par des allégories l'éclat de la vérité, trop vif pour des yeux faibles et des esprits malades. Presque toute la prudence humaine consiste dans cet art de ménager la lumière en la répandant ; mais il y a des devoirs auprès desquels la prudence devient presque de la faiblesse. Une mort sublime est le plus éclatant des témoignages que la vertu puisse donner d'elle-même ; frappé de ce grand sacrifice, le genre humain adopte avec ferveur et conserve avec respect la vérité qu'un sage a scellée du sang de l'innocence méconnue.

Chez les peuples modernes, la religion chrétienne d'un côté, les lumières de l'autre, ont beaucoup restreint l'usage de l'allégorie. Autrefois les prophètes eux-mêmes se croyaient obligés d'envelopper et de préparer les avis sévères qu'ils donnaient aux princes. Ils n'osaient pas plus attaquer en face les crimes du saint roi David ou les vices de son fils, que les fureurs de Jézabel ou d'Athalie ; mais, malgré ces précautions, plusieurs d'entre eux payèrent de leur tête la généreuse entreprise de mettre un frein aux passions des grands. Plus libres que les prophètes, les Bourdaloue, les Bossuet, les Massillon, tout en appliquant à leurs sermons les nombreuses allégories de la Bible, ont donné plus de force et d'éclat à la vérité par l'opposition des ménagements qu'elle consentait à garder chez les Hébreux, avec la franchise et la liberté des censures qu'elle fulminait chez nous du haut de la tribune sacrée. Que d'allégories auraient contenues, il y a trois mille ans, les discours de

Massillon devant le David et le Salomon du dix-septième siècle ! Sans doute la bonne foi, l'entraînement, la flatterie, et l'illusion qu'il faisait à son siècle, ont produit beaucoup de magnifiques mensonges en faveur de ce prince imposant ; mais nos orateurs sacrés méritent de grands éloges pour lui avoir donné en face des leçons qu'il n'eût jamais voulu entendre s'il eût été un roi d'Asie.

Indépendamment de la religion, qui, d'accord en ce point avec la philosophie, proclame sans nul déguisement les principes éternels de la morale, et traite, dans ses instructions, les rois comme les peuples, l'accroissement des connaissances humaines, qui se communiquent de proche en proche, rend l'allégorie d'un usage beaucoup moins fréquent ; de jour en jour elle deviendra plus rare. Nous marchons vers une époque où chaque vérité se montrera nue, sans voile, et sous les formes les plus capables de la rendre populaire. Alors l'allégorie, presque bannie de la prose, excepté comme figure de style, se réfugiera dans la poésie, qui a besoin, même chez les peuples où elle est séparée de sa rivale par des différences mieux marquées que dans la langue française, de se créer un génie particulier, d'avoir des mystères, des figures, des formes, des expressions et une harmonie qui n'appartiennent qu'à elle. L'imagination est le domaine propre de la poésie ; il faut qu'elle s'y élance avec plus d'audace que jamais, et qu'elle parcoure sans s'égarer des champs presque sans limites. La fiction de Virgile servant de guide au Dante dans deux mondes surnaturels, l'enfer et le purgatoire, est une image du rôle que la raison doit jouer auprès de l'imagination, de même que la *Divine Comédie* nous offre l'exemple le plus frappant des écarts de l'imagination lorsque, semblable à un élève fougueux, l'auteur s'emporte à tout moment et méconnaît l'autorité de son maître. Ajoutons cependant que Virgile pèche quelquefois par un excès de timidité, que ses proportions, comme modèle inspirateur, ne sont pas toujours assez grandes, et qu'un poëte de nos jours peut devenir plus digne de sa mission nouvelle en marchant sous les ailes du génie et du bon sens d'Homère que sous les auspices de l'auteur de l'*Énéide*.

L'allégorie entre dans tous les genres de composition. Toutes les formes du discours et du style lui conviennent ; tour à tour sérieuse et badine, toujours morale, souvent dramatique, elle peut prendre un vol sublime, et descendre au ton le plus familier, effrayer par la menace, ou corriger par le ridicule.

Les Écritures, qui ont souvent le caractère de la poésie lyrique, offrent beaucoup d'allégories : celle de Nathan envoyé par Dieu à David pour lui reprocher son adultère **avec**

Bethsabée ainsi que la mort d'Urie, est d'autant plus belle, que jamais le courage d'un sujet n'a mieux employé le secours du génie pour éveiller le repentir dans le cœur d'un roi qui jouit avec sécurité des fruits de son crime. Quand la poésie sert ainsi d'interprète à la morale offensée, elle est entendue de tous les peuples et paraît destinée à vivre autant que le monde. On remarquerait comme un heureux artifice, dans une composition profane, la circonstance historique de la mort de l'enfant de l'adultère, tout à coup frappé par le Seigneur, pour la punition de David. Rien de plus touchant que le deuil et les prières de ce prince avant la perte de la jeune victime; mais on éprouve un étonnement que la simple raison ne peut faire cesser, en lisant ce verset dont l'expression est d'une naïveté exquise : « David ensuite consola sa femme Bethsabée ; il dormit avec elle ; et elle eut un fils qu'elle appela Salomon. Le Seigneur aima cet enfant. »

Jérémie se sert tantôt de l'allégorie, tantôt du langage direct, pour conjurer la ruine de Jérusalem et désarmer le bras du Seigneur en réveillant le repentir dans le cœur du peuple d'Israël. Dieu lui-même emprunte le langage de l'allégorie lorsqu'il accuse les Hébreux devant son serviteur qui veut les sauver de leur ruine.

La prophétie de Joad me paraît une allégorie sublime; elle réunit la haute inspiration des prophètes avec la hardiesse lyrique des chœurs d'Eschyle, et nous montre ce qui manque aux plus belles odes de Jean-Baptiste Rousseau. Le véritable poëte sacré, chez nous, est l'auteur d'*Esther* et d'*Athalie*.

On trouve dans le *Prométhée* d'Eschyle une allégorie éminemment dramatique ; elle paraît signifier que la puissance tyrannique trouve toujours la force prête à exécuter ses décrets, et que le véritable courage ne cède jamais la victoire à l'injustice. Horace a fait un tableau hors de nature, peut-être, en peignant le sage debout et sans effroi sous les ruines du monde qui vont l'accabler; le *Prométhée* d'Eschyle, enchaîné par la force, attaché par la violence avec des clous d'acier à son rocher, et foudroyé enfin par Jupiter sans avoir voulu ni fléchir, ni prier, ni donner un signe de repentir, est un modèle de cette constance inflexible et passionnée que rien ne peut dompter. Un tel caractère a le grandiose d'une création allégorique, sans excéder les bornes du possible et du vrai. Peut-être pourrait-on penser que le *Prométhée* offre encore deux allégories cachées : la première ferait allusion à la jalouse inquiétude du pouvoir, porté dans tous les temps à regarder comme ennemis les talents qui se consacrent à éclairer les peuples; la seconde nous rappellerait que la témérité, qui cherche les périls extrêmes, que la violence et

l'orgueil, qui ne cessent d'irriter nos ennemis, amènent notre ruine inévitable.

On ne cesse de citer comme un modèle parfait de l'allégorie l'ode d'Horace qui commence par ces vers :

> O Navis, referent in mare te novi
> Fluctus ! o quid agis ? fortiter occupa
> Portum.

Mais elle est immédiatement suivie d'une autre allégorie d'un caractère plus grand et plus dramatique : le poëte y semble frémissant de colère, et armé, comme Lucile, d'un glaive nu pour punir et frapper. Il s'agit de la prédiction de Nérée. En levant le voile de la fiction la plus ingénieuse, en séparant les idées mères du sujet des formes matérielles que le génie leur a données, on trouve dans une composition aussi remarquable par l'unité, le mouvement, la chaleur et la variété,

Le crime de l'hospitalité violée,

Son éclat dans le monde,

Son ivresse du moment,

Ses plaisirs fugitifs,

Les cris du remords qui corrompent sa félicité trompeuse, et qui ressemblent aux menaces prophétiques de Nérée,

La colère des dieux,

La chute d'un empire perdu par la faute d'un seul homme,

Et enfin la foudre qui tombe sur le coupable, en enveloppant sa famille et tout un peuple.

Avec un homme doué de tant d'esprit et de sens, avec un poëte qui méditait ses sujets aussi profondément qu'Horace, on ne craint pas de supposer au génie des intentions aussi dignes de lui. Au reste, mon interprétation n'acquiert que plus de force si l'on admet, avec plusieurs savants critiques, l'opinion qui voit, dans l'ode sur les amours d'Hélène et de Pâris, une allusion à la folle et criminelle passion qui perdit en même temps le rival d'Auguste et la reine d'Égypte.

Timothée, ou la Fête d'Alexandre, par Dryden, est aussi une allégorie sublime, et l'une des plus belles créations de la poésie lyrique. Peut-être surpasse-t-elle encore par le mérite d'une action vive et variée, par la succession des mouvements passionnés que le génie excite dans le cœur orageux d'Alexandre, l'invocation de Lucrèce à Vénus, qui se termine par cette admirable allégorie : « O déesse, fais que la terre et l'onde voient enfin tomber et s'assoupir les fureurs du cruel génie de la guerre; seule tu peux consoler les mortels par les douceurs de la paix. C'est Mars qui régit en arbitre souverain le jeu barbare des combats, et l'on sait que Mars, enchaîné à ton pouvoir par la blessure d'un éternel amour, vient souvent se rejeter dans tes bras; c'est là que, renversé sur tes genoux, levant sur toi ses yeux avides, il se repaît du plaisir de contempler ta beauté, et demeure suspendu à ton sourire! O illustre mère des Romains, quand ce dieu repose sur ton corps sacré, incline-toi vers lui, et, laissant couler de ton cœur des paroles pleines de charme, demande pour ton peuple le bonheur de la paix! »

Il y a de belles allégories dans Pétrarque et dans le lyrique Filicaja; mais l'*Ode à la Fortune* de Guidi me semble mériter une attention particulière : grecque sous le rapport de l'imagination, romaine par la hauteur des pensées, française par la justesse des rapports de la fiction avec la vérité, italienne par l'éclat et la profusion des images, elle marque des différences sensibles entre quatre grandes littératures, et devient encore la meilleure censure de la froide et longue apostrophe de Jean-Baptiste à la déesse que le genre humain tout entier adore comme un pouvoir inconnu que la raison désavoue sans pouvoir déraciner, même chez les sages, une idolâtrie secrète du cœur.

Les épopées d'Homère abondent en allégories, les unes sublimes, les autres riantes et naïves. Certes, Homère n'a point voulu faire de l'*Iliade* et de l'*Odyssée* une longue allégorie. Cette prétention aurait glacé sa verve et ôté la vie à ses créations; mais il a employé avec art des ornements ingénieux qui donnent un corps à des sentiments ou à des pensées. Les prières, la ceinture de Vénus, la plante qui avait la puissance de suspendre pendant un jour les plus grandes douleurs, ce népenthès dont la belle Hélène exprime les sucs dans la coupe de Télémaque pour faire cesser les larmes que lui arrache le souvenir d'Ulysse, sont des allégories.

Virgile, moins riche et moins prodigue qu'Homère des trésors de la poésie, a fait un usage discret de l'allégorie. Celle de l'Amour caché sous les traits d'Ascagne, assis comme un enfant sur les genoux de Didon, réchauffant de son souffle un cœur tiède et déshabitué d'aimer, effaçant un souvenir, qui est encore une image vive, par une passion nouvelle, où la puissance de la beauté suprême qui éclate tout à coup dans Énée, l'admiration pour la gloire, la pitié pour le malheur, la ressemblance des infortunes, et tous les genres de surprise et d'illusions sont réunis par Vénus et son fils contre la reine de Carthage, constitue une des allégories les plus justes, les plus ingénieuses, les mieux soutenues que l'on puisse rencontrer dans un poëme. Je n'en dirais pas autant de la maigre fiction qui représente Vénus et Junon assistant à l'hymen fortuit de Didon et d'Énée.

La scène conjugale que le bon Homère nous représente entre Jupiter et la reine des dieux, qui emprunte la ceinture de Vénus pour plaire

à son époux, nous apprend comment la poésie renouvelle et embellit les choses les plus vulgaires. Sans doute on a eu raison de louer ici la pudeur de Virgile; mais il fallait, en conservant le prodige nécessaire qui conduit la reine à l'écueil de sa vertu, appeler le secours des grâces pour répandre du charme sur sa faute. Il fallait faire une opposition entre l'affreux orage excité par Junon et les enchantements de la grotte. On devrait y sentir la présence de Vénus, qui sème partout des fleurs sur ses pas. La séduction des lieux entre pour beaucoup dans l'amour, et il y a des conseils de volupté jusque dans l'air embaumé qu'on respire. Armide, parmi toutes les surprises qu'elle ménage au jeune Renaud, prodigue autour de lui les fleurs et leurs parfums. C'est aussi parmi les fleurs que Milton a placé la couche des deux premiers époux du monde.

Ce que j'appellerais l'allégorie de composition n'est pas marqué au coin du génie dans Virgile; mais celle qui consiste dans une figure de style est presque toujours un modèle de sentiment et de goût. Toutes les comparaisons de Virgile sont des allégories aussi remarquables par la justesse que par le prix qu'elles ajoutent à des choses où l'on croirait qu'il a épuisé tous les secrets de l'art d'émouvoir les cœurs.

Les trois poëmes du Dante abondent en allégories. Il y en a dont le sens est perdu pour nous, parce qu'elles tiennent à des allusions qui s'appliquent à des choses du temps que nous ignorons. D'autres, semblables à ce que Boileau appelait du galimatias double, étaient peut-être inexplicables pour le Dante lui-même : un grand nombre paraît à jamais répudié par la raison et le goût. Mais d'autres, marquées au fer chaud d'une satire implacable comme celle d'Archiloque, et quelquefois du caractère de cette justice éternelle qui mesure ses sévérités à la grandeur des coupables, étincellent de génie, de raison et de verve poétique. Le début du premier chant de l'*Enfer* contient, suivant les commentateurs, une allégorie aux passions de la jeunesse, de l'âge mûr et de la vieillesse, c'est-à-dire la luxure, l'ambition et l'avarice. Mais peut-être, dit Rivarol, ce triple emblème ne regarde-t-il que la cour de Rome, qui, pour asservir l'Italie, était tour à tour panthère séduisante, lionne superbe, ou louve avare. Si Béatrix est, comme on le suppose, une image allégorique de la religion, jamais un poëte n'a fait un plus heureux usage de la faculté de créer. Béatrix a aimé le Dante sur la terre, elle l'aime encore dans le ciel : occupée à regarder les merveilles du séjour céleste, elle n'oublie pas le poëte chéri qui lutte seul contre les écueils des passions. Distraite un moment de lui par les ravissements de la contemplation, elle le voit tout à coup errant parmi les ombres, égaré dans le grand désert du vide. Effrayée de ses périls, elle court à Virgile, et lui dit : « O belle âme de Mantoue, vous dont la renommée dure encore dans le monde et vivra autant que le mouvement de l'univers ! mon ami, et non celui de la fortune, est embarrassé dans une plaine déserte et dans un chemin pénible où la peur peut l'égarer ; je crains qu'il ne soit déjà perdu ; je crains d'avoir trop tard quitté les cieux pour venir à son aide. Allez à lui, je vous en conjure ; que le charme de la parole d'un poëte et le secours d'un art divin le sauvent et me consolent. Je suis Béatrix, c'est moi qui vous implore ; je viens d'un séjour où je dois retourner bientôt ; c'est l'amour qui m'envoie et qui me fait parler. »

En pardonnant au Dante le mélange du profane et du sacré, on ne peut que louer ici des allégories si belles et si transparentes : l'une fait de la religion un amour immortel, qui mêle les choses du ciel à des pensées de la terre, et a pour compagne la pitié qui plaint les peines de l'humanité ; l'autre transforme la poésie en un guide envoyé par une femme céleste au secours d'un homme qu'elle veut arracher aux séductions du vice, et rappeler à la vertu par le commerce du génie et les souvenirs de l'amour.

Solon avait rendu une loi pour ordonner à tout citoyen de prendre un parti dans les dissensions civiles. Voici comment le pinceau du Dante peint ces hommes qui, lorsqu'il s'agit des intérêts de la patrie, gardent une neutralité coupable, se refusent aux sacrifices qu'elle impose, et se réservent pour être la proie du vainqueur. Le poëte, effrayé par des imprécations, des accents de rage et des cris de désespoir, demande à connaître ceux qui sont ainsi accablés de douleur. « Ce sont, répond Virgile, les tristes âmes de ceux qui vécurent sans vertus et sans vices ; elles sont confondues avec le chœur des lâches qui ne furent ni rebelles ni fidèles à Dieu, et n'eurent de dieu qu'eux-mêmes. Le ciel les chassa pour ne rien perdre de sa beauté, l'abîme infernal n'a point voulu les recevoir, parce que les compagnons de Satan ne pouvaient tirer d'honneur d'une telle compagnie... Ces malheureux n'ont plus l'espérance de mourir ; leur existence est si basse et si remplie de ténèbres qu'il n'est point de condition qui ne leur fasse envie. Le monde ne se fatigue point à parler d'eux ; la miséricorde et la justice les méprisent également : n'en parlons plus désormais, regarde et passe. »

Je ne rappellerai point les allégories du Tasse ; ce poëte est devenu si familier à tout le monde en France, grâce à la connaissance de la langue italienne et à nos belles traductions de *la Jérusalem*, que les lecteurs devanceront toutes mes réflexions. Peut-être pourrait-on croire que le Tasse, qui avait à la fois l'imagination d'un poëte et une certaine subtilité dans l'esprit, a voulu nous insinuer dans l'épisode d'Armide qu'il ne faut pas jouer avec l'amour si l'on ne veut pas s'y laisser prendre. La puissante Armide, douée des charmes, des attraits, de toutes les séductions, de tous les attributs différents de la Vénus antique, cette magicienne qui a composé un art de plaire dont les secrets semblent être pour elle des inspirations ou des présents de la nature, cette nouvelle Hélène qui enflamme tout un camp de chrétiens dans l'Asie, éprouve à la fin la passion qu'elle a voulu inspirer à Renaud ; et du moment où elle est vraiment touchée, son cœur change ; on dirait qu'elle a pris les vertus de l'amour avec ses tendres émotions et ses joies inquiètes. L'amour a pour elle des enchantements plus doux que tous ceux qu'elle prodigue autour de Renaud. Mais la gloire entraîne le fils de la belle Sophie, et nous voyons Armide, d'abord tendre et suppliante comme Didon, tomber aussi dans un affreux désespoir. Elle éclate en imprécations comme si Renaud avait surpris sa candeur et trompé sa sincérité. Le dernier trait de l'allégorie semble appartenir à la Grèce : à peine Renaud est-il parti que le palais, les jardins d'Armide, et tous les prodiges opérés par l'amour, disparaissent pour ne plus laisser voir qu'un affreux désert.

Élève de Moïse et d'Homère, nourri d'Eschyle et des prophètes, imitateur du Dante et du Tasse, Milton est aussi rempli d'allégories. Chez lui le péché est représenté par une belle femme dont le corps se termine en serpent, tandis que des chiens, pareils à ceux de Scylla, environnent sa ceinture ; il nous peint la mort sous la figure d'une ombre de substance noire comme la nuit, terrible comme les furies, horrible comme l'enfer, secouant un dard redoutable, et portant sur sa tête informe et décharnée l'apparence d'une couronne royale ; Satan lui-même reste étonné devant ce monstre. La fiction continue à dégénérer en un mélange d'horreurs, qui ne peuvent, a dit Voltaire, que révolter un lecteur délicat. La création d'un pont élevé par la mort et le péché sur l'abîme du chaos, et sur lequel le genre humain doit passer tout entier pour aller s'engloutir dans l'abîme, présente, au contraire, quelque chose d'une grandeur sauvage et gigantesque, que la raison ne rejette point, parce qu'elle aperçoit des idées vraies, mêlées à des croyances religieuses, sous le voile de la fiction. Si le personnage d'Ève n'était pas donné par la Bible, s'il ne devait pas l'existence à la volonté divine et au génie de Moïse, on pourrait regarder l'épouse d'Adam comme une création allégorique de Milton pour effacer la Vénus antique. La présence de la jeune Ève, le type de la beauté suprême, produit sur le paradis terrestre, sur les anges et sur Dieu lui-même, qui la regarde avec complaisance après l'avoir formée avec amour, le même effet que la reine de Gnide sur toute la nature et sur l'Olympe, qui l'admirent également. Mais la mère du genre humain a pour compagnes deux Grâces nouvelles, l'Innocence et la Pudeur ; voilà pourquoi elle nous paraît plus belle que la Vénus d'Homère.

Le fond de la comédie d'Aristophane intitulée *Plutus* est une allégorie aussi ingénieuse que philosophique. On peut regarder comme une des plus belles allégories morales de l'antiquité la fable d'Hercule entre le Vice et la Vertu, composée par Prodicus de Céos, et dont Xénophon nous a conservé un extrait dans son livre des *Dits mémorables de Socrate*. La *Psyché* d'Apulée, traduite, souvent avec bonheur, par la Fontaine, et qui a inspiré à Lebrun des vers pleins d'une mollesse et d'une grâce trop rares dans ses ouvrages, ne le cède point en célébrité à la fiction de Prodicus. Les ouvrages de Lucien sont semés d'allégories, tantôt ingénieuses, tantôt naïves, qui renferment beaucoup de sens.

Dans l'idylle antique, Théocrite et Virgile offrent de nombreux exemples d'allégories. Le premier de ces poëtes en a deux remarquables : celle qui a pour titre *les Fêtes de Cérès* représente un berger enfermé dans une arche d'airain, et que les Muses, dont il est chéri, font nourrir par un essaim d'abeilles ; dans sa onzième idylle, *le Cyclope*, le poëte a voulu montrer, d'une manière différente et plus dramatique, que les Muses ont un charme pour guérir, ou du moins pour calmer les plus cuisantes peines de l'âme.

Le Pollion de la quatrième églogue de Virgile cache, sous des images allégoriques, une allusion à la naissance d'un enfant dont le nom reste encore un mystère, malgré tous les efforts des érudits pour l'expliquer.

L'idylle française revendique, comme un titre de gloire, la brillante allégorie de madame Deshoulières sur sa famille, comparée à un jeune troupeau que son pasteur se voit forcé d'abandonner. Toute l'inspiration de ce petit poëme semble due à quelques vers de Virgile, qui commencent par cet adieu si tendre :

Ite, meæ, felix quondam pecus, ite, capellæ.

Toutes les belles choses ont une postérité qui laisse toujours voir l'empreinte originale à travers les mutations de formes qu'elles subissent dans les emprunts du génie au génie.

L'allégorie forme presque tout le tissu de cette longue suite de fables ingénieuses, de ce chef-d'œuvre d'imagination, où, suivant l'expression originale de Piron, le lecteur boit la poésie à pleine coupe ; je veux parler des *Métamorphoses d'Ovide*. Au nombre des plus belles allégories qu'elles contiennent, il faut citer la fiction de l'Envie et la chute de Phaéton. Cette dernière fable est une véritable action dramatique qui contient la leçon la plus forte que la raison ait jamais pu offrir à l'orgueil et à la témérité ; et cette leçon a encore le mérite de présenter une scène de la vie humaine avec une étonnante fidélité de couleurs. L'allégorie de Ceyx et de sa jeune épouse, changés en alcyons, offre un autre exemple qui mérite aussi une attention particulière, parce que la métamorphose est à la fois la plus charmante image du passé, le complément de l'action, et une consolation pour le lecteur, heureux de voir renaître les deux jeunes époux en deux oiseaux fidèles, dont la mer elle-même respecte les amours.

Les Anglais ont beaucoup de poëmes allégoriques : tels sont l'*Histoire de l'âme*, par Prior ; *Hudibras*, de Samuël Butler, allusion perpétuelle et vraiment comique à la guerre civile du temps de Cromwel ; la *Reine des Fées*, sous l'image de laquelle Spencer a voulu personnifier la gloire, et représenter la reine Élisabeth.

On trouve dans le *Ministre de Wakefield*, de Goldsmith, une courte et belle allégorie sur la faute et la honte, considérées comme des compagnes inséparables. La peine attachée aux traces du coupable le laisse quelquefois échapper, ou ne l'atteint qu'après de longs délais : la honte le saisit au moment même de la faute ; elle est la première vengeance de la vertu offensée ; elle précède cette terreur qui fait pâlir le crime en dedans, suivant l'énergique expression de Perse.

Parnell a composé une célèbre allégorie sur l'homme ; en voici une légère esquisse :

Un nouveau Prométhée, le Souci, mécanicien habile et laborieux, a réuni une âme, créée par Jupiter, à un corps formé du limon terrestre, de cette réunion résulte un être appelé l'*homme*.

Jupiter, prenant intérêt à cette créature mixte, se propose de l'adopter, de la perfectionner, d'en faire une merveille sous le ciel, lorsque la Terre se présente devant lui, en disant : « Grand Jupiter, cet objet a été formé de ma propre substance ; ses mains, son cœur, sa tête, m'appartiennent : pourquoi veux-tu t'en emparer et le traiter comme tien ? » — « Je t'entends, répond Jupiter ; mais cet être que tu réclames tient de moi ce qui fait mouvoir ses mains, son cœur et sa tête. »

Le Souci, présent à cette querelle, s'écrie : « Ma part ! ma part ! Toi, Jupiter, tu revendiques l'âme de l'homme ; toi, Terre, tu demandes son corps; et moi, je le réclame tout entier, pour avoir uni son âme à son corps. »

Le Temps survient; on le prend pour juge du débat, et il prononce la sentence suivante :

« Puisque c'est Jupiter qui a fait l'âme, que l'âme retourne à Jupiter; que le corps retourne à la Terre, puisque c'est d'elle qu'il a été formé; mais comme c'est l'union de l'âme et du corps qui constitue l'homme, le Souci, auteur de cette union, restera en possession de l'homme, jusqu'au moment où son corps retournera à la Terre et son âme à Jupiter. »

« A la bonne heure, dit Jupiter; j'y consens : et puisque l'homme reste au pouvoir du Souci et de tout son cortége, les âmes, qui m'appartiennent, ne tarderont pas à revenir vers moi. »

Ne dirait-on pas que cette allégorie sur l'immortalité de l'âme nous vient de quelque poëte grec?

Les Portugais, les Espagnols et les Allemands sont riches en allégories, témoin l'*Adamastor* du Camoëns, et divers épisodes de la belle tragédie de Cervantes, intitulée *Numance*. Je me contenterai d'en citer un seul.

La Guerre paraît sur la scène, une pique à la main, accompagnée de la Maladie, marchant appuyée sur sa béquille, et de la Famine, vêtue d'une robe de couleur jaune, image de sa pâleur. La Guerre parle la première en ces termes : « Famine, Maladie, ministres de mes terribles et sévères commandements, dévoratrices de la santé et de la vie, inflexibles divinités, sur lesquelles n'ont de prise ni les prières, ni les droits, ni les ordres, vous connaissez mes intentions, et je n'ai pas besoin de vous les expliquer de nouveau. Combien je serai contente et satisfaite de voir votre prompte obéissance à exécuter mes volontés! La force irrésistible du sort, dont les arrêts ne sont jamais vains, me contraint à seconder les efforts des belliqueux enfants de Rome. Ils vont donc triompher pour un temps, et pour un temps seront abattus les Espagnols; mais le jour viendra où je changerai, où j'abaisserai le superbe et je viendrai au secours du faible; car je suis la Guerre, la puissante guerre, en vain si détestée des mères et des épouses. Ceux qui me maudissent ont tort quelquefois, et ne connaissent pas la force de cette main. Grâce à la valeur espagnole, je deviendrai maîtresse de la terre entière, à l'heureuse époque où régneront un Charles, un Philippe, un Ferdinand. »

Convaincues d'avance, et plus pressées que jamais de la soif de la destruction, la Famine et la Maladie promettent à la Guerre d'exterminer les Numantins, et tiennent parole.

Cette fiction est tout à fait dans le genre du *Prométhée* d'Eschyle. *Les Euménides* du même poëte représentent encore, sous le voile d'une allégorie aussi terrible que dramatique, le supplice des remords qui déchirent le parricide.

Les Français, dont l'exacte raison et le goût sévère coupent un peu trop souvent les ailes à l'imagination de leurs poëtes, au lieu de leur donner toute la liberté que le génie demande, ont pourtant des modèles parfaits de l'allégorie appliquée à des genres opposés. Nous pouvons citer avec quelque orgueil national l'épisode de la Haine dans l'opéra d'*Armide*; la fable de l'Amour et de la Folie, semblable à une création de Platon, lorsqu'ayant renoncé à l'Amour, pour lequel il avait toutefois réservé une place sur le seuil de l'académie, comme il avait conservé un autel pour les Muses dans sa maison, il laissait échapper des fictions de poëte dans ses traités sur la morale. Boileau, que ses détracteurs accusent de manquer de grâce, nous a donné dans la Mollesse du *Lutrin* un modèle digne de lutter avec ce que les anciens nous ont laissé de plus parfait, pour la justesse des idées, la vraisemblance de la fiction, l'élégance des formes, et la savante mélodie des vers. Après avoir lu cet épisode, on se demande si la muse de Racine aurait pu surpasser ou atteindre ici la perfection du maître qui lui avait appris à faire difficilement des vers faciles.

P. F. TISSOT.

ALLEGRO. (*Musique.*) Adjectif italien, qui veut dire *gai*, et qui se prend adverbialement pour indiquer le second degré de mouvement, en allant du vite au lent. — Le diminutif *Allegretto* indique plus de modération dans la vivacité de la mesure. — Le mot *Allegro* s'emploie aussi substantivement pour désigner particulièrement l'une des quatre parties d'une *symphonie*, et généralement les morceaux dont le mouvement est gai.   L. LEG.

ALLELUIA. (*Liturgie.*) Ce mot est hébreu, et signifie : *Louons Dieu*. Il est naturellement emprunté aux Écritures, et a passé de là dans le rituel des Églises grecque et latine, comme une exclamation consacrée par l'exaltation religieuse. On le trouve pour la première fois dans l'Écriture au psaume 104, et il se rencontre encore à la tête d'un bon nombre de cantiques, qu'on nomme pour cette raison *Psalmi alleluiatici*. Les psaumes 113 à 117 forment ce que les juifs appellent *le grand Alleluia*. Dans le Nouveau Testament, ce mot est employé pour la première fois au chapitre 19ᵉ de l'*Apocalypse*.

L'alleluia, qui était déjà fort en usage chez les Grecs, fut introduit dans l'Église latine par saint Jérôme, au temps du pape Damase.

Dans l'origine, il ne se chantait que le jour de Pâques : sur la fin du sixième siècle, saint Grégoire le Grand ordonna de le chanter dans tous les temps. Cette prescription, suivie d'abord, fut abolie par le quatrième concile de Tolède, et l'alleluia fut suspendu pendant le carême ; il lui fut permis de recommencer à se faire entendre le jour de Pâques, et il put être chanté *jusqu'à la Pentecôte dans les églises ordinaires*, jusqu'à l'Épiphanie dans les couvents. La clôture de l'alleluia donnait lieu autrefois à des cérémonies bizarres, dont le *Glossaire* de du Cange rapporte quelques exemples : ici on enterrait l'alleluia ; là on l'écrivait sur une toupie, qu'on chassait ensuite hors du chœur.

Le mot *alleluia* servait aussi comme cri de guerre aux premiers chrétiens, et il se trouve répété à l'infini dans certains cantiques. Toutes les fois qu'il est supprimé dans le Bréviaire actuel, on le remplace par ceux-ci : « *Laus tibi, Domine, rex æternæ gloriæ!* » qui en sont la traduction.

Les Grecs ont été de tout temps fidèles à leur coutume de chanter l'*alleluia* en toute occasion, même pendant le carême, même aux offices des morts. Lors du schisme d'Orient, la suppression momentanée de l'*alleluia* fut un des principaux griefs des Grecs contre les Latins.

Edm. Martène et Durand, *De antiquis Ecclesiæ ritibus*, 1738. 4 vol. in-fol.
Les mêmes, *Voyage liturgique de France par le sieur de Moléon*; 1718.
G. Durandi, *Rationale divinorum officiorum*, lib. 4, 5, 6.
D. Claude de Vert, *Explication simple, littérale et historique des cérémonies de l'Église*, 4 vol. in-8°. 1713.
Gilb. Grunaud, *La liturgie sacrée*, tom. 1, 1678, in-12.
Lebrun. *Explication des cérémonies de la messe*, 4 vol. in-12.

ALLEMAGNE. (*Géographie.*) Cette vaste contrée présente une superficie de 32,650 lieues carrées; ses limites sont au nord la mer Baltique, le cours de l'Eyder, qui sépare le Holstein du Danemark et la mer du Nord ; à l'est, les montagnes qui séparent la Hongrie de l'Autriche, une partie du cours de la Morawa, une branche des monts Carpathes, le bassin supérieur de la Warta et le cours inférieur de la Vistule ; au sud, les Alpes Rhétiennes, Noriques, et à l'ouest, la Suisse, la France, un rameau des Ardennes, les royaumes de Belgique et de Hollande et la Meuse.

La partie septentrionale de l'Allemagne est plate et unie et a reçu le nom de basse Allemagne ; la partie méridionale, la haute Allemagne, présente, au contraire, une surface inégale, un terrain montagneux : cette division est déterminée par la suite des montagnes de la Bohême, de la Thuringe, de la Hesse et de la Franconie. On comprend la partie orien-

tale de cette longue chaîne sous le nom générique de Sudètes (1) ; elle commence aux sources de l'Oder et se lie aux Carpathes près de la frontière de la Silésie et de la Moravie. C'est pourquoi elle est appelée en cet endroit Schlessich-Mœrischengebirgs ; son peu d'élévation la fait aussi désigner quelquefois par le nom de Geisenkergebirge (monts abaissés). Cette chaîne se dirige d'abord du sud-est au nord-ouest; mais en avançant vers l'ouest, elle change souvent de direction et de nom, et s'appelle successivement : Sudètes proprement dites, jusqu'aux sources de la Neisse ; Eulengebirge (monts des Hiboux) ; Kalteberge, Habelschwerd et Heuscheuengebirge dans le comté de Glatz ; Riesengebirge (monts des Géants), masse principale des Sudètes, jusqu'au passage par où l'Elbe sort de Bohême. Là, la direction, qui n'avait cessé d'être au nord-ouest, devient sud-ouest; sur les frontières de la Bohême et du royaume de Saxe, la chaîne porte le nom d'Erz-gebirg (monts métalliques) (2). La chaîne des Sudètes a plus de cent lieues de longueur; elle présente le faîte le plus élevé de toute l'Allemagne, la Riesenkoppe, haute de huit cent quarante-trois toises et, par conséquent, bien au-dessous de la hauteur des Alpes et des Pyrénées. A l'extrémité sud-ouest de l'Erz-gebiry commencent les montagnes de la Forêt de Bohême (Bœhmerwaldgebirge), anciennement *Sylva Gabreta*, l'une des parties de la vaste Forêt Hercynienne ; leur direction est du nord-ouest au sud-est; au delà du douzième degré de longitude, elles courent à l'est, et vont se joindre aux montagnes de la Moravie, qui, comme elles, couvrent toute la Bohême de leurs ramifications. La longueur du Bœhmerwald est de soixante lieues et sa plus grande hauteur de sept cent vingt-deux toises. « Les « hautes chaînes de montagnes qui enveloppent « la Bohême, présentent partout, dit M. Bru- « guière (3), un noyau granitique recouvert « de gneis, de schiste et de calcaire. Le granit « s'étend fréquemment jusque dans les plaines. « Sur les deux versants du faîte, on rencon- « tre des grès et des roches calcaires. Vers « le nord et le nord-ouest du royaume, les « montagnes sont le plus souvent basaltiques, « ordinairement isolées et presque toujours « de forme conique. » Les Sudètes sont très-riches en métaux : on y trouve du cuivre, du plomb, du charbon de terre; peut-être y a-t-il aussi du sel gemme. L'Erz-gebirg produit de

(1) *Voy.* Hausmann : *De montium Hercyniæ formatione*, par extrait dans les Goettinger Anzeigen, 1839.
(2) *Voy.* J. B. d Aubuisson : *Des mines de Freyberg en Saxe et de leur exploitation.* Leipzig, 1802, 3 vol. in-8°; et la *Carte géologique de la Saxe* dressée à l'école des mines de Freyberg, avec des notes explicatives.
(3) *Orographie de l'Europe.*

l'argent, de l'étain, du cobalt. Toutes ces montagnes sont couvertes de bois à leur base et sur leurs pentes (1).

La partie sud-ouest de l'Allemagne est également très-montagneuse; et c'est surtout au sud du Mayn que les principales chaînes se réunissent; on en compte cinq : le Fichtelberg (*montes Piniferi*), Frankischer Landrükken, la Rauhe-Alp ou Alpes de Souabe, la Schwarzwald et l'Odenwald. La première se lie au chaînon le plus occidental de l'Erz-gebirg et s'étend du nord-est au sud-ouest jusqu'à Bayreuth, sur une longueur de douze lieues; sa hauteur est de cinq cent quarante-cinq toises; la seconde n'offre pas de sommités remarquables; la troisième s'étend de la source de l'Iaxt à celle du Necker, sur une longueur de trente-six lieues, et porte différents noms; le lit du Necker sépare la Rauhe-Alp des montagnes de la Forêt Noire, anciennement *Sylva Martiana*, qui courent parallèlement au Rhin et aux Vosges, entre Schaffouse et Eberbach, sur une longueur de cinquante lieues et une largeur de quinze ou seize; elles surpassent en hauteur toutes les montagnes de l'Allemagne, à l'exception des Riesengebirge; elles ne sont pas boisées à leur sommet, et sont continuellement recouvertes de neiges, sauf dans les temps de grandes chaleurs; « elles appartiennent, dit M. Bruguière (2), à trois formations : la masse principale, celle du sud-sud-ouest, est formée de granit et de gneis. Le porphyre est superposé au granit, et s'étend beaucoup moins loin que lui, bien qu'il forme quelquefois les points les plus hauts. Au nord et à l'est, quelques parties élevées se composent de grès rouge. Les anciennes formations sont riches en minéraux : on y exploite de l'argent, du cobalt, du fer, du plomb et du cuivre. On trouve aussi dans ce pays des bains et des fontaines d'eaux minérales très-renommées. » (3) L'Odenwald se prolonge du sud au nord depuis Heidelberg jusqu'à Darmstadt, et n'est à proprement parler, comme le prouve sa constitution géognostique, qu'une continuation de la Forêt Noire (4).

Au nord du Mayn, on compte dix groupes de montagnes environnés de pays de plaines et par conséquent plus distincts, ce sont : le Spesshardt entre le Mayn et la Kinzig, qui atteint une hauteur de quatre cent soixante-six toises et présente du granit, du gneis et

du schiste micacé, çà et là du calcaire et du grès; plus au nord-est le Rhœngebirg, qui court entre le bassin de la Kinzig et celui de la Fulda; le Frankenwald, d'une constitution entièrement schisteuse, s'étendant jusqu'aux sources de la Werra, et se joignant par son extrémité septentrionale à la forêt de Thuringe, où commence le Thuringerwald, chaîne composée de porphyre, de granit et de thonschiefer et couverte de pins et de sapins, haute de cinq cents toises et renfermant des mines de fer, de cuivre, de plomb et de cobalt (1). L'Eichsfeldischesgebirg réunit la forêt de Thuringe aux montagnes du Harz, dans lesquelles on reconnaît la *Sylva Hercynia* de Tacite. Le Harz est le pays de montagnes le plus septentrional de l'Allemagne; les hauteurs y sont amoncelées et recouvertes de forêts, quelquefois jusqu'au sommet; quelques-unes sont granitiques, le plus grand nombre appartient à la formation de grauwacke et de thonschiefer. Le porphyre se montre dans la région méridionale. On trouve dans le Harz du plomb, de l'argent et du cuivre en très-grande quantité.

Au nord-ouest de Cassel, et dans la principauté de la Lippe, s'étend une petite branche nommée l'Egge, dont la hauteur ne dépasse pas trois cents toises, et qui se lie près d'Osnabrück aux montagnes de Minden.

Au nord-ouest du Spesshardt, une autre branche qui court du sud-est au nord-ouest a reçu le nom de Vogelberg; elle a une longueur de douze lieues et sa plus grande largeur est de dix ou onze lieues; la nature des roches y est basaltique, et le point culminant, l'Oberward, est élevé de trois cent quatre-vingts toises.

Un petit massif, nommé Westerwald, couvre l'espace compris entre la Sieg, la Lahn, et le Rhin; enfin le pays de montagnes qui s'étend au N. de Francfort et au S. du Westerwald s'appelle le Hœhe ou Taunus.

Dans la basse Allemagne, une plaine immense, semblable parfois à une mer de sable, couvre la Silésie prussienne et le Brandebourg; les plaines de la Poméranie et du Mecklembourg présentent quelques collines, celles du Hanovre ne sont que des champs de bruyères, et celles de la basse Westphalie que de vastes tourbières; dans la Saxe, le sol est plus élevé et plus fertile.

Les fleuves principaux de l'Allemagne sont le Danube, le Rhin, le Weser, l'Elbe et l'Oder.

Le Danube (2) est formé dans le grand-du-

---

(1) *Voy.* Geinitz : *Description géognostique des montagnes saxo-bohémiennes* (en allemand). Dresde, in-4°, 1841.

(2) *Orographie de l'Europe.*

(3) *Considérations sur le Tyrol et la Forêt Noire*, par le général Vallongue, Mémor. du dépôt de la guerre, t. II, p. 166-219. — *Extrait d'une reconnaissance militaire de la Forêt Noire*, par le général Guilleminot. Ibid., p. 320-77.

(4) Grimm : *Description de l'Odenwald et des contrées du Necker* (en allem.). Darmstadt, 1842.

---

(1) *Voy.* Storch : *Guide du voyageur dans les montagnes de la Thuringe.* Gotha, 1842.

(2) *Voy. Danubius perlustratus ab A. B. com. Marsill.* Amsterd. 1726, 6 vol. in-f°. *Essai d'une reconnaissance militaire sur le bassin du Danube*, rédigé d'après les matériaux existant au dépôt de la guerre, par M. le comte de Castres, Mémor. du dép. de la guerre, t. III°, p. 165-394, et t. IV°, p. 78-267.

ché de Bade par la Brigach et la Breg, qui descendent du Schwarzwald, il passe à Sigmaringen, à Ulm, où il reçoit à droite l'Iller et devient navigable; en Bavière, il se grossit à droite du Lech, qui baigne Augsbourg; de l'Isar qui baigne Munich, de la Vils et de l'Inn (1), tous fleuves qui prennent naissance dans le versant septentrional des Alpes Rhétiennes, et à gauche de l'Altmuhl, du Naab et de la Regen; il passe lui-même à Ratisbonne et à Passau : là finit la partie supérieure du bassin du Danube (2). De Passau à Vienne le lit du fleuve se resserre et est embarrassé de rochers; vis-à-vis d'Grein, il se partage en deux bras; plus bas, il y a un gouffre appelé Lueg et de l'autre côté un tourbillon, le Wirbel; mais, à l'approche de Vienne, le lit s'élargit, se couvre d'îles et le cours devient plus lent; il reçoit, en Autriche, sur la droite, la Salzach, l'Ens et la Trasen, qui lui apportent les eaux du versant septentrional des Alpes Noriques, et sur la gauche, aux confins même de la Hongrie, la Morawa ou March, qui forme l'une des grandes pentes des monts Sudètes et apporte au Danube les eaux de la Thaya, de la Schwarza et de toutes les rivières qui prennent naissance dans les hauteurs placées à l'ouest et au nord-ouest de la Moravie.

Le Rhin (3) sort de la partie sud-ouest du canton des Grisons, formé par la réunion de plusieurs branches qu'on nomme Vorder-Rhein, Hinter-Rhein, Mittel-Rhein, Unter-Rhein et Ober-Rhein, au pied du mont Galanda : hors du canton des Grisons, le Rhin traverse le lac de Constance et celui de Zell, forme auprès de Schaffouse la fameuse chute de Laufen dont la hauteur est de cinquante à soixante pieds, quand les eaux sont basses, et soixante-quinze, au temps des grandes eaux. De Laufen à Bâle, le cours du Rhin est extrêmement rapide, il se grossit dans cet intervalle de l'Aar, qui lui apporte toutes les eaux des rivières et des lacs de la Suisse. A Bâle, le Rhin tourne au N., limite le grand-duché de Bade d'une part et, de l'autre, l'Alsace et le cercle du Rhin, reçoit à droite le Necker, qui lui mène presque toutes les rivières de la Forêt Noire et le Mayn. De Bâle à Mayence (4),

le cours du Rhin s'élargit de plus en plus; les principaux affluents qu'il reçoit encore sur le territoire allemand sont : à gauche, la Moselle, et à droite, la Ruhr et la Lippe; plus bas il entre en Hollande (1).

Le Weser est formé par la réunion de la Werra et de la Fulda; le bassin supérieur de ce fleuve est séparé des eaux du Mayn par les montagnes nommées Vogelsgebirge; plus bas il s'ouvre à travers les montagnes de Minden un passage resserré d'un côté par la montagne de Witekind et de l'autre par celle de Jacob, et nommé *Porta Westphalica* (2); avant d'arriver à Brême, il reçoit l'Aller grossi de la Leine; à quatre ou cinq lieues au-dessous de Brême, la navigation est arrêtée par le peu de profondeur du fleuve; il se jette dans la mer du Nord par une large embouchure (3).

L'Elbe qui, a sa source dans les montagnes des Géants, au revers méridional du mont Kadberg, rassemble toutes les eaux de la Bohème, la Moldau, l'Eger, et se fraye un passage à travers l'Erz-gebirg; en Saxe, il reçoit la Saale et la Mulde; dans le Brandebourg, le Havel grossi de la Sprée. Plus bas, sa direction change brusquement et tourne vers l'ouest, et au delà des collines de Lauenbourg il se partage en plusieurs bras. Au-dessous d'Hambourg, il prend une largeur immense et les marées s'y font sentir pendant un espace de vingt-deux milles. Les navigateurs placent l'embouchure du fleuve vis-à-vis du port de Cuxhaven (4).

L'Oder sort de la forêt de Liebau dans le Riesengebirg et traverse toute la Silésie, les plaines sablonneuses du Brandebourg et de la Poméranie, en inondant et en changeant sans cesse ses rivages (5); il se grossit de la Wartha, qui lui apporte une masse d'eau presque égale à la sienne; il se divise dans son cours inférieur en plusieurs branches; entre Garz et Stettin, le bras oriental prend le nom de grande Reglitz ou Kranich, tandis que l'autre bras conserve celui d'Oder; en se réunis-

(1) *Voy.* la *Carte de la vallée du fleuve d'Inn, de Zeile au pont de Volders*, par Mayr et de Gutrath, Insprück, 1841, 1 feuille in-f°.

(2) *Voy.* la *Carte générale hydrographique de la Bavière*, par l'état-major bavarois, Munich, 1834, 1 feuille.

(3) *Voy. Atlas historique et topographique du Rhin, depuis sa source jusqu'à ses embouchures*, publié à Deux-Ponts en 1812.

(4) *Voy.* la *Carte des rives du Rhin depuis Bâle jusqu'à Mayence*, par Beaurain, 6 feuilles. — La *Carte topographique du cours du Rhin et de ses deux rives depuis Huningue jusqu'à Lauterbourg*, par le bureau topographique grand-ducal, Fribourg, 1829, 19 feuilles. — Le *Nouveau Panorama du Rhin et des*

environs *de Spire à Mayence*, par Delkeskamp, Francf. 1842.

(1) *Voy.* la *Carte hydrographique du Bas-Rhin depuis Linz jusqu'à Arnheim*, par Wiebeking, Dusseldorf, 1796, 10 feuilles.

(2) *Voy. La vallée du fleuve Weser depuis Munden jusqu'à Minden*, ouvrage publié par livraisons à Cassel.

(3) *Voy.* le *Plan de la Jahde et de l'embouchure du Weser*, levé par MM. Beautemps-Beaupré, Givry et Gressier, en 1812, et publié au dépôt de la marine en 1821.

(4) *Voy.* le *Plan de l'embouchure de l'Elbe*, levé par M. Beautemps-Beaupré en 1812, et publié au dépôt de la marine en 1816. — *L'Elbe inférieur* en 5 feuilles, par Alb. Platt.

(5) *Nivellement trigonométrique du fleuve Oder, depuis Oderberg, jusqu'aux frontières de l'Autriche, fait par ordre du ministre des finances de Prusse en 1839 et 1840*, imprimé à Berlin en 1 vol. in-4° avec 9 cartes in fol.

sant, ces deux bras forment le lac Dammsch,
qui se rétrécit, prend le nom de Papen Wasser
et va se joindre à un grand bassin d'eau douce
nommé Stettiner-Haff et partagé en grand et
petit Haff; ce bassin communique avec la
Baltique par trois rivières : la Peene à l'ouest,
la Swine au milieu et la Divenou à l'est.

Malte-Brun signale trois grandes zones dans
le climat de l'Allemagne; la première est celle
des plaines septentrionales, où la température est froide, humide et variable à tous les
vents; celle du centre, c'est-à-dire de la Moravie, de la Bohême, de la Saxe, de la Franconie, de la Souabe, des pays du Rhin, la plus
agréable de l'Allemagne, abritée par les montagnes contre les brouillards, les pluies et les
ouragans que deux mers envoient à la région
septentrionale; enfin celle des Alpes, où, par
suite de l'élévation considérable du sol et la
rapidité des pentes les températures extrêmes
sont rapprochées.

L'Allemagne est aussi riche en productions
du règne végétal qu'en minéraux : les forêts
couvrent près d'un tiers de la surface du pays;
dans la région centrale, c'est le chêne qui domine; dans le nord, des forêts de pins suivent le
cours de l'Elbe et de l'Oder; à ces forêts succèdent de vastes landes de bruyères; dans le
midi de l'Allemagne, le sapin et le mélèze croissent à 5500 pieds; le pin rouge et le genevrier
dominent les hauteurs de la Bavière au-dessus de 2000 pieds; le chêne et le hêtre y sont
communs, mais peu vigoureux; les bouleaux
s'y trouvent aussi en grande quantité. —
La flore de l'Allemagne est surtout riche en
plantes ombellifères et crucifères; les montagnes moyennes sont couvertes de jacinthes,
de violettes, d'anémones, de muguets; l'arbre de Sainte-Lucie, le néflier, le sureau à
grappes, le cornouiller, les églantiers y forment les haies; dans l'Allemagne centrale le
printemps est long et partout les rives du
Rhin et du Danube sont parées de fleurs et
d'arbustes. — Les céréales de toute espèce
abondent en Allemagne; le froment et l'orge
sont cultivés surtout dans le midi, le blé sar-
rasin l'est communément dans le nord. Les
légumes alimentaires y ont une qualité supérieure, grâce aux perfectionnements continuels
de ce genre de culture. Le houblon, surtout
en Bohême, dans la Franconie bavaroise et
aux environs de Brunswick, est l'objet de soins
particuliers; le chanvre du pays de Bade
l'emporte même sur le chanvre de Russie; le
lin est cultivé partout. La culture des arbres
fruitiers convient mieux au climat que celle
de la vigne (1).

(1) Jos. Koch : *Synopsis floræ germanicæ et helve-
ticæ,* etc. Francof. ad Mœn., 1837, in-8°.—J.C. Rœhling :
Deutschland's Flora. Ibid., 1823-39, 5 vol. in-8°.— L.
Reichenbach, *Flora germanica exsiccata,* Lipsiæ,

Pour ce qui concerne les chemins de fer,
les canaux, la navigation à vapeur dans les
États de l'Allemagne, nous nous contenterons
d'indiquer ici les principales publications, ce
sont : 1° la *Carte de l'union douanière
d'Allemagne,* par le D. Lang. Mayr, ingénieur bavarois, en 4 feuilles; 2° la *Carte des
chemins de fer achevés, en construction,
concédés et projetés de l'Allemagne, de
l'Autriche, de la Hongrie,* etc., dressée par
C. Desjardins, Strasbourg, 1841; 3° la *Carte
des chemins de fer, des canaux, de la navigation à vapeur dans les États de l'union
allemande, des douanes et de ceux qui
n'en font pas encore partie,* par C. Desjardins, Paris, 1842; 4° la *Carte des chemins
de fer de l'Allemagne,* par Ruhlandt, à Glo-
gau, 1842; 5° la *Carte stratégique des chemins de fer de l'Europe centrale,* par A.
Jardot, du corps royal d'état-major, 1842;
6° une *Carte militaire des chemins de fer de
l'Allemagne,* publiée à Berlin en 1842, sans
nom d'auteur; 7° la *Carte des chemins de fer
entre la Saxe et la Bavière,* par Werner,
à Plauen, en 1842; 8° la *Carte des chemins de
fer de Cologne à Hanovre,* par Minden, en 6
feuilles, exécutée à l'établissement de M. Van-
dermaelen à Bruxelles pour le compte de la
société des chemins de fer rhénans, et publiée
à Trieste; 9° un *Plan en profil du chemin de fer de Berlin et de Francfort sur
l'Oder,* par Zimpel, Berlin, 1843; 10° un *
Carte du chemin de fer de Berlin à Post-
dam,* par M. Werner, Magdebourg, 1842.

Géographie historique. A l'extinction de
la dynastie carlovingienne en Allemagne, les
différents peuples étaient séparés; ce fut
Conrad Ier qui les réunit, et c'est vraiment à
lui que commence le royaume d'Allemagne. Il
y avait alors quatre grands-duchés : la Franconie (1), la Saxe, la Souabe (2) et la Bavière; les Thuringiens et les Frisons ne paraissent pas alors comme peuples principaux et
sont encore partagés en tribus. Les derniers
furent enlevés par Conrad Ier à la province
de Lorraine pour être réunis à l'Allemagne, et
n'eurent jamais de ducs, mais seulement des
comtes et des évêques. Ces grands-duchés
s'étaient formés de la dissolution des confédérations saxonne, suève-alemannique et franke.
Henri Ier étendit les frontières du royaume
depuis l'Elbe jusque vers le moyen Oder, et,

1830-42. — G. Nees ab Esenbeck : *Genera plantarum
floræ germanicæ,* Bonn, 1839-41. — Schkuhr : les
Plantes cryptogames de l'Allemagne, Wittenberg,
in-4°. — Fr. Traugots Kützing: *Algarum aquæ dulcis
germanicarum decades* 1-16, Halæ, 1836-37. — J. M.
Rechstein : *Histoire naturelle de l'Allemagne* (en allemand), Leipzig, 1791, 4 vol. in-8°.
    (1) *Voy.* G. Eckart : *Commentarii de rebus Fran-
ciæ Orientalis,* 1729, in-fol.
    (2) *Voy.* J. C. Püster : *Geschichte von Schwaben,*
Heidelb. 1803-27, 5 vol. in-8°.

d'un autre côté, contre les Normands de l'Eyder jusqu'à la Sly. Les Carlovingiens avaient déjà placé des margraves dans la haute Allemagne, sur les frontières de Bavière et de Franconie ; ce prince érigea contre les Normands la Marche de Schleswig, contre les Wilzes celle de la Saxe septentrionale, contre les Milziens et les Daleminciens, celle de Meissen. Le pays des Sorbes en deçà de l'Elbe fut divisé en comtés, comme l'Allemagne, et devint ainsi une province teutonique. Enfin la Lorraine fut réunie à l'Allemagne, comme cinquième grand-duché, puis elle fut, sous Otton I⁰ʳ, à cause de son étendue, subdivisée en deux duchés, la haute Lorraine sur la Moselle, et la basse Lorraine près de la mer, *Ripuaria*. Sous Otton III, un septième grand-duché, celui de Carinthie, fut formé d'une partie de la Bavière, des Marches Windiques et de Vérone : c'était un pays moitié allemand, moitié slave (1). De plus, la Bohême et la Pologne, c'est-à-dire le pays situé entre l'Oder, la Warta et la Vistule, entrèrent dans l'alliance de l'Allemagne et subirent peu à peu sa suzeraineté ; ainsi neuf duchés, six allemands et trois slaves, appartenaient au royaume d'Allemagne, mais leurs rapports avec le royaume étaient différents.

Sur la longue ligne de frontières qui s'étendait depuis Aquilée jusqu'à Schleswig, il y avait presque autant de margraviats que de duchés dans l'Empire ; ceux du sud, Vérone et Aquilée, étaient réunis au duché de Bavière ; la Marche de Styrie était incorporée à la Carinthie ; la Marche orientale (l'Autriche), reconquise depuis 983 sur les Hongrois, qui l'avaient occupée pendant cinquante ans, dépendait de la Bavière ; il y avait aussi sur les frontières de la Bohême et du pays des Sorbes deux margraviats exactement déterminés : le margraviat de Schweinfurt et celui du Nordgau (2) qui avait Cham pour chef-lieu et qui relevait du duché de Bavière. La Marche de Meissen, celle de Lusace ou de Gorlitz (3), appartenaient au duché de Saxe. Mais celle de Schleswig ne fut pas maintenue et dura très-peu de temps. — En 1034, l'empereur Conrad II incorpora à l'Allemagne le pays de Bourgogne, royaume vaste et florissant, qui, après la dissolution de l'empire carlovingien, était resté indépendant entre les Francs occidentaux et les Francs orientaux ; à l'époque de cette réunion, le nom de royaume d'Arles prévalut (4). Ainsi

l'Allemagne s'étendait de la mer Baltique à la Méditerranée.

En 1142, la Marche du nord fut déclarée indépendante du duché de Saxe et agrandie par Albert l'Ours ; cette principauté s'appela la Marche de Brandebourg (1). En 1156, la Marche d'Autriche, avec les comtés au-dessus de l'Ens qui en dépendaient, fut érigée en duché en faveur de Henri Jasomirgott d'Autriche. — Sous Frédéric I⁰ʳ, le roi de Danemark se reconnut vassal de l'Empire et le duc de Bohême prit le titre de roi ; le titre ducal s'introduisit en Styrie (2). Déjà de grands changements s'étaient opérés dans la constitution des anciens grands-duchés ; Frédéric I⁰ʳ acheva de les dissoudre en diminuant et en partageant la puissance ducale entre plusieurs petites maisons. Frédéric II, en 1236, sépara la Styrie de l'Autriche et l'érigea en fief impérial. Sous les derniers princes de la maison de Hohenstaufen, les trois pays étrangers du nord et de l'est, le Danemark, la Pologne et la Hongrie, se détachèrent de l'Allemagne ; l'Oder redevint frontière, et la Leytha limita l'Allemagne du côté de la Hongrie.

En 1250, à la chute du grand empire, l'Allemagne se trouva réduite au pays principal, alors divisé en principautés, en seigneuries laïques et ecclésiastiques, qui ne conservaient plus les anciennes limites, mais qui, mêlées et réunies à des titres divers, s'entre-croisaient et se confondaient : à la fin du 13⁰ siècle, on comptait en Allemagne six archevêques, dont trois princes électeurs, quarante évêques et environ soixante-dix prélats et abbés, dont la moitié fut élevée alors ou un peu plus tard au rang de princes ; enfin, trois ordres chevaleresques. Les États du royaume se composaient de quatre princes électeurs (un roi, un duc, un comte palatin et un marquis), de six ducs (ceux de Bavière, d'Autriche, de Carinthie, de Brunswick, de Lorraine, et de Brabant-Limbourg), de trente comtes élevés au rang de princes et dont plusieurs étaient marquis et landgraves, de soixante villes impériales environ ; en tout cent États ecclésiastiques et cent États laïques relevant immédiatement de l'Empire. Ce grand nombre d'États résultait de l'extinction ou de l'amoindrissement des anciens grands-duchés. La Bohême était de tous les pays qui avaient fait partie de l'empire romain le seul qui conservât à cette époque la constitution des anciens duchés.

Par la bulle d'or de Charles IV le droit de suffrage appartint uniquement aux archevêques de Mayence, de Trèves, et de Cologne,

(1) *Chronica des Erzherzogthums Kœrndten*, von H. Megiser, Leipzig, 1612, in-fol. — Ern. Frolich, *Specimen archontologiæ Carinthiæ*. Vindob., 1758, in-4°.

(2) H. V. Falckenstein : *Antiquitates et memorabilia Nordgaviæ Veteris*, 1733-43 (en allem.).

(3) Hofmann : *Scriptores rerum lusaticarum*, Lips. 1719, in-fol.

(4) Tr. Neugart : *Codex diplomaticus Alemaniæ et Burgundiæ transjuranæ*, etc., 1791, in 4°.

(1) Nic. Leutingii *Scriptorum historiæ Marchiæ Brandenburgensis volumen*, etc. 1729, in-4°.

(2) Jul. Cæsar : *Annales ducatus Styriæ, cum historia finitimarum provinciarum Bavariæ, Austriæ, Carinthiæ*, Vindob. 1762-77, 3 vol. in-fol.

au roi de Bohême, au comte palatin du Rhin, au duc de Saxe-Wittemberg et au marquis de Brandebourg, et la dignité électorale fut attachée définitivement à la possession réelle du pays électoral et non plus seulement à telle ou telle grande charge de l'Empire. Le pays électoral restait à jamais indivisible, exempt de la juridiction impériale et jouissant de la prééminence sur tous les autres États. Charles IV, du reste, agrandit l'Empire en séparant toute la Silésie de la Pologne et en la réunissant à l'Allemagne.

En 1438, dans une diète à Nuremberg, pour rétablir la paix générale, on proposa, d'après les projets antérieurs de Wenceslas et de Sigismond, la division des petits États de l'Empire en quatre cercles : 1° la Franconie et la Bavière ; 2° les pays du Rhin et la Souabe; 3° le bas Rhin et la Westphalie; 4° la haute et la basse Saxe. L'Autriche, la Bohême et les électorats, comme territoires fermés, étaient exceptés; mais, l'opposition des villes, qui, dans cette réunion avec les princes, craignaient la perte de leurs libertés, fit échouer encore cette proposition. Dans une seconde diète à Nuremberg, Albert II présenta une division des États de l'Empire en six cercles au lieu de quatre proposés auparavant, les deux premiers devant être partagés chacun en deux : la nouveauté de ce projet consistait en ce que les États n'étaient plus liés et réunis par classes, mais suivant les districts du pays, et formaient ainsi un ensemble géographique, comme autrefois les grands-duchés. Sous Maximilien d'Autriche, cette division fut une dernière fois modifiée : les cercles de Franconie, de Bavière et de Souabe, furent maintenus; les trois autres reçurent de l'extension par l'accession des électorats et prirent les noms de haut et bas Rhin, de Westphalie, de haute et basse Saxe; enfin on ajouta à ces huit cercles les pays de Bourgogne et d'Autriche, et il y eut ainsi dix cercles, représentant chacun une fraction de l'Empire exactement déterminée, ayant chacun un chef et un conseil chargés de veiller à la sûreté publique, et concourant tous au maintien de la paix et des lois (1).

1° Le cercle d'Autriche, indépendamment de la Carinthie, de la Carniole et de la Styrie, renfermait toutes les conquêtes faites par la maison impériale depuis la mer Adriatique jusqu'au haut Rhin. Ce cercle était le plus grand de l'Empire et avait environ 2025 milles carrés; il était dirigé par la maison des archiducs.

2° Le cercle de Bavière avait une étendue de 1020 mil. carrés et contenait neuf États de l'Église, entre autres : l'archevêché de Salzbourg, les évêchés de Freysingen (2), de Ratisbonne (3)

et de Passau ; entre autres États laïques, le landgraviat de Leuchtenberg, une seule ville impériale, Ratisbonne ; la Bavière et Salzbourg en avaient la direction.

3° Le cercle de Souabe comprenait quatre-vingt-dix États clercs et laïques de l'ancien duché de Souabe, dont une partie avait été réunie au cercle d'Autriche, entre autres deux évêchés, Constance et Augsbourg, trente-deux villes impériales, y compris Donauwerth, qui tomba plus tard au pouvoir de la Bavière; la ville de Constance et le Wurtemberg (1) en avaient la direction.

4° Le cercle de Franconie n'avait plus guère que 500 milles carrés; il contenait trois évêchés : Bamberg, Wurzbourg et Eichstadt, les domaines de l'ordre Teutonique, dont Mergentheim devint le point central, cinq villes impériales, dont la plus importante était Nuremberg (2); Bamberg en avait la direction (3).

5° Le cercle du haut Rhin comptait d'abord les duchés de Savoie et de Lorraine, les évêchés et les villes impériales de Metz, de Toul, de Verdun, de Strasbourg, de Besançon, l'abbaye de Munster, la préfecture de Haguenau ; tous ces États furent détachés de l'Empire, et, à l'exception de la Savoie, tombèrent au pouvoir de la France. Il resta cinq évêchés : Strasbourg, Bâle, Worms (4), Spire, Fulde, la commanderie de l'ordre de Saint-Jean, les pays du Palatinat en deçà du Rhin, ceux de Hesse et de Nassau, et cinq villes impériales : Worms, Spire, Francfort, Friedberg et Wetzlar. L'évêque de Worms et le comte palatin du Rhin en avaient la direction.

6° Le cercle du Rhin avait, comme celui du haut Rhin, une étendue de 1000 lieues carrées et renfermait trois électorats ecclésiastiques : Mayence (5), Trèves et Cologne (6), le Palatinat (7), la commanderie teutonique; Mayence en avait la direction.

7° Le cercle de Bourgogne renfermait quatre duchés, huit comtés, neuf seigneuries jadis relevant immédiatement de l'Empire.

(c) *Voy.* Gunderode : *Untersuchung des Teutschen Kreiswesens*, 1738.

(2) Car. Meichelbeck : *Historia frisingensis*, etc. Giaecii, 1724-29, in-fol.

(3) Th. Ried : *Codex chronologico-diplomaticus*

episcopatus *Ratisbonensis*, etc. Rat. 1816-17, 2 v. in-4°.

(1) Ch. F. Sattler's *Allgemeine Geschichte Würtemberg von den alten Zeiten bis 1260.* Francf., 1757, in-4°. — *Unter der Regierung den Grafen*, Ulm, 1764, 68, 5 vol. in-4°. — *Unter der Regierung den Herzoge*, bis 1714, Ulm, 1769-83, 13 vol. in-4°.

(2) Chr. Wagenseil *Commentatio de civitate Norimbergensi*, etc. Altdorf Noricorum, 1697, in-4°. — P. Rœderi Norimb. *Commentatio hist. de ortu et progressu civitatis Norimbergensis*, etc., 1746, in-4°.

(3) P. Ludewig : *Scriptores rerum episcopatus. Bambergensis*, etc. Francof. 1718, in-fol.

(4) Fr. Schannat : *Historia episcopatus Wormatiensis*, Francof. 1734, 2 vol. in-fol.

(5) St. Al. Wurdtwein : *Diplomatica moguntina, pagos Rheni, Mogoni, etc., illustrantia.* Mogunt., 1788, in-4°.

(6) A. J. Binterim et J. H. Mooren : *Die alte und neue Erzdiœcese Köln*. Mainz, 1828.

(7) Lud. Tolneri *Historia palatina*, Francof. 1700, in-fol. — Schannat : *Histoire abrégée de la maison palatine*, etc., ib., 1740, in-8°.

8° Le cercle de Westphalie présentait plus de divisions que les autres ; dans le principe, les diocèses d'Utrecht, de Gueldres, de Zutphen, l'évêché et la ville de Cambrai en faisaient partie. Il y avait aussi six évêchés : Munster, Paderborn, Liége, Osnabruck, Minden et Verden, et huit abbayes. Les duchés de Clèves, de Juliers et de Berg furent réunis à la fin de cette époque. La Frise fut partagée entre les cercles de Bourgogne et de Westphalie. L'étendue du cercle était de 1250 milles carrés ; Munster et Clèves avaient la direction des affaires.

9° Les archevêchés de Magdebourg et de Brême, les évêchés de Halberstadt, de Hildesheim et de Lubeck appartenaient au cercle de la basse Saxe, ainsi que les duchés de Brunswick et Lunebourg, de Saxe-Lauenbourg, de Holstein, de Mecklembourg (1) et autres seigneuries et six villes impériales : Lubeck, Goslar, Mulhausen, Nordhausen, Hambourg et Brême. Magdebourg et Brunswick avaient la direction.

10° Le cercle de la haute Saxe, d'une superficie de 1950 milles carrés, contenait les électorats de Saxe et de Brandebourg, le duché de Poméranie, la principauté d'Anhalt (2), l'évêché de Camin, l'abbaye de Quedlimbourg (3), et, entre autres comtés, Reuss et Mansfeld (4); point de ville impériale. L'électorat de Saxe avait seul la direction.

Telle était, en peu de mots, la composition des dix cercles de l'Empire. Ce n'est pas ici le lieu de faire ressortir l'imperfection d'une semblable division, et la confusion qu'elle apportait dans les rapports des différents États entre eux ; du reste, il y eut des parties considérables de l'Empire qui n'adoptèrent pas le système des cercles : la Bohème, la Moravie, la Silésie, la Lusace, les États de Prusse et de Livonie refusèrent d'adhérer à cette institution, et ne reconnurent pas la juridiction du tribunal suprême. Entre le cercle de Bourgogne et celui du haut Rhin, le comté de Montbéliard demeura en dehors de l'un et de l'autre. Cette organisation des dix cercles était encore en vigueur en 1789. Il y avait en outre une division spéciale de tout le corps de la noblesse d'Allemagne en trois cercles : le cercle de la noblesse de Souabe, divisé en cinq cantons, le cercle de la noblesse de Franconie, divisé en six cantons, et le cercle de la noblesse du Rhin en trois cantons.

On sait que le traité de Campo Formio et

celui de Lunéville apportèrent de grands changements dans la constitution de l'empire germanique ; que plusieurs provinces se séparèrent de l'Empire en 1806, et formèrent la confédération du Rhin, sous la protection de la France ; qu'en 1815 il s'organisa en Allemagne une nouvelle association politique, sous le nom de confédération germanique, dont le congrès de Vienne, fixa les bases et qui eut pour objet la sûreté intérieure et l'indépendance de tous les États confédérés. Ces États sont : l'Autriche, la Prusse, les royaumes de Bavière, de Wurtemberg, de Saxe, le grand-duché de Bade, les principautés de Hohenzollern-Sigmaringen et Hohenzollern-Hechingen, de Lichtenstein, le grand-duché de Hesse-Darmstadt, la Hesse Electorale, le landgraviat de Hesse-Hombourg, le duché de Nassau, le grand-duché de Saxe-Weimar, le duché de Saxe-Meiningen-Hildbourghausen, celui de Saxe-Altenbourg, celui de Saxe-Cobourg-Gotha, les principautés de Reuss-Greitz, de Reuss-Schleitz, de Reuss-Lœbenstein-Ebersdorf, celles de Schwarzbourg-Rudolstadt, de Schwarzbourg-Sondershausen, le duché d'Anhalt-Dessau, celui d'Anhalt-Bernbourg, celui d'Anhalt-Kœthen, le duché de Brunswick, la principauté de Lippe-Detmold, celle de Lippe-Schauenbourg, celle de Waldeck, le grand-duché de Mecklembourg-Schwerin, celui de Mecklembourg-Strelitz, celui de Holstein-Oldenbourg et la seigneurie de Kniphausen. Enfin de la célèbre ligue hanséatique il ne reste plus que l'association des trois villes de Brême, de Lubeck et de Hambourg, auxquelles les derniers traités ont rendu leurs anciennes franchises. La république de Francfort-sur-le-Mein est depuis 1815 le siége de la diète germanique.

AMÉDÉE TARDIEU.

ALLEMAGNE. (*Histoire.*) On trouvera aux articles ALLEMANNI, GERMANIE et CARLOVINGIENS, l'histoire primitive de l'Allemagne; celle des différents États dans lesquels se fractionne encore de nos jours ce vaste pays, sera l'objet d'articles spéciaux ; ici, nous nous bornerons à donner un tableau chronologique des différents princes qui ont porté le titre d'empereurs d'Allemagne, depuis le demembrement de l'empire de Charlemagne jusqu'en 1806, époque où ce titre fut aboli, et remplacé par celui d'empereur d'Autriche.

Nous commencerons au moment où Charles le Gros, ayant lassé les grands par son incapacité et sa honteuse faiblesse, se vit déposer par eux en 887, à une assemblée tenue à *Tribur* ou *Tewer*, au pays de Darmstadt : alors fut opérée la division de l'empire carlovingien ; mais ce grand déchirement ne put avoir lieu sans de terribles convulsions et une large effusion de sang.

Arnulf, 887. — Arnulf, fils naturel de Carlo-

---

(1) F. A. Rudloff : *Handbuch der Mecklenburg Geschichte*, 1781-1821, in-8°.
(2) Chr. Beckmann : *Historie des Fürstenthums Anhalts*, 1710, in-fol.
(3) Ant. ab Erath : *Codex diplomaticus quedlinburgensis*, 1764, in-fol.
(4) Spangenberg : *Mansfeldische Chronica*. Eisleb. 1572, in-fo.

man et neveu de Charles le Gros, s'était rendu à la diète de Tribur avec des forces imposantes. Après la déposition de son oncle, il fut proclamé roi de Germanie, et alla recevoir à Ratisbonne le serment de fidélité des seigneurs de Bavière, de Saxe et de la France teutonique. Une fois paisible posesseur de la Germanie transrhénane, il convoita la totalité de cet immense héritage dont il tenait déjà une partie : il voulut ajouter à ce qu'il avait, la Bourgogne, l'Italie, et recevoir l'hommage du roi de France; mais il lui fallait avant tout défendre l'Allemagne contre ses ennemis habituels, les Slaves et les Normands.

En 891, il marcha contre une armée de Normands qui avait battu ses troupes près de Maëstricht ; il trouva ses ennemis établis sur la Dyle, et les taille en pièces. Maître de la Lorraine, il reçut en 893 l'hommage des compétiteurs à la couronne de France. L'année précédente, il avait eu à combattre Zwentebald, chef morave, nommé par lui duc des Slaves de Bohême, et qui avait pris de lui-même le titre de roi. Arnulf ravagea la Moravie pendant un mois, et fit alliance avec le roi des Bulgares.

En 894, Arnulf passa en Italie, où il voyait briller à l'horizon la réalisation de ses espérances. Le roi Béranger, son feudataire, l'y avait appelé à son secours contre Guido, duc de Spolète. Le roi de Germanie prit Bergame, fit pendre le gouverneur, et s'ouvrit par cet acte de sévérité les portes de toutes les autres villes de la Lombardie. Mais, pour cette fois, il n'alla pas plus loin. Il repassa en Allemagne pour se venger de Rodolf de Bourgogne, qui avait fourni des secours à Guido, et fait nommer son fils Zwentebald roi de Lorraine. Chemin faisant, il désola la Bourgogne transjurane, puis alla ouvrir un concile à Tribur. En 895, il passa de nouveau les Alpes, à la sollicitation du pape Formose, attaqué par Guido. Il marcha sur Rome, s'en empara (896), grâce à un hasard singulier, et fut enfin couronné empereur. Il voulut prendre Spolète ; mais, empêché par la maladie et la mauvaise volonté des seigneurs qui l'accompagnaient, il revint en Allemagne, et mourut à Ratisbonne, trois ans après son couronnement comme empereur.

Louis IV, l'Enfant, 899. — Louis n'était âgé que de sept ans à la mort de son père. Cependant il lui succéda sans opposition, fut solennellement reconnu roi de Germanie en 900, à Forcheim, et, peu de temps après, proclamé à Thionville, roi de Lorraine, par quelques seigneurs mécontents du gouvernement de son frère naturel Zwentebald, qui fut surpris sur la Meuse, et périt avec les deux tiers de son armée. Sous le règne de Louis, l'Allemagne fut agitée au dedans par les divi-

sions des seigneurs et des ecclésiastiques, et dévastée sur ses frontières par les incursions des Hongrois. L'*Enfant qui n'a rien fait*, comme les chroniqueurs du temps appellent le jeune roi, mourut en 911.

Avec lui s'éteignit la branche allemande des Carlovingiens. Le seul descendant mâle de Charlemagne était Charles le Simple, roi de France, abandonné et méprisé par ses propres sujets. Pour ne pas faire sortir complètement de la race de Charlemagne cette couronne, jusque-là héréditaire autant qu'élective, les seigneurs allemands résolurent de choisir leur roi parmi ceux qui descendaient du grand empereur par les femmes.

Conrad I, 911. — Conrad I, fils de Conrad de Fritzlar, comte de Franconie et de Vétéravie, et de Glismonde, fille de l'empereur Arnulfe, fut donc élu roi de Germanie, au refus et par l'avis d'Otton, duc de Saxe. Les Saxons et les Franconiens avaient seuls pris part à cette élection, qui excita les prétentions rivales d'Arnulf, duc de Bavière, soutenu par les deux comtes de Souabe; et de Henri, fils d'Otton, qui, après la mort de son père, voulut succéder à ses deux duchés de Saxe et de Thuringe. Conrad prétendait lui enlever cette dernière province, et la confier à un duc particulier. Il échoua dans une première tentative; mais il prit sa revanche sur Régnier, duc de Lorraine, aussi révolté contre lui, et auquel il enleva l'Alsace, le canton de Westrich et la ville d'Utrecht. Ensuite il soumit les comtes de Souabe, et contraignit le duc de Bavière à chercher un asile chez les Hongrois. Arnulf, reçu par eux, remit sa cause entre leurs mains, et les ramena sur l'Allemagne. Conrad marcha contre ces nouveaux ennemis, fut blessé en les combattant, et mourut quelque temps après, à Quedlimbourg.

Henri I, l'Oiseleur, 918. — Conrad, mourant sans enfants, s'était rappelé la générosité d'Otton à son égard ; il l'imita, en désignant pour son successeur ce même Henri de Saxe, fils d'Otton, qui s'était révolté contre lui. Il chargea son frère Eberhard de lui porter les ornements royaux, et Eberhard, remplissant sa mission, le trouva occupé à la chasse à l'oiseau : de là le surnom qui lui fut donné. Le choix de Conrad fut confirmé en 919, à Fritzlar, par les grands et le peuple; mais ce ne fut pas sans opposition : Burkhard, duc de Souabe, Arnulf, duc de Bavière, refusèrent de reconnaître Henri, et pour les y contraindre, il fallut la force des armes.

Le règne de Henri I fut sage et glorieux, et il produisit pour l'Allemagne les meilleurs résultats. L'Empire était désolé par les Hongrois, les Slaves et les Bohêmes; jusqu'alors on n'avait employé pour les repousser que des moyens insuffisants : ils paraissaient, on les combattait ; mais, vainqueurs ou vaincus, ils ne laissaient pas moins de terribles traces de leur passage sur les terres d'Allemagne. Henri songea à organiser un plan de défense permanent, et à délivrer l'Empire pour toujours de ces redoutables invasions. Pour arriver à ce but, il commença par bâtir et fortifier nombre de villes, et persuada à une partie des nobles d'y transporter leur domicile. Parmi les villes qu'il entoura de murailles, on peut citer Geslar, Quedlimbourg, Brandebourg, Sleswig, etc. Il régularisa le service militaire; appela sous les drapeaux la neuvième partie de ses sujets saxons, qu'il employa.aux constructions dont nous venons de parler, ordonna que ceux qu'il laissait à la culture de la terre fourniraient à la subsistance des autres, et fit enfin d'excellentes troupes avec des bandes errantes de malfaiteurs, soldats sans chefs et sans discipline, que la guerre rendait pillards, que la paix rendait voleurs: il en forma une espèce de légion, qu'il établit en garnison à Mersebourg, et qui fut, dans la suite, très-utile à l'Empire. En même temps, il établit sur les frontières, des *margraves* (comtes de la Marche), spécialement chargés de s'opposer aux incursions des barbares. C'est ainsi que furent fondés, aux dépens des Slaves, les margraviats de Nord-Saxe, 926 ; de Misnie, 929; de Sleswig, 931.

Ces sages institutions portèrent leur fruit; la Bohême fut obligée de se reconnaître dépendante du royaume de Germanie ; les Hongrois essayèrent en vain de renverser ces fortes barrières élevées contre eux, et à la bataille de Mersebourg (833), ils laissèrent quarante mille hommes sur le terrain.

Non content de défendre ainsi ses États, Henri les agrandissait d'un autre côté. En 925, profitant des troubles qui agitaient la France, sous Charles le Simple, il soumit la Lorraine, en détacha l'Alsace, qu'il réunit à la Souabe, et laissa le reste au duc Gislebert, dont il s'assura la fidélité en lui donnant sa fille Gerberge. En 936, il méditait une expédition en Italie, lorsque la mort vint faire échouer ses projets.

Otton Ier, le Grand, 936. — Otton, son fils, fut élu et couronné à Aix-la-Chapelle. Il débuta par des actes de sévérité qui apprirent aux grands à respecter son autorité naissante. Il condamna à l'exil et à l'amende, dans une diète tenue en 937, Eberhard, duc de la France rhénane, qui avait ravagé la Saxe. Eberhard, irrité, se réunit à Tancmar, frère consanguin d'Otton; ils levèrent ensemble l'étendard de la révolte, et s'emparèrent de la forteresse d'Ersbourg. Mais Otton marcha contre eux; Tancmar fut tué, et plusieurs de ses complices condamnés à mort et exécutés. Otton continuait en même temps l'œuvre de son père contre les barbares; une seconde bataille de Mersebourg, plus sanglante encore que la première, refoula pour jamais les Hongrois dans leur pays. La Bohême, subjuguée complétement en 950, devint tributaire de l'Allemagne et chrétienne.

Cependant une révolution était imminente en Italie, où l'anarchie était au comble; les Sarrasins, maîtres des îles Baléares, de la Corse, de la Sardaigne, de la Sicile, pillaient les côtes de la Péninsule; les bourgeois se renfermaient derrière les murs de leurs villes, et oubliaient qu'il y avait eu un royaume d'Italie; mais les petits princes s'en souvenaient, et se disputaient le titre précaire de roi. Hugues s'en était emparé en 931. Chassé par lui, Bérenger II, marquis d'Ivrée, se réfugia près d'Otton, qui lui donna des secours. Bérenger, rentré en Italie, se vit déférer l'administration générale du royaume par une diète qui donna le titre de roi à Lothaire, fils de Hugues; mais bientôt Lothaire mourut, empoisonné, dit-on, par Bérenger; et sa veuve Adélaïde, adressa à son tour ses plaintes à Otton.

Celui-ci saisit avec empressement l'occasion d'une guerre qui pouvait ramener chez les princes allemands la couronne impériale. Il passa les Alpes (951), se rendit maître du pays sans tirer l'épée, fut proclamé roi dans Pavie, et épousa Adélaïde. Rappelé en Allemagne par des guerres civiles, il accorda la paix à Bérenger, qui vint lui rendre hommage à Augsbourg, et lui céda la Marche trévisane.

Neuf ans se passèrent, pendant lesquels Otton fut occupé par des guerres intestines, par la révolte de ses fils, par les incursions des Hongrois. Au bout de ce temps, appelé par Jean XII contre Bérenger, il passa de nouveau les monts, conquit le nord de l'Italie, sans éprouver de résistance, déposa Bérenger dans une diète, et fut couronné de nouveau roi d'Italie à Milan. De là, il s'avança avec la princesse Adélaïde jusqu'à Rome, où tous deux reçurent des mains de Jean XII la couronne impériale (2 février 962).

A peine Otton était-il parti, que Jean XII se repentit de ce qu'il avait fait. et travailla à faire revenir Bérenger. Otton, prévenu, le fit déposer et nommer à sa place Léon VIII (963); il fit ensuite Bérenger prisonnier, et l'envoya mourir en Allemagne.

Cependant Jean XII était parvenu à remonter sur le trône papal, en déposant à son tour Léon VIII. Otton vint au secours de celui-ci, le reconduisit à Rome; et, comme Jean XII venait de mourir, ce fut sur son successeur, Benoît V, que tomba la colère de l'empereur. Le nouveau pape fut dépossédé, envoyé en Allemagne, et Léon VIII réintégré à sa place.

La tranquillité ne dura pas longtemps; en

967, Otton fut appelé de nouveau en Italie par des troubles qui avaient éclaté à Rome. Léon VIII étant mort, Jean XIII, créature de l'empereur, lui avait succédé. Chassé par les Romains, il s'était réfugié en Campanie, et avait demandé secours aux Allemands. Pendant que ceux-ci accouraient, le pape feignit de se laisser toucher par le repentir des Romains, rentra dans leur ville, et, aidé par Otton, tira de ses ennemis les plus cruelles vengeances.

Otton, maître du nord et du centre de l'Italie, voulut y ajouter la partie méridionale. Il commença par recevoir l'hommage des princes de Bénévent et de Capoue ; puis il demanda pour son fils, à Nicéphore Phocas, empereur d'Orient, la main de Théophanie, fille de Romain II. Sur son refus, il ravagea la Pouille et la Calabre ; mais Nicéphore étant mort assassiné (970), Jean Tzimiscès accepta les propositions de l'empereur d'Occident.

Otton le Grand mourut en 973. Il avait rétabli l'empire de Charlemagne ; il avait ramené en Allemagne l'ordre et l'unité ; il l'avait mise à l'abri des incursions des barbares, avait conquis l'Italie, et s'était fait payer les frais de la guerre en obtenant pour lui et ses successeurs le pouvoir de transmettre à qui ils voudraient la couronne d'Italie, et le droit de nommer le pape, les archevêques et les évêques.

Otton II, le Roux, 973. — Déjà, longtemps avant la mort de son père, Otton II avait été désigné roi de Germanie et couronné roi de Lorraine (961) ; élu roi d'Italie (962), enfin couronné empereur à Rome (967.) Cependant, à la mort d'Otton le Grand, de violentes oppositions se manifestèrent. Henri, duc de Bavière, souleva contre Otton le tiers de l'Allemagne, et se fit couronner à Ratisbonne. Le Danemark, la Pologne, la Bohême, les Slaves entrèrent dans son parti. Mais Otton battit tous ses ennemis, les força à demander la paix, dépouilla Henri de son duché (976), et l'envoya en exil.

En 977, Lothaire, roi de France, redemande la Lorraine à l'Empire, et refuse des concessions partielles : la guerre s'engage, et Otton arrive avec son armée jusque sur les hauteurs de Montmartre. En se retirant, il est vaincu au passage de l'Aisne (980), et obligé de conclure une trêve. Enfin Lothaire, menacé d'un autre côté, signe un traité qui assure la Lorraine à l'Empire.

Otton, appelé par Boniface VII, passa en Italie, et arriva à Rome en 981. Là il se débarrassa de ses ennemis en les faisant massacrer dans un festin, cruauté qui lui valut le surnom de *Sanguinaire*. De Rome il conduisit son armée en Calabre, pour mettre l'Italie à l'abri des incursions des Sarrasins, et faire valoir les droits de son épouse Théophanie. Il remporta

d'abord plusieurs victoires, prit Tarente (982), et finit par tomber dans une embuscade, où son armée fut taillée en pièces, et lui-même fait prisonnier ; mais, n'étant pas reconnu, il parvint à se racheter. Il se préparait à réparer cet échec, lorsqu'il tomba malade à Rome, et y mourut.

Otton III, 983. — Otton II, en mourant, laissait son fils en bas âge sous la tutelle de sa mère et de l'archevêque de Cologne. Henri le Querelleur, duc de Bavière, se saisit du jeune prince et l'emmena à Magdebourg ; mais il fut forcé de le rendre à Théophanie par l'attitude hostile de la noblesse et surtout du clergé. Le jeune prince, élevé par des clercs, parmi lesquels était le célèbre Gerbert, se ressentit plus tard de cette éducation.

La minorité d'Otton III fut troublée par les révoltes des grands, par les incursions des Slaves et des Danois, par des soulèvements en Italie, où Adélaïde et Théophanie, grand'mère et mère d'Otton, étaient obligées de résider. En 996, Otton se rendit lui-même à Rome, où il fut couronné par Grégoire V, et condamna au bannissement le consul Crescentius, pour les excès qu'il avait commis envers le pape Jean XV. Mais Grégoire demanda et obtint sa grâce. Après un voyage en Allemagne, pendant lequel il chassa les Slaves du margraviat de Brandebourg (997), l'empereur revint en Italie, ramena à Rome Grégoire V, chassé par Crescentius, assiégea celui-ci dans le môle d'Adrien, l'engagea à se rendre en lui promettant la vie sauve, et lui fit trancher la tête (998). En 1001, il fit une courte et heureuse expédition contre les Sarrasins, et reçut l'année suivante le châtiment de ses cruautés : il mourut empoisonné par la veuve de Crescentius.

Henri II, 1002. — Otton III ne laissait pas d'enfants. Henri, duc de Bavière, arrière-petit-fils de Henri l'Oiseleur, l'emporta sur ses concurrents, dont le plus redoutable était Hermann, duc de Souabe. Proclamé à Mayence, il marcha contre Hermann, l'obligea à demander la paix, et alla ensuite se faire reconnaître successivement dans différentes parties de l'Empire, en Saxe et en Lorraine.

Cependant le roi de Pologne avait pris Cracovie, envahi la Lusace et la Misnie, et s'était fait reconnaître duc de Bohême. Effrayé de ces conquêtes, Henri lui demanda l'hommage pour ces dernières contrées, et sur son refus, lui déclara la guerre. En même temps il eut à vaincre une révolte commandée par le margrave Henri de Schweinfurth, par son propre frère Brunon, et par Ernest, margrave d'Autriche. Il les battit tous, et les força à s'enfuir en Bohême.

La même année (1004), Henri II passa en Italie. Ardouin, marquis d'Ivrée, y avait été élu et couronné roi. Henri, soutenu par l'archevêque de Milan, fut reconnu roi dans une diète tenue à Roncaglia, et alla recevoir la couronne à Pavie, où il arriva sans avoir trouvé de résistance sur son passage; après quoi, il retourna combattre sur les frontières d'Allemagne Boleslas, roi de Pologne, qui, maître de la Bohême, occupait une position trop menaçante. La guerre s'engagea et se continua avec des chances diverses, jusqu'au moment où l'intervention de Henri dans les affaires d'Italie devint de nouveau nécessaire. Il promit son aide à Benoît VIII, chassé de Rome par un parti plus fort; à l'archevêque de Milan, dont Ardouin, reconnu par une partie de la Lombardie, ravageait le territoire; enfin, après avoir réglé, dans une diète tenue à Groningue, les mesures à prendre contre les Slaves et les Polonais, il passa les Alpes; traversa la Lombardie sans éprouver de résistance de la part d'Ardouin, retiré dans son marquisat d'Ivrée; tint une nouvelle diète à Roncaglia, et arriva à Rome en 1014. Là il rétablit Benoît VIII sur son siége, et fut sacré empereur par lui. Après la cérémonie, il repartit pour l'Allemagne, visita la Bourgogne et la Lorraine, manifesta la résolution de se faire moine, et en fut empêché par Richard, abbé de Saint-Vannes de Verdun. Derrière lui, cependant, Ardouin était rentré en campagne; mais il fut vaincu par l'archevêque de Milan, et, forcé d'accepter le sort que l'empereur voulait s'imposer à lui-même : il alla mourir (1015) au monastère de Frutare, en Piémont.

Rentré en Allemagne, Henri reprit la guerre contre Boleslas. Elle dura jusqu'en 1018, et se termina par un traité avantageux au roi de Pologne, qui, cependant, dut renoncer à la Bohême. En 1021, l'empereur fit une nouvelle expédition en Italie, et alla combattre les Grecs dans la Pouille. En 1924, il mourut à Grone, en Saxe, après avoir rattaché à l'Empire l'ancien royaume d'Arles, par l'acquisition de la Bourgogne que lui céda Rodolphe III.

Conrad II, le Salique, 1024. — Après un interrègne de deux mois, les états, assemblés entre Worms et Mayence, proclamèrent Conrad, fils de Henri, duc de Franconie, que sa haute naissance fit surnommer le *Salique*. Après avoir visité les provinces de l'Empire, fait élire et couronner roi son fils Henri, Conrad s'achemina vers l'Italie, où la couronne impériale avait été offerte à Guillaume V, duc d'Aquitaine, qui renonça bientôt à faire valoir ses prétentions. Cependant Conrad assiégea Pavie, et reçut la reddition de Lucques. Ensuite il alla se faire couronner empereur à Rome.

A son retour en Allemagne, il trouva l'ancien parti qui s'était opposé à son élection, révolté en Souabe, en Alsace et en Bourgogne. Il rassembla une diète à Ingelheim, et y fit mettre au ban de l'Empire Ernest II, duc de Souabe, qui périt bientôt après dans une bataille. Conrad donna le duché à son frère Hermann, qui n'était qu'un enfant, comme il avait déjà donné le duché de Bavière à son propre fils Henri. Ces deux contrées étaient donc sous sa dépendance, et la Bourgogne, cédée à Henri II par Rodolphe III, vint s'y ajouter à la mort du donateur (1032). Conrad profita de cette augmentation de puissance pour replacer la Pologne et la Bohême sous la suzeraineté de l'Empire. Puis, libre de ce côté, il retourna en Italie (1037).

Là, comme dans le nord, sa puissance se manifesta au grand jour, et nulle résistance ne put l'intimider. Les grands comme les petits sentirent descendre sur eux la main du maître; l'autel même, jusque-là inviolable, ne fut plus un refuge assuré : Héribert, archevêque de Milan, en fit l'épreuve; ayant voulu s'opposer aux volontés de l'empereur, il fut saisi au milieu de l'assemblée. Pavie fut soumise; Parme, coupable de sédition, rasée en grande partie. De là, Conrad alla à Rome, où il rétablit sur son siége Benoît IX, déposé par les Romains, acte d'autorité qui devait déplaire à l'empereur, si jaloux de son pouvoir. Conrad s'avança ensuite dans le sud de l'Italie, déposséda des princes, leur donna des successeurs, et retourna enfin en Allemagne, où il mourut (1039). Il a laissé des lois que l'on regarde comme la première rédaction des plus importantes coutumes féodales.

Henri III, le Noir, 1039. — Après la mort de Conrad, son fils Henri, élu roi de Germanie dès l'an 1026, lui succéda d'un consentement unanime. L'Empire était tranquille au dedans; Henri avait dans les mains quatre duchés : la Saxe et la Lorraine conservaient seules des princes particuliers. Il put donc songer à ses voisins les éternels ennemis de l'Empire. Il commença par réduire Britizlas, roi de Bohême, qui avait attaqué le roi de Pologne. Vainqueur d'abord, Britizlas fut contraint ensuite à demander la paix; il accepta les conditions qui lui furent imposées, et vint renouveler son serment de fidélité à Ratisbonne. Aba, qui avait usurpé la couronne de Hongrie en chassant le roi Pierre, éprouva le même sort; Henri prit en main la cause du prince détrôné; Aba, vaincu par les armées de l'empereur et du margrave d'Autriche, se vit forcé de céder à celui-ci tout le pays qui s'étend depuis le Kahlenberg jusqu'à la Leytha. C'est de cette époque que date la puissance de l'Autriche (1043). L'année suivante, la guerre recommença; et cette fois, Aba, tué dans une déroute, laissa vacant le trône, où Pierre fut rétabli, après avoir reconnu Henri pour son suzerain. En même temps Henri assurait la tranquillité de la Bourgogne par son mariage avec Agnès de Poitiers.

Alors Henri put se tourner du côté de l'I-talie. Il commença par rétablir l'ordre dans la Lombardie, puis se rendit à Rome où trois papes se disputaient la tiare : Benoît IX, Sylvestre III et Grégoire VI. Henri les fit déposer tous les trois dans un concile assemblé à Sutri, et fit élire l'évêque de Bamberg, sous le nom de Clément II (1046). Le nouveau pape le couronna empereur le jour de Noël de la même année.

Henri donna encore la tiare à Damase II, Léon IX et Victor II. Il mourut à Botfelh. Clément II l'avait couronné empereur; Victor II l'assista à son lit de mort.

Henri IV, 1056. — A la mort de Henri III, son fils Henri n'était âgé que de six ans. Sa mère prit en main la tutelle ; mais elle en fut dépouillée par Hannon, archevêque de Cologne, et par le duc de Bavière. Ceux-ci, étant partis pour faire une expédition en Hongrie, furent supplantés à leur tour par Adalbert, archevêque de Brême, auquel ils avaient confié la garde du jeune roi, et qui gagna sa confiance en flattant ses mauvais penchants. Il l'entraîna dans tous les désordres, éveilla en lui des idées d'arbitraire et de pouvoir sans bornes, idées dont les premiers résultats furent les dépositions, à peine motivées, des ducs de Bavière et de Carinthie. Il lui inspira enfin une haine violente contre les Saxons, chez lesquels il résidait, à Goslar, et qui ne cachaient pas assez leur mécontentement d'être obligés de fournir aux dépenses nécessitées par les plaisirs effrénés de la cour. Aussi Henri prit-il contre eux de rigoureuses mesures, qui ne firent qu'accélérer la révolte qu'il prévoyait, mais qu'il n'attendait pas si tôt. Pris au dépourvu, il fut obligé de s'enfuir, et de céder aux menaces de ses ennemis, en rendant la liberté à leur duc Magnus. Heureusement pour Henri, les Saxons ne surent pas tirer parti de leur position ; ils commirent des violences qui détachèrent de leur parti un grand nombre de princes et d'évêques, et bientôt Henri reprit le dessus. Il entra en Saxe avec une armée formidable (1075) ; vainqueur à Unstrutt, il retint prisonniers les princes confédérés, venus pour lui faire leur soumission, et donna leurs fiefs à ses partisans. Il profita du moment pour faire reconnaître comme son successeur son fils Conrad, âgé de deux ans ; et sa puissance parut alors égaler celle de son père.

Mais à mesure que cette puissance s'établissait, les débauches de Henri, sa conduite à l'égard de sa femme Berthe, fille du marquis de Suse, l'injustice de ses ministres, la licence de ses troupes, et le commerce public qu'il faisait des investitures, mises à prix d'argent, lui suscitaient de nouveaux ennemis. Ce dernier grief surtout excita contre lui le pape Grégoire VII, qui voulait rendre à l'Église sa su-prématie sur le monde. Grégoire commença par déposer l'archevêque de Brême et plusieurs évêques ; il menaça ensuite d'excommunication cinq des conseillers de Henri, et envoya en Allemagne quatre légats, chargés d'empêcher la vente des bénéfices. Henri, vainqueur des Saxons, ne tint nul compte des avis du pape, et le fit déposer par un concile tenu à Worms. Grégoire répondit par une excommunication lancée contre l'empereur.

Cette terrible sentence réunit tous les ennemis de l'empereur. Mais Henri gagna du temps en allant à Canossa demander au saint-père son absolution ; il réunit ses partisans, et quand les princes réunis à Forcheim (1077) eurent proclamé roi de Germanie Rodolphe, duc de Souabe, il se trouva en mesure de marcher contre ce concurrent. Enfin, après des alternatives de succès et de revers, Henri fut vainqueur à Wolkheim, dans la Thuringe, où Rodolphe fut tué par Godefroi de Bouillon (1080).

L'année suivante, Henri passa en Italie, entra dans Rome par surprise, se fit couronner empereur par l'antipape Guibert, et assiégea Grégoire VII dans le château Saint-Ange ; mais il fut forcé de le laisser et de s'enfuir à Salerne. En 1088, il fit la paix avec un nouveau compétiteur, Hermann de Luxembourg, qui renonça à ses prétentions. Après une nouvelle expédition en Italie (1090), il vit son fils Conrad s'armer contre lui ; il nomma alors pour son successeur son deuxième fils, Henri ; mais, Conrad étant mort en 1101, cet autre fils, trahit son père, à son tour, et leva l'étendard de la révolte. Abandonné par ses partisans, le malheureux empereur fut forcé de fuir devant son fils rebelle, et tomba dans une telle misère, qu'il alla mendier dans une église une place de lecteur : on la lui refusa ; alors il se coucha sur les marches du perron, et y mourut de faim : son cadavre resta sans sépulture.

Henri V, 1106. — Henri V succéda à son père, et commença son règne par deux expéditions contre la Hongrie et contre la Pologne (1109), dans lesquelles il échoua. En 1110, il passa en Italie ; sa position à l'égard du pape était toujours la même que celle de son père : il voulait garder les investitures, le pape prétendait les lui ôter. Paschal II conciliait tout en proposant que Henri abandonnât les investitures, et reprît les régales, c'est-à-dire tous les biens temporels que possédaient les clercs. Mais les évêques s'y opposèrent ; une querelle de soldats amena en même temps un combat dans Rome ; Henri fit le pape prisonnier, et ne lui rendit la liberté qu'en échange d'une bulle qui accordait à l'empereur l'objet de ses prétentions. Mais cette bulle fut révoquée bientôt après ; Henri nomma alors un antipape, Grégoire VIII, et la paix ne fut rétablie qu'en 1122, par le fameux concordat de Worms.

Henri renonça au droit de donner l'investiture par la crosse et l'anneau, et le pape Calixte II *lui permit de la conférer par le sceptre ou la verge.* Voilà où aboutirent ces longues et sanglantes querelles, dont le dénoûment laissait la question indécise.

Henri mourut trois ans après cette transaction.

Lothaire II, 1125. — L'Allemagne était fatiguée des efforts de la maison salique pour fonder une monarchie despotique et héréditaire. Henri étant mort, on écarta ses deux neveux, Frédéric, duc de Souabe, et Conrad, duc de Franconie, et on élut Lothaire, duc de Saxe. Lothaire renonça aux prérogatives que s'était réservées son prédécesseur, et demanda au pape la confirmation de son élection. Il réduisit, en 1132, Conrad, un de ses compétiteurs, qui s'était fait couronner en Lombardie; soutint Innocent II contre le parti d'Anaclet; fit, en 1137, une expédition heureuse dans le midi de l'Italie contre le duc Roger, et mourut au retour.

Conrad III, 1138. — Le choix des électeurs, mécontents des concessions faites au *saint-siége par Lothaire, tomba sur un prince* de la maison *gibeline,* Conrad de Hohenstaufen, ennemi de la maison *guelfe* de Saxe et de Bavière. Les querelles de l'empereur avec Henri le Superbe, qu'il dépouilla de ses duchés, donnèrent naissance aux longues guerres pendant lesquelles les deux partis prirent les noms que nous venons de citer. *Gibelin* venait de Wiblingen, nom d'un château appartenant à la famille des Hohenstaufen; *Guelfe* venait de Welf, nom de l'ancienne maison de Bavière. Les fils de Henri le Superbe cherchèrent à recouvrer les possessions de leur père : Henri le Lion reprit la Saxe; mais Welf ne réussit pas à reprendre la Bavière.

Malgré l'appel des Romains, qui s'étaient constitués en république, Conrad n'intervint pas dans les affaires d'Italie. Il partit en 1147 pour la croisade prêchée par saint Bernard; perdit en Asie la meilleure partie de ses troupes; arriva en Palestine en 1148, et revint, l'année suivante, sans avoir retiré aucun fruit de cette guerre. A son retour, il prépara une expédition contre Roger, roi des Deux-Siciles; mais la mort arrêta l'exécution de ses projets. Ne laissant derrière lui qu'un enfant âgé de sept ans, il préféra l'intérêt de sa maison à celui de son fils, et remit, en mourant, les ornements impériaux à son neveu Frédéric de Souabe.

Frédéric Ier Barberousse, 1152. — Les électeurs confirmèrent sans opposition le choix de Conrad, dans une assemblée tenue à Francfort. Frédéric porta sur le trône impérial une *ambition démesurée; il se croyait le successeur des Césars, regardait, en cette qualité, tous les princes de la terre, qu'il appelait* **provinciales reges,** comme ses lieute-

nants ou ses vassaux, et convoitait l'Italie, qui lui semblait le patrimoine légitime des empereurs. Ses projets furent servis par la situation politique de l'Italie, où Milan opprimait les villes lombardes, où Arnoldo de Brescia, élève d'Abailard, persécuté comme lui par saint Bernard, et exilé, revenait en triomphe à Rome, et rétablissait sur le mont Capitolin la république romaine; où, enfin, les contrées méridionales étaient dévastées par les attaques des Normands. Tous les partis invoquaient le nom de l'empereur, et réclamaient son secours; appelé de tous côtés, Frédéric passa les Alpes en 1154.

Une diète fut tenue à Roncaglia, pendant laquelle l'empereur déclara déchus de leurs fiefs ceux de ses vassaux qui n'auraient point passé une veille à la porte de sa tente. De là Frédéric marcha vers Rome, prit Tortone sur sa route, et, trouvant fermées les portes de Rome, se fit couronner dans un faubourg par Adrien IV. Il paya la complaisance du pape par la mort d'Arnoldo, qui fut pris, jugé et condamné à être brûlé vif. Le peuple s'étant soulevé, Frédéric fut forcé de songer à la retraite, retraite qui fut presque une fuite, et arriva à grand'peine en Allemagne.

L'an 1157, mécontent de la cour de Rome, Frédéric défend à tous les ecclésiastiques de ses États de s'adresser au pape, soit pour la collation des bénéfices, soit pour tout autre sujet. Un légat envoyé par Adrien IV, pour se plaindre de cette défense, ayant semblé dire que l'Empire relevait du pape, à titre de *bénéficiaire,* faillit être tué par le comte de Witelsbach. Frédéric avait renoncé au concordat de Worms : la guerre recommença comme au temps de Grégoire VII.

Alexandre III, qui occupait alors le siége de saint Pierre, contracta une alliance avec les villes lombardes. L'empereur arriva en Lombardie avec une armée formidable. Il s'empara de Crême, après un siége de six mois, pendant lequel d'atroces cruautés furent commises par les deux partis (1160); tint un concile, où il fit reconnaître l'antipape Victor; assiégea Milan; reçut la soumisson des habitants, et fit raser leur ville (1162).

Après cet acte de vengeance, les autres villes, effrayées, s'étaient soumises. En 1164, opprimées par les podestats que leur avait imposés l'empereur, elles formèrent une nouvelle ligue, qui força Frédéric à une nouvelle expédition. Celle-ci ayant été sans résultat, il en entreprit une autre, en 1166, ravagea le Bolonais, et arriva jusqu'à Rome, où il se fit couronner de nouveau par l'antipape Pascal, et retourna en Allemagne en 1168. Il revint encore en 1174, fut battu près de Côme, à Leguagno, par les Milanais (1176), et forcé de conclure à Venise une trève qui, six ans après, fut changée, à Constance, en une paix définitive. Dès lors l'indépendance des villes lombardes fut reconnue, sous la suzeraineté nominale de l'Empire.

En 1189, Frédéric partit pour la terre sainte. Il battit deux fois le sultan d'Iconium, et prit sa capitale d'assaut; mais arrivé en Cilicie, il mourut en se baignant dans le Cydnus (1190). Son second fils, Frédéric, prit le commandement de l'armée, et mourut lui-même devant Acre, sept mois après.

Henri VI, 1190. — Henri, fils aîné de Frédéric, proclamé roi des Romains depuis 1169, succéda à son père sans difficulté. Il avait épousé Constance, fille de Roger II et tante de Guillaume II, roi de Sicile. Celui-ci étant mort sans enfants, le nouvel empereur se trouva son héritier. Il partit pour aller prendre possession de son héritage, et combattre Tancrède, que les Siciliens avaient choisi pour roi. Il passa à Rome, s'y fit couronner, prit plusieurs villes dans le sud de l'Italie, et échoua devant Naples. Revenu en Allemagne il garda en captivité Richard Cœur de Lion, arrêté par Léopold d'Autriche, comme il revenait de la terre sainte. Il retourna ensuite en Sicile : plus heureux cette fois, il eut bon marché du jeune Guillaume, fils et successeur de Tancrède, et se fit couronner à Palerme (1194). Ses cruautés excitèrent les Siciliens à une révolte sérieuse : tous les Allemands qui se trouvaient dans l'île furent tués, et Henri dut encore partir pour aller combattre ses sujets (1196); mais il mourut l'année suivante, peut-être empoisonné par sa femme Constance.

Philippe de Souabe, 1198. — Philippe, duc de Souabe, cinquième fils de l'empereur Frédéric Ier, se fit décerner, après la mort de Henri VI, la tutelle du jeune Frédéric, fils de celui-ci. Sous prétexte de donner à sa régence plus d'autorité, il travailla à se faire élire lui-même roi des Romains, et il y réussit à la diète de Mulhausen. Le pape Innocent III, qui ne voulait ni de l'oncle ni du neveu, trouvant contraire aux intérêts du saint-siège que la couronne de Sicile, dont Frédéric était héritier, et la couronne impériale fussent réunies sur la même tête, ordonna une nouvelle élection; elle tomba sur Otton de Brunswick, troisième fils de Henri le Lion. Philippe remporta sur son compétiteur divers avantages (1206), et il venait de faire sa paix avec le pape, lorsqu'il fut assassiné par le comte palatin de Witelsbach (1208).

Otton IV, 1198. — Otton IV, vaincu par Philippe, s'était enfui en Angleterre. En 1208, après la mort de son compétiteur, il revint, et fut reconnu roi à la diète de Francfort. Il fut ensuite couronné empereur, à Rome, par Innocent III, et lui promit l'abandon des droits revendiqués jusqu'alors par les empereurs. Mais il oublia ses promesses, et en 1210, après avoir repris Spolète, Ancône, Pérouse, etc., il entra dans la Pouille, à dessein de faire valoir les droits de l'Empire sur le royaume des Deux-Siciles.

Forcé de combattre son ancien allié, le pape commença par l'excommunier, puis lui opposa le fils de Henri VI, Frédéric II, son pupille, alors âgé de dix-huit ans. Otton, non content d'avoir à combattre les adversaires que son excommunication lui avait faits dans ses propres États, se fit de nouveaux ennemis au dehors; il se ligua, en 1213, contre le roi de France, avec le roi d'Angleterre et le comte de Flandre. Vaincu à la bataille de Bouvines (1214), il fut abandonné de ses partisans, et forcé d'aller passer obscurément dans ses terres de Brunswick le reste de sa vie, qui se prolongea jusqu'en 1218.

Frédéric II, 1198. — Frédéric II se trouva seul alors à la tête de l'Empire. Déjà élu deux fois roi des Romains, il s'était fait élire de nouveau, à la diète de Coblentz (1211). Il paya la protection d'Innocent III par les concessions qu'il lui fit dans la constitution d'Égra, et fit un traité d'alliance avec Philippe-Auguste. En 1220, il fit reconnaître son fils Henri pour roi des Romains, et fut couronné empereur par Honorius III. Il s'occupa alors de rétablir la tranquillité dans son royaume de Naples; délivra la Sicile des Arabes, et, leur ayant fait de nombreux prisonniers, il en forma deux colonies à Luceria, dans la Capitanate, et à Nocera, entre Naples et Salerne.

Honorius, désirant se débarrasser de Frédéric, lui avait fait épouser Yolande, fille de Jean de Brienne, et il le pressait de passer dans la terre sainte. Frédéric s'embarqua, en effet, à Brindes (1227); mais une épidémie, qui décima son armée et l'atteignit lui-même, l'obligea de suspendre son voyage. Grégoire IX, successeur d'Honorius, irrité de ce délai, excommunia l'empereur, qui, pour prouver la sincérité de ses intentions, hâta ses préparatifs, passa dans l'île de Chypre, et entra dans Jérusalem par suite d'un traité conclu avec le soudan d'Égypte. Il fut rappelé en Europe par une tentative que fit sur le royaume de Naples son beau-père Jean de Brienne, à l'instigation du pape. Il déjoua facilement cette tentative, fit sa paix avec le pape, par le traité de San-Germano (1230), promit une amnistie complète, et reçut l'absolution des censures fulminées contre lui.

Cependant les villes lombardes avaient formé une ligue, comme au temps de Frédéric Barberousse; elles s'étaient placées sous la protection du pape, et l'empereur allait en appeler aux armes, lorsqu'il fut forcé de revenir en Allemagne par la révolte de son fils Henri (1234), qu'il avait fait élire roi des Romains en 1220. Il le vainquit, le fit dégrader dans la diète de

Mayence, et le relégua dans un château de la Pouille, où ce prince mourut, en 1242. Avant de passer les Alpes, Frédéric dut encore réduire le duc d'Autriche, Frédéric le Belliqueux. Il envoya d'abord contre lui le duc de Bavière et le landgrave de Thuringe : le duc d'Autriche les battit. Alors l'empereur se mit à la tête de ses troupes, prit Vienne, et assiégea le duc dans Neustadt (1237). Il confia alors l'administration du duché à un de ses lieutenants, et ne la rendit au légitime possesseur qu'au bout de trois ans, époque à laquelle la paix fut conclue. Libre de ce côté, Frédéric se rendit en Italie.

Là régnait dans toute sa force l'animosité entre les Guelfes et les Gibelins. Ceux-ci, qui tenaient pour l'empereur, n'attendaient que son arrivée pour conquérir l'ascendant sur leurs ennemis. En effet, Eccelino, tyran de Padoue, soutenu par les troupes impériales, prend cette ville et Vicence; Frédéric lui-même bat les Milanais, leur enlève leur *carroccio*, et prend Mantoue. Mais alors le pape s'effraye, et lance contre Frédéric deux excommunications successives ; les seigneurs de la Marche Trévisane sont les premiers à se tourner contre l'empereur; Venise et Gênes se joignent à la ligue lombarde. Frédéric, forcé de reculer, passa en Toscane. Grégoire IX venait de mourir, et son successeur le suivit de près dans la tombe. Frédéric s'opposa longtemps à l'élection d'un nouveau pape, et ne laissa qu'après de grandes difficultés choisir le cardinal Fiesque, qui avait été son ami, et qu'il prévoyait devoir être son ennemi (1243). En effet, le nouveau pape prononça, au concile de Lyon (1245), une sentence d'anathème et de déposition contre l'empereur. En même temps, il soulevait les Deux-Siciles et faisait élire roi des Romains (1246) le landgrave de Thuringe, Henri Raspon, que le peuple appela *le roi des prêtres*. Frédéric avait fait nommer roi des Romains, en 1237, son fils Conrad : cette élection présenta cela de remarquable qu'elle fut la première où parurent les sept princes électeurs, à l'exclusion des autres grands vassaux. Le jeune Conrad fut chargé de combattre Henri Raspon. Vaincu d'abord en Souabe, il remporta une victoire décisive près d'Ulm; et le roi des prêtres fut forcé de regagner en toute hâte la Thuringe, où il mourut, en 1247. Le pape lui donna pour successeur Guillaume, comte de Hollande, qui fut couronné à Aix-la-Chapelle. Le plus grand désordre régnait en Allemagne, et ce fut pour y échapper que les villes commerçantes des bords du Rhin et de la Westphalie formèrent la ligue devenue célèbre sous le nom de Confédération rhénane.

Tandis que Conrad défendait en Italie la cause de son père, Frédéric, maître de toute la Toscane, tentait de chasser les Guelfes de la Romagne. Il échoua au siége de Parme, et son fils Enzio fut battu et fait prisonnier par les Bolonais. Enfin, se voyant sans ressources, il se retira dans la Pouille, et y mourut en 1250.

Le grand interrègne, 1250-1272 (*Guillaume de Hollande*, 1247 ; *Conrad IV*, 1250; *Richard d'Angleterre, Alphonse de Castille*, 1257). — A la mort de Frédéric II commença cette période de vingt-deux ans qu'on appela le *grand interrègne;* non pas que l'Allemagne manquât d'empereurs, car elle en avait, au contraire, plusieurs à la fois ; mais aucun n'exerça une autorité réelle. Guillaume IV, opposé à Frédéric par Innocent IV, fit confirmer son élection après la mort de cet empereur. En même temps Conrad IV prenait le titre d'empereur et se présentait pour succéder à son père. Guillaume remporta quelques avantages sur ce compétiteur ; et Conrad, espérant un rôle plus brillant en Italie, partit pour recueillir la plus belle part de l'héritage de Frédéric, le royaume des Deux-Siciles (1251). L'année suivante, il mourut dans la Pouille, empoisonné, dit-on, par son frère Manfred. Guillaume, déjà maître du nord de l'Allemagne, voulut faire valoir partout ses droits, auxquels la mort de son compétiteur ouvrait une carrière plus large et plus facile. Mais avant de faire reconnaître son autorité par les seigneurs allemands, il voulut soumettre les Frisons, marcha contre eux en personne, et s'étant embarrassé dans un marais, y fut tué sans pouvoir même se défendre (1256).

Personne, en Allemagne, n'était en état ou en disposition d'accepter la couronne impériale. Le vaste héritage ouvert à cette heure revenait de droit à Conradin, petit-fils de Frédéric II. Mais il n'avait que deux ans, et d'ailleurs une sentence du pape Alexandre IV l'avait frappé d'exclusion. En l'absence de l'électeur de Mayence, que le duc de Brunswick retenait prisonnier, l'électeur de Cologne imagina de vendre la couronne impériale à un étranger. Il fit choix de Richard de Cornouailles, frère du roi d'Angleterre. Mais celui-ci n'ayant pas offert le même prix pour tous les suffrages, une scission s'établit dans l'assemblée électorale, et les mécontents offrirent leurs voix à Alphonse X, roi de Castille (1257). De ces deux princes, l'un, Alphonse X, ne vint jamais en Allemagne; il se contenta de sommer de loin son compétiteur de lui abandonner la place, et de demander l'intervention du pape. L'autre passa son temps à venir d'Angleterre en Allemagne, apportant avec lui des sommes immenses, et à retourner d'Allemagne en Angleterre, chercher de nouvelles richesses qu'il pût livrer, comme les premières, à l'avidité de ses partisans. Un de ces voyages fut cependant signalé par une importante ordonnance, rendue à la diète de Worms, contre les nombreux seigneurs qui exigeaient des péages illégitimes, troublaient la sûreté du commerce et des grands chemins, et violaient la paix publique. Une autre fois, Richard donna l'investiture de l'Autriche au roi de Bohême Ottocar; son dernier voyage eut lieu en 1269. Il mourut en Angleterre en 1271.

Rodolphe de Habsbourg, 1273. — Rodolphe, landgrave d'Alsace, fils d'Albert le Sage, comte de Habsbourg, fut élu empereur, le 1er octobre 1273. L'année suivante, Grégoire X confirma son élection, après que Rodolphe lui eut confirmé à lui-même la possession de l'exarchat de Ravenne, de la Marche d'Ancône et du duché de Spolète. En 1278, l'empereur eut à combattre Ottocar, roi de Bohême, duc d'Autriche, de Carinthie et de Carniole, qui lui refusait l'hommage. Il le fit mettre au ban de l'Empire, et remporta sur lui deux victoires : dans la seconde, Ottocar fut tué. Rodolphe laissa la Bohême au fils de son ennemi; mais il prit pour lui l'Autriche et ses dépendances, dont il investit son fils Albert (1282). Il força ensuite les comtes de Savoie et de Bourgogne à reconnaître la suzeraineté de l'Empire. Mais il n'eut pas le loisir de songer à l'Italie, et laissa les cités italiennes consolider leur liberté. Il vendit les droits de l'Empire à quelques-unes, et laissa les autres s'en emparer. Il s'occupa principalement de rétablir la tranquillité en Allemagne, et il réussit à délivrer ce pays de l'affreuse anarchie qui le désolait.

Rodolphe mourut en 1290, après avoir vainement essayé de faire élire son fils Albert roi des Romains. Après sa mort, les prétentions d'Albert n'obtinrent pas plus de succès : les électeurs voulaient un prince qui ne fût pas en état de leur faire la loi; après un interrègne de dix mois, ils nommèrent Adolphe de Nassau.

Adolphe de Nassau, 1292. — Ce prince, né loin du trône, comme son prédécesseur, n'avait aucune des qualités morales qui avaient aidé celui-ci à s'y maintenir. Il s'attira tout d'abord le mépris des grands de l'Empire, en vendant son alliance au roi d'Angleterre, et en employant l'argent acquis par ce honteux marché à dépouiller de la Thuringe, son légitime héritage, Frédéric le Mordu, fils d'Albert le Dénaturé. Le mépris alla si loin que, tandis qu'Adolphe était occupé à s'établir violemment en Thuringe, il fut déposé dans une diète tenue à Mayence (1298). On élut à sa place Albert d'Autriche, fils de Rodolphe de Habsbourg. Adolphe marcha contre son compétiteur, lui livra bataille à Gelheim, et, dans la mêlée, Albert le tua de sa propre main.

*Albert I*er, 1298. — Débarrassé de son rival, Albert déclara astucieusement renoncer à toute prétention à la couronne impériale; il fut élu une seconde fois, et, dans une diète tenue à Nuremberg, il donna à ses fils Rodolphe, Frédéric et Léopold, l'investiture de l'Autriche, de la Carniole et de la Styrie. Le pape Boniface VIII refusa de reconnaître le nouvel empereur, alléguant, entre autres motifs, qu'il avait assassiné son souverain légitime. Déliés par le pape de leur serment de fidélité, les seigneurs d'Allemagne se tournèrent contre Albert. Mais, aux paroles du pape, celui-ci répondit par des actions. Il profita des griefs de Philippe le Bel contre le saint-siége, pour s'assurer l'alliance du roi de France, fondit sur l'électorat de Mayence avec une formidable armée, en prit les principales forteresses, et réduisit l'électeur, son plus redoutable ennemi, à lui demander la paix. Boniface entama alors des négociations, et Albert, rompant ses traités avec Philippe le Bel, paya l'adhésion du pape à son élection, en reconnaissant que les rois et les empereurs tenaient leur puissance du souverain pontife, et en promettant de soutenir le saint-siége contre ses ennemis, quels qu'ils fussent. Fort de cette promesse, Boniface fulmina une excommunication contre Philippe, le déclara déchu de tout droit à la couronne de France, et en investit Albert. Les choses en étaient là, lorsque des envoyés de Philippe mirent fin à la querelle par un acte de brutalité devenu célèbre.

Cependant Albert voulait agrandir cette puissance dont il s'était assuré la possession avec tant de peine. Il ne fut pas heureux dans l'accomplissement de ses projets : il échoua complétement dans une expédition contre la Hollande, la Zélande et la Frise; ayant donné la Bohême à son fils Rodolphe, il vit la nation tout entière se lever contre lui; et Rodolphe étant venu à mourir, il ne put faire consentir les états à lui donner pour successeur son second fils Frédéric, et fut battu en cherchant à l'établir par la force; il entreprit contre Otton, appelé au trône de Hongrie, une guerre qui resta sans résultats; enfin il échoua dans les tentatives qu'il fit pour s'emparer de la Misnie et de la Thuringe.

En même temps, Albert se créait de nouveaux ennemis; voulant faire de la Suisse une principauté pour un de ses enfants, il la poussait à la révolte par une domination despotique, espérant que cette révolte lui fournirait un prétexte pour motiver l'oppression qu'il méditait. Mais, dans la nuit du 17 octobre 1307, une ligue fut formée au Grütli, entre les cantons de Schwitz, d'Uri et d'Untere wald. Les Suisses mirent à mort Gessler et Landeberg, deux de leurs tyrans; chassèrent les autres, et détruisirent les forteresses bâties pour les tenir en bride. Albert marchait contre eux, lorsqu'en passant la *rivière de Reuss*, dans l'Argovie, il fut tué par son neveu, le duc Jean de Souabe, dont il retenait injustement le patrimoine (1308).

Henri VII, 1308. — A la mort d'Albert, Philippe le Bel, qui avait mis la puissance papale à ses ordres, en forçant Clément V à s'établir en France, manifesta quelques prétentions à la couronne impériale, d'abord pour lui-même, puis pour son frère le comte de Valois. Mais les électeurs craignirent une si redoutable puissance, et d'accord avec le pape, ils nommèrent, après sept mois d'interrègne, Henri de Luxembourg, prince peu riche et peu puissant, mais *recommandable par la noblesse de sa naissance et par ses qualités personnelles*. Après s'être assuré par un mariage avec la fille de Wenceslas, roi de Bohême, la possession de ce royaume, et avoir conclu un traité avec Frédéric d'Autriche, le nouvel empereur passa en Italie.

Il trouva le pays *déchiré par les factions des Guelfes et des Gibelins*. Les seigneurs avaient usurpé l'autorité, qui dans une ville, qui dans une autre; il les força tous à lui faire leur soumission, jusqu'au puissant Guido della Torre, de Milan. Il prit à Monza la couronne de Lombardie, et y reçut le serment des députés des villes. Il alla ensuite se faire couronner empereur à Rome, revint combattre avec les Pisans contre les Florentins, et mourut en 1313, du poison qui lui fut donné dans une hostie.

Après la mort de Henri VII, les électeurs ne pouvant s'accorder sur le choix de son successeur, il en résulta un interrègne de quatorze mois, et ensuite une double élection.

Frédéric III, le Bel, 1314. — Frédéric, duc d'Autriche, fils de l'empereur Albert, fut élu à Saxenhausen, un jour avant l'élection de *Louis de Bavière*, choisi par d'autres électeurs. Il marcha contre son rival, tandis que son frère attaquait les trois cantons suisses, qui s'étaient déclarés pour le prince bavarois, et essuyait la sanglante défaite des Morgarten (1315). Frédéric ne fut pas plus heureux : il fut vaincu, près de Muhldorf, et fait prisonnier (1322). Il recouvra la liberté en 1325, en renonçant à l'Empire, et fidèle à sa parole, il refusa la couronne impériale que lui offrit plus tard le pape Jean XXII. Louis, touché de cette conduite loyale, le traita avec la plus grande amitié, et fit avec lui un traité, déclarant que les deux empereurs régneraient conjointement; enfin, appelé dans le Brandebourg pour étouffer une révolte qui venait d'éclater contre son fils, Louis confia à son ancien compétiteur le gouvernement de la Bavière. Frédéric mourut en 1330.

Louis V, 1314. — Louis de Bavière, élu en même temps que le précédent, se débarrassa de son rival *comme on vient de le voir*. Mais il avait encore affaire à un autre ennemi. Jacques d'Ossa, de Cahors, occupait le trône pontifical sous le nom de Jean XXII : c'était un esprit turbulent, querelleur, obstiné. L'an 1323, il donna ordre à Louis de Bavière de se désister dans trois mois de l'administration de l'Empire, et, l'année suivante, il le déclara contumace et le cita à comparaître devant lui. La diète de Ratisbonne déclara cette citation nulle. Les facultés de Bologne et de Paris, les plus célèbres jurisconsultes, les frères Mineurs, que les persécutions du pape avaient faits ses ennemis acharnés, défendirent à l'envi la cause de l'empereur. Cependant le roi de France, Charles IV, s'était chargé de l'exécution de la sentence, séduit par la promesse de Léopold, frère de Frédéric d'Autriche, qui lui faisait espérer que son frère abdiquerait en sa faveur. Tout alla bien d'abord; Léopold vainquit Louis à Burgau; mais les seigneurs allemands s'effrayèrent et se déclarèrent contre les Français. En même temps Louis conclut avec Frédéric, le traité fraternel dont il a été parlé. Rassuré par cette transaction, il alla se faire couronner à Milan (1327), puis à Rome (1328), où il fut reçu avec acclamation par le parti gibelin, qui dominait alors. Il déclara Jean XXII déchu de la papauté, et nomma à sa place Pierre de Corbière, qui prit le nom de Nicolas V. Mais le parti des Guelfes ayant tout à coup repris le dessus à Rome, Louis fut forcé d'en sortir, et de se sauver presque seul en Allemagne. Les affaires allant de mal en pis, il fit diverses démarches pour se réconcilier avec la cour d'Avignon; mais elle voulait absolument sa déposition ou son abdication volontaire. Enfin, il résolut de se soumettre à cette sentence (1333), et de faire élire, en sa place, son cousin Henri de Bavière. Mais les états s'opposèrent à cette résolution désespérée. Ils ne voulaient pas que l'autorité impériale s'humiliât devant la papauté. La diète de Rensé (1338) déclara l'Empire indépendant du pape, et celle de Francfort confirma cet arrêté par sa pragmatique sanction. Cependant Louis songeait toujours à faire sa paix avec le pape. Les successeurs de Jean XXII, Benoît XII et Clément VI, s'y refusèrent. Le dernier recommença, en 1343, les procédures contre l'empereur, fulmina contre lui une nouvelle bulle de déposition, et ordonna aux électeurs de procéder à l'élection d'un nouveau chef de l'Empire. Charles de Luxembourg, fils de Jean, roi de Bohême, fut nommé dans une assemblée tenue à Rensé, après avoir promis de casser tous les actes de Louis de Bavière, d'abandonner l'Italie, et de ne paraître à Rome que pour son couronnement. Ces honteuses concessions donnaient sur lui de grands avantages à Louis. Charles, après avoir été combattre dans les rangs de l'armée française, à la bataille de Crécy, où son père, le roi de Bohême, trouva la mort, revint se faire couronner à Bonn, et il s'efforçait de ranimer la guerre civile, quand la mort de Louis, arrivée subitement, le laissa maître du trône.

Charles IV, 1347. — Le nouvel empereur se vit opposer successivement par les électeurs qui avaient désapprouvé son élection, Édouard III, roi d'Angleterre, qui refusa l'empire; Frédéric, margrave de Misnie et landgrave de Thuringe; Louis, margrave de Brandebourg, fils du dernier empereur, et enfin Gunther de Schwarzbourg, le seul compétiteur sérieux, mais qui, étant devenu impotent par suite du poison qu'on lui avait donné, vendit ses droits à Charles, et mourut peu de temps après. En même temps, au delà des Alpes, Nicolas Rienzi s'érigeait en souverain à Rome, était adoré, puis chassé, et enfin tué en 1354.

Charles, n'ayant plus de rivaux en Allemagne, se fit sacrer de nouveau à Cologne (1349). En 1354, il passa en Italie, et alla recevoir la couronne impériale à Rome, vendant sur son passage la liberté aux villes, l'autorité aux seigneurs, faisant argent de tout, et consommant, par ses concessions au pape, sa propre honte et l'avilissement de l'Empire. De retour en Allemagne, il voulut remédier à la confusion qui y régnait, et mettre partout la force à la place du droit. En conséquence, il publia la fameuse *bulle d'or*, la première loi fondamentale du corps germanique (1356.) Cette loi constitutive réglait le mode d'élection de l'empereur, les droits, les priviléges et l'ordre de succession des électeurs; elle restreignait le droit de guerre privée, interdisait les confédérations, etc.

Dans un second voyage en Italie (1368), entrepris à la sollicitation du pape Urbain V, Charles reprit ce commerce qu'il avait exercé autrefois avec tant de succès; il négocia avec les seigneurs de Milan; il assiégea Sienne pour la rendre au pape; et, ayant été battu, il leva le siége pour vingt mille florins; il tira cent mille florins de Pise et de Florence; enfin il vendit à Lucques sa liberté au prix de trois cent mille florins. Avec ces richesses, il repassa les Alpes et alla prodiguer l'or en Bohême; car, si Charles vendait des priviléges aux Italiens, des lettres de noblesse aux Allemands, le droit de souveraineté de l'empire au roi de Pologne; s'il mettait au pillage l'Allemagne et l'Italie, c'était pour civiliser, embellir et agrandir la Bohême. Il obtint, à

force d'intrigues et d'argent, les terres possédées dans le Nordgau par l'électeur palatin, puis la basse Lusace, puis la Silésie; il conclut avec les ducs d'Autriche un pacte qui, à défaut d'héritier mâle dans l'une des deux maisons de Bohême et d'Autriche, assurait à l'autre maison la succession tout entière (1364). Charles IV avait ruiné sa maison pour acquérir l'Empire; il ruinait l'Empire pour élever sa maison.

Se refusant journellement aux instances de Grégoire, qui voulait l'envoyer à la croisade, Charles alla faire un voyage en France, où il fut reçu avec magnificence (1377). Il mourut à son retour (1378). Il avait pris la précaution, en 1376, de faire élire son fils Venceslas roi des Romains, et cette élection, outre des sommes énormes, lui avait coûté la cession de plusieurs villes impériales. L'assentiment du pape fut payé par la promulgation de la *constitution Caroline*, qui confirmait et étendait les priviléges du clergé.

Venceslas, 1378. — Après la mort de son père, Venceslas lui succéda. « Le règne de Charles IV, dont on se plaignait tant et qu'on accuse encore, dit Voltaire, est un siècle d'or, en comparaison du temps de Venceslas, son fils. » Sa vie fut un tissu de débauches, de cruautés et de bassesses. Ruiné de bonne heure par ses profusions, il continua, comme avait fait son père, d'aliéner les droits et les villes de l'Empire. La Bohême se révolte contre lui, et il la livre aux *Grandes compagnies*, leur donnant le pillage pour solde. Les villes du Rhin et de la Souabe se liguent pour défendre leur liberté contre les seigneurs qui les ont acquises. En 1393, les magistrats de Prague enferment Venceslas dans une prison; mais il parvient à s'échapper. En 1395, il vend à Jean Galéas Visconti le titre de duc de Lombardie, puis la souveraineté de presque toutes les villes lombardes qui relevaient de l'Empire. Enfin, en 1400, les électeurs, assemblés à Francfort, se décident à déposer Venceslas, et nomment empereur Frédéric, duc de Brunswick. Mais ce prince ayant été assassiné par le comte de Waldeck, une nouvelle diète, tenue à Laenstein, confirma la déposition de Venceslas et élut Robert, comte palatin du Rhin. Venceslas protesta, et conserva le titre d'empereur jusqu'à sa mort, arrivée en 1419.

Robert, 1400. — Cette élection ne fut pas approuvée par tout l'Empire; Aix-la-Chapelle refusa de recevoir Robert dans ses murs, et il fut forcé de se faire couronner à Cologne. Les villes impériales de la Souabe refusèrent de lui prêter hommage; et au concile de Pise, on ne voulut pas même recevoir ses ambassadeurs.

Robert, excité par Boniface IX, par les

Florentins et les Lucquois, passe en Italie pour retirer le Milanais des mains de Jean Galéas Visconti. Il est défait, près du lac de Garde, par Facin i Cane, général de Visconti (1401). Une ligue se forme, en 1404, pour rétablir Venceslas; mais elle demeure sans effet. En 1409, Robert se déclare en faveur de Grégoire XII, et ne peut l'empêcher d'être déposé, ainsi que son rival Benoît, par le concile de Pise. En 1410, une nouvelle confédération se forme contre l'empereur; mais celui-ci meurt, après avoir montré combien le talent et l'activité étaient de faibles ressources contre l'impuissance de l'autorité impériale.

Sigismond, 1410. — Il y avait alors trois empereurs comme il y avait trois papes. Venceslas avait toujours un parti qui tenait pour lui; Sigismond, fils de Charles IV, venait d'être élu; et, en même temps, un autre parti avait proclamé Josse de Brandebourg. Mais la mort de Josse et l'acquiescement de Venceslas à l'élection de son frère terminèrent promptement le schisme impérial, et tous les électeurs réunis nommèrent de nouveau Sigismond (1411). Après s'être fait couronner à Aix-la-Chapelle, l'empereur se rendit au concile de Constance, où il fit périr sur le bûcher l'hérésiarque Jean Hus, qui y était venu sur la foi d'un sauf-conduit (1415). Jérôme de Prague, disciple de Jean Hus, subit le même sort l'année suivante. Ce double supplice donna naissance aux terribles guerres qui ravagèrent la Bohême, pendant tout le règne de Sigismond, et qui furent appelées guerres des Hussites. Sigismond fit un voyage en France et en Angleterre, pendant lequel, après avoir promis à Charles VI de le réconcilier avec Henri V, il se ligua secrètement avec celui-ci contre la France, dans l'intention de recouvrer les provinces du royaume d'Arles. En 1419, il succéda, par la mort de son frère Venceslas, à la couronne de Bohême. En 1431, il reçut la couronne de fer à Milan, et, en 1433, la couronne d'or à Rome.

Mais son occupation principale fut de détruire le schisme qui désolait l'Église; il excita les princes espagnols contre Benoît XIII, qui refusait de suivre, en abdiquant, l'exemple de Jean XXIII, et fit instruire le procès de ce pontife, à Constance en 1417. Il mourut au mois de décembre 1437.

Albert II, le Grave ou *le Magnanime*, 1438. — Albert, duc d'Autriche, gendre de Sigismond, reçut, dans le cours de la même année, outre la couronne impériale, celles de Hongrie et de Bohême. Ainsi, l'Empire était rentré dans la maison d'Autriche, qui se trouvait à l'apogée de sa grandeur. Le règne d'Albert fut trop court : car il fut marqué par quel-

ques efforts pour rétablir la paix publique. Deux diètes furent successivement tenues à Nuremberg. On y réforma la procédure de la cour westphalique ou véhémique; on décida que les différends, soit entre princes, soit entre villes, seraient jugés par des *austrègues* ou juges arbitres; on partagea l'Allemagne en quatre, puis en six cercles, dont chacun fut soumis à une autorité supérieure. Dans les affaires de l'Église, Albert suivit la marche de Sigismond, et chercha à tout concilier. Il s'occupa de pacifier la Bohême, où les calixtins refusèrent de le recevoir, et de protéger la Hongrie contre les Turcs; il était en marche pour aller repousser les attaques d'Amurat II, en Bulgarie, lorsqu'il fut atteint par la dyssenterie, qui décimait son armée, et mourut, le 27 octobre 1439, à Langendorf.

Frédéric III ou IV, 1440. — Trois mois après la mort d'Albert, les électeurs se réunirent, et nommèrent d'abord Louis, landgrave de Hesse; puis Frédéric, duc de Styrie, qui hésita, et resta trois mois sans notifier à la diète son acceptation. Pendant cet interrègne, le collége électoral fit comme avait fait Albert II; il resta neutre dans la querelle d'Eugène IV et du concile de Bâle. Frédéric, au contraire, demanda au pape de ratifier son élection. En général, cet empereur ne régna jamais qu'en duc d'Autriche, et tourna tous ses efforts vers un seul but, la grandeur de la maison de Habsbourg. Les premiers actes de son règne témoignèrent de cette continuelle préoccupation; en effet, une fois sacré à Aix-la-Chapelle (1442), il entreprit une guerre, dans laquelle les princes d'Allemagne refusèrent de le seconder, disant que cette querelle ne regardait que la maison d'Autriche. Elle se termina par un accommodement (1449), après une victoire remportée par Frédéric, avec l'aide des bandes mercenaires que lui avait envoyées Charles VII, roi de France.

L'empereur voulut ensuite se faire couronner en Italie. N'osant aller demander la couronne de Lombardie à Milan, où dominait François Sforza, il alla la recevoir à Rome, ainsi que la couronne impériale (1452), des mains du pape Nicolas V. Il épousa Éléonore, princesse de Portugal, et se rendit à Naples, auprès du roi Alphonse, oncle de cette princesse. De retour en Allemagne, après avoir ratifié le fameux concordat germanique, il s'occupa d'assurer à jamais une prééminence certaine à sa maison, et érigea l'Autriche en archiduché (1453). Irrités de sa nonchalance, qui laissait un libre cours aux abus et aux désordres, les électeurs (1457) le menacèrent de le déposer, et il eut bientôt à disputer la possession de ses États héréditaires à Sigismond, son cousin, et à Albert, son frère. Assiégé dans Vienne par les habitants révoltés à l'instigation d'Albert, il ne dut son salut qu'à Podiebrad, roi de Bohême. En 1459, Thierry d'Isembourg disputa l'électorat de Mayence à Adolphe de Nassau, et la guerre civile ne fut terminée qu'en 1463, par diverses conventions. Mais au moment où l'ouest de l'Allemagne se pacifiait, une guerre nouvelle éclata dans l'est ; Frédéric essaya de profiter des querelles de Podiebrad avec le pape pour le renverser celui-ci ; mais il ne put décider les états de l'Empire à déclarer la guerre au saint-siége.

En 1477, Frédéric rendit sa maison la plus riche et la plus puissante de l'Allemagne, par le mariage de son fils Maximilien avec Marie, fille de Charles le Téméraire, héritière de la Bourgogne et des Pays-Bas. Le reste de son règne fut tout occupé par la guerre contre Mathias Corvin, roi de Hongrie. Mathias s'empara de Vienne (1485), se rendit maître de tous les pays autrichiens, et réduisit l'empereur à mener une vie errante ; mais Frédéric rentra dans Vienne après la mort de Mathias (1490) ; il mourut bientôt après.

*Maximilien I*er*, 1493.* — Nous avons dit que Maximilien avait épousé Marie de Bourgogne (1477). Celle-ci étant morte (1482), il épousa par procureur Anne de Bretagne (1489), mais il fut supplanté par Charles VIII, roi de France, et il se maria avec Blanche, nièce de Louis Marie Sforza, qu'il investit du duché de Milan, au préjudice de Jean Galéas, le véritable héritier. Les progrès des armes françaises en Italie l'engagèrent, en 1495, à convoquer une diète à Worms. Ce fut dans cette assemblée que l'on dressa la célèbre constitution pour la conservation de la paix publique. On établit en même temps une chambre impériale, destinée à punir les violations de cette paix, ou à les prévenir, en jugeant les différends des États entre eux. Cette chambre, qui résida d'abord à Francfort sur le Mein, fut ensuite transférée à Spire, puis à Wetzlar.

Maximilien mit le comble à la fortune de sa maison en faisant épouser à Philippe, son fils (1496), Jeanne, fille de Ferdinand, roi d'Aragon, et d'Isabelle, reine de Castille. Voulant faire revivre ses prétentions sur le royaume de Bourgogne, il entra dans ce pays (1498), fut abandonné par les Suisses, leur déclara la guerre, puis conclut la paix avec eux, à Bâle (1499). L'année suivante, une diète se tint à Augsbourg, où l'on porta à dix le nombre des cercles. Maximilien établit en sa cour un conseil permanent pour ses États héréditaires, et lui confia l'exercice de ses *réservats impériaux.*

L'empereur ayant résolu d'aller recevoir la couronne impériale à Rome, les Vénitiens lui refusèrent le passage : il entreprit de le forcer ; mais l'Alviane, général venitien, et Trivulce, gouverneur de Milan pour la France, le défirent complétement, sur le territoire de Padoue, et il fut obligé de se contenter du titre d'*empereur élu.* Irrité par cet outrage, et excité d'ailleurs par Jules II, Maximilien conclut avec le pape, Louis XII, roi de France, et Ferdinand, roi d'Aragon, la fameuse ligue de Cambrai contre les Vénitiens. Il arriva en Italie, quand Louis était déjà rentré en France ; reprit toutes les villes du Tyrol et de l'Istrie, dont Venise s'était emparée, mais assiégea vainement Padoue. Il se détacha bientôt de la ligue (1513), et en forma une autre avec le pape, l'Espagne et l'Angleterre, contre la France. Cette même année, il vint, au siége de Thérouenne, se joindre aux Anglais, qui lui donnaient une solde. Il fit encore (1516) une incursion inutile dans le Milanais, et conclut, enfin, le traité de Cambrai (1517), par lequel il renonça à tout ce qu'il possédait encore en Italie, et forma une ligue défensive avec son petit-fils Charles, maître des Pays-Bas et de l'Espagne, et François I*er*.

La réforme de Luther commençait alors à mettre l'Allemagne en combustion. Maximilien assembla à Augsbourg une diète (1518) dans laquelle le réformateur défendit sa doctrine. Peu après l'empereur mourut.

Charles-Quint, 1519. — Charles, né à Gand, en 1500, de Philippe, fils de Maximilien, et de Jeanne, infante d'Espagne, roi d'Espagne depuis 1516, fut élu empereur, à Francfort, au refus de Frédéric de Saxe, et préférablement à François I*er*. La rivalité entre le roi de France et le nouvel empereur dura autant que leurs règnes ; l'Italie en fut principalement le théâtre. Lautrec, général français, laisse prendre Milan et perd la bataille de la Bicoque. Charles, allié de l'Angleterre et des républiques de Venise, de Florence et de Lucques, reçoit à son service le connétable de Bourbon, traître à son roi et à sa patrie, qui lui gagne la bataille de Pavie, où François est fait prisonnier (1525). Mais Charles, enivré de la joie de voir le roi de France à Madrid, ne songe pas à profiter de sa victoire. Délivré, l'année suivante, François forme contre son ennemi une ligue à la tête de laquelle se place le pape Clément VII. Celui-ci, pressé par les forces de l'empereur, demande à conclure une trêve (1527) ; mais le connétable de Bourbon s'y oppose, assiége Rome, et est tué en montant à l'assaut. La ville n'en est pas moins prise et pillée, et le pape est forcé de se réfugier dans le château Saint-Ange.

L'empereur convoqua une diète à Spire (1529), pour demander des secours contre les Ottomans, qui dévastaient la Hongrie, et statuer définitivement sur les affaires de religion.

On accorda les secours ; on prononça la peine de mort contre les anabaptistes, et on maintint la liberté de conscience jusqu'à la tenue du concile général, proscrivant seulement les dogmes de Luther sur la cène. Les chefs du parti luthérien protestèrent contre cette exception : de là leur nom de *protestants*.

Charles, étant allé se faire couronner par Clément VII, revint tenir la fameuse diète d'Augsbourg, où Mélanchton présenta la profession de foi des Luthériens, qu'on a appelée depuis *confession d'Augsbourg*. Les réformés, voyant leurs opinions proscrites, en appelèrent aux armes, et signèrent, le 31 décembre 1530, la ligue de Smalkalde.

Après avoir été faire en Afrique (1535) une expédition, pendant laquelle il prit Tunis et rendit la liberté à vingt-deux mille esclaves chrétiens, Charles reprit le cours de ses hostilités contre la France (1536). Il entra en Provence, et en ramena bientôt les tristes restes d'une armée détruite, sans avoir combattu. Cette leçon le força à se tenir en repos. En 1539, la paix était faite ; l'empereur traversait la France pour aller châtier les Gantois révoltés ; et, malgré de nombreux conseils, François Ier le recevait splendidement, et le laissait ensuite partir.

Luther mourut en 1546. La même année, Charles combattit, les armes à la main, la ligue de Smalkalde, et gagna la bataille de Mulberg. Il publia ensuite, dans la diète d'Augsbourg, le fameux *Interim* (1548) ; mais il ne put le faire adopter ni aux catholiques ni aux protestants. Dans la même diète il fit incorporer les Pays-Bas à l'Empire, sous le nom de Cercle de Bourgogne.

François Ier était mort, mais non l'esprit de rivalité entre les deux États : Henri II en avait hérité ; il conquit rapidement les Trois-Évêchés (1551). Charles-Quint conclut alors avec les princes allemands alliés de Henri la transaction de Passau (1552), par laquelle il cherchait à les détacher du parti de la France. Il échoua encore au siége de Metz, mais prit et détruisit Thérouenne.

Dans une nouvelle diète, tenue à Augsbourg (1555), on accorda la liberté de conscience aux luthériens ; mais, en l'absence de l'empereur, on la restreignit par le *reservat ecclésiastique*, ou obligation à tout bénéficier catholique qui embrassait la nouvelle religion de renoncer à son bénéfice. Une trève de cinq ans fut conclue à Vaucelles avec Henri II, par la médiation du cardinal Polus (1556). Ayant ainsi préparé, pour l'avenir, à ses États une sorte de tranquillité, l'empereur se démit de tous ses royaumes en faveur de son fils Philippe, et envoya la couronne impériale à Ferdinand, son frère ; puis il s'embarqua pour l'Espagne, et alla s'enfermer au monastère de Saint-Just,

dans l'Estramadure (1557), où il mourut le 21 septembre 1558, à l'âge de cinquante-huit ans, après en avoir régné trente-sept comme empereur et quarante-quatre comme roi d'Espagne.

Ferdinand Ier, 1558. — Malgré l'abdication de Charles-Quint en sa faveur (1556), Ferdinand ne fut reconnu par les électeurs qu'en 1558. Le pape Paul IV lui défendit de prendre le titre d'empereur, alléguant que le consentement du saint-siége n'était pas intervenu à son élection. Ferdinand protesta, et depuis ce temps les empereurs cessèrent de demander la confirmation du pape. Ferdinand tenta, aux conférences tenues à Calcau-Cambrésis, entre la France et l'Espagne, de faire restituer à l'Empire les trois évêchés de Lorraine, enlevés par la France ; ses réclamations restèrent infructueuses (1559). Il réorganisa le conseil aulique, pourvut à la tranquillité de l'Allemagne et de la Hongrie par une trève de huit ans, conclue avec les Turcs (1561), et travailla à réconcilier les protestants avec les catholiques. Son règne, peu fécond en grands événements, fut marqué par un esprit continuel de modération et d'équité.

Maximilien II, 1564. — Le fils de Ferdinand hérita de tous les États de son père, et aussi de toutes ses bonnes qualités. Il avait été déjà élu roi des Romains et couronné (1562) ; et à cette cérémonie, où fut déployée la plus grande magnificence, on n'avait omis aucune des formalités prescrites par la bulle d'or de Charles IV. Maximilien fut occupé, pendant tout son règne, à prévenir les divisions qui pouvaient s'élever en Allemagne. Quoique élevé en Espagne, il devait à ses premiers maîtres un secret penchant au luthéranisme. Il resta cependant fidèle à la religion de ses pères ; mais il accorda aux réformés une protection dont d'ailleurs son équité naturelle lui eût, à elle seule, fait un devoir. Les chevaliers teutoniques, qui demandaient à être remis en possession de la Prusse et de la Livonie, faillirent mettre l'empereur dans un grand embarras ; mais il réussit à les écrouduire sans bruit. Sous ce règne l'Empire fut délivré d'un redoutable ennemi : le sultan Soliman, étant entré sur les terres de l'Empire, et s'étant arrêté au siége de Zigeth, la fatigue et le mauvais air des marais qui entouraient la place, joints à son grand âge, le conduisirent au tombeau. Maximilien venait de recevoir une récompense flatteuse de ses efforts pour le maintien de la paix ; il venait d'être élu roi de Pologne par un parti nombreux de nobles du premier rang (1575) ; mais la mort l'empêcha de porter cette nouvelle couronne.

Rodolphe II, 1576. — Rodolphe, fils et successeur de Maximilien, négligea les affaires de l'État, et s'adonna tout entier à la mécanique, à la chimie et à l'astronomie : ce fut sous ses yeux que Tycho-Brahé et Kepler dressèrent leurs tables, qui, pour cette raison, furent appelées tables *Rudolphines*. L'empereur ne fut guère respecté dans ses États; les princes avaient des guerres, auxquelles il ne prenait point part. Son frère Mathias commandait des mécontents dans les Pays-Bas (1578); les nobles hongrois faisaient la guerre aux Turcs (1579), concluaient des traités, puis les rompaient. Enfin, en 1592, Rodolphe envoya Mathias défendre la Hongrie. Les hostilités durèrent jusqu'en 1606 : alors un traité de paix fut conclu, pour vingt ans, à Situatoroc, entre Rodolphe et Achmet Ier. Cependant l'archiduc Maximilien, frère de l'empereur, l'archiduc de Styrie et son frère, déclarèrent Rodolphe *incapable de gouverner*, et proposèrent Mathias à sa place. Celui-ci fut élu roi par les seigneurs hongrois (1607), et Rodolphe fut forcé de ratifier cette élection. En 1611, Mathias l'obligea encore à lui céder la Bohême. Enfin, Rodolphe mourut, à Prague, consumé de chagrins et d'inquiétudes, au milieu de la solitude qu'avaient faite autour de lui ses craintes superstitieuses, dirigées surtout contre sa famille.

Mathias, 1612. — Mathias, frère de Maximilien et de Rodolphe, se voyant sans enfants, adopta son cousin Ferdinand, et se démit en sa faveur du royaume de Bohême (1617). Ferdinand fut l'instrument d'une vengeance en quelque sorte providentielle: il prit sur Mathias le même empire que celui-ci avait pris sur Rodolphe, et lui fit subir le même sort qu'il avait lui-même fait éprouver à son prédécesseur. Au milieu des troubles excités par les protestants de Bohême, *troubles qui furent le signal de la longue et cruelle guerre de trente ans*, Ferdinand extorqua encore à l'empereur la couronne de Hongrie. Il fit enlever le cardinal Klesel, premier ministre de Mathias, qui s'opposait à cette cession, et le jeta dans une prison. Cette violence mit le comble aux chagrins de l'empereur, qui mourut bientôt après.

Ferdinand II, 1619. — Ferdinand, déjà roi de Bohême et de Hongrie, fut élu empereur après la mort de Mathias. Les états de Bohême s'opposèrent à son élection, révoquèrent celle qu'ils avaient faite de lui pour leur roi, et en firent une autre en faveur de Frédéric V, électeur palatin. Ce fut un nouvel aliment pour l'incendie déjà allumé. Les Impériaux, commandés par Maximilien, duc de Bavière, défirent les Bohêmes, près de Prague (1620). Cependant les trois années suivantes, Tilly, général des troupes impériales et bavaroises, remporta de si grands avantages sur Frédéric

et les princes de son parti, que le premier fut obligé de sortir de l'Allemagne. Son électorat fut donné (1623) au duc de Bavière. A son tour, Wallenstein, autre général de l'empereur, gagna une grande bataille (1626) sur le comte de Mansfeldt. La même année, *Tilly mit en déroute, à Lutter, Christiern, roi de Danemarck*, et le poursuivit jusque dans le Jutland. Les protestants (1629), condamnés à restituer les biens de l'Église, refusèrent de se soumettre à l'édit. Abandonnés par le roi de Danemark, les électeurs de Brandebourg et de Saxe, d'autres princes et plusieurs villes, appelèrent à leur secours Gustave-Adolphe, roi de Suède. Celui-ci entra en Allemagne (1630), et gagna (1631) la bataille de Leipzick; il pénétra jusqu'à Mayence, parcourut en conquérant l'Alsace et la Souabe, et battit, sur les bords du Lech, Tilly, qui fut mortellement blessé dans l'action. Il entra ensuite en Bavière (1632), et vint mourir en héros à la bataille du Lutzen, qui n'en fut pas moins une victoire. Les Suédois continuèrent leurs progrès, en Allemagne, sous la conduite du duc de Saxe-Weimar. En 1634, Wallenstein mourut à son tour, assassiné dans Égra, par Gordon, sa créature. Le jeune *Ferdinand*, roi de Hongrie, fils de l'empereur, battit les Suédois à Nordlingue, et son père, voyant la France déclarée contre lui, fit la paix avec l'électeur de Saxe; mais Bannier, général suédois, mit en déroute, près de Wistock, (1636) les Impériaux et les Saxons.

L'empereur Ferdinand mourut l'année suivante.

Ferdinand III, 1637. — Son fils lui succéda. Il continua la guerre contre la France, la Suède et les protestants. D'un côté, le duc de Saxe-Weimar s'empara de Brisach (1638), Bannier et Torstenson eurent presque toujours l'avantage sur les Impériaux et les Saxons; de l'autre, Piccolomini, général de l'empereur, gagna sur le marquis de Feuquières la bataille de Thionville (1639). En 1644, le duc d'Enghien attaqua, à Fribourg, les Bavarois, commandés par Merci, et parvint à les forcer dans leurs lignes. Merci prit sa revanche l'année suivante, et battit Turenne, aux environs de Mariendal; mais il fut vaincu, à son tour, près de Nordlingue, et périt dans l'action. Le duc de Bavière, battu aussi à Sommershausen (1648), fut obligé de se retirer à Saltzbourg. Enfin, la paix fut conclue à Munster : on l'appela la *paix de Westphalie*, et elle a servi de base à tous les traités faits depuis. elle donnait à la France l'Alsace, avec ses dépendances; à la Suède et à plusieurs princes protestants de l'Empire des domaines considérables en Allemagne, accordait aux villes impériales un suffrage décisif à la diète, et admettait dans l'État les trois religions catholi-

ALLEMAGNE.

que, luthérienne et calviniste, avec l'égalité des droits entre elles. L'Espagne seule refusa d'accéder au traité. La diète de Ratisbonne (1654) mit le dernier sceau à la pacification de Munster. Ferdinand mourut en 1657.

Léopold, 1658. — Le fils de Ferdinand continua l'alliance faite par son père avec la Pologne, le Danemark et le Brandebourg, contre la Suède. En 1664, il remporta une victoire éclatante sur les Turcs, à Saint-Gothard, en Hongrie. Les Hollandais ayant imploré le secours de l'Empire contre la France, Léopold s'allia avec eux par un traité (1672). Aussitôt, une armée française entre en Allemagne. Tandis que Condé fait tête, dans les Pays-Bas, au prince d'Orange, et que Louis XIV en personne envahit la Franche-Comté, Turenne lutte d'habileté avec Montecuculli; et il se croit au moment d'atteindre un résultat longtemps poursuivi, lorsqu'il est tué à Salzbach (1675). L'armée française repassa le Rhin; et le maréchal de Créqui, battu à Consarbruck, fut pris, dans Trèves, qui capitula malgré lui. Enfin la paix de Nimègue (1678) rendit la tranquillité à l'Europe. Cependant la France ne posa pas les armes; et ce ne fut qu'en 1684, et grâce à la diversion opérée par les Turcs qui assiégeaient Vienne, qu'une trève de vingt ans fut conclue entre les deux puissances. Mais elle fut rompue, en 1688, par l'accession de l'empereur à la ligue d'Augsbourg, formée en 1686, par le roi d'Espagne, le roi de Suède, la Hollande. La guerre recommença dans les Pays-Bas et en Italie, et partout la France fut victorieuse. Les hostilités ne cessèrent qu'à la paix de Ryswick (1695). Ce traité fut suivi du traité de Carlowitz, conclu (1699) avec les Turcs. Tous deux furent plus avantageux à Léopold qu'il ne semblait pouvoir l'espérer. La mort de Charles II, roi d'Espagne (1700) ralluma la guerre en Europe. Le testament de ce prince appelait à la couronne Philippe, duc d'Anjou, petit-fils de Louis XIV; Léopold y prétendait, en vertu des pactes de famille. Il envoya en Italie le prince Eugène, qui battit les Français à Carpi et à Chiari, et fut battu lui-même à Luzzara (1702). Fort de l'alliance de la Hollande et de l'Angleterre, l'empereur donna le titre de roi d'Espagne (1703) à son deuxième fils, l'archiduc Charles. Le jeune prince alla débarquer à Lisbonne (1704), apportant avec lui la guerre, allumée déjà en Allemagne, en Italie et dans les Pays-Bas. Léopold mourut sur ces entrefaites.

Joseph Ier, 1705. — Joseph, fils aîné de Léopold, continua la guerre. Il mit au ban de l'Empire les électeurs de Cologne et de Bavière, qui s'étaient déclarés pour la France (1706), et les dépouilla de leur électorat. Au dehors, l'Allemagne étant délivrée, on songea à envahir la France. Les deux défaites de Hildesheim et de Ramillies lui firent perdre la Flandre espagnole. Vendôme, rappelé d'Italie, où il avait battu le prince Eugène à Cassano, arrêta les progrès de Marlborough dans les Pays-Bas; mais son départ d'Italie fit perdre aux Français le Modénais, le Mantouan, le Milanais, le Piémont et le royaume de Naples. En Espagne, les provinces d'Aragon, de Catalogne et de Valence avaient reconnu l'archiduc Charles; les Français étaient réduits partout à se tenir sur la défensive. Villars fit une heureuse expédition en Souabe; mais, en 1708, les Français furent battus à Oudenarde, et Lille fut prise. Les alliés avaient réuni tous leurs efforts pour la campagne de 1709. Enfin, la bataille de Malplaquet, bien que Villars eût été forcé d'abandonner le champ de bataille, arrêta, dans la Flandre, les progrès de Marlborough et d'Eugène.

En même temps, l'empereur, maître de la Lombardie, du royaume de Naples, de la Sardaigne, entreprenait de faire revivre les droits de l'Empire sur les grands fiefs d'Italie. Les républiques et les princes ne combattaient ses prétentions que par des écrits; le pape lui opposa une armée; mais, reconnaissant sa faiblesse, il fut bientôt obligé de subir les conditions de Joseph. Celui-ci faisait ainsi sentir partout sa puissance, et il eût porté loin la gloire de l'Empire, sans la petite vérole qui l'enleva en 1711.

Charles VI, 1711. — Charles, deuxième fils de l'empereur Léopold, reconnu roi d'Espagne par les alliés, était à Barcelonne, quand il apprit la mort de son frère Joseph; il se hâta d'accourir. Les alliés, qui craignaient de voir la couronne impériale réunie à celle d'Espagne, changèrent alors de système. Des négociations furent ouvertes entre la France et l'Angleterre, et le prince Eugène, réduit aux seules troupes de l'Empire, fut vaincu à Denain. Enfin, après avoir encore perdu Landau et Fribourg, Charles conclut avec la France le traité de Rastadt (1714).

L'Empire n'eut pas encore pour cela la paix. Le sultan Achmet III ayant déclaré la guerre aux Vénitiens, l'empereur la lui déclara à lui-même. Les Turcs, battus par le prince Eugène à Peterwaradin à Belgrade, furent forcés de signer la paix de Passarowitz, qui donnait à l'empereur le bannat de Servie et une partie de la Valachie, de la Bosnie et de la Croatie. Attaqué par les Espagnols, qui s'étaient emparés de la Sardaigne et avaient fait une descente en Sicile, Charles VI envoya des troupes les combattre, en Italie. Mais Alberoni, ministre d'Espagne, ayant été disgracié (1719), la paix devint facile, et Philippe rentra lui-même dans la quadruple alliance que venaient de conclure l'empereur, la France, l'Angleterre et la Hollande.

La paix étant établie, Charles s'occupa de bâtir sur de solides fondements la prospérité de l'Allemagne. Il songea aussi à l'avenir; et, le 25 octobre 1720, les états de Silésie reçurent la pragmatique sanction, par laquelle, à défaut d'enfants mâles, il appelait à lui succéder ses filles, nièces, etc.

La mort de Frédéric-Auguste Ier avait laissé vacant le trône de Pologne. La cour de Vienne, d'accord en cela avec celle de Russie, voulut y placer le fils du roi défunt, au préjudice du roi Stanislas, que soutenait la France. Elle réussit; mais son succès l'entraîna dans une guerre sanglante contre les Français, guerre qui se termina par un traité très-peu avantageux pour l'empereur : il y perdit la Sardaigne et les royaumes de Naples et de Sicile; son gendre François y perdit les duchés de Lorraine et de Bar. Une autre guerre contre les Turcs (1737) ne fut pas plus heureuse : le prince Eugène était mort l'année précédente, et ses successeurs n'avaient pas son habileté. Charles termina aussi cette guerre par un traité onéreux (1739). Il allait mettre la dernière main à la pragmatique sanction, en faisant élire roi des Romains son gendre, le grand duc de Toscane, lorsqu'il mourut.

Charles VII, 1742. — Charles VI mort, on ne tint nul compte de ses intentions; de tous côtés s'élevèrent des prétendants à son héritage; Charles, électeur de Bavière, aidé par la France, l'emporta sur Frédéric II, roi de Prusse, et sur Marie-Thérèse, fille de l'empereur défunt. S'étant rendu maître de Prague, il y fut proclamé roi de Bohême (1741). Il se rendit à Francfort, accompagné du maréchal de Belle-Isle, et il y fut élu et couronné empereur. Son règne ne dura que trois ans, et fut une guerre continuelle, dont il ne vit pas la fin.

François Ier, 1745. — François de Lorraine, grand-duc de Toscane, époux de Marie-Thérèse, fut élu, grâce à elle, empereur, à Francfort, malgré l'opposition de Frédéric II et de l'électeur palatin. La tranquillité ayant été rendue à l'Europe par le traité d'Aix-la-Chapelle (1748), François s'efforça de rétablir l'harmonie parmi les membres du corps germanique. Mais s'il avait la couronne et le titre d'empereur, c'était Marie-Thérèse qui régnait. Elle haïssait Frédéric II, qui l'avait dépouillée de la Silésie; elle se ligua contre lui avec la France et la Russie, et la guerre de Sept ans commença. L'Autriche eut le dessous dans cette guerre, qui finit par le traité d'Hubertsbourg (1763).

Deux ans après, François Ier acheva son règne inutile comme empereur. Ce prince, bon et savant, ne joua jamais qu'un rôle secondaire, et ne fit qu'aider l'impératrice dans l'exécution des desseins qu'elle concevait.

Joseph II, 1765. — Marie-Thérèse ne laissa à son fils, proclamé empereur, qu'une autorité purement nominale, comme elle avait fait à son époux. Cependant elle se l'associa dans le gouvernement des États héréditaires de sa maison. Le règne de Joseph II ne fut marqué que par des réglements d'administration intérieure et de légères modifications dans la constitution de l'Empire. La seule guerre qu'il eut à soutenir fut contre le roi de Prusse et le duc de Deux-Ponts, électeur palatin, touchant la succession de Maximilien-Joseph, électeur de Bavière, mort sans postérité, en 1777. Les troupes, entrées en campagne, se contentèrent de s'observer réciproquement, et la querelle se termina par le traité de Teschen (1779). Le général Laudon fit aussi une expédition heureuse contre les Turcs, et leur prit Belgrade (1789). Joseph II mourut l'année suivante. Marie-Thérèse était morte depuis 1780.

Léopold II, 1790. — Léopold, frère de Joseph II, lui succéda. Il continua d'abord la guerre contre les Turcs; puis, la médiation de la Prusse et de l'Angleterre le força de conclure avec eux le traité de Reichenbach (1791). Ce traité lui garantissait la soumission du Brabant, soulevé contre l'Autriche; néanmoins l'insurrection des patriotes brabançons ne fut apaisée que par la force des armes, et elle ne le fut pas pour longtemps : la révolution française venait d'éclater; l'empereur conclut avec le roi de Prusse le traité de Pilnitz (1791), et il mourut presque subitement l'année suivante.

François II, 1792. — Le fils de Léopold lui succéda. Il fut proclamé, le 11 août 1804, empereur héréditaire d'Autriche, et deux ans après (6 août 1806), il renonça à la dignité impériale d'Allemagne.

Geor. Henr. Pertz, *Monumenta Germaniæ historica ab anno Christi* 500 *ad annum* 1500... Hanov. 1826-42, 2 vol. in-fol.

Pfeffel, *Nouvel Abrégé chronologique de l'histoire et du droit public d'Allemagne*, Paris, 1776, 2 v. in-4°.

Schmidt, *Histoire des Allemands*, trad. en français par J. C. de Laveaux, Liége, 1784-87, 5 vol. in-8°.

K. A. Menzel, *Geschichte der Deutschen*, Breslau, 1815-22, 8 vol. in-4°.

H. Luden, *Geschichte der deutschen Volks*, Gotha, 1825-37, 12 v. in-8°.

J. G. Pfister, *Histoire de l'Allemagne, d'après les sources, depuis les temps les plus reculés jusqu'à nos jours*, trad. en français par M. Paquis, Paris, 1835-38, 11 vol. in-8°.

Le Bas, *l'Allemagne*, faisant partie de *l'Univers pittoresque*, Paris, 1842, 3 vol. in-8°.

Fr. de Raumer, *Geschichte der Hohenstaufen und ihrer Zeit*, Leipz. 1823-25, 6 vol. in-8°.

Furst. E. M. Lichnowsky, *Geschichte des Hauses Habsburg*, Wien, 1840, 4 vol. in-8°.

W. Coxe, *The history of house of Austria*, Lond. 1807, 4 vol. in-4°.

L'Art de vérifier les dates, édition in-8°, 1re partie après J.-C., t. VII, p. 275, et suiv.

S.-A. CHOLER.

ALLEMAGNE (Langue de l'). La langue allemande a longtemps été considérée, du moins sous sa forme la plus ancienne, comme une langue radicale et indépendante de toute dérivation étrangère. Cependant les travaux modernes des Allemands eux-mêmes, ceux notamment d'Othmar Frank, de Dorn et de Hammer, ont démontré ses rapports, non-seulement avec le grec, mais encore avec le sanskrit et le persan. Elle forme la branche moderne la plus intéressante de la grande famille des langues indo-germaniques, et peut être considérée comme la sœur aînée, sinon comme la mère, du flamand, du hollandais, du danois, du suédois et de l'anglais.

Nous n'avons point à traiter ici une question ethnographique : nous dirons seulement que, bien que la plupart des auteurs voient dans l'existence de tant de racines communes à l'allemand et aux idiomes de l'Asie méridionale, la preuve d'une origine asiatique, quelques-uns, et de ce nombre Adelung et Morhof, ne veulent voir dans le même fait que le résultat des migrations partielles de la race teutone ou gothique, qui aurait au contraire laissé ces traces de sa propre langue, ici en Grèce, là dans l'Inde et dans la Perse.

Dès les temps les plus reculés, la langue germanique s'est trouvée divisée en idiome du sud ou de la haute Allemagne (Ober-Deutsch) et en idiome du nord ou de la basse Allemagne (Nieder-Deutsch). Le premier monument écrit que l'on connaisse de cette langue paraît se rattacher par ses formes à l'idiome du sud ; c'est la traduction de la Bible, faite, vers l'an 360, par Ulphilas, évêque des Goths de Mésie. Ce livre, qui encore ne nous est pas parvenu complet, est tout ce que nous possédons dans la langue gothique. On attribue en même temps à son auteur l'invention des caractères à formes anguleuses usités depuis dans la transcription des idiomes germaniques.

Le dialecte que parlaient les Francs est rangé par quelques auteurs avec l'idiome du sud, par d'autres, avec celui du nord ; d'autres, enfin, l'ont considéré comme un intermédiaire entre les deux. L'allemand des Francs ou francique ne commença à s'écrire qu'au septième siècle. C'est de ce dialecte que Charlemagne fit rédiger ou même, selon quelques-uns, rédigea lui-même une grammaire. Ce livre est aujourd'hui perdu, et il en est de même de la traduction de la Bible faite en cette langue par l'ordre de l'empereur Louis 1er. L'idiome du nord prévalut sous les empereurs saxons ; mais, après l'avénement de la maison de Hohenstaufen, une nouvelle branche de l'idiome de la haute Allemagne, le dialecte de Souabe, que l'on nommait Alémannique, devint la langue de l'Empire, et de cette époque date sa prépondé-rance sur l'allemand du nord. Sous Othon IV, au douzième siècle, il commença à être employé dans les diètes et dans les actes publics. Il forme la base de la langue moderne, et l'on peut dire même qu'il subsiste encore, jusqu'à un certain point avec son caractère primitif, en Alsace et en Suisse.

La fusion de l'allemand du midi et de celui du nord dans les provinces du centre a donné naissance à l'allemand moyen (Mittel-Deutsch). Parmi les variétés assez nombreuses que présentait ce dernier idiome, comme chacun des autres du reste, il faut distinguer le dialecte qui était alors particulier à la haute Saxe et qui fut celui dont se servit Luther. Le réformateur le fixa en traduisant avec un rare bonheur la totalité des livres de la Bible. Ainsi fixé, ce dialecte devint ce que l'on a nommé le haut allemand (Hoch-Deutsch) pour le distinguer de l'idiome plus grossier de la basse Saxe, que l'on désignait du nom de bas allemand (Platt Deutsch).

Le bas allemand a aujourd'hui complétement cessé d'être cultivé comme langue littéraire, et il n'est guère parlé qu'à l'état de patois par les basses classes en Westphalie, dans le Mecklembourg et le Holstein ainsi qu'en Poméranie. Comme l'office dans les églises et l'enseignement dans les écoles n'ont lieu qu'en haut allemand, les paysans comprennent partout cette dernière langue, tout en employant encore de préférence l'autre entre eux.

A l'époque de Luther, le latin était redevenu, à l'exclusion de la langue nationale, la langue du législateur, du jurisconsulte, du savant. Le haut allemand qui, depuis l'impulsion que lui donna le réformateur, s'est encore considérablement perfectionné, n'est plus aujourd'hui l'idiome particulier d'un territoire distinct ; c'est la seule langue que parlent et écrivent comme langue nationale les gens instruits de toutes les parties de l'Allemagne. C'est dans toute la haute Saxe et dans une partie de la basse, en Hanovre et sur les bords du Necker et du Mayn que le peuple la parle avec le plus grand degré de pureté. Sa prononciation dans ces provinces n'a rien de cette antique rudesse du teuton qui choquait si fort les Romains, que, selon Mela, une bouche italienne n'en aurait pu émettre les sons. Dans la haute Souabe, sur les bords du haut Rhin, dans la haute Bavière et en Autriche on trouve toujours, il est vrai, ces voyelles dures, ces consonnes sifflantes, ces fortes aspirations qui donnaient encore à Voltaire tant d'éloignement pour la langue des Welches ; mais dans la basse Allemagne, au contraire, les consonnes sont en général molles, les voyelles longues et traînantes. Quelles que soient, du reste, ces nuances locales de prononciation, l'accent prosodique tombe partout sur les syllabes radicales.

On ne peut nier du reste que, si l'on compare l'allemand à l'italien ou même au français, le retour fréquent des consonnes dans la première de ces langues, où cette classe de lettres termine presque toutes les syllabes, ne lui donne une sorte de dureté. L'effet en est d'autant plus sensible pour une oreille étrangère, qu'elle y est souvent frappée d'une articulation aspirée particulière (le *ch*), inconnue dans les idiomes de l'Europe occidentale, bien qu'elle ait ses analogues dans le χ des Grecs et le х des Russes.

Les autres langues de l'Europe ont emprunté à l'allemand les termes relatifs à une foule d'arts, au travail des mines, à la chasse, etc. L'allemand de son côté était, au siècle de la réforme, mêlé de quelques mots italiens et même espagnols qui s'y étaient glissés récemment par l'influence de la cour impériale et des étrangers qui y étaient attachés. Lors de la guerre de trente ans, l'occupation de tant de points du territoire par des armées étrangères exerça aussi une influence sur la langue, « et on voit les actes de l'Empire de ce temps, dit Gottsched dans ses *Réflexions sur les réformes à faire dans la langue allemande*, remplis de mots que nos aïeux auraient démentis. » Après le traité des Pyrénées, on sentit s'introduire en Allemagne avec l'influence de la politique de la France, celle de sa langue. Une foule de mots et de tournures françaises, malgré la différence du génie des deux idiomes, passèrent dans l'allemand. Le français finit même par remplacer la langue nationale dans les cercles de la haute société. L'allemand y a depuis repris sa place naturelle; mais le langage familier a conservé un certain nombre de mots français.

De toutes les langues de l'Europe, l'allemand est assurément celle qui pourrait le plus facilement se passer de semblables emprunts. Aucune, en effet, n'est aussi riche, puisqu'au moyen de nouvelles combinaisons de ses racines, son vocabulaire est susceptible de s'étendre, pour ainsi dire, indéfiniment. Elle doit à l'abondance et à la souplesse de ses éléments l'avantage d'être plus que toute autre exempte de ces idiotismes, si communs en français et en anglais, qui, dans le sens général de la composition qu'ils forment, semblent n'avoir conservé rien de commun avec la valeur des termes qui les composent. L'allemand convient bien aux sujets scientifiques, surtout à la philosophie, et se plie facilement à embrasser dans une même période une longue série d'idées qui se lient entre elles. Il est vrai que parfois les prosateurs abusent singulièrement de la facilité que leur offre sous ce rapport le génie de leur idiome et fatiguent le lecteur par des périodes qui forment un véritable labyrinthe grammatical. Mais le pittoresque des

expressions, la hardiesse et l'indépendance des constructions rendent l'allemand éminemment propre à la poésie, et c'est quelque chose de bien remarquable que la manière dont il se prête à reproduire les poëtes étrangers, ceux de la Grèce surtout, en se pliant sans effort à la mesure des vers de l'original et en les traduisant à peu près mot à mot.

La langue allemande a, comme le grec, trois genres; mais la répartition des substantifs entre le masculin, le féminin et le neutre, n'y semble pas susceptible d'une explication logique, puisque le neutre appartient souvent à des noms désignant des êtres dont le sexe est connu et que des noms d'objets inanimés sont souvent affectés du masculin ou du féminin.

Les noms allemands se déclinent; mais ils n'ont pas la richesse des désinences du grec ou du latin. On ne peut, en effet, y distinguer par leur terminaison plus de trois cas au singulier et de deux au pluriel. La déclinaison des articles, bien plus complète, supplée à l'insuffisance de celle des substantifs. Une particularité remarquable que présente l'adjectif, c'est que, susceptible d'accord quand il accompagne un substantif comme simple qualificatif, il reste invariable quand il forme l'attribut d'une proposition.

Le verbe allemand n'a qu'une seule conjugaison et que deux temps simples, le présent et l'imparfait; le parfait et le plus-que-parfait, les deux futurs et les deux temps du conditionnel se forment comme tous les temps du passif à l'aide d'auxiliaires. Une particularité qui, selon Adelung, ne se retrouve ailleurs, que dans quelques idiomes du sud de l'Asie, c'est que la politesse fait employer, pour désigner la personne à laquelle on adresse la parole, non pas, comme en français, la seconde personne du pluriel, mais la troisième. L'inversion est le caractère de la construction allemande : l'adjectif y précède constamment le substantif qu'il qualifie, et le verbe principal est généralement rejeté à la fin de la période; enfin les adverbes prépositifs qui peuvent se séparer des verbes dont ils font cependant partie intégrante, donnent à la phrase une allure particulière pleine de grâce.

Cet idiome, véritable lien commun de toutes les parties de l'Allemagne (1), se parle encore,

---

(1) La langue allemande tend continuellement à s'étendre; elle soutient une lutte opiniâtre contre les langues slaves, qu'elle refoule sans cesse. Dans la Prusse orientale et occidentale, où l'élément slave était dominant, ainsi qu'en Silésie, l'allemand fait tous les jours des progrès. La Bohême, divisée en seize cercles, n'a conservé son ancienne langue que dans trois ou quatre. La Moravie subit une influence semblable. Dans une grande partie de la Pologne l'allemand subsiste à côté du polonais, ou bien l'a remplacé complètement. En Russie, toutes les villes sur la Baltique ont adopté la langue allemande, et tout Russe bien élevé la parle, même à Moscou. L'in-

en France dans l'Alsace et dans une partie des départements voisins, en Suisse dans le plus grand nombre des cantons, en Danemark dans les duchés de Holstein et de Sleswig, et en Russie dans les gouvernements de Finlande, d'Esthonie et de Courlande.

La première grammaire allemande que l'on connaisse a été composée vers 1534, par Valentin Ickelsamer, sous le titre de *Teutsche grammatica*.

Les principaux traités tant grammaticaux que lexicographiques publiés en Allemagne depuis cette époque sont les suivants :

Ge. Henisch![*Thesaurus linguæ et sapientiæ germanicæ*, 1616. in-fol.

Mart. Opitz. *Prosodia germanica*, Brieg, 1624, in-4.

D. Geo. Morhof. *Unterricht von der deutschen Sprache und Poesie*, Kiel, 1682.

Jo. Ch. Gottsched. *Grundlegung einer deutschen Sprachkunst*, Leipzig, 1748.

Fried. Carl. Fulda *Grundregeln der deutschen Sprache*, Stuttgard, 1778, in-8°.

Jo. Ch. Adelung. *Deutsche Sprachlehre*, Berlin, 1781.

El. Cusp. Reichard. *Versuch einer Historie der deutschen Sprachkunst*, Hambourg ; 1747.

Adelung. *Versuch eines vollstandigen grammatisch-Kritischen Voerterbuchs der hochdeutschen Mundart*, 4 vol. in-8°, Leipzig, 1775-1802.

Joach. Heinr. Campe. *Proben einer Versuche teutscher Sprachbereichung*, Braunschweig, 1791.

T. G. Voigtel. *Versuch eines hochdeutschen Handwoerterbuchs*, 3 vol. in-8°, Halle, 1793.

C. Phil. Moritz. *Grammatisches Voerterbuch der deutschen Sprache*, 4 vol., Berlin, 1793-1800.

Jo. Aug. Eberhards et J. G. Mauss. *Versuch eine allgemeinen teutschen Synonimik*, 6 vol. in-8. Halle, 1795-1802.

Campe. *Woerterbuch der deutschen Sprache nebst dem Woerterbuch zur Erklaerung der unserer Sprache aufgedrungenen fremden Woerte*, 6 vol. in-4°, Braunschweig, 1807-1813.

Th. Heinsius. *Volkstumliches Woerterbuch der deutschen Sprache*, 4 vol. in-8°, Hanover.

Id. *Geschichte der Sprach-dicht und Redekunst der Deutschen.*, Berlin, 4° édit., 1829.

Jacob Grimm. *Deutsche Grammatik*, Goettingue, 1822-1837, 4 vol. in-8°.

Heinrich Bauer. *Vollstandige Grammatik der neuhochdeutschen Sprache*, 5 vol. in-8°, Berlin, 1827-1833.

E. G. Graff et H. F. Massman. *Althochdeutscher Sprachschatz oder Worterbuch der althochdeutschen Sprache*, 6 vol. in-4°, Berlin, 1834-1843.

Les grammaires allemandes écrites en français qui ont été le plus suivies sont, dans l'ordre de leur date, celles de Gottsched, de l'abbé Mozin, de Meldinger, de Simon, de Hermann, et enfin le *Cours complet de langue allemande* de MM. Le Bas et Régnier.

Nous citerons enfin avec le *Dictionnaire dit des deux nations*, dont la première édition est de 1762, ceux de l'abbé Mozin, de M. Henschell, de MM. Schus-

fluence autrichienne lui a fait prendre pied dans la partie septentrionale du royaume lombard-vénitien et dans presque toute la Hongrie et la Transylvanie. En Hollande et en Belgique, en Suède, en Norwège, en Danemark, l'allemand compte de nombreux partisans. Presque tous les trônes de l'Europe sont aujourd'hui occupés par des princes d'origine allemande ; de sorte que cette langue pourrait bien, dans la suite des temps, parvenir à cette universalité dont la langue française a joui jusqu'à présent. Cette dernière, en effet, n'a gagné du terrain qu'en Lorraine et en Alsace, où toute la jeune génération est élevée dans l'usage de la langue qui est celle de la majorité de la France. En résumé, le français se parle, presque partout, dans la haute société ; l'allemand a pénétré dans les nations mêmes. **A.**

ter et Régnier, et l'excellent *Dictionnaire de poche* que l'on doit à l'auteur de l'article suivant.

Léon Vaïsse.

ALLEMAGNE (Littérature de l'). La littérature allemande, considérée comme l'expression de la vie intellectuelle, sociale et politique des Allemands, offre un tableau du plus haut intérêt. Éloignée de toute tendance exclusive, elle a accueilli tout ce qu'il y a de grand et de beau chez les autres peuples, sans perdre cependant ce cachet d'originalité et de nationalité qui fait le principal charme d'une littérature. Toutes les idées qui ont agité le monde intellectuel y sont examinées avec cet esprit philosophique, ce calme et cette persévérance germaniques qui, chez nous, sont presque passés en proverbe ; ce que Herder, en son particulier, a fait pour l'histoire, la littérature allemande, prise dans son ensemble, l'a fait pour toutes les productions de l'esprit humain.

Cependant cet esprit de spéculation critique et philosophique, joint au fractionnement politique, a jusqu'à présent empêché l'Allemagne d'exercer une puissante influence au dehors. Placée au centre de l'Europe, elle s'est toujours contentée du rôle de médiatrice, et semble être appelée à maintenir la paix et l'équilibre littéraires dans le monde, plutôt qu'à lui imposer ses lois. La littérature allemande, par suite de ce caractère particulier, a une tendance naturelle à l'éclectisme, et A. W. de Schlegel a tout à fait méconnu l'esprit dont elle est animée, lorsqu'il a dit qu'elle n'est qu'un amas confus de livres complètement dépourvus de tendance nationale ; ce qui la distingue de toutes les autres, c'est précisément cette absence de tendances exclusives, c'est cet esprit de conciliation et de rectification dont nous venons de parler ; en un mot, c'est cette universalité, dont Goethe est le plus beau modèle.

L'histoire de la littérature allemande, se divise ordinairement en sept périodes, ainsi qu'il suit :

1° Période gothique, depuis les temps les plus reculés jusqu'à Charlemagne (768) ;

2° Période franque, de Charlemagne à l'avénement des Hohenstaufen (768-1137) ;

3° Période souabe (ou des Minnesaenger), des Hohenstaufen à l'origine des universités allemandes (1137-1346) ;

4° Période rhénane (ou des Meistersaenger), de l'origine des universités à la réforme (1346-1523) ;

5° Période saxonne, de l'école de Luther à celle d'Opitz (1523—1625) ;

6° Période silésienne et suisse, de l'école d'Opitz à celle de Klopstock (1625—1760);

7° Période nationale, de Klopstock jusqu'à nos jours (1760—1845).

Ire Période (360-768).

Il est évident, et le témoignage des auteurs latins et grecs en fait foi, que la lutte si longue et si dramatique qui eut lieu entre les Germains et les Romains dut être un fait aussi inspirateur que le premier choc entre l'Asie et la Grèce, dans les plaines de Troie. Les Achilles et les Hectors du Septentrion n'ont pu manquer d'Homères ; malheureusement leurs chants ne sont point parvenus jusqu'à nous, ou bien ils ont subi des modifications telles qu'il est impossible de rétablir leur physionomie primitive. Le document le plus ancien et le plus important que nous possédions est la traduction de la Bible, du grec en gothique, faite par Ulfilas (Wulfila), évêque des Goths (360), que l'on peut regarder aussi comme l'inventeur de l'écriture allemande (1). — Les sixième, septième et huitième siècles ne nous ont légué que des écrits théologiques d'une importance scientifique bien inférieure ; nous ne citerons que la traduction du traité de Nativitate Jesu, du savant Isidore, évêque de Séville (600-636), traduction faite probablement par un Franc du septième siècle, et dont le manuscrit est conservé à la Bibliothèque royale de Paris.

IIe Période (768-1137).

Charlemagne (768-814), après avoir réuni tous les peuples de race germanique, s'attacha à détruire l'aversion profondément enracinée qu'ils avaient pour les sciences. Il appela à sa cour les hommes les plus savants de l'époque, fonda des sociétés savantes et des écoles, régla les noms des vents et des mois, fit lui-même l'essai d'une grammaire allemande, et rassembla les chants nationaux (2). Cette collection inestimable est perdue ; un seul fragment d'épopée, le chant d'Hildebrand et d'Hadubrand est parvenu jusqu'à nous, et fait doublement regretter cette perte irréparable. Ce fut sous le règne de Charlemagne que brillèrent Alcuin, par une vaste érudition ; Théodulf, comme poëte et théologien ; Warnefried, comme historien, ainsi qu'Eginhard, qui nous a laissé l'histoire du grand empereur.

Les successeurs de ce prince n'héritèrent pas de son génie créateur, et la nation commençait déjà à retomber dans l'ignorance, lorsque le partage du royaume des Francs, entre les trois fils de Louis le Pieux (843), sauva la nationalité allemande prête à s'éteindre.

(1) La meilleure édition que l'on possède de la version d'Ulfilas est celle qui a été publiée par MM. de Gabelentz et J. Lœbe, sous ce titre : Ulfilas, Veteris et Novi Testamenti versionis Gothicæ fragmenta quæ supersunt, Altenbourg et Leipzig, 1836, in-4°.
(2) « Item barbara et antiquissima carmina, quibus veterum regum actus et bella canebantur, scripsit memoriæque mandavit, » dit Eginhard.

Nithard, qui a raconté les événements de cette époque, nous a conservé, dans les serments que Louis le Germanique et le peuple se prêtèrent mutuellement, un curieux spécimen de la langue de cette époque.

Raban Maur, qui mourut en 856, archevêque de Mayence, écrivit alors un glossaire allemand, et contribua puissamment à chasser les ténèbres de l'ignorance, à l'aide de ses amis ou élèves, Haimon, Walafried Strabon et Otfried. Ce dernier publia, en 870, une Harmonie des Évangiles, en cinq livres et en vers rimés ; un inconnu traduisit du grec, ou plutôt du latin de Victor de Capoue, celle de Tatien de Mésopotamie, en 254 chapitres. Une autre, connue sous le titre de Heljand, date du temps de Louis le Pieux ; les vers y riment par allitération. Cette période a en outre produit un chant de victoire (dont l'auteur est inconnu), dont le sujet est la défaite des Normands par Louis III, en 881 ; deux traductions des psaumes, dont l'une, due à Notker, se distingue par des qualités très-remarquables ; un hymne en l'honneur d'Hannon, archevêque de Cologne ; et une paraphrase du Cantique des cantiques, par Willeram.

IIIe Période (1137-1346).

Le règne des Hohenstaufen (1138-1268) est une des périodes les plus remarquables de l'histoire de la littérature allemande. Les croisades exaltèrent l'enthousiasme religieux de la nation ; les rapports presque continuels des Allemands avec les Italiens, les Normands, les Provençaux, les Français, ainsi qu'avec les Grecs et les Arabes, étendirent le cercle de leurs idées, enrichirent leur imagination et purifièrent leur goût. L'esprit de chevalerie et de galanterie développé en Provence, par les Bérenger, fut accueilli et répandu en Allemagne par les Hohenstaufen, dont plusieurs excellèrent eux-mêmes dans la gaie science, et chantèrent dans les idiomes souabe et provençal. Ainsi se formèrent les Minnesaenger (chantres d'amour), qui tous se servirent du dialecte souabe.

Les poésies de cette époque se divisent en trois classes : 1° celles qui se rattachent aux épopées scandinaves ; 2° celles qui sont empruntées à la poésie romane ; 3° enfin, celles dont l'origine et l'empreinte sont essentiellement allemandes.

La première classe est principalement épique ; elle comprend les Nibelungen (voy. ce mot), et le livre des héros (Heldenbuch), où sont racontées les aventures du roi Ottnit, de Dietrich de Bern, et d'autres preux chevaliers.

La seconde classe comprend les poëmes qui se rattachent à la tradition du Saint-Gral : Parcival, Titurel et quelques autres, par Wolfram d'Eschenbach, et Lohengrin, dont l'auleur est inconnu ; ensuite ceux qui se rapportent au roi Arthur et à la Table ronde : *Wigalois*, par Grafenberg ; *Iwein*, par Hartmann von der Aue ; *Tristan et Isolde*, par Gottfried de Strasbourg ; et *Wigamur*, d'un auteur inconnu.

La troisième classe renferme le poëme de *Roland* ou de la bataille de Roncevaux, par l'abbé Conrad ; *Flore et Blanchefleur*, par Conrad Fleck ; *Erneit*, par Henri de Veldeck. Il faut également mentionner ici la plupart des poésies lyriques des Minnesaenger, parmi lesquels Henri d'Ofterdingen et Wolfram d'Eschenbach sont surtout célèbres par la lutte poétique qu'ils soutinrent l'un contre l'autre, au château de Wartbourg, en présence d'Hermann, landgrave de Thuringe, et des six Minnesaenger, Walther von der Vogelweide, Reimar de Zweter, Henri de Veldeck, Bitterolf, Henri le clerc, et Henri de Risbach. Cette lutte, qu'on peut avec raison appeler un duel, puisque le vaincu devait être puni de mort, a été immortalisée par un poëme, dont l'auteur est douteux. Parmi les autres Minnesaenger, nous distinguerons encore Klinsor ou Klingsohr, Ulrich de Lichtenstein, Conrad de Wurzbourg, et Henri de Misnie, surnommé Frauenlob.

Vers le milieu du treizième siècle, la poésie dut céder la place à la prose : les actes judiciaires, les documents, etc., qui jusqu'alors avaient été écrits en latin, furent désormais rédigés en allemand. Parmi les recueils de lois publiés à cette époque, ceux des Saxons et des Souabes sont les plus remarquables ; parmi les chroniques, celles de Jansen, et d'Ottokar Hornek. La philosophie scholastique fut surtout propagée par Albert de Bollstædt, (plus connu sous le nom d'Albert le Grand) ; la théologie scolastique, par Bertoldt et Tauler. Geiler de Keisersberg se fit remarquer par l'originalité de ses sermons.

IVe Période (1346-1523).

L'établissement des universités allemandes, rendues indépendantes de l'influence du clergé ; l'étude sévère des classiques, favorisée par l'arrivée des Grecs fugitifs de Constantinople, enfin l'invention de l'imprimerie, firent subir à la littérature allemande une transformation complète. L'instruction se répandit ; les questions politiques et religieuses n'intéressèrent plus exclusivement la noblesse et le clergé : le peuple y prit sa large part. Les nobles, au contraire, qui jusqu'alors s'étaient principalement occupés des sciences et des lettres, dérogèrent à l'esprit de chevalerie et de galanterie qui avait animé leurs aïeux ; uniquement adonnés à la chasse, à la guerre et au brigandage, ils dédaignèrent les beaux-arts, qui trouvèrent un refuge dans la bourgeoisie.

Mais avant de dire quelle transformation la littérature allemande éprouva par suite de ce concours de circonstances, il est juste de parler des humanistes qui contribuèrent le plus à l'instruction de la nation. Nous les trouvons d'abord dans les Pays-Bas, où Gérard Groot fonda, sous la dénomination *fratres communis vitæ*, une réunion d'hommes remplis du désir de propager les lumières. Après la mort de Groot (1384), sa tâche fut continuée avec zèle par Agricola, Lange, Busch, Spiegelberg, Reuchlin et le noble Ulrich de Hutten ; Hégius forma des élèves comme Érasme de Rotterdam et Césarius ; Louis Dringenberg, des hommes comme Conrad Celtes, fondateur de la Société Rhénane, et Stadianus, le maître de Mélanchton.

La poésie, comme nous l'avons fait remarquer plus haut, passa de la noblesse à la bourgeoisie et aux artisans. Ceux-ci observèrent à la vérité les règles métriques, mais l'esprit délicat, sublime et chevaleresque qui a immortalisé les créations des Minnesaenger, leur fut toujours étranger. La poésie devint l'art de mettre de la prose en vers, et les pensées et sentiments lyriques furent remplacés par des réflexions morales, mondaines, ou bourgoises. Toutefois, bien que les créations des Meistersaenger manquent d'élévation poétique, elles n'en réveillèrent pas moins les facultés intellectuelles de la nation, qu'elles préparèrent au rôle qu'elle devait jouer dans les événements du seizième siècle. Ceux des Meistersaenger qui se sont le plus distingués sont Henri de Mügelin, Muscatblüt, Regenbogen, Conrad Harder, Hulzing, Albert Lesch, le moine de Salzbourg, Pierre Zwinger, Conrad Zorn, Conrad Schneider, Jean Folz, Conrad Ottinger, Michel Beheim et Sixte Buchsbaum.

Il nous reste de cette période des chansons guerrières très-remarquables, que fit naître la guerre de la Suisse contre l'Autriche. Deux poëtes surtout, Veit Weber et Jean Viol, célébrèrent dignement les victoires qu'ils avaient aidé à remporter. Les ballades les narrations poétiques, les nouvelles et les contes drolatiques furent aussi cultivés avec succès (*Till l'Espiègle* fait encore aujourd'hui les délices du peuple). Mais le poëme épique disparut entièrement, à moins qu'on ne veuille honorer de ce nom celui de *Theuerdank*, par Pfinzinger (1516), où se trouvent racontées les aventures de l'empereur Maximilien. Le *poëme du Renard* (Reinecke Fuchs), ouvrage allégorique et satirique, est imité du français. De même, la poésie didactique, quoique très-cultivée à cette époque, n'a légué à la postérité que la *Nef des Fous* (Narrenschiff), par Sébastien Brand (1458-1521), et plusieurs ouvrages de Thomas Murner, l'adversaire caustique de Luther. L'art dramatique, alors dans son enfance, ne produisit que des mystères, des moralités, des farces et des soties. L'histoire seule nous a laissé des monuments durables, tels que la *Chronique de Limbourg*, par Gausbein; la *Chronique alsacienne*, par Twinger de Koenigshofen; la *Chronique de Thuringe*, par Rothe; l'*Histoire des Guerres de Bourgogne*, par D. Schilling; l'*Histoire de la ville de Breslau*, par Eschenloher. A ces ouvrages se rattache le *Roi sage*, par Marx Treizsauerwein, où l'histoire de Maximilien est racontée sous la forme d'un roman allégorique.

Ve *Période* (1523 — 1625).

Le mouvement religieux avait partagé l'Allemagne en deux camps ennemis. Luther, le défenseur de la raison critique et spéculative, attaqua l'Église romaine, et fit naître une foule d'ouvrages par sa traduction de la Bible et ses écrits théologiques. Afin d'être également intelligible pour *tous les Allemands, il* ne se servit d'aucun dialecte particulier, mais, réunissant, par une vaste conception, tout ce qu'il y avait de plus beau et de mieux élaboré dans les différents dialectes, il créa un langage en quelque sorte nouveau, qui fut également bien compris d'un bout à l'autre de l'Allemagne. Cette langue devint bientôt générale, et c'est elle qu'emploient aujourd'hui tous les auteurs allemands. C'est dans ce nouveau langage que sont écrits les beaux cantiques que nous ont laissés Luther et ses nombreux imitateurs. La poésie des Meistersaenger fut cependant continuée avec succès par Hans Sachs, de Nuremberg (mort en 1576), ce poète-cordonnier qui composa plus de 6000 ouvrages, parmi lesquels 208 comédies et tragédies. La poésie épique s'enrichit du *Fortuné Navire* de J. Fischart, et du *Froschmæusler* de Rollenhagen, ouvrage dont l'idée première est peut-être empruntée à la *Batrochomyomachie*. Burkard Waldis écrivit ses *fables*, et Jean Fischart (Menzer) ses *satires et sa traduction de Rabelais*. La chanson populaire ne fut cultivée que jusque vers le commencement de la guerre de trente ans (1618); à cette époque, elle cessa de se faire entendre.

Cette période est riche en romans et en ouvrages historiques. Parmi les premiers, nous citerons l'*Histoire des Habitants de Schilda* (Schildbürger) et *Pierre Leu*; parmi les seconds : la *Chronique de Bavière*, par Jean Thurnmeyer (Aventinus, mort en 1534); la *Chronique suisse*, par Tschudi (1505-1572); la *Cosmographie* et la *Chronique allemande* de Frank (1500-1545); la *Chronique de Poméranie*, par Kantzow (mort en 1542); la *Chronique de Prusse*, par David (1503-1583). Les biographies de *Goetz de Berlichingen* et de *Séb. Schœrtlin*, écrites de la propre main

de ces hommes célèbres, et les *Proverbes allemands expliqués* par Agricola (1529), méritent également d'être mentionnés ici.

Le mysticisme qui s'était glissé dans le sein de la nouvelle Église produisit les ouvrages remarquables de Jacob Bœhme et de Val. Weigel. Th. Paracelse appliqua la chimie à la médecine, Agricola s'occupa de métallurgie, Conrad Gessner créa l'histoire naturelle, et l'astronomie fit par les travaux de Copernic d'importants progrès. C'est aussi à cette époque qu'appartient la première *Grammaire allemande*, par Valentin Ickelsamer (1600).

VIe *Période* (1625-1760).

Le mouvement rapide qui, dans le seizième siècle, avait entraîné les esprits, s'arrêta tout à coup ou même rétrograda au commencement du dix-septième. Le catholicisme, dans sa lutte contre la nouvelle Église, avait perdu sa force, sa confiance en lui-même et sa fraîcheur naïve; de son côté, le protestantisme, en contradiction avec lui-même, avait dégénéré en orthodoxie immobile et opiniâtre, qui éloignait également les esprits de toute pensée fraîche et originale. La déplorable guerre de trente ans (1618-1648) vint encore ajouter à ces malheurs; les princes se liguèrent contre la nation, et, tandis qu'ils créaient des Versailles au petit pied, le peuple se mourait de faim et de misère. Un cérémonial ridicule, des apologies rampantes, un style de chancellerie devenu proverbial par sa monstruosité, l'imitation mal entendue des mœurs et des coutumes françaises, le reniement de tout sentiment national, telles furent les tristes suites d'une aberration des esprits dont on ne trouve pas d'autre exemple dans l'histoire.

Il est juste de dire, cependant, que cette tendance générale fut combattue par des hommes animés de sentiments patriotiques; mais leur voix ne put se faire entendre. Pour sauver la langue allemande, prête à périr sous la couche épaisse des mots étrangers dont on la fardait, il se forma des sociétés sous différents noms et en différents pays; mais malheureusement, elles ne restèrent pas fidèles à leur but, et dégénérèrent peu à peu en un enfantillage inconcevable chez des hommes sérieux.

Les sciences, quoique cultivées avec succès, n'exercèrent aucune influence sur la littérature. En vain, des astronomes comme Kepler (1630), des physiciens comme Gueicke (1654), des philologues comme Schilter et Morhof (1695), reculaient l'horizon scientifique, les investigations philosophiques (1705) de Leibnitz et de Chr. Wolff ne purent même arracher l'esprit national à la léthargie dans laquelle il était plongé.

Nous allons cependant examiner, en détail, les productions littéraires de cette période.

Poésie lyrique. Déjà avant Opitz, que l'on peut considérer comme le créateur d'une poésie nouvelle, nous trouvons quelques poëtes qui ne manquent pas de mérite; nous distinguons entre autres Fr. Spee (1591-1635) et R. Weckherlin (1584-1651), qui, le premier, fit des vers alexandrins, des sonnets, des épigrammes, des odes et des églogues. Mais Martin Opitz, de Bunzlau en Silésie (1597-1639), surpassa de beaucoup ses devanciers; quoique ses poésies pèchent du côté de l'imagination, de la profondeur et de la délicatesse du sentiment, il racheta ces défauts par un jugement esthétique admirable et par une correction de langage et de prosodie dont on n'avait point d'exemple avant lui. Il trouva de nombreux imitateurs qui formèrent la première école silésienne, et se distinguèrent surtout dans la poésie lyrique; mais bientôt la forme l'emporta sur le fond, et les rimes recherchées et prétentieuses remplacèrent les pensées poétiques. Nous ne mentionnerons ici, parmi les poëtes de cette école, que Zinkgref; P. Flemming, qui nous a laissé des cantiques où respire un profond sentiment religieux; A. Tscherning; S. Dach et A. Gryphius.

La clarté et la simplicité d'exposition d'Opitz, l'esprit de sévérité et de chasteté qui distingue toutes les productions de la première école silésienne, reçurent une rude atteinte vers le milieu du dix-septième siècle. Ce fut Hoffmann de Hoffmanswaldau, né à Breslau (1618-1679), qui opéra cette triste réaction. Ses admirateurs l'appelèrent l'Ovide allemand; cette épithète, qu'il faut prendre dans son plus mauvais sens, nous dispense d'en dire davantage. Cependant on ne saurait contester à cet auteur un grand talent poétique; mais son goût était vicié : un abus continuel d'images et d'antithèses, une bouffissure intolérable, des plaisanteries froides et recherchées, forment le fond de toutes ses poésies. Ce fut lui qui, avec son ami et admirateur Lohenstein, fonda la deuxième école silésienne, riche en noms propres, mais pauvre en poëtes, si nous exceptons toutefois Ziegler et Kliphausen.

Cette seconde école dut suivre sa destinée naturelle. Elle dégénéra entièrement à la fin du dix-septième siècle et au commencement du dix-huitième. Ce fut à cette dernière époque seulement qu'elle produisit quelques poëtes animés de sentiments plus élevés, tels que Assmann d'Abschatz, Brockes, Canitz et Günthers. Les idées religieuses trouvèrent aussi des interprètes de talent : Benjamin Schmolke, Spener, et Frank, le fondateur de la maison des Orphelins à Halle.

Poésie épique. Les temps de l'épopée étaient passés. Celles que nous possédons de cette période manquent entièrement d'esprit poétique; les hauts faits des héros y sont ordinairement chantés en vers alexandrins, et racontés avec une vérité historique par trop scrupuleuse. Nous nous abstenons de toute citation.

Poésie didactique. Ce genre, quoique cultivé de préférence par Opitz, trouva peu d'imitateurs. Le seul ouvrage qui mérite d'être mentionné est un Traité des Mines, publié en 1659, par Chr. Hoffmann, sous le titre de *Bergprobe.* La satire didactique, au contraire, fut cultivée avec succès par Laurenberg (1591-1659).

L'épigramme eut, après Opitz, de nombreux partisans. Les plus distingués de tous furent Fr. de Logau (1604-1655) et Chr. Wernicke ou Warneck, mort en 1710 ou 1720.

Poésie dramatique. L'imitation des modèles anglais, français et italiens, exerça une influence fâcheuse sur le développement du théâtre allemand. A. Gryphius, le père de la poésie dramatique en Allemagne (1616-1664), quoique doué d'une imagination riche et hardie, ne put se soustraire à cette influence, dont les effets se font aussi sentir dans les pièces de Klay, de Dach et de Lohenstein.

Prose. Le style doucereux et frivole qui avait remplacé le langage énergique et chaste de Luther, était devenu trop général pour que la prose ne s'en ressentît pas. Les ouvrages originaux sont rares dans cette période; le roman historique, imité du français, est la seule innovation. Le premier auteur qui s'essaya dans ce genre, fut Zesen; celui qui y réussit le mieux fut Lohenstein, dans son *Arminius et Thuanels.* Mais le roman le plus remarquable de cette époque est sans contredit le *Simplicissimus* de S. Greifenson de Hirschfeld (1669), dont le sujet est emprunté à la vie réelle.

Parmi les *ouvrages satiriques* en prose, ceux de J. M. Moscherosch (pseud. Philander de Sittewald, 1600-1669), se distinguent par une vigueur, une vivacité et souvent un comique des plus étonnants. Balthasar Schuppe, contemporain de Moscherosch, marcha avec bonheur sur ses traces.

Histoire. Les meilleures publications historiques de cette époque sont : la *Chronique de Spire,* par Lehmann (1612); la *Guerre des Hussites,* par Théobald (1610); la *Prise de Magdebourg* (1660), par Frisius; et surtout le *Miroir d'Honneur de la maison d'Autriche,* par Birken (1668), et les travaux de Maskov et de Brünau sur l'histoire d'Allemagne. Les *Apophthegmes des Allemands,* par Zinkgref, méritent également d'être mentionnés.

L'éloquence de la chaire n'eût jeté aucun éclat sur ce siècle de ténèbres, sans le talent éminent d'Ulrich Megerlé (pseud. Abraham a Sancta Clara, 1642 — 1709), prêtre catholique des plus populaires, homme dont les intentions vertueuses et l'éloquence ne furent égalées que par sa vaste érudition.

La tendance imprimée à la littérature allemande par Lohenstein fut enfin combattue ouvertement par Gottsched (1700—1766), professeur de philosophie à l'université de Leipzig, qui, par ses écrits, contribua puissamment à ramener la langue allemande à sa pureté primitive.

Malheureusement ce savant avait peu de talent poétique, et ne voyait la perfection que dans la correction du langage et dans la régularité des formes. Cette fausse direction que suivit Gottsched et qu'il fit suivre à son école fut vivement attaquée par Bodmer de Zurich (1698-1763) et par Breitinger, chefs de l'école suisse. Quand Bodmer publia sa *Traduction du Paradis perdu de Milton*, et que Gottsched taxa d'absurdes et l'original et la traduction, il s'éleva un cri dans toute l'Allemagne, et quiconque savait manier la plume prit parti pour ou contre. La lutte dura plus de vingt ans, et ne finit qu'à la mort de Gottsched. Ce frottement des esprits eut les résultats les plus heureux, tous les littérateurs de talent embrassèrent la cause des Suisses, et il se forma enfin une littérature vraiment nationale. Parmi les hommes qui se distinguèrent alors, on remarque : J. E. Schlegel et son frère J. A. Schlegel, Giseke, Gellert, Rabener, Zachariae, Gaertner, Cramer, Cronegk, Gleim, Uz, Ramler, Ewald de Kleist, J. G. Sulzer, Mendelsohn, Nicolaï, Lichtwehr, Weisse, Gessner, Willamow, J. G. Jacobi, et bien d'autres dont nous ne pouvons, faute d'espace, apprécier ici le mérite ; mais celui qui imprima plus que tous les autres à la littérature cet élan qui ne s'est pas encore arrêté, c'est Klopstock. Avec lui commence une ère nouvelle.

VIIe Période (1760-1845).

La période qui va depuis Klopstock et Lessing jusqu'à nos jours comprend la période classique proprement dite, la période romantique, l'histoire des différentes écoles philosophiques, et enfin, depuis 1830, la littérature socialiste et politique. Cette période est tellement riche en noms illustres qu'il n'est pas même possible de les citer tous. Quoiqu'elle commence avec des poëtes qui vécurent avant Klopstock ou qui furent ses contemporains, Klopstock doit cependant être considéré comme le créateur du nouveau langage poétique et de la littérature vraiment nationale. Toutefois, courant toujours après des expressions fortes et énergiques, il est quelquefois lourd et guindé. Le style léger de Wieland, et plus tard celui de Thümmel, formèrent, avec celui de leur illustre

devancier, une heureuse opposition. Enfin Lessing développa le côté critique et scientifique de la langue allemande, fonda la critique poétique, et créa le drame allemand. Winckelmann, pénétré de l'esprit de l'antiquité, brilla comme prosateur ; Herder se distingua par son cosmopolitisme esthétique ; Kant, par son système philosophique ; enfin vinrent Goethe et Schiller. Goethe, génie universel, donna son nom à toutes les phases littéraires ; sans lui la littérature allemande manquerait d'unité ; considéré seul il n'offre, pour ainsi dire, que des cimes isolées, séparées par des précipices ; son nom se retrouve partout, selon que le goût de l'époque change, et il paraît toujours naturel dans le rôle qu'il adopte. Schiller ne possède pas cette universalité ; son âme était dévorée d'une telle mélancolie, que l'affliction de l'humanité était pour ainsi dire la sienne ; les grandes idées d'amour, d'amitié, de liberté, d'honneur, de patrie, étaient les seules qui pussent l'enflammer. Goethe utilisa son talent pour l'accroissement de sa fortune ; l'esprit élevé de Schiller méprisa les richesses : il ne sut pas qu'il mériterait un jour le reproche d'avoir laissé sa famille dans une pauvreté accablante, tandis qu'il créait pour les libraires un fonds de richesses inépuisables.

A ne considérer que les œuvres de Schiller et de Goëthe, on croirait voir personnifiée dans ces deux hommes l'histoire littéraire de plusieurs périodes ; et cependant ces œuvres ne constituent qu'une faible partie de la littérature qu'on est convenue d'appeler classique. L'étendue de la matière nous force à ne donner qu'un résumé très-succinct des productions classiques publiées jusqu'à la fin du dix-huitième siècle.

Dans l'*épopée* brillèrent : Klopstock, Wieland, F. Müller, L. H. de Nicolaï, Goethe ; dans le *conte* : Hagedorn, Gellert, Wieland, Thümmel, Meissner, A. Wall (Heyne) ; dans la *fable* : Hagedorn, Gellert, Lichtwher, Lessing, Pfeffel ; dans l'*idylle* : Gessner, Bronner, Voss ; dans le *roman* ou la *nouvelle* : Wieland, Goethe, Hermes, Wezel, Meissner, Müller (d'Itzehoé), Hippel, Thümmel, F. Schulz, Klinger, Heinse, Jean Paul Richter ; dans la *romance* : Bürger, les comtes de Stolberg, Herder, Schiller, Goethe ; dans la *tragédie* : Lessing, Gerstenberg, Leisewitz, Klinger, Babo, Goethe, Schiller ; dans la *comédie* : Lessing, Engel, Wezel, Gotter, Goethe, Lenz, Schroeder, Kotzebue, Iffland ; dans la *poésie lyrique* : Haller, Klopstock, Uz, Ewald de Kleist, Ramler, J. A. Cramer, les comtes de Stolberg, Denis, Kosegarten, Hagedorn, Weisse, Goetz, Gleim, Jacobi, Bürger, Hoelty, Voss, M. Claudius, Goecking, Goethe, Schiller, Matthisson, Salis, Tiedge, Hoelderlin ; dans la *poésie didactique* : Haller, Uz, Wieland, Neubeck, Tiedge; dans la *poésie descriptive* : Haller, Ewald de Kleist, F. L. de Stolberg, Matthisson; dans l'*épigramme* : Kaestner, Herder, Brinkman, Schiller, Goethe; dans la *satire* : Rabener, Lichtenberg, Thümmel et Hippel.

La longue lutte de l'Allemagne avec la France eut une grande influence sur la littérature. Les Allemands, attaqués dans leur nationalité, se réfugièrent dans l'antiquité et dans le moyen âge, et ainsi se forma l'école romantique. Les frères Schlegel et L. Tieck y brillèrent comme poëtes et comme critiques. D'autres, pour ranimer le patriotisme, recueillirent avec soin les anciennes chansons nationales, ou firent connaître celles des autres nations. Ainsi W. Müller publia les chants populaires des Grecs; W. Gerhard, ceux des Serbes; Goetre, ceux des Russes, et le comte de Mailath, ceux des Magyares. Toutefois, on serait tenté de dire que la productivité littéraire était alors éteinte en Allemagne, si Jean Paul Richter n'avait publié à cette époque ses meilleurs romans (*Titan*, etc.). Quelques voix se firent encore entendre : Halem et Seume, Sonnenberg et Collin firent des appels lyriques à l'esprit d'indépendance de la nation; Arndt, Koerner, Stægemann, Max. de Schenkendorf, Fouqué, Wetzel, et Rückert dans ses *Sonnets cuirassés*, portèrent à son comble l'enthousiasme de la nation.

A la fin de la lutte entre les deux pays, la romance fut portée à un haut degré de perfection par Uhland; et A. de Chamisso, Français de naissance, s'essaya avec succès dans le genre lyrique, auquel il sut donner un caractère particulier. A côté de cette littérature forte, il s'éleva une littérature légère, pour les besoins de tous les jours. La Fontaine écrivit ses romans de famille, Iffland cultiva le drame de famille; Schilling, Laun, le doucereux Heune (pseud. Clauren), d'autres encore, inondèrent de leurs romans les cabinets de lecture. Plus tard vinrent les imitateurs de W. Scott : Hauf, van der Velde, Witzleben (pseud. Tromlitz), Blumenhagen et autres; mais Zschokke fut le seul dont les romans historiques eurent une valeur réelle.

L'école romantique produisit cependant plus d'une œuvre remarquable; outre Tieck, dont nous avons déjà parlé plus haut, nous citerons W. Haering (pseud. Willibald Alexis), Clément Brentano, Hardenberg (pseud. Novalis), Fouqué, A. de Chamisso, Achim d'Arnim, Eichendorff, le fantastique Hoffmann, et Weisflog, son imitateur.

Depuis 1830 la littérature, descendue sur le terrain de la réalité, a agité toutes les questions politiques et sociales. La philosophie d'Hégel, dans sa plus grande splendeur, embrassant tout dans son vaste cadre, a servi à merveille l'esprit d'investigation inquiète qui s'était emparé des jeunes gens. Boerne, dont les opinions politiques étaient sincères, entraîna avec lui une partie de la jeunesse fougueuse; Heine captiva l'autre par son esprit caustique et satirique; il devint le chef de la jeune Allemagne, à laquelle appartiennent principalement Gutzkow, Laube, Wienbarg, Mundt et Kühne. La philosophie hégélienne, entrant dans une nouvelle voie, fut poussée jusqu'à ses dernières conséquences par D. Strauss dans sa *Vie de Jésus-Christ*, et par Bruno Bauer, L. Feuerbach, et Ruge, dans différents écrits et dans des cours publics. Ces tendances ont été combattues avec talent par Menzel.

La poésie politique, genre jusqu'alors inconnu en Allemagne, a été portée à un haut degré de perfection par les comtes Platen et Auersperg (pseud. Anast. Grün). Leurs traces sont suivies avec bonheur par P. Pfizer, Maltitz, H. Stieglitz, J. Mosen, Niembsch de Strehlenau (pseud. Lenau), Hoffmann de Fallersleben et Herwegh; toutefois l'Allemagne manque encore d'un Béranger.

Les poëtes lyriques des derniers temps forment trois groupes assez distincts, parmi lesquels il est cependant difficile de classer F. Rückert qui, possédant au plus haut degré le talent de la versification et la pureté des formes, a excellé dans presque tous les genres. Le groupe souabe, qui a plus ou moins d'affinité avec Uhland, comprend Schwab, Kerner, Zimmermann, le comte Alexandre de Wurtemberg et G. Pfizer. Le groupe autrichien se compose de Seidl, Egon Ebert, Zedlitz, Auersperg et Lenau; celui de l'Allemagne du nord, de Chamisso, Heine, Eichendorf, Gaudy, Ferrand, Kugler, Stieglitz, Maltitz, Marggraff, Sallet, Gruppe, Simrock, Wackernagel et Freiligrath.

D'excellentes poésies, dans différents dialectes, ont été publiées par Hebel, Holtei, Kobell, Grübel, Stoeber, Usteri, et autres.

Dans le roman se sont distingués Th. Mügge, Spindler, Steffens, Rellstab, Wachsmann, Henriette Hanke, Fanny Farnow, Amélie Schoppe, A. Lewald, Storch, Hauff et autres. Les écrivains dont les romans, outre le but d'amuser le public, ont une tendance plus sérieuse sont : Wagner, Tieck, Auerbach, Bührlen, W. Alexis, Immermann, et les partisans de la jeune Allemagne. Les romans de salons de la comtesse Hahn-Hahn et du baron de Sternberg sont remarquables par leur élégance.

La poésie dramatique de toute cette période, quoique très-riche, présente bien des aberrations. Lessing, par sa *Sara Sampson*, fit naître la comédie larmoyante, à laquelle Goethe paya son tribut par *Clavigo et Stella*.

Son *Goetz de Berlichingen* fut enfin, contre ce genre bâtard, une protestation vigoureuse; mais les premières productions de Schiller, *les Brigands*, *Fiesco*, *Cabale et Amour*, exercèrent encore une plus grande influence. Gotter, Gemmingen et Babo s'élancèrent sur ses traces; et quand ensuite Goethe eut publié *Iphigénie*, *Egmont* et *le Tasse*, et que Schiller eut fait représenter *Don Carlos*, *Wallenstein*, *Marie Stuart*, etc., l'art dramatique était créé en Allemagne. Z. Werner, H. de Kleist, OEhlenschlaeger et Koerner entrèrent dans cette nouvelle carrière, et écrivirent une foule de drames très-remarquables. L'école romantique, qui voulait avoir sa part de ces lauriers, produisit une foule de pièces, agréables à lire sans doute, mais qu'il est impossible de représenter sur la scène. De ce nombre furent les drames de Tieck, Fouqué, Eichendorff, et le *Faust* de Goethe. En revanche, A. de Kotzebue posséda au plus haut degré l'intelligence de la scène; mais ses pièces manquèrent d'une tendance philosophique ou poétique. Iffland se renferma trop dans des scènes de famille.

Plus nous nous rapprochons du temps où nous vivons, plus le nombre des auteurs dramatiques et de leurs ouvrages augmente, sans que l'on puisse dire cependant que la littérature allemande ait été véritablement enrichie. Z. Werner, par son drame saisissant, *Le 24 février*, avait obtenu un succès que tâchèrent bientôt de partager Müllner et Grillparzer. Le goût de l'horrible et de la sensiblerie s'empara en même temps de la scène allemande. Uhland tâcha en vain de s'opposer à cette tendance; la connaissance qu'il avait de la scène n'était pas suffisante pour opposer une digue capable de contenir ce débordement général. Cependant Auffenberg obtint un succès légitime dans l'Allemagne méridionale, et Raupach dans l'Allemagne du nord. Malheureusement ce dernier exploita son succès d'une manière indigne d'un poète, en inondant ensuite les théâtres de productions faites à la hâte. Schenk Uchtritz et Michel Beer, le frère du célèbre compositeur Meyer Beer, écrivirent également des pièces estimées.

Depuis la mort de Kotzebue la comédie languit, malgré les efforts souvent heureux de Contessa, H. Kleist, Mᵐᵉ de Weissenthurn, Steigentesch, Holtei, Kind, Mahlmann et Deinhardstein. La plupart des autres auteurs ont imité des comédies françaises.

L'histoire, étudiée avec persévérance et traitée avec talent, en Allemagne, y a donné naissance à des œuvres justement célèbres; nous citerons entre autres: l'*Histoire d'Osnabruck*, par J. Moeser; la *Guerre de Trente Ans*, la *Révolution des Pays-Bas*, par Schiller; la *Philosophie de l'histoire*, par Herder;

l'*Histoire de la confédération helvétique*, par Jean de Müller, et les ouvrages de Remer, Eichorn, Posselt, Schlosser, Poelitz, Rottick, Léo, Niébuhr, Heeren, Menzel, Luden, Raumer, Hormayr, Ranke, Wachsmuth, Pfister, Manso, qui jouissent d'une réputation européenne.

Un mot encore sur les traductions. La langue allemande, par suite de sa grande flexibilité, fournit au génie du poète les moyens d'expression les plus heureux et les ressources les plus précieuses; aussi les traductions allemandes sont-elles d'une vérité et d'une beauté si remarquables que nous ne pouvons nous dispenser d'en mentionner quelques-unes; les plus célèbres sont: les *Œuvres de Shakspeare*, traduites par A. W. de Schlegel, Tieck, et continuées par Ph. Kaufmann; la plupart des auteurs classiques anciens, par Voss; *Lucien*, par Wieland; *Cicéron*, par Garve; *Calderon*, par A. W. de Schlegel; *le Tasse*, par J. D. Gries; *le Dante*, par Streckfuss; différents poëmes sanscrits, par Rückert.

F. Schlegel, *Histoire de la littérature ancienne et moderne*. 2 vol. Vienne, 1818.

L. Wachler, *Histoire de la littérature nationale des Allemands*. 2 vol. Franof. s. M., 1818.

Fr. Bouterweck, *Histoire de la poésie et de l'éloquence*. vol. IX, X et XI. Gœttingue, 1812-1819.

F. Horn, *Poésie et éloquence des Allemands depuis Luther jusqu'à nos jours*. 4 vol. Berlin, 1822-1824.

F. Heinsius, *Histoire de la littérature allemande*. 1 vol. Berlin, 1823.

F. G. Kunisch, *Histoire de la littérature classique des Allemands*. 3 vol. Halle, 1822-1824.

Menzel, *Littérature allemande*. 4 vol. Stuttgart, 1828.

A. Koberstein, *Tableau de la littérature nationale des Allemands*. 1 vol., Leipzig, 1827, traduit en français par M. X. Marmier.

H. Heine, *Littérature moderne des Allemands*. 2 vol. Paris, 1840.

Gervinus, *Histoire de la littérature nationale poétique des Allemands*. 5 vol. Leipzig, 1845.

Hildebrand, *Hist. de la littérature allemande, depuis Lessing jusqu'à nos jours*. Hambourg, 2 vol. in-8°., 1845.

ADLER MESNARD.

ALLEMAGNE (Des arts en). Tacite dit des Germains: « Ils n'enferment pas leurs dieux entre des murailles, ne les représentent pas d'après la ressemblance humaine, et les adorent dans les bois et les forêts; ils ont des images et des signes qu'ils tirent de ces bois sacrés et qu'ils portent dans les combats; ils ne bâtissent leurs demeures ni de pierres de taille, ni de tuiles, mais de masses informes et sans beauté; ils enduisent quelques endroits de ces demeures d'une terre pure et brillante dont les lignes imitent la peinture, et peignent aussi leurs boucliers de couleurs choisies; enfin, ils brûlent les morts et recouvrent leurs ossements d'un tertre de gazon (1). » Ainsi suivant Tacite, les Germains n'avaient ni temples, ni monuments funéraires; ils ne connaissaient

(1) *Germania*, passim.

d'autre sculpture que des images et des signes de combat, d'autre peinture que quelques enduits de terre. Ils n'avaient donc pas d'arts, ou du moins, chez eux les arts n'existaient encore qu'à l'état de germes informes. Il en devait être ainsi : les Germains étaient alors des peuples barbares, presque sauvages, vivant un peu d'agriculture et beaucoup de la chasse, abandonnant facilement la région qu'ils habitaient pour aller en chercher une autre plus fertile. Leurs idées étaient encore trop peu développées pour revêtir un corps, pour s'exprimer par des formes combinées avec ordre et réflexion, et qui eussent pu servir de moyen à une manifestation de la pensée. Cependant, en en dépit des assertions de Tacite, on retrouve en Allemagne comme en Bretagne, comme en Angleterre et en Suède, des monuments funéraires, appelés *Hünenbetten*, *lits de morts* ou *de héros* (Dolmens). Ces monuments consistent en quartiers de rocs plus ou moins élevés, disposés par terre et supportant une ou plusieurs pierres plates colossales ; d'autres pierres plantées en arête entourent pour l'ordinaire ces monuments singuliers. Comment ces tombeaux furent-ils élevés ? Par quels moyens furent transportées et assises sur leur base ces pierres énormes ? c'est ce qu'il est impossible de dire. Tacite ne parlant que de tombes recouvertes de terre et de gazon, il est permis de supposer qu'à l'époque où il écrivait, les dolmens étaient déjà des monuments d'un autre âge, dont l'usage était abandonné. Peut-être étaient-ils l'ouvrage d'une nation qui avait disparu de l'Allemagne. Quant aux tombeaux dont parle Tacite, on en trouve encore une grande quantité de nos jours. Ce sont des buttes de terre et de gazon qui couvrent des débris d'ossements brûlés, d'urnes et d'armes (1).

La civilisation pénétra en Germanie avec les Romains. Bientôt on éleva des temples aux dieux indigènes ; on fondit en bronze des statues qui, tout en étant copiées sur les statues romaines, représentaient, moyennant quelques signes distinctifs, les différentes divinités germaines. Tacite lui-même, dans les *Annales* (2), dit que Germanicus détruisit le temple de Tanfana, le principal temple des Marses. Les Germains avaient donc alors des temples ? Peut-être faut-il chercher l'explication de cette contradiction de l'auteur latin dans la position géographique du pays habité par les Marses. Ce pays était situé près du Rhin sur les rives de la Lippe, par conséquent non loin de la Gaule, qui jouissait alors depuis longtemps d'une civilisation comparativement très-avancée. Les Marses

(1) G. Klemm, *Handbuch der germanischen Alterthums Kunde*, pag. 103.
(2) Tacite. *Ann.* I, 8.

pouvaient avoir appris des Gaulois Trévirains, leurs voisins, à bâtir des temples. Toujours est-il qu'ils en avaient. En quoi consistaient ces édifices, quelle était leur forme ? c'est ce qu'aucun document, aucun vestige n'annoncent. C'étaient sans doute des espèces de cabanes faites de bois et de terre servant à abriter des autels. Plus tard les temples se multiplièrent, car l'histoire de l'introduction du christianisme en Germanie parle d'idoles et de temples détruits. Charlemagne renversa la célèbre colonne d'Irmensul, objet du culte des Saxons, et prit l'or et les choses précieuses qui lui étaient consacrés.

Le christianisme s'introduisant en Allemagne amena à sa suite l'art qui lui sert d'auxiliaire, avec lequel il parle aux yeux et par les yeux à l'esprit. Les apôtres envoyés par Rome étaient pour la plupart des prêtres aussi doctes que saints, instruits dans les arts et les sciences. Souvent ils étaient accompagnés de gens plus spécialement versés dans telle ou telle branche de l'art. Cette fois encore la lumière et la civilisation venaient du midi, apportant leurs œuvres, leurs modèles, leurs théories et leurs pratiques et adoucissant les esprits encore à demi barbares des Allemands. Dès que les missionnaires s'établissaient dans un lieu, ils y bâtissaient une église : c'était souvent à la place des anciens temples. Ainsi qu'ils s'appliquaient à introduire les cérémonies du culte et le chant qui en forme une partie essentielle, ils devaient chercher à rendre sensible aux yeux l'idée de Dieu et des saints, soit par des peintures, soit par des sculptures. Les premiers chrétiens de Rome avaient déjà une peinture sacrée dont on retrouve les vestiges dans les catacombes ; les chrétiens missionnaires de Rome ne pouvaient manquer d'employer ce moyen efficace pour parler à l'esprit. En 724, saint Boniface, le grand apôtre de la Germanie, bâtit l'église d'Altenberga non loin de Gotha. Quelques années plus tard, il fonda le monastère de Fulda, détruisit une foule de temples païens et les remplaça par des églises chrétiennes. On conserve à la bibliothèque de Munich un exemplaire orné de quelques miniatures qui a appartenu à saint Boniface, mais on ne sait s'il l'apporta d'Italie ou s'il le fit faire en Allemagne ; la première supposition paraît la plus vraisemblable. Quoi qu'il en soit, c'est avec le christianisme que l'architecture, la peinture, la sculpture et la musique, que l'art, en un mot, est transporté comme une semence en Allemagne, qu'il s'y implante et s'y développe bientôt d'une manière tout originale, sous l'influence d'un autre ciel, d'une autre nature, d'un autre génie humain.

Charlemagne vint qui continua et agrandit

l'œuvre des apôtres de la Germanie. Après avoir soumis à son obéissance tous les peuples de l'Allemagne, il appela à sa cour les artistes de Rome et de Byzance. Il fit bâtir dans sa résidence impériale d'Aix-la-Chapelle une église et un palais qui surpassaient en grandeur, en beauté, en richesses d'ornements, tout ce qui s'était vu jusqu'alors dans les pays d'Occident. Il rassembla et fit exécuter sur des modèles byzantins des reliquaires précieux, des vases sacrés, des évangéliaires ornés de miniatures; il établit des écoles de chant dirigées par des maîtres venus d'Italie. L'exemple de Charlemagne entraîna ses successeurs. Bientôt les monuments religieux se multiplièrent. Les nombreux monastères dont l'Allemagne se couvrit à dater du règne du grand empereur secondèrent puissamment le mouvement civilisateur et artistique. La plupart des communautés religieuses s'établirent dans des déserts incultes et stériles, ou bien au milieu d'épaisses forêts; elles les défrichèrent, les cultivèrent, y construisirent des édifices, les transformèrent en lieux habitables où accoururent de nombreux colons, qui, sous la protection des saints lieux, élevèrent bientôt des bourgades et des villes. Les abbés de ces monastères, appelés souvent à Rome, rapportaient d'Italie des connaissances, qui venaient s'ajouter à celles que l'Allemagne avait acquises, soit par le développement de son propre esprit, soit par ses relations avec la France, où la civilisation gallo-romaine avait survécu à l'invasion des barbares. Le cercle des lumières allait donc s'élargissant de plus en plus. La culture des sciences et des arts faisait partie des règles prescrites par saint Benoît aux ordres monastiques. Saint Boniface avait même institué parmi les moines une classe à part appelée *Operarii* ou *Magistri operum*, qui devait exclusivement s'occuper de travaux d'art. Au dixième siècle, Ermenrich parle en ces termes des bénédictins de Saint-Gall : « Nulle part je n'ai trouvé d'ar-« chitectes si habiles qu'ici. Le proverbe : Tel « est l'oiseau, tel est son nid, s'y vérifie com-« plétement : qu'on regarde l'église et le mo-« nastère, alors on ne s'étonnera pas de ce que « j'avance. Pour ne citer que quelques-uns « de ces artistes, Winhart n'est-il pas un vrai « Dédale, Isenrich un vrai Bezaleel? Ils ne « quittent le rabot qu'à l'autel; et leur grande « humilité se montre en ce que, malgré leurs « perfections, ils cultivent encore la terre de « leurs mains. Que dirai-je du sage et hon-« nête Amalgar et de l'œuvre qu'il exécute à « l'autel d'or, et à laquelle il travaille sans « relâche (1)? »

(1) *Fragmentum ex libro Ermenrici Augiensis, de Grammatica*, dans Mabillon, *Analecta*, t. IV, p. 333, rapporté par Fiorillo, *Histoire des arts du dessin en Allemagne*, t. I, p. 283.

L'influence des ordres monastiques sur le développement des arts ne tarda pas à se faire grandement sentir. Après la mort de Charlemagne, les guerres civiles, les incursions des Hongrois, qui désolèrent l'Allemagne jusqu'à l'avénement de la maison de Saxe, auraient infailliblement étouffé les germes naissants de la civilisation, si les moines ne les eussent recueillis et préservés dans leurs asiles, que la consécration religieuse faisait respecter. Aussi, à cette époque, architecture, peinture, sculpture, mosaïque, n'existaient que là, et tous les artistes de ces temps furent des moines. Au dixième et au onzième siècle, aux noms déjà cités par Ermenrich, il faut ajouter ceux de Ratgar, Rachcholf, Bonosus, Isenbert, tous de Fulde; ceux d'Immo Walto de Saint-Gall et de Notker, qui fut plus tard évêque de Liége, enfin celui de Tutilo, de ce moine regardé alors comme un génie universel, qui fut peintre, sculpteur, poëte, orateur, musicien.

Les monastères qui servaient ainsi de pépinières à l'art étaient ceux de Saint-Gall, de Fulde, d'Hirchau, de Lorch, d'Hildesheim, de Mayence, d'Osnabruck, de Brême, de Saint-Emmeran de Ratisbonne, de Maulbronn, de Pulingen, de Trèves, de Quedlimbourg, etc.

Le règne des empereurs de la maison de Saxe ouvrit une plus large voie encore aux arts et à l'industrie. Henri l'Oiseleur, après avoir, en 919, recueilli l'héritage germanique de Charlemagne, mit fin aux excursions des Hongrois et chercha à rétablir l'ordre et à ramener la prospérité dans son vaste empire. Il releva les villes renversées, en fonda de nouvelles, ordonna que le neuvième des habitants des campagnes vînt s'y fixer, bâtit des églises et des monastères. Son œuvre fut continuée par ses trois descendants : Otton 1er, Otton II et Otton III. Otton II, en faisant exploiter les mines du Harz, donna à l'Allemagne une surabondance de métaux qui contribua grandement aux progrès de la fonte, de l'orfévrerie et de la ciselure. Aussi Théophile, moine lombard, dans son *Essai sur divers arts*, écrit, selon toute probabilité, au commencement du douzième siècle, dit-il que *l'Allemagne honore les ouvrages délicats d'or, d'argent, de cuivre, de fer, de bois, et de pierre* (1). Trois alliances matrimoniales aidèrent encore, vers cette époque, au développement de l'art. Ce furent celle d'Otton 1er avec Adélaïde, reine d'Italie, celle d'Otton II avec Théophanie, princesse grecque, et plus tard celle de Philippe de Hohenstaufen avec Irène, fille d'Isaac l'Ange. La première de ces alliances conduisit les Allemands en Italie, et les mit en contact avec ce qui restait des

(1) Theophili *Diversarum artium schedula*, préface.

la civilisation antique. Quant aux deux princesses grecques devenues impératrices d'Occident, elles amenèrent avec elles des artistes grecs, et introduisirent à la cour impériale les usages et les arts de leurs pays. Bientôt le goût byzantin, qui à cette époque là était aussi le style de l'Italie, régna dans l'art allemand.

La dynastie de Franconie eut une action civilisatrice moins immédiate que celle de la maison de Saxe; la querelle des investitures, en rallumant les haines des princes, ralluma en même temps les troubles civils. Mais de ces discussions devait sortir l'accroissement du pouvoir des communes. Henri IV, afin de se créer des appuis, accorda des priviléges et des franchises aux villes devenues populeuses. Dès lors le commerce, l'industrie et les arts s'y développèrent. Les empereurs de la maison de Souabe, toujours guidés par le même calcul politique, confirmèrent et étendirent encore ces libertés. Derrière de solides murailles, qui résistaient aux incursions et empêchaient les brigandages des nobles, protégée par les lois municipales, qui n'avaient au-dessus d'elles que la suzeraineté presque nominale de l'empereur, la civilisation avait trouvé un nouvel asile où le cercle de son activité pouvait s'élargir et ne plus rester limité à une seule classe de la société. Il en était temps, car les monastères avaient bien dégénéré. Par leur travail et par leurs talents les moines avaient acquis de la considération, de la puissance et des richesses; mais, renonçant peu à peu à la sévérité de leurs principes, ils étaient devenus oisifs et vicieux. Non-seulement ils avaient cessé de cultiver la terre de leurs propres mains, de manier le rabot, comme du temps d'Ermenrich, mais ils en étaient même venus à profaner l'autel par leurs désordres. Quand Rodolphe de Habsbourg monta sur le trône, le foyer du progrès avait donc changé de place, des cloîtres il avait passé dans les villes libres, et désormais ce furent les mains des bourgeois, les mains plébéiennes qui continuèrent les œuvres d'art, qui leur imprimèrent un nouveau caractère.

Architecture.

Vers la fin du treizième siècle, l'Allemagne vit s'élever un grand nombre de vastes et magnifiques cathédrales. Ces édifices affectaient un style nouveau, différant sensiblement des styles byzantin et roman, qui jusqu'alors avaient dominé dans l'art. C'était le style communément qualifié de *gothique* ou *germanique,* et qui serait plus justement appelé style *ogival,* car ce ne furent ni les Goths ni les Germains qui l'inventèrent. Les Goths n'avaient pas d'arts, ou du moins les arts étaient restés chez eux à l'état de germes; et quant aux Germains, ils ne furent pas les inventeurs

de ce système, puisqu'on le voit se montrer en France dans l'édification des cathédrales avant même qu'il fût employé en Allemagne. D'ailleurs, dans toutes les choses qui sont du fait de l'esprit humain, les idées appelées neuves surgissent pas tout à coup; elles procèdent successivement les unes des autres. Mais si l'Allemagne ne fut pas la première à adopter le style ogival, elle l'adopta en revanche pleinement, et l'esprit systématique des Allemands en eut bientôt fait le style unique de toutes ses productions artistiques, le développant dans toutes ses conséquences et ne s'arrêtant même pas aux limites où cessent le beau et la rationalité. Ainsi donc, que l'arc en tiers-point, qui forme la base du système appelé gothique, se retrouve dans le Meqyàs ou nilomètre du Caire, bâti en 861, et dans les restes d'un palais des soudans d'Égypte de la même ville et de la même époque, ce qui lui donne une origine arabe, que les édifices de Palerme viennent au reste confirmer; que l'abbaye de Subiaco (1) en Italie, élevée au neuvième siècle, l'ait employé, alors qu'en Allemagne Charlemagne et ses artistes grecs avaient répandu partout le goût byzantin; toujours est-il que l'arc ogival, dès qu'il parut en Allemagne, y fut bientôt généralement adopté et qu'il y remplaça entièrement l'arc plein cintre, alors que la France et l'Italie conservaient encore ce dernier. La nature du climat de l'Allemagne fut sans doute une des causes déterminantes de l'adoption de la forme aiguë et de la préférence qui lui fut accordée sur les formes planes ou rondes. La fréquence et la longue durée des neiges dans les contrées germaniques devaient détériorer tout monument bâti d'après le système d'architecture propre aux pays méridionaux. Les formes aiguës au contraire, présentant des plans très-inclinés, s'adaptaient merveilleusement à l'écoulement des neiges et des eaux, et préservaient ainsi les édifices de l'infiltration de l'humidité. Quelques hommes éminents dans la science et dans l'art ont cherché l'origine du système ogival dans l'imitation de la bâtisse en charpente très-usitée en Allemagne dans les premiers temps du christianisme en ce pays. Schad, dans sa description de la cathédrale de Strasbourg, dit qu'au sixième siècle Clovis fit élever à la place où est aujourd'hui cette cathédrale, une église *de bois à la bonne manière franque, avec un énorme toit.* Nul doute que cet énorme toit ne fût calculé pour laisser glisser les neiges et préserver ainsi l'édifice de leur poids et de leur humidité. Là, déjà se fait sentir la tendance

---

(1) Au neuvième siècle, Léon IV ayant fait beaucoup de Sarrasins prisonniers, leur assigna pour demeure la montagne de Vicovaro près de Subiaco; et comme ils étaient réputés bons maçons, il les employa dans beaucoup de constructions. D'Agincourt, t. I, pag. 60.

de l'architecture du nord à devenir perpendiculaire, tendance produite par la nécessité. Il est vrai que le style byzantin importé par Charlemagne et les empereurs saxons remplaça bientôt cette architecture encore toute barbare; mais comme il ne la détruisit pas partout, qu'au onzième siècle il est encore parlé d'églises de bois en Thuringe et en Silésie, il se pourrait que, plus tard, les avantages de la forme aiguë se faisant sentir aux architectes allemands, et ce système commençant à poindre en France, ils l'aient adopté d'abord de préférence et bientôt à l'exclusion des formes rondes et horizontales du style byzantin. Quoi qu'il en soit, ce nouveau mode n'offrait pas seulement des avantages, eu égard au climat; par ses combinaisons il permettait encore d'élever le *monument à une hauteur plus qu'ordinaire*, de diminuer la force des murs ou des piliers de soutènement par le peu de poussée des voûtes, et conséquemment de faire plus avec moins de matériaux. Dès que l'arc ogival eut été adopté, le sentiment de l'harmonie des parties avec le tout porta les Allemands à modifier toute la décoration architectonique. Aussi bientôt la ligne perpendiculaire vint couper en tous sens et à chaque instant la ligne horizontale. De là cette multitude d'aiguilles, de pointes, de pyramides; en un mot, ces formes tendant toujours à s'élever et dans lesquelles les poëtes ont vu le symbole de l'élan religieux du moyen âge, tandis qu'elles n'étaient que les développements d'un système créé par la nécessité.

L'introduction définitive du style ogival ne date en Allemagne que de la moitié du treizième siècle; jusque-là l'architecture byzantine avait entièrement prévalu. Les cathédrales de Spire, de Worms, de Mayence, de Bamberg, de Bâle, de Wurzbourg, de Limbourg, de Memmingen, d'Erfurth, de Trèves, de Nuremberg, etc., sont toutes, dans leurs parties primitives, conformes au pur style byzantin; elles ont pour la plupart la crypte ou église souterraine des temps antérieurs. Cependant au douzième siècle, on rencontre déjà quelques exemples de l'arc ogival mélangé dans les édifices avec l'arc plein cintre. Enfin, au treizième siècle, la transformation est complète. Les églises bâties à cette époque ont toutes le pur caractère ogival. Telles furent, entre autres, les cathédrales de Meissen, de Magdebourg, de Schulpforte, et de Sainte-Élisabeth de Marbourg (1). Leurs formes élancées et perpendiculaires sont encore simples et dépourvues d'ornements. A ce premier style en succéda un second plus orné, plus élégant, mais d'un goût moins pur, et qui devint bientôt bizarre. La cathédrale de Fribourg ouvre cette phase nouvelle de l'architecture allemande. Elle fut fondée, en 1122, par

un duc de Zaehringen; en 1272, on éleva la tour percée à jour de la façade; mais ce fut seulement en 1513 que l'édifice fut complétement achevé. La cathédrale de Strasbourg, commencée en 1015 sur les ruines de l'église de Clovis et d'une église de Charlemagne, peut être considérée comme l'œuvre d'Erwin de Steinbach, qui en modifia et termina le plan vers le milieu du treizième siècle, et éleva, en 1275, la tour du nord. Sa fille Sabine et son fils l'aidèrent de leurs talents; la première fit les sculptures du portail du midi, le second succéda à son père dans les travaux de la cathédrale, qu'il continua d'après les projets d'Erwin. Quoique, plus tard, ce plan ait subi quelques modifications, l'église de Strasbourg est restée l'œuvre de Steinbach et a placé son auteur au premier rang parmi les artistes du moyen âge. Cette cathédrale offre une particularité intéressante, c'est que la marche de l'art en Allemagne y est indiquée dans toutes ses phases, depuis le lourd style byzantin-lombard du temps de Charlemagne, le byzantin plus élégant des onzième et douzième siècles, les premières traces du gothique au commencement du treizième, son plus beau développement sous l'inspiration d'Erwin de Steinbach, jusqu'au passage de cette beauté majestueuse à un raffinement, à une bizarrerie qui finit par la dégénérescence et le mauvais goût. Cependant somme toute, telle qu'elle est, la cathédrale de Strasbourg fut réputée au moyen âge le plus beau monument de l'Allemagne. La cathédrale de Cologne, un peu moins ancienne, sembla vouloir lui disputer le premier rang; mais outre que, tout en affectant des proportions plus gigantesques, l'architecture extérieure y témoigne déjà d'un abus du système vertical, d'une ornementation plus riche que belle, cet immense édifice resta inachevé (1). Ce fut en 1248 que l'évêque Conrard de Hochstaedt posa les fondements de la cathédrale actuelle de Cologne. L'ensemble du monument devait avoir cinq cents pieds de long, cent quatre-vingts de large; les combles se seraient élevés à deux cents pieds et les tours à cinq cents sur une base de cent pieds de hauteur. Le chœur seul a été achevé; une des tours ne fut montée qu'au troisième étage; l'autre s'éleva à peine au-dessus de terre. Quant à la nef, elle fut couverte avant d'avoir atteint la hauteur projetée. Mais le dessin original de cet édifice interrompu, tel qu'il fut conçu par l'architecte, existe encore aux archives de la ville de Cologne. Le nom de l'architecte seul s'est perdu; aucune chronique du temps ne le porte, et il n'a pu être retrouvé avec certitude dans aucun acte municipal. Cependant, comme dans un compte

---

(1) Stieglitz, *Histoire de l'architecture*, pag. 369.

(1) Sulpice Boisserée, *Description de la cathédrale de Cologne*.

rendu des dépenses faites pour la cathédrale, il est parlé d'une récompense accordée par le chapitre (1) à *maître Gérard, tailleur de pierres, dirigeant les travaux du dôme, en considération de ses services,* il est à supposer que ce Gérard était l'architecte de cet édifice; car le compte rendu est postérieur de neuf ans seulement à la fondation du monument. Il est donc assez probable que l'auteur du plan vivait encore alors et dirigeait lui-même l'exécution de son projet. De plus, il fallait que les services de maître Gérard fussent grands, pour être récompensés par le don d'un terrain. *Les tailleurs de pierres,* titre sous lequel on comprenait au moyen âge les architectes et les sculpteurs, n'étaient rétribués qu'à la journée; et leur salaire devait être modeste, vu les temps et la vie médiocre que menaient les bourgeois et ceux qui exerçaient des professions bourgeoises. Une récompense municipale était une grande marque de distinction, et maître Gérard ne pouvait l'avoir acquise comme simple conducteur de travaux. On est donc fondé à croire que c'était l'architecte même de la cathédrale, l'auteur du plan, qui était récompensé en lui.

Lorsqu'au onzième et au douzième siècle l'exercice de l'art se déplaça et passa des mains des moines dans celles des laïques, ces derniers, à l'exemple de leurs devanciers, et à l'imitation des artistes byzantins, qui avaient continué les corporations romaines, formèrent une confrérie, qui se reconnaissait à certains signes et cachait au vulgaire les règles de son art. Les membres qui la composaient se divisaient en *maîtres* et en *compagnons* et se donnaient le nom de *francs-maçons* (*voyez* FRANCS-MAÇONS), à cause de certains priviléges dont jouissait le métier de maçon. Cette association se subdivisait en associations particulières, qui portaient le titre de loges, du nom donné à l'habitation de l'architecte près de chaque édifice en construction. L'association franc-maçonnique comptait quatre loges principales en Allemagne : la loge de Strasbourg, regardée comme la première depuis Erwin de Steinbach, et dont l'architecte était le grand maître de toute l'association; la loge de Cologne, la loge de Vienne et celle de Zurich. A ces quatre grandes loges venaient se rattacher toutes les loges inférieures, dont le nombre devait être assez considérable, puisque la loge de Strasbourg seule avait vingt-deux loges du midi de l'Allemagne sous sa dépendance.

Après les cathédrales de Fribourg, de Strasbourg et de Cologne, il faut citer Saint-Étienne de Vienne, élevé successivement par Hauser, Pilgrand et Buxbaum ; l'église Saint-Laurent

à Nuremberg; la partie gothique de Saint-Sebald, qui offre pour particularité des ornements dans le goût arabe, et Sainte-Marie, toutes deux de la même ville; la cathédrale de Goslar, celles de Kœnigsberg, d'Oppenheim, etc., toutes encore de la belle époque gothique.

Le quatorzième et le quinzième siècle virent s'élever la grande cathédrale d'Ulm par Mathieu d'Ensingen, continuée par Boblinger et Engelberger, et restée inachevée; le dôme de Ratisbonne, fondé antérieurement, mais terminé seulement alors; Saint-Ulrich d'Ausbourg; la belle église de Landshut, par Jean Steinmetz : l'épitaphe de ce dernier architecte le qualifie de *maître des églises de Hall,* de Salzbourg, d'Œttingen, de Straubing et de Landshut; il était également célèbre sculpteur. La tour de Sainte-Élisabeth, à Breslau, l'une des plus colossales entreprises de l'art allemand ; enfin les cathédrales d'Inspruck, de Bamberg, de Magdebourg, de Berne etc., datent toutes de cette époque, qui précéda la décadence.

L'architecture civile suivit le mouvement de l'architecture religieuse. Les villes, en arrivant à la liberté, arrivèrent aussi aux richesses; après avoir songé à élever des églises somptueuses, elles se bâtirent des palais communaux, ou maisons de ville, des entrepôts de marchandises (Kaufhäuser), des ponts, des fontaines, des portes, des hôpitaux. Tous ces monuments, exécutés dans de grandes et belles proportions, existent pour la plupart encore. Les quatre grands ponts de Lucerne, de Ratisbonne, de Dresde et de Prague, excitent encore de nos jours l'admiration. La plupart des édifices de ce genre durent leur existence à la confrérie des ponts (*Brückenbrüder*), qui se dévouait à la construction et à l'entretien des ponts, des bacs, des routes et des hospices. Enfin l'ordre *Teutonique* fit exécuter en Prusse des travaux qui, par leur grandeur et leur durée, se rapprochent des travaux des Romains; ce sont des châteaux immenses, des puits, des canaux, qui servent encore aujourd'hui aux mêmes usages qu'il y a quatre cents ans.

Mais les beaux temps de l'architecture ogivale eurent un terme. Dès le commencement du quinzième siècle le sentiment religieux perdit de sa ferveur; la réformation hussite commença à détruire l'unité de croyance, et donna court à la généralité de l'élan pieux. Dès lors, non-seulement on cessa d'élever de nouveaux monuments, mais on n'acheva pas ceux qui étaient commencés. La guerre des Hussites, qui portait avec elle le meurtre, le pillage et l'incendie, ne laissa que des ruines sur son passage. Bientôt après, Luther, reprenant l'œuvre de la réformation, partagea de nouveau l'Allemagne en deux camps et en deux armées, qui ne posèrent les armes qu'en

(1) Sulpice Boisserée, *Description de la cathédrale de Cologne,* p. 7.

1648, à la paix de Westphalie. L'organisation politique de l'Allemagne subit une transformation ; le pouvoir des princes acquit de la force ; bon nombre de villes libres lui devinrent soumises. Autrefois ces villes avaient formé des gouvernements municipaux indépendants ; dès lors elles devinrent des villes de province, sans force, sans fierté d'indépendance, sans initiative, et au-dessus desquelles prima une capitale, soumise au caprice du prince et qui suivait la règle de son bon ou de son mauvais goût.

Au milieu de toutes ces convulsions politiques, l'architecture, qui exige, non-seulement des ressources pécuniaires, mais encore l'esprit de persévérance que donne une situation à peu près calme, dut souffrir plus que tout autre art. Et, comme les maximes des grands architectes n'avaient été conservées et propagées que par l'usage, que les bâtiments en construction étaient alors les seules écoles d'art, la théorie manqua en même temps que la pratique ; l'arbitraire et le mauvais goût firent par conséquent de rapides progrès.

Vers le même temps, l'Italie entrait dans l'ère dite de la renaissance. L'Allemagne, par suite de ses relations avec ce pays, devenues plus fréquentes depuis les troubles religieux et l'établissement des jésuites, qui cherchaient à établir la suprématie ultramontaine en tout et partout ; par suite enfin de l'accroissement de puissance de la maison d'Autriche, souveraine d'une partie de l'Italie, l'Allemagne adopta, dès sa naissance, le *nouveau style* qu'elle appela *italique*. Pourtant quelques formes anciennes survécurent isolément et pendant quelque temps au système ogival, et s'allièrent à l'architecture nouvelle ; telles furent les voûtes en ogives, qu'on employa dans la construction des églises jusqu'au dix-septième siècle ; mais la simplicité disparut complétement des édifices civils ; la ligne perpendiculaire fut défigurée par des découpures bizarres et tourmentées, et les ornements furent prodigués dans la décoration. Les princes, chez lesquels l'amour de la mode tenait lieu de patriotisme, n'employèrent désormais que des architectes italiens, ou formés aux écoles d'Italie. Déjà, en 1507, Wolfgang Müller avait commencé, à Munich, l'église dite plus tard des Jésuites, où l'ordre corinthien se mélange à l'ordre ionique. En 1600, le riche duc de Bavière, Maximilien Ier, fit construire par Pierre de Witte, Flamand italianisé sous le nom de Candido, une résidence si somptueuse, que Gustave-Adolphe eût désiré pouvoir la transporter à Stockholm. En 1675, un Bolognais, Barella, éleva également à Munich l'église des Théatins. Cependant un Allemand, Élie Holl, fit la maison de ville d'Augsbourg, regardée comme l'un des plus beaux monuments de ce genre en Allemagne. Ce fut l'artiste qui sut imprimer le plus d'originalité nationale à l'architecture importée, et qui acquit le plus de célébrité. Après lui se distinguèrent Goldmann Sturm et Fischer d'Erlach ; ce dernier décora Vienne de somptueux palais et de grandes églises. Toutes les capitales de l'Allemagne s'embellirent, à cette époque, de monuments remarquables par leur luxe, sinon par leur bon goût. L'exemple de Louis XIV excita les princes à faire bâtir. Électeurs, margraves, ducs, si petits qu'ils fussent, s'efforcèrent à l'envi de se faire des résidences magnifiques en disproportion criante avec le peu d'étendue et d'importance de leurs États. Stuttgard, Rastadt, Manheim eurent des imitations plus ou moins grandes, plus ou moins fidèles du château de Versailles. Berlin, qui devenait petit à petit la capitale du nord de l'Allemagne, ne resta pas en arrière de cette architecture somptueuse. Frédéric-Guillaume, premier roi de Prusse, s'y fit bâtir par Schulter un palais vraiment royal, qui fut terminé en 1716.

Mais l'architecture dite de la renaissance eut son temps ; le mauvais goût finit par l'envahir complétement. Le style baroque, qui fut le résultat de cette décadence, se propagea d'Italie en Allemagne ; et l'art ne faisait plus que se traîner dans un état de dégradation honteuse, lorsque, vers la fin du dix-huitième siècle, trois hommes, Raphaël Mengs, Lessing, et Winckelmann, cherchèrent à le régénérer en lui donnant pour base la science archéologique. Enthousiastes de l'antiquité, ils propagèrent leur foi par des écrits qui firent révolution parmi les artistes. Malheureusement ils étaient plutôt partisans fanatiques que rationnels et profondément versés dans l'esprit véritable de l'antiquité. Un architecte badois, Weinbrenner, guidé par leurs préceptes, aida puissamment à établir le style classique : il devint le chef d'une école, qui, malgré son principe erroné d'imiter en tout et pour tout les formes antiques, et, par conséquent, malgré son manque d'originalité et de rationalité, donna à l'Allemagne actuelle un grand nombre d'architectes instruits. Hansen en Danemark et à Hambourg, Fischer à Munich, unirent leurs efforts à ceux de Weinbrenner, et élevèrent plusieurs monuments remarquables. Fischer construisit le théâtre de Munich. Quant à Hansen, il s'attacha plutôt à l'imitation de l'architecture du seizième siècle. De nos jours est venu Léon de Klenze, le plus illustre soutien de cette école, appelée *archéologique et esthétique*. Dans les édifices qu'il a élevés à Munich on retrouve une connaissance générale des différents styles. Parmi ses nombreux travaux, la glyptothèque, musée de sculpture, est en style ionien ; l'immense résidence royale, en style florentin ; l'église de

Tous-les-Saints en style byzantin ; l'entrepôt est un palais vénitien. Dans la pinacothèque, musée de peinture, il a copié les loges du Vatican ; enfin, dans le Walhalla de Ratisbonne, panthéon élevé aux grands hommes, il est remonté jusqu'aux monuments cyclopéens. Malheureusement ces copies plus ou moins bonnes ont le tort d'être complétement déplacées sous le ciel d'Allemagne, au milieu de mœurs et d'habitudes avec lesquelles elles ne sont nullement en harmonie. Contemporain et rival de Klenze, Gaertner a élevé l'église Saint-Louis, la Bibliothèque, monuments dans le style de la renaissance ; Œhlmuller a construit l'église gothique de Sainte-Marie du Secours ; Ziebland a imité dans Saint-Boniface, peut-être avec le plus de bonheur, les basiliques byzantines du cinquième siècle. Pertsch a bâti l'église protestante et la prison, Probel enfin le nouveau pont de l'Iser. Tous ces édifices élevés de nos jours à Munich, la plupart avec plus de science que de goût, doivent leur fondation au roi Louis de Bavière, qui veut laisser à son pays une ville monumentale, mais qui, en réalité, lui laissera un specimen des œuvres de tous les temps, de tous les styles, sans unité et sans esprit propre. Au nord de l'Allemagne, le roi de Prusse partage ce goût, héréditaire dans sa famille. Malgré ses entreprises guerrières et politiques, Frédéric le Grand avait donné une attention suivie à l'embellissement de Berlin ; cette ville lui doit des églises et des établissements d'utilité publique. En 1793, Frédéric II éleva à la gloire de son prédécesseur la porte de Brandebourg, imitation des propylées d'Athènes et œuvre de Langhaus. De nos jours, enfin, les monuments de Berlin sont riches et nombreux. Les plus beaux de ces édifices modernes sont l'œuvre de Schinkel. D'autres architectes, tels que Moller, Châteauneuf, Ludolf, Worstmann, Thurmer, Thouret, figurent parmi les artistes dont l'Allemagne s'honore.

Ainsi l'architecture allemande a eu quatre phases principales, bien distinctes : l'époque byzantine ; l'époque ogivale, où l'art allemand atteignit son plus haut degré de splendeur ; l'époque de la renaissance, où l'Italie imposa de nouveau son esprit à l'Allemagne, et enfin l'époque actuelle, où un système, basé sur l'imitation, cherche à réunir comme en un faisceau tous les styles des temps antérieurs. Reste à savoir quel style particulier naîtra de cet éclectisme.

Peinture et Gravure.

Les miniatures dont les moines ornèrent les livres saints, dès le huitième siècle, furent, en Allemagne les premiers essais de la peinture. Exécutées dans la solitude des cloîtres et sous l'inspiration d'une foi vive, elles devinrent bientôt des modèles de travail patient et consciencieux, d'expression pieuse et naïve. Mais peu à peu, au quatorzième siècle, l'invention du papier, qui remplaça le parchemin, et plus encore la paresse et l'ignorance des moines, mirent un terme aux travaux des miniaturistes. Alors l'architecture, qui avait pris un grand développement, eut recours à la peinture et à la sculpture pour décorer et perfectionner ses créations ; et comme en toutes choses l'esprit humain ne reste jamais en arrière des besoins qui viennent à se manifester, la peinture et la sculpture monumentales parurent dès que l'architecture leur eut préparé des surfaces à couvrir ou à orner. Dans le principe, la peinture en mosaïque, importée par les Grecs avec le style byzantin, fut généralement employée à la décoration monumentale ; mais, comme l'architecture qu'elle était destinée à embellir, elle n'eut qu'une durée passagère. L'art ogival, dans sa tendance à l'élévation et à la légèreté, devait peu s'accommoder de la peinture en mosaïque, massive de sa nature ; il la remplaça donc par la peinture proprement dite, que la matière première n'alourdissait pas. En disparaissant, la mosaïque donna naissance à la peinture sur vitraux, qui, ressemblant à des apparitions lumineuses, ajoûta à l'effet mystérieux des cathédrales. Cette nouvelle branche de l'art, plus limitée dans ses moyens, exigeant moins de ressources dans l'esprit et de science dans le dessin que la peinture sur mur ou sur panneau, se trouva bientôt comparativement plus avancée que celle-ci. Bien que les premières traces de son existence se fassent voir en France, déjà au onzième siècle le monastère de Tegernsée avait des vitraux de couleur, et l'abbé Gotzbert y établit une verrerie, qui fut la première de l'Allemagne. Toutes les églises, tous les monastères s'ornèrent de peintures sur verre. Les vitraux de l'abbaye de Kœnigsfelde, en Suisse, qui représentaient les princes de la maison de Hahsbourg ; ceux de la cathédrale de Strasbourg, sur lesquels se trouvaient peints les soixante-quatorze ancêtres du Christ, les mystères, le jugement dernier, la gloire de Dieu dans la Jérusalem céleste ; des saints, des saintes, des martyrs et des vierges ; ceux de Freybourg, et surtout ceux d'Augsbourg, d'Ulm et de Nuremberg, étaient plus célèbres et remontaient aux quinzième, quatorzième et même treizième siècles. Parmi les noms des peintres sur vitraux les plus illustres, il faut citer ceux de Saint-Jean l'Allemand, qui orna les églises d'Italie de ses œuvres ; de Paul et de Christophe, qui travaillèrent à la cathédrale de Tolède, de Judmann d'Augsbourg, de Pierre Baker de Nordlingen, de Jean de Kirchheim, auteur des vitraux de Strasbourg, de Velckhamer, de Hirschvogel de Nuremberg, de Jean Wild et de Jean Cramer de Munich, qui tous vécurent à la fin du quatorzième ou au commencement du quinzième siècle.

La peinture proprement dite, bien qu'avançant lentement, vu les difficultés que présente son exécution et le degré supérieur d'idéalité qu'elle exige, se répandit pourtant de bonne heure en Allemagne. Vers la fin du neuvième siècle, l'église de Mayence avait été décorée de peintures, faites d'après les dessins de son archevêque, le célèbre abbé de Fulda, Raban Maur, artiste lui-même, et qui contribua grandement au développement de l'art. De cette même époque datent les peintures de Sainte-Marie de Cologne; celles des palais de Mersebourg et de Magdebourg, représentant les victoires de Henri l'Oiseleur et d'Otton le Grand; enfin, celles de l'église de Memleben, qui toutes, sans doute, furent faites dans le goût byzantin, et peut-être même par les artistes grecs ou italiens, qui étaient alors fort nombreux en Allemagne. Après Raban Maur, le plus grand protecteur des arts fut saint Bernard, évêque d'Hildesheim, précepteur d'Otton III, auquel il avait inspiré son goût pour les arts. Ce saint homme, peintre, sculpteur et orfévre lui-même, fut le premier qui fonda à Paderborn une espèce de musée, en rassemblant toutes les œuvres d'art que possédaient alors les empereurs, telles que tableaux, mosaïques, pièces d'orfévrerie, de sculpture, etc. (1).

Au onzième et au douzième siècle, les églises, les monastères et les palais des princes se décorèrent de peintures; sans doute l'état peu avancé de l'art à cette époque doit faire supposer que ce furent plutôt des ébauches informes que des peintures réelles; mais au moins elles témoignaient, par leur nombre, à quel point le goût des arts était devenu général en Allemagne. Au treizième siècle, il existait à Cologne une école de peinture qui devait avoir un grand renom, puisque Wolfram d'Eschenbach, dans son poème de Parcival, compare son héros aux peintures des *maîtres de Cologne et de Maëstricht* : « Aucun peintre de Colo- « gne ni de Maëstricht ne fera, dit-il, une pein- « ture plus belle que n'était Parcival monté « sur son coursier. (2) »

Ce passage démontre d'autant mieux la célébrité attachée à l'école de Cologne, que Wolfram appartenait au midi de l'Allemagne, qui alors était, comme il le fut toujours, en rivalité avec le nord; d'un autre côté, il est très-remarquable en ce que dans l'histoire il n'est fait aucune mention de l'existence de cette école, dont les productions ont presque toutes disparu, à l'exception de quelques peintures qui ont été retrouvées de nos jours,

et font actuellement partie de la belle galerie de Munich (1). Quant aux noms des artistes qui illustrèrent cette époque, ils sont encore plus inconnus que leurs ouvrages; deux seulement nous sont parvenus, ce sont ceux de Jean et de Wilhelm ou Guillaume. La longue existence de Cologne, l'une des plus anciennes colonies romaines, ses franchises municipales, qui précédèrent celles des autres villes, sa proximité du siége de l'Empire du temps de Charlemagne et des Otton, sa situation géographique, qui en faisait le passage et l'entrepôt du commerce du nord et du midi de l'Allemagne et des Pays-Bas; toutes ces circonstances firent de cette ville un centre politique, où de grands moyens devaient produire de grands résultats, et sa suprématie dans l'art en fut la conséquence. A en juger par les œuvres qui sont parvenues jusqu'à nous, il est évident que l'école de Cologne, comme les écoles italiennes de Sienne, de Pise et de Florence, se forma d'après les principes de l'art byzantin, introduit en Allemagne par les empereurs.

L'arrangement symétrique, le fond d'or, l'absence de perspective, le style des poses et de l'ajustement des peintures byzantines, se retrouvent dans les peintures de Cologne; mais là, comme dans les compositions italiennes de la même époque, on remarque une tendance manifeste à sortir des limites du caractère typique dans lesquelles le style byzantin avait renfermé l'art. L'imitation de la nature s'y fait déjà sentir; l'exécution y cherche manifestement le cachet individuel, afin de le substituer au caractère liturgique. Là aussi s'arrête la communauté de tendance de l'école allemande et de l'école italienne, et commence leur point de séparation. Le génie italien, guidé par les exemples de l'antiquité, par le goût de la belle forme, de la *forme héroïque*, qui est inné aux peuples du midi et tient à leur pays et à leur conformation même, imprima à la peinture italienne, dès qu'elle eut une existence indépendante, une grandeur, une élévation qui est bien la nature, mais la nature idéalisée et poétisée. Le génie allemand, au contraire, resta fidèle à son principe d'imitation pure et sans choix. Les formes moins belles de son pays, l'absence totale de chefs-d'œuvre antiques qui pussent guider son goût, son essence plus intime, moins extérieure, moins portée vers le sublime, le conduisirent à imprimer à ses œuvres un caractère plus simple qu'idéal, plus naïf qu'héroïque. Aussi, les tableaux de l'école de Cologne portent-ils dans leurs figures l'empreinte d'une individualité tellement caractérisée, qu'ils doivent

(1) *Annales Paderbornenses*, t. IV, p. 323.
(2) *Parcival*, v. 4705.

(1) Grâce aux soins et au patriotisme des frères Bois- serée et de leurs amis Walraff et Bertram, qui en ont formé une collection que le roi de Bavière a acquise.

presque tous avoir été des portraits. Le chef-d'œuvre de cette école se trouve dans la cathédrale de Cologne ; il représente les patrons de la ville, les mages en adoration, sainte Ursule, saint Géron, saint Éther, saint Kunibert et saint Servinus. Ce tableau, qui, par le fond d'or et quelques détails symétriques, rappelle encore le style byzantin, s'en éloigne beaucoup par la composition et l'exécution, qui annoncent un art bien plus avancé. Le nom de l'auteur de cette œuvre, qui de nos jours fait l'admiration de tous les artistes, est resté inconnu ; mais comme le panneau porte la date de 1410, et que dans les annales des moines dominicains de Francfort on trouve que, vers la *fin du quinzième siècle*, *vivait à Cologne un maître excellent qui n'avait pas son pareil dans l'art, qui se nommait Wihelm, et peignait les hommes comme s'ils étaient vivants* (1), il est plus que supposable que ce grand peintre dut être l'auteur de ce chef-d'œuvre, auquel on n'a pas trouvé de pareil, et qui marque la transition de l'antique école byzantine de Cologne à l'école flamando-allemande, qui la suivit.

Celle-ci commença dès la première moitié du quinzième siècle, et Van Eyck ou Jean de Bruges lui donna naissance. Cet artiste célèbre, abandonnant entièrement le style byzantin, et poussant l'étude et la recherche de la nature plus loin encore que ses prédécesseurs ne l'avaient fait, fraya la route, qui n'avait été qu'indiquée par eux. La peinture à l'huile, qu'il n'inventa pas, ainsi qu'on l'a faussement cru, mais qu'il perfectionna en trouvant et en employant des siccatifs, devint d'un usage général : jusque-là, les peintres, vu la lenteur et la difficulté de peindre à l'huile, avaient été obligés de se servir de couleurs à la détrempe, avec lesquelles ils peignaient sur les murs, sur des panneaux ou sur des toiles enduites de plâtre. L'emploi de la peinture à l'huile, qui facilitait et perfectionnait les moyens d'exécution, accéléra encore la marche de l'art. Bientôt des écoles de peinture se montrèrent en Silésie, en Bohême où, dès 1387, Charles IV, ami et protecteur des arts, avait appelé des artistes allemands, entre autres Nicolas Wurmser de Strasbourg, pour décorer ses églises de Prague et son magnifique château du Karl-stein. Mais ce furent Nuremberg et Augsbourg qui devinrent les deux siéges principaux de l'art. Là comme à Cologne la liberté municipale, à laquelle ces deux villes durent leur prospérité, les relations commerciales avec l'Italie, et la proximité de cette contrée, où la peinture entrait alors dans la période de sa

plus grande gloire, furent autant de causes qui durent amener ce résultat. Augsbourg et Nuremberg virent donc paraître une foule d'artistes qui portèrent l'art allemand à son apogée.

Vers cette même époque, l'invention des cartes à jouer avait conduit à l'invention de l'imprimerie et de la gravure sur bois. Les cartes à jouer, dont la France et l'Allemagne se disputent l'origine, se faisaient avec des formes qui représentaient les figures convenues, et s'imprimaient en noir sur du papier. Ceux qui faisaient ce métier s'appelaient *tailleurs de formes ;* après eux les *peintres de cartes* étaient chargés d'enluminer les empreintes noires. D'après les résultats satisfaisants de ce nouveau procédé, et le moyen qu'il offrait de multiplier à l'infini ses produits, on conçut l'idée de copier ainsi les peintures qui décoraient les églises, et surtout celles des vitraux, qui, par leurs formes accusées, présentaient de la facilité à être taillées en bois. Vasari, et après lui les historiens de l'Italie, attribuent la première idée de cette espèce de gravure à Ugo da Carpi, et la lui font concevoir d'après la gravure sur cuivre, dont les premiers essais n'eurent lieu que dans la seconde moitié du quinzième siècle, tandis que l'Allemagne, qui réclame pour elle la gloire de cette invention, et la donne à Ulrich Vilgrim', produit, comme preuve irrécusable de la justice de ses prétentions, une image de saint Christophe qui porte la date de 1423, et qui se trouvait dans l'abbaye de Buxheim, d'où elle est passée en Angleterre. Chose digne de remarque, à l'imitation complète des figures des vitraux qui étaient toutes accompagnées de sentences, de devises ou de noms, cette gravure porte deux lignes de texte allemand imprimées avec la figure. Pourtant ce fut seulement en 1430, d'après les Hollandais, que Laurent Samson de Harlem inventa l'imprimerie, et en 1449 que Guttenberg fit paraître son livre, qui, selon l'opinion généralement adoptée, fut le premier exemple d'impression en Europe. D'après l'antériorité de la date, l'origine de l'imprimerie ou plutôt le fait qui lui donna naissance, semblerait donc établie. Quoi qu'il en soit, la gravure sur bois fut aussitôt employée et encouragée par le clergé, comme un moyen précieux de répandre parmi le peuple les représentations des choses saintes ; et les bibles à images ou *biblia pauperum*, c'est ainsi qu'on les appelait, de rares qu'elles avaient été, alors qu'elles n'étaient autre chose que de riches manuscrits ornés de miniatures, devinrent populaires et servirent à perpétuer, par la gravure, les anciens monuments de la peinture, que le temps ou les révolutions ont détruits sur les murs et sur les vitraux.

Presque à la même époque que la gravure

(1) *Annales Dominicanorum Francofurtensium ab anno* 1306 *ad annum* 1500 ; apud Senkenberg. Ce passage est rapporté par Florillo, *Histoire des arts du dessin*, t. I, p. 418.

sur bois, naquit la gravure sur cuivre, et l'art du guillochage, alors poussé à un assez haut degré de fini, paraît en avoir donné l'idée. Dès le quinzième siècle, les orfévres italiens avaient l'habitude de couler du soufre dans leurs travaux de nielle, afin d'en prendre des empreintes; un peu plus tard, ils se servirent à cet effet de la couleur noire. C'est dans cette circonstance qu'on a cru voir l'origine de la gravure sur cuivre, que les Italiens attribuent à Maso Finiguerra (1), célèbre ciseleur et guillocheur de Florence, dont l'une des empreintes qui se trouve à la Bibliothèque royale de Paris porte la date de 1452. Quatorze ans plus tard, cette nouvelle manière de graver était connue en Allemagne, soit qu'elle y eût été importée d'Italie ou qu'elle y fût devenue la conséquence de la gravure sur bois; car, en 1466, un artiste dont le nom est resté inconnu, et qui avait pour monogramme les lettres E, S, publia des gravures remarquables par leur exécution et l'effet de clairs et d'ombres qui en résultait, qualités que n'avaient pas les simples empreintes de nielle de Maso Finiguerra. Cette nouvelle manière, qui, par sa douceur et sa finesse, donnait des résultats satisfaisants pour l'œil, fut aussitôt adoptée par les peintres. Ils s'en emparèrent, comme ils s'étaient emparés de la gravure sur bois, si propre, elle aussi, à rendre l'énergie et la force de leurs compositions; et se servant de toutes deux pour propager leurs œuvres, ils les eurent bientôt perfectionnées. Martin Schœn de Colmar, célèbre peintre de la fin du quinzième siècle, le même qui introduisit la perspective dans la peinture allemande, fit faire à la gravure les premiers et les plus remarquables progrès. Ses œuvres excitèrent même en Italie, où elles parvinrent, l'admiration générale, et Michel-Ange, dans sa jeunesse, ne dédaigna pas de les copier et de les étudier.

Les peintres contemporains de Martin Schœn, qui se rattachaient à l'école flamando-allemande, furent Hans Traut, Jean Bauerlein de Nuremberg, Heinz de Kulembach, la famille des Herlen de Nordlingen et Zeitbloom d'Ulm; puis Michel Wohlgemuth de Nuremberg, qui fraya la route de l'invention libre, où les peintres entrèrent après lui, et excella dans plusieurs parties de l'art, surtout dans l'ajustement des figures. Comme le Pérugin, auquel son style ressemble, il eut le mérite d'avoir formé à son école, et par ses préceptes, le plus grand artiste de son pays, Albert Durer, que Vasari appelle *très-admirable peintre*, et dont il dit que *s'il eût vu le jour en Italie et se fût inspiré des antiques et des maîtres antérieurs, il fût devenu le premier entre*

tous. Cet homme, doué d'un génie extraordinaire, fut en même temps peintre, graveur, architecte, ingénieur, sculpteur, lapidaire, mathématicien et écrivain. Outre ses œuvres d'art, il publia des traités de perspective, d'anatomie, de fortifications, qui firent loi et furent aussitôt regardés comme des modèles littéraires. Mais le plus grand titre de gloire d'Albert Durer fut son talent *comme artiste* et sa prodigieuse fécondité. Non-seulement il orna Nuremberg, sa patrie, de ses peintures, parmi lesquelles il faut citer avant tout le triomphe de Maximilien 1er, mais il fit une si grande quantité de tableaux à l'huile et de portraits, qu'il n'est pas de galerie en Europe, et surtout en Allemagne, qui n'en possède plusieurs. Ses gravures seules sont au nombre de douze cent cinquante-quatre, et prouvent une telle puissance d'invention, d'expression et d'exécution, que Raphaël lui-même, à qui Albert Durer en fit hommage, les admirait, en ornait son atelier, et les donnait pour modèles à Marc-Antoine Raimondi son élève, à cette époque le premier graveur de l'Italie. Mais si Albert Durer, dans toutes ses œuvres, déploya un génie d'invention et un fini d'exécution surprenants, comme tous les artistes allemands il se montra peu familiarisé avec la beauté de la forme, et ne l'exprima que rarement, se contentant des données ordinaires de la nature et les *exagérant quelquefois jusqu'au* bizarre et au maniéré.

Cependant non-seulement ce grand artiste introduisit dans la peinture allemande, sous le rapport de la pensée et de l'expression, une manière plus franche et plus libre, qui donnait plus de latitude à l'originalité, mais il étendit l'influence de son génie jusqu'en Italie et sur de grands maîtres. Jean Bellin, Andrea del Sarto, Pontormo, ne dédaignèrent pas dans leurs tableaux de s'inspirer de ses œuvres, *et même quelquefois de les copier* presque entièrement (1). Albert Durer, que sa ville natale, et avec elle toute l'Allemagne, considérait comme l'expression de sa plus grande gloire dans la carrière des arts, dont Luther, Érasme et Mélanchton se disaient fiers d'être les amis, que les empereurs Maximilien 1er, Charles-Quint, Ferdinand et tous les princes allemands s'empressèrent d'honorer, mourut vers la même époque que Raphaël. Jeune encore, il succomba à des chagrins de famille.

Après Albert Durer il faut citer Lucas Kranach, Scheuffelin, Aldegrever, Altdorfer, Beham, Pens, Grunewald de Nuremberg, Manuel de Berne, Gutlinger et Burgmaier d'Augsbourg. Pour la plupart ils imitèrent le grand maître, et perfectionnèrent surtout la gravure sur bois, qui, après eux, dégénéra sen-

---

(1) Vasari, *Introduction aux trois arts du dessin*, pag. 172, édition de Florence de 1822.

(1) Vasari, *Vies de Titien*, d'*Andrea del Sarto et du Pontormo*.

siblement. Nommons encore les Holbein, également d'Augsbourg, et , au-dessus de tous, Hans ou Jean Holbein, qui illustra la ville de Bâle autant qu'Albert Durer avait illustré celle de Nuremberg. Comme Albert Durer, il prit la nature pour modèle, mais il la vit plus belle, et arriva à un fini d'exécution inconnu avant lui. Ses portraits sont presque tous des chefs-d'œuvre. Quant aux compositions historiques dont il décora le palais du roi Henri VIII d'Angleterre, ou que l'on conserve à Bâle et à Dresde, elles se distinguent par leur grand style et une richesse extraordinaire de pensée et d'expression. Comme graveur sur bois, Holbein marche l'égal d'Albert Durer, s'il ne le surpasse pas; ses compositions, inspirées tant par l'Ancien Testament que par l'Apocalypse, et surtout sa danse des morts, sont les plus célèbres de ses œuvres en ce genre.

Comme Albert Durer l'avait fait à Nuremberg, Holbein ouvrit en Suisse une ère nouvelle pour l'art de la peinture; et là encore se trouve justifiée l'opinion que les grands maîtres font les écoles et que les écoles font à leur tour les bons peintres. Asper, le premier des peintres suisses après Holbein, égala presque la finesse de son maître. Stimmer, Ammau, Meyer, la famille des Füsli se distinguèrent après lui. Au reste, il est à remarquer qu'Augsbourg, Nuremberg et la Suisse, qui donnèrent naissance à presque tous les artistes de cette époque, étaient trois États libres, tandis que le reste de l'Allemagne, presque entièrement soumis à des princes, restait de beaucoup en arrière dans les arts; nouvelle preuve que l'esprit public est bien plus capable que la protection des rois, non pas de concevoir de grandes choses, mais de produire de grands hommes pour les exécuter.

Cependant l'Allemagne allait voir disparaître la peinture nationale; deux écoles étrangères y faisaient irruption : d'un côté, l'école italienne, alors à son apogée; de l'autre, l'école flamando-hollandaise, dont le caractère principal était, selon les errements de l'ancienne école, la vérité de la nature, mais unie à une exécution plus large et plus moelleuse, à une entente d'effet tout à fait nouvelle, et à une perfection de couleur qui, comme on l'a remarqué, semble être l'apanage de tous les pays situés près de la mer, parce qu'on y jouit du spectacle du ciel, du soleil et des eaux. Les artistes allemands, abandonnant donc leur manière nationale, se divisèrent en deux camps et suivirent les deux écoles, mais ne purent s'y élever qu'à une hauteur secondaire. Parmi ceux qui allèrent s'inspirer en Italie, les plus remarquables furent : Schwartz, élève du Titien; Goltzius, Rottenhammer, Heinz, Elzheimer, Sandrart, qui cherchèrent à introduire le grand style en Allemagne, mais auxquels le génie manqua pour y réussir. Les artistes dans le genre flamand furent : Zingelbach, Kneller, etc.

Mais l'époque de l'art était passée en Allemagne, la réformation était venue l'arrêter. Austère par principes, barbare par fanatisme, elle défendit la représentation des choses saintes, et détruisit toutes celles qu'elle trouva sur son passage. C'est ainsi que la plupart des œuvres du moyen âge furent perdues pour la postérité, et que l'inspiration, qui tire sa force de l'exemple et de la tranquillité, disparut entièrement. Nuremberg était devenue protestante, la Suisse calviniste, c'est-à-dire, encore plus opposée à l'art; Augsbourg avait vu décroître sa prospérité par le changement de direction que prit alors le grand commerce, et l'influence que Charles-Quint acquit sur elle par l'entremise de la faction aristocratique. La grande famille des Fugger, qui, de l'état de tisserand, s'était élevée par son industrie et ses richesses à la dignité de comtes de l'Empire, commençait aussi à s'y affaiblir en s'étendant et en se multipliant. Les Fugger avaient joué à Augsbourg une moitié du rôle des Médicis à Florence, embrassant dans leur commerce toutes les parties du monde connu, encourageant les arts et les sciences plus que tous les princes de l'Allemagne. Leurs palais étaient de somptueux monuments où l'architecture, la peinture, la sculpture avaient déployé tout le luxe de leurs ressources. Titien même avait été appelé pour en décorer les salles; tandis que cette même famille faisait élever dans un des faubourgs de la ville, pour y loger des pauvres, cent six maisons ceintes de murailles et de portes, et appelées la ville des Fugger.

Ainsi, depuis l'établissement de la réformation, l'art de la peinture allait s'affaiblissant de plus en plus. C'est à peine si, de la moitié du dix-septième siècle jusqu'à la moitié du dix-huitième, l'Allemagne a quelques noms d'artistes à citer. L'école française, qui acquit la suprématie sous Louis XIV, vint à son tour augmenter la confusion qui régnait dans la peinture allemande. Brandmuller, Rugendas et Huber se distinguèrent en l'imitant. Enfin au dix-huitième siècle, parut Raphaël Mengs, qui, admirateur de l'antiquité et du grand style, prépara la régénération de l'art, surtout par ses écrits : car il ne lui fut pas donné assez de force pour l'amener par ses productions. Ses efforts semblèrent même un instant perdus : après lui, son école dégénéra en une imitation mal entendue de l'antiquité; le style académique prévalut, et produisit des œuvres entièrement fausses de caractère. Tischbein, Carstens, Fugger, Schick, Hetsch, Kugelgen et Langer, firent cependant exception, et montrèrent de l'originalité, mais ne furent pas assez puissants pour entraîner les peintres allemands dans une meilleure voie.

La fin du dix-huitième siècle était arrivée. La littérature nationale, qui, de même que l'art, s'était perdue dans les troubles, dans l'épuisement de l'Allemagne et sous l'influence étrangère, venait de se réveiller après un long et pénible travail. La philosophie, la poésie, la critique, dont les œuvres se multipliaient, donnèrent à l'esprit un nouvel essor; l'art subit aussi cette généreuse influence. Toutefois, dans l'absence inévitable de toute théorie littéraire appliquée à l'art de la forme, il se trouva encore une fois engagé dans une fausse route, qui, ne le conduisant qu'à l'imitation exclusive et servile des œuvres nationales, c'est-à-dire des œuvres du moyen âge, le fit rétrograder jusqu'à l'insuffisance des moyens d'exécution, jusqu'au style sec et pauvre des époques antérieures. L'antiquité et sa forme si simple et si pure furent dédaigneusement repoussées; les œuvres du moyen âge, où les Allemands voyaient l'idéal de leur gloire, devinrent les seuls modèles à suivre. L'esprit catholique pur prit le dessus, avec tout son caractère ascétique et exclusif. Les écrits de Guillaume Schlegel, ceux de Wackenroder, la collection des anciens maîtres allemands, formée par les frères Boisserée, et enfin la résistance que l'Allemagne opposait alors à la France, hâtèrent cette marche rétrograde vers l'art gothique. Mais l'esprit ne pouvait reculer ainsi pendant longtemps, et se laisser renfermer dans le cercle limité d'une époque dont le séparaient le travail et l'expérience de trois siècles. La philosophie l'emporta sur l'exaltation poétique et catholique; aidée de la philologie, qui montrait l'antiquité sous un aspect vrai et nouveau, elle imprima une nouvelle direction à la littérature et aux beaux-arts. L'imitation servile des temps antérieurs fut abandonnée; mais elle avait servi à les faire connaître, à les faire étudier; et désormais la vérité de caractère, l'expression bien sentie de chaque sujet, devinrent l'étude des artistes.

Deux grands peintres de l'époque contemporaine, Cornélius et Overbeck, se sont faits les chefs de l'école qui se propose ce but; le premier, adoptant le système dans son entier, sans restriction; le second, avec moins d'abandon, porté qu'il est par son individualité même à se rapprocher du style gothique, tout en le perfectionnant. Ce sont encore ces deux maîtres qui ont fait revivre la grande peinture monumentale, la peinture à fresque, entièrement oubliée depuis longtemps. Les essais qu'ils firent en commun à Rome, Cornélius les continua en Allemagne, dans la décoration de la glyptothèque de Munich et dans celle de l'église de Saint-Louis de la même ville. Après ces deux grands peintres, et dans la route qu'ils ont tracée, s'avancent Schadow, Veit, Koch, Reinhardt, Schnoor, l'auteur des grandes fresques tirées du poëme des Nibelungen, exécutées dans le palais royal de Munich; puis un grand nombre de peintres plus jeunes, tels que Anschutz, Forster, Goetzenberger, Stilke, Sturmer, Hermann et Hübner; Zimmerman, Eberle, Hess, Bacher, Kaulbach, Neureuther, Schlottauer, et d'autres. Tous ces artistes déploient, dans leurs peintures à fresque des palais et des églises de Berlin et de Munich, une inspiration, un talent de composition qui leur assigneront une place distinguée dans l'histoire de l'art, malgré leur infériorité comparative sous le rapport de la couleur et du rendu de la forme; défauts qu'ils tiennent de leurs maîtres et de leur école trop spiritualiste, et que semblent vouloir éviter quelques nouveaux peintres, tels que Bendemann, Lessing, Hiltebrandt, dans leurs tableaux à l'huile; tandis que Amsler, Kruger, Barth, Ruschweyh, ont régénéré la gravure, et s'efforcent de ramener les beaux temps de Marc-Antoine.

Sculpture.

C'est encore dans les travaux des moines qu'il faut chercher l'origine de la sculpture en Allemagne; les ornements et les figures qu'ils gravaient, bosselaient ou sculptaient sur les vases saints, les couvertures en ivoire des manuscrits, les cassettes à reliques, les tableaux et les devants d'autels, furent les premiers essais dans cet art. L'exploitation des mines du Harz, entreprise par les Otton, ayant fourni à l'Allemagne une grande quantité de métaux communs et précieux, les ouvrages d'orfévrerie se multiplièrent, et acquirent aux Allemands une réputation qui se répandit à l'étranger. Cette même abondance de métal donna naissance à la fonte; et, dans cette branche de l'art, l'Allemagne obtint un renom universel. Au dixième et au onzième siècle, il est parlé de colonnes, de portes, de statues coulées en bronze. Quant à ces dernières, elles ne devaient être que de grossières ébauches. Les progrès dans la grande sculpture ne pouvaient s'opérer que lentement dans un pays qui n'avait aucune trace de civilisation antérieure, aucun modèle antique à suivre, où l'art était réduit à se développer de lui-même, sans s'appuyer sur l'expérience du passé, sans la prendre pour guide dans l'exécution matérielle et dans la manière de concevoir et d'exprimer l'idée.

La sculpture resta donc presque stationnaire durant les premiers siècles du moyen âge. Mais le règne des empereurs de la maison de Souabe ayant rapproché plus que jamais l'Allemagne de l'Italie, amena une sorte de fusion entre l'art allemand et l'art italique. On vit des artistes allemands à Pise, à Assise, où ils bâtirent la tour et l'église de Saint-François à Milan, à Orvietto, où ils travaillèrent aux sculptures de la cathédrale avec Nicolas de Pise; et il faut que leur mérite ait été grand, puisque Vasari, qui cite ce fait, ajoute , pour faire l'éloge de Nicolas : *Non-seulement* (dans cette œuvre du Jugement dernier) *il surpassa les Allemands qui travaillaient là, mais il se surpassa lui-même.* Dans un autre passage, en parlant des progrès remarquables de la sculpture au treizième siècle, il les attribue *à André, à Jean de Pise, à Augustin, à Agnolo de Sienne, et aux artistes allemands qui exécutèrent la façade du dôme d'Orvietto* (1). Il est vrai de dire ici que, selon lui , tous ces artistes s'inspirèrent du Giotto et sortirent de son école. Un maître de Cologne travailla également à Florence, et ses sculptures, qui ont disparu aussi bien que son nom, excitèrent l'admiration de Ghiberti lui-même (2).

Mais si l'Italie s'enrichissait des œuvres des Allemands qu'elle attirait, et dont elle développait le génie par son influence, en revanche elle entraînait l'Allemagne, et principalement l'Allemagne méridionale, dans sa marche progressive. Le foyer de la culture des arts s'établit donc dans les provinces du midi, et avant tout en Souabe. La sculpture y fit des progrès rapides, qui laissèrent bien loin derrière eux les essais tentés dans le nord. L'architecture ogivale, par la richesse d'ornements qui caractérise son style , contribua aussi à ce développement ; et le travail consciencieux, le fini que les règles de la franc-maçonnerie exigeaient des membres de son association, à laquelle appartenaient les sculpteurs et les architectes , sous la dénomination de *tailleurs de pierres,* eurent bientôt formé des artistes, qui, du moins dans la sculpture d'ornements, ne le cédèrent à ceux d'aucune nation. La pierre de grès, le bronze et le bois étaient les matières employées par les sculpteurs allemands ; le bois surtout, plus facile à travailler, obtenait leur préférence. Des statues, des tabernacles , des calvaires, où la Passion était souvent représentée par des centaines de figures, sculptées en ronde bosse, enfin des chaires et des stalles, tels sont les monuments dans lesquels les sculpteurs en bois prouvèrent leur habileté merveilleuse.

Les noms des sculpteurs du douzième , du treizième et du quatorzième siècle ne sont pas parvenus jusqu'à nous ; Jean de Cologne , dont la réputation se répandit partout , Bertolt d'Isenach, et Sabine de Steinbach, fille d'Ervin , qui travailla à la cathédrale de Strasbourg , sont à peu près les seuls noms à

(1) Vasari, *Proemio*, t. II, p. 9, édition de 1822.
(2) Cicognara, *Histoire de la sculpture*, t. 1, p. 368.

citer au quatorzième siècle. La statue colossale de Rodolphe IV à Neustadt, l'un des plus beaux monuments de cette époque ; le portail de l'église Saint-Laurent, les sculptures de la maison de ville, à Nuremberg ; les statues de l'église de Weilheim, qui marquent la régénération de la sculpture, sous la période des Hohenstaufen ; le maître-autel de Marbourg; les statues du duc de Zæhringen et de Guillaume Tell à Zurich ; les sculptures de la Chartreuse de Buxheim ; le tabernacle et le baptistère de Lubeck ; le tombeau en bronze de Rodolphe de Souabe à Mersebourg ; la corne à boire du comte Otton , le baptistère en cuivre de Saint-Sébald à Nuremberg ; la célèbre table d'or de Lunebourg ; les tombeaux de l'église Saint-Barthélemy, à Francfort ; ceux de la cathédrale d'Inspruck ; le calvaire de Spire, qui passe pour une merveille, etc., etc.; toutes ces œuvres, si remarquables, sont d'auteurs restés entièrement inconnus.

Au quinzième siècle , Jean Syrlin sculpta les belles stalles et les autels de la cathédrale d'Ulm ; Henri Eichlern , la chaire de Sainte-Anne à Augsbourg ; Jean Creitz, le tabernacle de Nordlingen ; Nicolas d'Haguenau, le maître-autel de Strasbourg ; Nicolas Lersch, le tombeau de Frédéric III, à Saint-Étienne de Vienne.

Mais Nuremberg vint surpasser la gloire de tous ces artistes par le nombre et le talent de ceux qu'elle produisit. Déjà , en 1361 , les architectes George et Fritz Ruprecht, et le sculpteur Sébald Schonhoffer, avaient élevé, à Nuremberg, la fontaine de Sainte-Marie, appelée de préférence *la Belle fontaine,* et l'un des plus beaux monuments du moyen âge. Dans le siècle suivant, Jean Decker donna à ses ouvrages , tels que le Jugement dernier, la Passion et la déposition de la Croix , une expression que la sculpture n'avait pas encore atteinte. Adam Kraff, architecte et sculpteur, fit la chapelle Saint-Laurent, et la *décora* de l'histoire de la Passion, sculptée en bois ; Veit Stoss, Sébastien Lindenast, se distinguèrent dans la sculpture et dans la fonte. Enfin , dans les dernières années du quinzième siècle, parut Pierre Vischer, qui se plaça au-dessus de tous ses devanciers , et n'eut pas de successeur. Après avoir longtemps voyagé en Allemagne , en France , et surtout en Italie , après avoir étudié dans ce dernier pays les modèles antiques et les œuvres des grands maîtres de son époque, après s'être pénétré de leur esprit et de leur style, il revint à Nuremberg, sa patrie, et y coula en bronze le mausolée d'Ernest , évêque de Magdebourg , la grille de la maison de ville de Nuremberg, le crucifiement de l'église de Saint-Gilles, et son œuvre principale , celle qui l'a placé haut dans l'admiration de tous les temps, le tombeau de saint Sébald, dans l'église du même nom. Ce monument est orné d'une grande quantité de figures, représentant des anges, des vertus, des génies, les Pères de l'Église, les miracles de saint Sébald, les douze apôtres, saint Sébald, et Pierre Vischer lui-même, dans son costume d'atelier. Ce sont surtout ces dernières figures qui, par le style élevé et simple dans lequel elles sont conçues, par la beauté de leur exécution, par l'expression caractéristique de chaque personnage, ont non-seulement placé Vischer au-dessus des artistes de son temps, mais en ont même fait le plus grand sculpteur du moyen âge de l'Allemagne. Le monument de saint Sébald, coulé en bronze, pèse cent vingt quintaux; et, d'après les comptes du temps, Vischer fut payé à raison de *vingt et un florins* le quintal; il avait travaillé treize ans à ce monument, lui et ses cinq fils. Quoique l'argent eût à cette époque une valeur comparative trois fois plus grande que de nos jours, le prix minime donné à un travail aussi long, et surtout aussi beau, prouve toute la simplicité de mœurs et de caractère des artistes de cette époque. C'était cette même simplicité qui, les tenant éloignés de toute agitation extérieure, les portait à se renfermer dans leur art comme dans un sanctuaire, à lui consacrer toutes leurs forces et toutes leurs facultés. L'art se confondait pour eux avec le culte de la religion et de la morale; et plus leur œuvre approchait du beau, plus ils la croyaient méritoire pour cette vie et pour l'autre. La sainteté de ce but excluait la vaine gloire; c'est ce qui explique l'absence de signatures dans les plus beaux monuments du moyen âge, et l'oubli où sont tombés les noms de ces artistes, qui s'efforçaient de bien faire pour l'amour de Dieu et l'amour de l'art, sans s'inquiéter des jugements de la posterité.

Avec Pierre Vischer se termine la belle époque de la sculpture allemande. Contemporain d'Albert Durer, et, comme lui, le plus grand dans son art, il resta isolé à la hauteur où il s'était placé. Désormais la sculpture, qui n'existe et qui ne s'élève que par le genre monumental, allait voir arrêter violemment ses progrès. Le protestantisme, car c'est toujours à lui qu'il faut rapporter la décadence des arts à cette époque, le protestantisme, en arrêtant la construction des cathédrales, arrêta aussi les efforts de la sculpture, cet auxiliaire inévitable de l'architecture religieuse. Sa haine pour les images, qui le porta à suivre les errements des iconoclastes, à briser, à fondre les statues, à détruire les peintures, lui fit alors ériger en précepte qu'aucune représentation figurée ne serait tolérée dans les monuments du culte. De leur côté, les pays catholiques, engagés dans des guerres de religion, se trouvèrent trop pauvres et trop agités pour s'appliquer aux arts. D'ailleurs, l'esprit humain était entré dans une autre voie, dans la voie de l'examen,

et il fallait qu'il la parcourût tout entière.

Durant le temps qui s'écoula depuis Pierre Vischer jusqu'à la fin du dix-huitième siècle, c'est à peine si l'Allemagne compta quelques sculpteurs. Le seul d'entre eux qui obtint une grande réputation, et qui la mérita, fut Matthieu Collin, Tyrolien; il orna le tombeau de l'archiduc Maximilien d'Autriche, à Salzbourg, de sculptures fort remarquables. Quant aux ouvrages qui furent faits pour décorer les grandes résidences que les princes allemands se bâtirent alors, ils étaient tous conçus dans le goût corrompu de l'école italienne du dix-septième et du dix-huitième siècle, et surpassaient encore leurs modèles en mauvais style, sans toutefois avoir cette apparence de grandeur que ne perdit jamais l'art italien, même à l'époque de sa décadence. On peut donc hardiment établir qu'alors la sculpture était tombée en Allemagne au dernier degré de la médiocrité, lorsque les écrits de Raphaël Mengs, de Lessing, et surtout ceux de Winckelmann, vinrent la relever de cet état d'abaissement. Les ouvrages de ce dernier écrivain, qui expliquaient avec inspiration la statuaire de l'antiquité, préparèrent une révolution dans l'art. Canova, sous l'influence de Winckelmann, retournait le premier à l'étude de l'antique; Thorwaldsen, qui le suivit, donna plus de véritable grandeur au style sculptural. L'exemple de ces deux maîtres, l'un Italien et l'autre Danois, encouragea les artistes allemands à entrer dans une nouvelle route, et bientôt le succès répondit à leurs efforts. Dannecker, le plus célèbre sculpteur après Thorwaldsen, fit sa belle statue du Christ; Ohmacht décora l'église Saint-Thomas de Strasbourg de ses sculptures, et fit revivre la sculpture en bois et en ivoire; Schadow, Rauch et Tieck, devinrent les chefs de l'école de Berlin, d'où sont sortis et d'où sortent encore des hommes formés par leurs préceptes et par leurs exemples à donner une expression vraie et profonde aux différents sujets qu'ils traitent. La Bavière, à son tour, a produit Eberhardt, qui a décoré de belles statues l'église de Tous-les-Saints à Munich; Wagner, auteur de la frise du Walhalla, où il a représenté l'histoire des anciens Germains, avec une grande richesse d'invention et de style; enfin, Schwanthaler, le plus jeune de tous ces sculpteurs, qui a débuté par des œuvres pleines de grandeur, de grâce et d'invention. Dans ses frises et ses bas-reliefs représentant l'histoire de Bacchus, ou des scènes tirées de Pindare, d'Hésiode et d'Homère, il s'est élevé jusqu'à la hauteur de l'épopée grecque. Mais, en général, la tendance spiritualiste qui se manifesta dans la peinture, à la suite de la régénération opérée par Winckelmann et qui prit sa source dans les théories littéraires de l'époque, se manifesta aussi dans la sculpture;

la beauté de la forme y fut également sacrifiée à la pensée et à la vérité d'expression. Cependant, là aussi la réaction commence à se faire sentir; et si elle parvenait à contre-balancer la trop grande préoccupation de l'idée, sans nul doute l'art allemand atteindrait un haut degré de perfection.

Musique.

C'est à un Allemand, Francon de Cologne, qui vivait au onzième ou au douzième siècle, que la musique moderne doit ses premiers progrès. Il développa, s'il ne les inventa, les principes de la musique mesurée, et donna des signes à la division musicale. On a de lui un traité intitulé : l'Art du chant mesuré (*Ars cantus mensurabilis.*)

Ses préceptes ouvrirent pour l'Europe l'ère de la musique. Marchetti, de Padoue, Italien, et Jean de Muris, Français, les appliquèrent successivement, les étendirent, fixèrent la théorie de la mesure, et commencèrent à établir la science de l'harmonie. Après lui, la France et la Flandre apportèrent leur tribut au progrès de l'art, et ce progrès fut grand; car, au quatorzième et au quinzième siècle, ces deux pays, et surtout la Flandre, fournirent des maîtres à l'Italie elle-même, où la musique semble innée. L'Allemagne seule, depuis Francon de Cologne, était restée stationnaire; toute sa musique se bornait aux chants simples, mais expressifs, de ses *chanteurs d'amour* (Minnesænger), et de ses *maîtres chanteurs* (Meistersænger), tout à la fois poëtes et musiciens : les premiers, de l'époque aristocratique et galante de la chevalerie; les seconds, de l'époque bourgeoise et morale des villes libres. Quant à la musique sacrée et au contre-point, dans lesquels résidait alors toute la science musicale, l'Allemagne ne les développa en rien. « Chez nous, dit Kiesewetter, « jusqu'à la fin du quinzième siècle, on ne « trouve pas même d'harmonie. Le chant popu-« laire, introduit de fort bonne heure dans « beaucoup de diocèses d'Allemagne et de « Bohême, était, comme le choral romain, « tout à l'unisson. On n'a aucune donnée sur « des écoles allemandes qui auraient enseigné « le *déchant* ou la musique figurée; et quel-« ques-uns des maîtres, comme Jérôme de « Moravie et Jean Godendag, maître de Fran-« chino Gaffurio, en supposant qu'il fût Alle-« mand, n'acquirent leurs connaissances que « dans des monastères étrangers où ils avaient « vécu (1). » Cependant, vers la fin du quinzième siècle, l'Allemand Henri Isaac fut maître de chapelle à Florence. Il mit en musique à trois voix des poëmes composés par Laurent de Médicis, et fut regardé comme le premier

compositeur de musique profane ; Mahu fut à peu près le seul qui l'approcha dans ce dernier genre. A la même époque, Bernard l'Allemand, organiste de Saint-Marc de Venise, ajouta les pédales à l'orgue; invention qui, selon Burney, fait le plus grand honneur aux organistes de l'Allemagne, puisqu'elle prêta à des combinaisons d'harmonie et à des effets au-dessus du pouvoir du jeu des mains (1).

Au reste, si dans ce temps la science de la musique était peu florissante en Allemagne, le nombre des instruments y était grand. Les plus usités étaient l'épinette, le clavicorde, deux espèces d'instruments à clavier, l'orgue d'église, le clavecin, l'orgue portatif, le monocorde, le rebec ou violon à trois cordes et la viole *digamba*, la vielle, le luth, la harpe, le dulcimer, le cornet, le chalumeau, différentes sortes de flûtes, parmi lesquelles se distingue la flûte traversière ou flûte allemande, des cors d'espèces particulières, tels que les cors de chamois, les cors courbés, enfin des trompettes et des tambours. Conrad Paulmann, l'aveugle, était le premier exécutant de l'époque ; il excellait dans le jeu de presque tous ces instruments; ce fut lui qui inventa la tablature du luth.

Le seizième siècle vit paraître en Allemagne plusieurs théoriciens qui étendirent les préceptes que Franchino Gaffurio venait d'émettre en Italie dans son traité de la *Théorie de l'harmonie* et dans ses cours sur la musique. Les plus estimés furent Calvisius, Finck, André Ornithoparchus, qui publia le *Micrologue*, Reischius et Henri Lorit, surnommé Glareanus, de Glaris, sa ville natale, poëte, philosophe, mathématicien, historien, géographe, théologien. Il écrivit un ouvrage musical qu'il intitula *Dodécachordon*, à cause des douze modes qu'il y établit. Malgré la célébrité que lui acquit cette publication, Glareanus ne put parvenir à faire adopter ses opinions, l'Église s'opposant alors avec opiniâtreté à toute innovation qui eût changé l'ancienne routine des huit modes.

Mais le moment était arrivé où l'Allemagne allait produire cette foule de grands musiciens qui, depuis deux siècles et demi, ont valu à ce pays une gloire non interrompue. La même cause qui avait arrêté tout progrès dans les autres arts, la réformation, était destinée, en popularisant la musique en Allemagne, à développer le génie musical de cette contrée. Luther, en réglant les cérémonies du culte protestant, y admit, avec le sermon, le chant des psaumes, auquel tous les fidèles devaient prendre part. L'exemple de Jean Huss, ses propres convictions sur les effets de la musique, et son talent particulier dans cet art, l'avaient porté à faire ainsi du chant une partie

_____
(1) *Histoire de la musique moderne*, p. 44.

(1) Burney, *Histoire générale de la musique*, t. III, p. 247.

essentielle du service divin. « La musi-
« que, » dit-il dans une lettre adressée à
son ami Senfl de Zurich, appelé *le prince des
musiciens*, « la musique est un grand présent
« de Dieu; elle est l'alliée de la Divinité; après
« la théologie, c'est à elle que je donne la
« première place, c'est elle que j'honore le plus
« parmi les sciences et les arts. Satan en est
« grand ennemi; car elle chasse les tribulations
« et les mauvaises pensées; elle soulage l'esprit
« en proie à la tristesse; elle rafraîchit le cœur
« et y ramène la paix, ainsi que l'a dit Virgile.
« Il faut absolument introduire la musique dans
« les écoles. Un magister doit la connaître et
« la savoir, sinon je ne puis l'estimer; et
« nous ne devrions ordonner prêtres que
« ceux qui se sont bien exercés dans cette
« étude et ont pratiqué cet art. » Fidèle à
ces idées, Luther introduisit l'enseignement
de la musique dans toutes les écoles protestantes; il institua aussi dans les villes qui
suivaient sa doctrine, les *musiques municipales*, les *sonneurs de cornet* (stadtzinke-
nisten) qui jouaient à certaines occasions, et
les sonneries en musique des tours et des clochers (thurmblasen) qui annonçaient les heures.
Tel était son amour pour l'art, et la puissance
pénétrante qu'il lui attribuait sur le moral de
l'homme, qu'il fit mettre en musique, non-seulement tous les psaumes, mais encore le symbole de la confession d'Augsbourg et jusqu'à son
catéchisme. Cette dernière composition fut
l'œuvre de Henri de Gœttingen (1). Lui-même
composa plusieurs chants, entre autres le célèbre choral *Notre Dieu est un château fort*.
Ils sont encore en usage de nos jours dans toutes les communautés protestantes, et l'élévation et l'énergie qui les distinguent n'ont guère
été surpassées depuis. Il est vrai de dire que
Luther introduisit en même temps la psalmodie
métrique, c'est-à-dire une symétrie, une uniformité de valeurs dans les notes et dans les
syllabes, qui excluaient toute cadence et tout
passage simplement mélodieux, limitant presque ainsi la musique du choral à l'harmonie
pure. Cependant les interludes d'orgue, qui suivaient chaque strophe ou remplissaient chaque
pause, formaient comme une espèce de répons
variés, et ramenaient ainsi de la mélodie dans le
chant. Ces interludes excitèrent même l'admiration de Montaigne, qui voyageait alors en Allemagne; et il en parle comme d'une chose nouvelle, et dont la musique catholique ne semble
pas lui avoir offert d'exemple (2). Le calvinisme
poussa à l'extrême l'austérité musicale des protestants. « Calvin, dit Burney, le sombre, le sé-
« vère, l'inflexible, dont les doctrines étaient si
« rigides, si dénuées de consolations, qu'il sem-

« blait n'avoir réformé les monastères particu-
« liers qu'afin de faire une grande chartreuse du
« genre humain (1); « Calvin trouva la musique
de Luther encore trop ornée et trop agréable à
l'oreille; il lui ôta tout rhythme, tout accent
et même toute harmonie, la réduisant à un
simple unisson, donnant par amour pour l'é-
galité une même valeur à toutes les notes, le
tout sans aucun accompagnement ni d'orgue
ni d'aucun autre instrument. Aussi le génie
musical favorisa-t-il très-peu les pays qui
avaient embrassé le calvinisme.

La musique, devenant l'élément indispensable de la religion et de l'éducation protestante,
devait fortement impressionner l'Allemand
dès sa plus tendre enfance, réveiller et développer en lui les moindres dispositions musicales qu'il pouvait avoir reçues de la nature, et même lui en créer par l'habitude.
Ainsi popularisée dans la moitié de l'Allemagne, elle devait forcément amener l'autre moitié à l'adopter à son tour. Aussi, les pays catholiques ne restèrent-ils pas longtemps en arrière;
eux aussi introduisirent l'enseignement musical dans l'éducation publique; les prêtres et jusqu'aux jésuites se prêtèrent à cette innovation,
qui, si elle eût été repoussée, laissait l'art et
son influence bienfaisante du côté du protestantisme. Les princes allemands suivirent le
mouvement général, et le hâtèrent encore en
lui accordant une protection toute spéciale,
dans laquelle ils rivalisèrent entre eux. Des
chapelles furent établies dans toutes les capitales catholiques; celle de Munich, la plus
célèbre de la fin du seizième siècle, eut le fameux Orlando di Lasso, Flamand, pour maître; il introduisit le premier des passages chro-
matiques dans ses compositions musicales;
il eut encore le mérite de simplifier la mesure,
très-compliquée jusqu'à cette époque. Le
nombre de ses œuvres publiés ou restés inédits est considérable. Après lui, les plus
grands musiciens de l'époque furent Senfl, l'ami
de Luther et de Mélanchton, et qui, avec eux,
perfectionna le chant choral; Jean Crespel,
Practorius, Aichinger, Walther, maître de chapelle de l'électeur de Saxe; Jean Knefel, qui fit
des chants à cinq, à six et à sept voix, avec accompagnement d'instruments, premier exemple de morceaux concertants en Allemagne; Jacques Gallus ou Hændl, selon d'autres Hænel,
l'un des meilleurs contre-pointistes du siècle;
Osiander, Agricola, Amerbach, Eccard et
plusieurs autres. En 1538, le savant musicien
Rhaw publia, à Wittenberg, des *Harmonies
à quatre voix*, contenant des passions, des
messes, des lamentations, des motets, par
Galliculus, Obrecht, Lewis, Senfl, Walther,
Dux, Eckel et Lembin; Mélanchton fit la pré-

(1) Burney, *Histoire générale de la musique*, t. III,
p. 32,

(2) Montaigne, *Journal d'un voyage*, t. 1, pag. 106.

(1) Burney, t. III, pag. 39.

face de ce recueil, alors unique en son genre. Quelques années plus tard, le même éditeur fit paraître cent vingt-trois chants sacrés à quatre et cinq voix, composés par seize différents auteurs, à l'usage des écoles. Il faut remarquer, en passant, que l'impression de la musique, inventée en 1502, par Petrucci de Fossembrone, avait été très-perfectionnée en Allemagne à cette époque, et ne contribua pas peu à faciliter l'étude de l'art, et à en augmenter le goût, en multipliant les partitions des maîtres.

A *toutes ces circonstances heureuses* vint se joindre l'apparition de Palestrina en Italie. Ce grand maître, détruisant le mauvais goût par la clarté de son style, l'observance sévère de l'harmonie, la grâce et la vérité de l'expression, et la simplicité de ses modulations, fut, à bon droit, surnommé *le père et le régénérateur de la musique sacrée.*

Le dix-septième siècle vit commencer, en Allemagne, la série des grands musiciens. Citons parmi les compositeurs Kerl, maître de la chapelle de Munich, qu'il maintint à la hauteur où elle s'était élevée sous la direction d'Orlando di Lasso et la protection du duc Albert V; Hammerschmidt et Reincke, excellents organistes, auteurs de chants chorals très-estimés; Stolzel, Gassman, Pasterwitz, Éberlin; puis, dans la première moitié du dix-huitième siècle, Sébastien et Emmanuel Bach, ces deux grands maîtres dans l'oratorio et les motets, ces compositeurs aux idées si profondes, si graves et si majestueuses; enfin Hændel, Hasse et Graun. De grands théoriciens développèrent alors les principes de l'art : Fux, auteur du *Gradus ad Parnassum*, qui fit texte de loi dans la science musicale; Marpurg, qui publia l'*Histoire de la musique*; Kirnberger, qui composa un système d'harmonie, sans compter les nombreux auteurs qui puisèrent à ces sources fécondes.

La musique dramatique, née en Italie vers la moitié du siècle précédent, ouvrit aux Allemands une nouvelle route dans l'art. Dès l'année 1628, le poëte Martin Opitz ayant traduit en allemand l'opéra italien de *Daphné*, Schütz le mit en musique, et il fut représenté sur le théâtre de Dresde. En 1678, Thile, maître de chapelle de Hambourg, fit exécuter un autre opéra de sa composition. Ces essais furent suivis, en 1692, de l'établissement régulier d'un théâtre lyrique à Hambourg; et Keiser, qui en fut le directeur et le compositeur, est généralement regardé comme le père de la musique dramatique en Allemagne. Il fit cent dix-huit opéras qui se sont perdus; mais ils durent avoir beaucoup de mérite, puisque le célèbre Hasse disait de Keiser que c'était un des plus grands musiciens que le monde eût jamais vus. Cousser, Mattheson, Télémann

marchèrent sur ses traces et jouirent de beaucoup de réputation; mais Hændel les surpassa tous dans ce genre de composition. Ce grand musicien fit des opéras qui eurent un succès prodigieux, dans son pays, en Italie et en Angleterre, où il fixa sa résidence. Pourtant ses ouvrages les plus beaux, ceux qui le placent le plus haut dans l'admiration de la postérité, sont ses oratorios; celui du *Messie*, que Herder appelait une épopée chrétienne en musique; ceux de *Samson*, de *Judas Machabée*, de *Josué* et de *Jephté*, qui réunissent l'originalité, la richesse de la pensée, à un style toujours beau et toujours soutenu. Graun, tendre et doucement passionné comme Pergolèse, commença sa carrière par la musique dramatique; plus tard, il fit des oratorios, dont le plus célèbre est *la mort de Jésus.* Ce fut lui qui organisa l'école de musique de Berlin, où il avait été appelé par Frédéric le Grand, protecteur de l'art et admirateur de ce maître.

La musique italienne avait été introduite dans l'Allemagne méridionale par l'empereur Léopold 1er, qui la faisait exclusivement exécuter par sa chapelle; il avait, en outre, établi à Vienne un opéra italien, auquel il attacha les premiers compositeurs lyriques de l'Italie. L'exemple de Léopold fut contagieux pour les princes allemands : les cours secondaires, celles de Munich, de Stuttgardt et de Manheim voulurent aussi avoir leur théâtre italien; et bientôt ce fut en Allemagne que se trouva transféré le siége de la composition italienne. Cette mode influa sur la musique allemande, qui renonça presque entièrement à son élévation et à sa gravité, pour adopter le goût plus tendre et plus passionné de l'école rivale. Graun avait déjà en partie adopté cette nouvelle manière; Agricola alla plus loin encore; Hasse enfin, cité par l'Italie comme le modèle du style le plus élégant et le plus pur, et qu'elle appelait *Il Sassone*, abandonna tout à fait les errements de l'école allemande; mais, en même temps, il perfectionna le style en vogue. Sa gloire, contre laquelle Wanhall, Ditters, Stamitz, Wagenseil, Schrœter, ne purent lutter, fut pourtant entièrement éclipsée par Gluck, le plus grand et le véritable génie créateur de son époque, le Michel-Ange de la musique. Les grands sentiments qu'il exprima, sa belle déclamation, la variété et l'originalité de ses situations dramatiques, s'opposant à la routine italienne, la firent reculer, et donnèrent à la musique théâtrale une grandeur et une énergie qu'elle n'avait jamais fait pressentir. Ses opéras d'*Orphée*, d'*Alceste*, d'*Iphigénie*, d'*Armide*, sont autant de chefs-d'œuvre qui, dans le style pathétique, n'ont pas été surpassés.

Enfin, la seconde moitié du dix-huitième siècle vit encore paraître Haydn, Mozart et Beethoven. Ces trois grands maîtres ont nationalisé la musique allemande dans toute l'Europe, en lui prêtant une force d'expression, une richesse d'harmonie et de mélodie extraordinaires. Haydn, dans ses oratorios de *la Création* et *des Saisons*, dans ses graduels et ses offertoires, dans ses symphonies et ses quatuors, assura à la musique instrumentale le rôle élevé qu'elle remplit aujourd'hui. Mozart, réunissant toutes les qualités, l'harmonie, la mélodie, l'originalité, la grâce et l'énergie, devint l'expression la plus parfaite du génie musical. Il s'exerça dans la musique sacrée et dans la musique profane; et partout ses chefs-d'œuvre se distinguent par le charme de la mélodie, par la richesse de l'instrumentation. Ses partitions d'*Idoménée*, de *la Clémence de Titus*, de *la Flûte enchantée*, de *Don Juan*, du *Mariage de Figaro*; ses messes, son requiem, ses symphonies, ses quatuors, sa musique de piano, portent le cachet d'un admirable génie musical.

Beethoven marcha sur les traces de ces deux grands compositeurs. Par ses symphonies, il éleva la musique instrumentale jusqu'au sublime. Outre leur rare mérite, sous le rapport de l'harmonie, ses œuvres ont une puissance qui leur est propre, et qui consiste à saisir l'esprit de vive force, à le dégager de la matière, l'élevant ou l'abaissant selon leur volonté. La musique sacrée et la musique dramatique furent peu cultivées par Beethoven; dans ce dernier genre, ce génie puissant ne produisit qu'un seul ouvrage, mais un chef-d'œuvre, *Fidelio*.

Autour de ces trois grands maîtres vinrent se grouper d'autres talents distingués, tels que l'abbé Vogler, le plus savant musicien de l'époque; Pierre Winter, auteur de belles messes et du *Sacrifice interrompu;* Weil, que Haydn appelait un *maître dans l'expression et dans l'élévation;* Mayer, qui fit la *Médée;* Naumann et Schicht, grands compositeurs de musique sacrée. Puis, tout a fait dans l'époque contemporaine, Charles Maria de Weber, l'auteur du Freyschütz (*Robin des bois*), dont la musique et le nom retentirent, en peu d'années, par toute l'Europe, et s'y popularisèrent. L'expression la mieux sentie, la plus exaltée, forme le caractère principal de son talent. Spohr, son rival dans la musique dramatique, cherche, dans ses belles symphonies, à allier la forme pure de Mozart avec ses idées pleines d'originalité et de mélancolie. Meyerbeer, comme Weber, élève de Vogel, emprunte dans ses opéras quelque chose du caractère étranger, et s'éloigne de la manière particulière des Allemands, plus sentie qu'ornée. Après eux on doit citer avec éloge Marschner, Gallenberg, Kreutzer, Ruser et Lindpaintner. Dans le genre de la symphonie se distinguent Romperg, Ries, Kalliwoda, Men-

delssohn, Tœglichsbeck, Lachner, et surtout Hummel. Dans la musique de chant ou de *chansons* (Liedermusik, et sous ce nom, l'Allemand entend tous les genres de chansons, gaies, tristes ou guerrières, les ballades et les romances), il faut citer Zumsteg, Zelter, Schütz, Hiller, Reichardt, Lœve, Berger, Wiedebein, Schubert; ce dernier est le plus célèbre. La musique d'église compte de nos jours Seyfried, Eybler, Klein, auteur des oratorios de *Jephté* et de *David*, enfin Schneider, auteur du *Jugement dernier*, œuvre qui le place parmi les premiers compositeurs de musique sacrée en Allemagne.

Une institution, qui date de 1810, a remis de nos jours la grande musique en vogue, et fait un contre-poids salutaire au dilettantisme qui s'attache aux opéras italiens et français. Ce sont les *sociétés musicales* (musikvereine), établies à l'instar de sociétés semblables qui existent depuis longtemps en Suisse. Toutes les grandes villes ont formé de ces sociétés, et chaque année elles ont des solennités musicales où des musiciens, souvent au nombre de cinq à six cents, exécutent les œuvres des anciens maîtres, tels que Bach, Hændel, Graun, etc., et ceux des compositeurs modernes, qui ont pour but de faire revivre le grand style. D'un autre côté, les *tables de chant* (liederktafeln) et les *cercles de chant* (liederkrænze) répandent et perfectionnent le goût du chant. Les premières, qui existent dans le Nord, sont des réunions fort nombreuses, quoique privées; leur étude et leur exercice est le choral protestant. Les secondes ont pour objet le développement et le perfectionnement de la musique populaire. Elles ont surtout lieu dans le Midi. *La fête du chant* de la Souabe est la plus remarquable de ces réunions. Elle se célèbre, tous les ans, dans les prairies d'Enslingen, sur les bords du Necker. Les populations des environs, des députations des sociétés particulières viennent y prendre part; et cette masse de peuple exécute des chorals et des chants de toute espèce, dont il est facile de concevoir l'effet grandiose et imposant. Ces réunions nombreuses et souvent répétées, jointes à l'enseignement musical qui fait partie de tous les degrés de l'éducation allemande, depuis les écoles primaires des villages, les collèges, les séminaires, les universités des villes, jusqu'aux écoles de soldats et aux écoles du dimanche, ouvertes aux jeunes paysans et aux ouvriers; cette universalité, qui fait de la musique la compagne du riche et celle du pauvre, qui l'associe, pour ainsi dire, à toutes les situations de la vie, à toutes les sensations de l'âme, depuis le recueillement jusqu'à la gaieté, doit, outre les avantages moraux qu'on peut en attendre, promettre à l'Allemagne de nouveaux talents, qui soutiendront sa gloire musicale, et reculeront peut-être encore les bornes d'un art auquel elle a su donner une si puissante impulsion.

G. Klemm. *Handbuch der germanischen Alther-thumskunde.*

F. Kugler. *Handbuch der Kunstgeschichte*, Stutt-gardt, 1842, in-8°.

J. D. Florillo. *Geschichte der zeichnenden Kunste in Deutschland und den verunigten Niederlanden.*

C. Stieglitz. *Geschichte der Baukunst*, etc., Nurn-berg, 1836, in-8°.

Le même. *Encyklopædie der Baukunst.*

S. Boisserée, *Geschichte und Beschreibung des Doms von Koeln.*

Vasari. *Vite dei pittori.*

Heller, *Gesshichte der Holzschneidekunst.* Bam-berg, 1823, in-8°.

Burney. *General history of music from the ear-liestages to the present period.*

Hawkins. *General history of the science and pra-tice of music.*

SÉBASTIEN ALBIN.

ALLÉSOIR. (*Mécanique.*) On donne ce nom à tout instrument destiné à percer un trou rond dans une pièce de bois ou de métal, et l'agrandir, le polir intérieurement; ainsi, sous ce rapport, les vrilles et les équarrissoirs sont des allésoirs; mais on applique plus particulièrement cette dénomination aux grandes machines dont on se sert pour arrondir les tuyaux de bois ou de métal dans lesquels on fait jouer un piston de pompe, les coussinets qui doivent porter un arbre tournant, et autres ouvrages de même sorte. Ce serait sortir de notre sujet que de décrire ici ces instruments, dont les plus parfaits sont figurés dans le nouveau *Dictionnaire de technologie*, dans le numéro de janvier 1823 du *Bulletin de la Société d'Encouragement*, et dans le *Dictionnaire des arts et manufactures* publié par M. Ch. Laboulaye, ouvrages auxquels nous renvoyons les personnes qui désireraient de plus amples développements sur ce sujet.

FRANCOEUR.

ALLEU. — « Les premiers alleux furent les terres prises, occupées ou reçues en partage par les Francs, au moment de la conquête ou dans leurs conquêtes successives.

« Le mot *alod* ne permet guère d'en douter. Il vient du mot *loos*, sort, d'où sont venus une foule de mots dans les langues d'origine germanique, et en français les mots *lot*, *loterie*, etc. On trouve dans l'histoire des Bourguignons, des Wisigoths, des Lombards, etc., la trace positive de ce partage des terres, allouées aux vainqueurs (1). »

Les terres ainsi distribuées aux conquérants sont appelées dans leurs codes *sortes*. On conçoit que ces terres et leurs propriétaires aient été d'abord libres de toute redevance ou obligation, le roi n'étant par le fait que le premier

(1) Guizot, *Des institutions politiques en France, du cinquième au dixième siècle*, § 1.

de ses égaux et n'ayant aucun pouvoir sur ses compagnons, une fois le combat terminé. C'est de l'indépendance absolue de l'alleu qu'est né l'adage : *On ne tient un alleu que de Dieu et de son épée.* M. Guizot a, dans l'essai que nous avons déjà cité, parfaitement démontré que la terre salique n'est qu'un alleu.

Mais, par la suite, le nom d'alleu fut donné à toute terre qui ne relevait pas d'une autre, quelle que fût d'ailleurs l'origine de la possession, achat, succession, etc.; le caractère distinctif de l'alleu résida dès lors, non plus dans l'origine de la propriété, mais dans son indépendance, et l'on employa comme synonymes d'*alleu* les mots *proprium*, *possessio*, *prædium*, etc.

« Ce fut probablement alors que tomba en désuétude la rigueur de la défense qui excluait les femmes de la succession à la terre salique. Il eût été trop dur de les exclure de la succession à tous les alleux, et l'on ne savait plus distinguer les alleux primitifs, dus à la conquête, de ceux que les propriétaires avaient acquis postérieurement et par d'autres voies (1). »

Tant que dura l'état barbare qui suivit la conquête, le régime des alleux put se maintenir; mais, dès que la société se reconstitua, l'isolement des individus et leur indépendance complète étant un obstacle trop grand pour que les alleux pussent subsister, on les convertit en fiefs, ou l'on imposa aux propriétaires d'alleux les mêmes obligations qu'aux propriétaires de fiefs.

Sous Charlemagne, l'obligation du service militaire était imposée à tous les hommes, quelle que fût d'ailleurs la nature de leurs propriétés.

Lors de la ruine de l'empire carlovingien, au milieu du désordre général et des invasions des Normands, des Sarrasins et des Hongrois, le besoin de se réunir pour résister à l'ennemi, et pour se protéger les uns les autres, changea la nature de la propriété.

Alors presque tous les alleux furent convertis en fiefs; et, lorsque la propriété eut été ainsi féodalisée, la révolution politique qui substitua le gouvernement féodal au gouvernement monarchique, fut accomplie. Cependant il se conserva quelques alleux; mais, à l'époque de la monarchie absolue, ils subirent le même sort que les bénéfices. *Voy.* BÉNÉFICES et FIEFS.

Voyez, outre l'ouvrage déjà cité, Ed. Laboulaye, *Histoire de la propriété foncière en Occident*, Paris 1839, in-8°.

D.

ALLIA (Bataille de l'). (*Histoire.*) L'Allia est une petite rivière du Latium, qui prend sa source dans les montagnes qui s'élèvent derrière Nomentum, et se jette dans le Tibre entre les villes anciennes de Fidenæ et de

(1) Guizot, ibid.

Crustumenium. Ce ruisseau n'a par lui-même aucune importance ; mais il a été illustré par une victoire que les Gaulois remportèrent sur ses bords , l'an 390 avant Jésus-Christ.

Les Gaulois assiégeaient Clusium, lorsque des ambassadeurs romains, trois jeunes gens de la famille des Fabiens, vinrent les engager à lever le siége, et étant entrés dans la ville, excitèrent les Clusiens, contre le droit des gens, à tenter une sortie qu'ils commandèrent eux-mêmes. Rome refusa aux Gaulois la satisfaction qu'ils demandaient, et envoya contre eux une armée, commandée par les trois Fabiens. Les deux partis se rencontrèrent sur les bords de l'Allia, et les Romains éprouvèrent une défaite honteuse : la plus grande partie s'enfuit sans combattre. Brennus ou plutôt *le Brenn* profita de sa victoire; il prit Rome, assiégea le Capitole, jeta son épée dans la balance où les Romains lui pesaient leur rançon, et leur laissa *de tels souvenirs* , que l'anniversaire de l'Allia (*dies Alliensis*) resta, dans le calendrier romain, un des jours néfastes de l'année.

Tite-Live, *Hist. rom.* XXII, 50.

G.

ALLIAGE (Règles d'). (*Mathématiques.*) Il y a deux sortes de règles d'alliage ; savoir, celles où , donnant les quantités à mélanger et leurs prix , on demande le prix de l'unité du mélange ; et celles où , donnant , au contraire , les prix des substances , on veut mêler de telles proportions de chacune que le prix du mélange se trouve fixé d'avance. Voici les procédés relatifs à ces deux sortes de problèmes :

I. Si je mêle 25 bouteilles de vin à 50 centimes chacune, avec 35 bouteilles à 80 centimes, *pour trouver ce que coûte chaque bouteille du mélange* , j'opère ainsi qu'il suit :

25 bouteilles à 50 c. . font . . .	1250 c.	
35 . . . . . à 80	2800	
60 bouteilles coûtent	4050 c.	

Donc, en divisant 4050 par 60, je trouve que la bouteille du mélange revient à 67 centimes et demi.

Dans l'exemple suivant , le mélange est *formé de substances à trois prix différents*. On a du blé à 24, à 27 et à 30 fr. l'hectolitre ; on en veut mêler ensemble 10, 15 et 9 hectolitres à ces prix respectifs, et on demande ce que vaudra l'hectolitre du mélange.

10 hectolitr. à 24 fr. . font . .	240 fr.	
15 . . . . . à 27	405	
9 . . . . . à 30	270	
34 hectolitres coûtent	915 fr.	

Ainsi, en divisant 915 par 34, on trouvera que l'hectolitre du mélange vaut 26 f. 91 c.

On a fondu ensemble un lingot de 4 kilogrammes d'or au titre de 0,95 avec un autre

de 5 kilogrammes à 0,86 ; on demande quel est le titre du mélange.

4 kilogram. à 0,95 . . font . . .	3,80	
5 . . . . . à 0,86	4,30	
9 kilogram.	8,10	

En divisant 8,10 par 9, on obtient pour quotient 0,9 qui exprime le titre du mélange.

Dans tous ces calculs, on admet que les substances mêlées n'exercent les unes sur les autres aucune action chimique ; en sorte qu'il ne se produit ni condensation, ni dilatation, ni perte de matière. L'expérience est en général contraire à cette supposition ; mais le résultat du calcul est considéré comme donnant une grande approximation.

II. Pour résoudre les questions d'alliage de seconde espèce, on opère comme nous allons le faire sur le premier de nos problèmes présenté en ordre renversé. Combien doit-on mêler de bouteilles de vin à 50 c. et à 80 c., pour que le prix de la bouteille du mélange soit 67 c. $\frac{1}{2}$? Je dispose les nombres donnés dans l'ordre suivant :

Prix moyen, 67 $\frac{1}{2}$; prix donnés, $\begin{cases} 50, \text{diff.}, 12\frac{1}{2}. \\ 80, \text{diff.}, 17\frac{1}{2}. \end{cases}$

Le prix du mélange doit nécessairement être intermédiaire entre ceux des liqueurs à mêler ; 67 $\frac{1}{2}$ est plus grand que 50, et plus petit que 80. Je prends les différences entre ce premier nombre et chacun des deux autres, et j'écris ces différences en ordre inverse, c'est-à-dire la première, 17 $\frac{1}{2}$, sur la 2e ligne, et la seconde, 12 $\frac{1}{2}$, sur la 1re ligne. Ces nombres m'apprennent que, si je mélange 12 bouteilles $\frac{1}{2}$ de vin à 50 c. avec 17 $\frac{1}{2}$ à 80 c., le vin reviendra à 67 c. $\frac{1}{2}$, ainsi qu'on peut s'en convaincre par le calcul qui se rapporte aux questions de la première espèce.

Observez que ces problèmes sont indéterminés, c'est-à-dire qu'ils ont une multitude infinie de solutions. Dans notre exemple, si on double les résultats, on aura 25 et 35, qui conviendront aussi bien que 12 $\frac{1}{2}$ et 17 $\frac{1}{2}$. On pourrait de même tripler, quadrupler... et en général multiplier ces deux derniers nombres par telle quantité qu'on jugerait à propos, soit entière, soit fractionnaire.

Si donc on voulait emplir avec ce vin mélangé un tonneau dont la capacité serait de 240 litres, il faudrait poser ces proportions :

Si 12 $\frac{1}{2}$, plus 17 $\frac{1}{2}$, ou 30, répondent à 12 $\frac{1}{2}$, à combien 240 ?

Si 30 répondent à 17 $\frac{1}{2}$, à combien 240?

Ces calculs, qui sont de véritables règles de société, montrent qu'il faut mêler 100 bouteilles de vin à 50 c. avec 140 à 80 c., pour composer 240 bouteilles à 67 c. $\frac{1}{2}$.

La question suivante présente toutes les difficultés de ces sortes de problèmes. On demande de composer 7 kil. 54 d'argent à 0,9 de fin, en alliant des poids convenables de ce métal aux titres de 0,97 et de 0,84 : combien doit-on prendre de chacun?

Titre moyen, 0,9 ; titr. donnés, $\begin{cases} 0,97, \text{diff.}, 0,06 \\ 0,84, \text{diff.}, 0,07 \end{cases}$

On doit prendre 0,06 de l'un sur 0,07 de l'autre, ou 6 kil. sur 7, pour que le titre du mélange soit 0,9 ; mais, pour que l'alliage ait le poids fixé de 7 kilogrammes 54, on posera 13 : 6 : : 7, 54 : $x = 3,48$: ainsi, en prenant 3 kil. 48 d'argent au titre de 0,97, et par suite 4 kil. 06 à 0,84, l'alliage sera au titre de 0,9, et pèsera 7 kil. 54.

Quant à la démonstration du procédé de calcul que nous venons d'exposer, nous emprunterons le secours de l'algèbre pour la donner. Supposons que p et p' soient les poids mélangés des deux substances, savoir, k de la première, k' de la seconde ; il est clair que $p + p$ est le poids total, et que le prix est $pk + p'k'$; ainsi le prix de l'unité du mélange étant appelé m, on a,

$$m\,(p+p') = pk + p'k' \qquad (1)$$

D'où..... $m = \dfrac{pk + p'k'}{p + p'} \qquad (2)$

Jusqu'ici nous avons raisonné comme s'il ne s'agissait que de résoudre un problème de la première espèce, où on veut trouver m, connaissant les poids p, p' et les prix k et k. Mais si on donne le prix moyen m, et les prix k, k', des deux substances, pour obtenir les poids p, p', de chacune dans le mélange, il faudra tirer de l'équation unique (1) les valeurs des deux inconnues p et p' ; ce qui justifie ce que nous avons avancé, que le problème est indéterminé. On peut, en conséquence, disposer à volonté de la grandeur de l'une de ces quantités p, p', ou de leur somme, ou de leur différence, ou de toute autre relation entre elles.

En tirant la valeur de p, on trouve :

$$p = \frac{p'\,(k' - m)}{m - k}$$

Et, puisque la quantité p' est arbitraire, on peut la prendre égale au dénominateur, ou $p' = m - k$; d'où résulte $p = k' - m$. Ainsi p et p' sont, comme nous l'avons dit, égaux aux différences réciproques des prix donnés au poids moyen.

Et puisque l'équation est encore satisfaite quand on double, ou triple, etc., les deux membres, on voit qu'on peut faire varier p et p' comme on voudra, pourvu que ces quantités conservent le même rapport, qui est

$$\frac{p}{p'} = \frac{k' - m}{m - k} \qquad \text{FRANCOEUR.}$$

ALLIAGES. (*Chimie.*) On appelle ainsi les composés qu'on obtient en combinant les métaux les uns avec les autres. Quand le mercure est l'un des métaux combinés, l'alliage prend le nom d'*amalgame*.

On peut considérer les alliages comme de nouveaux métaux, créés par l'industrie humaine, avec des propriétés spéciales que n'offrent pas, au même degré ou avec la même économie, les métaux naturels. Ainsi, nous fabriquons un métal, ductile comme le cuivre, mais plus fusible, moins coûteux ; ainsi, nous augmentons par alliage la dureté de l'argent et nous le rendons propre à la confection des monnaies, etc.

Les alliages ne résultent pas, en général, d'une combinaison atomique des éléments ; il semble que les métaux qui leur donnent naissance peuvent s'allier entre eux en toutes proportions ; car, en fondant un mélange de métaux, on obtient toujours un composé solide, quelles que soient les quantités respectives des composants. Pourtant, plusieurs faits tendent à faire croire que les alliages sont soumis à la loi des proportions définies : tel est celui qu'on observe souvent quand un alliage fondu se refroidit ; il se forme alors, dans la masse, deux ou plusieurs couches distinctes qui contiennent les métaux combinés dans des proportions déterminées : telle est encore l'élévation de température qui se produit généralement dans la formation de l'alliage. On peut citer enfin, à l'appui de cette opinion, une observation remarquable de Rudberg. Dans des expériences sur le refroidissement des alliages fondus, ce physicien a constaté que le thermomètre indiquait deux fois une température stationnaire ; s'arrêtant une fois à un point commun à tous les alliages, composés des mêmes métaux, et une autre fois à un point qui variait avec les proportions de ces métaux. Des alliages de plomb et d'étain, par exemple, ont été portés à la température de 320 degrés ; on a mesuré les durées du refroidissement de 10 en 10 degrés, et on a trouvé que le thermomètre restait longtemps stationnaire au même point 187 degrés, et cela dans tous les alliages essayés. Mais, outre ce point d'arrêt, dont la position ne dépend pas, comme on voit, des proportions du mélange, le thermomètre s'arrête une seconde fois ; par exemple, pour l'alliage $Pb^3\,Sn$ entre 290 et 280 degrés ; pour $Pb^2\,Sn$ entre 280 et 270 degrés, etc. Un seul composé, $Pb\,Sn^3$, fait exception à cette règle ; il se refroidit régulièrement et ne présente qu'un seul point stationnaire, qui est, comme nous l'avons dit, à 187 degrés. Il faut donc admettre que, pour tous les alliages de plomb et d'étain, autres que celui-là, il y a *deux points d'arrêt* où le thermomètre est stationnaire, l'un étant *fixe* à 187 degrés et l'autre *mobile* : ce dernier se montre toujours d'autant plus haut que le mélange, par un excès d'un des métaux, s'éloigne plus de *Pb Sn* [3]. — Ces expériences, répétées par Rudberg sur des alliages de bismuth et d'étain, de zinc et d'étain, de zinc et de bismuth, nt conduit au même résultat.

On doit conclure de ces observations que, si l'on mélange deux métaux dans une proportion quelconque, il se forme toujours d'un des métaux et d'une partie de l'autre une combinaison intime, composée dans un rapport simple atomistique. C'est cette combinaison que Rudberg appelle *alliage chimique*; la masse fondue n'est ainsi qu'une dissolution de l'alliage chimique dans le métal qui se trouve en excès.

Quand les métaux en fusion sont précisément dans les proportions qui constituent la combinaison définie, la masse se refroidit régulièrement jusqu'à la température de sa solidification, et cette température donne le point *fixe*. Mais si le mélange contient un des métaux en excès, cet excès qui, dans les températures élevées, était liquide et, dans cet état, mêlé avec l'alliage chimique, se solidifie, pendant le refroidissement, dégage sa chaleur latente et produit par là le premier retard du thermomètre. Le métal solidifié reste dans l'alliage chimique encore fluide; et c'est celui-ci qui, en passant à l'état solide, occasionne le second point stationnaire qui a toujours lieu à la même température.

Rudberg a observé un fait qui confirme l'explication précédente : en versant sur un corps froid un alliage en fusion, il a remarqué des circonstances différentes dans la solidification, suivant que les métaux alliés étaient ou non dans les proportions précises de l'alliage chimique : dans le dernier cas, l'alliage ne reste pas parfaitement fluide jusqu'à sa congélation; il prend l'aspect d'un mortier et devient, à mesure qu'il se refroidit, de plus en plus difficile à remuer. Ce phénomène n'a pas lieu avec l'alliage chimique.

Les observations que nous venons de rapporter prouvent, comme nous le disions, que les combinaisons des métaux sont soumises, comme toutes les autres, à la loi des proportions définies; si l'on peut allier les métaux, en proportions quelconques, c'est que les composés qu'on forme ainsi ne sont pas de véritables combinaisons, mais de simples mélanges d'un des métaux en excès avec un composé défini, avec un alliage chimique. Les alliages offrent ainsi une constitution analogue à celle des acides aqueux qui ne sont autre chose, comme nous l'avons dit ailleurs, que des dissolutions aqueuses d'un hydrate défini.

Ces considérations étaient nécessaires pour bien faire entendre la nature chimique des alliages. Examinons maintenant les propriétés générales qu'ils nous présentent.

Les alliages sont tous doués de l'éclat métallique, tous (à l'exception des amalgames) solides. Ils sont, en général, plus durs, moins ductiles que les métaux qui les composent. Voici, à cet égard, ce qui résulte de l'observation :

Les métaux cassants, en se combinant entre eux, donnent des alliages cassants et, par conséquent, sans usage dans les arts. L'arsenic, l'antimoine, le bismuth sont dans ce cas.

Les alliages des métaux cassants avec les métaux ductiles sont ordinairement cassants, surtout lorsqu'il y a excès des premiers. Ainsi, les composés d'arsenic et de cuivre, d'antimoine et d'argent, d'antimoine et de fer, etc., sont aigres et cassants.

Les alliages de métaux ductiles sont le plus souvent ductiles : l'or et l'argent, l'or et le cuivre, l'argent et le cuivre, etc., fournissent des alliages qu'on travaille avec facilité. (*Voy.* plus bas.)

La chaleur modifie, sous ce rapport, les propriétés des alliages : un alliage ductile à froid est souvent cassant à une température plus ou moins élevée. Cela a lieu lorsque l'un des métaux alliés, fusible à cette température, tend à se séparer. Le laiton, composé de cuivre et de zinc, offre un exemple de ce fait : il est très-ductile à froid et devient cassant à chaud.

La pesanteur spécifique des alliages est tantôt plus grande, tantôt moindre que la pesanteur spécifique moyenne des métaux qu'ils contiennent. Ainsi, les alliages binaires de cuivre et zinc, de cuivre et étain, d'argent et plomb, etc., ont une densité qui surpasse la moyenne des densités des composants; le contraire arrive dans les alliages d'or et argent, d'or et cuivre, d'argent et cuivre.

Il est également difficile de prévoir le degré de fusibilité d'un alliage, d'après le degré de fusibilité des métaux qui le constituent : en général, l'alliage est moins fusible que le métal le plus fusible; mais quelquefois il l'est davantage; exemple : l'alliage fusible de Darcet; cet alliage, composé de huit parties de bismuth, cinq de plomb, et trois d'étain, fond à la température du bain-marie.

Les alliages formés de métaux inégalement fusibles sont souvent décomposés, en tout ou en partie, par une chaleur suffisante pour faire fondre seulement le plus fusible. Cette décomposition est désignée sous le nom de *liquation*, et on la pratique, en grand, pour séparer le plomb du cuivre, l'étain du fer, etc.; mais, dans aucun cas, la séparation n'est complète. Quand on chauffe un alliage au contact de l'air et que les métaux qu'il renferme sont très-inégalement oxydables, la décomposition s'opère complètement par un grillage plus ou moins prolongé. S'il s'agit, par exemple, d'un alliage de plomb et d'argent, on parviendra, par ce procédé, à séparer les deux métaux ; le plomb sera converti en oxyde par l'action de l'air, et l'argent restera tout à fait pur. Le traitement du plomb argentifère par coupellation nous offre une application de cette propriété. *Voyez* COUPELLATION.

Les alliages se préparent par deux procédés distincts. Le plus usité consiste à fondre, dans un même creuset, les métaux à allier. Il est nécessaire, dans le plus grand nombre des cas, de préserver le mélange du contact de l'air durant l'opération ; sans quoi les métaux pourraient s'oxyder. On y parvient en recouvrant le bain métallique d'huile, ou de suif ; pour les alliages les moins fusibles, qui doivent être portés, par conséquent, à une température plus élevée, on remplace les corps gras par un flux vitreux qui produit le même effet, sans s'altérer par l'action de la chaleur. L'autre procédé s'applique au cas où l'alliage doit contenir un métal volatil : on se sert alors de l'oxyde de ce métal, et la préparation s'exécute comme la précédente ; seulement on ajoute du charbon pour opérer la réduction de l'oxyde. C'est encore ce procédé qu'on emploie quand les oxydes des métaux à allier sont d'une réduction difficile à l'état isolé, parce que la formation de l'alliage aide quelquefois cette réduction.

Quel que soit le procédé qu'on suive dans la préparation des alliages, il faut avoir soin de brasser le bain avant de couler ; sans cette précaution, l'alliage obtenu ne serait pas homogène, et les métaux se séparant dans la masse par différence de densité, le plus lourd se trouverait dans la partie inférieure en plus grande proportion que dans la partie supérieure. Une autre cause contribue encore à cette inégalité de répartition : c'est la formation d'alliages déterminés, quand la solidification s'opère. Souvent, en effet, par l'inégalité du refroidissement, l'alliage se partage en deux alliages, qui n'ont pas la même fusibilité ni la même composition et qui ne se solidifient pas en même temps. Cette sorte de liquation est une des difficultés du moulage des objets de grandes dimensions, notamment des bouches à feu. On l'empêche autant que possible, en activant le refroidissement. — La cristallisation qui a lieu quelquefois dans l'alliage est encore une des causes qui peuvent nuire à sa ténacité et qu'il faut prévenir. On y parvient en soumettant l'alliage, pendant son refroidissement, à une forte pression ou à des chocs répétés.

Nous n'étendrons pas davantage ces notions générales sur les alliages : toutes les observations qui nous restent à faire sur la fabrication de ces composés trouveront place dans les articles que nous consacrerons aux principaux alliages usités dans les arts. *Voyez* SOUDURE, DORURE, ÉTAMAGE, etc.

Berthier, *Traité des essais par voie sèche.* T. I. .
Ch. Laboulaye. *Dictionnaire des arts et manufactures*, art. ALLIAGES.

                                        H. Dézé.

ALLIANCE. (*Politique.*) On appelle ainsi l'union, établie par des traités, entre deux ou plusieurs États. Il y a des alliances *offensives* et des alliances *défensives*. Attaquer un ennemi commun ou se défendre contre les agressions extérieures, tel est le but des unes ou des autres. Souvent l'alliance se fait dans ce double but. En général, les alliances, considérées tant sous le rapport des droits et des obligations des alliés entre eux, que sous celui de la position où ils se placent envers l'ennemi, forment trois classes distinctes. Dans certains cas, elles s'appellent *sociétés de guerre* ou *alliances pour faire la guerre en commun ;* alors les deux parties s'engagent à employer toutes leurs forces contre l'ennemi commun, et chacun des alliés est regardé comme puissance belligérante principale. Dans d'autres occasions, elles prennent le nom de *traités de secours*, lorsque les alliés ne s'engagent réciproquement qu'à fournir un secours déterminé ; alors une seule des deux puissances est considérée comme belligérante, et l'autre n'est qu'auxiliaire. Quelquefois, enfin, l'une des deux puissances s'engage seulement à fournir des troupes, moyennant un subside, ou à donner des secours en argent, sans prendre elle-même directement part à la guerre, et alors l'alliance s'appelle *traité de subsides.*

ALLIANCE. (*Histoire religieuse.*) Le pacte, le contrat, l'alliance que, suivant les livres saints, Dieu fit avec les premiers hommes, et qu'il renouvela à plusieurs reprises, s'exprimait en Hébreu par le mot *Bérith.* Ce mot fut traduit dans la version des Septante par διαθήκη, dont la Vulgate, par une traduction fautive, a fait *testamentum.* De là ces expressions d'*Ancien* et de *Nouveau Testament*, par lesquelles on désigne la plus solennelle des alliances anciennes, celle que Dieu contracta avec Abraham, et qui fut confirmée par là loi de Moïse ; puis d'autre part, l'alliance qui eut Jésus-Christ pour médiateur.

La Bible, dont le texte abonde en *anthropomorphismes*, c'est-à-dire en expressions applicables à l'homme, et qu'elle étend à la divinité, la Bible parle fréquemment des pactes établis, des conventions faites, des promesses échangées entre Dieu et sa créature. Ici Dieu parle à Noé : « Je vais faire mon *pacte* avec vous et avec votre race après vous..... Mon arc sera dans les nuées, et je me souviendrai de l'*alliance* éternelle qui a été faite entre Dieu et toutes les âmes vivantes qui animent toute chair sur la terre. » (*Genèse*, vi, 18; ix, 16.) Plus tard, c'est avec Abraham que Dieu fait une alliance, qu'il renouvelle avec les Israélites par l'intermédiaire de Moïse, et dont il donne pour gage les Tables de la loi. Aussi, le réceptacle de ces précieux documents s'appelle-t-il l'*arche de l'alliance*. Josué, près de mourir, fait alliance avec le peuple au nom du Seigneur. Jonas, Esdras et Néhémie renouvellent de même l'*alliance* du Très-Haut avec les enfants d'Israël.

Si ce terme revient souvent dans l'Ancien Testament, il ne se trouve pas moins fréquemment employé dans le Nouveau. En effet, tandis que toutes ces alliances imparfaites se reproduisaient sans cesse, et s'expliquaient les unes par les autres, toutes fondées sur la promesse d'un céleste rédempteur, seul capable de les consommer, les temps s'accomplissaient qui avaient été marqués pour la grande alliance, pour la seule véritablement efficace et indissoluble. Jésus était venu sur la terre se sacrifier seul pour les péchés de tous; en célébrant la pâque, il prit la coupe et dit à ses disciples : « Ceci est mon sang, le sang de la *nouvelle alliance*. »

Ainsi le grand pacte était accompli. A la *loi de nature*, donnée par l'alliance primitive, avait succédé la *loi de rigueur*, imposée par l'alliance avec Moïse; par la nouvelle alliance, les hommes recevaient la *loi de grâce*; et le jour où Jésus-Christ étendit sur le monde ses deux bras cloués à la croix, Dieu avait tenu toutes ses promesses.   X.

ALLIANCE DE MOTS. (*Littérature.*) On appelle, en littérature, *alliance de mots*, le rapprochement de deux idées, de deux termes qui semblent s'exclure, réfléchissent l'un sur l'autre une partie du sens qui leur est propre, se modifient, se tempèrent, s'adoucissent mutuellement, acquièrent par leur union plus de grâce ou d'énergie, et présentent, heureusement accolés, un sens distinct de celui qu'ils auraient en séparément.

On peut comparer l'*alliance de mots* aux races habilement croisées par l'hymen, aux rameaux heureusement unis par la greffe, et qui produisent ainsi des fruits d'une qualité supérieure et différente.

L'alliance des mots supplée aux expressions déterminées, quand elles nous manquent pour peindre notre pensée, et sert à en définir toutes les nuances, comme l'alliance des couleurs supplée, sous le pinceau d'un peintre habile, aux tons composés qui ne lui sont point donnés par les couleurs primitives.

L'influence d'un mot sur un autre est suffisamment démontrée par ce principe grammatical, *deux négations valent une affirmation*. Cette influence n'est pas toujours aussi positive; elle ne change pas toujours le sens, positive; elle ne change pas toujours le sens, elle le rend plus ou moins direct, l'augmente ou l'atténue, selon les mots que l'on rapproche pour exprimer, par leur union, l'idée que l'on n'aurait pu rendre avec un seul.

L'écrivain, l'orateur et le poëte trouvent, dans l'ingénieux rapprochement des mots, des ressources contre la pauvreté d'expressions reprochée justement à notre langue. Ainsi que le dit Millevoye,

Une plume exercée habilement rassemble
Ces termes qui, surpris et charmés d'être ensemble,
D'un hymen favorable empruntant le secours,
Fécondent la pensée, échauffent le discours.

C'est dans le Corneille et dans Racine que l'on rencontre le plus fréquemment de ces alliances de mots, inusitées jusqu'à eux, dont ils offrent encore les plus beaux modèles, et que le génie seul peut imiter. Ils ont étendu les limites d'une langue qui ne se prêtait point suffisamment au développement de leurs pensées, non en créant des termes plus nombreux, mais en multipliant ou agrandissant, par des rapprochements nouveaux, la signification des termes adoptés par l'usage. Ils ont prouvé qu'il n'y a point de langue ingrate pour de grands écrivains, et que les combinaisons variées de quelques mots, changeant de valeur selon la place qu'ils occupent, suffisent à l'expression de toutes les pensées, comme les combinaisons diverses de quelques chiffres suffisent à l'expression de tous les nombres. Racine, qui faisait admirer à ses enfants ce beau vers de Corneille,

Et monté sur le faîte, *il aspire à descendre;*

a dit lui-même avec une hardiesse égale :

Dans une longue *enfance* ils l'auraient fait *vieillir.*

Il n'est pas nécessaire de faire remarquer tout ce qu'il y a de grand et d'expressif dans la réunion de ces termes, qui peignent avec tant de bonheur, et d'un seul trait, la situation des personnes auxquels ils s'appliquent.

Racine n'a pas été moins bien inspiré quand il a dit, dans *Phèdre*,

Déjà de l'insolence *heureux persécuteur.*

On sent que l'alliance des mots fait ici d'une épithète injurieuse un titre honorable.

Destouches, dans le *Glorieux*, ne pouvait peindre en termes mieux choisis la bassesse d'un fils orgueilleux, qu'il ne l'a fait dans cette apostrophe remplie de justesse et d'éloquence :

J'entends; *la vanité* me déclare *à genoux*
Qu'un père malheureux n'est pas digne de vous.

M. Baour-Lormian, dans sa traduction de la *Jérusalem délivrée*, offre un exemple remarquable de la manière dont on peut rapprocher, dans la poésie descriptive, les termes les plus opposés.

On voit le long des murs que bat l'airain terrible
En balles se gonfler une laine flexible,
Qui trompe le bélier, sans relâche grondant,
Combat par sa mollesse, et résiste en cédant.

Lebrun a dit, dans une de ses *épîtres* :

S'élever en rampant à d'indignes honneurs.

Du reste, ses poésies offrent un grand nombre de ces alliances heureuses, qui lui ont valu, de la part de Ginguené, les vers suivants, qu'il ne sera pas inutile de citer :

D'un plaisir inquiet tu nous vois tressaillir
A ces expressions neuves, inattendues,
Richesses du langage, en tes vers répandues;
A cet accord de mots jusqu'alors ennemis,
Qui, placés avec art, et désormais unis,
Portent, sans murmurer, une commune chaîne,
Et ne sont plus surpris que de leur vieille haine.

Les poëtes et les orateurs présentent une foule de ces rapprochements de mots qui forment image, mais dont il faut se garder d'abuser;

Le bon goût en prescrit l'emploi sage et discret,

a dit Millevoye.

Ce qu'on doit éviter surtout, ce sont les alliances de termes ambitieux et bizarres, qui frappent quelquefois au premier aspect, mais que l'esprit et la raison repoussent bientôt, si un lien intime et naturel ne les légitime. Dans ce genre, comme dans tout autre, les hardiesses de la médiocrité sont toujours décolorées et froides; les hardiesses du génie sont seules sublimes.

EMMANUEL DUPATY.

ALLIER (Département de l'). (*Géographie et statistique*.) *Topographie*. — Le département de l'Allier, formé de la partie orientale de l'ancien Bourbonnais, et d'un petit arrachement de l'Auvergne, au sud-ouest, a pour limites, au sud-est, le département de la Loire; à l'est, celui de Saône-et-Loire, dont la Loire le sépare en grande partie; au nord-est, celui de la Nièvre; au nord-ouest, celui du Cher; à l'ouest, celui de la Creuse; au sud, celui du Puy-de-Dôme. Il est situé dans la partie centrale du royaume.

Son étendue est de 723,981 hectares, savoir :

Contenances imposables.

Terres labourables.	467,614 h.
Prés.	69,751
Bois.	63,827
Landes, pâtis, bruyères, etc. .	28,714
Vignes.	17,975
Étangs, mares, canaux d'irrigation.	5,970
Vergers, pépinières et jardins. .	5,056
Propriétés bâties.	3,072
Oseraies, aulnaies, saussaies. .	518
Canaux de navigation.	218

Contenances non imposables.

Forêts, domaines non productifs.	32,253
Routes, chemins, rues, etc. .	21,964
Rivières, lacs, ruisseaux. . . .	6,988
Cimetières, bâtiments publics. .	61
Total.	725,981 h.

On y compte :

58,676	maisons;
652	moulins;
104	forges et fourneaux;
370	fabriques et manufactures;

en tout, 59,802 propriétés bâties.

Le nombre des propriétaires est de 66,929; celui des parcelles de 2,759,992.

Principalement assis sur la vallée fluviale de l'Allier, ce département comprend, en outre, deux autres vallées ou portions de vallées particulières du bassin général de la Loire : celle de la Loire même à l'est, et celle du Cher à l'ouest. Ces trois vallées latérales, dont les séparations sont déterminées par des lignes d'une élévation médiocre, quoique les montagnes qui les forment offrent souvent des points de vue pittoresques, ont une même pente du sud au nord, pente qui est conséquemment celle de la surface générale du département.

La Loire, l'Allier (*Elaver*), qui donne son nom au département, et le Cher en sont les trois cours d'eau principaux. La première lui sert de limite à l'est, pendant 6 myr. 6 kilom., sans y baigner de lieu notable; elle y reçoit, par la gauche, la Vouzance, l'Odde, la Roudon et la Bèbre. — L'Allier coupe le département à peu près par la partie centrale; son cours y est de 11 myr. 2 kilom.; il passe à Moulins. Il ne reçoit par la droite, dans cette étendue, que la Sichon et la Mourgon. Mais ses affluents de gauche sont plus nombreux; ce sont, en descendant le cours de l'Allier, l'Andelot, la Sioule, la Queune, le Chamaron et la Bioudre. La Sioule est le plus important de tous. — Le Cher a, comme la Loire, 6 myr. 6 kilom. de cours sur le département. Il n'a pas d'affluent notable.

L'Allier, la Loire et le Cher sont en partie navigables dans leur cours sur le département, qui possède, en outre, deux canaux : celui de la Loire et celui du Cher.

Neuf routes royales (parcours total, 496,915 mètres), et sept routes départementales (parcours total, 232,449 mètres).

Le noyau des montagnes est granitique; le sol des plaines, généralement fertile, est formé de dépôts d'alluvions argileux et siliceux, mêlés de graviers, reposant sur un fonds argileux.

Le département est couvert d'un très-grand nombre d'étangs poissonneux, qui alimentent pour la plupart des canaux d'irrigation, dont l'industrie manufacturière tire aussi profit.

Le sol est très-boisé; les bois et les forêts, comme on l'a vu dans le tableau ci-dessus, occupent une superficie totale de 96,080 hectares, c'est-à-dire les deux quinzièmes de la surface du département.

Climat. — Le voisinage des montagnes

rend la température sujette à de brusques variations. L'hiver est souvent rigoureux, et l'été quelquefois très-chaud. Les vents dominants sont ceux du sud et de l'est. Le vent du sud-ouest, au printemps, est toujours très-froid.

Productions. — *Histoire naturelle.* Dans un département où les forêts ont autant d'étendue, il n'est pas étonnant que les animaux sauvages, tels que les loups, les renards, etc., soient très-multipliés. Autrefois commun, le sanglier y est devenu rare; mais le gibier de toute espèce, quadrupède et volatile, est extrêmement nombreux. Le poisson abonde dans les étangs et rivières.

Les essences dominantes des forêts et des bois sont le chêne, le hêtre, le charme, le bouleau et le sapin.

Le fer, l'antimoine, la manganèse, la houille, le granit, le porphyre, le grès, le quartz, le kaolin, les marbres, l'argile à potier, la marne, forment les principales richesses minérales du département. Le marbre blanc de Vindelat est cité pour sa beauté comme marbre statuaire. On y connaît une mine de cuivre, qui n'est pas exploitée.

Le département renferme plusieurs sources d'eaux minérales célèbres depuis des siècles : Néris, Bourbon-l'Archambault et Vichy sont les plus fameuses et les plus fréquentées.

Divisions administrative et politique. — Le département est divisé en quatre arrondissements de sous-préfecture, dont les chefs-lieux sont Moulins, Montluçon, Gannat et la Palisse; on y compte vingt-six cantons et 322 communes. Il fait partie de la 19e division militaire, dont le chef-lieu est Clermont-Ferrand; ses tribunaux sont du ressort de la cour royale de Riom; il forme le diocèse d'un évêché suffragant de l'archevêché de Sens, et dont le siége est à Moulins. Enfin il fait partie de l'académie universitaire de Clermont, et du 23e arrondissement forestier dont la conservation est à Moulins.

Il est divisé en quatre arrondissements électoraux, dont les chefs-lieux sont aussi Moulins, la Palisse, Gannat et Montluçon.

Population. — D'après le dernier recensement, la population est de 311,361 âmes, ainsi réparties entre les quatre arrondissements :

Moulins.	90,323
Montluçon.	79,795
Gannat.	66,323
La Palisse.	74,920
Total.	311,361

Industrie agricole. — Le département, comme on l'a vu, sur une superficie de 723,981 hectares, en a 467,614, ou plus des trois cinquièmes, consacrés à la culture céréale; les prés occupent 69,751 hectares, ou

plus du onzième de la surface totale; les vignes, 17,975 hectares, ou la quarantième partie du département; enfin, les vergers, pépinières et jardins, 5,056 hectares. Mais c'est avec peine qu'on voit encore 28,714 hectares, ou plus du trentième du département, occupés par des landes et des pâtis improductifs.

Le département de l'Allier n'est pas un de ceux où l'agriculture est parvenue à un haut point de perfection; mais elle est en marche progressive. La production en céréales et en vins dépasse de beaucoup la consommation locale. Cette production est évaluée : en céréales, à 2,663,736 hectolitres; en avoine, 619,500 hectolitres; en pommes de terre, 612,000 hectolitres; en vins, elle dépasse 400,000 hectolitres.

On y compte environ 20,000 bêtes de race chevaline, c'est-à-dire chevaux, ânes et mulets; 140,000 bêtes à cornes et 80,000 bêtes ovines, celles-ci fournissant annuellement environ 160,000 kilog. de laine. — Outre ses belles prairies naturelles, le département commence à donner un développement remarquable à la culture des prairies artificielles, cette base première de toute bonne agriculture. — Les cultivateurs récoltent de beaux seigles, du lin, du chanvre, etc. On fabrique de l'huile de noix estimée. L'engrais des bestiaux est une partie notable de l'industrie agricole. L'amélioration de la race ovine a fixé aussi l'attention des propriétaires. Le beurre, le laitage, le fromage de chèvre de Montmarault sont estimés.

Les vins rouges du pays, sauf un petit nombre d'exceptions, ne jouissent d'aucune réputation, même comme vins d'ordinaire; les vins blancs sont un peu plus estimés.

La culture du mûrier et l'éducation des vers à soie, anciennes dans le département, y avaient été fort négligées depuis la révolution; elles y ont repris faveur, et promettent de devenir une branche importante de l'industrie agricole.

Industrie manufacturière et commerciale. — Le département compte 104 forges et hauts-fourneaux, 370 fabriques, manufactures et autres usines, et 652 moulins à vent et à eau. Ces chiffres accusent un haut développement d'industrie. Les forges du Tronçais fournissent, année commune, plus de 500,000 kil. de fer. Il faut citer ensuite la papeterie de Cusset, la verrerie de Souvigny, la manufacture de glaces de Commentry, les coutelleries de Moulins, les manufactures de porcelaine et de poterie de Lurcy-Lévy, celles de couvertures de laine et de coton, celles de draps, les filatures, les papeteries, les tanneries, les corderies, etc.

Foires. — Le nombre de foires du département est de 406; elles se tiennent dans 92 communes, et ne durent, sauf un très-petit nombre d'entre elles, qu'un seul jour.

Les grains, les bestiaux, les légumes secs, le chanvre, le lin, la poterie, la coutellerie, etc., sont les principaux articles de vente dans ces foires locales.

Impôts directs. — Le département a payé à l'État, en 1839 :

Contribution foncière. . . . . 319,733 fr.
Contributions personnelle
et mobilière. 222,800
Portes et fenêtres. . . . . . <u>132,401</u>

   Total des impôts directs. . . 674,934

Les hommes les plus distingués qui sont nés dans le département, sont les maréchaux de la Palisse, de Bourdillon, de Berwick, de Villars ; le connétable de Bourbon ; le vice-amiral d'Orvillers ; le cardinal Duprat ; le médecin Roux ; le physicien Petit ; le poëte Gilbert ; le ministre Claude.

Bresson, *Mémoires sur la géologie du dép. de l'Allier* (Journal des mines, t. V, 1797).
Huguet, *Tableau de la situation du dép. de l'Allier*, in-8°, an X.
Saladin, *Hydrographie du dép. de l'Allier*, 1838, in-8°.
Annuaires de l'Allier, 1829-32, in-18.
                          G.

ALLITÉRATION. (*Littérature.*) On appelle ainsi la répétition des mêmes consonnes ou des syllabes qui ont le même son. L'allitération peut être un défaut, plus rarement une beauté. Dans certaines littératures et à certaines époques, on a beaucoup recherché les effets qui résultent de cette répétition, effets qui, bien réussis, constituent ce qu'on appelle l'harmonie imitative ; mais enfin on a été forcé de reconnaître que ce n'était là qu'un jeu puéril, sans portée comme sans dignité ; que l'esprit est rarement affecté de ce rapprochement de sons, et que l'oreille ne s'en aperçoit guère que pour en être choquée. On vante cependant quelques vers, très-rares, où l'allitération a amené un heureux résultat : Ainsi, chez Virgile :

Quadrupedante putrem sonitu quatit ungula campum.
Luctantes ventos tempestatesque sonoras; [pum.

chez Racine :

Pour qui sont ces serpents qui sifflent sur vos têtes ;
Sa croupe se recourbe en replis tortueux ? [tes ;

chez Boileau :

        Et l'assiette volant
S'en va frapper le mur, et revient en roulant.

Voilà ce que l'allitération ou l'harmonie imitative a produit de plus remarquable. Certes on ne peut nier qu'un certain effet, atteint dans ce vers par cette résonnance, n'ajoute une petite qualité à d'autres qualités, heureusement plus grandes. Mais croit-on que, s'il n'y avait, dans des vers, d'autre perfection qu'une allitération plus ou moins bien réussie,

c'en serait assez pour l'éloge? Non certes ; et sacrifier à un pareil mérite si peu que ce fût de l'idée ou de l'expression, serait de la folie. Ajoutons, ce qui va diminuer encore le peu d'estime accordée à l'harmonie imitative, que l'inspiration est nécessairement incompatible avec une aussi frivole recherche, et que, si le poëte inspiré, c'est-à-dire le vrai poëte, rencontre quelquefois l'allitération, cette rencontre n'est due qu'au hasard.

             St. A. CHOLER. ·

ALLOBROGES. (*Géographie* et *Histoire ancienne.*) — Les Allobroges étaient l'un des peuples les plus puissants de l'ancienne Gaule. Marseille ayant (en 124 avant notre ère) appelé les Romains dans la Gaule méridionale contre les Vocontiens et les Salyens, ces deux peuples furent vaincus, et, pour les contenir, le proconsul C. Sextius fonda la ville d'*Aquæ Sextiæ* (Aix). En même temps il fit alliance avec les Éduens, peuple qui dominait entre la Saône et la Loire, et qui était depuis longtemps ennemi des Allobroges et des Arvernes. Ceux-ci étaient au contraire unis par d'anciens traités et par une haine commune contre les Éduens; aussi lorsqu'ils virent les Romains s'établir entre le Rhône et les Alpes, et contracter amitié avec les Éduens, résolurent-ils de chasser les nouveaux venus, qui déjà se conduisaient en maîtres, et voulaient contraindre les Allobroges à leur livrer leurs ennemis fugitifs. Les Allobroges, prêts les premiers, franchirent l'Isère et s'avancèrent à grandes journées à la rencontre des Romains. Ce fut près de la ville de *Vindalium* (Venasque) que les deux armées en vinrent aux mains. La tactique romaine eut bon marché de ces barbares, qui laissèrent vingt mille morts sur le champ de bataille. La défaite des Arvernes, qui suivit de près celle des Allobroges, livra ce dernier peuple à la merci des Romains; ils furent déclarés sujets de la république, et le consul qui les avait vaincus prit le surnom d'*Allobrogique* (121 av. J. C.).

Pline, *Histoire naturelle*, III, 4.
Strabon, XVI, p. 185.
Polybe, III, 50.
Tite-Live, *Epitom.* LXI et LXV.
Velleius Paterculus, II, 10.
Florus, III, 10.
Cæsar, *De bell. Gall.*, I, 10 ; III, 1.
Walckenaer, *Géographie historique des Gaules*.
Amédée Thierry, *Histoire des Gaulois.*
                          G.

ALLOCATION. (*Législation.*) Ce mot ne s'emploie pas seul dans le style législatif. L'on dit allocation d'un crédit, et l'on entend par cette expression un impôt anticipé, voté par les chambres, avec affectation à certaines dépenses, prévues ou imprévues, mais exactement spécifiées.

ALLOCUTION. (*Art militaire.*) Discours, harangue d'un général à son armée. L'usage en était fréquent dans l'antiquité, et l'habitude d'assister aux discussions publiques le rendait nécessaire pour des hommes qui, sous les armes, furent longtemps citoyens; les généraux ne dédaignaient pas de leur expliquer les motifs de la guerre, et d'invoquer la victoire au nom de la justice.

Quelques écrivains ont prétendu que les belles allocutions que nous lisons dans *Thucydide*, dans *Polybe*, et surtout dans *Tite-Live*, étaient l'ouvrage de ces historiens. Ils ont eu raison en ce sens, que chaque auteur a mis dans ses harangues ses propres idées et les a empreintes de la couleur de son style; mais on ne peut pas douter que des discours de ce genre n'aient été tenus. Tous les restes de l'antiquité l'attestent. Sur la colonne *Trajane* l'empereur debout parle aux troupes réunies autour de lui. Plusieurs médailles de *Néron*, de *Galba*, de *Septime Sévère*, représentent ces empereurs haranguant leurs soldats.

Ces allocutions devaient produire un grand effet : la mâle assurance du général, son geste animé, sa voix forte, ses regards brillants d'ardeur et d'espérance, électrisaient les soldats et élevaient les âmes au niveau de la sienne. Souvent un mot d'inspiration, un trait inattendu suffisait pour ranimer le courage et assurer la victoire. *Léonidas* arrive aux *Thermopyles*, quelqu'un lui crie : *Voilà les Perses qui s'approchent de nous.* — *Nous approchons d'eux*, répondit le héros. — *Le soleil sera obscurci par les flèches de nos ennemis.* — *Tant mieux, nous combattrons à l'ombre.* Près des défilés de *Tégyre*, un Thébain effrayé s'écrie : *Nous sommes tombés entre les mains des Lacédémoniens.* — *Dites plutôt qu'ils sont tombés entre les nôtres*, réplique *Pélopidas.* Avant de livrer la bataille qui décida de l'empire du monde, *César* fit aplanir les remparts, combler les fossés, et dit aux soldats étonnés : *Nous irons dormir dans le camp de Pompée.* Guillaume le Conquérant brûla la flotte qui l'avait apporté en Angleterre, et jeta la première torche en disant : *Nous irons à Londres, c'est notre seul asile. Annibal*, avant lui, avait remercié les dieux de l'avoir placé *entre la victoire et la mort.*

Les allocutions varient suivant les lieux, les époques et les motifs de la guerre. A *Rome*, à *Sparte*, à *Athènes*, on parlait au nom de la patrie. *Alexandre* promettait les dépouilles de l'Asie. C'était aux cris magiques d'indépendance et de liberté que combattaient les compagnons de *Tell* et les soldats des *Nassau*. Les bataillons de *Gustave*, invoquant le Dieu des armées, répétaient les prières que prononçait le grand roi avant de donner le signal à *Lutzen*. Aussi braves, mais plus passionnés, et surtout plus avides,

étaient les disciples de *Mahomet*, à qui le calife *Omar* disait avant la bataille : *Combattez pour Dieu; il vous donnera la terre.*

Mus par un sentiment de haine et de vengeance, quelques historiens hollandais ont prétendu que *Luxembourg*, marchant en 1672 pour attaquer *Leyde* et *la Haye*, avait dit à ses soldats : *Tuez, pillez, violez; tout est permis à ceux qui savent vaincre.* Ce langage, qui ne convient qu'à un chef de flibustiers, n'a pu être celui d'un général de Louis XIV.

Il n'est pas d'ailleurs nécessaire, pour animer les soldats français, de leur parler au nom du ciel, ni de leur promettre les biens de la terre. L'honneur, la renommée de leur corps, la gloire de nos armes, suffisent pour leur faire braver la mort. Il semblerait, au premier coup d'œil, que les idées vagues ou complexes ne doivent agir que sur des gens instruits qui peuvent les définir et les analyser; mais nos mœurs en ont fait le patrimoine de toutes les classes, de tous les rangs. Le général veut remplir l'univers de son nom, l'officier veut être cité dans l'armée, le soldat dans son régiment. Ce sont des cercles concentriques; les plus petits, il est vrai, sont tracés sur le sable, sont effacés par le moindre souffle; mais l'expérience ne désabuse pas, et l'on meurt tout entier en rêvant l'immortalité.

Condé, qui connaissait si bien les Français, jetait dans les retranchements de *Fribourg* son bâton de commandement, en criant: *Allons le chercher.* A *Lens*, il disait: *Amis, souvenez-vous de Rocroy, de Fribourg et de Nordlingue.*

Henri IV parcourt à *Ivry* la ligne de ses troupes, et leur montrant le panache qui flottait sur son casque, il dit : *Enfants, si les cornettes vous manquent, voici le signe de ralliement : il sera toujours sur la route de l'honneur et de la victoire.* Il s'écrie dans cette même bataille : *Je suis votre roi, vous êtes Français, voilà l'ennemi : donnons!*

Un autre Béarnais, devenu roi, *non par droit de conquête et par droit de naissance*, mais par le choix libre et spontané d'une nation forte et généreuse, a dit depuis, au passage du *Tagliamento*, lorsqu'il était général français: *Soldats de l'armée du Rhin, l'armée d'Italie vous regarde. Moreau*, dont la mort a flétri la vie, disait au cinquante-septième, qui, à Moeskirch, soutenait les efforts des Autrichiens : *Rappelez-vous que Bonaparte, en Italie, vous a salués du nom de Terrible.*

L'immense étendue de terrain qu'occupe une armée, l'impossibilité de réunir toutes les armes sur un même point, ont fait remplacer les harangues par des *ordres du jour*, qui, lus à la tête de chaque bataillon, produisent moins d'effet sans doute, mais initient les soldats aux pensées et aux projets des chefs.

Kléber reçoit en Égypte une sommation de l'amiral *Keith*; il la fait mettre à l'ordre de l'armée, et il ajoute : *Soldats, on répond à de telles insolences par la victoire : préparez-vous à combattre*; et les Turcs furent vaincus! Après la mort de *Kléber*, *Menou*, qui le remplaça, fut moins heureux : son langage avait cependant été aussi énergique. Voici l'ordre du jour du 15 ventôse an ix (6 mars 1801) : *Soldats, une armée navale anglaise de cent trente-cinq voiles est sur les côtes d'Égypte; si des troupes débarquent, vous les culbuterez dans la mer. Une armée d'Osmanlis fait des mouvements vers El-Arish; si elle marche sur l'Égypte, vous l'anéantirez dans le désert.*

Bonaparte, général en chef, consul, empereur, a laissé dans ce genre des modèles qui feront l'admiration de la postérité. « Sol- « dats, disait-il en 1796 à son armée d'Italie, « vous avez en quinze jours remporté six « victoires, pris vingt et un drapeaux, cin- « quante pièces de canon, plusieurs places « fortes, conquis la partie la plus riche du « Piémont. Jusqu'ici vous étiez battus « pour des rochers stériles, illustrés par votre « courage, mais inutiles à la patrie. Dénués « de tout, vous avez suppléé à tout, vous avez « gagné des batailles sans canons, passé des « rivières sans ponts, bivouaqué sans eau-de « vie, et souvent sans pain. Grâces vous soient « rendues! les plus grands obstacles sont « franchis sans doute : vous avez encore des « combats à livrer, des villes à prendre, des « rivières à passer; en est-il d'entre vous dont « le courage s'amollisse? en est-il qui pré- « féreraient de retourner sur les sommets de « l'Apennin et des Alpes essuyer patiemment « les injures de cette soldatesque esclave? ... « Non, il n'en est pas parmi les vainqueurs de « *Montenotte*, de *Millesimo*, de *Dego* et de « *Mondovi* : tous brûlent de porter au loin la « gloire du nom français; tous veulent dicter « une paix glorieuse; tous veulent en rentrant « dans leurs villages pouvoir dire avec fierté : « *J'étais de l'armée conquérante de l'Ita- « lie.* »

Ce dernier trait est une expression simple et sublime du caractère national : il rend ce besoin de gloire, de considération et d'estime qui agite tout cœur généreux et vraiment français. Aussi Bonaparte l'a-t-il reproduit plusieurs fois. Après la bataille d'Austerlitz il rappelle à ses soldats tous leurs triomphes, il en promet la récompense : « Vous avez dé- « coré vos aigles d'une immortelle gloire. Une « armée de cent mille hommes, commandée

« par les empereurs de Russie et d'Autriche, « a été en quelques heures coupée et disper- « sée; ce qui a échappé à votre fer s'est noyé « dans les lacs. Quarante drapeaux, les éten- « dards de la garde impériale russe, cent vingt « pièces de canon, vingt généraux, plus de « trente mille prisonniers, sont le résultat de « cette journée à jamais célèbre. Cette infan- « terie tant vantée n'a pu résister à votre « choc, et désormais vous n'avez plus de « rivaux. Soldats, je vous ramènerai en « France; là vous serez l'objet de mes plus « tendres sollicitudes, et il vous suffira de « dire, *J'étais à la bataille d'Austerlitz*, « pour que l'on réponde, *Voilà un brave!* »

Avant que le canon de *Mojaïsk* se fît entendre, *Napoléon* encourageait cette armée que les éléments devaient détruire : « Voici la ba- « taille que vous avez tant désirée : désormais « la victoire dépend de vous; elle est nécessaire, « elle vous donnera l'abondance, de bons quar- « tiers d'hiver, et un prompt retour dans la « patrie. Conduisez-vous comme à *Austerlitz*, « à *Friedland*, à *Vitepsk*, à *Smolensk*, et que « la postérité la plus reculée cite avec orgueil « votre conduite dans cette journée ; que l'on « dise de vous : *Il était à cette grande ba- « taille, sous les murs de Moscou.* »

Le rapprochement des dates, des époques, des circonstances, est encore un trait caractéristique des discours que Bonaparte adressait à son armée. *César*, *Frédéric*, *Cromwell*, avaient employé le même moyen. Rien, en effet, n'est plus propre à ébranler les imaginations que la puissance des souvenirs. Les Romains avaient des jours heureux et des jours funestes (*dies atri*, *dies inominales*, *dies religiosi*) où leurs généraux n'auraient pas osé aborder l'ennemi; de ce nombre était le 17 août, marqué par la mort des trois cents *Fabius*.

Après la bataille de *Friedland*, l'empereur s'exprimait ainsi : « Vous célébrâtes à *Auster- « litz* l'anniversaire du couronnement; vous « avez cette année dignement célébré celui de « *Marengo.* » En 1806, dans les champs de la Pologne, il disait encore : « Soldats, il y a « aujourd'hui un an, à cette heure même, que « vous étiez sur le champ mémorable d'*Aus- « terlitz*; les bataillons russes, épouvantés, « fuyaient en déroute ou rendaient les armes à « leurs vainqueurs. Aujourd'hui ils vous bra- « vent! Eux et nous, ne sommes-nous pas les « soldats d'*Austerlitz*? »

Nous pourrions multiplier ces exemples, et, comparant les discours des généraux à diverses époques, y chercher des inductions sur ce qui agit le plus puissamment sur les hommes; il nous serait facile d'agrandir encore le cercle, et de rapprocher les discours adressés à des nations qui diffèrent de caractères, de mœurs et d'institutions; mais il faudrait aborder alors des questions qui exigeraient de longs développements, et nous ne devons pas dépasser les bornes que nous nous sommes prescrites.

LAMARQUE.

ALLUCHONS. (*Mécanique.*) C'est le nom que l'on donne aux fuseaux de bois dont on garnit une roue pour la faire engrener avec une *lanterne.* La forme des alluchons est déterminée, ainsi que leur nombre, par les mêmes principes que les dents des roues.

ALLUMETTES. (*Technologie*). S'il est un art qui paraisse peu fait pour attirer l'attention, c'est certainement celui de l'allumettier. Rien de plus simple que les petits brins de bois qu'il nous fournit, et de tous les produits de l'art aucun n'est d'une valeur si exigué. Cependant l'exiguïté même de cette valeur est une chose digne de remarque, et l'étonnement augmenterait si l'on faisait attention qu'une allumette, pour être propre à la vente, n'exige pas moins de huit opérations distinctes, qui souvent sont exécutées par autant d'ouvriers différents. Aussi, pour parvenir à les livrer à si bas prix, a-t-il fallu considérablement perfectionner les procédés de fabrication, et ils le sont tellement aujourd'hui que l'ouvrier fendeur d'allumettes peut aisément dans sa journée en fendre ou débiter jusqu'à huit cent mille.

On choisit, pour faire les allumettes, un bois sec et léger. Les allumettiers préfèrent le bois de tremble; ils le scient en petits billots de la longueur qu'ils veulent donner à l'allumette, et qui est ordinairement d'un décimètre. Ils le choisissent, autant qu'il est possible, sans nœuds, afin qu'il se fende bien, et ils le font sécher au four.

Cela fait, ils le prennent pour le fendre, selon la direction des fibres, en petites feuilles ou tablettes, à l'aide d'une plane ou couteau à main disposé sur l'établi comme le couteau des boulangers.

Le billot, d'abord fendu dans un sens en petites tablettes, est ensuite retourné et fendu transversalement dans l'autre sens, de sorte que tous les feuillets sont à la fois transformés en petites bûchettes carrées; un autre ouvrier prend tous ces petits brins par poignées pour en former des paquets, il les lie avec de la ficelle, ou, pour plus d'économie, avec des *pennes,* sorte de fil qui reste sur le métier du tisserand, après qu'on en a enlevé la toile.

Le paquet étant lié passe à un autre ouvrier qui le frappe avec une palette, afin que les petits brins ne dépassent point la superficie des deux bouts, mais présentent une surface unie et propre à recevoir le soufre uniformément.

Enfin, un dernier ouvrier, ayant devant lui une terrine pleine de soufre fondu, y plonge

les paquets pour imprégner les bouts de cette matière inflammable.

M. Pelletier a substitué à la plane un rabot à plusieurs lames, qui est d'un usage aussi facile, et qui fait sauter douze allumettes à chaque fois et tout d'un coup, au point qu'un seul ouvrier peut en expédier plus de soixante mille par heure, lesquelles, soufrées et comptées au prix d'un centime le cent, produisent une valeur de six francs ou, par journée de douze heures, soixante-douze francs.

Allumettes oxygénées. Ces allumettes sont très-commodes pour procurer immédiatement de la lumière; il suffit d'en plonger l'extrémité dans un flacon contenant de l'acide sulfurique concentré, et de l'en retirer à l'instant : aussitôt le bout prend feu et enflamme l'allumette.

Pour les préparer, on fait un mélange d'une partie de soufre et de trois de chlorate de potasse, légèrement gommé. On broie ces deux substances à part, précaution nécessaire pour éviter le danger d'une explosion qui pourrait résulter de la chaleur produite par le frottement; on mélange ensuite les deux poudres, et on leur donne de la consistance avec un peu de gomme adragant; on y ajoute un peu de lycopode, et on colore en rouge avec du cinabre, ou en bleu avec de l'indigo. Les allumettes sont soufrées d'abord, mais un peu plus qu'à l'ordinaire, et par un bout seulement; on trempe ensuite ce bout dans le mélange ci-dessus, ce qui en fait des allumettes oxygénées.

La cause de l'inflammation instantanée de ces allumettes est facile à concevoir. L'acide sulfurique dans lequel on les plonge décompose subitement, et avec production de chaleur, le chlorate de potasse et même l'acide chlorique; l'oxygène de ce dernier se porte immédiatement sur le lycopode et le soufre, matières très-inflammables, et il y produit une vive combustion qui allume ensuite les brins de bois.

On trouve dans le commerce, et à très-bas prix, des étuis qui contiennent une provision d'allumettes et un flacon d'acide sulfurique. Il y a .dans celui-ci de l'amiante qui tient lieu d'éponge, et empêche que l'allumette ne se charge d'un excès d'acide, et ne le projette d'une manière incommode sur les vêtements. On se sert d'amiante pour excipient de l'acide sulfurique, parce que ce fil minéral n'est pas attaquable par les acides comme le serait le coton ou une éponge. Ce petit nécessaire, ainsi disposé, a reçu le nom de briquet oxygéné.

LENORMAND et MELLET.

On emploie généralement aujourd'hui une autre sorte d'allumettes, dites *chimiques,* qui s'enflamment par simple friction. Voici le mode de préparation de ces allumettes, dont la pâte contient du soufre, du phosphore et du chlorate de potasse :

On fait un mélange de phosphore, de fleur de soufre et d'huile de térébenthine, qu'on chauffe au bain-marie; quand le phosphore est fondu, on agite et on décante l'excès d'huile de térébenthine. Le mélange forme alors une bouillie dans laquelle on plonge les allumettes. Il faut ensuite les enduire de chlorate; pour cela, on a préparé une solution épaisse de gomme arabique à laquelle on a ajouté le sel et une petite quantité de suie mouillée avec l'alcool; on trempe dans ce mélange le bout des allumettes, déjà recouvert par la première composition, et on laisse sécher quelques heures. La pâte est alors solide et adhère suffisamment au bois. Elle est ordinairement colorée en bleu ou en rouge par l'indigo ou le cinabre; mais ces corps ne servent qu'à donner la couleur et on pourrait les supprimer sans inconvénient.

Le chlorate de potasse forme avec le soufre et le phosphore un mélange qui s'enflamme au moindre choc (*Voy.* CHLORE) : il suffit donc de frotter l'allumette, ainsi préparée, sur un corps rude, pour qu'elle prenne feu.

H. DÉZÉ.

ALLURE. (*Marine.*) Littéralement, manière d'aller. C'est la route et la situation du vaisseau par rapport à la direction du vent. Il y a trois *allures* principales : *le plus près du vent, le largue* et *le vent arrière.*

ALLUSION. (*Littérature.*) L'allusion est une figure de rhétorique qui aide à faire sentir le rapport que les personnes ou les choses ont entre elles, et qui emploie des expressions naturelles pour rappeler une idée autre que celle que les mots semblaient d'abord destinés à faire naître. L'allusion est une sorte d'allégorie qui consiste ordinairement dans un mot, dans une phrase, et qui insinue plutôt qu'elle ne désigne le rapprochement qu'on a l'intention de faire. Ce rapprochement est le plus souvent un trait de satire ou de louange, quelquefois un conseil ou une leçon. C'est une manière adroite et délicate de faire passer ce qu'il y aurait de trop fade dans la louange, de trop amer dans la critique, de trop audacieux dans le conseil ou dans la leçon. C'est une balle qui, détournée de la ligne droite, frappe sur un corps étranger, et arrive au but par ricochet. Quand Boileau, dans sa première épître, faisait reprocher à Pyrrhus, par Cinéas, son humeur guerroyante, et l'engageait à se reposer, il faisait allusion à la manie des conquêtes qui s'était emparée de Louis XIV, et s'adressait indirectement à ce prince, à qui il n'eût peut-être pas été prudent de reprocher en face son ardeur pour la guerre. Racine employa le même moyen pour détourner ce monarque de paraître sur le théâ-

tre, d'y chanter et d'y danser. Il ne s'adressa point à Louis XIV, il fronda Néron : l'allusion était claire; le roi la sentit et se corrigea. Les courtisans la sentirent aussi, et crurent plaire au maître en dénigrant *Britannicus.*

Les poëtes ont toujours employé l'allusion pour donner des leçons aux rois et aux peuples. Le théâtre d'Eschyle, d'Euripide et d'Aristophane, est rempli d'allusions aux événements du temps. Ménénius, dans la fable des *Membres et l'Estomac,* qu'il adressa au peuple retiré sur le mont Aventin, se servit de l'allusion pour le ramener dans Rome; et Stésichore, le plus ancien poëte sicilien, inventa l'apologue *du Cheval et l'Homme,* pour détourner ses concitoyens d'implorer contre leurs ennemis le secours du tyran Phalaris, qui aurait bien pu ensuite leur donner des fers.

C'est dans la fable surtout que brille l'allusion; elle y est indispensable : Chaussard a dit dans sa *Poétique secondaire* :

Un masque offre les traits des divers animaux, ,
Mais sous ce masque est l'homme avec tous ses
[défauts
Lui-même en a souri. Qu'un docte badinage
Échange finement noms, titres et langage,
Et de *l'allusion* que le miroir secret
De vos mœurs en profil révèle le portrait.

La Fontaine est le maître dans ce genre : toutes ses fables sont des allusions ingénieuses à nos vices, à nos travers, à nos défauts; dans tous les animaux qu'il fait parler, on reconnaît l'homme.

Dans un genre plus élevé, l'allusion plaît lorsqu'elle offre une image neuve et belle, comme dans ce passage du septième chant de la *Henriade* :

Ton roi, jeune Biron, te sauve enfin la vie,
Il t'arrache sanglant aux fureurs des soldats,
Dont les coups redoublés achevaient ton trépas;
Tu vis, songe du moins à lui rester fidèle.

Ce dernier vers fait allusion à la conspiration du maréchal de Biron.

Quand l'allusion est employée par la louange, elle doit être fine et délicate, comme dans ces vers improvisés par mademoiselle de Scudéri, à l'aspect des œillets que le prince de Condé avait cultivés à Vincennes, pendant sa captivité :

En voyant ces œillets qu'un illustre guerrier
Arrose de la main qui gagna des batailles,
Souviens-toi qu'Apollon bâtissait des murailles,
Et ne t'étonne pas que Mars soit jardinier.

Voiture, qui était fils d'un marchand de vin, jouant un jour aux proverbes dans une société, madame des Loges lui dit : « Celui-là ne vaut rien, *percez*-nous-en un autre.» On voit que madame des Loges rappelait par là l'état du père de Voiture. L'allusion qu'elle faisait était une impertinence, et prouvait qu'avec de l'esprit une femme orgueilleuse et vaine peut n'être qu'une sotte.

Molière, en annonçant la défense de jouer

le *Tartufe*, ajouta : *M. le premier président ne veut pas qu'on le joue.* L'allusion était vive, sanglante, et le double sens la rendait aussi adroite que spirituelle.

Ce petit nombre d'exemples suffira pour démontrer tout le parti qu'on peut tirer de l'allusion. Dans les temps de trouble, de fureur et de haine, elle devient un bouclier contre le danger d'exprimer franchement sa pensée. La vérité se retranche alors derrière l'allusion; mais plus d'un arrêt nous a démontré que ce rempart n'est pas inexpugnable.

EMMANUEL DUPATY. '

ALLUVIONS. (*Géologie.*) On nomme alluvions, en géologie, tous les dépôts formés par les eaux courantes et sauvages, quelle que soit la nature de ces dépôts. Quand un courant d'eau passe sur des roches facilement désagrégeables, il en emporte une portion proportionnelle à sa vitesse et à son volume. Les matières minérales, ainsi transportées, étant plus denses que l'eau, ne peuvent être tenues en suspension dans ce liquide qu'en vertu de sa vitesse; et, comme l'action de la pesanteur tend à chaque instant à diminuer l'action de cette vitesse, il en résulte que, des corps tenus en suspension, ce sont les plus pesants qui se déposent les premiers. C'est effectivement d'après ce principe que se trouvent distribués les matériaux le long des cours d'eau : des fragments de la même roche, partis d'un même point, les plus gros sont les plus voisins du lieu de départ, et les autres se succèdent, en diminuant de volume, jusqu'à l'embouchure du cours d'eau, ou jusqu'à l'endroit où sa vitesse est anéantie. Là, ne se trouvent plus que les matières tenues : les sables et le limon.

En suivant le cours d'une rivière, on remarque, dans le lit, que les alluvions forment des angles rentrants, opposés à des angles saillants, formés par une berge escarpée. Tous les obstacles, rochers, piles de pont, arbres, etc., qui se trouvent dans le lit d'un cours d'eau, occasionnant une diminution de vitesse, déterminent un dépôt d'alluvions.

Les fleuves et les rivières dont les inondations sont fréquentes, la Saône, la Loire, le Nil, etc., ont formé, de chaque côté de leurs rives, des dépôts d'alluvions considérables. Ces dépôts s'étendent en plans inclinés, qui s'abaissent à mesure que l'on s'éloigne des bords de la rivière, en sorte que, dans les inondations, la ligne de couronnement de ces berges est la dernière couverte. Voici comment se forment ces dépôts latéraux : le liquide qui arrive abondamment dans le lit d'un cours d'eau, après les pluies et la fonte des neiges, chargé d'une quantité de débris pierreux et autres, en augmente tellement le volume, que l'eau passe bientôt par les échancrures des berges, pour se répandre sur le terrain plat, sur la prairie, traversée par le cours d'eau. A mesure que l'eau s'étend latéralement, elle perd sa vitesse et dépose les matériaux qu'elle tenait en suspension. Il se forme ainsi, à chaque inondation, une couche mince; et le même phénomène se répétant un grand nombre de fois, le dépôt acquiert, avec le temps, une épaisseur considérable. Il résulte de là que les rivières dont les berges d'alluvions sont les plus élevées, se trouvent justement être celles dont les inondations sont les plus fréquentes.

On conçoit que de pareils dépôts doivent renfermer les débris de toutes les roches lavées par les cours d'eau et leurs affluents, ainsi que ceux des animaux et des végétaux qui vivent dans la contrée, mélangés avec de nombreuses traces de l'industrie humaine. C'est effectivement ce qui a lieu : la partie inférieure du grand dépôt d'alluvions des rives de la Saône renferme des fragments d'armes et de poteries celtiques; plus haut, on trouve des poteries et des médailles romaines; enfin, viennent les débris de l'industrie des Français, et, avec tout cela, des fragments des végétaux et des animaux qui habitent la contrée. Ces dépôts d'alluvions sont souvent considérables et s'accroissent rapidement : celui du Nil, qui couvre toute la basse Égypte, a élevé d'environ deux mètres le sol de cette contrée depuis le commencement de l'ère chrétienne.

Les delta que forment les rivières et les fleuves à leur embouchure dans les lacs ou dans la mer, sont des dépôts d'alluvions. *Voyez* DELTA.

Les alluvions caillouteuses, qui sont fréquentes dans les montagnes, et les alluvions sableuses (lits de la Loire, du Rhône et du Rhin), perdent plus ou moins complétement le sol qu'elles recouvrent. Les alluvions limoneuses, au contraire, lui donnent une grande fertilité (celles du Nil, de la Saône, de la Seine, etc.)

Les eaux entraînent, avec les débris des roches, les métaux et les minéraux précieux qu'elles renferment; mais ces substances ne pouvant être transportées fort loin, à cause de leur grande densité, finissent par s'accumuler sur certains points et par y former des gîtes très-riches. C'est ainsi qu'ont été produits les fameux terrains aurifères et diamantifères de l'Amérique, de la Russie et de certaines parties de l'Afrique, dont on a retiré de si grandes richesses.

Indépendamment des alluvions formées par les eaux douces, il y en a qui sont formées par les eaux marines; de là deux divisions : *alluvions d'eaux douces* et *alluvions marines.* Dans le flux, la mer se répandant sur le

8.

sol plat des côtes, y dépose une mince couche de vase ou de sable, à laquelle chaque pleine mer vient en ajouter une nouvelle. On conçoit qu'ainsi le dépôt doit croître rapidement ; c'est ce qui arrive principalement en Hollande, pays dont la plus grande partie du sol a été formée de cette manière. Les courants qui longent les côtes y forment aussi des dépôts analogues à ceux des fleuves et des rivières.

Les alluvions marines renferment, et souvent en abondance, des débris d'animaux et de végétaux marins, de navires, et même des navires entiers (la Rochelle, Aigues-Mortes).

La surface des grandes plaines et le fond des grandes vallées sont ordinairement recouverts d'un puissant terrain d'alluvions, qui s'élève aussi jusqu'à une certaine hauteur sur les pentes des montagnes, et dont la formation ne peut pas être attribuée aux causes actuellement agissantes. Ce terrain étant nommé *diluvien*, *voyez* ce mot.

ROZET.

ALLUVIONS. (*Législation.*) On appelle ainsi les atterrissements et accroissements qui se forment successivement et imperceptiblement aux fonds riverains d'un fleuve ou d'une rivière. L'alluvion est considérée par la loi civile comme un moyen d'acquérir la propriété ; elle profite au propriétaire riverain, qu'il s'agisse d'un fleuve ou d'une rivière navigable, flottable ou non ; à la charge toutefois, dans le premier cas, de laisser le marchepied ou chemin de halage, conformément aux règlements.

Le besoin d'établir des règles générales a dû déterminer le législateur à consacrer ici une sorte d'injustice. Ainsi, il a assimilé à l'alluvion proprement dite, le relais que forme l'eau courante qui se retire insensiblement de l'une de ses rives pour se porter sur l'autre. Le propriétaire de la rive découverte profite de l'augmentation de son terrain, sans que le propriétaire de l'autre rive soit admis à réclamer le terrain qu'il a perdu.

L'alluvion n'a pas lieu à l'égard des lacs et des étangs, dont le propriétaire conserve toujours le terrain que l'eau couvre, quand elle est à la hauteur de la décharge de l'étang, encore que le volume de l'eau vienne à diminuer. Réciproquement, le propriétaire de l'étang n'acquiert aucun droit sur les terres riveraines que son eau vient à couvrir dans les crues extraordinaires. On n'a pas dû assimiler à l'alluvion l'enlèvement subit d'une partie du terrain contigu à une rivière, que la violence des eaux porterait vers un champ inférieur ou sur la rive opposée : une sorte d'action en revendication est alors accordée au propriétaire de la partie enlevée ; mais cette action doit

être formée dans l'année, si le propriétaire voisin a pris possession de la partie accrue à son terrain.   COFFINIÈRES.

ALLUVIONS. (*Agriculture.*) Les alluvions sont utiles à l'agriculture en ce qu'elles étendent le domaine des terres arables. Que de pays, en effet, acquis à la culture par ce jeu de la nature dont l'art a su tirer parti ! La basse Égypte, la Hollande (nord), le bas Languedoc, la basse Vendée et la Camargue sont des alluvions du Nil, du Rhin, de la Loire et du Rhône ; et nous en trouverons encore de considérables, produites par le fleuve Saint-Laurent, par celui des Amazones, par le Mississipi et par l'Indus. Ajoutons à ces alluvions importantes les nombreuses accrues acquises aux propriétés riveraines par les courants inégaux d'une foule d'autres fleuves et rivières.

Les alluvions, et particulièrement les alluvions marines, pourraient rester stériles pendant des siècles, si le propriétaire riverain ne s'occupait de les féconder. Il faut pour cela commencer par les étayer au moyen de pieux enfoncés profondément et avec force, entrelacer ces pieux de clayonnage, et planter le sol d'osiers, de chalefs, de roseaux, de massettes, de rubaniers, d'iris, ou autres plantes aquatiques et aréneuses, à racines traçantes, qui retiennent les terres, arrêtent la vase et favorisent ainsi la fertilisation et l'exhaussement de l'alluvion. Avec de semblables dispositions, au bout de deux ans, on peut souvent confier à l'alluvion des plantations d'oliviers rouges et de saules, jusqu'à ce qu'elle puisse être convertie en prairie artificielle ou consacrée à d'autres cultures.

DUBRUNFAUT.

ALMAGESTE. Sous les règnes d'Adrien et d'Antonin le Pieux, florissait à Alexandrie le *plus grand* des astronomes et des géographes de l'antiquité : c'était Claude Ptolémée, auquel ses contemporains prodiguèrent les noms d'*admirable*, d'*étonnant*, de *divin*. L'ouvrage qui lui valut tant de gloire portait le nom de Σύνταξις μαθηματική, auquel fut accolée l'épithète de μεγίστη, *très-grande*.

Il arriva qu'au milieu des guerres qui ravagèrent l'Orient, un médecin, Arabe de naissance, chrétien de religion, fuyant la Syrie, se réfugia à la cour des califes, et y donna la première traduction arabe du traité de Ptolémée. Cette traduction fut suivie de plusieurs autres, parmi lesquelles la plus estimée fut faite sous le calife Almamoun qui, dit-on, n'y fut point étranger, par un certain Olahazer-ben-Joussouf et par un moine nommé Sergius. Il est à remarquer que les Arabes, en traduisant la Σύνταξις, remplacèrent ce mot par celui de *ritab* (livre), mais qu'ils laissèrent subsister l'épithète de μεγίστη, en la faisant précéder de l'article *al*, Les traducteurs orientaux, ne soupçonnant pas que *meghisti* fût un mot grec, le prirent pour le titre de l'ouvrage; et ce prétendu titre, constamment placé en tête des traductions, finit par y demeurer, même après la découverte du manuscrit sur lequel fut faite la première édition grecque de l'Almageste (Bâle, 1538).

L'Almageste est d'autant plus précieux pour nous, qu'il contient toutes les notions astronomiques des anciens; mais il est difficile de savoir ce qui appartient en propre à Ptolémée; car les ouvrages antérieurs ne nous sont point parvenus. On paraît porté à croire qu'il n'a été que compilateur; et on est allé jusqu'à l'accuser d'avoir détruit les livres de ses devanciers, afin de mieux déguiser ses plagiats. Il est juste de dire cependant que cette grave accusation ne repose sur aucun fondement réel.

Quoi qu'il en soit de cette question, l'Almageste fit loi en astronomie jusqu'à Copernic. Le système du monde connu sous le nom de système de Ptolémée, et suivant lequel la terre, immobile au centre de l'univers, voit les cieux se mouvoir autour d'elle, d'orient en occident, fut non-seulement adopté par les savants, mais même regardé comme le seul orthodoxe, puisque Galilée encourut les censures de l'Église, pour s'être rangé aux nouvelles idées qui faisaient du soleil le point central de notre système.

L'Almageste contient en outre un traité complet de trigonométrie rectiligne et sphérique; un catalogue des étoiles fixes, dressé par Hipparque et augmenté par Ptolémée; des recherches sur la parallaxe du soleil, ou, pour mieux dire, sur sa distance de la terre, ainsi que sur celle de la lune; une méthode pour calculer les éclipses, qu'on attribue à Hipparque; enfin, un système d'arrangement des corps célestes et de leurs révolutions. On trouve, enfin, dans le même livre une description des instruments d'astronomie usités à cette époque.

La première traduction française de l'Almageste est due à l'abbé Halma (1813-1815).

C. P.

ALMANACH. (*Astronomie.*) Table qui fait principalement connaître le nombre et l'ordre des mois, des jours et des fêtes de l'année. On y trouve encore ordinairement les phases de la lune et l'annonce des éclipses. Pendant longtemps ce genre de productions a été un dépôt d'erreurs et de préjugés : c'était la voie par laquelle l'astrologie faisait circuler le mensonge des palais aux plus humbles chaumières. (*Voyez* ASTROLOGIE.) Les almanachs contenaient des prédictions relatives à l'agriculture, à la météorologie, aux destinées des princes, aux affaires des nations, etc. Souvent les rois ont été obligés d'en interdire la publication. Aujourd'hui de pareilles mesures ne sont plus nécessaires : les progrès des sciences ont frappé du mépris public ce honteux moyen de spéculer sur la crédulité des peuples.

Depuis longtemps les prédictions ont fait place à des choses plus positives. Les almanachs sont devenus des espèces d'*agenda* que l'on approprie au goût et à l'usage des diverses classes de la société. On en compte un grand nombre chez toutes les nations civilisées. En France, le gouvernement, les départements, les grands corps de l'État, les sociétés savantes, les arts, l'industrie, le commerce, etc., ont chacun le leur. Tous ces almanachs ont pour fondement la table des jours et des fêtes de l'année, suivie des indications à chaque instant nécessaires à ceux à qui ces *agenda* sont adressés. C'est ainsi que l'*Almanach royal*, dont l'origine remonte à l'année 1679, donne la chronologie des rois et des reines de France de la troisième race; les naissances et alliances des rois, reines, princes et princesses de l'Europe; la composition de la maison du roi et celle des maisons des princes et princesses de la famille royale; les listes et les adresses des membres de la chambre des pairs, de la chambre des députés, des conseillers d'État; l'organisation des ministères; les tableaux des fonctionnaires des départements, des membres du clergé de France, des cours royales et tribunaux divers, etc., etc. Nous ne ferons pas l'énumération des almanachs généralement connus, dont le nombre et la forme d'ailleurs varient souvent d'une année à l'autre; mais nous ne terminerons pas sans citer particulièrement celui que le Bureau des longitudes publie sous le titre d'*Annuaire*. Les hommes instruits y trouvent chaque année le calendrier ordinaire, les phases de la lune et l'annonce des éclipses; les passages au méridien de Paris; les levers et couchers du soleil, de la lune et des principales planètes; un grand nombre de tables et d'articles d'un haut intérêt sur le système du monde, la géographie, la statistique et les sciences physiques. Ce petit volume est extrait en partie de la *Connaissance des temps*, autre genre d'almanach formé pour l'avantage de l'astronomie, de la géographie et de la navigation, et dont on parlera au mot *Éphéméride*. (*Voyez* l'article CALENDRIER, pour les principes sur lesquels on fonde la construction des almanachs.)

NICOLET.

ALMANZA (Bataille d'). (*Histoire.*) Cette journée, qui fut d'une haute importance dans la guerre de la succession d'Espagne, fut d'ailleurs remarquable par une double singularité : le maréchal de Berwick, Anglais et neveu de Marlborough, commandait pour

Louis XIV les troupes françaises et espagnoles, tandis que lord Galloway, né Français et comte de Ruvigny, devenu pair d'Angleterre, avait sous ses ordres une armée de Portugais et d'Anglais, et cherchait à rendre à l'archiduc Charles la couronne de Philippe V. Le 25 avril 1707, Berwick prit position sur la frontière du royaume de Valence, près d'Almanza, petite ville de la province de Murcie, et accepta le combat que lui offrait Galloway. Il remporta une victoire complète, fit 10,000 prisonniers, prit 120 drapeaux, toute l'artillerie et tous les bagages de l'ennemi. Le royaume de Valence lui fut livré, et la conquête de l'Aragon suivit de près. Ni Philippe V ni l'archiduc n'assistèrent à cette journée, dont leur couronne était l'enjeu.

Almanza est, comme nous l'avons dit, une petite ville située sur les confins des royaumes de Murcie et de Valence; elle a été bâtie par les Maures. Il s'y tient tous les ans une foire de quinze jours. On y compte 4,000 habitants.

ALMAZAN, *Almazanum.* (*Géographie.*) Petite ville de la province de Soria, dans la Vieille-Castille. Elle a un beau pont sur le Duero, huit églises, quatre couvents et 2,000 habitants. — Un traité de paix y fut conclu, en 1375, entre Pierre IV d'Aragon et Henri de Transtamare, roi de Castille.

ALMÉIDA, *Almedia.* (*Géographie.*) Ville du Portugal, dans la province de Beira. Elle possède des eaux sulfureuses et une population de 6,000 habitants. C'est une des plus importantes places de guerre du pays, sur la frontière d'Espagne. Elle fut prise par les Espagnols en 1762, et restituée au Portugal lors de la paix. Prise par les Français le 28 août 1810, reprise l'année suivante par l'armée anglo-espagnole, elle fut assiégée en 1813 par Masséna, qui força le commandant à capituler. Quand les Français quittèrent l'Espagne, le général Brenier fit sauter les fortifications d'Alméida. Depuis, elles ont été rétablies.

ALMÉNARA (Combat d'). (*Histoire.*) Alménara est le nom d'un bourg d'Espagne, dans la principauté de Catalogne. Le 27 juillet 1710, Philippe V, ayant envoyé des troupes s'emparer du pont d'Alfarax et des passages de la Noguera, fut prévenu par l'archiduc Charles, qui battit ces troupes et leur fit éprouver une déroute complète. Cette action, qui eut lieu près d'Alménara, et en prit le nom, fut le prélude de la bataille de Saragosse.

ALMOHADES. (*Histoire.*) Les Almoravides étaient au faîte de leur puissance; ils avaient soumis à leur loi l'Espagne et le Maghreb, lorsqu'ils virent tout à coup leur empire menacé par de fanatiques sectaires qui venaient de lever l'étendard d'une foi nouvelle.

Mohammed-ben-Toumert, né dans les derniers rangs du peuple, puisque son père était chargé d'entretenir les lampes qui brûlaient dans la grande mosquée de Sous el-Aksa, réunissait les qualités les plus propres à lui donner auprès des Berbers une haute influence. Séduit, dès ses jeunes années, par l'exemple du prophète auquel est dû l'islamisme, il se prépara de longue main au rôle qu'il voulait jouer, et chercha, par des voyages en Orient, à acquérir les connaissances qui devaient lui assurer une action durable sur les superstitieuses populations de l'Atlas. A Baghdad, il devint le disciple du célèbre philosophe Algazeli, et se forma, par ses leçons, à cette mysticité raffinée à l'aide de laquelle il espérait exploiter en sa faveur les dogmes de la religion de Mahomet. De retour dans sa tribu, il attira tous les regards par les austérités de sa vie et par ses prédications exaltées contre les puissances du jour. Bientôt le bruit se répandit dans les tribus que le Mahdi, ce douzième imam, disparu miraculeusement dans son enfance (voyez ALIDES), venait de nouveau se révéler aux hommes dans les montagnes du Maghreb. Dès lors de nombreux disciples s'attachèrent à ses pas, et le nouvel apôtre alla dans la cité de Maroc braver la puissance du prince almoravide Ali-ben-Youçouf.

Ce chef se croyait alors trop sûr du pouvoir pour ne pas être indulgent; en vain ses ulémas furent unanimes pour condamner le nouveau sectaire; il craignit à la fois de lui donner une importance nouvelle par la persécution et de paraître aux yeux de ses peuples redouter les rêves insensés d'un fanatique. Tout ce qu'on put obtenir de lui, à la suite des excès auxquels se livrait Mohammed, ce fut de le bannir de la ville; mais il se réfugia dans les montagnes, fortifia la ville de Tinmal, et sa nouvelle retraite devint le rendez-vous d'une foule de sectateurs qui prirent le nom d'*Al-Mou-ahhedi* ou Almohades, c'est-à-dire unitaires, se croyant rappelés par la voie du Mahdi à la simplicité première de l'islamisme, dont ils accusaient les générations nouvelles de s'écarter chaque jour davantage. Séduites de proche en proche par la doctrine du nouvel imam, les tribus berbères ne se contentèrent pas d'être initiées par lui à la foi religieuse, elles le reconnurent pour leur chef politique, et vingt mille soldats demandèrent à marcher contre le prince almoravide. Ce fut alors qu'Ali se repentit d'avoir méprisé l'ennemi dont il n'avait pas su mesurer l'importance. Mais il était trop tard; ses armées furent battues à chaque rencontre; les Almoravides, frappés d'une inexplicable terreur, avaient oublié leurs succès passés, et fuyaient souvent avant le combat. Cependant quels que fussent les succès du Mahdi, l'immense empire des Almoravides ne pouvait être détruit en quelques jours; et, après avoir fait en vain assiéger Maroc par ses généraux, Mohammed-ben-Toumert mourut sans avoir pu s'asseoir encore sur ce trône qu'il ambitionnait.

Le plus fidèle de ses disciples, *Ab-del-Moumen*, qui lui servait de lieutenant depuis qu'il prêchait le sabre à la main, lui succéda en l'an 524 de l'hégire (de J. C. 1130), et n'hésita pas à prendre le titre d'*Émir-el-Moumenin*, ou commandeur des croyants, titre qui n'avait appartenu jusque-là qu'aux khalifes de Baghdad ; car les Almoravides eux-mêmes n'avaient pas voulu qu'on leur donnât une qualification qui n'appartenait qu'aux successeurs directs de Mahomet, et se faisaient appeler *Émir-el-Mouslemin*, commandeur des musulmans. A peine reconnu, par la dernière volonté du Mahdi et le choix des troupes, souverain du Maghreb, Abd-el-Moumen voulut légitimer par le succès l'origine de son pouvoir. Il réunit autour de son étendard tous ceux de ses partisans qui étaient en état de porter les armes et ne cessa plus de combattre les Almoravides jusqu'à ce qu'en s'emparant de Maroc et mettant à mort le dernier héritier de cette race malheureuse, il eût appuyé sa puissance sur des bases inébranlables.

Dès l'époque où l'empire des Almoravides s'était ébranlé sous les attaques des Almohades, l'Espagne, plus éloignée du centre du pouvoir que les autres provinces, s'était divisée de nouveau, chaque émir cherchant à se rendre indépendant dans sa province. L'un des premiers soins d'Abd-el-Moumen fut de ranger sous sa loi toute la partie musulmane de la péninsule. Il n'y passa pas en personne, il est vrai ; d'autres expéditions le retenaient en Afrique : il étendait ses États jusqu'à Tunis, et ne voulait plus reconnaître de limites à sa puissance sur le continent africain, que les sables de la Libye et les flots de l'Atlantique ; mais il fit passer en Andalousie de nombreux soldats, commandés par des chefs habiles, et bientôt la prise de Cordoue, celle d'Almérie, et la mort d'Alonzo VII de Castille, l'implacable ennemi des musulmans, lui livrèrent toute la partie de l'Espagne qu'avaient possédée les Almoravides.

Partout vainqueur, maître de l'un des plus vastes empires du monde, Abd-el-Moumen, qui joignait les qualités du législateur à celles du conquérant, ne songea plus qu'à protéger les arts et à embellir sa capitale de somptueux édifices. Des palais de marbre, d'élégantes mosquées, des collèges où se rendaient de toutes parts les plus habiles professeurs, firent de Maroc l'émule de Cordoue, alors que, sous les Ommiades, elle jetait un si vif éclat. On mesura géométriquement, par son ordre, toutes les provinces de son vaste empire, depuis Sous jusqu'à Mahadia, qu'il avait reconquise sur Roger, roi de Sicile. A l'aide de cette opération jusqu'alors négligée par les souverains de l'Afri-

que les levées d'hommes destinées au service militaire et la rentrée des contributions se faisaient avec la plus grande régularité. Des manufactures d'armes, pourvues d'excellents ouvriers, fournissaient aux besoins de son immense armée. Quatre cents vaisseaux avaient été construits dans ses ports, et la marine arabe, parcourant en tout sens la Méditerranée, avait pris, sous son règne, un développement jusqu'alors inconnu. C'est au moment où, mettant à profit toutes les ressources de sa puissance, Abd-el-Moumen se préparait à conquérir la partie de l'Espagne qui ne lui appartenait pas encore, qu'il mourut à Salé, au mois de Djoumada 538 (de J. C. 1162), après trente-trois ans d'un règne marqué par tant de prospérités.

Par une exception malheureusement trop rare, le fondateur de l'empire des Almohades se survivait, pour ainsi dire, à lui-même dans un fils digne de lui : *Youçouf-ben-Abd-el-Moumen*, à peine âgé de vingt-quatre ans, réunissait le courage, la prudence et cette beauté du corps si nécessaire à qui veut frapper l'imagination ardente des peuples du Midi. Après avoir apaisé quelques révoltes partielles dans les montagnes de l'Atlas, il passa en Espagne à la tête de l'élite des tribus du désert, et, tour à tour occupé de faire la guerre aux chrétiens ou d'embellir Séville, qu'il avait choisie pour sa résidence, il y amena, par un long aqueduc qui subsiste encore aujourd'hui, les eaux fraîches et pures des montagnes voisines. Après un séjour de quatre ans dans la péninsule, Youçouf fut rappelé en Afrique par de longues et sanglantes querelles qui s'élevaient sous le moindre prétexte entre les sauvages tribus des Berbers du Maghreb. En 1184, le prince des Almohades revint en Espagne, et, portant ses armes en Portugal, il mourut au siége de Santarem.

Celui de ses nombreux enfants qui fut appelé à lui succéder se nommait *Yacoub-ben-Youçouf*, connu sous le surnom d'*Almançour-Billah*. Il régna quinze ans avec gloire, mit, à la bataille d'Alarcos, l'Espagne chrétienne à deux doigts de sa perte, força les rois de Castille, d'Aragon, de Léon, de Navarre à acheter la paix par d'humiliantes concessions ; en un mot, porta à son apogée la gloire de sa dynastie. Il était de retour au Maroc, où l'avaient forcé à revenir les insurrections des populations du Maghreb, qui s'agitaient toujours au moindre souffle comme les sables de leurs déserts, lorsqu'en 1199 il fut enlevé par une mort prématurée, à peine âgé de quarante ans.

Mohammed, fils d'Yacoub, avait été, du vivant même de son père, reconnu pour son successeur. Il triompha au commencement de son règne de quelques chefs almoravides qui, s'étant autrefois retirés dans les îles Baléares, étaient revenus débarquer en Afrique, espérant profiter des troubles inséparables de l'avénement d'un nouveau souverain. Mais, en Espagne, il vit, pour la première fois, pâlir l'étoile de sa famille. C'était cependant à la tête d'une des plus nombreuses armées rassemblées jamais par l'islamisme contre la chrétienté, que Mohammed était venu attaquer Alonzo VIII, roi de Castille : ce héros triompha de toutes les forces arabes, et la bataille de *las Navas*, près de Tolosa, vengea pleinement, à cent ans de distance, celle de *Zalaca*, qui avait livré l'Espagne chrétienne aux Almoravides. Les chevaliers d'Aragon, de Castille, et leurs alliés, firent un horrible massacre des musulmans, qui fuyaient devant eux comme un troupeau privé de ses défenseurs. Les riches armes, les chevaux, les vases d'or, les précieuses tentures du camp des Almohades tombèrent en leur pouvoir. A compter de ce jour le flot incessant des populations musulmanes perdit l'ardeur qui le portait à envahir la frontière chrétienne; et l'on put prévoir le jour où, quittant la belle Grenade, les dernières tribus arabes repasseraient le détroit. Mohammed ne survécut pas longtemps à sa défaite; il revint presque seul à Maroc, d'où il était parti à la tête d'innombrables bataillons. Il cacha à tous les yeux dans le fond de son palais la honte de sa défaite, et mourut, au mois d'octobre 1213, laissant la couronne à un fils âgé de onze ans.

Ce jeune prince, nommé *Youçouf-abou-Yacoub*, monta sur le trône sous le nom de *Mostansir-Billah*, et ses vizirs, exploitant sa minorité, régnèrent à sa place. On ne pourrait citer de lui aucune action digne des émirs dont il descendait; car, pendant dix ans qu'il vécut, il ne sortit pas de l'enceinte de son palais, où il se livrait à la débauche et aux jeux de toute espèce. Un coup de corne, reçu dans un combat de taureaux, le fit périr à l'âge de vingt-deux ans; et, comme il ne laissait pas d'enfants, des prétendants s'élevèrent de toutes parts, préparant, par leurs rivalités, la ruine d'un empire dont la force résidait tout entière dans les qualités personnelles de ceux qui en avaient tenu les rênes.

Al-Adel et *Al-Mamoun*, après lui, tous deux proches parents de Mostansir-Billah, réunirent un moment l'empire des Almohades; mais ce fut pour le voir bientôt en proie aux divisions, aux réactions, aux révoltes. L'Espagne s'insurgea tout entière; les habitants de Maroc favorisèrent tour à tour de nouveaux aspirants à la couronne; et, vers le milieu du treizième siècle, le dernier descendant des Almohades, qui avait à peine conservé dans la seule ville de Maroc une ombre de puissance, périssait assassiné par un esclave.

Voyez pour la bibliographie l'article ALMORAVIDES.

NOEL DES VERGERS.

ALMORAVIDES. (*Histoire.*) Vers le milieu du onzième siècle, alors que les provinces de l'Afrique occidentale, tour à tour soumises à des conquérants étrangers, semblaient livrées à l'anarchie la plus complète, une pauvre et ignorante tribu de Berbers préparait, dans le silence du désert, une révolution à laquelle devaient se soumettre et l'Espagne musulmane tout entière, et la partie du continent africain qui forme aujourd'hui l'empire de Maroc. A la prière d'un scheïkh de la tribu de Lamtouna qui, pendant un voyage à la Mecque, avait compris tout ce qui manquait encore à son peuple sous le rapport de l'intelligence, un Arabe d'une haute piété et d'une vaste érudition, nommé *Abdallah-ben-Yaçim*, avait consenti à enseigner aux Benou-Lamtouna les vérités de la religion. Ardent dans sa foi comme dans ses discours, Abdallah s'empara sans peine de ces cœurs vierges qui reçurent avidement sa doctrine. Bientôt l'enthousiasme n'eut plus de bornes; tous les chefs de ces populations errantes se groupèrent autour de lui, et cette armée de disciples l'ayant aidé à convaincre par la force ceux qui n'avaient pas voulu céder à la persuasion, il se trouva le guide spirituel et temporel de nombreux sectateurs, auxquels il donna le nom de *Al-Morabethin* ou *Almoravides*, c'est-à-dire consacrés au Seigneur.

Un succès aussi facile éveilla l'ambition au cœur du nouveau prophète; il résolut d'exploiter à son profit la crédulité de ces peuples superstitieux, conquit le pays de Daza entre le désert du Sahara et l'ancienne Gétulie; et bientôt son empire, incessamment agrandi par le dévouement fanatique de ses soldats, s'étendit depuis les bords de la Méditerranée jusqu'aux frontières de la Nigritie. Si Abdallah avait scellé sa puissance du sang de ses disciples, il n'avait pas du moins épargné le sien; et, vers l'année de J. C. 1058 ou 59, il mourut sur le champ de bataille, laissant le pouvoir à *Abou-Bekr-ben-Omar*, chef dévoué dont les talents ne répondaient pas toutefois au noble fardeau qui lui était imposé. Les commencements de son règne, il est vrai, furent heureux et faciles; il s'empara de la province de Fez, conquit Méquinez et Lewata, et fonda Maroc; mais, rappelé dans les montagnes de l'Atlas par les dissensions de quelques tribus, il commit la faute de nommer lieutenant pendant son absence un ambitieux, plus habile que lui. *Youçouf-ben-Tachfin*, cousin d'Abdallah, réunissait toutes les qualités du conquérant et du législateur. Actif, sobre, brave de sa personne, sévère dans son administration, indifférent à la vie des hommes pourvu qu'il marchât à son but, puissant par sa parole, il voulait régner et devait réussir : séduites par sa libéralité, par ses promesses, les troupes qu'il commandait n'eurent bientôt plus confiance qu'en lui seul. Aussi, lorsque Abou-Bekr, après avoir rétabli la paix chez les Berbers de l'Atlas, revint sous les murs de Maroc, qui s'élevait comme par enchantement à la voix de Youçouf, il comprit aux murmures de son armée, aux acclamations de celle de son rival, que celui qu'il croyait son lieutenant était devenu son successeur, et, se soumettant à un destin désormais inévitable, il abdiqua en sa faveur.

A peine seul maître de l'empire, Youçouf rêvait déjà d'autres conquêtes; il se prépara sérieusement à passer en Espagne. Ce n'était plus alors le temps de cette splendeur des Ommiades qui avait jeté un si vif éclat sur toute le péninsule : leur dynastie était éteinte; Cordoue, le siége de leur empire, était descendue au rang d'une ville secondaire, et les cités principales, devenues chefs-lieux de petites principautés, offraient à un conquérant, par leur division, une proie facile. Déjà les princes chrétiens profitaient de cet affaiblissement de la puissance musulmane; ils attaquaient de tous côtés les émirs arabes, les pressaient chaque jour davantage, et ceux-ci, prévenant les désirs de Youçouf, lui envoyèrent de nombreux messages pour le prier d'amener à leur secours ses indomptables tribus. Ce fut avec une joie vive que le chef des Almoravides passa le détroit. Mohammed, l'émir de Séville, l'attendait sur la rive, et, dans son aveuglement, ouvrait à celui qui devait le dépouiller de ses États les portes de ses meilleures forteresses. Les premières actions de Youçouf en Espagne furent toutefois conformes au plan avoué de son expédition : à la tête de son armée, renforcée de toutes les troupes des émirs qui s'étaient partagé l'empire des Ommiades, il marcha contre Alonzo VI, le plus puissant des princes chrétiens. Ce monarque réunissait sous son pouvoir le royaume de Castille et celui de Léon, la Galice, les Asturies, la Biscaye et tout le nord du Portugal. Habile et vaillant capitaine, il avait fait, en apprenant l'arrivée d'un nouvel ennemi, de grands préparatifs de défense, et les deux armées, dont chacune montait à plus de cent mille hommes, se rencontrèrent dans les plaines de Zalaca, à quatre lieues de Badajoz. La bataille fut terrible; les Arabes d'Andalousie plièrent d'abord devant les efforts de la chevalerie chrétienne; mais le zèle impétueux des Almoravides l'emporta bientôt. Youçouf et ses Berbers pénétrèrent jusqu'au camp des chrétiens, y mirent le feu, et, découragées à cette vue, les troupes d'Alonzo prirent la fuite. La nuit seule mit un terme au carnage, et des têtes coupées on éleva une tour du haut de laquelle le muezzin annonça la prière. Confiée à l'aile des pigeons, cette nouvelle se répandit dans toute l'Espa-

gne musulmane avec la rapidité de l'éclair; de toutes parts on rendait grâces au ciel de cette éclatante victoire; on portait aux nues la gloire du puissant chef des Almoravides, et dès ce moment il aurait réuni sous son pouvoir toutes ces populations arabes, qui ne demandaient pas mieux que de se rallier à sa voix; mais la mort d'un de ses fils le rappela à Maroc.

Pendant deux années Youçouf resta éloigné de l'Espagne; mais il y avait laissé des troupes nombreuses, confiées à un fidèle lieutenant, et, à son retour, il trouva tout préparé pour la conquête. Quelques dissensions qui avaient éclaté entre les émirs arabes lui servirent de prétexte; il attaqua le plus puissant de tous, Mohammed, souverain de l'Andalousie, et après un long siége il se rendit maître de Séville. La possession de cette belle et puissante cité lui assurait celle de toute l'Espagne musulmane; Alméria, Denia, Xativa, Valence cédèrent à leur tour; enfin, la conquête des Baléares compléta ce vaste empire, qui depuis l'Èbre et le Tage s'étendait jusqu'aux frontières du Soudan. Bien que Youçouf considérât le Maghreb ou Afrique occidentale comme le véritable centre de sa puissance, et qu'il eût fixé sa résidence à Maroc, dont il avait fait une des plus florissantes cités de l'islamisme, il fit de nombreux voyages dans la péninsule. En l'an de J. C. 1103, il y vint pour la dernière fois ; rassembla à Cordoue les principaux gouverneurs des provinces de l'Afrique et de l'Espagne, et leur fit jurer de reconnaître pour son successeur le prince Ali, le plus jeune de ses fils; trois ans après il mourut à Maroc, plein de jours et de gloire, après un règne de quarante années (an de J. C. 1106, de l'hégire 500).

Peu de rois ont reçu de leur prédécesseur un plus bel héritage que celui dont le fils de Youçouf prit possession sans contestation aucune; et cependant, quelques années s'étaient écoulées à peine, que la secte des Almohades, s'emparant de l'esprit versatile des Berbers, préparait la chute des Almoravides. Ali fut obligé de rappeler de l'Espagne pour sa défense son fils Tachfin, jeune héros qui s'était opposé de tout son pouvoir aux progrès des armes du vaillant prince d'Aragon, Alonzo, que les chroniques surnomment le Batailleur. Tachfin, jusqu'alors vainqueur, lutta en vain contre la fortune des Almohades : le sort des armes lui fut constamment contraire, et lorsque, en 1143, il succéda à son père, dont le chagrin avait avancé les jours, il avait perdu la moitié de son empire. En vain appela-t-il d'Andalousie des troupes nouvelles, le rude climat de l'Atlas démoralisait ces hommes accoutumés à la douce température de l'Espagne méridionale. Chassé de Tlemcen, Tachfin se réfugia à Oran.

et perdant tout espoir de conserver cette dernière place, il en sortit pendant la nuit. Mais dans sa fuite l'attendait une mort peu digne de son courage : le cheval qu'il montait trébucha sur des cailloux roulants, dans un passage difficile, et le lendemain cheval et cavalier furent retrouvés brisés au fond d'un précipice.

Il ne restait plus désormais aux Almoravides que la ville de Maroc, ville puissante, il est vrai, et qui jusque-là avait résisté aux efforts que les Almohades avaient faits à différentes reprises pour s'en emparer. *Abou-Ishak-Ibrahim*, fils de Tachfin, y fut reconnu d'abord pour son successeur; mais l'oncle de ce jeune prince, Ishak-Ben-Ali, lui disputa la couronne, et ces tristes discussions pour un dernier lambeau de pourpre vinrent encore hâter la perte des Almoravides. Leurs rivaux, en effet, ne leur laissaient ni repos ni trève; ils avaient investi Maroc, et leurs lignes nombreuses fermant toute communication avec les campagnes, la ville fut bientôt en proie aux horreurs de la famine. Le dévouement des derniers partisans des Almoravides ne put tenir contre les privations de toutes sortes qui étaient venues fondre sur eux. Des traîtres pendant un assaut ouvrirent l'une des portes des remparts, et les Almohades ne trouvèrent pour ainsi dire pas de résistance. Abou-Ishak, pris dans l'Alcazar, fut mis à mort, et avec lui s'éteignit, au mois de schewal 541 (de J. C. 1146), la dynastie des Almoravides, dont le passage sur la terre avait jeté un éclat bien vif, mais bien peu durable.

Cartas, traduit en portugais par le père Mouza; *Historia dos soberanos mahometanos que reinarao na Mauritania.*

Cardonne, *Histoire de l'Espagne et de l'Afrique sous la domination des Arabes.*

Conde, *Historia de la dominacion de los Arabes en Espagna.*

Dombay, *Geschichte von Mauritanien.*

D'Herbelot, *Bibliothèque orientale.*

Casiri, *Catalogue des Mss. Arabes de l'Escurial.*

Rosseuw-Saint-Hilaire, *Histoire d'Espagne*, t. III et IV.

NOEL DES VERGERS.

ALOÈS. (*Botanique et matière médicale.*) On donne ce nom à un genre de la famille des *Liliacées* (Asphodélées de Jussieu), tribu des *Aloinées*. Les aloès sont des plantes grasses, c'est-à-dire à feuilles charnues et épaisses; ils présentent les caractères suivants : calice tubuleux, presque cylindrique, un peu irrégulier à son orifice, à six divisions peu profondes; étamines hypogynes (insérées à la base du calice, sous l'ovaire); ovaire surmonté d'un style triangulaire à stigmate trilobé; fruit triloculaire, renfermant de nombreuses graines; feuilles réunies à la base de la hampe, que termine un épi lâche de fleurs ordinairement rouges.

Les nombreuses espèces de ce beau genre (cent soixante-dix et plus) appartiennent presque exclusivement à l'Afrique, et surtout à l'Afrique australe (cap de Bonne-Espérance).

Un assez grand nombre de ces espèces sont cultivées dans les serres, où elles se font remarquer par l'étrangeté et l'élégance de leurs formes, ainsi que par la beauté de leurs fleurs.

La culture et la conservation des aloès est des plus faciles; on les place dans une terre légère, reposant sur de gros graviers ou des plâtras, et on les arrose peu, parce que leurs feuilles charnues contiennent une grande quantité d'eau, en absorbent beaucoup, et en perdent peu par l'évaporation. On les multiplie de graines, et plus souvent encore de rejetons.

L'aloès, chez les musulmans, a un caractère symbolique et religieux; les pèlerins, à leur retour de la Mecque, le suspendent à la porte de leur maison, pour annoncer qu'ils ont accompli ce pieux voyage. En Égypte, on croit qu'il préserve les maisons des apparitions et des esprits malfaisants.

Ce qu'on nomme *aloès* en pharmacie est un produit excrétoire, un suc que l'on retire des incisions faites aux feuilles de plusieurs espèces d'aloès (*aloé spicata, perfoliata,* etc.) Ce suc exsude à l'endroit des incisions, et se concrète sur les feuilles mêmes, en petites larmes transparentes, de couleur rouge brun; sous cette forme, il est très-rare. Celui que l'on rencontre dans le commerce se distingue en *succotrin, hépatique* et *caballin :* le premier est le plus pur; le troisième l'est au contraire très-peu; tous trois sont les résultats d'une même opération, dont la description ne peut trouver place ici.

Le suc d'aloès, entièrement soluble dans l'eau bouillante, laisse déposer par le refroidissement une certaine quantité de matière résineuse; il a une saveur amère due à un principe savonneux, soluble dans l'eau et dans l'alcool, et qui entre pour les trois quarts dans sa composition.

Cette substance était connue des anciens; dans la pharmacopée moderne, elle est considérée comme stomachique, purgative et emménagogue; elle agit spécialement sur le gros intestin, vers lequel elle détermine un afflux sanguin. La dose en est de 5 à 10 centigrammes comme tonique, et de 15 à 20 comme purgatif.

Le suc d'aloès est le principe actif des pilules *ante-cibum,* dont une dose trop forte causa la mort de Machiavel; il entre dans la composition des élixirs de *vie,* de *Garus,* de *propriété,* etc.

Il a été fait quelques essais pour employer l'aloès dans les arts. Guyton-Morveau, dans ses recherches sur la matière colorante du suc des végétaux, trouva un moyen de tirer parti de la belle couleur violette que donne l'aloès succotrin, soit pour teindre la soie, soit pour former, avec l'oxyde de tungstène, des laques qui résistent aux plus fortes épreuves. Fabroni, dans ses expériences, a obtenu un résultat semblable.   A. DUPONCHEL.

ALOGIENS. (*Histoire religieuse.*) Les *Alogiens*, sectaires du deuxième siècle de notre ère, niaient que Jésus-Christ fût le Λόγος ou le Verbe, et rejetaient, par conséquent, l'Évangile de saint Jean et l'Apocalypse, comme faussement attribués à cet apôtre. Ils furent appelés aussi *Théodotiens*, du nom de Théodote, corroyeur de Byzance, l'un de leurs chefs, et *Bérylliens*, de Bérylle, évêque de l'Arabie. En Hollande, on a aussi nommé *alogiens* les sociniens, qui niaient la divinité du Christ, et par conséquent le Verbe éternel.

ALOI, mot composé de *à* et *loi*. Il est employé pour signifier le titre d'un alliage, ou l'exactitude des proportions fixées par une décision de l'autorité supérieure, et dans lesquelles les métaux se trouvent combinés. On dit qu'un alliage est *de bon* ou *de mauvais aloi*, selon qu'il présente ou ne présente pas les conditions voulues. Au figuré, le mot *aloi* est employé pour indiquer les bonnes ou les mauvaises qualités d'une chose ou d'une personne, pour désigner la créance qu'on doit accorder ou refuser à la manifestation d'un sentiment.

ALOPÉCIE (*Médecine.*) (ἀλώπηξ, renard). Maladie qui consiste dans la chute des cheveux ou des poils. *Voy.* POILS.

ALOSE. (*Histoire naturelle.*) Poisson de mer du genre clupée, qui ressemble beaucoup à la sardine pour la tête, l'ouverture de la bouche, les écailles, et le nombre et la situation des nageoires. Du reste, il est beaucoup plus grand : il parvient quelquefois jusqu'à trois pieds de longueur.

Sa tête et son corps, aplatis sur le côté, forment sur la longueur une ligne tranchante et garnie de pointes comme une scie ; son museau est pointu ; sa bouche est grande et unie, sans aucune dent ; il a quatre ouïes de chaque côté ; son ventre est de couleur argentée, le dessus de la tête est d'un blanc jaunâtre.

L'alose entre au printemps et en été dans les rivières et s'y engraisse. Aussi ce poisson, pêché en eau douce, est-il bien préférable à celui qu'on prend dans la mer. Il abonde tellement dans certains endroits que l'on n'en fait aucun cas. Il se trouve jusque dans la mer Caspienne ; mais les Russes le regardent comme un poisson malsain, et le rejettent de leurs filets.

ALOUETTE. (*Histoire naturelle.*) *Alauda* (1). Genre d'oiseaux de l'ordre des passe-

reaux, famille des dentirostres de Cuvier, dont le principal caractère est d'avoir l'ongle du doigt de derrière droit et extrêmement allongé ; ce qui fait que la plupart des espèces de ce genre ne peuvent se percher et nichent à terre. Parmi le grand nombre de celles qu'il renferme, nous ne nous étendrons ici que sur l'*alouette commune* (alauda arvensis), appelée *mauviette* par les Parisiens, qui en font en automne une énorme consommation. Cet oiseau, que tout le monde connaît et que nous nous dispenserons de décrire par cette raison, a été appelé, à juste titre, le musicien des champs ; son joli ramage est l'hymne d'allégresse qui devance le printemps, et le premier sourire de l'aurore ; on l'entend dès les beaux jours qui succèdent aux jours froids et sombres de l'hiver, et ses accents sont les premiers qui frappent l'oreille du cultivateur vigilant. Le chant de l'alouette était, chez les Grecs, le signal auquel le moissonneur devait commencer son travail, et le suspendre durant la partie de la journée où les feux du midi d'été imposent silence à l'oiseau. L'alouette se tait, en effet, au milieu du jour ; mais quand le soleil s'abaisse vers l'horizon, elle remplit de nouveau les airs de ses modulations variées et sonores ; elle se tait encore lorsque le ciel est couvert et le temps pluvieux. Du reste, elle chante pendant toute la belle saison, et, dans cette espèce, comme chez presque tous les oiseaux, le chant est un attribut particulier du mâle : on voit celui-ci s'élever presque perpendiculairement et décrire une spirale en s'élevant ; il monte souvent fort haut, toujours chantant et forçant sa voix, à mesure qu'il s'éloigne de la terre, de sorte qu'on l'entend encore alorsqu'il a cessé d'être visible. Après être resté pendant quelque temps stationnaire à cette grande hauteur, il descend d'abord lentement, puis se précipite ensuite comme un trait, non loin de l'endroit où sa femelle repose sur son nid. Ce nid, placé ordinairement dans un sillon, entre deux mottes de terre, et formé de menus brins d'herbe ou de paille qu'entourent des feuilles sèches, renferme de quatre à six œufs, tachetés de brun sur un fond gris, et fort petits relativement au volume de l'oiseau.

Les amours printanières des alouettes leur laissent le temps de faire plusieurs pontes par

gaulois dont les Latins firent *Alauda*. Suétone et Pline en conviennent ; César composa une légion de Gaulois, à laquelle il donna le nom d'*Alouette* : « Vocabulo quoque gallico *Alauda* appellabatur. » Elle servit très-bien dans les guerres civiles ; et César, pour récompense, donna le droit de citoyen romain à chaque légionnaire.

On peut seulement demander comment les Romains appelaient l'alouette, avant de lui avoir donné un nom gaulois ; ils l'appelaient *galerita*. Une légion de César fit bientôt oublier ce nom. (Voltaire, *Dict. philosophique*.)

---

(1) *Alouette*, anciennement *Alou*, était un mot

an. En France comme en Allemagne, elles n'en font que deux; mais en Italie, elles en font trois : la première au commencement de mai, la seconde au mois de juillet, et la dernière au mois d'août. La nourriture des alouettes en liberté est à la fois végétale et animale; elles se nourrissent de différentes graines, d'herbes, de chrysalides, de vers, de chenilles, et même d'œufs de sauterelles, ce qui leur attire beaucoup de considération dans les pays exposés aux ravages de ces insectes; elles étaient, par cette raison, des oiseaux sacrés dans l'île de Lemnos, où les sauterelles font encore, ainsi que dans plusieurs contrées du Levant, des dégâts incalculables. Les services que ces mêmes oiseaux nous rendent en détruisant les germes des générations de plusieurs espèces d'insectes dévastateurs de nos récoltes, devraient nous engager à les ménager davantage; mais notre gourmandise l'emporte sur cette considération. En effet, la délicatesse de leur chair les fait rechercher comme petit gibier, et, dans certains pays, on en prend en si grande quantité qu'on les expédie au loin pour alimenter les marchés des grandes villes. On les apprête de diverses manières, et les gourmets connaissent le prix des excellents pâtés d'alouettes qui se font à Pithiviers.

De tous les oiseaux chanteurs, l'alouette est celui qui retient le plus facilement les airs qu'on lui apprend; elle l'emporte de beaucoup, sous ce rapport, sur le serin et la linotte; on en a vu une à Paris qui sifflait distinctement sept airs de serinette. L'alouette se familiarise aisément au point de manger dans la main, sur la table, etc. Dans l'état de captivité, elle vit neuf à dix ans. Sa cage doit être sans bâton en travers, puisqu'elle ne se perche pas, mais il faut avoir soin de garnir le plancher avec du gazon frais, qu'on renouvelle souvent, et le plafond avec de la toile, afin d'éviter que l'alouette ne se brise le crâne en cherchant, d'après son habitude naturelle, à s'élever perpendiculairement. Une autre précaution indispensable est de placer à sa portée du sable fin dans lequel elle puisse se rouler, pour se débarrasser de la vermine qui l'incommode.

Nous ne terminerons pas, notre article sur cet intéressant volatile sans dire un mot des diverses manières dont on lui fait la chasse, non compris celle au *fusil*, que les véritables chasseurs dédaignent d'employer à l'égard d'un si mince gibier.

La saison la plus convenable pour chasser aux alouettes est depuis le mois de septembre jusqu'à la fin de l'hiver, surtout après des gelées blanches et lorsqu'il a tombé de la neige. Cette chasse se fait, soit au *miroir*, soit au *traîneau*, soit à la *tonnelle murée*, soit aux *lacets* ou *collets traînants*, soit enfin aux *gluaux*. Il serait trop long de décrire ici ces différents genres de chasse, pour lesquels nous renvoyons le lecteur aux traités d'aviceptologie. Il nous suffira de dire que la chasse aux gluaux est celle qui détruit le plus d'alouettes, mais aussi celle qui exige le plus de frais, tandis que la chasse au miroir est, en même temps, la moins coûteuse et la plus amusante; aussi est-ce celle que préfèrent généralement les amateurs.

Tout le monde connaît la forme du miroir dont on se sert en pareil cas, et le mécanisme très-simple à l'aide duquel on le fait tourner sur le pivot qui lui sert de soutien. Le chasseur, après l'avoir placé entre deux filets à nappes, dressés verticalement, se cache dans un endroit creux à une certaine distance; les alouettes, attirées par les éclats de lumière que jette de toutes parts le miroir en mouvement, se réunissent autour de cet instrument qu'elles semblent admirer; et lorsque le chasseur juge qu'il en est temps, il rabat les deux filets dont nous venons de parler, et sous lesquels elles se trouvent prises. Mais pour que cette chasse réussisse bien, il faut une matinée fraîche accompagnée d'un beau soleil; il faut aussi avoir soin d'attacher au piquet qui soutient le miroir une ou deux alouettes vivantes, que les oiseleurs appellent *moquettes*, et qui attirent les autres, en voltigeant pour chercher à s'échapper.

Buffon pense que les alouettes ne sont attirées par les éclairs de lumière qui s'échappent du miroir mis en mouvement, que parce qu'elles croient que cette lumière est renvoyée par la surface mobile des eaux vives, qu'elles recherchent dans la saison où on les chasse; aussi, dit-il, en prend-on tous les ans des quantités considérables pendant l'hiver, aux environs des fontaines chaudes.

DUPONCHEL père.

ALPAGA ou **ALPACA**. (*Histoire naturelle.*) L'alpaga est un mammifère, de l'ordre des ruminants, du genre lama. Il a été longtemps confondu avec le lama et la vigogne, dont il est congénère.

La couleur générale de sa robe est d'un brun fauve; sa tête est grise; la partie interne des cuisses et des jambes est revêtue d'un poil ras et gris; le dessous du ventre porte une laine blanche et longue.

La toison de l'alpaga est remarquable par sa longueur, sa finesse et son moelleux; elle ne le cède en rien aux plus belles toisons des chèvres de Cachemire. Cet animal serait une conquête précieuse pour l'industrie européenne; son lainage serait d'un prix inestimable pour la confection des étoffes qui emploient de longues laines. L'alpaga donnerait en outre une viande savoureuse; et il a sur nos moutons, même des plus belles et des plus fortes races, l'avantage de la taille : il a trois pieds de haut, depuis le sol jusqu'à la croupe, et quatre pieds en comptant de la tête.

ALPES. (*Géographie.*) Les montagnes d'une partie de la France, celles de la Suisse, de l'Allemagne, de l'Italie, de la Hongrie, de la Turquie, de la Grèce, composent le système le *plus considérable de montagnes qui se* trouve en Europe; ce système a reçu le nom de système alpique, parce que les Alpes en forment, pour ainsi dire, le nœud. On le divise en cinq groupes : les Alpes proprement dites ou groupe du centre; le groupe occidental comprenant les Cévennes, les Vosges, le Jura; le groupe méridional comprenant les Apennins, les montagnes de Sicile ; le groupe oriental (Alpes dinariques, Pinde, mont Hæmus et mont Rhodope); et le groupe septentrional (monts Carpathes, Sudètes, montagnes de la Bohême et de la Moravie, de l'Allemagne occidentale).

Le nom d'Alpes est d'origine celtique, et désigne toute espèce d'élévations; les anciens s'en servaient dans un sens général; mais ordinairement il s'applique à cette longue chaîne de montagnes, qui part des bords de la Méditerranée, de la vallée de Savone, sépare le bassin du Rhône de celui du Pô, traverse la Suisse, le Tyrol, et atteint les sources de la Drave ; de là elle envoie vers le nord, en Styrie, en Autriche, une ligne de hauteurs, et, vers le sud, une autre branche, dont les rameaux embrassent le bassin de la Save. La plus grande longueur des Alpes proprement dites est de 320 lieues ; la plus grande largeur est de 60 lieues, dans le Tyrol. — On conserve encore les noms donnés par les Romains aux divisions de cette chaîne : les *Alpes maritimes* commencent à la vallée de Savone et se dirigent du sud au nord, puis au nord-ouest : la Bormida, le Tanaro, le Var en descendent. Les *Alpes cottiennes* s'étendent entre les mont Viso et le mont Cenis, se dirigent du sud au nord, puis au nord-ouest, et inclinent enfin au nord-est : le Pô, la Durance et la Drôme y prennent leurs sources. Les *Alpes grecques* se terminent au col du Bonhomme, et couvrent principalement la Savoie; leur direction est nord-est, puis est-nord, et enfin nord-ouest : l'Isère en descend. Les *Alpes pennines*, dont le nom est celtique, comprennent les trois sommités de la chaîne : le mont Blanc, le mont Cervin et le mont Rosa, qui en forme l'extrémité nord-est. Les cours d'eau que produisent les glaciers des Alpes pennines ont peu d'importance, et se jettent dans le Rhône et dans le Pô. Les *Alpes helvétiques* ou *lépontiennes*, où le Rhin, le Rhône et le Tésin prennent naissance, sont comprises entre le mont Rosa et le Bernardino, et courent du sud-ouest au nord-est sur une longueur de 20 lieues. Les *Alpes rhétiennes* se com-

posent des montagnes des Grisons et du Tyrol, et couvrent une étendue de pays de 60 lieues environ; leur extrémité nord-est est le pic des Trois-Souverains (Dreiherrnspitz). Le versant septentrional donne naissance à l'Iller, au Lech, à l'Isar, à l'Inn, toutes rivières tributaires du Danube; et le versant opposé, à l'Adda, à l'Oglio et à l'Adige. Les *Alpes noriques* se dirigent à l'est vers la Hongrie ; les eaux qui en descendent se rendent dans le Danube par la Salzach, l'Ens, la Trasen, la Leytha, le Raab et la Drave. Les *Alpes carniques* commencent au lac où la Brenta prend naissance; leur pente méridionale envoie au golfe de Venise la Brenta, la Piave et le Tagliamento. Les *Alpes juliennes*, enfin, s'épanouissent, comme je l'ai dit, en deux branches à l'entour du bassin de la Save; cette rivière descend de la pente orientale des Alpes juliennes.

Le groupe occidental du système alpique, quoique bien rapproché de la chaîne des Pyrénées, lui est cependant étranger. Les *Cévennes* forment l'extrémité sud-ouest, de ce groupe ; elles ont une longueur de 120 lieues environ, et constituent la ligne de partage des eaux qui se rendent dans l'Océan et de celles qui se jettent dans la Méditerranée; elles se subdivisent en neuf chaînons : les montagnes Noires, celles de l'Espinous, de l'Orb, les Garrigues, les montagnes du Gévaudan, du Vivarais, du Lyonnais, du Beaujolais et du Charolais. Les pentes septentrionale et occidentale de cette chaîne donnent naissance à la Loire, à l'Allier, au Cher, à l'Indre, à la Creuse, à la Vienne, à la Charente, à la Dordogne, au Lot, au Tarn ; et le versant oriental à l'Ardèche, au Gard et à l'Hérault. Les Cévennes se terminent au canal du Centre, et les collines de la côte d'Or, le plateau de Langres, les monts Faucilles, forment le lien qui les unit aux *Vosges*, sur une longueur de 60 lieues. Les Vosges proprement dites commencent au Ballon de Servance et au Ballon d'Alsace, et s'arrêtent à la petite rivière du Lauter; au delà elles prennent le nom de *Hardt*, qu'elles conservent jusqu'au *Mont Tonnerre*, puis elles s'abaissent insensiblement jusqu'à Mayence, assez même pour perdre toute dénomination particulière; mais, entre la Nahe et la Moselle, elles se relèvent et forment le groupe du *Hundsrück*. Les *Ardennes*, ramification des Vosges, se perdent dans les plaines de la Champagne, qui séparent complétement les derniers rameaux des Vosges des hauteurs occidentales de la France. D'un autre côté, quelques hauteurs entre Montbéliard et Giromagny (Haut-Rhin) lient les Vosges au *Jura*. La longueur du Jura est de 60 à 80 lieues. Les lacs de Neuchâtel, de Morat, de Joux reçoivent les eaux qui en descendent. Cette chaîne se rattache par divers points à la masse des Alpes proprement dites ; le plus remarquable de ces points de réunion existe dans le pays de Vaud, et a reçu le nom de *Jorat*.

Le groupe méridional des Alpes commence à la vallée de Savone, dans les Alpes maritimes ; la chaîne des *Apennins*, qui forme la partie principale de ce groupe, parcourt l'Italie dans toute sa longueur, c'est-à-dire une étendue de 325 lieues, si l'on compte les sinuosités. On divise généralement le faîte des Apennins en trois grandes parties ; de plus, à l'ouest du faîte, on distingue trois groupes principaux : le sub-Apennin toscan, qui couvre l'espace compris entre le Tibre et l'Arno ; le sub-Apennin romain, qui comprend toutes les hauteurs situées entre le Tibre, le Salto et le Garigliano, et le sub-Apennin vésuvien, au milieu duquel se trouve, mais isolé, le *Vésuve*. Les montagnes de la Sicile sont évidemment une continuation de cette chaîne ; il y a dans cette île deux rangées de hauteurs qui se lient à l'ouest de Nicosia (province de Catane), et vont se terminer au nord-est vers le cap Peloro, à l'ouest au cap Bœo, et au sud-est au cap Passaro. Le versant du nord de la Sicile étant très-resserré entre le faîte des montagnes et le rivage, ne donne naissance qu'à de faibles cours d'eau ; la Giaretta descend de celui de l'est, et le Salzo, le Platani, de celui du sud-ouest.

La partie orientale du système alpique a une direction générale du nord-ouest au sud-est et une longueur totale de 300 lieues depuis Fiume (roy. lombard-vénitien) jusqu'à la mer de Marmara ; il y a trois bifurcations remarquables dans cette chaîne : les *Alpes dinariques*, qui prolongent les Alpes juliennes, prennent, au delà de la Narenta, le nom de *Pinde*, et séparent l'Albanie de la Macédoine ; les montagnes de la Morée, des Cyclades, sont des appendices de cette branche ; la deuxième bifurcation se fait à la naissance de la Strouma (ancien Strymon), et de là part un embranchement qui couvre la partie orientale de la Servie et envoie au Danube la Morawa et le Timok ; la troisième bifurcation a lieu près de la source de l'Isker en Roumélie : c'est le point de départ du *Rhodope*, qui sépare la Macédoine de la Thrace, et du mont *Hæmus*, limite de la Roumélie et de la Bulgarie qui vient finir au bord de la mer Noire.

Les monts *Carpathes*, qui forment l'extrémité sud et le commencement du groupe septentrional, étaient unis dans le principe au mont Hæmus ; c'est le Danube qui, en se frayant un passage, les a séparés. Les Carpathes, à partir d'Orsova, se dirigent au nord-est, puis à l'est jusqu'aux frontières de la Moldavie ; de là elles inclinent au nord ouest, puis à l'ouest, enfin au sud-ouest, enveloppant les plaines de la Hongrie et décrivant une ligne courbe, longue

de 300 lieues et plus. Les sources de la Theiss les divisent en occidentales et en orientales ; et le Danube, auprès de Presbourg, marque l'extrémité nord-ouest de cette chaîne. La Vistule, le Dniester et une foule d'affluents du Danube en descendent. La vallée de l'Oder sépare les Carpathes d'une autre chaîne, qui se dirige d'abord au nord-ouest, fléchit vers le sud-ouest aux confins de la Saxe et enveloppe la Bohême ; cette chaîne, à laquelle on donne le nom de *Sudètes*, comprend une grande partie des *Hercynii montes* de l'antiquité. La masse principale des Sudètes se compose des *Riesengebirge* (monts Géants), qui forment la limite nord-est de la Bohême et qui se lient aux *Erzgebirge* (monts Métalliques), limite de la Bohême et de la Saxe. La chaîne des Sudètes a plus de 100 lieues. A l'extrémité sud-ouest des monts Métalliques commencent les *Bohmerwaldgebirge* (monts de la forêt de Bohême), chaîne de 60 lieues de longueur, dont le prolongement est formé par les montagnes de Moravie. De ces montagnes descendent l'Oder, l'Elbe et la March.

Enfin, la partie occidentale de l'Allemagne présente un certain nombre de chaînes de montagnes qui complètent et terminent vers le nord le système alpique ; ces diverses chaînes se réunissent principalement au sud du Mayn ; on en compte cinq, parmi lesquelles on distingue les *Alpes de Souabe*, qui s'étendent de la source du Necker à celle de l'Iaxt, sur une longueur de 36 lieues ; les montagnes de la Forêt-Noire (*Schwarzwald*), qui courent parallèlement au Rhin et aux Vosges, entre Bâle et Eberbach (grand-duché de Bade), et sont séparées des Alpes de Souabe par le lit du Necker, qui porte au Rhin presque tous les cours d'eau descendant de ces montagnes ; et l'*Odenwald*, prolongement du Schwarzwald entre Heidelberg et Darmstadt. Au nord du Mayn s'élèvent 10 chaînes, dont les principales sont le *Thuringerwald*, qui commence aux sources de la Werra et dont les eaux sont tributaires de l'Elbe, du Mayn et du Weser, et le *Harz*, qui forme l'extrémité septentrionale des montagnes d'Allemagne et du système alpique ; on n'y reconnaît pas de faîte principal ; c'est une masse de hauteurs jetées les unes auprès des autres sur un espace de 22 lieues de longueur et de 6 à 7 lieues de largeur.

Tel est l'ensemble de ce vaste système de montagnes, la partie la plus importante de l'orographie de l'Europe. J'ai emprunté toutes ces divisions, l'ordre même de la description, les dénominations particulières, les appréciations de distance, à l'excellent travail de M. Louis Bruguière, couronné, en 1826, par la Société de géographie et imprimé dans son recueil de Mémoires ; il ne me reste plus qu'à parler de la hauteur, de la constitution géognostique, de la végétation des Alpes, et qu'à indiquer un choix des livres les plus dignes par leur mérite ou leur nouveauté d'être consultés et pris pour guides.

Hauteur. — Les montagnes qui constituent le faîte des Alpes sont les plus élevées; elles sont couvertes de neiges perpétuelles, à l'exception de celles dont la pente est trop rapide; leur hauteur varie de 1360 à 2460 toises. Au-dessous de ces hautes Alpes et entre les vallées qui en descendent, s'élèvent les Alpes moyennes, et au-dessous de celles-ci, les basses Alpes, qui ont une élévation de 500 à 800 toises. Au-dessus de 1400 toises les neiges ne fondent plus dans les Alpes. La hauteur du groupe occidental du système alpique varie; celle du tronc méridional des Cévennes est de 4 à 600 toises; cependant le massif de la Lozère, entre les sources du Lot et du Tarn, atteint 764 toises, la branche occidentale renferme les points culminants de toute la chaîne : ce sont le Plomb du Cantal (950 toises) et le Puy de Sancy (970 t.) Les Vosges sont peu élevées; leur forme arrondie leur a fait donner le nom de Ballons. La partie du Jura la plus voisine des Alpes est en même temps la plus haute; elle a une hauteur de 500 toises environ; c'est une longue ligne horizontale, qui n'est interrompue que par quelques sommités comme le Reculet, le mont Tendre et la Dôle, dont l'élévation atteint 880 toises. Les Apennins n'ont qu'une hauteur médiocre; leurs cimes sont couvertes de neiges pendant une grande partie de l'année, mais n'arrivent pas à la ligne des neiges perpétuelles; car elles ne dépassent sur aucun point 600 toises. Quant au groupe oriental, presque aucune partie n'en a été mesurée exactement. Il en est de même pour les montagnes du groupe septentrional, qui bornent la Gallicie et la Bukowine à l'est, et qui s'élèvent dans la Transylvanie; mais on sait que c'est vers le nord, dans la contrée où commence le bassin de la Vistule, que les Carpathes atteignent leur plus grande hauteur. La Riesenkoppe, le point le plus élevé des montagnes de l'Allemagne, n'a que 843 toises; après les Riesengebirge, ce sont les montagnes de la Forêt-Noire qui sont les plus hautes.

Constitution géognostique. — Les Alpes appartiennent aux trois grandes formations granitique, schisteuse et calcaire. Le faîte est granitique, mais les deux versants se ressemblent peu. Sur ceux du sud et de l'est les roches primitives descendent jusqu'aux plaines de l'Italie; mais du côté du nord et de l'ouest, les montagnes sont presque toutes calcaires. Le calcaire des Alpes juliennes est remarquable par le grand nombre de grottes qu'il renferme. Les Alpes carniques présentent des roches d'origine ignée; et on a reconnu des montagnes basaltiques dans le sud du Tyrol, dans le Vicentin,

le Véronais, et au sud de Vienne, dans la basse Provence. Le fer et le plomb se trouvent en abondance dans les Alpes proprement dites; le sel gemme existe en grande quantité vers le nord de cette chaîne, le mercure surtout dans la partie orientale. Il y a aussi des mines d'or, d'argent, de cuivre, de zinc, d'alun et de charbon de terre. Les Cévennes septentrionales sont en grande partie calcaires, le long du Rhône; sur la pente occidentale elles sont souvent granitiques. Il y a sur quelques points de cette chaîne des volcans éteints et partout des traces d'anciennes éruptions. Les Cévennes renferment des mines de cuivre, de fer, de plomb et de houille, des carrières de granit, de porphyre, de marbre, et du plâtre. Les Vosges, qui par leur peu de hauteur semblent devoir être rangées parmi les montagnes secondaires, appartiennent cependant par leur constitution aux montagnes primordiales. On trouve dans les Vosges des mines d'argent, de cuivre, de fer, de plomb, et de houille, ainsi que du sel gemme. Le Jura est entièrement composé de pierre calcaire, sauf vers son extrémité septentrionale.

La constitution géognostique de la partie centrale des Apennins est remarquable par sa simplicité; on n'y trouve que des calcaires blancs, sans couches étrangères; on y rencontre peu de pétrifications; mais depuis le point où elle se lie aux Alpes, jusqu'aux environs de Florence, la chaîne est composée de masses calcaires ou schisteuses. On considère cette partie de l'Apennin septentrional comme appartenant aux formations primitives ou encore comme un terrain de transition. Depuis le pays toscan jusqu'en Calabre les montagnes sont formées d'un calcaire analogue à celui du Jura. En Calabre, la partie centrale de la chaîne l'est de roches primitives. Les montagnes subapennines diffèrent de celles du centre par leur forme et leur constitution: elles appartiennent aux terrains tertiaires. Les anciens volcans ne se trouvent que sur le versant sud-ouest de la chaîne, et il n'y a de volcan en activité que dans le groupe de Naples. Le tuf volcanique compose en grande partie le sol de Rome; et la plupart des lacs qui entourent cette ville sont formés par d'anciens cratères. Les plus hautes montagnes de la Sicile se composent de granit, de gneiss et de schiste micacé; mais le sol de cette île présente beaucoup de roches calcaires. Le seul terrain volcanique est celui du mont Etna; mais le petit archipel de Lipari, qui semble une dépendance de la Sicile, est entièrement composé d'îles volcaniques; il s'y trouve même deux volcans non éteints, Vulcano et Stromboli. Les Apennins sont peu riches en métaux; les mines les plus remarquables sont celles de fer qui se trouvent en Toscane. La Sicile, pas plus quo l'Italie, n'aboude en métaux; elle ne renferme que quelques mines de cuivre, de plomb, de fer; mais le soufre s'y trouve en grande quantité.

On ne sait presque rien sur la géognosie du groupe oriental. On croit seulement que les grandes chaînes sont granitiques; la charpente des montages de la Servie, de la Bosnie, de l'Albanie, de la Dalmatie, appartient à cette formation; mais les bases en sont calcaires. La plupart des montagnes de la Grèce sont calcaires ou granitiques; peut-être même quelques-unes renferment-elles des roches d'origine ignée; l'Archipel présente de fréquentes traces de feux volcaniques. L'île de Crète, où vient finir le groupe oriental du système alpique, appartient aux trois séries granitique, schisteuse et calcaire. Les montagnes de ce groupe présentent des mines de fer et de cuivre, quelques mines de plomb argentifère. Il y a des dépôts de sel gemme en Épire et de la houille en Morée.

Le faîte des Carpathes, dans la partie orientale de cette chaîne, est entièrement composé de roches primitives. Les roches trachitiques et basaltiques y abondent; ce sont les seules traces d'éruptions volcaniques qu'elles présentent. On attribue la fertilité des coteaux situés au pied de la grande chaîne, à la décomposition du basalte. On trouve dans ces montagnes des mines d'or, d'argent, de fer, de cuivre, du plomb, du vif argent et surtout du sel gemme.

Les chaînes qui entourent la Bohême présentent une charpente granitique recouverte de gneiss, de schiste et de calcaire. Le granit s'étend fréquemment jusque dans les plaines. Sur les deux versants du faîte on rencontre du grès et des roches calcaires. Vers le nord et le nord-ouest de la Bohême, les montagnes sont le plus souvent basaltiques, isolées, et de forme conique. Les métaux sont très-abondants sur les deux pentes des Sudètes, mais surtout sur le versant septentrional. Nous arrivons aux montagnes de l'Allemagne occidentale, rejoignant ainsi le groupe occidental du système alpique. Les Alpes de Souabe présentent le même aspect et la même constitution géognostique que le Jura, dont elles semblent être un prolongement oriental. De même les montagnes de la Forêt-Noire et les Vosges, par la ressemblance de leur composition et par leur même direction, semblent avoir dû former dans le principe un seul et même massif. Ces montagnes appartiennent à trois formations; la masse principale, celle du sud-ouest, est formée de granit et de gneiss. Le porphyre est superposé au granit et s'étend moins loin que lui. Les anciennes formations renferment beaucoup de minéraux, de l'argent, du cobalt, du fer, du plomb, et du cuivre.

Les montagnes de Thuringe sont composées de porphyre, de granit, et on y trouve des mines de fer, de cuivre, de plomb, de cobalt. Dans le Harz, quelques cimes sont granitiques; le porphyre se montre dans la partie méridionale; au nord, quelques collines sont formées de grès rouge.

Végétation. Dans quelques parties des Alpes, et particulièrement dans les montagnes de la Suisse, les naturalistes ont déterminé la hauteur qu'atteignaient les différents végétaux: voici quelques-uns des principaux résultats qu'ils ont obtenus et que j'emprunte encore à l'excellent livre de M. Bruguière:

La vigne prospère en Suisse à 250 toises au-dessus du niveau de la mer; à 550 toises, on peut encore cultiver les céréales. Le chêne croît jusqu'à 600 toises, le hêtre jusqu'à 750; l'érable atteint 850 toises; le pin commun, le mélèze 900, le sapin 950, le cèdre de Sibérie 1,000. A ces arbres succèdent les bruyères et les pâturages, qui s'étendent jusqu'à la lisière des neiges; cette ligne n'est pas le terme de la végétation; on trouve des lichens sur les plus hauts rochers. Dans les Apennins, les arbres qui croissent à la plus grande élévation (de 500 à 800 toises) sont les pins, les chênes et les hêtres. Plus bas on voit le châtaignier cultivé jusqu'à 300 toises et l'olivier jusqu'à 100. Cette hauteur n'y est jamais atteinte par le mûrier ni par les chênes verts. Les monts Carpathes sont couverts de forêts de pins; jusqu'à 250 toises on trouve cultivés le blé et les arbres fruitiers. Le hêtre atteint 650 toises, le sapin 750. Au-dessus de 1,100 toises les roches ne se couvrent plus que de lichens.

J. Scheuchzeri *Itinera per Helvetiæ Alpinas regiones facta*, Lugd. Bat. 1723. 4 t. in-4°.

Agassiz : *Travail sur les glaciers de la Suisse*, 1841, in-8°, Neuchâtel.

A. Necker : *Études géologiques dans les Alpes*, Paris, 1841.

Bourit : *Description des vallées de glace et des hautes montagnes qui forment la chaîne des Alpes*, Genève, 1783, 2. vol. in-8°.

Rezernholl : *Voyages dans les Carpathes centrales*, à Neisse, 1842.

Geinitz : *Description géognostique des montagnes saxo-bohémiennes*, Dresde, in-4°.

Storch : *Guide du voyageur dans les montagnes de Thuringe*, Gotha, 1842.

Grimm : *Description de l'Odenwald et des contrées du Necker*, Darmstadt, 1842.

Observations géognostiques sur la Forêt-Noire, avec une carte de Fromherz, Frib., 1842, in-8°.

Haussmann : *De Apenninorum constitutione geognostica*, Gottingæ, 1823.

Schulz : *Carte routière des routes et montagnes de l'Autriche, du Salzbourg, de la Carinthie, de la Styrie et du Tyrol jusqu'à Munich, renfermant les Alpes autrichiennes et les hautes terres de la Bavière*, 1842.

De Fleckler : *Carte des contrées montagneuses du Schneeberg, du Raxalpes et de Wechsel dans la basse Autriche*, Vienne, 1842.

Le comte Breuner : *Carte géologique complète de l'Esclavonie, de la Croatie et de la Styrie*.

Carte géologique de la Saxe, par l'école des mines de Freyberg.

AMÉDÉE TARDIEU.

ALPES (Département des **BASSES**) : (*Géographie et Statistique*.) — Le département des Basses-Alpes, formé d'une partie de l'ancienne Provence, et situé dans la région sud-est du royaume, est un de nos départements frontières. Les Alpes maritimes forment en grande partie sa limite orientale et le séparent de l'Italie. Ses autres limites sont, au nord, le département des Hautes-Alpes; au nord-ouest, celui de la Drôme; à l'ouest, celui de Vaucluse; au sud, celui du Var.

Sa superficie est de 682,643 hectares, ainsi répartis, selon la nature des cultures et du sol.

Contenances imposables :

Landes, pâtis, bruyères, etc. .	306,163 h.
Terres labourables.	155,393
Bois.	109,727
Prés.	17,505
Vignes.	13,959
Oseraies, aulnaies, saussaies.	3,464
Cultures diverses.	3,322
Superficie des propriétés bâties.	858
Vergers, pépinières et jardins.	338
Étangs, abreuvoirs, mares, et canaux d'irrigation.	29

Contenances non imposables.

Routes, chemins, rues, etc. . .	51,956
Rivières, lacs, ruisseaux. . . .	19,868
Cimetières, églises, presbytères, bâtiments publics.	61
Total. . . .	682,634

On y compte :

37,685 maisons.
519 moulins.
15 forges et fourneaux.
335 fabriques et manufactures.

En tout 38,564 propriétés bâties.

Le nombre des propriétaires est de 53,858; celui des parcelles, de 835,485.

Appuyé au nord-est sur les Alpes maritimes, depuis la source de l'Ubaye au mont Viso jusqu'à celle de la Tynéa au mont Roburent, le département des Basses-Alpes est presque exclusivement situé sur le bassin de la Durance. Dans l'espace de 13 myr. que cette rivière appartient au département, soit comme limite, soit exclusivement, elle s'y grossit, par la droite, du Buech, qui appartient presque tout entier au département des Hautes-Alpes, puis de la Jabron, de l'Ausson et de la Largue; par la gauche, de l'Ubaye, de la Blanche, de la Sasse, de la Vançon, de la Bléone, de l'Asse et de la Verdon. Une petite portion du Var, qui y reçoit la Colon, arrose, en outre, la pointe sud-est du département.

Par sa disposition naturelle et hydrographique, le département des Basses-Alpes présente neuf divisions naturelles très-prononcées et formées par les ramifications alpines qui en-

caissent profondément chacun des cours d'eau notables qui vont, par la gauche, se joindre à la Durance. Ce sont : 1° le pays à droite ou à l'ouest de la Durance, arrosé par la Jabron, l'Ausson et la Largue; 2° la vallée de l'Ubaye; 3° la vallée de la Blanche; 4° la vallée de la Sasse; 5° la petite vallée de la Vançon; 6° la vallée de la Bléone; 7° la vallée de l'Asse; 8° la longue vallée de la Verdon; 9° la vallée du Var.

Le caractère principal du pays est la variété. Aux paysages riants et fertiles succèdent des tableaux arides et sauvages, puis les scènes grandioses des régions alpines. On y trouve de hautes montagnes et des vallées agrestes et profondes qu'arrosent des eaux limpides. Là s'étendent des plaines ornées de toute la richesse des cultures méridionales; plus haut verdoient des pelouses émaillées de fleurs; au-dessus dominent de belles et immenses forêts. La vallée de Barcelonnette, en particulier, est digne, par la magnificence de ses aspects, d'obtenir la même admiration que les plus belles vallées de la chaîne centrale des Alpes.

La Durance est le seul cours d'eau navigable du département, lequel est traversé par trois routes royales (parcours total, 177,202 mètres) et dix-neuf routes départementales (parcours total, 810,007 mètres). La plupart des transports se font à dos de mulets.

Le département renferme un assez grand nombre de lacs; le plus remarquable est celui d'Allos, dont le circuit est d'une lieue et demie environ.

Climat. — L'air est généralement vif, pur et salubre; mais la température est très-variable; par sa position méridionale et sa nature montagneuse, le département réunit en quelque sorte tous les climats et toutes les saisons. Les goîtres ne sont pas inconnus dans certaines vallées.

Productions. Histoire naturelle. — Parmi les animaux sauvages du département, le loup est le plus commun; les montagnards se livrent à la chasse du chamois et de la marmotte. Le gibier est très-multiplié, ainsi que les grands oiseaux de proie. Les lacs et les cours d'eau sont poissonneux. Les animaux domestiques sont de petite race; cependant les chevaux sont renommés pour leur activité et leur vigueur.

Les essences principales des forêts sont le chêne, le hêtre, le sapin, le pin et le mélèze. Parmi les arbres ou arbustes fruitiers, on remarque l'oranger, le mûrier, l'olivier, le figuier, le châtaignier, le noyer, le prunier et la vigne. Dans certains cantons, on recueille des truffes estimées. La flore est d'une richesse remarquable.

Les richesses minérales du département ne

sont pas moins abondantes. Outre des mines d'or dont l'existence est douteuse, et des mines d'argent dont quelques-unes ont été jadis exploitées, on doit citer des mines de plomb, de bismuth, de baryte. On connaît aussi des mines de cristal de roche, des carrières de jaspe, et un grand nombre de gisements houillers. Digne et Gréoulx possèdent des établissements d'eaux thermales.

Division administrative. — Le chef-lieu de la préfecture est Digne. Le département se divise en cinq arrondissements, dont les chefs-lieux sont Digne, Barcelonnette, Castellane, Forcalquier et Sisteron. Ces cinq arrondissements comprennent 30 cantons et 257 communes. Le département des Basses-Alpes est compris dans la huitième division militaire (Marseille), dans le ressort de la cour royale d'Aix, dans le diocèse de Digne, suffragant de l'archevêché d'Aix, et dans la vingt-huitième conservation forestière (Aix). Pour l'administration universitaire, il fait partie de l'académie d'Aix.

Division politique. — Le département nomme deux députés, et il est divisé en deux arrondissements électoraux, dont les chefs-lieux sont Digne et Sisteron.

Population. — D'après le dernier recensement officiel, elle s'élève à 156,055 individus, ainsi répartis :

Arrondissement de Digne.	52,045
— de Barcelonnette. .	18,561
— de Castellane. . . .	23,770
— de Forcalquier. . .	36,118
— de Sisteron.	25,561
Total. .	156,055

Industrie agricole. — On voit, par le tableau de la distribution du sol dans le département, que les terres labourables en occupent un peu moins du quart de la surface, les prés la trente-neuvième partie, et les vignes la cinquantième partie seulement. Les bois en couvrent presque la sixième partie, et les landes, pâtis et montagnes arides égalent deux fois en étendue celle des terres labourables.

On compte que le département renferme : 6,000 chevaux et mulets, 17,000 bêtes bovines; 30,800 chèvres; 378,000 moutons, presque tous de race indigène.

Le produit du sol est évalué,

En céréales, à.	676,619 hectol.
— avoine.	80,304
— En pommes de terre. .	721,336
— vins.	140,000

On évalue le revenu territorial à 7,745,000 fr.

Sous le rapport agricole, le département des Basses-Alpes est loin d'être au nombre des départements les plus avancés; la récolte des olives et la culture des abeilles y sont au nombre des occupations importantes des cultivateurs; l'éducation des vers à soie commence à y prendre un développement notable. Un nombre considérable de troupeaux des départements circonvoisins, connus sous le nom de *transhumants*, viennent chaque année paître les riches prairies naturelles des belles vallées du département.

Industrie manufacturière. L'industrie manufacturière, encore peu avancée, ne s'étend guère au delà des besoins locaux; on exporte cependant des quantités considérables de cire, de miel et de fruits secs. Diverses localités ont des peausseries, des coutelleries communes, des faïenceries, des papeteries, des corderies, des fabriques de draps communs, des chapelleries, des poteries, des filatures de soie, des tanneries, des huileries, des distilleries d'eau-de-vie, etc. Le département comptait, en 1834, 15 forges et fourneaux, 335 fabriques et usines et 519 moulins.

Foires. — Le nombre des foires du département est de 154, la plupart durant un jour, et se tenant dans 48 communes. Les principaux articles de commerce sont les bestiaux, les grains, les amandes et les fruits, des cuirs, des toiles et des draps communs, de la faïence, etc.

Impôts directs. — Le département a payé à l'État, en 1839 :

Contribution foncière.	609,954 fr.
Contributions personnelle et mobilière.	117,000
Contribution des portes et fenêtres.	63,433
Total des impôts directs.	790,387

Biographie. — Parmi les hommes distingués que le département des Basses-Alpes a produits, on remarque le troubadour G. de Porcelet; Gassendi; le médecin Itard; Bayle; Manuel; l'amiral de Villeneuve.

Henry, *Recherches sur la géographie ancienne et les antiquités du dép. des Basses-Alpes*, 1818, in-8°.
Jouine, *Vues sur l'agriculture du dép. des Basses-Alpes*, 1823, in-8°.
Coquebert de Montbret, *Description géographique et minéralogique du dép. des Basses-Alpes* (Journal des mines, t. VI, 1797).
Annales des Basses-Alpes, 4 vol. in-8°, fig.
Annuaires des Basses-Alpes, 1833 à 1844.

G.

ALPES (département des HAUTES.) (*Géographie et statistique.*) — Le département des Hautes-Alpes est situé dans la région sud-est de la France, et a pour limite orientale la chaîne élevée dont il a pris le nom. C'est un des départements frontières de l'Italie, dont les Alpes le séparent. Ses autres limites sont, au nord-ouest, le département de l'Isère ; à l'ouest celui de la Drôme; au sud celui des Basses-Alpes. Ce département a été formé de la partie sud-est de l'ancien Dauphiné, dont il comprend trois pays, le *Briançonnais*, l'*Embrunais* et le *Gapençais*, représentés par les trois arrondissements actuels de Briançon, d'Embrun et de Gap.

Il présente une superficie de 553,264 hectares, distribués ainsi qu'il suit, selon la nature des propriétés et des cultures :

Contenances imposables.

Terres labourables	97,484 hect.
Prés	23,636
Vignes	5,901
Bois	77,226
Vergers, pépinières, jardins	505
Oseraies, aulnaies, saussaies	480
Étangs, abreuvoirs, canaux d'irrigation	23
Landes, pâtis, bruyères, etc.	220,458
Propriétés bâties	680

Contenances non imposables.

Routes, chemins, places publiques, rues, etc.	10,862
Rivières, lacs, ruisseaux	16,314
Forêts, domaines non productifs	99,053
Cimetières, églises, presbytères, bâtiments publics	41
Total	553,264

On y compte :

21,672 maisons.
467 moulins.
36 forges et fourneaux.
127 fabriques et manufactures.

22,302 propriétés bâties.

Le nombre des propriétaires est de 44,471 ; celui des parcelles de propriétés, de 1,195,994.

La partie septentrionale ou supérieure de la chaîne des Alpes maritimes, depuis le point où elle atteint la frontière de France, aux sources de la Claret et de la Doire, jusqu'au mont Viso, où le Pô prend naissance, sert, comme nous l'avons dit, de limite orientale au département. Dans cet intervalle de 8 myr., la chaîne des Alpes, que coupe le col ou passage de Genèvre, est couronnée par les pics de Genèvre et du Viso.

Le département tout entier, dont la pente dominante est au sud-ouest vers le Rhône, dans lequel ses eaux vont se perdre, est couvert de montagnes élevées, ramifications directes ou indirectes de la chaîne alpine. La plus importante de ces ramifications est celle qui couvre au nord la vallée de la Durance, qu'elle sépare de celle de l'Isère. Les monts Pelvoux, Olan, Chaillol, le Vieux, Oubioul, Tous, Buc, Ventoux et Lure font partie de cette ligne de partage, laquelle établit sur le département deux divisions naturelles, le bassin de l'Isère au nord et celui de la Durance au midi. La Romanche et le Drac, qui, réunis, vont se joindre à l'Isère dans le département de ce dernier nom, arrosent la première de ces deux divisions naturelles du département des Hautes-Alpes ; la seconde est traversée dans une longueur de 14 myr., du nord-est au sud-ouest, par la Durance, qui reçoit, à droite, la Claret, la Guisance, la Gironde, l'Alp-Martin, la Biouse, la Vence et la Luie, et, par la gauche, la Servière, la Guil, la Crévoux et la Vachère. Un autre affluent de la droite de la Durance, le Buech, plus étendu qu'aucun des précédents, arrose du sud au nord la partie sud-ouest du département.

« Des vallées que les torrents principaux ont formées, qu'ils arrosent et ravagent, dit M. le baron Ladoucette ; les gorges et les vallons qu'on y voit aboutir en tout sens, en toute direction, et qu'ont creusés des torrents secondaires qui vont grossir les premiers ; les montagnes d'où toutes ces eaux vagabondes s'échappent avec fracas, et qui, s'élevant graduellement en amphithéâtre, grandissent, pour ainsi dire, depuis l'ancienne Provence jusqu'au mont Genèvre ; sur leurs pentes, ici des champs ou des vignobles, là, et surtout au nord, quelques forêts et des groupes de bois ; trop souvent au midi des terrains arides et des crevasses ravinées ; sur les plateaux, de vastes plaines émaillées d'une quantité prodigieuse de fleurs ; la chaîne des hautes montagnes couronnée par des glaciers où se sont entassées, à des profondeurs immenses, les neiges presque éternelles qui dominent des pics de rocs nus et décharnés, s'élançant comme pour atteindre les cieux ; tous les aspects, toutes les expositions, toutes les températures ; tout ce qu'il y a de plus varié et de plus monotone, de plus curieux et de moins intéressant, de plus imposant et de plus simple, de plus riche et de plus pauvre, de plus riant et de plus triste, de plus beau et de plus horrible : voilà le département des Hautes-Alpes. »

Ce département, traversé par cinq routes royales, possède une seule route départementale. Le parcours des premières est de 352,687 mètres ; celui des autres, de 24,700 mètres.

Climat. — Après des hivers longs et rigoureux viennent des étés marqués par des chaleurs excessives et de fréquents orages. La belle saison du pays est l'automne. Les goîtres ne sont pas rares non plus dans quelques vallées.

Productions. Histoire naturelle. —Parmi les bêtes sauvages du département, on remarque l'ours, le loup, le loup-cervier, le daim, la marmotte, etc. Le gibier de toute espèce est très-abondant; les oiseaux de proie sont très-nombreux; le grand aigle est le plus redoutable. — Les chèvres des Alpes ont sous leurs longs poils un duvet qui a de l'analogie avec celui des chèvres-cachemires. Elles se croisent avec le chamois.

Les pâturages forment dans les Alpes, suivant l'élévation à laquelle ils se trouvent, trois zones distinctes où les plantes ne sont plus les mêmes; les zones forestières présentent aussi une triple élévation correspondante : celle des sapins, des hêtres et des chênes. La même montagne est ainsi couverte simultanément des végétaux de la Laponie, de l'Europe centrale et de l'Europe méridionale.

L'or, l'argent, le cuivre, le fer et le plomb figurent parmi les richesses métalliques du département. On y exploite du cristal de roche, du marbre, de l'albâtre, du porphyre, du granit, de la craie, des pierres lithographiques, de l'ardoise, du charbon de terre, de la houille, etc. Le département possède plusieurs sources thermales et minérales.

Divisions administrative et politique. — Le département a pour chef-lieu Gap. Il est divisé en trois arrondissements communaux : Gap, Briançon, Embrun; et en 24 cantons; on y compte 189 communes.

Pour l'administration militaire, les Hautes-Alpes font partie de la 7e division, dont le chef-lieu est Lyon. Pour l'administration judiciaire, les tribunaux sont du ressort de la cour royale de Grenoble. Le département forme un évêché, dont le siège est à Gap, et qui est suffragant de l'archevêché d'Aix. Il fait partie de l'académie de Nîmes, et de la 14e conservation forestière.

Les Hautes-Alpes nomment deux députés et forment deux arrondissements électoraux, Embrun et Gap.

Population. — Elle est de 132,584 habitants, ainsi répartis :

Arrondissement de Gap. . . .	69,138
— de Briançon. . . .	31,005
— d'Embrun. . . .	32,441
Total. .	132,584

Industrie agricole. — La partie du département livrée à la culture céréale est à peine de deux onzièmes (87,484 hect. sur 553,164); les prés ont à peu près le quart de l'étendue des terres labourables, et les vignes le quart seulement de l'étendue des prés. Mais les bois et les forêts couvrent une étendue de 176,859 hectares, ou près du tiers du département; et les landes, pâtis et terrains entièrement arides et improductifs occupent les deux cinquièmes environ de la surface totale.

On compte que le département renferme environ 6,000 chevaux et mulets, 10,000 ânes, 33,000 bêtes à cornes, 18,000 chè-

vres, 10,000 porcs et 271,000 moutons. Près de 150,000 moutons transhumants ou voyageurs viennent, en outre, dans l'été, paître l'herbe aromatique des vallées.

Le produit du sol, en céréales, parmentières (pommes de terre) et avoines est évalué à 1,328,000 hectolitres; en vins, à 75,000 hectolitres.

Le revenu territorial est de 5,134,600 fr. environ; nous avons vu que le nombre des propriétaires est de 44,471, et celui des parcelles de propriétés de 1,195,994. Ces nombres représentent, pour chaque propriétaire, un revenu moyen de 116 fr., et la possession de 27 parcelles environ.

L'agriculture des Hautes-Alpes est fort en arrière quant aux bonnes méthodes de pratique et d'assolement; le seigle en forme la base; mais les prairies pastorales ou permanentes y sont excellentes, et l'art des irrigations très-avancé.

Industrie manufacturière et commerciale. — L'industrie, généralement bornée à la satisfaction des besoins locaux, est encore assez peu développée. La pelleterie a néanmoins quelque importance, et les produits s'en expédient sur Lyon. Le département comptait, en 1838, 36 forges et hauts-fourneaux, 467 moulins, 127 fabriques ou usines.

Foires. — Le nombre des foires du département est de 185. Elles se tiennent dans 74 communes. Les principaux articles d'échange y sont les chevaux, les mules, mulets et bestiaux de toute espèce; le blé, l'avoine, les légumes secs, le lin et le chanvre, la laine et les étoffes grossières en lainage, etc.

Impôts directs. — Le département a payé à l'État, en 1839 :

Contribution foncière. . . .	501,207 fr.
Contributions personnelle et mobilière	83,300
Contribution des portes et fenêtres.	59,771
Total des impôts directs.	644,229

Le connétable de Lesdiguières, le cardinal de Tencin, et sa sœur, madame de Tencin, sont nés sur le territoire de ce département.

Coquebert de Montbret, *Description des Hautes-Alpes* (Journal des mines, t. VII, 1798).
Héricart de Thury, *Potamographie du dép. des Hautes-Alpes* (Journal des mines, t. XVII, 1804).
Journal d'agriculture du dép. des Hautes-Alpes, 1803-11, in-8°.
Farnaud, *Exposé des améliorations introduites depuis cinquante ans dans les Hautes-Alpes*, 1821, in-8°.
Peuchet et Chanlaire, *Statistique des Hautes-Alpes*, 1808, in-4°.
Ladoucette, *Histoire des antiquités, usages, dialectes, etc., des Hautes-Alpes*, précédée d'un essai sur la topographie de ce dép. 2e éd. 1834, in-8°, et Atlas.

G.

ALPHABET. (*Grammaire.*) On désigne

ainsi la réunion des lettres d'une langue disposées dans un certain ordre conventionnel.
Ce mot est formé des noms des deux premières
lettres des Grecs, *alpha*, *béta*. Voltaire l'a
beaucoup critiqué, comme étant une partie
de la chose signifiée plutôt qu'un véritable
nom, et Nodier a proposé d'y substituer le
terme *grammataire*, terme sans doute fort
bien formé, mais qui n'a encore été adopté par
personne. Quoi qu'il en soit du mérite de celui
que l'usage a fait prévaloir, il exprime la représentation de la parole analysée en ses éléments les plus simples.

Leibnitz allait loin, sans doute, lorsqu'il
disait : « Donnez-moi un bon alphabet et je
vous donnerai une langue bien faite ; » mais
tout le monde reconnaîtra avec Nodier qu'un
tel alphabet est « la condition absolue, la condition exclusive, sans laquelle il n'existera
jamais une bonne orthographe. » Un alphabet
bien fait devrait se composer d'autant de caractères qu'il y a d'éléments phonétiques différents dans la langue à la transcription de laquelle il est destiné. Mais c'est là une condition que la plupart des alphabets modernes
sont loin de remplir. Ils sont tout à la fois
incomplets et surchargés de lettres superflues.
Ainsi, une même lettre, comme cela est vrai
de toutes nos voyelles et de plusieurs de nos
consonnes, y a deux ou trois valeurs distinctes, tandis que des lettres différentes,
telles que chez nous *c* dur, *k* et *q*, *c* doux et
s, etc., n'y expriment qu'une même valeur.
Nous avons trente-deux sons dans notre langue, trente-quatre même selon l'abbé de Dangeau, et vingt-cinq lettres seulement dans
notre alphabet. « Les méthodes alphabétiques
de notre Europe, dit Volney, sont de véritables caricatures : une foule d'irrégularités,
d'incohérences, d'équivoques, de doubles
emplois se montrent dans l'alphabet même
italien ou espagnol, dans l'allemand, le polonais, le hollandais. Quant au français et à
l'anglais, c'est *le comble du désordre*. » Ce
sont les exigences de l'étymologie qui viennent ainsi, dans les idiomes de formation secondaire, fausser à chaque pas l'expression
de la prononciation. Ceux de formation plus
originale présentent beaucoup moins cet inconvénient, et nous trouvons l'écriture alphabétique d'autant plus conforme à son but,
qu'elle est plus rapprochée de son origine.
L'alphabet des peuples sémitiques, celui des
Grecs, avant l'invasion de l'iotacisme (*Voyez* ce
mot), ceux des langues slaves, et surtout ceux
des langues indiennes, sont infiniment plus
parfaits que celui dont nous nous servons.

L'origine première de l'alphabet qui a
donné naissance au nôtre, comme à tous ceux
de l'Europe moderne, l'ordre dans lequel les
lettres y sont placées, le nom et la figure

de ces lettres, sont autant de faits qu'il est
difficile d'expliquer aujourd'hui autrement que
par des hypothèses plus ou moins attaquables.

L'invention de l'écriture alphabétique paraissait à Platon au-dessus des facultés naturelles de l'homme. Elle ne pouvait, selon lui,
avoir pour auteur qu'un dieu ou un homme
divinement inspiré. Le juif platonicien Phi-
lon en fait honneur à Abraham ; l'historien
Josèphe l'attribue à Seth, et d'autres la font
remonter à Adam. Saint Augustin ne balance
pas à lui reconnaître une origine antédilu-
vienne. Quelques auteurs sacrés cependant
ont placé l'origine de l'alphabet à l'époque de
la dispersion des peuples, et ont cru voir
dans les seize lettres dont se composa l'alphabet primitif, hébreu ou phénicien, l'indication du nombre des générations écoulées depuis la *création jusqu'à cet événement*. Les
Irlandais ont attribué autrefois l'invention de
l'alphabet avec lequel ils écrivaient leur
idiome particulier, à un certain Fenisius ou
Phénius, arrière-petit-fils de Japhet.

Chez les païens, l'honneur de l'invention a
été disputé par les Égyptiens, les Chaldéens,
les Syriens et les Phéniciens. Les Grecs l'attribuaient tantôt à leur Hermès, tantôt à Thoth
ou Theuth, le Mercure égyptien, selon les uns
secrétaire, selon les autres instituteur d'Osiris.
Pline veut, au contraire, que l'alphabet ait
existé de toute antiquité chez les Assyriens.

En admettant que l'alphabet ait pris naissance en Égypte, il faut accorder aussi qu'il
doit avoir reçu de quelque autre peuple la
forme sous laquelle il est arrivé en Europe ;
car les noms mêmes des lettres sont sémitiques et non égyptiens. D'un autre côté, on
doit remarquer que, bien que ces noms s'expliquent pour la plupart par le phénicien, il
est peu probable que l'idée première en appartienne à ce peuple essentiellement commerçant
et navigateur, puisque les objets dont ils rappellent l'idée, se rapportent au contraire presque tous, ainsi que l'a fait remarquer Klaproth,
à la vie d'un peuple s'occupant d'agriculture
et de l'éducation des bestiaux. Il est donc plus
rationnel de supposer que les Phéniciens nous
ont simplement servi d'intermédiaires avec
les véritables inventeurs. Toutefois, les premiers peuples européens qui reçurent d'eux la
connaissance de l'écriture alphabétique, furent
naturellement portés à leur en attribuer la prio-
rité sur tous les autres. Aussi Lucain partageait-
il l'opinion la plus généralement reçue, quand
il célébrait la découverte de l'alphabet par
les Phéniciens, dans ces deux vers de sa
Pharsale :

Phœnices primi, famæ si credimus, ausi
Mansuram rudibus vocem signare figuris

que Brébeuf a traduits ou plutôt imités par
ceux-ci :

C'est d'eux que nous tenons cet art ingénieux
De peindre la parole et de parler aux yeux,
Et par les traits divers de figures tracées
Donner de la couleur et du corps aux pensées.

Quel que soit le peuple auquel on doit faire honneur d'une invention si féconde en résultats, une logique bien rigoureuse ne paraît pas avoir présidé au classement des lettres dans l'alphabet. Les voyelles et les consonnes, les articulations provenant du jeu des organes les plus opposés, s'y trouvent souvent confondues. Ce vice immense de notre alphabet tient sans doute au double rôle que, dès l'origine, il fut appelé à remplir. En effet, chez les peuples sémitiques comme chez les Grecs, chaque lettre, outre sa valeur comme représentation d'un des éléments de la parole, en eut une seconde, celle du chiffre; et une fois une valeur numérique donnée à ces caractères, la place de chacun dans l'alphabet se trouve définitivement fixée. La superstition s'emparant ensuite d'un fait sans conséquence réelle, s'opposa à ce qu'on pensât à établir entre les lettres un classement plus régulier. On vit dans leur ordre et leur combinaison quelque chose de surnaturel et de magique. Aussi, de tout temps, l'alphabet a-t-il joué dans les formules des sciences occultes un rôle important.

Quant à la division des éléments phonétiques en sons et en articulations, il ne paraît pas que les créateurs de l'alphabet l'aient connue. La question a été néanmoins souvent débattue de savoir si aucun des caractères des anciennes écritures sémitiques pouvait être considéré comme pure voyelle, et si l'inventeur n'avait pas sciemment composé de simples consonnes la série de ses lettres. L'alphabet arabe, calqué d'une manière plus servile que le nôtre sur le type hébreu, est aujourd'hui considéré comme composé exclusivement de consonnes. Comme telles, il est vrai, on compte certaines marques d'aspiration que l'on pourrait bien prendre pour d'anciennes voyelles, dénaturées par l'usage; et il est certain que l'alphabet grec, dérivé de la même source, mais à une époque bien antérieure, a, parmi ses plus anciens caractères, des lettres comme *alpha*, *epsilon*, *omicron*, auxquelles on n'a jamais contesté le caractère de voyelles.

Dans l'hébreu, l'arabe et le syriaque, on supplée quelquefois à l'absence des voyelles par des points ou de petits traits qui se placent, les uns au-dessus, les autres au-dessous de la ligne; mais souvent ces marques s'omettent.

Dans les écritures de l'Inde, il n'y a guère que les voyelles initiales qui se tracent dans le corps de la ligne; la plupart des autres s'indiquent par un procédé analogue à celui qu'emploient les peuples sémitiques.

Dans les prétendus syllabaires éthiopiens et tartares, qui se réduisent facilement à leurs éléments alphabétiques, les voyelles se joignent aux consonnes comme une sorte d'appendice.

Les auteurs sont fort partagés sur l'origine de la figure des lettres. Quelques-uns, tels que le Hollandais Van Helmont et l'Allemand Wachter, ont voulu y voir la représentation des organes de la parole dans les différentes positions qu'ils affectent pour l'émission des différents sons. D'autres, tels que Court de Gébelin et beaucoup de grammairiens modernes, ont cru y retrouver les traits altérés de figures autrefois hiéroglyphiques, qui sont passées à l'état de caractères phonographiques, d'abord sous forme de véritables rébus, puis, par des simplifications successives, comme purs éléments alphabétiques. Le premier de ces deux systèmes ne soutient pas l'examen; quant au dernier, on ne peut nier que la nature significative du nom des anciennes lettres phéniciennes et hébraïques ne lui donne un grand poids. A l'article particulier que nous consacrons à chaque lettre nous donnerons la signification traditionnelle du nom qu'elle porte. (Voy. ces articles.)

« Les doctrines politiques ou religieuses créèrent des alphabets, comme elles créèrent des polices et des liturgies, » disent MM. Champollion Figeac et Aimé Champollion dans l'introduction qu'ils ont mise en tête de la *Paléographie universelle* de M. Silvestre. C'est un fait que l'on aura plus d'une fois occasion de reconnaître dans le tableau que nous allons essayer de tracer de l'histoire des principaux alphabets du globe.

Au triple système d'écriture des anciens Égyptiens, système qui n'était du reste, comme on sait, qu'en partie alphabétique, succéda, à l'époque de l'occupation de l'Égypte par les successeurs d'Alexandre, l'alphabet des Grecs, avec leur langue. Puis, après l'introduction du christianisme sur les rives du Nil, on vit s'y former un alphabet nouveau. Les formes en étaient en grande partie empruntées à celui des Grecs; mais on ajoutait, pour écrire les sons particuliers à la langue, six caractères pris dans l'écriture démotique. Cet alphabet, qui ne servait qu'à la transcription de la langue des indigènes devenus chrétiens, est l'égyptien moderne ou cophte.

Les caractères cludiformes ou cunéiformes, c'est-à-dire en forme de tête de clou ou de coin, qui existent encore sur les anciens monuments assyriens et médiques, dans les ruines de Babylone, de Ninive et de Persépolis, à Van et à Ecbatane, paraissent avoir été autrefois employés à la transcription de plusieurs idiomes et se diviser en plusieurs alphabets. Tous n'ont pas été déchiffrés; cependant, on a cru apercevoir, entre ces alphabets et ceux des peuples sémitiques, quelques rapports généraux, basés plutôt, il est vrai, sur la nature des combinaisons syllabiques qu'ils paraissent former, que sur la disposition de leurs traits.

La forme la plus ancienne des lettres hébraïques est celle de l'alphabet que l'on désigne, mais à tort, sous le nom de samaritain. Ce caractère présente beaucoup de ressemblance avec le phénicien. On le retrouve sur les plus anciennes médailles découvertes à Jérusalem, et l'on croit qu'il était encore d'un usage assez général au temps des Maccabées. Il finit par être remplacé par l'hébreu carré ou chaldéen, qui avait été apporté de Babylone par Esdras, après la captivité. Une des variétés les plus curieuses de ce caractère se retrouve dans l'alphabet des inscriptions palmyréniennes, dont les lettres se lient quelquefois deux à deux. L'alphabet *samaritain* propre a adouci les formes anguleuses de l'autre. Enfin, le plus moderne, comme le plus cursif, des alphabets hébraïques est le *rabbinique* ou *hébreu rond*.

Les alphabets zend et pehlvi des livres des Parses, sectateurs de Zoroastre, et celui des médailles de la dynastie sassanide sont rangés par le plus grand nombre des auteurs à côté des alphabets précédents. Klaproth regarde comme plus probable qu'ils ont une origine identique avec le déva-nâgari et le pali de l'Inde, auxquels il assigne une souche tout à fait étrangère à la filiation sémitique.

Les nombreux alphabets des deux presqu'îles indiennes portent l'empreinte d'un type commun, et qui semble avoir été plutôt modifié pour chaque idiome par le caprice local, qu'altéré dans les phases de la dérivation. Dans presque tous ces alphabets, les lettres, au lieu de former, comme dans ceux d'origine sémitique, une liste arbitraire, ont été, à une époque fort reculée, soumises par les grammairiens indigènes à une classification basée sur les organes qui concourent à l'émission des sons qu'elles représentent. Le type commun existe encore, à un état, pour ainsi dire, primitif, dans le magadha. Le déva-nâgari, ou écriture divine, que les Brahmes emploient pour écrire le sanskrit, le présente à un état plus travaillé et plus complet. Le bengali et le guzarate ne s'en écartent que par de légers changements, et, malgré les formes cursives et plus arrondies des alphabets du sud de l'Hindoustan, on le retrouve encore, d'une manière frappante, dans plusieurs lettres du caractère tamoul; mais il s'efface davantage dans le cingalais. Au delà du Gange, on le suit sans peine dans le pali barman ou carré, ainsi que dans les formes plus modernes de l'alphabet thibétain dvondjan, qui ne date que du septième siècle de notre ère. Enfin, il a pénétré dans les îles de la Sonde, où l'on en reconnaît les traces dans le caractère propre au kawi de Java.

Le savant secrétaire de la société asiatique du Bengale, feu James Prinseps, a prétendu signaler, entre le type graphique indien et l'alphabet grec, des analogies que les indianistes européens se sont jusqu'à présent refusés à admettre, autrement que comme des coïncidences incomplètes et d'ailleurs fortuites.

Les historiens de l'alphabet attribuent généralement son introduction dans la Grèce au Phénicien Cadmus. Telle est l'opinion d'Hérodote et de Diodore de Sicile. C'est à tort que quelques auteurs croient pouvoir induire d'un passage de ce dernier que l'usage de l'écriture était connu des Grecs avant le déluge de Deucalion. Fréret et Mabillon ont aussi cherché à prouver l'existence en Grèce d'un alphabet pélasgique, et par conséquent antérieur à l'arrivée de Cadmus chez les Hellènes. L'alphabet cadméen se composait, comme alors le phénicien d'où il dérivait, de seize lettres : α, β, γ, δ, ε, ι, κ, λ, μ, ν, ο, π, ρ, σ, τ, υ, dont la forme, au rapport d'Hérodote, était à peu près celle qu'affectaient de son temps les lettres ioniennes. Le principal changement qu'a subi la figure des lettres grecques vient de celui que l'usage a fait subir au sens dans lequel l'écriture se trace. (Voy. ÉCRITURE.) Palamède, dit-on, inventa, au siége de Troie, les quatre lettres suivantes : θ, ξ, φ, χ, et Simonide plus tard ces quatre dernières : ζ, η, ψ, ω. Avant les additions que reçut l'alphabet grec, l'Arcadien Évandre aurait porté en Italie les seize caractères primitifs. Les inscriptions étrusques, seuls monuments écrits qui nous restent de la langue des antiques habitants de l'Italie septentrionale, n'en présentent pas davantage, les lettres : f, g, h, j, k, q, v, x, y, z, furent longtemps inconnues aux Romains. Ceux-ci finirent cependant par porter à vingt-cinq le nombre de leurs signes alphabétiques, et ils y ajoutèrent encore les lettres doubles æ et œ pour représenter dans les mots dérivés du grec les diphthongues helléniques αι et οι. L'empereur Claude voulut compléter l'alphabet par la création de trois nouveaux signes, dont l'usage toutefois ne dura qu'autant que son règne. Les quatre lettres grecques que le roi Chilpéric voulut, au rapport de Grégoire de Tours, introduire dans l'alphabet français, eurent le même sort. Ces dernières étaient, d'après certains manuscrits de notre auteur, δ, ζ, ψ, ω, et d'après d'autres, θ, ξ, φ, χ.

Les colonies grecques, notamment celle qui fut fondée par les Phocéens à Marseille, portèrent leur alphabet dans diverses parties de l'Europe. Plus tard, les caractères latins furent successivement adoptés par toutes les nations de l'Occident, où les introduisirent, tantôt la conquête romaine, tantôt le prosélytisme chrétien. La célèbre inscription de Carpentras et les-

ALPHABET

médailles trouvées, en 1752, par don Velasquez, dans le sud de l'Espagne, prouvent du reste qu'antérieurement à l'époque latine, ou du moins indépendamment de l'action romaine et même de celle des Grecs, l'alphabet avait pénétré en Gaule et en Ibérie. Les médailles peuvent être d'origine punique ; mais l'inscription doit être d'une date plus ancienne, puisque, si le caractère dans lequel elle est écrite, n'est pas, comme quelques-uns l'ont voulu, purement phénicien, il tient du moins, selon Klaproth, le milieu entre l'ancienne écriture phénicienne et le caractère araméen postérieur ou palmyrénien.

Quoi qu'il en soit, l'alphabet latin est aujourd'hui commun aux Italiens, aux Espagnols, aux Portugais, aux Français, aux Anglais, aux Flamands, aux Hollandais, aux Suédois, aux Polonais et aux Hongrois ; mais, si l'on fait attention à la diversité des valeurs qu'a une même lettre écrite dans la prononciation des langues de ces différents peuples, on reconnaîtra, avec l'auteur du *Traité de la formation mécanique des langues*, le président de Brosses, que, malgré cette conformité dans la figure des lettres, « chaque « peuple a son alphabet propre assez différent « de celui d'un autre. »

La plupart même des nations qui emploient les lettres latines, ont senti la nécessité d'y faire certaines additions pour les appliquer, avec moins de désavantage, à leur propre langue. C'est ainsi que nous remédions jusqu'à un certain point à l'insuffisance des voyelles par nos accents écrits, à celle des consonnes par la cédille ; que les Espagnols et les Portugais indiquent, par le petit trait horizontal dont ils surmontent dans certains cas, ceux-ci les voyelles et ceux-là la consonne *n*, des sons nasaux propres à leur langue. C'est ainsi encore que les Suédois et les Hongrois, comme aussi tous les peuples qui se servent du caractère allemand, étendent, par l'emploi du tréma, la liste insuffisante de leurs voyelles. Les Anglais, les Hollandais, les Polonais et les peuples qui tiennent à la souche germanique, ont mis en usage le *w*, auquel ils ne donnent pas tous, il est vrai, la même valeur. Les Polonais ont modifié par la cédille la valeur de plusieurs des consonnes latines et inventé l'*l* barrée pour peindre une articulation qui leur est particulière.

L'alphabet runique, qu'Odin, dit-on, donna aux peuples du Nord, paraît avoir été en usage dans toute la Scandinavie et même en Allemagne avant l'introduction du christianisme. Quelques-uns veulent qu'il ait été apporté dans ces contrées par des navigateurs phéniciens. En effet, dans la plus ordinaire des deux variétés de cette écriture, plusieurs lettres présentent un certain rapport avec les caractères sémitiques ; dans l'autre, au contraire, celle de l'Helsingaland, on trouverait plutôt de l'analogie avec l'écriture cunéiforme.

L'alphabet national des Allemands, dont font usage aussi les Bohèmes et les Danois, mais que ces trois peuples commencent à abandonner pour le nôtre, est une simplification du gothique, qui, au moyen âge, était d'un usage général en Europe. Il a été formé, avec des modifications peu importantes, de celui des latins. On l'attribue à Ulphilas, évêque des Goths de Mésie, lequel vivait au quatrième siècle.

Au commencement du siècle suivant, l'Arménien Mesrob inventait le double alphabet des Arméniens et des Géorgiens. Ce saint personnage traça, dit-on, sous l'inspiration divine, l'arménien majuscule et le géorgien ecclésiastique. Les alphabets minuscules et cursifs de ces deux peuples sont d'une date postérieure.

La forme la plus ancienne de l'alphabet syriaque dérive immédiatement de l'hébreu. C'est le caractère connu sous la dénomination d'*estranghelo* et qui date du sixième siècle. Les nestoriens l'ont conservé, en adoucissant toutefois la roideur de ses traits primitifs. L'alphabet *péchito*, ou syriaque moderne, est plus arrondi et plus penché en même temps que plus cursif.

C'est au neuvième siècle que l'apôtre des Slaves, saint Cyrille, forma, en ajoutant aux caractères grecs quelques éléments nouveaux, l'alphabet qu'emploient encore aujourd'hui les Russes, et auquel paraît avoir été emprunté l'alphabet *glagolitique* des Dalmates, que l'on a attribué à saint Jérôme. Plusieurs lettres superflues de l'alphabet cyrillique ont cessé d'être en usage à l'époque du grand réformateur politique de la Russie, le czar Pierre 1er.

Au dixième siècle, Ebn-Mokla, successivement vizir des kalifes abbassides Moktader et Kaher, perfectionna l'alphabet *neskhi*, dont les Arabes se servent aujourd'hui pour écrire leur langue, et qui, avec l'addition de quelques signes, est devenu commun à presque toutes les populations musulmanes de l'Asie, aux Turcs occidentaux ou Ottomans, aux Persans, aux Afghans, à une partie des habitants de l'Hindoustan, aux Malais, etc.

Autrefois, les Arabes employaient l'alphabet *koufique*, ainsi nommé d'une ville située sur les bords de l'Euphrate, Koufa, où son usage paraît avoir commencé. Celui-ci portait les traces d'une dérivation évidente de l'alphabet syriaque, avec lequel présentent également des rapports, malgré la différence de direction des lignes, les alphabets turc oriental, ou ouigour, tartare mandchou, et tartare mongol. Celui des Syriens-Sabéens, dont les lettres se joignent l'une à l'autre dans l'écriture, paraît former la transition entre le syriaque propre et les alphabets tartares, que nous venons d'indiquer. Le plus ancien alphabet arabe est désigné sous le nom d'*Al Mosnad*; c'était celui de la tribu des Himyarites, lequel était, du reste, à peu près tombé en désuétude à l'époque de Mahomet. On désigne quelquefois sous le nom de *maghrebi*, c'est-à-dire occidental, l'alphabet neskhi avec les légères modifications qu'il a subies chez les Arabes d'Afrique.

Les alphabets des différents peuples ne varient pas moins par le nombre des caractères dont ils sont composés, que par la figure de ces caractères.

L'ancien phénicien n'avait que seize lettres : quelques-uns lui en donnent dix-sept, nombre qui est encore celui des caractères nationaux des Irlandais. Les caractères runiques, dont on ne compte que seize sur les plus anciens monuments, sont portés sur les derniers à dix-neuf. Le nombre des lettres hébraïques, chaldaïques et syriaques, ne s'est pas élevé à plus de vingt-deux. L'italien aujourd'hui n'en compte pas davantage; le grec, le gothique, le danois et le suédois en ont vingt-quatre; le latin, le saxon, le portugais et le français, depuis qu'on y distingue l'*i* de l'*y* et l'*u* du *v*, vingt-cinq; l'allemand et le hollandais vingt-six; l'espagnol vingt-sept. L'arabe a vingt-huit caractères, ne présentant réellement que treize figures différentes, multipliées au moyen de points dont le nombre varie comme la position; le hongrois en a trente-un; le persan et le cophte en comptent trente-deux, le turc et le bohémien trente-trois, le polonais trente-quatre, en tenant compte de ses onze lettres accentuées ou barrées, le russe trente-cinq, l'arménien et le géorgien trente-huit, le slavon quarante-quatre, le sanskrit cinquante.

Quant aux hiéroglyphes auxquels Champollion le jeune a reconnu une valeur phonétique, le nombre en monte à plusieurs centaines. Il est vrai que cette multitude de signes se répartit entre vingt-six ou vingt-sept sons seulement, dont chacun est par conséquent représenté par différentes figures. Les caractères coréens marquent le passage entre l'écriture idéographique et l'alphabet. Quant aux écritures nationales des Japonais et des Chinois, elles ne sont ni l'une ni l'autre alphabétiques. La première est syllabique et la seconde idéographique. Nous n'avons donc point à nous en occuper ici. (Voy. l'art. ÉCRITURE.)

Le nombre des sons simples entrant dans la prononciation des diverses langues connues n'est porté par M. Eichhoff qu'à une cinquantaine; mais Büttner en compte plus de trois cents. La composition d'un alphabet qui aurait un signe pour chacun des éléments possibles de la parole humaine est un projet dont plusieurs auteurs se sont occupés, notamment

Wilkins et Lodwick chez les Anglais, Maimieux, de Brosses et Volney chez nous. C'est là, du reste, un de ces projets qui donnent souvent lieu à de fort ingénieux systèmes, sans amener, pour la pratique, à aucun résultat.

Voyez les mots CONSONNE, ÉCRITURE, PAROLE, VOYELLE, ainsi que les articles particuliers que nous avons consacrés aux vingt-cinq lettres de l'alphabet français. Voyez aussi, aux planches, le tableau que nous y donnons des principaux alphabets du globe.

La question de l'alphabet est une de celles qui ont le plus exercé la sagacité des grammairiens et des linguistes. Voici la liste des principaux ouvrages où elle a été traitée d'une manière spéciale :

Jean Chéradam. *Alphabetum linguæ sanctæ mystico intellectu refertum*. Paris, 1532, in-8°.

G. Postel. *Linguarum duodecim characteribus differentium alphabetum*, etc., Paris, 1538, in-4°.

Id. *De Phœnicum literis, seu de prisco latinæ et græcæ linguæ caractere, ejusque antiquitate, origine et usu*, Paris, 1552, in-18.

Th. Bibliander (Buchmann). *De ratione communi omnium linguarum et litterarum commentarius*, Zurich, 1548, in-4°.

J. Th. et Is. De Bry. *Alphabeta et characteres jam inde a creato mundo ad nostra usque tempora, in ære effecti*, Francfort, 1596, in-4°.

Les *Alphabeta varia* sortis, à diverses dates, des presses de l'imprimerie Médicis et de celle de la Propagande, à Rome, à partir des dernières années du XVIe siècle, et comprenant, en fascicules détachés, les alphabets arabe, arménien, birman, chaldaïque, copte, éthiopien, étrusque, géorgien, grec, hébraïque, malabar, persan, sanskrit, slavon, syriaque, thibétain.

Linguarum orientalium alphabeta, Paris, 1635, in-4°, publiés par l'imprimeur Vitré.

Fr. Colletet. *Traité des langues étrangères, de leurs alphabets et des chiffres*, Paris, 1660, in-4°.

Fr. M. ab Helmont. *Alphabeti vere naturalis hebraïci brevissima delineatio*, Sultzbach, 1667.

Samuel Bochart. *Dissertation* (en latin) *sur l'affinité des caractères samaritains avec les grecs*, dans ses œuvres, Leyde, 1675, in-f°.

Edward Bernard. *Orbis eruditi litteratura a charactere samaritano deducta*, Londres, 1689. On y trouve, dans un tableau gravé, les vingt-neuf principaux alphabets alors connus, avec la date que l'auteur assigne à chacun d'eux. Ce tableau a été réimprimé en 1759, avec des augmentations, par Morton.

Karion. *Alphabets esclavon, grec, latin et polonais*, avec une explication en russe. 1692, in-f°.

Andr. Müller. *Alphabeta ac notæ diversarum linguarum pene septuaginta*, Berlin, 1703, in-4°.

L'abbé Barthélemy. *Réflexions sur quelques monuments phéniciens et sur les alphabets qui en résultent*, Paris, 1730, in-8° et dans le tome XXX des *Memoires de l'Académie des inscriptions*. (Le tome II de la même collection renferme un intéressant *Mémoire* de l'abbé Renaudot *sur l'origine des lettres grecques*; le tome XXVI contient des *Réflexions* de Barthélemy sur l'alphabet et la langue de Palmyre; enfin, le tome XXXVI un *Mémoire* de De Guignes sur les langues orientales, dans lequel l'auteur traite la question de l'origine des alphabets sémitiques.)

Benj. Schultze. *Orientalisch und occidentalisch Sprachmeister*, Leipzig, 1748, in-8°. L'auteur a introduit dans ce livre cent alphabets différents.

Wachter. *Naturæ et scripturæ concordia, commentatio de literis ac numeris primævis*, Leipzig, 1752.

L'abbé de Dangeau. *Discours sur les voyelles* et *Discours sur les consonnes*, réunis sous le titre d'*Essais de grammaire*, Paris, 1754, in-12.

Des Hauterales. *Caractères et alphabets des langues mortes et vivantes*, vingt-cinq planches accompagnées d'un texte explicatif, dans le second volume des planches de l'*Encyclopédie*, Paris, 1763, in-f°. On doit au même savant le dessin des alphabets gravés dans le IIIe vol. de la *Bibliothèque des artistes et des amateurs*, de l'abbé de Pétity, Paris. 1766, 3 vol. in-4°, et sans doute aussi les explications qui les accompagnent, quoiqu'elles ne portent pas son nom.

Nouveau traité de Diplomatique, par deux religieux bénédictins de la congrégation de Saint-Maur (Dom Toustaint et Dom Tassin), 6 vol. in-4°, Paris, 1765 Ils donnent, dans des planches gravées avec soin, un grand nombre d'alphabets tant orientaux qu'européens, et discutent le mérite de ceux qui ont été publiés auparavant. « Divers auteurs, disent-ils, tom. Ier, p. 639, entre autres Joseph Scaliger, Walton, Porchas, Thevet, Duret, Héphrum, Édouard Bernard, etc., ont mis au jour un grand nombre d'alphabets. Thésée Ambroise en fit imprimer quarante. Postel publia ceux de douze langues, et Cornelli ceux de trente-neuf. La plupart de ces alphabets sont regardés comme faux ou douteux. C'est au moins ce qu'on ne saurait nier de quelques-uns et même de plusieurs de ceux qu'Ange Boccha nous présente dans sa *Bibliothèque apostolique du Vatican*. » Ils citent ailleurs parmi les compilateurs d'alphabets Hamon, maître d'écriture de Charles VI, dont le recueil avait paru en 1567.

Le livre de Thésée Ambroise, *Introductio in chaldaicam linguam, syriacam atque armenicam, et decem alias linguas*, est de 1539, celui de Boccha de 1591.

Chrétien-Guillaume Büttner. *Vergleichungs-tafeln der schriftarten verschiedener volker*, Gœttingue, 1771, in-4°. On y trouve un parallèle bien tracé de quarante-sept alphabets, tant anciens que modernes.

*** *Conjectural observations on the origin and progress of alphabetic writing*, Londres, 1772, in-8°.

Fr. Perez Bayer. *Del alfabeto y lingua de los Fenices y de sus colonias*, Madrid, 1772, in-f°.

Ed. Fry. *Pantographia, containing accurate copies of all the known alphabets*, Londres, 1799.

L'abbé Moussaud. *L'alphabet raisonné, explication de la figure des lettres*, Paris, 1803, 2 vol. in-8°.

Volney. *L'alphabet européen appliqué aux langues asiatiques*, Paris, 1819, in-8°.

F. G. Eichhoff. *Parallèle des langues de l'Europe et de l'Inde*, avec un essai de transcription générale, Paris, 1836, in-4°.

H. Harkness. *Ancient and modern alphabets of the popular hindu languages of the southern peninsula of India*, Londres, 1837. C'est une sorte de paléographie indienne, mais qui ne se compose que de planches, sans texte explicatif.

LÉON VAÏSSE.

ALPISTE (*Botanique.*) *Phalaris*. Genre de plantes de la famille des graminées, et de la triandrie trigynie de Linné. L'enveloppe extérieure de la fleur est divisée en deux valves presque égales, naviculaires, membraneuses et plus longues que la fleur ; l'enveloppe intérieure a deux paillettes naviculaires et membraneuses ; le fruit est une caryope oblongue et aplatie en forme de lentille.

Parmi les différentes espèces d'alpistes connues, et elles sont assez nombreuses, les seules qui méritent d'être citées sont l'*alpiste des Canaries* et l'*alpiste chiendent*. Tous deux donnent un excellent fourrage ; avec la fécule que contient la graine du premier, on prépare des bouillies, du gruau, et une colle utile pour la préparation des tissus fins.

ALSACE. (*Géographie.*) Cette province était bornée au N. par le palatinat du Rhin et l'évêché de Spire et s'étendait de ce côté jusqu'à la Queiche, affluent du Rhin ; à l'E. le Rhin la séparait de l'Ortenau et du Brisgau et d'autres terres de l'Empire ; à l'O. elle tou-

chait à la Lorraine ; au S. O. à la principauté de Porentruy et au comté de Montbéliard, qui appartenait aux ducs de Wurtemberg ; enfin au S. aux cantons suisses de Bâle et de Soleure (1).

L'Alsace se divisait en haute et basse Alsace : la partie méridionale de la haute Alsace, depuis la petite rivière de Thure jusqu'à la frontière de Suisse, se nommait le Sundgau. Le ruisseau d'Eckenbach, qui se jette dans l'Ill, séparait la haute de la basse Alsace.

On fait venir le nom d'Alsace (en latin *Elsalia, Elsatium, Alsalia*) du mot allemand *Elsass, Elsassen* (habitant sur l'Ill) ; ce nom ne paraît dans l'histoire qu'à l'époque mérovingienne ; auparavant cette province faisait partie de la Gaule ; et, dans les différentes divisions qui eurent lieu sous les empereurs romains, elle fut partagée entre la Belgique et la Celtique, annexée à la Germanie supérieure, puis à la Lyonnaise et à la grande Séquanaise..

Clovis l'enleva aux Allemands ; et à sa mort, elle forma une province du royaume de Metz : elle fut administrée sous les rois de la première race par des ducs. Charles Martel la confia à des comtes, sans qu'elle perdît le titre de duché. Lors du traité de Verdun, elle fut comprise dans le royaume de Lorraine ; puis, dans le partage que les rois de France et de Germanie firent de la succession des fils de Lothaire, elle resta aux derniers, et fut donnée par aux ducs de Souabe, qui s'intitulaient *ducs de Souabe et d'Alsace* ; ceux-ci conférèrent l'administration civile de l'Alsace à deux comtes provinciaux qui, dans le douzième siècle, prirent le nom de landgraves (2).

À l'époque de l'extinction de la maison de Souabe, en 1268, lorsque l'Alsace devint province immédiate de l'Empire, les landgraves étendirent leur pouvoir, obtinrent les droits régaliens et gouvernèrent le pays en souverains : le landgraviat supérieur comprenait la haute Alsace et le Sundgau, et le landgraviat inférieur la basse Alsace.

Jusqu'en 1648, l'Alsace, à la réserve de quelques terres que la maison d'Autriche possédait, principalement dans le Sundgau, resta soumise immédiatement à l'Empire ; alors les droits de la maison d'Autriche passèrent à la France (3) ; et les évêques de Strasbourg et de Bâle, la ville de Strasbourg, diverses abbayes, les comtés de la Petite-Pierre, de Hanau, d'Oberstein, la baronnie de Fleckenstein, la noblesse de la basse Alsace et les dix villes inférieures de la préfecture de Haguenau conti-

(1) *Voy.* Pfeffel, *Commentarii de limite Galliæ*. Strasb. 1785, pet. in-4°.

(2) *Voy.* le *Traité de l'origine et de la succession des landgraves d'Alsace*, par Jean-Marc Huber, 1657.

(3) *Voy.* le *livre des fiefs d'Alsace et du Brisgau mouvants de la maison d'Autriche avant le traité de Munster, et depuis de Sa Majesté*, par René le Laboureur.

nuèrent de jouir de leur immédiateté envers l'Empire. La branche espagnole de la maison d'Autriche ne consentit à cette cession qu'en 1659.

Mais en 1673, Louis XIV s'empara des villes impériales, fit raser les fortifications des principales, Haguenau, Colmar et Schelestadt; et le traité de Nimègue n'ayant pas stipulé expressément la reddition de ces villes, elles restèrent dès lors soumises à la France. De plus le conseil provincial d'Alsace rendit, en 1680, les arrêts dits de réunion qui plaçaient toute la haute et basse Alsace sous la souveraineté royale. Jusqu'en 1789, les lieux désignés par ces arrêts, c'est-à-dire l'évêché de Strasbourg, le comté de Hanau, la baronnie de Fleckenstein et les terres de la noblesse de la basse Alsace, furent compris sous le nom *de pays de nouvelle domination*; on les distinguait ainsi des terres qui avaient appartenu en propre à la maison d'Autriche, qu'elle avait cédées à la France en 1648, et qu'on nommait *pays d'ancienne domination*. Enfin la ville de Strasbourg se soumit, en 1681, en vertu d'une capitulation particulière, et le traité de Ryswick acheva d'assurer la domination du roi de France en Alsace.

La réunion de cette province à la monarchie française n'y changea rien au gouvernement ecclésiastique; elle resta, comme auparavant, sous la dépendance spirituelle des évêques étrangers de Bâle et de Spire; le reste du pays était de la juridiction de l'archevêque de Besançon et des évêques de Strasbourg et de Metz. Mais cette réunion changea considérablement les formes du gouvernement militaire et civil de l'Alsace : elle était confiée à un gouverneur général qui avait sous ses ordres un commandant en chef, deux officiers commandant en l'absence du commandant en chef, deux lieutenants généraux et deux lieutenants de roi. Le gouvernement de Strasbourg ne fut réuni au gouvernement général qu'en 1776. Quant au gouvernement civil, il appartenait au conseil souverain d'Alsace siégeant à Colmar : ce conseil, qui avait remplacé la chambre de réunion de Brisach, jouissait des mêmes droits et privilèges que les parlements du royaume. Tous les sièges de justice municipale, seigneuriale et même royale de la province ressortissaient immédiatement au conseil; toutefois il y en avait plusieurs qui ressortissaient à la régence de l'évêché de Strasbourg séante à Saverne; ou au directoire de la noblesse immédiate de la basse Alsace séant à Strasbourg; ou à la régence du comté de Hesse-Hanau-Liechtenberg; ou au magistrat de Strasbourg; ou bien encore aux sièges prévôtaux de Strasbourg et de Colmar. L'Alsace était régie par le droit romain, mais aussi par des coutumes connues sous le nom de Landrecht, droit provincial. Le conseil souverain, par l'édit de sa création, avait reçu l'ordre d'observer ses coutumes écrites ou non écrites. L'Alsace fut d'abord un pays d'états; elle devint ensuite un pays d'imposition; la justice et la police en matière d'administration, et les finances étaient confiées à un intendant ou à ses subdélégués, dont le pouvoir était d'autant plus étendu qu'il n'y avait en Alsace ni bureau des finances, ni chambre des comptes, ni cour des aides.

La basse Alsace comprenait avec le territoire de Strasbourg cinq subdélégations : 1° celle de Strasbourg, où se trouvaient, entre autres villes royales, Haguenau, ancienne ville impériale, chef-lieu de la préfecture des dix villes libres et unies d'Alsace, chambre de l'Empire (1); entre autres seigneuries, celle de Liechteuberg, la plus étendue de toute l'Alsace, divisée en neuf bailliages, et possédée par le landgrave de Hesse-Darmstadt; et toutes les terres immatriculées au directoire de la basse Alsace et divisées en dix routes ou districts; — 2° la subdélégation de Landau, qui, entre autres bailliages, renfermait le grand bailliage de Lauterbourg, possession de l'évêque de Spire, et celui de Gutemberg, possession du duc de Deux-Ponts; — 3° la subdélégation de Wissembourg; — 4° celle de Saverne, qui comprenait le bailliage de Saverne, soumis à l'évêque de Strasbourg, et celui de Haguenau, où se trouvaient les villages impériaux dépendants autrefois de la préfecture; — 5° enfin, la subdélégation de Schelestadt.

La haute Alsace, qui sous la domination autrichienne, avait pour chef-lieu Ensisheim, comprenait deux subdélégations, 1° celle de Colmar; 2° celle de Belfort, située tout entière dans le Sundgau; Belfort était la capitale du Sundgau; là aussi se trouvaient les seigneuries de Ferrette et d'Altkirch, démembrements de l'ancien comté de Ferrette, et la ville royale de Huningue.

En 1790, on forma de la province d'Alsace les deux départements du Haut-Rhin et du Bas-Rhin; en 1798, on annexa au premier la république de Mulhouse, alliée des Suisses, la principauté de Porentruy, réunie en 1793 à la France, sous le nom de département du Mont-Terrible, et celle de Montbéliard; mais, en 1815, la principauté de Porentruy fut cédée au canton de Berne et celle de Montbéliard fut jointe au département du Doubs. Le département du Bas-Rhin perdit, par le traité de Paris, une grande partie de son territoire au nord, qui fut cédée à la Bavière.

Beati Rhenani Selestadiensis *libri III institutionum rerum germanicarum nov. antiquarum, historico-geographicarum*, etc., in-fol. Bâle, 1551.

(1) Ce titre assez vague désignait ou le siège d'un conseil provincial, ou la ville dépositaire des deniers que l'Empire tirait de la province, ou peut-être encore la ville où étaient conservés les ornements impériaux.

Description complète et représentation exacte des princ. villes et lieux de la haute et basse Alsace avec fig, par Mérian, in-fol. Franc. 1644 et 1663.

Alsatia illustrata de Schœpflin, 2 vol. in-fol. Colmar, 1751, et Strab. 1761.

Hist. et description de l'Alsace et de ses hab. depuis les temps les plus reculés jusqu'à nos jours, par Billing, IX-8°, Bâle, 1782 (en allemand).

Vues pittoresques de l'Alsace, par l'abbé Grand-Didier, Strasb. 1785, in-fol.

Dictionnaire géogr. histor. et polit. de l'Alsace (Horrer). 1787, Strasb. 1er vol. grand in-8°.

Antiquités de l'Alsace, par de Golbéry et Schweighæuser, Paris, 1825, in-fol.

L'Alsace, etc., par Fr. Aufschlager; Strasb., 1825, 2 vol. in-8°.

AMÉDÉE TARDIEU.

ALSACE. (*Histoire.*) L'ancien pays des *Triboques,* soumis en partie au duc des Séquaniens, et en partie au duc de Mayence, avait pour capitale la ville d'*Argentorat.* Frédégaire est le premier qui ait employé le mot *Alsatia,* en latinisant le nom tudesque Elsass. De son côté, Argentorat prit au septième siècle le nom de *Strasbourg.*

L'Alsace, sous les empereurs romains, appartenait à deux provinces différentes : une partie était contenue dans la première Germanie; l'autre, renfermée dans la Gaule Lyonnaise, était comprise dans le pays des Séquanais. Ces deux parties formèrent ensuite deux comtés, qui, dans le traité de partage de 870, échurent à Louis, roi de Germanie.

Clovis avait soumis l'Alsace et la Souabe, et en avait fait une seule province, soumise d'abord au duc d'Alemanie, et gouvernée plus tard par des ducs particuliers. Pepin éteignit la dignité ducale, en conservant à la province le titre de duché, et alors les comtes commencèrent à gouverner l'Alsace sous l'autorité des empereurs et des rois. Conrad Ier rétablit l'autorité des ducs, qui subsista jusqu'à la mort de Conradin, en 1268.

Voici la liste des princes qui gouvernèrent le duché de Souabe et d'Alsace :

650. *Gundon,* le premier de ces ducs qui paraisse dans l'histoire, accorda à saint Germain l'emplacement *nécessaire pour fonder* l'abbaye de Grandval.

656. *Boniface* fonda aussi une abbaye en 660.

662. *Adalric* ou *Athic* était, à ce qu'on peut conjecturer, fils de Luthéric ou Leuthaire, duc d'Alemanie. Il avait épousé Berchsinde, tante maternelle de saint Léger, évêque d'Autun. Ses libéralités envers les monastères ne peuvent effacer le souvenir de ses cruautés, ni justifier ceux qui lui ont donné le nom de saint.

690. *Adelbert,* fils aîné d'Adalric, comte de Nordgau, du vivant de son père, lui succéda dans le duché d'Alsace. Il est regardé comme la souche des maisons de Habsbourg-Autriche, de Zeringen et de Bade.

752. *Luitfrid,* fils d'Adelbert, mourut vers le milieu du huitième siècle, avant 769, laissant deux fils, qui furent comtes du Nordgau et du Sundgau, la dignité ducale ayant été abolie par Pepin.

Un siècle s'écoula ainsi ; puis Lothaire, roi de Lorraine, voulant donner un apanage à son fils naturel Hugues, rétablit, en sa faveur, le duché d'Alsace.

867. *Hugues,* puissant tant que vécut son père, fut dépouillé de son autorité quand, après la mort de celui-ci, l'Alsace eut passé à Louis de Germanie. Il voulut la ressaisir sous Charles le Gros, se révolta, fut arrêté en 885, eut les yeux crevés, et fut relégué dans le monastère de Saint-Gall, puis dans celui de Prum.

Charles le Gros ne lui donna pas de successeur; et l'Alsace, suivant alors le sort du royaume de Lorraine, passa à Zventibolde, fils d'Arnould, puis à Louis X l'Enfant, dont les généraux avaient vaincu et tué Zventibolde, puis à Charles le Simple, roi de France, et enfin retourna à la Germanie en 925.

925. *Burchard Ier,* duc de Souabe en 916, réunit l'Alsace à ce duché en 925. Il passa la même année en Italie, et y mourut d'une chute de cheval.

926. *Herman Ier,* fils de Gérard, comte de la France orientale, et cousin du roi Conrad, fut investi par Henri l'Oiseleur des duchés de Souabe et d'Alsace, et épousa la veuve de Burchard. Il joignit à ses possessions le comté de la Rhétie, et fut l'un des seigneurs les plus sages et les plus prudents de son siècle.

949. *Ludolphe,* fils aîné de l'empereur Otton Ier, et gendre d'Herman Ier, lui succéda. Il se révolta contre son père, en 953 ; il fut vaincu, et dépouillé de son apanage, ainsi que Conrad, duc de Lorraine, son allié.

954. *Burchard II,* qu'on croit avoir été le fils de Burchard Ier, fut désigné par l'empereur pour remplacer Ludolphe. Il ne laissa pas d'enfants mâles.

973. *Otton,* fils de Ludolphe, lui succéda; il ajouta à l'Alsace le duché de Bavière, dont il avait dépouillé Henri le Querelleur (976), et accompagna l'empereur en Italie (981), où il mourut.

982. *Conrad,* neveu d'Herman Ier, et fils d'Udon, comte du Rhingau, est le premier qui ait porté nommément le titre de *duc d'Alsace et de Souabe.*

997. *Herman II,* son neveu, fils d'Udon, duc de Franconie, lui succéda. Il fut le compétiteur de Henri II à l'empire; irrité de ce que Strasbourg s'était déclarée contre lui, il vint assiéger cette ville (1002), la prit et la pilla. Plus tard il fit sa soumission à Henri II et rentra en grâce.

1004. *Herman III*, fils du précédent, conserva les duchés de son père, et mourut avant d'avoir atteint sa majorité.

1012. *Ernest Ier*, fils de Léopold, marquis d'Autriche, remplaça Herman III, dont il avait épousé la sœur, et fut tué à la chasse.

1015. Son fils *Ernest II* gouverna, d'abord sous la tutelle de sa mère Giselle, puis sous celle de son oncle l'archevêque Poppon. Majeur en 1024, il conspira contre l'empereur Conrad, son beau-père. Déjoué et gracié une première fois, il profita du séjour de Conrad en Italie, pour former contre lui une nouvelle ligue. Il fut arrêté et enfermé dans le château de Gibichenstein, recouvra sa liberté en 1030, refusa d'accomplir les conditions qu'on lui avait imposées, fut mis au ban de l'Empire, et périt dans un combat singulier.

1030. *Conrad II*. Le duché de Souabe, séparé pour quelque temps de celui d'Alsace, fut accordé à Herman, frère d'Ernest, et l'autre passa aux mains de Conrad, fils du duc de Carinthie.

1039. *Henri Ier*, fils de l'empereur Conrad II, réunit de nouveau les duchés, et devint empereur sous le nom de Henri III.

1045. *Otton II*, comte palatin du Rhin, céda son comté à l'empereur en échange du duché de Souabe et d'Alsace.

1047. *Otton III*, fils de Henri, marquis de Schwienfurt, joignit aux duchés d'Alsace et de Souabe le margraviat de la Bavière septentrionale.

1057. *Rodolphe*, fils de Cunon, comte de Rhinfelden, lui succéda, et épousa Mathilde, fille de l'impératrice Agnès, mère et tutrice du jeune Henri IV. En 1077, Henri IV fut déposé à Forcheim, et Rodolphe élu à sa place. Henri lui livra bataille à Wolksheim (1080) et Rodolphe y fut tué.

Rodolphe fut le dernier duc bénéficiaire d'Alsace et de Souabe. Le duché va désormais rester dans la maison de Hohenstauffen.

1080. *Frédéric Ier*, seigneur de Hohenstauffen, épousa Agnès, fille de l'empereur, et fut investi, la même année, du duché de Souabe et d'Alsace, qu'il lui fallut disputer à Bertzold de Zeringen, et qu'il transmit à ses descendants.

1105. Son fils *Frédéric II*, surnommé le *Borgne*, gouverna sagement, bâtit un grand nombre de châteaux forts, soutint les intérêts de l'empereur Henri V, et, après la mort de celui-ci, fut proposé pour lui succéder; mais Lothaire l'emporta, et Frédéric fut mis au ban de l'Empire, avec son frère, à la diète de Goslar. Battu en 1131, il rentra ensuite en grâce, et devint plus puissant que jamais, quand son frère Conrad fut élevé à l'empire. Il aida à cette élévation par ses victoires sur le duc de Zeringen.

1147. *Frédéric III*, surnommé *Barberousse*, succéda à son père dans ses possessions et dans ses dignités, partit pour la croisade, en 1147, avec l'empereur son oncle, et, désigné par lui pour lui succéder, fut élu à l'unanimité en 1152.

1152. *Frédéric IV*, surnommé *de Rothembourg*, fils de l'empereur Conrad, hérita alors des duchés d'Alsace et de Souabe. Il accompagna Frédéric Barberousse, son cousin, dans ses expéditions en Italie, et mourut de la peste à Rome, en 1167.

1169. *Frédéric V*, second fils de Barberousse, reçut de son père les duchés de Souabe et d'Alsace, vacants depuis deux ans. Il partit avec lui pour la croisade, et après sa mort (1190), fut chargé du commandement de l'armée. Mais lui-même mourut l'année suivante.

1191. Son frère *Conrad III*, duc de Franconie, lui succéda.

1196. *Philippe*, marquis de Toscane, et frère des deux précédents, succéda à Conrad. A la mort de Henri VI (1197), il fut élu empereur par plusieurs seigneurs; mais il eut pour compétiteur Otton de Brunswick, que soutenait l'évêque de Strasbourg. Philippe assiégea cette ville (1199), se réconcilia ensuite avec Otton, et fut tué à Bamberg, par Otton de Wittelsbach.

1208. *Frédéric VI*, fils de l'empereur Henri VI et de Constance de Sicile, élu lui-même empereur, en 1210, commença par la Sicile le recouvrement des vastes domaines de sa maison. Il se fit ensuite reconnaître duc de Souabe et d'Alsace, et se démit de ce duché en faveur de son fils Henri.

1219. *Henri II* n'avait alors que six ans. En 1222, il fut couronné roi des Romains, et commença dès lors à exercer l'autorité souveraine en Alsace, comme le prouvent ses actes. L'empereur étant parti pour la croisade, le pape Grégoire IX exalta l'ambition de Henri en lui faisant espérer le titre de roi d'Italie, et, en 1235, Henri se révolta; mais son père eut bientôt déconcerté ses projets. Henri obtint son pardon; cependant il ne renonça pas à ses mauvais desseins: arrêté, cette fois, il fut déposé par la diète de Mayence et envoyé dans la Pouille, où il finit ses jours, en 1242.

1235. *Conrad IV*, fils de l'empereur Frédéric II, fut, en 1237, reconnu roi des Romains. Il combattit pour son père l'anti-César Henri Raspon, landgrave de Thuringe, et fut d'abord vaincu; vainqueur ensuite, il poursuivit son ennemi jusqu'au cœur de la Thuringe. Henri Raspon étant mort (1247), un autre anti-César, Guillaume, comte de Hollande, fut élu et combattu encore par Conrad. Sur ces entrefaites, Frédéric II mourut, et Conrad fut déclaré déchu de tous ses droits à l'empire et au duché de Souabe, dans la diète de Francfort (1254), sentence qui fut confirmée par Innocent IV. Il se retira alors dans le royaume de Naples, où il mourut la même année.

1254. *Conrad* V, appelé par les Italiens Conradin, succéda à son père Conrad IV. Pendant sa minorité, ses possessions furent mises au pillage. La Souabe et l'Alsace furent démembrées; Mainfroi, frère naturel de Conrad IV, s'empara de la Sicile, et en fut dépouillé par Charles, comte d'Anjou. Conrad, repoussé de tous côtés en Allemagne, partit pour reconquérir la Sicile, fut vaincu et pris, et périt sur l'échafaud (1268).

Les duchés d'Alsace, de Souabe et de Franconie, finirent avec Conradin. Les terres du duché d'Alsace, dépendantes immédiatement de l'Empire, furent depuis administrées par les *landvogts* de cette province, c'est-à-dire par les avoués provinciaux d'Alsace.

Par le traité de Westphalie, signé en 1648, l'Alsace, toujours gouvernée jusque-là par des ducs ou des landvogts allemands, fut, moins l'évêché de Strasbourg, cédée à la France.

En 1673, Louis XIV prit possession de l'évêché, et, en 1681, de la ville de Strasbourg, qui lui fut définitivement cédée par le traité de Ryswick. Mais plusieurs princes allemands, les ducs de Deux-Ponts, de Wurtemberg, de Bade, de Hesse-Darmstadt, etc., conservèrent de grandes propriétés en Alsace. Ce furent eux qui, sous le nom de *princes possessionnés*, réclamèrent si vivement, au moment de la révolution française, contre les décrets de l'assemblée nationale qui abolissaient tous les droits féodaux, et ce fut sous le prétexte d'obtenir pour eux des indemnités que l'Autriche et l'Empire prirent alors les armes contre la France. En 1814 et 1815, il fut plus d'une fois question de nous enlever cette belle province; mais il en serait surgi trop de difficultés, et l'on se contenta d'en détacher l'importante forteresse de Landau. Aujourd'hui l'Alsace forme, avec quelques districts détachés de la Lorraine, les deux départements du Haut et du Bas-Rhin.

Sous l'ancienne monarchie, l'Alsace formait un gouvernement général militaire. Strasbourg, chef lieu du Nordgau, en était la capitale. Sous le rapport ecclésiastique, l'Alsace était divisée entre quatre diocèses : celui de Besançon, qui possédait vingt-quatre paroisses; celui de Bâle, deux cent trente-sept; celui de Strasbourg, trois cent quarante-sept, et celui de Spire, cent quinze ; total, sept cent vingt-trois paroisses. Les revenus annuels du clergé étaient de 1,756,400 livres, et le nombre de ses membres de mille six cent cinquante.

En 1679, Louis XIV avait établi à Brisach

un conseil supérieur, ayant pouvoir de juger avec la même autorité que les parlements, et dont les membres purent garder leurs charges, à partir de 1694, par droit héréditaire. Dans la suite, ce conseil fut transféré à Colmar. C'était à lui qu'étaient portées toutes les appellations des juges royaux, de ceux des seigneurs et des magistrats des villes. Toutes ces juridictions, à l'exception de celle des juges royaux, étaient plus nombreuses et plus étendues en Alsace que partout ailleurs. Il n'y avait, en effet, dans cette province, que sept justices royales, dont les officiers étaient héréditaires depuis l'édit de 1694 : c'étaient les bailliages de Neuf-Brisach, de Haguenau, de Wissembourg, de Candeck, d'Huningue, d'Ensisheim et du Fort-Louis. Les magistrats des villes de Strasbourg, Brisach, Belfort et Saint-Hippolyte, aussi bien que ceux des dix villes impériales, qui composaient autrefois la préfecture de Haguenau, savoir, Haguenau, Colmar, Schelestadt, Wissembourg, Landau, Obernheim, Rosheim, Münster, Reiserberg et Turkheim, connaissaient dans leur ressort respectif de toutes matières civiles et criminelles, et les appellations de leurs jugements ressortissaient nûment au conseil supérieur, à l'exception néanmoins du magistrat de Strasbourg, qui jugeait souverainement les affaires criminelles et civiles jusqu'à la somme de mille francs.

La noblesse d'Alsace, qui s'était toujours gardée avec le plus grand soin des mésalliances, pour ne point se fermer l'entrée des chapitres nobles de cette province, était très-illustre, mais aussi très-pauvre, par suite de l'absence du droit d'aînesse; elle ne formait pas plus de trois cents familles. Les quatre principaux comtés, anciennement subordonnés aux landgraves, étaient ceux de Dachsbourg, Egisheim, Ferrette et Sundgau. Les deux derniers étaient, avant la révolution, éteints depuis longtemps. Quant aux deux autres, les évêques de Strasbourg, les comtes de Linange et ceux de Halsbourg se les étaient partagés.

Bern. Hertzog, *Chronicon Alsatiæ*, Strasbourg, 1592, in-fol.

J. von Kœnigshoften, *Die œlteste teusche Chrocke*, Strasb. 1698, in-4°.

J. D. Schœpflin, *Alsatia illustrata*, Colmar, 1751, 2 vol. in-fol. — *Alsatia diplomatica*, Manheim, 1772, 2 vol. in-fol.

Laguille, *Histoire de la province d'Alsace, depuis Jules-César jusqu'au mariage de Louis XIV*, 3 part. in-fol. 1727.

Billing, *Histoire et description de l'Alsace, depuis les temps les plus reculés jusqu'à nos jours*, in-8°, 1782.

Grandidier, *Histoire ecclésiastique, militaire, civile et littéraire de la province d'Alsace*, 1787, in-4°.

Richard, *Histoire de l'Alsace, d'après les meilleurs historiens et d'après les documents inédits*, 1845, in-4°.

L'Art de vérifier les dates, éd. in-8°, 1re part. après
J. C., t. XIII, p. 461 et suiv.

LÉON RENIER.

ALTAÏ. (*Géographie.*) « Le système des
« montagnes de l'Altaï, dit M. de Humboldt (1),
« qui borde, vers le sud, la vaste dépression
« du sol sibérien, s'étend, si on le considère
« sous un point de vue géologique, entre les 50°
« et 52° et demi de latitude de l'ouest à l'est,
« depuis les riches mines de Schlangenberg et
« le confluent de l'Ouba avec l'Irtyche, jus-
« qu'aux monts Gourbi et au sud du lac Baï-
« kal. C'est une distance de plus de 21° de lon-
« gitude ou de 260 lieues marines. » L'Altaï avec
trois autres grandes chaînes, l'Himalaya, les
Kouenloun, et les Thian-Chan, constitue la
charpente de l'Asie centrale; mais elle est de
beaucoup la moins longue de ces chaînes.
M. de Humboldt, s'autorisant de l'usage des
géographes chinois, applique le nom d'Altaï
aux montagnes décrites vulgairement sous
les noms de petit Altaï, de monts Sayanes, de
montagnes neigeuses de Tangnou et d'Oulangom. Les Chinois étendent singulièrement le
système de l'Altaï vers le sud; Pallas au contraire le prolonge outre mesure vers le nord-est,
jusqu'à la mer d'Okhotzk; mais Adolphe Er-
man (2) a reconnu, vers l'extrémité méridionale du lac Baïkal dans les chaînes du Khing-
gan et du Iablonoi-Khrebet, le commencement
d'un autre système indépendant et les signes
d'un âge différent.

L'Altaï est nommé Kin-chan (mont d'Or)
dans les anciens auteurs chinois ; et cette dénomination de mont d'Or (Alta-in-oola ou
Altaï-alin dans les langues turque et mongole)
est déjà appliquée à une partie de ce système
de montagnes par un historien byzantin du
septième siècle, Ménandre, le continuateur
d'Agathias (3), à propos des relations que
les Turcs, dont cette chaîne fut la demeure
primitive, avaient commencées avec les empereurs de Constantinople. Il est probable que
ce fut l'abondance des métaux précieux qui
donna lieu dans le principe aux dénominations
d'Altaï et de Kin-chan; cependant M. de Humboldt est porté à y reconnaître un de ces titres
honorifiques que les princes de race turque
et mongole avaient coutume de donner aux
lieux de leur résidence ; puis, le changement
fréquent de ces résidences explique à ses yeux
comment ce nom d'Altaï, d'abord restreint à
une localité, s'étendit peu à peu dans toutes
les contrées anciennement habitées par les
peuples turcs et mongols.

L'Altaï proprement dit, c'est-à-dire l'Altaï

(1) *Asie centrale : Recherches sur les chaînes de
montagnes et la climatologie comparée* (1er vol.
p. 228).
(2) *Reise um die Erde*, t. IIe, p. 183.
(3) Dexippi, Eunapii et Menandri *Histor.* ed. Nie-
buhr, p. 296 et 399.

occidental, célèbre par de riches exploitations
métalliques, commencées en 1736 et en 1745,
est presque entièrement soumis à la domination de la Russie. Il ne forme que la quatrième
partie du système entier. M. de Humboldt
rejette les dénominations de grand et de petit
Altaï, jadis très-répandues parmi les géographes, comme établissant une division contraire à l'aspect des lieux et aux connaissances
positives du relief. « Jamais, dit M. de Bunge,
« savant botaniste, cité par M. de Humboldt,
« je n'ai entendu parler, sur les lieux ni parmi
« les Russes, ni parmi les Kalmuks, habi-
« tants de l'Altaï oriental, d'une différence
« entre le petit et le grand Altaï. » M. de
Helmersen rappelle également, dans un fragment géognostique, publié il y a deux ans,
que la vallée longitudinale de la Boukhtarma
sépare l'Altaï septentrional et russe de l'Altaï
méridional ou chinois ; que la partie septentrionale a été désignée, jusque dans les temps
les plus modernes, comme un groupe particulier de montagnes et sous le nom de petit Altaï, nom étrange, puisque cette partie du
système occupe le plus d'étendue et renferme
les montagnes neigeuses les plus élevées ; que
l'Altaï chinois est une partie de l'Altaï russe ;
que ces chaînes partielles y ont la même direction, et que cette division, que les géographes maintiennent, en se copiant les uns les
autres, de petit et grand Altaï, n'est pas fondée
dans la nature. Les idées systématiques de
Pallas, dont, en général, la fausse application,
comme l'observe Ritter (1), a retardé la connaissance positive de l'Asie centrale, avaient
habitué les géographes à figurer, sous le nom
de grand Altaï, une branche ou continuation du
Thian-chan, qui, de l'oasis de Hami et de la
ville de Barkoul, se dirigeant vers les monts
Tangnou et les sources orientales du fleuve
Iéniséï, se liait aux monts Sayanes, près du
lac Koussou-Goul; mais l'existence de cette
chaîne et la raison de cette dénomination
sont purement imaginaires : « Ni les cartes
« originales du grand Atlas chinois de cent
« quatre feuilles, rédigé par les mission-
« naires astronomes de Péking, dit M. de
« Humboldt, ni les descriptions que les au-
« teurs chinois ont données des frontières de
« l'Occident ne justifient l'hypothèse de l'exis-
« tence du grand Altaï, comme une branche
« du Thian-chan, dirigée du sud-ouest au
« nord-est ; et, s'il existe une arête qui, partant
« de l'Altaï, atteint sans interruption le Thian-
« chan, elle a une direction du nord-ouest au
« sud-est, c'est-à-dire diamétralement con-
« traire à celle qu'on a supposée jusqu'ici (2). »

L'Altaï proprement dit, l'Altaï Kolyvan des
géographes russes, forme l'extrémité occiden-

(1) *Asien*, t. Ier, p. 322.
(2) *Asie centrale*, t. Ier, p. 251, 252.

tale du système, comme nous l'avons déjà dit ; « il s'avance, dit M. de Humboldt (1), comme « un large promontoire, dans les plaines sibé-« riennes de l'Oby et de l'Irtyche, ayant les « steppes de Barabinsk au nord et les steppes « de la horde moyenne des Kirghiz vers l'ouest « et le sud-ouest. Une petite partie australe de « promontoire dépasse les rives de l'Irtyche, « du Narym et de la haute Boukhtarma, en-« tre les postes chinois de Tchingistaï et de « Tsindagatoïi..... Ce vaste promontoire, dans « des temps très-reculés, paraît avoir formé « le bord oriental du bras de mer par lequel « la Caspienne et l'Aral ont communiqué avec « l'océan Glacial. » L'Altaï proprement dit est circonscrit dans les contours suivants : la vallée de l'Irtyche, depuis le Narym jusqu'au confluent de l'Ouba avec l'Irtyche (direction sud-est-nord-ouest), l'espace compris entre ce confluent et le promontoire du Schlangenberg (latitude 51° 8' 41", — direction du sud au nord.). De là la limite s'étend sur une longueur de 68 lieues du sud-ouest au nord-est, jusqu'à Sandypskoï, sur la Biya ; elle suit ensuite les rives de la Biya jusqu'à la sortie du lac de Telezk , le littoral de ce lac et les monts Gorhou, qui le bordent vers l'est, les fleuves du Tchoulychman et du Bachkous ; puis la steppe de la Tchouya , vers les sources de la Boukhtarma. On s'accorde généralement maintenant à considérer le grand plateau de la Tchouya comme le point de séparation entre l'Altaï occidental et l'Altaï oriental. L'Altaï proprement dit, enfermé dans ces limites, a plus de 4400 lieues marines carrées (de 20 au degré) , c'est-à-dire , presque la superficie de l'Angleterre, trois fois celle de la Bohême, quatre fois celle de la Suisse.

A l'exception de son versant oriental, l'Altaï proprement dit est tout environné de basses régions, et par conséquent ne devrait pas être rangé parmi les montagnes que les géographes allemands appellent Randgebirge, montagnes marginales, c'est-à-dire qui bordent comme un mur de circonvallation l'escarpement d'un plateau central. En général, le caractère le plus remarquable qu'affectent toutes les chaînes qui composent le système tout entier, est un contournement particulier : « On voit souvent, dit M. de Tschihatcheff, au-« teur d'une Note sur la physionomie géné-« rale de l'Altaï, insérée dans le compte rendu « de l'Académie des sciences du 11 novembre « 1844, des crêtes considérables se replier « sur elles-mêmes, soit en forme de croissant, « soit en cirque oblong presque fermé, ser-« vant de ceinture à une dépression centrale « et figurant, en quelque sorte, les bords d'un « gigantesque cratère, dont l'ouverture se « trouverait comblée et convertie en une sur-« face plus ou moins plane. » La configuration

(1) Asie centrale, t. 1er, p. 330 et 342.

extérieure de toutes ces masses semblerait accuser une origine ignée ; mais ce ne sont que d'immenses dépôts sédimentaires, plus ou moins modifiés ; ce qu'on peut admettre au plus, c'est l'action d'un agent plutonique, qui ne s'est point manifesté au dehors.

Il y a une grande uniformité de direction dans les lignes de faîtes partielles de l'Altaï proprement dit ; on compte du sud au nord cinq rangées partielles ; ce sont les plus méridionales qui présentent une direction la plus marquée de l'est à l'ouest ; mais dans la partie nord-ouest de l'Altaï, on observe une déviation cette direction générale, et à mesure qu'on avance vers l'est , vers le lac Telezk , les rangées de montagnes et les fleuves qui leur sont parallèles tournent peu à peu leurs axes du sud au nord. Ce phénomène, qui exerce, suivant la pensée de M. de Humboldt, une grande influence sur la structure et le relief général de l'Altaï , a pour causes l'existence d'un système de chaînes méridiennes dans la région nord-est et un croisement des lignes de faîtes : c'est à la région de ce croisement que correspond le plus haut massif du groupe entier; et c'est à cette disposition croisée de deux systèmes, remarquable aussi dans les Alpes voisines du mont Blanc, du mont Rose et du Finsteraarhorn , que M. de Humboldt croit devoir attribuer le grand élargissement et l'élévation extraordinaire de l'Altaï. Il signale à cette occasion entre l'Altaï et la chaîne uniforme, longue et étroite de l'Oural, le même contraste que celui que M. Élie de Beaumont, dans ses Recherches sur les révolutions du globe , a observé entre la structure embrouillée des Alpes et la chaîne d'un seul jet des Pyrénées. M. de Tschihatcheff partage entièrement le sentiment de M. de Humboldt sur les conséquences de ce croisement des axes de soulèvement dans l'Altaï ; mais il y ajoute une supposition importante : il pense que le lac de Telezk, placé non loin de la région de ce croisement, doit peut-être sa formation à cette circonstance stratigraphique, exactement comme le lac de Titicaca, en Amérique , dont on a attribué l'origine au croisement de deux systèmes dans les Andes. Il pense également qu'en comparant les directions dominantes de l'Altaï avec celles des systèmes de montagnes de l'Europe méridionale, on doit déclarer le système de soulèvement de l'Altaï en partie indépendant de ceux qui ont façonné le relief du sol européen ; mais il croit reconnaître une connexion plus intime entre les annales géologiques de l'Altaï et celles de l'Oural, à cause de la direction dominante du nord-est au sud-est qui caractérise les montagnes de l'Altaï occidental et qui s'accorde avec la direction de l'axe principal de l'Oural ; il fonde aussi cette opinion sur la nature analogue des roches qui s'élèvent des deux côtés du vaste bassin diluvien placé entre l'Altaï et l'Oural.

Le thonschiefer, mais sous la simple forme de schiste argileux, paraît constituer la plus grande masse des montagnes de l'Altaï; tandis que les roches d'éruption, les diorites, granites et porphyres n'y jouent qu'un rôle très-secondaire. Le thonschiefer tantôt présente une grande uniformité de structure et de couleur, tantôt, dans la région nord-est de l'Altaï par exemple, on le voit changer sans cesse de composition et d'aspect, comme ces roches qu'on appelait autrefois roches de transition; mais la série des modifications du thonschiefer ne va que jusqu'au micaschiste, et les géologues signalent comme un des caractères généraux de tout l'Altaï l'absence, ou au moins l'extrême rareté du gneiss. D'autre part, les granites qui entourent le massif de l'Altaï sont, au dire de M. de Humboldt, de toutes les roches qu'il a pu observer dans les deux hémisphères, celles qui offrent le plus le caractère de roches d'éruption ou d'épanchement; ces roches isolées s'élèvent dans la steppe, au pied des hautes montagnes, sous des formes bizarres : ailleurs, vers les bords du lac de Kolyvan, par exemple, sur un espace de plusieurs lieues carrées, on voit sortir d'un sol tout uni des éruptions de granite: les roches sont tantôt alignées, tantôt dispersées dans la plaine; les unes ont de quatre à cinq cents pieds d'élévation, les autres à peine sept ou huit pieds; les stratifications régulières alternent avec des bouleversements et des couches fortement contournées, caractère manifeste d'une roche d'éruption. Un fait plus curieux encore est la superposition du granite stratifié sur le thonschiefer, telle qu'on l'a observée sur les rives de l'Irtyche supérieur. De même qu'il y a des granites de différente formation dans l'Altaï, on y trouve aussi des porphyres, très-différents les uns des autres par l'âge de leur éruption; mais le gisement particulier de ces roches, plus souvent juxtaposées que superposées les unes aux autres, empêche de les classer, d'après leur âge, d'une manière certaine.

Il reste à décrire maintenant les chaînes qui s'étendent à l'est depuis le méridien du lac Telezk jusqu'à celui du lac Baïkal : au delà du quatre-vingt-seizième degré de longitude (méridien du lac Telezk), au delà de ce croisement de faîtes, de cette traverse d'arêtes méridiennes, dont nous avons parlé plus haut, la direction ouest-est prédomine de nouveau, et trois chaînons parallèles se prolongent vers l'est, sous les noms de Sayanes, de Tangnou et d'Oulangom. La chaîne Sayane, dont la latitude moyenne est 51° ½ à 52°, borde au sud le territoire russe du cercle de Minousinsk; elle prend, à l'endroit où l'Iénéséi se fraye un passage vers la Sibérie, le nom de Chabina-Dabagan (passage ou col de Chabina); entre ce point et l'Oka, au sud d'Okinskoï, elle est appelée sur les cartes chinoises Erkig-khan et forme un promontoire avançant vers le nord jusqu'à 53° ¼ de lat. M. de Humboldt croit à l'existence d'une bifurcation sur ce point; car au sud de ce promontoire, une autre arête moins élevée continue dans la direction ouest-est par 51° ¼ de lat. vers l'extrémité sud-est du lac Baïkal, et prend successivement les noms de Moun-Dourganoola, de monts Gourbi ou Alpes-Tounkines (Gourbi en mongol signifie plateau) et de Kamarnoï-Khrebet. Le grand Khamar (Khamar ou Khavar en mongol signifie nez et promontoire), le point culminant de ces contrées, n'est évalué qu'à huit cent dix toises.

La chaîne des monts Tangnou, toute couverte de neiges, se sépare de l'Altaï proprement dit, dans le parallèle de la steppe Tchouya, 1° ½ au sud de la chaîne Sayane. Le Tangnou borde le bassin du haut Iénéséi, formé par la réunion du Kemtsik et de l'Oulou-Kem (oulou, en turc, signifie grand), et s'étend sur onze degrés de longitude jusque vers le lac Koussou-Goul, dans la direction moyenne ouest-est. Près du méridien de ce lac, plusieurs arêtes méridiennes réunissent le Tangnou du côté du nord à la chaîne Sayane, et du côté du sud, près du lac Sanghiu-Dalaï, à la chaîne Oulangom et Malakha, la plus méridionale de tout le système de l'Altaï. Le Tangnou forme depuis la plus haute antiquité la limite entre la race turque au sud et la race kirghise au nord : ce fut la demeure primitive des Samoyèdes, qui ont atteint dans leurs migrations la mer Glaciale, et qu'on a longtemps, dit M. de Humboldt, considérés par erreur comme un peuple exclusivement littoral et polaire.

La chaîne d'Oulangom est la moins connue de toutes; elle commence dans le parallèle de Kourtchoum, affluent de l'Irtyche, et suit en général une direction ouest-sud-ouest-est nord-sud jusque vers les sources de l'Orkhon, affluent de la Selenga et l'ancien emplacement de Kara-Khorum; elle change plusieurs fois de nom, s'appelle, au sud du lac d'Oupsa, Khara-Adzirghan-Oola (montagne de l'étalon noir); puis au nord-est de la ville d'Oulassoutaï-Khoto, où elle prend une direction du sud-ouest au nord-est, elle est appelée Malakha Oola; elle s'élargit, dans le méridien du lac Koussou-Goul, et continue sous le nom de Koukou-Oola, vers le sud-est, jusqu'au site de Kara-Khorum; près de là, sur les limites du désert de Gobi, elle se joint aux branches du Khanggai-Oola.

A l'extrémité orientale du système altaïque, le croisement de plusieurs chaînes et tout ensemble leur peu d'importance empêchent de distinguer nettement les traits les plus saillants de la forme du relief; toutefois c'est la direction sud-ouest-nord-est qui prévaut dans le vaste pays placé entre les méridiens des lacs Baïkal et Okhotzk.

Des trois grands fleuves de Sibérie, l'Obi, l'Iéniséï et la Lena, les deux premiers seulement ont leurs sources dans l'intérieur de l'Altaï. L'Obi est formé par la réunion de la Katounia qui sort de la partie sud-est de l'Altaï proprement dit, et de la Biya qui sort du lac Télezk et continue pour ainsi dire le cours du Tchou-Lychman ; l'Irtyche, qui prend sa source à l'est du lac du Dsaïsang, se réunit à l'Obi après un long circuit, par 60° 50′ de latitude ; l'Iéniséï est formé de trois branches : le Kemsik à l'ouest, le Khoua-Kem et le Beikem à l'est ; la seconde branche est la plus considérable et prend naissance dans les montagnes qui bordent le lac Koussou-Goul. L'Iéniséï, une fois formé par la réunion de ces branches, brise à angle droit la chaîne Sayane, comme font, dit M. de Humboldt, l'Amazone, l'Indus et tant d'autres grands fleuves des deux continents. Cette crevasse remarquable, pratiquée par l'Iéniséï, s'appelle le Bom. M. de Tschihatcheff, entre autres singularités frappantes, signale la différence du niveau des deux rives, dans la plupart des rivières qui parcourent l'enceinte de l'Altaï et particulièrement l'élévation de la rive droite, comparée au peu de hauteur de la rive gauche, phénomène qui se reproduit dans la Sibérie septentrionale et dans la Russie européenne, par exemple dans le Volga. La direction des grands fleuves de l'Altaï présente de plus une concordance frappante avec la direction orographique et stratigraphique de ces contrées ; la plus grande partie des fleuves, rivières et torrents y coulent du nord-est au sud-ouest et du sud-est au nord-ouest ; la première direction domine dans les contrées caractérisées par la même direction orographique et stratigraphique ; la seconde prévaut dans l'Altaï oriental, et la même concordance s'y représente. Il existe encore une troisième direction qui parfois ne semble qu'une modification de la direction du sud-est au nord-ouest, mais qui souvent coupe cette dernière sous un angle plus ou moins considérable, c'est celle du sud-sud-est au nord-nord-ouest, et c'est particulièrement le cas de l'Obi et de plusieurs de ses affluents. M. de Tschihatcheff, pour expliquer ce phénomène, suppose que les rivières actuelles étaient originairement des bassins fermés, des volumes d'eau encaissés dans des cavités ou fissures provenant de soulèvements ou d'éruptions, et que ces eaux, dans la suite des temps rompant leurs digues, se sont écoulées suivant la pente la plus rapide ; car le massif de l'Altaï incline sensiblement soit du sud-sud-est au nord-nord-ouest ; soit du sud-sud-ouest au nord-nord est ; et, ajoute-t-il, les vallées transversales de l'Altaï peuvent être considérées comme des vallées d'effraction plutôt que comme des vallées d'érosion.

Les conclusions du travail de M. de Tschihatcheff sont, que l'Altaï apparaît comme une création, placée en dehors des systèmes géogéniques de l'Europe et du nouveau monde, qu'on le considère au point de vue orographique ou au point de vue paléontologique. Suivant lui, l'Altaï se distingue des terrains anciens de l'Europe, de l'Afrique et de l'Amérique, parmi lesquels cependant il trouve ses représentants sous le rapport de l'âge géologique, par quelques particularités paléontologiques assez tranchées : ainsi les nautilites, les goniatites et les posidonia, si caractéristiques pour le calcaire carbonifère de l'Angleterre et des provinces rhénanes, paraissent manquer complétement aux dépôts analogues de l'Altaï. Les strigocéphales, les murchisonia, les gypsidia, qui abondent dans les terrains devoniens de l'Angleterre et de l'Allemagne, manquent dans ceux de l'Altaï. La classe des poissons n'y paraît pas non plus représentée ; les céphalopodes y sont encore plus rares qu'en Amérique ; les orthocératites y sont également très-peu nombreux, comparativement à la profusion avec laquelle ils se trouvent répandus dans les terrains anciens de l'Europe et même de l'Amérique. Ainsi les fossiles de l'Altaï se distinguent par une pénurie frappante sous le rapport générique et spécifique et par une certaine réduction dans les dimensions extérieures ; la même pénurie se retrouve dans les types génériques et spécifiques de la flore fossile de l'Altaï, comparativement à la flore fossile des terrains analogues de l'Europe et de l'Amérique ; c'est pour cela que l'Altaï mérite une place à part dans les annales géologiques.

Klaproth : *Mémoires relatifs à l'Asie*, t. 1er.
Id. : *Carte de l'Asie centrale, dressée d'après les cartes levées, par ordre de l'empereur Khian-Koung, par les missionnaires de Peking*, etc. 1836, 4 feuilles.
Carte de l'Altaï russe de Ritter et Ætzel, *Atlas von Asien*.
Gebler : *Uebersicht des Katunischen Gebirges*. Mém. de l'Acad. de Saint-Pétersbourg (savants étrangers), t. III, p. 456-660, 1837.
Helmersen : *Telezkischer see und die Teleuten im Ostlischen Altaï*, 1838.
Gust. Rose : *Mineralogische, geognostiche Reise nach dem Ural, dem Altaï und dem Kaspischen Meere*, Berlin, 1837.
C. F. Ledebour : *Flora altaica*, Berolini, 1829-31, 3 vol. In-8°. — *Icones plantarum novarum floram russicam, imprimis altaicam, illustrantes*, Riga, 1829-31, in-fol.
Al. de Humboldt : *Asie centrale : Recherches sur les chaînes de montagnes et la climatologie comparée*, Paris, 1843, 3 vol. in-8°.

AMÉDÉE TARDIEU.

ALTENBOURG. (*Géographie.*) Ville du duché de Saxe-Gotha, capitale de la principauté du même nom, et chef-lieu de bailliage : elle a 10,600 habitants, et possède un gymnase, des manufactures de laine, des tanneries et des ganteries ; elle fait un grand commerce de grains, et des affaires de banque, d'expédition et de transit. Le vieux château, situé sur un rocher, est célèbre par l'enlèvement des deux jeunes fils de l'électeur de Saxe, Frédéric le Débonnaire, dont Kunz de Hanfungen voulait se faire des otages, afin de forcer l'électeur à le dédommager des pertes qu'il avait éprouvées en combattant pour lui, dans la guerre pour la succession de la Thuringe (1455).

Le duché d'Altenbourg est une des plus belles contrées de l'Allemagne. Sa superficie est de vingt-quatre milles carrés, et sa population de 115,000 habitants. Sa capitale fut, jusqu'en 1308, au nombre des villes impériales. Il faisait partie des domaines de l'électeur de Saxe, et forma plus tard une principauté indépendante de la branche de Gotha, à laquelle il revint, en 1672, par droit de succession. *Voy.* SAXE.

ALTENDORF. (*Géographie.*) Village de Bavière, dans le cercle du Mein supérieur, district de Bamberg. Le 15 juin 1816, une inondation ravagea cette contrée, et Altendorf eut beaucoup à en souffrir. La population est de 300 habitants.

ALTENDORF (Bataille d'). (*Histoire.*) Le général Kléber, commandant une aile de l'armée de Sambre-et-Meuse, venait de prendre Bamberg, en Franconie. Il fit passer la Reidnitz à deux divisions de sa gauche, pour les diriger sur Forcheim et Ebermannstadt, tandis que les divisions de droite devaient s'établir derrière Rauch-Eberach. Ce mouvement, qui s'exécuta le 6 août 1796, donna lieu à un combat sanglant entre la cavalerie ennemie et celle de la division du général Lefebvre. La première avait l'avantage du nombre. Cependant elle fut repoussée, et le général Lefebvre prit la position qu'il avait l'ordre d'occuper.

ALTENHEIM (Bataille d'). (*Histoire.*) Depuis trois mois, Turenne manœuvrait savamment pour forcer Montécuculli au combat dans un poste avantageux aux Français. Enfin, le 16 juillet 1675, il arriva au village d'Acheren, et vit que les Impériaux avaient pris position dans le voisinage du bourg de Salsbach. Il observa la situation respective des deux armées, et dit à ceux qui l'entouraient : « *Je les tiens, et je vais recueillir le fruit d'une si pénible campagne.* » Remarquant que les ennemis se mettaient en mouvement, il s'avança pour découvrir le but de leurs manœuvres. Tout à coup il tomba, tué par un boulet tiré par une batterie autrichienne. Deux lieutenants généraux se trouvaient seulement au camp, le comte de Lorges et le marquis de Vaubrun, et celui-ci était blessé. Ils se mirent en marche le 28 pour regagner le pont d'Altenheim. Le

lendemain, les Impériaux leur présentèrent la bataille. Le combat fut terrible. Le comte de Lorges s'y conduisit avec toute l'habileté d'un grand capitaine. Le marquis de Vaubrun y fut tué avec trois mille Français. Les Impériaux perdirent cinq mille hommes.

ALTENKIRCHEN (Bataille d'). (*Histoire.*) Altenkirchen est une ville de Prusse, dans la province rhénane, sur le Wiedbache. Le général Marceau fut attaqué non loin de là, le 20 septembre 1796, par le général Hotz. Il fut mortellement blessé d'un coup de feu par un chasseur tyrolien, caché derrière une haie, et mourut, trois jours après, au château d'Altenkirchen, à l'âge de vingt-sept ans. Un monument, dessiné par Kléber, fut élevé à sa mémoire ; il existait encore en 1815.

ALTÉRANTS. (*Médecine.*) Les anciens auteurs admettent deux grandes divisions en matière médicale, les évacuants et les altérants : ces derniers étaient des médicaments, dont l'action ne s'accompagnait d'aucune évacuation humorale sensible. Cette distinction chimérique ayant été abandonnée, on a conservé le nom d'altérante à une méthode thérapeutique dans laquelle l'action curative de la substance médicamenteuse est en quelque sorte moléculaire, et ne se manifeste que peu ou point au dehors, en provoquant des excrétions insolites. Presque tous les médicaments peuvent être administrés de cette manière ; et l'on en voit des exemples dans le traitement antisiphylitique, au moyen des préparations mercurielles, lorsqu'on ne le presse pas jusqu'à la salivation, et dans celui des scrofules par les toniques. Mais la médication altérante la plus certaine et la plus énergique est celle qu'exerce l'hygiène ; et l'on pourrait prouver peut-être que dans un grand nombre de cas l'action altérante attribuée aux médicaments dépendait du régime seul. L'air, le changement d'habitudes, les différentes diètes animales, végétales, lactées, les exercices, les vêtements, les bains, sont des modificateurs de l'économie bien autrement puissants que quelques substances médicamenteuses données à des doses trop faibles pour produire des effets physiologiques appréciables. On est porté à croire que la médication altérante se bornera désormais à ces moyens dont le père de la médecine a consacré l'usage par des observations que plus de vingt siècles n'ont point démenties. RATTIER.

ALTÉRATION. (*Musique.*) Ce mot s'emploie en musique pour désigner le changement que l'on fait subir à tel ou tel intervalle de l'échelle, en l'élevant ou en l'abaissant d'un demi-ton : les *dièses*, *bémols* et *bécarres* servent pour cette opération. BERTON.

ALTERNAT. (*Agriculture.*) L'observation ayant fait voir que plusieurs récoltes successivement rives du même produit fatiguent la terre, on comprit qu'il fallait de temps en temps lui accorder des intervalles de repos. Telle fut l'origine du système de jachères. Quand le terrain fut devenu plus précieux par l'accroissement des populations, quand les sciences physiques eurent fait des progrès, on sentit la nécessité et on vit la possibilité d'utiliser ces *intervalles pendant lesquels la terre était envahie par une végétation d'autre nature.* Alors naquit la culture *alternative,* dont les avantages sont immenses. Une fois entré dans cette voie, on étudia, on observa ; l'expérience fit voir qu'un certain ordre de successions doit être suivi, et que telle culture réussit mieux quand elle succède à telle autre. Ce sont les faits et observations de ce genre qui, analysés et groupés, constituent le système *d'assolement. Voy.* ce mot.

ALTERNE. (*Botanique.*) Se dit des diverses parties des plantes, quand ces parties sont placées alternativement et non l'une devant l'autre. Ainsi des feuilles sont *alternes* lorsqu'elles sont disposées les unes au-dessus des autres des deux côtés opposés de la tige.

ALTESSE. Titre honorifique que l'on donne aux princes. Plus rare autrefois qu'il ne l'est à *présent,* il s'appliquait à des personnages d'un rang plus élevé ; ainsi, les rois d'Angleterre jusqu'à Jacques 1er, les rois d'Espagne jusqu'à Charles-Quint, n'en eurent pas d'autre. Les princes proprement dits commencèrent à le porter en 1630. En 1633, le choc des amours-propres, mis en contact par le passage du cardinal Infant à travers l'Italie, et par sa rencontre à Bruxelles avec le duc d'Orléans, frère de Louis XIII, donna naissance à l'*Altesse Royale,* titre qui appartient depuis à tous les princes, fils ou frères de roi. Les fils ou frères d'empereur sont naturellement qualifiés d'*Altesses Impériales.*

Ces qualifications, supprimées par la Révolution, et rétablies par l'Empire, sont encore en usage aujourd'hui. Au reste, l'*Altesse,* outre ses deux anciennes épithètes, en a pris d'autres encore, selon le rang des personnages qui y ont droit, ou les circonstances dans lesquelles ils se sont trouvés. Ainsi le titre d'*Altesse Électorale* est donné en Allemagne aux électeurs, soit ecclésiastiques, soit séculiers. Quelques cardinaux de maisons princières se sont fait appeler, par une accumulation superlative, *Altesse Éminentissime.* Enfin le prince de Condé, qu'on appelait en parlant de lui, *monsieur le Prince,* par excellence, se faisait donner par ceux qui lui parlaient, la qualification d'*Altesse Sérénissime,* laissant le simple titre d'Altesse aux princes légitimés.

ALTKIRCH. (*Géographie.*) L'un des chefs-lieux d'arrondissement du département du Haut-Rhin. Cette petite ville est en outre le siége d'un tribunal de première instance. Située sur un côteau baigné par l'Ill, elle est divisée en ville haute et ville basse. Elle a des foires très-fréquentées et fait un grand commerce de chanvre. Elle est peuplée de 3,028 habitants.

Altkirch fut fondée au commencement du treizième siècle, par Frédéric II, comte de Ferrette. Le château fut habité par les ducs d'Autriche pendant leur séjour en Alsace. Sa tour passait pour une des plus hautes de la contrée. Détruit en partie pendant la guerre de trente ans, il ne présente plus aujourd'hui que des ruines. Près de la ville se trouve l'ancien couvent de Saint-Morand (Morsmünster), également fondé par un comte de Ferrette, au douzième siècle.

ALTO. (*Musique.*) C'est le nom qu'on donnait autrefois à la partie la plus grave des voix aiguës des hommes et des femmes. Dans le dernier cas, *alto* était synonyme de *haute-contre.*

On appelle aussi *alto* un instrument à quatre cordes, connu jadis sous le nom de viole, d'une dimension un peu plus grande que celle du violon, et qui tient dans un orchestre le milieu entre cet instrument, et le violoncelle ou la basse. La forme et la construction en sont semblables à celles du violon : comme cet instrument, l'alto a quatre cordes, dont on tire le son en y promenant un archet ; le son est plus grave que celui du violon, mais doux et mélancolique. Cet instrument, fort utile dans les concerts, ne parvient, isolé, à faire quelque plaisir qu'entre les mains d'un habile exécutant. L'alto nous vient des Italiens, qui excellaient dans sa fabrication ; le nom du célèbre Amati donne de nos jours un prix très-élevé à ses productions, devenues fort rares.

ALTONA. (*Géographie.*) Ville du Danemark, dans le duché de Holstein, à un kilomètre au-dessous de Hambourg, dont elle n'est séparée que par le faubourg de cette dernière ville, appelé Hamburger-Berg, et par un petit ruisseau. C'est, après Copenhague, la plus grande et la plus importante ville du royaume. Parmi ses édifices publics, on remarque le temple luthérien, l'hôtel de ville et l'hospice des orphelins. Le plus beau quartier de la ville s'appelle la *Pailmaille;* c'est une belle et large rue, formée par deux rangée de maisons élégantes, et au milieu de laquelle se trouve une jolie promenade.

Altona possède des établissements scientifiques et de bienfaisance : elle a des raffineries de sucre et des savonneries. Le commerce y est très-florissant, grâce toutefois à la proximité de Hambourg ; car elle n'a ni bon port, ni canaux, ni manufactures importantes. Du reste, le gouvernement danois favorise cette ville par de nombreux priviléges.

On y compte 24,500 habitants, de toute religion, et qui trouvent tous une protection impartiale pour l'exercice de leur culte : car les magistrats d'Altona se distinguent par une extrême tolérance religieuse.

En 1500, Altona n'était qu'un petit hameau, habité par des pêcheurs, et qui n'avait pas même d'église. En 1604, elle obtint les titres et les priviléges de bourg; et elle fut élevée, en 1664, au rang de ville. Elle fut incendiée, en 1713, par le général suédois Stenbock; mais elle se releva; et sa prospérité s'accrut rapidement, surtout depuis la guerre de l'indépendance d'Amérique et la révolution française, qui imprimèrent une très-grande activité à ses expéditions commerciales. En 1813 et 1814, elle faillit être encore une fois brûlée par l'armée française, qui défendait Hambourg sous les ordres de Davoust. Heureusement pour elle, son gouverneur, le président comte de Blücher, sut s'interposer habilement entre le général russe et Davoust, qui épargna généreusement la ville, quoiqu'elle nuisît considérablement à la défense de Hambourg.

Les habitants de Hambourg, malgré leurs relations commerciales avec ceux d'Altona, ont toujours montré contre eux une assez vive animosité. On leur attribue même l'étymologie suivante du nom d'Altona : *All zu nahe*, beaucoup trop près.   G.

ALTORF. (*Géographie.*) Petite ville de Suisse, chef-lieu du canton d'Uri. Brûlée en 1799, elle a été rebâtie presque entièrement à neuf. Elle est située dans une position agréable, près de l'endroit où la Reuss se jette dans le lac de Lucerne. On y remarque l'hôtel de ville et un couvent de capucins fondé en 1781. Mais Altorf, patrie de Guillaume Tell, se recommande surtout par les souvenirs qu'y a laissés la révolution qui donna la liberté à la Suisse. On y voit une tour, que la tradition regarde comme désignant l'endroit où fut le tilleul sous lequel était placé le fils de Guillaume Tell, quand celui-ci fut forcé d'abattre la pomme placée sur la tête de son fils. Malheureusement il est prouvé que cette tour existait trois cents ans avant Guillaume Tell, et que le tilleul était encore debout en 1567, époque où on l'abattit pour construire à sa place une belle fontaine qui existe encore.

Altorf est l'entrepôt des marchandises qui vont, par le Saint-Gothard, d'Italie en Suisse et de Suisse en Italie. Elle a 1650 habitants. Outre Guillaume Tell, elle a donné le jour aux deux Aschwanden, dont l'un fut un habile arquebusier, et l'autre un excellent mécanicien.

ALTRAUSTÆDT (Paix d'). (*Histoire.*) Auguste II, roi de Pologne, avait été déposé par la diète de Varsovie, et Stanislas Leczinski avait été mis à sa place (1704.) Cependant,

Auguste, soutenu par le czar Pierre, son allié, n'en continua pas moins contre Charles XII, roi de Suède, les hostilités qu'il n'avait jamais cessées pendant tout le cours de la guerre du Nord. A la suite d'une victoire remportée par le général suédois Rœnskœld sur Schulembourg, général des Saxons, Charles XII pénétra en Saxe par la Silésie, se rendit maître de l'électorat, et établit, le 20 septembre 1706, son quartier général à Altraustædt, village de la portion de la Saxe appartenant aujourd'hui à la Prusse, et situé entre Leipzig et Mersebourg. Cependant les plénipotentiaires d'Auguste II avaient entamé le 12 septembre, à Bischofwerda, des négociations. Mais les conditions de Charles XII étaient tellement dures qu'Auguste refusa d'y souscrire. Il transmit néanmoins un blanc seing au référendaire privé Pfingsten, un des négociateurs, dans l'espoir que celui-ci parviendrait à faire modifier les articles qu'imposait Charles. Mais celui-ci ayant persisté, Pfingsten fut obligé de les approuver et de remplir le blanc seing par la ratification de la paix. Par ce traité, Auguste renonçait à la Pologne et à la Lithuanie, conservant toujours le titre de roi; il se détachait de la coalition formée contre la Suède, et s'engageait particulièrement à se désister de toute alliance avec le czar, à livrer le Livonien J. R. de Patkul au roi de Suède, à fournir aux Suédois des quartiers d'hiver en Saxe, et à ne faire aucun changement dans l'administration ecclésiastique au préjudice de l'église protestante. Cette paix ne fut publiée que le 26 novembre, parce qu'Auguste, alors en Pologne, et en quelque sorte sous la dépendance des Russes, se vit forcé de la tenir secrète, et d'appuyer une attaque de troupes de cette nation contre le général suédois Chaudenfeld. Il retourna à Dresde le 19 janvier 1707. Le vainqueur traita l'électorat avec une rigueur extrême, et ne quitta la Saxe qu'en septembre 1707, après avoir conclu à Altraustædt une alliance avec la Prusse le 16 août, et une convention avec l'empereur Joseph le 22 août et le 1er septembre. Par ces traités, il assura aux protestants de la Silésie le libre exercice de leur religion, et la restitution des églises ou écoles dont ils avaient été privés.

Après la défaite de Charles à Pultawa, le 8 août 1709, Auguste déclara la paix d'Altraustædt non valable, sous prétexte que ses plénipotentiaires avaient abusé du blanc seing et outre-passé leurs pouvoirs. L'un d'eux fut condamné à une prison perpétuelle, et l'autre, Pfingsten, à mort; mais sa peine fut commuée en une détention dans la forteresse de Kœnigstein; enfin, sur l'invitation de quelques grands, Auguste retourna en Pologne, reprit possession du trône, et renouvela son alliance avec le czar.   G.

ALUMINIUM. (*Chimie.*) La découverte de la composition des alcalis avait fait admettre, depuis longtemps, l'alumine au nombre des oxydes, bien que les essais tentés par Davy, et par MM. Berzelius et Œrsted, pour la décomposer, fussent restés infructueux. M. Woehler parvint, le premier, à isoler le corps simple qui, combiné à l'oxygène, forme l'alumine, et c'est à ce corps simple qu'il a donné le nom d'*aluminium*.

On sait que le chlore gazeux, en agissant sur un mélange d'alumine et de charbon, chauffé au rouge, décompose l'alumine et donne naissance au chlorure anhydre d'aluminium. Le procédé employé par M. Woehler pour obtenir l'aluminium, consiste à décomposer le chlorure ainsi préparé, par le potassium. En faisant chauffer, dans un creuset de platine, un mélange de ces deux corps, on observe, au bout de quelque temps, une élévation subite de température, qui est due à la formation du chlorure de potassium. La réduction est alors opérée, et l'aluminium est devenu libre. On laisse refroidir le creuset, et on le plonge dans l'eau ; le chlorure de potassium se dissout, et il se dépose une poudre grise qu'on lave à l'eau froide et qu'on fait sécher : c'est l'aluminium.

Il se présente alors en petites paillettes douées du brillant métallique ; il est peu fusible. Chauffé jusqu'au rouge et au contact de l'air, il brûle avec vivacité et se convertit en alumine.

L'aluminium ne s'oxyde point dans l'eau froide ; mais, à une température de 50 à 60 dégrés, il y a décomposition et dégagement d'hydrogène.

L'équivalent de l'aluminium se déduit de la composition de l'alumine ; il est égal à 117,17 et représenté par Al^2. On ne connaît qu'un seul oxyde d'aluminium.

Oxyde d'aluminium (Alumine). — C'est une des substances les plus abondamment répandues dans la nature. On la trouve quelquefois cristallisée : elle est alors désignée par les minéralogistes sous le nom de *corindon* : le corindon transparent constitue le *rubis* et le *saphir*. Associée à la potasse et à l'acide silicique, l'alumine fait partie des feldspaths et des micas, minéraux qui entrent, comme on sait, dans le granit et dans le gneiss.

Dans les laboratoires, on obtient l'alumine à l'état de pureté, au moyen de l'alun (sulfate double de potasse et d'alumine). L'alun étant mis en dissolution, on y verse de l'ammoniaque en excès ; il se forme un précipité très-volumineux d'alumine hydratée, retenant en combinaison un peu d'acide sulfurique ; la liqueur ne contient plus alors que du sulfate de potasse et d'ammoniaque : on en

sépare le précipité, par filtration, et il suffit de le chauffer au rouge pour obtenir l'alumine pure. — L'alun qu'on emploie doit être exempt de fer.

On peut encore préparer l'alumine au moyen de l'alun ammoniacal (sulfate double d'alumine et d'ammoniaque). Ce sel calciné laisse, en effet, un résidu d'alumine pure.

Préparée par l'un ou l'autre de ces procédés, l'alumine est en poudre blanche, légère, happant à la langue, absolument insoluble dans l'eau. Elle est infusible au feu de forge. Elle forme un hydrate qui se dissout avec une égale facilité dans les acides et dans les alcalis fixes : l'alumine se comporte donc à la fois comme base ou comme acide ; et dans les combinaisons naturelles elle joue en effet ce double rôle. Ainsi, à côté de minéraux, comme le feldspath, dans lesquels l'alumine entre comme base et associée à l'acide sulfurique, nous citerons des composés qui sont de véritables *aluminates* : tel est, entre autres, le *rubis spinelle*, dans lequel l'alumine est combinée avec la magnésie.

L'alumine devient, par la calcination, difficilement soluble dans les acides : il faut, pour la dissoudre, la mettre en digestion avec de l'acide chlorhydrique très-peu étendu ou la faire chauffer avec un peu d'acide sulfurique étendu. La dissolution présente, comme tous les sels aluminiques solubles, les caractères suivants :

Aucun acide libre n'y produit de précipité.

La potasse y produit un précipité volumineux d'hydrate d'alumine, qui se dissout complétement quand on ajoute à la liqueur un excès de potasse.

Ce précipité se forme aussi quand on emploie l'ammoniaque ; mais il est insoluble dans l'ammoniaque en excès.

Les carbonates alcalins, de même que les réactifs précédents, précipitent l'alumine à l'état d'hydrate et *non de carbonate* : la précipitation est accompagnée d'un dégagement d'acide carbonique.

Si l'on ajoute de la potasse à une dissolution concentrée d'alumine, puis un léger excès d'acide sulfurique, il se forme, au bout de quelque temps, des cristaux d'alun qu'on reconnaît facilement à leur forme octaédrique.

L'acide sulfhydrique ne donne point de précipité dans les dissolutions d'alumine.

Les dissolutions des sels neutres d'alumine rougissent le papier de tournesol.

Quand on fait rougir l'alumine sur du charbon, à la flamme du chalumeau, et qu'on l'humecte ensuite d'azotate de cobalt, on obtient, en chauffant de nouveau, un verre d'une belle couleur bleue. Suivant M. Berzelius, cette épreuve est la plus sûre et la plus facile de toutes pour reconnaître l'alumine.

L'alumine est composée de :

Aluminium. . . . 53,30
Oxygène. 46,70
_____
100

d'après l'analyse du sulfate d'alumine. On admet pour l'alumine la formule Al^2O^3, à cause de l'isomorphisme de cette substance avec le peroxyde de fer.

L'alumine et les sels d'alumine sont d'un grand usage en teinture. _Voy._ TEINTURE.

Combinée avec l'acide silicique, l'alumine forme l'argile, et entre, par conséquent, dans toutes les poteries. _Voy._ ARGILES. II. DÉZÉ.

ALUN. (_Chimie._) _Voy._ SULFATES.

ALUN. (_Matière médicale._) Le sulfate d'alumine et de potasse ou d'ammoniaque s'emploie comme astringent, à l'extérieur et à l'intérieur. C'est ordinairement l'alun calciné que l'on préfère, parce qu'on lui croit des propriétés astringentes plus marquées. C'est principalement à l'acide sulfurique qu'il renferme que l'alun doit ses vertus thérapeutiques et son usage fréquent. A l'extérieur il était employé dès le temps d'Hippocrate dans le pansement des plaies de mauvaise nature pour la répression des fongosités. Tel est encore son usage extérieur le plus général. On le donne aussi très-souvent, sous forme de collutoire, comme gargarisme, dans les cas où les astringents sont indiqués; il est spécifique dans la salivation mercurielle au début.

A l'intérieur on l'a donné comme antiseptique, astringent et par conséquent antihémorrhagique; enfin il réussit dans les maladies saturnines, en raison de son action sur le plomb, qui le décompose pour former un sulfate insoluble.   A. L.

ALVA DE TORMÈS (_Alba_). (_Géographie._) Petite ville d'Espagne, dans le royaume de Léon, province de Salamanque, sur le Tormès, avec un beau château : elle fut érigée en duché, en 1449, par Henri IV, roi de Castille. Sainte Thérèse y mourut en 1582. Les Français y combattirent les Espagnols en 1809. Population : 1500 habitants.

ALVÉOLES. (_Histoire naturelle._) Ce mot, dans sa véritable et primitive acception, désigne les cavités qui reçoivent les dents et qui sont creusées dans les os des mâchoires. Tous les animaux vertébrés, à l'exception des fourmiliers, des pangolins, des baleines parmi les mammifères, et des oiseaux, ont les racines des dents plantées dans des alvéoles. Dans le jeune âge, les alvéoles n'existent point; ils forment en commun un sillon dans lequel sont rangés les germes dentaires; les cloisons s'établissent plus tard, et l'alvéole ne se complète que lorsque la dent qu'il chausse se trouve entièrement formée. (_Voyez_ DENTS.) On a étendu le nom d'alvéoles aux cellules que se construisent les guêpes et les abeilles, pour y renfermer leurs provisions et y élever leurs larves. (_Voyez_ ABEILLES.) Quelques oryctographes ont aussi appelé alvéoles des corps fossiles pierreux, concaves d'un côté et convexes de l'autre, souvent isolés ou quelquefois réunis, et qu'on sait aujourd'hui s'être formés dans les cavités des bélemnites.

       BORY DE ST. VINCENT.

AMADOU. (_Technologie._) L'amadou provient d'un champignon qui croît sur le tronc des vieux chênes, des ormes, des charmes, des bouleaux, et qu'on nomme _agaric amadouvier_ (_boletus igniarius_). Cet agaric est recouvert supérieurement d'une écorce calleuse et blanchâtre, sous laquelle on trouve une substance fongueuse assez molle, douce au toucher et comme veloutée; toute la partie inférieure est ligneuse. On trouve rarement l'agaric aux environs de Paris; mais il est commun dans les grandes forêts, où on laisse aux arbres le temps de vieillir. On le cueille dans les mois d'août et de septembre.

La préparation de l'agaric consiste à emporter d'abord l'écorce supérieure; on enlève ensuite la substance fongueuse, d'un jaune brun, qui est au-dessous. Cette dernière partie est la seule qui soit utile : on a soin de la séparer exactement de la partie ligneuse qui est au-dessous et quelquefois sur les côtés. On coupe cette substance fongueuse en tranches minces que l'on bat au marteau pour l'assouplir : on continue de les battre jusqu'à ce qu'on puisse les mettre aisément en pièces en les tirant entre les doigts. Dans cet état, l'agaric est bon à être employé pour arrêter les hémorrhagies et pour d'autres usages médicinaux.

Pour en faire de l'amadou, on lui donne un dernier apprêt, qui consiste à le faire bouillir dans une forte lessive de nitrate de potasse. On le fait sécher, on le bat de nouveau, et on le remet une seconde fois dans la lessive. Quelquefois même, pour le rendre plus facile à allumer aux étincelles du briquet, on le roule dans la poudre à canon, ce qui fait la différence de l'amadou noir avec l'amadou roussâtre. Mais pour lui donner au plus haut degré la propriété de s'allumer rapidement, il vaut mieux le faire bouillir dans une dissolution de chlorate de potasse, au lieu de lessive nitrée.

On se procure encore une autre espèce d'amadou, en brûlant du papier à sucre ou des morceaux de linge, jusqu'au point où la flamme s'éteint, et en les étouffant à l'instant.

Les vesses-de-loup, sorte de plantes du genre lycoperdon, et qui ont pour base une substance charnue ou filandreuse, donnent un amadou tout préparé, qu'il suffit d'imbiber d'une légère eau de poudre. Pour le même-

usage, on se sert dans les Indes d'une plante légumineuse nommée *sola*, dont la tige épaisse et spongieuse, réduite en charbon, prend feu comme notre amadou.

LENORMAND et MELLET.

AMALÉCITES, peuplade arabe, qui habitait au sud de la Judée, et près de l'Idumée. Elle descendait d'Ésaü, par Amalech, petit-fils de ce patriarche, et se montra toujours acharnée contre les Israélites, qui, à leur tour, la regardaient comme une race maudite. Samuel ordonna à Saül de les exterminer. Ce roi leur déclara en effet la guerre, et les défit en 1055 av. J. C.; mais, contre la défense de Samuel, il épargna Agag, leur roi, et cette désobéissance lui fit perdre sa couronne, qui fut donnée à David. Les Amalécites furent depuis entièrement exterminés par Ézéchias. Les Arabes les regardent comme une des races primitives de leur presqu'île.

AMALFI (République d'). (*Géographie* et *Histoire.*) La ville d'Amalfi, dépendante aujourd'hui du royaume de Naples, chef-lieu de canton dans la principauté citérieure, située à trois lieues ouest-sud-ouest de Salerne, eut au moyen âge une grande illustration : l'existence de nombreuses inscriptions et de débris antiques, la physionomie des noms des anciennes familles du pays, et surtout le témoignage unanime des chroniqueurs, mettent hors de doute l'origine romaine d'Amalfi. Suivant la tradition, vers le milieu du quatrième siècle, au milieu du mouvement d'émigration qui conduisit tant de nobles familles romaines à Constantinople, une colonie partie de Ravenne fit naufrage sur les côtes de Dalmatie, et chercha en vain à s'y fixer; puis, s'étant remise en mer, elle fut jetée par une nouvelle tempête, bien loin de sa première destination, près du cap Palinure, aux environs de Pæstum, en Lucanie; là elle fonda, à l'embouchure du petit fleuve Molpha ou *Melfi*, une ville qui reçut le même nom (1), mais que les invasions des barbares firent abandonner pour celle d'*Éboli*. Comme cet asile n'était pas encore assez sûr, la colonie se transporta au haut d'un rocher escarpé et tout isolé qui s'élève au fond d'une petite baie du golfe de Salerne, comprise entre le cap du Tombeau et le promontoire de la Conque; là fut bâtie une nouvelle ville, garnie de tours et de fortes murailles, et nommée la *Scala*. Enfin, dans le cours du septième siècle, quelques

familles de la Scala descendirent sur la plage, au pied du rocher, et donnèrent à leur établissement le nom d'*Amalfi*, en mémoire de la ville de leurs ancêtres : aussi peut-on considérer Amalfi comme la fille de la Scala : *peperit Scala ipsam Amalphiam metropolim*, dit Ughelli (*Ital. sacra*, t. VII). Elle demeura longtemps sous la protection des empereurs grecs, et Constantin le Porphyrogénète la mentionne au cinquième rang, parmi les villes importantes d'Italie qui relevaient de l'empire d'Orient, après Capoue, Naples, Bénévent et Gaëte. Elle dépendait de celui des deux patrices grecs qui gouvernait Naples, la Calabre et la Sicile (1); sauf le préteur ou chef militaire, nommé par le patrice, les citoyens choisissaient annuellement leurs magistrats; mais ce ne fut qu'à la fin du neuvième siècle que leur liberté d'élection fut complète. Amalfi, bien insuffisamment protégée par le patrice impérial, qui résidait habituellement à Naples, sut se défendre seule contre les attaques continuelles des Lombards de Bénévent et de Salerne; et, quoique prise en 838 et pillée par Sicard, duc lombard, elle put se relever, grâce aux querelles qui survinrent alors entre Salerne et Bénévent (2). La durée de la rivalité de ces deux villes et l'établissement du gouvernement consulaire à Amalfi contribuèrent surtout à sa prospérité; cette forme de gouvernement fut maintenue de 840 à 897. Ce fut sous les premiers consuls d'Amalfi, Lupo et Giaquinto, que commencèrent ses longues guerres contre les Sarrasins : on la voit successivement délivrer Gaëte, secourir le pape, aider l'empereur Louis contre le duc de Naples, allié des Sarrasins, et obtenir pour prix de ces services, la cession de l'île de Caprée, qui resta pendant plus de trois siècles en son pouvoir, soutenir Salerne en 874, puis chasser les Sarrasins du port de Cetara. En 897, les Amalfitains remplacèrent leurs consuls triennaux par des magistrats à vie, auxquels ils donnèrent le nom de doges; ceux-ci ne pouvaient être choisis que parmi la noblesse; leur pouvoir, suivant le jurisconsulte napolitain Freccia, n'était illimité que dans les affaires maritimes (3). Mansone Fusile ou Foscelo, fils de l'un des derniers consuls, fut le premier doge; il abdiqua, après un règne de dix-sept ans, en faveur de son fils Mastolo. Sous les doges, la guerre contre les Sarrasins reçut

---

(1) Sismondi, dans son *Histoire des républiques italiennes*, place ce premier établissement à Melphi, dans la Basilicate; or Melphi est située à 20 lieues du cap Palinure, dans l'intérieur des terres, et d'autre part, n'a été fondée qu'en 937. M. Frédéric Mercey, dans le travail très-complet qu'il a publié en 1840 sur la république d'Amalfi (Revue des deux Mondes, t. XXIe, 4e série, p. 231-52 et 339-366), a déjà relevé cette erreur de Sismondi.

(1) *Voy.* Const. Porphyr., *de Admin. Imper.*, c. 27, éd. de Bonn. 1840.
(2) *La chronique d'Amalfi*, insérée par fragments dans le 1er volume des *Antiquitates italicæ medii ævi*, etc., de Muratori, contient un long et dramatique récit de la surprise d'Amalfi, par Sicard. *Voy.* aussi *Anonymi Salernitani Paralipomena fragmenta apud Camillo Pellegrini : de ducatu Beneventano dissert.* V. (*Rer. Italic. Scriptores* de Muratori).
(3) Freccia : *De subfeudatione apud Giannone*, *Istoria civile del regno di Napoli*, l. VII, c. 4.

une nouvelle impulsion ; les flottes seules d'Amalfi les épouvantaient ; partout dans la Pouille, en Calabre, en Sicile, les Amalfitains s'unissaient aux Grecs et aux nationaux pour les combattre ; et de cette manière la colonie sarrasine du Gariglia no fut détruite, les villes de Cosenza, de Squillace et de Catanzaro furent délivrées et les Sarrasins refoulés dans Reggio.

On appelle aujourd'hui *Costiera d'Amalfi* toute la partie du golfe de Salerne qui s'étend de Cetara à Positano ; c'est presque le territoire de l'ancienne république ; car Cetara était la dernière de ses possessions du côté de Salerne ; ce petit port, je l'ai déjà dit, fut à diverses reprises, du neuvième au onzième siècle, occupé par les Sarrasins ; c'est actuellement, au rapport des voyageurs, l'un des bourgs les plus mal famés du royaume de Naples, après ceux des Calabres.

En suivant cette costiera d'Amalfi, à partir de Cetara, on voit la petite marine d'*Erchia*, au pied d'un rocher immense, sur lequel s'élèvent les ruines d'un temple d'Hercule ; l'aspect de cette côte inhabitée, dépouillée de toute végétation, creusée et déchirée par la mer, est horrible. Le capo d'Orso et le capo del Tumolo se détachent du cordon de rochers semi-circulaires qui bordent le rivage en cet endroit ; des bancs de rochers sous-marins qui s'étendent au loin dans la mer à une profondeur *de deux ou trois brasses et appelés* par les marins *secca del Gaëtano*, rendent ces parages très-dangereux. De la tour del Cane, située tout à l'extrémité du cap de l'Ours, on aperçoit le golfe d'Amalfi, enserré par les riches villages de Majuri, de Minuri et d'Atrani, et dominé par de hautes montagnes que couvrent d'autres bourgades et des châteaux gothiques. Majuri est situé au fond du golfe, à l'embouchure d'une jolie rivière, mais n'a pas de port. Au-milieu des montagnes qui s'élèvent au-dessus de ce village s'étend la vallée de Tramonti (on appelle ainsi toute la contrée comprise entre les monts Fallisco, Albino, Sant-Angelo, Cerili et Sparviero) : le climat de ce district est délicieux ; treize hameaux ou casali y sont répandus : Polvica, Sant-Elia, Paterno, Figlino, Corsano, Cesarano, le Pietre, Capitignano, Campinola, Ponte, Gete, Novella et Bocara. Cette vallée était défendue au N. par la tour de Chiunzo, construite en 1457 par Raymond Orsino, prince de Salerne et grand feudataire du duché d'Amalfi, et au S. par le château de Majuri : elle fut donnée en 1260 au fameux Jean de Procida par Mainfroi, à titre de marquisat.

Minuri, situé à deux milles environ de Majuri, était au moyen âge le plus important des arsenaux d'Amalfi ; cette bourgade s'appela d'abord Forcella, puis Rhegina minor, comme Majuri Rhegina major. A partir du cap du Tombeau l'aspect du pays change complétement et devient ravissant : on voit de beaux villages s'étayer les uns sur les autres dans la montagne, Villamena sur Minuri, Ravello sur Villamena, San-Martino sur Ravello et Cesarano sur San-Martino (1). En avant de ces villages et à l'entrée d'une vallée sombre et étroite est Atrani, patrie du fameux Masaniello, séparé d'Amalfi par un très-petit cap, nommé *cap d'Amalfi*.

Il ne reste plus rien à proprement parler de la célèbre Amalfi ; on pense que la ville actuelle ne couvre pas la sixième partie de l'ancien emplacement, envahi sans doute par les eaux de la mer. « La mer, dit M. Mercey, gagne sur ces « rivages comme sur ceux des golfes de Naples « et de Baïa. Lorsque le Sirocco souffle avec « violence, les vagues, ne rencontrant aucun « obstacle, acquièrent une irrésistible puis- « sance et déferlent avec fureur sur les rochers « de la côte, dont elles détachent chaque jour « des fragments considérables. » C'est ainsi qu'en l'année 1013, une effroyable tempête détruisit en partie le port d'Amalfi, ses murailles et ses tours, et rasa tout un quartier de la basse ville ; l'aspect du pays, suivant le rapport des chroniqueurs, en fut complétement changé. Auparavant le port d'Amalfi occupait tout l'espace qui s'étend de la ville à Majuri, une étendue de trois milles environ. « Les pe- « tits ports d'Atrani, de Marmorata et de Mi- « nuri formaient sans doute alors autant de « bassins rattachés l'un à l'autre par des ou- « vrages dont aujourd'hui il ne reste pas même « de traces. » Cette année de 1013 peut être *regardée comme le terme de la gloire militaire et de la prospérité commerciale d'Amalfi* ; le doge Mansoni II surtout avait contribué à donner au commerce de la république une grande extension. Les marchands d'Amalfi et ceux de Venise sont désignés, dans toutes les histoires, comme les plus anciens courtiers du commerce de l'Europe (2). Leurs relations avec l'Orient

---

(1) Voir la première partie du travail déjà cité de M. F. Mercey ; j'ai essayé d'en conserver ici les plus exacts et les plus importants détails, mais j'ai dû abréger beaucoup cette agréable description.

(2) On lit dans Luitprand ce curieux passage : ... « Unde, inquiunt, vobis ? — A Veneticis et Amalphi- « tanis institoribus, inquam, qui nostris ex victua- « libus, hæc ferendo nobis, vitam nutriunt suam. » *Luitprandi legatio* ad *Niceph. Phocam*. — *Voyez* aussi Guillaume de Tyr : *Gesta Dei per Francos*, t. II, p. 931 ; Guillaume de Pouille (*Guilelmus de Apulia* ou *Appulus*) : *de Rebus Normannorum in Sicilia*, *Apulia et Calabria gestis usque ad mortem Roberti Guiscardi*, poëme publié d'abord à Rouen, 1582, in-4°, par J. Tiremois, sur un manuscrit de l'abbaye du Bec, et réimprimé dans le 5° vol. des *Script. Ital.* de Muratori ; enfin, le 3° vol. de *Storia civile e politica del commerzio de' Veneziani* du C. A. *Marini*, p. 63. M. Mercey cite aussi un curieux diplôme conservé dans les archives de la Trinité de la Cava (A, 5, n° 42) et concernant le voyage par mer à Bagdad d'un marchand amalfitain, nommé Léon, fils de Sergius.

commencèrent de bonne heure; on les rencontrait au onzième siècle à Antioche, à Alexandrie, à Caffa, à Ptolémaïs, à Joppé, à Tunis, à Tripoli et même à Bagdad. Le poëte Guillaume de Pouille exalte les richesses, l'industrie, le goût et le savoir-faire des Amalfitains. Les sultans fatimites d'Égypte leur permirent, on le sait, d'établir à Jérusalem un monastère (le couvent de Sainte-Marie-Madeleine), où les femmes qui faisaient le pèlerinage de la terre sainte étaient reçues, et un hôpital qui devint insensiblement un entrepôt de marchandises. Plus tard Bohémond III, prince d'Antioche, leur accorda trois bazars ou *estaconi*, et la franchise de la moitié des droits de vente (ce diplôme de Bohémond est conservé dans les archives d'Amalfi, sous le n° 10). Dans l'île de Chypre, à Palerme, à Messine et dans toutes les villes du littoral de l'Italie, ils avaient des établissements analogues, qu'on appelait alors *Amalfitania*. Enfin beaucoup, de négociants d'Amalfi s'étaient également fixés à Constantinople; mais leur commerce y était moins avantagé que celui des Vénitiens.

Indépendamment du témoignage des chroniques, il existe encore deux traditions, plutôt populaires qu'historiques, qui ont consacré et conservé jusqu'à nous cette célébrité des Amalfitains, à titre de navigateurs et de commerçants : d'une part, celle de l'invention de la boussole par Flavio Gioja, au commencement du quatorzième siècle, et, d'autre part, celle de l'institution d'un code nautique, connu sous le nom de *Tables amalfitaines*. Ces deux traditions ont été, de tout temps, l'objet de discussions et de recherches scientifiques. On a nié l'existence de Flavio Gioja, dont les archives d'Amalfi n'ont, en effet, conservé aucune trace (1) : les Allemands, les Anglais, les Français ont tour à tour prétendu à cette invention; les arguments des derniers, cette fameuse citation de Guyot de Provins, tirée d'un manuscrit de l'an 1180, cet accord de toutes les nations pour placer une fleur de lis sur la rose au point nord, ont encore paru les meilleurs au dernier historien d'A. malfi, M. Mercey; mais une savante dissertation de Klaproth a terminé cette difficulté (2) : il y établit nettement que l'invention de la boussole est attribuée faussement à Flavio Gioja, né à Amalfi, vers la fin du treizième siècle; que cent ans avant lui elle était connue en Europe; que peut-être cet homme a-t-il trouvé la forme actuelle de l'instrument et perfectionné la boussole ancienne ou aquatique; que cette dernière était employée en Chine quatre-vingts ans au moins avant la composition de la satire de Guyot de Provins (1190); que les Arabes la possédaient à peu près à la même époque, pour l'avoir reçue directement ou indirectement des Chinois, et qu'à leur tour ils la communiquèrent aux Francs, à l'époque des premières croisades. La tradition concernant les Tables amalfitaines est demeurée presque aussi obscure; il ne reste aujourd'hui de ce fameux code, qui fut, dit-on, la base du droit des gens et de la jurisprudence commerciale et maritime dans toute l'Europe, et qui, au dixième siècle, avait remplacé même à Constantinople et dans l'archipel les lois rhodiennes, il ne reste aujourd'hui des Tables d'Amalfi que des fragments si peu importants, qu'on en a également contesté l'existence; mais M. Giuseppo Amorosi, magistrat napolitain, dans un travail spécial, l'a mise hors de doute ainsi que celle d'un code civil perdu aussi et nommé la *Coutume d'Amalfi* (1).

Pendant tout le onzième siècle, Amalfi eut à se défendre contre de nouveaux ennemis, les Normands, puissants auxiliaires des ducs de Salerne et de Bénévent. En 1039 elle fut obligée de déclarer un prince de Salerne, Gaimard IV, duc d'Amalfi; le meurtre de ce prince lui rendit pour un temps la liberté; mais, pour repousser les attaques de Gisulfe, fils de Gaimard, elle se livra à Robert Guiscard, reçut de lui une garnison et l'aida à s'emparer de Salerne sans renoncer toutefois complétement à ses institutions; les successeurs de Robert Guiscard essayèrent en vain de l'assujettir davantage; Roger de Sicile lui-même en l'incorporant, à titre de conquête, dans sa nouvelle monarchie, et en prenant le titre de duc d'Amalfi, lui reconnut encore le droit de se gouverner d'après ses lois particulières. Mais les ennemis les plus dangereux d'Amalfi étaient les Pisans; pendant que la flotte amalfitaine était, devant Naples, au service de Roger de Sicile, les consuls de Pise, Alzopardo et Cane, forcèrent l'entrée du port d'Amalfi, et pillèrent la ville pendant trois jours (1135) (2). Ils essuyèrent une grande défaite, connue dans l'histoire sous le nom *de désastre de la Fratta* (la Fratta était le château de Ravello); mais ils revinrent en 1137, et cette fois Amalfi se rendit à merci; la surprise de la Scala, sui-

(1) Un seul document prouve qu'il y a eu une famille de ce nom dans le pays, à une époque reculée.
(2) *Lettre à M. le baron de Humboldt sur l'invention de la boussole*, 1834, in-8°. — *Voyez* au moins la notice et l'analyse de cet ouvrage lue à la Société de géographie dans sa séance du 17 octobre 1834, par M. de Larenaudière.

(1) Glus. Amorosi, *Sulle tavole Amalfitane*, Nap. 1829. — Pardessus : *Collection de lois maritimes antérieures au dix-huitième siècle*. Paris, impr. roy. 5 vol. in-4° (1828-39).
(2) C'est dans ce pillage que les Pisans enlevèrent le fameux exemplaire des Pandectes qui se trouve aujourd'hui à la bibliothèque Laurentienne de Florence. *Voy.* à ce sujet : Brenemann : *Historia Pandectarum seu fatum exemplaris Florentini; accedit gemina dissertatio de Amalphi*, Trajecti ad Rhenum, 1722, in-4°. — B. Tanusii *epistola de Pandectis Pisanis in Amalphitana direptione inventis*, etc. Florentiæ, 1731. in-4°. — Bart. Luccaberti *Nuova disamina della storia delle Pandette Pisane*, Faenza, 1730, in-4°.

vie de la prise de Ravello, acheva la ruine de cette ville. La Scala était toujours restée soumise à Amalfi ; mais Ravello, fondée au neuvième siècle par les riches patriciens de la république, s'était séparée d'elle du temps de Robert Guiscard ; et, à cette occasion, les Amalfitains avaient changé son premier nom de Toro en celui de Rebello, d'où vint, par corruption, celui de Ravello. — Enfin, une nouvelle tempête, en 1343, détruisit les ouvrages et les édifices que les ennemis d'Amalfi avaient laissés subsister. A partir de cette époque, la bourgade d'Amalfi appartint tour à tour aux maisons des Colonna et des Orsini, et à celle des Piccolomini, alliée à la maison d'Aragon ; après une possession de cent treize ans, ceux-ci la vendirent à l'enchère en 1584 ; mais le nouvel acquéreur, le prince de Stigliano, n'ayant pu payer la somme de 216,160 ducats, les Amalfitains se rachetèrent et firent un gros bénéfice sur la vente des nombreux fiefs qui dépendaient de leur duché. Maintenant Amalfi n'est plus qu'un bourg du second ordre, compris dans le district de Salerne.

Fr. Pansa : *Istoria dell' antica republica d'Amalfi e di tutte le cose appartenenti alla medesima accadute nella città di Napoli e suo regno, pubblicata da Gius. Pansa nipoti*. Napoli, 1724, 2 vol. in-4°.

Matteo Camera : *Istoria della città e costiera di Amalfi*, Napoli, 1836, gr. in-8°.

Simonde de Sismondi : *Histoire des républiques italiennes du moyen âge*, tome Ier, ch. 4.

AMÉDÉE TARDIEU.

AMALGAMATION. *Voy.* ARGENT.

AMALGAME. *Voy.* MERCURE.

AMANDE ET AMANDIER. (*Botanique.*) Les botanistes n'attachent pas au mot amande le sens qu'on lui donne dans le langage ordinaire. Pour les gens du monde, l'amande n'est que la graine renfermée dans l'intérieur du noyau de l'un des fruits dont se parent nos tables, et dont se fait l'orgeat ; pour le savant qui généralise la signification du mot, l'amande est une partie importante de la graine renfermée dans ce qu'il nomme l'épiderme, ou tégument propre de cette graine. Or, la fève, le haricot, le maïs, et le blé lui-même, ont leur amande.

En nous occupant de l'amande, fruit de l'amandier, nous la signalerons comme originaire des parties méridionales de l'Europe, où la culture la perfectionna. On en distingue deux espèces, l'amère et la douce. La première, dont le goût est en tout pareil à celui des amandes que l'on extrait des noyaux d'abricots, ne sert guère que pour donner du parfum à certaines liqueurs : il serait dangereux d'en user comme aliment ; elle doit contenir un principe nuisible, le même qui donne aux feuilles du pêcher et du laurier-cerise cette saveur qui les caractérise, et qui dénote la présence de l'acide prussique.

Les amandes douces sont au contraire nourrissantes, saines, et d'un goût fort agréable. Le midi de l'Espagne en fournit des quantités considérables, surtout dans le royaume de Valence et dans celui de Murcie. Dans ces deux pays, on en fait du nougat, à l'aide du miel parfumé que les abeilles récoltent sur les montagnes couvertes de plantes aromatiques ; ce nougat se transporte dans le reste de la Péninsule, où l'on en consomme annuellement pour la valeur de plusieurs millions de francs. L'amande offre donc une branche de commerce importante, qui s'étend le long de toutes les côtes de la Méditerranée. La Provence et la Ligurie en fournissent beaucoup et alimentent, dans le reste de l'Europe, la consommation qu'on en fait dans l'office, soit en gâteaux, soit en sirop.

L'arbre qui produit l'amande, communément appelé amandier, *amygdalus*, s'est introduit dans les vergers de l'Europe tempérée, mais s'élève peu vers le nord : on le cultive sans succès où finit la zone de la vigne ; ses fleurs s'épanouissent vers la fin de février aux environs de Paris, et y annoncent les approches du printemps. Nous l'avons vu fleurir dès le mois de janvier sur les côtes de l'Andalousie, et même en Galice.

Le pêcher, dont il sera question par la suite, appartient au même genre que l'amandier ; il diffère surtout de ce dernier par son fruit, presque globuleux, et dont la chair est épaisse et succulente.

Le nom d'*amandier* a été étendu, par certains voyageurs, à des arbres qui n'ont nul rapport avec l'amandier *véritable*. A l'île de France, on le donne particulièrement au badanier, espèce du genre *terminalia*, dont les fruits sont d'un goût agréable, et peuvent être servis sur les tables recherchées en guise d'amandes.

BORY DE SAINT-VINCENT.

On cultive dans les jardins fruitiers plusieurs variétés d'amandiers, dont on peut faire trois divisions. La première fournit les amandes douces, qu'on distingue en *grosse et petite à coque dure, amande-princesse ou des dames*, *amande-sultane* et *amande pistache,* ces trois dernières à coque tendre. On classe dans la deuxième les amandes amères, dans lesquelles on en trouve de petites, de moyennes et de grosses, à coque plus ou moins dure. La troisième division comprend l'*amandier-pêcher,* espèce d'hybride du pêcher et de l'amandier. On trouve quelquefois sur la même branche de cette variété, surtout dans les étés chauds, les deux sortes de fruits : les uns gros, ronds, très-charnus, et succulents comme la pêche, mais d'une saveur amère, et seulement propres à être employés en compote ; les autres gros, allongés, n'ayant qu'un brou sec. Leur amande est douce.

D'autres variétés sont cultivées comme arbustes d'ornement ; l'*amandier nain*, de 1 m. à 1 m. 30 de hauteur, à rameaux effilés, à feuilles lancéolées, se couvre en mai et quelquefois en septembre de fleurs latérales d'un beau rose. L'*amandier de Géorgie*, un peu plus fort, produit aussi des fleurs plus grandes et un peu plus hâtives. L'*amandier satiné*, ou *du Levant*, donne les siennes en avril.   **Alph. R.**

AMANDE. (*Technologie.*) La consommation de ces fruits est très-grande pour les desserts et dans les préparations des confiseurs. En les torréfiant, on peut les faire servir à remplacer le cacao dans la confection du chocolat.

Les amandes douces, pilées et délayées dans de l'eau d'orge, fournissent une liqueur laiteuse et rafraîchissante, nommée *émulsion amandée.* Si l'on fait passer cette émulsion à l'état sirupeux, on obtient le sirop d'orgeat, dont on fait une boisson aussi agréable que salutaire pendant les grandes chaleurs.

On retire des amandes douces ou amères une huile d'un jaune pâle et d'une saveur très-douce lorsqu'elle est récente. *Voyez* **Huiles.**

La médecine et la parfumerie l'emploient très-fréquemment ; dans quelques pays chauds, tels que la Sicile, on en fait un usage continuel, et on la regarde comme un purgatif bon à prendre dans tous les cas.

Pour extraire cette huile, on commence par secouer les amandes dans un sac, afin de les dépouiller de l'écorce brune qui les recouvre ; on les pile ensuite jusqu'à ce qu'elles soient réduites en pâte, et on les met dans une grosse presse, enveloppées dans une toile forte. Cette espèce de sac est placé entre des plateaux de fer ; il en découle une huile extrêmement douce, et il reste dans le sac une espèce de fécule ou de son blanc, que les parfumeurs vendent sous le nom de pâte d'amande. Le lait d'amande n'est autre chose que de l'eau dans laquelle on a broyé des amandes douces.

Les amandes amères, soumises à la distillation, donnent une liqueur très-délétère qui paraît être de l'acide prussique, et dont l'effet est d'anéantir sur-le-champ la sensibilité et la vie des animaux qui en ont pris. Les amandes amères en substance, ou leurs préparations, peuvent donc devenir dangereuses, si on les prend en quantité notable ; le meilleur antidote, dans ce cas, est l'huile d'amande douce.

Le bois d'amandier a les veines et presque la couleur du bois de rose ; sa dureté est très-grande, et il est susceptible du plus beau poli : ses qualités le mettent au-dessus du noyer et même de l'acajou, qu'il remplacerait avantageusement dans les petits ouvrages

d'ébénisterie et de tour, s'il n'avait le malheur d'être indigène.

Lenormand et **Mellet.**

AMARANTE. (*Botanique.*) L'amarante est un genre de la famille des amarantacées, à laquelle elle a servi primitivement de type, quoiqu'elle n'en présente pas tous les caractères. Plusieurs espèces sont cultivées dans les jardins d'agrément : ce sont : *l'amarante à fleurs en queue, discipline de religieuse, queue de renard* (*amarantus caudatus*), dont les feuilles sont rougeâtres, dont les fleurs, qui paraissent en été, pendent en longues grappes cramoisies, et qui vient partout d'elle-même ; *l'amarante tricolore* de l'Inde, cultivée pour ses feuilles grandes, tachée de jaune, de vert et de rouge, et qui produit en été des fleurs vertes ; *l'amarante gigantesque* (*amarantus speciosus*), *et l'amarante blette* (*amarantus blitum*).

L'*amarante des jardiniers*, plus connue sous les noms de *crête de coq* et de *passevelours*, et si remarquable par ses fleurs, qui ressemblent à des crêtes ou à des morceaux de velours épais, appartient maintenant à un autre genre ; les botanistes la nomment *celosia cristata* ; mais c'est bien l'amarante des anciens. Son nom, qui signifie *qui ne se flétrit pas*, exprime une propriété qu'elle a en effet, et qui l'avait fait regarder comme un symbole de l'immortalité.

Alph. R.

AMARAPOURA. (*Géographie.*) Ville de l'empire Birman, sur la rive gauche de l'Iraouaddi. Elle possède une citadelle solide et vaste, un temple remarquable par une statue colossale, et une série de deux cent soixante inscriptions anciennes et modernes. Bâtie en 1783, elle fut jusqu'en 1824 la capitale de l'empire Birman. Un incendie y brûla, en 1810, 20,000 maisons (toutes les maisons sont en bois). Cette ville comptait 175,000 hab. en 1800 ; elle n'en avait plus que 30,000 en 1827.

AMARINER. (*Marine.*) Ce mot a plusieurs acceptions. *Amariner* un bâtiment signifie littéralement le pourvoir de marins ; néanmoins, cette expression ne s'applique qu'à un bâtiment ennemi qui vient de se rendre ; l'*amariner*, c'est en prendre possession, mettre à son bord un équipage choisi parmi les marins du bâtiment capteur, et faire passer sur celui-ci la totalité ou la plus grande partie des prisonniers. Le chef de ce nouvel équipage, dont le grade dépend de la grandeur et de l'importance du bâtiment capturé, reçoit le titre de capitaine de prise, avec les instructions, cartes et instruments nécessaires pour conduire le bâtiment à bon port. L'opération d'*amariner* une prise est, comme on le voit, très-importante ; mais elle devient souvent difficile par la force du vent, l'élévation de la mer, et la présence ou l'arrivée imprévue de forces ennemies. Dans toutes les guerres maritimes, quantité de prises faites ont été perdues, faute d'avoir pu les *amariner*, ou bien elles se sont reprises elles-mêmes, lorsqu'on n'a pu y faire passer un nombre suffisant de marins du bâtiment capteur, ou évacuer une portion assez considérable de leur équipage. Dans la dernière guerre entre la France et l'Angleterre, les marins français n'ont tiré presque aucun profit de leurs prises, parce que, sauf certains cas rares, il leur était défendu de les *amariner :* cette défense avait pour but de ne pas affaiblir les équipages de nos bâtiments de guerre par de nombreux détachements, qui couraient d'ailleurs trop de chances d'être pris aux atterrages par les croiseurs anglais ; c'eût été les envoyer grossir le nombre de nos malheureux matelots qui gémissaient sur les affreux pontons de la Grande-Bretagne. La plupart des bâtiments que nous prenions étaient coulés à fond ou brûlés. Que de millions engloutis dans les flots ou dévorés par les flammes !

Amariner un homme, un équipage, c'est l'habituer à la mer. Pour qu'un homme soit *amariné*, il faut, non-seulement que la mer ne l'incommode plus et qu'il ait le pied marin, c'est-à-dire qu'il conserve son aplomb dans les mouvements de roulis et de tangage les plus violents, mais encore qu'il puisse monter au haut des mâts et sur les vergues, et y manœuvrer par tous les temps possibles. Tous les hommes ne sont pas également faciles à *amariner ;* cela dépend de leur tempérament, de leurs habitudes et de leur genre de vie. On *amarine* plus difficilement les habitants des départements de l'intérieur que ceux des départements maritimes, la vue habituelle de la mer contribuant, jusqu'à un certain point, à *amariner* ceux-ci.

On sait que les marins empruntent à leur métier une foule d'expressions figurées qui donnent à leur langage une énergie remarquables ; par une métaphore de ce genre, le mot *amariner* signifie *attraper*. Quand un marin dit de quelqu'un, Je l'ai *amariné*, cela veut dire, Je l'ai *attrapé*. Cette expression offre une nuance qu'il est à propos de faire remarquer : *amariner*, au sens figuré, doit signifier attraper complétement, puisqu'au sens propre la capture n'est complète que quand la prise est *amarinée*.

J. T. PARISOT.

AMARQUE. (*Marine.*) On appelle ainsi un pieu ou un mât, qu'on élève sur une roche, ou bien un tonneau attaché à un cordage, qu'on laisse flotter au-dessus d'un banc de sable pour avertir les vaisseaux de ne point en approcher. *Voy.* BALISE, BOUÉE.

AMARRES. (*Marine.*) On donne le nom d'*amarres* à toute espèce de cordage qui retient un bâtiment contre le vent, la marée, le courant, dans le lieu qu'il occupe en rade, en port ou en rivière. On donne le même nom aux cordages qui servent à haler. Le bâtiment est à *quatre amarres*, quand il est retenu, sans pouvoir éviter, par deux amarres en avant, et deux en arrière ; les amarres de l'avant sont appelées amarres *debout*. Un vaisseau sur rade est amarré sur ses ancres ; dans le port, il est amarré au quai, par un câble ou un grelin. A bord, tous les objets devant avoir une place fixe, sont amarrés, depuis le canon jusqu'à la plus mince manœuvre courante. Deux objets liés ensemble sont *amarrés* au moyen d'un *amarrage* fait avec une corde nommée *amarre*. Il y a des *amarres* de différentes grosseurs, depuis la chaîne et le câble jusqu'au fil de carret et au fil à voile. Les *amarrages* ne varient pas moins : on a l'amarrage *plat*, l'amarrage en *étrive* (étrier), l'amarrage à *fouet*, etc., etc. *Amarre!* est le commandement qui se fait aux hommes qui halent sur une manœuvre ou amarre quelconque, pour la tourner, l'arrêter, l'amarrer.

DUPONCHEL.

AMAS. (*Géologie.*) Les amas sont des masses minérales intercalées dans des roches de nature différente, et dont l'épaisseur est comparable aux deux autres dimensions, et même quelquefois plus grande. Les amas affectent les formes de bateaux, de poches, de lentilles, etc. ; ce ne sont souvent que des couches et des filons, dont la longueur et la largeur se trouvent extrêmement diminuées. Les amas les plus célèbres sont ceux de fer oxydulé pur, découverts par M. Debuch, et qui forment de petites montagnes en Laponie. La houille se présente quelquefois en amas ; alors, l'exploitation est facile et très-avantageuse.

ROZET.

AMASIE ou **AMASIÉH**, *Amasia.* (*Géographie.*) Ville de la Turquie d'Asie, dans l'éyalet de Silva, siége d'un archevêché. Grande, bien bâtie, située dans une vallée, sur l'Iekil-Emak, qui est quelquefois appelé fleuve d'Amasie, elle est importante par son commerce, consistant en grains, laines fines, garances, soies, toiles peintes fabriquées dans la ville même. Amasie est entourée de murs, défendue par un château bâti sur un rocher, et elle renferme des édifices remarquables, des colléges, des caravansérails, des bains, une belle mosquée construite par les ordres de Bajazet. On trouve dans ses environs des antiquités encore peu explorées.

Amasie est la patrie du géographe Strabon et du sultan Sélim 1er.

Les 35,000 habitants qui composent la population de cette ville sont Turcs, Grecs, Arméniens ou Juifs. La beauté des Amasiennes est proverbiale dans la Turquie d'Asie.   G.

AMASTREH, *Sesamus*, puis *Amastris*. (*Géographie.*) Ville de la Turquie d'Asie, à 120 kilomètres N. E. de Boli, sur la côte de la mer Noire, par 41° 45′ de latitude N. et 30° 1′ de longitude E.; port presque ensablé. L'ancienne Amastris était comprise dans la Paphlagonie. Son premier nom fut Sésame. Embellie par Amastris, femme de Cratère, elle prit le nom de cette deuxième fondatrice. Au moyen âge, elle appartint successivement à l'empire grec, à Théodore Lascaris (1210), aux Génois. Mahomet II la prit après 1453. On n'y compte plus aujourd'hui que 2000 habitans.

AMATELOTER. (*Marine.*) Mot tombé en désuétude avec la chose qu'il désignait. *Amateloter* les marins d'un équipage signifiait donner à chacun un matelot, c'est-à-dire un camarade. Cet arrangement des marins deux à deux permettait de n'avoir qu'un nombre de hamacs et de postes à coucher égal à la moitié de celui des gens de l'équipage; ce qui s'accordait avec l'ordre de service établi sur les vaisseaux de guerre et autres bâtiments, où une moitié de l'équipage était de quart la nuit comme le jour. Il en résultait que, tandis qu'un marin se trouvait sur le pont, son matelot reposait dans le hamac commun, et réciproquement. Depuis longtemps on a renoncé à amateloter les marins; on a adopté un usage plus favorable à la santé ainsi qu'à la propreté des équipages. Chaque homme a aujourd'hui son hamac; et, moyennant cela, on peut diviser l'équipage en trois portions pour faire le quart.

J.-T. PARISOT.

AMATEUR. (*Beaux-arts.*) On comprend génériquement, sous la dénomination d'amateurs, tous ceux qui, dominés par une inclination, un goût particulier, fixent leur prédilection sur un art, une science, qui deviennent le point central de leurs idées, le but de leurs recherches, et l'objet presque exclusif de leur culte et de leur admiration.

Quelques écrivains éprouvent pour la grammaire, ou plutôt pour ce qu'ils appellent les convenances, de telles susceptibilités, qu'ils n'osent pas employer le féminin du mot *amateur*, qui pourtant se trouve dans presque tous les dictionnaires nouvellement publiés, et qui a pour lui l'autorité de l'un de nos plus grands écrivains. J.-J. Rousseau a dit, en parlant de Paris : « Cette capitale est pleine « d'amateurs et surtout d'*amatrices*, qui font « leurs ouvrages comme M. Guillaume inven- « tait ses couleurs. » N'est-il pas étrange qu'on craigne aujourd'hui d'user d'une expression dont l'auteur d'*Émile* s'est servi sans scrupule? Ce rigorisme excessif tend à appauvrir la langue française, qui, déjà, depuis Corneille et Molière, a perdu une foule de mots dont elle a besoin, et qui pourtant ont été consacrés par l'usage qu'en ont fait ces deux grands poëtes.

On applique plus particulièrement la désignation d'amateurs à ceux qui aiment et qui cultivent les beaux-arts et les artistes. Quand ils sont riches et instruits, ils deviennent à la fois des amateurs et des protecteurs. On peut être amateur de peinture, de poésie, et n'avoir pas les moyens de protéger les peintres et les poëtes; il ne serait pas impossible non plus de citer des hommes opulents, des princes, qui ont affecté d'accorder leur protection aux beaux-arts sans les aimer réellement, c'est-à-dire sans être amateurs. Combien de grands seigneurs qui, par ton, et non par goût, possèdent de riches galeries de peinture et de sculpture, sans en connaître le prix, sans pouvoir en apprécier les beautés, et combien de Turcarets qui, pour se donner les airs et les manières du grand monde, payent au poids de l'or des livres qu'ils n'ont jamais ouverts, et des tableaux qu'ils ont à peine entrevus?

Pour être amateur, il faut être connaisseur; et pour être protecteur, il suffit d'avoir de l'argent et du crédit. Périclès et Mécène étaient à la fois amateurs et protecteurs des beaux-arts : il y a pourtant cette différence entre eux, que Périclès ne suivait que ses penchants et ses goûts, tandis que Mécène, également porté par inclination à favoriser les artistes et les poëtes, les protégeait encore par calcul et par politique. Il voulait que les poëtes célébrassent sans restriction les vertus et les grandeurs d'Auguste; il fallait tromper la postérité en gardant un silence absolu sur les crimes et les cruautés de celui qui devint à Rome le bienfaiteur de l'humanité, après en avoir été le fléau. Périclès se servit aussi de l'attrait des beaux-arts pour subjuguer le peuple d'Athènes; mais, comme il n'avait pas le même intérêt qu'Auguste à guider le pinceau des artistes ou à présider aux inspirations des poëtes, le siècle auquel il a donné son nom rappelle, pour les beaux-arts, l'époque la plus glorieuse et les temps les plus illustres.

En établissant la comparaison entre le siècle d'Auguste et le siècle de Périclès, il ne serait pas impossible peut-être d'expliquer l'infériorité de Rome et la supériorité d'Athènes. Virgile, au lieu de célébrer dans ses vers les belles époques de la république romaine, dont il n'était pas permis de se souvenir sous le règne d'Auguste, se vit réduit à chanter les pieux exploits du dernier descendant des Troyens. Sophocle, au contraire, ne fut pas contraint d'aller chercher chez les Égyptiens le sujet de ses poëmes dramatiques. Il put les trouver dans sa propre patrie; il eut toute liberté d'explorer les anciens temps de la Grèce.

dont Périclès n'avait point à rougir. De là cette nationalité qu'on retrouve partout dans les poëmes de Sophocle, et qui ne se fait apercevoir qu'indirectement dans les épopées de Virgile. Les plus belles, les plus nobles inspirations sont celles du patriotisme ; les beaux arts veulent être libres, et la poésie, la peinture, n'ont besoin, pour être secondées, que d'amateurs indépendants, et de protecteurs qui puissent sans honte considérer le présent et voir invoquer les souvenirs du passé.

ÉVARISTE DUMOULIN.

AMAUROSE. (*Médecine.*) De Ἀμαύρωσις, obscurcissement. L'œil offre dans sa composition deux parties ou appareils bien distincts : l'un essentiellement physique, constituant un véritable instrument d'optique, se laissant traverser par les rayons lumineux qu'il concentre sur la rétine ; l'autre, au contraire, essentiellement vital, complétement nerveux, destiné à recevoir l'impression de ces rayons et à la transmettre au cerveau. L'appareil nerveux se compose de la *rétine*, épanouissement du nerf optique, et en outre, de filets ou rameaux fournis par le nerf trifacial (trijumeau), nerf qui sans contribuer directement aux actes sensitifs, exerce néanmoins une influence remarquable sur les organes des sens, ainsi que l'ont démontré les belles expériences de M. Magendie.

De la division de l'œil en deux appareils distincts résultent deux classes de maladies de cet organe : celles qui dépendent de la lésion de l'appareil physique et celles qui sont déterminées par l'altération de l'appareil nerveux. La maladie qui forme le sujet de cet article se rapporte à ce dernier ordre.

L'amaurose est la perte complète ou incomplète de la faculté de voir ; les parties diaphanes de l'œil (appareil optique) restant saines d'ailleurs ; en d'autres termes, l'amaurose est une anæsthésie (perte de sentiment) de la rétine. On conçoit, cependant, que les autres portions de l'œil puissent être malades concurremment ; de là la division de l'amaurose en simple et en compliquée.

L'amaurose est vulgairement désignée sous le nom de *goutte sereine* ; on trouve dans Morgagni l'explication de cette dénomination bizarre : « Les barbares (Arabes), dit ce savant anatomiste, appelaient autrefois l'amaurose *goutte sereine* ; *sereine*, parce que dans cette maladie, les yeux sont clairs et sans aucune lésion sensible, si ce n'est que la pupille, le plus souvent, est plus grande qu'à l'ordinaire et presque immobile ; *goutte*, parce que les médecins de cette nation ne doutaient pas qu'une humeur obstruante ne s'écoulât du cerveau dans les nerfs optiques, d'où ils expliquaient aussi la promptitude avec laquelle cette affection survient (1). »

L'amaurose peut être complète ou incomplète. Dans le premier cas, la vision est tout à fait abolie ; dans le second, la maladie a reçu différentes dénominations, toutes tirées des symptômes qu'elle présente. C'est *l'amblyopie* (vision émoussée) ; *l'hémiopie* (vision diminuée de moitié, *visus dimidiatus*) ; la *diplopie* (vision double) ; *l'oxyopie*, la *nyctalopie* (vision pendant la nuit) ; *l'héméralopie* (vision pendant le jour seulement) ; la *myodepsie* (vision troublée par des corpuscules, des mouches voltigeantes) ; la *pseudochromie* (vision avec fausse appréciation des couleurs).

Différentes classifications des espèces d'amaurose ont été successivement proposées ; toutes reposent sur les causes présumées de la maladie ou sur les symptômes qui l'accompagnent. On conçoit, dès lors, que les divisions ont pu être poussées à l'infini, sans qu'il en résulte de grands avantages pour la thérapeutique de cette affection. Un savant médecin, le Dr Rognetta, a mis de l'ordre dans cette confusion, en ramenant à trois divisions principales les nombreuses espèces d'amaurose de ses devanciers ; il admet donc :

1° *Une amaurose mécanique*, dépendant d'une compression quelconque du nerf optique ou de la rétine, ou d'une altération organique de ces parties ;

2° *Une amaurose asthénique*, dépendant d'une faiblesse directe, d'une véritable langueur de la vitalité de la rétine, ainsi que cela se remarque à la suite de grandes hémorragies, d'excès vénériens, d'abus des alcooliques, d'abstinence prolongée, d'empoisonnement par l'acide carbonique, la belladone, le plomb, les lavements de tabac, les préparations mercurielles, l'acide cyanhydrique (prussique), etc. ;

3° *Une amaurose hypérémique*, c'est-à-dire par inflammation sourde ou par congestion de la rétine ou du nerf optique : c'est la plus fréquente. Elle peut devenir mécanique, à la longue, par suite des altérations organiques que subit la pulpe de la rétine et du nerf optique, ainsi que cela a lieu à la suite des commotions oculaires, de blessures de la rétine, de l'action de la foudre, d'une lumière trop vive, etc.

Pour compléter ce cadre, qui ne nous paraît pas pouvoir renfermer tous les cas, nous ajouterons que l'amaurose peut être congéniale ou héréditaire, idiopathique ou symptomatique, complète ou incomplète, simple ou compliquée, continue ou intermittente, avec ou sans périodicité.

Bien que les causes nombreuses de l'amaurose déterminent un seul symptôme principal

(1) Morgagni, *De sedibus et causis morborum* lett. XIII, § 5.

toujours identique, c'est-à-dire la perte de la vue, rien n'est plus variable que la marche de la maladie, que ses symptômes secondaires; et cette variété est une conséquence de la diversité des causes, et, par suite, des lésions.

Il arrive parfois que la maladie débute d'une manière brusque et pour ainsi dire instantanée; en quelques moments, le malade passe de la clarté à l'obscurité la plus complète. D'autres fois, l'affection marche lentement, pendant des mois, des années entières; la vision, légèrement troublée, ne s'abolit complétement qu'après un long laps de temps. Il est presque inutile de dire qu'entre ces deux points extrêmes, il se trouve de nombreux intermédiaires.

Ce sont les lésions organiques qui déterminent le plus souvent ces amauroses si lentes dans leur développement; dans ce cas, la maladie est presque toujours accompagnée de douleurs de tête plus ou moins vives et de symptômes cérébraux plus ou moins prononcés.

Les amauroses à invasion brusque sont causées par des coups, des contusions, des commotions, des plaies de l'œil, par la déchirure des parties nerveuses de cet organe, par des blessures au sourcil avec lésion des ramuscules du nerf trifacial. Ce dernier fait a été parfaitement expliqué par les expériences de M. Magendie sur la cinquième paire de nerfs (trifacial).

Il est assez facile de reconnaître l'amaurose; la cécité, l'insensibilité, l'immobilité, la dilatation permanente de l'iris devant la lumière la plus vive, bien que la pupille reste noire et qu'aucun obstacle apparent ne s'oppose à la perception des rayons lumineux : tels sont les symptômes sur lesquels le médecin peut établir son diagnostic, surtout si à ces signes se joignent un air d'hébétude particulier aux aveugles, et l'immobilité des paupières, à l'approche d'un corps quelconque.

Il faut toutefois se garder de prendre pour un symptôme d'amaurose, la dilatation idiopathique de la pupille, connue sous le nom de *mydryase*, et surtout la dilatation artificielle produite, dans des vues de. fraude, par l'application sur les yeux de l'extrait de belladone.

L'ætiologie de la goutte sereine, c'est-à-dire la connaissance de la cause qui l'a produite, est plus difficile; car il est rare qu'elle ne soit point complexe. La durée de l'amaurose est variable; elle peut disparaître après quelques heures, dans un cas de commotion électrique, par exemple: après quelques semaines, après quelques mois, quand elle s'est déclarée pendant une grossesse; elle cesse alors avec la cause qui l'a amenée. Le plus souvent, cependant, elle persiste toute la vie.

Le pronostic de l'amaurose est toujours grave, puisque le malade est exposé à la perte du plus précieux de tous les sens, et qu'il a en outre à redouter toutes les conséquences d'une lésion organique souvent grave par son siége. En général, la guérison présente d'autant plus de chances, que la maladie a été plus rapide dans son cours, sans dépendre, bien entendu, d'une désorganisation de tissus; on conçoit qu'elle est alors incurable. Les récidives sont toujours fâcheuses; enfin, lorsque la maladie est déjà ancienne, ou qu'elle a marché lentement, elle présente peu d'espoir de guérison.

Le traitement de la maladie en varie comme les causes. Les moyens généraux doivent s'allier aux médications locales. Cette triste affection a, du reste, épuisé toutes les ressources de la thérapeutique, sans qu'on puisse jusqu'à présent établir de règles positives de traitement.

A. Duponchel.

AMAZONES (Fleuve des). (*Géographie.*) Ce fleuve immense traverse tout le continent de l'Amérique méridionale d'occident en orient : il est connu sous différents noms : *Guiena* parmi les indigènes, *Maranon* ou *Maranham* et *Amazone* parmi les Européens. Francisco Orellana le premier le reconnut en 1539 : s'étant embarqué près de Quito sur le Rio Coca, appelé plus bas le Napo, il atteignit une rivière plus considérable, et, se laissant aller au courant, il arriva sur les côtes de la Guyane, après une navigation qu'il estimait à dix-huit cents lieues. Entre l'embouchure du Rio Negro et celle du Xingu, il eut à combattre une tribu de femmes armées; cette circonstance de son voyage, décrite avec le goût du merveilleux, et quelques traits empruntés à l'antiquité classique (caractère général de toutes les narrations du seizième siècle), fit donner au fleuve le nom de fleuve des Amazones (1). Actuellement on désigne sous le

<hr>

(1) M. de Humboldt (p. 18-25 du 8ᵉ vol du *Voyage aux régions équinoxiales du nouveau continent*) retrace l'histoire de cette singulière dénomination, et, tout en reconnaissant l'effet qu'ont pu avoir ces dispositions des esprits au seizième siècle, il demeure frappé des témoignages que La Condamine a recueillis parmi les Indiens touchant l'authenticité de cette tradition, et l'existence en certains lieux d'une peuplade de femmes, vivant seules, en véritables amazones. M. Ribeiro, astronome portugais, en visitant l'Amazone et ses affluents du nord, trente ans après La Condamine, voulut vérifier sur les lieux tout ce qu'il avait dit, et retrouva parmi les Indiens de l'Amazone et les Caraïbes cette même tradition. M. de Humboldt rappelle aussi un témoignage frappant emprunté par le P. Gili à un Indien Quaqua, qui ignorait le castilian et n'avait jamais eu de communication avec les blancs. Comme M. Ribeiro, il refuse de croire à l'existence d'une peuplade d'Amazones sur les bords du Cuchivaro, affluent du bas Marañon, mais il imagine qu'en différentes parties de l'Amérique des femmes, lasses de l'esclavage où les hommes les tiennent, se sont réunies, comme font les nègres fugitifs, dans un palenque, que le désir de conserver leur indépendance les a rendues guer-

nom d'Amazone le cours inférieur à partir de l'embouchure du Rio Negro, sous celui de Rio dos Solimoes le cours moyen entre l'embouchure de l'Ucayali et celle du Rio Negro, et, sous le nom de Rio Marañon, le cours supérieur ; mais ce nom de Marañon se partage entre deux branches : *l'Ucayali*, appelé aussi ancien Marañon, et le *Tunguragua* (nouveau ou haut Marañon). On a longtemps discuté sur la question de savoir quelle était la branche principale ; cependant, dès le principe, l'Ucayali, à cause de l'éloignement de ses sources et du nombre de ses affluents, parut être le véritable Marañon.

Le Tunguragua sort du lac Lauricocha (Pérou, district d'Huanaco, intendance de Tarma) dans une vallée longitudinale limitée par la chaîne occidentale et la chaîne intermédiaire des Andes, par 10° 30' de latitude sud. Ainsi l'Amazone ne se fraye pas un chemin à travers la chaîne principale des Andes, comme l'a affirmé La Condamine, « supposant gratuitement, « dit M. de Humboldt, que partout où les mon- « tagnes sont divisées en chaînes parallèles, « le chaînon intermédiaire ou central doit être « plus élevé que les autres ; » mais c'est à l'est de la chaîne occidentale, la seule qui sous cette latitude mérite la dénomination de haute chaîne des Andes, que ce grand fleuve prend sa source. Tant que l'Amazone court du sud au nord dans cette vallée longitudinale, entre deux chaînons d'inégale hauteur, il n'y a ni barrages ni autre obstacle à la navigation en canot. Les chutes d'eau ne commencent que là où le fleuve tourne vers l'est en traversant le chaînon intermédiaire des Andes. Or, s'il n'avait pas à franchir le pays montueux entre San Yago et Tomependa, qui appartient à ce chaînon central, il serait navigable depuis son embouchure jusqu'à une distance de quarante-trois lieues au nord de sa source. Au point où le Tunguragua ou Marañon tourne à l'est près de Jaen de Bracamoros, il reçoit à gauche le *Rio Chinchipè*, venu du nord-est ; et à droite,

rières, et qu'elles ont pu recevoir de tribus amies quelques visites, moins régulières toutefois que ne le porte la tradition (une fois par an), que ces circonstances ont dû se reproduire fréquemment, et que c'est ainsi qu'avant Orellana, Christophe Colomb croyait avoir trouvé des Amazones dans les Antilles, et que chez les tribus les plus éloignées se retrouve la même tradition. Il ajoute en finissant que d'autres fois aussi les *Conquistadores* prirent pour des républiques d'Amazones des femmes qui défendaient leurs cabanes en l'absence de leurs maris, ou même des couvents de vierges mexicaines. M. Lister Maw, lieutenant de la marine royale de la Grande-Bretagne, qui descendit le Marañon en 1827-28, vit souvent des pirogues conduites par des femmes, qui partaient pour aller à leur travail journalier, la culture des *chacras* : « il est possi- « ble, dit-il à cette occasion, qu'elles prennent les ar- « mes pour se défendre contre les bêtes sauvages « qu'elles sont dans le cas de trouver sur leur chemin ; « ce fut probablement quelque chose de ce genre qui « donna lieu au conte des Amazones, propagé par « Orellana et ceux qui l'ont suivi ».

le *Chachapoyas*, qui vient du sud-est ; il incline alors au nord-est jusqu'à sa rencontre avec le *San-Yago*, formé de plusieurs torrents qui descendent des montagnes de Loxa. M. de Humboldt signale comme un fait remarquable que l'Amazone, qui a une longueur de neuf cent quatre-vingts lieues marines (de vingt au degré), présente ses grandes chutes assez près de ses sources dans le premier sixième de sa longueur totale, et que cinq sixièmes de son cours sont entièrement libres. La plupart des pongos ou chutes du haut Marañon, depuis le confluent du Chinchipè jusqu'au village de San-Borja, sont formés par des digues pierreuses qui se suivent à de grandes distances, et, par conséquent, sont distincts les uns des autres. Le plus remarquable de ces pongos est celui de Manseriche (1), placé au-dessus de Borja : « Quelquefois, dit M. de Humboldt, le mou- « vement tumultueux des eaux n'est causé « que par d'énormes rétrécissements dans le « lit des rivières : tel est le pongo de Manse- « riche, que La Condamine a cru beaucoup « plus dangereux qu'il ne l'est effectivement. » Il conviendrait d'appeler le pongo de Manse-riche plutôt un détroit, un canal, qu'une chute ; il a une longueur de deux lieues. En général, les rivières perdent dans les cataractes une partie du volume de leurs eaux, surtout à cause des filtrations qui se font dans certaines cavités souterraines ; ce pongo engloutit ainsi une partie des eaux et tout le bois flottant du haut Marañon. D'autre part, les pongos de l'Amazone sont très-destructibles, parce que les digues rocheuses ne sont pas du granit, mais une brèche, un grès rouge à gros fragments. A partir du pongo de Manseriche, jusqu'à son embouchure, les eaux de l'Amazone n'offrent pour ainsi dire aucun mouvement tumultueux, et cela grâce à la direction constante de son cours. Ce qui donne lieu à la formation des chutes ou des rapides, c'est que les fleuves traversent les montagnes où ils prennent leur source, ou rencontrent d'autres montagnes dans la partie mitoyenne de leur cours ; mais l'Amazone coule de l'ouest à l'est dans une vaste plaine, sorte de vallée longitudinale entre le groupe des montagnes de la Parime et le grand massif des montagnes du Brésil.

A vingt lieues au delà de Borja, le Tunguragua reçoit à gauche le Rio *Marona*, qui descend du mont Sangay, douze lieues plus loin le *Pastaca*, et à droite, dix lieues au-dessous, le *Guallaga*, rivière très-importante dont les sources sont voisines de celles du Mara-

(1) *Voy.* la *Carte du détroit appelé Pongo de Manseriche dans le Maragnon ou la rivière des Amazones entre Santiago et Borja, où le lit du fleuve se rétrécit de 250 à 25 toises*, insérée par La Condamine dans le volume de 1745 des *Mémoires de l'Académie des sciences*, p. 492.

ñon lui-même, par 11° de latitude. Le chaînon central des Andes sépare les eaux du
haut Marañon de celles du Rio Guallaga, et
le troisième chaînon, le plus oriental, longe
la rive droite de cette dernière rivière. Le
Guallaga passe près de la ville de Huanuco ;
plus au nord il traverse le district de Lamas,
où il se grossit de plusieurs torrents qui descendent des montagnes de Huamalies, de
Moyobamba et de Chachapoyas ; par 7° de latitude sud il passe à travers un détroit semblable au pongo de Manseriche, mais plus
court ; et au delà, est une plaine qui le conduit
jusqu'au Marañon, dans lequel il se jette,
près des missions de la Laguna, par 5° de latitude sud et 77° de longitude ouest. Le spectacle de ce confluent du Guallaga et du Marañon a souvent été décrit par les missionnaires, mais d'une manière trop pompeuse, à
ce qu'il semble. Le Tauguragua reçoit encore à gauche le *Chambyra* et le *Tigre*, qui
viennent du nord-est ; et c'est à vingt lieues au-
dessous de l'embouchure de ce dernier que se
réunissent le Tunguragua et l'Ucayali.

L'Ucayali prend sa source au sud-est du
grand lac Chucnito, autrement Titicaca, à
trente-six lieues à l'est-nord-est de la ville
Arica, par 18° de latitude sud ; il court au nord-
nord-ouest, sous le nom de *Beni*, jusqu'à ce
qu'il se joigne par 11° de latitude à l'Apurimaco,
rivière au cours très-sinueux, venue des environs de la ville d'Arequipa, et grossie de
nombreux cours d'eau, entre autres du *Pampas*, de *l'Urubamba*, du *Montaro*, du *Pou-
cartamba* et du *Pérène*. Alors le Beni prend
le nom d'*Ucayali*. Vers le huitième degré de
latitude sud, il reçoit le *Pachitea*, le plus
important de ses tributaires, qui porte d'a-
bord le nom de *Pozuzu* et a un cours de
quatre-vingts lieues, d'abord au nord-est, puis
au nord dans les Pampas d'el Sacramento. Au
delà de ce confluent, l'Ucayali traverse d'immenses forêts et reçoit encore une grande quantité de torrents, en s'avançant vers le nord. Ses
bords sont habités par diverses tribus indiennes, dont les noms seuls, dit un voyageur allemand, pourraient composer un long vocabulaire. C'est près des missions de San-Joachim
d'Omaguas, par 4° 30′ de latitude sud et par
73° environ de longitude à l'ouest du méridien
de Paris, que l'Ucayali se jette dans le Marañon.
Là finit le bassin supérieur de l'Amazone, qui,
on le voit, comprend la plus grande partie du
Pérou, la portion occidentale du haut Pérou
et, d'un autre côté, la partie méridionale du
territoire de la république de l'Équateur (1).

(1) *Voy. Plan del curso de los rios Huallaga y
Ucayali y de la Pampa del Sacramento, levantada
por el Fr. Manuel Sobreviela, Guardian del colegio
de Ocopa, dado a luz por la Sociedad des amantes
del Pais de Lima*, ano 1791 ; *Corregida y anadido
en 1830*, par *D. Amadeo Chaumette des Fossés*, con-

Au delà de ce confluent, le Marañon se dirige
au nord-est, sur un espace de trente lieues,
et reçoit par la rive gauche le *Rio Napo*, qui
prend ses sources dans le chaînon central des
Andes, non loin de Quito, et qui, dans un cours
de soixante lieues au sud-est, recueille plusieurs
autres fleuves ; il parut à La Condamine avoir
six cents toises de large au-dessus des îles qui
partagent ses bouches ; différentes circonstances rapportées par ce voyageur le déterminèrent à fixer ce point exactement. Au même
endroit le Marañon prend une largeur de neuf
cents toises. Il incline alors vers l'est, et reçoit,
quinze lieues plus bas, par sa rive droite, le
Rio-Cassiquim, qui vient du sud et peut avoir
cent lieues d'étendue. Auparavant le fleuve
passe devant le pueblo de Pebas, qui, bien
que bâti avec peu de régularité, est le mieux
réglé et le plus florissant de ceux qu'on rencontre sur le cours supérieur. Un peu plus bas
est Loreto, le dernier pueblo péruvien. Puis,
vingt-quatre lieues au delà, il reçoit le *Javary*
ou *Hyabary* qui prend naissance, à ce qu'on
pense, dans le pays des Toromonas, par 11° 30′
de latitude sud. Le P. Plaza, prêtre missionnaire
de Sarayacu, que M. Smyth eut occasion d'entretenir, lui exprima l'opinion où il était, d'après
les renseignements des naturels, que le Javary
n'était réellement que la partie inférieure du
Beni ; mais M. Smyth se convainquit plus tard
que cette opinion n'était pas juste. Le Javary, à
une faible distance de son embouchure, se divise en plusieurs petits bras et cesse là d'être
navigable. Presqu'en face de l'embouchure du
Javary, mais un peu plus haut et sur la rive
gauche, est *Tabatinga*, premier poste brési-
lien sur le Marañon, et dépendance de la pa-

sul jeneral de Francia en el Peru. — Voy. aussi :
Translation from a ms. (1799) *on the advantages
to be derived from the navigation of the rivers
which flow from the Cordilleras of Peru into the Maranon or Amazons* (manuscrit de Thadeus Haënke,
membre de l'Académie des sciences de Prague et de
Vienne), *Journ. of the roy. geogr. Soc. of London*,
V° vol., p. 90-99. — M. Smyth, officier de la marine
royale britannique, qui fit en 1834 ou 1835 un voyage
intéressant, releva sur les cartes une erreur générale :
le cours du Guallaga, de l'Ucayali et l'emplacement
de toutes les villes du cours supérieur du Marañon,
sont marqués trop à l'est ; dans quelques cas même la
différence excède un degré (*Voy. Journ. of the roy.
geogr. Soc. of London*, t. VI°, p. 11 : *Account of the
rivers Amazon and Negro, ... communicated by lieutenant Smyth*). M. Smyth, accompagné de M. Lowe,
officier comme lui de la marine royale britannique,
partit de Lima, traversa les Andes, et gagna le bord
des rivières qui contribuent à former le Marañon, puis
descendit celui-ci jusqu'au Grand Pará. Il voulait, en
prouvant que le Pachitea était navigable depuis le
port de Mayro jusqu'à son confluent avec l'Ucayali,
établir qu'il existe une communication facile entre
le Pérou et l'océan Atlantique. Mais il ne put, comme
il l'avait projeté, gagner le port de Mayro, et ne s'embarqua qu'à Casali sur le Guallaga, d'où, tantôt par
eau, tantôt par terre, il parvint aux rives de l'Ucayali,
qu'il descendit. Déjà en 1827, M. Lister Maw, que j'ai
souvent cité dans cet article, avait été du Pérou à l'Atlantique par les affluents de l'Amazone.

roisse de Saint-Paul qui est plus bas, sur la rive droite : jadis Tabatinga appartenait en commun aux Portugais et aux Espagnols ; et le vieux fort en bois subsiste encore. Saint-Paul ou Olivença est sur un terrain élevé, à une petite distance du fleuve. C'est là que commencent à paraître ces grandes îles anciennement habitées par les Omaguas ou Cambevas (Têtes plates) ; le lit du fleuve s'élargit considérablement ; et, « comme cette étendue donne « beaucoup de prise au vent, dit La Conda- « mine, il y excite de vraies tempêtes, qui ont « souvent submergé des canots..... ; mais il « n'y a de danger pressant que lorsqu'on n'a « pas le temps de chercher un abri à l'embou- « chure de quelque petite rivière..... » En général un vent très-fort s'élève tous les jours, deux heures après la culmination du soleil, dans la vallée de l'Amazone, placée sous une latitude australe. Ce vent souffle constamment contre le courant et ne se fait sentir que dans le lit même du fleuve. Au dessous de San-Borja c'est un vent est, et à Tomependa, entre nord et nord-nord-est : c'est toujours la brise (le vent de la rotation du globe), mais modifiée par de petites circonstances locales. Dans la province de Bracamoros, particulièrement, cette brise de l'Atlantique paraît quelquefois une véritable tempête. Du reste, il est très-probable que c'est à la constance de la brise qu'est due la grande salubrité de l'A- mazone, et que l'insalubrité du climat serait la même sur les bords boisés de ce fleuve que sur ceux du haut Orénoque, si ce fleuve, dirigé de l'ouest à l'est, ne suivait pas dans sa pro- digieuse longueur une même direction, celle des vents alizés (1). Dans la partie du Mara- ñon qui s'étend au delà de Saint-Paul, les rives sont hantes et escarpées, et forment des falaises toutes raboteuses d'argile rouge. Le nombre et les dimensions des îles de cette partie du Ma- rañon varient fréquemment, parce que l'action des eaux enlève les unes et dépose leurs dé- bris sur d'autres. On a remarqué que quel- ques-unes des plantes communes sur le con- tinent ne se trouvent pas sur les îles, tandis que les palmiers sont plus nombreux sur les îles que sur la terre ferme. Enfin, M. Lister Maw, dont j'ai déjà mentionné plus haut quel- ques observations, et à qui j'emprunte ces der- niers détails, signale, dans la description de cette partie du fleuve, comme une des circons- tances les plus extraordinaires de son cours et les plus propres à donner une idée du vaste volume d'eau qu'il roule, l'existence de trois courants qu'on observe en traversant le Ma- rañon ou les passages les plus larges : un le long de chaque rive et un troisième à mi-canal ; « L'eau, dit-il, qui est entre chacun, paraît ne

(1) *Voy.* M. de Humboldt : *Voyage aux rég. équi- nox. du nouv. continent*, t. VIIe, p. 211.

« pas couler avec vitesse ; il y a fréquemment « des remous tout près des bords, mais qui « ne s'étendent pas très-loin ; la terre s'éboule « fréquemment, et des arbres tombent en tra- « vers ou s'engravent tout droits dans le sable « ou le limon (1). »

Plus bas que Castro de Avelans, le Marañon reçoit à gauche le grand fleuve *Putumayo* ou *Ica*, qui descend comme le Napo des environs de Pasto au nord de Quito ; et à droite le *Jutahy*, le *Hyuruha* ou *Jurua* ; à gauche le *Yupura* ou *Japura*, et encore à droite le *Teffé*, le *Coary* et le *Purus*, avant d'arriver au con- fluent du Rio Negro. Ces affluents de la rive droite arrosent la province brésilienne de So- limoens et donnent leurs noms aux principaux districts qui la partagent (2). Le Jutahy a trois cents toises de largeur à son embouchure ; ses sources n'ont pas encore été reconnues. Le Teffé et le Coary n'ont pas été non plus montés jusqu'à leurs sources, et le nombre de leurs principaux affluents n'est pas connu. Égas, ville de 400 habitants, est sur la rive et à deux lieues de l'embouchure du Teffé ; sur la rive opposée est le Pueblo de Nogueyra, à peu près aussi grand : ces lieux commercent avec Para par le moyen de bateaux du port de vingt à quarante tonneaux qui font que deux voyages par an.

Les eaux du Teffé sont claires et profondes, mais de couleur foncée. Au-dessous d'Égas, le bassin de cette rivière se rétrécit ; elle se jette dans le Marañon par deux embouchures. Un peu plus bas que cette même ville, le Ma- rañon forme à sa rive droite un lac nommé *Peixi-Cuna*, rempli de poissons et d'alliga- tors ; l'eau de ce lac est claire, mais de cou- leur foncée ; sa longueur est d'une lieue et sa largeur d'une demi-lieue : il communique avec le fleuve par un *igarape* ou détroit. On passe ensuite devant l'embouchure du *Codoya*, qui est le bras inférieur du Japura, venant du nord : Le *Yupura* ou *Japura* commence dans la province de Popayan, au nord du Putumayo ou Içá et court parallèlement à ce fleuve sur un long espace. Dans son cours supérieur, ce fleuve est appelé aussi *Caqueta*. Au sud-ouest

(1) *Voy.* H. L. Maw : *Journal of a passage from the Pacific to the Atlantic, crossing the Andes in the northern provinces of Peru, and descending the river Maranon or Amazon*, London, 1829, 1 vol. in-8° avec une carte ; inséré par extraits dans le XLIIIe vol. des *Nouvelles annales des voyages* (2e série, t. XIII, 1829), p. 129-190.
(2) Je ne saurais donner ici l'énumération complète de tous les cours d'eau un peu importants qui affluent dans le Marañon à sa partie moyenne et inférieure ; mais les extraits de la statistique de plusieurs provin- ces du Brésil (Para, Solimoens, Guyane et Matto Grosso) de Pedro Magalès, que M. Adam de Bauve a insérés dans le bulletin de la Société de géographie (t. XVIIIe, p. 255-65 ; XIXe, p. 191-96 ; XXe, p. 39-41 et 283-93), contiennent cette nomenclature dans tout son détail.

du Paramo de Aponte, dit M. de Humboldt, naissent au pied des montagnes, près de Santa Rosa, le Rio Caqueta, et sur la Cordillère même le *Rio de Mocoa*. Ces deux rivières en se réunissant un peu au-dessus de la mission de Saint-Augustin de Nieto, forment le Japura ou Caqueta. Les sources du Rio de Mocoa sont séparées par le Cerro del Portachuelo, montagne qui s'élève sur le plateau même des Cordillères, du lac de Sebondoy, qui est l'origine du Rio-Putumayo ou Iça. Ces deux grands fleuves sont, avec le Meta et le Guaviare, affluents de l'Orénoque, les seules rivières qui naissent immédiatement de la pente orientale des Andes de Santa-Fe, de Popayan et de Pasto (1).

Beaucoup de rivières en Amérique forment, à leur confluent avec d'autres rivières, des espèces de deltas; c'est ainsi que le Rio-Japura se jette dans l'Amazone par un grand nombre de branches. De plus, il y a au confluent du Japura un phénomène particulier et très-extraordinaire : avant que cette rivière se réunisse à l'Amazone, celle-ci, qui est le récipient principal, envoie trois bras, appelés *Avatiparana*, *Manhana* et *Uanapu*, au Japura qui n'est qu'un affluent ; ainsi l'Amazone lui donne des eaux avant de le recevoir. C'est M. Ribeiro, astronome portugais, que j'ai déjà eu occasion de citer, d'après M. de Humboldt, qui a constaté ce fait.

Viennent ensuite le Coary et le Purus, affluents de la rive méridionale. C'est par 63° de longitude à l'O. du méridien de Paris et par 4° de latitude sud que le Purus, autrement nommé *Cuchivara*, se jette dans l'Amazone. C'est une rivière très-considérable, non inférieure, au dire des Indiens, au Marañon lui-même. On n'a pas encore reconnu ses sources, mais on croit pouvoir les fixer entre la Cordillère de Vilcanota et la partie orientale des montagnes de Carabaya, d'où descendent tant de rivières importantes, qui roulent de l'or. Le savant Thadeus Haënke obtint, en octobre 1794, des Indiens Chuntachilos, Machuvis et Pecaguaras, qui vivent à l'ouest d'Apolobamba, des renseignements sur une profonde et immense rivière coulant à travers une plaine très-boisée, à une distance de dix journées environ du Béni ; ils désignaient ce cours d'eau sous le nom de Manoa, et le représentaient comme plus grand que le Béni. Haënke, d'après ces renseignements, et remarquant d'ailleurs qu'aucune rivière de cette importance ne tombe dans le Marañon entre l'Ucayali et le Madeira, reconnut le Purus

(1) En général, les grands affluents de l'Amazone sont désignés par des noms différents dans leur cours supérieur et inférieur, et de là naissent souvent des difficultés embarrassantes dans les questions hydro-géographiques, comme l'a souvent fait observer M. de Humboldt.

dans le Manoa et ne vit dans cette différence de nom que la conséquence du passage de cette rivière dans le pays de différentes peuplades (1).

Au-dessous de l'embouchure du Purus, la largeur du Marañon est estimée par La Condamine à douze cents toises en certains endroits, où le cours n'est pas interrompu par les îles ; il dit aussi n'avoir pu y trouver fond avec une sonde de cent trois toises.

Enfin, en suivant la rive septentrionale, on rencontre l'embouchure du *Rio Negro*, presque aussi large que le Marañon lui-même. Cette rivière a reçu son nom de la couleur de ses eaux qui est celle du marbre noir ; on l'attribue au fer qu'elles contiennent en dissolution. M. Lister Maw crut reconnaître dans de petits rochers qu'il observa le long d'une anse, la continuation de roches verticales contenant beaucoup de fer. Le Rio Negro ne prend pas ses sources dans les Andes mêmes, mais assez loin d'elles, dans ce pays montueux qui commence à quatre ou cinq journées de distance à l'ouest des missions de Javita et de Maroa. D'après les renseignements recueillis parmi les indigènes, M. de Humboldt place ces sources par 71° 35' à l'ouest du méridien de Paris ; mais il incline fortement à leur donner une position encore plus occidentale. Les sources de ce fleuve ont été pendant très-longtemps un objet de contestation parmi les géographes (2) ; et entre autres difficultés, ce qui a

(1) *Voy. Journ. of the roy. geogr. Soc. of London*, t. V°, p. 91.

(2) M. de Humboldt (t. VII°, p. 382-416 du *Voyage aux régions équinoxiales du nouveau continent*) a traité cette question dans le plus grand détail ; et je crois opportun de reproduire ici les principaux traits de sa discussion. « L'intérêt, dit-il, que présente cette question n'est pas seulement celui qui s'attache à l'origine de tous les grands fleuves ; il tient à une foule d'autres questions qui embrassent les prétendues bifurcations du Caqueta, les communications entre le Rio Negro et l'Orénoque et le mythe local du Dorado, appelé jadis Enim ou Empire du grand Paytiti..... car M. de La Condamine dit avec raison que cette Mésopotamie entre le Caqueta, le Rio Negro, l'Urubaxi et l'Iguari, affluents du Rio Negro, est le premier théâtre du Dorado. » Au seizième siècle les géographes connaissaient déjà la dépendance mutuelle de divers systèmes de rivières dans l'Amérique méridionale et l'existence de plusieurs bifurcations, et admettaient une liaison intime entre les cinq plus grands versants de l'Orénoque et de l'Amazone : le Guaviare, l'Inirida, le Rio Negro, le Caqueta ou Japura et le Putumayo ou Iça. Le voyage d'Acuña surtout, sur lequel je donnerai plus loin quelques détails, fit naître des hypothèses qui se propagèrent jusqu'à nous, et que La Condamine et d'Anville multiplièrent outre mesure ; Acuña avait appris vaguement qu'une des branches du Rio Negro communiquait avec une autre grande rivière sur laquelle les Hollandais étaient établis ; on ne sait si les Indiens qu'il interrogeait avaient voulu lui désigner la communication de l'Orénoque avec le Rio Negro par le Cassiquiare, ou seulement ces portages qui séparent les sources du Rio Branco et de l'Essequebo. Acuña ne reconnut pas l'Orénoque dans cette grande rivière dont les Hollandais possédaient l'embouchure. Jusqu'à cette époque, les mis-

contribué à rendre infructueuses les recherches des missionnaires sur la véritable origine du Rio Negro, c'est qu'on ignorait son nom indien. A Javita, à Maroa et à San-Carlos on l'entend appeler *Guainia*. M. Southey, savant historien du Brésil, cité avec éloge par M. de Humboldt, dit expressément que, dans son cours inférieur, le Rio Negro est appelé par les natifs *Guiari* ou *Curana* et, dans son cours supérieur, *Uéneya* (c'est le mot *Guéneya* au lieu de *Guainia*). Déjà, en 1539, Orellana avait été frappé de la grandeur imposante du Rio Negro, *undas nigras spargens*, à son confluent avec l'Amazone; mais ce fut seulement un siècle plus tard que les géographes s'avisèrent de chercher ses sources sur la pente des Cordillères. La largeur moyenne du Rio Negro près de Maroa est de deux cents à deux cent cinquante toises; La Condamine l'évalue à son embouchure dans l'Amazone,

sionnaires les plus instruits regardaient l'Orénoque comme une continuation du Caqueta; et, comme les sources des affluents de ce dernier fleuve sont très-rapprochées des affluents du Guaviare, et que celui-ci est un des grands fleuves tributaires de l'Orénoque, on confondait généralement, au commencement du dix-septième siècle, le Caqueta, le Guaviare et l'Orénoque. Mais Sanson, dans les cartes qu'il dressa sur les observations d'Acuña, imagina de partager le Caqueta cr deux bras; l'un était l'Orénoque et l'autre le Rio Negro. Cette bifurcation à angles droits figure sur toutes les cartes de Sanson, de Coronelli, de du Val et de de l'Isle, depuis 1656 jusqu'à 1703. On ne se doutait pas que le Jupura fût la continuation du Caqueta. De l'Isle, dans une carte de 1722, commença à supprimer La bifurcation du Caqueta, au plus grand regret de la Condamine; et fit du Putumayo, du Jupura et du Rio Negro, des rivières entièrement indépendantes, et « comme « pour ôter tout espoir de communication entre l'Oré- « noque et le Rio Negro, il figura entre les deux riviè- « res une haute chaîne de montagnes.... Le voyage « de M. de La Condamine, ajoute M. de Humboldt, qui « a répandu tant de jour sur différentes parties de l'A- « mérique, a embrouillé tout ce qui tient aux cours « du Caqueta, de l'Orénoque et du Rio Negro;... non- « seulement il a adopté l'hypothèse de Sanson, il a « même triplé le nombre des bifurcations du Caqueta. « Par une première, le Caqueta donne un bras au Pu- « tumayo; une seconde forme le Jupura et le Rio Para- « gua; par une troisième, le Rio Paragua se subdivise en « deux fleuves, l'Orénoque et le Rio Negro. Ce système « imaginaire est représenté dans la première édition « de la belle carte de l'Amérique par d'Anville... » Plus tard M. de La Condamine modifia ses idées : sur la seconde carte de d'Anville, le Rio Negro ne sort plus de l'Orénoque; le Guaviare, l'Atabapo, le Cassiquiare et l'embouchure de l'Inirida y sont marqués à leurs véritables positions; mais la troisième bifurcation du Caqueta donne naissance à l'Inirida et au Rio Negro. Ce système fut soutenu par le P. Caulin, figuré sur la carte de La Cruz et copié sur toutes celles qui parurent jusqu'au commencement du dix-neuvième siècle. « Les diverses combinaisons des géographes du « nouveau continent rappellent ces cours si étrange- « ment tracés du Niger, du Nil Blanc, du Gambaro, « du Joliba et du Zaïre. » M. de Humboldt cessa de chercher sur les rives du Caqueta une notion certaine des sources du Rio Negro, et concentra ses recherches sur le Guainia ou Rio Negro lui-même. J'ai consigné plus haut les résultats positifs qu'il obtint, résultats confirmés d'ailleurs par des cartes manuscrites portugaises qu'il eut occasion d'examiner au dépôt hydrographique de Rio-Janeiro.

dans l'endroit le moins large, à douze cents toises; ce qui donne un accroissement de mille toises sur un cours de 10° de longitude en développement direct. Le manque de sinuosités caractérise surtout le Guainia dans son cours supérieur : c'est, dit M. de Humboldt, comme un large canal tracé en ligne directe, à travers une épaisse forêt. Chaque fois qu'il change de direction, il présente à l'œil des percées d'égale longueur. Les rives sont hautes, mais unies et rarement rocheuses. Les bords du fleuve sont déserts; ce n'est que vers les sources que le terrain montueux est habité par les Indiens Manivas et Poiguaves. Les sources de l'Inirida, affluent du Guaviare, au témoignage des indigènes, ne sont qu'à deux ou trois lieues de distance de celles du Guainia, et M. de Humboldt fait observer qu'on pourrait y établir un portage. On voit sur les rives du Rio Negro supérieur les forts de Manoa, de Tomo, de Davipe, de San-Carlos, de San Felipe, de San Jozé de Marabitanas, les villes de San João Baptista do Mabé, de San Marcelino, près de l'embouchure du *Guaisia* ou *Uexié*, de Nossa Senhora da Guia, de San Miguel de Iparana, de San Felipe près du *Rio Içana*, de San Joaquim do Coane au confluent du fameux *Rio Uaupès*, et de San Gabriel de Cachoeiras. Il y a encore un grand nombre de villages sur les rives du Rio Negro inférieur, indépendamment des six villes de Thomar, de Moreira, près du *Rio Demenene* ou *Uaraca*, de Barcellos vis-à-vis le confluent du *Rio Buibui*, de San Miguel del Rio Branco, de Moura et de Barra do Rio Negro (1). Les rives de ce seul affluent de l'Amazone étaient, à l'époque du voyage de M. de Humboldt, bien plus peuplées que toutes les rives réunies du haut et bas Orénoque, du Cassiquiare, de l'Atabapo; ce qu'il attribue à la différence des institutions politiques et du régime colonial des Portugais et des Espagnols. Il serait long de décrire en détail le bassin du Rio Negro; je me contenterai d'insister sur le fait important de la communication de l'Orénoque et de l'Amazone par le Cassiquiare et le Rio Negro et sur le cours du Cababuri et du Rio Branco. Cette communication de l'Amazone et de l'Orénoque, qu'on se refusa si longtemps à croire possible, fut

(1) *Voy. Account of the rivers Amazon and Negro, from recent observations communicated by lieutenant Smyth.* — Journ. of the roy. geogr. Soc. of London, VI° vol., p. 11-23. M. Smyth, étant à Barra, eut occasion de se procurer une description manuscrite de ce pays, et plus particulièrement des contrées qui avoisinent le Rio Negro; cette description était l'ouvrage du P. André Fernandez de Sousa, prêtre portugais, qui avait résidé longtemps à Barra et beaucoup voyagé. M. Smyth donne un long extrait de cet ouvrage qui avait été destiné, suivant lui, à être présenté à l'empereur du Brésil pour lui mettre sous les yeux l'oppression inique qui pesait sur les Indiens; cet extrait intéressant se rapporte tout entier à la géographie du Rio Negro.

établie de la manière la plus positive par M. de Humboldt. Un bras de l'Orénoque, le Cassiquiare (Caciquiari), dirigé du nord au sud, se jette dans le Guainia ou Rio Negro, au-dessus de San Carlos, par 2° 2' de latitude nord et 70° de longitude ouest, et le Rio Negro à son tour s'unit, comme on sait, à l'Amazone. La navigation la plus naturelle pour aller de l'Angostura, capitale de l'ancienne Guyane espagnole, au grand Parà, serait donc, dit M. de Humboldt, de remonter l'Orénoque jusque près de l'Esmeralda, puis de descendre le Cassiquiare, le Rio Negro et l'Amazone; mais, comme le Rio-Negro, dans son cours supérieur, se rapproche beaucoup des sources de quelques rivières qui se jettent dans l'Orénoque, près de San Fernando de Atabapo, là où l'Orénoque change brusquement sa direction de l'est à l'ouest en une direction du sud au nord, on peut éviter, pour arriver au Rio Negro, de remonter la partie du fleuve entre San Fernando et l'Esmeralda; on quitte l'Orénoque près de San-Fernando; on remonte le système des petites rivières noires (*l'Atabapo, le Temi et le Tiniuini*), et on fait porter les pirogues à travers un isthme de six mille toises de largeur, aux bords d'un ruisseau (*Caño Pimichin*) qui débouche dans le Rio Negro. Cette route fréquentée aujourd'hui, ajoute-t-il, est tellement courte, qu'un messager porte aujourd'hui des dépêches de de San-Carlos del Rio Negro à l'Angostura en vingt-quatre jours, quand autrefois, en remontant le Cassiquiare, d'ailleurs si redouté, à cause de la force du courant, du manque de vivres et de la multitude des mosquitos, il fallait cinquante ou soixante jours. M. de Humboldt avait proposé au ministre du roi Charles IV, comme devant faciliter beaucoup les communications entre l'Orénoque espagnol et les possessions portugaises de l'Amazone, la substitution d'un canal au portage (1). — Le chaînon méridional des monta-

gnes de la Parime, dont le Cerro de Unturan forme une cime principale, pays montueux, de peu d'étendue, mais riche en productions végétales, détermine un point de partage entre les eaux qui vont à l'Orénoque, au Cassiquiare et au Rio Negro. Les rivières du sud ou affluents du Rio Negro sont le *Cababuri* et le *Padaviri*. Le premier (le Cavaboris, Cababuris, Cabury, Cauhabury et Catabuhu des cartes), près de sa source, se divise en deux bras dont le plus occidental, connu sous le nom de Baria, coule vers l'ouest, et se mêle successivement aux eaux du Pacimoni, du Cassiquiare et du Rio Negro. Le Cababuri débouche dans le Rio Negro près de la mission de Nossa Senhora das Caldas. — Plus bas, entre Carvoeyro et la villa de Moura est l'embouchure du grand Rio *Branco* ou *Parime*, formé de l'*Uraricoera* et du *Tacut*. Ce fleuve est le *Queccuene* des indigènes; il forme à son confluent avec le Rio Negro un delta très-étroit, entre le tronc principal et l'*Amayauau*, qui est un petit bras plus occidental (1).

Je reviens au cours du Marañon (1). Vingt

hors de doute le fait présumé par Acuña. Ce ne fut que bien longtemps après qu'on connut en Europe et qu'on voulut admettre le mode réel de communication des deux fleuves. Le voyage du P. Roman est de 1744, et en 1750, La Condamine et d'Anville (*Journal des savants*, mars 1750, p. 184) admettaient encore que l'Orénoque était un bras du Caqueta venant du sud-est, et que le Rio Negro en sortait immédiatement. « Un « fait, dit d'Anville, qu'on ne peut plus regarder « comme équivoque est la communication du Rio Ne- « gro avec l'Orénoque; mais il faut convenir que nous « ne sommes pas encore suffisamment instruits de la « manière dont se fait la communication. » Enfin les travaux de l'expédition des limites d'Ituriaga et de Solano, répandus bien tard en Europe, mais mis en pleine lumière par les cartes de La Cruz Olmedilla et de Surville de 1775 et 1778, et l'ouvrage du P. Caulin intitulé : *Historia corografica de la Nueva Andalucia y vertientes del rio Orinoco* (1779), déterminèrent aussi exactement que possible, dans la manque absolu de toute observation astronomique, le cours du Cassiquiare et du Rio Negro. Toute l'histoire de cette intéressante question est retracée dans le plus grand détail et une extrême clarté par M. de Humboldt (VIIIe vol. du *Voyage aux régions équinox. du nouveau continent*, p. 108-139).

(1) Les anciennes cartes de d'Anville, de La Cruz et de Caulin, fait observer M. de Humboldt, élargissent ce delta d'une manière fabuleuse et présentent toutes les rivières qui débouchent dans le Rio Negro, sur une distance de quarante lieues entre l'ancienne mission de Dari et Carvoeyro, comme des bras du Rio Branco. C'est ainsi que le Daraá, le Padaviri et l'Uaraca, qui sont des affluents indépendants les uns des autres, ont reçu les noms de 1e, 3e et 2e bras; c'est ainsi que l'on a distingué quelquefois le grand Rio Parime ou Queccuene d'un autre Rio Branco, qui est le Padaviri. Du reste, comme les noms de Rio Branco et Rio Parime signifient en portugais et en caraïbe *rivière à eaux blanches* et *grande eau*, il est tout naturel qu'appliqués à différents affluents à la fois, ils aient causé beaucoup d'erreurs en géographie. D'Anville, par exemple, donne le nom de *Rio Branco* à presque toutes les rivières qui ont les eaux blanches, *aguas brancas*.

(2) Il existe au dépôt géographique et topographique du ministère des affaires étrangères une car

(1) Le jésuite Acuña, le premier, d'après les renseignements qu'il avait recueillis à l'embouchure du Rio Negro, en 1638, supposa l'existence probable d'une communication intérieure de toutes ces rivières. Avant lui, cependant, Keymis, le lieutenant de Ralegh, avait eu une idée vague des portages entre l'Essequebo, le Caroni et le Rio Branco, mais il avait converti ces portages en un grand lac salé, comme on le voit sur la carte construite en 1599, d'après les observations de Ralegh. Tout resta incertain pendant l'espace de cent années, qui sépare le voyage d'Acuña de la découverte du Cassiquiare par le P. Roman, le premier Européen qui soit venu du Rio Negro, et par conséquent du bassin de l'Amazone dans celui du bas Orénoque, sans faire passer ses embarcations par aucun portage. Le voyage du P. Roman (1744), supérieur des missions espagnoles du bas Orénoque, provoqué par l'odieux commerce d'esclaves que les Portugais, surtout depuis l'année 1737, entretenaient avec les Guipunaves dans le haut Orénoque; la rencontre fortuite qu'il fit au confluent du Guaviare, de l'Atabapo et de l'Orénoque, de marchands d'esclaves portugais du Rio Negro, et le trajet qu'il achèva par le Cassiquiare jusqu'aux établissements brésiliens de ce fleuve, mirent

lieues au-dessous de l'embouchure du Rio Negro, et sur la rive opposée, on rencontre l'embouchure du *Rio Madeira*; ce fleuve est considéré comme le tributaire le plus important
de l'Amazone; les Portugais l'ont nommé *Rio
de la Madera* (rivière du bois), à cause, sans
doute, de la grande quantité d'arbres qu'il
charrie dans le temps de ses débordements.
Les principales rivières qui forment le Rio Madeira sont le *Beni*, le *Mamoré* et *l'Itenes*,
toutes navigables à peu près depuis leurs sources. Le Beni est la branche la plus occidentale;
il est lui-même formé d'un nombre infini de petites rivières qui, s'y jetant à une très-petite distance les unes des autres, composent bientôt
un cours d'eau très-considérable; elles ont
toutes leurs sources dans les montagnes de
Pelechuco, Suches, Sorata, Challana, Songo,
la Paz, Suri et Cochabamba. La plus éloignée
vers l'O. est le *Tuche*; la dernière de toutes à
l'E. est le *Cotacajes*. En 1794, les sources de
toutes ces rivières furent visitées et relevées
par Thadeus Haënke (1). Le Beni s'unit au Mamoré par 10° de latitude sud, et tous deux perdent alors leur nom, pour prendre celui de Madeira. Le Mamoré, la branche du milieu, n'est
inférieur en rien au Beni; il coule du sud au nord,
à travers les immenses territoires des missions
de Moxos. Sous le nom de *Chaparé*, il s'unit
aux rivières *Paracti, San Mateo, Coni, Chi-
moré, Sacta* et *Matani*, qui coulent dans les
montagnes habitées par les Indiens Yuracari,
non loin de Cochabamba; un autre bras de
cette rivière est le *Rio Grande*, qui sépare la
province de Cochabamba de celle de Charcas,
et dans laquelle tombent plusieurs cours d'eau,
qui descendent de la Cordillère de Santa-Cruz.
La jonction du Chaparé et du Rio Grande a lieu
par 16° de latitude sud; c'est là que commence
le nom de *Mamoré*. *L'Itenes* ou *Guaporé*,
la branche la plus orientale, prend sa source
dans les collines basses de l'intérieur du Brésil;
il court de l'est à l'ouest; ses eaux sont plus
claires et plus transparentes que celles du Beni
et du Mamoré, mais leur volume est moindre.
On compte par eau 250 lieues du confluent du

Mamoré et de l'Itenes jusqu'à l'embouchure de
la Madeira. Dans les soixante premières lieues,
on rencontre douze cascades remarquables;
la première, qui prend le nom du fleuve, forme
trois sauts dans l'espace d'une demi-lieue. Une
demi-lieue au-dessous est la *Cascade de la
Miséricorde*; à une égale distance, celle de *Ti-
gueiras*, ou des *Araras*, interrompue par des
îlots et des rochers, et de peu d'étendue; douze
lieues plus bas, celle de *Pederneiras* : en
cet endroit, le fleuve est semé de roches à fleur
d'eau; et il faut porter les canots à dos d'hommes, l'espace de 240 toises. Suivent celles de
Paredŏo, dos tres Irmaos, do Girao, celle *do
Caldeirao de Inferno*, la plus dangereuse,
celle *do Morrinhos*; le *Salto Theotonio*, espèce de digue naturelle, formée par des rochers,
et qui peut avoir 26 pieds de hauteur. Les eaux
de la Madeira s'y sont frayé un passage par
quatre endroits différents, et il semble que ce
soient autant de fleuves considérables. Parallèlement à cette digue, part, de la rive orientale,
un récif qui s'étend presque jusqu'au rivage opposé, et arrête dans leur cours rapide trois bras
de la grande rivière; mais ceux-ci se joignent
au quatrième et passent avec impétuosité entre
l'extrémité du récif et la rive occidentale. Il
faut dans cet endroit transporter par terre les
canots sur un espace de 250 toises. Une lieue au-
dessous, se trouve, par 8° 48' de latitude sud, la
cascade de *San Antonio*. La rivière, interrompue par deux îlots de rochers s'y divise encore en
trois canaux. On met ordinairement trois mois
à remonter de cette cascade jusqu'à celle de
Guagiru-Mirim, dans le Rio Guaporé. De San
Antonio jusqu'à l'embouchure de la Madeira, on
compte plus de trente îles, dont quelques-
unes peuvent avoir trois lieues de longueur;
la plus grande est celle de *Minas*; elle est,
comme les autres, couverte d'arbres magnifiques et gît dix-sept lieues au-dessus des bouches du *Rio dos Marmellos*. A la hauteur de
l'île San Miguel, un bras se détache de la Madeira, et, décrivant vers l'est une courbe immense, forme la grande île de Tupinambaranas,
dont le nom rappelle une nation fameuse dans
l'histoire du Brésil, et va se jeter dans l'Amazone cinquante lieues plus bas que l'embouchure principale, après avoir traversé plusieurs
lacs et reçu encore de nombreuses rivières (1).

Le Marañon, grossi par les eaux du Rio Negro et de la Madeira, est large d'une lieue, et

manuscrite de d'Anville, portant la date de 1729, et
représentant tout le cours inférieur de l'Amazone depuis le confluent du Rio Negro jusqu'à l'entrée de Pará.
Cette carte fut dressée sur les mémoires du P. Ignacio
dos Reys, religieux de la Merci, qui avait résidé douze
ans dans le pays. D'Anville y avait joint une exposition par écrit des connaissances qui avaient donné
lieu à cet ouvrage; mais elle paraît être perdue aujourd'hui.'—Du reste, la meilleure carte à consulter
pour le cours général de l'Amazone est celle qui est
intitulée : *Karte vom Amazonen strome, zur Reise-
beschreibung von D^r von Spix und D^r von Martius*,
entworen von C. V. Martius und Oberlieutenant
Schwarzmann, 1831.

(1) *Voy. Journ. of the roy. geogr. Soc. of London*,
t. V^e, p. 94, 97. — *Voy.* aussi *An official report* (1827)
*on the river Beni and the countries through which
it flows.* Communicated by Woodbine Parish Esq.
Ibid. t. V^e, p. 99-101.

(1) J'emprunte presque textuellement ces détails
sur le cours du Rio Madeira à une notice sur les capi-
taineries de Pará et de Solimoens au Brésil, extraite
de la *Corografia Brasilica* du P. *Manuel Ayres de
Cazal* et insérée par M. Denis dans le IXe vol. des
Nouvelles annales des voyages. — *Voy.* aussi le détail
du bassin inférieur du Rio Madeira dans les extraits
que M. Adam de Bauve a faits de la statistique de Pedro Magalès et insérés dans le *Bulletin de la Soc. de
géographie*; particulièrement ceux qui se trouvent
dans le XVIIIe vol., p. 153-65.

de deux au moins, lorsqu'il est interrompu par des îles. C'est là que les Portugais du Parà faisaient commencer la dénomination de rivière des Amazones. A soixante lieues en ligne directe, ou quatre-vingt-dix en suivant les sinuosités, on arrive à l'embouchure du *Tapajoz*. Ce fleuve, qui donne son nom à un district du Parà proprement dit, se jette dans l'Amazone vis-à-vis de Santarem, entrepôt du commerce du haut Amazone et du Rio Negro, et est navigable jusqu'au pied de la Sierra Pary ou Diamantino, d'où descend la rivière Preto, affluent du Tapajoz. M. Smyth fait observer que du point où le Preto cesse d'être navigable, au point où, de l'autre côté de la Sierra, le Cuyaba le devient, il n'y a qu'une distance de dix-huit milles; que cette dernière rivière tombe dans le Paraguay, et que, de cette manière, si l'on fait abstraction de ce court intervalle, il y a communication entre l'Amazone et le Rio de la Plata (1). Plus bas, est l'embouchure du Xingu, vis-à-vis de Boavista, et séparée de l'embouchure du Tapajoz par la même distance que l'embouchure orientale du Rio-Madeira et celle du Tapajoz (2). Ces deux

(1) Il convient de rappeler ici les excursions que M. Adam de Bauve a faites sur la rive gauche de l'Amazone, dans la Guyane portugaise, et particulièrement l'exploration qu'il entreprit du Rio des Trombetas et de l'Aripecou, son affluent. *Voy.* le Bullet. de la Soc. de géogr. 2e sér., t. VIIe, p. 142.

(2) « C'est chez les Topayos, dit La Condamine (p. 14), « qu'on trouve aujourd'hui, plus aisément que par-« tout ailleurs, de ces pierres vertes connues sous le « nom de *Pierres des Amazones*, dont on ignore l'o-« rigine et qui ont été fort recherchées autrefois à cause « des vertus qu'on leur attribuait, de guérir de la « pierre, de la colique néphrétique et de l'épilepsie. « Il y en a eu un traité imprimé sous le nom de *Pierre* « *divine*. La vérité est qu'elles ne différent ni en cou-« leur, ni en dureté, du jade oriental; elles résistent « à la lime et on n'imagine pas par quel artifice les « anciens Américains ont pu les tailler et leur donner « diverses figures d'animaux...... Elles deviennent tous « les jours plus rares, tant parce que les Indiens, qui « en font grand cas, ne s'en défont pas volontiers, « qu'à cause du grand nombre qui a passé en Europe. » La Condamine renvoie, du reste, à la 23e lettre de Voiture à mademoiselle Paulet, à la dissertation sur la rivière des Amazones qui précède la traduction de la relation du P. d'Acuña, et au voyage aux îles de l'Amérique du P. Labat. J'aime mieux rapporter ici brièvement quelques observations et suppositions de M. de Humboldt à ce sujet. Il existe, dit-il, certaines *pierres vertes*, connues sous le nom de *Pierres des Amazones*, parce que les indigènes prétendent qu'elles viennent du pays des *femmes sans maris*, les *sole donne* des missionnaires italiens. Le gisement de ces pierres est mal connu; elles sont depuis des siècles un objet de commerce parmi les indigènes, qui les portent au cou comme amulettes contre la fièvre et la piqûre des serpents; c'est ce qui fait qu'elles ont beaucoup circulé et qu'on ne sait plus d'où elles viennent. Mais il est certain que leur gisement naturel n'est pas dans la vallée même de l'Amazone, et leur nom, comme celui du fleuve, vient de ce peuple de femmes que le P. Acuña et Oviedo, dans sa lettre au cardinal Bembo, comparent aux Amazones de l'ancien monde; c'est donc là une question qui se rattache étroitement à celle de l'existence, de la situation géographique et de la dispersion de ces peuplades de femmes, toutes choses peut-**être** moins fabuleuses qu'on ne croit. Du

fleuves sont à peu près aussi considérables l'un que l'autre et n'ont pas moins de deux cent trente lieues de cours. On croit qu'il existe entre eux une communication, mais ni l'un ni l'autre n'ont été jusqu'à présent explorés.

Au confluent du Xingu, le Marañon incline vers le nord-est pendant quarante lieues; sa largeur augmente sensiblement jusque sous l'équateur, où il se jette dans l'Océan, par une embouchure de sept ou huit lieues. A vingt-quatre lieues au-dessous de l'embouchure du Rio Xingu, il existe un canal, appelé *Tagypuru*, qui, en certains endroits, n'a que la largeur suffisante au passage d'un canot; il court au sud-est jusqu'à la bouche du *Rio Uanapu*, puis tourne à l'est et se décharge dans le Rio Tocantin, qui de ce point se dirige lui-même au nord-est, en augmentant de largeur jusqu'à l'Océan, où il se jette par une embouchure égale à celle du fleuve des Amazones. Les meilleures cartes marquent cinquante lieues entre la pointe Tijioca et celle de Macapa; mais l'île Marajo ou de Joannes occupe la plus grande partie du golfe (1). Dans la partie septentrionale de l'embouchure de l'Amazone, on remarque *les îles de Brigues*, où des roches de granit se montrent en beaucoup d'endroits, entourées de terres d'alluvions. Ces roches n'atteignent nulle part une grande élévation;

reste, ce que l'on voit dans les cabinets sous la fausse dénomination de pierre des Amazones est un *feldspath commun* vert pomme qui vient de l'Oural et du lac Onéga, en Russie; on ne trouve rien de semblable dans les montagnes granitiques de la Guyane. On confond encore avec la pierre si rare et si dure des Amazones, le *néphrite à hache*, Beilstein de Werner. Mais la substance que M. de Humboldt reçut des mains des indigènes appartient au saussurite, au vrai jade. Peut-être, ajoute-t-il, est-elle due à des roches d'euphotide qui forment le dernier membre de la série des roches primitives. (*Voy.* M. de Humboldt: *Voyage aux régions équinox.*, t. VIII, liv. 8e, p. 10-18.)

(1) On donne à l'île de Marajo vingt-six lieues du nord au sud et trente-sept lieues de l'est à l'ouest. Elle forme la rive gauche du Tocantin pendant vingt-six lieues et la droite de l'Amazone pendant quinze. Quoique basse, elle n'est pas tout à fait plate. Elle est bien arrosée; ses principaux cours d'eau sont l'*Anajaz*, qui sort d'un lac et peut avoir seize lieues de cours; l'*Arary*, un peu plus considérable; le *Mondink* et l'*Atua*. Ils sont tous navigables avec le secours de la marée, mais remplis de caïmans. Les N'henguhybas, les principaux habitants de cette île, convertis pour la plupart au christianisme par le jésuite Antonio Vieyra, sont d'habiles marins et possèdent un grand nombre de pirogues (*sgara* dans la langue du pays); de ce nom est venu la dénomination d'*Igaruanas* (hommes qui vont toujours en pirogue), appliquée à ces peuples ainsi qu'aux Tupinambas, aux Mammayanas, aux Guayanas et aux Yuruunas. Ces Iguaranas du bas Marañon passent pour les meilleurs rameurs du Brésil. L'île de Marajo formait anciennement une baronnie; elle dépend actuellement du district de Xingutania. Ses principales bourgades sont Monforte ou Villa de Joannes, peu considérable, mais bien située sur une éminence qui domine la baie de Marajo; Moncaraz, à trois lieues de Monforte; Salvaterra, à l'embouchure du Mondink; Soyre, sur la rive septentrionale du même cours d'eau; Chaves, siège autrefois florissant d'un établissement de pêcherie formé par une société du Parà. (*Voy.* les *Nouv. ann. des voy.*, t. IXe, n. 236, etc.)

mais elles sont cependant au-dessus du niveau des grandes marées. Il n'est pas douteux que ce ne soient elles qui, faisant barrage, ont déterminé le dépôt des alluvions et formé ainsi le premier noyau de ces îles. On a observé la même particularité dans l'île de Mischiane ou Maxiana, sur quelques points de celle de Marajo; celle de Cavianna, à en juger par sa parfaite ressemblance avec les autres, doit être de même formation. Ainsi, dans les temps anciens, la partie de l'océan Atlantique où se jetait l'Amazone, présentait, à peu de distance du continent, un petit archipel granitique, bordant la côte et remontant vers le nord. De ces anciennes îles, les unes font aujourd'hui partie du continent; les autres, considérablement accrues par les terrains d'alluvions, sont encore séparées du continent, mais par des canaux qui tendent continuellement à se combler (1). « Le delta de l'Amazone offre en cela, ajoute M. Reynaud, « malgré les changements causés par la marée, « un phénomène analogue à celui du delta du « Nil, qui a fini par agréger également au con- « tinent auquel il appartient la fameuse île « de Pharos. » Du reste, depuis l'embouchure

(1) Ces observations appartiennent à M. Reynaud, lieutenant de vaisseau. Voy. le mémoire remarquable inséré par lui dans le tome XIe de la 2e sér. du Bulletin de la Société de géographie et intitulé : Mémoire sur la partie de la Guyane qui s'étend entre l'Oyapok et l'Amazone, et sur la communication de l'Amazone au lac Mapa par la rivière Saint-Hilaire. M. Reynaud étant à Cayenne soupçonna la possibilité de cette communication; il avait remarqué que le cours ordinaire des rivières qui découlent de la partie supérieure de cette région est à peu près perpendiculaire à la côte, mais que l'Araouari et la rivière Saint-Hilaire présentent une exception à cette loi générale; la rivière Saint-Hilaire, qui est assez forte, traverse un pays plat, où elle détermine une suite de lacs plus ou moins considérables analogues à celui de Mapa, et vient se perdre dans ce dernier, d'où ses eaux se confondant avec celles des rivières Baudrand et Mapa, se rendent à la mer. Sa direction à l'endroit où elle aboutit au lac Macary est le sud-ouest, et cette direction se continue assez loin en remontant; M. Reynaud pense qu'elle dure encore à trente lieues du lac. « Or, ajoute-t-il, ce point ne doit pas être très-éloigné de la rivière « Araouari, et, en supposant celle de Saint-Hilaire pro- « longée, elle doit couper la seconde. C'est ce que je « regarde, sinon comme probable, au moins comme « possible. Un voyageur, digne de toute confiance, « M. Harrys, qui récemment descendu tout le cours de « l'Amazone, m'a affirmé que vers la hauteur du Xin- « gu, il avait positivement vu des canaux dérivant de « l'Amazone et se dirigeant sur sa rive gauche à tra- « vers les forêts dans la direction du nord et du nord- « est. Les naturels ont donné le nom de Icarapé-Ouso à « ces canaux, qui peut-être communiquent avec les ri- « vières de Jari et d'Araouari, ou peut-être même « avec toutes deux, en inondant les pays plats... » De plus un Indien Tapouï, que ceux qui abandonnèrent, il y a quelques années, les possessions brésiliennes pour se fixer sur les nôtres près de Mapa, déclara que le canotage pouvait se faire dans l'intérieur entre l'Amazone et ce lac. M. Reynaud avait eu l'intention de tenter par lui-même l'éclaircissement de cette intéressante question et de chercher à rejoindre l'Amazone en naviguant à travers les bois, mais il en fut malheureusement empêché.

de l'Amazone jusqu'à la baie de l'Oyapok, s'étend, avec une remarquable uniformité, une grande bande de terrains d'alluvions presque entièrement composée d'une argile fine qui provient de détritus charriés par les nombreuses rivières de cette partie de l'Amérique, mais surtout par l'Amazone. « On sait, dit « M. Reynaud, que les courants font remonter « dans le nord les eaux de cette rivière; et « c'est précisément dans la direction de ces « courants que s'étendent ces immenses ter- « rains. Ils représentent évidemment la por- « tion du delta de ce grand fleuve, qui, dans « une mer tranquille, aurait fait une saillie « régulière au-devant de la côte et qui, déran- « gée ici par la force des courants, s'est trou- « vée déjetée par côté et rabattue sous la forme « d'une bande le long du continent..... Tous « ces terrains d'alluvions sont en général très- « peu élevés au-dessus de la mer; leur niveau, « dans leur plus grande étendue, est cepen- « dant toujours supérieur à celui des plus « hautes marées : ils sont donc exhaussés au- « dessus de leur position primitive, soit par « quelque tremblement de terre, qui aurait « élevé toute cette plage, comme on sait que « cela a eu lieu sur la côte de plusieurs par- « ties de l'Amérique méridionale, soit par « suite du dépôt formé par les eaux douces « durant les inondations; peut-être par ces « deux causes réunies. Dans les îles de l'em- « bouchure de l'Amazone, et notamment à « Mischiane et à Marajo, il n'est pas rare de « voir les terrains de transport à une hauteur « de six et sept mètres au-dessus du niveau « du fleuve. Dans d'autres îles, telles que la « partie orientale de celles de Brigues et dans « une série d'îlots qui ne sont point marqués « sur les cartes et qui longent les terres du « Cap nord, ils sont si peu élevés et tellement « plats, qu'à chaque marée, ils se trouvent « entièrement couverts par une petite couche « d'eau et que ces îles n'existent plus, pour « ainsi dire, que par leur végétation qui conti- « nue à se montrer au-dessus de la mer...... » D'autre part, M. Reynaud fait observer que toutes ces îles de l'embouchure de l'Amazone sont beaucoup plus grandes qu'on ne les a représentées sur les anciennes cartes; qu'ainsi les îles de Brigues, séparées les unes des autres par des canaux de 3 à 400 mètres de largeur, forment dans leur ensemble un groupe qui se prolonge de l'E. à l'O. sur une étendue supérieure peut-être de huit à neuf milles à celle qui leur est attribuée sur les cartes. Ce que l'on rapporte des changements qui se font incessamment dans les îles situées à l'embouchure des grands fleuves à eaux boueuses, et notamment du Gange, rend assez probable la production de phénomènes analogues aux bouches de l'Amazone; « d'autant plus que la mer ayant très-peu de profondeur sur cette côte, il suffit d'une accumulation d'alluvions très-peu considérable, par rapport à la masse énorme des eaux qui sont ici en jeu, pour produire soit des îles nouvelles, comme devant le Cap nord, soit de simples accroissements aux îles préexistantes. Il est évident que les couches de sable et d'argile appuyées sur le granit qui constituent la longue bande de terrain de transport qui va du cap d'Orange au Cap nord, s'étendent jusqu'à une grande distance de la côte sur le fond de la mer.... Le continent américain ne plonge dans l'Océan, sur toute cette ligne, que suivant un angle d'inclinaison excessivement faible; et il suffit des plus légères variations dans sa courbure pour mettre au jour de nouvelles terres. »

Entre Macapa et le Cap nord, où plusieurs îles rétrécissent le canal, on voit pendant les trois jours qui précèdent les nouvelles et les pleines lunes, se produire un phénomène étrange, que les indigènes désignent sous le nom de *Pororoca* (1) : c'est une masse d'eau de douze à quinze pieds de hauteur qui s'élève sur toute la largeur du fleuve, suivie bientôt d'une seconde, d'une troisième et quelquefois d'une quatrième colonne tout aussi considérable, s'avançant avec une rapidité incroyable et renversant tout sur son passage. Ainsi, la marée arrive en deux ou trois minutes à sa plus grande hauteur avec un fracas que l'on entend à deux lieues de là. La marée se fait sentir jusqu'à Obidos, situé au-dessus de Macapa, à plus de cent cinquante lieues en remontant à partir de l'embouchure (2).

Christoval de Acuna, *Nuovo descubrimiento del gran Rio de las Amazonas. En Madrid, en la imprenta del reyno,* 1641, pet. in-4°. Ouvrage très-rare : « On a cru longtemps, dit M. Ternaux-Compans dans sa *Bibliothèque américaine,* que l'édition presque

(1) *Voy.* La Condamine : *Relat. abrégée d'un voy. fait dans l'intérieur de l'Amérique mérid.,* p. 193 95. — *Voy.* aussi dans les Annales maritimes de 1824 (4° partie, tome II°, p. 177-83) une note de M. Noyer, député de la Guyane française; sur le *Phénomène de marée connu à Cayenne sous le nom de la Barne et appelé par les Indiens de la Guyane la Pororoca.*

(2) Il y aurait encore quelques détails à donner sur la navigation de l'Amazone, sur diverses circonstances et phénomènes de son cours, sur les espèces de poissons qu'il renferme, sur la végétation de ses rives; mais divers articles de cette Encyclopédie nous donneront encore occasion de revenir sur toutes ces questions. On peut, du reste, lire à ce sujet quelques pages du tome IX° des *Nouvelles annales des voyages* (p. 230-235), et en général toute la notice sur la capitainerie de Pará extraite de la Corografia Brasilica de P. Manuel Ayres de Cazal que j'ai, déjà citée et dont j'ai fait grand usage dans ce travail. — *Voy.* aussi : *Nova genera et species plantarum quas in regno Chilensi, Peruviensi et in terra Amazonica, annis* 1827 *ad* 1832 *legit et cum Steph. Endlicher descripsit iconibusque illustravit Eduardus Pœppig.* Lipsiæ, 1835-40, 3 vol. in-fol. — *Selecta genera et species piscium brasilien siumcollegit et pingendo curavit de Spix.* Monachii, 1829 31, in-4°.

« entière avait été détruite par ordre du gouvernement espagnol, mais il paraît, d'après Barcia, qu'il « n'en a été tiré qu'un fort petit nombre. Une grande « partie de cet ouvrage a, du reste, été insérée par le « P. Rodriguez dans son *Histoire de Maragnon.* » De plus, il a été traduit en français par de Gomberville sous le titre de *Relation de la rivière des Amazones,* Paris, 1682, 2 vol. in-12. — Il faut consulter en même temps le *Cours de la rivière des Amazones,* carte dressée sur la relation du R. P. Christophe d'Acuña par N. Sanson d'Abbeville (1680). Il existe aussi de Sanson une carte antérieure (1656) intitulée : *Le Pérou et le cours de la rivière Amazone depuis ses sources jusqu'à la mer, tirés de divers auteurs et de diverses relations.*

Le comte de Pagan : *Relation historique et géographique de la grande rivière des Amazones dans l'Amérique, extraicte de divers autheurs et réduitte en meilleure forme, avec celle d'icelle rivière et de ses provinces.* Paris, 1655, in-12. — L'auteur y parle en détail de la première découverte de ce fleuve par Arellane (Orellana), de sa seconde expédition, de celle de Pedro de Orsoa et de Lope d'Aguirre, de celle des religieux de Saint-François et de Pedro Texeira, qui précédèrent l'exploration d'Acuña. Texeira, dans un second voyage entrepris en 1639, était accompagné des PP. d'Acuña et d'Artieda.

El. P. Manuel Rodriguez, jesuita : *El Marañon y Amazonas. Historia de los descubrimentos entradas y reducion de naciones, trabajos malogrados de algunos conquistadores y, dichosos de otros, assi temporales como espirituales, en las dilatadas montañas y mayores rios de la America.* Madrid, 1684, in-fol. — Cet ouvrage, suivant La Condamine, n'est qu'une compilation informe.

Samuel Fritz, missionnaire de la compagnie de Jésus : *Cours du fleuve Maragnon, autrement dit des Amazones.* Cette carte fut gravée d'abord en petit à Quito en 1707, et parut pour la première fois en France en 1717, dans le tome XII° des Lettres édifiantes, p. 212, 1re édition. On la trouve dans le tome VIII° de la 2° édition, avec un abrégé de ses mémoires sur ce fleuve. La Condamine put se procurer une copie du journal ms. du P. Fritz, déposé dans les archives du collège de Quito; elle lui avait été communiquée par don Joseph Pardo y Figueroa, marquis de Valleumbroso, corrégidor de Cusco. — *Voy.* sur le P. Fritz l'intéressante notice de M. Eyriès dans la Biographie universelle de Michaud.

De la Condamine : *Relation abrégée d'un voyage fait dans l'intérieur de l'Amérique méridionale depuis la côte de la mer du Sud jusqu'aux côtes du Brésil et de la Guyane, en descendant la rivière des Amazones, lue à l'assemblée publique de l'Académie des sciences, le 28 avril* 1745 (avec une carte du Maragnon levée par le même), Paris, 1745, in-12. Voici le titre de cette carte dessinée par d'Anville : *Carte du cours du Maragnon ou de la grande rivière des Amazones dans sa partie navigable depuis Jaen de Bracamoros jusqu'à son embouchure, et qui comprend la province de Quito et la côte de la Guyane depuis le Cap nord jusqu'à Essequebo, levée en* 1743 *et* 1744 *et assujettie aux observations astronomiques par M. de La Condamine; augmentée du cours de la rivière Noire et d'autres détails tirés de divers mémoires et routiers mss. des voyageurs modernes* (Acad. des sciences, année 1745, p. 492).

H. Lister Maw : voyage important dont j'ai donné le titre exact plus haut et qui remonte à 1829.

Édouard Pœppig : *Voyage au Chili, au Pérou et au fleuve des Amazones, de* 1827 *à* 1835 (en allemand). Leipzig, 2 vol. in-4°.

W. Smyth et T. Lowe : *Narrative of a journey from Lima to Para, across the Andes and the Amazon.* London, 1836, gr. in-8°; fig.

Exploration de la rivière des Amazones depuis Para jusqu'à Obidos (extrait d'un rapport adressé le 15 mars 1844 au ministre de la marine, par M. Tardy de Montravel, lieutenant de vaisseau, commandant la canonnière-brick la *Boulonnaise.*) Annales marit., Revue coloniale, août 1844, n° 12.

Enfin on annonce dans l'un des derniers numéros de la Minerve brésilienne la publication d'un voyage intitulé : *Voyage de Cusco au grand Para par les rivières Vilcamayo, Ucayale et Amazone, le premier de ce genre qui ait été fait*, par M. Valdez.

AMÉDÉE TARDIEU.

AMAZONES. (*Mythologie.*) Peu de noms sont plus célèbres, dans l'antiquité, que celui des Amazones. Ces femmes guerrières, qui formaient un État gouverné par une reine, et qui ne souffraient aucun homme parmi elles, habitaient, disait-on, la partie de l'Asie Mineure baignée par le Thermodon. Elles pénétrent jusque dans l'Attique, où elles sont vaincues par Thésée. Elles font une invasion en Phrygie avant le siége de Troie; elles viennent ensuite au secours de cette ville assiégée par les Grecs. Plus tard, elles disparaissent peu à peu de la scène. Cependant on entend parler, au temps d'Alexandre, d'une Thalestris, reine des Amazones, mais elle semble n'avoir pas été une souveraine aussi puissante que Penthésilée, contemporaine de Priam.

On a, chez les modernes, disserté longuement et doctement sur l'existence réelle ou supposée des Amazones. Les avis ont été partagés, ce qui n'est pas surprenant, puisqu'ils l'avaient été même chez les anciens, plus rapprochés que nous des époques auxquelles on fait vivre ces héroïnes. Plutarque est peut-être l'auteur qui a le plus fréquemment cité les Amazones; et, de même que Diodore, Justin et Quinte-Curce, il raconte la visite faite par Thalestris au roi de Macédoine lorsqu'il parcourait en vainqueur les frontières du pays des Scythes. Mais Plutarque, en rapportant ce fait comme un ouï-dire, a soin de nommer tous les historiens qui l'admettaient comme vrai et ceux qui le rejetaient. Il ajoute qu'Onésicrite, un des premiers, lisant à Lysimaque, un des anciens généraux d'Alexandre, et, depuis sa mort, roi de Thrace, le passage où il était question de l'entrevue de l'Amazone et du fils de Philippe, Lysimaque lui dit en souriant : « Oh! où étais-je donc en ce temps-là? »

Arrien, un des historiens anciens les plus judicieux, parle d'Amazones envoyées par un satrape de Perse au vainqueur d'Arbelles, et de la promesse que fit ce prince d'aller rendre une visite à leur reine; mais il ajoute que ni Aristobule, ni Ptolémée, dont il avait sous les yeux les mémoires relatifs aux campagnes d'Alexandre, ni aucun autre auteur digne de foi, ne rapportaient ce fait. Il en conclut qu'il n'existait plus d'Amazones à cette époque; il observe de plus que Xénophon, qui vivait quelque temps auparavant, et qui avait traversé les pays où on les plaçait, n'en avait pas rencontré, et que cependant il avait soigneusement nommé tous les peuples chez lesquels il avait passé. Il pense donc que jamais il n'y a eu de nation d'Amazones; toutefois il convient que tous les témoignages s'accordent sur les guerres soutenues par des héros et des guerriers illustres contre des femmes belliqueuses. .

Hérodote est le plus ancien historien qui ait nommé les Amazones; il les place dans le pays des Scythes, sur les bords du Tanaïs, où elles abordèrent après avoir été défaites par les Grecs sur le Thermodon; elles finirent par y devenir les femmes des jeunes Scythes, et passèrent avec leurs maris sur l'autre rive du fleuve : de leur union provint la nation des Sauromates. « C'est, dit-il, par cette raison que les femmes des Sauromates vont à cheval et à la chasse, tantôt seules, tantôt avec leurs maris; elles les accompagnent aussi à la guerre et s'habillent comme eux. »

Hippocrate parle des Scythes qui demeurent sur les côtes des Palus-Méotides, qui portent le nom de Sauromates, et dont les femmes, avant de se marier, font la guerre contre les ennemis de leur pays. Scylax de Cariandas dit également que les Sauromates sont un peuple des bords du Tanaïs, près de la mer; qu'une de leurs tribus s'appelle Gynaïko-Kratoumené (dominée par les femmes), et que ceux-ci confinent avec les Méotides. Enfin Scymnus de Chio nous apprend que ces Méotides ont donné leur nom aux palus ou marais dont ils sont voisins, et qu'après les Méotides viennent les Sauromates. Pomponius Mela désigne aussi les Méotides comme une peuplade sauromate chez laquelle on trouve des Amazones. Strabon dit qu'elles habitèrent jadis les montagnes situées au delà de l'Albanie, et que, selon Théophane, écrivain qui suivit Pompée dans ses campagnes, elles sont séparées des Albaniens par les Gèles et les Lèges, et que le Mermedalis, fleuve de ce pays, forme la limite entre elles et ces peuples. Strabon cite ensuite d'autres historiens qui sont d'une opinion différente, en ce qu'ils font les Amazones voisines des Gargarenses, habitant au bas du revers septentrional de ces monts caucasiens que l'on appelle plus particulièrement monts Cérauniens. Strabon décrit les occupations des Amazones, et avoue que les mémoires qui les concernent ont quelque chose de singulier, car tout y est étrange, tout y est incroyable. « C'est, observe-t-il, après avoir raconté tous les faits qu'on leur attribue, comme si l'on disait qu'au temps où l'on vit de tels événements, les hommes étaient des femmes, et les femmes étaient des hommes. Voilà néanmoins ce qu'encore de nos jours l'on répète au sujet des Amazones. » Et il continue en disant que, « quant au pays qu'elles habitaient de son temps, ceux qui en parlaient n'apportaient pas de preuves à l'appui de leurs assertions. »

Pallas, en décrivant les mœurs des Tcherkesses, qui vivent au pied septentrional du Caucase, observe que le singulier usage des nobles de cette nation de vivre toujours séparés de leurs femmes et de confier l'éducation de leurs enfants à des étrangers ressemble beaucoup à ce que raconte Strabon des Gargarenses avec les Amazones, et que ce qu'il en dit ne saurait s'appliquer à aucun des peuples montagnards du Caucase, aussi bien qu'aux Tcherkesses. Il cherche ensuite à donner plus de vraisemblance à ce rapprochement.

Lorsque M. J. Klaproth fit son voyage au Caucase, en 1807, on lui recommanda de constater la tradition subsistant au sujet des Amazones. Ce savant s'occupa de cet objet. Il trouva le Meremedik, torrent qui sort du Caucase et que le Terek reçoit à gauche : les Lèges sont les Lezghis, et les Gèles les Galgaïs, peuples actuels de ces contrées; mais le Meremedik est si insignifiant que l'on ne peut y reconnaître le Mermedalis, et ce dernier nom désigne probablement le Térek ou la Sandja. M. Klaproth conclut de ces données que les Amazones de Strabon habitaient avec leurs maris la Cabardah et le steppe de la Kouma au revers septentrional du Caucase. Comme elles étaient des Sauromates, desquels il est extrêmement vraisemblable que descendent les Ossètes, qui demeuraient aussi plus au nord, et qui sont les Alains du moyen âge, il s'ensuit évidemment que les Amazones, les Méotides, les Sauromates, les Alains et les Ossètes appartiennent à une seule et même race.

Ce savant explique d'une manière plausible le récit d'Hérodote suivant lequel les Amazones portaient en Scythie le nom d'*Ayor-pata*, qui signifie *tueuses d'hommes*. Or, en arménien, *air* veut dire homme, et *sban* ou *sbanoh* meurtrier; et on en compose le mot *ariousbanogh*... « Je donne, dit-il, cette étymologie pour une hypothèse; mais il n'est pas contraire à la vraisemblance qu'Hérodote aura appris d'un Arménien tout ce qu'il raconte des Sauromates, et qu'il aura regardé comme scythe le seul mot barbare qui se trouvait dans le récit. »

Le nom de Thermodon pouvait aussi dériver des Amazones, dans une langue sauromate; car dans les langues sarmates, *don* signifie *rivière*.

On pensait dans l'antiquité que plusieurs villes avaient été fondées par les Amazones, parce qu'elles en portaient le nom, et que leurs médailles représentaient la figure d'une de ces femmes guerrières; mais ces noms devaient leur origine à des mythes d'après lesquels on avait figuré un personnage imaginaire.

Les écrivains de l'antiquité ont parlé aussi d'Amazones africaines, et c'est surtout dans ces récits que l'on trouve du merveilleux.

Quelques voyageurs modernes, ne voulant pas être en reste de choses étranges avec l'antiquité, ont parlé d'Amazones qu'ils avaient vues. Le P. Dos Santos place dans le royaume du Domot, contrée de l'Éthiopie orientale, un État peuplé de femmes guerrières; tout le reste de son récit est calqué sur celui des Grecs. On a vu dans l'article précédent ce qu'il faut penser de la tradition qui a fait donner au plus grand fleuve de l'Amérique méridionale le nom de *fleuve des Amazones*.

Dans les temps modernes, l'on n'a pas vu d'armées de femmes; l'histoire cite le nom de plusieurs héroïnes qui n'ont pas craint de se mêler parmi les rangs de guerriers et de partager leurs périls et leur gloire. Chaque pays a eu les siennes. La France se glorifie d'avoir vu naître, entre autres, Jeanne Hachette, Marguerite d'Anjou, et cette Jeanne d'Arc, la terreur des Anglais, qui se vengèrent d'elle en la faisant brûler.

Hérodote, Strabon, et autres auteurs anciens cités dans l'article.

J. Klaproth, *Reise in den Kaukasus und nach Georgien 1807 und 1808*. Halle, 1812, 3 vol. in-8°.

Histoire de l'Éthiopie orientale de Jean Dos Santos, traduite par Gaëtan Charpy. Paris, 1684, 1 vol. in-12.

Pallas, *Voyage dans les gouvernements méridionaux de la Russie*, en 1793 et 1794. Paris, 1805, 1 vol in-4°.

EYRIÈS.

AMBARVALES. (*Histoire.*) Fêtes célébrées chez les Romains en l'honneur de Cérès; elles avaient lieu deux fois par an, en janvier ou en avril, pour demander l'accroissement et la maturité des récoltes; en juillet ou en août, afin d'obtenir la conservation des grains et autres fruits de la terre. On y sacrifiait, d'habitude, un taureau, une truie et une brebis, qu'on promenait dans les campagnes avant le sacrifice, en chantant des hymnes en l'honneur de la déesse. C'est probablement de cette procession que les ambarvales tiraient leur nom, *ambire arva*. Quelques auteurs écrivent *ambarbalia*, mot auquel ils donnent pour étymologie *ambire urbem*. Ces fêtes étaient aussi appelées *suovetaurilia*, à cause des trois animaux qu'on y sacrifiait.

Il y avait des ambarvales *particulières* et des ambarvales *publiques*. Les premières étaient célébrées par chaque chef de famille, assisté de ses enfants et de ses esclaves. Les ambarvales publiques avaient lieu autour de la ville; des prêtres, nommés *frères arvales* (fratres arvales), marchaient en pompe à la tête des citoyens, couronnés de feuilles de chêne. Caton l'Ancien nous a conservé, dans son traité *De re rustica*, c. 142, un fragment des chants usités dans cette circonstance; c'est un des plus anciens monuments de la langue latine que nous possédions.

Les ambarvales se célébraient à Albe avant la fondation de Rome ; elles furent empruntées aux Albains par Romulus.

La fête des *Rogations*, qui a lieu dans l'Église romaine, pendant les trois jours qui précédent immédiatement l'Ascension, et qui a pour but de demander à Dieu la conservation des biens de la terre, semblerait avoir son origine dans les ambarvales romaines, si la tradition religieuse n'en attribuait l'institution à saint Mamert, évêque de Vienne, en Dauphiné, au cinquième siècle.

Am. Dupont.

AMBASSADEUR. Les différentes nations ont besoin de traiter et de communiquer les unes avec les autres et ne le peuvent faire que par l'entremise de mandataires. Tout État souverain est en droit d'envoyer auprès du gouvernement d'un autre État des mandataires de ce genre, c'est-à-dire des personnes chargées de ses affaires, de ses ordres, et qui le représentent. Ces envoyés sont plus ou moins élevés en dignité ; on en reconnaît, dans la hiérarchie diplomatique, de quatre degrés différents : l'ambassadeur, l'envoyé ou ministre plénipotentiaire, le chargé d'affaires et le ministre résident. Le titre d'ambassadeur est le plus éminent de tous ; mais l'importance de ses fonctions ne répond pas toujours à celle de son titre : on voit souvent de simples chargés d'affaires négocier sur des objets de haute importance et des ambassadeurs, au contraire, employés à des missions insignifiantes. Cependant la distinction se fait positivement sentir entre les ministres des deux premiers ordres et ceux des deux autres, les simples résidents ou chargés d'affaires, dans la différence des lettres de créance qu'on leur donne. C'est du souverain même que les premiers reçoivent leurs commissions pour le souverain étranger, tandis que les autres ne sont accrédités que par le ministre des affaires étrangères de leur pays auprès des ministres du pays où ils sont envoyés. Les lettres de créance qu'on leur remet sont, du reste, également authentiques et leur confèrent des pouvoirs semblables ; seulement si le chef de leur gouvernement change, les chargés d'affaires et les résidents n'en continuent pas moins leurs fonctions comme des employés ordinaires de l'administration, tandis que les ambassadeurs doivent présenter de nouvelles lettres de créance émanées du nouveau souverain.

L'étiquette des cours faisait autrefois et fait souvent encore considérer l'ambassadeur comme représentant la personne même de son souverain et comme ayant droit, par conséquent, à de grands honneurs. Ce caractère représentatif attribué à l'ambassadeur n'a pas

seulement servi de base à des distinctions de rang entre les différentes classes d'agents diplomatiques, il a servi à établir des distinctions entre les gouvernements mêmes que les agents diplomatiques doivent représenter. L'ambassadeur d'un roi a droit à des honneurs royaux, puisqu'il représente une personne royale ; mais l'ambassadeur d'une république, quelle personne représente-t-il ? — Aucune, dit-on, puisque c'est de la souveraineté du peuple qu'il tient ses pouvoirs. Telle est la subtilité sur laquelle on s'est fondé pour traiter sur un pied d'infériorité les envoyés de certains États européens. C'est par la même raison qu'en 1663 Louis XIV et les seigneurs de sa cour refusèrent aux ambassadeurs suisses les honneurs ordinaires et particulièrement celui de se couvrir devant le roi. Wattel, écrivain suisse, qui s'est rendu célèbre par un ouvrage composé dans le siècle dernier sur le droit des gens, raconte ce trait historique avec une sorte de douleur, et l'explique en disant que ses compatriotes étaient « plus ins-« truits dans la guerre que dans les manières « des cours, et qu'ils étaient peu jaloux de ce « qui n'était que cérémonie. » Il est triste d'avoir à ajouter que de nos jours encore, on prétend, dans quelques cours, maintenir cette distinction entre les mandataires des monarques et ceux des États républicains ; que l'on va même jusqu'à vouloir que les chefs de ces États adoptent dans leur correspondance un style dont l'humilité contraste avec la hauteur qu'on prend en leur répondant ; « prétentions « auxquelles on ne se serait pas attendu, » dit M. Royer-Collard (*notes sur Wattel*, div. 4, § 79), « après plus d'un demi-siècle de prise « de possession de la liberté en Amérique, et « après l'établissement en France d'une mo-« narchie entourée d'institutions républicai-« nes. »

L'ambassadeur occupe une position privilégiée dans le pays où il est envoyé. Sa personne, comme celle des autres agents diplomatiques, y est plus inviolable que celle d'un simple particulier, par la raison que l'injure qui lui serait faite rejaillirait d'abord sur le souverain qu'il représente, puis compromettrait la sûreté des deux nations. L'ambassadeur jouit-il de l'exemption de la juridiction du pays où il est envoyé ? C'est une question importante et très-débattue. Généralement les anciens publicistes ne doutaient pas qu'il ne fallût la résoudre affirmativement ; mais ils n'en donnaient que de faibles raisons. Comme le ministre représente son souverain, disait Wattel, ce serait manquer aux égards dus au souverain que de soumettre le ministre à une juridiction étrangère ; puis, sans cette exemption, l'on pourrait tellement obséder un ambassadeur par d'injustes procès et des chicanes qu'il ne lui resterait ni temps ni repos pour s'acquitter de ses fonctions. Dix ans avant Wattel, Montesquieu, dans son *Esprit des Lois*, avait donné aux mêmes idées l'appui de son style. « Les ambassadeurs (dit-il) sont la « parole du prince qui les envoie, et cette pa- « role doit être libre. Aucun obstacle ne doit « les empêcher d'agir. Ils peuvent souvent dé- « plaire, parce qu'ils parlent pour un homme « indépendant. On pourrait leur imputer des « crimes, s'ils pouvaient être punis pour des « crimes; on pourrait leur supposer des dettes, « s'ils pouvaient être arrêtés pour des dettes. « Un prince qui a une fierté naturelle parlerait « par la bouche d'un homme qui aurait tout « à craindre. » Le célèbre Hollandais Bynker- shoeck était aussi de cet avis, quoique la cour de justice de Hollande, dont il faisait partie, eût en 1668, quelques années avant qu'il s'oc- cupât de cette question, fait emprisonner pour dettes un ministre résident de Portugal. L'o- pinion contraire serait probablement préférée aujourd'hui. Des publicistes modernes ont fait voir que l'exercice de la juridiction ne saurait impliquer de pensée offensante pour celui qui le subit, que ces craintes, conçues pour les agents diplomatiques, sont puériles ou exagé- rées; qu'il y a dans tous les pays des lois pour punir les calomniateurs; que si l'ambassadeur était exempt de la juridiction civile, il fau- drait ou que ses créanciers fussent dépouillés de leurs droits, ou que ce fût leur gouverne- ment qui les remboursât comme on indemnise tous les gens qu'on exproprie pour cause d'u- tilité publique, ce qui est également inadmis- sible; que, quant à la juridiction criminelle, dire que les ambassadeurs ne doivent être pu- nis que par les autorités de leur propre pays, serait leur assurer à peu près l'impunité, parce que c'est seulement sur les lieux même où un crime a été commis que se trouvent d'ordinaire les moyens matériels de le prouver. On con- clut donc, dans cette opinion, en disant que les ambassadeurs, comme les autres person- nes, doivent être soumis en pays étranger à la juridiction civile, c'est-à-dire à la contrainte par corps et à la saisie, sauf à la justice du pays à prendre les plus grandes précautions pour assurer l'inviolabilité des archives de l'ambassade; l'ambassadeur doit subir aussi la juridiction criminelle du pays où il se trouve; mais dans le cas où il serait condamné, le gouvernement de ce pays fera sagement de ne point procéder à l'exécution de l'arrêt, mais de la laisser, par égard, à la discrétion des auto- rités du pays auquel ce ministre appartient. Suivant les principes de Wattel, l'ambassadeur même qui comploterait contre la sûreté du gouvernement auprès duquel il est envoyé, de- vrait seulement, sur la demande de ce gouver- nement, être rappelé par le sien, ou, dans les

cas graves et suivant les circonstances, être arrêté, détenu, chassé du pays; mais sa per- sonne devrait toujours être en sûreté tant qu'il n'irait pas jusqu'à prendre les armes pour se joindre aux ennemis de l'État.

Ce privilége d'exemption de juridiction, qu'on attribuait à l'ambassadeur, était étendu à sa famille, à ses agents subalternes et même à ses domestiques. L'inviolabilité du maître, disait-on, se communique à ses gens. La seule immunité, nous l'avons vu, qu'on puisse ac- corder à ces diverses personnes et à l'ambas- sadeur lui-même, c'est de ne pas leur appliquer la peine; mais elles ne peuvent se soustraire au jugement.

Un autre privilége généralement admis au- trefois en faveur des ambassadeurs et devenu inadmissible aujourd'hui, est le droit d'asile. On disait que l'hôtel d'un ambassadeur re- présente les États de son souverain comme lui- même en représente la personne, et que par cette raison c'est un lieu qui doit être pour lui et pour sa suite un asile sacré, qu'on ne peut violer, ou personne ne peut être arrêté, si ce n'est de son consentement. C'est une théorie que personne n'oserait soutenir aujourd'hui; mais le libre exercice de sa religion dans l'in- térieur de son hôtel, l'exemption de certains impôts, des douanes, par exemple, ont tou- jours été et sont encore assurés à l'ambassa- deur par l'usage général des nations.

Un article important de nos lois a donné aux agents diplomatiques en général le caractère d'officiers de l'état civil. C'est l'article 48 du Code civil, lequel est ainsi conçu : Tout acte « de l'état civil des Français en pays étranger « sera valable s'il a été reçu conformément « aux lois françaises par les agents diplomati- « ques ou par les consuls. »

Traités généraux du droit des gens; par Grotius, Puffendorf, de Wattel, de Martens.

El Embazador, par don Antonio Vera, in-4°, Sé- ville, 1620; traduit en français par Lancelot, sous le titre de : *Le parfait ambassadeur,* in-4°, Paris, 1635.

De foro legatorum competenti, par Corn. van Bynkershoeck, Leyde, 1721; traduit par Jean de Bar- beyrac sous ce titre : *Du juge compétent des ambas- sadeurs,* in-4°, la Haye. 1723.

L'ambassadeur et ses fonctions, par de Wicque- fort; Cologne, 1715, 2 vol. in-4°.

Mémoires et instructions pour les ambassadeurs, ou lettres et négociations de Walsingham, ministre et secrétaire d'État sous Élisabeth, reine d'Angleterre, traduit en français par Boulesteis de la Contie. Ams- terd. 1725, 4 vol. in-12.

H. BORDIER.

AMBASSE. (*Histoire naturelle*). Mes- sieurs Cuvier et Valenciennes ont désigné sous ce nom un genre de poissons de la grande famille des Percœïdes, principalement carac- térisé par la double arête dentelée du bord inférieur des préopercules, par la protacti- lité de la bouche, par la petite épine couchée en avant de la première nageoire dorsale, etc.

L'espèce la plus connue est l'AMBASSE DE COMMERSON (*Ambassis Commersonii*, Cuv. et Val.), qui se trouve communément à l'île Bourbon, principalement dans un étang salé, appelé Dugol, mais qui a été également prise à Pondichéry. L'ambasse est un poisson brillant ; son dos est d'un vert brunâtre ; la couleur argentée de son péritoine se montre au travers des téguments ; ses opercules jettent un vif éclat d'argent, et une bande de la même couleur, mais moins éclatante, règne en ligne droite depuis ses ouïes jusqu'à sa queue ; il a près de sept pouces de longueur. La pêche de ce poisson est assez abondante à Bourbon pour donner lieu à un commerce important ; l'ambasse passe dans ce pays pour donner un très-bon goût à la soupe, et de plus on l'y confit dans une saumure, à peu près comme on prépare les anchois sur les bords de la Méditerranée.

On peut consulter pour plus de détails sur ce genre :

L'*Histoire des poissons du Bengale*, par M. Hamilton Buchanan, où plusieurs espèces sont décrites sous le nom de *Chanda* ;

L'*Histoire naturelle des poissons* de MM. G. Cuvier et Valenciennes, t. II, p. 175, 1828, où l'on trouve la description de onze espèces ;

Enfin une figure à la tête de l'*Ambassis Commersonii*, publiée par M. Guérin Méneville dans son *Iconographie du règne animal de Cuvier*, Poiss., pl. 3, fig. 5.

E. DESMAREST.

AMBERG. (*Géographie.*) Ville de Bavière, dans le cercle de Regen, située sur la Vils : elle a six mille deux cents habitants ; elle possède de beaux monuments, parmi lesquels on remarque le château royal, les églises Saint-Georges et Saint-Martin, la manufacture d'armes et l'arsenal. On y trouve un lycée, un gymnase, un séminaire ; des forges, des fabriques de tabatières, de cartes à jouer, de maroquinerie et de chapellerie. Il y a dans les environs de la terre de porcelaine.

Amberg était autrefois la capitale du haut Palatinat ; elle est aujourd'hui la seconde ville du cercle dont elle fait partie. L'armée française commandée par le général Jourdan éprouva, en 1798, près d'Amberg, un échec par suite duquel elle fut forcée de se retirer sur le Rhin.

AMBIDEXTRE. (*Histoire naturelle.*) C'est-à-dire qui se sert indifféremment, et avec la même adresse, de la main droite et de la main gauche. Tous les mammifères munis de mains sont ambidextres, si ce n'est l'homme. Celui-ci, par l'impéritie des nourrices, et par suite d'une habitude dont on n'entrevoit pas la raison, se sert plus communément de la main droite, et regarde comme une sorte de singularité qu'on emploie l'autre. De cette bizarrerie résulte le plus grand développement de force et même de volume dans le côté mis le plus souvent en mouvement ; et nous ne

sommes pas portés à agir de la droite, parce que le côté droit est le plus vigoureux ; mais le côté droit devient le plus vigoureux parce qu'il est constamment mis en exercice. Il résulte des habitudes du jeune âge que l'homme a beaucoup de peine à redevenir ambidextre, et qu'il lui faut une certaine étude pour parvenir à faire ce que le dernier des quadrumanes fait tout naturellement.

BORY DE ST.-VINCENT.

AMBIDEXTRE. (*Technologie.*) La faculté de se servir avec une égale facilité de l'une ou de l'autre main pour travailler, opérer, dessiner, etc., peut s'acquérir par l'exercice ; et il est bien étrange qu'on y renonce presque toujours : elle est cependant d'une grande utilité dans la pratique des arts qui se composent principalement d'opérations manuelles. L'ambidextre a de grands avantages sur les autres artistes ; il fait, de l'une et de l'autre main, avec la même précision et avec la même force, ce que ceux-ci ne peuvent faire qu'avec une seule. Bien plus, il est certaines professions dans lesquelles on ne peut bien réussir si l'on n'est ambidextre. Nous pourrions citer la pratique de la chirurgie, l'art vétérinaire, l'art de l'aiguiseur, et plusieurs autres, qui ne sauraient être bien exercés que par des hommes également habiles des deux mains.

La main gauche est généralement plus faible que la droite ; mais on vient de voir que cette faiblesse résulte moins de l'organisation même du corps humain, que d'un exercice trop exclusif de la main droite, et il serait toujours possible de la vaincre. Ne voit-on pas des hommes, après avoir perdu la main droite, parvenir, au bout de deux mois, à écrire et à dessiner avec la même facilité qu'auparavant ? Il ne manque, en effet, à la main gauche, douée de la même organisation que la droite, que de recevoir la même éducation pour exécuter cette variété infinie d'opérations délicates ou fortes que présentent les arts utiles ou agréables ; alors la main gauche, exercée par le travail, prendra plus de nourriture et de vigueur, et ne le cédera à la droite ni par l'adresse ni par la force. Tout porte donc à nous faire cultiver avec le même soin deux membres également précieux, et à repousser le préjugé ridicule qui fait croire qu'il est plus poli ou plus commode de se servir exclusivement de la *belle main*.   LENORMAND et MELLET.

AMBIGU. Repas ou plutôt collation, dont tous les services paraissent en même temps sur la table et sont confondus en un seul. Un ambigu ne se sert qu'en guise de déjeuner ou de souper, dans les réunions du matin ou dans les fêtes nocturnes, partout enfin où le repas n'est pas la principale affaire, et où les plaisirs de la table ne sont qu'accessoires à d'autres plaisirs.

AMBITION. (*Morale.*) *Ambitio*, d'*Ambio*, *umbire*, aller alentour.

Tourner autour d'un objet, ne jamais le perdre de vue, s'y attacher, employer tous les moyens pour le saisir, voilà l'ambition. Écoutons maître François Rabelais dans le *prologue* de son premier livre pantagruélique : « Vistes-vous oncques chien rencontrant « quelque os médullaire? c'est, comme dit « Platon dans sa république, la beste du « monde plus philosophe. Si vu l'avez, vous « avez pu noter de quelle dévotion il le guette, « de quel soin il le garde, de quelle ferveur « il le tient, de quelle prudence il l'entomme, « de quelle affection il le brise, de quelle di- « ligence il le suce. Quel bien prétend-il? Rien « qu'un peu de moelle. Vrai est que ce peu, « plus est délicieux que le beaucoup de tou- « tes autres, parce que la moelle est aliment « élabouré à perfection de nature, comme dit « Galien, *de usu partium.* »

Mettez au lieu de cet os médullaire un scep- tre ou une tiare; supposez au lieu du chien, un homme avide de pouvoir, et vous verrez le même soin, la même dévotion, la même fer- veur, la même affection, la même diligence. L'homme guettera sa proie, tournera toutes ses pensées vers elle, l'environnera, la cares- sera jusqu'à ce qu'il s'en soit emparé. L'homme et le chien, Sixte-Quint et Miraut, sont deux ambitieux.

L'ambition, passant du propre au figuré, exprime donc un désir immodéré d'obtenir une possession, une jouissance. Lorsque le désir n'a pour but qu'une jouissance person- nelle, il n'a rien de noble et d'élevé, souvent même il est coupable; s'il arrive, ce qui est très-rare, que le bonheur des autres en soit l'objet, ce désir, quelque ardent qu'il puisse être, est honorable et digne d'éloges. C'était une noble ambition que celle de Vincent de Paul fondant des hôpitaux pour recueillir l'en- fance abandonnée. Le P. le Tellier, confes- seur de Louis XIV, sacrifiant la gloire du mo- narque, le repos de la France, tous les prin- cipes d'humanité au triomphe du fanatisme, à l'orgueil intolérant de sa compagnie, avait une ambition criminelle.

Socrate s'exposant aux inimitiés des prê- tres de son temps pour établir une saine mo- rale ; Gélon stipulant avec Carthage vaincue l'abolition des sacrifices humains; Marc-Au- rèle faisant asseoir la philosophie sur le trône, étaient aussi des ambitieux recommandables, et de l'espèce la plus rare. On ne sait, depuis longtemps, où trouver de telles ambitions.

L'ambition étant un désir ardent, est donc une passion. Aussi, les moyens pour arriver à son but lui sont-ils indifférents. Tel ambitieux emportera de vive force l'objet qu'il convoite; tel autre emploie la ruse, la bassesse : c'est la manière la plus commune; on ne voit que cela tous les jours.

Les emplois, les dignités, la célébrité, sont dans la société comme ces prix que, dans les jours de fête, on place à l'extrémité des mâts de cocagne pour l'amusement du peuple. Les concurrents sont nombreux ; ils se pressent, ils s'écartent mutuellement, jusqu'à ce que le plus fort ou le plus adroit ait embrassé le po- teau glissant qui doit lui servir de point d'ap- pui. Il ne peut s'élever qu'en rampant. Quelle image frappante de l'ambition !

Tous les regards sont fixés sur lui ; il monte, il se soutient avec des efforts inouïs ; il n'a qu'une seule pensée, c'est d'arriver au point le plus élevé : il y touche, mais sa force est épuisée ; au moment où il étend la main pour saisir le prix, il glisse et tombe, exposé à la risée des spectateurs. Voilà un ambitieux trompé dans sa plus chère espérance ; il s'é- loigne confus et malheureux.

L'ambition est la même partout, au village comme à la ville, dans les hameaux comme dans les palais. Il a fallu peut-être plus d'es- prit, de ruses, d'habileté au marguillier de ma paroisse pour arriver à son poste qu'à tel ministre que je pourrais nommer pour obte- nir son portefeuille.

L'ambition a cela de commun avec les au- tres passions, qu'elle promet le bonheur et ne le donne jamais ; c'est qu'il est impossible de la satisfaire. Supposez-la même satisfaite, il ne reste plus dans le cœur qu'un vide qui effraye. On a eu raison de dire que l'ennui est la maladie des palais.

L'ambition entée sur l'égoïsme est une source féconde d'injustices et de crimes. Les forfaits les plus épouvantables qui aient noirci les annales des peuples sont dus à cette funeste passion. Je n'en citerai qu'un exemple, c'est l'ambition de la cour de Rome, héréditaire- ment transmise de pontife en pontife, qui, pendant des siècles, a couvert l'Europe de sang et de ruines ; c'est elle, pour tout dire en peu de mots, qui a donné les jésuites au monde et qui a créé l'inquisition.

L'ambition des particuliers jette le trouble dans la société, et porte partout l'immoralité. On se pousse, on se presse, on s'écrase ; le petit nombre arrive et les victimes sont ou- bliées. L'ambition des grands est encore plus désastreuse. Voici le tableau qu'un illustre moraliste en a tracé :

« L'ambition est plus démesurée dans les « cours que partout ailleurs. Hélas ! le citoyen « obscur vit souvent satisfait dans la médio- « crité de sa destinée. Héritier de la fortune « de ses pères, il se borne à leur nom et à leur « état ; il regarde sans envie ce qu'il ne pour- « rait souhaiter sans extravagance ; tous ses « désirs sont renfermés dans ce qu'il possède;

« et, s'il forme quelquefois des projets d'élé-
« vation, ce sont de ces chimères agréables
« qui amusent le loisir d'un esprit oiseux,
« mais nonpas des inquiétudes qui le dévo-
« rent.

  « Au grand, rien ne suffit, parce qu'il peut
« prétendre à tout : ses désirs croissent avec
« sa fortune ; tout ce qui est plus élevé que
« lui le fait paraître petit à ses yeux ; il est
« moins flatté de laisser tant d'hommes der-
« rière lui, que rongé d'en avoir encore qui le
« précèdent ; il ne croit rien avoir s'il n'a tout ;
« son âme est toujours avide et altérée, et il
« ne jouit de rien, si ce n'est de ses malheurs
« et de ses inquiétudes.

  « Ce n'est pas tout. De l'ambition naissent
« les jalousies dévorantes ; et cette passion, si
« basse et si lâche, est pourtant le vice et le
« malheur des grands. Jaloux de la réputa-
« tion d'autrui, la gloire qui ne leur appar-
« tient pas est pour eux comme une tache
« qui les flétrit et qui les déshonore. Jaloux
« des grâces qui tombent à côté d'eux, il sem-
« ble qu'on leur arrache celles qui se répan-
« dent sur les autres. Jaloux de la faveur, on
« est digne de leur haine et de leurs mépris,
« dès qu'on l'est de l'amitié et de la faveur du
« maître. Jaloux même des succès glorieux à
« l'état, la joie publique est souvent pour eux
« un chagrin domestique, un deuil secret.
« Enfin, cette injuste passion tourne tout en
« amertume, et on trouve le secret de n'être
« jamais heureux, soit par ses propres maux,
« soit par les biens qui arrivent aux autres.»

  Les philosophes moralistes de toutes les époques se sont élevés contre l'ambition, et ont
démontré méthodiquement ses dangers, ses
fatigues et sa vanité. Cependant il y a toujours
eu, il y aura toujours des ambitieux. Le désir
de la prééminence est naturel à l'homme : tant
que ce désir ne sera pas dirigé par l'éducation
vers un but louable et utile à la société, il
produira, sous le nom d'ambition, des malheurs individuels et des catastrophes publiques. Un système raisonnable d'éducation
pourrait produire de bons effets en réglant
les passions ; mais ce n'est là qu'un rêve de
l'abbé de Saint-Pierre.

A. JAY.

  AMBITION. (*Psychologie morale.*) Pas-
·sion qui nous pousse à étendre continuellement la sphère de notre pouvoir. *Voyez* Cu-
RIOSITÉ.

T. JOUFFROY.

  AMBLE. (*Équitation.*) La plupart des quadrupèdes marchent en faisant succéder au
mouvement du pied de devant le mouvement
du pied de derrière du côté opposé. L'ours et
la girafe, seuls peut-être, emploient un autre
mode de progression : ils meuvent d'abord
les deux jambes du même côté, puis les deux

autres, et ainsi de suite alternativement. C'est
cette méthode de locomotion que nous appelons
amble, du mot *ambulare*, que les Latins employaient dans le même sens.

  Les jeunes poulains emploient d'abord cette
allure ; mais ils l'abandonnent, dès qu'ils sont
assez forts pour trotter, et ne la reprennent
plus que quand la vieillesse et le travail les ont
rendus faibles de nouveau. Cependant quelques chevaux, en vertu d'une disposition naturelle qui paraît se perpétuer dans certaines
races, continuent d'aller l'amble. Cette démarche est presque aussi rapide que le trot,
et elle n'en a pas les inconvénients ; elle est
douce, sans saccades, et ne fait sentir d'autre
mouvement au cavalier qu'un balancement
peu sensible, le quadrupède étant obligé, au
moment où ses deux pieds du même côté sont
en l'air, de se pencher du côté opposé, afin de
ne pas perdre son équilibre. Aussi l'amble a-
t-il été très-recherché autrefois pour les femmes, et pour toutes les personnes qui, en
raison de leur âge ou de leur profession, ne
pouvaient être familiarisées avec les difficultés
de l'équitation. Au moyen âge, une grande
partie des coursiers marchaient l'amble, et les
haquenées, les *palefrois* qui portaient les
châtelaines et les prélats, étaient des chevaux
qui possédaient naturellement cette allure ou
qu'on y avait habitués artificiellement ; car
on arrivait à ce but, en les soumettant jeunes
à un système prolongé d'entraves.

  Aujourd'hui l'amble est banni des manéges,
où l'on ne veut que le pas, le trot et le galop.
Il est regardé par tous les écuyers comme une
allure vicieuse, qui lasse bien vite les épaules
du cheval par le transport alternatif du poids
total du corps sur les membres d'un même
côté, et principalement sur le membre antérieur, puisque l'animal, pour marcher, est
sans cesse obligé de se pencher en avant.

  Les chevaux ruinés, qui sont incapables
de trotter ou de galoper franchement, mêlent
fréquemment l'amble au trot ou au galop. Leur
allure se nomme *entrepas* ou *traquenard*
dans le premier cas, et *aubin* dans le second.

  AMBLYOPIE. (*Médecine.*) Ἀμϐλὺς, émous-
sé, ὢψ, œil. Affaiblissement de la vue, premier
degré de l'amaurose ; *voyez* ce mot.

A. L.

  AMBOINE. (*Géographie.*) L'île d'Amboine, une des Moluques, est la plus importante de tout le groupe qui porte son nom.
Elle a une vingtaine de lieues de long sur environ trois de large, et est divisée par un
bras de mer en deux parties, Hibou et Leyti-
mos, unies par l'isthme de Baguala. Elle a un
climat chaud, un sol argileux, bien arrosé, et
hérissé de collines boisées, particulièrement
à l'est. Sa principale richesse consiste dans les
girofliers, dont le gouvernement des Pays-

Bas s'est réservé le monopole ; car Amboine, découverte en 1511 par le Portugais Antonio de Abreu, occupée par les Portugais en 1564, leur fut enlevée par les Hollandais, qui en sont encore aujourd'hui les maîtres, bien que les Anglais y aient momentanément dominé.

Les autres productions de l'île sont le maïs, l'indigo, la patate, le sucre, le café, etc. Dans les forêts, composées des plus beaux arbres du tropique, on trouve le kuskus, le zibetti, le mongo, l'écureuil ailé, beaucoup de reptiles, et le *luceria Ambornensis*, une des plus grandes espèces de lézards. L'île renferme environ cinquante mille habitants, dont la plupart sont de race malaise, et professent la religion chrétienne ou mahométane. Quelques Européens, quelques Chinois, et dans l'intérieur, les Alfous, débris des anciens indigènes, forment le reste de la population.

La capitale de l'île est Amboine, située au fond de la baie profonde qui divise les deux parties de l'île. Elle a sept mille habitants. On y remarque, en fait de monuments, les bazars, le marché, l'hôtel de ville et deux églises. Elle est commerçante ; mais l'entrée du port est dangereuse. Le gouverneur général réside alternativement au port Vittoria, bâti par les Portugais, et à Raton-Gadja, maison de campagne située dans les environs. *Voy.* Moluques.　　　　　　　　　　　　　　　　　G.

AMBOISE, *Ambacia*. (*Géographie* et *Histoire*.) Ville du département d'Indre-et-Loire, sur la rive gauche de la Loire, à 23 k. E. de Tours. La tradition en rapporte la fondation à César ; mais Sulpice Sévère est le premier auteur qui en ait parlé ; Grégoire de Tours en fait aussi mention, ainsi que du pont de bateaux que le *Vicus Ambaciensis* possédait déjà de son temps, sur la Loire. Dès le neuvième siècle, Amboise avait eu des seigneurs particuliers. Charles le Chauve la donna à un seigneur nommé Adelandes. Les Normands la ruinèrent en 882. Foulques, comte d'Anjou, la répara ; elle tomba ensuite au pouvoir des comtes de Berry, puis fut possédée pendant plus de cinq cents ans par une maison des plus illustres du royaume, et qui en avait pris le nom de maison d'Amboise. C'est sur cette famille que cette ville fut confisquée, sous Charles VII, par arrêt du parlement, séant à Poitiers, le 8 mai 1431, parce que Louis, seigneur d'Amboise, avait pris le parti des Anglais. Cette ville fut alors réunie au domaine de la couronne.

Le château d'Amboise est fort ancien. L'empereur Gratien le donna, vers 360, à Anicien, qu'il avait fait comte de Tours. Saint Baud, sixième évêque de cette ville, en était seigneur dès 540. Charles VIII le fit reconstruire par des artistes italiens ; Louis XII et François Ier continuèrent d'y faire travailler, et l'achevèrent. Louis XV le donna, en 1761, au duc de

Choiseul, à la mort duquel il devint la propriété du duc de Penthièvre. Il appartient aujourd'hui au roi. Parmi les curiosités que présente ce château, on remarque les deux tours qui le flanquent au nord et au midi, et dans l'intérieur desquelles on peut, dit-on, monter en voiture jusqu'au sommet. Charles VIII naquit dans ce château en 1470, et y mourut d'apoplexie le 7 avril 1498.

On remarque encore à Amboise un monument fort curieux ; c'est un double souterrain creusé dans le rocher à une grande profondeur, et connu sous le nom de *Grenier de César.*

Cette ville, où l'on compte maintenant 4,848 habitants, est la patrie de la duchesse de la Vallière, de Saint-Martin dit le Philosophe inconnu, du jésuite Commire.

Aux environs se trouve le château de Chanteloup, où le duc de Choiseul fut exilé après sa disgrâce.

De Marolles, *Histoire de la construction d'Amboise et des actions mémorables de ceux qui l'ont possédée*, traduite du latin (1606), et imprimée à la suite de l'*Histoire des anciens comtes d'Anjou*, in-4°, 1681.

Cartier, *Essai historique sur la ville d'Amboise, son château et ses seigneurs*, in-8°, 1843. — *Notice sur des monnaies gauloises trouvées dans le camp d'Amboise*, in-8°, 1843.

Léon Renier.

AMBOISE (conjuration d'). (*Histoire*.) Cette conspiration fut formée, en 1560, par les huguenots et les catholiques mécontents du crédit croissant des Guise. Le prince de Condé en était le *capitaine muet*, comme on dit alors, et la Renaudie, son agent, le chef ostensible. Le prétexte de cette conjuration fut la religion, « combien que le bruit fust, dit un contemporain, qu'il y avoit plus de mal-contentement que de huguenoterie. » Castelnau, seigneur de Chalosses, l'un des conjurés, déclara en effet, sur l'échafaud, qu'il n'avait pris les armes que contre les ducs de Guise, lesquels étaient étrangers et avaient usurpé l'administration publique. « Si c'est là, disoit-il, un crime de lèze-majesté, il falloit les déclarer rois. » Vieilleville dit lui-même que « ce fut le pouvoir des Guise qui fit esclore la conjuration. Un grand nombre de noblesse s'esleva et print les armes pour s'y opposer, et choisirent ung chef nommé la Regnaudye, qui avoit, pour conduire son entreprise, trente capitaines vaillans et bien expérimentez ; le but de laquelle étoit seulement de se saisir des deux frères, et mettre le roy en liberté, qu'ils retenoient comme par force et violence, et restablir les anciennes loix, statuts et coustumes de France, sans aulcunement attenter à la personne de Sa Majesté. Et avoit ledict la Regnaudye, oultre les trente capitaines, environ cinq cents chevaulx et grand nombre de gens de pied qui tous se vindrent rendre, par un fort secret rendez-vous, en ung chasteau assez près d'Amboise, nommé Noyzé (1). »

Les conjurés voulaient surprendre, pendant le dîner royal, une des portes du château, et se saisir aussitôt des Guise. Mais un avocat de Paris, d'Avenelles, révéla l'entreprise. Le duc de Guise put prendre toutes les précautions et réunir des troupes qui, cachées dans la forêt voisine, tombèrent sur les petits détachements des conjurés à mesure qu'ils s'approchaient, et en eurent ainsi bon marché. Beaucoup furent tués dans ces rencontres, entre autres le chef de l'entreprise, la Renaudie ; mais un plus grand nombre furent faits prisonniers, livrés à de « crueulles géhennes, » et les uns pendus tout « habillez et esperonnez, » les autres roués, les autres décapités. « Il fut procédé, dit la Planche, à leur exécution en la plus grande diligence qu'il était possible ; car il ne se passait ni jour ni nuit que l'on n'en fît mourir fort grand nombre, et tous personnages de grande apparence. Mais ce qui était étrange à voir, et qui jamais ne fut usité en toutes formes de gouvernement, on les menait au supplice sans leur prononcer en public aucune sentence, ni aucunement déclarer la cause de leur mort, ni même nommer leurs noms... Une chose observait-on à l'endroit de quelques-uns des principaux, c'est qu'on les réservait pour après le dîner contre la coutume ; mais ceux de Guise le faisaient expressément pour donner quelque passe-temps aux dames, qu'ils voyaient s'ennuyer si longuement en ce lieu. Et de vrai eux et elles étaient arrangés aux fenêtres du château comme s'il eût été question de voir jouer quelque momerie, sans être aucunement émus de pitié, au moins qu'ils en fissent le semblant. Et qui pis est, le roi et ses jeunes frères comparaissaient à ces spectacles comme qui les eût voulu acharner, et leur étaient les patients montrés par le cardinal, avec des signes d'un homme grandement réjoui, pour d'autant plus animer ce prince contre ses sujets ; car lorsqu'ils mouraient plus constamment, il disait : « Voyez, sire, ces effrontés et enragés, voyez « que la crainte ne peut abattre leur « orgueil et félonie ; que feroient-ils donc s'ils « vous tenoient (2) ? »

Le baron de Castelnau ne s'était rendu qu'après que le duc de Nemours « lui eut juré en foi de prince, sur son honneur et damnation de son âme, et, outre ce, signé de sa propre main *Jacque de Savoie*, qu'il le ramèneroit avec ses amis sains et saulves, et n'auroient aucun mal. Quinze des principaulx et mieulx

(1) *Mémoires de Vieilleville*, collection Petitot, première série, t. XXVIII, p. 421.
(2) *Reg. de la Planche*, p. 214.

parlant d'iceux s'asseurant en sa foy, seing et parolle de prince, sortirent avecques luy, estimants à grand heur et advantaige que d'avoir libre accez à Sa Majesté, sans qu'il fust besoin de l'acquérir par armes ny par force.

« Mais estant arrivez à Amboyse, ils furent incontinant referrez en prison et tourmentez par cruelles géhennes. Ce que voyant M. de Nemours, il entra en une merveilleuse colère et désespoir, du grand tort fait à son honneur, et poursuivit par toutes instances et sollicitations leur délivrance, par l'entremise et l'intercession même de la royne regnante, de madame de Guise, et autres grandes dames de la cour ; mais en vain, car à lui et à elles toutes fut répondu par le chancellier Olivier, que ung roy n'est nullement tenu de sa parolle à son subject rebelle, ny de quelconque promesse qu'il luy aict faicte, ny semblablement pour qui que ce soit de sa part ; et défense faicte, générale et par cry public, à tous et à toutes de ne plus importuner Sa Majesté, sur peine d'encourir son indignation. Qui fut cause que cette sollicitation cessa, au grand crèvecueur et mécontentement du duc de Nemours, qui ne se tourmentoit que pour sa signature ; car pour sa parolle, il eust toujours donné un desmenti à qui la luy eust voulu reprocher, sans nul excepter, tant estoit vaillant prince et généreulx, fors Sa Majesté seulement.

« Cependant ces quinze misérables furent exécutez à mort... ; les ungs furent décapitez ; les autres pendus aux fenestres du chasteau d'Amboise, et trois ou quatre rouez : se plaignants plus au supplice du tradiment du duc de Nemours, que de la mort mesme qu'ils souffroient fort constamment ; entre aultres, le sieur de Castelnau, gentilhomme de fort bonne maison, l'appella cinq ou six fois sur l'éschaffault trahistre, très-meschant et indigne du nom de prince, et trempa ses mains au sang de ses compagnons, encore tout chaud, qui avoient esté sur l'heure décapitez en sa présence ; et les élevant toutes sanglantes, il prononça de fort belles et très-sainctes paroles en la prière qu'il fist à Dieu, et telles qu'il fist pleurer mesme ses ennemis, principalement le chancelier Olivier qui l'avoit condamné à mort et tous ses compagnons, lequel soudain, après cette exécution, piqué d'ung remors et vive componction de conscience, tomba malade d'une extreme melancolie qui le faisoit soupirer sans cesse et murmurer contre Dieu, affligeant sa personne d'une étrange et épouvantable façon ; et estant en ce furieux desespoir, le cardinal de Lorrainne le vint visiter ; mais il ne le voulut point voir, ains se tourna de l'autre costé, sans lui repondre un seul mot ; puis le sentant esloigné, il s'escria en ces mots : « Ha, maudit « cardinal, tu te dampnes et nous fais aussi

« tous dampner ! » Et deux jours après il mourut (1). »

AMBON. (*Architecture.*) Lieu facile à monter, échelon, gradin.

Ambon ou jubé, tribune qu'on pratiquait autrefois dans les églises et qui séparait le chœur de la nef.

On y montait ordinairement par deux escaliers en spirale, qui enveloppaient les deux premiers piliers du chœur. Cette galerie, supportée par des colonnes, ou par un grand arc à jour, et fermée par des grilles, permettait de voir les cérémonies qui se célébraient dans le sanctuaire. Quelquefois aussi les ambons consistaient seulement en deux espèces de chaires en regard l'une de l'autre et qui n'étaient liées entre elles que par la grille du chœur.

Dans la primitive église, l'ambon servait *aux diacres pour y lire l'épître et l'évangile.* C'était aussi de cette tribune que se faisaient les conférences et se prononçaient les sermons.

On en voit encore de nos jours des exemples dans les églises de Saint-Étienne-du-Mont à Paris, de Saint-Just à Lyon, de San-Miniato à Florence, etc.

En 1800, MM. Fontaine et Percier construisirent les ambons que l'on voit aujourd'hui à Notre-Dame de Paris.

DEBRET.

AMBRACIQUE (Golfe). (*Géographie.*) Le golfe de l'Arta, anciennement *Ambracius sinus,* Ἀμπράκιος ou Ἀμβρακικὸς κόλπος, est un enfoncement de la mer Ionienne, limité par les provinces d'Épire et d'Acarnanie (2). « On lui « donne communément, dit Pouqueville, d'a- « près le calcul des navigateurs pratiques de « cette mer, 34 milles ou onze lieues un tiers « d'orient en occident, depuis la plage la plus « éloignée du Macrinoros jusqu'à la haute mer, « vis-à-vis le cap du Pantocrator. On estime, « d'après les mêmes calculs, sa largeur moyenne « à 10 milles, et le plus grand de ses diamè- « tres, qui est entre Philocastron et le cap Mi- « loula (Acarnanie), à 12 milles........ D'a- « près sa conformation, on peut diviser l'é- « tendue du golfe en rade extérieure, qui est « une espèce d'avant-scène, située entre les « récifs du Pantocrator et la plage basse de « la Punta. Nous appellerons ensuite la se- « conde partie Euripe ou Passe, celle qui « donne entrée dans le bassin, auquel j'appli- « querai le nom de Prévesan. La troisième « partie sera donc cet espace formé par les ri- « vages de l'Acarnanie et la partie méridio- « nale du territoire de Nicopolis, que termi- « nent les promontoires de Scaphidaki au « nord et en regard celui d'Anactorium (le cap « Mirtavi.) Enfin, nous aurons pour quatrième « division hydrographique, le sein Ambraci- « que, vulgairement appelé golfe de l'Arta, « qui se déploie jusqu'aux plages du Macri- « noros. (1) »

Sur la côte septentrionale de l'entrée étroite du golfe est située la ville moderne de Prévesa, *défendue du côté de la terre par une* muraille et un fossé, mais ouverte du côté de la mer; deux forts enfermés dans l'enceinte, Saint-Georges et le fort Neuf, commandent les approches de la mer et du golfe. Le fort extérieur, Pantokratera, situé à un quart de mille de la ville, protége encore le côté de la mer. A un demi-mille au delà de Prévesa est une petite baie, appelée Vathy (Βαθύς, profond), dominée par des ruines romaines, sans doute dépendantes de celles de Nicopolis et qu'on appelle aujourd'hui Margaroni. A partir de ce point,

(1) *Mémoires de Vieilleville*, p. 424.
(2) C'est aux Vénitiens qu'on doit les premières connaissances positives sur le golfe de l'Arta : la plus ancienne carte de ce golfe qu'on connaisse a été faite à Venise à l'occasion d'une expédition de Barberousse, elle ne porte point de date et est intitulée : *La dimostratione del luogo dove al presente si trova l'armat di Barbarossa et de Christiani detto il golfo dell' Artha antichamente il seno Ambracio, da Ambracia città reale di Pyrrho* (sic) *vicino al promontorio Actio per la victoria di Auguste contra Marc Antonio et Cleopatra memorabile.* Après cette carte il faut citer celle du *Golfo della Prevesa* appresso Gioan Franc. Camocio, et celle de Coronelli intitulée *Golfo della Prevesa*, dedicato dal P. cosmografo Coronelli all' illustrissimo Sig. abbate Fr. Foscari : d'Anville a rectifié une erreur grave dans l'échelle de cette carte; mais il a emprunté à Coronelli la configuration du golfe pour la carte qu'il a jointe à son mémoire, en en changeant toutefois l'orientement. Je citerai enfin la *Carte du golfe de Larta, autrefois Ambracius sinus*, qui forme la trente et unième planche de la description géographique du *Golfe de Venise de Bellin* ; et, à cette occasion, je ferai observer, d'après d'Anville, que « l'ignorance des gens de mer a fait « admettre dans les cartes le nom de Larta, sans dis- « tinction d'avec l'article, que les Italiens ont fait en- « trer dans la dénomination moderne du Golfo dell' « Arta. » Bellin, qui a reproduit cette erreur dans le titre de sa carte, a eu soin, il faut le dire, de nous avertir en même temps qu'il ne l'adoptait que comme dénomination vulgaire et répandue.

(1) L'étendue de ce golfe a été longtemps fort diversement estimée : d'Anville, dans un mémoire spécial, dont je donnerai le titre plus loin, débute par la discussion de cet article : Polybe (liv. IV) donne au golfe d'Ambracie environ 300 stades de longueur à partir de la mer, et Pline 39 milles, ce qui confirme l'estime de Polybe, puisqu'à raison de 8 stades pour chaque mille, on obtient au moins 300 stades. D'autre part, Strabon dit que la circonférence de ce golfe (ὁ κύκλος) est de 300 st. (11 l. 850 t.). Ce terme de Strabon a été diversement interprété : d'Anville paraît l'entendre rigoureusement dans le sens de la périphérie du golfe mesurée d'après les contours du littoral, et il est amené à conclure de là que Strabon n'attribuait au golfe en longueur que 100 stades; d'ailleurs cette réduction lui semble appuyée du témoignage de Scylax, lequel, en parlant du golfe d'Anactorium, en borne l'étendue à un peu moins de 120 stades μυχὸν σταδίων ρχ'; et la mesure de 12,000 pas vénitiens assignée au même golfe par Coronelli, mesure que d'Anville a judicieusement rectifiée, se rapportait encore en apparence à la prétendue erreur de Strabon. Mais il est plus simple et plus juste d'entendre ce mot de κύκλος, comme le veut Pouqueville, dans le sens de grand diamètre du golfe : de cette manière le calcul de Strabon s'accorde exactement avec celui de Polybe, de Pline et des géographes modernes.

la côte, qui se dirige d'abord au nord-nord-est, incline au sud-sud-est; le nom du district de cette partie du littoral est Skaffidakki, canton fertile, arrosé par de nombreux cours d'eau. Au bout de cette langue de terre, où s'élèvent deux pics, de cent cinquante pieds, la côte est escarpée et rocheuse; mais en remontant vers le nord elle change de nature, et devient basse et marécageuse : on remarque une baie assez considérable, que quelques géographes appellent la baie de Nicopolis; sur toute la côte semi-circulaire de cet enfoncement règne une bande étroite de sable, derrière laquelle s'étendent des espèces de lagunes, remarquables surtout comme pêcheries : les plus fréquentées de ces pêcheries sont celles de Mazoma, de Covthra, de Tchoucalio, de Tchépéli et de Gribo (1). Au delà est l'embouchure de la rivière Luro (anciennement Charadra), large d'environ soixante pieds. Plus à l'est est le grand lac Chukaleo enfermé entre la côte et un ruban de sable, sur lequel s'élève, dans une position avancée, le poste turc de Salahora, rattaché au continent par une chaussée. En face de Salahora est le petit archipel Korako-Nissi, composé de quatre îles : lorsque Pouqueville le visita, la seule île de Péthamenos était habitée : quelques religieux de l'ordre de Saint-Basile y avaient une chapelle et leurs cellules. Ce cordon de sable qui suit la côte, remonte avec elle vers le nord-est jusqu'à l'ancienne bouche de l'Arta (Arachthus), appelée aujourd'hui Palea-Buca (2). La ville d'Arta,

située dans l'intérieur sur la rive gauche du fleuve, est l'Ambracia des auteurs anciens; elle est distante du golfe de sept milles et présente des ruines curieuses de différents âges. A quatre milles à l'est de l'embouchure de l'Arta, on arrive à l'angle nord-est du golfe : la côte tourne alors brusquement au sud, et là se terminent les terres basses et marécageuses; des rochers et des hauteurs, dernier prolongement du Macrinoros, leur succèdent. Cette chaîne se continue tout le long de la côte orientale du golfe; toutefois en un certain point, elle est interrompue par des marécages, à l'extrémité desquels s'élève le mont Armyros, qui paraît avoir été isolé dès le principe. Au delà de cette montagne est la baie de Karavasara (baie Caravansérail des géographes français), qui pénètre dans les terres à une profondeur de deux milles; des deux côtés de cette baie les terres sont hautes; et on voit, à la partie orientale les ruines d'Olpœ, qui répondent exactement à l'emplacement décrit par Thucydide : une éminence près du bord de la mer, à vingt-cinq stades d'Argos Amphilochicum (2 milles ½). Les ruines de cette dernière ville sont au fond de la baie Karavasara, et occupent une grande étendue : Karavasara est le nom moderne d'une douane et d'un poste de troupes grecques, situés dans le voisinage de ces ruines. De la baie de Karavasara qui forme l'extrémité sud-est du golfe Ambracique, la côte court vers l'ouest, mais en suivant une ligne très-irrégulière et en formant plusieurs petites baies; au fond de l'une d'elles, appelée Balibey, est le petit port de

(1) Pouqueville (*Voy. dans la Grèce*, édit. de 1820 t. II, p. 144 et 145) a donné une longue énumération des diverses espèces de poissons que renferme le golfe Ambracique.

(2) Pouqueville a consacré plusieurs chapitres de son *Voyage en Grèce* à la description de l'Ambracie, de l'Athamanie et de l'Amphilochie des anciens; « mais, dit « M. Letronne dans le troisième article consacré à l'exa-« men de cet ouvrage (*Journal des savants*, septembre « 1828), son opinion sur la position d'Ambracie, d'Ar-« githea et d'Argos Amphilochicum, sur le cours des « fleuves Arachthus et Inachus, change la face de la « géographie ancienne de cette région. Et il y a beau-« coup d'objections à faire à cette opinion, qui, en « plusieurs points importants, contrarie les témoi-« gnages de l'antiquité, comme l'a déjà montré Kruse « dans le second volume de son *Hellas.* » Malte-Brun considérait aussi comme insoutenable le système de Pouqueville, qui transporte le nom d'Arachthus (Arta) à la rivière Rogous ou Luro, et celui d'Inachus à l'A-rachthus; ce qui l'oblige à déplacer aussi les ruines et le nom d'Ambracie. A cette occasion, Malte-Brun demande vivement : « Comment a-t-on pu hésiter à re-« connaître dans Arta (la Narda des Turcs) l'ancienne « Ambracia? comment a-t-on pu transporter ce site « aux bords du petit fleuve nommé Charadrus et Rho-« gus? » Ambracia était à 80 stades du golfe (Scylax), et à 180 st. d'Argos Amphilochicum (Polybe), et ces deux mesures se rencontrent à la seule position d'Arta. Quant à la ville d'Argos Amphilochicum, c'est dans les ruines submergées de Philocastron, au milieu des pêcheries de Logaroux, non loin de l'embouchure de l'Arta, que Pouqueville reconnaît son emplacement; cette opinion, si différente de celle de tous les géographes anciens et modernes, est proclamée par Pouqueville comme une découverte; mais on n'a pas ac-

cepté cet étrange sentiment; et il est regrettable de voir que la grande carte de Grèce en quatre feuilles de M. Lapie (1826) le reproduise, comme du reste toutes les autres assertions de Pouqueville touchant la . géographie du golfe Ambracique. Je vais rapporter ici ce que dit d'Anville touchant cette ville, pour opposer à la légèreté, et on peut dire à la présomption, de Pouqueville, cette critique si sûre et si mesurée : « Passons, dit-il, à Argos Amphilochicum. Nous avons « vu plus haut l'indication de sa distance à l'égard « d'Ambracie, de 180 st. dans Polybe et de 22 milles « dans Tite-Live, ce qui revient au même, à une frac-« tion de mille près. Thucydide nous apprend que cette « ville était maritime, Ἀργείας ἐπιθαλασσίας. Ainsi « c'est à tort que dans la carte dressée sur Ptolémée, « dans celle de Sophianus et autres cartes modernes, « Argos d'Amphiloquie est écartée du golfe en « tirant vers la chaîne du mont Pindus. Scylax l'ad-« juge à l'Acarnanie, qui occupait le rivage méridio-« nal du golfe. Dicéarque distingue la nation des Am-« philoques d'avec les Acarnaniens; et Strabon le veut « de même en regardant les Amphiloques comme Épi-« rotes. Il est remarquable qu'un canton, qui de l'ex-« trémité du golfe tourne vers le couchant, conserve « le nom de Filokia. On y voit les débris d'une an-« cienne place, à laquelle l'ignorance actuelle et pro-« fonde des gens du pays a transporté le nom d'Am-« bracia, dont le déplacement est trop évident pour « causer le moindre embarras sur les positions res-« pectives de l'ancienne Ambracie et d'Argos d'Am-« philochie. L'anéantissement de la véritable Ambra-« cie et l'oubli de sa position ont pu faire croire qu'une « place située précisément dans le plus grand enfou-« cement du golfe qui avait porté le nom d'Ambracie, « devait être Ambracie. »

Loutraki, site enchanteur, dépeint par lord Byron. Dans la baie de Ruga, voisine de la précédente, on aperçoit des ruines de murailles cyclopéennes, appartenant sans doute à la ville ancienne de Limnœa. Au delà de la pointe Viatava, on entre dans la baie de Vonitza, au fond de laquelle est la ville de ce nom, traversée par une petite rivière qui se jette dans la baie, et entourée d'une riche vallée qu'enferment les monts Amuthero et Ouranissi et qu'arrosent beaucoup d'autres petits cours d'eau. Le cap Madona forme la côte occidentale de la baie de Vonitza; à l'extrémité de ce promontoire est une élévation de deux cent cinquante pieds environ, qui paraît convenir à l'emplacement du temple d'Apollon Actien; du reste, ce canton a conservé le nom d'Actium dans la dénomination moderne d'Azio. Quant à la ville même d'Actium, sa position est demeurée très-incertaine; peut-être doit-on la placer au fond de la baie de Prévesa, plutôt qu'en tout autre lieu. L'emplacement de l'ancien Anactorium est également très-contesté; mais la position qui me paraît se rapporter le plus exactement aux témoignages des anciens, est celle du château la Punta, situé sur le promontoire qui fait face à Prévesa (1).

(1) Les positions d'Actium et d'Anactorium sont encore aujourd'hui très-incertaines. Les opinions de d'Anville et de Pouqueville à ce sujet diffèrent encore complétement : suivant d'Anville, la position d'Actium, comme adjacente à la grande mer, est une fausse position ; l'espace qui sépare de la mer la vraie position d'Actium, est à peu près égal au tiers de l'étendue du golfe dans sa longueur ; le lieu que cette ville occupait est d'autant moins incertain, qu'il a conservé le nom d'Azio ; on y voit les fondements d'une grande forteresse ; et le temple d'Apollon, qui était élevé sur le promontoire voisin, a été remplacé par une église, dédiée à la Pan-Hagia ou la sainte Vierge. C'est à la partie méridionale du promontoire, formé par le mont Berganti, qui enveloppe à l'est la baie de Prévesa, que d'Anville place Actium, et cette baie même est, dans son opinion, le théâtre de la fameuse bataille entre Antoine et Octave. Quant à la position d'Anactorium, telle qu'elle est fixée sur la plupart des cartes de l'ancienne Grèce, plus en avant dans le golfe que celle d'Actium, elle lui paraît aussi souffrir difficulté ; mais Pouqueville s'étonne que d'Anville ait pu méconnaître le sens des indications de Strabon et s'égarer sur la foi de la fausse érudition de Coronelli. « En réfléchissant, dit-il, sur ces indications (l. VII, c. 8; l. X, ch. 3), il aurait vu qu'Actium se trouvait à l'entrée du golfe, qu'Anactorium en était éloigné de quarante st., et qu'il devait le chercher à l'orient. » Pouqueville, comme on le voit, traité d'Anville bien légèrement ; et la difficulté réelle de la question, qu'il n'a nullement éclaircie, l'obscurité des différents passages de Strabon, beaucoup moins précis qu'il ne semble à Pouqueville, n'autorisaient pas un semblable langage. M. James Wolfe, lieutenant de la marine royale britannique, que j'ai suivi dans cet article de préférence aux auteurs plus anciens, se prononce fortement pour l'opinion de d'Anville et contre ceux qui placent Actium sur la position opposée à Prévesa : « Il est vrai, dit-il, d'après le témoignage de Strabon, qu'Actium était voisine de l'entrée du golfe (on ne sait pas d'abord ce que Strabon et Thucydide entendent exactement par l'entrée du golfe, στόμα τοῦ κόλπου), mais elle était située sur une éminence, comme l'ajoute Strabon, et c'est pour

« La navigation de ce golfe, dit Pouqueville, « est soumise à des vents périodiques qui « varient très-rarement. Chaque jour, vers « onze heures du matin, le nord-ouest se lève, « et le renversement de la haute mer refoulant « les eaux à l'orient, on part de Prévesa pour « les ports de l'intérieur. L'Imbat (c'est le « nom qu'on donne à ce vent) est dans sa « force à deux heures après midi, et il se sou- « tient avec des variations de compas, en mol- « lissant jusqu'au coucher du soleil, où il « tombe.... Un calme absolu règne depuis « neuf heures du soir jusqu'à minuit.... A deux « heures après minuit, on commence à sentir « quelques brises odorantes de l'est, qui s'é- « lèvent, cessent et se raniment par bouffées « presque jusqu'au lever du soleil. On appa- « reille à ce signal, et le vent de terre qui s'é- « tablit ramène les escadrilles de barques au « port de Prévesa. Cet ordre admirable de « moussons diurnes n'est interverti que dans « les gros temps. »

D'Anville : *Description du golfe d'Ambracie, où s'est donnée la bataille d'Actium* : t. XXXII du Recueil de l'Académie des inscriptions et belles-lettres, p. 514-528.

Pouqueville : *Voyage dans la Grèce*, (édit. de 1820) t. II, chapitre 38e, intitulé : *Golfe Ambracique*, etc.

Lieutenant James Wolfe : *Observations on the gulf of Arta, made in 1830*. (*Journal of the roy. geogr. Soc. of London*, t. III, p. 77-94.)

AMÉDÉE TARDIEU.

AMBRAS, AMRAS ou OMRA. Magnifique château de plaisance, situé entre Inspruck et Hall, dans le cercle de Schwatz, en Tyrol. Bâti sur une montagne au pied de laquelle coule l'Inn, il est renommé pour la beauté de son site. Il a encore un autre titre à la célébrité : l'archiduc Ferdinand y avait rassemblé, au seizième siècle, une collection de curiosités qui se conserve maintenant à Vienne, sous le nom de *collection Ambrasienne*. A la paix de Presbourg (1805), elle fut réclamée par l'Autriche comme propriété particulière de la famille impériale. Napoléon, alors maître du Tyrol, ne garda que neuf armures d'origine française, entre autres celles de François Ier, du connétable de Bourbon, des ducs de Guise et de Mayenne, qui furent transportées à Paris, et entrèrent dans le dépôt d'artillerie. Outre un grand nombre d'armures, précieuses comme objets d'art et comme souvenirs historiques, la collection d'Ambras renferme des tableaux, un cabinet d'histoire naturelle, des antiquités

cela qu'on ne peut la reconnaître dans le château de la Punta ; car le sol de ce promontoire est si marécageux et conserve cette nature basse et humide si loin du rivage, que tout établissement un peu considérable y paraît impossible ; au contraire, à l'ouest du promontoire qui porte le nom d'Azio, la côte est bordée de collines et de rochers. On a observé, à la vérité, quelques ruines sur la Punta ; mais elles sont de très-petite apparence et d'un caractère assez moderne. Ces raisons m'ont paru apporter une grande force au sentiment de d'Anville. »

de toute sorte, etc. Aloïs Prémisser en a donné la *description*, Vienne, 1819.

Le château d'Ambras renfermait aussi jadis une bibliothèque, dont l'impératrice Marie-Thérèse fit présent à l'université d'Inspruck.

AMBRE GRIS. (*Histoire naturelle*.) Substance huileuse, concrète, très-odorante, d'une consistance molle et tenace comme la cire, susceptible de se fondre par la chaleur de la main, d'une couleur grise, quelquefois rousse et brunâtre, marquée de taches jaunes ou noires, dont l'odeur devient plus forte et plus suave par le frottement ou par la chaleur. On trouve l'ambre gris flottant sur les eaux de la mer, et jeté sur le rivage, principalement aux environs de Sumatra, de Madagascar, des Moluques, sur les côtes de Coromandel, du Brésil, sur celles d'Afrique, de la Chine et du Japon, et même dans quelques parties de l'Europe. Il se présente en masses irrégulières, quelquefois très-considérables, et presque constamment formées de couches superposées. L'origine de cette substance a été l'objet de longues discussions. Les uns y virent un bitume, d'autres un amas fortuit de substances diverses, résidus d'une putréfaction, et quelques-uns les excréments des cétacés : peu à peu la vérité a été connue, et le docteur Swédiaur a mis un terme à toutes les incertitudes dont ce point d'histoire naturelle était entouré, en démontrant que l'ambre gris n'est autre chose que l'excrément d'une espèce de cachalot (*physeter macrocephalus*, L.), le même qui fournit le blanc de baleine (adipocire). En effet, des pêcheurs ont plusieurs fois trouvé de l'ambre gris dans ce cétacé ; il est commun dans les parages qu'habite cet animal ; les masses d'ambre qu'on a recueillies renferment souvent des becs de sèche et antres débris des animaux marins dont le cachalot fait sa principale nourriture ; enfin, les excréments de quelques autres mammifères, conservés pendant un certain temps, exhalent aussi une odeur analogue à celle de l'ambre.

BORY DE SAINT-VINCENT.

AMBRE GRIS. (*Technologie.*) Cette substance aromatique est douée d'une odeur suave et pénétrante ; elle est, en conséquence, d'un grand usage pour la toilette. Les parfumeurs en consomment beaucoup ; cependant ils ne l'emploient jamais seule ; et il paraît que son odeur est peu susceptible de se développer, soit dans les poudres, soit dans l'alcool ; car ils sont dans l'usage d'ajouter une partie de musc sur quatre ou cinq parties d'ambre dans toutes les préparations où ils font entrer ce dernier aromate.

L'ambre gris est un ingrédient des pastilles à brûler et des pastilles des Indes ; il entre dans la poudre à la maréchale, l'eau de miel anglaise, le parfum de Portugal, etc. ; il sert à aromatiser une foule de préparations, telles que des vinaigres, des savonnettes, des huiles, des pommades ; il est aussi employé en médecine, et sa vertu excitante et aphrodisiaque n'est pas douteuse.

On trouve l'ambre gris dans le commerce, sous la forme de masses irrégulières plus ou moins volumineuses : plusieurs auteurs font mention de morceaux du poids de cent livres et au delà. Comme l'ambre gris est fréquemment falsifié, il est bon de savoir reconnaître le véritable : celui-ci présente dans sa cassure plusieurs couches de différentes nuances de gris mêlées de points jaunes, noirs et blancs ; la chaleur de la main suffit pour le ramollir ; et, si l'on y plonge une tige d'acier chauffée au rouge, il laisse exsuder une matière liquide d'une odeur très-suave et très-aromatique ; l'ambre sophistiqué n'a pas ces caractères.

AMBRE JAUNE. (*Technologie.*) L'ambre jaune, qu'on nomme aussi karabé ou succin, est un corps transparent et susceptible de recevoir un beau poli ; aussi s'en sert-on pour faire différents objets d'agrément, destinés à la parure des enfants et des femmes. Il y a du succin d'un beau jaune rougeâtre ; il y en a d'un jaune plus clair ; mais le plus estimé est celui qui tire sur le blanc, et qui est à demi opaque. On prétend qu'on peut ramollir le succin de manière à lui donner des teintes factices, et y placer des corps étrangers qui en rehaussent le prix aux yeux des amateurs ; ou en soude des morceaux ensemble, en les enduisant d'une dissolution de potasse, et en les rapprochant après les avoir chauffés.

On a employé l'ambre jaune pour fabriquer des pommes de canne, des colliers, des peignes, des bracelets, des ceintures, des boucles d'oreilles, des chapelets ; mais ces bijoux sont presque délaissés depuis qu'on leur a substitué le corail, les perles, les diamants. L'ambre jaune est susceptible d'être tourné et sculpté ; on peut en faire des miroirs, des prismes, des verres ardents, etc., on peut surtout l'employer avec succès dans la composition des vernis.

Il a été autrefois d'un grand usage en médecine ; et Pline rapporte que les anciens s'en servaient pour faire des colliers ou amulettes pour les enfants ; mais aujourd'hui ses propriétés curatives sont regardées comme douteuses, et il est rarement employé comme médicament.

LENORMAND et MELLET.

AMBRETTE. (*Histoire naturelle.*) On désigne sous ce nom un genre de mollusques, voisin de celui des *Hélices*, avec lequel il était anciennement confondu. L'une des espèces de ce genre se trouve communément aux environs de Paris et a été décrite avec soin par Geoffroy, dans son *Traité des Coquilles des* *environs de Paris*. Nous dirons quelques mots des Ambrettes à l'article HÉLICE.

E. DESMAREST.

AMBROISIE, *Ambrosia*. (*Botanique*.) Ce nom, qui réveille tant d'idées poétiques, n'a point été appliqué par les botanistes à quelque végétal parfumé qui le méritât, mais à un genre de plantes de la famille des composées, qui n'offre aucune particularité qui puisse lui mériter la moindre attention dans nos jardins, ou dans un ouvrage du genre de celui-ci.

On a encore appelé *ambroisie* ou *thé du Mexique*, une espèce d'anserine ou chenopode, dont les feuilles d'un vert obscur ont une odeur résineuse très-forte et qui n'est pas sans quelque attrait. On avait à tort donné l'Amérique pour la patrie de cette ambroisie, qui croît naturellement dans plusieurs parties de l'Espagne, et même des provinces méridionales de la France ; elle est sudorifique, et l'infusion de sa feuille desséchée est une boisson aussi agréable que salutaire.

BORY DE SAINT-VINCENT.

AMBROISIE. (*Mythologie*.) Ambroisie, en grec, Ἀμβρόσια, est un adjectif qui veut dire *immortelle*; on en a fait, dans la fable hellénique, le nom de la nourriture des dieux. On désignait plus particulièrement par le nom de *nectar*, la liqueur qui leur servait de breuvage, mais plus d'une fois les poëtes anciens ont confondu les deux acceptions. L'ambroisie est une nourriture sèche, dit Suidas, ξηρὰ τροφή; le nectar est la boisson des dieux, *deorum potio*, écrit Festus ; et l'ancien scholiaste de Théocrite, dans son commentaire sur la septième idylle, oppose le nectar à l'ambroisie, en réunissant ces deux définitions : Νέκταρ τὸ τῶν θεῶν πόμα, ἀμβροσία δὲ ἡ τουτῶν τροφή. L'ambroisie était une nourriture plus douce encore que le miel ; Ibycus, cité par Athénée, nous apprend qu'en mangeant du miel, on éprouve la neuvième partie du plaisir que fait goûter l'ambroisie, et le nectar ne lui cédait en rien. L'ambroisie était une liqueur rouge, à ce que dit Homère, *Iliad*. T, 38. Ce poëte vante, ainsi que l'ont fait après lui Théocrite, Nonnus, Lucrèce, le parfum qu'elle exhale. Le scholiaste de Callimaque dit qu'elle coula pour la première fois d'une des cornes de la chèvre Amalthée, et que le nectar sortit de l'autre. Les cheveux de Vénus exhalaient l'odeur de l'ambroisie :

> Ambrosiæque comæ divinum vertice odorem.
> Spiravere.
>
> Æn. I, v. 407.

Homère nous montre Junon se parfumant d'ambroisie, quand elle s'arme de tous ses attraits pour séduire son infidèle époux.

Il y a dans la croyance à l'ambroisie tout à la fois la trace d'une ancienne tradition de l'Asie et l'empreinte de la grossièreté de la conception que les premiers peuples se sont formée de la divinité. Constatons d'abord le premier point.

Dans l'Inde, cet antique berceau d'une foule de nos croyances, nous retrouvons l'*Amrita*, la boisson immortelle que l'agitation du serpent *Sécha* a fait sortir de la mer de Lait. Vichnou la distribue aux seuls Devas ; mais les Asouras voulurent aussi en goûter ; et, par leur désir jaloux, ils portèrent le trouble dans l'univers, qui dut son salut aux incarnations du second membre de la triade hindoue. Le don de l'immortalité est attaché à certains mets délicieux, à certains fruits, que produisent des arbres célestes, à certaines sources de liqueur exquise qui coulent à leur pied ; suivant le *Bhagavata-Pourana*, au sommet des quatre grandes montagnes, placées aux quatre côtés du Mérou, pour le soutenir, s'élèvent un manguier, le djamba, le kadamba et le nyagrôdha, qui ont chacun cent yôdjanas de hauteur. Au pied de ces quatre arbres sont des lacs de lait, de miel, de sucre de canne, et d'eau pure, dans lesquels se baignent les divinités inférieures, pour y trouver des qualités surnaturelles.

Dans la religion mazdéenne, on rencontre une croyance analogue ; l'arbre nommé *Hom* éloigne la mort, est la source de la vie et fait ressusciter les morts : il croît près de la source bienfaisante de l'Ardouisour. C'est l'arbre de vie de la Genèse, du pied duquel s'échappent aussi des sources bienfaisantes. Adam et Ève jouent le même rôle que Meschia et Meschiané ; le Boun-Dehesch nous montre ceux-ci perdant le bonheur, comme le premier couple hébreu, pour avoir mangé des fruits que leur avait offerts l'esprit du mal. Au moyen âge les chrétiens se représentaient encore le paradis terrestre comme placé aux extrémités du monde et ombragé par l'arbre de vie, qui croissait dans son centre, et du tronc duquel s'échappait l'onde vivifiante ; idée qui reparaît dans la *Fontaine de Jouvence*, cette fontaine qui donne l'immortalité aux habitants du pays de *Cocaigne*, fabuleuse contrée, chantée par nos premiers poëtes.

Le mythe de l'arbre de vie a pénétré jusque dans la religion des Scandinaves ; reçus dans le Walhalla, les *Einheriar* boivent à pleine coupe l'*Aul* délicieux, et de l'arbre *Lüradur* la chèvre *Heidrum*, sœur d'Amalthée, fait jaillir la liqueur qui donne la vie. Dans le paradis musulman il y a aussi un arbre céleste, le *Sadr* ou *Sedr*, qui ombrage le septième ciel, et au pied duquel coule le Kausser, dont Mahomet et Ali distribuent aux vrais croyants les ondes bienfaisantes.

Dans l'antiquité l'ambroisie a eu réellement le caractère d'un élixir d'immortalité ; témoin ces vers de Théocrite, dans sa quinzième idylle :

Κύπρι Διωναία, τὺ μὲν ἀθανάταν ἀπὸ θνατᾶς,
Ἀνθρώπων ὡς μῦθος, ἐποιήσας Βερενίκαν,
Ἀμβροσίαν ἐς στῆθος ἀποστάξασα γυναικός.

« O Cypris, fille de Dioné, c'est toi, dit-on,
« qui as rendu Bérénice immortelle, de mor-
« telle qu'elle était, en versant l'ambroisie
« dans son sein. »

Tantale et son fils Pélops étaient aussi devenus immortels en buvant de l'ambroisie,
et cette même boisson avait également valu
à Tithon d'échapper au trépas. Si la vie des
nymphes n'était pas éternelle, elle était au
moins fort longue; et Homère nous dit, en effet,
dans l'*hymne à Vénus*, qu'elles se nourris-
saient d'ambroisie.

L'ambroisie conservait les corps morts et
guérissait les blessures; dans l'Iliade, Apollon,
par ordre de Jupiter, lave le corps de Sarpedon
avec l'eau de la rivière et le frotte d'ambroisie.
Les belles mains de Vénus rendent le même
service au cadavre d'Hector; et cette déesse
guérit promptement son fils Enée, en versant
sur sa plaie du suc d'ambroisie.

Spargitque salubres
Ambrosiæ succos et odoriferam panacæam.
Æn. XII, 419.

L'huile de miséricorde, qui coulait de l'arbre de vie, dans le paradis terrestre, jouissait
de la même propriété curative; c'était un puissant vulnéraire, ainsi que nous l'apprend la
légende rabbinique de la pénitence d'Adam.
Seth cicatrisa avec elle les blessures de son
père.

Nous avons dit que les idées sur l'ambroisie
tenaient aussi aux idées grossières que l'on se
formait de la divinité. On ne pouvait concevoir que des êtres vécussent sans nourriture;
et l'on attribuait aux dieux une nourriture qui
n'avait d'autre différence avec la nôtre que
parce qu'elle était d'une nature plus délicate.
En nous montrant Hébé, Ganymède et Mercure
versant aux dieux le nectar et l'ambroisie, ou
Thémis servant cette dernière à Apollon, la
fable est l'expression de ces idées puériles.
On a cru longtemps que les dieux se nourris-
saient de la fumée des sacrifices; Porphyre le
dit formellement dans son traité de l'abstinence de la chair des animaux; et Lucien, dans
son traité *Des Sacrifices,* nous dépeint les démons quittant volontiers leur nourriture ordinaire, pour aller se repaître de l'odeur des
viandes, manger la graisse et boire le sang
des victimes. Cette fumée, ces vapeurs des sacrifices, formaient le seul moyen de vivre de
cette *plebs numinum*, dont parle Arnobe et
qui a fourni au moyen âge ses démons et ses
esprits familiers.

Les Juifs n'ont pas été complètement étrangers à ces idées grossières; nous voyons les
anges qui apparurent à Abraham, sous le chêne
de Mambré, manger le beurre, le lait et la chair
de veau qu'il leur offre. Dans l'histoire de
Tobie, l'archange Raphaël dit qu'il se nourrit
d'une viande invisible et d'un breuvage qui
ne peut être vu des hommes.

L'Évangile nous offre la trace d'une opinion
analogue; un passage de saint Luc tendrait
à faire croire que les élus prendront encore
leurs repas dans le ciel : « Afin que vous bu-
« viez à ma table dans mon royaume, dit le
« Christ, et que vous soyez assis sur des trônes,
« pour juger les douze tribus d'Israël. » Saint
Justin, saint Clément d'Alexandrie, Minucius
Félix ont admis que les anges vivaient dans
le ciel d'une nourriture particulière; et Dante
nous parle dans son Purgatoire :

de' fioretti' del melo
Che del suo pomo gli angeli fa ghiotti
E perpetue nozze fa nel cielo.
Cant. XXXII.

On a aussi supposé que les diables avaient
leurs aliments particuliers.

Il est souvent question de la nourriture des
bienheureux dans les tableaux , soit sérieux,
soit burlesques, que la poésie du moyen âge
nous fait du paradis. Une vieille ballade allemande dit à ce sujet : « Le vin ne coûte pas un
« liard dans la cave du ciel; les anges font des
« pains et des craquelins à chaque camarade.
« Les légumes de toute espèce poussent dans les
« jardins du ciel; les pois et les carottes y vien-
« nent seuls ; les asperges y sont grosses comme
« la jambe, les artichauts comme la tête.
« Sainte Marthe est la cuisinière et saint Ur-
« bain l'échanson. » On peut rapprocher de ce
passage cette stance d'une chanson burlesque
sur l'archevêque de Mayence Hériger :

Johannes Baptista
Erat pincerna,
Atque præclari
Pocula vini
Porrexit cunctis
Vocatis sanctis.

Milton a transporté ces pieuses fictions dans
son *Paradis perdu;* et, par une coïncidence
curieuse, il a été ramené par son imagination à
confondre des croyances dans les idées d'a-
lors fort opposées, mais qu'aujourd'hui on
doit considérer comme découlant de la même
source : il nous montre les anges se nourrissant
du nectar et de l'ambroisie que produit l'arbre de vie.

Tout en repoussant ces grossières croyances, l'Église les adopte pourtant en partie, lorsqu'elle désigne la sainte hostie comme l'inef-
fable nourriture des anges.

On voit de quelle source émane la croyance
à l'ambroisie : son histoire se rattache à
celle de cet anthropomorphisme qui est venu,
à toutes les époques, dénaturer les idées élevées

que la raison nous fait concevoir de l'existence spirituelle.

Dissertation sur le nectar et l'ambroisie, par Lefranc de Pompignan, tom. II de ses Œuvres complètes, Paris, 1784.

Ed. Jacobi, *Handwœrterbuch der griechischen und rœmischen Mythologie*, Koburg, 1835, 2 vol. in-8°.

Vulpius, *Handwœrterbuch der Mythologie der deutschen Volker*, Leipzig, 1826, p. 335.

ALFRED MAURY.

AMBRONS. *Voy.* CIMBRES.

AMBROSIEN (Chant et rit). (*Histoire religieuse.*) Saint Ambroise fut archevêque de Milan depuis 374 jusqu'en 397. A cette époque, la liturgie était encore très-simple et très-incomplète. Rien ne la fixait; et, quoiqu'un certain ordre régnât sans doute dans les cérémonies de l'Église, il est certain qu'elles n'étaient pas invariablement réglées, et qu'une partie n'en était pas écrite. Saint Ambroise voulut remédier à cet état de choses; il recueillit toutes les parties éparses de la liturgie, y fit des changements et des additions; composa des messes, des préfaces, des hymnes, appliquant des prières à chaque circonstance, fixant des cérémonies pour chaque sacrement. Grâce à lui, la liturgie forma un tout complet, et les fidèles de son diocèse purent diriger, d'après cette organisation invariable, leurs prières, naguère incertaines.

C'est ce rit ainsi établi qu'on a appelé *rit ambrosien*, du nom de son fondateur ou de son réformateur.

Non content d'avoir soumis à des règles fixes la partie pour ainsi dire spirituelle de la liturgie, saint Ambroise s'occupa aussi de la partie matérielle; il voulut apprendre à ses ouailles une manière solennelle et uniforme d'adresser au ciel ces prières qu'il leur avait enseignées, et institua la psalmodie appelée depuis *chant ambrosien*. Il réduisit la psalmodie à une formule pratique, qu'on peut considérer comme la plus ancienne dans l'histoire de l'art chrétien. A la division de l'échelle musicale par tétrachordes, usitée chez les Grecs, il substitua quatre modes ou quatre séries de tons composées de huit notes chacune, et dérivées des quatre modes grecs le plus en usage, savoir, les modes *dorien*, *phrygien*, *éolien*, *mixolidien*. Il établit le chant alternatif des psaumes, et s'efforça, en outre, d'assujettir le chant au rhythme, et d'asservir la mélodie à des lois métriques. Ce fut lui qui, après saint Hilaire, composa les premières hymnes sur un mètre réglé, à l'imitation des poésies grecques. Il est parlé de ses diverses institutions dans sa *Lettre* à sa sœur Marcelline, dans sa *Vie*, écrite par Paulin, et dans les *Confessions* de saint Augustin (liv. IV, ch. 6), qui nous donne une très-haute idée de l'excellence du chant dans l'église de Milan. Au douzième siè-

cle, le chant alternatif des psaumes existait encore, comme Ambroise l'avait noté, dans quelques contrées de l'Occident. Aujourd'hui, il n'y a plus de différence sensible entre le chant ambrosien et le chant romain ou grégorien, et il est à croire que ces deux chants se sont fondus, avec le temps, l'un dans l'autre, opinion d'autant plus probable, qu'au temps de Grégoire le Grand, ou peu après, la liturgie milanaise a fait, quant au rit, des emprunts à la liturgie romaine, et réciproquement. Depuis cette époque, le rit ambrosien, dit-on, n'a subi aucun changement notable, est resté constamment en vigueur, et a triomphé de toutes les oppositions.

Selon certains auteurs, il dut son premier et son plus éclatant triomphe à l'intervention divine. Lorsque Charlemagne, à l'instigation d'Adrien Ier, voulut faire adopter le rit romain dans tout l'Occident, la résistance des Milanais le décida à s'en rapporter au jugement de Dieu, et, suivant Beroldus, Vicomes, etc., un miracle fut opéré en faveur de la liturgie instituée par saint Ambroise. Au onzième siècle, nouvelle tentative faite par Nicolas, nouvelle opposition des Milanais, nouveau triomphe du rit ambrosien, que la mort délivra de son dangereux ennemi. Au quinzième siècle, il fut encore protégé par la fermeté du clergé, et l'opposition du peuple, qui dégénéra en véritable sédition contre le cardinal Branda de Castiglione, légat d'Eugène IV. Enfin, en 1497, une bulle d'Alexandre VI déclara que les Milanais continueraient à suivre librement le rit auquel ils tenaient tant et qu'ils avaient su si bien défendre.

La première édition du *Missel ambrosien* avait paru en 1482; la deuxième fut publiée en 1499. Plusieurs autres ont été données depuis, et entre autres deux par saint Charles Borromée (1548 et 1560), et une par le cardinal Frédéric Borromée (1609). **G.**

AMBROSIENNE (*Bibliothèque*). Cette bibliothèque, ainsi nommée en l'honneur de saint Ambroise, patron de Milan, fut fondée dans cette ville, au commencement du dix-septième siècle, par le cardinal Frédéric Borromée, qui y rassembla quinze mille manuscrits et trente-cinq mille volumes imprimés. L'intention du fondateur était d'y joindre un collège pour seize savants qui devaient s'y livrer aux travaux littéraires et porter le titre de docteurs de la Bibliothèque ambrosienne. Mais ce projet n'a pu s'exécuter qu'en partie : au lieu de seize docteurs, il n'y en a que deux; ils portent une médaille d'or avec cette inscription : *Singuli singula*, qui probablement doit rappeler l'obligation de s'occuper chacun d'un travail spécial. C'est dans cette collection que l'abbé Mai a fait ses premières découvertes de fragments d'auteurs grecs et latins, parmi les manuscrits *palimpsestes*. Depuis la fondation, le nombre des volumes imprimés a été presque doublé. Les manuscrits contiennent beaucoup d'ouvrages précieux. Auprès de la bibliothèque on voit une galerie d'objets d'art, tels que des tableaux, des plâtres, les études de Léonard de Vinci, etc.

AMBULACRES. (*Histoire naturelle.*) Lorsque nous traiterons de l'organisation des oursins, nous donnerons quelques détails sur les ambulacres; nous nous bornerons maintenant à dire que l'on a appliqué cette dénomination aux mamelons multisériés d'où sortent les tentacules ou piquants qui servent d'organes préhenseurs ou locomoteurs aux oursins.

E. DESMAREST.

AMBULANCES. (*Chirurgie.*) Du latin *ambulare*. On nomme ainsi les établissements temporaires et mobiles formés sur le champ de bataille, et destinés à donner aux blessés les premiers secours que leur état réclame. Bien que dans les temps anciens et jusqu'au dix-septième siècle, on n'eût pas tout à fait mis en oubli les malheureux qui, dans les combats, tombaient atteints de blessures, le défaut d'une organisation régulière, l'insuffisance du personnel et du matériel rendaient à peu près nuls les secours d'un art encore bien peu avancé d'ailleurs, et qui, jusqu'à notre illustre Ambroise Paré, se composait de pratiques assez grossières et de moyens empiriques dont la plupart nuisaient plus au blessé qu'ils ne le soulageaient.

Les ouvrages de ce grand homme, justement nommé le Père de la chirurgie, nous apprennent que vers le milieu du seizième siècle les seuls médecins qui suivissent les armées étaient ceux que les chefs attachaient à leur personne, et lui-même accompagnait, en qualité de chirurgien particulier, le comte de Montéjan, lorsque après l'affaire du pas de Suse il découvrit les inconvénients de la pratique barbare qui consistait à cautériser avec l'huile bouillante les plaies d'armes à feu, considérées jusqu'alors comme empoisonnées. On fait généralement remonter au temps de Henri IV l'institution d'un service de santé régulier dans les armées en campagne; mais, bien qu'alors, et dans le siècle suivant, les secours aux blessés fussent mieux entendus et donnés avec plus de régularité, on était, sur ce point, bien près encore de la barbarie; car les peintres sont restés fidèles à l'histoire en représentant Louis XV parcourant aux flambeaux le champ de bataille de Fontenoy couvert de blessés, au milieu de la nuit. De nos jours, peu d'heures après l'affaire la plus grave, tous les blessés sont déjà secourus, et la plupart, enlevés sous le feu de l'ennemi, sont transportés à l'ambulance, opérés et pansés quelques minutes après leur chute et longtemps avant la fin du combat ; c'est au point que rarement un soldat blessé attend les secours de la médecine, même dans nos guerres difficiles des montagnes de l'Algérie, aussi longtemps qu'un homme qui, dans les rues de Paris, fait une chute grave ou est écrasé par une voiture. Cette amélioration immense a été apportée dans le service de santé des armées par deux hommes, tous deux grands par leur mérite et leur caractère : Percy, l'une des gloires de notre chirurgie ; Larrey, qui fit tant pour la science et mérita que Napoléon, mourant à Sainte-Hélène, dit de lui : « C'est l'homme le plus vertueux que j'aie « connu. »

Ce fut à l'armée du Rhin que Percy fit le premier essai des ambulances volantes. Une voiture légère, dans le genre du *wurst* de l'artillerie, recevait six officiers de santé, assis sur un coffre, dans lequel étaient contenus les médicaments, les instruments et les pièces d'appareil. Cette voiture se portait rapidement sur tous les points où les secours du chirurgien étaient nécessaires ; mais elle ne donnait pas le moyen de transporter le blessé et le chirurgien qui l'avait secouru. Cette idée première fut ainsi modifiée par M. Larrey. Tous les officiers de santé furent mis à cheval. La voiture fut transformée en un caisson léger, bien suspendu et dont une partie contient l'appareil, tandis que le reste, convenablement installé, est destiné à recevoir les blessés qu'on y place dans la position horizontale. La planche dont nous donnerons plus loin la description peut donner une idée de ce qu'étaient les moyens de transport des ambulances volantes au temps de l'empire, et dès la campagne d'Égypte. Ces moyens se sont perfectionnés depuis : dans les pays de montagnes, en Algérie par exemple, on a substitué au caisson d'ambulance des cacolets en fer, sur lesquels les blessés sont transportés à dos de mulet aussi commodément que possible. Quel que soit le mode de transport employé, les blessés enlevés du champ de bataille, après y avoir reçu, quand cela est nécessaire, les premiers secours de la chirurgie, sont dirigés sur l'ambulance établie autant que possible à l'abri du feu de l'ennemi, dont elle n'est le plus souvent séparée que par un pli de terrain, un pan de mur, ou un épaulement. Là, tous les soins nécessaires sont donnés, les opérations sont pratiquées, les pansements faits, et, suivant leur état, les blessés sont renvoyés à leur corps ou dirigés vers l'hôpital sédentaire le plus rapproché.

Le matériel des ambulances, dit M. Bégin, doit être séparé en deux divisions bien distinctes : l'une, légère ou volante, suit immédiatement les corps d'armée et comprend tout ce qui est nécessaire à la formation instantanée des ambulances proprement dites sur le champ de bataille : l'autre division, dite de réserve, peut rester à quelque distance en arrière avec le train des équipages ; elle doit renfermer tout ce qui est nécessaire pour entretenir l'approvisionnement de la première division, ou pour installer les hôpitaux temporaires, qu'on est quelquefois obligé de créer dans des lieux dépourvus de ressources.

Les principaux objets dont il importe d'avoir un assortiment complet dans les appareils ou caisses d'ambulance, sont les suivants : du linge confectionné en compresses, bandes, bandages de corps, écharpes, suspensoirs, bandages en T, de la charpie, du sparadrap diachylon bien agglutinatif, du cérat, de l'agaric, de la colophane en poudre, des éponges fines, du gros fil écru, de la cire, de la bougie à éclairer, du ruban de fil, des attelles, des draps fanons, des appareils à fractures tout confectionnés. Il faut y joindre du sousacétate de plomb liquide, de l'alcool, du vinaigre, du vin, quelques flacons d'une solution concentrée d'opium, des vases en fer battu, propres à recevoir les liquides employés pour les pansements ou les boissons des malades ; enfin, quelques brancards, et les instruments que l'expérience a fait reconnaître comme les plus utiles.

L'étoupe choisie, coupée sur une longueur de 0^m 15 à 0^m, 17, blanchie au chlorure et transformée ainsi en une charpie fine, douce et parfaitement absorbante, doit être substituée à la charpie ordinaire, qui prend souvent des qualités nuisibles dans les tonneaux où elle est empilée. Outre les instruments contenus dans l'appareil de l'ambulance, chaque officier de santé porte dans une giberne, analogue à celle des officiers de cavalerie, les instruments principaux de la trousse du chirurgien, et les objets de première nécessité, comme du fil ciré, des aiguilles, etc.

Le personnel des ambulances se compose, outre les officiers de santé, de membres de l'administration des hôpitaux militaires, directeurs, employés, infirmiers ; ces derniers étaient jadis des hommes engagés de bonne volonté, que l'appât du gain seul retenait à l'armée et qu'on soumettait difficilement à la discipline ; aujourd'hui le recrutement les classe, comme les autres soldats, sous les drapeaux ; leurs grades correspondent à ceux de l'armée, et ils forment une troupe modèle sous le rapport de la tenue et du dévouement.

Les officiers de santé attachés à une division d'ambulance sont ordinairement un chirurgien-major, un ou deux aide-majors, et six à huit sous-aides. Divisés encore en médecins, chirurgiens et pharmaciens, par l'uniforme et par le titre, ces officiers ont maintenant les mêmes attributions sur le champ de bataille et remplissent indistinctement ces diverses fonctions, suivant que le besoin du service l'exige.

Voyez l'atlas, ART MILITAIRE, pl. 8. — La droite du sujet donne le modèle du service des ambulances, tel qu'il fut établi dans le cours de la campagne d'Égypte.

Le chirurgien en chef Larrey, après avoir pansé les blessés, les fait placer dans des paniers portés à dos de chameau, et destinés à les recevoir.

Accessoires dépendant de ce service. — A. Paniers suspendus de chaque côté du chameau.

B. Partie extérieure d'un de ces paniers, vu fermé et par l'une de ses extrémités.

C. Disposition intérieure du panier avec abaissement du bout, à l'aide d'une crémaillère.

D. Partie intérieure du panier, vu ouvert et par l'une de ses extrémités.

E. Vue extérieure du panier pris dans sa longueur, avec développement de la crémaillère.

Ambulance d'Europe. — La gauche de la planche représente le modèle des ambulances d'Europe, dans la partie du service qui fut organisée par le baron Larrey.

Accessoires affectés à ce service. — *Figure* 1. Voiture ou caisson destiné à transporter les blessés gisant sur le champ de bataille, au milieu des débris du combat. Ces petites voitures marchent à la suite des chirurgiens, qui sont à cheval, et qui portent à l'arçon de la selle, ainsi que dans une valise, des moyens de pansement fort abondants.

Fig. 2. Coffre renfermant le lit destiné à recevoir un blessé, et vu par un des bouts extérieurs.

Fig. 3. Vue intérieure et coupe perpendiculaire du même coffre dans sa longueur. Position du malade.

Fig. 4. Autre extrémité extérieure du coffre, avec porte à deux battants pour faciliter le service.

Fig. 5. Brancard pour transporter le malade à la voiture.

Fig. 6. Châssis et fond matelassé du lit renfermé dans le coffre.

Fig. 7. Autre modèle de brancard pour le transport des blessés, du champ de bataille à la voiture. Deux courroies, placées à chaque extrémité, servent de bricole et donnent moins de fatigue aux porteurs.

Fig. 8. Autre modèle de fond de lit établi en sangles.

Larrey, *Campagnes chirurgicales*, 1818, in-4°.

Bégin, *Dictionnaire de médecine et de chirurgie pratique*, art. AMBULANCES.

A. LE PILEUR.

AME. (*Philosophie, Métaphysique.*) Principe de vie, de mouvement, de sentiment, d'intelligence ; nature antagoniste de la matière, attribut des êtres animés. On dit l'âme humaine, l'âme des bêtes, l'âme du monde, et par analogie l'âme des plantes, l'âme d'une machine, etc. ; mais l'objet de cet article est l'âme humaine, en grec πνεῦμα, souffle, qui comprend le νοῦς, l'intelligence, et la ψυχή, l'âme matérielle des sens et des organes ; en latin *animus*, comprenant la *mens*, le principe pensant, et l'*anima*, le principe sensitif et organique. Nous recherchons ici la nature et la destination de l'âme comme substance ; mais nous exposerons auparavant les principales questions agitées sur ce sujet.

Dans l'enfance de la raison, les sens et l'imagination sont les instituteurs des peuples. Les hommes simples, dépourvus de réflexion, répandent leur existence sur les êtres qui les environnent ; ils y transportent leurs sensations, leurs pensées, leurs volontés, et distinguent à peine le mouvement du sentiment. Les forces actives de la nature sont pour eux des puissances intelligentes et animées, qu'un entendement stupide ne sait point subordonner à un principe ordonnateur. La doctrine des esprits, des génies, des dieux, les uns bons, les autres méchants, est donc la doctrine des sauvages ; elle fut celle des anciens peuples, Barbares, Grecs et Romains. Les âmes, dans ces croyances, sont des esprits d'un ordre inférieur revêtus d'une forme visible et matérielle : elles sont l'ouvrage d'un Dieu suprême, selon les prêtres de la haute Égypte et la théologie d'Orphée ; des émanations de la substance divine, selon les Indiens, les Chaldéens, les Mages et les Arabes, leurs disciples ; des natures incréées, distinctes de la Divinité, âme matérielle des cieux, selon l'opinion la plus répandue parmi les Chinois ; ou, enfin, des formes organiques, produites par un agent universel, qui ordonne nécessairement la matière sans dessein et sans intelligence, d'après la tradition des peuples de la basse Égypte et des Phéniciens, d'après la théogonie d'Hésiode, la doctrine secrète de Foë au Japon, à la Chine, dans l'Inde, et celle de Sommonacodom chez les Siamois.

Les opinions des philosophes grecs et orientaux diffèrent peu de ces croyances primitives. Pythagore, Aristote, Zénon sont pour l'émanation, Socrate et Platon pour la création ; la plupart des philosophes ioniens, Strabon, Dicéarque, les atomistes, et quelques sectes d'athées, **répandues** dans l'Orient,

forment l'âme d'éléments matériels ou de qualités ; les manichéens et les disciples d'Averroès en font une portion unie à l'âme universelle qui anime tous les êtres. Sa destination suit son origine : elle meurt donc par la dissolution du corps pour ceux qui la composent d'éléments matériels ou de qualités sensibles : pour ceux qui en font une portion actuelle de l'âme universelle, elle s'anéantit quand le corps cesse d'être animé ; elle conserve son existense individuelle dans la doctrine de Socrate et de Platon ; mais, dans la doctrine de l'émanation, elle se réunit à la substance dont elle est une portion séparée. Toutefois, sur ce dernier point, les sentiments ne sont pas uniformes : Aristote et Zénon admettent la réfusion immédiate ; Pythagore et Platon, instruits à l'école des Égyptiens, des Indiens et des Perses, exigent une expiation préalable par la métempsycose ou transmigration de l'âme dans divers corps d'animaux, transmigration fatale et naturelle selon Pythagore, morale et conditionnelle selon Platon, qui ne l'admet pas, lorsque l'âme sort pure de la prison du corps.

Deux grands systèmes partageaient donc la croyance des peuples et des philosophes sur la permanence des âmes : celui des Orientaux, qui les replongeaient dans la substance universelle ; et celui des Grecs, qui leur conservaient leur individualité. Ces deux systèmes dominent encore dans la religion des peuples orientaux et occidentaux. Phérécide fut le premier philosophe grec qui, considérant l'âme comme une portion de la Divinité, la fit éternelle comme son principe. Platon admet sa préexistence, quoiqu'il en admette la création, et la renferme dans le corps en punition des fautes commises dans une vie antérieure. Origène croit aussi les âmes antérieures aux corps. Tertullien, d'après Aristote, les croit engendrées de celles des parents. L'opinion, générale parmi les chrétiens, et qui n'est point article de foi, est qu'elles sont créées de Dieu et infuses à la naissance du corps. Leur état, après la mort, dans l'hypothèse de la réfusion et de l'individualité, était conçu de différentes manières : les stoïciens ne leur donnaient qu'une existence temporaire jusqu'à la conflagration du monde, leur grande période. Platon, après un certain nombre de révolutions, leur faisait recommencer le même cercle de destinées. Les Égyptiens étaient persuadés qu'elles restent attachées au corps jusqu'à la putréfaction; et ils embaumaient les corps pour les retenir plus longtemps. Les Chinois distinguent l'âme sensitive, qui descend en terre, et l'âme intelligente, qui remonte au ciel. Les anciens Perses croyaient que les âmes, ayant rompu leurs liens, faisaient une station dans chacune des sept planètes avant de parvenir au soleil, leur dernière demeure. Tertullien est persuadé que les âmes des méchants sont métamorphosées en diables; et le docteur Tillotson suppose que, séparées du corps, elles ont 'autres sens et d'autres jouissances.

La nature de l'âme n'est pas, dans la philosophie ancienne, un point moins débattu que son origine et sa destination; mais, comme les anciens ne concevaient rien d'immatériel, sans en excepter la Divinité, l'âme n'était pour eux qu'une manière subtile et homogène qui pénètre le corps sans se mêler avec les organes. Ils ne différaient entre eux que sur la nature de cette matière, tantôt air, vapeur d'eau, feu, extrait des quatre éléments, assemblage d'atomes, harmonie des organes, et tantôt portion de l'éther, nombre intelligent, essence mobile, nature active qui meut le corps. Ils lui assignaient un siége, autour du cœur, dans le cœur, dans le sang, dans le cerveau, dans l'estomac. Platon admet deux âmes, l'une raisonnable et immortelle, qui loge dans la tête; l'autre mortelle et irraisonnable, divisée en irascible, placée au cœur, et en concupiscible, placée dans les viscères abdominaux. Aristote en admet trois, répandues dans tout le corps, la nutritive, l'animale et la rationnelle ou immortelle. Averroès conserva cette division; et sa doctrine, sous diverses dénominations, subsista jusqu'à Bacon, qui rejeta l'âme nutritive ou végétative, et ne retint que l'âme raisonnable et l'âme sensitive. La pluralité des âmes fit alors place à la pluralité des facultés. On sentit que deux ou trois âmes, supposant deux ou trois consciences, constitueraient deux ou trois hommes dans un seul; que le *moi* qui souffre d'un dérangement corporel ne serait pas identique avec le *moi* qui pense à ce dérangement et qui s'en afflige; que l'être sentant, l'être pensant, l'être voulant, n'étant point le même être, l'un ne serait point déterminé par l'autre, et que l'action, le sentiment et la pensée n'auraient entre eux aucune liaison.

De la matérialité de l'âme les anciens concluaient son influence immédiate sur le corps; telle fut l'opinion des premiers Pères de l'Église, qui, craignant d'assimiler la substance de l'âme à celle de Dieu, la supposèrent matérielle. Les scolastiques n'eurent pas sur ce point une opinion bien explicite ou du moins nettement fondée. Descartes pénétra plus avant, et, par la distinction du mouvement et du sentiment, posa la limite qui sépare les deux natures. Cependant il crut pouvoir expliquer le mystère de leur correspondance, et il imagina le système des causes occasionnelles. Leibnitz y substitua celui de l'harmonie préétablie, et Cudworth celui du médiateur plastique. Descartes, pour conserver un

siége à l'âme, lui assigna la glande pinéale. Les physiologistes des temps postérieurs lui en assignèrent d'autres, tels que le corps calleux, et le centre annulaire, système qui paraît maintenant prédominer.

De toutes les questions qui ont été agitées en différents temps sur l'âme, les seules que nous puissions aborder avec quelque lumière sont celles de sa nature et de sa fin; celles qui intéressent le plus la dignité de l'homme et son bonheur. Avant d'en venir à la discussion, il n'est pas inutile de montrer à quels étranges paradoxes ont été conduits ceux des modernes qui, préoccupés de la puissance de l'âme, lui ont subordonné le corps, ou qui, préoccupés de la puissance du corps, lui ont subordonné l'âme. Selon Bonnet, l'âme produit elle-même ses sensations; selon Stahl, elle produit ses sensations, les mouvements de nos organes, la circulation du sang et nos mouvements involontaires. Berkley anéantit toutes les existences matérielles par zèle pour l'immatérialité de l'âme; Descartes y croit d'après l'idée naturelle de Dieu; Malebranche, sur le témoignage de la révélation; Leibnitz et plusieurs philosophes allemands tirent ces existences de la contemplation des modifications du *moi* et de ses idées. D'un autre côté, Paracelse, convaincu des forces de la nature, croit pouvoir fabriquer des hommes au moyen de l'alchimie; Spinosa attribue la pensée à la substance matérielle; Needam fait naître des êtres vivants de la farine mise en fermentation. Selon l'auteur du *Système de la nature*, l'âme est une propriété du mouvement, modifiée par l'organisation; Helvétius la confond avec la sensibilité physique; Cabanis appuie cette théorie, et croit que le cerveau sécrète la pensée comme l'estomac sécrète les aliments. Quelques-uns ont supposé que l'homme ne forme pas une race primitive, et ils lui donnent pour ancêtres les singes, les poissons, ou quelque autre race d'animaux.

Les anciens déduisaient leurs idées sur la nature et la destination de l'âme, des systèmes qu'ils imaginaient sur la nature universelle. Ils la séparaient du corps, ou ils en faisaient un produit de ses organes, selon que l'univers leur paraissait animé par une intelligence ou par un aveugle mouvement inhérent à ses principes. Les modernes ont cherché l'âme dans la nature de l'homme; mais, comme cette nature offre à nos observations un tout complexe ainsi que l'univers, les opinions et les méthodes ont dû encore se partager. Les uns ont étudié les organes du corps, et n'y ont trouvé qu'une âme matérielle et mortelle; les autres ont consulté les suggestions du sentiment intérieur, et les faits qu'ils y ont recueillis leur ont révélé une âme immatérielle et immortelle. Comparons ces deux procédés, et voyons celui qui convient à notre recherche. L'âme ne nous est connue que par ses actes; or, ces actes qui sont des pensées, des sentiments, des volontés, ne sont pas des faits qui tombent sous les sens et dont nous puissions avoir connaissance autrement que par la conscience; ainsi, tout ce que nous suggère la conscience à l'égard de ces faits est vrai pour nous; rien ne saurait en affaiblir l'évidence. Suivons ces indications, elles nous guideront mieux que les analogies tirées de l'observation des phénomènes soumis à nos sens.

Je reçois des sensations diverses par mes différents organes : les couleurs par la vue, les sons par l'ouïe, les odeurs par l'odorat, les saveurs par le goût, les autres qualités par le toucher. Si ces sensations étaient dans leurs organes, il me serait impossible de les comparer; je les compare néanmoins, et je les réunis sur un seul objet; je sens par mes organes, et ce ne sont pas eux qui sentent pour moi. Je pense par mon cerveau, et ce n'est pas lui qui pense pour moi; j'agis par mes muscles, et mes muscles n'agissent pas sans moi, sans l'intervention de ma volonté. Mes organes sont des moyens et non des principes de sensation, de pensée, d'action. Le sentiment me témoigne que je suis un, et mes sens que mon corps est composé de parties. Si ce sentiment du moi était créé par la convergence de mes affections organiques vers un sensorium commun, je me sentirais toujours modifié par une cause étrangère, je ne me sentirais point cause de mes modifications; je n'agirais point sur mes organes, ils agiraient toujours sur moi, je ne pourrais m'en séparer à volonté; et, comme la matière s'organise dans mon corps par la nutrition, elle pourrait devenir sentiment, pensée, volonté de la même manière. L'influence du corps sur l'âme et de l'âme sur le corps est un fait de conscience et d'observation : Hartley, Charles Bonnet, le docteur Gall, et un grand nombre de philosophes et de physiologistes, se sont appliqués à constater et à décrire les corrélations qu'ils ont cru observer entre nos facultés et nos organes; le docteur Magendie a expérimenté sur des chiens, des chats et autres animaux, que, coupant certains nerfs, il anéantissait la sensibilité sans les priver de mouvement, et qu'il les privait de mouvement et non de sensibilité lorsqu'il en coupait certains autres. Les nerfs sont donc les conducteurs de la sensibilité et du mouvement; mais ils ne sont le principe ni de l'une ni de l'autre. La sensibilité et le mouvement sont unis avec les organes; ils ne sont pas identiques. De plus, quoique ce soit le moi qui sente, la sensibilité n'est point le moi, puisque souvent je sens malgré moi. C'est

dans les actes de la volonté que se manifeste la personne. C'est par eux que j'agis sur mes sentiments, que je modifie mes idées, que je me sens autre que l'univers, qu'affranchi des circonstances extérieures, je suis maître dans le domaine de ma volonté, et toujours fort ou absolu, même quand mes organes affaiblis refusent de m'obéir.

Mes facultés ne sont donc ni ma sensibilité ni mes organes, et l'observation me démontre qu'elles ne sont point un jeu du mouvement brut des corps inorganisés. En effet, je remarque une liaison entre les mouvements de mon corps et les opérations de ma pensée, et la matière ne me présente rien de semblable; tout y est constant, nécessaire, produit par des causes que je vois hors d'elle. Aucune spontanéité n'y décèle de volonté; aucune hésitation ou intermittence, de délibération; nul signe n'y découvre plaisir ou douleur, et, pour lui donner une conscience, il faudrait, avec le stupide sauvage, lui donner la sienne. Que la matière soit d'elle même capable de s'organiser, c'est une erreur. L'expérience, mieux consultée, a détruit l'opinion des générations équivoques : il est maintenant établi que tout animal vient d'un germe, souvent inaperçu, mais le microscope démontre la réalité. Une dernière hypothèse reste encore, celle d'une âme universelle, dont nos âmes seraient des portions; bizarre hypothèse qui supposerait que nous nous sentirions dans le tout, et que nous n'aurions pas conscience de notre individualité : nous participerions à des actes communs, nous n'en produirions point de particuliers que nous sentirions nous être propres.

Des réflexions que nous venons de faire sur la nature du principe pensant, il suit que les impressions que nous recevons des corps, et l'action que nous exerçons sur eux par nos organes, constituent notre vie relative, et que cette vie toute dépendante se distingue néanmoins de notre organisation; mais il est une autre vie où l'âme se montre absolument indépendante. L'organisation nous modifie à l'égard des objets, dans tout ce qui a rapport aux organes; mais c'est nous qui modifions les objets dans tout ce qui a rapport à nos facultés morales et intellectuelles; qui leur donnons une forme qu'ils n'ont pas naturellement; un poète, un moraliste, un physicien, un ambitieux, un voluptueux, un avare, un joueur, voient tous physiquement de la même manière les objets; or, ils n'en reçoivent pas les mêmes impressions et ne les envisagent pas de la même manière. Il y a donc d'autres goûts, d'autres penchants que ceux qui se lient à la vie organique et animale : l'amour du juste, l'amour du beau, l'amour du vrai, ont-ils moins de réalité que nos sentiments et nos besoins physiques? L'amour de la liberté, qui est l'indépendance de la raison, le besoin d'agrandir notre être, de proclamer son excellence, n'exercent-ils pas sur l'homme qui n'est point dégradé un empire continuel et absolu ? Ne luttent-ils pas contre les mouvements de l'amour de soi, de l'intérêt, de la sensibilité physique; et la conscience n'est-elle pas le théâtre continuel de ces combats? L'existence présente et corporelle qui renferme l'animal tout entier ne contient pas le cœur et l'esprit de l'homme. Au contraire, il l'immole, il la sacrifie à l'estime, à l'honneur, à la gloire, à la recherche de la vérité, à la patrie, à la liberté, à la justice. Ses besoins sont pour le présent, ses passions et ses vœux pour l'avenir.

L'homme peut donc exister autrement qu'avec des organes, puisqu'il a des idées et des penchants qui n'ont rien d'organique, puisqu'en lui l'être intelligent a une sphère d'activité dans laquelle n'est point renfermée la vie de l'être sentant. Or, lorsque je compare intérieurement les modes de ces deux existences, je trouve que ce qui est intellectuel en sa vie, est constant, absolu, immuable; et que ce qui est sensible est mobile, relatif et changeant. Cette pensée m'éclaire; et, considérant que la liberté me rend maître d'obéir aux lois immuables de ma raison, ou de céder aux mouvements de ma sensibilité, je me sens périssable par mes sens, et immortel par mes idées.

Les notions de l'être éternel, témoin et juge de nos actions, viennent à l'appui de ma méditation pour confirmer mon espérance. Le sort du juste ne doit point être confondu avec celui du méchant, et le bonheur ou le malheur doivent suivre le mérite ou le démérite ; tel est l'ordre de l'arbitre suprême qui se révèle à ma raison. Est-ce l'ordre que nous présentent l'observation et l'expérience? L'homme juste n'est-il pas presque toujours seul avec sa conscience? n'est-il pas calomnié, avili, persécuté, condamné? Son infortune même ne lui est-elle pas reprochée? la raison, dont il fait sa règle, ne lui est-elle pas représentée comme un guide trompeur; la justice, comme subordonnée à la prudence ou à quelqu'une de ces opinions particulières dictées par les passions? la vérité qu'il révère ressemble-t-elle à ce qu'on lui montre comme son image? et la vertu, qui est la vérité réalisée dans nos actions, ressemble-t-elle à l'hypocrisie qui l'imite et trompe les hommes par cette fausse imitation? La liberté, la patrie, la justice, ne sont-elles pas trop souvent traitées de fantômes; et le dévouement que commandent ces grandes idées, de coupable rébellion? L'homme vertueux est sans doute content de sa vertu, puisqu'il lui sacrifie son bien-être, mais ce contentement intérieur, faible crépuscule d'un plus grand jour, est-il le dédommagement des honneurs, des dignités, des plaisirs, des biens de la fortune, et de tout ce qui compose le cortége du bonheur que nous connaissons? L'homme de bien serait donc un fou aux yeux de l'égoïste, si l'espérance ne lui montrait le terme où le contentement de la conscience doit se changer en un véritable bonheur; où il pourra appeler de la justice incertaine et corruptible des hommes à cette lumière incréée dont les rayons ne peuvent descendre jusqu'à nous sans altération; où, après avoir réfléchi parmi ses semblables la beauté de l'âme, sa bonté, sa justice, sa vérité, il jouira des charmes de ses divins attributs, dépouillé de l'enveloppe de ses organes.

Ainsi, l'opinion de notre existence future a deux fondements : la nature de l'homme, sa raison, sa liberté, et le droit de la justice divine sur ses actions. L'histoire de la société ajoute un nouveau degré de force aux inductions que nous venons de tirer de nos idées et de nos sentiments. Le culte des morts est répandu dans toutes les familles du genre humain; toutes les lois ont été mises sous la protection des dieux rémunérateurs et vengeurs. Telle est la force de ce dogme salutaire, que l'homme personnel et égoïste, qui concentre ses vœux et ses pensées dans la vie organique, et l'homme fourbe et hypocrite, accoutumé à corrompre et à déguiser ses sentiments, sont également ébranlés par le doute qui s'élève incessamment dans leur cœur; la superstition s'empare tôt ou tard de leur âme; et, guidés par la pente grossière de leurs vils sentiments, ils s'attachent à quelques pratiques extérieures, croyant racheter la perversité de leurs pensées, de leurs habitudes, par quelques actes inutiles et indifférents. Cependant les âmes généreuses n'ont pas attendu au dernier acte de la vie pour communiquer avec la justice divine; elles ont communiqué avec elle dans tous les instants, et pour elles celui de la mort n'est que le passage d'une patrie à une autre plus digne d'elles.

Duvoisin, *Essai polémique sur la religion naturelle.*
Kératry, *Inductions physiologiques et morales*, 1817, in-8°.
Le *Phédon, ou entretiens sur l'âme,* traduit de l'allemand de Moses-Mendelson, par Junker, 1787, in-8°.
Le *Théisme,* ou *Introduction à la religion,* Genève, 1796.

SATUR.

AME INTELLIGENTE. (*Psychologie intellectuelle.*) L'âme c'est le moi. Le moi a différentes manières d'être. Il est sensible, intelligent et libre. Il est intelligent, lorsqu'il passe de la sensation qu'il éprouve à la connaissance de l'objet qui la produit. L'âme intelligente est active, mais elle n'est pas libre; elle ne l'est pas du moins tant qu'elle n'est qu'intelligence. Elle le devient lorsqu'elle ne se borne pas à comprendre, à juger, mais qu'à la suite d'une idée elle commence et dirige une action. Par elle-même elle trouve alors la force qu'elle déploie, disposée à se laisser posséder et conduire; elle s'en empare, et en fait sa puissance personnelle. *Voyez* ACTIVITÉ INTELLECTUELLE.

DAMIRON.

AME. (*Psychologie morale.*) Notre opinion dogmatique sur l'âme sera exposée dans une suite d'articles, où nous chercherons à résoudre, ou du moins à poser nettement toutes les grandes questions qui ont été agitées sur cette matière ; la réunion de ces questions constitue *la science de l'âme* ou *la psychologie*. *Voyez* PSYCHOLOGIE.

T. JOUFFROY.

AME. (*Musique.*) On appelle *âme* un petit cylindre de bois qu'on place debout, entre la table et le fond d'un instrument à cordes, pour maintenir toujours ces parties dans le même degré d'élévation et communiquer leurs vibrations. La manière dont ce cylindre est placé contribue beaucoup à faire valoir la beauté des sons. BERTON.

AMEIVA. (*Histoire naturelle.*) G. Cuvier a donné ce nom générique à quelques reptiles, voisins du grand groupe des lézards et comprenant des espèces américaines. Les ameivas se distinguent principalement des lézards par leur queue ronde, non comprimée, garnie, ainsi que le ventre, de rangées transversales d'écailles ranées; par leur tête plus pyramidale, et l'absence par de plaque osseuse sur l'orbite, ainsi que de dents molaires. Pendant leur jeune âge ils présentent, comme quelques mammifères et quelques oiseaux, une livrée consistant en un nombre variable de raies ou de bandes longitudinales, qui s'oblitèrent, et disparaissent par sur les individus adultes. Les ameivas habitent les Antilles, le Brésil et la Guiane; ils se trouvent dans les endroits arides, de préférence au voisinage des eaux; ils se nourrissent de vers, d'insectes, de petits mollusques et quelquefois même d'herbes. L'espèce type (*Lacerta ameiva auctorum*) est longue d'un pied environ; elle est, en-dessus, d'une couleur verte avec de petites taches noires irrégulières, et, en dessous, d'un brun plus ou moins foncé : M. Guérin-Meneville a figuré avec soin ce saurien dans l'*Iconographie du règne animal de G. Cuvier*, reptiles, pl. IV, fig. 1.

Parmi les auteurs qui ont parlé des ameivas on peut citer : Le prince Maximilien de Wied, *Histoire naturelle du Brésil*, 1826. Enfin, MM. Duméril et Bibron, qui en indiquent six espèces, dans leur *Erpétologie générale*, faisant partie des *Suites à Buffon*, Éd. Roret.

E. DESMARETS.

AMÉNAGEMENT DES BOIS. (*Agriculture.*) Aménager un bois, c'est déterminer

l'âge auquel on doit le couper. Sous cette définition, en apparence fort simple, se cache un des problèmes les plus difficiles que le forestier ait à résoudre; maisl'espace ne nous permet pas d'envisager ici la question sous toutes ses faces : nous nous bornerons à indiquer les principes généraux, sur lesquels est basée la théorie des aménagements.

Si l'industrie ne tirait aucun parti des bois, si leur conservation n'intéressait pas dans certaines circonstances la salubrité publique, il serait naturel d'attendre pour les abattre qu'ils fussent parvenus à l'âge où ils cessent de croître; mais il est loin d'en être ainsi. Les différentes industries qui s'exercent sur les produits de nos forêts ont des besoins différents qui ne peuvent être satisfaits qu'à une certaine époque de la vie d'un arbre. La charpente, par exemple, exige que les bois qu'elle emploie aient atteint toute leur maturité : il faut que les fibres aient été solidifiées par l'âge. Pour l'ébénisterie, les troncs noueux et parfaitement veinés sont les plus recherchés : la vannerie, la boissellerie demandent des bois encore jeunes, dont la fibre flexible se prête à la torsion qu'elle doit subir.

D'un autre côté, le propriétaire lui-même a différents besoins qu'il doit chercher à satisfaire dans la fixation de l'aménagement de ses bois. Un propriétaire dont les bois forment tout le revenu ne pourra laisser dormir son capital; quelque accroissement de valeur qui doive en résulter plus tard, le besoin d'argent le forcera à faire des coupes plus ou moins rapprochées.

L'intérêt général se trouve aussi engagé dans la question. Tout le monde sait aujourd'hui, en effet, que la présence d'un bois suffit quelquefois pour préserver un pays marécageux des influences fâcheuses qui le menacent.

En tenant compte de ces différentes considérations, nous avons pensé qu'on pouvait ranger sous trois titres les influences diverses que les propriétaires forestiers doivent examiner avant de déterminer un aménagement.

Considérations qui doivent guider le propriétaire dans l'établissement d'un aménagement :

Considérations naturelles.	Durée de la croissance des bois. Nature du sol. — du climat.
Considérations particulières et économiques.	Situation du propriétaire. Industries locales.
Considérations d'intérêt général.	Salubrité. Régime des cours d'eau.

Considérations naturelles. — 1° *Durée de la croissance*. La durée de la croissance devrait être le seul régulateur de l'exploitabilité des bois; mais, ainsi que nous l'avons fait pressentir, cette règle peut être modifiée par des influences diverses que nous étudierons succinctement.

En considérant les bois au point de vue de leur croissance, on peut distinguer, dans leur existence, trois phases distinctes que nous appellerons 1° période d'accroissement; 2° période de station; 3° période de décroissance : ces trois périodes se reconnaissent aux caractères suivants.

Pendant la période d'accroissement, les pousses annuelles sont fortes et allongées, le feuillage est abondant, et d'un vert vif et brillant, l'écorce unie, les jeunes branches souples et relevées vers le tronc, l'extrémité de la cime fortement saillante; l'apparition des feuilles, au printemps, a lieu à peu près simultanément sur les différentes parties de l'arbre. — La période de station se manifeste par la faiblesse des pousses, qui sont aussi moins allongées. La flèche de la cime est moins prononcée. — La période de décroissance s'annonce par la disparition de la flèche, que remplace une tête arrondie; au printemps, les feuilles du sommet ne se montrent que longtemps après celles des branches inférieures, et à l'automne, la tête se dégarnit la première. Enfin, quelques branches de la cime meurent, et l'arbre se couronne. Cette décroissance est bientôt suivie du dépérissement : l'écorce se gerce alors, et par les gerçures sortent des écoulements de séve; puis enfin des mousses, des lichens, des agarics, des champignons, des taches noires et rousses apparaissent sur l'écorce.

La durée de ces différentes périodes varie avec la nature des essences. Les bois durs, par exemple, dans les circonstances ordinaires, atteignent la période de station longtemps après les bois tendres; en outre, la nature a borné à un temps prescrit, variable pour chaque essence, la durée de la végétation; mais ces limites peuvent être singulièrement modifiées par les différentes circonstances sous l'influence desquelles l'arbre se développe; et, comme ces modifications sont indispensables à considérer dans la détermination d'un aménagement, nous devons forcément en dire quelques mots.

2° *Du sol.* — Tous les forestiers sont d'accord sur ce point, qu'il existe une analogie directe, un rapport toujours uniforme entre l'âge de maturité des mêmes essences de bois et la qualité du terrain sur lequel elles croissent; ainsi, la végétation qui se prolonge jusqu'à ses dernières limites sur les bonnes terres, devient promptement stationnaire dans les terres pauvres. Peu de mots nous suffiront pour faire comprendre cette vérité et son influence sur l'aménagement.

Une terre riche est celle qui renferme en grande abondance les principes assimilables qui servent à la nutrition des végétaux. Une terre pauvre, au contraire, ne fournit que peu de matières propres à l'assimilation végétale. Dans le premier cas, le développement des bois, favorisé par la fécondité du sol, ne s'arrêtera qu'à sa limite extrême; dans le second cas, au contraire, la terre sera épuisée, avant d'avoir pu fournir aux essences forestières qu'elle porte, la nourriture nécessaire pour atteindre leur maximum de développement. La période de station arrivera donc beaucoup plus vite dans les mauvaises terres que dans les bonnes, et l'aménagement pour celles-ci sera nécessairement plus long que pour celles-là.

3° *Du climat.* — Quoique indirecte, l'influence du climat sur l'aménagement n'est pas moins réelle; si la nature du sol modifie la durée naturelle de la croissance, l'état climatérique des localités n'agit pas moins puissamment sur la végétation. Quelle que soit la bonne qualité du sol, la vie des arbres peut être singulièrement réduite par la sécheresse du climat; dans un sol pauvre, l'humidité peut aussi produire des effets que l'on ne devrait pas attendre de la qualité du sol.

Considérations particulières et économiques. — Ce second ordre de considérations est sans contredit celui qui influe le plus fortement sur la fixation des aménagements. La première chose pour le propriétaire est, en effet, de s'assurer la plus grande somme de revenus possible; c'est là une tendance naturelle qu'il serait inutile de combattre, mais qu'on doit essayer de diriger de telle manière, que les résultats, en donnant satisfaction aux intérêts des propriétaires, ne nuisent pas à l'intérêt général, qui exige impérieusement la conservation des bois. Agissant sous l'influence du besoin de revenus, les propriétaires doivent adopter cette nécessité pour base de leurs calculs; mais son action se modifiera selon qu'ils posséderont une plus ou moins grande étendue forestière, et relativement à leurs autres moyens d'existence.

En effet, celui qui possède une grande propriété forestière, ou qui à des bois de moyenne étendue joint d'autres sources de revenus, peut, sans inconvénients pour son bien-être, adopter un aménagement à long terme. Ses coupes ne seront pas aussi fréquentes qu'avec un aménagement à court terme; mais, quand viendra l'année de l'exploitation, il réalisera un capital dont les intérêts suffiraient, au besoin, à lui assurer un revenu dans les années intermédiaires. De plus, avec une grande étendue forestière, il est facile de régler l'aménagement de manière que les coupes annuelles aient une valeur suffisante pour former au propriétaire un revenu convenable. Mais les petites propriétés boisées ne se prêtent pas aussi facilement aux combinaisons dont nous venons de parler, surtout si le propriétaire n'a d'autres ressources que l'exploitation de ses bois. Dans ce cas, un aménagement à long terme, de quelque manière qu'il soit pratiqué, devient à peu près impossible, car le petit propriétaire ne peut pas attendre ; sa jouissance doit être prompte et aussi fréquemment renouvelée que possible. Or un aménagement à long terme, avec coupes annuelles, créerait chaque année des produits tellement minimes que des emprunts seraient souvent nécessaires pour compléter le revenu ; l'aménagement à court terme devient donc alors une nécessité de position.

Nous venons de faire comprendre comment la position du propriétaire peut influer sur un aménagement ; il nous reste maintenant à examiner l'action des industries locales.

Les différentes industries qui emploient les produits des forêts demandent que ces produits leur soient fournis dans un certain état, et satisfassent à certaines conditions. La souplesse et l'élasticité de la fibre qu'exige la fabrication des cercles et des ouvrages de vannerie ne se rencontrent jamais que dans les jeunes bois ; pour la charpente, au contraire, il faut des bois que l'âge ait rendus solides et capables d'une grande résistance ; or, suivant que l'une ou l'autre de ces industries sera en vigueur dans une localité, le propriétaire aura intérêt à avancer ou à reculer l'âge de l'aménagement de ses bois. C'est en ce sens que s'exerce l'influence des industries locales sur l'aménagement ; aussi, dans le voisinage de grands vignobles, ou de grands ateliers de fours et fourneaux, industries qui peuvent donner au cerceau, à l'échalas, aux fagots et aux bourrées une valeur qui excède de beaucoup le prix relatif et local du bois de chauffage, le propriétaire aura intérêt à avancer l'âge de ses coupes et à le fixer de douze à onze ans, par exemple, suivant les essences qui y dominent. Les châtaigniers s'exploitent quelquefois, pour la fabrication des cercles, dès l'âge de sept à dix ans. Les taillis de chênes, dont l'écorce est employée pour le tannage, s'exploitent de dix-huit à vingt ans ; le tilleul, dont l'écorce ou tille sert à faire des cordes à puits, s'aménage, dans ce but, depuis huit à dix ans minimum jusqu'à trente ans au plus.

D'autres circonstances peuvent se présenter où l'absence des voies de communication, la difficulté des transports, fassent subir au bois de chauffage une dépréciation considérable ; dans ce cas, un aménagement à long terme en futaie pleine pourrait être avantageux au propriétaire. En effet, cet aménagement fournirait une bien plus grande quantité de matière et de bois de grande dimension pour la charpente ou les constructions maritimes ; et, comme ces produits, sous le même poids, auraient une valeur plus élevée que le bois de chauffage, leur transport sur les lieux de consommation pourrait s'effectuer à des conditions moins onéreuses.

Considérations d'intérêt général. — Si au nombre des considérations qui peuvent influer sur l'aménagement des bois nous faisons figurer l'intérêt général, c'est qu'il est beaucoup de circonstances où la présence des bois peut exercer sur les localités voisines une influence pernicieuse ou salutaire.

Tout le monde sait que des bords des marais, des étangs, des lieux où les eaux croupissent et se dessèchent, s'élèvent des miasmes qui, chassés par les vents, vont porter dans les contrées voisines le germe de maladies cruelles, telles que les fièvres intermittentes et pernicieuses, la fièvre jaune et quelquefois la peste. Ces miasmes, d'après les physiciens, sont développés par la putréfaction des végétaux et des animaux aquatiques mis à sec ; mais M. Rigaud de Lille, entre autres, a fait remarquer que l'air humide qui transportait le miasme s'en dépouillait en se tamisant à travers les arbres d'une forêt ; il a de plus observé en Italie des localités où l'interposition d'un rideau d'arbres préservait tout ce qui était derrière lui, tandis que la partie découverte était exposée aux fièvres. Mais pour que cette influence salutaire puisse s'exercer, il faut nécessairement que le bois qui fait abri ait atteint une certaine élévation, et présente une largeur capable d'arrêter les vents, pendant un intervalle suffisant pour qu'ils se dépouillent complétement des corpuscules miasmatiques qu'ils entraînent. Évidemment, dans de pareilles conditions l'aménagement devra être assez long pour permettre aux bois de protéger efficacement les contrées placées dans le rayon de leur influence salutaire, et les coupes devront être disposées de manière à ne jamais laisser d'espace déboisé dans la direction des vents dangereux.

Dans les contrées humides, au contraire, des aménagements à court terme pourront faciliter l'assainissement du pays, en ménageant aux vents secs un libre accès.

Les bois, et conséquemment la manière dont on les aménage, peuvent avoir une influence marquée sur le régime des cours d'eau. En effet, dit M. de Gasparin, dans son *Traité de météorologie agricole*, on peut concevoir que le déboisement des montagnes doit contribuer à rendre les crues des fleuves plus fortes, et leur étiage plus fréquent. Sur les pentes boisées, l'eau tombe de feuilles en feuilles sur un terrain couvert de débris végétaux, s'y insinue lentement, l'imbibe complétement et n'en sort qu'en filets, tandis que sur les pentes dénudées elle court rapidement de haut en bas, se creuse des ravins où elle se rassemble, accroissant sa vitesse par sa masse. Les effets que M. de Gasparin attribue, avec tant de raison, au déboisement, peuvent se présenter, non plus avec la même intensité, mais pourtant avec une certaine gravité sous l'influence d'aménagements à courts termes. En effet, si sur une pente peu garnie on fait des coupes fréquentes, il y aura, pour ainsi dire, des intermittences de déboisement pendant lesquelles le régime des cours d'eau pourra être modifié, par les raisons ci-dessus indiquées, d'une manière désastreuse. A une époque où le retour fréquent des inondations fait éprouver à notre agriculture méridionale des pertes souvent irréparables, nous croyons devoir appeler sur ce point l'attention des propriétaires forestiers.

Quelque incomplètes que soient les considérations qui précèdent, elles suffiront pour faire comprendre combien est complexe et difficile à résoudre la question des aménagements. La nécessité de tenir compte d'une foule de circonstances diverses rend tout à fait impossible l'adoption d'un système unique; c'est pourquoi nous avons évité de poser des règles.

Duhamel du Monceau, *Traité des bois et des différentes manières de les semer, planter, cultiver, exploiter et conserver*, 1771, 2 vol. in-8°.

Hales, *Statique des végétaux*, trad. de l'anglais, par Buffon, 1780, in-8°.

Tellès d'Acosta, *Plan d'une nouvelle administration pour les forêts de France*, 1791, in-8°.

Panneller d'Annel, *Essai sur l'aménagement des forêts*, 1778, in-8°.

Pertuis de l'Aillevault, *Traité de l'aménagement et de la restauration des bois et forêts de la France*, 1803, in-8°.

Varenne de Fenille, *Mémoire sur les forêts de pins*, 1812, in-12.

Lorentz et Parade, *Culture et exploitation des bois*, cours professé à l'école de Nancy, 1839, in-8°.

Thomas, *Statistique des bois et forêts de France*, 2 vol. in-8°, 1841.

EUG. MARIE.

AMENDE. (*Législation*.) Condamnation à payer une somme d'argent. L'amende a toujours un caractère pénal, même en matière civile, où elle se confond avec les dépens et dommages-intérêts. En matière criminelle, elle constitue une peine spéciale, du genre de celles qu'on nomme *pécuniaires*. S'il faut s'en rapporter à l'étymologie du mot, l'amende (de *emendare*, *emendatio*) se serait introduite dans nos lois par une conséquence de cette idée naturelle, que celui qui a causé un dommage, doit, autant que possible, en offrir la réparation.

Considérée sous ce point de vue, l'amende se remarque dans le droit de tous les peuples. Mais telle n'est point l'origine de l'amende; presque toujours distincte de la réparation du mal matériel causé à un individu, l'amende est une peine qui frappe la fortune du coupable, en faveur du fisc, qui n'a souffert aucun dommage matériel. Elle représente le prix des soins de surveillance et de poursuite que la société est obligée d'avoir à l'égard des crimes et des délits. D'après cela, il est plus raisonnable de faire dériver l'origine de l'amende, des anciennes peines, toutes pécuniaires, qu'on retrouve dans les lois des barbares.

Ces peines portaient le nom générique de *wehrgeld*, ou composition. Dans le plus grand nombre des cas, une partie, ordinairement le tiers de l'amende, était, sous le nom de *fredum* ou de *fred*, allouée à la personne ou à l'autorité sous la protection de laquelle la paix, interrompue par un crime et par les représailles qui en avaient été la suite, avait été réparée. Or, il est probable que l'amende n'est pas autre chose qu'un reste du *fred*, ayant survécu au wehrgeld lui-même. Cette origine de l'amende est surtout indiquée par l'expression d'*amende envers le roi*, dont on se servait à propos des crimes pour lesquels la punition était bien distincte de toute réparation proprement dite. Autrefois, la quotité de l'amende était généralement arbitraire; elle était déterminée par le juge, selon la qualité ou la fortune du coupable, la nature et les circonstances du crime ou du délit. Ainsi, l'on disait communément : *les nobles payent soixante livres où les non nobles payent soixante sols*; et encore : *de toutes amendes estans en loi, les femmes n'en doivent que la moitié*.

Cette détermination du caractère de l'amende est fort importante; car, si on déclare l'amende un mode de pénalité, ce qui nous semble incontestable pour l'amende prononcée en matière criminelle ou correctionnelle, il s'ensuivra plusieurs conséquences graves. Il s'ensuivra 1° que l'amende est personnelle, et qu'ainsi, lorsque le condamné décédera avant que le jugement qui l'a frappé ait acquis force de chose jugée, le décès aura éteint l'amende; les héritiers du prévenu ou condamné ne la paieront pas, parce qu'elle est personnelle. 2° L'amende étant pénale, elle ne peut atteindre que les auteurs des délits et n'atteint pas les personnes que la loi déclare responsables pour eux, comme les pères et mères, maîtres, commettants, instituteurs, qui répondent des délits commis par leurs enfants, domestiques et apprentis, agents et élèves. Telle est du moins l'opinion de la cour de cassation.

Dans le Code pénal de 1791 et dans celui *des délits et des peines* du 3 brumaire an IV, la quotité de l'amende était fixée par la moyenne de la valeur d'une journée de travail, que l'on calculait d'après le taux donné dans chaque localité, et que l'on doublait ou quadruplait selon la nature du délit, sans égard à la fortune du délinquant. Le Code pénal de 1810, tout en conservant comme base de calcul la gravité des délits, a rejeté le mode d'évaluation de la quotité de l'amende d'après le prix du travail, et l'a remplacé par l'indication fixe d'une somme d'argent, que le juge peut élever ou abaisser, suivant les circonstances, entre un *maximum* et un *minimum* soigneusement déterminés par le législateur. La révision du Code pénal de 1810, faite en 1832, n'a rien changé à cette évaluation de la quotité de l'amende.

Lorsque l'insolvabilité du condamné est justifiée par des procès-verbaux tendants à saisie-exécution ou par toute autre voie légale, l'amende, pour un délit rural, est remplacée par un emprisonnement d'un mois, si elle est prononcée seule; et lorsqu'elle a été encourue avec la peine de l'emprisonnement, cette dernière peine est prolongée du quart du temps prescrit par la loi.

Le minimum des amendes, prononcées par le code pénal de 1810, pour de simples contraventions de police, est de un franc, ou six francs, ou onze francs. Le maximum ne peut excéder quinze fr. Le condamné ne peut être détenu plus de quinze jours, pour le recouvrement de cette amende, si son insolvabilité est constatée.

Le minimum des amendes correctionnelles est de seize fr. dans les cas les moins graves; dans d'autres cas, il est de vingt-cinq fr.; cinquante fr., cent fr., deux cents fr., trois cents fr., cinq-cents fr., et même mille francs. Ce maximum peut être porté à trois mille fr., cinq mille fr., six mille fr., dix mille fr., vingt mille francs, et même plus. Le condamné détenu pour le recouvrement de ces amendes, lorsque son insolvabilité est constatée régulièrement, peut obtenir sa liberté provisoire, après que l'emprisonnement a duré un an, s'il a subi une peine afflictive ou infamante, ou six mois seulement, s'il a subi une peine correctionnelle, sauf à reprendre la contrainte par corps s'il survient au condamné quelques moyens de solvabilité; et, comme cette reprise des poursuites est ordonnée indéfiniment, il s'ensuit qu'elle aura lieu autant de fois qu'il lui surviendra quelques-uns de ces moyens, jusqu'à ce que l'amende soit entièrement acquittée.

Ces amendes ont généralement paru énormes; et le mode d'en poursuivre le recouvrement a paru d'une rigueur excessive. La critique n'a pas nié que l'emprisonnement pour un temps déterminé ne dût remplacer l'amende en cas d'insolvabilité; vous ne devez pas rester impuni, parce que vous êtes insolvable : mais faut-il qu'après avoir été emprisonné, puis mis en liberté, vous soyez poursuivi de nouveau et réemprisonné toutes les fois qu'il vous survient quelque moyen de solvabilité? Ces amendes, ces peines correctionnelles qui ne sont prononcées que pour de simples délits, ont pour l'objet de remettre le condamné dans le droit chemin, mais non de l'accabler, de le réduire à la dernière des misères, et de lui enlever à jamais jusqu'à l'espérance de sortir de cette fâcheuse position.

La peine de confiscation des biens est abolie par l'article 66 de la Charte; mais une amende de trois mille francs, six mille fr., dix mille fr., vingt mille fr., suivie de saisies et d'emprisonnement, réitérés indéfiniment, n'est-elle pas aussi funeste pour la généralité des Français qu'une véritable confiscation, non-seulement des biens présents, mais encore de tous biens à venir?

En Angleterre, les amendes sont laissées à la discrétion des juges. Quelque arbitraire que puisse paraître un tel pouvoir, il est limité par le bill des droits, qui déclare qu'on ne doit condamner personne à des amendes excessives; et par la grande Charte, qui ne permet pas d'imposer une amende plus considérable que les facultés du condamné, et qui enjoint d'infliger cette peine avec miséricorde, sans toucher au tènement du tenancier, à la marchandise du commerçant, ni à la charrette ou train du laboureur. De cette manière les amendes ne sont jamais ni ruineuses pour les uns, ni trop légères pour les autres. Et Blackstone nous fait observer qu'en effet jamais on n'impose à personne une amende qui puisse compromettre sa subsistance.

Blackstone dit encore que, si l'insolvabilité du coupable ne permet pas de le condamner à l'amende, on lui inflige une peine corporelle ou un emprisonnement pour un temps déterminé.

Les amendes ne produisent pas intérêt.

Lorsqu'il y a concurrence de l'amende avec les restitutions et les dommages-intérêts sur les biens du condamné, ces dernières condamnations obtiennent la préférence.

Tous ceux qui sont condamnés pour un même crime ou pour un même délit, sont tenus solidairement des amendes.

Les cours ni les tribunaux ne peuvent dispenser de l'amende prononcée par la loi les personnes déclarées coupables; ils ne peuvent en réduire le minimum, hors les cas déterminés par la loi. L'amende générale se prescrit, lorsqu'elle n'est qu'encourue, par le laps de temps fixé pour la poursuite du délit dont elle est la peine; lorsqu'elle est prononcée, elle se prescrit 1° pour crimes, par vingt ans; 2° pour délits correctionnels, par cinq ans; 3° pour contraventions de police, par deux ans. C'est du jour où les arrêts ou jugements ont acquis force de chose jugée que le délai de la prescription commence à courir. Quant à l'amende en matière civile, elle n'est prescrite que par le laps de trente années, à moins que la loi n'ait formellement établi un délai plus court.

Voy.¹ Chauveau et Hélie, *Théorie du code pénal.*
OUDART.

AMENDE HONORABLE. (*Législation.*) C'était une peine afflictive et infamante, consistant en un aveu que le coupable devait faire du crime pour lequel on l'avait condamné. On distinguait deux sortes d'amendes honorables; 1° l'amende honorable simple ou *sèche*, que le coupable faisait à l'audience ou en la chambre du conseil, en présence des juges assemblés et devant les parties offensées, sous la conduite du geôlier de la prison et des archers, nu-tête, à genoux, et sans aucune marque de dignité; 2° l'amende honorable *in figuris*, que le coupable faisait sur une place, devant une église, dans un carrefour, le peuple allant et venant, sous la conduite de l'exécuteur des hautes œuvres, à genoux, nu-tête, nu-pieds, la corde au cou, en chemise, tenant à la main une torche de cire jaune et ardente, du poids de deux livres, et portant sur le dos et sur la poitrine deux écriteaux, où l'on lisait le crime pour lequel il avait été condamné. Les paroles que le patient devait prononcer à haute et intelligible voix, étaient celles-ci : « *Je demande pardon à Dieu, au roi, et justice, d'avoir,* etc. (suivaient les articles de l'arrêt de condamnation); » ou bien : « *Faussement, contre toute vérité, justice,* etc., *j'ai dit, fait, commis,* etc. (ici les articles de l'arrêt); *c'est pourquoi je demande,* etc. » Si le patient refusait de faire amende honorable, c'est-à-dire de proférer la formule ci-dessus, les juges devaient lui faire trois injonctions différentes, aux termes de l'ordonnance de 1670, titre 35, article 22; après quoi, si le patient s'obstinait au silence, ils pouvaient le condamner à de plus fortes peines. Dans l'usage, vers les derniers temps du moins, on se relâchait le plus souvent de cette rigueur excessive. L'amende honorable se prononçait contre les hommes et contre les femmes, quelquefois seule, le plus souvent avec une autre peine afflictive et infamante; elle était toujours encourue pour les crimes de lèse-majesté, de sacrilége, de faux, de banqueroute frauduleuse, et autres ayant causé un scandale public.

Il y avait une *amende honorable* particulière, n'entraînant point l'infamie, et que des coupables étaient parfois obligés de faire envers des particuliers offensés, soit dans leurs maisons, soit ailleurs, en présence d'un certain nombre de personnes choisies. Ce n'était là qu'une réparation d'honneur.

Les juges ecclésiastiques condamnaient quelquefois ceux qui étaient soumis à leur juridiction à faire une espèce d'*amende hono-rable* dans l'enceinte du prétoire. Les coupables demandaient pardon de leur méfait, en présence des personnes intéressées et des juges. Cette amende honorable n'entraînait point l'infamie. Il n'y avait que les cours souveraines de la justice royale qui eussent le droit de condamner, pour les crimes déterminés, à l'amende honorable proprement dite.

L'amende honorable a été abolie par le code pénal de 1791 (titre 1, article 35). Depuis, elle n'a plus reparu dans nos lois. Cependant, lors de la discussion de la loi sur le sacrilége, le gouvernement ayant proposé de faire précéder la punition de la profanation des hosties consacrées par le supplice de *la mutilation du poing droit,* les chambres parvinrent à faire substituer à cette atroce barbarie, l'amende honorable devant la principale église du lieu où le crime avait été commis, ou du lieu où avait siégé la cour d'assises. L'amende honorable a ainsi fait une courte réapparition dans notre code; mais la loi du 20 avril 1825 a été formellement abrogée le 16 octobre 1830.

AMENDEMENTS. (*Agriculture.*) Avant de classer et d'étudier chacune des substances variées que l'on introduit dans les terres arables, dans le but de leur amélioration, nous indiquerons l'action probable de chacune des parties qui les constituent, nous verrons comment les parties se comportent les unes par rapport aux autres, par rapport à l'air et par rapport à l'eau, et nous chercherons à nous rendre compte du rôle qu'elles jouent dans l'acte de la nutrition des plantes.

Dans l'étude de chacun des amendements que nous passerons en revue, nous aurons à considérer : 1° leur état, leur manière d'être : cet état a souvent une influence remarquable mécanique et physique; 2° leur composition, de là leurs propriétés particulières; 3° les modifications qu'ils peuvent éprouver dans le sol; 4° leur faculté absorbante, qui joue ordinairement un grand rôle; 5° et enfin de ces détails nous conclurons leur action. Nous suivrons une marche analogue dans l'examen préalable que nous voulons faire des parties constituantes du sol arable.

Les parties qui composent les terres cultivées sont :

1° La silice, 2° l'argile, 3° le calcaire, 4° l'oxyde de fer et l'oxyde de manganèse, 5° des sels variables, 6° et des débris organiques en décomposition.

1° La *silice,* en parcelles cohérentes plus ou moins volumineuses, n'agit guère que mécaniquement dans le sol où elle existe en quantité notable. Un sol est dit *léger* quand il en contient abondamment : il se soulève et se divise facilement par l'action des instruments. Si la silice s'y trouve en grains ou fragments assez volumineux pour constituer ce que l'on nomme vulgairement du sable, ou du gravier, la terre est alors très-perméable à l'eau, perméable aux gaz de l'atmosphère ; elle ne se tasse pas et ne se bat pas aussi promptement que toute autre. Quand, au contraire, il existe peu de gravier, et que la silice est dans un état très-divisé, qu'il s'en trouve une forte proportion en poudre très-fine, presque impalpable, le sol est encore *léger* et d'une culture facile ; mais il se bat par l'action des pluies, et sa perméabilité diminue en raison de l'état de division et de la quantité de ce sable fin qui le constitue.

La silice a une faculté absorbante presque nulle par elle-même ; par sa présence dans un sol, quand elle est à l'état de gravier plus ou moins volumineux, elle tend à maintenir les autres parties constituantes éloignées les unes des autres ; elle les empêche de se serrer et d'acquérir de la cohérence ; son interposition tient donc le sol dans un état émietté et effrité favorable. On peut donc dire que la silice, par sa présence, facilite l'action des agents atmosphériques, air, eau, gaz divers, calorique, lumière, etc.

2° L'*alumine*, ou mieux l'*argile*, possède à un haut degré, comme tout le monde le sait, la faculté de retenir l'eau ; aussi les terres où cette substance abonde sont-elles imperméables à l'eau ; elles sont aussi la plupart du temps peu perméables aux gaz, car l'argile, dans tous les états d'humidité où elle peut se trouver dans la croûte du globe, a une texture compacte et ne se divise jamais d'elle-même. Toutefois dans les terres arables, elle est toujours pénétrée de plus ou moins de substances étrangères, telles que le sable, quelquefois le calcaire, des matières organiques, et parfois aussi de quelques autres matières qui, par leur modification, entraînent la division de l'argile, des sulfures, par exemple. Suivant la quantité et la nature de ces substances étrangères, les sols argileux, divisés par les instruments de labour, se pulvérisent et se délitent à l'air plus ou moins bien ; leur perméabilité augmente alors proportionnellement.

L'argile se contracte et se durcit en perdant une portion de l'humidité qui la pénètre ; aussi les terres argileuses se contractent et se durcissent par les grandes chaleurs ; elles se fendillent et offrent dans cet état peu de surface au contact de l'air, elles deviennent presque impénétrables par l'eau, et surtout par l'air et les gaz. L'argile contractée et durcie par l'effet de l'action prolongée des rayons solaires, absorbe peu de l'humidité atmosphérique ; mais quand elle est divisée, délitée par l'action d'autres matières interposées, elle jouit d'une faculté absorbante assez grande. On conçoit d'après cela que l'introduction du sable dans l'argile, en maintenant ses parties à distance,

et les empêchant d'adhérer les unes aux autres, de se durcir et de se contracter, puisse augmenter par là même sa faculté absorbante.

L'argile a encore un autre mode d'action dans les sols arables : elle s'unit intimement aux matières organiques en décomposition, elle forme un composé remarquable avec une partie de ces matières organiques altérées, elle les retient jusqu'à un certain point, et leur cède peu à peu de son humidité, ce qui facilite leur décomposition complète, et leur transformation en gaz.

L'argile s'imprègne des dissolutions de matières organiques altérées et les retient fortement. Un décilitre de jus de fumier bien noir, traité pendant un quart d'heure, à chaud, par dix grammes d'argile, se décolore presque complètement. L'argile a encore une autre propriété, qui doit comme les précédentes fixer l'attention des agriculteurs ; elle a la faculté de s'emparer du gaz ammoniac et de le retenir fortement ; il se produit alors une sorte d'aluminate d'ammoniaque. L'alcali se trouve donc fixé, et peut mieux profiter aux plantes.

Il résulte de là, que les terres argileuses s'emparent d'une portion notable des éléments des engrais, s'en saturent, et ne les cèdent ensuite que lentement aux végétaux qui y croissent : aussi, quand on fume une terre argileuse pauvre ou épuisée, le fumier ne semble-t-il produire aucun effet, l'argile l'absorbant en grande partie ; ce n'est quelquefois qu'après plusieurs fumures successives que ces terres paraissent se ressentir de nouvelles doses d'engrais.

C'est surtout de ces sortes de terres que certains cultivateurs peuvent dire : *Il faut que la terre fasse son fond*, entendant par là qu'une terre neuve ou épuisée que l'on fume convenablement, doit absorber et retenir une portion des engrais qu'on y place, avant d'être arrivée à un état convenable de richesse. Ces terres sont aussi de celles qui peuvent être fumées plus largement, sans crainte qu'une portion des engrais ne profite pas aux récoltes.

Rien n'est donc moins avantageux que d'entreprendre la culture d'une terre argileuse pauvre, comme rien ne l'est davantage que d'avoir à traiter un sol argileux riche.

Les terres argileuses bien cultivées ont plus de puissance que les autres ; il ne leur faut que l'humidité et la chaleur nécessaire pour produire ; une fois qu'elles sont mises en état, elles peuvent donner d'excellentes récoltes sans engrais.

Enfin les terres argileuses compactes, peu colorées, s'échauffent difficilement, ou au moins lentement, et elles retiennent peu la chaleur, ce qui les a fait nommer *terres froides*.

3° *Le calcaire.* Dans le plus grand nombre

des cas, le calcaire qui fait partie constituante des terres arables est doué de porosité; à cause de cette propriété il jouit d'une faculté d'absorption assez grande. Il est d'ailleurs, dans toutes les circonstances, perméable à l'eau; il peut se dessécher plus facilement que l'argile à l'air ou par l'action des rayons solaires, mais sans devenir cohérent, sans se durcir; aussi les terres qui en contiennent une assez grande quantité sont-elles perméables à l'eau et aux gaz, et d'une culture facile.

Les débris calcaires sont ordinairement plus adhérents les uns aux autres que ceux de la silice; cela a lieu par suite de la faculté qu'ils ont de s'imprégner d'eau quand ils ne sont pas cristallins; néanmoins ces parcelles de calcaire humectées ont moins d'adhérence les unes aux autres que les parcelles de l'argile, et ne sont pas susceptibles, comme ces dernières, d'acquérir de la ténacité. Le calcaire sous ce rapport est donc en quelque sorte un intermédiaire entre la silice et l'argile; il peut corriger jusqu'à un certain point l'excès de l'une ou de l'autre, mais surtout l'excès de l'argile.

Le calcaire a d'ailleurs comme l'argile la propriété de s'unir avec les portions de substance organique altérées et de faciliter leur décomposition complète. Il doit en outre à sa porosité une faculté remarquable, que nous nommerons *force de condensation;* cette faculté, que possèdent, plus ou moins, toutes les substances poreuses, mais qu'aucune substance ne possède à un aussi haut degré que le calcaire, est d'une très-grande importance; par elle, le calcaire absorbe dans ses pores et condense les gaz atmosphériques; il favorise leurs combinaisons soit entre eux, soit avec certains produits de la décomposition des matières organiques.

On sait que le nitre ne se forme que dans les substances minérales poreuses, et de plus que pour que la nitrification s'effectue le mieux possible, il faut que ces substances soient calcaires ou contiennent au moins une forte proportion de ce principe.

L'acide nitrique et les nitrates sont le résultat d'une combustion lente de l'ammoniaque par l'oxygène de l'air. Dans cette combustion, l'oxygène de l'atmosphère est absorbé et condensé; il en est de même du gaz ammoniac, et l'un et l'autre transforment en produits plus fixes et plus stables l'eau et l'acide nitrique.

Comment cette condensation des gaz de l'atmosphère et du sol, comment cette combustion de l'ammoniaque est-elle favorisée par les substances solides poreuses?

Pour nous le fait est le même que celui de la combustion de l'hydrogène à la température ordinaire, dans la mousse ou éponge de platine, et à des températures variables dans d'autres corps poreux.

Nous pensons que, par la multiplicité des pores de la matière solide, les gaz, qui la pénètrent, se trouvent divisés à l'extrême. Ils sont en contact, pour ainsi dire, molécule à molécule, et retenus en présence dans d'innombrables petites cellules : les affinités s'exercent alors beaucoup mieux; c'est en quelque sorte comme lorsque l'un des deux gaz qui doivent s'unir est à l'état naissant : la combinaison s'effectue bien plus facilement. Dans cette circonstance dont nous parlons, elle est aussi beaucoup plus facile qu'entre deux masses gazeuses qui peuvent bien se pénétrer et se mélanger, il est vrai, dans toutes leurs parties, à cause de leur état, mais qui tendent toujours à se séparer l'une de l'autre, parce que leurs molécules de différentes natures tendent à s'éloigner et à se fuir quand elles sont dans un espace libre, par le fait de leur différence de densité. Entre les deux gaz dont nous parlons il peut en être ainsi. Le gaz ammoniac $= 0, 591$, densité, et le gaz oxygène $= 1, 103$.

La division de la matière joue donc un rôle particulier, important pour aider la combinaison; c'est là un fait bien connu, bien avéré. Quand il s'agit de corps solides, il faut détruire leur cohésion; il faut les liquéfier. Eh bien, pour les gaz, pour l'oxygène surtout, il semble que la division de ses parties, que la séparation de ses molécules, leur éloignement les unes des autres, soient propices pour favoriser sa combinaison quand il agit à la température ordinaire. Ainsi nous retrouvons une analogie, si ce n'est une identité d'action, avec le fait dont nous nous occupons, 1° dans la manière dont le phosphore se comporte au contact de l'oxygène. La combustion lente de ce corps ne s'effectue pas dans l'oxygène pur, à la pression atmosphérique ordinaire; mais elle a lieu dans l'oxygène raréfié, soit par une faible pression, soit par le mélange d'autres gaz inactifs sur le phosphore : ainsi elle a lieu dans l'air là où l'oxygène est très-divisé par le mélange d'une grande proportion d'azote; 2° dans la combustion instantanée du fer avec production de chaleur et de lumière, quand on le projette dans l'air à l'état de division extrême, tel, par exemple, qu'on l'obtient en poudre impalpable de la réduction par l'hydrogène à chaud, d'un précipité de peroxyde de fer.

Dans toutes ces circonstances, la multiplicité des points de contact, la séparation des molécules de l'oxygène, favorisent les combinaisons. Dans les substances poreuses, cette division ou séparation des molécules gazeuses qui doivent agir l'une sur l'autre se trouve opérée, et leur combinaison est plus facile.

Mais comment le calcaire contribue-t-il mieux que toute autre substance poreuse à faciliter la condensation et la combinaison des gaz?

Le voici : dans une substance poreuse quelconque, l'eau et l'acide nitrique, produits de la condensation et combinaison des gaz, séjournent là où ils se sont formés, et finissent par remplir en partie, et fermer en quelque sorte les pores; leur présence entrave donc la condensation. Dans le calcaire il en est différemment. Ces produits, eau et acide nitrique, ont une grande affinité pour les bases, notamment pour les bases alcalines; ils s'unissent donc à la chaux du calcaire à mesure qu'ils prennent naissance, ils se solidifient en la saturant, et forment du nitrate; la porosité de la masse minérale, au lieu de diminuer, augmente plutôt au contraire. Il peut et il doit se former aussi dans le sol des nitrates de potasse, de soude et d'ammoniaque, mais les deux bases fixes sont en quantité peu considérable relativement au calcaire; aussi se forme-t-il plus de nitrate de chaux que de tout autre.

Le calcaire, comme substance poreuse et par sa nature, jouit donc d'une très-grande force de condensation; à lui donc, et à lui surtout, la puissance de créer dans une terre arable des sels nouveaux; et nous le dirons d'une manière plus générale, des composés qui n'y existaient pas. Le calcaire a encore une action physique : quand il est en excès dans un sol, au point de lui donner une teinte générale blanche ou pâle, il communique à ce sol la propriété de s'échauffer lentement; mais ensuite, quand il a été échauffé jusqu'à un certain point par l'action des rayons solaires, l'abaissement de température est lent aussi.

Ainsi une portion de terre arable à base de craie fut exposée pendant une heure au soleil; sa température était de + 18°, elle ne s'échauffa pendant ce temps que de + 2°, sa température fut portée à + 20°. Cette même terre rapportée à l'ombre, où la température était + 16°, 60, et y étant abandonnée pendant une demi-heure, s'est refroidie de + 2° 20, et revint à + 17°,80.

4° L'oxyde de fer, l'oxyde de manganèse et les sels de différente nature qui se trouvent dans les terres arables concourent directement à l'acte de la végétation, en contribuant à la nutrition même.

Ces oxydes et ces sels, peu volumineux par rapport aux trois substances principales constituantes dont nous venons de parler, sont assez nombreux et variés dans les terres végétales. Les sels sont généralement à base de chaux, de potasse, de soude, de magnésie, de fer, et leur action mécanique est presque nulle à cause de leur peu de volume; mais

leur faculté d'absorption pour l'humidité, celle surtout des sels alcalins doit contribuer à augmenter cette propriété essentielle de l'ensemble de toutes les parties minérales. Quant à leur principal mode d'action, il doit être sans contredit comme partie alimentaire.

Les végétaux puisent une partie de ces sels minéraux dans le sol : c'est évident, puisque leurs cendres en sont constituées; mais de plus on doit admettre que leur présence est nécessaire pour que l'acte d'une végétation productive puisse s'accomplir. Cette présence et leur association est indispensable même pour la constitution convenable des différents végétaux.

On cite bien quelques exemples de plantes qui ont végété dans l'eau seule, ou dans des poudres insolubles humectées d'eau distillée, ou même dans l'air suffisamment humide; mais ce ne sont là que de rares exceptions, et encore n'a-t-on jamais vu ces plantes fructifier, donner de produits, et ce ne sont point là des résultats sur lesquels on puisse s'appuyer pour en conclure le mode d'alimentation des végétaux de nos cultures.

Si ces sels minéraux étaient inutiles, ils ne seraient pas absorbés par les racines, ou s'ils l'étaient accidentellement avec l'humidité du sol, on retrouverait dans le végétal en plus grande proportion ceux qui dominent dans la terre, et qui sont les plus solubles; or il n'en est pas ainsi. Ces matières minérales sont donc utiles, mais de plus, disons-nous, elles sont indispensables à la constitution des végétaux; autrement elles n'y existeraient pas à l'état de combinaison, faisant partie intime des substances qui les composent. Les sels à base de chaux, de potasse, de soude, de magnésie, qui sont les plus abondants dans les plantes, y existent le plus souvent à l'état d'acétates, de tartrates, d'oxalates, de malates, etc. Si ces matières minérales y étaient introduites fortuitement, sans être nécessaires, elles seraient bientôt expulsées. Parmi plusieurs faits qui viendraient à l'appui de cette dernière assertion, nous en citerons deux seulement.

1° L'expulsion dans le sol, par suite d'une végétation suffisamment prolongée, de quelques sels inutiles pour la constitution des substances végétales, introduits forcément dans certaines plantes; 2° l'absence presque générale de l'alumine dans les végétaux, malgré sa présence en proportion souvent très-grande dans la plupart des terres.

Cet oxyde en effet, disons-le en passant, semble, parmi tous les composants du sol, être le seul inapte à faire partie des substances organiques; on peut, on doit même le regarder comme inutile pour la constitution des plantes, puisque, malgré sa présence et son contact continuel avec leurs parties souterraines, elles ne l'absorbent pas.

Il nous faut donc l'admettre comme une vérité, les parties inorganiques, les sels sont aussi essentiels à la constitution des végétaux que les gaz qui leur fournissent les éléments, carbone, oxygène, hydrogène, azote, pour la confection de leur plus grande masse.

5° *Les matières organiques en décomposition.* La présence des débris organiques est indispensable dans le sol arable. Ces débris ou détritus ont pour l'humidité une faculté d'absorption très-considérable relativement à celle des autres principes constituants. Ils sont perméables à l'eau, perméables à l'air et aux gaz; ils se dessèchent assez lentement; toutefois, ils abandonnent l'eau qui les imprègne, plus facilement que l'argile.

Nous savons que c'est de la quantité de ces débris organiques en décomposition que dépend le plus ordinairement la fécondité d'un sol; cependant pour qu'ils puissent profiter à la végétation, il faut qu'ils soient dans un certain état de décomposition; les substances animales, pour la plupart, parviennent rapidement à ce degré convenable; les substances végétales y arrivent moins vite, et parmi elles, celles qui sont molles, humides, riches ou surchargées d'albumine, de caséine ou d'autres principes azotés, se décomposent assez promptement; tandis que celles où le ligneux abonde, qui sont d'une constitution sèche, qui contiennent des résines, du tannin, etc., ne se transforment en produits assimilables que plus difficilement.

Quelques parties organiques peuvent être nuisibles dans le sol par leur abondance, surtout quand leur décomposition s'arrête, ou quand cette décomposition donne naissance à des acides libres, et qu'en même temps elles ne contiennent pas ou ne peuvent former une assez grande quantité de bases (chaux, potasse ou ammoniaque), propres à saturer ces acides.

Dans tous les cas, l'introduction de débris organiques dans le sol contribue à l'ameublir, à le diviser, à rendre sa culture plus facile, s'il est argileux. Cet effet est fort lent, il est vrai, mais il n'en a pas moins lieu et se fait reconnaître avec le temps. Enfin, les débris organiques en décomposition augmentent surtout la faculté absorbante du sol, et cet effet est de la plus grande importance.

Les débris organiques, en quantité assez considérable dans un sol pour lui donner une teinte noire, brune ou sombre, le font jouir de la propriété de s'échauffer rapidement; mais aussi un tel sol échauffé laisse dégager assez vite la chaleur absorbée.

Un terreau noir, placé dans les mêmes circonstances que le sol crayeux dont nous avons

parlé plus haut, a été porté en une heure d'exposition aux rayons solaires de la température + 18° qu'il avait, à + 31°. L'absorption a été + 13°. Puis ensuite ce terreau rapporté à l'ombre, où la température était + 16°, 60, s'est refroidi en une demi-heure à + 22°, 70. Il a donc perdu 8°, 30.

D'après ce que nous venons de dire, on comprend que la fertilité des terres cultivées est liée invariablement à leur état de division, à leur porosité, par là même à leur perméabilité et à leur faculté d'absorption : la première de ces propriétés permet à un excès d'eau de s'échapper et laisse un libre accès aux gaz atmosphériques; la seconde procure de l'humidité en réparant à certaines époques de la journée, le soir, ou la nuit par exemple, les pertes que le sol a pu faire dans d'autres instants d'un temps trop sec. L'évaporation se trouve donc par là en partie compensée.

Le calcaire et les débris organiques surtout contribuent directement à tenir les terres dans un état d'ameublissement et dans un état d'humidité convenable, sans les rendre tenaces. L'argile donne de la consistance et cède difficilement l'eau dont elle est imprégnée; mais quand elle l'a abandonnée, elle n'en absorbe que peu dans l'atmosphère.

Le sable s'oppose à la ténacité, la modifie, concourt à l'ameublissement, et augmente la perméabilité, mais fort peu la puissance absorbante.

Enfin, nous l'avons remarqué, de la composition et de la couleur par là même dépend pour une terre arable la faculté d'absorber et d'abandonner plus ou moins facilement le calorique qui a été déversé sur elle et qui l'a pénétrée.

Cette étude du mode d'action de chacune des parties constituantes du sol nous fait sentir parfaitement l'importance de proportions particulières et surtout la nécessité d'un état convenable de ces différentes parties pour que la terre soit productive.

Il arrive rarement qu'un sol réunisse toutes les qualités désirables pour donner de bons produits et pour en donner beaucoup; car l'homme est devenu exigeant, et le devient chaque jour d'autant plus qu'il a plus de facilité pour satisfaire ses désirs. Il faut donc modifier le sol, créé passable, ou bon même quelquefois par la nature, mais devenu insuffisant pour les besoins de celui qui l'habite; il faut refaire ou perfectionner les sols improductifs. De là l'usage des amendements et des engrais.

Mais d'abord, qu'entend-on par *amendement ?*

Sous le nom d'amendement, pris dans toute l'étendue de son acception, il faut comprendre toutes les modifications que l'on apporte à un sol pour le rendre propre à produire ou pour augmenter sa fertilité. On doit donc ranger au nombre des amendements les modifications mécaniques que l'on fait éprouver aux terres par les travaux qu'on y exécute, aussi bien que celles que l'on produit par l'introduction de substances étrangères.

Nous ne traiterons pas ici des travaux de terrassement que l'on peut exécuter dans quelques circonstances pour améliorer certains sols, ni des cultures variées, labours, binages, hersages, etc., que l'on pratique ordinairement. Nous nous occuperons seulement de l'étude des substances que l'on mélange aux terres arables dans le but de leur amélioration, et nous emploierons le nom général d'*amendement* pour toutes ces substances, quelles que soient leur nature et leur origine. En effet, quelle que soit la substance et son action, si, par sa présence, elle accroît la puissance du sol, si elle augmente le nombre et le volume des végétaux qui peuvent y croître, elle aura amendé le sol, ce sera un amendement.

Nous divisons les amendements en trois classes.

PREMIÈRE CLASSE. — AMENDEMENTS MINÉRAUX.

Dans cette classe nous établissons deux sections.

1° *Amendements modifiants*. 2° *Amendements assimilables*.

Première section. — Nous désignons par le nom de *modifiants* les amendements qui agissent sur la végétation, principalement par la modification qu'ils font éprouver au sel dans lequel on les mélange. Ces substances sont généralement insolubles ou très-peu solubles ; elles agissent moins sur la plante que sur le sol, elles changent sa composition, surtout sa texture, elles augmentent donc sa faculté absorbante, sa force de condensation; elles favorisent l'action de l'air, de l'eau, de la chaleur, par conséquent elles aident à la préparation des parties assimilables, elles activent la végétation, mais c'est en modifiant le sol ; donc *amendements modifiants*. Tels sont : *le sable, l'argile calcinée, l'argile ordinaire, et les marnes*. Ce dernier amendement forme passage à ceux de la deuxième section.

Deuxième section. — Nous plaçons dans cette seconde section les substances minérales solubles, qui agissent autant ou plus sur la plante que sur le sol ; elles activent la végétation comme principe assimilable, en même temps qu'elles favorisent par leur réaction la décomposition des débris organiques, ou qu'elles donnent naissance dans le sol, par double décomposition, à des produits nouveaux utiles et favorables aux plantes. Tels sont : *le plâtre, la chaux, les cendres diverses,*

et *les divers sels*, désignés par le nom d'amendements salins.

DEUXIÈME CLASSE. — AMENDEMENTS ORGANIQUES, OU ENGRAIS (1).

Nous entendons par engrais des substances qui, par leur décomposition plus ou moins prompte, fournissent aux plantes les parties essentiellement nutritives et qui servent en plus grande quantité à constituer la matière organique végétale.

Ces amendements passent donc en majeure partie, si ce n'est en totalité, mais successivement, dans les récoltes que peut porter un terrain.

Les amendements organiques ou engrais ont en outre une action mécanique, ils agissent à la manière de certains amendements minéraux, en modifiant la texture du sol ; cet effet est fort lent, fort peu appréciable en peu de temps, mais il n'en a pas moins lieu. Enfin il augmente la faculté absorbante du sol.

Les amendements de cette classe sont les seuls dont l'emploi unique et réitéré peut suffire pour entretenir un terrain dans un état de fécondité désirable.

Nous établissons trois sections dans cette classe.

1° — *Engrais purement animaux.*
2° — *Engrais simplement végétaux.*
3° — *Engrais mixtes, végéto-animaux,* ou *fumiers*.

TROISIÈME CLASSE. — AMENDEMENTS MINÉRO-ORGANIQUES.

Nous rangeons dans cette troisième classe les mélanges à proportions variables de substances minérales terreuses ou salines, et de débris organisés. Certains de ces mélanges sont nommés ENGRAIS, d'autres *amendement excitants*. Leurs noms varient en outre suivant leur espèce.

Ces amendements sont en général formés 1° par un mélange de matières animales et végétales, fort actives par leur nature et à cause de la quantité de produits assimilables qu'elles peuvent fournir en peu de temps : tels sont, par exemple, la poudrette, le noir animalisé ; 2° par des substances minérales qui agissent comme modifiants.

L'emploi réitéré des amendements minéro-organiques ne suffirait pas pour entretenir tous les terrains dans un état convenable de fécondité ; sur quelques sols ils peuvent suffire. Nous les distinguons des amendements or-

(1) Nous conserverons cette expression d'*engrais*, trop universellement adoptée pour chercher à la faire abandonner ; entendant toutefois ne l'appliquer qu'aux amendements de cette classe formés de matières toutes de nature organique.

ganiques ou engrais, parce qu'ils ont un autre mode d'action et ne peuvent pas passer en totalité dans les plantes, et des amendements minéraux, parce qu'ils fournissent par décomposition des gaz et des sels assimilables.

AMENDEMENTS.

1re CLASSE. AMENDEMENTS MINÉRAUX.		2e CLASSE. AMENDEMENTS ORGANIQUES OU ENGRAIS.			3e CLASSE. AMENDEMENTS MINÉRO-ORGANIQUE.
MODIFIANTS.	ASSIMILABLES.	ENGRAIS ANIMAUX.	ENGRAIS VÉGÉTAUX.	ENGRAIS MIXTES.	

I. Le sable.
II. L'argile calcinée.
III. L'argile non calcinée.
IV. Les marnes.
	I. Le plâtre.
	II. La chaux.
	III. Les cendres :
	  1° *Cendres neuves,*
	  2° *Charrées,*
	  3° *Cendres diverses.*
	IV. La suie.
	V. Amendements salins:
	  1° *Le sel ordinaire,*
	  2° *Les nitrates de potasse et de soude,*
	  3° *Chlorhydrate de chaux*
	  4° *Sulfate de soude,*
	  5° *Lignites pyriteux* (1), etc.
		1° Le sang.
		2° Les chairs ou boyauderies.
		3° Les excréments divers:
		  D'hommes,
		  D'animaux,
		  D'oiseaux, colombine,
		  Le guano,
		  L'urine, le purin,
		  Le lizier.
		4° La laine, les poils, les crins, etc.
		5° La corne.
		6° Les os pilés.
			1° Le seigle,
			  Le sarrasin,
			  La spergule,
			  Les lupins,
			  Les vesces, pois,
			  Les trèfles, etc.
			2° Les tourteaux de colza, navette, etc.
			  Les huiles avariées.
			3° Les plantes marines, fucus, varechs, algues.
			  Le goëmon.
			4° Les tourailllons,
			  Le tan, etc.
				Fumiers divers :
				De chevaux,
				De moutons,
				De bêtes à cornes,
				De porcs, etc.
					Noir animal.
					Noir animalisé.
					Noir sang.
					Poudrette ordinaire.
					Poudrette inodore.
					Composés divers.
					Engrais Jauffret,
					Engrais Lainé,
					Engrais per-azoté.
					Boues des rues.
					Vases diverses.
					Sable ou limon de mer contenant des herbes marines, des coquillages, etc.
					Tourbes, etc., etc.

(1) Cet amendement pourrait être placé dans la troisième classe des amendements minéro-organiques, si on considère les débris de lignites comme substances organiques.

Nous ne traiterons en détail, dans cet article, que des amendements de la première classe ; pour ceux des deux autres classes, nous renvoyons le lecteur aux articles ENGRAIS, FUMIERS, etc.

PREMIÈRE CLASSE. — AMENDEMENTS MINÉRAUX.

Première section. — Amendements modifiants.

1° LE SABLE (1).

Le sable peut être employé comme amendement sur des terrains argileux, tenaces, peu perméables à l'eau et aux gaz. Il agit, comme nous l'avons déjà indiqué en parlant de la silice, en divisant l'argile, en tenant ses parties à distance les unes des autres, et s'opposant à ce qu'elle se contracte et se durcisse. Le sol ainsi divisé, ameubli, présente donc plus de surfaces en contact avec l'air, sa faculté absorbante est alors augmentée, sa perméabilité l'est aussi. La chaleur et la lumière le pénètrent mieux, nous savons que ces agents avec l'air et l'eau favorisent la décomposition des matières organiques ; le sable par son mélange favorise donc la préparation des parties assimilables (2).

Le sable est toutefois rarement employé comme amendement, tant à cause du prix de transport, que par la difficulté de bien l'incorporer au sol par les cultures ordinaires, labours et hersages. On doit remarquer en effet que plus le sol sera tenace, argileux ou argilo-calcaire, et plus, dans ce cas, il aurait besoin d'amendement, mais plus aussi le mélange intime sera difficile à opérer.

On doit en outre observer que lorsqu'on apporte sur un sol argileux une masse de sable (et il faut une certaine quantité pour que l'effet puisse être sensible), on introduit dans ce sol une partie notable non humifiée. Il convient alors d'y ajouter un amendement organique, un engrais, et d'autant plus que la présence du sable tend à faire absorber ces engrais par les plantes, puisqu'il favorise la préparation des parties assimilables.

Quand on juge convenable d'employer cet amendement sur des terres fortes, il peut donc être avantageux de l'employer en quelque sorte comme litière sous les bestiaux, et de le placer dans les cours de ferme pour l'imprégner d'excréments.

(1) Nous n'entendons parler ici que du sable siliceux, ou de celui qui provient des débris de roche silicatée.

(2) Le sable siliceux n'a d'ailleurs, par lui-même, qu'une très-faible affinité pour les matières organiques altérées et rendues solubles ; ainsi il n'absorbe pas et ne retient pas entre ses parties l'acide humique et les humates solubles qui peuvent provenir des engrais et notamment des fumiers.

On ne doit pas oublier dans cette circonstance de calculer si les frais d'un double transport sont compensés par les bénéfices qu'on obtient des produits.

Nous avons dit que le sable était rarement employé, cependant on peut citer quelques localités où des sables mélangés au sol ont donné les meilleurs résultats, et dédommagé des frais considérables que leurs transports occasionnent. Les domaines de Chavannes, situés sur le grand plateau du bassin de la Saône, sont presque entièrement constitués par un sol argileux tenace, mais sur quelques points on trouve des veines de sable ; on les exploite surtout dans les chemins creux, et on les transporte ou bien de suite sur les terres, ou bien dans les cours et écuries quand on peut faire ce charrois, puis de là ensuite sur le sol. Ce moyen a donné les plus heureux résultats : on assure que le propriétaire a vu augmenter ainsi d'un quart les produits de ses domaines.

Sur le même plateau, en Bresse, dans cette partie du département de l'Ain qui s'étend depuis Bourg jusque dans Saône-et-Loire d'une part, et d'autre part jusque dans le Jura, le sol, sans être mauvais, est souvent argileux et imperméable ; sur beaucoup de points on est parvenu à l'ameublir et à l'assainir par des mélanges de terres et de sable, et surtout par l'application d'un système de rigoles et de fossés d'écoulement, et par le bombement des portions des pièces ainsi divisées.

Le sable agit donc bien et est favorable dans les terres tenaces. Les fortes dépenses de transport et de mélange doivent seules faire regarder à deux fois pour l'employer ; mais quand on se trouve placé dans des conditions favorables, et qu'au moyen des cours d'eau on peut le faire transporter sur le sol qui en a besoin, on ne doit pas hésiter.

Ainsi les eaux dérivées de la Durance amendent par leurs sables siliceux les terres calcaires du voisinage du Rhône ; et les eaux de ce dernier fleuve portent des sables calcaires sur les terres argilo-siliceuses au milieu desquelles il passe.

Dans ces circonstances, l'amélioration n'est pas seulement produite par le sable transporté, introduit, mais elle résulte encore de l'irrigation même et des autres matières que le sable a mélangées avec lui et que l'eau abandonne.

Il existe des sables un peu argileux, fort peu cependant ; ils sont unis à quelques matières organiques : ce sont ceux qui proviennent, dans certaines localités, des dépôts ou alluvions des fleuves et des rivières. Bien entendu, ceux-là doivent être préférés aux sables secs.

D'autres sont connus sous le nom de *sables de mer*, et employés surtout près des côtes ; ils sont de deux natures : 1° ou formés seulement de principes minéraux, terreux et de sels : ils agissent alors en partie comme amendements salins ; nous en parlerons plus loin ; 2° ou bien ces sables de mer contiennent des matières organisées en décomposition, et constituent alors ainsi une sorte de compost naturel de sables, de débris calcaires, de coquillages, d'herbes et d'animaux marins et même de sels ; c'est un mélange fécondant. Nous en dirons quelques mots dans les sections des amendements minéro-organiques.

Enfin, certains sables sont unis à des quantités notables d'argile et de calcaire ; ils constituent alors ce que l'on nomme plus particulièrement des marnes siliceuses ou sablonneuses ; elles ont une autre action que les sables simples. Nous nous en occuperons ci-après à l'article des Marnes.

2° ARGILE CALCINÉE.

Cet amendement convient encore aux sols tenaces et argileux : quand on n'a pas de sables à sa disposition et qu'on ne peut en apporter et en introduire dans la terre à ameublir à peu de frais, on peut y suppléer par de l'argile calcinée.

Nous donnerions même la préférence à cet amendement sur les sables ; il ne faut pas confondre toutefois l'action de l'argile calcinée et celle du sable ; celle du premier de ces deux amendements est, selon nous, plus complexe et plus efficace.

Il est peu de circonstances où il soit économique et par conséquent avantageux de faire calciner de l'argile exprès pour la transporter sur des sols à amender ; car, outre les frais de mouvement, les dépenses de main-d'œuvre et de combustible sont à faire entrer en ligne de compte. Une des positions où ce moyen deviendrait praticable serait le cas où, avec de petites distances à parcourir, on aurait à mettre à profit un excès de chaleur perdue et produite dans une fabrication de chaux, de briques ou toute autre.

On a employé l'argile calcinée, surtout en Angleterre et en Écosse, avec grand succès, à raison de 270, 300 à 340 hectolitres par hectare ; ainsi Carthurwight, Craigg et Beatson surtout en ont fait usage. Le premier avait fait construire un four tout exprès, et le dernier a changé, assure-t-on, par l'emploi de cet amendement, la culture de sa propriété du comté de Sussex et modifié totalement le sol et ses produits.

On s'est bien trouvé de l'usage de l'argile calcinée, même sur des terres calcaires où la plupart des autres amendements ne sont pas applicables.

Lorsque, dans certaines localités, on n'a à sa disposition que des marnes argileuses, quand le sol à amender en réclamerait de calcaires et de siliceuses à cause de sa ténacité, on peut tirer parti de cette marne argileuse que l'on a à sa portée en la calcinant avant de l'étendre sur le sol et de l'y mélanger.

Par ce moyen, on dénature cette marne, et le sol où on l'introduit se trouve ameubli, rendu plus perméable ; il est amendé dans ce cas par l'argile calcinée, par les calcaires non décomposés qui se trouvent dans la marne, et par un peu de chaux qui a pu se produire pendant la calcination.

Lorsqu'on prépare l'argile, et qu'on la calcine sur le sol même où l'on veut la mélanger, il peut y avoir de grands avantages lorsqu'on peut surtout faire servir à cette calcination les végétaux qui ont crû sur le lieu même.

Ce mode d'opération est connu sous le nom d'*Écobuage*. On l'exécute en écroûtant le sol au moyen d'un instrument convenable, on enlève des bandes ou plaques de la superficie du terrain, de soixante à quatre-vingts centimètres d'épaisseur, puis on les amoncelle en tas, de manière à en constituer une sorte de petit four conique, haut de un mètre environ ; on a le soin de tourner du côté de l'intérieur la face de chaque plaque de terre garnie d'herbes et de débris d'arbustes. Dans la petite cavité ménagée à cet effet, on place quelques copeaux ou brindilles, et on y met le feu, puis on bouche avec une ou deux mottes l'ouverture de la cavité de manière à obstruer l'accès de l'air en partie. Il faut toutefois que la combustion de toutes les parties végétales, tiges et racines, puisse avoir lieu ; mais elle doit se faire lentement, sans produire une flamme vive et une température élevée. Cette combustion calcine une partie de la terre amoncelée. Lorsque le tout est refroidi, on étale les mottes, qui se divisent alors facilement à la pelle et on mélange au terrain.

Dans ce cas, l'amendement du sol n'est pas produit seulement par l'argile qui se trouve calcinée, mais il l'est aussi par les diverses substances qui proviennent de l'incinération.

Dans tous les cas, l'argile calcinée agit de deux manières. 1° Elle a un effet mécanique, analogue à celui du sable, elle divise la terre où on la mélange en l'ameublissant ; l'argile perd, en effet, par l'action du feu sa propriété d'absorber l'eau et de faire avec elle une pâte liée, onctueuse, imperméable. Elle est en quelque sorte dénaturée par l'impression de la chaleur. Après l'avoir subie convenablement, elle est friable, pulvérisable ; la poudre qu'elle donne est sèche, rugueuse, elle ne peut plus absorber beaucoup d'eau et surtout ne peut former une pâte tenace. Ses débris interposés dans un sol argileux en diminuent donc la compacité.

2° Elle agit en outre comme substance poreuse. Si, en effet, l'action du feu n'a pas été trop violente, l'argile calcinée ne sera pas trop durcie, elle se divisera et se brisera facilement, et de plus elle conservera une porosité favorable; dans ce cas son action tient de celle du sable et de celle du calcaire, elle est toutefois moins efficace que celle de ce dernier principe.

Si la calcination avait été trop forte, si la température avait été trop élevée, les parties de l'argile seront trop durcies, et comme à demi-vitrifiées; elles auront perdu alors de leur porosité, elles se briseront et se diviseront moins facilement, et seront inertes dans le sol, comme des fragments de silice : elles n'ont plus qu'une action mécanique. Il est donc avantageux sous tous les rapports de ménager la température quand on calcine de l'argile pour l'employer comme amendement : on dépense moins de combustible et le produit est de bien meilleure qualité.

3° ARGILE NON CALCINÉE.

L'argile non calcinée, telle qu'on l'extrait de certains sols, pourrait être un amendement pour les terrains siliceux, sablonneux, graveleux, trop légers, trop secs, et sans consistance; cependant presque jamais on n'emploie l'argile pure dans ce cas. Comme les espèces de sols où cette substance serait utile manquent aussi le plus souvent de calcaire, on emploie à leur amélioration des marnes argileuses; celles-ci se délitent beaucoup mieux que l'argile et se mélangent beaucoup mieux avec la terre; leurs effets sont aussi plus énergiques : nous nous en occuperons en parlant des marnes.

Nous devons dire toutefois qu'en Angleterre, si on emploie l'argile, c'est surtout sur des terres qui ont été souvent marnées; on a des exemples de son emploi en France par certains agriculteurs qui en introduisaient dans leur sol, croyant faire usage de marne argileuse.

Quoi qu'il en soit, l'introduction de cet amendement dans une terre légère, trop perméable, augmente la consistance, lui communique la faculté de mieux retenir l'eau nécessaire à la végétation, et surtout augmente sa puissance en lui donnant aussi cette autre faculté de retenir les engrais, d'empêcher qu'ils ne passent trop promptement dans l'atmosphère, et qu'ils ne soient entraînés par les pluies hors de la couche arable.

D'après ce que nous avons dit précédemment des propriétés de l'argile relativement aux engrais, il faut, lorsqu'on amende une terre par l'introduction de ce principe, y ajouter en même temps des engrais; nous l'avions déjà indiqué en parlant de la silice; l'usage de ces amendements nécessite une plus grande quantité d'engrais; il devient donc surtout indispensable d'en élever la dose quand on a ajouté de l'argile au sol à amender.

4° DES MARNES.

Nous entendons sous le nom de marne un mélange à proportions variables de calcaire et d'argile; quelquefois une portion notable de sable se trouve unie à ces substances, d'autres fois du carbonate de magnésie, du plâtre ou des débris organiques, y sont accidentellement associés.

Quoi qu'il en soit, c'est le mélange intime de l'argile et du calcaire qui constitue la marne, et sans l'association de ces deux parties, il n'existe pas de marne.

On ne regarde pas la marne comme une combinaison chimique de l'argile et du carbonate de chaux; et cependant ces parties sont tellement réunies entre elles, qu'on ne peut reproduire la marne de toutes pièces. Ainsi en mélangeant intimement de l'argile avec du calcaire, on n'aura pas de la marne, mais un simple mélange qui n'en aura pas toutes les propriétés.

Quand on emploie une marne pierreuse, en morceaux cohérents, il convient de la porter sur le sol avant l'hiver, elle s'y délite alors par l'effet des gelées; l'eau dont elle est pénétrée augmente de volume en se solidifiant et désunit toutes les parties, qui tombent alors effritées au dégel. Cette manière de se comporter de la marne par la gelée suffit seule pour la faire distinguer de toute autre roche calcaire peu dense. Cependant toutes les craies superficielles se comportent comme la marne à la gelée, et peuvent dans beaucoup de cas la remplacer; elles sont, il est vrai, souvent pénétrées d'une portion notable d'argile.

Les marnes agissent de deux manières sur le sol, mécaniquement et chimiquement : le premier effet est facile à comprendre; il est un peu plus difficile de se rendre compte du second.

Nous distinguerons trois principaux genres de marnes : 1° les *marnes calcaires*, 2° les *marnes argileuses*, et 3° les *marnes sableuses*. Nous y joindrons 4° les *marnes magnésiennes*, 5° les *marnes gypseuses*, et 6° les *marnes humeuses*. Nous les examinerons successivement.

Marnes calcaires.

Nous entendons par marnes calcaires celles qui contiennent de 50 au moins à 90 ou 95 pour 100 de carbonate de chaux, le reste étant de l'argile et du sable.

Ces marnes peuvent être très-variables, suivant la manière d'être de leurs parties, et par suite leurs effets sont très-différents : il y en a à texture fine, homogène, qui se délitent avec facilité à l'air et complétement, qui se délayent aussi entièrement dans l'eau quand on les y place ; d'autres sont à texture grossière, blanches, grises ou jaunâtres ; elles ne sont point homogènes et ne se délitent dans l'eau ou à l'air qu'en partie ; elles laissent des noyaux durs plus ou moins volumineux, qui ne parviennent à se diviser qu'après une action assez prolongée des agents atmosphériques. Il en est quelques-unes qui ont peu de consistance, surtout au moment de leur extraction, mais qui en acquièrent par exposition à l'air ; d'autres, au contraire, sont assez dures, cohérentes, et ne se délitent pas moins bien quand on les emploie.

Les marnes calcaires sont les plus employées : elles conviennent particulièrement aux sols argileux moyennement tenaces ; car, dans le cas où le sol serait trop compact, la marne siliceuse ou sableuse serait préférable. Ces marnes calcaires peuvent se mettre sur *toutes les terres où manque le carbonate de chaux.*

1° L'effet mécanique de la marne a lieu par l'interposition des parties calcaires entre les parties argileuses et tenaces du sol. La terre argileuse, dans laquelle on a mélangé du calcaire, ne forme plus, par un temps humide, une pâte aussi liée, aussi compacte qu'auparavant ; par un temps sec ses parties ne se durcissent et ne se contractent plus autant, le calcaire interposé s'y oppose, et les mottes durcies par un temps sec se délitent beaucoup mieux à l'air humide, ou par l'effet d'une petite pluie. Ces marnes ameublissent donc le sol, et par là même augmentent sa faculté absorbante. Cet effet est le même pour les marnes sableuses.

2° L'effet que nous nommons chimique est dû au calcaire. D'abord par sa faculté absorbante, qui est assez considérable, il tend à augmenter celle du sol ; ensuite par le fait de sa porosité, il s'imprègne des dissolutions salines et de celles des matières organiques altérées. Nous l'avons dit déjà en parlant du calcaire, ce principe a la propriété de s'unir avec les matières organiques décomposées et rendues solubles, il les absorbe, mais il ne les retient pas ensuite aussi énergiquement que l'argile, sa perméabilité et sa porosité permettant à ces substances de se transformer plus rapidement en gaz et d'être plus promptement absorbées par les plantes que lorsqu'elles sont unies à l'argile.

Dans la masse poreuse du calcaire, il se condense des gaz, comme nous l'avons dit plus haut, une véritable combustion lente s'effectue, des nitrates prennent naissance. On peut donc dire d'une manière générale, que les liquides du sol deviennent plus oxy-génés, plus chargés d'acide carbonique et par là même de calcaire dissous. Il s'y produit des bicarbonates et des nitrates ; ils forment donc un aliment nouveau, une préparation utile qui se présente à la plante ; celle-ci l'absorbe, s'en empare, s'accroît et sa vigueur en augmente, et elle puise avec force dans le sol d'abord cet aliment, ces sucs utiles qui s'y préparent sans cesse ; elle puise plus abondamment aussi dans l'atmosphère les gaz assimilants ; de là cette vigueur de végétation et cette beauté des produits qu'on obtient par le marnage.

Toutefois pour obtenir des résultats avantageux, il ne suffit pas qu'une marne soit calcaire, il faut qu'elle soit à un certain état de division favorable à la production des sels actifs, nitrates et bicarbonates, que nous avons cités. De là vient que de deux marnes aussi calcaires l'une que l'autre et employées en même quantité, la première, par exemple, peut donner de bons résultats et la seconde *des résultats à peine appréciables.*

Aussi M. de Gasparin conseille-t-il, pour juger de la bonté d'une marne et jusqu'à un certain point de l'effet qu'elle peut produire, d'en mettre un certain poids en contact avec l'eau, d'agiter, et de reconnaître en renouvelant le liquide combien de parties peuvent se délayer facilement, et combien il en reste à l'état de noyaux cohérents. L'efficacité de la marne est d'autant plus grande qu'il y a une moindre *proportion de ces derniers.*

Ici pouvait se présenter une objection. Nous allons la faire, et nous y répondrons pour la détruire, autant que possible.

Si l'effet du calcaire sur les principes contenus dans le sol et dans l'air est tel que nous venons de le décrire, dans le cas, par exemple, où l'on apporte par un marnage, de petites portions de cette substance sur un terrain, cet effet doit être le même, doit être identique, *pour une terre où le calcaire existe* abondamment, pour un sol crayeux par exemple ; pourquoi alors les sols calcaires, quels qu'ils soient, ne donnent-ils pas d'aussi beaux produits qu'un sol marné ? on pourrait répondre à cette objection, si elle était faite :

D'abord, qu'un sol calcaire qui contient ce principe en proportion convenable est ordinairement un des meilleurs sols, s'il est assez fumé, et qu'il donne d'aussi beaux produits, et des produits aussi variés que les sols marnés ;

En second lieu, que, dans le cas d'un sol où il y a excès de carbonate de chaux, les réactions chimiques se produisent probablement comme nous l'avons indiqué plus haut ; mais dans cette circonstance d'un grand excès de calcaire, la trop faible quantité des autres parties constituantes, argile, sable, etc., ne

peut s'opposer au mode d'action unique qu'imprime à la terre le principe dominant ; ainsi
perméabilité trop grande et dessiccation trop
rapide.

En outre, remarquons-le, il n'est pas seulement utile qu'il y ait du calcaire dans un
terrain, mais il faut encore qu'il s'y trouve
dans un état de division convenable, il faut
que ce calcaire soit apte à subir l'influence
des agents atmosphériques pour en éprouver
une certaine modification.

Enfin on peut ajouter encore que, dans un
terrain à excès de calcaire, le carbonate de
chaux se trouve sans doute trop abondamment,
à l'exclusion d'autres substances, dans les
sucs que puisent les plantes, et son excès est
nuisible, ou bien ces sucs ne sont pas aussi
favorables à la végétation que s'ils étaient autrement composés.

Cette dernière supposition que nous faisons est vraisemblable : car si l'on ajoute dans
un sol à excès de calcaire une matière nouvelle,
certain amendement convenable, la végétation apparaît plus vigoureuse. C'est donc que
par l'addition effectuée, on modifie les sucs
du sol ; peut-être précipite-t-on du carbonate
de chaux, qui se trouve remplacé par un ou
par plusieurs principes différents. Les liquides
absorbés ont une composition plus variée alors,
et les plantes en éprouvent bientôt l'action favorable. De là, soit dit en passant, un des effets
de certains amendements sur les sols calcaires.

Ainsi, en résumé, les marnes calcaires agissent
mécaniquement par leur calcaire, qui ameublit le terrain, et chimiquement aussi par ce
même principe, qui jouit d'une faculté absorbante assez grande, mais surtout d'une force
de condensation particulière qui favorise singulièrement les réactions entre les différents
gaz et les liquides qui se trouvent en contact
avec lui. L'action des marnes calcaires est
d'autant plus sensible et d'autant plus favorable qu'elles sont plus divisées, ou du moins
qu'elles sont formées de parties facilement
réductibles en particules ténues qui peuvent
se mélanger au terrain. Elles ont une action
plus prompte quand elles ont éprouvé l'influence des agents atmosphériques, elles peuvent contenir alors plus de sels solubles assimilables.

Quelquefois les marnes n'agissent pas la
première année de leur introduction dans le
sol ; cela a lieu quand elles ne sont pas assez
divisées et quand elles n'ont pas reçu longtemps à l'avance l'influence de l'air. On
comprend qu'il faut un certain temps pour
que les parties de la marne peu riche introduites dans le sol éprouvent l'effet dont nous
avons parlé. L'action arrivera d'autant plus
promptement à se faire remarquer, que la

marne sera mieux divisée, l'aura été depuis
plus longtemps, et sera plus intimement
mélangée au sol.

Marnes argileuses.

Nous entendrons par là les marnes qui contiennent de 10 à 50 pour 100 de calcaire,
puis de 50 à 75 pour cent d'argile, le reste
étant du sable.

Ces marnes peuvent s'employer dans les
terres trop légères, surtout dans les terrains
siliceux ; elles tendent à les rendre plus con-
sistants, plus denses, moins mouvants, moins
perméables à l'eau ; elles empêchent par là
même la perte d'une partie des engrais :
l'argile s'en empare et les retient, en ne les
cédant que peu à peu aux plantes. Ces sortes
de marnes augmentent la faculté absorbante
du sol, elles agissent mécaniquement par
leur argile et leur calcaire, et chimiquement aussi par les deux mêmes principes,
l'argile, en retenant les engrais, et le calcaire,
par la force de condensation qui lui est propre.

Pour obtenir de ces marnes argileuses tout
l'effet que l'on peut en attendre, il faut les
employer dans le plus grand état de division
possible ; il convient de les étendre sur le sol
et de les y faire déliter le plus qu'on peut,
parce que, une fois qu'elles sont interposées par
gros morceaux dans une terre légère, elles
ne se pulvérisent que très-difficilement, et les
gros débris retombent toujours au fond
des sillons à chaque labour ; or, c'est plutôt
près de la surface et au contact de l'air que
ces morceaux se déliteront, et l'on doit ne
pas oublier que cette sorte de marne où l'argile domine se divise d'elle-même beaucoup
moins facilement qu'une marne calcaire.

Marnes sableuses ou sablonneuses.

Nous entendons par là celles qui contiennent
de 10 à 50 pour 100 de calcaire, de 25 à 75
de sable, le reste étant de l'argile. L'action de
ces marnes a de l'analogie avec celle des
marnes calcaires. Elles doivent être de préférence appliquées aux sols argileux et argilo-
calcaires, froids et tenaces. Elles les divisent
et tendent à en rendre la culture plus facile ;
elles les rendent aussi plus perméables à l'eau
et aux gaz ; elles favorisent par conséquent
leur assainissement.

Leur action mécanique est plus remarquable que pour les marnes calcaires ; l'action
que nous nommons chimique a lieu aussi, et
est occasionnée par le carbonate de chaux.

Marnes magnésiennes.

Nous entendons par marnes magnésiennes
celles qui contiennent de 5, 10 à 30 pour 100

·de carbonate de magnésie. Ces marnes sont assez rares, on ne sait que peu de chose de leur action, elles ne paraissent agir ni plus ni moins efficacement que toute autre qui ne contiendrait pas ce principe, du moins c'est ce qui résulte de l'emploi que l'on en a fait en Angleterre, où cette sorte de marne se rencontre assez abondamment dans quelques localités.

Peut-être serait-elle plus efficace qu'une autre pour les plantes où on retrouve des quantités notables de sels de magnésie, pour certaines céréales, par exemple. Elle pourrait avoir une action remarquable sur un sol, par exemple, qui n'en contiendrait pas déjà.

Marnes gypseuses.

On n'a pour ainsi dire fait jusqu'ici qu'indiquer l'existence de ces marnes : elles ne sont pas très-communes, et par conséquent elles sont peu employées. Leur action doit tenir de celle des marnes pour le calcaire et aussi de celle du plâtre; nous apprendrons à le connaître prochainement. Ces marnes conviendraient sur des sols où manque le calcaire, et pour favoriser le développement des récoltes auxquelles le plâtre est le plus favorable.

Entre Gannat et Saint-Pourçain (Allier), on trouve une marne de l'espèce qui nous occupe. Certains agriculteurs l'emploient comme gypse sur les prairies artificielles, elle produit bon effet. D'autres l'emploient comme marne. Sans doute dans tous les terrains où il existe des pierres à plâtre on trouverait cette sorte de marne; car toujours le gypse ou chaux sulfatée est accompagné d'argiles marneuses.

Marnes humeuses.

On ne peut entendre par marnes humeuses que des dépôts de formation peu ancienne, où se trouvent encore interposés des débris organiques, surtout des détritus végétaux en décomposition. Ce sont des sortes de terres d'alluvion dont les unes peuvent être siliceuses, d'autres au contraire plus argileuses, toutes étant calcaires. Elles doivent agir non-seulement par leurs parties minérales, mais encore par leurs débris organiques; bien rarement elles doivent être assez riches pour dispenser d'une portion de la fumure.

Ces marnes humeuses forment un passage aux amendements de notre troisième classe, qui sont minéro-organiques.

Deuxième section. — Amendements assimilables.

I. DU PLATRE.

Le plâtre est un des amendements dont les effets sont les plus extraordinaires, mais aussi les moins uniformes, les moins constants : dans beaucoup de localités son usage est très-efficace, les effets qu'il produit sont excessivement remarquables. Dans d'autres on n'a pu en retirer aucun service, quoiqu'on l'ait appliqué à différentes récoltes et de différentes manières.

On fait remonter à 1765 seulement l'emploi du plâtre en agriculture; on l'attribue au pasteur Mayer, de Kupferzol. Son usage se répandit alors en Allemagne, puis en Suisse, en France, et surtout aux États-Unis.

On sait que le plâtre est un composé naturel d'acide sulfurique et de chaux, contenant de l'eau de cristallisation. On le nomme vulgairement, quand il n'a pas été cuit, gypse, pierre gypseuse ou sélénileuse.

Le plâtre, à une température élevée, modérée cependant, abandonne son eau de cristallisation, devient blanc, opaque, et beaucoup plus friable qu'auparavant. Quand la pierre à plâtre est en fragments un peu gros, il faut, pour dégager l'eau, une température rouge ou voisine du rouge. Le plâtre qui a perdu ainsi, par la chaleur, son eau de cristallisation, est dit plâtre cuit. Dans cet état, il est avide d'eau, et peut en absorber au moins une fois son volume. Quand on la verse liquide sur lui et qu'on en fait une pâte molle, elle ne tarde par à acquérir de la cohérence; le plâtre alors se solidifie, puis il abandonne peu à peu une portion de l'eau interposée.

Lorsque le plâtre est pulvérisé et abandonné dans l'air plus ou moins humide, il absorbe lentement de la vapeur d'eau qui s'y trouve, il s'hydrate, mais il n'acquiert pas de cohérence; il perd nécessairement ainsi la propriété d'absorber de l'eau liquide et de se solidifier si on le gâche. On dit alors que le plâtre est éventé; dans ce cas il ne peut servir pour des constructions; mais il agit aussi bien que d'autre sur les cultures.

On peut toutefois conserver le plâtre pendant plusieurs mois dans des caisses ou tonneaux bien fermés sans que ses propriétés s'altèrent.

Le plâtre est un sel peu soluble, il exige 461 fois son poids d'eau pour se dissoudre; cette solubilité, quoique très-faible, n'en est pas moins fort essentielle à considérer dans ses applications en agriculture. Nous verrons que c'est de là que dépend une partie de ses bons effets.

On emploie le plâtre cru ou cuit, mais toujours réduit en poudre; quelques agriculteurs donnent la préférence au premier, il doit revenir moins cher. En général cependant on a observé que, dans les lieux où il agit, le plâtre cuit produit un peu plus d'effet que le plâtre cru, mais seulement la première année de son emploi.

On répand ordinairement le plâtre à la

main. Quelques cultivateurs choisissent le moment où les feuilles des plantes sont couvertes de rosée; ils profitent d'un temps pluvieux. D'autres paraissent avoir constaté au contraire qu'il produit plus d'effet par un temps sec et lorsqu'il peut tomber plus facilement sur le sol et s'y mélanger. C'est surtout aux légumineuses fourrages, aux prairies artificielles qu'il est le plus profitable. L'expérience de Franchlin pour propager l'emploi de cet amendement est connue de tout le monde. = L'effet du plâtre se fait sentir pendant trois ou quatre ans; dans quelques terres, son action est de plus de durée, dans d'autres moins. Cela peut dépendre de la quantité employée et de la manière dont on l'applique.

On indique généralement 125^k, 130^k, 140^k, et même 150^k par arpent de 42^{ar} 20^c, soit, 250^k à 300^k par hectare; cette quantité agit bien dans le plus grand nombre des cas.

On a beaucoup discuté et disserté jusqu'ici sur les effets du plâtre, on a émis les opinions les plus contradictoires sur la manière dont il agit. Les résultats si variables obtenus de son emploi semblent avoir fait surgir ces idées si nombreuses et si différentes.

Quelques agriculteurs ont avancé qu'il n'avait d'influence sur la végétation que par son affinité pour l'eau. Beaucoup de gens, assez instruits d'ailleurs, ont admis cette explication; ne sachant pas, ou ne voulant pas se donner la peine de raisonner comment cet effet pouvait avoir lieu, ils ont répété l'erreur et l'ont professée.

L'affinité du plâtre pour l'eau ne peut jouer aucun rôle dans son action; c'est un fait réellement insignifiant; nous ne devrions pas nous y arrêter. Cependant voyons : on met environ 150 kil. de cet amendement par 42 ares 20^c. Nous avons dit qu'il pouvait absorber son volume d'eau, mettons qu'il puisse absorber son poids, c'est dire plus, car le plâtre est plus lourd que l'eau, et en prenant son poids, nous exagérons un peu. Soit cependant les 150^k de plâtre pouvant prendre 150^k d'eau. Or, sur une surface de 4220 mètres carrés, l'épaisseur de la couche de ce liquide qui formerait 150 litres ou 150^k, serait de $\frac{1}{18}$ de millimètre environ (1).

La moindre pluie, une rosée un peu abondante suffiraient pour le saturer; il ne peut donc réellement agir, comme on l'a dit, en irritant la plante, parce qu'il lui enlève de l'eau; d'ailleurs, certains cultivateurs préfèrent l'employer par un temps humide. S'il en était ainsi, son action ne se ferait pas sentir pendant deux et trois ans. On a prétendu encore qu'il agissait par son affinité pour l'eau, parce qu'il absorbait ce liquide dans l'atmosphère, puis, qu'il le cédait à la plante; mais la plante n'a pas besoin de cet intermédiaire, et d'ailleurs le plâtre, pulvérisé et exposé dans l'air humide, absorbe de l'eau en vapeur, seulement ce qu'il lui faut pour être saturé, pour être hydraté, et il retient l'eau absorbée avec trop d'énergie pour admettre qu'il en cède même une portion aux végétaux.

Enfin, si l'on tenait à expliquer l'action du plâtre par son affinité pour l'eau, comment pourrait-on se rendre compte de l'effet du plâtre cru qui agit bien, et qui est saturé d'eau quand on l'emploie? Laissons donc de côté cette explication; nous nous en sommes même trop occupés.

Quelques cultivateurs ou savants ont pensé que le plâtre n'agit que lorsqu'il est répandu sur la plante seulement, et qu'il ne produit aucun effet quand il est jeté sur le sol nu et mélangé avec lui. Les expériences de M. Soquet de Lyon semblaient l'avoir constaté. Ce savant prétendait même que le plâtre agissait sur la plante par le sulfure de calcium qu'il contenait après calcination; que ce sulfure, corps désoxygénant, concourait avec la lumière à l'association du carbone. Cette explication ne saurait être admise; car la quantité de sulfure de calcium qui peut se produire dans la cuisson du plâtre est insignifiante.

Il est d'ailleurs bien établi par des expériences de M. de Dombasle et d'autres savants agriculteurs, que le plâtre est favorable à la végétation quand il est répandu sur le sol en même temps que la graine.

Th. de Saussure et d'autres ont pensé que le plâtre pouvait agir en favorisant la décomposition des substances organiques contenues dans le sol. Davy a prouvé par des expériences directes, faites sur des fumiers et sur des matières animales, qu'il n'en était rien. Lorsqu'on met des substances en décomposition en contact avec du plâtre, il y a désoxydation d'une partie de l'acide et de la base de ce sel (sulfate de chaux), formation d'eau, d'acide carbonique, puis de sulfure de calcium, et par suite dégagement d'hydrogène sulfuré. Mais de ce que ces réactions se produisent, il ne faut pas en conclure que le sulfate de chaux aide la décomposition des substances organisées et surtout que par ce fait il est utile aux plantes.

Liebig pense que le plâtre agit spécialement en condensant dans ses pores le carbonate d'ammoniaque qui se dégage du sol par la décomposition des engrais, et surtout celui qui existe dans l'atmosphère venant de la même source, et qui est ramené sur le

(1) En effet, 150 k d'eau ou 150 déclm. cub. = 4220 mètres carrés $\times \frac{1}{18}$ mill.

sol par l'action des pluies. Il explique son effet en admettant qu'il y a double décomposition entre ces deux sels, sulfate de chaux et carbonate d'ammoniaque; par conséquent formation de carbonate de chaux et de sulfate d'ammoniaque. De cette manière, dit cet illustre savant, l'ammoniaque, produit si nécessaire aux plantes, est ramenée à l'état d'une combinaison moins volatile : une plus grande partie se trouve profiter à la végétation. Sans nul doute ce mode d'action du plâtre est réel, il faut en tenir compte; mais là ne se borne pas l'effet du plâtre. Car comment cet amendement n'agirait-il pas dans tous les cas et dans tous les lieux où on l'emploie? Partout en effet, dans tous les terrains il y a du carbonate d'ammoniaque produit, surtout dans les terrains bien fumés; pourquoi l'action du plâtre ne serait-elle pas également marquée sur toutes les plantes et dans tous les sols?

Le plâtre, nous devons l'admettre, agit spécialement sur la plante; une petite portion peut y pénétrer par les pores des feuilles; mais une majeure partie s'y trouve introduite en dissolution par les racines; une autre portion se transforme sans doute par double décomposision en autres sulfates, qui sont aussi associés. — S'il agit sur le sol, c'est moins en modifiant sa texture qu'en modifiant sa composition, en ce sens que les solutions salines que le sol pourra offrir à la plante seront autrement constituées qu'elles ne le seraient sans sa présence; les sulfates y seront plus abondants et plus variés. — La quantité employée et qui agit bien est, en effet, trop faible pour admettre une action mécanique (1).

Le plâtre agit donc comme amendement assimilable, comme principe nutritif lui-même, et comme servant à la préparation d'autres sels assimilables et utiles. Il est nécessaire pour certaines plantes qui ont besoin de sulfates pour leur constitution, et c'est la croissance de celles-là surtout qu'il favorise.

Deux questions peuvent se présenter :

1° Si le plâtre est un amendement assimilable, pourquoi l'action d'autres sels qui agissent de même est-elle de courte durée, et pourquoi un excès de ces sels est-il nuisible, tandis qu'un excès de plâtre ne paraît pas produire d'effets fâcheux?

2° Pourquoi le plâtre n'agit-il pas dans beaucoup de circonstances et sur beaucoup de sols?

Pour répondre à la première question, nous nous rappellerons, comme nous l'avons déjà

---

(1) En admettant pour la couche arable, 25 centimètres de profondeur et 2 de pesanteur spécifique, le plâtre, répandu à raison de 300 kilogrammes par hectare, n'est que $\frac{1}{1000}$, en poids, de cette couche.

indiqué, qu'il faut que les différentes substances qui forment une plante soient convenablement constituées, pour que cette plante puisse croître, donner des produits et que ses différentes parties puissent bien fonctionner. Or cette constitution convenable dont nous voulons parler, résulte de certaines proportions de matières minérales et de matières organiques; nous savons aussi que, pour qu'une substance inorganique puisse être absorbée par les plantes, il faut qu'elle soit soluble; mais, d'autre part, il est bien constaté que, pour que les substances minérales utiles à la végétation soient réellement profitables, et -ne deviennent pas nuisibles, il ne faut pas que la plante les absorbe en quantité démesurée, son excès la fait souffrir et même périr; il faut dans tous les cas que la plante ait le temps de les modifier, de les transformer, en un mot de les associer, à mesure qu'elle les reçoit; sinon ces substances inorganiques, quoique utiles, et même indispensables, deviennent en quelque sorte poison par leur excès. Parmi les matières minérales très-solubles, se trouvent la plupart des sels que l'on peut employer comme amendement; s'ils sont introduits dans le sol à trop haute dose, ils se trouvent absorbés par les racines des plantes en trop grande quantité, c'est-à-dire que tout ce qui pénètre dans le végétal n'est point transformé, assimilé; les portions en excès attaquent, corrodent la substance organique déjà créée, ou bien s'y unissent en la dénaturant, et ne lui permettent plus de fonctionner : il en résulte altération des tissus, et la mort s'ensuit.

Les plantes n'étant pas douées de locomotion comme les animaux ne peuvent choisir leurs parties nutritives, elles absorbent à peu près indistinctement tout ce que l'eau leur transmet. (Nous disons à peu près, parce qu'il existe certaines substances qui obstruent les bouches absorbantes de l'extrémité des racines et ne peuvent y pénétrer.)

Or les substances ou sels très-solubles et qui par là même peuvent être admis en trop grande proportion dans les végétaux, sont nuisibles quand on les mélange en trop grande quantité dans le sol. Ceux d'entre les sels qui sont peu solubles, au contraire, doivent bien agir, et leur abondance n'est pas à redouter, car ils ne peuvent pénétrer dans les plantes qu'en petite proportion à la fois, et leur présence se fait ressentir plus longtemps.

Le plâtre est dans ce cas, son action est continue sans être nuisible. Les plantes l'absorbent en quantité convenable, l'assimilent; leurs organes ne peuvent être attaqués. Son action lente mais prolongée vient donc de sa nature et de son degré de solubilité. D'autre part, la portion qui donne naissance à des sulfates plus solubles que lui, tels que ceux d'ammoniaque, de potasse ou de soude, n'a pas d'effet nuisible, car ce n'est que peu à peu et successivement que ces sels solubles prennent naissance; ils ne peuvent être pris dès lors en trop grande quantité par les plantes (1).

La seconde question était plus difficile à résoudre. Pour savoir pour quelle raison le plâtre n'agissait pas sur *toutes* les récoltes, et pourquoi, sur *tous* les sols où on l'introduisait, il ne produisait pas toujours d'effet, il était nécessaire de se livrer à l'examen des espèces de plantes auxquelles il paraissait le plus favorable, et de même il fallait connaître la composition des sols sur lesquels il n'avait pas d'efficacité. Du côté des plantes, on a prétendu que celles qui éprouvaient l'influence la plus favorable des effets du plâtre étaient justement celles qui semblaient avoir besoin de *sulfates pour leur constitution convenable*; ainsi les *légumineuses* et beaucoup de *crucifères* sont dans ce cas (2).

Du côté du sol, on a reconnu que le plâtre n'agissait pas sur les terrains qui en contenaient déjà. Davy le premier avait pressenti cette raison, elle a été appuyée par les résultats d'analyse. La plupart des savants adoptent cette opinion, et M. de Gasparin dit positivement qu'il pense qu'à l'avenir, on ne pourra plus mettre en doute la présence du sulfate de chaux dans les terrains où le plâtrage manque son effet, et son absence dans ceux où il le produit. Du sulfate de chaux peut exister tout formé dans un terrain; mais souvent aussi il peut y prendre naissance par l'action des diverses substances imprégnées de sulfates qu'on y mélange (3).

(1) M. Boussingault, dont l'opinion est certainement des plus respectables, n'admet point cette explication des effets du plâtre; il la combat même, et cela au moyen des résultats comparatifs de l'analyse des cendres de récoltes de trèfle plâtrées et non plâtrées. Il n'a pas trouvé que les quantités de sulfate de chaux, ou mieux d'acide sulfurique, absorbées par une récolte plâtrée, fussent dans le rapport de l'amélioration produite. De là il repousse l'idée de l'introduction du plâtre en nature dans les plantes et même l'introduction d'une plus forte proportion de sulfate par le fait du plâtrage.

Il a constaté que la quantité de l'ensemble des substances minérales puisées dans le sol par une récolte plâtrée était considérablement augmentée par le fait de cet amendement. Ainsi par hect. cette quantité avait été portée, en 1841, de 113 k. à 270 k.; en 1842, de 97 k. à 280 k.

D'après cela, M. *Boussingault* admet que le plâtre n'agit pas aussi efficacement sur les prairies artificielles qu'en portant de la chaux dans le sol, et la fournissant à l'état de carbonate dans un grand état de division, par conséquent très-assimilable, puisqu'elle est le produit d'une double décomposition.

(2) M. de Gasparin et d'autres savants admettent ce fait comme démontré. M. Boussingault, d'après les résultats de son analyse, dit qu'il n'en est rien.

(3) M. Boussingault, d'après les expériences de M. Rigaut de l'Isle, pense que le plâtre n'a d'action que sur les sols qui ne contiennent pas une dose suffisante de chaux à l'état de carbonate.

Nous avons parlé des avantages du plâtre, il faut dire ses inconvénients : on prétend que les légumes, pois, fèves, haricots venus sur des terrains plâtrés sont d'une cuisson plus difficile que lorsqu'ils proviennent de terrains qui n'ont pas reçu cet amendement. On sait que l'eau dite séléniteuse, qui tient en solution du sulfate de chaux, produit un effet analogue.

On a reproché au plâtre d'occasionner des *tympanites* aux ruminants qui sont nourris avec les fourrages amendés par ce sulfate, et de provoquer chez les chevaux des fluxions sur les yeux.

En Alsace cependant l'on n'a pas abandonné l'emploi du plâtre, quoique ce soit dans cette contrée qu'on ait fait l'observation de la maladie des chevaux.

Quant à l'effet pour la tympanite, il peut se faire que les plantes qui ont eu un accroissement rapide, extraordinaire, soient d'une digestion plus difficile ou donnent plus de gaz sous l'action des organes digestifs; et, de plus, le sulfate de chaux, au milieu d'une substance organique qui se décompose, est converti en sulfure de calcium, et fournit alors beaucoup d'hydrogène sulfuré.

Le plâtre, quoi qu'il en soit, est un bon amendement, mais il faut l'employer avec réserve et circonspection; on peut faire produire beaucoup à un sol dans lequel il a action; mais ce n'est pas un engrais, et en forçant les plâtrages sur un terrain, on tend à l'épuiser. Cependant on peut dire que comme cet amendement s'applique aux légumineuses fourrages, ses effets épuisent moins le sol que ceux d'autres amendements appliqués à des récoltes différentes. Les légumineuses à tiges nombreuses et ramifiées, à feuilles larges et multipliées puisent beaucoup plus dans l'atmosphère, surtout avant la fructification, que d'autres plantes, telles que les céréales, par exemple, dont la tige est grêle et les feuilles peu étendues.

Le plâtre donc doit être considéré comme un bon amendement; c'est un de ceux qui agissent bien à petites doses, c'est un de ceux qu'il est le plus avantageux d'employer à la production des fourrages, parce qu'il est le plus économique.

Les effets obtenus doivent encourager les cultivateurs à s'en servir avec confiance; si dans quelques cas il ne produit pas de résultats, le sol n'en ressent aucun effet nuisible; s'il agit, l'effet est vraiment prodigieux. Mais, chose qu'il ne faut pas oublier, principe essentiel en culture, c'est que tout sol qui a produit beaucoup, a besoin de recevoir aussi beaucoup de substances améliorantes.

II. DE LA CHAUX.

Nous n'avons pas précisément pour objet de traiter ici certains sujets, tels que celui des quantités convenables de chaux à employer comme amendement sur tels ou tels terrains ; ni des soins à prendre pour son emploi, non plus que des moyens usités pour l'introduire dans le sol à amender. Notre principal but est de chercher à expliquer son action sur le sol et sur la végétation, afin qu'on puisse en déduire des règles de conduite suivant les différentes circonstances où l'on se trouvera placé ; cependant pour arriver à être parfaitement compris en expliquant les effets de la chaux , nous ne pouvons nous dispenser de rappeler, en abordant ce sujet, quelques indications, comme, par exemple : 1° la quantité de chaux employée sur divers sols ; 2° les méthodes usitées pour son application ; 3° les soins et conditions nécessaires pour que son emploi soit profitable.

Quantités de chaux employées.

Dans le département de la Sarthe, on emploie par hectare 10 hectolitres de chaux , en compost terreux. On renouvelle ce chaulage tous les trois ans.

En Flandre et en Belgique, on met aussi par hectare de 10 à 20 hectolitres en compost, tous les trois, quatre, cinq, six ans.

Dans le département du Nord, on met 40 hectolitres à chaque reprise de la rotation de l'assolement , en sorte que la terre reçoit 3 hectolitres par an et par hectare. En Normandie , on a employé jusqu'à 80 hectolitres ; maintenant les chaulages sont moins forts dans cette contrée.

Dans le département de l'Ain, on emploie de 60 à 100 et même 120 hectolitres par hectare tous les douze , quinze, dix-huit ans. Ce serait donc environ 5 hectolitres par an et par hectare.

Nous pouvons donc en conclure qu'en France les chaulages sont en moyenne de 3 à 5 hectolitres par an et par hectare. En Allemagne ils sont de 8 à 10 hectolitres par hectare, et en Angleterre de 100 à 600 hectolitres par hectare.

Ces quantités précises se modifient sans doute suivant la nature du sol et les positions où l'on se trouve placé. Nous ne posons pas de règles ici , nous disons ce qui se fait. Ces chiffres sont des moyennes prises sur de grandes étendues et sur des qualités très-diverses de terrains, dans des pays d'agriculture modèle.

Les chaulages français et allemands semblent devoir obtenir la préférence : ils doivent coûter quatre à cinq fois moins que les chaulages anglais , ils paraissent déterminer

d'aussi abondantes récoltes, et, en les adoptant, il y a moins de chances pour l'épuisement du sol.

La quantité de chaux doit être modifiée , comme nous l'avons dit , d'après la nature du sol ; elle doit être plus forte dans les sols argileux ou humides , et moindre dans les sols légers. On doit aussi , dans l'emploi de cet amendement, tenir compte de la quantité de pluie qui tombe par an dans le pays ; enfin la proportion doit varier encore avec la profondeur des labours. En général, on peut reconnaître que le moment est venu de réitérer les chaulages, quand le sol cesse de montrer les qualités des sols calcaires, quand on voit reparaître les mauvaises plantes des terrains siliceux.

Des diverses méthodes usitées pour employer la chaux.

1° Dans quelques pays on emploie la chaux après l'avoir laissée s'éteindre spontanément sous des hangars. Il y a des inconvénients à agir ainsi , le chargement et les transports sont difficiles , ensuite l'étendage est pénible et dispendieux.

2° On peut parer à ces inconvénients en portant la chaux vive sur le champ à amender et en la disposant par petits tas de 25 à 30 décimètres cubes (1/2 pied à 1 pied cube). On place ces tas à la distance de 6 à 7 mètres chacun ; quand elle est réduite en poussière par suite de son extinction à l'air, on la répand sur le sol de manière à ce qu'elle soit répartie le plus également possible.

Ou bien encore , on recouvre chaque tas, de 15 à 20 centimètres d'épaisseur , de terre, et quand la chaux est délitée, on opère son mélange avec la terre qui la recouvre et on laisse en tas. Si rien ne presse, au bout d'une quinzaine seulement on remanie ou mélange et on étend uniformément ; de cette manière il y a plus de points de contact des parties du sol avec la chaux , et son action est plus profitable.

3° Enfin, un troisième procédé est de l'appliquer en préparant à l'avance un compost terreux. A cet effet on mélange 1 hectolitre de chaux , par exemple, avec 6, 8 ou 10 hectolitres de terre ou de gazons. Au bout de 8 ou 10 jours on remanie ou mélange bien cette masse en la coupant dans tous les sens , puis , au bout de huit jours, on recommence une deuxième fois et même une troisième, ensuite on l'emploie. L'action de cet amendement est d'autant plus prompte qu'on l'applique plus longtemps après sa préparation. Cette méthode doit même être la seule choisie pour l'emploi et l'introduction de la chaux dans les sols légers et siliceux. Si on l'employait seule et à trop forte dose sur ces terrains, elle pourrait être *plus nuisible qu'utile.*

On a encore indiqué l'emploi de la chaux éteinte par immersion; mais s'il vient à pleuvoir un peu abondamment après son mélange dans le sol, on s'en trouve mal, la chaux trop imprégnée d'eau tend à faire un mortier.

Qualités des différentes chaux employées comme amendement.

On sait qu'il existe plusieurs sortes de chaux : 1° des chaux grasses ; 2° des chaux maigres, plus ou moins impures ; 3° des chaux hydrauliques ; 4° des chaux magnésiennes.

Jusqu'ici on ne s'est pas occupé d'une manière suivie de l'action de ces différentes espèces de chaux. Il serait fort utile de faire des expériences comparatives assez nombreuses et bien dirigées pour pouvoir juger de leurs influences sur tels ou tels terrains, et sur telles ou telles récoltes. On sait seulement aujourd'hui :

1° Que *la chaux grasse,* ou chaux la plus pure, est la plus active, qu'elle *produit* généralement les meilleurs résultats, et plus d'effet que toute autre sous le moindre volume;

2° Que *la chaux maigre* doit être employée en plus grande quantité que la chaux grasse, pour obtenir des résultats à peu près semblables;

3° Que *la chaux hydraulique,* qui est unie à de l'argile naturellement, doit être employée à plus forte dose que les précédentes. Il paraît qu'elle tend moins à appauvrir le sol. On croit avoir reconnu qu'elle favorise plus le développement de la paille et des fourrages que la production du grain. La chaux maigre et la chaux grasse agissent en sens inverse;

4° Que *la chaux magnésienne* est très-active, mais qu'elle épuise le sol, si on l'emploie à hautes doses, et si on ne la fait pas suivre d'engrais abondants. C'est à cette sorte de chaux que semblent dus la plupart des reproches adressés à la chaux employée comme amendement; les Anglais l'ont surtout prodiguée et en ont abusé même dans certaines contrées.

Effets de la chaux.

Examinons d'abord l'action présumable de la chaux sur les parties constituantes du sol, les modifications qu'elle y occasionne et comment le sol modifié peut favoriser le développement des végétaux. Nous dirons ensuite les effets extérieurs plus visibles, et remarquables, dus aux réactions qui se sont opérées à l'intérieur.

Avant tout commençons par indiquer les opinions diverses de quelques savants.

Thaër attribue l'effet de la chaux sur le sol, et par suite sur la végétation, à ce que les plantes enlèvent à cette base, répandue depuis quelque temps sur le terrain, l'acide carbonique qu'elle a absorbé dans l'atmosphère, décomposant cet acide, retenant le carbone, et laissant se dégager l'oxygène. Cet effet nous paraît de peu d'importance ; il doit avoir lieu sans nul doute, mais il est faible. De petites quantités d'acide carbonique se trouvent ainsi utilisées par la végétation. Les plantes n'ont pas besoin dans tous les cas de l'intermédiaire de la chaux : elles puisent bien sans cette base cet acide utile, à l'état gazeux dans l'air, où les feuilles sont continuellement en contact avec lui. Cet effet ne pourrait suffire pour rendre compte de l'amélioration étrange apportée à tel terrain par l'introduction de la chaux ; et d'ailleurs, avec cette seule explication de l'effet de cet amendement, il faudrait attribuer moins d'action à la chaux vive qu'à son carbonate, et on serait porté à confondre les effets du marnage et ceux du chaulage, et ils sont bien différents.

M. Puvis explique les effets du chaulage sur les plantes, 1° en admettant la formation de l'humate de chaux, et son passage comme substance nutritive très-convenable et très-appropriée à leur nature; 2° en considérant cet alcali comme un agent producteur qui détermine la formation de sels qui n'existaient pas dans le sol; et en outre il le considère comme un corps tout spécial doué d'une faculté inouïe, d'une puissance créatrice qui peut, dit-il, constituer de toutes pièces dans le terrain des bases qui n'y existaient pas.

3° Enfin il admet aussi son action par la formation d'une partie de carbonates qui est utilisée et tourne au profit des plantes.

Nous admettons comme M. Puvis la formation de l'humate de chaux ; il est certain que ce sel doit se former par l'introduction de la chaux dans une terre arable, surtout dans celles qui, comme les terres de bruyères et terres tourbeuses où l'on emploie spécialement cet amendement, contiennent de grandes quantités de débris végétaux en décomposition. Mais cet humate de chaux qui se forme ne passe pas en nature dans les plantes, il est décomposé peu à peu en acide carbonique et en carbonate de chaux ; ce n'est qu'ainsi qu'il peut servir définitivement à la végétation.

Il résulte d'expériences rapportées par Liebig, faites par lui-même, par M. Édouard Lucas et par M. Th. Hartig, que les plantes n'absorbent dans le sol pour leur nutrition, ni matières extractives, ni humus dissous, ni humates de chaux ou de potasse. Il paraît certain que les végétaux croissent et prospèrent, en absorbant : 1° des gaz dans l'atmosphère par leurs parties poreuses, et qu'ils les décomposent dans leurs tissus en assimilant et s'associant ainsi du carbone, de l'hydrogène et du nitrogène ; 2° en puisant dans le sol, par leurs racines, des gaz qui éprouvent une modification analogue à celle qu'éprouvent ceux puisés dans l'air, puis surtout des solutions de sels très-nombreux et variés aussi, mais toujours en petite quantité à la fois ; ces sels éprouvent de même des décompositions variables suivant leurs espèces ; quelques-uns sont décomposés (carbonates , nitrates, etc.). Les acides organiques qui prennent naissance s'unissent aux bases de ces sels , tandis que les acides isolés sont décomposés eux-mêmes, et fournissent leurs radicaux , carbone, nitrogène, utiles à la constitution de la partie organique de la plante. Relativement à l'action de la chaux comme agent producteur de sels qui n'existaient pas dans le sol et qui ne s'y formaient pas avant son introduction, nous l'admettons comme M. Puvis, spécialement en ce qui concerne les nitrates, et nous pensons que c'est là un des principaux effets de la chaux, et qu'elle agit pour cette production et comme substance poreuse et comme alcali.

Mais nous ne pouvons comprendre la puissance de création que le savant agronome attribue à cet amendement. Quand il prétend que la chaux peut constituer de toutes pièces des bases qui n'existaient pas dans le sol, il met en doute la simplicité des métaux admise par tous les savants jusqu'à ce jour, et il n'a pas remarqué qu'il donne cette faculté prodigieuse à la chaux , pour créer la potasse seulement ou à peu près. Ce n'est, en effet, que la présence des sels de cette base qui semble l'avoir préoccupé. D'où peuvent provenir ces sels ? s'écrie-t-il ; d'où peut sortir , par exemple, la masse d'oxalate de potasse des quantités d'oseille récoltées sur un hectare de terrain ? d'où proviendrait la masse de carbonate de potasse de la fougère , celle de sulfate de potasse du tabac , celle de nitrate de potasse du tournesol , en supposant que ces plantes aient toutes végété successivement sur le même terrain ?

Au premier abord , en effet, cela pourrait sembler étrange ; mais lorsqu'on y réfléchit avec soin, et lorsqu'on connaît bien la constitution des terres arables , on n'y trouve rien d'impossible.

D'abord, comme nous l'avons dit précédemment , il existe dans les terres arables et surtout dans quelques-unes des quantités notables de potasse, quoique nos moyens ordinaires d'analyse soient presque insuffisants pour doser cet alcali, quand nous opérons surtout sur de petites quantités de terre. Cette potasse préexistait en partie dans le sol unie aux portions argileuses ; qui proviennent elles-mêmes de la décomposition des feldspaths et de quelques autres silicates analogues à base de potasse,

et une autre quantité s'y trouve introduite par l'usage des engrais. L'épaisseur d'une couche arable contient donc assez de cette base pour subvenir aux besoins de plusieurs récoltes.

Toutefois cette base utile serait assez promptement épuisée et le sol appauvri, si on ne lui en fournissait de nouvelles portions par les engrais et par certains amendements (1).

Nous n'admettrons donc pas la force et le pouvoir de création si étrange que M. Puvis attribue à la chaux ; on peut expliquer les effets de cet amendement sans le douer de cette faculté surnaturelle.

M. Boussingault pense que l'on peut considérer le chaulage comme une opération qui a pour objet unique de donner à la terre le carbonate de chaux qui peut lui manquer et qui est nécessaire pour qu'elle produise des récoltes avantageuses (2).

L'introduction de cet amendement dans le sol par les moyens que nous avons indiqués a en effet le grand avantage de les mélanger avec divers principes de la terre dans un état de division extrême. L'extinction de la chaux en l'hydratant la réduit en une poussière d'une très-grande ténuité ; le mélange est donc plus parfait, et , par suite, l'assimilation par les plantes est plus facile. D'après ce grand état de division auquel parvient promptement la chaux par l'extinction et d'après son mélange, M. Boussingault admet que cet amendement à peu d'action comme alcali , parce qu'elle se carbonate assez vite par l'absorption de l'acide carbonique, soit de l'air, soit du sol. Cependant le savant que nous venons de citer ne nie pas cet effet dans les premiers moments où elle est mise à l'état caustique dans un terrain.

Les sols dans lesquels on introduit la chaux avec succès sont presque tous ceux où manque le calcaire ; mais ceux surtout dans lesquels elle donne les meilleurs résultats et où elle est en quelque sorte indispensable pour obtenir de bonnes récoltes , sont les terrains argilo-siliceux , les terres de bruyères et certains sols tourbeux égouttés. Nous pensons que la chaux répandue sur un sol arable et in-

(1) En portant à 97 kil., à 98 k. ou 100 k. par hect. la quantité de cette base qu'enlève une récolte.
Sur une profondeur de 50 cent., où peuvent s'étendre les racines de la plupart des plantes, le poids de la couche ainsi pénétrée serait de 10,000 m. c. ou 10,000,00 décl. carrés × o m. 50 e. = 500,000 déc. cubes × 2, si a = densité, = 1,000,000 kilo. En divisant par 100 on aurait $\frac{1}{10000}$ pour la portion de potasse enlevée en poids au sol, et en supposant que 10 récoltes successives peuvent en prendre autant, ce serait admettre qu'il y a $\frac{10}{10000}$ ou $\frac{1}{1000}$ de cette base en poids dans le terrain.
(2) M. Boussingault, *Économie rurale considérée dans ses rapports avec la chimie , la physique et la météorologie* ; t. II, p. 669.

corporée avec lui de la manière la plus convenable, aura trois modes d'action distincts.

1° Comme alcali soluble, mais moyennement soluble, la chaux agit sur les acides
tannique, gallique, qui existent abondamment
dans certains sols et proviennent de la présence de quelques débris végétaux ; elle agit
aussi sur d'autres acides qui peuvent prendre
naissance, elle les sature et détruit l'effet de
ces acides qui semblent être toujours nuisibles à la végétation. Elle réagit en outre sur
quelques substances en favorisant leur décomposition, et leur transformation en parties
assimilables.

Ce mode d'action se manifeste surtout dans
les sols tourbeux et dans les terres de bruyères. Il a lieu, comme nous l'avons dit, dans les
premiers temps de son introduction ; nous
croyons que cet effet a plus de durée que ne
semble l'admettre M. Boussingault. Dans un
mélange de matières divisées comme le sont
ordinairement des terres arables, certaines portions de chaux restent assez longtemps à
l'état d'hydrate, malgré l'acide carbonique
qui se produit dans le sol ; ces portions réagissent peu à peu sur les débris organiques pour
les décomposer. Cet effet est utile, mais il
arrive aussi que certaines portions de cet
alcali fixe réagissent sur les sels d'ammoniaque
qui proviennent des engrais et les décomposent
en dégageant la base volatile ; en ce sens cet
effet de la chaux est nuisible ; aussi certains
savants, ne considérant que cette influence
fâcheuse, et l'exagérant, proscrivent l'usage
de la chaux comme amendement. Ils pensent
que l'emploi réitéré de cet alcali peut appauvrir
un terrain et le rendre au bout d'un certain
temps tout à fait improductif. Nous devons faire
remarquer que cet effet nuisible de la chaux
est toujours assez restreint, d'abord parce que
son action comme alcali a peu de durée, et ensuite parce qu'il n'y a pas contact de toutes les
parties de la chaux employée avec les sels ammoniacaux que peut contenir le terrain que
l'on chaule. Mais, d'autre part, il faut cependant
l'admettre, la chaux seule au bout de quelque temps appauvrit le terrain ; aussi doit-on
faire suivre les chaulages de fumures abondantes.

2° La chaux agit en majeure partie par le
carbonate et le sulfate qui se produisent ; ces
sels dans un état de division extrême n'en
sont que plus facilement absorbables, mais
peu à peu toutefois, à cause de leur faible solubilité.

3° Enfin la chaux agit encore et mécaniquement et chimiquement ; dans les sols argileux spécialement, cette substance, très-divisée
même à l'état de carbonate, facilite d'une manière remarquable la division des parties du
terrain trop tenace. Sous l'action d'une petite

pluie les mottes de terre mélangée de chaux
et de carbonate calcaire semblent fuser. Son
action chimique est hors de doute, comme
substance poreuse ; comme alcali, elle agit
en favorisant la production des nitrates ; elle
aide donc d'une manière très-efficace aux réactions importantes qui peuvent avoir lieu entre
les gaz de l'atmosphère et les principes du sol.

Voyons les effets extérieurs, visibles, produits par le chaulage. D'après M. Puvis, quoiqu'il y ait analogie entre les effets produits par
la marne et ceux produits par la chaux, il n'y
a pas identité : un sol chaulé diffère pour sa
qualité d'un sol marné. Les effets de la chaux
se prononcent davantage par des caractères
extérieurs remarquables imprimés au sol.
Ainsi dans un sol chaulé les mauvaises herbes
et les insectes nuisibles disparaissent.

Dans les terrains où la chaux est employée
comme amendement, les chiendents, les
agrostis, l'oseille rouge, l'avoine à chapelets,
les petites graminées, fléaux des terrains siliceux, font place au bout de quelques années
aux petits trèfles des terrains calcaires ; les
légumineuses fourrages et les légumineuses
granifères paraissent s'y plaire, puis le froment
y vient et y réussit bien.

Pour les insectes, il peut se faire que les
œufs soient détruits par la causticité de la
chaux dans les premiers moments de son emploi, ou, comme les mauvaises plantes sont
détruites en abondance, les insectes trouvent
moins de moyens de nourriture et de propagation.

Par l'emploi de la chaux, la terre prend de
la consistance, si elle est trop légère, et se
divise, si elle est trop argileuse : on peut se
rendre compte de ces deux effets qui semblent
opposés ; comme la chaux peut favoriser la formation de sels hygrométriques, déliquescents
même, qui n'existaient pas dans le terrain
avant son introduction, elle tend donc à
augmenter l'adhérence des diverses parties du
sol et sa consistance.

Par son mélange, d'autre part, elle peut diminuer la ténacité d'un terrain trop compacte ; si
un tel sol se fendille et se durcit au soleil, il
paraît fuser et se délite par la première pluie
qui succède. Un tel ameublissement spontané dans des terres fortes, facilite, on le comprend, considérablement la main-d'œuvre,
et il est aussi très-favorable à la marche des
racines dans le sol et favorable à l'action des
agents atmosphériques sur le terrain, qui reste
ainsi ouvert à toutes les influences.

On remarque que la carie et la rouille deviennent plus rares sur les sols chaulés. La
causticité de la chaux agirait, à ce que pensent
quelques savants, sur le germe de la carie.
Mais la carie a-t-elle réellement un germe ?
Cela n'est pas prouvé. Nous pensons que la

chaux donnant plus de vigueur aux plantes, elles se trouvent moins facilement endommagées.

Il arrive que dans les sols calcaires, lorsque la semaille est faite en terre sèche, le froment verse au moment de la floraison pour ne pas se relever. Cet effet n'a pas lieu dans les sols chaulés.

Enfin nous joindrons à ces caractères extérieurs des résultats d'observation, que nous ne pouvons certifier toutefois, mais qui sont admis comme vrais par beaucoup de cultivateurs :

Le blé qui vient d'un sol chaulé a le grain lourd, farine beaucoup ; il est plus long que celui d'autres terrains ; son écorce est plus fine ; il donne donc moins de son et par conséquent une plus forte proportion de farine que celui des sols calcaires ou argilo-siliceux.

Dans les sols calcaires le froment est excellent et très-sapide. Il donne beaucoup de farine, mais son écorce est épaisse ; il y a donc plus de son que dans le froment des terres siliceuses ; ce défaut semble augmenter encore dans les sols marnés.

En sorte qu'il semble en définitive que la chaux en donnant aux sols les qualités des sols calcaires ne leur en communique pas les inconvénients.

III. DES CENDRES.

Nous entendons par cendres le résidu de la combustion des substances organiques ou minérales, qui sont employées au chauffage en grand dans l'industrie ou dans les ménages (1).

Les cendres varient par conséquent beaucoup de composition.

Nous considérerons successivement :

1° *Les cendres de bois neuves ;*
2° Les mêmes lessivées ou *les charrées ;*
3° *Les cendres de tourbes ;*
4° *Celles de lignites ;*
5° *Celles de houille ou d'anthracite ;*
6° *Enfin les cendres d'écobuage.*

1° *Cendres de bois neuves.*

Les cendres sont généralement composées :
1° De carbonates de potasse et de soude ;
2° De sulfates, de chlorhydrates de potasse et de soude ;
3° De carbonate et de phosphate de chaux ;
4° D'oxydes de fer et de manganèse ;
5° De charbon de silice et de traces d'alumine.

(1) Nous rappellerons à ce sujet que par l'incinération on convertit la majeure partie du combustible en eau, en acide carbonique et quelques autres produits gazeux qui se rendent dans l'atmosphère, et que l'on obtient alors isolée la partie minérale qui était intimement unie à la partie organique, et qu'elle reste, non pas précisément telle qu'elle était, mais sensiblement modifiée.

Chacune de ces substances a une action différente. Toutes concourent à modifier le sol et les sucs puisés par les végétaux qui y croissent.

1° *Les carbonates alcalins.* Le carbonate de potasse et le peu de carbonate de soude qui y est réuni sont très-solubles ; ils réagissent comme alcali et doivent tendre par conséquent à saturer les acides qui peuvent exister dans le sol où on les introduit. L'influence nuisible de ces acides se trouve donc détruite.

M. Braconnot a prouvé par des expériences directes que les plantes excrètent des acides par leurs racines. C'est là une de leurs fonctions nécessaires ; le contact des acides présents dans le sol où elles plongent ne peut donc leur être utile, il doit même souvent entraver la végétation. L'action des alcalis, au contraire, en saturant les acides que ces organes excréteurs souterrains produisent, doit être d'activer et de favoriser cette fonction et par conséquent d'activer aussi la vie de la plante. Le sol, nous le répétons, pour être favorable au développement des végétaux, doit être plutôt légèrement alcalin qu'acide.

En second lieu, une partie des sels alcalins dont nous parlons réagit sur les débris organiques que le sol contient, et en favorise la décomposition ; de là plus de gaz et plus de produits assimilables prennent naissance.

Enfin ces carbonates de potasse et de soude sont absorbés en nature par les suçoirs des plantes ; la quantité de ces sels absorbée est peu considérable sans doute, mais elle suffit pour servir à constituer les malates, les oxalates, les acétates, etc., de potasse et de soude que nous retrouvons dans les différentes parties des végétaux. Sous ce point de vue les cendres agissent comme parties nutritives. Les plantes qui croissent dans un sol où l'on a mélangé des cendres, profitent donc 1° par l'activité que reçoivent les racines du contact d'un alcali faible ; 2° par le fait de la décomposition plus prompte des débris organisés ; 3° par l'absorption d'une partie des carbonates de potasse et de soude, sels utiles à leur constitution : leur végétation devient donc plus vigoureuse. Nous allons voir que chacune des autres parties constituantes des cendres concourt à ce résultat.

2° *Les chlorhydrates, sulfates de potasse et de soude,* sont tous des sels solubles ; ils doivent être absorbés en nature, ils le sont en très-petite quantité ; leur proportion est très-minime, en effet, comparativement à la masse du sol arable dans lequel on a introduit les cendres (1). Ces sels sont nécessaires à la constitution des plantes, puisque nous les y retrouvons ; ils sont associés ou sont modifiés dans

(1) Si l'on emploie en. effet 3o à 4o hectolitres de

le végétal : dans tous les cas ils concourent à son développement.

3° *Le carbonate et le phosphate de chaux* agissent mécaniquement, et tendent à ameublir le sol. Le carbonate agit en outre par les propriétés qui lui sont propres et que nous connaissons. L'un et l'autre sont peu à peu absorbés par les plantes ; leur grand état de division facilite leur solution et leur absorption. Le carbonate est transformé dans le végétal, et le phosphate semble être associé tel qu'il est.

M. Puvis pense que les cendres agissent spécialement par leur phosphate de chaux ; ce sel est, en effet, un de ceux qui se trouvent en plus grande proportion dans les cendres. Ce qui fortifie l'opinion de ce savant, c'est la présence du phosphate de chaux dans les graines des céréales ; nous savons qu'on retrouve en effet ce sel pour plus de 20, 25, 35 et même 40 pour 100, dans les cendres d'avoine, de fèves, de maïs et de froment. Par l'emploi des cendres, on doit donc favoriser la formation de ces semences, puisqu'on présente aux plantes qui les portent le phosphate de chaux qui est essentiel pour leur constitution. M. Puvis croit que les sels solubles des cendres ont une faible action, parce que, dans beaucoup de cas, les charrées agissent aussi bien que les cendres neuves. Nous verrons qu'il y a certaines raisons particulières pour cela.

4° *Les oxydes de fer et de manganèse* ont aussi une action mécanique et chimique. Ils tendent à ameublir, et comme ils ne sont pas peroxydés dans les cendres, ils passent peu à peu à cet état et modifient les principes du sol et ceux qu'on y mélange ; enfin ils sont associés en petite proportion. Il semble que le manganèse passe à l'état de manganate et de permanganate de potasse ; on le retrouve à cet état et colorant en violet foncé certaines portions du tissu de quelques parties végétales, des pommes de terre par exemple. Un savant chimiste allemand, M. Migner, a émis l'opinion que la plupart des plantes violettes doivent leur couleur à la présence de certaines portions de ce sel.

5° Enfin, *le charbon*, *la silice*, *l'alumine*, etc., agissent mécaniquement comme substances donnant de la porosité, au sol à cause de leur état de division. La silice se trouve en partie absorbée ; en passant peu à peu à l'état de silicate de potasse, elle sert à constituer l'épiderme, dans les céréales surtout.

En résumé, il est facile de comprendre que cet amendement, plus que tout autre du même genre, c'est-à-dire plus que tout autre amendement minéral, doit être favorable à la végétation. Il présente aux plantes des parties minérales en état de grande division et dans les conditions les plus favorables pour qu'elles puissent être assimilées, puisque déjà elles ont fait partie de substances organiques analogues à celles auxquelles elles doivent être associées.

Remarquons toutefois que, d'après l'action des différentes parties des cendres, leur emploi réitéré sur un sol, et sans fumure, doit tendre à l'appauvrir.

Nous ajouterons à ces détails que les cendres ont surtout une action favorable sur les terres fortes. Elles agissent bien sur les terrains dépourvus de calcaire ; par leur emploi, on y introduit ce principe essentiel. M. Puvis prétend qu'elles seraient plutôt nuisibles qu'utiles sur les sols calcaires ; dans beaucoup de cas cependant, elles ont produit très-bon effet.

Les cendres sont surtout efficaces, et l'on comprend facilement pourquoi, sur les terrains tourbeux, sur les défrichements de forêts, sur les terres de bruyères, sur les prairies marécageuses égouttées, partout où le sol peut être acide, partout, en un mot, où, par la décomposition des débris organiques, il n'y a pas eu production de base propre à saturer les acides mis à nu.

Un excès d'humidité dans le sol où on introduit des cendres n'est pas aussi nuisible à leur action qu'à celle de la chaux vive. Pour les répandre on choisit toutefois un temps non humide et un sol non mouillé, on évite de les mettre en contact avec les tiges et les feuilles des plantes : quelques-unes pourraient être attaquées. Les graminées résistent bien à leur contact ; quelquefois on les répand au printemps sur les orges, sur les froments, mais mieux vaut les introduire dans le sol avec la semence.

Elles paraissent favoriser la production du grain plutôt que celle de la paille. Le grain obtenu sur les sols cendrés a l'enveloppe fine, produit peu de son ; il ressemble à celui des sols chaulés, il est peut-être plus riche en farine et estimé, dit-on, comme tel sur les marchés.

Les cendres sont encore d'un emploi favorable sur les prés et les pâturages ; leur action est surtout favorable sur le colza, la navette, le chanvre. Leur effet n'est pas durable quand elles sont employées à petites doses ; mais si l'on a cendré un sol à plusieurs reprises, après dix ans de l'emploi de cet amendement, l'amélioration s'aperçoit encore.

Malgré l'efficacité de cet amendement, son usage est restreint en agriculture ; les cendres

cendres par hectare. Soit au maximum 4 mètres cubes ; en supposant le labour de 0 m. 25°, de profondeur, la couche arable d'un hect. formerait 2500 mèt. cubes de terre ; les cendres employées ne seraient que la 1625° partie de cette masse, et les sels dont nous parlons ne forment environ que les $\frac{4}{100}$ des cendres. Ces sels ne seraient en définitive que les $\frac{4}{61500}$ ou $\frac{1}{15615}$ de la masse du sol en culture.

ont une valeur réelle assez grande, à cause des nombreux usages qu'on en fait dans les arts, pour les lessives, les savonneries, etc., etc.

Il est presque inutile d'ajouter ici que les plus actives sont les plus riches en sels alcalins (les plus fortes). Ainsi parmi les plantes herbacées, les tiges de tabac, de pavots, de fougère, de colza, de topinambours, de maïs, sont les meilleures; parmi les bois, celles de chêne, de hêtre, de sarments de vigne, d'orme, de frêne, d'érable, doivent être préférées; puis celles de bois résineux; les moins bonnes sont celles de tremble, d'aulne, etc.

Cendres lessivées ou charrées.

Dans beaucoup de circonstances, les charrées employées comme amendement ont une action presque aussi énergique que les cendres neuves, et surtout quand on les a conservées quelque temps en tas après leur lixiviation.

Il paraîtrait au premier abord que l'eau a dû leur enlever tout ce qu'elles contenaient de sels solubles, et que dès lors leur action doit être peu efficace. Il n'en est pas ainsi; d'abord les cendres, comme nous l'avons vu, n'agissent pas seulement par leurs sels solubles; elles produisent de l'effet par toutes leurs parties, et ensuite il y a des raisons toutes spéciales de cette efficacité extraordinaire des charrées.

Selon nous, ces causes sont au nombre de deux; indiquons-les :

1° Par l'action du feu lors de l'incinération, il s'est formé une sorte de composé mixte insoluble ou peu soluble de silice, de phosphate, de carbonate de chaux, d'oxydes de fer et de manganèse retenant une portion des sels de potasse et de soude; c'est une sorte de verre scoriforme, assez divisé du reste, mais dur, rugueux au toucher, dans tous les cas très-peu stable, facile à modifier. Or, par l'exposition à l'air, les oxydes de fer et de manganèse, ramenés en partie à l'état de deutoxyde ou de protoxyde par l'action du charbon ou de l'hydrogène à une haute température lors de la combustion, tendent en se peroxydant à déliter ce composé. Les sels déliquescents et efflorescents de potasse et de soude agissent de la même manière; de sorte que ces portions de cendres d'abord insolubles peuvent donner par un nouveau lavage, après quelques mois d'exposition au grand air, des sels solubles en quantité notable; c'est ce que prouve l'expérience.

Les charrées peuvent donc agir un peu à la manière des cendres neuves par des sels solubles, et cela d'autant mieux qu'on les emploie en plus grande quantité.

2° En second lieu, le pouvoir qu'a le carbonate de chaux d'aider à la condensation des gaz, s'exerce au contact de l'air, quand on y abandonne les charrées, dont ce composé fait partie notable; le peu d'alcali, carbonate de potasse, qui y reste, concourt avec le calcaire pour favoriser la nitrification. Des nitrates se forment donc infailliblement pour peu qu'il y ait quelques débris organiques dans les cendres lessivées que l'on abandonne longtemps à l'action de l'air; ces sels si utiles par leur petite quantité contribuent à l'efficacité des charrées.

3° Enfin, nous devons ajouter que rien n'est extraordinaire dans cette action remarquable des charrées, si on admet, comme quelques agriculteurs, qu'elles favorisent la végétation surtout par le phosphate de chaux; et si elles agissent mieux même quelquefois que les cendres neuves, c'est sur les terrains où les sels solubles et alcalins ne sont pas si essentiels, et sans doute sur les terres argileuses fortes; car l'action divisante des charrées doit être supérieure à celle des cendres neuves.

Ainsi donc doivent agir, 1° les cendres lessivées des ménages et 2° celles des fabriques de potasse.

Quant aux cendres lessivées des salpêtriers et des blanchisseries, elles sont encore préférables, à cause de l'addition assez considérable de chaux vive qui se carbonate en grande partie, en rendant la potasse caustique.

Et, enfin, celles des savonniers qui sont encore meilleures, parce que, outre l'addition de chaux, elles peuvent être mélangées de certaines portions de graisse ou autres parties animales.

Thaër a émis l'opinion que les charrées agissent sur la végétation aussi bien que les cendres neuves; *parce qu'il reste probablement*, dit-il, *dans ces matières quelque chose de la vie végétale qui échappe à nos sens.* Il faudrait admettre, suivant cet illustre savant, que les cendres neuves et les charrées agissent spécialement par ce reste de substance organisée qui peut y exister encore et tenir peu de compte de l'action des sels solubles. Pour donner en quelque sorte une preuve de la probabilité de son opinion, Thaër fait remarquer que l'on a observé presque partout que les cendres formées à un feu lent et hors du contact de l'air, sont plus efficaces comme amendement que celles qui sont formées par l'incinération à un feu vif.

Nous pensons qu'après l'incinération, si elle est complète, il ne reste dans les cendres aucune parcelle organisée, et que la différence observée, si elle est réelle, et nous voulons le croire, peut plutôt provenir de ce que le composé insoluble scoriforme dont nous avons parlé plus haut, et qui est inerte pendant un certain temps, ne se produit pas ou se produit en moindre quantité quand l'incinération a eu lieu à une température peu élevée; dès lors ces cendres sont plus actives que celles calcinées à une haute chaleur.

Si Thaër voulait dire, par ses expressions que nous venons de citer, que les cendres contiennent à l'état excessivement divisé, et par conséquent facilement assimilable, des parties minérales qui déjà ont fait partie de substances organisées, et qu'elles sont par là même plus propres que d'autres à y pénétrer et à en faire de nouveau partie, ce serait fort bien, et, on le comprend alors, l'action d'un feu lent est favorable.

Il existe, à ce qu'il paraît, dans l'action des cendres des anomalies qu'on n'a pu expliquer jusqu'ici; employées de la même manière et sur des terrains analogues, elles produisent tantôt bon effet, tantôt rien du tout. C'est que sans doute il existe dans ces localités différentes circonstances influentes dont on ne tient pas compte, comme, par exemple, une trop grande humidité dans le terrain, la présence d'eaux stagnantes.

Toutefois l'effet des cendres a toujours été avantageux dans les contrées montagneuses à sols schisteux ou granitiques dans lesquels le terreau végétal est acide, là où les rochers se désagrégent sans qu'il y ait réellement décomposition du feldspath.

Il existe des terres qui ne produiraient que peu de chose avec le fumier sans la présence des cendres.

On les emploie avec avantage sur les terrains argilo-siliceux qui appartiennent aux bassins du Rhône et de la Saône, en remontant de Lyon dans le département de l'Ain, la Haute-Saône et Saône-et-Loire. On les paye dans ces pays de 1 fr. 50 c. à 3 fr. l'hectolitre, et on les met sur le sol à la dose de 20 à 30 hectolitres par hectare. On les sème sur le sol avant le labour de la semaille; souvent on les emploie concurremment avec les fumiers.

Dans quelques contrées montagneuses de l'Allemagne, on a remarqué que le plâtre n'agissait sur les trèfles que lorsque ceux-ci avaient été préalablement amendés par les cendres.

3° *Cendres diverses.*

A. Cendres de tourbe.

Elles varient beaucoup de composition suivant la nature de la tourbe qui les a fournies: aussi dans certaines contrées elles sont estimées; dans d'autres elles semblent être nuisibles.

Elles diffèrent des cendres de bois; elles sont formées en général

1° De chaux, en partie carbonatée, et dans un grand état de division;

2° De chaux sulfatée; quelquefois la quantité est très-grande;

3° D'argile calcinée, d'alumine, et de silice à l'état gélatineux;

4° De sels alcalins, sulfates, chlorures ou carbonates de potasse ou de soude.

La quantité de ces sels est toujours peu considérable;

5° Enfin d'oxyde de fer, et de quelques autres substances peu abondantes.

Ce qui est digne de remarque c'est qu'on ne retrouve pas de phosphates dans ces cendres.

Toutes les parties constituantes des cendres de tourbe sont propres à améliorer le sol; et s'il en est quelques-unes qui ont donné de mauvais résultats, ce sont sans doute celles de tourbe pyriteuses, qui sont rouges par la quantité d'oxyde de fer qu'elles renferment, et qui contiennent quelquefois des sulfures non complétement décomposés par la combustion. Ces sulfures, en se transformant en sulfate, peuvent dans quelques terrains donner un mauvais résultat.

Les cendres de tourbe de bonne qualité sont grises, blanchâtres et légères; elles ne doivent pas peser plus de 50 k. l'hectolitre quand elles sont sèches.

En Picardie, dans la vallée de la Somme et autres localités voisines, on emploie en général les cendres de tourbe sur les prairies naturelles, sur les prairies artificielles et sur les blés d'automne.

Le prix de ces cendres est sur les lieux de 0 fr. 40 c. l'hectolitre. On les emploie à la dose de 40 hectolitres à l'hectare, quelquefois on met jusqu'à 50 hectolitres. En Hollande, où l'on se sert de ces cendres sur les trèfles, on les porte sur le sol en beaucoup plus grande quantité. On met par hectare, en deux fois, de 90 à 125 hectolitres; quelquefois on en rencontre qui contiennent tant de sulfate de chaux, c'est-à-dire de 20 à 25 pour 100 de leur poids, que leur emploi équivaut presque à un plâtrage.

B. Cendres de lignites.

Nous entendons par cendres de lignites le résidu de la combustion de ces substances qui sont le produit de masses de bois enfouies et carbonisée, et qui sont employées, comme combustibles dans plusieurs localités au lieu de tourbe ou de houille. Ces cendres varient beaucoup de composition; aussi leur action est variable comme celle des cendres de tourbe. La plupart sont favorables à la végétation, et on en fait grand usage.

La quantité que l'on emploie ordinairement est de 50 hectolitres à l'hectare; leur action est peu sensible sur les sols argileux et humides; il paraît qu'on les emploie sur colza, trèfle, pommes de terre et froment. Elles sont surtout avantageuses sur les prairies; elles favorisent la végétation de toutes les plantes, mais particulièrement celle des légumineuses.

Il est quelques lignites qui contiennent des sulfures de fer; ces parties, après calcination lors de la combustion des lignites, se transforment à l'air en sulfates. Ceux-là agissent un peu comme les amendements salins.

C. Cendres de houille et d'anthracite.

Les cendres de houille et d'anthracite sont encore des amendements de composition très-variable. Une analyse a indiqué dans une cendre de houille bonne qualité de Saint-Étienne (1) :

Argile inattaquable par les acides. .	62
Alumine.	5
Chaux.	6
Magnésie.	3
Oxyde de manganèse.	3
Oxyde et sulfure de fer.	16

Il doit s'y trouver en outre de petites quantités de sels alcalins. M. Boussingault cite une de ces cendres qui a donné près de 0,01 d'alcali. Le plus souvent la majeure portion est constituée par des débris de schistes calcinés; il en est qui contiennent des sulfures en partie décomposés et des sulfates, quelquefois du plâtre.

Ces cendres sont employées presque exclusivement sur les sols argileux : elles agissent en diminuant la compacité du terrain où on les mélange; sous ce rapport leur effet est des plus énergiques.

On prétend qu'étendues sur les prairies elles détruisent la mousse.

Nous aurions pu placer leur étude près de celle des amendements modifiants; mais à cause de la portion de substances assimilables qu'elles fournissent, leur examen est mieux placé ici.

D. Des cendres d'écobuage.

Nous avons déjà parlé de l'écobuage à propos de l'argile calcinée; nous avons indiqué succinctement en quoi consiste cette méthode d'amélioration de la couche arable, si convenable dans certaines localités. Mais nous n'avons pas cherché à expliquer complètement l'effet produit par les nouvelles substances produites, et par celles qui sont modifiées par l'action du feu dans cette opération.

M. Boussingault pense que les effets utiles de l'écobuage résident dans la destruction des matières organiques très-pauvres en principes azotés et dans la transformation de la superficie du sol en une terre poreuse, charbonneuse, très-apte dès lors à retenir en les conduisant les vapeurs ammoniacales dégagées pendant la combustion. Il admet aussi la

(1) M. Boussingault *Économie rurale*, etc., t. II, page 194.

production de sels alcalins et terreux utiles à la végétation.

M. de Gasparin est aussi d'avis qu'un des grands effets de l'écobuage vient de l'absorption que font les parties terreuses calcinées des produits de la décomposition de débris organiques par le feu : ainsi la suie, chargée de sels ammoniacaux, et les sels et oxydes que contenaient les parties de plantes sont mis à nu, et dès lors peuvent être absorbés par la récolte que l'on confiera au sol. L'action du feu ne crée rien, toutes ces substances assimilables existaient dans les débris organiques; par la décomposition spontanée mais lente de ceux-ci, ces substances se seraient trouvées à la disposition d'un grand nombre de récoltes successives, elles n'auraient produit aucun effet sensible; l'écobuage les a mises presque toutes à la disposition d'une seule, l'effet est alors remarquable.

Ce savant auteur tient compte aussi de l'efficacité de l'argile qui se trouve calcinée.

Aussi les cendres d'écobuage doivent agir un peu comme les cendres de bois, puisqu'il s'en forme; un peu comme l'argile calcinée, parce qu'il s'en produit; un peu aussi comme la suie, car celle qui se forme dans cette combustion lente, étouffée, se trouve en partie condensée dans les parties terreuses calcinées; enfin elles doivent encore agir par le peu de chaux qui a pu se produire, si l'on a exécuté l'écobuage sur un terrain calcaire ou argilo-calcaire.

D'après ce que nous venons de dire, on doit conclure : 1° qu'il ne faut pratiquer l'écobuage que sur des terres riches en débris végétaux, en débris de racines, en terreau non décomposé, et recouvertes d'assez de plantes inutiles : sinon le résultat ne peut guère payer les dépenses de l'opération; 2° que l'écobuage est avantageux surtout sur les sols tenaces pour les ameublir et les diviser.

IV. LA SUIE.

Nous plaçons ici l'examen de cette substance, parce qu'elle a quelque analogie de composition avec les cendres.

La suie est une substance de composition très-complexe; M. Braconnot y a trouvé les substances suivantes :

Acide humique ou ulmique. . . .	30 00
Matière azotée soluble dans l'eau.	20 00
Carbonate de chaux.	14 70
Sulfate de chaux.	5 00
Phosphate de chaux ferrugineux.	1 50
Acétate de potasse.	4 10
Acétate de chaux.	5 70
Acétate de magnésie.	0 50
Acétate d'ammoniaque.	0 20
Chlorure de potassium.	0 40
Une matière carbonatée insoluble.	**3 90**

Silice. 1 00

Un principe âcre et amer. 0 50

Eau. 12 50

          100 00

Plus, des traces de carbonate, de magnésie. et d'acétate de fer. M. Payen a aussi trouvé un principe azoté dans les suies de houille. Du reste, toutes les substances qui constituent la suie peuvent être profitables à la végétation; les unes sont absorbées en nature, les autres éprouvent dans le sol des modifications qui les convertissent en produits assimilables.

Depuis fort longtemps on emploie la suie comme un amendement utile; dans les grandes villes on recueille bien cette substance et on la livre aux agriculteurs; souvent on la mélange avec des cendres destinées aussi au même usage.

Dans quelques pays on répand la suie sur les trèfles et les jeunes froments à la dose de 18 hectolitres par hectare (1). En Flandre, on en met jusqu'à 50 hectolitres par hectare (2). On l'applique ainsi particulièrement sur les semis de colza destinés au repiquage; on pense que cette substance a la propriété de préserver les jeunes plants de l'attaque des insectes.

La meilleure manière de l'appliquer, comme l'indique M. de Dombasle, est de le répandre par un temps calme et pluvieux.

On a conseillé de le mêler à la chaux : ce moyen est plus nuisible qu'utile; il vaut mieux l'employer seule. Si on n'en a que peu à sa disposition, il faut l'introduire dans des composts ou dans les fumiers.

La suie de houille est préférable à celle de bois; elle est plus dense et contient, comme le fait remarquer M. Boussingault, plus de matières sous le même volume; puis elle est plus nitrogénée que celle de bois.

MM. Payen et Boussingault ont trouvé dans la suie de bois 1, 15e d'azote pour 100 parties de la matière humide, et dans la suie de houille 1, 35e d'azote pour 100 de la matière humide.

V. AMENDEMENTS SALINS.

L'usage des amendements salins était répandu dans diverses contrées du sud de l'Europe et en Asie à une époque fort éloignée de nous. En France, l'emploi des substances salines comme amendement était fort restreint, il y a vingt ou trente ans; on n'avait pas la facilité de se procurer le sel marin en quantité un peu considérable, et le prix élevé de cette substance était un obstacle à son usage en agriculture. Quant à la production des autres sels, résidus d'opérations chimiques ou manufacturières, elle était de peu d'importance.

(1) Sinclair, *Agriculture pratique et raisonnée.*
(2) Cordier, *Agriculture de la Flandre française.*

Aujourd'hui la découverte de mines de sel, la facilité des moyens de transport, et l'établissement de nombreuses fabriques de produits chimiques, permettront aux cultivateurs l'usage de ces amendements, quand ils l'auront reconnu avantageux dans leur localité.

1° *Du sel marin.*

Parmi les amendements salins on doit mettre au premier rang le sel marin : c'est le plus abondamment répandu autour de nous. Il serait grandement à désirer que l'impôt qui pèse sur cette substance si utile, indispensable même à la classe pauvre, fût aboli. Sous ce rapport, ce serait un bien; sous celui de son emploi pour l'amélioration des cultures, ce serait une cause de prospérité publique.

Le sel marin a été essayé comme amendement dans un petit nombre de contrées sur le sol de la France. On a obtenu de bons résultats dans la plupart des localités où on l'a employé à petites doses; dans quelques circonstances on s'en est mal trouvé. Cependant nous croyons que si l'on pouvait se le procurer à bon compte, les essais se multiplieraient, et que les résultats satisfaisants apparaîtraient plus nombreux.

La grande fécondité produite, dans les contrées voisines de la mer, par les inondations momentanées, est sans doute la cause qui a engagé à employer le sel marin sur les cultures. D'ailleurs, ce résultat incontestable est un fait qui prouve son influence heureuse sur la production des sols cultivés; il ne s'agit que de l'appliquer avec discernement. Ainsi il favorise la végétation et concourt à la formation de produits d'excellente qualité. Tout le monde sait quelle est la réputation de cette contrée des côtes du nord et du nord-ouest de la France dont les pâturages portent le nom de *prés salés;* les fourrages y sont très-abondants et de si bonne qualité que les moutons qui sont nourris sur ces lieux engraissent facilement et ont une chair d'une saveur exquise.

Au sujet de l'effet produit par les irrigations de l'eau de mer, nous devons dire que la quantité de sel abandonné sur le sol n'est pas aussi considérable qu'on pourrait le croire au premier abord.

On doit remarquer, en effet, que l'eau peut s'en retourner saturée, en admettant une grande et rapide évaporation qui la concentre, et par conséquent cette eau ne peut abandonner à la terre sur laquelle elle a séjourné que le sel qui était tenu en dissolution dans la portion de liquide qui l'a pénétrée.

Ainsi, en admettant que sur un terrain on fasse arriver une irrigation d'eau de mer qui l'inonde et le couvre d'une épaisseur de 0^m, vingt centimètres par chaque hectare, ou dix mille mètres carrés, le sol portera deux mille mètres cubes d'eau ou vingt mille hectolitres. Or si l'eau de mer tient en dissolution 6 p. 100 de sel, il y aurait dans ces vingt mille hectolitres d'eau mille deux cents kil. de sel. En admettant que le quart de l'eau employée à l'inondation ou irrigation pénètre le sol; et s'évapore ensuite, le terrain retiendrait après l'écoulement du reste $\frac{1200^{k}}{4} = 300^{k}$ de sel par hectare. C'est une proportion convenable.

Quand l'eau saumâtre séjourne trop longtemps sur le sol, il peut y avoir un excès de sels abandonnés, et alors l'effet est nuisible; aussi l'on ne peut semer et espérer de produits sur ces terrains qu'après des pluies abondantes qui dissolvent et entraînent dans le sous-sol l'excès des sels; on ne peut en jouir qu'après des labours et des repos successifs.

Or ces labours, par l'ameublissement qu'ils produisent, par le mélange qu'ils favorisent, et par l'introduction de l'air qu'ils rendent plus facile, servent à hâter la réaction des sels solubles sur les principes organiques et inorganiques du sol.

Dans le Morbihan, on arrose le fumier avec de l'eau de mer; cette méthode s'est sans nul doute propagée parce qu'on a reconnu l'efficacité du sel.

Dans quelques localités, sur les côtes sujettes à être inondées, on sème de la soude, mais on y sème en même temps du froment; si le temps est sec, la soude prospère et étouffe le froment; si le temps est pluvieux, le froment l'emporte sur la soude. Ainsi le sel agit bien pour le froment; mais il faut qu'il soit en quantité modérée, un excès est nuisible.

On cite un fait remarquable produit par une inondation marine prolongée : aux environs de Châteauneuf (Côtes-du-Nord), la mer envahit, entre autres terrains, cent hectares qui étaient semés depuis peu en colza; elle y séjourna quatre ans, et, au bout de ce temps, les digues qui avaient été rompues ayant été réparées et de fortes pluies étant survenues, on vit lever le colza semé quatre ou cinq ans auparavant; il prospéra, et on obtint une très-belle récolte.

En Angleterre, des expériences ont été faites en grand nombre, et l'on a vérifié que dans la plupart des cas les effets du sel étaient avantageux; aussi Davy, Sinclair, Dacre en ont-ils approuvé et conseillé l'emploi.

Dans le comté de Cornwal, on emploie le sel en compost terreux. Dans le comté de Chester, on mélange ensemble 20 voitures de terre et 14 hectolitres de sel. En comptant chaque voiture de la contenance de sept à huit hectolitres, ce compost serait de 140 à 160 hectolitres de terre et 14 hectolitres de sel : cette quantité est répandue sur un hectare, on s'en trouve fort bien. Il faut dire qu'on

ajoute quelquefois à ces composts terreux, des débris de poissons de mer, du terreau, ou des plantes déjà altérées. Car le sel employé pour cet usage n'est pas pur; il provient des sécheries, et est imprégné d'une certaine quantité de substances animales.

On rapporte qu'un cultivateur du comté de Sussex ayant semé sur son terrain un mélange à proportions égales de blé et de ce sel impur provenant des sécheries, obtint, d'après son rapport, une récolte plus belle que celle que lui avait procurée une quantité de fumier qui lui aurait coûté trois ou quatre fois plus que le sel employé. Il remarqua que les larves des insectes avaient été détruites et que les récoltes en orge et en trèfle qui suivirent le froment furent aussi beaucoup augmentées et se ressentirent de cet amendement bien plus que les terres où l'on avait agi comparativement avec le fumier. Nous ne prétendons pas dire, en citant ce fait, que le sel marin peut remplacer le fumier.

On pourrait multiplier les exemples des bons effets que produit le sel marin; cependant on doit dire que dans quelques pays, et particulièrement en Angleterre, on en a éprouvé des résultats fâcheux, et que certains terrains où il s'en trouvait trop abondamment, ou bien sur lesquels on en avait trop semé, n'ont pu donner de produits que quand ils ont été reposés, travaillés et longtemps lavés par les pluies.

Ainsi dans le comté d'Haddington et en Écosse, on a employé le sel sur toutes sortes de terres sans distinction, dans toutes les saisons et à toutes doses pour ainsi dire; aussi au bout de plusieurs années, on dut l'abandonner comme inutile, et dans quelques cas comme nuisible. Néanmoins, convaincu que cet amendement était avantageux dans le plus grand nombre des cas, le gouvernement anglais diminua l'impôt sur le sel destiné aux cultures, et pour empêcher qu'il ne fût employé à d'autres usages, on y fit mêler de la suie.

Toutefois, l'emploi du sel doit être fait avec discernement; il ne convient pas en même quantité à toutes les terres et à toutes les cultures.

M. le Coq, de Clermont, a fait des expériences bien entendues, bien dirigées, sur l'action des amendements salins, pour reconnaître les quantités les plus convenables à employer sur telles ou telles cultures. Il avait d'abord fait ses expériences en petit, dans des vases; ensuite, il les a répétées en grand sur le sol, les plantes se trouvant exposées comme elles le sont dans les cultures ordinaires. On aurait pu lui demander de constater avant chaque expérience quelles étaient les quantités de sels solubles que contenait déjà le sol sur lequel il agissait.

M. le Coq a reconnu que le sel influait sur la plante en augmentant sa faculté absorbante dans l'atmosphère, et il a constaté que cet amendement tendait à augmenter le produit en fanes, en tiges, plus que le produit en grain. L'effet du sel, dans ses expériences, a été d'augmenter tous les produits, mais en plus grande proportion les produits foliacés ; aussi la dose qu'il indique pour les fourrages n'est-elle que la moitié de celle qui lui paraît nécessaire pour les plantes à graines (1).

La dose la plus productive pour l'orge serait de 3 kil. par are ou 300 kil. par hectare : c'est beaucoup pour le prix auquel se vend le sel. En le payant 0 fr., 45 c. le kilo., l'amendement d'un hectare serait de 135 fr. Pour les pommes de terre, M. le Coq indique aussi 300 kil. par hectare. Pour le lin, la quantité de sel à employer avec avantage serait de 2 k. 50 d. par are, ou 250 kil. par hectare.

Pour les légumineuses fourrages, il ne faudrait que 1 kil. 50 d. par are, 150 kil. par hectare ; sur les terres humides et froides, il paraît qu'il en faut davantage. Il convient bien sur les prairies, et la mousse disparaît par son application.

L'effet général du sel sur les produits de toute espèce doit être d'augmenter leur saveur, de les rendre plus agréables et probablement plus nourrissants pour les bestiaux. Il doit en être de même des produits destinés aux hommes.

Quant à la manière dont le sel marin agit, et sur la plante et sur le sol, on peut le comprendre. Comme il est facilement soluble, son effet doit être assez prompt. Une portion doit être absorbée en nature par les plantes ; une partie est associée sans doute, et une autre, modifiée, sert à la constitution des sels à base de soude nécessaires à la plante. Une autre portion réagit sur les principes du sol, et dans ceux qui contiennent des carbonates, il doit y avoir de nombreuses réactions, entre autres celle-ci : formation de chlorhydrate de chaux, et par conséquent de carbonate de soude, qui reste tel, ou passe en partie à l'état de nitrate. En définitive, ces sels sont aussi absorbés et fournissent une base alcaline à la plante. Enfin comme le sel, chlorhydrate de soude, n'est jamais pur, qu'il contient surtout, quand on l'extrait de l'eau de la mer, des sels déliquescents, et qu'il peut surtout s'en produire dans les terrains calcaires, on peut dire qu'il agit en augmentant la faculté d'absorption de la couche arable. Aussi dans plu-

(1) MM. de Dombasle et Puvis ne sont pas arrivés aux mêmes résultats que M. le Coq. La composition des terrains sur lesquels ont porté leurs expériences était peut-être tout autre que celle du sol de M. le Coq. Peut-être étaient-ils riches en principes salins.

sieurs circonstances et sur quelques sols, on a remarqué que l'emploi du sel donnait de la consistance au terrain.

2° Des nitrates de potasse et de soude.

On est peu d'accord sur l'efficacité du nitrate de potasse ou nitre ; son effet a été avantageux sur beaucoup de sols variés en composition, mais surtout sur les sols calcaires.

Les expériences de M. le Coq ont été peu nombreuses ; cependant il admet que son action est encore plus puissante que celle du sel marin. Le moment favorable pour le répandre sur les pommes de terre serait avant le buttage ; les doses indiquées seraient les mêmes que pour le sel marin, 300 kil. par hectare ; il favorise aussi la production des feuilles et fanes plutôt que celle du grain.

Le prix élevé de ce sel peut s'opposer à son usage. Aussi, depuis plusieurs années, l'attention s'est dirigée vers le nitrate de soude brut que l'on importe de l'Amérique du Sud. Il est employé surtout en Angleterre : on dit qu'il revient dans ce pays à 50 fr. les 100 kil. ; on l'emploie à raison de 125 kil. par hectare ; ce qui ferait une dépense de 62 à 63 fr. pour amender un hectare. A ce prix, d'après l'effet utile qu'on pense lui avoir reconnu, il y aurait profit à l'employer. En France, le prix de revient est encore trop élevé pour qu'on puisse employer ce nitrate.

Il paraît que des expériences comparatives assez nombreuses ont été faites ; on en cite surtout une de M. Barclay, qui aurait obtenu sur un hectare 435 kil. de paille de plus que sur le même sol sans nitrate, et 4 hect. 75 de plus de froment : c'était environ 1/6 en sus. On demeure donc généralement convaincu de l'efficacité de cet amendement sur les sols pourvus d'une assez grande quantité de débris organiques.

Ce sel ne donne pas de bons résultats que sur les céréales ; par son usage, des cultures de trèfles et de rutabagas ont été améliorées.

La composition chimique des nitrates est telle qu'on pourrait admettre qu'ils agissent et comme amendements minéraux et comme engrais organiques.

Il faudrait prouver directement, par des expériences faites avec beaucoup de soin, que le nitrogène du nitrate contribue à la formation des produits nitrogénés des plantes.

Puisque l'on admet que l'ammoniaque se trouve décomposée pour fournir le principe nitrogène à certaines substances végétales, pourquoi ne serait-il pas possible que les nitrates, et par suite l'acide nitrique, fussent décomposés aussi, pour que leur nitrogène puisse concourir à la même formation. Dans l'intérieur des tissus, et sous l'influence solaire, la décomposition de l'acide carbonique a bien lieu, et, nous le savons, la décomposition de ce gaz acide est plus difficile que celle de l'acide nitrique.

Toutefois, les nitrates alcalins qui se forment journellement dans les terres arables, et surtout dans les sols calcaires, *sont utiles*, nécessaires à certaines plantes en nature ; car on les retrouve quelquefois abondamment dans leur séve. L'efficacité des nitrates comme amendement ne peut donc être révoquée en doute.

3° *Chlorhydrate de chaux.*

Ce sel ne peut être employé avec avantage que près des localités où on le produit abondamment : c'est à peu de distance des grandes villes où il existe des fabriques de produits chimiques. Et même, quelles que soient les quantités que produisent certains établissements, on ne peut le considérer comme un amendement d'un emploi général et régulier.

Il est difficile d'appliquer le chlorhydrate de chaux aux sols, à cause de sa déliquescence ; il faudrait le répandre sur le sol en dissolution, le prix en serait augmenté. M. Dubuc, de Rouen, a proposé, et avec raison, d'en imbiber du tan, des charrées, des plâtres, etc. Dans ce cas, il pourrait mieux agir qu'employé seul. Ce chimiste que nous venons de citer a même reconnu que 30 kil. pouvaient suffire à l'amendement d'un hectare. Ses effets ont été reconnus *préférables sur le maïs*, les pommes de terre, le chanvre, les graines oléagineuses que sur d'autres cultures.

M. le Coq diffère d'opinion avec M. Dubuc : il pense que ce sel agit à peu près comme le sel marin ; mais, regardant toutefois son action comme moins énergique, sur les luzernes, par exemple, il indique 200 à 250 kil. par hectare.

Ce sel doit être un amendement convenable aux sols où manque le calcaire ; il doit convenir surtout aux sols secs et légers, à cause de sa déliquescence.

C'est un amendement qu'on ne pourra sans doute se procurer partout avec avantage, comme nous l'avons dit ; mais près des lieux où il se produit, ou où on l'emploie peu à d'autres usages, on peut l'acheter à bas prix, et son application peut être fort essentielle sur les terrains dépourvus de calcaire. Il fournit une portion de chaux qui paraît indispensable à la constitution de la plupart des végétaux ; nous ne devions pas le passer sous silence.

4° *Sulfate de soude.*

C'est encore un sel qu'on peut se procurer à bas prix , mais seulement dans quelques localités ; on en a obtenu de bons effets, particulièrement sur les prairies naturelles et ar-

tificielles ; sur les terres arables, sur le froment, il a donné aussi de bons résultats. On indique 300 kil. par hectare *pour les cultures*, et le double, 600 kil. par hectare pour les prairies : c'est beaucoup.

D'autres sels, et surtout des sels ammoniacaux, peuvent encore être appliqués avec avantage comme amendement sur certains sols, mais seulement dans quelques positions exceptionnelles qui permettent de se les procurer à bas prix.

En général, l'effet produit par les amendements salins est assez prompt. Il est peu sensible dans les sols humides ; quand ils agissent, c'est à petites doses ; il y a donc une certaine analogie avec l'action du plâtre. Cette analogie va encore plus loin ; car, nous l'avons remarqué, comme pour le plâtre, certains sols se trouvent bien de l'emploi des amendements salins, d'autres n'en éprouvent aucun bon effet.

L'épuisement du sol pourrait être à craindre par l'emploi trop souvent *répété* de ces amendements ; aussi l'on doit intercaler des fumures et employer les sels en composts. Sur les bords de la mer, on n'a pas à redouter l'inconvénient que nous signalons dans l'amendement par les irrigations ; les eaux de la mer déposent assez de substances organiques, elles agissent comme engrais.

Il est nécessaire de multiplier encore les expériences sur l'application des amendements salins aux diverses cultures ; il faut que ces expériences soient faites consciencieusement, par des hommes instruits et éclairés, de telle sorte que l'on tienne compte autant que possible de toutes les circonstances qui peuvent avoir influence sur les résultats. Ce n'est que par suite de telles expériences qu'on peut faire disparaître l'incertitude sur la manière la plus avantageuse d'employer ces matières.

En terminant, nous devons faire remarquer que parmi ces substances salines utilisées en agriculture celles qui seront les moins pures devront avoir plus d'efficacité. Ainsi les résidus de préparations de certains sels des fabriques de produits, les sels des sécheries, celui qui est mélangé aux cuirs que l'on expédie des contrées éloignées et qu'on y introduit ainsi pour leur conservation pendant les longs voyages d'outre-mer, conviennent mieux encore que le sel ordinaire. Le sol reçoit de l'emploi de ces sels plus de matières variées à la fois ; les plantes doivent par conséquent y trouver plus de substances alimentaires.

5° *Lignites pyriteux.*

Nous plaçons ici l'examen des lignites pyriteux qui agissent par les sulfates assez abondants qu'ils contiennent; ce sont en quelque sorte des amendements salins, mélangés de matières minérales variées et de substances organiques ligneuses dans un état de décomposition assez avancé.

Dans certaines contrées des départements de l'Aisne, de l'Oise et de la Somme, ces lignites, qui portent le nom impropre de cendres noires, sont employés en grande quantité.

Ces cendres doivent agir par leurs sulfates solubles et par leur matière organique en décomposition, qui fournissent des parties assimilables; les autres substances minérales constituantes, sables ou schistes, ont aussi une action, mais particulièrement mécanique.

M. Boussingault désigne comme cendres de Picardie les résidus de la lixiviation des lignites pyriteux ou tourbes pyriteuses employées à la préparation de l'alun et du sulfate de fer. Il dit qu'on les mélange d'un quart de leur poids de cendres de tourbe, et qu'on les utilise ainsi comme un engrais très-actif dans le pays de Bray; il convient aux prairies, aux herbages humides et aux terres arables (1).

Le savant chimiste que nous venons de citer parle aussi d'autres cendres obtenues par la combustion lente des lignites pyriteux abandonnés en tas; après le lessivage, il considère que leur action avantageuse et leur efficacité est due à la présence de plus de $^1/_2$ pour 100 d'azote; il pense que pendant l'incinération lente il s'est produit du sulfate d'ammoniaque. Il compare cet effet à celui qui a lieu dans l'écobuage, et fait remarquer que cette méthode n'a d'efficacité qu'en raison de la combustion imparfaite qui transforme la superficie du sol en une terre poreuse charbonnée, apte à retenir les vapeurs ammoniacales condensées pendant la combustion, et aussi dans la production de sels alcalins et terreux fort utiles à la végétation.

Nous ne voulons pas nier cette explication de l'efficacité de l'écobuage, et du bon effet des cendres pyriteuses qui ont éprouvé une combustion imparfaite; mais nous devons dire qu'il existe en Picardie, et qu'on y emploie comme bon amendement, des cendres dites cendres rouges; elles ne contiennent plus de sels d'ammoniaque ni de parties organiques qui puissent agir comme engrais, elles ont éprouvé une combustion complète, la température qu'elles ont subie a été assez élevée : cependant elles ont une action énergique. Comment l'expliquer, si l'on ne tient compte que de l'effet des sels ammoniacaux ?

Tangue et sable de mer.

Dans un assez grand nombre de localités,

(1) Boussingault, *Économie rurale considérée*, etc., t. II, page 117.

sur les côtes de l'Océan et de la Manche, on emploie comme amendement une sorte de vase siliceuse, à laquelle on donne le nom de *tangue*, et même un sable, quelquefois graveleux; l'un et l'autre sont retirés des bords de la mer et sont imprégnés de sel marin. Dans le voisinage de petits ports tels que Granville, et où l'on fait la pêche des huîtres, une innombrable quantité de coquilles vides sont rejetées sur le rivage. Dans les environs des ports les hautes marées les couvrent et les mélangent de limon; après quelques mois de séjour dans la mer on les retire et on les emploie aussi comme amendement.

Toutes ces substances agissent par le sel marin qu'elles contiennent, par les autres sels solubles qui y sont réunis, puis par le calcaire qui provient du débris de coquilles, par la partie siliceuse, sableuse, qui agit comme modifiant, et enfin par une certaine quantité de substance organique. La qualité de ces amendements est très-variable; dans quelques-uns MM. Payen et Boussingault ont trouvé $0,13^c$ d'azote pour 100 de la matière humide, dans d'autres ils ont trouvé $0,40^c$ d'azote, et dans quelques-uns $0,51^c$ pour 100 de la matière humide.

Nous avons cherché à expliquer dans cet article les effets physiques, mécaniques et chimiques que peuvent produire, 1° les substances minérales qui constituent le sol, 2° celles qu'on y introduit comme amendement.

Plusieurs agriculteurs fort recommandables ont longtemps révoqué en doute l'action que nous nommons chimique des principaux éléments du sol; ils ne pouvaient admettre l'influence de la nature de chacun des principes minéraux constituant pour eux l'*humus*, c'est-à-dire les parties organiques altérées; c'était tout, et le reste du terreau végétal était un ensemble de substances non précisément inutiles, mais inertes, inactives, ne prenant part à l'acte de la végétation que comme réceptable de débris organiques. C'était un vase, un réservoir sans influence par lui-même. Toutefois ils pensaient bien que les diverses parties de ce réservoir devaient être dans un état particulier de division, devaient se trouver dans certaines dispositions plutôt que dans d'autres. Mais que le sol fût formé de parties siliceuses, ou argileuses, ou schisteuses, ou calcaires, ou bien feldspathiques, peu leur importait : à leur avis, la nature du sol était peu essentielle. Disons vrai cependant; peu leur eût importé si ces diverses substances eussent joui de la même perméabilité et de la même faculté absorbante; car l'influence de l'eau, agent si indispensable et si utile en quantité convenable, ne pouvait être méconnue, oubliée par personne.

Actuellement il est peu de cultivateurs éclairés qui n'aient changé d'avis sur cette question.

Nous admettons bien que la terre est un *réservoir d'engrais et d'humidité* pour les végétaux, mais il nous est impossible de croire qu'elle ne soit que cela. S'il en était ainsi sur toutes les natures de terre, pourvu qu'elles fussent assez fumées on obtiendrait les mêmes produits. Or, il est évident que certaines plantes ne viennent pas ou réussissent mal sur un terrain calcaire, que d'autres ne peuvent donner de bons produits sur les terrains siliceux, et cela indépendamment de leur richesse. Telles et telles plantes ont des terrains d'élection, c'est bien connu : la qualité des produits du sol dépend fort souvent de la *nature des parties qui le composent.*

Les différences sont surtout sensibles entre les produits les plus perfectionnés, ceux particulièrement que l'homme emploie pour sa nourriture. Ainsi certaines racines, certains fruits, les grains, etc., ont une supériorité marquée tant par leur saveur que par leurs qualités nutritives suivant le sol qui les a produits.

En vain on objectera la position, le climat, l'exposition. Sans nul doute, leur influence est *pour quelque chose*, pour beaucoup même dans la qualité des produits de la terre. Nous le savons parfaitement, l'état de l'atmosphère, la température agissent d'une manière extraordinaire; il est trop bien connu que telles ou telles plantes ne peuvent croître que dans tels ou tels climats, que sous telles latitudes, que d'autres ne se développent bien qu'à une certaine élévation au-dessus du niveau de la mer, telles et telles autres dans certaines expositions.

Mais en prenant, *toutes choses égales*, température, humidité, exposition, climat, on trouvera toujours de très-grandes différences et une grande supériorité par an dans la saveur des racines des terrains siliceux, dans la beauté et la sapidité des grains récoltés sur les sols calcaires, et dans la qualité et le bouquet des vins des sols silicéo-argileux, siliceux et graveleux.

Il faut l'admettre, il faut le croire, le sol fournit autre chose aux plantes que l'humidité et les principes nécessaires à la constitution de leur partie organique. Il fournit une portion de matières minérales bien faibles, mais variées, et telles ou telles de ces parties minérales sont indispensables à telles ou telles organisations.

Nous ne voulons pas prétendre, en exposant cette conviction de l'influence des parties minérales du sol, que ce sont certaines de ces parties qui par leur introduction dans les plantes, donnent plus de saveur, plus d'arome,

plus de qualité aux produits; mais nous croyons que d'après telles ou telles compositions chimiques, le sol est plus apte à produire telles ou telles plantes, parce que celles-ci y puiseront des sucs plus favorables dans un cas à la production du sucre, dans un autre à la formation de la fécule, dans un troisième au développement de telles ou telles huiles ou résines, ou matières colorantes, etc.

Voyez, outre les ouvrages cités dans le cours de cet article : M. de Gasparin, *Cours d'agriculture*, t. I.
Mathieu de Dombasle, *Calendrier du bon cultivateur.*

L. C. CAILLAT.

AMENDEMENT. (*Législation.*) C'est l'amélioration ou le changement proposé dans un projet de loi, lors de sa discussion dans l'une des deux chambres. Sous l'empire de la charte de 1814, l'initiative du pouvoir législatif, la proposition des lois, n'appartenant qu'au roi et à ses ministres, l'amendement était le seul moyen pour les chambres de prendre part à la rédaction d'une loi. Le droit qu'avait tout député de proposer un amendement était donc fort important; mais cette importance a disparu aujourd'hui que l'initiative est commune aux ministres et aux deux chambres.

AMENER. (*Marine.*) Descendre, baisser, abaisser. On *amène* les voiles, les vergues, etc. *Amener* est le contraire de *hisser*. Un bâtiment *amène* son pavillon pour annoncer qu'il se rend. On lit, dans le nouveau *Dictionnaire de marine* du vice-amiral Willaumez, cette phrase remarquable : « *Amener* « son pavillon. Ce mot ne se trouve dans le « dictionnaire du héros qu'à l'impératif, quand « il s'adresse à un ennemi : *Amène!* » Nous sommes loin de blâmer cette noble fierté dans un amiral qui n'a jamais baissé pavillon devant l'ennemi; mais la justice nous oblige de dire qu'amener son pavillon est une dure nécessité à laquelle le marin le plus brave et le plus habile peut se trouver réduit. Si l'honneur lui commande de défendre son vaisseau jusqu'à ce qu'il soit hors d'état de pouvoir servir à l'ennemi, il doit se rendre alors, pour conserver à la patrie de braves défenseurs, à l'intrépidité desquels il devra peut-être un jour la gloire de prendre une revanche éclatante. J. T. PARISOT.

AMENTACÉES. (*Botanique.*) Famille de plantes chez lesquelles les fleurs mâles sont généralement groupées en épi autour d'un axe commun qui se détache d'une seule pièce après la fécondation. L'épi, ainsi disposé, s'appelle chaton; et le nom de ces plantes vient de la signification latine du mot chaton (*amentum*). Voici les principaux caractères qu'elles présentent : fleurs unisexuées, rarement hermaphrodites; le même arbre porte tantôt des fleurs femelles et des fleurs mâles à la fois, tantôt les unes ou les autres uniquement. Fleurs mâles, disposées en chaton, et généralement portées sur des écailles ; étamines en nombre fixe ou en nombre indéterminé. Fleurs femelles solitaires, en faisceau ou en chaton, chacune d'elles munie tantôt d'un calice, tantôt d'une simple écaille. Ovaire libre, presque toujours simple, et chargé de plusieurs stigmates. A ces fleurs succèdent des péricarpes osseux ou membraneux en nombre égal à celui des ovaires. La graine n'a point d'endosperme, ou n'en a qu'un très-mince.

On ne trouve dans cette famille que des arbres plus ou moins grands, à feuilles alternes, planes, simples, ordinairement pétiolées et traversées par des nervures longitudinales. Ainsi, diverses espèces de bouleaux, de chênes, d'ormes, de saules, etc. L'écorce de la plupart des amentacées contient une grande quantité d'acide gallique et de tannin. Leur bois s'emploie pour les constructions.

Cette famille avait été classée et nommée par Tournefort ; Laurent de Jussieu l'avait partagée en trois tribus, subdivisées en plusieurs genres. Depuis ces genres ont été considérés comme des familles, et on a formé les *Salicinées*, les *Bétulinées*, les *Muricées*, etc.

ALPH. R.

AMÉRIQUE. (*Géographie.*) Ce continent a aussi été appelé *Nouveau-Monde*, parce que les habitants de l'ancien ne le connaissent que depuis la fin du quinzième siècle. Il est situé à l'ouest de l'Europe et de l'Afrique, dont l'océan Atlantique le sépare. Son étendue est immense du nord au sud : on ne connaît pas encore avec précision ses limites vers le premier de ces points ; cependant, des découvertes très-récentes ont prouvé que la mer y baigne ses côtes par 67 et 68° de latitude ; peut-être s'étendent-elles jusqu'au 70°. Or, l'Amérique se terminant au sud sous 55° 58′, elle occupe au moins 126° en latitude ; ce qui fait une longueur de 3,150 lieues.

Vers le 9° degré de latitude nord, l'Amérique est divisée en deux parties, l'une septentrionale, l'autre méridionale, qui ne tiennent ensemble que par l'isthme de Darien ou de Panama. La première est bornée au nord par la mer Polaire, qui communique à l'est, par le détroit de Lancaster, avec l'océan Atlantique, dont la mer de Baffin et la mer d'Hudson sont de grands golfes, et qui, entre les deux continents de l'Amérique, forme le golfe du Mexique et la mer des Caraïbes, fermés à l'est par l'archipel des Antilles. La mer Polaire a une issue à l'ouest, par le détroit de Behring, dans le grand Océan ; peut-être en existe-t-il une autre par la baie de Norton : ce détroit, qui n'a que quatorze lieues de largeur dans sa partie la plus étroite, sépare l'Améri-

que de l'Asie. Toute la côte occidentale des deux Amériques est baignée par le grand Océan, qui, au nord, a le bassin du Nord ou de Behring, fermé au sud par l'archipel des Aléoutiennes, et qui, vers le 23° 25′ de latitude nord, entre dans les terres, où il forme la mer Vermeille ; l'Amérique a au sud l'océan Austral.

La longueur de l'Amérique septentrionale, depuis le 50° de latitude nord jusqu'au 8°, est de 1550 lieues ; sa largeur se prend, depuis le cap Charles, par 58°, jusqu'au cap du Prince de Galles, par 170° de longitude à l'est de Paris ; ce qui donne, sous ces parallèles, 1350 lieues. Mais cette largeur de 112° diminue en allant au sud ; car, par le 30° parallèle, elle n'est plus que de 30°, ou 750 lieues ; par le 20°, de 8°, ou 200 lieues ; par le 10°, de 4° ou 100 lieues ; enfin, l'isthme n'a que 13 lieues entre les deux mers, dans sa partie la plus étroite.

L'Amérique méridionale a 1150 lieues de longueur du cap de la Vela, par 11° 50′ de latitude nord, jusqu'au cap Froward, son extrémité au sud. Elle a une forme triangulaire prolongée ; sa plus grande largeur est, entre le cap Saint-Roch, par 37° 6′, et le cap Blanc, par 83° de longitude ouest, sous le 4° parallèle sud, ou 1100 lieues ; sous le 30°, elle n'est que de 19°, ou 373 lieues ; sous le 54°, de 19°, ou 100 lieues.

Les côtes de l'Amérique septentrionale sont découpées par des golfes et des baies qui ont quelquefois une grande profondeur. On trouve d'abord, sur la côte du nord, la baie du Couronnement de George IV, qui fait partie de la mer Polaire. Celle-ci renferme plusieurs îles qui entourent la suite du continent à l'est. Elle est fermée au nord par d'autres îles. Entre celles qu'elle contient à l'est, s'étendent des canaux allant à la mer d'Hudson, qui, par le détroit du même nom, est unie avec l'Atlantique. La côte se dirige ensuite au sud-est jusqu'au cap Charles, au sud duquel s'ouvre le golfe Saint-Laurent ; puis la côte, tournant au sud-ouest, offre successivement les baies de Fundi, de la Delaware et de la Chesapeak. Au cap Tancha, par 23° 50′ de latitude, extrémité sud de la presqu'île de la Floride, commence le golfe du Mexique, dans lequel on remarque la baie de Campêche, à l'ouest de l'Yucatan, et la baie de Honduras à l'est, dans la mer des Caraïbes ou des Antilles. Sa côte occidentale a, au sud du détroit de Behring, dans le bassin du Nord, la baie de Norton et celle de Bristol. La presqu'île d'Alaska termine au sud, à 165° de longitude de ce côté, la côte, qui remonte ensuite au nord, au 60° parallèle, et se prolonge, vers l'est, jusqu'au 143°, méridien occidental. On y remarque les baies de Cook et du prince William. Jusqu'au 48°

parallèle, on rencontre une suite d'îles et d'enfoncements considérables, mais de peu de largeur. Là sont les archipels du roi George, du prince de Galles, de la reine Charlotte, de Quadra et Vancouver; c'est ce que l'on désigne par le nom général de côte Nord-Ouest. Plus bas, la côte s'étend au sud-ouest jusqu'au cap Saint-Lucar, au sud de la presqu'île de Californie, et à l'entrée de la mer Vermeille, puis elle suit la même direction vers l'isthme de Darien. La baie de Panama, au sud de cette langue de terre, est commune aux deux portions du continent.

Sur toute la côte de l'ouest de l'Amérique méridionale, on ne remarque que la baie de Choco, au nord de l'équateur; celle de Guayaquil au sud, et vers l'extrémité méridionale la baie de Chiloé, avec l'archipel du même nom et l'archipel de los Chonos, puis celui de Guaytécas, dont les îles continuent jusque dans le voisinage du détroit de Magellan. Le grand bras de mer, qui sépare le continent de la Terre du Feu, a pour limites, à l'ouest, le cap de la Victoire; à l'est, le cap des Vierges. La Terre du Feu, composée de plusieurs îles, séparées par des canaux assez larges, offre à l'est le détroit de Le Maire, qui forme un passage entre cet archipel et la Terre des États. Au sud de la Terre du Feu, on trouve plusieurs îlots : la pointe méridionale du plus austral est le cap de Horn, fameux dans les fastes de la navigation. Du cap des Vierges, la côte remonte au nord-est jusqu'au cap Saint-Roch; les baies de Saint-Georges, de Saint-Mathias, de l'Assomption, de Tous les Saints, sont les plus considérables parmi les enfoncements qui se dessinent sur ses sinuosités. Du cap Saint-Roch, la côte va au nord-ouest, vers le golfe de Paria, au nord duquel s'avance le cap de la Péna, puis elle décrit beaucoup de détours, en allant vers l'ouest, où la baie de Darien forme une partie de la mer des Antilles. Cet archipel, avec celui des Lucayes, décrit un arc de cercle depuis la pointe de la Floride jusqu'au golfe de Paria.

Après avoir offert la délinéation des côtes de l'Amérique, examinons la surface de ce continent. Les Andes, chaîne de montagnes immense, s'étendent sur toute sa longueur, et même au delà, en se rapprochant de la côte occidentale. On peut dire que cette chaîne commence au cap Horn, au sud, et qu'elle ne se termine qu'aux limites de l'Amérique, dans le nord. Elle est également remarquable et par sa continuité et par sa prodigieuse longueur, qui embrasse 120° en latitude. Au contraire, son étendue, dans le sens opposé à son axe longitudinal, n'excède pas 2 à 3, rarement 4 à 5°. Vers le sud, les montagnes n'ont que 200 toises de hauteur au-dessus du niveau de la mer, et même moins : elle sont si rap-

prochées du grand Océan dans cette partie, et plus au nord, que les îlots escarpés de l'archipel des Guaytécas peuvent être regardés comme des fragments détachés de la chaîne des Andes. Vers le 35°, elle a déjà pris plus d'élévation, elle en a davantage du 20° au 8° parallèle : c'est dans cet espace que s'élancent les pics d'Illimani et de Cururana. Du 8° au 5° parallèle, la chaîne conserve des dimensions colossales; mais, plus au nord, elle s'abaisse jusqu'au delà du 2° vers l'équateur; et, dans cet espace, la crête n'a que 1600 à 1800 toises. La partie comprise entre 1° 45' sud et l'équateur offre les cimes les plus hautes de l'Amérique : c'est dans ce petit espace que l'on trouve des montagnes qui surpassent 3,000 toises d'élévation. Elles sont placées sur deux lignes, et comme adossées à un vaste plateau que leurs flancs soutiennent et que leurs cimes dominent. Il y en a trois : le Chimborazo, qui excéderait la hauteur de l'Etna, placé sur le sommet du Canigou, ou celle du Saint-Gothard, posé sur la cime du pic de Ténériffe; il a 3267 toises, le Cayambe 3055, et l'Antisana 2773. Le Chimborazo, comme le Mont-Blanc, forme l'extrémité d'un groupe colossal. De 1° 45' sud à 2° nord, la chaîne ou cordilière conserve la hauteur de 1300 à 1400 toises, et l'on y voit des plateaux qui sont parmi les plus élevés du globe. Plus au nord, elle se divise en trois chaînons parallèles qui donnent ainsi à la chaîne une largeur de 100 lieues. Le plus oriental n'est pas très-élevé entre 4 et 10° de latitude; mais à son extrémité septentrionale, au point où il se détourne à l'est pour former la chaîne des monts de Caracas, se trouve le groupe colossal de Santa-Marta et de Mérida, qui a de 2400 à 2600 toises; la branche la plus occidentale s'abaisse, dans l'isthme de Panama, de 150 à 50 toises. En avançant dans le continent septentrional, les montagnes s'élèvent sous les parallèles de 11 à 17°; leur hauteur moyenne est de 1400 à 1800 toises. Là, elles se développent, forment un plateau sur lequel un groupe a des cimes qui, telles que le Popocatepetl et l'Orizaba, excèdent 2700 toises. Au delà de 19°, aucun pic n'entre dans la région des neiges perpétuelles. Vers 38°, la chaîne atteint à la hauteur des Pyrénées; elle prend le nom de Sierra-Madre, et se prolonge sous celui de monts Rocailleux ou Pierreux, en se divisant en plusieurs branches parallèles. Vers 55°, on ne trouve plus que 400 toises de hauteur à ces montagnes; mais elle augmente vers le point où la côte fléchit à l'ouest : le mont Beau-Temps a 2334 toises, et le mont Saint-Élie 2389. La chaîne continue jusqu'à la pointe d'Alaska, et c'est par là qu'elle paraît avoir une communication, par les îles Aléoutiennes, avec les montagnes de la presqu'île du Kamtchatka en Asie.

En général, la chaîne des Andes, même dans les hauts plateaux de Quito et du Mexique, peut étonner l'imagination plus encore par sa masse que par sa hauteur. Au mont Antisana, l'on trouve une plaine de 12 lieues de circonférence. L'élévation moyenne des hautes Andes près de l'équateur, en faisant abstraction des pics qui s'élancent au-dessus de la crête, est de 2000 à 2300 toises; sa largeur moyenne est, à Quito, de 20, au Mexique et en quelques parties du Pérou, de 50 à 80 lieues; c'est à peu près celle de la Sierra-Madre et des monts Rocailleux, avec leurs ramifications.

La pente orientale des Andes est généralement plus douce que celle de l'occident; quelquefois la première est de même escarpée; cependant, c'est à sa base que s'étendent les plus grandes plaines, tandis qu'à l'ouest celles-ci sont bien plus étroites.

Depuis le cap Froward jusqu'au mont Saint-Élie, il existe plus de cinquante volcans qui jettent encore des flammes. On en compte près de soixante sur le continent américain et dans les terres qui en dépendent. Leur nature est très-différente; quelques-uns, et surtout les plus bas, vomissent des laves, d'autres lancent des rochers scorifiés, de l'eau, et surtout de l'argile mêlée de carbone et de soufre. Ils ont subi de grandes révolutions. Les traditions des Indiens apprennent avec quelque certitude que, près de Quito, l'Altar, qu'ils appellent *Capa-Urcu*, était jadis plus élevé que le Chimborazo, et qu'après une éruption continuelle de huit ans, il s'affaissa. Les tremblements de terre paraissent avoir ouvert, dans les Andes, des vallées étroites et si profondes, que le Vésuve, le Schnéékoppe de Silésie et le Puy-de-Dôme pourraient y être placés sans que leur cime égalât la crête des montagnes qui bordent la vallée de plus près : celle de Chota, près de Quito, a 804 toises; celle du Rio-Catacu, au Pérou, a plus de 700 toises de profondeur perpendiculaire; et cependant leur fond reste élevé d'une égale quantité de toises au-dessus de la mer. Souvent leur largeur n'est pas de 500 toises.

La cordillère des Andes ne présente pas, comme les Alpes de la Suisse et les monts Himalaya de l'Inde, une chaîne continue de cimes neigeuses. Au nord de l'équateur, elle s'élève sept fois dans des groupes d'une hauteur prodigieuse; savoir, dans la province de Los-Pastos (0° 50'), dans les volcans de Popayan (2° 25'), le passage de Quindiu (4° 33'), la Sierra de Mérida (7° 58'), celle de Santa-Marta (10° 53'), le Nouvel-Hanovre et l'Amérique russe (50 et 60°). Au sud de l'équateur, elle se relève jusqu'à la courbe des neiges perpétuelles, dans les provinces de Guamachuco (7° 50'), dans, le nœud des montagnes de Pasco et de Huanuco (10° 50'), dans celles de Couzco (13° 30'), de Porco (18° 45'), et dans la majeure partie du Chili.

La hauteur moyenne de la limite des neiges perpétuelles dans les Andes de l'équateur est de 2,470 toises; près de Popayan, aux bouches du volcan de Puracé (2° 17' n.), à 2,414; au Popocatepetl, dans le Mexique (18° 59'), à 2,371. Les Andes qui entrent dans la limite des neiges perpétuelles sont exposées quelquefois, sous l'équateur, à se dépouiller de leurs neiges, c'est ce qui arrive surtout au volcan de Pichincha, près de Quito.

Les montagnes qui lient entre eux les groupes de cimes neigeuses sont beaucoup plus basses qu'on ne le suppose communément en Europe. Plus on s'éloigne de la zone équatoriale, et plus les cimes se rapprochent les unes des autres. Un plus grand nombre de monts peu élevés peuvent atteindre la courbe des neiges par les 35 et 45° de latitude.

C'est par les montagnes neigeuses de Chiquitos et de Santa-Cruz de la Sierra, qui se séparent des Andes à 18°, en se prolongeant vers l'est, que cette chaîne se rapproche des montagnes du Brésil sur la côte orientale du continent. La hauteur de celles-ci n'excède pas 840 toises : entre ces chaînes on ne trouve que des plateaux. La Sierra de Mérida, près de la mer des Antilles, établit la communication des Andes avec la chaîne côtière de Venezuela, de Parime et de la Guiane : aucune cime de ces monts n'entre dans la limite des neiges perpétuelles. Ainsi, elles manquent dans toute la région orientale et non volcanique du continent.

La partie sud des monts Rocailleux, dans l'Amérique septentrionale, envoie à l'est les monts Osarks, qui se terminent par des plateaux se prolongeant jusqu'aux Alleghanis ou Apalaches : ces montagnes s'étendent parallèlement à la côte des États-Unis, du sud-ouest au nord-est, en plusieurs branches. Le reste de ce continent n'offre pas de chaînes de montagnes; on n'y voit que des plateaux très-prolongés, et dont les bords sont quelquefois très-escarpés : ils renferment des vallées immenses.

Les régions équatoriales de l'Amérique présentent à la fois les cimes les plus élevées et les plaines les plus étendues et les plus basses du monde. C'est là que coule le fleuve des Amazones, qui prend sa source sur le flanc oriental des Andes; il est formé de deux branches principales, le Tunguragua et l'Ucayal : le premier sort du lac Lauricocha au Pérou, à 4° 25', et coule dans des plaines qui ont 170 et 200 toises d'élévation au-dessus de l'Océan; elles s'abaissent vers le Pongo de Manseriche, où la rivière sort par un défilé très-étroit; c'est à 11° de latitude qu'il reçoit l'Ucayal : celui-ci a sa source entre 16 et 17° au nord d'Arequipa, à peu de distance du grand Océan. Ces deux rivières énormes, ayant confondu leurs eaux, coulent à l'ouest jusqu'à l'Océan, sous le nom de fleuve des *Amazones* : les Espagnols le nomment *Maragnon*, et les Portugais *Rio dos Solimoens* (rivière des Poissons). Sa longueur, depuis la source du Tunguragua jusqu'à la mer, est de 1055 lieues; sa largeur varie d'une demi-lieue à une lieue dans sa partie inférieure, ensuite elle augmente graduellement : on compte 65 lieues d'une rive à l'autre de son embouchure, dont le milieu est occupé par une grande île. Sa profondeur est de plus de 100 brasses : dans quelques endroits on n'a pas pu la mesurer. A l'époque des pluies périodiques, l'Amazone sort de son lit et couvre une étendue de plus de 50 lieues; les îles innombrables qu'il renferme sont alors submergées, et il en forme de nouvelles. Ses eaux sont bourbeuses. La marée s'y fait sentir jusqu'à 150 lieues de la mer : quoique depuis ce point la pente soit à peine sensible, le courant n'en est pas moins rapide; ce qui ne surprend pas, lorsqu'on réfléchit que son lit reçoit toutes les eaux de la pente orientale des Andes, entre 3° de latitude nord et 21° de latitude sud, ou dans un espace de 600 lieues. Parmi les affluents que l'Amazone reçoit, à gauche on remarque le Rio-Negro : cette rivière verse ses eaux d'un autre côté dans le Cassiqniare, qui va joindre l'Orénoque. Cette communication des deux fleuves, si longtemps contestée, a été constatée de nos jours par M. de Humboldt, qui est allé de l'un dans l'autre par les rivières qui les unissent.

Les autres grands fleuves de l'Amérique méridionale sont le Rio-Magdalena et l'Orénoque, qui versent leurs eaux dans la mer des Antilles; l'Oyapok et les rivières de la Guiane, qui, ainsi que l'Amazone, le Tocantins, le Rio-San-Francisco, sur les côtes du Brésil, le Rio-de-la-Plata, formé de la réunion de l'Uruguay et du Parana, enfin, plus au sud, le Rio-de-los-Saulzes, le Rio-Colorado, le Chellelan, se jettent dans l'océan Atlantique. Le peu de largeur de la bande de terre qui règne entre le rivage de l'océan Atlantique et la Cordilière, fait que les fleuves qui ont leur embouchure dans cette mer sont d'une étendue peu considérable : on peut regarder la plupart comme de simples torrents.

Il en est de même de ceux qu'elle reçoit sur la côte de l'Amérique septentrionale jusqu'au delà du tropique du Cancer; mais, plus haut, la mer Vermeille reçoit le Rio-Gila et le Rio-Colorado dont le cours est très-prolongé, qui ont une embouchure commune. Le premier sort d'un nœud de montagnes, qui donne aussi naissance au Rio-San-Félipe, qui tombe dans le grand Océan, de même que

la Columbia, le Tacouthé-Tessé, le Calcdonia, et d'autres qui ont leurs sources au revers occidental des monts Rocailleux. A leur revers oriental on voit, dans la partie boréale, celles de la rivière de l'Élan et de l'Undjiga, qui confondent leurs eaux dans les lacs Athapascá et de l'Esclave, et, sous le nom de fleuve *Mackenzie*, arrivent à la mer Polaire, ainsi que le Copper-Mine-River, le Hood's-River et le Back's-River, qui viennent d'une région montueuse, formant la ligne de séparation entre leurs eaux et celles qui vont dans la mer d'Hudson; le Mississipi, ou Churchill-River, tombe dans ce grand golfe, après avoir communiqué par ses affluents avec le lac Athapascá. Deux grandes rivières, qui viennent du pied oriental des monts Rocailleux, forment la Saskatchaouan, qui descend dans le lac Ouinipeg, où se perdent aussi l'Assiniboïl et le Red-River : ce lac verse ses eaux dans la mer d'Hudson par le Nelson-River et la Saverne. Les sources de plusieurs de ces rivières sont très-rapprochées de celles du Mississipi, situées dans de petits lacs sur un immense plateau. Ce fleuve prodigieux est grossi à droite par toutes les rivières qui, au sud du 50° parallèle, descendent du flanc oriental des monts Rocailleux, et parmi lesquelles le Missouri lui apporte un volume d'eau égal au sien; à gauche il devient le réservoir de toutes celles qui coulent entre la pente occidentale de l'Alleghani et les grands lacs du Canada. Son bassin s'étend jusqu'à une très-petite distance de leurs rives; il arrive enfin dans le golfe du Mexique, où se trouvent aussi les embouchures du Rio-Colorado et du Rio-Bravo. Les grands lacs du Canada donnent naissance au Saint-Laurent, qui coule au nord-est dans la baie à laquelle il donne son nom; le Hudson-River, la Délaware, le Potomak, et les autres fleuves, qui, sortis de l'arête principale de l'Alleghani, traversent ses branches inférieures, vont se jeter dans l'océan Atlantique.

L'immense plateau de l'Amérique septentrionale, compris entre les dernières ramifications de l'Alleghani, les monts Rocailleux, la mer Polaire et la mer d'Hudson, comprend la réunion la plus nombreuse de grands lacs que l'on connaisse sur la surface du globe. Plusieurs ne sont encore connus que très-imparfaitement; quelques-uns sont glacés pendant la plus grande partie de l'année : il en est beaucoup qui communiquent entre eux par les rivières qui les traversent, ou qui ne sont séparés les uns des autres que par des intervalles de peu d'étendue; circonstance d'un avantage inappréciable dans un climat moins rigoureux. Le lac de l'Esclave a plus de 100 lieues de longueur, l'Athapascá 75, l'Ouinipeg plus de 60; les lacs Supérieur,

Michigan, Huron, Érié, Ontario, sont comme autant de mers intérieures. Le Mexique a aussi de grands lacs : aucun n'égale le lac de Nicaragua, dans le royaume de Guatimala; il débouche dans la mer des Antilles, et son autre extrémité n'est éloignée que de 6 lieues du grand Océan.

L'Amérique méridionale n'égale pas, sous ce rapport, la septentrionale. Le lac Titicaca ou Chiquitos, dans un plateau des Andes très-voisin du grand Océan, et situé par 16° de latitude sud, est le plus considérable : il n'a pas d'écoulement dans la mer. Il y a de petits lacs au pied oriental des Andes, d'autres dans le voisinage du Parana; plusieurs sont salés. On avait supposé que les lacs étaient nombreux dans la contrée comprise entre le Pérou et le Brésil vers le 16° parallèle, on citait entre autres le Xarayès; mais ils n'existent que durant les inondations périodiques, qui submergent souvent des territoires immenses. On avait placé un lac Parimé dans un plateau de montagnes à l'est de la Guiane; et sur ses bords se trouvait le fameux pays d'El-Dorado : le lac existe au plus pendant la saison des pluies. Sur la côte septentrionale, on remarque les lacs de Maracaïbo et de Valentia ou Tacarigua.

Les rivières de l'Amérique offrent un grand nombre de rapides ou cataractes, qui quelquefois ne forment pas un obstacle à la navigation, surtout à l'époque des hautes eaux, et beaucoup de sauts ou chutes dont les dimensions frappent d'admiration. Le saut le plus célèbre de l'Amérique est celui du Niagara, entre les lacs Érié et Ontario. Plusieurs affluents du Saint-Laurent, le Hood's-River, le Mississipi, le Missouri, ont aussi des cascades remarquables. On remarque, dans l'Amérique méridionale, le saut de Téquendama, formé par le Bogota, dans la Nouvelle-Grenade; et les chutes du Parana, de l'Yguazu et de l'Uraguay, dans le Rio-de-la-Plata.

On voit, par la disposition des montagnes des deux continents de l'Amérique, qu'elles laissent entre elles des plaines immenses et des plateaux très-étendus: C'est dans la vaste plaine du Mississipi que se trouvent ces terrains unis désignés par le nom de *prairies* ou de *savanes*, où il ne croît que de l'herbe, et où les arbres sont disséminés à des distances considérables, et ordinairement le long des courants d'eau. Le plateau du Mexique, en allant au nord de Mexico, est si peu interrompu par des vallées, et sa pente est si uniforme et si douce, que, jusqu'à une distance de 140 lieues, il paraît constamment élevé de 900 à 1400 toises. L'Amérique méridionale n'a pas de ces plateaux; mais on y voit des plaines basses, telles que les Llanos, traversées par l'Orénoque : leur surface est de 2,000

lieues carrées; leur sol brûlant est tantôt nu comme le désert de la Libye, tantôt couvert d'un tapis de verdure comme les steppes de la haute Asie : elles sont bornées au sud par une forêt immense qui se prolonge jusqu'au delà des rives du fleuve des Amazones. Le plateau du Parexis, entre les 13° et 14° parallèles sud, a comme ceux de l'Asie des lacs salés; ses eaux coulent d'un côté vers l'Amazone, de l'autre au Paraguay : au sud s'étend une vaste surface presque horizontale, aride, marécageuse, entrecoupée de déserts salins et de bois; enfin, on entre dans les Pampas, contrée absolument nue, qui va jusqu'au 40° degré de latitude; et au delà du 50° se développent les plaines de la Patagonie. Mais si ce continent a des plateaux bas, souvent noyés, et dans lesquels les eaux ne peuvent trouver à s'écouler jusqu'à la mer, il n'est pas moins remarquable par ses paramos et ses hautes plaines, placées sur le dos des Andes, à 1800 toises d'élévation. Ce sont de grandes vallées longitudinales, limitées par des branches de la grande Cordilière : elles sont d'un accès pénible, et séparées les unes des autres par des ravins profonds. C'est là que l'on voit des villes construites presqu'à la hauteur du pic de Ténériffe, et des métairies à 1,000 toises au-dessus des villages les plus élevés sur les Alpes.

La configuration de l'Amérique doit produire une influence remarquable sur sa température. On a observé qu'elle est de 10° plus basse que dans les lieux situés sous les mêmes latitudes dans les autres parties du monde. Ainsi, dans l'Amérique septentrionale, les hivers sont très-longs et très-rigoureux, même au 40° degré; et, dans la méridionale, ils n'ont pas moins d'âpreté. La côte de l'est est toujours plus froide que celle de l'ouest. On attribue avec raison cet abaissement général de température à la prolongation du continent vers les pôles glacés, à son peu de largeur sur plusieurs points; à l'action des vents apportés par l'Océan, dont ils ont balayé la surface; aux nombreuses chaînes de montagnes remplies de sources, et dont les sommets, couverts de neige, s'élèvent bien au-dessus de la région des nuages; à l'abondance des rivières immenses qui, après des détours multipliés, vont toujours chercher les côtes les plus éloignées; à des déserts non sablonneux, et, par conséquent, moins susceptibles de s'imprégner de chaleur; enfin, à des forêts impénétrables qui couvrent les plaines humides de l'équateur.

La grande chaîne de montagnes, qui court parallèlement à la côte occidentale, modifie beaucoup l'action des pluies. Sous la zone torride, leurs flancs et les terres basses qu'elles ont à leurs pieds sont inondés par des ondées fréquentes; au contraire, les plaines étroites qu'elles ont à l'ouest, vers le grand Océan, quoique toujours couvertes de nuages, sont entièrement privées de pluies; elles ne doivent leur fertilité qu'aux nombreux torrents qui se précipitent des Andes. Dans les endroits où ils manquent, le sol devient sablonneux ou aride; car, les rosées, quoique abondantes, ne suffisent pas pour produire le degré d'humidité nécessaire. Dans les immenses régions qui s'étendent entre les Andes et l'Atlantique, les pluies tombent, au nord de l'équateur, d'avril en septembre; au sud, au contraire, elles commencent en octobre et continuent jusqu'en mars. Dans les climats tempérés, la pluie est soumise aux mêmes causes compliquées que dans les autres parties du monde.

Parmi les phénomènes les plus communs en Amérique, on peut compter les tremblements de terre : ils sont fréquents dans toutes les parties montagneuses, et causent quelquefois d'affreux ravages. Les ouragans sont périodiques dans la chaîne des Antilles, et y occasionnent presque tous les ans des désastres.

Les montagnes de l'Amérique offrent la même composition que celles des autres parties du monde. Le granit soutient la haute charpente des Andes, de même que celle des autres groupes, et les couches secondaires des plaines; mais il est caché sous des formations postérieures. La haute crête est partout couverte de schiste primitif, de basalte, de porphyres et de serpentine. Le calcaire, le grès, la houille, s'y trouvent à des hauteurs considérables, et leurs couches y sont d'une épaisseur prodigieuse. On y voit des coquilles pétrifiées, à deux mille toises d'élévation. Le calcaire domine dans les Alléghanis. Mais c'est par les métaux précieux que renferment les entrailles de la terre que l'Amérique est surtout célèbre. Ce fut l'appât de ces richesses qui détermina principalement les Européens à y former des établissements. L'or se trouve surtout au Brésil, au Chili, à la Nouvelle-Grenade; il y en a moins au Pérou et au Mexique : ce dernier pays a les mines d'argent les plus riches et les plus productives que l'on connaisse; celles du Pérou sont aussi très-importantes. On évalue à plus de cent douze millions de francs le rapport annuel des mines de ces métaux précieux. Le platine n'a été découvert jusqu'à présent qu'en Amérique, dans une vallée étroite du Choco, à la Nouvelle-Grenade, et dans la province de Minas-Géraës au Brésil. Ce continent a également des mines de plomb au Mexique, au Pérou, au Brésil et aux États-Unis; de cuivre au Mexique, au Chili, au Brésil, aux États-Unis, près du lac Supérieur, et dans les contrées boréales, près du fleuve qui porte le nom

de ce métal. On connaît aussi de l'étain au Mexique, du mercure dans ce pays et au Pérou; beaucoup de fer et d'autres métaux, de la houille, des émeraudes, diverses pierres précieuses, enfin des diamants. Le sol du plateau du Mexique est imprégné de sel comme ceux des grands plateaux de l'Asie. Il en est de même de plusieurs plaines du Chili, à l'est des Andes; il existe beaucoup de gîtes de sel gemme, et de sources salées en plusieurs endroits.

Parmi les richesses végétales de l'Amérique, on doit citer au premier rang l'arbre du quinquina, qui croît dans une zone particulière, sur le flanc des Andes, aux environs de la ligne. C'est à l'Amérique que nous devons le maïs et la pomme de terre, la tomate, la capucine, le soleil, le topinambour, et une infinité de plantes qui font l'ornement des jardins. Le jalap, l'ipécacuanha, le baume de Copahu, le gaïac, la salsepareille, la vanille, le cacao, le bois de campêche et de fernambouc ou brésillet, le mahogoni ou acajou, le cédral qu'on lui substitue souvent; en un mot, une quantité de produits du règne végétal, utiles dans la médecine et les arts, nous viennent du nouveau monde. On y trouva l'indigo, le tabac, le cotonnier, l'igname, la patate, l'arachide, le cocotier et le bananier. Les Mexicains cultivaient la maguey pour en convertir le suc en une liqueur spiritueuse. Au Pérou, on mâchait les feuilles du coca, et sa graine servait de petite monnaie. Une partie des indigènes se nourrissait des graines du quinoa, et de la racine du manioc, après l'avoir dépouillée de ses sucs délétères, et l'usage en a passé aux Européens. Ceux-ci ont introduit partout où ils l'ont pu le caféier, la canne à sucre, l'oranger, le citronnier; ils ont porté dans les contrées tempérées les céréales, les fruits et les plantes usuelles de l'Europe, ainsi que le riz, la vigne et l'olivier; ils ont plus récemment enrichi les contrées de la zone torride des arbres à épicerie, de la cannelle, de l'arbre à pain. Les forêts encore vierges de cette partie offrent aux regards des habitants de l'ancien monde plusieurs arbres analogues à ceux qu'ils étaient accoutumés à voir, aucun cependant qui fût identiquement le même; d'autres, au contraire, tels que le tulipier, les magnolia, le gordonia, en différaient totalement. Tout était nouveau dans les forêts de la région équinoxiale, dont la végétation vigoureuse est un sujet d'étonnement pour ceux qui la contemplent. Ses plaines arides ont pour caractère distinctif les cactus, dont les tiges s'élèvent comme des colonnes et se divisent par le haut comme des candélabres.

On ne fut pas moins surpris de n'apercevoir en Amérique aucun des grands quadru-.

pèdes de l'ancien monde ; dans le nord, aucun, à l'exception du chien, n'était soumis à l'homme. Des troupeaux nombreux de rennes et de bœufs musqués parcourent les contrées boréales ; plus bas, on voit des bisons, des élans, des cerfs de diverses espèces, des antilopes, et d'autres ruminants ; ces animaux paisibles sont exposés aux poursuites des ours blancs, gris et noirs, des loups, des renards, des carcajoux, et d'autres bêtes féroces. Ces immenses solitudes sont fréquentées par des castors, des rats musqués, des ratons, des martes, des loutres, et d'autres animaux auxquels on fait la chasse pour leur fourrure précieuse. En arrivant dans l'Amérique méridionale, on ne vit qu'un grand quadrupède d'un naturel paisible, le tapir. Les plaines et les forêts de la zone torride sont encore peuplées de singes de diverses espèces qui vivent en société ; de couguards, de jaguars et d'ocelots, qui représentent le lion et le léopard ; les montagnes recèlent des ours et d'autres animaux carnassiers. Jusqu'à cinq cents toises de hauteur au-dessus de la mer, habitent les cabiais, les paresseux, les fourmilliers, les tatous, les moufettes, les loutres et les petits cerfs mouchetés. Ces derniers vivent aussi dans une région plus tempérée, ainsi que les grands cerfs, les pécaris et des lamas devenus sauvages. Dans la haute région des Andes, on rencontre des vigognes, des guanacos, des alpacas, animaux ressemblant au chameau, et que les anciens Péruviens avaient réduits en domesticité pour s'en servir comme de bêtes de somme. On remarque encore parmi les mammifères indigènes, des coendous, des coatis, des lièvres, le chinchilla, des rats, et beaucoup de chauves-souris, dont quelques-unes sont très-grosses. Les lamantins remontent très-haut dans tous les fleuves de la région équinoxiale. La mer, sur les côtes des deux parties du nouveau continent, nourrit beaucoup de phoques et de baleines, et, dans le nord, des narvals et des morses.

Les Européens, ayant trouvé l'Amérique dépourvue des quadrupèdes que l'homme élève dans l'ancien monde pour son utilité, les y transportèrent. Ils s'y sont si bien acclimatés, que les brebis, les chèvres, les cochons, les bœufs, les chevaux, se sont multipliés partout où le climat ne les en a pas empêchés. Des troupeaux immenses de bœufs et de chevaux, devenus sauvages, errent, soit au nord, soit au midi, dans les vastes plaines où ils peuvent courir en liberté.

Le nouveau monde a des familles d'oiseaux qui lui sont particulières, telles que celles des colibris, des oiseaux-mouches, des toucans, des cotingas, des tangaras, et d'autres ; le nandou représente l'autruche dans les déserts du midi ; les aras l'emportent par leur grosseur et la beauté de leur plumage sur tous les perroquets de l'ancien monde. Nous ne pouvons énumérer tous les volatiles curieux de l'Amérique, mais nous ne devons pas passer sous silence le condor, géant des vautours, qui plane au-dessus des cimes gigantesques des Andes, à des hauteurs auxquelles aucune créature vivante ne parvient ; les hoccos, le marail, les tinamous, qui ont une chair savoureuse ; le kamichi, curieux par sa voix retentissante et par ses armes ; le jabiru, destructeur des reptiles ; l'agami, si remarquable par le bruit singulier qu'il fait entendre et par sa rare intelligence. Jusqu'à présent l'ancien monde n'a pu acclimater qu'un oiseau utile du nouveau, et qui est de l'Amérique septentrionale ; c'est le dindon, que l'on y trouve encore sauvage, et que les anciens Mexicains élevaient dans leurs basses-cours. Parmi les oiseaux de cette partie du continent, on cite le moqueur, espèce de grive, pour la facilité avec laquelle il imite les sons qu'il entend. Les pigeons se montrent quelquefois par volées innombrables. Des espèces de perdrix, d'aigles, de hiboux, de cygnes, des oies, des canards, et une infinité d'oiseaux aquatiques habitent l'intérieur et les côtes de toutes les zones.

Les rivières, les lacs, les mers de l'Amérique nourrissent des poissons très-variés ; on y retrouve le saumon, l'esturgeon et le brochet ; le grand banc de Terre-Neuve et les côtes voisines sont, depuis trois siècles, célèbres par la pêche abondante des morues qui s'y fait et qui attire des flottes de navires marchands. Ce continent est infesté de reptiles. Le serpent à sonnettes, dont le seul nom fait frissonner, est très-commun ; d'autres serpents, dont quelques-uns sont monstrueux, rampent sur sa surface ; dans toute la région chaude, les eaux sont remplies de crocodiles ; les lézards de toutes dimensions sont très-multipliés ; les cousins et les mosquites sont aussi communs sur les bords glacés de la mer polaire que sur les bords brûlants de la mer équinoxiale ; entre les tropiques, on trouve des insectes non moins remarquables par leurs couleurs brillantes que par leur grosseur. L'abeille est commune dans toutes les forêts des différents climats, mais l'insecte le plus précieux est la cochenille, qui vit sur le nopal, et que les habitants du Mexique élevaient pour profiter de la belle couleur rouge qu'il donne.

Le continent de l'Amérique septentrionale avait été trouvé dans le dixième siècle par des navigateurs norwégiens, partis de l'Islande ; mais cette découverte n'eut aucune suite, et l'on ne peut pas même déterminer avec précision à quel point ils abordèrent. La connaissance positive du nouveau monde, sa découverte réelle, ne doit, par conséquent, dater que de la fin du quinzième siècle.

Christophe Colomb, né en Italie, dans les environs de Gênes, eut la gloire de débarquer le premier sur les terres de l'Amérique, dont il avait deviné l'existence à l'ouest de l'Europe. Ce grand événement arriva le 12 octobre 1492. Guanahani, petite île de l'archipel des Lucayes, fut la première qui se présenta aux regards étonnés des Espagnols. Colomb découvrit ensuite Cuba et Haïti (Saint-Domingue.). Dans un second voyage, en 1493, il trouva d'autres îles de la chaîne des Antilles, et, en 1498, le continent de l'Amérique méridionale. La carrière qu'il avait ouverte fut parcourue par plusieurs de ses compagnons. Ojéda, un de ceux-ci, avait avec lui, dans une campagne au golfe de Darien, en 1499, le Florentin Améric Vespuce, habile cosmographe Améric s'empressa de publier une relation de son voyage; on lui attribua la découverte du nouveau monde, qu'on avait désigné jusqu'alors sous la dénomination vague d'Indes occidentales. Ce fut en 1507 qu'elles commencèrent à porter le nom du cosmographe florentin, honneur qui aurait dû être réservé à Colomb. « Ainsi, dit Raynal, le premier instant où l'Amérique fut connue du reste de « la terre est marqué par une injustice. » (1) Les diverses parties de l'Amérique furent successivement découvertes, excepté dans le nord, avant 1550. De ce côté, la rigueur du climat a empêché de compléter la reconnaissance des côtes, et ce n'est que depuis 1821 que l'on sait avec certitude que la mer Polaire baigne l'Amérique au nord.

Lorsque les Européens abordèrent au nouveau monde, toutes les parties de ce continent étaient habitées par une race d'hommes qui différait d'eux; ils les nommèrent Indiens, parce qu'ils se croyaient aux extrémités orientales de l'Inde : ce nom est resté à ces peuples. En quelques années, ces Indiens furent exterminés dans la plus grande partie des Antilles. Ils occupent encore une portion des deux continents, et y sont ou indépendants ou sujets des Européens. Ceux-ci sont devenus les plus nombreux et les dominateurs. Comme le climat ne leur permettait pas de cultiver la terre dans les îles de la région équinoxiale, où ils avaient fait disparaître les indigènes, ils allèrent chercher en Afrique des nègres qui

(1) Voy. *De insulis inventis epistola Chr. Columbi* (Romæ, 1493), in-4°, inprodotta ed illustrata del car. abbate Morelli. Bassano, 1810. — *Codice diplomatico Colombo-Americano.* Genova, 1823, gr. in-4°. — Washington Irving : *A history of the life and voyages of Chr. Colombus.* London, 1828, 4 vol. in-8°. — Man. de la Vega : *Historia del descubrimiento de la America septentr. por Chris. Colom.* Mexico, 1826, in-4°, — *Vita e lettere di Americo Vespucci.* Firenze, 1745, in-4°. — *Viaggi di Americo Vespucci.* Firenze, 1817, in 8°.

arrosèrent de leurs sueurs un sol dont les blancs tiraient de riches récoltes. Ces nègres se sont multipliés dans toute l'Amérique. De leur union avec les blancs est issue une race nombreuse de métis ou mulâtres. Cette race a formé avec les nègres un État indépendant à Saint-Domingue.

L'Amérique se divise d'après les possessions des peuples d'origine européenne, ou les prétentions que des nations de l'Europe élèvent sur les territoires dont elles n'ont le plus souvent qu'une faible étendue. Ainsi, nous trouvons à la côte nord-ouest l'Amérique russe, qui comprend aussi les îles Aléoutiennes et tout l'espace renfermé entre le détroit de Behring et la Nouvelle-Bretagne; c'est sous ce nom que la Grande-Bretagne revendique la souveraineté de tout ce qui est au nord des État-Unis et du Canada. Ce dernier pays appartient réellement à la Grande-Bretagne, avec le Nouveau-Brunswick, la Nouvelle-Écosse et Terre-Neuve; elle a aussi une partie de l'Yucatan, sur la baie de Honduras, et le territoire des Mosquites; la Jamaïque et plusieurs îles moins considérables, dans les Antilles. La grande république des États-Unis s'étend de l'océan Atlantique au grand Océan. Au sud, se trouvent le Mexique et le territoire de la confédération de l'Amérique centrale, peuplés surtout par des Espagnols, de même que Cuba et Porto-Rico, dans les Antilles. La France, le royaume des Pays-Bas, le Danemark et la Suède ont quelques îles dans cet archipel.

La plus grande partie de l'Amérique méridionale fut longtemps aux Espagnols; ils avaient la Nouvelle-Grenade, le Pérou, le Chili, le Rio-de-la-Plata, la capitainerie de Caracas; mais tous ces pays se sont érigés en républiques indépendantes; les Portugais possédèrent le Brésil jusqu'en 1821; les Français, les Pays-Bas et les Anglais se partagent la Guiane. La Patagonie, dont l'intérieur est inconnu, est habitée par des peuples indépendants.

Il n'est pas très-facile de déterminer avec précision la population de l'Amérique, une partie étant composée de peuples chasseurs ou nomades. Les évaluations les plus récentes la portent à 46,780,000 habitans, savoir :

Amérique septentrionale.

Indiens indépendants.	600,000
Canada et autres possessions an- glaises	1,900,000
État-Unis.	17,100,000
Mexique.	7,500,000
Guatimala.	1,600,000
Antilles.	2,400,000
	31,100,000

Amérique méridionale.

États unis du sud. :	2,800,000
Pérou.	1,700,000
Bolivia.	1,300,000
Chili.	1,400,000
Rio-de-la-Plata.	2,000,000
Brésil.	5,000,000
Guiane.	180,000
Indiens indépendants.	1,300,000
	15,680,000

Les Européens ont introduit dans les contrées où ils dominent la langue et la religion de leur pays natal. Ainsi, la plus grande partie des habitants de l'Amérique professe la religion chrétienne. On y trouve quelques juifs. La langue espagnole et l'anglaise sont les plus répandues.

Les Indiens indépendants parlent une quantité d'idiomes dont quelques-uns s'étendent très-loin. A côté de ces langues principales, il s'en trouve d'autres qui n'ont aucune affinité avec elles ni entre elles. Cette multiplicité de langages indique que la plupart des tribus indigènes de l'Amérique vivent depuis longtemps dans l'isolement sauvage dont elles ne sont pas encore sorties.

A l'époque de la découverte du nouveau continent, on n'y trouva que trois pays où une réunion d'hommes formée en corps de nation eût des institutions sociales; c'était sur le plateau du Mexique et sur ceux du Pérou et de Cundinamarca (Nouvelle-Grenade.) La conquête de ces contrées par les Espagnols y mit un terme à la marche de la civilisation et de la culture intellectuelle. D'autres peuples, dans la zone tempérée, à la partie orientale de l'Amérique du Nord, et à la côte occidentale de celle du Sud, moins avancés que les Mexicains, composaient cependant des sociétés qui avaient commencé à prendre une organisation régulière. Presque toutes ces peuplades ont rétrogradé. Leur système religieux, imparfaitement compris, et plus mal expliqué, était fondé sur une mythologie particulière; ils avaient quelques notions d'astronomie, et pratiquaient des cérémonies. Dans l'Amérique méridionale, les peuplades indiennes sont généralement plus farouches que dans le nord. Leur nombre, dans les deux portions du continent, a considérablement diminué. Il ne faut cependant pas s'imaginer que la surface du nouveau monde, à l'époque de la venue des Européens, fût couverte d'une population aussi prodigieuse que l'ont représentée les relations des Espagnols, qui voulaient tirer vanité des nombreuses armées mises en fuite par des poignées de leurs compatriotes. Il y a beaucoup à rabattre de ces évaluations évidemment enflées.

Les érudits et les géographes ont longtemps discuté pour savoir de quelle partie de l'ancien monde le nouveau avait reçu ses habitants. Les traditions de ceux-ci n'offraient pas à cet égard des lumières suffisantes, parce qu'elles ne remontaient pas assez haut. Des hommes auxquels les systèmes ne coûtent rien allèrent jusqu'à dépeindre l'Amérique comme un pays marécageux, contraire à la multiplication des animaux et nouvellement peuplé. D'autres y virent des colonies chinoises, égyptiennes, phéniciennes et juives. Mais, comme l'observe M. de Humboldt, en examinant attentivement la constitution géologique de l'Amérique, en réfléchissant sur la nature des fluides qui sont répandus sur la surface de la terre, on ne saurait admettre que le nouveau continent soit sorti des eaux plus tard que l'ancien. Sous les tropiques, la force de la végétation, la largeur des fleuves et les inondations partielles ont mis de puissantes entraves aux migrations des peuples. Les vastes contrées de l'Asie boréale sont aussi faiblement peuplées que les savanes du Nouveau-Mexique et du Paraguay, et il n'est pas nécessaire de supposer que les contrées les plus anciennement habitées soient celles qui offrent la plus grande masse d'habitants.

« Les nations de l'Amérique, à l'exception de celles qui avoisinent le cercle polaire, forment une seule race, caractérisée par la conformation du crâne, par la couleur de la peau et par des cheveux plats et lisses. La race américaine a des rapports très-sensibles avec celle des peuples mogols; cependant, les peuples indigènes du nouveau continent offrent dans leurs traits mobiles, dans leur teint plus ou moins basané, et dans la hauteur de leur taille, des différences aussi marquées que celles que l'on remarque entre plusieurs nations de la même race dans l'ancien monde. La comparaison de plusieurs mots, tirés de diverses langues de l'Amérique, avec celles des habitants de la partie orientale de l'ancien monde, et différents usages, ont donné lieu de présumer que les hordes qui étaient venues se fixer en Amérique sortaient de peuples dont les rapports avec ceux du plateau central et de l'état de l'Asie avaient été nombreux. »

Les habitants indigènes de l'Amérique ne se doutaient pas, lorsqu'ils virent arriver les Espagnols, que cette nation se croirait en droit de disposer en souveraine de leur pays. Ce fut cependant ce qui arriva; et cette nation se persuada que son droit était légitime, lorsque le pape Alexandre VI, par sa bulle du 4 mai 1493, eut déclaré que les contrées nouvellement découvertes appartenaient aux rois catholiques et à leurs successeurs. Ce fut en vertu de cet acte que les Espagnols poussèrent leurs conquêtes dans le nouveau monde. Les autres nations maritimes de l'Europe n'y formèrent des établissements qu'après eux.

Dans les premiers temps, l'on s'occupa exclusivement de la recherche de l'or et de l'argent. La soif de ces métaux précieux fit opprimer et exterminer les Indiens. Les conquérants s'égorgèrent entre eux. On ne peut lire sans frissonner d'horreur le récit des événements qui se passèrent en Amérique pendant le premier siècle qui suivit sa découverte. Lorsque les îles dans lesquelles on avait d'abord trouvé de l'or n'en donnèrent plus, on pensa qu'elles pourraient procurer de riches produits par la culture; on y planta la canne à sucre. Cependant, l'avidité de l'or faisait découvrir de nouveaux pays, et contribuait ainsi aux progrès de la géographie. Les Portugais se fixèrent au Brésil, les Anglais, les Français et les Hollandais dans les Antilles et sur divers points du continent. Les troubles de l'Europe envoyèrent des habitants à l'Amérique, des colonies furent fondées dans ses régions tempérées : les progrès de la culture suivirent ceux de la population.

La découverte du nouveau monde changea la marche du commerce de l'Europe, qui auparavant ne trafiquait que d'une manière indirecte avec les Indes : de cette époque date l'extension de la navigation. Au transport exclusif de l'or et de l'argent d'Amérique en Europe, on joignit successivement celui de l'indigo, de la vanille, de la cochenille, du coton, du sucre et du café. La vente de ces marchandises a enrichi les différentes nations qui les apportaient : en échange elles envoyaient en Amérique les marchandises fabriquées en Europe, où les manufactures prirent un essor immense.

Le continent de l'Amérique a bien moins souffert que l'archipel des Antilles des guerres que les peuples d'Europe se faisaient. C'est dans la mer qui le baigne que leurs flottes se sont plus généralement combattues; les Français et les Anglais surtout s'y sont livré des batailles sanglantes. Leurs démêlés couvrirent aussi l'Amérique septentrionale de carnage : ils n'y pouvaient vivre en paix. Cependant les hostilités avaient toujours commencé en Europe. En 1754, le contraire eut lieu. Des disputes, commencées pour des territoires, alors inhabités, qui s'étendaient entre le Canada et les colonies anglaises, amenèrent une conflagration dont on était loin de prévoir les suites. La France perdit le Canada par la paix de 1763. La Grande-Bretagne, pour se défrayer des dépenses énormes que lui avait coûté cette conquête, voulut taxer ses colonies; elles prétendirent que la métropole n'en avait pas le droit; en 1776, elles se déclarèrent indépendantes. La commotion causée par cet événement se fit sentir en Europe : ses effets n'ont pas encore cessé. La plupart des colonies espagnoles ont renoncé à la mère patrie; le Brésil s'est séparé du Portugal. Ainsi, on peut dire qu'après plus de trois siècles le nouveau monde a réagi sur l'ancien. Eyriès.

H. Ternaux. *Bibliothèque américaine ou Catalogue des ouvrages relatifs à l'Amérique qui ont paru depuis sa découverte jusqu'à l'an 1700.* Paris, Arthus Bertrand, 1837, in-8°.

Fer. de Navarrete. *Coleccion de viages y descubrimientos que hicieron por mar los Espagnoles desde fines del siglo xv.* Madrid, 1825, 5 vol. in-4°.

H. Ternaux. *Voyages, relations et mémoires originaux pour servir à l'histoire de la découverte de l'Amérique.* Paris, 1836-41, etc. 20 vol. in-8°.

H. Murray. *Historical account of discovery and travels in north America.* London, 1829, 2 vol. in-8°.

Ant. de Alcedo. *Diccionario geogr. de las Indias occident.* Madrid, 1786, 5 vol. pet. in-4°.

Alex. de Humboldt. *Examen critique de l'histoire de la géographie du nouveau continent.* Paris, 1836, in-8°, 5 vol.

Antiquitates americanæ, sive scriptores septentrionales rerum ante-columbianarum in America. Hafniæ, 1837, in-4°.

Le P. Touron. *Histoire générale de l'Amérique depuis sa découverte.* Paris, 1769-70, 14 vol. in-12.

Robertson. *Histoire de l'Amérique*, traduction de Suard, revue, corrigée et accompagnée de notes par de la Roquette, 1828, 4 vol. in-8°.

Warden. *Tableau chronologique de l'histoire de l'Amérique.* Paris, 12 vol. in-8°.

Portulano de la America setentrional, dividido en quatro partes, 1809, aumentado y corregido in 1818. Madrid, direction hydrografica, in-fol.

Jefferys. *Pilote américain.* Londres, 1776, in-fol. — *West Indian Atlas.* London, 1780, in-fol.

Neptune Americo-Septentrional. Paris, 1780, gr. in-fol.

J. B. W. Desbarres. *Plans de la côte et des ports de l'Amérique septentrionale.* Londres, 1780, in-fol.

Th. Hurd. *Atlas des Indes occidentales.* Londres, 1821.

Montenegro. *Geografica general para el uso de la juventud de Venezuela.* Caracas, 1833, etc. (Les quatre premiers volumes contiennent une exposition complète de la géographie de l'Amérique.)

L. Feuillé. *Journal des observations faites en Amé. rique,* Paris, 1714, 3 vol. in-4°.

Fr. Pursh. *Flora Americæ septentrionalis.* Lond 1814, 2 vol. in-8°.

W. Barton. *A flora of North America.* Philadelphia, 1820, 3 vol. in-4°.

Torrey and A. Gray. *A flora of North America.* New-York, 1838, in-8°.

J. Richardson. *Fauna borealis Americana.* London, 1829, in-4°.

Alcide d'Orbigny. *L'homme américain, considéré sous les rapports physiologiques et moraux.* Paris, Levrault, 1840, 2 vol. in-8°.

R. Harlan. *Fauna Americana.* Philadelphia, 1825, in-8°.

Le Vaillant. *Histoire d'une partie des oiseaux de l'Amérique.* Paris, 1804, in-fol.

Ch. Lucien Bonaparte. *American Ornithology.* Philad. 1825-33, 4 vol. gr. in-4°.

J.-J. Audubon. *The birds of America.* London, 1826-39, 4 vol. in-fol.

Th. Say. *American entomology.* Philadelph. 1824, 3 vol. gr. in-8°.

AMÉRIQUE (Découverte de l'). (*Histoire.*) Alors même que l'on réfléchit combien les progrès des sciences humaines ont été lents, et, surtout, combien l'apparition de certains arts sur la terre a été tardive, on s'explique à peine que l'Amérique, qui forme une des cinq parties du monde, qui surpasse en étendue chacune des quatre autres, et qui, seule, représente à peu près le tiers du globe habitable, ait pu, ainsi que l'Océanie, rester pendant les quatre mille ans et plus qu'on suppose s'être écoulés depuis la création jusqu'à la naissance de Jésus-Christ, et pendant bien des siècles encore à dater de l'ère chrétienne, tout à fait inconnue des habitants de l'Europe, de l'Asie et de l'Afrique. On le conçoit si peu, qu'on se prend parfois à en douter... Rien, cependant, n'est plus positif. En vain, au commencement du seizième siècle, pour diminuer le mérite de l'homme qui venait de fouiller avec succès les mystérieux espaces de l'hémisphère occidental, a-t-on soutenu que l'existence de l'Amérique n'avait pas été tout à fait ignorée des anciens; en vain, à l'appui de cette assertion, a-t-on prétendu qu'une grande île dont parle Aristote, qu'il appelle Antilla, qu'il dit avoir été découverte par les Carthaginois et être située dans l'océan atlantique, mais qu'on ne retrouvait nulle part, devait appartenir à l'Amérique; en vain a-t-on réclamé un semblable honneur pour une autre île que Platon, dans son dialogue de Timée, mentionne sous le nom d'Atlantide, qu'il place aussi dans l'océan Atlantique, en face du détroit de Gibraltar, et d'où, à l'en croire, on pouvait aisément passer dans d'autres îles, voisines d'un immense continent... On tient depuis longtemps pour démontré que l'Antilla d'Aristote n'exista jamais que dans l'imagination de ce philosophe, et l'on peut traiter de légende fabuleuse tout ce que Platon raconte de son Atlantide, à moins pourtant qu'il ne faille se ranger à l'opinion de quelques géographes qui veulent y reconnaître une ou plusieurs des Canaries. Il n'est pas impossible, en effet, que Platon, lorsqu'il alla visiter l'Égypte, n'ait recueilli de vagues renseignements sur ces îles fameuses, les îles Fortunées des anciens (qui plaçaient là leur jardin des Hespérides), et qu'à son retour en Grèce, voyant que ses compatriotes ne les connaissaient aucunement (depuis nombre d'années déjà, elles étaient perdues pour le genre humain, et ne lui ont été rendues que dans le seizième siècle), il n'y ait établi le siége de ses spéculations morales et politiques; mais on sait que les Canaries forment un des principaux archipels africains; on sait encore que ce fut des Canaries que Ptolémée commença à compter la longitude, et il n'en est que plus évident que l'antiquité, aussi loin que remonte le témoignage authentique de l'histoire, n'a rien connu, rien entrevu des îles ni du continent de l'Amérique.

Au contraire, Christophe Colomb n'est pas, comme on le croit généralement, le premier d'entre les modernes qui ait mis le pied en Amérique. Christophe Colomb ne toucha pour la première fois aux rives du nouveau monde qu'en 1492; or, de nombreux documents, dont l'authenticité ne saurait être mise en doute, prouvent que des Européens y avaient déjà touché, et cela depuis près de cinq cents ans. Les devanciers de Colomb furent des Scandinaves. Pendant la dernière moitié du neuvième siècle, on voit les Scandinaves, on voit ces hommes du Nord, ces intrépides Normands, que l'amour du pillage entraîne de tous côtés à de grandes expéditions maritimes, conquérir l'Islande sur les Irlandais qui l'ont découverte et originairement peuplée. De là ils atteignirent bientôt le Groënland, qui est de l'Amérique. De l'Islande à la pointe extrême du Groënland, il y a treize cents kilomètres. Sans doute, le hasard seul fit d'abord franchir cet espace à quelque pêcheur égaré ou battu par la tempête; mais, ensuite, le voyage fut volontairement entrepris et devint de plus en plus familier. Au printemps de l'année 986, par exemple, un Éric le Rouge, exilé d'Islande, libre du reste d'aller où il lui plaira, s'embarque avec plusieurs compagnons, gagne le Groënland et y fixe sa demeure à Brattalid, dans la partie à laquelle est resté le nom d'Éricsfiord. L'année suivante, le fils d'un des compagnons d'Éric le Rouge, que son père a laissé en Islande, veut aller le rejoindre, et part avec le vent du nord; mais Biarne (ainsi s'appelait-il) n'a jamais navigué sur ces mers; et, au bout de quelque temps, il arrive en présence d'un pays très-boisé, qui, par cette circonstance même, ne se rapportait point à la description qu'on lui avait faite du Groënland, où, en effet, le bois manque. Au lieu de descendre à terre, Biarne, tournant le cap de son navire, s'abandonne au vent du sud-ouest, qui le mène au Groënland. C'était le nouveau monde qu'il avait aperçu du côté des bouches du Saint-Laurent, et il n'avait pas daigné y mettre le pied!... Treize ans après, Léif, fils d'Éric le Rouge, entreprend de rechercher ces régions inconnues et boisées que Biarne a mainte et mainte fois décrites devant lui; il équipe un vaisseau et y monte avec trente-cinq hommes. Nos aventuriers rencontrèrent d'abord une terre plate et rocailleuse qu'ils nommèrent *Helluland*, c'est-à-dire *pays du plateau rocailleux*, et qui probablement est l'île de Terre-Neuve. Puis, prenant le large et naviguant au midi, ils aperçurent une autre terre, également plate, mais couverte de forêts, qu'ils baptisèrent du nom de *Maryland*, c'est-à-dire *pays des arbres*, et qui est la Nouvelle-Écosse. Plus au midi, le surlendemain, ils découvrirent une troisième terre, où ils descendirent et où ils élevèrent des maisons. Cette terre, sur laquelle croissaient de

nombreuses vignes, fut par eux appelée *Vinland*, c'est-à-dire *pays du vin*. Les habitants de
la Scandinavie ne connaissaient ni la vigne, ni
le raisin, ni peut-être la liqueur que le jus du
raisin donne par la fermentation; mais, dans
l'équipage de Léif, se trouvait un Allemand,
qui était né dans un pays de vignobles, et qui,
à l'extrême joie de ses camarades, leur ex-
pliqua la merveilleuse propriété du fruit de la
vigne. Par malheur, ils avaient abordé dans
la baie de Narragansett, sur le littoral de la
Nouvelle-Angleterre; et, malgré une magnifique végétation, les vignes sauvages qui abondent sur cette partie de la côte, non-seulement
ne produisent pas de vin, mais ne portent
même qu'un raisin détestable. Quoi qu'il en
soit, la carrière était ouverte, et l'audace de
Léif trouva de nombreux imitateurs. En 1007,
notamment, un riche Groënlandais, nommé
Thorfion Karlsefne, partit pour le Vinland avec
cent soixante hommes, et cette fois on rencontra les Esquimaux, qui n'ont été refoulés
au nord que postérieurement. On se battit;
beaucoup de blancs périrent; presque tous les
autres regagnèrent le Groënland; néanmoins
une petite population européenne se fixa aux
confins des États de Massachussets et de
Rhode-Island. D'autres expéditions groënlan-
daises visitèrent ensuite des côtes plus méridionales, celles des États de Connecticut, de
New-York, de New-Jersey, de Delaware, de
Maryland, et déposèrent des familles de colons
sur différents points; car un des évêques du
Groënland alla, en 1121, visiter ses ouailles
éparses dans le nouveau monde, et paraît
même s'y être établi. Plus tard, les Groënlandais, comme l'atteste une pierre runique,
portant la date de 1266, et découverte en 1824
dans l'île de Kingiktorsoak, par 73 degrés de
latitude boréale, mirent le pied jusque sur
les terres arctiques.

Les *sagas*, ou chroniques de l'Islande,
auxquels nous avons emprunté la plupart des
faits qui précèdent, mentionnent aussi qu'un
certain Gudleif Gudlaugson, se rendant d'Irlande en Islande, fut jeté sur une côte méridionale, qu'on présume être la Floride ou
une des Carolines. Enfin, les sagas parlent
d'un pays nommé Terre des Hommes blancs
ou Grande-Irlande, pays dans lequel se seraient fixés quelques Irlandais, et qui doit
appartenir au continent américain, quoiqu'on
n'en puisse préciser la position. Toutes ces
chroniques ont une authenticité incontestable,
et les plus illustres géologues de nos jours,
M. de Humboldt en tête, n'hésitent point à y
puiser la conviction que l'Amérique, découverte par les Scandinaves dès la fin du neuvième siècle, a été souvent visitée par eux
pendant le dixième, le onzième, le douzième,
le treizième et le quatorzième. Au reste, admet-

tons un instant que les sagas n'existent point,
ou qu'ils ne méritent aucune créance, des
preuves d'un autre ordre démontreraient encore que des blancs venus d'Europe ont pénétré en Amérique bien avant Christophe
Colomb. Ces preuves abondent, et pour n'en
citer qu'une : les Mexicains, à l'époque où
Cortez les soumit, comptaient au nombre de
leurs dieux un de leurs anciens rois, appelé
Quetzalcoalt, qui, au lieu d'avoir, à l'instar
des races américaines, la peau rouge et la
barbe presque nulle, était blanc et fort barbu,
et qui, disaient-ils, après avoir fait goûter à
ses sujets les douceurs de l'âge d'or, s'était
embarqué pour le mystérieux pays de Tla-
pallan, pays situé au delà des mers, dans la
direction de l'est (laquelle correspond à l'Europe), en annonçant qu'il reviendrait un jour,
ou qu'il enverrait à sa place des hommes
blancs et barbus comme lui.

On n'en saurait donc douter, l'Amérique,
où Christophe Colomb n'aborda qu'en 1492,
avait reçu, depuis des siècles, la première visite des Européens. Est-ce à dire que la gloire
de Colomb doive y perdre, et qu'il faille retrancher sur le tribut d'admiration et de reconnaissance qu'on paye communément à cet
intrépide marin? Non pas. Colomb, si étrange
que la chose puisse paraître, Colomb ignora
toute sa vie qu'on l'eût devancé sur la route
du nouveau monde; et ses contemporains partageaient tous cette ignorance. Ce n'est que
beaucoup plus tard, ce n'est que dans le courant du seizième siècle, qu'on a retrouvé les
chroniques islandaises dont nous avons parlé
plus haut et qui démontrent l'antériorité des
voyages accomplis par les Scandinaves. Non-
seulement toute relation entre les colonies
par eux fondées en Amérique et la métropole
avaient cessé du vivant de Colomb, mais depuis longtemps déjà ces colonies n'existaient
plus; car, ni Colomb, ni aucun des nombreux
navigateurs qui l'ont bientôt suivi, n'en ont
jamais aperçu trace; toute tradition à elles
relative avait même disparu, nous ne dirons
pas en Italie, en France, en Angleterre, en Espagne, en Portugal, où leur fondation avait
été toujours ignorée, mais en Islande et en
Norwége, d'où étaient partis les fondateurs.
Ainsi, quoi qu'on ait pu prétendre, il paraît
démontré que Colomb, naviguant, vers 1475,
dans les mers du Nord, toucha, il est vrai, en
Islande, mais ne recueillit des habitants de
l'île aucun bruit relatif à des terres lointaines visitées par leurs ancêtres; du moins est-
il certain que les données de ce genre n'entrèrent pour rien dans la conception du premier voyage que Colomb exécuta treize ans
plus tard, et qui livra définitivement à l'Europe le magnifique domaine du nouveau
monde. Le plan de ce premier voyage d'explo-

ration reposait, nous le verrons bientôt, sur un ordre d'idées tout à fait différent.

L'ignorance presque absolue où le reste de l'Europe est demeuré relativement aux découvertes des anciens Scandinaves, le long oubli dans lequel ces découvertes sont tombées en Scandinavie même, et surtout cette circonstance que ni Colomb, ni personne après lui, n'a retrouvé, aux points de l'Amérique où les colons du Groënland et de l'Islande passent pour s'être établis, le moindre vestige d'habitation, la moindre trace des bestiaux ou des végétaux de l'Europe, ont porté certains auteurs à conclure que les hommes du Nord n'avaient pas, comme leurs descendants leur en attribuent aujourd'hui la gloire, foulé le sol du nouveau monde dès le dixième siècle de l'ère chrétienne, et que les sagas de l'Islande, sur lesquels on s'appuie principalement pour soutenir cette opinion, ou ne sont qu'une suite de fables, ou, tout au moins, ont dû être interpolés après coup. Ces auteurs se trompent, et les objections, assez formidables en apparence, qu'ils opposent aux prétentions des Scandinaves modernes, peuvent se réfuter victorieusement. Si la découverte de l'Amérique par leurs ancêtres n'a produit que peu de sensation en Europe, et guère eu de retentissement hors de la Norwège, c'est que les points où le hasard les avait conduits, le Heiluland, le Maryland, le Vinland, ou, si l'on veut, l'île de Terre-Neuve, la Nouvelle-Écosse, la baie de Narragansett, n'offraient rien qui pût frapper vivement l'imagination des peuples. Là, point de trésors, point de cités, point même de terres fertiles, point d'empire à soumettre, de fief à gagner, de butin à recueillir. A cette époque, d'ailleurs, les principales nations de l'Europe avaient les yeux tournés vers l'Orient, où les croisés se précipitaient en foule. Si, au quatorzième siècle, toute relation a cessé entre les colonies groënlando-islandaises d'Amérique et leur métropole européenne, c'est que la grandeur des colonies se mesure à la puissance du peuple colonisateur, c'est que le Groënland et l'Islande, pays essentiellement pauvres, n'avaient pu fonder que de chétifs établissements sur les rives du nouveau monde; c'est que ceux du Groënland même furent ruinés vers le milieu du quatorzième siècle par différentes causes, notamment par une invasion d'Esquimaux et par la peste noire; c'est que le Groënland fut alors abandonné, qu'il en résulta une décadence notoire pour l'Islande, et que les petites colonies de la côte d'Amérique périrent du contre-coup de ces désastres. Enfin, si plus tard on n'a retrouvé dans le Vinland ou ailleurs, ni les restes des habitations que les Scandinaves s'étaient bâties, ni le bétail qu'ils avaient dû amener d'Europe,

ni le blé qu'ils avaient infailliblement cultivé, c'est que les colons, entourés de beaux arbres, n'avaient dû bâtir qu'en bois, c'est que les bœufs et les moutons étaient morts de froid, faute d'étables, car l'hiver dans ces régions sévit avec plus de rigueur qu'en France, et que le blé, l'avoine, l'orge, ont indispensablement besoin, pour se reproduire, d'une culture que les Esquimaux étaient incapables de leur donner.

L'Amérique une fois rentrée dans l'espèce de néant d'où les Scandinaves, quoiqu'ils l'eussent vue et touchée pendant plusieurs générations, n'avaient pu l'arracher, cent cinquante ans et plus devaient s'écouler avant qu'elle en sortît de nouveau; et la seconde comme la première fois ce fut plutôt l'effet du hasard que le résultat d'un effort de raisonnement. L'effort du moins que le raisonnement tenta partait d'une erreur première; et la réussite doit en être taxée de miraculeuse.

Au quatorzième siècle, durant les profondes ténèbres de la superstition monacale, la géographie (de même que les autres sciences) avait été perdue pour les nations européennes, mais non pour l'humanité, car elle s'était réfugiée au sein de l'Afrique, et, tandis que chez nous le pédantisme trouvait seul accès dans les cloîtres, les sages de l'Arabie l'avaient studieusement cultivée. Vers 1500, la véritable érudition commença à reprendre le chemin de l'Europe, et y rencontra bientôt deux puissants auxiliaires dans la renaissance des lettres et dans l'art de l'imprimerie. Au nombre des auteurs que le goût qui se réveilla pour la littérature ancienne remit à la mode et dont les ouvrages furent le plus rapidement propagés par l'admirable invention de Guttemberg, étaient Ptolémée, Pline, Strabon. On retrouva dans leurs livres un fonds de connaissances géographiques, qu'on s'efforça peu à peu d'étendre. Peu à peu, et force de s'étonner que l'on connût si imparfaitement le monde qu'on habitait, on s'enhardit à essayer de le connaître mieux. Le succès couronna ces tentatives, et doubla la curiosité générale.

L'Afrique fut le champ où se firent les premières découvertes, et c'est aux Portugais que revient l'honneur non-seulement de les avoir entreprises, mais encore de les avoir accomplies. Cet honneur, ils le doivent à la rare sagacité et à l'énergique persévérance du prince Henri, fils de Jean Ier, un de leurs rois. Très-jeune encore, le prince Henri accompagna son père dans une expédition contre les Maures d'Afrique; et, après avoir planté ses bannières victorieuses sur les murs de Ceuta, il recueillit de la bouche des Maures beaucoup de renseignements sur diverses régions africaines, lesquelles étaient inconnues des Européens, et notamment sur la côte de Guinée. Il en augura qu'il y avait d'importantes explorations à accomplir, en naviguant le long des côtes occidentales de l'Afrique, côtes baignées par l'océan Atlantique; et cette idée, à son retour en Portugal, devint dominante chez lui. Il se retira du tumulte de la cour, s'entoura de savants, et se livra avec une ardeur soutenue à toutes les études qui se rattachaient aux arts maritimes. A force de compulser les ouvrages des anciens, il crut entrevoir qu'il était possible de tourner l'Afrique par mer. Cette possibilité résultait à ses yeux de la relation que Pline donne des voyages d'Eudoxe de Cyzique de la mer Rouge à Gibraltar, et de celle qu'on lit dans Strabon du voyage d'Hannon le Carthaginois de Gibraltar aux rivages de l'Arabie. Hipparque et Ptolémée, il est vrai, niaient que de tels voyages eussent jamais eu lieu; ces auteurs prétendaient, à l'appui de leur opinion, que chaque mer était comme enfermée par la terre ou comme bloquée dans un bassin particulier; et, quant à l'Afrique, ils la regardaient comme un continent qui se prolongeait vers le pôle antarctique, et qui entourait la mer des Indes de manière à joindre l'Asie au delà du Gange. La reconnaissance des côtes de l'Afrique pouvait seule fixer la question. C'était une tâche ardue, une tâche au parfait accomplissement de laquelle la vie d'un homme ne suffirait sans doute pas; mais la pensée des avantages immenses que recueillerait, en cas de réussite, la nation qui l'aurait entreprise, poussa le prince Henri à diriger de tout son pouvoir les efforts de la marine portugaise vers ce grand but. Le but ne serait probablement pas atteint de son vivant; mais il aurait du moins la gloire d'avoir mis ses compatriotes sur la voie.

Reconnue possible, quels si grands résultats la circumnavigation de l'Afrique devait-elle donc produire dans l'intérêt du peuple qui en constaterait la possibilité? Ce peuple s'ouvrirait immédiatement une route directe et aisée avec l'Asie; il prendrait tout d'un coup une part large et lucrative au commerce de l'Inde, commerce dont les Lombards, comme on appelait les Italiens dans le nord de l'Europe, avaient depuis longtemps le monopole exclusif, et par lequel les républiques de Gênes et de Venise avaient acquis un tel pouvoir, une telle richesse, que toute l'Europe était leur tributaire, et que leurs marchands rivalisaient de magnificence avec les souverains. Jusqu'alors, pourtant, les relations avec les pays éloignés de l'Orient avaient été extrêmement difficiles; il fallait faire de longs circuits, il fallait que les denrées passassent par plusieurs mains intermédiaires, qu'elles subissent les frais et les retards de la navigation intérieure, puis les lents et incertains voyages de la caravane. Pendant longtemps même, les

marchandises de l'Inde avaient dû cheminer par le golfe Persique, par l'Euphrate, l'Indus et l'Oxus, pour parvenir à la mer Caspienne ou à la Méditerranée. Depuis que le soudan d'Égypte avait soumis les Arabes et rendu au commerce ses anciennes communications, ce commerce éprouvait encore de grandes entraves. Les épices, les gommes, les parfums, les pierres précieuses, les mille objets de luxe qui se tiraient de l'Asie méridionale, devaient être d'abord embarqués sur la mer Rouge, transportés de là, à dos de chameau, jusqu'aux rives du Nil, puis expédiés en Égypte, où les marchands italiens les venaient prendre. On conçoit combien le monopole d'une part, les frais excessifs du transport de l'autre, augmentaient les prix.

Si donc le prince Henri aspirait à doubler l'Afrique, c'était afin d'ouvrir au commerce de l'Inde une route plus prompte et plus facile, et de détourner tout à coup cette puissante source de richesses dans un canal nouveau qui le déverserait sur le Portugal. Mais Henri devançait de beaucoup son siècle; Henri eut à combattre autour de lui une ignorance profonde et de vieux préjugés, il eut à endurer les mille délais que l'esprit de routine veut toujours imposer aux inspirations du génie. La navigation de l'océan Atlantique, malgré quelques excursions assez lointaines qu'on y avait déjà tentées, et qui, par exemple, s'étendaient jusqu'à Madère, jusqu'aux Canaries, était encore si peu familière, que les marins doutaient qu'il y eût des bornes à cette immense étendue d'eau. Dans leurs voyages, ils avaient toujours soin de suivre la côte; ils n'osaient la perdre de vue, et chaque promontoire leur semblait un mur infranchissable qui allait arrêter leurs pas. Puis on croyait encore que la terre, à l'équateur, était entourée d'une zone torride, sur laquelle le soleil dardait verticalement des rayons de feu, et qui séparait les hémisphères par une région de chaleur intolérable. Enfin, on s'imaginait que le cap Bojador était le point le plus reculé de l'Afrique qu'un navire pût atteindre sans péril.

Néanmoins, grâce au zèle et à la munificence du prince Henri, grâce à de nombreuses améliorations qu'il avait introduites dans les cartes, grâce surtout à la boussole, dont l'usage devenait de plus en plus général, et qui, permettant au marin de naviguer et de distinguer sa route par le jour le plus sombre et la nuit la plus obscure, lui donnait plus d'audace et de confiance, la marine portugaise se signala bientôt par la hardiesse de ses entreprises et l'étendue de ses découvertes. Le cap Bojador fut doublé; la région des tropiques, explorée et dépouillée de ses fantastiques terreurs; les côtes de l'Afrique, reconnues depuis le Cap-Blanc jusqu'au Cap-Vert; enfin, les îles du Cap-Vert et les îles Açores, qui étaient à une distance de trois cents lieues du continent, tirées de l'oubli où elles demeuraient au milieu de l'empire des eaux.

Le prince Henri mourut en 1473, sans avoir accompli le grand objet de son ambition; mais, quelque années plus tard, on le sait, Vasco de Gama, suivant avec une flotte portugaise l'itinéraire qu'Henri avait comme tracé, réalisait l'espoir de ce prince, doublait le cap de Bonne-Espérance, naviguait le long de la côte méridionale de l'Inde, et ouvrait ainsi une large route au commerce vers les riches contrées de l'Orient. Henri avait du moins assez vécu pour recueillir la douce récompense de ses persévérants efforts, pour voir son pays natal lancé, par l'impulsion qu'il lui avait donnée, dans une carrière de gloire et de prospérité. Au quinzième siècle, le Portugal, du rang des moindres nations, s'éleva soudain à celui des royaumes les plus importants.

Du vivant même d'Henri, et avant que la nouvelle route de l'Inde eût été complétement parcourue, la renommée, répandant le bruit des premières découvertes accomplies par les Portugais et des expéditions qui sortaient sans cesse du Tage, avait appelé sur eux l'attention de l'univers. L'amour de la science ou le goût des aventures faisait affluer à Lisbonne une foule d'étrangers, qui venaient recueillir des détails ou participer aux bénéfices des entreprises. Au nombre de ces chercheurs de fortune fut Cristofo Colombo, — Christophe Colomb.

Si on ne peut dire précisément que Christophe Colomb ait découvert l'Amérique, c'est lui du moins qui a conduit la civilisation dans cette partie du monde, et livré aux Européens ce magnifique domaine, avec les mines de métaux précieux, avec la puissante végétation, les fleuves gigantesques et les fertiles espaces qu'il renferme. Christophe Colomb a presque doublé la création.... Eh bien, on ne sait au juste ni le lieu ni la date de sa naissance. Pourtant, on le croit né à Gênes, vers 1435 ou 1436. Ce qu'il y a de certain, c'est que la condition de sa famille était tout à fait humble. Mais, quoique artisan, quoique simple cardeur de laine, le père de Colomb, avant de lui permettre d'embrasser la profession de marin pour laquelle il montra un penchant décidé dès son enfance, l'envoya faire quelques études préparatoires à l'université de Pavie, une des plus célèbres de l'époque. A quatorze ans, après avoir acquis une certaine connaissance de la langue latine et de l'art du dessin; après avoir reçu des notions élémentaires de cosmographie et d'astrologie (comme la géographie et l'astronomie s'appelèrent longtemps), il s'embarqua enfin, et ne cessa

de naviguer, soit dans la Méditerranée, soit sur l'Océan, jusqu'à l'époque où il alla chercher fortune en Portugal. Ce fut vers 1470.

Presque dès son arrivée à Lisbonne, où son mérite, ses talents, son habileté dans la navigation, lui avaient aussitôt fait trouver de l'emploi, il se maria; mais ce mariage, au lieu de l'arracher à la carrière qu'il avait suivie jusqu'alors, servit, par une circonstance fortuite, à augmenter encore, si c'était possible, sa passion pour les choses de la mer. La femme qu'il épousa était fille d'un certain Bartolomeo Palestrello, pilote italien, que le prince Henri avait employé dans ses premières expéditions, et qui avait découvert, qui avait planté les îles de Porto-Rico et de Madère. Ce Palestrello était mort; mais sa veuve, témoin du vif intérêt que son gendre prenait aux particularités des découvertes récemment accomplies par les Portugais, lui raconta tout ce qu'elle savait des voyages de son défunt mari, et lui remit tous ses journaux, toutes ses cartes. Colomb les lut, les étudia avec une avidité extrême; et pendant plusieurs années, pour contrôler l'exactitude de ces documents, pour vivre d'ailleurs et subvenir aux besoins de sa famille, car la femme qu'il avait épousée était pauvre, il ne laissa échapper aucune des occasions qui se présentèrent à lui de naviguer à travers l'Océan, et de visiter les îles du Cap-Vert, les Canaries, les Açores, ou les établissements portugais de la côte de Guinée. Quand il ne naviguait pas, il employait son temps à confectionner des cartes, des globes, qu'il vendait, et ce commerce était lucratif, car la supériorité que Colomb pouvait donner à ses œuvres, par suite des connaissances théoriques et pratiques qu'il avait acquises en géographie et en navigation, assurait leur prompt débit. Le genre d'occupation auquel le marin consacrait ses loisirs dans l'intervalle de ses voyages, et surtout la perfection de son travail, très-grande pour l'époque, lui valurent, outre le profit pécuniaire, l'avantage de fixer l'attention des savants, d'entrer en rapport avec eux, et de pouvoir recourir à leurs lumières, à leurs conseils. Enfin, à force de dresser des cartes et de comparer les dires des géographes anciens et modernes; à force d'observer la direction, et de siècle en siècle les progrès des navigateurs, il fut frappé de voir quelle vaste partie du globe était encore inconnue; et sur-le-champ il s'enflamma d'un irrésistible désir de l'explorer. Certes, l'entreprise en méritait la peine; car, d'après les calculs de Colomb, cette partie inconnue n'équivalait pas à moins d'un tiers de la circonférence du globe. Et, suivant lui, que contenait cet espace? Ne renfermait-il qu'une immense nappe d'eau? Non pas : la plus grande partie en était probablement occupée, pensait Colomb, par les contrées occidentales de l'Asie, ou , comme il disait, de l'Inde, lesquelles contrées, selon des voyageurs qui les avaient visitées au treizième et au quatorzième siècle, se prolongeaient bien au delà des limites indiquées par les anciens géographes et s'étendaient peut-être assez pour entourer à peu près le globe et approcher des côtes occidentales de l'Europe.

L'Asie! l'Inde! y arriver par mer! n'était-ce point là le terme de l'ambition du prince Henri, et le but que les Portugais, depuis cinquante ans, s'efforçaient d'atteindre! Dans quel autre dessein cherchaient-ils à *doubler l'Afrique*! Ne comptaient-ils pas , après avoir longtemps *navigué vers le sud, et une fois l'extrémité de l'Afrique tournée, porter à l'est, et parvenir ainsi à l'Inde*?.... Mais, combien de temps s'écoulerait encore avant que la *route cherchée dans cette direction fût* découverte! On avait déjà employé plus d'un demi-siècle pour avancer du Cap-Nord à l'équateur ; que ne faudrait-il pas d'années pour parcourir le *reste de la distance*! D'ailleurs la route cherchée existait-elle? La découvrirait-on jamais? Et, au cas qu'on la découvrît, combien ne serait-elle pas périlleuse et longue!

L'incertitude, ou tout au moins la longueur de cette route, conduisirent naturellement Colomb à chercher s'il n'était pas possible de découvrir quelque chemin plus court et plus direct, et bientôt Colomb se persuada que, pour résoudre le problème, il fallait naviguer, non pas au sud, puis à l'est, mais droit à l'ouest. Bientôt, à l'appui de cette opinion aussi extraordinaire que nouvelle, il imagina toute une théorie, mélange de vrai et de faux. Il posa comme principe fondamental que la terre était ronde, que chaque pays avait ses antipodes, et que, par conséquent, on pouvait aussi bien faire le tour de la sphère terrestre en marchant d'orient en occident qu'en allant de l'occident à l'orient. Jusque-là, c'était bien, c'était un éclair de génie ; mais ensuite venaient deux erreurs capitales, à savoir, l'étendue imaginaire de l'Asie dans la direction de l'est, et la petitesse gratuitement supposée de la terre. Sans ces deux erreurs qu'il faut appeler heureuses, et que partageaient, du reste, les plus savants et les plus profonds philosophes, Colomb, vraisemblablement, n'eût jamais songé à son projet ; jamais, du moins, il n'eût osé en entreprendre l'exécution. Mais la distance qui séparait les côtes orientales de l'Europe des côtes occidentales de l'Asie semblait modérée, par suite de l'étendue qu'on supposait au continent asiatique ; les risques à courir étaient si faibles, et les résultats espérés si séduisants !

Autour des raisons principales sur lesquelles

Colomb avait fondé son système, se groupaient, pour le corroborer, maintes et maintes considérations accessoires. La sagesse et la bienfaisance de l'auteur de la nature ne permettaient pas de penser, disait Colomb, que les vastes espaces qui étaient jusque-là demeurés inconnus fussent entièrement couverts par les eaux d'un stérile Océan et ne renfermassent aucune terre habitée par l'homme. N'était-il pas plus vraisemblable que le continent du monde connu , placé sur un des côtés du globe, était balancé , dans l'hémisphère opposé, par une quantité à peu près égale de terre?... Une *telle* conjecture était appuyée par les observations de divers navigateurs. Un pilote au service du roi de Portugal avait *raconté à* Colomb qu'après s'être avancé de quatre cent cinquante lieues à l'ouest du cap Saint-Vincent, il avait trouvé sur l'eau une pièce de bois sculpté, laquelle évidemment n'avait pas été travaillée avec un instrument de fer : et, comme elle était poussée vers lui par le vent d'ouest, il en concluait que peut-être venait-elle de quelque terre inconnue, située dans cette direction. Un beau-frère de Colomb disait avoir vu, dans l'île de Porto-Santo , une pièce de bois semblable, qu'y avait apportée le même vent. Il ajoutait que des roseaux , d'une prodigieuse grosseur, venant aussi de l'ouest, avaient souvent flotté jusqu'aux bords de quelques-unes des îles Madère ; et Colomb, dans la description qui lui en était faite, croyait reconnaître les énormes roseaux que Ptolémée décrit comme une production des Indes. Enfin, les habitants des Açores parlaient de pins monstrueux, d'une espèce inconnue, que les vents de l'ouest avaient jetés sur plusieurs de leurs îles, et des cadavres de deux hommes, trouvés le long de l'île de Flores, dont les traits ne ressemblaient à ceux d'aucun peuple connu.

Toutes ces présomptions en faveur de la proximité des côtes occidentales de l'Asie (Colomb, il ne faut pas l'oublier, n'aspirait qu'à aller aux *Indes par mer, et point à découvrir un nouveau monde*); toutes ces présomptions favorables, disons-nous, laissaient encore au projet de Colomb l'apparence d'une folle *témérité*. L'idée de rencontrer la terre en naviguant droit à l'ouest nous est devenue si familière, elle nous paraît si simple aujourd'hui, qu'à peine pouvons-nous apprécier convenablement le mérite de la première conception, l'audace de la première tentative. Mais alors, on ne connaissait point la vraie circonférence du globe ; on ne savait si l'Océan n'était point d'une étendue immense, infranchissable par son immensité même ; et personne ne soupçonnait les lois de la pesanteur spécifique et de l'attraction centrale qui , la rotondité de la terre une fois admise, eussent rendu évidente la possibilité d'en faire le tour. Espérer qu'en cinglant vers ·l'ouest on atteindrait à des rivages, était donc un de ces problèmes qui passent pour insolubles, tant qu'ils restent à l'état d'hypothèses, mais qui, une fois résolus, semblent la chose la plus aisée du monde!

C'est en 1474 que l'idée de trouver à l'ouest un passage aux Indes paraît être éclose dans l'esprit de Christophe Colomb. Nécessairement vague et informe le premier jour, une telle idée ne pouvait mûrir qu'avec le temps, ne pouvait prendre force et consistance qu'à l'ombre de l'étude et de la réflexion. Aussi, voyons-nous Colomb, avant qu'il l'adopte tout à fait, se livrer, pendant les cinq ou six ans qui suivent, à d'infatigables et consciencieuses recherches, compulser de nouveau les auteurs anciens et modernes qui se sont occupés de géographie, recueillir avec soin mille rumeurs sur de prétendues îles que l'Atlantique renferme, naviguer aussi loin que possible, afin de se perfectionner dans l'art de la navigation, et entretenir correspondance avec les plus savants hommes de son époque. Enfin, vers 1479, Colomb croit pouvoir ne plus conserver aucun doute : son idée est bonne, est simple, est lumineuse. Il bâtit dès lors toute une théorie à son usage; et cette théorie prend si bien racine dans sa tête, que désormais il ne parlera plus de son grand dessein qu'avec une profonde conviction du succès, et autant d'assurance, autant de certitude que si ses yeux avaient vu la terre promise. Un vif sentiment religieux vient même se mêler chez lui aux arguments scientifiques. Il se regarde comme un envoyé du ciel; il voit la découverte qu'il médite annoncée dans les saintes Écritures, et indiquée à grands traits dans la révélation mystique des prophètes. Mettre les parties inconnues de la terre en rapport avec l'Europe chrétienne, porter le flambeau de la foi dans de vastes contrées couvertes des ténèbres du paganisme, et ranger leurs innombrables habitants sous la bannière du divin rédempteur, tel doit être, suivant Colomb, le glorieux résultat de son entreprise.

Néanmoins, plusieurs années s'écoulèrent encore avant que Colomb tentât rien pour mettre à exécution ses projets de découverte. Trop pauvre pour subvenir lui-même aux frais de l'armement nécessaire, il lui fallait s'adresser à quelqu'une des puissances de l'Europe, au nom de laquelle il pût d'ailleurs prendre possession des riches empires où il se flattait d'aborder. Se souvenant que Gênes était sa patrie, il proposa son projet au sénat de cette république; mais sa lettre n'obtint pas même de réponse. Alors, pour reconnaître l'hospitalité qu'il avait reçue en Portugal, ce fut sous la bannière de la nation

portugaise qu'il se crut comme obligé à entreprendre sa merveilleuse expédition; mais, d'une part, Alphonse V, qui régnait alors, n'avait pas hérité de l'ardeur pour les découvertes qui enflammait ses prédécesseurs, et, de l'autre, il était trop occupé de la guerre qu'il soutenait contre l'Espagne, au sujet de la couronne de Castille, pour s'engager dans des entreprises pacifiques qui devaient entraîner de grandes dépenses. Colomb dut se résigner à attendre des conjonctures plus favorables, qui parurent bientôt se présenter. Alphonse V mourut subitement de la peste, et Jean II, qui le remplaça sur le trône, s'efforça dès le commencement de son règne d'imprimer une nouvelle activité aux explorations maritimes. Brûlant du noble désir de voir enfin ouverte au commerce cette route de l'Inde, que le prince Henri, son grand-oncle, avait indiquée aux efforts de ses compatriotes; mais fatigué de la lenteur avec laquelle avançait la reconnaissance des côtes·de l'Afrique, irrité des obstacles que chaque cap, chaque promontoire opposait aux tentatives des navigateurs, il recourut à la science et lui demanda d'aviser au moyen de donner à la navigation plus de champ et plus de sécurité. Réunis par ses ordres, les savants du royaume cherchèrent une année durant, et, enfin, trouvèrent que l'astrolabe, si on l'appliquait à la navigation, devrait toujours permettre au marin de reconnaître par la hauteur du soleil à quelle distance il se trouvait de l'équateur. L'astrolabe, par une suite de modifications et de perfectionnements postérieurs, est devenu le quart de cercle actuel; mais, le jour où il fut pour la première fois introduit sur un vaisseau, il offrait déjà tous les avantages essentiels de ce dernier instrument, et la lumineuse idée émise au sein du petit congrès scientifique de Lisbonne porta aussitôt ses fruits. La navigation se voyait délivrée tout d'un coup, et comme par miracle, de l'assujettissement qui retenait son essor depuis tant de siècles; elle brisait les entraves qui l'attachaient en quelque sorte au continent, et allait pouvoir, grâce au guide sûr que venait de lui donner la science, affronter hardiment l'immensité des mers. Au lieu de côtoyer les rivages, comme les anciens navigateurs, ou d'avoir, s'ils s'en éloignaient, à chercher en tâtonnant leur chemin d'après la direction incertaine des astres, le pilote moderne allait s'aventurer sans crainte dans les régions inconnues de l'Océan, et serait certain, s'il ne rencontrait aucun port, de pouvoir toujours, à l'aide de l'astrolabe et de la boussole, revenir sur ses pas.

L'année 1483 avait vu ce grand progrès s'accomplir, et l'honneur en revenait au Portugal. Colomb crut l'occasion doublement propice pour solliciter du roi Jean II les moyens d'exécuter l'important voyage d'exploration qu'il méditait depuis neuf ans. Il demanda donc une audience au roi, lui exposa son plan, et parvint à lui communiquer ses convictions, son enthousiasme. Jean, toutefois, avant de prendre un parti définitif, se réservait d'en référer à une junte spéciale, chargée de tout ce qui concernait les découvertes maritimes. Or, cette junte, quoique composée des mêmes hommes qui venaient de deviner les précieuses ressources de l'astrolabe, traita le projet de Colomb d'extravagant et de chimérique, quelques explications qu'il pût donner, quelque zèle qu'il sût mettre à le défendre. Puis, comme Jean II, malgré l'avis unanime des membres de la junte, conservait au fond du cœur un secret penchant pour l'entreprise proposée, ils lui suggérèrent un stratagème par lequel il pouvait s'en assurer tous les avantages, en cas qu'elle réussît, sans souscrire aux clauses rémunératoires que l'auteur du projet voulait imposer d'avance; et le roi n'eut pas honte de se prêter à la plus indigne des supercheries. C'était, sous prétexte d'examiner de nouveau l'affaire, d'inviter Colomb à fournir un plan détaillé du voyage qu'il avait résolu, ainsi que les cartes et autres documents dont il comptait se servir pour diriger sa course; puis d'expédier en secret un navire dans la direction qu'il aurait lui-même indiquée. Colomb, sans défiance, remit tout ce qu'on lui demandait; et une caravelle fut aussitôt expédiée. Ostensiblement elle n'allait que porter des provisions aux îles du Cap-Vert; mais le pilote avait des instructions secrètes pour suivre, après avoir relâché devant ces îles, la route tracée dans les notes de Colomb. La caravelle, après une courte relâche, cingla donc vers l'ouest. Mais, au bout de quelques jours, le temps, à ce qu'il paraît, devint orageux, et le pilote, qui n'avait ni l'ardeur ni le génie de Colomb, et qui ne voyait devant lui qu'une immense étendue de vagues menaçantes, n'osa s'aventurer plus loin. Il revint aux îles du Cap-Vert, de là à Lisbonne, et, pour pallier son manque de courage, ne se fit pas faute de ridiculiser le projet de Colomb, projet, disait-il, aussi périlleux qu'absurde.

Indigné d'une si noire perfidie, Colomb, qui était veuf depuis quelque temps et qu'aucun lien domestique n'attachait plus au Portugal; qui d'ailleurs, moins préoccupé du soin de sa fortune que du désir d'élaborer son plan de mieux en mieux, avait été successivement visité par la gêne, puis par la misère, et se voyait à la veille d'être emprisonné pour dettes; Colomb, emmenant avec lui son jeune fils Diégo, quitta furtivement Lisbonne vers la fin de 1484. Il se rendit à Gênes, y réitéra de vive voix les propositions qu'il avait déjà

faites par écrit, et n'éprouva encore qu'un dédaigneux refus. Que devint-il alors? où et comment passa-t-il l'année 1485? Nul de ses nombreux historiens ne l'a su dire. Ce qui paraît hors de doute, c'est que pendant cet intervalle il eut à lutter rudement contre la pauvreté. Nous en avons une preuve certaine dans l'état de détresse profonde auquel nous le voyons réduit lorsque nous retrouvons enfin sa trace, l'année suivante.

Il y avait à cette époque, et il y a encore, à une demi-lieue de Palos, petit port d'Espagne situé sur la côte d'Andalousie, un couvent de moines franciscains, dédié à Santa-Maria-de-Rabida. Un soir du mois de février 1486, deux voyageurs, qui cheminaient à pied et qui n'étaient presque vêtus que de haillons, s'arrêtèrent à la porte de ce couvent; et l'un, qui semblait être le père de l'autre, demanda au portier un peu de pain et d'eau pour son jeune compagnon. Tandis qu'il recevait ce modique secours, le prieur vint à passer, et le noble maintien du mendiant le frappa. Remarquant à son air et à son accent qu'il était étranger, il lia conversation avec lui, et eut bientôt appris les particularités de son histoire. Cet étranger, c'était Colomb, qu'accompagnait son fils, et qui venait chercher à la cour d'Espagne le patronage indispensable à l'exécution de sa vaste entreprise. Telle fut la première arrivée de Colomb dans le pays qui allait devenir le théâtre de sa gloire, et qu'il devait, par ses découvertes, élever à un si haut degré de puissance!

Juan Perez de Marchena (ainsi s'appelait le prieur du couvent, et ce nom doit être pieusement recueilli par l'histoire; car personne ne déploya plus de zèle et plus d'intelligence à servir les intérêts de Colomb), Juan Perez de Marchena, disons-nous, avait comme deviné, au premier aspect et aux premiers mots de l'inconnu, qu'il n'avait point affaire à un aventurier. Quand il l'eut écouté jusqu'au bout, ébahi d'une telle grandeur de vues, et douloureusement affecté de ce qu'un homme qui méditait, à tort ou à raison, une entreprise si gigantesque, en fût réduit à mendier un verre d'eau et une bouchée de pain, il exigea qu'il devînt son hôte. Puis, fort instruit lui-même, quand il eut, à la suite de plusieurs longs entretiens, saisi tout ce que le plan de Colomb offrait de rationnel, et entrevu les grands avantages que l'entreprise proposée pouvait assurer à l'Espagne, il engagea Colomb à se rendre sans délai auprès de Ferdinand et d'Isabelle qui régnaient alors; et, croyant lui ménager un accueil favorable à la cour, il lui offrit une lettre pour un de ses amis, le révérend Fernando de Talavera, qui remplissait les imposantes fonctions de confesseur de la reine. On pense si Colomb accepta!...

Dans le courant de mars, Ferdinand et Isabelle vinrent à Cordoue pour y rassembler leurs troupes et se préparer à entrer en campagne contre les Maures du royaume de Grenade. Colomb, laissant son fils près du digne prieur, y vola de son côté. Il avait le cœur plein des plus douces espérances, mais elles furent bientôt déçues. Le révérend Fernando, ne tenant aucun compte de la recommandation de Juan Perez, vit un tel contraste entre la magnificence de ses promesses de Colomb et l'humble costume sous lequel la misère l'obligeait à se montrer, qu'il traita son projet d'extravagant et d'inexécutable, et qu'il refusa de solliciter pour lui une audience de leurs majestés.

L'insuccès de cette première démarche chagrina Colomb, mais ne le découragea point. Il resta à Cordoue, se remit, pour ne pas mourir de faim, à fabriquer des globes et à dessiner des cartes, et ne douta jamais que la constance de ses efforts, et surtout la valeur réelle de son plan, ne dussent, tôt ou tard, lui faire des protecteurs. Il eut en effet à lutter contre les sarcasmes de gens frivoles; mais peu à peu la noblesse de ses manières et la conviction profonde qui malgré sa modestie respirait dans tous ses discours lui gagnèrent les cœurs de quelques hommes sensés. Ces quelques amis devinrent de plus en plus nombreux, et, grâce à leur intervention, l'année 1486 ne devait pas s'achever sans qu'il obtînt la faveur d'être présenté à un personnage de la cour dont l'importance surpassait celle même du révérand Fernando. Ce haut personnage c'était Pedro Gonzalez de Mendoza, archevêque de Tolède et grand-cardinal d'Espagne, à qui Ferdinand et Isabelle accordaient toute leur confiance, et qu'ils avaient toujours près d'eux en paix et en guerre. Le prélat, la première fois qu'on l'entretint de la théorie sur laquelle Colomb s'appuyait, crut y voir des opinions hétérodoxes, incompatibles avec la forme de la terre, telle que les Saintes Écritures la représentent, et se cabra; mais quelques explications suffirent pour le calmer, et il reconnut bientôt qu'une entreprise dont le but était de reculer les limites des connaissances humaines et de découvrir les merveilles encore cachées de la création ne pouvait rien avoir d'irréligieux. Ses scrupules apaisés, il fit à Colomb l'accueil le plus gracieux, lui prêta une oreille attentive, et quelques jours après le présenta au roi et à la reine.

Ferdinand avait trop de lumières pour ne pas apprécier le mérite du projet de Colomb. Il vit sur-le-champ que ce projet, quelle que pût être l'exaltation des idées de l'auteur, reposait sur une base scientifique, et la possibilité d'accomplir des découvertes beaucoup plus importantes que celles qui avaient répandu tant de gloire sur le Portugal enflamma son ambition. Mais, froid et circonspect de sa nature, parcimonieux surtout, et ne se souciant pas de risquer la moindre somme sans de plus amples informations, il résolut de consulter les savants de son royaume et de ne se décider que d'après leurs avis. Par ses ordres, un congrès d'astronomes et de cosmographes s'assembla à Salamanque, dans un couvent de dominicains, et Colomb y fut mandé pour déduire et défendre ses arguments. Colomb, depuis dix ans, n'avait cessé d'être bafoué et traité de visionnaire par la foule ignorante; mais il ne doutait pas qu'admis à s'expliquer enfin devant une réunion d'hommes éclairés, il ne dût faire aisément passer dans leur esprit la conviction dont il était pénétré lui-même. Erreur! Les sciences n'avaient encore fait en Espagne que si peu de progrès, le bigotisme monacal régnait encore si souverainement dans ce pays, la foi et la tradition y avaient si bien usurpé, en dehors même des matières religieuses, la place de l'examen, que les prétendus philosophes convoqués à Salamanque pour écouter Colomb, tous ecclésiastiques d'ailleurs, ignoraient jusqu'aux premiers principes sur lesquels Colomb fondait ses conjectures et ses espérances. En outre, par un hasard fatal, la présidence du congrès avait été donnée au confesseur de la reine, à ce révérend Fernando de Talavera qui regardait Colomb comme un fou; et le choix des membres avait été laissé à sa discrétion. Ainsi, au lieu de juges capables et impartiaux, c'était devant un tribunal ignare et déplorablement prévenu que Colomb allait comparaître. Les objections principales auxquelles il eut à répondre, et l'arrêt qui fut enfin prononcé contre lui, le prouvent suffisamment.

Tout d'abord, les sages de Salamanque refusèrent d'accepter le débat sur un terrain scientifique, et assaillirent Colomb de textes empruntés à la Bible ou aux Pères de l'Église. Dès que Colomb voulut ouvrir la bouche pour annoncer que la terre était ronde, ils lui objectèrent qu'il était dit dans les psaumes de David que le ciel s'étendait sur toute la terre comme la peau d'une tente, et que saint Chrysostome, saint Augustin, saint Grégoire, niaient qu'il pût exister des antipodes dans l'hémisphère méridional. Avancer qu'il existait de l'autre côté du globe des terres habitées, n'était-ce pas dire qu'il y avait des nations qui ne descendaient point d'Adam, puisqu'il était impossible qu'elles eussent franchi l'Océan intermédiaire?... Admit-on même que la terre fût ronde et que l'hémisphère diamétralement opposé fût habitable, les juges de Colomb, faisant revivre la chimère des anciens, prétendaient qu'il serait impossible d'y arriver, à cause de l'intolérable chaleur de la zone torride. Parvînt-on à traverser cette zone, la circonférence du globe devait être si grande, que le voyage proposé n'exigerait pas moins de trois années, et Colomb, — Colomb et tous ceux qui l'entreprendraient avec lui, périraient infailliblement de faim et de soif, faute de pouvoir emporter des vivres pour un si long espace de temps. D'ailleurs, dussent-ils atteindre de cette manière l'extrémité des Indes, ils ne pourraient revenir en Europe, parce que la convexité du globe opposerait à leur vaisseau une sorte de montagne que le vent même le plus favorable ne lui permettrait pas de remonter. Puis, les membres du congrès se retranchèrent dans cette maxime par laquelle l'ignorance et la pusillanimité s'excusent toujours, que c'est une grande présomption à un homme de croire qu'il possède lui seul des connaissances supérieures à celles de tout le reste du genre humain. Si les contrées auxquelles Colomb se flattait de parvenir existaient réellement, elles n'auraient pu, ajoutaient-ils, demeurer si longtemps inconnues ; et les lumières, la sagacité des siècles précédents, n'auraient pas laissé à un pilote obscur la gloire de les découvrir. Enfin, les discussions du couvent de Salamanque, interrompues mainte et mainte fois, et qui chaque fois n'avaient été reprises qu'à de longs intervalles, se prolongèrent cinq ans durant et aboutirent, en 1491, à un rapport par lequel le révérend Fernando, au nom de tous ses collègues, engageait le roi Ferdinand et la reine Isabelle à ne point donner suite aux projets de Colomb.

Colomb, ennuyé qu'il était de tant de lenteurs, venait justement de solliciter et d'obtenir une audience de leurs majestés. Quand donc il parut devant elles, ce fut pour apprendre de leur bouche même le triste résultat de sa longue attente. Elles ne lui objectèrent cependant pas que son entreprise était unanimement déclarée vaine et inexécutable ; elles se contentèrent de lui répondre qu'elles ne pouvaient s'y intéresser pour le moment ; car la guerre de Grenade, qui durait toujours, réclamait tous leurs soins, épuisait toutes leurs ressources ; mais que plus tard, quand cette guerre serait terminée, elles ne manqueraient pas de prendre ses offres en considération. Cette sorte de promesse était-elle sincère? Colomb n'y voulut voir qu'une défaite, qu'un moyen de mettre un terme à son importunité ; il perdit tout espoir de trouver appui auprès du trône, et tenta d'accomplir son projet sous les auspices de quelque riche et puissant particulier. Parmi les grands d'Espagne, il y en avait plusieurs qui, par l'étendue de leurs possessions, étaient plutôt de petits souverains que de simples sujets. Les ducs de Médina-Sidonia et de Médina-Céli, entre autres, possédaient des domaines qui ressemblaient à des principautés,

et qui, situés sur les côtes de la mer, offraient des ports commodes où ils entretenaient de nombreux vaisseaux. A eux Colomb s'adressa tour à tour, et ce fut d'abord, près de l'un comme près de l'autre, avec toute l'apparence du succès ; puis quand il fallut agir, l'un et l'autre, soit qu'ils ne fussent pas plus convaincus par les arguments de Colomb que Ferdinand et qu'Isabelle, soit qu'ils craignissent de blesser l'orgueil du roi et de la reine, refusèrent de seconder une entreprise que leurs souverains avaient rejetée.

Alors Colomb, qui avait reçu de Charles VIII, roi de France, une lettre d'encouragement, résolut de partir sans délai pour Paris ; et, dans cette intention, il se rendit au couvent de la Rabida, pour y reprendre son fils, qui était toujours sous la tutelle de Juan Perez. Quand le digne prieur sut qu'après six ans d'absence, six ans de démarches et de sollicitations, Colomb revenait sans avoir rien obtenu de la cour, et se disposait à quitter l'Espagne, son chagrin fut immense. Quoi, une entreprise si importante allait être perdue à jamais pour son pays ! Il ne put se faire à cette idée, et pour qu'un tel malheur n'arrivât point, il tenterait personnellement un dernier effort ; il irait se jeter aux pieds de la reine, qu'il savait plus susceptible que le roi d'impulsions vives et généreuses. Il écrivit donc aussitôt à Isabelle pour lui demander une audience, et supplia Colomb de différer son départ jusqu'à l'arrivée de la réponse. Colomb se laissa aisément persuader ; car il ne se dissimulait point que les mortifications qu'il avait éprouvées en Portugal et en Espagne l'attendaient encore dans une troisième cour.

Juan Perez, dans sa lettre à la reine, n'avait point caché ce dont il s'agissait. La reine était déjà disposée favorablement pour Colomb, que le duc de Médina-Céli ne cessait de lui recommander avec instance. Elle répondit à Juan Perez qu'elle le remerciait de son zèle patriotique, qu'elle le priait de se rendre immédiatement auprès d'elle, et de dire au pilote génois d'attendre et d'espérer. Au reçu de ce message, le bon prieur, quoiqu'il fût près de minuit, sella sa mule et se dirigea vers la ville de Santa-Fé, d'où les souverains surveillaient le blocus de Grenade, seule place du royaume de ce nom que les Maures occupassent encore. Admis devant Isabelle, il plaida la cause de son ami avec tant d'enthousiasme et d'éloquence, que la reine, qui, pour la première fois sans doute, entendait parler ainsi du projet de Colomb, et qui, nous l'avons dit, était d'un caractère ardent et décidé, se sentit émue, séduite. Elle demanda à voir de nouveau Colomb lui-même ; et songeant à l'humble costume sous lequel il s'était déjà présenté à ses yeux, elle eut l'attention délicate de lui envoyer l'argent dont il avait besoin pour faire le voyage et pour paraître convenablement à la cour.

En revenant à la cour, Colomb y fut d'autant mieux accueilli, que Grenade venait d'être prise, que la guerre contre les Maures était ainsi terminée, et que la nation pouvait dès lors consacrer ses ressources à de nouvelles entreprises. Le moment était d'ailleurs venu où Ferdinand et Isabelle avaient promis de s'occuper des propositions du pilote génois. Leur promesse, ils la tinrent ; et des commissaires furent aussitôt nommés, non pour examiner de nouveau le plan de Colomb, mais cette fois pour traiter avec lui des conditions auxquelles il allait livrer à l'Espagne l'empire de toute une moitié du monde ; car il n'entendait pas faire gratis un tel cadeau à une des plus puissantes monarchies de l'Europe, et ses veilles, ses souffrances, ses déboires, depuis près de dix-huit ans, méritaient bien quelque compensation. Or, à ce sujet, surgirent tout d'abord de graves difficultés. Colomb, en effet, avait tellement foi en lui-même, Colomb était si fortement pénétré de la grandeur de son entreprise, qu'il énonça des prétentions vraiment royales. Il réclamait, pour lui et pour ses héritiers à tout jamais, le titre et les priviléges de grand amiral des mers qu'il allait explorer, le titre et les priviléges de vice-roi des îles et des continents qu'il allait découvrir ; il réclamait de plus le droit de désigner, pour le gouvernement de chaque île et de chaque province, trois candidats, parmi lesquels le souverain régnant choisirait, et le droit d'être seul juge de toutes les querelles ou contestations qui pourraient s'élever sur des matières de commerce entre les pays découverts et l'Espagne ; il réclamait enfin le dixième du total des bénéfices de l'expédition ; et, si on voulait lui permettre d'avancer un huitième des frais, un huitième du reste de ces mêmes bénéfices. Les courtisans qui traitaient avec Colomb furent révoltés de tant d'exigence. Blessés dans leur orgueil de voir un étranger sans nom, un homme qu'ils regardaient comme un songe-creux ou comme un mendiant adroit, ambitionner un rang et des honneurs au-dessus de ceux dont ils jouissaient eux-mêmes, ils persuadèrent à Ferdinand, ils persuadèrent à Isabelle que c'était acheter trop cher les avantages que Colomb faisait valoir. Quoi! disaient-ils, en retour de vagues promesses qui peuvent ne se réaliser jamais, on irait accorder à une sorte d'aventurier le titre de vice-roi et l'approcher ainsi des degrés du trône! En cas même de réussite, ce serait trop, et, dans le cas contraire, leurs majestés s'exposaient aux railleries de toute l'Europe pour la crédulité dont elles auraient fait preuve.

Des conditions plus modérées furent donc offertes à Colomb, et ces conditions semblaient encore à la plupart des courtisans aussi honorables que fructueuses ; mais tout fut inutile. Colomb ne voulut rien rabattre de sa première demande. Au risque de continuer jusqu'au terme de ses jours la vie d'affronts et de dégoûts qu'il menait depuis déjà si longtemps, et de laisser enfin son grand projet inexécuté, il refusa avec une noble obstination de souscrire à des arrangements qu'il regardait comme honteux, comme indignes de la grandeur de son entreprise. Les négociations furent rompues au commencement de février 1492, et il se disposa à partir aussitôt pour la France. S'il ne trouvait pas en France l'appui qu'il espérait de Charles VIII, il passerait en Angleterre, et implorerait la protection de Henri VII, dont il avait aussi fait sonder les dispositions et qu'il savait ne pas lui être défavorable.

Cependant, à la nouvelle que Colomb allait abandonner l'Espagne, ses amis, dont plusieurs étaient puissants, coururent se jeter aux pieds de la reine, et lui représentèrent une dernière fois quelle chance de gloire elle laissait probablement échapper. Colomb, dirent-ils, était un homme d'un jugement sain, d'un caractère irréprochable ; et son projet, loin d'être le rêve d'un visionnaire ou le calcul d'un intrigant, offrait toutes les garanties possibles de succès. En supposant même qu'il ne réussît pas, quel déshonneur en pourrait rejaillir sur la couronne? Aucun ; car le doute sur une matière de cette importance méritait bien d'être éclairci ; et c'était à des souverains, plutôt qu'à de simples particuliers, d'approfondir de telles questions, de sonder de pareils mystères.... Isabelle se rendit à ces arguments, et se déclara résolue à protéger l'entreprise, pourvu toutefois qu'elle obtînt l'assentiment de son royal époux. Ferdinand, qu'elle se chargea de convaincre, manifestait toujours une certaine hésitation. Il ne regardait l'affaire qu'avec froideur : les finances avaient été complétement épuisées par la guerre, et il fallait du moins laisser le temps de les rétablir. Eh bien, s'écria alors Isabelle, si ce n'est plus qu'une question d'argent, ne craignez rien pour le trésor de votre royaume d'Aragon : je me charge de l'entreprise pour ma propre couronne de Castille, et, au besoin, pour trouver les fonds nécessaires, je mettrai mes bijoux en gage.

Colomb était déjà parti. Un courrier, expédié en toute hâte, le rejoignit à deux lieues au delà de Grenade, et le ramena à Santa-Fé, où le roi et la reine l'admirent aussitôt en leur présence et lui déclarèrent qu'ils acceptaient toutes ses conditions, même celle qui l'autorisait à concourir pour un huitième aux frais de l'armement et à toucher, en retour, un huitième des bénéfices. Un traité en règle fut signé le 17 avril; et dès lors Colomb, muni de pleins pouvoirs à cet effet, s'occupa activement des divers préparatifs de l'expédition.

Les habitants du port de Palos devaient tous les ans fournir à la couronne deux caravelles armées. Il leur fut enjoint de les équiper le plus promptement possible et de les mettre à la disposition de Colomb, qui, du reste, prit bientôt congé de la cour, afin d'aller tout surveiller par ses yeux, et qui, s'associant à un riche armateur du port, Alonzo Pinson, put lui-même armer un troisième bâtiment. Mais, en dépit des ordres royaux, les autorités locales, quand Colomb avoua la nature aventureuse de son voyage, le secondèrent si peu, et surtout il eut tant de peine à trouver assez d'hommes de bonne volonté pour composer ses équipages, que trois mois s'écoulèrent avant que la petite flotte fût prête à sortir du port. Enfin, le 1er août 1492 tous les préparatifs étaient finis, tous les obstacles surmontés. Le 2, Colomb communia solennellement; tous les officiers, tous les matelots, qui devaient s'embarquer avec lui, imitèrent son exemple; et, le vendredi 3, de grand matin, il mit à la voile.

Après les extrêmes difficultés faites par différents souverains pour se charger des frais de l'expédition, on s'étonne de voir combien l'armement demandé par Colomb fut peu considérable. Évidemment, pour que la question de la dépense devînt presque nulle, il s'était renfermé dans les étroites limites du nécessaire. Trois petits navires, voilà tout ce qu'il avait obtenu, tout ce qu'il avait exigé. Leur petitesse, il est vrai, était regardée par Colomb comme plus avantageuse pour un voyage de découverte, car elle devait lui permettre d'approcher des côtes autant qu'il le voudrait, et d'entrer dans les baies, dans les rivières. Néanmoins, quand on songe que le plus grand des trois navires qui composaient l'escadre, le seul qui fût ponté, avait à peine la grandeur d'un bâtiment côtier de nos jours, et que les deux autres, c'est-à-dire les deux caravelles, n'étaient que de fortes chaloupes, on sent qu'il fallait à Colomb plus que du courage pour se risquer ainsi dans des mers inconnues, sans cartes, sans connaissance des courants, sans expérience antérieure des dangers à craindre; on sent qu'il lui fallait l'instinct et l'entraînement du génie.

Sur le plus grand des trois navires monta Colomb lui-même; il le baptisa du nom de *Santa-Maria,* et y arbora le pavillon d'amiral. Un des deux autres, *la Pinta,* était commandé par Alonzo Pinson, et le troisième, *la Nina,* par son frère Francisco. Outre les chefs, l'escadre portait quatre-vingt-dix matelots, un chirurgien, un médecin, un notaire royal et

divers gens de service : en tout cent vingt personnes. Elle avait douze mois de vivres, et la somme à laquelle s'était élevée la dépense générale de l'armement, peut s'évaluer à cent mille francs de notre monnaie. Voilà quel débourse les trésors de l'Amérique coûtèrent à l'Espagne !

Au sortir du port de Palos, Colomb, cinglant au sud-ouest, se dirigea vers les Canaries, et il y arriva dès le 6 août; mais, dans ce court trajet, il avait reconnu que ses navires étaient tous dans un tel état de délabrement, qu'à moins de réparations majeures ils ne pourraient résister à une navigation qui, dans les chances même les plus favorables, devait être encore et longue et pénible. Il les fit donc réparer de son mieux : mais il s'attarda ainsi de trois semaines; et ce ne fut que le 6 septembre qu'il remit à la voile de l'île de Goméra, une des plus occidentales du groupe.

Ici, à proprement parler, commence le voyage entrepris pour la découverte du nouveau monde. Dès lors, en effet, Colomb cingla droit à l'ouest, abandonna toutes les routes jusque-là suivies par les navigateurs, et se jeta dans une mer inconnue. Il fit peu de chemin le premier jour, faute de vent; mais, le second, il perdit de vue les Canaries. Aussitôt ses compagnons, comme s'ils eussent dû ne jamais revoir la terre dont ils s'éloignaient, se laissèrent aller à un sombre découragement, et se mirent à déplorer leur sort, à verser des larmes. Il les rassura en leur expliquant les raisons qui permettaient d'espérer une heureuse réussite et en leur faisant envisager les immenses richesses qu'ils recueilleraient infailliblement; puis, pensant bien n'en avoir pas fini avec des craintes qui se manifestaient de si bonne heure, présumant qu'elles deviendraient d'autant plus vives que la terre s'éloignerait davantage, il résolut de dissimuler chaque jour aux matelots et même aux officiers une partie du chemin parcouru. Ainsi, quoiqu'ils eussent fait dix-huit lieues le second jour, Colomb ne leur en compta que quinze, et il usa constamment d'un artifice que personne d'entre eux n'était assez instruit pour découvrir.

Le 13 septembre, la petite flotte se trouvait à environ deux cents lieues des îles Canaries, c'est-à-dire plus loin de terre qu'aucun navire ne s'était encore aventuré. Là, pour la première fois, Colomb remarqua un phénomène étrange, qui n'avait encore frappé aucun navigateur. Il s'aperçut, vers le soir, que l'aiguille aimantée ne se dirigeait plus exactement vers l'étoile polaire, et déviait environ un demi-point, c'est-à-dire de cinq ou six degrés, vers le nord-ouest. Le lendemain matin, la déviation était encore plus sensible, et, pendant trois jours, elle ne cessa d'augmenter. Colomb, sachant combien tout son monde était disposé à prendre l'alarme, ne parla d'abord de sa remarque à personne, pas même à ses lieutenants ; mais ceux-ci la firent bientôt de leur côté, et la communiquèrent aux matelots. Alors une profonde consternation régna à bord des trois navires. Chacun trembla que la boussole ne perdît sa mystérieuse vertu. Si ce guide allait manquer, comment ne pas s'égarer au milieu d'un océan peut-être sans bornes, au sein d'un hémisphère où les lois même de la nature s'altéraient ? Colomb, pour calmer ces terreurs, imagina de leur dire que l'aiguille aimantée se dirigeait, non vers l'étoile polaire, mais vers quelque point fixe et invisible, et que, par conséquent, la variation qu'ils remarquaient depuis plusieurs jours provenait non d'un défaut de la boussole, mais du mouvement de l'étoile polaire même, qui, comme les autres corps célestes, avait ses révolutions, et décrivait quotidiennement un cercle autour du pôle. Cette théorie, Colomb la tenait-il pour vraie, ou bien n'y avait-il recouru qu'afin de satisfaire ses compagnons ? On l'ignore. En tout cas, à cette époque où l'on ne soupçonnait pas le système solaire que Copernic a proclamé plus tard, elle était aussi plausible qu'ingénieuse ; et la haute idée que les matelots avaient des connaissances astronomiques de leur chef lui donna tellement de poids, qu'elle atteignit le but et dissipa toutes les craintes. Elle est fausse, nous n'avons pas besoin de le dire, mais on n'en a point encore trouvé de satisfaisante. Le phénomène observé par Colomb en 1492 nous est maintenant devenu familier ; mais nous ne l'expliquons toujours pas. C'est un de ces mystères de la nature que révèle l'expérience de tous les jours, qui paraissent simples parce que nous nous y habituons, mais qui, voulons-nous les approfondir, nous font comme toucher les limites de l'esprit humain, et confondent l'orgueil de la science.

Colomb continua de porter droit à l'ouest, à peu près sous la latitude des Canaries. En tenant cette route, il rencontra bientôt les vents alizés, qui soufflent invariablement de l'est à l'ouest, entre les tropiques et sous quelques degrés de latitude en dehors. Ces vents, toujours fixes, car ils suivent le cours du soleil, le poussèrent avec une rapidité si soutenue, qu'à peine fallut-il changer une seule voile pendant plusieurs jours. Le 18 septembre, à environ quatre cents lieues de Gomera, la mer se couvrit d'une telle quantité de plantes, qu'elle ressemblait à une vaste prairie, et que par moment la marche de l'escadre en était retardée. A cette vue, les inquiétudes et les alarmes recommencèrent. Les matelots crurent qu'ils étaient arrivés aux bornes de l'Océan navigable, que ces herbes épaisses allaient les empêcher de pénétrer plus avant, et qu'elles cachaient de dangereux écueils. Colomb leur remontra que l'objet de leur frayeur devait au contraire les encourager, comme signe du voisinage de quelque terre. Au surplus, une forte brise vint dégager ces herbes ; et, en même temps, on vit plusieurs oiseaux voltiger autour des navires, puis s'éloigner dans la direction de l'ouest. Les plus timides reprirent courage, et conçurent quelque espérance.

Mais dix à douze jours s'écoulèrent, et ces différents pronostics ne se réalisèrent aucunement. Le 1er octobre, on était, suivant l'estime de Colomb, à sept cent soixante-dix lieues des Canaries, et les rivages de l'Inde, tant promis par l'amiral, n'apparaissaient toujours pas. Alors ses compagnons, quoiqu'il n'avouât que cinq cent quatre-vingt-quatre lieues de faites, se laissèrent de nouveau aller au désespoir. De murmures sourds, ils en vinrent à des plaintes ouvertes, à une cabale déclarée. Ils s'élevaient avec non moins d'amertume contre les rêves ambitieux de leur chef que contre la fatale crédulité de leurs souverains. Ils prétendaient qu'après s'être avancés si loin, dans une route dont le terme était inconnu, ils avaient pleinement satisfait à leur devoir, et qu'on ne pourrait les blâmer de n'avoir pas voulu suivre plus longtemps un misérable étranger qui les menait à une perte certaine. Il fallait d'ailleurs rétrograder, tandis que les vaisseaux étaient encore en état de tenir la mer ; il fallait donc forcer Colomb à prendre un parti duquel dépendait le salut commun ; et, s'il ne consentait pas, ou ne fût-ce que pour se débarrasser de ses remontrances, le jeter par-dessus le bord. A leur retour en Espagne, la mort d'un aventurier dont les beaux projets n'étaient que chimères n'exciterait ni l'intérêt ni la curiosité de personne.

Colomb sentit le péril de la situation ; il conserva cependant tout son sang-froid, et feignit d'ignorer le complot. Sa vie, il en faisait peu de cas ; mais la peur que sa noble entreprise n'avortât par la lâcheté de ses compagnons, le jetait en des transes mortelles. Ce fut pourquoi, malgré l'agitation et l'inquiétude de son âme, il montra toujours un visage gai, et même affecta la joie d'un homme qui, content déjà d'un commencement de succès, s'attend de jour en jour à une réussite complète. Pour calmer les esprits, il employa tour à tour l'adulation et les menaces ; et, non-seulement par cet adroit mélange de douceur et d'autorité, il réprima les excès auxquels ses hommes songeaient à se porter contre lui, mais il leur persuada de s'abandonner encore quelque temps à sa conduite.

Au reste, à mesure qu'on avançait, les apparences du voisinage de la terre semblaient moins incertaines, et l'espoir rentrait aux cœurs les plus pusillanimes. Le 5 , le 6 et le 7 octobre , on ne cessa de voir de grandes troupes d'oiseaux. Or, il fallait bien que ces oiseaux trouvassent sur quelque continent voisin un lieu de repos et de la nourriture. Pour arriver à ce continent, il n'y avait donc qu'à les suivre, car c'était en suivant de tels guides que les Portugais avaient découvert la plupart de leurs îles. A la vérité, tous ces oiseaux , après avoir tournoyé au-dessus de l'escadre, reprenaient invariablement leur vol au sud-ouest, et non à l'ouest, non dans la direction des contrées promises par Colomb. N'importe : Colomb, qui se voyait alors à 750 lieues des Canaries, qui avait calculé qu'à cette distance il rencontrerait l'extrémité de l'Inde, et qui n'en voyait pas trace , se détermina dans la soirée du 7 à dévier vers l'ouest-sud-ouest et à tenir cette nouvelle route pendant deux ou trois jours. Ce n'était pas s'écarter beaucoup de son plan primitif, et il satisfaisait ainsi au vœu unanime de ses compagnons. D'ailleurs, peut-être avait-il manqué l'Inde par quelque méprise sur la latitude.

On porta donc à l'ouest-sud-ouest les 8, 9 et 10; et, plus on avança, plus les signes de terre devinrent fréquents et manifestes. Jour et nuit, des oiseaux de diverses espèces voltigeaient autour des navires; et dans le nombre on distingua des moineaux, un héron, un pélican, un canard. Des thons aussi, qui s'éloignent peu des côtes, se jouaient à la surface de l'eau , parmi des herbes tellement vertes et tellement fraîches, qu'on eût dit qu'elles venaient de se détacher de la terre... Pourtant, le soir du troisième jour, le soleil, comme tous les jours depuis plus d'un mois, descendit encore sur un horizon sans rivages. Alors, la crainte se réveilla avec plus de force. L'impatience, la rage, le désespoir éclatèrent sur tous les visages. Les officiers et les matelots du navire que montait l'amiral s'assemblèrent sur le pont, se répandirent en clameurs tumultueuses, et enfin exigèrent qu'on reprît sur-le-champ la route de l'Europe. Colomb, cette fois, vit bien que toutes les oreilles resteraient sourdes aux sentiments de devoir comme aux idées d'honneur, et qu'il lui fallait, sinon céder, du moins composer. Il promit solennellement que si dans trois jours on ne voyait point terre, il abandonnerait son entreprise et retournerait en Europe... Mais il demandait encore trois jours, et si impatients que fussent ses compagnons, ils accédèrent à sa demande. Un délai plus court, un simple délai de vingt-quatre heures, eût été suffisant.

Le lendemain 11 , en effet, dès le matin, la ligne prit fond, les bandes d'oiseaux se montrèrent de plus en plus nombreuses, et les matelots virent tour à tour flotter autour des na-

vires un roseau qui semblait récemment coupé, une branche d'arbre garnie de baies rouges parfaitement fraîches, une petite planche, et, ce qui était plus décisif que tout le reste, un bâton artistement taillé. Tout symptôme de tristesse et de révolte s'évanouit alors; et chacun, toute la journée durant, se tint aux aguets, dans l'espoir d'être le premier à découvrir cette terre dont l'existence avait si souvent paru problématique. Toute la journée souffla une forte bise, et une énorme distance fut franchie. Au coucher du soleil on porta de nouveau à l'ouest; et, la brise tenant toujours, on aurait pu marcher encore avec une extrême rapidité; mais, quand la nuit vint, Colomb, par prudence, pour ne pas être jeté à la côte, ordonna de diminuer la toile. Établi lui-même sur la dunette de son vaisseau, il interrogeait, avec anxiété, l'espace et les ténèbres. Le cœur lui battait avec violence; et , tandis que ses compagnons poussaient des cris d'allégresse et d'enthousiasme , il ne pouvait, à ce moment suprême, se défendre d'un certain doute, d'une certaine inquiétude. Tout à coup, sur les dix heures, il crut voir une lumière briller dans l'éloignement. Mais l'ardeur de ses désirs l'abusait peut-être; et ce n'était qu'une illusion de ses sens ? Non... Il appela deux de ses officiers, leur demanda s'ils ne voyaient point, comme lui, une lumière apparaître par moment, et de tous les deux il reçut une réponse affirmative. Ainsi, c'était la terre, la terre enfin, et cette terre portait des habitants. Ainsi, nonobstant tous les périls et tous les obstacles, Colomb avait accompli son dessein, Colomb avait pénétré le grand mystère de l'Océan; et sa théorie , sujet de tant de sarcasmes pour les savants mêmes, venait de subir victorieusement l'épreuve de la pratique.

L'escadre continua d'avancer jusqu'à deux heures du matin. Alors, un coup de canon fut tiré de *la Pinta* qui, comme meilleure voilière, ouvrait la marche, et, signal convenu, annonçait que de ce navire on apercevait la terre. On la voyait distinctement en avant, à environ deux lieues de distance. *La Santa-Maria* et *la Nina* se hâtèrent de rejoindre, mais Colomb ordonna aussitôt que toutes les voiles fussent ferlées et que les trois vaisseaux demeurassent en panne le reste de la nuit. Ce court délai parut un siècle ; mais ne valait-il pas mieux s'y résigner que compromettre peut-être tout le succès de l'entreprise, en se précipitant, au milieu des ténèbres, vers un rivage complètement inconnu ?

Le vendredi 12 octobre 1492 , au lever du soleil, on vit une île plate, couverte d'arbres, arrosée de plusieurs ruisseaux , et qui présentait tous les signes d'un pays délicieux. Y aborder semblait facile. L'escadre se remit en route, et se rapprocha d'une lieue et demie.

Là Colomb fit jeter l'ancre ; mais toutes les chaloupes furent mises à la mer, armées, garnies d'hommes, et elles s'avancèrent vers l'île, enseignes déployées, au son des instruments de musique, au bruit des armes à feu, enfin avec tout l'appareil militaire. A mesure qu'on avançait vers la côte, elle se couvrit d'habitants, dont les gestes, les attitudes, exprimaient la surprise et l'admiration. Quand, à la pointe du jour, les naturels avaient vu, spectacle pour eux tout à fait nouveau, les trois navires espagnols voguant à pleines voiles, ils avaient cru voir trois monstres sortis du sein de la mer pendant la nuit ; ils avaient été saisis d'épouvante, et s'étaient enfuis dans les bois sans cesser pourtant de les suivre des yeux. Lorsque plus tard les chaloupes s'étaient détachées des navires, et que dans ces chaloupes ils avaient distingué des hommes qui avaient à la fois tant de rapport et tant de différence avec eux-mêmes, la curiosité l'avait emporté sur l'effroi, et peu à peu ils étaient revenus vers la plage. Colomb fut le premier Européen qui posa le pied sur le nouveau monde, dont la découverte était due à son génie et à sa persévérance. Il débarqua, vêtu d'un riche costume écarlate, son épée à la main, ses compagnons à sa suite, et tous baisèrent la terre après laquelle ils avaient soupiré si longtemps. Puis ils dressèrent un crucifix, et, se prosternant, remercièrent Dieu de l'heureux succès de leur voyage. Ensuite, ils prirent solennellement possession du pays au nom de la couronne de Castille. Pendant toutes ces cérémonies, les naturels, par un reste de frayeur, se tinrent à distance respectueuse ; mais bientôt ils se familiarisèrent, et vinrent toucher les vêtements, la barbe, les armes, les visages et les mains des Espagnols. C'étaient autant de sujets d'étonnement pour eux ; car ils allaient entièrement nus ; ils n'avaient pas le plus léger duvet sur le menton ; ils n'étaient armés que de lances, dont un caillou, une dent ou un os formait la pointe, et leur teint cuivré faisait un bizarre contraste avec la peau blanche de leurs hôtes. Colomb et ses compagnons se laissèrent d'autant plus volontiers regarder et palper, qu'ils en profitèrent pour examiner à leur aise les naturels, et que d'ailleurs les insulaires paraissaient fort doux, fort affables, et si simples, si ignorants, que l'un d'eux, à qui on présenta une épée nue, la prit, sans précaution, par le tranchant. On leur distribua des bonnets de couleur, des grains de verre, des grelots et d'autres colifichets, qu'ils reçurent comme des présents inestimables, et en retour desquels ils donnèrent des fruits et des fils de coton, c'est-à-dire ce qu'ils croyaient posséder de plus précieux. Le soir venu, quand l'amiral et les gens de sa suite retournèrent à leurs navires, les naturels l'y escortè-

rent dans de grands canots faits d'un seul tronc d'arbre ; et on ne se sépara qu'après les plus vifs témoignages d'une amitié réciproque. Ainsi, dans la première entrevue des habitants du nouveau monde avec ceux de l'ancien, tout se passa à la satisfaction des uns et des autres. Probablement, les fils de la vieille Europe, éclairés et ambitieux, calculaient déjà les avantages qu'ils retireraient de ces régions nouvelles ; mais les pauvres indigènes ne pouvaient, dans leur simplicité et leur ignorance, prévoir les maux de toute sorte qui menaçaient leur patrie.

Les naturels de l'île sur laquelle Colomb était descendu, l'appelaient Guanahani : Colomb la baptisa du nom de San-Salvador, qu'elle a gardé. Elle fait partie du grand groupe des îles Lucayes ou Bahamas qui s'étend jusqu'à la côte de la Floride, et, située à plus de mille lieues à l'ouest de Gomera, d'où la petite escadre avait pris son point de départ, elle n'est que de quatre degrés plus méridionale. On voit combien peu Colomb s'était écarté de l'itinéraire qu'il avait résolu de suivre comme le plus propre à le mener au but, et qui consistait à tenir le plus directement possible la route de l'ouest.

Le 13, les Espagnols débarquèrent de nouveau dans l'île, et la parcoururent en tout sens. Ils y virent, ils y admirèrent une magnifique végétation, et préjugèrent favorablement de la fertilité du sol ; mais nulle trace de culture ne s'offrit à leurs regards. Ils purent encore apprécier, comme la veille, l'extrême douceur de caractère des habitants, mais ils ne découvrirent chez eux aucun indice d'opulence ni de civilisation. Leur pauvreté, leur état sauvage, démontrèrent à Colomb, qui avait rêvé des temples superbes, des cités florissantes et toute la splendeur de l'Orient, que ce n'était point là le riche pays qu'il cherchait. Mais, toujours d'après la théorie qu'il s'était faite sur la situation des contrées les plus orientales de l'Asie, il se persuada que San-Salvador était une de ces nombreuses îles que les géographes décrivaient comme semées dans le vaste océan qui baigne les côtes de l'Inde. Observant, d'ailleurs, que la plupart de ces insulaires portaient de petites plaques d'or comme ornement à leurs marines, il s'enquit avec soin d'où ils tiraient ce précieux métal. Ils lui montrèrent le sud ; et Colomb, ne doutant pas de rencontrer, dans cette direction, les opulentes contrées qui étaient le but de son voyage, remit à la voile le soir même pour aller à leur recherche.

Du 14 au 24 octobre, il ne cessa de découvrir des îles nouvelles, car l'archipel des Lucayes est fort nombreux ; il prit terre à trois des plus considérables, et les nomma, la première Sainte-Marie de la Conception, la seconde Ferdinand, la troisième Isabelle. Mais comme le sol, les productions, les habitants y étaient les mêmes qu'à San-Salvador, il ne s'arrêta dans aucune. Partout il s'informait d'où venait l'or, et partout il recevait la même réponse que l'or était apporté du sud. Continuant donc à naviguer au sud, il arriva, le 28, en vue d'une vaste contrée qui, au lieu d'être plate comme les îles où il était déjà descendu, offrait un terrain inégal, semé de collines et de montagnes, de rivières, de bois et de plaines, en sorte qu'il crut d'abord être arrivé à un continent. Mais, comme le lui apprirent bientôt les naturels, et comme il put s'en convaincre par diverses excursions, c'était une île, c'était la belle île de Cuba. Cultivée sur beaucoup de points, elle semblait encore plus fertile qu'aucune des Lucayes; des sites encore plus enchanteurs s'y présentaient à chaque pas, et les naturels, proportionnément plus nombreux, y étaient plus intelligents et moins pauvres; mais Colomb n'y trouvait toujours pas l'or en quantité assez grande pour satisfaire l'avidité de ses compagnons, et remplir, pensait-il, l'attente des souverains qui l'avaient patroné. Du reste, les *habitants* de Cuba, finissant par comprendre quel prix les Européens mettaient à ce métal, leur indiquèrent à l'est une île qu'ils appelaient Haïti, et tâchèrent de leur expliquer au moyen de gestes que l'or y était plus abondant que chez eux. Colomb, qui avait relâché plusieurs semaines devant Cuba, se mit aussitôt en devoir de gagner Haïti avec son escadre; mais Alonzo Pinson, qui commandait *la Pinta*, voulant prendre le premier possession des trésors que l'île indiquée promettait, quitta soudain les deux autres navires, et ne tint nul compte des signaux par lesquels Colomb lui ordonnait de ralentir sa marche jusqu'à ce que *la Santa-Maria* et *la Nina* l'eussent rejoint. Retardées par des vents contraires, *la Santa-Maria* et *la Nina* n'atteignirent Haïti que le 6 décembre, sans avoir revu *la Pinta*.

Les îles de Cuba et d'Haïti dépendent l'une et l'autre du vaste archipel des Antilles. Colomb avait appelé la première Juana; il donna le nom d'Hispaniola ou petite Espagne à la seconde, qui porte aussi, on le sait, celui de Saint-Domingue. Les habitants de la partie septentrionale, que visita d'abord Colomb, avaient beaucoup d'or. Ils l'échangèrent avec le plus vif empressement contre des sonnettes, des grains de verre, des épingles; mais ce n'était point assez. Il s'agissait de découvrir les mines mêmes. Or, tous ceux des naturels que Colomb interrogea pour savoir où elles étaient situées, s'accordèrent à lui montrer un pays de montagnes qu'ils appelaient le Cibao et qui était situé vers l'est de l'île. Colomb se mit aussitôt à ranger la

côte pour atteindre ce point, et il allait y toucher, lorsque, dans la nuit du 24 décembre, *la Santa-Maria*, emportée par un courant, donna contre un écueil, s'ouvrit près de la quille, et fut si vite envahie par l'eau, que sa perte devint inévitable. Grâce au calme de la mer et aux chaloupes de *la Nina* qui suivait à peu de distance, personne du moins ne périt. Les Espagnols parvinrent même, aidés des naturels qui mirent en mer un grand nombre de leurs canots, à retirer de *la Santa-Maria* presque tous les objets de quelque valeur. Corps et biens étaient, on peut le dire, sauvés; mais Colomb put à peine s'en réjouir, une crainte trop affreuse lui rongeait le cœur. Il craignait, car *la Pinta* n'avait point reparu, que le traître Pinson n'eût fait voile vers l'Europe, afin d'y porter la première nouvelle des importantes découvertes qu'ils venaient d'accomplir, et de s'en attribuer toute la gloire, tout le profit. Suivre Pinson en Espagne, l'y suivre sans retard, était donc aux yeux de Colomb une mesure que le soin de sa renommée, de sa fortune, lui commandait *impérieusement*, et voilà qu'il se trouvait réduit à un seul vaisseau. Comment, avec ce seul vaisseau, le plus petit et le plus endommagé de l'escadre, traverser une si vaste étendue de mer et rendre à leur patrie les nombreux compagnons dont il était entouré? *La Nina*, force était bien de s'en servir; mais, quel besoin de ramener au complet les équipages de deux vaisseaux? Colomb ne pouvait-il laisser une partie de ses gens à Haïti, au cas qu'ils y consentissent, et que les naturels ne s'y opposassent point? Les hommes qu'il laisserait ainsi apprendraient la langue des insulaires, étudieraient les mœurs, examineraient la nature du pays, iraient à la recherche des mines, enfin, prépareraient l'établissement d'une colonie qu'il projetait de revenir bientôt fonder. Officiers et soldats approuvèrent tous un tel dessein; et parmi eux il s'en trouva une quarantaine, qui, sans doute séduits par les grandes richesses que paraissait recéler Hispanola, s'offrirent volontairement à y demeurer. Quant aux naturels, loin d'apporter aucun obstacle à l'installation des quarante Européens, ils la hâtèrent de tout leur pouvoir. Ainsi, par prudence, Colomb jugea nécessaire d'établir un petit fort, et il fallut creuser un fossé profond, élever des remparts garnis de palissades, y placer les gros canons sauvés du naufrage de *la Santa-Maria* : en dix jours l'ouvrage fut fini, grâce à l'ardeur *infatigable* avec laquelle les pauvres insulaires concoururent à élever ce premier monument de leur servitude. Avant de partir, Colomb s'efforça d'augmenter par des caresses et des présents la haute opinion qu'ils avaient de la bienveillance des Espagnols à leur égard;

mais il voulut, en même temps, leur donner une idée terrible des moyens que les Espagnols possédaient pour les punir et les exterminer. Dans ce but, il disposa tout son monde en ordre de bataille, et par d'innocentes épreuves montra aux naturels la bonté du tranchant des sabres, la portée des arquebuses, et l'effet merveilleux des canons. Toutes ces précautions prises, il embarqua plusieurs habitants des différentes îles où il avait abordé, et, outre l'or qui avait été l'objet principal de ses recherches, des échantillons de tous les produits naturels qui pouvaient devenir matière à commerce, ou exciter l'attention et l'étonnement des Européens; puis il remit à la voile le 4 janvier 1493, mais jusqu'au 16 il ne fit qu'achever la reconnaissance des côtes de l'île; et, dans cet intervalle, il eut le bonheur de rejoindre *la Pinta*, qu'il croyait retournée en Europe. Pinson avait exploré la côte septentrionale d'Haïti, trafiqué avec les naturels, tiré d'eux un peu d'or; mais il n'avait fait aucune découverte importante. Pour justifier sa conduite et motiver sa disparition pendant plus de six semaines, il prétendit qu'entraîné d'abord par des courants, des vents contraires l'avaient ensuite empêché de revenir sur ses pas : Colomb ne fut point dupe de cette apologie, mais, vivement satisfait d'une réunion qui le délivrait de beaucoup d'angoisses, il parut rendre son amitié à Pinson, et tous deux reprirent le chemin d'Europe.

Se dirigeant vers le nord-est, ils eurent bientôt perdu la terre de vue. Le voyage fut heureux jusqu'au 14 février; mais, à cette date, et lorsqu'ils avaient déjà parcouru cinq cents lieues à travers l'Atlantique, une tempête si violente éclata, que Colomb se vit encore séparé de Pinson, et qu'au lieu de pouvoir, comme c'était son dessein, gagner Palos en droite ligne, il lui fallut relâcher successivement aux îles Açores et dans le Tage. Enfin, le 15 mars, il rentra dans ce port de Palos, d'où il était parti sept mois et onze jours auparavant. Il y devançait Pinson; mais peut-être Pinson avait débarqué ailleurs, et peut-être l'Espagne connaissait par sa bouche la réussite de la grande entreprise?.. Non... *la Pinta*, qui avait été chassée par la tempête jusque dans le port de Marseille, n'atteignit Palos que le soir du jour où Colomb y arriva lui-même, et lorsque déjà il avait pu proclamer les brillants résultats de l'expédition, décrire les magnifiques îles qu'il avait découvertes, montrer les richesses qu'il en rapportait.

Aussitôt que *la Nina* avait été signalée, tous les habitants avaient couru au rivage, et tous ceux qui avaient pu trouver place dans des embarcations s'étaient élancés au-devant du vaisseau. Chacun brûlait du désir d'embrasser des parents, des amis, des compatriotes, qu'on avait crus morts. Mais la merveilleuse issue du voyage, personne ne s'en doutait. Quand on l'apprit, quand on vit les métaux précieux, les oiseaux inconnus, les productions bizarres et surtout les hommes extraordinaires que ramenait Colomb, ce fut une joie, un délire! On sonna les cloches, on tira le canon, et l'amiral, à son débarquement, fut reçu avec des honneurs qu'on ne rendait qu'aux têtes couronnées.

Son premier soin fut de donner avis au roi et à la reine, qui étaient alors à Barcelone, de son arrivée et de ses découvertes. Étonnés et ravis, Ferdinand et Isabelle l'invitèrent par la lettre la plus flatteuse à se rendre sur-le-champ près d'eux, pour qu'il leur racontât lui-même toutes les circonstances du grand événement par lequel il venait d'immortaliser leur règne. Colomb se hâta d'obéir, et, après avoir recueilli, sur la route, les témoignages les plus éclatants de l'admiration publique, fit à Barcelone une entrée triomphale. Le roi et la reine, qui l'attendaient assis sur leur trône et revêtus de tous les ornements royaux, se levèrent à son approche, ne permirent pas qu'il se mît à genoux pour leur baiser la main, et lui ordonnèrent de s'asseoir pour faire le récit de son voyage. Ce récit achevé, ils protestèrent de la reconnaissance que leur inspiraient son courage et ses travaux; ils le confirmèrent dans les différents privilèges qu'ils lui avaient octroyés précédemment, et anoblirent sa famille; mais, ce qui le combla de joie plus qu'aucune faveur, ce fut la promesse du prompt équipement d'une flotte, avec laquelle il pût non-seulement s'assurer la possession des pays qu'il avait déjà découverts, mais encore aller à la recherche des contrées plus riches qu'il se flattait toujours de découvrir.

Tandis que cette flotte s'équipait, la nouvelle du retour de Colomb et les détails de sa première course à travers l'Atlantique se répandirent dans toute l'Europe, et excitèrent partout la surprise, l'enthousiasme. Les savants se demandèrent si les îles que le hardi Génois avait explorées appartenaient à un monde nouveau, ou bien devaient être comprises dans quelqu'une des divisions déjà connues de la terre; et ils ne purent se mettre d'accord. Colomb, lui, toujours fidèle à son idée, voulait qu'on les regardât comme dépendantes de ces vastes régions de l'Asie qu'on appelait alors les Indes; et ce qui le confirmait dans un tel sentiment, c'était la parfaite analogie de leurs productions naturelles. Ainsi, l'or abondait aux Indes, et il avait rapporté des îles où il était descendu une assez grande quantité de ce métal pour croire qu'elles en recélaient des mines. Le coton, disait-il encore, n'était pas plus commun dans l'Inde que dans ces mêmes îles. Le piment lui paraissait être une espèce de poivre d'Inde. Il prenait certaine racine pour de la rhubarbe, et l'Inde seule, à ce qu'on croyait alors, produisait cette drogue précieuse. Les oiseaux qu'il avait ramenés offraient sur leurs plumages d'aussi riches couleurs que ceux de l'Asie, et l'alligator lui semblait le même animal que le crocodile. Tous ces rapports, complaisamment recherchés, déterminèrent non-seulement les Espagnols, mais les autres peuples de l'Europe, à partager l'opinion de Colomb. Les pays qu'il avait découverts furent regardés comme faisant partie des Indes (qu'on distingua toutefois en Indes orientales et en Indes occidentales), et on donna aux habitants de ces pays, c'est-à-dire aux naturels du nouveaumonde, le nom d'Indiens qu'ils portent encore.

Malgré toute la diligence possible, les préparatifs du second voyage que Colomb devait entreprendre durèrent environ six mois. A dire vrai, la flotte, qui allait être mise sous ses ordres, et qui se réunissait dans le port de Cadix, ne comptait pas moins de dix-sept navires, dont trois de haut bord. Elle fut enfin prête le 25 septembre, et Colomb mit aussitôt à la voile. Il emmenait avec lui quinze cents personnes, parmi lesquelles plusieurs gentilshommes qui avaient rempli des emplois honorables et tous les genres d'ouvriers nécessaires à la fondation d'une colonie. En outre, il avait embarqué toutes les espèces d'animaux domestiques de l'Europe, toutes les plantes et les graines qui semblaient devoir réussir sous le climat des Indes occidentales, toutes les sortes d'ustensiles et d'outils.

Colomb alla de nouveau toucher aux Canaries, et, retenu par un calme, n'en put repartir que le 13 octobre. Il porta alors au sud et s'avança dans cette direction plus qu'à son premier voyage. Par là, il obtint plus tôt le secours des vents alizés qui soufflent sans interruption, et qui, en vingt-six jours, le portèrent vers un groupe d'îles situées à l'est et à une assez grande distance des Lucayes. Il leur donna le nom d'Iles du Vent ; mais elles sont mieux connues sous le nom d'îles Caraïbes et mieux encore sous celui de petites Antilles. La première des îles de ce groupe qu'il aperçut et à laquelle il prit terre, fut la Désirade, qu'il nomma ainsi à cause du désir que ses gens montraient d'aborder à quelque partie du nouveau monde. Il découvrit ensuite et nomma successivement la Dominique, Marie-Galante, la Guadeloupe, Montserrat, Santa-Maria-la-Redonda, Santa-Maria-la-Antigua, San-Martin, Santa-Cruz. Toutes ces îles étaient habitées par des cannibales qui allaient chercher leur proie jusque sur les Lucayes, et

qui reçurent assez mal Colomb pour lui ôter l'envie de prolonger son séjour parmi eux : Colomb était d'ailleurs plus jaloux d'avoir des nouvelles de la petite colonie qu'il avait fondée, six mois auparavant, au fond de l'Atlantique. Portant donc au nord-ouest, direction dans laquelle, d'après ses propres calculs et d'après les renseignements obtenus des Indiens, il devait retrouver Haïti, il découvrit encore les Onze Mille Vierges et Porto-Rico, puis arriva le 22 novembre devant l'île qu'il cherchait.

Hélas ! le fort qu'il y avait fait bâtir était démoli ; et il ne retrouva, des trente-huit Espagnols qu'il y avait laissés comme garnison, que quelques ossements épars. Ce qui s'était passé en son absence, les naturels eux-mêmes vinrent le lui apprendre ; et malheureusement leur récit offrait tous les caractères de la vérité. Pendant les premières semaines qui avaient suivi son départ, les naturels avaient continué à voir dans les Européens des êtres descendus du ciel ; mais, peu à peu, les Européens, par leurs violences envers les naturels et par leurs querelles particulières, avaient montré qu'ils avaient tous les besoins, toutes les faiblesses, toutes les passions des hommes. Chacun d'eux s'était déclaré indépendant des autres, s'était abandonné sans frein à toutes ses fantaisies, s'était cru seul maître de l'or, des femmes et des provisions de tous les insulaires. Une telle tyrannie avait à la fin lassé la patience et enflammé le courage des victimes, malgré leur résignation et leur timidité. Les chefs avaient réuni leurs sujets, cerné, puis attaqué leurs oppresseurs ; et le nombre avait triomphé des armes à feu.

Colomb et les nouveaux Européens qu'il amenait ne furent donc que très-froidement accueillis par les naturels. Plusieurs de ses officiers auraient voulu se saisir des chefs et venger la mort de leurs compatriotes. Il rejeta cet avis. Outre que des représailles eussent été injustes, il pensa qu'elles ne seraient point utiles, et se flatta, au contraire, de ramener les habitants par une extrême douceur. Vain espoir ! il ne put vaincre leur défiance, et ne trouva plus chez eux qu'un mauvais vouloir qui, le jour où il essaya d'en triompher par la force, se changea en une haine implacable. Le destin avait comme décidé que les habitants de l'ancien monde ne s'établiraient sur le nouveau qu'à condition de l'arroser de sang.

Si du moins Colomb n'eût rencontré d'obstacles que du côté des naturels !... mais il en rencontra de plus sérieux encore de la part des compagnons qui l'avaient suivi. Lorsque la plupart de ces gens, qui avaient compté recueillir sans peine une moisson d'or, virent que cette brillante perspective s'éloignait, par la malveillance même des naturels, et que, s'ils pouvaient jamais y atteindre, ce ne serait que par des efforts très-lents et par une longue persévérance de travail et d'industrie, la perte de leurs chimériques espérances leur inspira le plus vif mécontentement. Autre grief : Colomb traça le plan d'une ville, qu'il nomma Isabelle, la voulut entourer de retranchements, afin que les colons pussent s'y réfugier au besoin, et obligea chacun à mettre la main à un ouvrage d'où le salut de tous dépendait; or, parmi les Espagnols, se trouvaient, nous l'avons dit, beaucoup de seigneurs, que révolta la seule idée d'un travail manuel, et qui, déjà aigris par le renversement de leurs espérances, conspirèrent d'attenter aux jours de l'amiral. Heureusement la conspiration fut découverte. Colomb infligea aux instigateurs un châtiment exemplaire : il les fit fusiller, et renvoya leurs principaux complices prisonniers en Espagne; puis, pour ranimer les esprits par l'appât des richesses que pouvait renfermer l'île, il exécuta plusieurs expéditions dans l'intérieur des terres, et, notamment, vers le district de Cibao, où l'or, disaient les naturels, abondait plus qu'ailleurs. La description qu'ils en avaient faite se trouva vraie. Ce pays, montagneux et inculte, roulait l'or dans tous ses ruisseaux, qui en offraient souvent des grains d'une grosseur considérable. Jamais les insulaires n'avaient ouvert une seule mine. Pénétrer dans les entrailles de la terre, recueillir et purifier le minerai, c'étaient là des opérations au-dessus de leur industrie; et d'ailleurs, eussent-ils su accomplir ce travail, ils prisaient l'or si peu, qu'ils n'auraient pas voulu s'en donner la peine. Tout ce qu'ils possédaient d'or, ils l'avaient ramassé dans le lit des rivières ou au pied des montagnes, après les pluies abondantes qui tombent entre les tropiques. Mais, à toutes ces marques, les Espagnols ne pouvaient douter que l'île ne renfermât dans son sein d'inépuisables trésors, destinés tôt ou tard à devenir leur proie, et cette conviction ramena le courage et l'allégresse dans tous les cœurs. D'autre part, l'appareil guerrier que Colomb avait déployé dans ces courses imposa une crainte salutaire aux naturels.

Après avoir rétabli l'ordre et la paix dans l'île, Colomb crut pouvoir la quitter, et poursuivre ses découvertes. Il voulait surtout découvrir si ces nouvelles régions tenaient à quelque partie déjà connue de la terre, ou si elles en étaient absolument séparées. Il leva l'ancre le 24 avril, avec un vaisseau et deux petites caravelles; mais il ne put atteindre le but qu'il se proposait; et, durant cinq mois entiers de la plus pénible navigation, il découvrit seulement la Jamaïque, puis, le long de la côte méridionale de Cuba, une telle multitude de petites îles, que, ne pouvant les nommer toutes, il leur donna le nom commun de Jardin de la Reine.

Haïti, pendant cette seconde absence de Colomb, avait été de nouveau le théâtre des scènes les plus déplorables. Les Espagnols avaient encore secoué toute discipline, encore voulu vivre à discrétion dans l'île, encore lassé la patience des naturels. A son retour, qui eut lieu le 27 novembre, l'amiral trouva la guerre allumée, et, quoique les torts ne vinssent pas des Indiens, il ne put pas s'empêcher de recourir contre eux à des mesures de rigueur; mais, en même temps, il se montra non moins sévère à l'égard de ceux de ses hommes qui avaient donné l'exemple de l'insubordination. Il en fit fusiller plusieurs, et renvoya les autres en Espagne. Après leur départ, il eut facilement raison des insulaires, et bientôt la paix régna dans toute l'île; mais ceux des colons européens qu'il en avait chassés travaillèrent sans relâche, dès qu'ils eurent remis le pied en Europe, à se venger de lui, à le perdre dans l'esprit de Ferdinand et d'Isabelle. Ils l'accusèrent d'une ambition sans frein et d'une cruauté sans bornes; ils prétendirent que ses découvertes seraient toujours coûteuses plutôt que productives pour l'Espagne; et leurs accusations, leurs mensonges, obtinrent tant de crédit au milieu d'une cour ombrageuse, qu'on nomma un commissaire pour aller sur les lieux vérifier l'état des choses. Colomb, à l'arrivée de ce personnage, et aux préventions défavorables dont il le vit animé, jugea que c'en était fait et de sa gloire et des récompenses auxquelles ses services lui donnaient droit, s'il n'allait en personne et sans retard se disculper auprès de la reine. Il partit le 10 mars 1496.

Pour revenir en Europe, Colomb voulut prendre une route différente de celle qu'il avait suivie lors de son premier retour, et fit voile directement à l'est d'Haïti, sous le parallèle du vingt-deuxième degré de latitude. C'était une faute, mais qui ne doit guère étonner; car la navigation entre le monde ancien et le monde nouveau n'avait pas encore pu se perfectionner par la pratique, et l'expérience n'avait pas encore montré aux navigateurs la méthode plus sûre et plus prompte de porter au nord pour trouver les vents du sud-ouest. Le résultat de cette faute fut d'exposer Colomb à des dangers et à des travaux infinis en le forçant à lutter sans cesse contre les vents alizés, qui, entre les tropiques, soufflent sans interruption de l'est, et de prolonger considérablement son voyage. Le 20 avril, plus d'un mois après son départ, il perdait à peine les îles Caraïbes de vue; et déjà les provisions de bouche étaient tellement diminuées, qu'il lui fallait réduire la ration à six onces de pain et à une demi-pinte d'eau. A mesure qu'on avança, la disette devint plus grande, et les gens de l'équipage s'en effrayaient d'autant plus, qu'ils se croyaient égarés au milieu de l'Atlantique. Au commencement de juin, la disette se changea en famine ; et les matelots, dans l'excès de leurs souffrances, proposèrent de tuer plusieurs Indiens qui se trouvaient à bord et de les manger. Colomb s'y refusa avec horreur : il l'eût fait par humanité seulement, il le fit encore parce que ses calculs lui révélaient la proximité de la terre. Bientôt, en effet, la terre apparut, et le 11 juin, il jeta l'ancre dans la baie de Cadix.

Admis dès le lendemain en présence de Ferdinand et d'Isabelle, Colomb se disculpa aisément des accusations frivoles ou mensongères dont ses ennemis l'avaient chargé. Un simple exposé des faits montra que, sans être cruel, il avait dû employer la dernière rigueur envers des mutins, et l'or, les perles, le coton, les autres marchandises précieuses qu'il rapportait, réfutèrent si victorieusement, aux yeux du roi et de la reine, les propos de quelques mécontents sur la pauvreté des îles qu'il avait découvertes, que leurs majestés promirent, séance tenante, de pourvoir la colonie d'Hispaniola de tout ce qui était nécessaire pour en achever l'établissement, et de confier à l'amiral une flottille pour aller à la recherche de ces autres contrées plus riches encore dont il regardait l'existence comme certaine.

Ces promesses, toutefois, ne reçurent pas une bien prompte réalisation. Une année entière s'écoula avant qu'aucun secours fût expédié à la colonie, et la petite escadre avec laquelle Colomb devait repartir ne se trouva prête qu'au bout de deux ans. Elle ne consistait d'ailleurs qu'en six vaisseaux, d'un port médiocre, et assez mal pourvus pour un voyage si long, si périlleux. N'importe : Colomb résolut de ne suivre ni l'une ni l'autre des deux routes qu'il avait déjà suivies. Persuadé que les opulentes régions de l'Inde s'étendaient au sud-ouest des îles où il avait abordé dans ses précédents voyages, il se proposait, dans celui-ci, une fois qu'il aurait atteint les îles du Cap-Vert, de gouverner droit au sud jusqu'à ce qu'il eût dépassé la ligne, de tourner alors à l'ouest, puis, à la faveur des vents alizés, de cingler dans cette direction jusqu'à ce qu'il rencontrât la terre ou qu'il atteignît la longitude d'Haïti.

Son plan ainsi arrêté, il mit à la voile le 30 mai 1498, et toucha, le 19 juin, aux Canaries, d'où il dépêcha trois de ses navires pour porter de nouveaux secours aux colons d'Hispaniola. Avec les trois autres, il gagna, dans les premiers jours de juillet, les îles du Cap-Vert, et, le 5, continua sa route au sud. Tout alla bien jusqu'au 13, date à laquelle il calcula être dans le cinquième degré de latitude nord; mais là le vent tomba soudain, et pendant huit jours régna un calme absolu. En même temps, la chaleur devint excessive. L'air était comme une fournaise. Le goudron fondait. Le pont et les flancs des navires se sillonnaient de fentes profondes. Les viandes salées se gâtaient dans la cale, et les pièces de vin, les barriques d'eau, éclataient ou laissaient échapper leur contenu. Enfin, sans de grosses gouttes de pluie qui tombaient de temps en temps, mais qui rafraîchissaient à peine l'atmosphère, les Espagnols, qui ne s'étaient jamais avancés si loin au sud, eussent craint que leurs vaisseaux ne prissent feu, et peut-être ajouté foi aux fables débitées par les anciens qui déclaraient la zone torride inhabitable. Qu'arrivait-il donc? Rien qui n'arrive toujours aux mêmes lieux. L'amiral était entré dans cette région qui s'étend de chaque côté de la ligne l'espace de huit ou dix degrés, et qui est aujourd'hui connue des marins sous le nom de latitudes calmes. Les vents alizés du sud-est et ceux du nord-ouest, se rencontrant près de l'équateur, se neutralisent les uns les autres, et-il en résulte un calme parfait des éléments. La mer ressemble alors à un miroir, et les vaisseaux demeurent immobiles, tandis que le soleil darde verticalement ses rayons qu'aucune brise ne tempère. Il faut souvent plusieurs semaines pour traverser cette morne étendue d'océan. Colomb ne l'essaya point.

Au bout de huit jours, c'est-à-dire dès que le plus léger souffle vint agiter ses voiles, l'amiral, voyant presque tous ses compagnons malades, et tourmenté lui-même par la goutte et la fièvre, se décida à changer de route. Son plan primitif eût été de cingler au sud; mais, quitte à reprendre plus tard cette direction, il se mit à gouverner vers l'ouest, dans l'espoir de trouver une température plus douce. Trois jours encore, il y navigua à travers des feux brûlants, et sous un ciel sombre, nébuleux, qui semblait peser sur la mer et absorber jusqu'au moindre souffle de vent; puis, tout à coup, l'escadre entra dans une région délicieuse, une brise agréable rida la surface de l'eau, les nuages se dissipèrent, et le soleil, quoique brillant de tout son éclat, parut ménager l'ardeur de ses rayons.

L'amiral, nous l'avons dit, comptait, lorsqu'il avait atteint cette région tempérée, reprendre sa route vers le sud; mais l'excessive chaleur avait tellement endommagé les vaisseaux, qu'il était urgent de gagner quelque port, afin de les radouber. En outre, la plupart des provisions étaient gâtées, et l'eau tirait à sa fin. L'amiral continua donc à se diriger vers l'ouest; car c'était de ce côté que, d'après le vol des oiseaux et divers autres indices favorables, il espérait rencontrer le plus tôt la terre. Vaine espérance : les jours, les semaines se succédèrent sans qu'aucun rivage apparût.

Alors, comme la détresse des équipages devenait de plus en plus affreuse, Colomb, qui se croyait sous la longitude des îles Caraïbes, porta le cap au nord pour les chercher. Effectivement, le 31 juillet, à l'horizon se montra une île qui dépend de cet archipel, mais qu'il ne connaissait pas encore (car elle est tout à l'opposé d'Haïti), et à laquelle il donna le nom de Trinité. Le lendemain, comme il rangeait l'île pour y trouver un ancrage, il découvrit au sud une terre basse qui se prolongeait aussi loin que l'œil pouvait atteindre, et, le long de cette côte, l'embouchure d'un fleuve tellement large, tellement impétueux, qu'il portait ses ondes à trois lieues dans l'Océan sans les y mêler. Aussitôt, l'amiral conjectura qu'une masse d'eau si énorme ne pouvait être fournie par une île, mais qu'elle devait couler au travers d'un vaste continent. Il ne se trompait pas : le fleuve qu'il avait devant lui, c'est l'Orénoque ; et cette terre basse, du milieu de laquelle il le voyait se décharger dans la mer, c'est le golfe de Paria, c'est la côte de Colombie, c'est le continent même du nouveau monde. Seulement il ne soupçonna point que ce fût un monde nouveau ; il crut, car il rêvait toujours de parvenir aux Indes, que c'était l'extrémité occidentale de l'Asie ; et la grande quantité d'or, le grand nombre de perles, qu'il obtint par échange des naturels de la côte, aux différents points où il aborda, la beauté et la fertilité du pays, la richesse des productions végétales, la variété des oiseaux, tout le confirma dans son opinion.

Plein d'enthousiasme, il rangea la terre pendant une vingtaine de lieues vers l'ouest, il explora ainsi la côte des provinces qui sont actuellement connues sous les noms de Paria et de Cumana, et il aurait voulu pousser encore plus loin ses reconnaissances ; mais le mauvais état de ses vaisseaux, le manque de vivres, l'impatience de ses compagnons et le délabrement de sa propre santé ne le lui permirent pas. A son extrême regret, il dut se mettre en devoir de regagner Haïti, mais il se promettait bien, quand il aurait rétabli ses forces, ravitaillé et réparé son escadre, de revenir achever son importante découverte, ou d'envoyer à sa place un de ses deux frères, qu'il devait retrouver l'un et l'autre à Isabelle.

Le 30 août (1498), après avoir navigué cinq jours au nord ouest, et rencontré, chemin faisant, les îles de Cubagua et de Margarita, devenues célèbres par la pêche des perles, il arriva devant Haïti, et se hâta de descendre à terre. Hélas! ce fut pour apprendre que les affaires de la colonie étaient dans une situation telle, qu'il n'allait pas pouvoir y jouir du repos dont il avait si grand besoin. Depuis trente mois environ qu'il avait quitté l'île, non-seu-

lement les Espagnols n'avaient pas cessé d'être en guerre avec les naturels, mais ils s'étaient eux-mêmes divisés en deux partis qui en venaient aux mains presque tous les jours. Avant donc de penser à poursuivre en personne ses nouvelles découvertes, ou à envoyer un de ses frères vers la côte de Paria, Colomb dut s'occuper non-seulement de rétablir la paix entre les colons et les Indiens, mais encore de ramener les colons au devoir et de mettre un terme aux dissensions intestines qui menaçaient la colonie d'une ruine complète. La seconde de ces tâches était la plus difficile. Colomb parvint à l'accomplir aussi : il y parvint à la longue et à force de fermeté, quoique sans répandre une seule goutte de sang ; mais ce ne fut pas sans s'attirer de nombreuses haines. Ces haines, il crut les réduire à l'impuissance en permettant à qui le voulut de regagner l'Espagne, en y envoyant le récit exact de la conduite que les circonstances l'avaient obligé à tenir, et en accompagnant cet envoi du journal de son dernier voyage, d'une description des nouveaux pays qu'il avait découverts, et d'échantillons de l'or, des perles et des végétaux précieux qu'il y avait recueillis. Il ne doutait pas que la bonté de sa cause et l'importance de plus en plus notoire des services qu'il rendait à la couronne ne triomphassent des intrigues de ses ennemis. Hélas! combien, malgré l'expérience qu'il en avait déjà faite, combien il connaissait peu les hommes! Son mémoire justificatif fut bientôt oublié. Absent, il ne put parer aux incessants et infatigables efforts de la calomnie. Peu à peu le roi et la reine ouvrirent une oreille complaisante aux accusations les plus sottes, et Colomb ne tarda guère à porter cruellement la peine de leur faiblesse, de leur ingratitude.

Dès 1495, pour communiquer à leurs sujets le goût des expéditions maritimes qui animait certains peuples de la chrétienté, notamment la nation portugaise, Ferdinand et Isabelle, au mépris du traité de 1492 qui les liait à Colomb et qui attribuait à l'amiral le droit exclusif de commercer avec les habitants des pays qu'il viendrait à découvrir, n'avaient pas craint de publier dans leurs États, que quiconque voudrait aller, à ses frais et à ses risques, soit chercher fortune aux contrées déjà visitées par Colomb, soit essayer d'en découvrir de nouvelles dans la voie indiquée par lui, en était libre. La cour d'Espagne, trop pauvre pour équiper elle-même de nombreuses escadres, se flattait d'augmenter ainsi ses possessions sans qu'il lui en coûtât rien, et d'enrichir ses trésors de la part qu'elle se réservait dans les bénéfices, sans risquer un seul maravédis. Mais, jusqu'en 1499, les Espagnols se montrèrent peu jaloux d'user d'une telle autorisation. Dans l'intervalle, pourtant, l'Espagne put voir l'Angleterre entrer, à l'exemple du Portugal, dans la carrière des découvertes. En 1497, Sébastien Cabot, fils d'un marchand vénitien établi à Bristol, prit le commandement d'une petite escadre anglaise équipée aux frais du roi Henri VII, et fit voile vers les mers septentrionales du nouveau monde. Adoptant les idées de Colomb, il cherchait l'extrémité de l'Asie, et espérait trouver au nord-ouest un passage vers les Indes. Il ne trouva point ce passage qui n'existe point ; mais il découvrit Terre-Neuve, côtoya le Labrador jusqu'au cinquante-sixième degré de latitude nord, puis, en revenant, il se dirigea au sud-ouest et rangea la Floride, d'où le manque de provisions l'obligea de regagner Bristol. Ce voyage, fort important, car Sébastien Cabot a vu le premier le continent septentrional du nouveau monde, ne produisit néanmoins que peu de sensation en Europe à la fin du quinzième siècle. Au contraire, lorsqu'en 1498 le Portugais Vasco de Gama revint à Lisbonne après avoir réussi à doubler le cap de Bonne-Espérance et à frayer par mer une route aux Indes, les Espagnols eux-mêmes, jusque-là si dédaigneux de ce qu'ils appelaient les rêves de Colomb, se prirent tout à coup d'un vif enthousiasme pour les entreprises maritimes. Afin de seconder cette tardive ardeur, Ferdinand et Isabelle ordonnèrent de communiquer à quiconque le souhaiterait tous les journaux et toutes les cartes de l'amiral, et bientôt de simples particuliers s'élancèrent à l'envi sur les traces de l'illustre Génois.

Alonzo d'Ojéda, gentilhomme qui avait accompagné Colomb dans son deuxième voyage, ouvrit la marche. Aidé de plusieurs riches spéculateurs, il équipa quatre vaisseaux à Séville, et mit à la voile en mai 1499. Il n'entra dans aucune nouvelle route, tint servilement la dernière que l'amiral avait suivie, et arriva à cette partie du continent méridional que, dans l'origine, on a appelée Terre-Ferme. Le point auquel il l'avait touchée était de deux cents lieues à l'est de l'Orénoque : il rangea d'abord la côte, depuis ce point jusqu'au golfe de Paria ; puis, traversant le golfe et continuant à cingler vers l'ouest, il s'avança jusqu'au Cap-Vela, c'est-à-dire beaucoup plus loin que Colomb n'était allé.

Au mois de décembre, les frères Pinson, de Palos, partirent aussi avec quatre vaisseaux, dépassèrent successivement les Canaries et les îles du Cap-Vert, et gouvernèrent au sud jusqu'à ce qu'ils perdissent l'étoile polaire de vue. A eux l'honneur d'être les premiers Européens qui aient franchi la ligne dans l'océan occidental. Puis, quoique ne connaissant rien de l'hémisphère où ils étaient entrés ; quoique ne sachant pas que la belle constellation de la Croix pouvait, dans ces régions, remplacer l'étoile

polaire pour les marins ; quoique privés ainsi de tout guide, ils n'en continuèrent pas moins à se porter en avant, avec une rare intrépidité ; et le 26 janvier 1500, ils aperçurent le cap Saint-Augustin, qui forme l'extrémité orientale du Brésil. De là, gouvernant à l'ouest, ils explorèrent la côte jusqu'à l'embouchure du Maragnon ou fleuve des Amazones.

Parti peu de temps après eux, Diégo Lepe, aussi natif de Palos, doubla, le 14 février, le cap Saint-Augustin, et reconnut qu'au delà du cap la côte se prolongeait vers le sud-ouest.

Enfin, le 25 avril, le Portugais Pedro Alvarez Cabral, se rendant aux Indes par la route que son compatriote Gama venait de découvrir, et voulant s'éloigner de la côte d'Afrique pour éviter les calmes qui d'ordinaire y règnent, porta au large, après avoir dépassé les îles du Cap-Vert, et s'avança si fort à l'ouest, qu'à son extrême surprise il trouva une terre sous le dixième degré au delà de la ligne. Il supposa d'abord que c'était quelque grande île inconnue ; mais, après l'avoir côtoyée pendant plusieurs jours, il conclut qu'elle faisait partie de quelque vaste continent, et il ne se trompait point. Cette terre, c'était le Brésil, où il ne se doutait pas que les frères Pinson et Diégo Lepe eussent déjà abordé, et où le hasard seul l'avait conduit. Si donc le génie de Colomb ne nous eût pas fait connaître le nouveau monde, le hasard, guidant Cabral, nous en aurait plus tard révélé l'existence. A quoi tient la gloire humaine !

La gloire humaine !.. Personne plus que Colomb n'éprouva combien elle se joue des droits le mieux acquis, et se plaît à laisser dans l'ombre le mérite modeste pour appeler à la célébrité l'imposture et l'impudence !

Au nombre des aventuriers qui s'embarquèrent en 1499 avec Ojéda, était un marchand florentin, du nom d'Amerigo Vespucci. En quelle qualité Améric Vespuce accompagnait-il l'expédition ? on l'ignore ; on sait seulement qu'il était bon géographe, bon marin, et qu'à ce double titre il prit peu à peu tant d'autorité sur ses compagnons de voyage que tous, Ojéda lui-même, finirent par s'en remettre entièrement à sa conduite. De retour en Europe, il rédigea, sur la demande d'un des princes de la famille Médicis, une relation de ses aventures ; et, mû par cette vanité qui porte toujours les voyageurs à se donner de l'importance, il ne craignit pas de parler des régions transatlantiques comme s'il était le premier qui les eût découvertes. Sa relation était écrite non-seulement avec adresse, mais avec élégance. D'ailleurs, au récit amusant de faits, il avait joint des observations judicieuses sur les productions naturelles, les mœurs et les habitants de ces contrées inconnues. D'abord manuscrit, l'opuscule d'Améric fut ensuite imprimé, et même réimprimé plusieurs fois. C'était la première description du nouveau monde qui eût encore paru ; un livre, si propre à satisfaire la passion des hommes pour le nouveau et le merveilleux, dut trouver de nombreux et d'avides lecteurs; et l'immense succès qu'il obtint fit qu'on s'accoutuma à donner aux pays qu'il décrivait le nom de l'imposteur qui s'attribuait la découverte de ces pays. Quand, par la suite, l'imposture a été reconnue, il était trop tard pour la punir. La mode d'appeler Amérique la quatrième partie du globe avait trop prévalu chez toutes les nations, trop reçu la sanction du temps, pour être abolie. Mais qu'importe ! l'injustice commise au détriment de Colomb n'atteint pas son mérite : elle n'a même été consacrée par l'usage qu'après sa mort ; et nous allons voir la fortune lui infliger, de son vivant, un affront peut-être plus cruel encore.

Ferdinand et Isabelle ne s'en tinrent pas à violer tous les engagements qu'ils avaient pris envers Colomb. A l'instigation de ses ennemis dont la haine devenait chaque jour plus violente, ils envoyèrent, pour la seconde fois, un commissaire à Hispaniola, le chargeant, comme la première fois, d'examiner la conduite de l'amiral, de recueillir les plaintes, et de plus l'autorisant, s'il les jugeait fondées, à procéder contre lui comme il jugerait convenable. Les pouvoirs de Bovadilla (ainsi se nommait le nouveau commissaire) allaient jusqu'à déposer Colomb et prendre à sa place le commandement de l'île. Comment l'accusé, quand on donnait au même homme et le droit de le juger et l'intérêt de le trouver coupable, aurait-il évité une condamnation? En mettant le pied à Hispaniola, Bovadilla, quoique la paix et le bon ordre y fussent complétement rétablis, montra une résolution bien arrêtée de traiter Colomb en criminel. Il s'installa dans la maison de l'amiral qui visitait un district éloigné, s'empara de tous les papiers et de tous les effets qu'il y trouva, se fit reconnaître en qualité de gouverneur général, et envoya à Colomb l'ordre de comparaître lui dans le plus bref délai. Colomb répondit qu'il en appelait au trône des procédés d'un juge si violent et si évidemment partial, et qu'il demandait à être envoyé en Espagne. Alors Bovadilla, sans même daigner le voir, le fit arrêter, mettre aux fers et traîner à bord d'un vaisseau qui, dès le lendemain (ce fut le 6 octobre de l'année 1500), partit pour l'Europe. A peine eut-on gagné le large, que le capitaine, indigné et, plein de respect, proposer à Colomb de lui détacher ses chaînes; Colomb ne le voulut pas. Leurs majestés, dit-il

avec un noble orgueil, m'ont écrit de me soumettre à tout ce que Bovadilla m'ordonnerait en leur nom; c'est en leur nom qu'il m'a chargé de ces fers; je les porterai jusqu'à ce qu'elles ordonnent qu'ils me soient ôtés, et je les conserverai ensuite comme un monument de la récompense accordée à mes services.

Heureusement la traversée fut courte, et le navire entra vers la fin de novembre dans le port de Cadix. La nouvelle que Colomb revenait captif et enchaîné de ce monde qu'il avait découvert, se répandit dans toute l'Espagne avec la rapidité de l'éclair, et excita partout l'indignation la plus vive. Il se fit aussitôt dans l'esprit public une de ces réactions si communes lorsque la persécution est portée à l'extrême. La multitude, qui naguère poussait contre l'amiral les cris les plus frénétiques, se récria alors avec une telle violence contre l'odieux traitement qu'il avait subi, que le roi et la reine, par pudeur, si ce n'est par justice, et pour effacer autant que possible la tache qui allait en rejaillir sur leur règne, s'empressèrent de céder au torrent de l'opinion. Non-seulement ils donnèrent sur-le-champ l'ordre de mettre Colomb en liberté, mais ils l'invitèrent à se rendre près d'eux, lui envoyèrent une somme d'argent pour qu'il parût d'une manière convenable à la cour; et, quand il y arriva, le reçurent, Ferdinand avec courtoisie, Isabelle avec une sorte de tendresse. Tous les deux, après avoir entendu sa justification, qui fut courte et simple, lui témoignèrent leur profond chagrin de ce qui était arrivé, protestèrent qu'on avait agi contre leurs intentions et jurèrent qu'à l'avenir il trouverait toujours en eux d'ardents protecteurs. Hélas! les actes répondirent peu aux paroles. Ils destituèrent Bovadilla pour qu'on ne crût point qu'ils eussent été complices de ses violences, mais ils ne restituèrent à Colomb ni les priviléges attachés au titre de vice-roi des Indes occidentales, ni même le gouvernement d'Hispaniola. Colomb fut d'autant plus sensible à ce nouveau coup, qu'il le recevait des mains dont il attendait la guérison de ses anciennes blessures. Déjà, partout où il allait, il portait avec lui les fers dont il avait été chargé, et toujours il les avait suspendus dans sa chambre. Il fit plus : il fit promettre à son fils qu'on les ensevelirait avec lui dans son cercueil.

Le zèle des découvertes, malgré les injustices et les affronts que subissait l'homme qui le premier l'avait excité en Espagne, ne s'y éteignait cependant pas. Dans le courant de l'année 1501, un seigneur du nom de Roderigo Bastidas partit de Séville avec deux vaisseaux, doubla le Cap-Vela, et alla jusqu'au havre où fut ensuite fondé le port de Nombre-de-Dios.

dans le golfe de Darien. Colomb lui-même, quoique abreuvé de dégoûts, quoique vieux et infirme, ne renonçait pas encore à trouver la solution du grand problème qu'il cherchait depuis quarante ans. Parvenir aux Indes sans avoir besoin de doubler l'Afrique, tel est le but que, dès 1474, le génie de Colomb se proposait d'atteindre, et dont la poursuite persévérante l'avait conduit à découvrir le nouveau monde ; tel était toujours le projet favori dont il ne cessait d'être préoccupé. Ses observations lors de son voyage à la côte de Paria, de vagues renseignements qu'il avait obtenus des habitants de cette côte, peut-être aussi quelques circonstances du journal de l'expédition de Bastidas, lui donnaient à penser que par delà le nouveau continent existait une mer qui s'étendait jusqu'aux Indes, et que, sans doute, il y avait quelque détroit, quelque isthme du moins, par lequel il serait facile d'établir une communication entre cette mer inconnue et l'ancien Océan. L'amiral conjecturait avec une merveilleuse justesse que ce détroit ou cet isthme était situé vers le golfe de Darien ; et, malgré son âge, malgré de cruelles infirmités, il s'offrait, avec une ardeur juvénile, à entreprendre un nouveau voyage pour vérifier cette conjecture. Deux raisons entraînèrent la cour d'Espagne à seconder un tel désir. La première, c'est qu'il eût été trop indécent de laisser tout à fait à l'écart un homme qui avait rendu de si grands services à la couronne ; la seconde, que la flotte portugaise, conduite par Cabral, venait d'arriver des Indes, et qu'il résultait de la richesse des retours que les plus merveilleux rêves des Européens au sujet de ces contrées lointaines étaient restés au-dessous de la réalité. Les Espagnols devaient donc être séduits par l'offre que leur faisait Colomb de les conduire en Orient par une route qui, selon lui, était moins longue et moins périlleuse que celle des Portugais. Malgré les avantages que la nation pouvait attendre de cette entreprise, Colomb ne put obtenir que quatre petits vaisseaux ; mais, accoutumé qu'il était à braver le péril et à tenter de grandes choses avec de faibles moyens, il n'hésita pas à accepter le commandement de cette misérable escadre, et partit de Cadix le 9 mai 1502. Il toucha d'abord aux Canaries, comme il faisait toujours ; puis, cinglant vers Haïti, il voulut relâcher dans un des havres de l'île pour prendre de l'eau et réparer quelques avaries survenues à ses navires. Mais, le croira-t-on ? le nouveau gouverneur refusa de le lui permettre. Il fit alors voile vers le continent, et découvrit l'île de Guanaia, qui est voisine de la côte d'Honduras. Il communiqua avec divers habitants de cette côte, qui se rendaient à l'île dans de légers canots, et qui, interrogés

par ses compagnons sur le pays d'où venait l'or qu'ils portaient comme ornement, indiquèrent l'ouest ; mais, au lieu de gouverner dans cette direction, au lieu de côtoyer l'Yucatan et d'arriver ainsi au riche empire du Mexique, l'amiral, toujours fidèle à sa pensée première de trouver une communication avec la mer des Indes, porta à l'est vers le golfe de Darien. Chemin faisant il explora toute la côte depuis le cap de Gracias-a-Dios jusqu'à Porto-Bello ; mais il chercha inutilement son détroit. Il débarqua plusieurs fois, fit plusieurs pointes dans l'intérieur des terres, mais ne poussa jamais assez loin pour reconnaître combien l'isthme qui sépare le golfe du Mexique de la grande mer du Sud, a peu de largeur. Il acquit seulement la preuve (car il avait, nous l'avons dit, étudié le journal de Bastidas, et savait avoir atteint lui-même en venant de l'ouest le point extrême auquel ce navigateur était parvenu par la route opposée) ; il acquit seulement la triste preuve que le passage qu'il avait rêvé n'existait pas, et n'eut pas la consolation de pouvoir se dire que, s'il avait été déçu dans son attente, c'est que la nature elle-même a été trompée dans ses efforts, puisqu'il semble qu'elle a tenté d'en creuser un, mais qu'elle n'a pu y réussir.

Là se terminent les travaux de Colomb. Après avoir essayé en vain de fonder une petite colonie à l'embouchure de la rivière de Belem, dans la province de Veragua, d'où les naturels l'obligèrent à s'éloigner ; après avoir, en juin 1503, comme il retournait en Europe, perdu ses quatre vaisseaux sur les côtes de la Jamaïque, et séjourné plus d'un an sur cette île, en butte à toutes sortes de privations, il regagna enfin l'Espagne vers la fin de 1504, pour y apprendre la mort d'Isabelle, sa protectrice la plus zélée, et mourut lui-même le 20 mai 1506. Là aussi doit finir cet article, où nous n'avons voulu raconter que la découverte générale du nouveau monde. Les circonstances particulières à l'exploration des diverses contrées qui composent ce vaste continent et des principales îles qui en dépendent, trouveront leur place dans les essais historiques que nous consacrerons à chacune de ces contrées.

Les principaux ouvrages auxquels nous avons recouru pour la première partie de ce travail sont :

Collection de documens relatifs à la découverte de l'Amérique par les Scandinaves (publiée par la Société des antiquaires du Nord).

Histoire de la géographie du Nouveau Continent, par M. de Humboldt.

Histoire de la géographie, par Malte-Brun, et *Géographie universelle*, par le même.

Recherche sur la géographie des anciens, par Gossélin.

Histoire de l'Amérique, par Robertson.

Vie de Christophe Colomb, par Washington Irving.

AMÉD. RHIME.

AMERS. (*Marine.*) Objets remarquables, situés ou placés à dessein sur les côtes, et qui servent à guider les navigateurs, de manière à éviter les rochers, les bancs et autres dangers qui se trouvent proche de terre. Les amers indiquent la route à suivre pour trouver une passe, donner dans un chenal, entrer dans une rade ou dans un port. Les objets qui servent d'amers sont ordinairement des clochers, des moulins, des arbres, ou des balises et des mâts élevés pour cet usage. On conçoit que deux de ces objets amenés l'un par l'autre déterminent une ligne droite que les navires peuvent parcourir en toute sûreté. Deux lignes d'amers sont *nécessaires pour déterminer*, par leur intersection, la position d'un danger ou de tout autre objet qu'il importe de connaître d'une manière précise. Chaque fois qu'un navire doit changer de direction pour suivre un chenal sinueux, il lui faut une nouvelle ligne d'amers.

PARISOT.

AMERS. (*Thérapeutique.*) On nomme ainsi, à cause de leur saveur, un certain nombre de substances dans la plupart desquelles l'analyse chimique a démontré l'existence d'alcalis qu'on a nommés organiques. On les a divisés en amers purs et amers aromatiques, suivant que le principe amer est associé au tannin, à l'acide gallique, aux résines ou aux huiles essentielles. Nous conformant à l'usage, nous ne comprendrons pas sous le nom d'amers les substances que quelques auteurs ont appelées amers cathartiques et amers âcres, ce qui range à côté des amers proprement dits la coloquinte et la noix vomique.

Les amers ont toujours été et sont employés comme toniques et fébrifuges : parmi eux figure l'un des médicaments les plus puissants et les plus constants dans son action que l'homme possède, le quinquina. Fournis en abondance et dans tous les pays par la nature, ils sont une ressource précieuse contre les influences funestes de certains climats et surtout contre certains vices de constitution fréquents dans nos contrées, comme la chlorose et les scrofules. Tour à tour vantés outre mesure ou proscrits par des doctrines exclusives, ils restent dans la thérapeutique comme un agent réellement utile et qui vient puissamment en aide aux moyens hygiéniques, sans toutefois pouvoir les remplacer.

Les principaux amers employés en médecine sont : le quinquina, la gentiane, le quassia, le simarouba, l'aloès, plusieurs labiées et corymbifères, notamment la tanaisie et l'armoise; la chicorée sauvage, le pissenlit, la fumeterre, etc. Nous consacrerons à quelques-unes de ces substances des articles spéciaux.   A. LE PILEUR.

AMÉTHISTE. (*Technologie.*) De tous les quartz colorés que mettent en œuvre les joailliers, l'améthyste est celui qui a le plus de prix, surtout quand il est d'un beau violet pourpré, et que sa teinte est très-uniforme : ce qui arrive rarement dans les pierres un peu grosses. La couleur de cette pierre précieuse se marie bien à celle de l'or, et c'est, après l'émeraude, la gemme la plus agréable à l'œil. Le commerce tire les plus belles de Carthagène, des Indes, et des Asturies en Espagne, et on les transporte à Barcelone pour les tailler. Nous en avons en France, à Val-Louise, dans les Hautes-Alpes, qui peuvent rivaliser avec celles-ci. On en fait venir encore du Brésil et de la Sibérie, où elles sont très-abondantes. On en fait des colliers, des bagues, des pendants d'oreilles. Une améthyste de belle couleur et du poids d'un gramme et demi vaut environ 20 fr., et celle du poids de trois grammes vaut environ *trois fois plus*; mais quand elles pèsent moins d'un gramme, ou qu'elles sont de couleur pâle ou rubannées, leur valeur diminue de beaucoup.

L'art est parvenu à imiter les améthystes, de même que la plupart des autres pierres précieuses.   LENORMAND et MELLET.

AMEUBLEMENT. (*Architecture.*) Ce mot désigne les meubles et tentures employés pour garnir et orner une pièce ou un appartement.

Les Orientaux, qui ont porté plus loin que les autres peuples le luxe des ameublements, en firent dégénérer la richesse en profusion : aussi, voyons-nous que, non contents de décorer leurs habitations de tentures et de tapis du tissu le plus fin et des plus brillantes couleurs, ils les couvrirent de lames d'or incrustées de pierres précieuses.

Pline cite les tapis que l'on fabriquait à Babylone comme les plus estimés de l'antiquité pour le travail. Ils représentaient un assemblage bizarre d'hommes, d'animaux et de plantes : quelques-uns étaient peints, d'autres étaient tissus ou brodés. Aristote rapporte qu'un Sybarite fit broder une tapisserie représentant les six grandes divinités de la Grèce : sa bordure supérieure était ornée d'arabesques de Suze, et son inférieure d'arabesques persanes. Calixénus dit avoir admiré celles qui furent apportées de la Judée à Alexandrie, au temps des Ptolémées.

Ces fabriques, en raison du prix excessif de leurs produits, furent abandonnées, même avant la décadence des arts, en Grèce et en Italie.

Les Égyptiens, peuple astronome, décorèrent leurs palais de figures astronomiques, qui, sculptées en demi-relief, étaient rehaussées d'or et de vives couleurs, représentant ou leurs conquêtes, ou la vie de leurs souverains, sous les emblèmes de leurs divinités. M. Thedna a apporté d'Égypte quelques tapis et meubles de jonc qui indiquent leur habileté dans ce genre, et l'usage qu'ils en faisaient dans leurs ameublements.

La simplicité des Grecs leur fit longtemps mépriser le luxe de l'Égypte. Ce fut seulement à la mort de Périclès qu'Alcibiade, ne mettant plus de bornes à ses profusions, corrompit les mœurs de l'Attique, en y introduisant les richesses de la Syrie. Une grande pureté dans les formes, une belle exécution, sans sécheresse, dans le travail des matières, sont ce qui caractérise les vases et les meubles qui, après tant de siècles, nous ont mis à même d'apprécier le génie de ce peuple célèbre.

Les Romains, imitateurs des Grecs, nous transmirent les usages et le goût qu'ils puisèrent chez eux : c'est donc par les ruines d'Herculanum et de Pompéia que nous devons juger de l'ameublement de ces deux peuples. Il est bien constant que la peinture et la sculpture en firent la base principale ; ils employèrent de beaux enduits, des marbres précieux qu'ils tirèrent de l'Égypte ou de leur propre sol. Les premiers furent couverts de peintures, et les seconds de belles sculptures. Les Romains nous ont laissé, en outre, des revêtissements et des mosaïques. S'ils firent usage des tentures, ce fut toujours avec la plus grande réserve : on ne les remarque, en effet, que dans leurs chambres à coucher, et autour de leurs lits, où elles sont suspendues d'une manière flottante. Ce qui me semble surtout prouver qu'ils en employaient fort peu, c'est le petit nombre d'imitations qu'ils nous en ont transmises par les peintures qui décoraient leurs appartements. C'est ainsi que dans quelques-unes de leurs pièces, ils ont supposé des étoffes attachées par les angles, soit qu'elles parussent couvrir un panneau, soit qu'elles ornassent un plafond formé par une banne, suspendue par le centre, et fixée par des patères dans quelques points de la circonférence, ajustement appelé *vela* par les Italiens.

Ce genre de décoration se remarque plus fréquemment dans les bains de Titus ou de Livie que dans les ruines de Pompéia, d'où l'on pourrait conclure qu'il n'a été introduit chez les Romains qu'au moment où ils déployaient le luxe précurseur de leur décadence.

Des peaux de bêtes garnies de leurs fourrures couvrirent les murailles et les meubles des premiers Gaulois ; des joncs tressés leur succédèrent : bientôt on teignit ces joncs, qui, travaillés avec plus d'adresse, formèrent des compartiments de couleurs variées : c'est à Pontoise que s'éleva la première fabrique en ce genre ; ses produits ne tardèrent pas à surpasser en beauté les nattes qu'on faisait alors venir du Levant.

Les étoffes, dont la fabrication faisait chaque jour des progrès, remplacèrent les nat-

tes ; en même temps, les sculpteurs s'emparant des boiseries, que l'usage avait introduites comme préservatifs de l'humidité de notre climat, les couvrirent d'ornements du genre arabe appelé gothique, jusqu'au moment où le Primatice, Germain Pilon et Jean Goujon fixèrent chez nous le goût, qui, dans l'Italie, avait déjà atteint sa plus haute perfection. L'industrie toujours croissante, secondée par les progrès des arts, produisit les belles tapisseries, qui, d'abord fabriquées en Flandre, sur les dessins de Raphaël et autres peintres célèbres, se reproduisirent bientôt en France à la manufacture des *Gobelins*. Les *meubles* et les vases ne le cédèrent en rien pour la richesse à ceux qui se faisaient en Orient ; car aux émaux de Limoges succédèrent les agates et jaspes taillés avec habileté, enrichis de pierres précieuses et de perles fines.

C'est à peu près à la même époque que se fabriquèrent en France des tapisseries de cuir dit bouilli ; elles étaient faites de peau de veau, représentant des cartels ou armoiries entourés de fleurs ou figures d'animaux, relevés en bosse, dorés, argentés, nuancés des plus belles couleurs, et vernis.

Ces tentures, préservatif certain contre l'humidité, que je ne puis comparer, comme aspect, qu'aux laques chinoises, étaient, au goût près de leurs dessins, d'un très-bel effet et d'une grande richesse : il en existait encore au château d'Écouen il y a quelques années.

Je ne finirai pas cet article sans citer les noms et le bel ouvrage de MM. Pâris, Percier et Fontaine, qui, de la décadence où les arts étaient tombés sous le siècle de Louis XV, nous ramenèrent, par l'étude de l'antique, à une pureté de forme et d'exécution que tous les peuples de l'Europe se sont empressés d'imiter.

DEBRET.

AMEUBLISSEMENT. (*Agriculture.*) En termes d'agriculture, *l'ameublissement* est une opération qui a pour but de rendre les terres plus légères, plus meubles, plus mobiles. En effet, la terre, pour produire, a besoin *d'un degré moyen de compacité, qui permette* aux racines des végétaux de s'introduire en tout sens entre ses molécules, et qui laisse aux eaux un libre passage. Quand un terrain est tel que ses molécules sont trop rapprochées, comme cela s'observe dans les terres argileuses, la végétation ne saurait s'y opérer d'une manière convenable, si on n'en diminuait la consistance. C'est à quoi on parvient en labourant, en brisant les mottes à l'aide de la pioche, en enlevant les pierres, en mêlant au sol des substances étrangères, telles que du sable, de la marne, du fumier, de la cendre, etc.

AMEUBLISSEMENT. (*Législation.*) On

appelle ainsi une fiction de droit par laquelle
on fait passer un immeuble à l'état de meuble.
La *clause d'ameublissement* constitue une
des modifications les plus importantes, apportées à la communauté légale par la communauté conventionnelle. Par cette clause, les
époux ou l'un d'eux font entrer dans la communauté tout ou partie de leurs immeubles
présents ou à venir. Par elle, l'immeuble ou
les immeubles qui en sont frappés deviennent
biens de la communauté, comme les meubles
mêmes. Mais il faut remarquer que cette stipulation n'a d'effets qu'entre les époux, et que
l'immeuble ainsi transformé n'en conserve
pas moins sa nature propre à l'égard des tiers.
Il est bien entendu, au reste, qu'il ne s'agit ici
que des immeubles acquis à titre gratuit. Car
les immeubles acquis à titre onéreux, pendant
la communauté, y tombent de plein droit,
et sans qu'il soit besoin de stipulation.

La clause d'ameublissement tend donc,
comme on le voit, à donner plus d'étendue à
la communauté légale; et elle a ainsi un effet
diamétralement opposé à celui de la *clause de
réalisation* ou de *stipulation de propre*,
qui tend à la restreindre.

L'ameublissement est *général* ou *particulier*, *déterminé* ou *indéterminé*. On l'appelle
général, quand il comprend l'universalité des
immeubles, et *particulier*, quand il ne comprend que certains immeubles spécialement
désignés. Quand l'époux ameublit un ou plusieurs immeubles en totalité ou jusqu'à concurrence seulement d'une certaine somme,
on dit que l'ameublissement est *déterminé*.
Il est *indéterminé*, si l'époux déclare simplement apporter ses immeubles en communauté
jusqu'à la concurrence de certaine somme.
Cette disposition est établie par l'article 1506
du code civil, qui, dans les articles suivants
(1507, 1508, 1509), règle l'effet et la portée
de chacun de ces ameublissements.

AMIABLEMENT, AMIABLE (à l'). (*Législation.*) On dit d'une contestation qu'elle a été
terminée à l'amiable, quand il y a eu conciliation entre les parties, sans l'intervention de la
justice. Toutes les fois qu'elles transigent amiablement, les parties peuvent agir par elles-mêmes, rédiger elles-mêmes leurs conventions, ou
les faire rédiger par un *amiable compositeur*
de leur choix.

L'amiable compositeur prononce sans appel
et en dernier ressort, plutôt selon les règles
de l'équité que suivant le droit strict; c'est
là la différence qui le distingue des arbitres,
qui sont tenus de se conformer au texte de la
loi, et dont les sentences sont sujettes à l'appel.
Les fonctions d'amiable compositeur ne demandent aucun titre préalable, et peuvent être
remplies par toute personne choisie à cet effet, sauf quelques rares exclusions, motivées

sur le sexe, l'incapacité légale ou physique,
l'immoralité notoire. Les magistrats peuvent
les exercer, mais isolément; réunis en tribunal, ils ne peuvent plus juger ainsi, même
du consentement des parties. Cette question,
présentée à la cour de cassation, a été résolue
négativement par arrêt du 30 août 1813.

AMIANTE. (*Minéralogie.*) Voy. ASBESTE.

AMIANTE. (*Technologie.*) Une des productions les plus singulières du règne minéral
est sans contredit l'amiante ou asbeste, substance qui doit son nom à sa propriété d'être
inaltérable, même au feu, ἀμίαντος, et de
pouvoir former des mèches de lampes perpétuelles, ἄσβεστος, *inextinguible*. Formé, en
effet, de silice, de magnésie, d'un peu d'alumine et de chaux, c'est-à-dire des éléments
des pierres les plus dures et les plus réfrac-
taires, l'amiante est infusible au plus haut degré, tandis que l'arrangement de ses molécules est tel, qu'on le prendrait pour un composé de fibres végétales. Aussi sa texture fi-
breuse, son éclat souvent soyeux, la facilité
avec laquelle on en sépare les filaments extrêmement déliés, flexibles et élastiques,
peuvent le faire comparer au lin ou à la soie;
ce qui l'a fait même appeler lin incombustible.

Il n'est donc pas surprenant qu'à diverses
époques on ait cherché à tirer parti de ce fossile, et qu'on se soit occupé de le filer, d'en
faire des étoffes et même du papier à l'épreuve
du feu. Les anciens paraissent avoir bien connu
la manière de le travailler et d'en obtenir des
tissus qui étaient tels, dit-on, que le feu n'en
altérait pas la souplesse.

Dans nos temps modernes, quelques personnes industrieuses se sont occupées de filer
l'amiante, et sont parvenues à le réduire en
étoffes, mais à l'aide d'un expédient qui consistait à mêler au fil minéral un peu de coton
ou de lin; sans quoi il n'eût pas été assez de
force pour être tissé. On jetait la toile au feu,
et on en retirait un tissu d'asbeste pur. On
aurait pu se dispenser d'avoir recours à cette
préparation, si l'on avait connu et employé
l'espèce d'amiante la plus convenable pour
cet objet.

La variété nommée par les naturalistes *asbeste flexible*, est la plus propre à former des
tissus; et elle est d'autant plus facile à filer,
que ses fibres sont plus flexibles et plus longues.

C'est avec un amiante de cette qualité que
madame Perpenti, en Italie, est parvenue,
il y a une douzaine d'années, à fabriquer des
toiles, du papier, et même de la dentelle. Un
ouvrage imprimé en entier sur du papier fa-
briqué par cette dame a été présenté et déposé
à l'Institut de France par M. Huzard.

Voici les procédés suivis par madame Perpenti pour mettre en œuvre l'amiante :

Les premiers apprêts consistent à le laver pour le débarrasser de la terre et des autres matières hétérogènes dont il peut être souillé. Quand il est suffisamment séché, on le partage en petits paquets; on le gratte, on le frotte légèrement, et on le tire en sens contraire, en le prenant par ses deux bouts. A mesure que ses parties, ainsi tirées, se séparent l'une de l'autre, il se développe une quantité de petits fils d'une blancheur extrême, cinq, huit, dix fois plus longs que le morceau d'amiante dont ils proviennent.

Cette production des fils d'amiante est un fait très-curieux, très-extraordinaire, qu'on n'a observé que depuis peu de temps. Quoique cette variété d'amiante ne présente à l'œil que des fibres grossières, on en obtient, par le procédé de détirement indiqué, des fils très-blancs, très-fins, et d'une longueur telle, qu'on peut les employer à toutes sortes d'ouvrages. Ces fils s'y trouvent pelotonnés comme les fils de soie dans les cocons.

On détache les filaments qui sortent des deux fragments d'amiante, et on les dispose sur un peigne, formé de trois rangées d'aiguilles à coudre.

Ces fils étant longs et flexibles, ils se travaillent sur ce peigne avec facilité, de la même manière que l'on pourrait ouvrer le lin et la soie.

L'amiante, ainsi filé, peut servir à former toute espèce de tissus.

Les déchets peuvent se travailler sur les cardes, et être tansformés en loquettes que l'on file ensuite au sortir de la carde comme à l'ordinaire.

C'est avec ces déchets que l'on fabrique aussi le papier d'amiante, par les procédés connus, en substituant cette matière aux chiffons.

Pour donner à ce papier une certaine consistance, on y applique légèrement une eau de colle ou de gomme, à l'aide d'une éponge, comme lorsqu'on colorie le papier ordinaire. Quand la feuille est sèche, on la passe au cylindre pour en effacer tous les plis et en glacer la surface.

Suivant M. Sage, on fait à la Chine des feuilles de papier de six mètres de long, et même des étoffes en pièces.

Le papier ainsi préparé est très-propre à l'écriture et à l'impression; et, si l'on emploie une encre composée de manganèse et de sulfate de fer, l'écriture et le papier conservent le noir de l'encre, même après avoir passé par le feu; aussi ce papier peut-il être très-utile pour mettre à l'abri de l'incendie des écrits précieux, des titres de famille, etc.

L'amiante forme des mèches incombustibles qu'on n'a besoin ni de renouveler ni de moucher. Il suffit, lorsqu'elles se sont remplies de crasse d'huile, de les jeter au feu pour les purifier.

En raison de son infusibilité au feu ordinaire, l'amiante est employé avec succès dans la construction des fourneaux portatifs ou autres.

Il est à cet effet grossièrement pulvérisé au moulin, et mêlé avec un mucilage pour en former une pâte, que l'on introduit dans les moules dont elle prend la forme et le poli. Ces fourneaux, d'un gris rougeâtre, allient la solidité à la légèreté; ils changent de couleur et blanchissent au feu.

Dans l'île de Corse, où l'amiante se rencontre en abondance, le savant Dolomieu a vu des potiers faire entrer ce minéral dans la composition d'une poterie qui en devient plus légère et plus capable de résister au choc aussi bien qu'à l'action du feu.

LENORMAND et MELLET.

AMIBE. (*Histoire naturelle.*) Genre de zoophytes infusoires, créé par M. Bory de Saint-Vincent et ayant pour type un animal désigné par Bæsel sous le nom de Protée (*Proteus diffluens*, Muller), parce qu'en effet cet infusoire n'a pas une forme constante et que, par la protension d'une partie de son corps, il change à chaque instant de forme. Les amibes sont transparentes; mais souvent elles sont colorées en rougeâtre ou en vert par des particules qu'elles ont enveloppées dans leur masse; elles sont excessivement petites et se produisent dans les eaux stagnantes, au milieu des détritus qui forment une couche vaseuse à la surface des herbes et des pierres. Il doit exister de nombreuses espèces de ce genre; mais tant que l'on n'aura pu étudier avec soin leur mode de propagation, on ne pourra pas les distinguer avec certitude : l'espèce la mieux connue est l'*Amiba princeps* Bory.

MM. Bory de Saint-Vincent (*Encycl. méth.* zoo-phytes) Erenberg (*Infusionsthierchen*, 1838); Dujardin (*Hist. nat. des zoophytes infusoires ; suites à Buffon*, éd. Roret, 1841), et quelques autres zoologistes, se sont occupés de l'étude de ces animaux qui, malgré leurs recherches, ne nous sont pas encore suffisamment connus.

E. DESMAREST.

AMIDON. (*Chimie* et *Technologie.*) L'amidon ou fécule existe dans beaucoup de végétaux en quantité plus ou moins considérable; mais on ne l'extrait en grand que des céréales et de la pomme de terre. La préparation, que nous décrivons plus bas avec détail, consiste essentiellement à soumettre au lavage la farine du grain ou la pulpe du tubercule : l'eau entraîne l'amidon et le laisse déposer au fond du vase, où on le recueille.

C'est une substance blanche, insipide, sans action sur les teintures végétales. Elle est insoluble dans l'eau froide : dans l'eau bouillante en excès, elle semble se dissoudre; mais, quand l'eau est en petite quantité, l'amidon prend une consistance gélatineuse et forme l'empois. Mis en contact avec une solution d'iode, il se colore en bleu très-intense : cette réaction est un des caractères les plus saillants de l'amidon.

Examiné au microscope, l'amidon paraît formé de granules organisés, dans lesquels on observe des couches concentriques de même nature, mais plus ou moins adhérentes entre elles. Chaque granule offre à sa surface un ou plusieurs orifices, nommés *hiles*, faciles à reconnaître, dans certaines variétés de fécules, et qui deviennent apparents, dans toutes, par une dessiccation convenable. C'est par le hile que s'introduit, pendant l'accroissement, la substance amylacée qui forme, à l'intérieur, les diverses couches. Les grains sont ordinairement arrondis, toujours très-petits ; mais *leur forme et leurs dimensions* varient beaucoup, suivant l'espèce végétale qui les fournit. Le tableau suivant, donné par M. Payen, indique la longueur des grains de quelques fécules (les chiffres expriment des millièmes de millimètre) :

Tubercules des grosses pommes de terre de Rohan.	185
Autres variétés.	140
Bulbes de lis.	115
Graines de grosses fèves.	75
— de lentilles.	67
— de haricots.	36
— de gros pois.	50
Sagou (fécule de la moëlle fraîche du sagouier)	45
Fruit du blé blanc.	50
Tubercules d'*orchis latifolia* et *bifolia*.	45
Tiges volumineuses du *cactus peruvianus*.	30
Graines de *naias major*.	30
Pollen de *ibid*.	7,5
Écorce d'*aylanthus glandulosa*.	8
Graine de betterave.	4
— de *chenopodium chinoa*.	2

On voit, d'après ce tableau, combien les dimensions des fécules sont variables ; leurs formes sont aussi très-différentes, comme nous l'avons dit : de sorte que chaque fécule constitue une espèce véritable, douée de caractères particuliers. Dans ce qui va suivre, nous considérons les propriétés du genre, celles qui appartiennent à toutes les espèces.

En comprimant la fécule entre deux lames de verre, on reconnaît, au microscope, que les grains se fendent et se séparent en plusieurs fragments : mais on ne voit pas, comme l'ont prétendu quelques observateurs, que la substance intérieure soit liquide. On peut s'assurer, en effet, par une expérience directe, qu'il n'y a pas de partie liquide interposée entre les couches qui forment les grains ; car en les lavant à l'eau distillée, après les avoir désorganisés par trituration, l'eau de lavage filtrée ne donne aucune des réactions propres à l'amidon : toute la substance amylacée est donc restée sur le filtre ; il faut donc admettre que toute cette substance est solide. Si l'on vient, d'ailleurs, à séparer les capsules concentriques qui constituent les grains, on reconnaît, par les réactifs et par l'analyse directe, que toutes les couches sont de même nature.

La fécule, telle que les procédés d'extraction la fournissent, retient encore, même après avoir été parfaitement égouttée, une quantité d'eau qu'on peut évaluer à 15 équivalents. On peut, par une dessiccation convenable, l'amener à ne plus renfermer, en combinaison, que 4 équivalents d'eau, soit 0,18 de son poids : elle est alors pulvérulente ; mais on observe encore entre les grains une certaine adhérence : c'est l'état sous lequel on la trouve ordinairement dans le commerce. Une dessiccation plus complète peut lui enlever encore 2 équivalents d'eau, les grains perdent alors toute adhérence, et la fécule coule entre les doigts, comme un sable impalpable. Enfin, portée à cet état dans le vide, par une température de 120 degrés, elle abandonne la moitié de l'eau qui lui restait, et n'en contient plus que 1 équivalent qu'on ne peut lui enlever sans la décomposer. Quand elle a été ainsi desséchée le plus possible, elle est en poudre très-mobile, répandant d'épaisses poussières, lorsqu'on la tamise ; exposée à l'air, elle en absorbe l'humidité, et son poids augmente de 20 pour 100. — On connaît encore la fécule sous un autre état d'hydratation, telle qu'on l'obtient en l'exposant, lorsqu'elle a été desséchée, dans un air presque saturé d'humidité, à la température de 20 degrés. La quantité d'eau qu'elle absorbe dans ces circonstances s'élève à 10 équivalents ; les grains deviennent alors susceptibles d'une adhérence telle, que la fécule forme, par compression, une masse presque plastique. — On voit, en résumé, que, suivant les circonstances de la préparation, la fécule peut retenir 1, 2, 4, 10 ou 15 équivalents d'eau.

Examinons maintenant les modifications remarquables que subit l'amidon par l'action de la chaleur.

Porté à une température comprise entre 200 et 220 degrés, il se convertit en dextrine et devient soluble. La transformation est plus ou moins prompte, suivant l'espèce de fécule qu'on emploie et suivant son état d'hydratation : ainsi, la fécule anhydre, chauffée à 160 degrés, n'éprouve aucune altération, tandis que la fécule contenant 4 équivalents d'eau, portée rapidement à cette température, passe à l'état de dextrine, du moins en grande partie; la réaction est aussi plus prompte avec la fécule des grains jeunes qu'avec celle des grains mûrs, celle-ci étant plus fortement agrégée.

On facilite encore la transformation dont il s'agit en opérant dans des tubes fermés, de manière à empêcher la volatilisation de l'eau d'hydratation : une température de 200 degrés suffit, dans ce cas, pour déterminer la fusion complète de l'amidon; on le trouve, après l'ouverture du tube, sous la forme d'une masse homogène et diaphane.

Si la fécule est mise en contact avec une quantité d'eau considérable, les phénomènes dus à l'action de la chaleur sont tout différents. En la chauffant, par exemple, avec quinze fois son poids d'eau, les grains éprouvent un gonflement considérable, dû à l'absorption de l'eau : quelques-uns se déchirent et se désagrégent complétement. A 100 degrés, le volume de la fécule est devenu vingt-cinq ou trente fois plus considérable, et la masse a pris la consistance gélatineuse qui caractérise l'empois : cette consistance est déjà prononcée à 72 degrés. Dans ce nouvel état, les grains sont exfoliés; mais les feuillets adhèrent encore les uns aux autres. Le refroidissement les resserre; et, par suite, on voit l'empois se fendiller et exsuder l'eau interposée. Tous ces phénomènes de gonflement, d'exfoliation des grains, sont faciles à constater sous le microscope, surtout quand on colore les grains par l'iode. Ces effets se manifestent encore quand au lieu de chauffer la fécule, comme nous venons de le faire, on la met en contact avec de l'eau rendue alcaline par une petite quantité de soude; on voit alors les grains se dilater progressivement, et, au bout de vingt-quatre heures, ils occupent un volume soixante-dix ou soixante-quinze fois plus grand que leur volume primitif.

Si on porte la température du mélange au delà de 100 degrés, la désagrégation de l'amidon se prononce de plus en plus, et la masse devient de plus en plus liquide. A 150 degrés, les pellicules se séparent en parties tellement ténues, qu'elles entrent, pour ainsi dire, en dissolution et forment un sirop transparent, fluide, qu'on peut filtrer, quand il est suffisamment étendu d'eau. Par refroidissement, ce liquide laisse déposer l'amidon sous forme de granules sphériques, parfaitement uniforformes. Ces granules peuvent se redissoudre dans l'eau bouillante, et leur dissolution est colorée en bleu par l'iode. « Cette transformation, dit M. Dumas, est d'une haute importance dans l'histoire de la fécule; elle permet de ramener toutes les fécules à un état

uniforme; car les granules reproduisent manifestement les propriétés des fécules les plus fines, par exemple, celles de la fécule de la graine du *chenopodium chinoa*. » Le meilleur procédé pour les obtenir consiste à chauffer pendant deux heures, à 150 degrés, 1 partie de fécule et 5 parties d'eau, puis à laisser refroidir. L'opération se fait dans une marmite de Papin.

En continuant l'action de la chaleur sur le mélange qui a fourni ces granules, de manière à dépasser 150 degrés, la fécule éprouve une nouvelle modification; elle passe à l'état de dextrine, soluble et colorable en violet par l'iode. Cette réaction a lieu vers 160 degrés; si la température dépasse ce terme, on obtient une dissolution que l'iode ne colore plus et qui renferme du glucose.

Tels sont les changements qui se manifestent dans l'amidon par l'action simultanée de l'eau et de la chaleur : il passe successivement à l'état d'empois, de granules, de dextrine. Mais ces modifications sont purement isomériques, c'est-à-dire qu'elles ne dépendent que de l'état moléculaire du corps; elles s'accomplissent, sans que sa composition chimique varie : l'analyse met ce fait hors de doute; dans la fécule à l'état normal, dans l'empois, dans les granules ou dans la dextrine on retrouve les mêmes proportions des mêmes principes élémentaires.

Une dissolution alcoolique d'iode est un réactif précieux pour suivre les différentes périodes de la décomposition de l'amidon. La fécule, mise en contact avec cette dissolution, prend une teinte bleue, d'autant plus prononcée qu'elle est plus agrégée. Ainsi, avec la fécule à l'état normal, la coloration est si intense, que les grains semblent noirs et opaques : dans l'empois, où la fécule est déjà un peu désorganisée, la dissolution d'iode donne encore une coloration bleue, mais avec une nuance de violet; cette nuance devient plus sensible si l'empois a été porté à 100 degrés : enfin, si l'amidon a été complétement désorganisé, converti en dextrine, il se colore en rouge par l'action de l'iode, et cette coloration ne se produit même plus quand la dextrine a été longtemps chauffée. Les effets produits sont les mêmes quand l'amidon a été désorganisé et rendu soluble, non plus par la chaleur, mais par l'action des acides ou de la diastase : la coloration bleue tire au rouge à mesure que la désagrégation avance.

L'iodure d'amidon, obtenu en traitant la fécule non désagrégée par la dissolution d'iode, offre quelques propriétés curieuses et susceptibles de diverses applications.

L'action directe des rayons solaires le décompose, lorsqu'il est en dissolution dans l'eau : cet effet est dû à la formation de l'acide indhydrique et à la volatilisation de l'iode. Un abaissement convenable de température, en contractant l'iodure, permet de le séparer de l'eau qui le tient en suspension : en filtrant le liquide, les pellicules bleues restent sur le filtre, et l'eau passe à peu près incolore. Un très-grand nombre de corps produisent, comme le refroidissement, la coagulation du composé bleu et permettent de l'éliminer, lors même qu'il est en très-faible proportion : tels sont les acides sulfurique, azotique, chlorhydrique, les chlorures de calcium, de barium, de sodium, les sulfates de chaux, de fer, de potasse etc. — Quand on chauffe la dissolution bleue d'iodure, elle perd l'intensité de sa couleur à mesure que la température s'élève; à 80 ou 85 degrés, elle est complétement décolorée; mais elle reprend sa coloration par le refroidissement. Ce phénomène paraît tenir aux mêmes causes qui produisent les colorations diverses de l'amidon. On ne l'observe plus quand la dissolution d'iodure a été chauffée au delà d'une certaine température.

L'action des acides sur l'amidon est remarquable : les acides azotique, sulfurique étendu, oxalique, tartrique, etc., le dissolvent complétement. La dissolution prend, par l'iode, une coloration violette; si on la fait bouillir, elle passe au pourpre, et, au bout de quelques heures d'ébullition, l'iode ne la colore plus : la fécule s'est convertie successivement en dextrine et en glucose. Cette réaction, opérée en grand, est appliquée à la production de la dextrine et du sucre de raisin. *Voyez* DEXTRINE, SUCRES et EAUX-DE-VIE.

La diastase agit sur la fécule de la même manière que les acides précédents (*Voy.* DIASTASE). La réaction est arrêtée par la présence du tannin.

Quelques réactions de l'amidon méritent encore d'être signalées. Quand on le fait bouillir, avec de l'acide sulfurique, en présence du peroxyde de manganèse, il y a production d'acide formique et dégagement abondant d'*acide carbonique*. L'action de l'acide azotique sur l'amidon donne, dans certaines circonstances, de l'acide oxalique, oxalhydrique, etc. (*Voy.* ACIDE OXALIQUE), mais point d'acide mucique. L'amidon peut entrer en combinaison avec les bases; lorsqu'il est en dissolution dans l'eau, il est précipité par les eaux de chaux et de baryte : le sous-acétate de plomb le précipite également à l'état d'amylate de plomb.

L'amidon sec est doué d'une grande stabilité et on peut le conserver longtemps sans qu'il éprouve aucune altération : mais à l'état d'empois, il subit une décomposition spontanée, même lorsqu'il est à l'abri du contact de l'air. M. Th. de Saussure a fait à cet égard quelques observations que nous devons consigner ici : « L'amidon, dit ce savant, réduit par l'eau à l'état d'empois et abandonné à lui-même, par une température de vingt ou vingt-cinq degrés, produit, soit avec le contact de l'air, soit sans cette influence : 1° une espèce de sucre, semblable à celle qu'on obtient de la même fécule, par l'intervention de l'acide sulfurique délayé et d'une plus haute température; 2° une espèce de gomme de même nature que le principe gommeux de l'amidon torréfié : c'est la dextrine; 3° une matière (granules d'amidon) dont les propriétés sont intermédiaires entre celles de l'amidon et de la dextrine; 4° une substance qui approche du ligneux et qui paraît être l'amidon altéré. La décomposition spontanée de l'amidon fournit encore d'autres produits; mais leur présence et le mode de leur formation sont subordonnés à l'action ou à l'absence de l'air pendant la fermentation. » M. de Saussure a observé, dans d'autres expériences, que la fermentation de l'empois et sa conversion en glucose étaient accélérées par la présence du gluten.

L'amidon a été l'objet d'un grand nombre d'analyses : soit qu'on le prenne intégralement, soit qu'on opère séparément, sur les parties enveloppantes et sur les parties intérieures des grains, on arrive aux mêmes résultats. La composition est représentée par les nombres suivants :

Carbone.	44,9
Hydrogène	6,1
Oxygène.	49
	100,0

qui correspondent à la formule $C^{12} H^{10} O^{10}$. L'analyse de l'amylate de plomb montre que, dans cette formule, l'équivalent d'eau peut être remplacé par l'équivalent d'oxyde de plomb; en sorte que l'équivalent de l'amidon est $C^1 H9 O9 + HO$.

Dans la description que nous venons de faire nous n'avons point établi de distinction entre la fécule et l'amidon; sous le rapport chimique, en effet, ces deux substances sont identiques. Mais dans ce qui nous reste à dire, nous ne devons pas les confondre; car les dénominations de fécule et d'amidon s'appliquent, dans les arts, à des matières extraites par des procédés très-différents, et qui n'ont pas la même origine. En général, on retire l'amidon des céréales, et la fécule des pommes de terre. Nous allons décrire successivement ces deux fabrications.

Fabrication de l'amidon. — Les matières premières sont les farines de blé, de seigle et d'orge et les remoulages de ces farines. Il y a deux procédés distincts pour en extraire l'amidon. Dans le premier, on soumet les farines à la fermentation, en les délayant, aussi bien que possible, dans les eaux *sures*, provenant des opérations précédentes, et abandonnant le mélange à lui-même : les eaux sures contenant de l'acide lactique, de l'acide acétique et des matières organiques, qui jouent le rôle de ferments, la décomposition putride se manifeste bientôt : de l'acide carbonique, de l'acide sulfydrique, se dégagent, et la liqueur contient de l'acétate d'ammoniaque, du phosphate de chaux, etc. ; le gluten existant dans la farine est devenu soluble, et, quand la fermentation est achevée, c'est-à-dire au bout de quinze à trente jours, on peut séparer l'amidon de toutes les substances étrangères. Pour cela, il suffit de laver plusieurs fois la matière et de décanter l'eau surnageante, après avoir laissé reposer quelque temps : on enlève ainsi les parties solubles et celles qui restent en suspension. Quand le liquide décanté est clair, le lavage est achevé : on délaie alors l'amidon dans l'eau et on le fait passer à travers un tamis à tissu serré, pour séparer les débris de tissu végétal et les matières insolubles. Il ne reste plus qu'à le dessécher ; pour cela on le fait égoutter d'abord dans des paniers dont la surface intérieure est doublée de toile ; puis on expose les pains tirés de ces paniers sur une aire absorbante, formée d'une épaisse couche de plâtre. Les pains sont divisés et exposés dans un séchoir à air libre. Au bout de quelque temps, on les enveloppe dans du papier maintenu par de petites ficelles, et on termine la dessiccation dans une étuve à courant d'air chaud. Cette manutention donne l'amidon *en aiguilles*. Quand on veut l'obtenir sous la forme ordinaire, on divise les pains, et on met la poudre sur les tablettes de l'étuve, comme dans la préparation de la fécule. On doit, dans cette dernière dessiccation, graduer la température de l'air et l'élever peu à peu, sans quoi l'amidon gonflé s'hydraterait et formerait empois. La température de l'étuve ne doit pas dépasser 40 degrés dans les commencements : on peut ensuite la porter sans inconvénients à 60 et même à 80 degrés.

L'autre procédé qu'on suit pour fabriquer l'amidon a sur celui-ci divers avantages : il évite les longueurs, l'insalubrité et les pertes dues à la fermentation putride ; de plus, il donne un produit utile, le gluten qu'on peut séparer sans le détruire : mais il exige plus de main-d'œuvre ou un moteur mécanique. Il consiste essentiellement à laver la farine, jusqu'à ce que tout l'amidon qu'elle contient ait été entraîné. On fait une pâte avec la farine, en la mélangeant avec quarante pour cent d'eau : après l'avoir laissée reposer quelque temps, on la soumet à un lavage sur un tamis serré, en toile métallique. On obtient, d'une

part, dans le liquide, l'amidon en suspension et la matière sucrée en dissolution, de l'autre, le gluten, qui reste sur le tamis. Le lavage s'exécute à la main, sous des filets d'eau très-fins, qu'on fait arriver sur le tamis, au moyen d'un tube percé de petits trous et communiquant avec un réservoir. La pâte est malaxée par l'ouvrier, doucement d'abord, puis avec plus de vivacité, jusqu'à ce que l'eau qui s'écoule cesse d'être blanchâtre. Le liquide recueilli contient toujours, outre l'amidon, une petite quantité de gluten ; on le purifie, en le soumettant, pendant vingt heures, à la fermentation dans une chambre chauffée à vingt degrés environ : après quoi il ne reste plus qu'à séparer l'amidon du liquide et à le dessécher. Ces opérations ne diffèrent en rien de celles qu'on exécute pour le même but, dans le procédé décrit plus haut. Les eaux provenant des divers lavages qu'on effectue alors, enlèvent un peu d'amidon : on peut le recueillir, après avoir laissé reposer pendant quelques jours, et on obtient ainsi un produit de qualité inférieure, mais qui est propre encore à divers usages.

Fabrication de la fécule. — Cette fabrication comprend sept opérations distinctes, savoir :

1° Lavage des tubercules ;
2° Râpage des tubercules ;
3° Tamisage de la pulpe ;
4° Lavage de la fécule brute ;
5° Égouttage de la fécule lavée ;
6° Dessiccation de la fécule ;
7° Blutage de la fécule.

1° Les tubercules se lavent à la main ou au moyen d'un laveur mécanique, appareil qui se compose d'un cylindre à axe horizontal, dont les bases sont réunies par des barres de bois convenablement espacées. Les tubercules sont placés dans l'intérieur du cylindre et retenus entre les bases pleines et la grille qui en forme la surface. Le système plonge, par sa partie inférieure, dans une auge remplie d'eau, et reçoit d'un moteur quelconque un mouvement rapide de rotation ; les tubercules, agités au milieu de l'eau, se débarrassent complétement de la terre et du sable adhérents à leur surface. Ils sont portés ensuite dans une trémie, qui les distribue peu à peu dans l'appareil où ils sont réduits en pulpe. — 2° On emploie, pour cette seconde opération, un cylindre horizontal, dont la surface est armée d'un grand nombre de lames de scie, posées parallèlement à l'axe, et faisant, avec le cylindre qui les porte, de six cents à neuf cents tours par minute. La trémie met les pommes de terre en contact avec cette râpe, qui les déchire ; et la pulpe est recueillie dans une caisse placée à la partie inférieure. — 3° Elle doit être soumise à un tamisage qui sépare la fécule de toutes les substances étrangères et principalement du tissu cellulaire. Cette opération s'exécute à la main, sur un tamis métallique, comme le lavage de l'amidon, ou mécaniquement, à l'aide d'appareils particuliers dont les dispositions varient d'une fabrique à l'autre. L'un des plus répandus, construit par M. Vernier, se compose de trois cylindres, garnis de toiles métalliques, et montés sur un même axe. Les cylindres ont des diamètres différents et tournent autour de l'axe commun, qui est légèrement incliné à l'horizon. La pulpe arrive à la partie supérieure du système, tombe dans l'intérieur et, après avoir traversé tout le tamis, elle sort par l'extrémité inférieure. Dans cette opération, la fécule contenue dans la pulpe est entraînée par l'eau à travers les mailles du tamis et se rassemble dans une bâche placée au-dessous des cylindres, tandis que le résidu plus grossier est agité sur le tamis, et n'en sort qu'après avoir été complétement épuisé. Cette disposition du tamis des féculeries est, comme on voit, analogue à celle du blutoir des moulins à farine. — 4° La fécule tamisée se rend, au sortir des cylindres, dans une série de tonceaux où on la laisse reposer pendant quelques heures : après quoi, ayant décanté le liquide surnageant, on ajoute de l'eau pure à la fécule ; on agite le mélange de manière à mettre les parties légères en suspension, et on la passe ensuite au tamis ; on répète cette opération plusieurs fois, en employant des tamis successivement plus serrés, et laissant, chaque fois, au fond du tonneau, les parties lourdes qui s'y sont déposées, tandis que les parties les plus légères restent sur le tamis. On sépare ainsi les unes et les autres de la fécule, et celle-ci, bien purifiée, se précipite au fond des cuves, où elle forme une masse assez cohérente pour qu'on puisse la découper en morceaux de grosseur déterminée. — 5° On porte alors les pains obtenus dans des paniers ou *bachots*, doublés intérieurement de toile, et on y laisse égoutter la fécule pendant vingt-quatre heures. L'opération s'achève en renversant les pains déjà égouttés sur une aire en plâtre qui absorbe l'eau encore apparente. — 6° Vient enfin le séchage à l'air libre, puis à l'air chaud. Le premier s'opère dans une chambre vaste et bien aérée, où des persiennes déterminent et règlent l'affluence de l'air : la fécule y est disposée, par petits pains, sur des claies superposées, maintenues par une série de montants verticaux en bois : elle reste là six semaines environ, puis elle est écrasée, au moyen d'un rouleau en bois, et portée dans une étuve à courant d'air chaud où s'achève la dessiccation. — 7° La dernière opération consiste en un blutage mécanique : l'appareil employé se compose d'une trémie qui reçoit

la fécule et de deux tamis superposés qu'elle traverse, sous l'action de brosses qui se meuvent avec une grande vitesse à la surface des tamis.

La figure 4 (*Atlas*, ARTS CHIMIQUES, pl. 3) représente l'appareil dans lequel s'exécutent les principales opérations que nous venons de décrire. M est la trémie où l'on jette les pommes de terre ; elles sont lavées dans le cylindre à claire-voie A, plongé en partie dans la bâche V, et mis en mouvement au moyen de l'engrenage O. Un caisson K reçoit les pommes de terre lavées et les conduit dans l'auge X. Elles sont montées, de là, dans un autre caisson C, au moyen d'une chaîne sans fin BD, portant des godets *a*, *a*, *a*, etc., et réduites en pulpe par la râpe *b*. Un caisson P conduit la pulpe dans le cylindre laveur K, en toile métallique. Ce cylindre plonge dans une bâche D et reçoit, par l'engrenage S, un mouvement de rotation. La pulpe, pressée par un courant d'eau, arrive dans la partie R et ensuite en N, où, agitée sur une plus grande surface, elle achève de se laver. Un caisson E sert à l'écouler dans le baquet F, tandis que l'eau chargée de fécule est versée dans la bâche H, par un caisson G.

N est un réservoir qui distribue l'eau nécessaire aux diverses parties de l'appareil, au moyen des tuyaux 8, 3, etc.

La fécule pure, ainsi préparée, est en poudre blanche, et offre un grand nombre de points brillants, lorsqu'on lui fait réfléchir les rayons du soleil. Versée dans l'eau, elle ne s'y dissout pas et se précipite assez promptement au fond des vases : elle contient de huit à quinze pour cent d'eau, et une très-petite quantité de matières étrangères, provenant des sels insolubles contenus dans les eaux de lavage et dans la pomme de terre elle-même.

On reconnaît facilement la pureté de la fécule du commerce aux deux caractères suivants : calcinée dans un creuset de platine, elle doit donner au plus 0,005 de résidu ; traitée par la diastase, elle doit se dissoudre complétement.

La fécule a aujourd'hui, dans les arts, de nombreuses et importantes applications, et l'industrie qui la produit est une de nos industries agricoles les plus considérables. Nous indiquerons en quelques mots les principaux usages auxquels elle est employée : mêlée à la farine, elle sert à la confection du pain ; elle met ainsi les pays qui cultivent la pomme de terre à l'abri des chances de disette, et diminue en tout temps le prix de l'aliment le plus nécessaire. On l'emploie en outre dans la préparation des pâtisseries, des pâtes, etc. La fabrication du papier et de la dextrine, l'apprêt des étoffes, en consomment une quantité considérable. Enfin, l'industrie la transforme de mille manières, et en tire, par des préparations diverses, du sucre, des sirops, de la bière, de l'alcool, du vinaigre, etc. Toutes ces applications seront développées dans d'autres articles.

Dumas, *Traité de chimie*, t. VI.
Th. de Saussure, *Annales de Chimie*, t. II et XI.
Raspall, *Annales des sciences naturelles*, t. II.
Jacquelain, *Annales de Chimie*, t. LXXIII.
Biot et Perso, *Mémoires de l'Institut*.
Payen, *Annales de Chimie*, t. LXI et LVX.

H. Dézé.

AMIENS, *Somarobriva, Ambiani, Ambianum, Somarobriva Ambianorum. (Histoire* et *Géographie.*) Amiens, ancienne capitale de la Picardie, est aujourd'hui le chef-lieu du département de la Somme; elle possède une cour royale et des tribunaux de première instance et de commerce, une académie universitaire, une école secondaire de médecine, un collège royal, une académie des sciences, agriculture, commerce, arts et belles-lettres, un grand séminaire, un musée, une bibliothèque publique; enfin, elle est le siége d'un évêché, qui fut fondé vers 303.

Les évêques furent originairement seigneurs de cette ville, qui plus tard eut le titre de comté et de vidamie. Les seigneurs de la maison de Boves, qui avaient succédé aux évêques, furent dépossédés par Raoul, comte de Vermandois. Le gendre de ce dernier céda le comté d'Amiens à Philippe-Auguste, qui, pour libérer ce fief de l'hommage dû à l'évêque, fit à celui-ci quelques concessions au moyen desquelles le prélat renonça à tout droit de suzeraineté.

L'origine d'Amiens se perd dans la nuit des temps. A l'époque de Jules-César, cette ville s'appelait *Somarobriva* et était la capitale des *Ambiani*, dont elle prit ensuite le nom. César y tint l'assemblée des Gaules. Embellie par Antonin et Marc-Aurèle, elle fut dès lors considérée comme une des cités les plus opulentes de la seconde Belgique. Valentinien y fit reconnaître Auguste son fils Gratien (367). Les Gépides, les Alains, les Vandales et les Francs s'en emparèrent successivement. Vers le milieu du cinquième siècle, Clodion en chassa les Romains, et y établit le siége de son royaume. Mérovée y fut proclamé roi, et sous son règne elle fut dévastée par Attila. Clovis la donna en partage à Clotaire. Elle fit dès lors partie du domaine de la couronne jusqu'à la décadence de la maison de Charlemagne. Elle fut ensuite gouvernée par des comtes, des vidames et des châtelains, qui la firent ceindre de fortifications considérables, et ne purent cependant l'empêcher d'être trois fois brûlée et saccagée par les Normands.

En 1113, l'évêque, qui exerçait les droits de la seigneurie sur une partie de la ville, tandis que le comte et le vidame en possédaient deux autres parties, et que le propriétaire d'une grosse tour qu'on nommait le Châtillon prétendait aux mêmes droits sur les quartiers voisins de sa forteresse, l'évêque, dont la puissance était la plus généralement reconnue, mais la plus faible de fait, favorisa l'établissement d'une commune. Cet évêque, nommé Geoffroy, d'un esprit éclairé et plein de zèle pour le bien général, céda sans efforts et gratuitement aux requêtes des bourgeois, et concourut avec eux à l'érection d'un gouvernement municipal. Ce gouvernement, composé de vingt-quatre échevins, sous la présidence d'un majeur, fut installé au milieu de la joie populaire, sans aucun de ces troubles qui accompagnèrent, en beaucoup de localités, l'établissement d'une pareille innovation. Cependant le comte et le vidame résistèrent; mais ils furent assiégés dans la tour de Châtillon et obligés de céder. La commune d'Amiens eut d'assez longs jours. Supprimée par Philippe IV, elle fut rétablie par le même roi en l'année 1307. Elle ne perdit ses anciennes prérogatives que lentement et une à une. Sous Henri IV, en 1607, l'élection du majeur et des vingt-quatre échevins subsistait encore.

Ce fut en 1185 que Philippe d'Alsace, seigneur d'Amiens par son mariage avec Isabelle de Vermandois, céda cette ville à Philippe-Auguste. En 1435, Charles VII engagea Amiens avec les autres villes de la Somme à Philippe de Bourgogne, moyennant 400,000 écus d'or. Louis XI paya la somme en 1463, et rentra en possession des villes engagées. Deux ans plus tard, il les céda de nouveau, par le traité de Saint-Maur, au comte de Charolais, avec la réserve de pouvoir les racheter à la mort dudit comte. En effet, à la mort de Charles le Téméraire, Louis XI les recouvra, et les réunit de nouveau et pour toujours au domaine royal. Sous François Ier et Henri II, les Impériaux cherchèrent en vain à se rendre maîtres d'Amiens. Les habitants entrèrent ensuite dans la ligue ou sainte union, et ne se rendirent à Henri IV qu'en 1594. Prise par les Espagnols en 1597, Amiens ne rentra en la puissance du roi de France qu'après un siége long et coûteux.

Les principales assemblées politiques tenues à Amiens furent celle où Louis IX jugea les différends survenus entre Henri III, roi d'Angleterre, et les barons de son royaume (1264); celle que tint le roi Jean, à son retour d'Angleterre, pour régler l'imposition de l'aide destinée au payement du reste de sa rançon, et pour prendre les mesures les plus propres à réformer les abus qui étaient nés pendant sa captivité; enfin le congrès à la suite duquel fut signé le traité de paix de 1802, entre la France, l'Angleterre, l'Espagne et la Hollande. (*Voyez* l'article suivant.)

La ville d'Amiens est située au milieu de campagnes agréables et fertiles; elle est bien bâtie, entourée de boulevards et baignée par la Somme, qui se divise en canaux pour en arroser l'intérieur. La ville, autrefois forte, est aujourd'hui démantelée. Les édifices et établissements remarquables sont : la cathédrale, un des plus beaux monuments religieux que possède la France, bâtie de 1220 à 1288, et renfermant plusieurs tombeaux, parmi lesquels est celui de Gresset; l'hôtel de ville, commencé en 1600 et achevé en 1760; le collége royal, autrefois abbaye de Saint-Jean, un des plus beaux établissements en ce genre; le grand séminaire, construit en 1739; le château d'eau, alimenté par une belle machine hydraulique; la promenade dite la Hautoye, qui jouit d'une grande célébrité; la salle de spectacle, habilement disposée et surtout très-sonore; la bibliothèque communale, construite en 1823, et riche de 40,000 volumes imprimés et de 400 manuscrits; enfin le palais de justice, la citadelle, le jardin des plantes, l'hôpital Saint-Charles, le collége de Saint-Acheul, le cimetière de la Madeleine, etc.

Amiens occupe une place distinguée parmi les cités commerçantes et industrielles de France. Elle communique avec la mer par la Somme; par son canal, avec celui de Saint-Quentin, qui lui ouvre le bassin de l'Escaut; par l'Oise, avec le bassin de la Seine. Son industrie comprend plusieurs branches distinctes : la filature de la laine, les étoffes de laine et de soie (le velours entre autres), la filature du coton, les tissus de coton et la bonneterie. En outre, il y a des fabriques de tulles, d'étoffes imprimées, d'huile de vitriol, de savons, un grand nombre d'ateliers de teinture et de blanchisserie; enfin, on ne peut guère parler du commerce d'Amiens sans mentionner ses pâtés de canard, qui jouissent d'une grande célébrité, et dont elle exporte une quantité considérable.

Amiens est la patrie de Pierre l'Ermite, prédicateur de la première croisade; de François Fernel, médecin de Henri II, mort en 1558; de Jean d'Estrées, grand maître de l'artillerie de France, mort en 1567; de l'académicien Voiture, mort en 1648; du savant du Cange, mort en 1688; de l'érudit Legrand d'Aussy; du bénédictin dom Bouquet, mort en 1754; du poëte J.-B. Gresset; de l'astronome Delambre; du naturaliste Duméril, etc.

Adr. de la Morlière, *Antiquités et choses les plus remarquables de la ville d'Amiens*, 3e. éd., 1612, in-fol.

Le P. Daire, *Histoire de la ville et du diocèse d'Amiens*, 1757, 2 vol. in-4e, cartes et plans.

M. H. Dusevel, *Histoire de la ville d'Amiens depuis les Gaulois jusqu'en 1830; 1832-33*, in-8e.

Du Cange, *Histoire de l'état de la ville d'Amiens et de ses comtes, avec un recueil de plusieurs titres inédits, concernant l'histoire de cette ville;* publiée d'après le manuscrit autographe de l'auteur, 1841, in-8e.

Aug. Thierry, *Histoire municipale de la ville d'Amiens*, formant les deux premiers volumes de la *Collection des documents inédits de l'histoire du tiers état.*

Le P. Daire, *Histoire littéraire de la ville d'Amiens.*

G.

AMIENS (Paix d'). (*Histoire.*) En 1802, la guerre européenne durait depuis neuf ans, et l'Europe attendait avec impatience le repos dont elle avait besoin. Enfin la paix fut conclue : mais aussi prompte à repartir qu'elle avait été lente à venir, un an s'était à peine écoulé, qu'elle était remplacée par la guerre, plus terrible et plus acharnée que jamais. Ces treize mois de calme, si longtemps attendus, passés si vite et tant regrettés, furent le plus long espace de temps pendant lequel l'Europe, de 1792 à 1814, jouit d'une paix générale et non interrompue.

Voici les causes qui amenèrent la conclusion de ce traité et les causes qui, bientôt après, déterminèrent sa rupture :

En 1800, Paul Ier, empereur de Russie, mécontent de ce que l'île de Malte ne fût point rendue à l'ordre, dont il était le grand maître, décida la Prusse, le Danemark et la Suède à former une coalition qui fut conclue à Saint-Pétersbourg le 19 novembre. Le but était de mettre l'indépendance des mers à l'abri des prétentions du pavillon anglais, et le système d'hostilité, une neutralité armée.

Une alliance était conclue entre la France et la Russie; la cour de Berlin y accéda, et les ports du continent européen étaient fermés au commerce anglais. De son côté, le gouvernement anglais mit l'embargo sur les navires des puissances coalisées. En de pareilles circonstances, le cabinet présidé par Pitt ne pouvait subsister, et sa chute devint d'autant plus certaine que le roi refusa d'approuver l'émancipation de l'Irlande catholique. Pitt quitta le ministère; Addington fut nommé en sa place premier lord de l'Échiquier, Hawkesbury fut chargé des affaires étrangères, et aussitôt le nouveau cabinet entama des négociations avec la France. Elles furent suivies d'abord en secret, et les préliminaires furent signés à Londres, le 1er octobre 1801.

Lord Cornwalis, ex-vice-roi d'Irlande, chargé des pouvoirs de la Grande-Bretagne, arriva à Paris au mois de novembre, et se dirigea, dans les premiers jours de janvier, vers Amiens, lieu assigné pour les conférences. Il trouva là Joseph Bonaparte, représentant de la France, le chevalier d'Azara, plénipotentiaire d'Espagne, et

18

M. de Schimmelpenning, que nous avons vu depuis grand pensionnaire de Hollande, sénateur de l'empire français, et qui se présentait alors au nom de la république batave. La plupart des articles passèrent après de légères discussions, et, le 27 mars 1802, les conférences se fermèrent : tout était conclu et signé.

Voici quelles étaient les conventions stipulées par les articles du traité : la restitution à la France, à l'Espagne et à la république batave, de leurs colonies, à l'exception de la Trinité et de Ceylan, que le Portugal et la Hollande cédaient à l'Angleterre ; l'ouverture du cap de Bonne-Espérance aux parties intéressées au traité ; l'évacuation de Malte et de Porto-Ferrajo par les Anglais ; l'évacuation du royaume de Naples et des États romains par la France ; la restitution de l'Égypte à la Sublime Porte, qui prit part aux conférences comme partie contractante, quoique sans représentation directe ; la neutralité et l'indépendance de l'ordre et de l'île de Malte ; une indemnité accordée à la maison d'Orange ; l'intégrité des possessions du Portugal, à l'exception d'une nouvelle limite en Guiane ; le rétablissement des pêcheries de Terre-Neuve et du golfe Saint-Laurent sur le même pied qu'avant la guerre ; enfin la reconnaissance de la république des Sept-Iles.

Malgré les nombreuses omissions qui se faisaient remarquer dans ce traité, malgré le silence gardé sur les affaires d'Allemagne, sur la position de la Sardaigne et de l'Italie, ce traité fut reçu en Angleterre avec enthousiasme, au moins par le peuple. Après une si longue et si complète séparation entre les deux pays, un grand mouvement commercial tendait naturellement à s'opérer par l'échange des produits nationaux. Le commerce et l'industrie, sources si fécondes de prospérité, pouvaient concevoir et concevaient les plus belles espérances, lorsque le parlement anglais, toujours mécontent, malgré l'approbation qu'il avait donnée au traité et manifestée par une adresse au roi, fit tout ce qu'il put pour le faire rompre. L'expédition que le premier consul préparait contre Saint-Domingue, l'intention qu'il manifestait d'envoyer des consuls dans les ports d'Irlande, l'empressement qu'on mit à annoncer la mission de Sébastiani en Égypte, furent présentés comme des faits inquiétants, et l'Angleterre refusa d'évacuer Malte et l'Égypte, sous prétexte que la France menaçait la première. Enfin le 8 mai 1803, le roi Georges III fit annoncer au parlement le renouvellement de la guerre. Le cabinet anglais répondit évasivement aux explications qu'on lui demandait. Enfin il réclama par son ultimatum une indemnité pour le roi de Sardaigne, la cession de l'île Lampéduse et

l'évacuation des républiques batave et helvétique. Le gouvernement français déclara s'en tenir aux termes du traité d'Amiens, et, le 18 mai, la guerre fut officiellement déclarée. Le manifeste de la Grande-Bretagne chercha en vain à établir, dans ses pages remplies de prétextes insignifiants, l'ombre d'un motif suffisant, et la rupture du traité d'Amiens est restée la plus difficile à justifier de toutes les déclarations de guerre des temps modernes. Quoi qu'il en soit, la paix fut finie, la guerre recommencée, et la France dut reprendre après cette courte halte la route sanglante et glorieuse qu'elle parcourut de 1792 à 1814 : route qui passa par tous les champs de bataille de la république et de l'empire, et finit dans la plaine de Waterloo, route triomphale qui menait à un abîme   G.

AMIRAL. (*Marine.*) Titre de l'une des grandes dignités de la couronne dans certains États de l'Europe. En France, de grandes prérogatives étaient attachées autrefois à cette dignité. Antérieurement à 1627, l'amiral avait le commandement en chef des flottes et armées navales de l'État, et la nomination de tous les officiers de la marine ; mais Richelieu, qui s'appliqua avec tant de soin à détruire tout ce qui semblait propre à inquiéter ou entraver le pouvoir royal dont un prince trop faible lui laissait l'entier exercice, parut redouter l'influence que la charge d'amiral pouvait donner à un sujet ambitieux, et la fit supprimer. Louis XIV la rétablit en 1669, mais il se réserva la nomination des officiers de la marine ; il décida aussi que l'amiral ne pourrait plus commander les armées navales sans un ordre exprès de sa part, et il se borna, pour la forme, à lui communiquer les ordres adressés aux commandants des flottes, escadres et divisions navales. Les attributions de l'amiral, ainsi restreintes, étaient encore très-importantes : la justice était rendue en son nom dans des tribunaux établis en certains lieux appelés siéges de l'amirauté ; il en nommait les juges et les officiers. L'amiral donnait les congés, passe-ports, commissions et sauf-conduits aux capitaines des bâtiments particuliers armés en guerre ou en marchandises ; il établissait dans les ports le nombre nécessaire d'interprètes, de maîtres de quai, et de personnes chargées de veiller à l'entretien des phares, tonnes et balises. Les ordres que le roi envoyait à ses armées navales lui étaient communiqués, et il contre-signait tous les brevets et commissions des officiers militaires et civils de la marine. Le *dixième de toutes les prises* faites en mer ou sur les grèves appartenait à l'amiral, ainsi que le dixième des rançons tirées des bâtiments ennemis ; les amendes adjugées aux siéges de l'amirauté lui appartenaient aussi, en tout ou en partie, de même que les droits d'ancrage, tonnage et balises, et le tiers de la valeur des effets tirés du fond de la mer ou apportés par les flots sur le rivage.

La dignité d'amiral de France disparut naturellement avec l'autorité monarchique, dont elle était un des plus brillants accessoires; par une conséquence non moins naturelle, on la vit reparaître auprès du trône impérial. Napoléon en investit son beau-frère Murat. Au retour de la famille des Bourbons, la dignité d'amiral fut conférée au duc d'Angoulême. Toutefois, sous l'empire, comme depuis la restauration, l'amiral de France n'a plus joui des immenses prérogatives attachées à cette haute dignité sous l'ancien régime. Elles se sont trouvées réduites à la communication des ordres royaux et au contre-seing des brevets et commissions des officiers de la marine; encore, pendant tout le temps que Napoléon porta la couronne impériale, l'amiral de France, placé par son tout-puissant beau-frère sur un trône étranger, ne jouit-il pas même de ces insignifiantes prérogatives.

En Angleterre, la dignité de grand amiral, réservée anciennement aux plus proches parents du monarque, et quelquefois au roi lui-même, a, depuis longtemps, cessé d'être l'apanage d'un membre de la famille royale ou de quelque autre personnage éminent. Cet usage, qui, dès le temps de Charles Ier, n'était plus exactement observé, bien que Jacques II, étant duc d'York, ait commandé une armée navale, prit fin sous le règne de la reine Anne; le prince George de Danemark, son époux, est le dernier grand amiral qu'ait eu l'Angleterre. Les fonctions de ce haut emploi ont depuis lors été exercées par une commission dont les membres portent le titre de lords de l'amirauté.

En France, amiral est le titre du premier grade de la marine militaire; mais, comme on vient de le dire, sous l'ancien régime, ce titre était devenu purement honorifique, et, à proprement parler, le grade n'existait point, puisque le personnage qui seul en était revêtu ne commandait, pour ainsi dire, jamais une armée navale. Nos généraux de mer du rang le plus élevé n'avaient que le titre de vice-amiraux; après eux venaient les contre-amiraux. Il s'ensuivait que la marine française ne comptait que deux rangs d'officiers généraux. Les marines étrangères ont presque toutes, outre un amiral en titre ou grand amiral, des amiraux effectifs, c'est-à-dire qui vont à la mer et commandent des armées navales. Plusieurs considérations importantes devaient déterminer la France à imiter les autres États à cet égard. La création d'un grade d'amiral devait avoir, entre autres avantages, celui d'exciter une utile émulation parmi les vice-amiraux, et de remédier au grand inconvénient de ne voir jamais le commandement en chef échoir à un officier général français, dans le cas d'une combinaison des forces navales de la France avec celles d'une puissance chez laquelle les commandants d'armées navales ont le titre et le grade d'amiral. Le gouvernement actuel a bien senti l'importance de ces considérations : aujourd'hui la dignité d'amiral existe réellement. Les amiraux ont rang de maréchal de France; le grade de vice-amiral équivaut à celui de lieutenant général, le grade de contre-amiral à celui de maréchal de camp.

L'usage établi dans toutes les marines, pour distinguer les vaisseaux que montent les différents chefs d'une armée navale, est que le vaisseau monté par un amiral ait un pavillon carré de la couleur nationale en tête du grand mât; celui d'un vice-amiral, un pavillon semblable en tête du mât de misaine; et celui d'un contre-amiral, en tête du mât d'artimon.

Le nom d'*amiral* se donne à un vieux bâtiment de guerre sur lequel, dans chaque port, est arboré le pavillon d'amiral. Le poste principal du port ou de l'arsenal est établi sur ce bâtiment; c'est aussi à bord du bâtiment *amiral* que se tiennent les conseils de guerre, et qu'ont lieu les exécutions qui suivent leurs sentences. On y passe tous les trimestres les revues des officiers et autres entretenus de la marine. Le bâtiment *amiral* est un lieu d'arrêts pour les officiers, et contient une prison pour les matelots.   J. T. PARISOT.

AMIRAUTÉ. (*Administration.*) L'amirauté, sous l'ancienne monarchie, était une juridiction établie pour les affaires de marine, tant au civil qu'au criminel.

Il y avait des sièges généraux d'amirauté et des sièges particuliers. Les sièges généraux étaient établis près les parlements, ils jugeaient au souverain jusqu'à 150 livres, et leurs autres jugements devaient être exécutés par provision; ils condamnaient même quelquefois par corps comme les consuls.

Les sièges particuliers de l'amirauté étaient établis dans tous les ports et havres du royaume. Ils ne jugeaient au souverain que jusqu'à cinquante livres.

L'appel interjeté de leurs jugements devait être porté dans les quarante jours, des sièges particuliers aux sièges généraux, et des sièges généraux aux parlements.

Lorsqu'un forain était partie dans une affaire, il pouvait être assigné à l'amirauté d'un jour à l'autre, et même d'une heure à une autre heure, si les circonstances l'exigeaient.

L'amirauté générale de France siégeait à la table de marbre du palais de Paris, et tenait ses audiences les lundi, mercredi et vendredi de chaque semaine. Elle se composait de lieutenant général civil et criminel, d'un lieutenant particulier et de cinq conseillers, d'un procureur du roi, de trois substituts du procureur du roi, et d'un greffier qui était aussi receveur des amendes.

Il y avait, outre ces officiers, un premier huissier et six autres huissiers résidant à Paris; enfin, plusieurs autres huissiers ou sergents tant à Paris qu'en province. L'amiral de France était le chef né de ce tribunal; c'était sous son nom que tous les officiers des diverses amirautés du royaume exerçaient leurs juridictions.

Il y avait en France deux amirautés générales, sous la dénomination de table de marbre, savoir : celle qui siégeait à la table de marbre au palais à Paris, et l'amirauté générale de Rouen.

A la première ressortissaient les neuf amirautés particulières d'Abbeville, de Boulogne, de Boury d'Ault, de Calais, d'Eu et Tréport, de la Rochelle, des Sables d'Olonne, de Saint-Valery-sur-Somme et de Dunkerque; la dernière ressortissait directement au parlement de Paris.

Les siéges particuliers qui ressortissaient à l'amirauté générale de Rouen étaient ceux de Harfleur, Bayeux, Caen, Carentan, Caudebec et Quillebœuf, Cherbourg, Coutances, Dieppe, Dives, Fécamp, Grand-Champ, Granville, le Havre, la Hogue, Honfleur, Saint-Valery en Caux, Touques.

Il y avait, outre les siéges généraux et particuliers de l'amirauté dont on vient de parler, un certain nombre de siéges généraux qui ressortissaient aux parlements de Toulouse, de Provence, de Bordeaux et de Bretagne.

Les siéges de l'amirauté qui ressortissaient au parlement de Toulouse étaient ceux d'Agde, d'Aigues-Mortes, de Cette, de Collioure, de Narbonne et de Mahon, qui ressortissait au conseil souverain du Roussillon.

Les siéges généraux de l'amirauté ressortissant au parlement de Bordeaux étaient Bayonne, Bordeaux et Marennes. Ceux qui étaient dans le district du parlement de Bretagne, étaient Brest, Morlaix, Nantes, Quimper, Saint-Brieuc, Saint-Malo et Vannes.

Chacun de ces tribunaux était composé d'un lieutenant civil et criminel, d'un procureur du roi, d'un greffier et de plusieurs huissiers et sergents. Dans les siéges qui ressortissaient directement aux parlements, il y avait un lieutenant général, et plusieurs amirautés avaient des conseillers.

La révolution, qui a supprimé en France toutes les juridictions spéciales ou exceptionnelles, n'a pas laissé subsister l'amirauté. Aujourd'hui, la France n'a plus qu'un conseil d'amirauté, simplement consultatif. Il rédige ou revise tous les projets de lois, d'ordonnances ou de règlements généraux relatifs à la marine. Les conseillers d'État y prennent rang après les vice-amiraux, dont ils ont le rang et les honneurs, et avant les contre-amiraux. Créé en 1824, ce conseil a rendu de grands services, introduit de nombreuses améliorations, empêché des suppressions inutiles ou dangereuses; ne fût-ce que celle des équipages de ligne, qu'un ministre eût détruits sans le vote unanime et motivé du conseil d'amirauté.

Le conseil, d'après l'ordonnance d'institution, devrait connaître de toutes les affaires d'administration et de comptabilité coloniales; mais, depuis quelques années, on ne lui soumet plus ces affaires importantes, et les colonies en ont souffert. Espérons qu'un tel inconvénient aura un terme.

En Angleterre, il existe une amirauté qui réunit, aux attributions judiciaires de l'ancienne amirauté de France, d'autres attributions infiniment plus importantes à notre avis, par l'influence qu'elles ont sur les succès de la marine britannique, et par conséquent sur la gloire et la prospérité de l'Angleterre. L'amirauté anglaise, composée de commissaires qui, sous le nom de lords de l'amirauté, exercent les fonctions attachées autrefois à la dignité de grand amiral, a la direction suprême de tout ce qui concerne le service de la marine. Elle combine et règle les expéditions maritimes, donne les missions, délivre les ordres et instructions aux officiers de tout grade qui commandent à la mer, dirige la construction, l'équipement et l'armement des vaisseaux, et en général *tous les travaux relatifs à l'armée navale*.   **G.**

AMIRAUTÉ (Iles de l'). (*Géographie*.) Archipel situé au nord-est de la Papouasie ou Nouvelle-Guinée, dans l'Australie. Les îles ont une étendue de cent cinquante lieues carrées et sont presque toutes couvertes de forêts. Les habitants sont de race papouaise. Les Anachorètes, les Ermites, les îles basses de Bougainville, et quelques autres situées à l'ouest, font partie de ce groupe. -

La plus grande de ces îles se nomme île de l'Amirauté, et a donné son nom à tout l'archipel. Elle est bordée au nord et au sud de petites îles et de bancs de corail. Elle renferme d'assez hautes montagnes, couvertes de forêts et présentant un aspect agréable. Les habitants marchent tout à fait nus; ils sont noirs, ont les cheveux crépus, et se tatouent horriblement la figure et le corps. Ils mâchent constamment du bétel. La noix de coco et le fruit de l'arbre à pain, telle est leur principale nourriture. Les autres îles les plus remarquables du groupe sont Negros, Saint-Gabriel, Saint-Raphaël, Saint-Michel de Horvo, Jésus-Marie et Vendola.

Les îles de l'Amirauté furent découvertes par les Hollandais en 1616. En 1767, Carteret vit la plus grande et lui donna le nom qu'elle porte. L'Espagnol Morello les visita en 1781, et d'Entrecasteaux, envoyé à la recherche de la Pérouse en 1792, s'y rendit sur des indications que depuis l'on a reconnues fausses; car les navires de la Pérouse ont péri dans un autre archipel. Carteret se plaint de l'accueil que lui ont fait les habitants; d'Entrecasteaux, au contraire, les trouva doux et hospitaliers.

AMIS (Iles des). (*Géographie.*) Groupe de cent cinquante îles de la Polynésie, dans l'océan Pacifique méridional, près du tropique du Capricorne. La plupart de ces îles sont basses; les plus élevées sont à vingt-six mètres au-dessus du niveau de la mer. Les unes semblent le résultat d'éruptions volcaniques; les autres paraissent avoir pour base des bancs de corail dont les nombreux récifs rendent la navigation fort périlleuse. Le climat est agréable, mais on y est exposé à de fréquents tremblements de terre. Le sol fertile produit l'arbre à soie, l'igname, le cocotier, le bananier, le mûrier à papier, le cotonnier, la canne à sucre. Des missionnaires y ont aussi transporté avec succès plusieurs de nos légumes d'Europe. Le porc et le chien sont les seuls quadrupèdes que l'on y rencontre. Mais les oiseaux, les poissons, les tortues y abondent.

Les plus considérables de ces îles sont Tongatabou, Ecoa, Namouka, Vavoa. Le Hollandais Tasman les découvrit en 1643. Le capitaine Cook les visita lors de son deuxième voyage en 1773, puis une seconde fois en 1777, et leur donna le nom d'îles des Amis, à cause de l'accueil bienveillant qu'il y avait reçu. Les habitants appellent ce groupe *Tonga.* Au reste, d'après le rapport d'autres navigateur, il paraît que le capitaine anglais les a présentés sous des couleurs trop favorables. Le nombre de ces indigènes est évalué par quelques géographes à quatre-vingt-dix mille et porté par d'autres au double. Ils sont de taille moyenne et bien proportionnés, et ont le teint cuivré. Malgré la bonne opinion qu'ils ont inspirée au capitaine Cook, ils sont enclins au vol et à la fourberie, au moins à l'égard des étrangers; ils sont soumis à une foule de pratiques superstitieuses qui les maintiennent dans l'abrutissement. Les femmes s'occupent de la confection des nattes; les hommes sont laboureurs et pêcheurs, bâtissent les cabanes et construisent les canots. Les îles, dont une trentaine seulement sont habitées, ont une espèce de constitution féodale. La plupart sont soumises au roi de l'île Tongatabou, auquel les autres princes et les propriétaires doivent tribut et obéissance.   G.

AMITIÉ. (*Psychologie morale.*) Une passion particulière n'est que la passion proprement dite rapportée à l'objet particulier qui l'a excitée en nous; définir une passion, c'est donc déterminer son objet.

Trois passions principales se développent dans l'homme, l'attirent vers ses semblables, et enchaînent l'un à l'autre, par un triple lien, les membres de la société humaine : la sociabilité, l'amour et l'amitié.

Un individu de notre espèce nous plaît par cela seul qu'il est de notre espèce : de là cette bienveillance fondamentale de l'homme pour l'homme, qu'on a appelée *sociabilité.* L'individu d'un sexe plaît à l'individu de l'autre par cela seul qu'il est d'un sexe différent : de là une autre passion bienveillante qui a pour fin la conservation de l'espèce et qu'on nomme *amour.* Enfin, indépendamment de l'*humanité* et du *sexe*, chaque individu possède certaines qualités qui le distinguent et peuvent le rendre particulièrement aimable à quelques-uns de ses semblables : de là un troisième penchant qui rend particulièrement agréable et resserre plus étroitement, entre quelques membres de la famille humaine, le lien qui l'a formée et celui qui la conserve : c'est l'*amitié.*

La *sociabilité* a pour objet spécial l'*humanité*, c'est-à-dire le caractère constitutif de l'espèce; l'*amour* a pour objet spécial le *sexe*; l'*amitié* n'a point d'objet spécial, tout ce que l'homme peut avoir d'aimable pour l'homme, indépendamment de l'*espèce* et du *sexe*, est de nature à l'exciter.

On peut donc définir positivement la *sociabilité* et l'*amour*; mais on ne peut définir l'*amitié* que négativement. En effet, le seul caractère spécial et permanent de son objet, c'est d'exclure l'objet de l'amour et celui de la sociabilité. Du reste, il varie indéfiniment en soi : tantôt simple et tantôt complexe, diversement simple et diversement complexe, il n'a rien de semblable à lui-même dans les différents cas, jusque-là que les éléments qui le composent dans telle circonstance sont absolument contraires à ceux qui le composent dans telle autre. Celui-ci peut aimer son ami pour son énergie et son activité, celui-là le sien pour sa faiblesse et son indolence.

L'amitié est donc tantôt une passion simple, tantôt la collection d'un plus ou moins grand nombre de passions simples, selon qu'elle est excitée par une ou plusieurs qualités aimables; et, dans les deux cas, l'élément ou la réunion d'éléments qui la constitue est susceptible de varier indéfiniment. On ne peut donc rien saisir dans l'amitié qui persiste dans tous les cas; et la science, ne pouvant dire ce qu'elle est toujours, se contente de constater ce qu'elle n'est jamais, en la distinguant de la sociabilité et de l'amour.

Quand la sociabilité est le seul penchant qui nous attire vers l'un de nos semblables, le fait porte le nom de *sociabilité* : mais lorsqu'à cette bienveillance primitive vient s'ajouter l'amitié ou l'amour, la sociabilité disparaît, pour ainsi dire, dans le mélange, et le fait complexe prend le nom du nouvel élément.

Il est bien rare, dans nos mœurs actuelles, que l'amour seul rapproche deux individus : presque toujours le charme de quelques qualités aimables se mêle à la séduction du sexe et fortifie l'amour par l'amitié; souvent même, dans le concours des deux passions, l'amitié semble tenir le premier rang, et voile l'amour qui se cache dans son sein, inaperçu et comme effacé. Néanmoins, dans tous les cas où l'amour et l'amitié sont unis, c'est l'amour qui donne son nom au fait complexe, et cet usage semble fondé sur la nature des choses : car, à quelque faible degré qu'intervienne l'amour, qu'il soit aperçu ou qu'il ne le soit pas, avoué ou non avoué, il répand sur le sentiment composé un charme extrême qui ne vient que de lui, et qui lui imprime, pour ainsi dire, sa couleur. C'est ce *charme qui rend plus douces* les amitiés entre les personnes de sexes différents, et qui a fait dire à la Rochefoucauld que l'amitié est fade quand on a senti l'amour.

Ainsi, dans les mélanges continuels des trois passions qui unissent les hommes, partout où paraît l'amour, il domine et impose son nom : l'amitié, qui lui cède, l'emporte sur la sociabilité, qui ne conserve d'existence propre que quand elle se développe à part et sans mélange des deux autres.

La sociabilité fonde la société humaine; l'amour la conserve; l'amitié, en la subdivisant, pour ainsi dire, en sociétés partielles plus étroitement unies, la rend si douce, qu'elle devient pour tous indispensable. Telle est la nature, telle est la destination de ces trois passions puissantes, qui semblent, à elles seules, expliquer l'origine, la durée et l'impérissable force des liens qui unissent les hommes : car nous pensons, sans toutefois l'affirmer, que l'amour de la patrie, l'amour conjugal, l'amour filial et paternel, n'en sont que des corollaires.

Il faut en convenir, c'est incontestablement à ces penchants purement sensibles qui attirent l'homme vers l'homme que la société doit son existence; car ils se développent aussitôt que nous sommes nés, et nous lient à nos semblables par l'attrait du charme, longtemps avant que la raison morale ait établi de nous à eux et d'eux à nous des obligations et des devoirs réciproques. Il est certain même que la société, confiée aux seules passions, ne périrait point, et serait continuellement entretenue par les besoins impérieux qui l'ont fondée; mais il est tout aussi évident qu'elle serait éternellement tourmentée par la nature capricieuse et variable des passions mêmes dont elle est l'inévitable conséquence, si le devoir ne venait consacrer les rapports qu'elles ont établis, et ajouter à l'attrait changeant et passager qui les entretient, des obligations qui ne varient point avec lui, qui ne passent point comme lui, et qui leur donnent, indépendamment de lui, une force toujours égale et une permanence inébranlable.

Ainsi la sociabilité établit des rapports de l'homme à l'homme; l'amour, de l'amant à l'amante; l'amitié, de l'ami à l'ami : mais le devoir, s'appliquant à ces rapports, impose à l'homme et à l'homme, à l'amant et à l'amante, à l'ami et à l'ami, des obligations réciproques qui ne croissent pas et ne décroissent pas avec la passion, qui ne cèdent pas comme elle à l'invasion d'une passion plus forte, qui ne périssent pas avec elle, mais qui subsistent immuables et impérissables comme la vérité qui les fonde.

C'est pour n'avoir pas dégagé de la passion cette obligation morale qui s'y ajoute, mais qui en est essentiellement distincte par son origine, sa nature et ses effets, qu'on a attribué à la passion, qui est l'intérêt même, tout le désintéressement et toute la moralité du devoir. Et de là sont nées ces doctrines fausses aux yeux de la science, dangereuses dans leur application, mais pures dans l'intention de leurs auteurs, qui ne trouvant pas le devoir hors de la passion, et voyant sortir de la passion tous les effets qu'on lui attribue, l'ont dénoncé au monde comme une chimère inutile, et ont élevé la morale sur la seule base du *sentiment*.

L'amitié n'a point échappé à cette confusion : elle lui doit les nombreux éloges qu'on lui a prodigués, et la grande réputation de désintéressement et de dévouement dont elle jouit. Il est bon de rétablir les faits, de rendre à la raison ce qui lui est dû, et de remettre la passion à sa place.

Quand l'amitié n'est pas seulement le penchant d'une personne pour une autre, mais qu'elle est mutuelle, il s'établit avec le temps un engagement tacite entre les deux amis, en vertu duquel l'un compte sur l'autre, et met en lui sa confiance : de cet engagement naît une obligation pour chacun d'eux, celle de ne point se jouer de cette confiance, c'est-à-dire, non-seulement de ne point nuire à l'autre, mais encore de lui être utile de toutes les manières possibles.

Sans l'amitié mutuelle qui s'est établie entre ces deux personnes, assurément cet engagement ne se serait pas formé; c'est donc à propos de l'amitié qu'est né l'engagement. Mais qu'y a-t-il du reste de commun entre ces deux faits? L'amitié est une passion, c'est-à-dire un *mouvement sensible* : l'engagement est une convention conclue entre deux intelligences, et qui entraîne, *comme toute convention*, l'obligation morale de la respecter. Que fait la passion? Elle attire l'un à l'autre les deux amis. Que fait l'engagement? Il oblige moralement chacun d'eux à ne pas tromper la confiance de l'autre. Ces deux faits sont bien évidemment de nature opposée. La passion est tout entière dans l'un, puisque l'autre est purement intellectuel.

Dira-t-on que, malgré la différence de nature, ces deux faits sont également, et au même titre, les éléments de l'amitié? Ira-t-on même jusqu'à prétendre, comme on l'a fait, que, dans ce complexe, c'est l'élément moral qui est l'élément essentiel et constitutif de l'amitié? En admettant l'une ou l'autre de ces deux assertions, les deux éléments resteront toujours distincts : ce qui est passionné restera passionné, ce qui est rationnel restera rationnel; et, comme on aura distingué les principes, on sera forcé de rendre à chacun les effets qui lui sont propres, l'égoïsme à la passion, le dévouement au devoir. Mais cette manière de constituer l'amitié est tout-à-fait arbitraire et contraire au bon sens : car, si l'on admet que l'élément moral est l'élément essentiel de l'amitié, il faut admettre qu'elle est partout où existe un engagement moral, et, par exemple, entre deux ennemis qui se détestent, ce qui est absurde. Et d'un autre côté, si l'on prétend que cet engagement, sans être un élément essentiel, est au moins un élément intégrant de l'amitié, comme il ne s'ajoute à l'amitié que lorsqu'elle est mutuelle, il faut soutenir que, tant que l'amitié n'est point réciproque, elle n'est pas; que, lorsque j'aime une personne sans en être aimé, je ne l'aime pas; et que mon amitié ne commence que du jour où commence la sienne, ce qui n'est pas moins contraire au sens commun.

Non-seulement donc la passion et l'engagement moral n'ont rien de commun, mais encore la passion constitue à elle seule l'amitié. Tous les effets de la passion appartiennent donc à l'amitié, et aucun de ceux de l'élément moral ne peut être attribué à la passion, ni à l'amitié qui est la passion.

Or la passion de l'amitié est soumise à toutes les lois de la passion proprement dite. Fatale, elle ne dépend ni de l'intelligence ni de la liberté, et se développe indépendamment de l'estime ou du mépris de la raison, de l'acquiescement ou de l'opposition de la volonté; égoïste, elle aime un individu, non pour lui, mais pour ses qualités aimables; non pour ses qualités aimables, mais pour le plaisir qu'elles lui font : si ces qualités passent, elle passe avec elles; si, en subsistant, elles cessent de lui agréer par quelque caprice sensible ou toute autre cause, elle cesse aussi de les aimer. Tant qu'elle aime, il est vrai, elle désire le bien de ce qu'elle aime, et redoute le mal qui pourrait l'affliger; mais c'est que la passion jouit et souffre du bien et du mal qui arrive à ce qu'elle aime, et cette bienveillance passionnée, suite de toute passion semblable, est égoïste comme elle.

Tels sont les vrais effets de l'amitié en soi, c'est-à-dire de la passion; tels ne sont pas ceux de l'élément moral. L'engagement une fois formé, les qualités de mon ami ont beau disparaître, une passion plus forte a beau venir mettre ses intérêts en contradiction avec ceux de l'amitié; dans ces deux cas, où l'amitié disparaît ou succombe, l'engagement survit et résiste, et nous nous sentons obligés, sur l'honneur, de respecter notre convention. C'est alors qu'il y a dévouement; mais, loin qu'il dérive de la passion, il la sacrifie, et manifeste par là de quelle source auguste il descend.

L'amitié n'est donc pas une passion à part qui secoue le joug de l'égoïsme et la loi générale de toute passion; elle partage le sort commun; et le dévouement dont on lui a fait un si grand mérite ne vient pas d'elle. Il en est de même de l'amour, que le même engagement moral accompagne et revêt des mêmes apparences; il en est de même de toutes les passions de cette famille.

Grâce à l'introduction de l'élément moral dans l'amitié, quelques auteurs célèbres ont trouvé dans cette passion quelque chose de persistant qui donnait prise à la définition : malheureusement le fait qu'ils ont défini est étranger à l'amitié. L'amitié, *réduite à ce qu'elle est*, c'est-à-dire à un ensemble variable de passions simples, est absolument indéfinissable. On peut constater ce qu'elle est dans tel ou tel cas; *on peut chercher quelle est l'amitié la plus parfaite, la plus douce, la plus belle* : mais toutes ces investigations curieuses n'ont rien de scientifique; et quand on a dit de l'amitié ce qu'elle n'est pas, son unité disparaît; il ne reste que des amitiés particulières.

Nous ne terminerons point cet article sans remarquer que l'amitié se déclare fréquemment en nous pour des êtres qui ne sont point de notre espèce, pour un chien, par exemple, ou un oiseau; mais c'est encore l'homme que nous aimons en eux, car ces êtres ne se font aimer que parce qu'ils reproduisent plus ou moins quelques-unes des qualités de la nature humaine. A mesure que l'on descend, dans l'échelle des êtres, à des espèces qui s'éloignent davantage de la nôtre, l'amitié trouve moins de prise, et finit par n'en plus avoir.

Personne ne peut aimer les corps inanimés, à moins que quelque souvenir ne s'y rattache ; mais il est possible de prendre un commencement d'amitié pour certaines plantes douées d'une espèce de vie sensible : les animaux nous deviennent beaucoup plus facilement chers, et le penchant que nous trouvons à les aimer augmente à mesure qu'ils marquent plus de sensibilité et d'intelligence.

TH. JOUFFROY.

AMMODYTE. (*Histoire naturelle.*) Ce nom désigne, dans la science, de petits poissons de forme allongée, que l'absence des ventrales, et les rayons articulés de leur nageoire dorsale rapprochent des anguilles et placent parmi les malacoptérygiens apodes. Ils ont cependant cette différence avec les anguilles, que leur nageoire anale est séparée de la caudale. Leur museau est remarquablement aigu et leur mâchoire inférieure dépasse beaucoup la supérieure.

Les ammodytes nagent avec vivacité, et se cachent dans le sable comme les anguilles. Ils se trouvent en abondance sur toutes les côtes de France, où on les désigne sous le nom d'*équille* ou de *lançon*. Leur chair est assez délicate, et ils fournissent en outre un appât très-estimé pour la pêche du maquereau et des autres poissons. Aussi les pêcheurs leur font-ils une guerre acharnée. Leur dernière qualité leur a fait donner aussi le nom de *poisson d'appât*.

Linné a désigné par le nom d'*A. tobianus* l'une des deux espèces de ce genre ; la seconde (*A. Lancea,* Cuv.) a été distinguée par M. Lesauvage (*Bull. des sciences,* 1824). M. Guérin-Méneville a donné des figures de ces deux espèces, dessinées par lui d'après le vivant pendant un voyage sur nos côtes, dans son *Iconographie du règne animal de Cuvier,* poissons, pl. 64, fig. 2 et 3.

AMMON (Oasis d'). *Voyez* OASIS.

AMMONÉENS (Terrains). (*Géologie.*) M. d'Omalius d'Halloy a compris sous cette dénomination l'ensemble des groupes geognostiques qui forment la grande classe des terrains secondaires, c'est-à-dire, les portions de la croûte du globe comprises entre les assises les plus anciennes des terrains tertiaires et le terrain houiller ; savoir : les terrains *crétacé, néocomien, jurassique, liasique, triasique,* et *pénéen* ou du *grès rouge* secondaire. Ce nom d'*Ammonéens* rappelle que c'est dans cette division que se présente le plus abondamment cette grande famille des ammonites, dont aucune espèce n'a encore été trouvée vivante.

Ces terrains ammonéens se distinguent principalement des autres par l'ensemble des êtres organisés fossiles qui y sont très-nombreux, des végétaux différents des nôtres,

d'énormes reptiles d'espèces perdues, et une immense quantité d'ammonites, de bélemnites et d'autres mollusques, qui paraissent tout à fait étrangers à l'ordre actuel des choses.

Les terrains de cette classe sont abondamment répandus à la surface du globe ; ils ont souvent une grande épaisseur ; ils sont généralement peu riches en métaux et en minéraux cristallisés ; mais ce sont eux qui fournissent la plus grande quantité de matériaux de construction. Ils contiennent souvent aussi des couches carbonifères exploitables, mais qui n'ont jamais l'importance ni la qualité de celles du grand terrain houiller qui se trouve au-dessous. ROZET.

AMMONIAQUE. (*Chimie.*) L'ammoniaque (*Alcali volatil, Oxyde d'ammonium*) était depuis fort longtemps connue des Arabes. Ce sont eux qui ont donné à ce corps le nom d'ammoniaque, probablement à cause de son odeur, à laquelle ils trouvaient de l'analogie avec l'odeur de la gomme qui porte le même nom. D'autres font dériver le nom d'ammoniaque d'une contrée de l'Afrique appelée *Ammonium,* où existait le temple de Jupiter Ammon.

L'ammoniaque est un corps gazeux, caractérisé par une odeur forte et pénétrante ; respiré à l'état pur, ce gaz irrite vivement la muqueuse des fosses nasales et la conjonctive ; il produit le larmoiement et souvent l'éternument. La densité de l'ammoniaque, obtenue par l'expérience directe, est 0,590 ; elle s'accorde sensiblement avec la densité calculée, qui est 0,5912. Après l'hydrogène, l'ammoniaque est le gaz le plus léger. Ce gaz est éminemment soluble dans l'eau ; celle-ci en dissout au moins jusqu'à 600 fois son volume. L'eau saturée d'ammoniaque augmente de volume ; elle devient moins dense, et ne pèse plus que 0,9. Cette dissolution laisse dégager l'ammoniaque dans le vide et sous l'influence de la chaleur ; l'eau n'offre plus alors de traces de réaction alcaline.

L'ammoniaque possède, comme toutes les bases, la propriété de se combiner avec les acides pour former des composés salins. Les *hydracides* (acides chlorhydrique, bromhydrique, sulfhydrique, etc.) peuvent se combiner, à l'état *anhydre,* avec le gaz ammoniac desséché. Il en résulte des composés qui, la plupart, jouent le rôle de base. Mais, pour que les *oxacides* (acide sulfurique, phosphorique, etc.) puissent produire des sels ammoniacaux, la présence d'un équivalent d'eau est absolument nécessaire. Ce fait remarquable a donné lieu à la *théorie* de l'*ammonium.* Suivant cette théorie, l'ammoniaque (NH^3) se convertit, au contact d'un oxacide *hydraté,* en une oxybase analogue à la potasse ou à la soude. Dans cette action, HO (1 équivalent d'eau) se porte sur NH^3 (ammoniaque) pour former NO^4O, c'est-à-dire de l'*oxyde d'ammonium*, dont le radical NH^4 (ammonium) est analogue au potassium, au sodium, etc. Exemple de cette réaction :

SO^3, HO+ NH^3 = So^3, NH^4O (sulfate d'oxyde d'ammonium.)

D'après cette même théorie, on comprend pourquoi les *hydracides* n'ont pas besoin de l'intervention de l'eau pour se combiner avec l'ammoniaque. Il se produit un composé en *ure* analogue au composé correspondant de potassium ou de sodium.

ClH + NH^3 = Cl, NH^4 (chlorure d'ammonium).

La théorie de l'ammonium gagne en probabilité, en considérant que l'ammoniaque humide peut, tout comme la potasse, former avec le soufre un composé qui contient jusqu'à 5 proportions de soufre (*quintisulfure d'ammonium*, analogue au *quintisulfure* de *potassium*); que l'ammoniaque (*ammonium*) produit avec certains métaux (le mercure), des espèces d'alliages analogues à ceux du potassium; et qu'enfin l'alun à base d'ammoniaque offre la même cristallisation et contient le même nombre d'équivalents d'eau (24 HO) que l'alun à base de potasse, un équivalent d'eau HO ayant été nécessaire (*eau de constitution*) pour convertir l'ammoniaque en oxyde d'ammonium.

NH^4O, $Al^2 O^3$, $(SO^3)^3$ + 24 HO= 1 équiv. d'alun à base d'ammoniaque.

KO, $Al^2 O^3$ $(SO^3)^3$ + 24 HO= 1 équiv. d'alun à base de potasse.

D'après la théorie ancienne, l'ammoniaque est une *hydrobase* qui se comporte différemment avec les hydracides et les oxacides; en un mot, c'est une base fort singulière et, pour ainsi dire, exceptionnelle. La théorie de l'ammonium a au moins l'avantage d'assimiler l'ammoniaque aux autres alcalis, et de n'en point faire une exception en quelque sorte bizarre. L'ammoniaque donne, avec le bi-iodure de mercure, des produits encore mal étudiés.

Le chlore enlève l'hydrogène à l'ammoniaque : il se produit du sel ammoniac et de l'azote pur. L'iode décompose également l'ammoniaque, en donnant naissance à une matière brune particulière (azotide d'iode fulminant). Le charbon végétal absorbe jusqu'à 90 fois son volume de gaz ammoniac (Théodore de Saussure.) En faisant passer l'ammoniaque à travers un tube de porcelaine chauffé au rouge, on ne remarque point de décomposition, si le tube de porcelaine est vernissé et bien poli; si l'on rend, au contraire, ce tube raboteux en y plaçant des fragments de n'importe quelle substance étrangère, il y a décomposition complète de l'ammoniaque : il se dégage des torrents d'azote et d'hydrogène, et quand on vient à examiner les fragments de fer, de cuivre, de platine, etc., placés dans le tube, on trouve qu'ils sont entièrement intacts, et qu'aucune combinaison n'a eu lieu; seulement les molécules de ces métaux paraissent avoir subi une sorte de déplacement; car le cuivre, par exemple, de malléable qu'il était, est devenu très-cassant; mais il reprend sous le marteau ses propriétés premières. Le fer paraît cependant absorber un peu d'azote; mais cette quantité est si petite, que les proportions des éléments de l'ammoniaque sont à peine altérées. A la fin de l'opération, qui est très-rapide, on trouve l'azote et l'hydrogène à l'état de simple mélange. C'est là ce que M. Gay-Lussac appelle *action de présence*, et M. Berzelius *phénomène catalytique*.

Lorsqu'on fait fondre du potassium ou du sodium dans du gaz ammoniac sec, il se produit une substance olivâtre. Il se trouve, à la place du gaz ammoniac qui a disparu, un volume d'hydrogène égal à celui qu'aurait produit, par la décomposition de l'eau, la quantité de potassium ou de sodium employée. La substance olivâtre qu'on a obtenue donne, sous l'influence de la chaleur, de l'hydrogène et de l'azote dans les proportions pour former de l'ammoniaque; on a pour résidu une matière infusible, brune, qui tache le verre. La substance olivâtre est probablement une combinaison de gaz ammoniac avec de l'azoture de potassium ou de sodium. Humectée d'eau, elle se décompose en ammoniaque et en potasse ou en soude.

Le gaz ammoniac se dégage, quelquefois en grande quantité, des fosses d'aisances, surtout pendant la saison chaude et à l'approche d'un temps pluvieux et humide. Il se produit encore pendant la putréfaction d'un grand nombre des matières organiques; mais alors il est presque toujours mêlé à d'autres gaz qui se dégagent en même temps, comme l'hydrogène carboné, l'hydrogène sulfuré, l'azote, l'acide carbonique. L'ammoniaque se produit encore dans des circonstances fort remarquables : M. Austin a annoncé le premier que l'ammoniaque se forme pendant l'oxydation du fer au contact de l'eau et de l'air atmosphérique. Vauquelin, Dulong et M. Chevalier ont constaté, par des expériences incontestables, que l'ammoniaque se trouve dans la rouille de fer.

Depuis longtemps on prépare en Égypte l'ammoniaque, ou plutôt le sel ammoniac, par la calcination de la fiente des chameaux, dans des vases convenablement disposés. On obtient aujourd'hui l'ammoniaque en grand, en soumettant les urines et d'autres matières animales putréfiées à la distillation avec la chaux. L'ammoniaque se dégage dans des flacons remplis d'acide chlorhydrique ou d'acide sulfurique étendu. A la fin de l'opération, les flacons sont remplis de chlorure d'ammonium ou de sulfate d'ammoniaque, sels susceptibles de cristalliser dans la liqueur. Il est ensuite facile d'obtenir l'ammoniaque à l'état de gaz en traitant le sulfate ou le chlorure par la chaux ou par la potasse, qui se substitue à l'alcali volatil. Formule de la réaction :

$$NH^3 HCl \times CaO = Ca\ Cl,\ HO \times NH^3.$$

On recueille le gaz ammoniac sur le mercure, car il se dissout dans l'eau. L'azote et l'hydrogène, éléments dont se compose l'ammoniaque, ne se combinent pas directement. Ces gaz ne se convertissent en ammoniaque que lorsqu'on foudroie un mélange de 3 volumes d'hydrogène et de 1 volume d'azote, en présence d'une certaine quantité d'acide chlorhydrique ou d'acide sulfurique. L'hydrogène et l'azote se combinent surtout (pour produire l'ammoniaque) à l'état de *gaz naissant*, c'est-à-dire au moment où ils se dégagent des matières animales en putréfaction (matières hydrogénées et azotées).

Le gaz ammoniac se décompose sous l'influence d'une série d'étincelles électriques, et il double de volume. Ainsi, 100 volumes de gaz ammoniac donnent, à la fin de l'opération, 200 vol. de gaz. Or, en ajoutant à ces 200 vol. de gaz, 75 vol. d'oxygène (dans l'eudiomètre), on a :

   200 volumes d'un mélange de gaz obtenu
      par la décomposition de 100 vol.
      d'ammoniaque,
   75 volumes (d'oxygène).

Total 275 volumes.

Après l'étincelle, il reste 50 vol. Il y a donc eu absorption de 225 vol.; et comme ces 225 vol. ont disparu à l'état d'eau, l'oxygène y entre pour 75 vol. (le tiers), et l'hydrogène pour 150 (deux tiers). Le résidu de 50 vol. est de l'azote pur. Donc, 100 vol. (1 vol. de gaz ammoniac) se composent de 150 vol. (1 1/2 vol.) d'oxygène et de 50 vol. (1/2 vol.) d'azote. De là la formule de l'ammoniaque : NH³ ou AZ ' H⁶ (atomes) =4 vol.= 1 équiv. de gaz ammoniac saturant 4 vol. ou 1 équiv. d'acide chlorhydrique.

On emploie l'ammoniaque comme caustique (pommade de Gondret); on s'en sert avec succès dans les cas de brûlure produite par l'eau bouillante. On la fait avaler aux bestiaux gonflés pour avoir mangé des herbes humides en trop grande quantité. (Le gaz qui distend si énormément la panse de ces animaux est le gaz acide carbonique, qui disparaît en se combinant avec l'ammoniaque.)

L'ammoniaque est le seul gaz alcalin connu. Si la quantité d'ammoniaque est assez faible pour que sa présence ne soit pas constatée par

l'odorat, on la découvre en approchant de la matière à analyser une tige de verre trempée dans de l'acide chlorhydrique concentré. A l'instant il se produit des vapeurs épaisses de chlorure d'ammonium, qui se déposent. Plus la quantité d'ammoniaque est considérable, plus ces vapeurs sont épaisses. L'ammoniaque, exposée à l'air, diffère essentiellement des autres alcalis, en ce qu'elle ne se transforme que fort incomplétement en carbonate. L'ammoniaque liquide est précipitée, comme la potasse, en jaune orangé, par le perchlorure de platine. Elle donne, avec le sulfate d'alumine, de l'alun, et ce dernier précipité ne se forme ordinairement qu'à la longue (phénomène de propagation chimique). — L'acide tartrique concentré ne précipite la dissolution d'ammoniaque que lorsque celle-ci est très-concentrée. Quand la dissolution est étendue, il ne se forme pas de précipité. — L'acide hydro-fluosilicique donne, avec l'ammoniaque, un précipité abondant d'acide silicique. Si le précipitant est en excès, il ne se forme pas de précipité.

Les sels ammoniacaux sont presque tous entièrement volatilisables par la chaleur. Le phosphate et le borate donnent seuls un résidu vitreux d'acide borique ou d'acide phosphorique. Le fluorure d'ammonium se volatilise complétement quand on le chauffe dans un creuset de platine; il se décompose, au contraire, dans les vases de terre, en les corrodant. Triturés avec de la chaux ou avec tout autre alcali, les sels ammoniacaux dégagent l'odeur caractéristique de l'ammoniaque. Si la quantité est très-petite, on en constate la présence par une tige de verre trempée dans de l'acide chlorhydrique concentré. Plusieurs sels ammoniacaux, et particulièrement l'acétate, le chlorhydrate et le carbonate, possèdent la propriété remarquable de dissoudre et de faire cristalliser d'autres sels très-peu solubles dans l'eau, comme les sulfates de baryte, de chaux, de plomb. Il faut pour cela opérer à la température de 60° à 70°.

Voyez WEPPEN, dans les *Archiv. des Pharm.*, tom. IX ; fasc. 3 mai 1839.

HOEFER.

AMMONIAQUE (Gomme). (*Matière médicale.*) Cette gomme, qui nous vient de l'Afrique septentrionale (Tunis et Tripoli), est produite par une plante de la famille des ombellifères, mais dont le genre et l'espèce sont encore indéterminés (*Heracleum,* Widenow ; *Ferula persica,* Ollivier; *Ferula ferugala*, Desfont.; *Bubon gommiferum,* suivant quelques autres; enfin , *Dorema ammoniacum*, nouveau genre créé par l'Anglais Wright). On la trouve, dans le commerce, en larmes isolées, irrégulières, blanchâtres, opaques, homogènes, à cassure nette et blanche : c'est la plus pure ; ou en masses irrégulières, plus ou moins volumineuses, formées de larmes réunies par une pâte brunâtre.

La gomme ammoniaque a une odeur forte et pénétrante, une saveur amère, âcre et nauséeuse ; elle est composée de 70 parties de résine, de 18 de gomme, et de 4 parties insolubles.

A l'intérieur, la gomme ammoniaque est un puissant stimulant ; la dose en est de 4 à 5 décigrammes ; à l'extérieur, elle est résolutive. Elle entre dans la composition de plusieurs préparations officinales, et entre autres, de la thériaque.

A. Duponchel.

AMMONITES. (*Histoire.*) L'histoire sainte appelle ainsi un peuple placé à l'orient de la Palestine. Ils étaient séparés par la rivière Arnon, à l'ouest de leur pays, de la terre de Gilead et de la tribu de Gad. Ils avaient au sud les Ismaélites pour voisins, voyaient s'étendre à l'est les déserts de l'Arabie, et au nord s'élever les montagnes de Gilead et de Bashan. Leur capitale se nommait Rabbath-Ammon.

Moïse défendit aux Israélites de toucher aux terres des enfants d'Ammon. Cependant il viola lui-même indirectement cette défense, en reprenant aux Amorrhéens et aux Moabites une portion du territoire des Ammonites, dont ces peuples s'étaient emparés. Sous Jephté, les Israélites marchèrent contre les Ammonites et ravagèrent leur pays. Saül leur fit aussi la guerre, et il en fut de même de David, dont ils avaient insulté les ambassadeurs. Joab les défit, et ils restèrent soumis aux Juifs jusqu'à la mort d'Achab (893 av. J. C.) Ils partagèrent avec eux la captivité de Babylone, et furent subjugués ensuite, tantôt par les rois d'Égypte, tantôt par ceux de Syrie.

Au temps d'Origène, qui vivait au troisième siècle de l'ère chrétienne, le nom même des Ammonites était éteint, et on les confondait avec les autres Arabes.

AMMONITES. (*Histoire naturelle.*) Genre de coquilles fossiles de la classe des *univalves* ; leur nom vient d'*Ammon*, dieu de la mythologie égyptienne, parce qu'elles sont contournées comme les cornes de bélier qu'on prêtait à cette divinité. Les caractères des ammonites, suivant Brugnières, créateur de ce genre, sont, d'être en spirale discoïde, à tours contigus et tous apparents, à parois internes articulées par des sutures sinueuses, d'avoir des cloisons transverses, lobées ou découpées dans leur contour, et percées par un tube marginal.

Les ammonites n'ayant pas d'analogue vivant, et ne se trouvant que dans des terrains d'ancienne formation, sont considérées, avec raison, comme antédiluviennes. Ces coquilles ont, de tout temps, frappé l'attention des hommes, soit à raison de leur grosseur, car on en rencontre de deux mètres de diamètre, soit à raison de leur abondance, soit à raison des lieux où elles se trouvent. Dans l'Inde, elles sont, sous le nom de *salagraman*, l'objet de la vénération des peuples, qui croient qu'un de leurs dieux s'est caché dedans. Le savant Bosc, auquel nous empruntons ces détails, dit avoir vu un de ces fossiles rapporté par le voyageur Sonnerat, et qui avait longtemps servi au culte du dieu Brama ; il était dans un schiste.

On trouve des ammonites dans les terrains oolithiques et crétacés. Elles abondent surtout dans tous les étages des premiers, depuis le lias jusqu'aux couches les plus supérieures ; elles manquent dans les étages supérieurs des seconds. Suivant M. Alcide d'Orbigny, plusieurs espèces peuvent être regardées comme caractéristiques des terrains. Ainsi, par exemple, l'*Am. Wallotii* (Sowerby) appartient aux couches inférieures de la formation oolithique du lias ; l'*Am. Gentoni* (Defrance) appartient seulement aux couches crétacées, etc., etc.

Plusieurs contrées de la France abondent en ce genre de fossiles. La chaîne de montagnes secondaires qui s'étend depuis Langres jusqu'aux environs d'Autun, celle près de laquelle est bâtie la ville de Caen, et plusieurs autres, en contiennent de telles quantités, qu'on en ferre les chemins. L'auteur de cet article a trouvé des ammonites en abondance ainsi que des bélemnites sur les plateaux du département de la Lozère, nommés *causses* dans le pays. On en voit quelques-unes de pyriteuses, ou qui l'ont été, et qui sont devenues minerai de fer ; les unes ont la surface lisse, d'autres l'ont marquée de stries ou de côtes, d'autres de tubercules, etc.

Denis de Montfort avait cru reconnaître dans le *nautile ombiliqué*, espèce rare de l'archipel des Indes orientales, un analogue vivant des ammonites, et en avait fait en conséquence le type de son genre *Ammonis* ; mais on a reconnu depuis qu'il s'était trompé, et ce genre a été supprimé.

Duponchel père.

De nombreux travaux ont été publiés sur les ammonites, nous indiquerons seulement les suivants :

De Haan, *Monographia Ammonitearum et Goniatitearum.* 1825.

De Bucle, *Über Goniatiten et Ammoniten.* Acad. de Berlin. 1832.

De Munster, *Sammlung von Goniatiten*, etc. 1832. Buckland, *Geolog. and Mineral.* 1836.

De Blainville, art. AMMONITES, du *Supplément au Dictionnaire des sciences naturelles*, t. I, p. I, 1840.

A. d'Orbigny, *Paléonthologie française.*

E. Desmarest.

AMNÉSIE. (*Médecine.*) (α privatif, μνῆσις, mémoire.) Absence, diminution ou abolition de la mémoire. L'amnésie peut être congéniale, comme chez les idiots, ou acquise, et dans ce cas elle reconnaît des causes différentes. Les convulsions chez les nouveau-nés, tous les accidents, toutes les affections qui intéressent le cerveau ; les chutes, les plaies de tête avec ou sans lésion de l'encéphale, la peste, le typhus et les affections auxquelles le centre nerveux prend part, ou celles dont il est spécialement le siége, comme l'épilepsie et l'aliénation mentale, l'action de certains poisons narcotiques, enfin l'âge, en affaiblissant l'encéphale, peuvent amener la perte ou tout au moins la diminution de la mémoire.

L'amnésie présente des variétés bizarres ; ainsi tel malade perd la mémoire sur un point seulement : il oublie, par exemple, les substantifs et construit d'ailleurs régulièrement ses phrases, moins les substantifs que rien ne remplace ; de deux langues qu'il sait il en oublie une, ou bien encore l'amnésie fait table rase dans son cerveau de l'instruction élémentaire et il ne sait plus ni lire ni écrire. Les auteurs abondent en faits de ce genre et qui présentent toutes les variétés imaginables. Gall et Spurzheim ont voulu voir, dans cette division de la mémoire en cases distinctes, si l'on peut ainsi parler, la preuve de la localisation des facultés intellectuelles ; d'autre part, l'anatomie pathologique a démontré que la lésion des lobes antérieurs du cerveau, dans la région touchant aux orbites, est funeste à la mémoire : mais on a vu, dans des cas où les lobes antérieurs ne présentaient aucune trace pathologique, l'altération de la mémoire coïncider avec des lésions cérébrales dont le siége était fort éloigné de la région frontale. Nous reviendrons sur ce sujet au mot PHRÉNOLOGIE.

Le pronostic en cas d'amnésie est plus ou moins favorable suivant le genre et la gravité de la cause à laquelle doit être rapportée la maladie. Cette affection toujours symptomatique ne peut être avantageusement combattue qu'en dirigeant les ressources de l'art contre le mal qui en est la cause première.

Louyer Villermay, *Essai sur les maladies de la mémoire,* dans les Mémoires de la Société de méd. de Paris, 1817, in-8°, t. I.
Calmeil, *Dict. de médecine.* 2° édit. art. AMNÉSIE.

A. LE PILEUR.

AMNIOS. (*Anatomie.*) Voyez ŒUF HUMAIN.

AMNISTIE. (*Politique.*) Ce mot signifie *oubli ;* c'est le titre qu'après l'expulsion des trente tyrans par Thrasybule, les Grecs donnèrent à l'acte qui défendait de poursuivre aucun citoyen pour sa conduite politique.

L'amnistie, dans les républiques, était soumise à une formule spéciale et à des serments solennels : c'était un traité de paix qui mettait un terme aux représailles des guerres civiles, aux troubles publics et aux craintes individuelles ; une capitulation réciproque qui, n'admettant ni vaincu ni vainqueur, ni fort ni faible, reconstruisait la cité en ralliant les partis qui l'avaient divisée. Toujours proclamées avec patriotisme, toujours exécutées avec bonne foi, les amnisties républicaines avaient une plus ferme garantie que les illusions des serments ou le piége des promesses. Les divers partis qui s'étaient mutuellement amnistiés, placés sous la sauvegarde de leur propre force, pouvaient à chaque instant ressaisir le glaive ; et le péril réciproque que faisait courir la violation de l'amnistie rendit pendant longtemps ces traités inviolables.

Toutefois il est des républiques où la corruption alimente une masse d'oisifs indigents qui se vendent comme citoyens aux ambitieux qui les achètent comme prolétaires ; l'État tourne alors en tyrannie aristocratique : telle était Rome sous Marius et sous Pompée ; la misère paresseuse servait avec une égale ardeur et les fureurs du dictateur plébéien et l'ambition du protecteur consulaire. Il en est encore où l'inégalité de fortune permet à quelques patriciens de prendre des étrangers armés à leur solde ; l'État penche alors vers la tyrannie monarchique : telle était Rome sous le glaive des Gaulois vendus au funeste génie de Sylla et de César. Il en est, enfin, où quelques hommes, réunissant leur ambition et leurs richesses, soldent à la fois et des étrangers et des prolétaires ; c'est la tyrannie même : telle était Rome sous les triumvirs.

La nature de l'amnistie change avec la forme du gouvernement. Elle est complète et loyale dans les États populaires : huit séditions ont porté la guerre civile dans Rome républicaine, et jamais, quand le glaive du soldat fut rentré dans le fourreau, une tardive atrocité ne demanda des têtes à la sanguinaire vénalité des juges ou à la hache obéissante des licteurs.

Après les usurpations du sénat, lorsque Marius et Sylla, entourés d'une aristocratie corruptrice et d'une armée corrompue, manquèrent quelquefois de victimes et jamais de bourreaux, on donna aux proscriptions le nom d'amnistie : on faisait grâce en effet à ceux qu'on n'assassinait pas. Mais la vertu du peuple romain, fidèle encore à l'austérité des mœurs antiques, survécut à la corruption des classes supérieures. Sylla paraît dans Rome ; le sénat se hâte de proscrire les amis de Marius et d'amnistier ceux qu'il ne veut pas égorger : les tribunaux s'empressent de condamner tous ceux qu'on accuse, et d'absoudre ceux qu'on ne veut pas accuser ; les soldats, dispersés dans les places et sur la voie publique, se ruent comme des bêtes carnassières sur des citoyens paisibles et désarmés : bientôt le peuple inonde le forum ; des Romains courageux demandent l'abrogation du sénatus-consulte proscripteur ; et la justice populaire eût triomphé de la cruauté aristocratique, si le sénat n'eût fait dissoudre l'assemblée par des cohortes vénales, afin qu'aucun des proscrits ne pût échapper à l'amnistie. Ce peuple ne fut pas moins généreux lorsque Marius, irrité par la fuite et l'exil, livra ses ennemis à la mort et leurs maisons au pillage : les esclaves se chargèrent seuls de l'office de bourreaux, et *les citoyens protégèrent religieusement les propriétés des victimes.* Les Romains ne concevaient pas encore que l'amnistie fût synonyme de meurtre et de confiscation.

Les triumvirs dénaturèrent complétement cette généreuse institution ; l'amnistie ne fut pour eux qu'une effroyable et longue série d'assassinats et de vols politiques.

Dans les États modernes, l'amnistie n'est plus un traité réciproque, c'est un présent que le fort fait au faible. La clémence envers les individus se nomme grâce, la clémence envers les masses s'appelle amnistie. Elle a retenu de l'acte de Thrasybule l'oubli des hommes dont il n'importe pas aux vainqueurs de se souvenir ; elle a conservé des tables de Sylla la proscription des ennemis qu'on redoute ; et la clémence et la cruauté s'y trouvent dans une si bizarre alliance, que les spectateurs *tremblent pour ceux que la vengeance proscrit,* en même temps qu'ils félicitent ceux à qui la magnanimité pardonne.

Toutefois les publicistes admirent ces actes généreux : aucun, en louant ce qu'ils ont de clément, n'ose attaquer ce qu'ils ont de proscripteur. Le souvenir de Thrasybule semble *couvrir la mémoire de Sylla.* Ils ne voient pas que l'amnistie déguise une proscription, et que la vengeance ne pardonne qu'en descendant de l'échafaud. Un seul moderne a osé signaler dans les amnisties ce mélange de clémence et de cruauté ; c'est Rabelais, esprit supérieur, qui cacha trop souvent la raison sous le masque de la folie. Son héros, « qui n'étoit pas de ces rois qu'à la façon d'Homère il appelle Démoboron, c'est-à-dire mangeur 'de peuple », avait à signaler sa clémence envers le vaincu ; et, « au cas que les autres rois et empereurs, voire qui se font nommer catholiques, l'eussent misérablement traité, Pantagruel pardonna *tout le passé avec oubliance sempiternelle,* comme étoit l'amnistie des Athéniens, lorsque furent, par la prouesse et l'industrie de Trasybulus, les tyrans exterminés. »

Longtemps avant Rabelais, les amnisties avaient cessé d'être une *oubliance sempiternelle de tout le passé :* comme tous les actes de la politique moderne, elles possédaient un si singulier mélange des contraires, qu'on pouvait les nommer tout à la fois des actes de clémence et des tables de proscription. Cependant ce n'était point la nature de l'homme, mais la nature des gouvernements qui seule avait empiré. Tant que le soin du bonheur général fut confié à la généralité des citoyens, tant que la sûreté individuelle fut un intérêt public, tant que la majorité qui gouverne fut la même chose que la majorité qui obéit, les amnisties furent complètes, universelles, loyales. Mais, dès que le gouvernement des minorités succède au gouvernement républicain, la proscription se mêle à l'amnistie, et cet oubli solennel n'est plus qu'un moyen hypocrite de punir ceux qu'on hait ou qu'on redoute, caché sous le masque d'une adroite générosité qui pardonne à tous ceux à qui elle n'a point pensé.

Durant les troubles civils, les forts se vengent, les faibles amassent la vengeance dans le fond de leur cœur. Quand le faible devient fort à son tour, sa haine éclate ; mais le souvenir des souffrances passées lui fait craindre des représailles futures, et cette crainte le force à cacher la proscription sous le manteau de la clémence : aussi presque toutes les amnisties semblent être la solution de ce problème : Combien de citoyens est-il possible de proscrire, sans exciter ni péril nouveau ni crainte nouvelle, en amnistiant le reste de la nation ? Nous avons déjà dit que le seul gouvernement qui n'eût aucun intérêt à mêler la proscription à l'amnistie était le gouvernement républicain. Après lui, le moins proscripteur est le despotisme : le despote est le seul maître, il ne frappe que ses ennemis personnels, et son bras n'atteint guère au delà du seuil de son palais. Mais les ministres, les courtisans, les favoris, les maîtresses, les confesseurs, dans les monarchies absolues ; mais les membres du gouvernement, des conseils, des chambres, de tous les corps de magistrature, dans les États aristocratiques, tous, à chaque amnistie, demandent la proscription de leurs concurrents, de leurs adversaires, de leurs ennemis ; voilà les êtres qui, cachant leurs haines individuelles sous les dehors d'intérêt public, viennent mêler la cruauté à la clémence, et qui changent en proscription un acte qui n'eût été qu'une amnistie véritable si le prince seul l'eût rédigé, n'ayant pour guide que les lumières de son esprit et le témoignage de sa conscience.

L'assemblée constituante poussait de bonne foi la monarchie vers la république : aussi l'amnistie qu'elle proclame est universelle et sans arrière-pensée.

Le consulat poussait avec force la république vers la monarchie ; il proscrit en amnistiant. Je ne dis rien des amnisties du directoire, aristocratie financière et lâche, qui s'assit dans la boue pour se couronner d'or. Nous y trouvons toutefois mille preuves que ce n'est pas la crainte d'un péril public, mais l'effet des haines individuelles, qui vient mêler la proscription à l'amnistie. Carnot, proscrit au 18 fructidor comme royaliste, meurt plus tard dans l'exil comme républicain. Nous avons vu un être que la nature avait créé comme le dernier terme de l'abjection de l'espèce humaine, Fouché, trafiquant de l'amnistie consulaire, et de celle du 3 nivôse, et de celle des cent jours, et de celle de 1815 ; toujours la plume à la main, également prêt à écrire ou à effacer les noms de ses amis et de ses ennemis ; et, sans haine, sans regret, les précipitant dans l'abîme de la proscription, comme jadis il engouffrait les Nantais dans la Loire.

Mêler la proscription à l'amnistie est une faute d'autant plus grave, que tous les corps de l'État demandent alors à participer, non à la clémence, mais à la cruauté. L'acte d'oubli de Bréda n'avait proscrit que les régicides. Le parlement d'Angleterre accusa hautement la magnanimité de Charles II, et lui aussi se fit proscripteur ; les tribunaux, abandonnant la route stérile de l'équité, se jetèrent dans l'ornière productive de la politique ; les organes des lois se firent les vengeurs du monarque, et Jefferies fit fortune où Bacon se fût appauvri. Quelque étranger que puisse être le prince à toutes ces atrocités, c'est à lui seul qu'elles sont imputées ; elles flétrirent la restauration anglaise, et causèrent les haines et les craintes d'où provint la révolution qui chassa les Stuarts.

C'est spécialement dans l'État aristocratique qu'il faut redouter l'amnistie. Sous l'aristocratie civile, la clémence n'est qu'un moyen de police pour découvrir ce qu'on ignore : les honnêtes gens, rassurés par cet acte, osent parler de leurs anciens projets ; et les fripons, qui n'attendent plus leur fortune de la rébellion, vendent au pouvoir le nom des rebelles. Soudain l'amnistie s'interprète par la proscription ; et, pour que les citoyens ne puissent découvrir le piége, des inquisiteurs d'État font languir ensemble, sous les plombs de Venise, les délateurs et leurs victimes. L'aristocratie sacerdotale est plus effroyable encore ; si l'espionnage terrestre lui manque, elle épouvante les consciences par des monitoires, et les appelle à la délation en les menaçant des tourments éternels de l'enfer ; le nom de Dieu est un manteau qu'elle jette sur ses crimes : elle veut amnistier, mais pour oublier la faute, il faut qu'on la lui révèle ; et pour pardonner au coupable, il faut qu'on le lui nomme : elle le connaît à peine, que les cachots de l'inquisition absorbent les misérables

victimes, qu'ils ne vomiront plus tard qu'au milieu des flammes de l'auto-da-fé. Sous l'aristocratie militaire, on remarque quelque apparence de loyauté dans l'oubli du passé ; en Pologne, l'échafaud a rarement succédé à l'amnistie : ce n'est point que l'aristocratie des camps soit plus magnanime que celle des palais ou des temples ; mais elle est plus forte, et ne semble moins cruelle que parce qu'elle est moins lâche.

Il en est de même dans les monarchies : plus elles sont républicaines, comme la Suède et l'Angleterre ; plus elles se rapprochent du despotisme, comme le Danemark et la Russie, et moins on y mêle la proscription à l'amnistie. La raison en est simple : en Suède le gouvernement s'appuyait sur le peuple, en Russie, il s'appuie sur l'armée ; il est ferme, parce que son appui n'est pas fragile ; il est moins injuste, parce qu'il est plus fort, et que la cruauté est fille de la faiblesse. Mais plus la monarchie est aristocratique, et plus il y a de proscriptions dans la clémence. L'aristocratie civile de Naples dénatura cette première amnistie qui plaça le hideux Vani au rang des Jefferies, des Laubardemont et des Fouquier-Tainville. Toutefois ces horreurs cèdent à l'épouvantable amnistie de 1799, parce qu'un prince de l'Église, le cardinal Ruffo, mêla toutes les inimitiés sacerdotales aux haines aristocratiques qu'avait fomentées l'infâme Acton, aux vengeances monarchiques qu'irritait une reine longtemps fugitive, aux persécutions jalouses qu'une courtisane étrangère, lady Hamilton, nourrissait contre ses rivales heureuses et contre ses amants infidèles ; et plus encore parce que Naples est un pays où, grâces à la canaille des lazzaroni, on n'a jamais faute de bourreaux, et que dans ce moment un homme que les ennemis de la France ont longtemps nommé le héros de l'Angleterre, Nelson, détrempant sa gloire dans le sang humain, fermait toute retraite aux victimes, et, à la honte du monde civilisé, garantissait l'impunité des assassins. Depuis cette funeste époque, quelques pays où la monarchie qu'on appelle absolue est placée sous la tutelle des aristocraties civiles, sacerdotales, indigènes ou exotiques, ont plusieurs fois tremblé sous des amnisties ; et toujours les mêmes causes ont produit les mêmes effets, et toujours la clémence ne s'est offerte à la reconnaissance nationale qu'enveloppée d'un manteau couvert de sang.

Nous devrions aborder ici les amnisties proclamées par les gouvernements représentatifs. Mais où prendre nos modèles ? A Naples, à Turin, à Lisbonne, à Madrid, ce système n'a pu s'établir et n'a vécu qu'entouré de dangers et d'ennemis qui l'ont forcé d'oublier ses vrais principes et de sortir de ses justes limites. En Angleterre, un siècle après son établissement,

il fut dénaturé par l'aristocratie des richesses ;
depuis longtemps le peuple n'y est plus rien ;
déjà la monarchie recule devant le ministère,
bientôt un gouvernement oligarchique pèsera
sur les trois royaumes ; et Londres, cette Carthage de l'Océan, renouvellera l'image de cette
Venise qu'on surnomma la Rome de la Méditerranée. La Suède, qui fut longtemps représentative, est de droit un gouvernement civil ;
mais elle subit par le fait la plupart des inconvénients des gouvernements militaires.
Peut-être pourrais-je prendre mes exemples aux
États Unis, pays à la fois républicain et monarchique, pays où la liberté a sans cesse respecté le pouvoir, parce que le pouvoir n'y op-
prima jamais la liberté ; mais la vieille Europe
considère cette fédération politique comme
une véritable démocratie, et mes exemples ne
prouveraient rien pour elle. Combien j'aimerais
à citer la France représentative ! Pourquoi son
amnistie de 1815 a-t-elle été donnée au milieu des craintes individuelles et des troubles
civils ? Pourquoi l'aristocratie politique s'en
est-elle emparée pour restreindre la clémence
par la funeste invention de catégories persé-
cutrices ? Pourquoi l'aristocratie juridique a-t-
elle pu poursuivre ceux que la magnanimité
n'avait point garantis, mais que la puissance
n'avait point frappés ? Pourquoi l'aristocratie
civile a-t-elle garrotté par des surveillances
ceux que l'autorité n'avait point écartés par
le bannissement ? Pourquoi une hideuse populace, funeste instrument de toutes les aristocraties, a-t-elle ajouté aux rigueurs légales le
pillage et l'assassinat ?

Ici se présentent ces questions, que les publicistes et les jurisconsultes considèrent
comme d'un haut intérêt, et que je serais disposé à regarder comme des disputes de mots
ou des querelles d'école. Les écrivains se trompent souvent, parce qu'ils décident toujours
les questions qu'offrent les gouvernements
des minorités par les principes qui dirigent
les gouvernements des majorités. L'amnistie,
disent-ils, doit être inviolable : cette idée
est juste en tant qu'elle s'applique aux États
républicains, parce qu'ici l'amnistie est un
véritable contrat synallagmatique, un traité
mutuel, une capitulation réciproque entre
deux partis également forts. Mais, dans les
États aristocratiques, c'est une concession
du fort au faible, un moyen adroit de faire
poser les armes à des ennemis qu'on frappera
sans péril, lorsqu'ils seront désarmés ; une ruse
de guerre pour séparer les soldats qu'on amnistie, des chefs qu'on veut punir, pour diviser entre eux les généraux qu'on absout et
ceux que l'on condamne. Mais, dès que l'opposition est sans moyens d'hostilité, qui peut
garantir la foi de l'amnistie ? Qui est le maître
de l'exécuter, de l'interpréter, de l'étendre,

de la restreindre ? Quelle sanction peut servir
de sauvegarde à ce traité périlleux pour ceux
qui s'y fient ? Voyez comment Charles IX exécute, dans la nuit de la Saint-Barthélemy,
l'amnistie des protestants ; comment le cardinal Ruffo exécute, sur les places de Naples,
l'amnistie des républicains ; comment les ter-
roristes exécutent, au 2 septembre, l'amnistie des royalistes ! On citera la foi inviolable
de Charles le Sage et de Louis XII ; l'amnistie du consulat, où la proscription finit par
une mise en surveillance : mais qui ne voit
que cette loyauté tient, non à la nature de
l'acte, mais au caractère du souverain ? Sans
doute ils ont fait avec sagesse : toutefois qui
les eût empêchés de faire autrement ? Henri IV
seul eut le génie de comprendre et la magnanimité d'avouer que l'amnistie, inviolable en
théorie, pouvait en application ne lier ni lui-
même ni ses successeurs. Il voulut réparer cet
irréparable inconvénient des gouvernements
absolus, en donnant aux protestants des lieux
d'asile et des places de sauvegarde : mais
Louis XIII interprète l'amnistie par la prise
de la Rochelle, dernier boulevard des réformés, et Louis XIV l'exécute par les dragon-
nades, la confiscation, le bannissement et
l'échafaud.

On ajoute que le pouvoir qui amnistie n'a
pas le droit de proscrire, et qu'il doit se borner à livrer ses adversaires aux tribunaux :
n'est-ce pas encore une logomachie ? Que sont
les tribunaux, sous les gouvernements absolus, dans les temps d'amnistie et de proscription ? Juger alors, c'est condamner. L'homme
qui juge n'est-il pas l'instrument de l'homme
qui poursuit ? Voyez surgir, à toutes ces grandes catastrophes, un être qui fonde sa fortune
sur le sang qu'on lui commande de verser :
Jefferies, Laubardemont, Vani, Fouquier-
Tainville ! L'histoire a-t-elle conservé le nom
d'un seul juge honoré, récompensé par la puissance pour avoir refusé de se tacher de sang ?
On les repousse, et on gorge de richesses ces
magistrats bourreaux, qui, selon l'expression
du tragique français, peuvent demander leur
salaire des têtes à la main. Un homme, en des
temps de trouble, eut le courage de placer la
probité dans les cours de justice ; et cet homme
c'était Cromwell : « Ne le nommez pas, lui disait-on d'un magistrat ; il est d'une incorrup-
tible intégrité. » Le courageux usurpateur se
hâte de signer : « Dieu soit loué ! s'écria-t-il :
c'est un rempart que j'élève entre ma colère
et mes ennemis. » Toutefois qu'on ne s'y
trompe point ; tous ceux qui ont respecté les
tribunaux ordinaires, ne se sont pas moins
rassasiés de proscriptions juridiques : les commissaires, les cours d'exception, ne leur ont
point fait faute. Telle est l'espèce humaine dans
les temps de corruption, qu'un souverain frappe

du pied dans la boue et qu'il en jaillit des assassins. Ces hommes n'ont eu qu'une heureuse idée ; ils n'ont pas flétri la magistrature commune et nécessaire, en exigeant d'elle des sentences politiques : celle-ci rendait des arrêts, l'autre vendait des services ; mais le peuple pouvait du moins, sans effroi, aller demander justice à des juges à qui le pouvoir n'avait pas demandé du sang.

Quelques publicistes attribuent aux princes et d'autres réservent au souverain le droit d'amnistie. J'ai quelque honte d'entrer dans ces détails. Si l'amnistie proscrit, le droit n'en appartient à personne ; car nul pouvoir humain ne peut condamner sans entendre ; si, sans créer des délits imprévus, elle livre aux tribunaux, elle appartient alors au prince, qui seul a droit d'y traduire ; si elle impose des conditions, c'est une commutation de peine : et qui peut commuer des peines auxquelles on n'a pas encore été légalement condamné ? Il résulte de ces principes que l'amnistie particulière ou conditionnelle est un acte de pouvoir absolu, une véritable autocratie, qui ne peut se retrouver que par une extension abusive dans les États républicains ou représentatifs.

Mais à qui appartient le droit d'amnistie générale et absolue, acte magnanime qui change la haine en amour, la crainte en sécurité, les troubles civils en concorde ? Si l'oubli n'atteint que des faits déjà poursuivis et punis par les tribunaux, l'amnistie rentre dans le droit de grâce, et ne peut être exercée que par le pouvoir à qui la clémence fut réservée. Si l'amnistie est une abolition de poursuites futures et possibles, il faudrait rechercher quelle puissance a le droit d'arrêter la justice, et peut-être n'en trouverait-on point. Dans les républiques, cette question serait facile à résoudre ; car l'amnistie n'est point respectée comme un acte du pouvoir, mais comme un traité de paix entre deux partis belligérants. Il n'en est pas ainsi dans les gouvernements des minorités ; le souverain, quel qu'il soit, n'y veut jamais capituler ; ici l'amnistie ressemble toujours à un pardon : on appelle par l'indulgence une soumission qu'on n'ose espérer de la sévérité. Si le prince l'accorde, il dépasse les limites du gouvernement ; si le souverain la proclame, il sort de la route constitutionnelle : l'un et l'autre s'établissent au-dessus des lois pour obtenir la paix. C'est donc un acte de dictature ? Mais si je vois une puissance dictatoriale perpétuelle dans le despotisme et les monarchies absolues, si les républiques l'établissent momentanément par le *caveant consules*, la création d'un dictateur, les assemblées générales, les conventions, où la placer dans le système représentatif ? Par le fait. Napoléon la donne aux trois consuls par

la proscription du 26 brumaire an 8 ; il la partage avec le sénat par la proscription du 15 nivôse an 9 ; il se l'arroge personnellement comme empereur, par la proscription du 12 mars 1815 : par le fait encore, Louis XVIII considère l'amnistie comme un droit inhérent à la couronne, par l'ordonnance du 24 juillet 1815 ; il le partage avec les chambres, par la loi du 12 janvier 1816. Charles II avait fait ainsi, et Louis XVI avait de même sanctionné l'amnistie absolue et générale de l'assemblée constituante. Mais que prouvent les précédents, et peut-on décider le droit par le fait ? Lally-Tollendal, habitué à prendre la générosité pour la justice, et les sentiments pour des principes, a dit aux pairs de France que « l'amnistie est un droit absolu, appartenant au roi, qui seul peut l'exercer quand et comme il lui plaît, » mais cette amnistie frappait, sans les entendre, plusieurs citoyens d'exil et de bannissement : le droit de proscrire serait donc inhérent à la royauté ? N'est-ce pas là la doctrine tant de fois répétée des bastilles et des lettres de cachet ? A propos de ce même acte, Lanjuinais a dit que « l'amnistie exige le concours des trois branches de la législature. » Est-ce détruire l'abus ou le déplacer ? Je le répète, il y a proscription dans l'amnistie, et ni une branche isolée, ni les trois branches réunies ne peuvent constitutionnellement s'arroger le droit de proscrire.

Si je ne me suis étrangement abusé, me voici au terme : nul pouvoir n'a le droit de proscrire ; toute proscription est un acte de force qu'on masque d'une apparence de nécessité, mais non un droit qu'il soit possible de fonder sur la justice. Il n'y a donc pas, dans l'état constitutionnel, un pouvoir humain qui puisse mêler la proscription à l'amnistie. Cependant, si j'en excepte les amnisties absolues et générales, la plupart de ces grands actes de clémence ne sont que des palliatifs d'une adroite rigueur : c'est le vase du Tasse ; les bords sont emmiellés ; la lie en est amère. Prenons pour exemple l'amnistie dictatoriale du 12 mars : un article fait grâce à tous les Français. Un homme seul qui pardonne à trente millions d'hommes ! cet acte serait d'un fou si Napoléon pouvait l'être : cette forfanterie de générosité est donc un piège ; voyons ce qu'il nous cache. Un autre article amnistie tous les fonctionnaires : c'est une ruse de Machiavel ; on veut acquérir à l'empire tous les magistrats que la peur des destitutions laisserait à la royauté. Un autre article proscrit treize personnes : voilà qui explique l'amnistie et cette vaine parade de magnificence. On n'a pardonné aux masses que pour en isoler les individus, et l'on n'a garanti la sécurité de tous que pour atteindre sans péril la tête de quelques-uns. L'amnistie n'est donc que l'emphatique préambule d'un décret de proscription, lorsqu'elle nous offre la haine assise sur l'autel de la clémence.

Voilà à quoi peut se réduire l'amnistie moderne. Ce n'est plus la liste des citoyens qu'on oublie, mais la table des malheureux dont on se souvient. Ces distinctions entre les amnisties par ordonnance, légales, constitutionnelles; cette synonymie d'amnisties générales, absolues, exceptionnelles, conditionnelles, peuvent expliquer des actes existants ou possibles, peuvent guider le juge qui applique la loi, l'avocat qui défend l'accusé : mais la source, le droit, les principes de cette clémence politique, sont encore à rechercher pour tous les esprits justes qui n'ont pas contracté l'habitude d'expliquer ce qui doit être par ce qui est.

On reviendra sur ce sujet, neuf encore, malgré tous les ouvrages qui s'en sont occupés; car les publicistes, esclaves à genoux devant les vengeances royales, semblent toujours adorer la colère de leurs maîtres. Finissons en déplorant que l'usage des amnisties particulières et conditionnelles ait depuis longtemps prévalu : heureux encore lorsqu'elles ne prononcent que des peines temporelles, lorsqu'une rigueur présente ne ferme pas toute issue à une justice future! heureux surtout lorsqu'elles ne font pas un appel à l'échafaud! car le sang des victimes pèse longtemps sur le cœur des bourreaux, s'attache éternellement à leur mémoire, et flétrit d'une marque indélébile le siècle et les nations qui l'ont versé. « Que personne ne périsse pour la con- « juration de Cassius, » écrivait l'empereur Antonin au sénat assemblé pour juger des rebelles ; « que le sang de personne ne soit ré- « pandu; que les bannis soient rappelés, que « leurs biens leur soient rendus; et plût aux « dieux que je pusse rendre la vie aux morts! « Qu'ils reviennent en assurance, puisqu'ils vi- « vent sous l'empire d'Antonin; qu'ils soient « un exemple de clémence plus utile et plus « honorable au prince que la cruauté! »

Voilà les véritables amnisties. Aux amnisties citées dans cet article, on ajoutera comme exemples, chez les peuples anciens : l'oubli des dissensions prononcé, sur la demande de Thrasybule, après le renversement des trente tyrans, et l'amnistie proposée par Cicéron;

Chez les peuples modernes, les amnisties accordées :

En 1413, après les troubles excités dans Paris par la rivalité des Bourguignons et des Armagnacs;

En 1558, à l'occasion d'une rébellion à Bordeaux;

En 1556, 1560 et 1612, en faveur des hérétiques;

En 1749, pour les troubles qui eurent lieu à Lyon à la suite du mécontentement et des plaintes des ouvriers en soie;

En 1754, 1756 et 1771, à raison des disputes religieuses des jansénistes et des molinistes.

Enfin de nombreuses amnisties ont été prononcées depuis 1789 jusqu'à 1815; la restauration en a accordé quelques-unes, dont la plus célèbre est celle qu'on a citée plus haut, du 16 janvier 1816. Depuis 1830, soit clémence, soit politique, le droit d'amnistie a souvent été exercé, et l'on doit citer l'ordonnance qui étendit le voile de l'oubli sur tous les délits politiques commis depuis 1815, ordonnance qui fut, au reste, un acte de justice bien plutôt que d'indulgence.

J. P. PAGÈS.

AMODIATION. Ce terme est dérivé de *modius*, boisseau, et signifie l'action de louer une terre pour une certaine quantité de boisseaux de blé. Dans les anciennes coutumes, il était usité dans le sens général de bail à ferme d'une terre, en grains ou en argent, mais plus généralement de bail donné sous la condition d'une prestation en nature. Aujourd'hui le mot *amodiation* s'est complétement éloigné de son étymologie, et n'est plus que le synonyme de location.

AMOME. *Amomum.* (*Histoire naturelle.*) Genre de plantes dont toutes les espèces sont originaires des parties chaudes de l'Asie, et qui sert de type à la famille des amomées. Les racines charnues, fortement aromatiques et piquantes de ces végétaux, les graines de quelques-uns, sont d'un grand usage dans la zone torride pour relever le goût des mets. Le gingembre, la zédoaire, le curcuma, le cardamome, et le terramérita ou safran de l'Inde, employé dans la poudre de Cari pour la colorer et la rendre piquante, sont les espèces qu'on peut considérer comme officinales et qu'on rencontre dans le commerce.

BORY DE ST-VINCENT.

AMORITES. (*Géographie.*) C'était un des peuples les plus importants de la Palestine. Il en est souvent question dans les livres de Moïse, et il désigne quelquefois par leur nom les Cananéens en général. Ils habitaient surtout la partie méridionale de Canaan, entre la mer Morte et la Méditerranée, au pied des montagnes qui portèrent leur nom: Leur pays était divisé en deux royaumes, celui de Sichon, roi d'Hesbon, et celui d'Og, roi de Bazan. Ils refusèrent le passage aux Hébreux, prirent les armes contre eux, et furent battus. Les vainqueurs s'emparèrent de leur territoire, et l'assignèrent aux tribus de Gad et de Ruben.

AMOROSO (Terme de musique), *amoureusement.* Ce mot italien, placé en tête d'un morceau de musique, indique que le mouvement doit être lent, et animé seulement par une expression tendre et légèrement passionnée.

AMORPHOZOAIRES. (*Histoire naturelle.*) M. de Blainville indique dans sa classification, sous le nom d'Amorphozoaires, le groupe d'animaux qui comprend les Éponges et les Téthyes ; nous en dirons quelques mots à l'article ANIMAL.

E. DESMAREST.

AMORRHÉENS. (*Histoire.*) Ce peuple tenait son nom d'Amor, fils de Chanaan. Il habitait le pays formant une presqu'île entre le Jaboc, le Jourdain et le torrent d'Arnon, qui le séparait des Moabites. Les Amorrhéens étaient un de ces peuples que les Israélites, d'après l'ordre de Dieu, devaient passer au fil de l'épée, en punition de leurs crimes monstrueux et de leur abominable idolâtrie. Leur pays, habité par dix nations, était divisé en deux parties, dont chacune avait un roi. Sichon, roi d'Hesbon, s'opposa au passage des Israélites, et s'avança contre eux, résolu de les livrer aux Égyptiens. Mais Dieu combattait avec son peuple, et les Amorrhéens, vaincus, virent partager leurs terres entre les tribus de Gad, de Ruben et de Manassé. Les Amorrhéens orientaux, dont la capitale était Bazan, résistèrent mieux et plus longtemps. Au temps de David et de Salomon, Israël combattait encore contre eux. Mais, à cette époque, ils partagèrent le sort des autres peuples chananéens, et tombèrent sous la domination des Israélites. Les Amorrhéens étaient en général d'une stature élevée. Suivant l'Écriture, un de leurs rois, Og était un géant ; il couchait dans un lit qui avait neuf coudées de long sur quatre de large. Selon les commentateurs rabbiniques, il vécut jusqu'à neuf cents ans : les eaux du déluge n'avaient pas été assez profondes pour l'engloutir.

AMORTISSEMENT. (*Législation.*) *Admortisamentum, admortisatio, prædiorum concessio in manum mortuam.* L'amortissement était le droit qu'autrefois les gens dits de *mainmorte*, c'est-à-dire les religieux, les confréries, les églises, les corps de métiers, les hôpitaux, étaient tenus de payer pour obtenir la permission d'avoir un immeuble en propriété. En effet, les corporations étant destinées à toujours exister, l'État éprouve un préjudice toutes les fois qu'un bien immobilier tombe entre leurs mains ; car c'est un bien qui désormais ne produira plus de droits de mutation par succession et qui produira beaucoup moins de droits de mutation par transmission contractuelle que s'il restait dans la fortune de particuliers. Il y a peu d'années, en 1840, on a vu l'Hôtel-Dieu de Paris vendre et replacer dans le commerce un vaste terrain de cette ville, dont il avait gardé la propriété pendant plus de six cents ans.

L'amortissement était accordé par le roi, qui en percevait le bénéfice au nom de l'État ; et, si l'immeuble amorti était inféodé ou accensé de manière que plusieurs personnes eussent médiatement des droits seigneuriaux a exercer sur lui et dont la concession d'amortissement les privât, l'acquéreur était obligé de payer une indemnité à ces personnes, outre l'amortissement dû au roi. Ordinairement le montant du droit d'amortissement était du tiers de la valeur de l'immeuble amorti.

Nos auteurs ont donné divers actes du treizième siècle et de la fin du douzième comme fournissant les premiers exemples de l'amortissement en France. Quelques-uns ont prétendu que ce fut saint Louis qui l'introduisit pour réprimer l'avidité du clergé de son temps. D'autres (entre autres du Cange, dans son *Gloss. med. et infimæ latinit.*) le font remonter jusque vers la fin de la seconde race des rois de France. Ce droit paraît cependant avoir une origine plus ancienne encore ; car, dans les chartes des premiers temps de la monarchie, on voit toujours les dons à l'Église avoir besoin, pour être validés, d'une confirmation de l'autorité royale, qui ne pouvait l'accorder gratuitement.

Toute acquisition immobilière, faite par gens de mainmorte, à quelque titre qu'elle eût lieu, donnait ouverture au droit d'amortissement. On ne distinguait point à cet égard, comme dans d'autres matières, entre les contrats équivalents à une acquisition et ceux qui ne l'étaient pas. Il suffisait qu'ils fussent translatifs et même simplement augmentatifs de propriété immobilière, pour que le droit fût exigible. Et il faut remarquer que certaines rentes, certains offices, certains droits qui n'existent plus, rendaient le nombre des biens immobiliers beaucoup plus considérable alors qu'il ne l'est aujourd'hui. Cette rigueur souffrait cependant quelques exceptions ; les fondations pieuses de messes, de prières, de rentes pour marier des filles pauvres, pour soulager les prisonniers, pour la création d'édifices ou d'établissements publics, étaient en général exemptées du droit d'amortissement.

L'abolition du régime des fiefs entraîna celle du droit d'amortissement qui, dans son dernier état, avait été réglé par un édit du mois d'août 1749 et par deux arrêts du conseil du roi, l'un du 11 janvier 1738, l'autre du 13 avril 1751.

Sur l'amortissement dans l'ancien droit, on peut consulter les ouvrages suivants :

De l'origine du droit d'amortissement, par Eus. de Laurière ; 1692, in-12.

AMORTISSEMENT

Ordonnances des rois de France. Préf. t. I, pag. IX.
Bignon: *Notæ ad Marculfum.*
René Chopin; *De Doman.* Lib. I, tit. 13.

Il existe encore aujourd'hui des personnes de mainmorte, quoiqu'on ne leur donne plus ce nom; ce sont les hôpitaux, les communes, les couvents autorisés, certaines compagnies savantes, etc. D'après l'article 910 du Code civil, « les dispositions entre vifs ou par testament, au profit des hospices, des pauvres d'une commune ou d'établissements d'utilité publique, n'ont leur effet qu'autant qu'elles sont autorisées par une ordonnance royale. » La loi du 2 janvier 1817 a étendu cette disposition aux établissements ecclésiastiques, formés avec l'autorisation du gouvernement.

On voit que le Code civil ne distingue plus entre les meubles et les immeubles; toute aliénation au profit d'une personne morale est soumise à l'examen de l'administration publique. Outre le préjudice matériel que ces aliénations font éprouver à l'État, à l'égard des droits de mutation, nos législateurs ont voulu empêcher que certains établissements ne pussent acquérir indéfiniment une trop grande richesse et une influence dangereuse; ils ont voulu aussi que le caprice d'un testateur ne privât pas trop aisément une famille de la fortune sur laquelle elle comptait.

Il faut donc pour la validité de ces sortes de dispositions une autorisation préalable qui s'accorde par ordonnance royale, le conseil d'État entendu, et sur l'avis du préfet ou de l'évêque, suivant la nature de l'établissement. L'autorisation du préfet est suffisante quand la valeur de l'objet donné n'excède pas 300 francs.

Voyez pour les détails et pour les formalités qu'on doit suivre afin d'obtenir cette autorisation, la loi du 2 janvier 1817, l'ordonnance du 2 avril de la même année et celle du 24 mai 1825. **H. BORDIER.**

AMORTISSEMENT DE LA DETTE PUBLIQUE. En 1749, un ministre plein de bonnes intentions, M. de Machault, conçut et fit adopter le projet d'une caisse destinée à diminuer annuellement la dette de l'État, et à faciliter ainsi au trésor public les moyens de faire contribuer l'avenir au bien-être du présent. Cette caisse fut nommée *Caisse d'amortissement*; mais, ainsi que cela se voit même de nos jours, une foule d'intéressés mirent obstacle à l'exécution des mesures qu'entraînait cette nouvelle institution, et ce ne fut qu'en 1764 qu'on put reprendre le projet de M. de Machault. Sous un régime tel que celui de cette époque, avec un roi qui parvenait presque toujours à faire exécuter sa volonté, qui n'était fort souvent que celle de ses courtisans, cette caisse devait manquer de la première des conditions qu'elle devait offrir pour inspirer de la confiance; en effet, au lieu d'être absolument indépendante de la trésorerie, elle lui fut soumise. Rien n'assura d'ailleurs son inviolabilité, puisque le souverain n'avait pas été mis dans l'heureuse impuissance de rendre illusoires les garanties dont elle devait être entourée. Louis XVI indiqua lui-même les causes du peu de succès qu'avaient obtenu les dispositions prises en 1749 et 1764. Il jugea qu'on avait affecté au service de cette caisse des fonds trop considérables, sans moyens assurés d'en continuer le versement. Il fit voir qu'on l'avait surchargée d'opérations, d'un côté trop compliquées, et de l'autre étrangères à son objet. En 1784, elle fut réorganisée d'après un plan beaucoup plus simple dans sa marche, plus modéré dans ses moyens. Mais la révolution, déjà imminente à cette époque, éclata quelques années après. La France eut alors de plus grands intérêts à débattre; jamais, d'ailleurs, circonstances n'avaient été plus contraires à l'établissement d'un système d'amortissement, puisqu'on n'en peut poser les bases et en assurer le service que dans des temps d'ordre, qui permettent aux gouvernements d'opérer, comme il convient surtout en finances, sur des données au moins très-probables, lorsqu'on ne peut en obtenir de certaines.

De longues années s'écoulèrent donc sans qu'on pût aviser à de meilleurs moyens que ceux qu'on avait alors, si toutefois on en avait, d'introduire quelques améliorations dans l'état de nos finances. Peu de temps après le 9 novembre 1799, époque de la création du gouvernement consulaire, une caisse d'amortissement fut fondée; mais elle manquait des garanties sans lesquelles jamais caisse d'amortissement n'aura un crédit durable, et par conséquent une existence assurée. Aussi, en l'absence de ces garanties, cette nouvelle caisse devint-elle l'instrument de toutes sortes de négociations; elle fut chargée de toutes les recettes dont le trésor ne pouvait s'occuper sans rendre sa comptabilité impossible ou inextricable. On annonça que des fonds considérables seraient consacrés au service de l'amortissement; mais, outre qu'il n'en était encaissé qu'une faible partie, on les reprenait presque aussitôt qu'on les avait versés: aussi ne parvint-on à racheter qu'un petit nombre de rentes qui, n'étant point inaliénables, furent, au mépris de la foi publique, données, cédées, échangées, et lancées de nouveau dans le commerce, suivant le caprice et les intérêts du gouvernement. En un mot, pendant quinze ans, cette caisse servit à tout, excepté à l'amortissement de la dette, et son crédit comme son existence finirent avec le gouvernement qui l'avait fondée.

La loi du 28 avril 1816, en ordonnant la liquidation de la caisse d'amortissement alors existante, fut une importante, réforme, en ce sens qu'elle créa une nouvelle caisse d'amortissement, uniquement destinée à l'extinction de la dette, tandis que la caisse des dépôts et consignations·devint un établissement à part. La même loi plaça la nouvelle caisse d'amortissement sous l'autorité d'un directeur général, en dehors de la responsabilité ministérielle, sous la surveillance d'une commission nécessairement composée d'un pair de France, de deux membres de la chambre des députés, du président de la cour des comptes et du gouverneur de la banque. Elle prescrivit que tous les ans cette commission ferait un rapport aux deux chambres, sur la direction morale et la situation matérielle de la caisse d'amortissement, et de celle des dépôts et consignations. Nous ne nous occuperons pas ici de cette dernière, d'ailleurs parfaitement distincte de la première, avec laquelle il ne peut y avoir aucune occasion de la confondre.

Une ordonnance du 8 mai suivant prescrivit le mode de surveillance qui serait appliqué à chacune de ces deux caisses; et bien que l'une et l'autre dussent fonctionner sous les ordres d'un commun directeur, leurs destinations n'en durent pas moins demeurer distinctes et indépendantes l'une de l'autre. Dès le moment de sa mise en activité, la nouvelle caisse d'amortissement fut entièrement isolée du trésor. Une autre condition de durée lui manquait cependant encore, c'était une disposition législative qui assurât sa dotation. Une partie de cette dotation était, en effet, la dette directe du trésor, qu'aucune loi n'avait placée dans un ordre privilégié; et, d'ailleurs, cette précaution même eût-elle été prise, elle aurait pu devenir impuissante en présence des embarras que pouvait éprouver le trésor. On était autorisé à en dire autant du produit des postes et d'un supplément sur les fonds généraux, affectés à sa dotation, et on pouvait le dire avec d'autant plus de raison, que ce produit était insuffisant, ne parvenait à la caisse que par les agents du trésor. C'en était assez pour faire sentir la nécessité de lui assurer un revenu liquide, dont le versement se fît chaque mois sans obstacle et sans intermédiaire. Le projet de loi sur les finances de l'année suivante obvia à ces inconvénients.

Une troisième condition de succès pour la caisse d'amortissement restait encore à désirer. C'était la plus importante, puisque sans elle on ne pouvait atteindre le but qu'on s'était proposé en instituant cet établissement. Il fallait assurer que rien ne le détournerait de ce but, le rachat de la dette, et que ce but serait le seul vers lequel on devrait tendre. Il s'éleva à ce sujet une question qui, si elle avait été résolue affirmativement, aurait certainement

encore ruiné la nouvelle caisse. Elle fut agitée sous cette forme : La caisse d'amortissement doit-elle être considérée comme moyen d'éteindre graduellement la dette publique, et en même temps comme moyen d'élever le prix des rentes pour faciliter des emprunts? Ceux qui se prononçaient pour l'affirmative disaient que, pour atteindre le premier but, la caisse devait tendre à racheter au meilleur marché possible, et saisir par conséquent les moments de baisse. Ils ajoutaient que, pour atteindre le second but, la caisse devait s'entendre avec le ministre des finances, et porter à propos des fonds considérables à la bourse pour y acheter toutes les rentes qui y seraient en vente, et amener ainsi une élévation dans le prix. La conséquence, disaient-ils, d'un tel mode d'action de la caisse d'amortissement, sera une libération plus prompte en faveur de l'État.

Mais ceux qui se prononçaient pour la négative, faisant preuve et de plus de jugement et surtout de plus de moralité, répondirent qu'on ne pouvait considérer comme utile que ce qui était honnête; et ils n'hésitèrent pas à déclarer que, dans leur opinion, tout gouvernement qui se ferait spéculateur pour faire des bénéfices sur les citoyens, encourrait à juste titre le reproche d'immoralité, et que, par conséquent, il n'était pas possible de considérer comme des moyens licites d'opérer une libération plus prompte, ceux qui auraient pour effet de ruiner des milliers de créanciers, dans l'unique but de procurer à l'État quelques légers bénéfices. Ils émirent, en outre, sur cette question, une manière de voir toute nouvelle alors, et qui paraît de nature à mériter beaucoup de suffrages : ils considéraient la caisse. d'amortissement comme établie, moins dans l'intérêt du trésor public que dans celui des créanciers, moins pour assurer des gains à l'un que pour éviter des pertes aux autres, et que, par une conséquence toute naturelle, elle devait, non se glisser furtivement, rarement, et à des époques variables, parmi les acheteurs et les vendeurs d'inscriptions; mais, au contraire, s'y présenter ouvertement et tous les jours pour contenir les uns, rassurer les autres, et maintenir ainsi le crédit. Cette noble manifestation de principes en matière d'amortissement est consignée dans le rapport fait à la chambre des pairs, en exécution de l'art. 114 de la loi du 29 avril 1816, sur la direction morale et sur la situation matérielle de la caisse d'amortissement, des consignations et dépôts, le premier qui fut fait par la première commission de surveillance, nommée par ordonnance du roi, le 8 mai 1816, et composée de MM. de Villemaury, pair de France; Pardessus et Piet, membres de la chambre des députés; Brière de Surgy, président de la cour des comptes;

Laffitte, gouverneur provisoire de la banque de France, et Chabrol de Volvic, président de la chambre de commerce de Paris.

En 1817, le 25 mars, fut rendue une nouvelle loi qui accrut considérablement la puissance de la caisse d'amortissement, en doublant le chiffre de sa dotation et en lui affectant, indépendamment de plusieurs branches de revenus très-productives, tous les bois de l'État, à l'exception de la quantité nécessaire pour former un revenu net de quatre millions de rente, qui reçut une autre destination. Toutefois, il est à observer qu'il n'a été mis à profit, par la caisse d'amortissement, qu'une faible partie de cette affectation, puisqu'elle n'a aliéné des bois de l'État qu'une quantité dont le produit s'est élevé seulement à 83,465,338 francs 89 centimes.

Le résultat qu'on voulait obtenir à l'aide de cette loi, fut obtenu. Il était urgent de soutenir le crédit profondément ébranlé par la pénible situation financière où se trouvait l'État, obligé de pourvoir en même temps aux charges que lui avait laissées l'empire et à celles que lui imposait l'invasion.

Ainsi constituée et dotée, la caisse d'amortissement avait racheté, au 30 juin 1825, pour 37,070,107 francs de rente 5 pour 100. Mais alors, deux circonstances vinrent modifier la législation existante : d'un côté, un milliard fut accordé aux émigrés, et, de l'autre, les porteurs de titres de rente à 5 pour 100 furent autorisés à les échanger contre des titres de rente à 3 pour 100 au capital de 75 francs ; et, pour les y engager, on annonça le projet de rembourser le capital de la rente à 5 pour 100, tandis qu'on déclara non remboursable celui du 3 pour 100. Il fallut soutenir le 3 pour 100 nouvellement créé, non-seulement pour engager les porteurs du 5 pour 100 à échanger leur titre contre du 3 pour 100, mais encore pour accroître, en faveur des émigrés, la valeur de ce dernier fonds, dont une émission considérable faisait craindre l'avilissement. Ce fut pour atteindre ce double but que fut rendue la loi du 1er mai 1825.

Cet acte, ainsi accompli, était aussi immoral qu'antinational. De plus, cette loi introduisait une dérogation des plus graves au système de l'amortissement, qui ne peut atteindre son but qu'autant que la dotation et les arrérages des rentes rachetées seront fidèlement payés.

C'est ainsi que fut régie la caisse d'amortissement, à partir de la loi dont nous venons de parler jusqu'à celle du 10 juin 1833.

Cette nouvelle loi réglait la répartition de la dotation et des rentes amorties entre les rentes 5, 4 ½, et 3 pour 100; décidait qu'à l'avenir tout emprunt, au moment de sa création, serait doté d'un fonds d'amortissement ; fixait l'emploi de la réserve, et défendait de disposer des rentes achetées par la caisse d'amortissement autrement qu'en vertu d'une loi spéciale. Cette dernière disposition ne devant être mise en vigueur qu'à dater de la promulgation de la loi des dépenses de l'exercice 1834, le budget de 1833 annula une partie de rentes rachetée le 27 et le 28 juin, en sorte que le fonds des rentes rachetées a été fixé à 16 millions, sauf à s'accroître chaque année.

Nous terminerons l'historique de la caisse d'amortissement par le résumé des opérations de cet établissement, depuis le 1er juin 1816 jusqu'au 31 décembre 1838, tel qu'il a été donné aux chambres dans la session de 1839, dans le rapport de la commission de surveillance de la caisse d'amortissement.

Du 1er juin 1816 au 5 mai 1825, jusqu'au 1er décembre 1838, elle a racheté :

Sur le fonds de 5 pour 100, pour . . . . . 44,340,978 fr.
Sur le fonds de 4 ½, pour 133,276
Sur le fonds de 4 pour 100, pour. 580,582
Sur le fonds de 3 pour 100, pour. 25,414,554

Sur quoi il a été annulé

Sur le fonds de 5 pour 100, pour 52,000,000
Sur le fonds de 4 ½, pour. 7,068
Sur le fonds de 4 pour 100, pour 9,740
Sur le fonds de 3 pour 100, pour. 16,003,286

Il résulte du compte des sommes reçues par cette caisse, à titre de dotation, depuis le 1er juin 1816 jusqu'au 31 décembre 1838, et de celui des sommes qu'elle a employées comme on vient de le voir, qu'il lui reste en rentes inscrites à son nom, savoir :

En 5 pour 100. . . . . 12,340,978 fr.
En 4 ½. 126 208
En 4 pour 100. 570,812
En 3 pour 100. 9,416,273
              Total. . . . 22,884,970 fr.

AMOUR. (*Morale.*) Voltaire définit l'amour « l'étoffe de la nature que l'imagination a brodée. » S'il fallait s'en tenir à l'étoffe de la nature, nous pourrions nous dispenser d'écrire cet article ; il suffirait de renvoyer le lecteur aux articles qui traitent de la circulation du sang, des nerfs, etc.

Mais les organes physiques ne sont pas plus l'amour que le cerveau n'est la pensée. Chez les anciens même, dont les religions, les gouvernements, les habitudes et les mœurs ne favorisaient point l'amour moral, il avait d'autres lois que celles du corps et un autre but que celui de la simple reproduction de l'espèce : s'il n'était point encore un sentiment, il était déjà plus qu'une sensation ; l'amour était pour eux le créateur des arts, le principe, le lien et l'ornement des sociétés. L'amour avait donné naissance au paganisme, qu'on peut définir le culte du beau dans les formes; il appartenait au christianisme d'y mêler le culte de la beauté morale.

Partageons donc l'histoire de l'amour en deux grandes époques, celle de l'amour païen et celle de l'amour chrétien. L'auteur des *Martyrs* a le premier établi cette division; c'est un des grands traits philosophiques que l'on se plaît à rencontrer au milieu des idées paradoxales et des écarts continuels de sa brillante imagination.

Voulez-vous connaître l'amour antique? Lisez Horace, Ovide, Tibulle et Properce. Vous verrez des hommes à la recherche des jouissances corporelles et non des plaisirs de l'âme, amoureux de l'amour, bien plus encore que de la beauté qui l'inspire; des maîtresses vénales, des amants infidèles, des rivaux indignes. Qu'a de commun cet amour avec le sentiment dont palpitait le cœur d'Héloïse ou de mademoiselle de l'Espinasse?

Ici le galant Ovide meurtrit de coups sa belle maîtresse; là Properce, ivre de vin et de colère, vient outrager Cynthie, qui se venge en lui jetant à la tête les coupes qu'elle a vidées; Tibulle lui-même se plaint en vers cyniques des déportements de sa Délie.

Tel est l'amour dénué du charme de l'âme; cependant, comme nous l'avons dit plus haut, l'antiquité lui doit de hautes pensées dans les arts : il règne avec Jupiter dans l'Olympe, il respire dans les poésies de Sapho, dans le quatrième livre de l'Énéide, dans plusieurs scènes d'Euripide, et dans quelques pages d'Homère.

Mais c'est toujours aux formes extérieures qu'il s'attache : la beauté d'Hélène séduit jusqu'à la vieillesse; Didon égale Vénus en attraits; Camille surpasse Diane en légèreté; Néère est plus blanche que l'oiseau de Léda : il est aisé de voir que, chez toutes ces femmes, c'est toujours une taille élégante et flexible, des yeux charmants, un sein admirable, en un mot, une Vénus Astarté ou Callipyge, que le poëte adore.

Chez les modernes, l'amour, qui a son foyer dans le cœur, se refuse quelquefois au témoignage des sens, et parvient à embellir jusqu'à la laideur même. Héloïse n'était peut-être aux yeux de ses contemporains qu'une petite femme brune, naïve, spirituelle et sensible; l'amour qui respire dans ses lettres et dans les vers de Pope nous la représente sous des traits adorables : elle a cette beauté d'expression dont le charme ne peut se définir : les feux du désir brillent dans ses yeux humides de pleurs; mais les plus violents transports de la passion y sont, pour ainsi dire, voilés de grâce et de pudeur.

En traçant l'histoire de l'amour, nous ne prétendons pas en faire un système, et subordonner invariablement ses différents âges aux deux grandes divisions que nous venons d'établir. Ainsi, nous ne craindrons pas de nous contredire en observant, comme un phénomène assez bizarre, que l'amour antique a quelque chose de plus délicat, de plus moral, dans l'enfance des sociétés, qu'aux époques d'une plus haute civilisation. Chez les Hébreux, la pudeur de Sara, l'innocence de Rachel, ont un charme dont aucune femme grecque ou romaine ne peut donner l'idée. Nausicaa, Pénélope, ont également dans leur simplicité héroïque quelque chose de pur, d'ingénu, de tendre, qu'on ne retrouve plus dans les temps postérieurs à Homère.

Mais les sociétés s'affermissent, les hommes pasteurs sont devenus guerriers; le gouvernement despotique ou républicain a remplacé le gouvernement patriarcal; et, de compagnes qu'elles étaient, les femmes sont devenues maîtresses ou esclaves de leur époux : la beauté matérielle, regardée comme un don céleste, et tout à fait séparée de l'amour moral, n'inspirera plus que des passions brutales, dont l'égarement sera quelquefois poussé au point de méconnaître le but et les vues de la nature. L'établissement du christianisme devient pour l'amour le signal d'une ère nouvelle.

Dès lors on a donné plus d'attention aux idées morales : l'amour pur a eu ses autels; la chasteté a eu ses martyrs; des couvents ont été ouverts, et les passions qui s'y sont réfugiées ont fermenté avec plus de violence dans la lutte qui s'y établit entre les forces physiques et les forces intellectuelles.

Une remarque également vraie et singulière, c'est le rapport intime qui se trouve entre l'amour et les idées religieuses. Chez les anciens, comme chez les modernes, la piété, c'est l'amour.

En effet, qu'est-ce que la mythologie? Le développement de cette maxime unique : l'amour est tout dans la nature. Il fait éclore le monde dans Hésiode; il le trouble, il le gouverne dans Homère; il le change dans Ovide; il le féconde dans l'hymen de Flore et de Zéphire; il respire au sein de Cybèle, de Neptune; il pénètre même dans les enfers avec Proserpine.

Qu'est-ce que le christianisme? Le commentaire de ce mot si doux : *Aimez!* « Les « malheureux! disait sainte Thérèse en par« lant des damnés, ils ne peuvent plus aimer. » « Beaucoup lui sera pardonné, à cette Made« leine pécheresse et pénitente, parce qu'elle « a beaucoup aimé. »

Quelle récompense Mahomet promet-il à ses élus? Des amours éternels. A toutes les époques et dans tous les pays, ce sentiment d'affection tendre, auquel se livrent l'apôtre, l'hiérophante, ou le bramine, devient la base des religions qui se partagent le monde, et imprime à l'amour le caractère particulier qui le distingue chez les différents peuples.

Parcourons, dans nos temps modernes, les curieuses annales de l'amour. Tendre, sublime et sauvage dans les premiers siècles du christianisme, l'amour, au temps de la chevalerie, prend un caractère à la fois galant, timide, noble et licencieux ; c'est un mélange inconcevable d'héroïsme et de faiblesse, de scrupules et de mauvaises mœurs.

On le retrouve, à l'époque du Dante, mêlé d'idées théologiques et de préjugés bizarres ; et c'est de cette étrange combinaison que naît le charme inexprimable de l'*épisode* de Francesca de Rimini, morceau simple comme Homère, hardi comme Milton, et doux comme Racine.

Comme il est nécessaire d'établir un ordre dans les matières les plus aimables, essayons de découvrir les nuances qui distinguent aujourd'hui l'amour sur cette vieille terre de la civilisation chrétienne.

L'*amour*, comme Rousseau le conçoit, comme Héloïse l'a ressenti, est un concert de l'âme, de l'esprit, du cœur et des sens, qui exalte jusqu'au délire toutes les facultés humaines.

L'*amour*, tel que les Allemands le représentent sous les traits de *Werther*, vit de souvenirs, de rêves, de pressentiments. Il est à l'amour ardent et vrai ce que la lumière pâle de la lune est aux rayons fécondants de l'astre du jour. Madame de Staël le nomme *amour métaphysique*, et le compare à des roses fanées qui conservent encore leur parfum.

L'*amour*, figuré par les artistes, est l'image de l'amour chez les anciens : c'est une espèce d'adoration des belles formes, un culte du beau idéal, où l'amour moral est du moins pressenti.

Marc-Aurèle, en définissant l'*amour physique* « une petite convulsion, » ne nous permet pas de nous y arrêter davantage.

L'*amour mystique* confond l'émotion qui nous élève vers le Créateur et celle qui nous rabaisse à la créature. C'est cet amour qui dévorait Fénelon, et dont la source, entre ciel et terre, laissait échapper les *torrents* de madame Guyon, où venaient se confondre les ivresses de l'amour terrestre et les extases de l'amour divin.

Il en est de l'histoire de l'amour comme de celles des dynasties royales ; l'historiographe est forcé non-seulement de faire mention de toutes les branches, mais même des individus qui ont déshonoré leur race. Nous parlerons donc de l'*amour libertin* que l'on vit régner en France pendant la première moitié du dernier siècle : commerce d'intrigues et de faiblesses ; ruses sans mérite, puis-

qu'elles étaient prévues ; débauches sans joie, puisqu'elles étaient du bon ton.

Cette époque, esquissée à grands traits par Saint-Simon, a été peinte en détail par Crébillon et Laclos ; Louvet, dans son Faublas, en a saisi assez heureusement les dernières nuances. Les races futures, qui, sans doute, auront les mœurs des peuples constitutionnels, traiteront de fables les mœurs honteuses au milieu desquelles ont vécu les générations qui viennent de s'éteindre : ils relégueront les soupers de la régence parmi les contes d'une imagination dépravée, et traiteront les débauches du Parc aux Cerfs comme le sceptique Bayle a traité les orgies d'Héliogabale.

Cependant les monuments subsistent : les témoignages unanimes des contemporains, les priapées gravées par cette jolie duchesse de Berry, les mémoires même de quelques-uns des nobles acteurs, le scandale public de la vie privée du maître du royaume ; tout prouve qu'à cette époque, dont la révolution seule nous sépare, les désordres de l'amour libertin furent poussés à cet excès de débauche qu'à peine l'antiquité connaissait. Des femmes avilies payaient par le malheur et le déshonneur de leur vie entière l'empire d'un moment auquel un amour honteux les associait : toutes les imaginations étaient souillées et, dans un climat où la nature commence à participer de la froideur du nord, le libertinage de l'esprit n'avait le plus souvent aucune excuse dans l'impérieuse exigence des sens.

L'amour le plus sot, le plus vide, et pendant longtemps le plus commun parmi nous, c'est l'*amour de vanité*, sur lequel se fondent les conquêtes des princes et les bonnes fortunes des financiers : cet amour est plus vil que l'amour libertin, et plus grossier que l'amour physique.

Une volupté abandonnée en Italie, une pudeur souffrante en Espagne, un enthousiasme vaporeux en Allemagne, une vanité maladive en Angleterre, et maintenant en France le besoin de plaire et le désir d'être aimé, marquent encore en Europe, à l'époque où j'écris, le règne de cette passion, mère de toutes les autres ; de cette passion qui élève l'homme à des affections sublimes, et que Platon nommait si bien *une entremise des dieux avec les mortels* ; de cette passion, enfin, à laquelle toutes les sensations, tous les sentiments se rattachent, et qui, suivant une expression de madame de Staël, qu'il est plus facile de critiquer que de remplacer, nous crée une *autre* vie *dans la* vie, et ennoblit en quelque sorte l'égoïsme, en plaçant hors de nous l'objet de nos plus vives affections.

E. JOUY.

AMOUR DE SOI. (*Psychologie morale.*)
Voyez auparavant PSYCHOLOGIE MORALE et

Sensation. On peut voir, à l'article *Sensation*, comment le phénomène de la sensation, dans sa simplicité, est tout à la fois une affection agréable ou désagréable pour la sensibilité qui l'éprouve, et un signe déterminé pour l'intelligence qui l'aperçoit, et comment, par ce double caractère, il donne naissance à deux séries de phénomènes psychologiques, dont l'une se développe dans la sensibilité même, et dont l'autre se produit dans l'intelligence. Nous allons suivre dans cet article les effets de la sensation dans la sensibilité; car il paraîtra bientôt que les mouvements variés qu'elle y excite émanent d'un même principe, et que ce principe est l'*amour de soi*.

C'est comme affection que la sensation devient pour la sensibilité une cause de développement : comme signe, elle n'excite que des faits intellectuels. Or, comme affection, elle ne revêt que deux formes essentiellement distinctes : elle est agréable ou désagréable. Une affection qui ne serait ni agréable ni pénible à quelque degré ne serait pas; car, dans cette hypothèse, nous ne serions pas affectés. Il n'y a donc point de sensation indifférente, bien que nous puissions être indifférents à certaines sensations, soit que l'habitude de les éprouver nous ait familiarisés avec elles, soit que notre attention, détournée ailleurs, ne les remarque pas.

Puisque la sensation n'affecte la sensibilité que de deux manières vraiment distinctes, tous les phénomènes qu'elle y développe doivent se manifester à la suite de l'affection agréable ou de l'affection désagréable : les chercher ailleurs serait inutile. Ce sont donc les résultats de ce double mode de la sensation que nous allons observer et décrire.

Dans la sensation agréable et dans la sensation pénible, ce qui sent en nous est purement passif : il éprouve, dans les deux cas, l'action d'une force étrangère; mais à peine a-t-il commencé à la subir, qu'excité par l'impression il réagit vers la cause de cette impression, et développe un mouvement qui, sortant de lui et allant à elle, se distingue nettement du mouvement de cette cause, qui partait d'elle et aboutissait à lui.

Or, ce mouvement réactif, qu'enfante évidemment ce qui sent en nous, varie avec la sensation qui le détermine. A la suite de la sensation agréable, il est essentiellement expansif; à la suite de la sensation désagréable, au contraire, son caractère est la concentration; la sensibilité s'épanche hors d'elle dans le premier cas; elle se resserre en elle dans le second. Le développement de ces deux mouvements opposés se compose de mouvements successifs qui en sont comme les degrés, et que nous allons décrire tels que l'observation nous les a montrés.

La sensibilité étant agréablement affectée, commence par s'épanouir, pour ainsi dire, sous la sensation; elle se dilate et se met au large, comme pour absorber plus aisément et plus complétement l'action bienfaisante qu'elle éprouve : c'est là le premier degré de son développement. Bientôt ce premier mouvement se détermine davantage, et prend une direction; la sensibilité se porte hors d'elle, et se répand vers la cause qui l'affecte agréablement : c'est le second degré. Enfin, à ce mouvement expansif finit tôt ou tard par en succéder un troisième, qui en est comme la suite et le complément : non-seulement la sensibilité se porte vers l'objet, mais elle l'aspire à elle; elle tend à le ramener à elle, à se l'assimiler, pour ainsi dire. Le mouvement précédent était purement expansif; celui-ci est attractif : par le premier la sensibilité allait à l'objet agréable; par le second elle y va encore, mais pour l'attirer et le rapporter à elle : c'est le troisième et dernier degré de son développement.

La sensibilité, désagréablement affectée, manifeste des mouvements d'une nature tout à fait contraire. Au lieu de s'épanouir, elle se resserre; nous la sentons se contracter sous la douleur, comme nous la sentons se dilater sous le plaisir : la contraction est le premier mouvement qui suive la sensation pénible. Mais ce premier mouvement ne tarde pas à prendre un caractère plus décidé : la sensibilité se resserrait comme pour fermer passage à la douleur; elle fait plus, elle se détourne de la cause, elle la fuit, et on la sent qui se replie en elle-même : c'est la concentration opposée à l'expansion. Puis, bientôt après, et presqu'en même temps, à ce mouvement par lequel elle semble se dérober à l'objet désagréable, se mêle un troisième et dernier mouvement qui éloigne, qui repousse cet objet, et qui correspond, en s'y opposant, au mouvement attractif.

Telles sont les deux séries de mouvements que la sensibilité développe à la suite des deux sensations agréable et désagréable. Les trois phénomènes qui composent chacune de ces séries sont très-distincts, quoiqu'ils se mêlent plus ou moins dans la rapidité ou la lenteur de leur succession, et tiennent de bien près l'un à l'autre par leur nature. Or, il est facile de reconnaître, dans la dilatation et la contraction, les deux phénomènes opposés de la *joie* et de la *tristesse*, qui succèdent immédiatement en nous au sentiment du plaisir et de la douleur; dans l'expansion et la concentration, les phénomènes également opposés de l'*amour* et de la *haine*, qui ne manquent pas de se déclarer en nous à quelque degré pour l'objet qui nous affecte agréablement ou péniblement; dans le mouvement attractif, le *désir*, qui aspire à la possession de l'objet aimé, et, dans le mouvement répulsif, l'*aversion*, distincte de la haine, en ce que la haine nous éloigne de l'objet désagréable, tandis que l'aversion, comme l'indique assez la force étymologique du mot, le détourne et le repousse. *Joie* et *tristesse, amour* et *haine, désir* et *aversion*, tels sont les mots populaires dont l'acception générale reproduit plus ou moins fidèlement et laisse plus ou moins reconnaître la nature réelle des mouvements sensibles que nous avons constatés : *Dilatation* et *contraction, expansion* et *concentration, attraction* et *répulsion*, tels sont ceux que nous désirerions voir consacrer par la science, parce que leur énergie vraie, quoique un peu grossière, nous semble traduire, avec autant d'exactitude que de précision, et le caractère propre de chaque phénomène, et les différences essentielles qui les distinguent. Ce que ces termes ont de plus précieux, c'est qu'ils expriment chaque mouvement dans sa pureté sensible, et sans aucun mélange intellectuel, tandis que, dans les dénominations populaires que nous avons citées, on ne retrouve pas seulement le mouvement simple, tel que la sensibilité le développe, mais encore la conscience réfléchie de ce mouvement par l'intelligence, et souvent aussi des idées étrangères qui s'y sont attachées.

S'il est impossible de résoudre l'un dans l'autre les mouvements qui composent chacune des deux séries que nous venons de décrire, il est tout aussi évident qu'ils sont unis et enchaînés dans leur diversité, et qu'on peut les considérer comme les développements successifs d'un seul principe, qui d'abord manifeste vaguement sa tendance, qui la produit ensuite d'une manière plus décidée, et finit enfin par la préciser tout à fait dans un dernier développement qui marque clairement son but, et dévoile, pour ainsi dire, l'esprit qui l'anime.

La sensibilité, dans le mouvement de la joie et dans celui de la tristesse, obéit déjà à ce double instinct qui la porte vers l'objet agréable et l'éloigne de l'objet désagréable ; mais ce n'en est que la première saillie ; et cette saillie ne la pousse point encore vers le premier, ne la détourne point encore du second. D'une part, la sensibilité se dilate, de l'autre elle se resserre ; ici elle ferme, là elle ouvre passage à l'action de l'objet, comme si son instinct n'avait d'abord saisi que l'effet, et n'avait pas encore songé à la cause. Bientôt on dirait qu'elle vient d'opérer cette distinction, et que, rapportant le plaisir à l'objet agréable, et la peine à l'objet désagréable, en se portant vers l'un, et en se détournant de l'autre, elle témoigne plus nettement le sens et l'esprit de son premier mouvement. Enfin, comme si elle s'apercevait qu'il ne lui sert à rien de se porter vers l'objet ou de le fuir, et que c'est sa possession ou son éloignement qu'il lui faut véritablement, le mouvement expansif devient attractif, et la concentration se mêle de répulsion. C'est ainsi que le désir et l'aversion ne sont qu'un développement de l'amour et de la haine, qui ne sont eux-mêmes qu'un développement de la joie et de la tristesse ; ou, pour mieux dire, c'est ainsi que la joie, l'amour et le désir, d'une part, ne sont que les développements successifs d'un même instinct qui porte la sensibilité à s'unir à la cause qui l'affecte agréablement ; et que la tristesse, la haine et l'aversion, d'autre part, ne sont non plus que les développements successifs d'un autre instinct qui porte la sensibilité à se séparer et à se délivrer de la cause qui l'affecte désagréablement. La joie, l'amour et le désir, bien que distincts comme mouvements, ont donc une même tendance, une même nature, un même esprit. Ces trois mouvements peuvent et doivent donc être considérés comme les degrés successifs du développement d'un seul : il en est de même des trois mouvements opposés. On peut donc ramener à deux grands mouvements tous les phénomènes qui s'élèvent dans la sensibilité à la suite de la sensation ; l'un qui naît de la sensation agréable, et tend à la possession de sa cause ; l'autre qui naît de la sensation désagréable, et tend à l'éloignement de sa cause : le premier *attractif*, le second *répulsif*.

Mais est-il bien certain que nous ayons atteint le dernier terme du développement de ces deux mouvements, et que l'un aboutisse définitivement au désir, l'autre à l'aversion ? Nous croyons pouvoir l'affirmer : car, outre que l'observation la plus persévérante ne nous a jamais fait remarquer aucun autre mouvement sensible, il nous semble qu'arrivée au désir d'une part et à l'aversion de l'autre, la sensibilité est parvenue à l'expression la plus déterminée de ce qu'elle veut, et comme au terme de ce qu'elle peut. Si elle avait le pouvoir comme elle a le désir, il ne lui resterait plus qu'à satisfaire l'un par l'autre ; mais en nous l'accomplissement n'appartient pas à la sensibilité : il est entre les mains de la volonté. Nous avons donc suivi le double développement sensible jusqu'au point où il a tellement exprimé sa tendance, que l'on ne conçoit plus rien au-delà que le consentement de la volonté à la satisfaire : nous sommes donc arrivé, de ce côté, aux limites des faits sensibles ; et comme d'ailleurs nous sommes parti de la sensation, où commence ce double développement, et que tel est l'enchaînement des phénomènes qui le composent, qu'un élément nouveau ne saurait où se placer, nous croyons l'avoir embrassé dans toute son étendue et décrit dans toutes ses périodes.

Or, ce double développement de la sensibilité n'est autre chose que la *passion* avec sa double forme, son double objet, et les degrés successifs qu'elle parcourt en se manifestant. Il n'y a donc et il ne peut y avoir en nous que deux *passions*, l'une qui naît à la suite de la sensation agréable, et qui, commençant par la *joie*, se transforme en *amour* et finit par aspirer, dans le *désir*, à la possession de la cause quelconque de cette sensation; l'autre, qui naît à la suite de la sensation pénible, débute par la *tristesse*, devient *haine*, et aboutit à *l'aversion* de la cause quelconque de cette sensation. Nous désignerons ces deux passions par les noms de *passion attractive* et *passion répulsive*.

Une distinction populaire, consacrée par le temps et l'assentiment universel, partage les passions en *passions bienveillantes* et *passions malveillantes;* l'observation psychologique, comme on le voit, confirme cette distinction: mais, en la justifiant, elle lui donne une précision et par là même une autorité toute scientifique. La conscience du genre humain ne se trompe jamais; mais, comme elle sent vaguement, elle exprime vaguement. La science distingue, et de là vient la précision de son langage. Là philosophie n'est guère que le développement des croyances du sens commun : ses résultats sont bien suspects, quand ils contredisent ces croyances, et bien probablement vrais, quand ils les expliquent.

La sensation est le point de départ de la passion ; la cause de la sensation en est le terme. L'observation nous la montre toujours enfermée entre ces deux limites, et se développant de l'une à l'autre, de telle sorte que, si vous supprimez la sensation, la sensibilité reste immobile, et que si vous la rétablissez, le mouvement qui lui succède a toujours pour objet la cause connue ou inconnue qui l'a produite. Rien n'est plus incontestable que ce double fait; mais comment l'expliquer? Qu'y a-t-il dans la sensation qui excite la sensibilité à se déployer? Qu'y a-t-il dans la cause qui la rende constamment l'objet, tantôt de notre amour et de nos désirs, tantôt de notre haine et de notre aversion?

Si nous nous interrogeons, et que nous cherchions pourquoi nous désirons ou repoussons tel objet, nous trouvons naturellement que c'est parce que nous l'aimons ou le haïssons; pourquoi nous l'aimons ou le haïssons, c'est qu'il nous réjouit ou nous attriste : mais si nous voulons pénétrer plus avant et découvrir la cause de la joie ou de la tristesse qu'il nous inspire, nous sommes obligés de la reconnaître dans le plaisir ou la douleur qu'il nous fait éprouver; en sorte qu'en dernière analyse, c'est la sensation qui paraît rendre raison de tous ces mouvements passionnés que

sa cause seule semblait exciter en nous. Cette découverte est bien simple; et cependant elle nous donne la solution du double problème que nous avons posé.

Qu'y a-t-il, en effet, dans tel objet qui le rende le but de notre passion? Est-ce véritablement lui qui nous réjouit ou nous attriste? est-ce pour lui que nous l'aimons et le désirons, que nous le haïssons et le repoussons? Faites que, sans le modifier en aucune façon, la sensation qu'il nous cause soit de quelque manière interceptée ou suspendue; avec la sensation tombe la passion : faites que, sans la modifier, la sensation d'agréable qu'elle était devienne désagréable, la passion change avec elle, et cependant l'objet n'a pas changé : ce n'est donc pas lui que j'aime en lui, ou que je hais, c'est la sensation agréable ou désagréable qu'il me cause; il est le terme apparent, il n'est pas la fin réelle de la passion : la fin réelle de la passion, c'est la sensation.

Supprimez donc la sensation, les objets n'ont plus rien qui attire la passion : il n'y a plus de raison pour qu'elle naisse. La sensation n'est donc pas seulement un fait qui précède constamment la passion, c'est la raison même de la passion; et c'est pour cela qu'elle la précède constamment.

L'objet n'est donc pas le terme de la passion comme objet, mais comme cause de la sensation; et cela est si vrai, que, quand la cause est inconnue, la passion n'en naît pas moins, et que, quand elle est connue, cette qualité d'être cause de la sensation, est imperceptible en lui pour l'intelligence, et n'est révélée que par la sensation elle-même.

Pourquoi donc la sensation précède-t-elle en nous la passion? C'est qu'elle la fait naître, bien qu'elle ne la produise pas. Pourquoi la fait-elle naître? C'est qu'elle est l'unique fin qui l'attire. Pourquoi les objets sont-ils le terme de la passion? C'est qu'ils sont la cause de la sensation. Pourquoi n'en sont-ils pas la fin, et pourquoi la sensation l'est-elle? C'est un fait qui explique tous les autres, et qui lui-même n'a point d'explication : c'est la nature même des choses.

La sensation agréable et la sensation désagréable sont donc la fin véritable des deux passions qui se développent dans la sensibilité : or, la sensation agréable, c'est le *bien sensible*, la sensation désagréable, c'est le *mal sensible;* la passion désire l'une et repousse l'autre : la fin de la passion est donc la jouissance du bien sensible et l'éloignement du mal sensible.

Mais en repoussant le mal sensible, la sensibilité témoigne le même esprit qu'en aspirant au bien sensible ; le premier étant le contraire du second, repousser l'un, c'est encore aspirer à l'autre : la passion répulsive a donc la même fin et le même principe que la passion attractive : tous les mouvements élémentaires qui les composent ne sont donc non plus que les manifestations variées de la tendance d'un même principe à une même fin ; il y a donc unité de principe et de fin dans tout le développement sensible. Cette fin unique c'est le *bien sensible ;* ce principe unique qui manifeste, par tant de mouvements divers, sa tendance uniforme à cette fin, c'est l'*amour de soi.*

L'amour de soi ne doit être confondu avec aucun des mouvements simples qui constituent les passions, ni avec les passions elles-mêmes, ni avec la passion considérée dans son unité : il est le *pourquoi* de tous ces mouvements ; il n'est pas un mouvement : ils le manifestent ; et il y a entre eux et lui toute la différence qui existe entre la manifestation et la chose manifestée. L'amour de soi est le principe de la passion, comme la sensibilité en est la cause, et la sensation la condition ; l'amour de soi est la loi suprême de la sensibilité, dont la nature est d'aspirer à son propre bien et rien qu'à son propre bien, c'est-à-dire de s'aimer elle-même et de n'aimer qu'elle.

Et telle est la force de cette nature en elle, que rien ne peut ni en empêcher, ni en suspendre, ni en altérer le développement. Dès que la sensation a été éprouvée, cette nature s'échappe, se manifeste, se répand au dehors invinciblement ; la joie ou la tristesse, l'amour ou la haine, le désir ou l'aversion, se produisent fatalement, selon la nature de l'affection. La raison a beau blâmer la passion, la volonté libre a beau s'efforcer contre elle ; l'une peut la juger, l'autre peut lui refuser sa satisfaction ; mais il faut que son développement s'accomplisse. La sensibilité même, qui en est la source, n'a point d'empire sur elle : la sensibilité n'est point une force qui se contienne et se possède ; elle est fatale pour elle-même, et tous les mouvements qu'elle développe tiennent d'elle ce caractère.

Cette fatalité se fait sentir jusque dans l'énergie de ces mouvements : plus la sensation a été vive, plus aussi la sensibilité se passionne fortement pour ou contre sa cause ; l'intensité de la passion est fatalement proportionnelle à l'intensité de la sensation. Non-seulement donc la sensibilité ne saurait *retenir* le développement de sa propre force, elle ne saurait même en altérer l'énergie.

Tel est l'amour de soi, loi suprême et fatale de la force sensible, forçant son développement, qui est la passion ; déterminant sa tendance uniforme, qui est au bien sensible ; dominant tout et expliquant tout dans la sphère sensible, et les phénomènes et la sensibilité elle-même.

Ainsi, après avoir constaté, dans tous ses mouvements élémentaires, le développement de la double passion qui se produit en nous à la suite de la sensation ; après avoir constaté et son point de départ, qui est la sensation, et sa source, qui est la force sensible, et son terme, qui est la cause de la sensation ; après avoir ainsi, de bonne foi et sans aucune vue systématique, reconnu les faits et le rang qu'ils prennent en se manifestant, nous voyons sortir, sans effort, du sein de cette observation naïve, l'explication qui révèle la nature qui les anime et le lien qui les unit. La *découverte de la fin de la passion,* qui résultait si naturellement des faits, a tout dévoilé, et par là tout animé et tout lié. La sensation n'est plus un fait qui précède, on ne sait pourquoi, le développement de la passion : c'est la raison même de ce développement. La cause de la sensation n'est plus un objet attiré ou repoussé, sans motif, par la passion : c'est de lui que dérivent le bien ou le mal sensible, et c'est ce *bien* ou ce *mal* qu'on aime ou qu'on hait en lui. La sensibilité n'est plus une force sans caractère et sans physionomie, passive d'abord, active ensuite, sans qu'on sache ni ce que signifie son activité, ni pourquoi elle revêt une double forme, ni par quelle cause secrète elle succède constamment à la passivité, et ne la précède jamais. L'amour de soi, qui lui est fatal, explique tout ce qui se passe en elle, l'explique elle-même, et, en l'expliquant, lui donne, pour ainsi dire, une figure et une vie : par lui, la sensibilité devient à nos yeux quelque chose qui n'aime que soi, c'est-à-dire son propre bien ; ce bien c'est la sensation agréable, le contraire de ce bien c'est la sensation pénible : tant qu'elle n'a éprouvé ni bien ni mal déterminé, elle n'a pas de raison de se développer ; mais, dès que le bien ou le mal surviennent, elle obéit à sa nature, aime et désire l'un, hait et repousse l'autre : elle y obéit irrésistiblement, *parce que cette nature lui est fatale ;* et, parce qu'elle lui est fatale, les mouvements qu'elle développe sont proportionnés à l'intensité du bien qu'elle désire ou du mal qu'elle repousse. Enfin, la passion n'est plus une double série de *mouvements* simples, renfermée entre deux faits, la sensation d'une part, et sa cause de l'autre, sans qu'on connaisse le sens secret de ces mouvements, la raison de leur diversité ou de leur opposition, et les liens qui les rattachent au fait d'où ils partent et à l'objet où ils aboutissent : l'amour de soi, qui a expliqué l'énigme de la sensibilité, explique celle de la passion qui en est le développement. La double forme qu'elle prend, l'opposition des mouvements qui la constituent sous chaque forme, et leur enchaînement, tout reçoit sa solution ; et l'unité apparaissant sous la variété, le lien sous les éléments, et l'âme de la passion, pour ainsi dire, sous l'ensemble des apparences qu'elle revêt, la passion se réduit, pour nous, à un mouvement qui a sa source dans la force sensible, sa condition dans la sensation, son principe dans l'amour de soi, son objet dans la cause de la sensation, sa fin dans le bien sensible, et sa loi dans la fatalité; et non-seulement la sensation et sa cause, la sensibilité et ses mouvements sont expliqués, mais les rapports et l'harmonie de ces quatre termes. Le premier mouvement part de la cause et aboutit à la sensibilité; son résultat est la sensation : il détermine le second, qui part de la sensibilité, va à la cause et revient à la sensibilité. L'action de la cause étant donnée, tout le reste suit fatalement et trouve sa raison, son principe et son unité harmonique dans un seul fait, qui est la nature de la sensibilité ou *l'amour de soi.*

Telle est la passion dans sa pureté primitive; telle elle serait toujours dans un être purement sensible et isolé de tout autre. Mais cette condition n'est point la nôtre : le principe intelligent qui est en nous ne tarde pas à corrompre la passion. Pénétrant sa fin véritable, il la dépouille de cette ignorance d'elle-même, qui lui donne dans l'enfant le charme de l'innocence; prévoyant combien est passager le bien où elle aspire, le mal qu'elle repousse, il introduit la *crainte* et l'*espérance*, qui compliquent chaque passion des mouvements de la passion contraire; découvrant un *bien moral* obligatoire, distinct du *bien sensible*, qui ne l'est pas, il oppose le *juste* à l'*utile*, le *devoir* à la *passion*, avilit la passion, en flétrissant sa fin, et lui imprime le caractère d'*égoïsme;* montrant enfin à la sensibilité des sensibilités rivales qui prétendent, comme elle, à la possession exclusive du bien sensible, l'intelligence corrompt l'amour de soi lui-même. Tout, dans la sensibilité, prend, pour ainsi dire, une forme sociale; l'amour de soi devient *amour-propre*; la joie est un triomphe, la tristesse une humiliation; l'envie se mêle à la haine, l'orgueil et la jalousie à l'amour; le désir s'inquiète et menace, et l'aversion semble méditer la vengeance. Nous décrirons à l'article *Passions*, toutes ces formes nouvelles et honteuses, que le regard sévère de l'intelligence force la passion de revêtir, et par lesquelles elle l'oblige de trahir en face du *devoir* le vice de son origine et l'infériorité de sa nature. De cette histoire complète du développement des phénomènes sensibles, nous ferons sortir une *théorie des passions*, qui nous dispensera de traiter à part de chacune d'elles.   TH. JOUFFROY.

AMOUR-PROPRE. (*Morale.*) A moins de changer la nature même de l'homme, on ne détruira point l'*amour-propre;* la conserva-

tion de l'espèce humaine est la conséquence de cet instinct, sans lequel nul ne consentirait à supporter les maux, les chagrins, les injustices dont la vie est tissue. L'amour-propre est non-seulement la base de toutes les affections que notre cœur éprouve, mais de toutes celles dont nous sommes l'objet. Si l'existence est un fardeau pour moi, si je n'attache aucun prix, aucun intérêt à moi-même, où est le mérite du sacrifice que je puis faire à un autre d'un bien qu'il m'est indifférent de perdre? où est la mesure de la reconnaissance à laquelle j'ai droit de prétendre de la part de l'être pour lequel je me dévoue?

Les philosophes auront beau dire, l'être humain ne demande à la vie que des sensations : il veut du mouvement et des plaisirs; il les cherche même au sein de la douleur qu'il redoute et du danger qu'il connaît : voilà ce qui explique le plaisir du jeu, celui de la guerre, et même, de la part des femmes, celui de l'amour. Le *moi* humain est le principe, la source et le but de toutes sensations; donc l'amour-propre est inhérent à la nature même de l'homme.

Avant d'établir cette vérité morale, commençons, à l'exemple de Locke, par définir le mot en lui-même et par fixer ses deux acceptions.

Distinguons d'abord l'*amour de soi*, qui cherche des sensations naturelles et bienveillantes et dont l'influence expansive s'élance au dehors, de cet *amour-propre* qu'on peut appeler *passion pour soi-même,* qui se fait centre unique, qui ne se donne à rien et veut que tout se donne à lui : cet amour-propre est presque un vice; le premier est presque une vertu.

Par *amour de soi*, l'amant peut se dévouer à ce qu'il aime; par amour de soi, on peut mourir pour la patrie, pour la gloire, pour sa propre réputation; ainsi l'on peut faire sortir les plus hautes vertus, les plus nobles sacrifices de cet amour de soi-même, tandis qu'il ne peut naître de l'*amour-propre* qu'un égoïsme stérile et malfaisant. Si nous agrandissons, si nous embellissons notre existence, c'est par *amour de nous;* si nous la concentrons, si nous l'avilissons, c'est par *amour-propre.*

Sébaste est un héros; il est inaccessible à la corruption; on lui a offert des trésors et un ministère, et les moyens d'exercer contre ses ennemis une vengeance terrible; Sébaste a tout refusé : il prétend qu'il s'aime trop lui-même pour se donner des inquiétudes, des tourments et des remords. Il a vingt fois exposé ses jours pour sa patrie et pour sa famille dans le cours de la révolution; il a sacrifié la plus grande partie de ses biens pour un ami ruiné; il vit aujourd'hui dans une médiocrité voisine de l'indigence ; et, quand on le cite comme l'homme le plus désintéressé du monde, il répond qu'on se trompe, que c'est l'amour bien entendu de lui-même qui a dirigé toute sa vie ; qu'il s'est approprié le plaisir que ressentent les gens qu'il a obligés ; qu'il s'est mis en partage de leurs biens, de leurs succès, et qu'en rendant les autres heureux, il n'a jamais songé qu'à son propre bonheur.

Voilà l'amour de soi.

Thersite n'est pas un héros, bien qu'il parle sans cesse de gloire et d'héroïsme ; il est vain, et se croit fier ; il porte la tête haute, et croit avoir de la grandeur d'âme. Sans cesse en contemplation devant son propre mérite, il n'est point d'obstacle que sa présomption ne franchisse, point d'élévation où son génie ne croie pouvoir atteindre. Thersite n'aime point ; il a l'esprit, le cœur et les sens glacés ; mais il a pour sa propre personne une véritable passion : Thersite, comme Bussy-Rabutin, dira toujours, *un homme comme moi :*

Et sine rivali teque et tua solus amare ;

et sans avoir de rivaux il passera sa vie à s'aimer, à s'estimer, à s'admirer.

Voilà l'amour-propre.   E. JOUY.

AMOUR-PROPRE. (*Philosophie.*) Qu'est-ce que l'amour-propre ? Est-ce une modification de l'amour de soi ? Quels caractères offre-t-il à l'examen de la conscience ? Quelles formes revêt-il dans la société ? Comment peut-il servir à la dignité de l'homme et à son bonheur ?

L'amour-propre a d'abord exprimé dans notre langue l'amour de notre conservation, de notre bien-être, et de tous les sentiments qui nous attachent au moi individuel, sensible ou intelligent : il exprime aujourd'hui l'opinion vraie ou fausse que nous avons de notre excellence, et le désir qui nous porte à inspirer aux autres cette opinion. C'est la dernière acception que ce mot a reçue des grands écrivains du dernier siècle, et que l'usage a confirmée. C'est le retour sur soi-même de l'être intelligent. L'autre rapport sous lequel l'âme s'affectionne au bien sensible, accepte les impressions agréables, ou repousse les impressions fâcheuses, est appelé *amour de soi.* Ainsi le mot amour-propre ne comprend plus deux significations différentes, et n'a plus ce sens obscur et équivoque que Hume lui avait reproché dans ses *Essais.*

Avant de passer au caractère de l'amour-propre, justifions la précision de cette acception ; nous aurons lieu de remarquer les progrès de l'analyse philosophique dès la fin du siècle dernier. Si l'amour-propre était un mode de la sensibilité physique, une transformation de l'amour de soi, en faisant la description des faits de conscience, il faudrait

montrer par quelle route ceux de l'amour-propre pourraient être ramenés à la sensation, sans être dénaturés ; il faudrait montrer que s'aimer comme être sentant, et s'aimer comme être actif et pensant, représentent la même idée ; que l'amour qui s'attache à une impression locale et organique est le même que celui qui résulte d'un jugement ; que le mécanisme qui produit le phénomène de la sensibilité est le même que celui qui produit la pensée ; que toute l'activité de l'âme est dans sa sensibilité, que, par conséquent, toute la dignité de l'homme est dans le plaisir, et sa dégradation dans la douleur. Opposons quelques observations à cette marche systématique. L'amour de soi se réfléchit sur des impressions sensibles, l'amour-propre sur des actes et des idées ; l'un est produit par des causes aveugles et mécaniques, l'autre par des causes intelligentes ; l'un trouve son aliment dans les choses, l'autre dans les personnes ; l'un existerait sans les personnes et dans la société des choses, l'autre, sans elles, n'existerait pas ; l'un jouit ou désire, l'autre se glorifie et est content de soi ; par l'un nous nous approprions des biens étrangers, par l'autre nous possédons et nous retenons des biens propres ; l'un me pousse à la mollesse, à l'avarice, à l'égoïsme, l'autre à l'activité, à l'ambition, à l'orgueil, à l'héroïsme, à la magnanimité ; l'excès de l'un est l'anéantissement de l'autre : l'avarice et l'excessive prudence étouffent l'amour-propre, l'ambition et l'amour de la gloire foulent aux pieds la sensibilité. L'amour de soi est ordinairement naïf et spontané, car c'est le mécanisme de la sensibilité même ; l'amour-propre ne peut pas l'être, il est essentiellement réfléchi ; l'un se livre ou s'abandonne aux mouvements de la nature ; l'autre ne lui cède rien et ne se livre jamais. Nous pourrions pousser beaucoup plus loin ce parallèle : partout nous jugerions que deux sentiments qui produisent des inspirations et des déterminations si contraires ne sauraient être ramenés à un même principe, à la même nature de sensibilité.

L'amour-propre a-t-il plus d'analogie avec la sensibilité du cœur et avec les sentiments qui naissent de nos idées ? L'objet de la sensibilité du cœur, que nous pouvons appeler sensibilité sympathique, nous est extérieur comme celui de la sensibilité physique ; l'objet de l'amour-propre nous est intérieur, puisque cet objet est nous-mêmes. Par les sentiments du cœur, nous sympathisons avec les êtres nos semblables ; par l'amour-propre, nous ne saurions sympathiser, et nous ne tirons pas plus de gloire de la sensibilité de notre cœur que de celle de nos organes. Les sentiments qui naissent à l'occasion de nos idées, et que nous appelons moraux et intellectuels, ont, comme ceux du cœur, leur objet hors de nous, quoique leurs idées soient naturellement en nous, comme celles des sons et de la lumière. L'amour du juste, l'amour du vrai, l'amour du beau, ne peuvent donc nous flatter personnellement, et donner lieu à quelque mouvement d'amour-propre. Pour aller jusqu'au germe de ce sentiment, il faut aller jusqu'à l'être intelligent et actif, cause de nos idées, de nos sentiments, de nos actions. Ici l'homme, se comparant à lui-même, se sent supérieur à la matière dont il dispose, au corps qui lui sert d'instrument, aux animaux qu'il fait servir à son usage. Se considérant en lui-même, il y découvre donc les titres qui justifient la croyance religieuse et salutaire de sa primitive grandeur. Ainsi, lorsque tout s'affaiblit, tout s'éteint en nous, la sensibilité des organes, celle du cœur, les goûts intellectuels qui firent notre charme, l'amour-propre survit à tout; réfugié dans la volonté, il annonce la présence de l'être sur qui la destruction n'a point d'empire.

Mais la société est le théâtre où l'amour-propre développe toute son énergie, où il déploie ce jeu, tantôt puéril, tantôt sublime, qui excite notre mépris ou notre admiration, et ce caractère exclusif qui envahit nos autres sentiments. Nous pouvons le considérer sous trois rapports : dans la conscience, dans les objets qui lui servent d'aliment, et dans les jugements d'autrui. La conscience nous représente les titres légitimes que nous avons de nous estimer, les fondements de notre mérite, tels que nous les trouvons dans les moyens d'exercice que nos facultés physiques, morales, intellectuelles, offrent à notre activité, ou dans les qualités qui constituent notre pouvoir. La force, la beauté, l'adresse, le courage; les actes volontaires inspirés par l'humanité, la justice, la générosité; les travaux auxquels nous nous dévouons par amour du vrai, du beau, du bien moral, nous flattent intérieurement en nous représentant nos qualités, nos vertus, nos talents, notre pouvoir, unis aux penchants les plus nobles de notre nature. Ce sentiment est appelé fierté, honneur, noblesse, élévation, dignité, magnanimité, amour de la gloire, lorsqu'il est bien ordonné; orgueil, présomption, suffisance, lorsqu'il ne se renferme point dans une juste mesure.

Considéré relativement aux objets qui lui servent de mobile, l'amour-propre n'est pas toujours concentré dans nos qualités personnelles; l'imagination étend son domaine, et, par une fiction naturelle et d'abord légitime, nous identifie aux choses que nous possédons, au nom que nous portons, au mérite et aux titres qu'il rappelle. La personne, dans notre opinion, est alors remplacée par la chose, et cette transformation n'a encore rien qui nous

choque, puisque les richesses et la possession d'un nom glorieux ou estimé sont des biens qui agrandissent nos facultés; mais cette fiction cesse d'être louable, lorsque, par les progrès du luxe, perdant le goût des choses utiles, honnêtes et vraiment honorables, nous cherchons des distinctions dans des choses frivoles, indifférentes, entièrement étrangères à la personne; lorsque, par la bassesse et les vils préjugés qu'inspire la servitude, nous érigeons en honneur des services honteux et des faveurs accordées à de coupables ou lâches complaisances; lorsque, encore égarés par un aveugle fanatisme, ou conseillés par une astucieuse hypocrisie, nous cherchons l'estime et la gloire dans des actes et des pratiques contraires à la raison, à l'humanité, à la religion : l'amour-propre prend alors les noms de vanité, d'ambition, de fausse gloire.

Jusqu'ici ce sentiment a parcouru toutes les qualités et les facultés qui tiennent à la personne, et il s'est ramifié dans toutes les choses que réellement ou par fiction elle peut s'approprier. Maintenant, si nous le considérons dans les jugements d'autrui, il n'a rien qui lui appartienne, et on ne sait plus si l'on doit l'appeler amour-propre; il n'a plus de conscience, de pensée, de jugement, que ceux des autres; il échange sa valeur contre le prix que les autres y mettent : heureuse fiction, qui fait servir au lien de la société un sentiment susceptible et irritable qui semblerait devoir le rompre, et qui, par une plus forte concentration, produit l'esprit de corps et l'esprit patriotique. Mais la dépravation commence avec le mensonge, lorsqu'on feint les qualités qu'on n'a pas; que l'on dissimule celles qu'on a; que l'on consent au mépris de soi-même pour une fausse estime; qu'on renonce à l'honneur pour les honneurs, à la chose pour le signe qui la représente; que l'on recherche de la considération, du crédit dans une corporation, dans une caste, au préjudice de sa patrie. Cet écueil est le plus dangereux, parce que l'approbation d'autrui tient, chez la plupart des hommes, de conscience; aussi le soin le plus important des gouvernements qui veulent utiliser le ressort de l'amour-propre (et quels sont ceux qui ne le veulent pas?), doit être d'épurer l'opinion ou de lui conserver toute sa moralité et sa noblesse.

Il résulte de notre examen que l'amour-propre est originairement l'amour qui se réfléchit en nous sur l'être actif et intelligent; qu'aimer c'est être sensible, estimer c'est être intelligent; que le besoin de s'estimer est en nous non moins impérieux que les autres éléments du bonheur; que ce besoin a ses vices qui le dépravent, et ses excès qui le changent en passion; qu'alors il anéantit ou pervertit les sentiments les plus précieux de notre nature.

Quels seraient les moyens de lui conserver sa pureté sans lui rien faire perdre de son énergie? Tout le monde les connaît : l'éducation, l'instruction, l'exemple, des récompenses, des institutions favorables au bonheur de l'homme et à sa perfection, et des chefs animés des mêmes sentiments. Alors l'émulation ne pourrait être confondue avec l'envie, l'estime avec le mépris, l'honneur avec la honte, la gloire avec le fantôme qui en usurpe le nom.   **SATUR.**

AMOUR. (*Géographie.*) *L'Amour*, appelé aussi *Sakhalian*, mot qui signifie fleuve noir, est le principal fleuve de la Mandchourie. Il est formé par la réunion du Kéroulan ou Asgoun avec la Chilka ; ses sources doivent être cherchées dans le Zinhar, chaîne de montagnes qui sépare la Mandchourie de la Sibérie. Il coule d'abord vers l'E. , traverse le lac Kutou ou Jalak, arrose une grande partie de l'empire chinois et de la Russie asiatique, et se jette dans un bassin sur la côte du pays des Mandchoux, vis-à-vis la grande île de Tarrakai. La longueur de son cours est de plus de sept cents lieues. Après l'Asgoun et la Chilka, le Sougari ou Kirim, l'Ula et l'Usuri sont ses principaux affluents.

L'Amour formait autrefois la limite entre la Chine et la Russie ; et une guerre éclata, à ce sujet, entre les deux empires, en 1683.

AMOUREUX, AMOUREUSE. (*Art dramatique.*) On appelle ainsi, en style de théâtre, les personnages d'une œuvre dramatique, chargés plus spécialement des intéressantes fonctions qui consistent à aimer, à être aimé, et à déclamer en vers, à réciter en prose, à fredonner en couplet, à roucouler en romance et en cavatine les joies et les douleurs inhérentes à ce double état. — Si nous nous permettons ainsi de parler un peu irrévérencieusement de l'emploi des amoureux, c'est que généralement cet emploi est sacrifié à d'autres. Voyez dans la comédie : que sont Valère, Éraste, Cléante, Zélie, auprès de Mascarille, de Scapin, d'Argante, d'Harpagon? Et dans la tragédie, Britannicus, Bajazet et tant d'autres ne sont-ils pas bien pâles et bien petits à côté des hommes forts qui occupent le premier plan dans l'ouvrage? Achille lui-même, avec sa tendresse inutilement fougueuse, n'est-il pas un peu effacé au milieu de ce drame terrible qui s'agite autour de lui, et ses fanfaronnades menaçantes sont-elles faites pour émouvoir, comparées aux emportements maternels de Clytemnestre? Moins on parlera de l'amoureux Philoctète, si mal à propos introduit dans l'Œdipe de Voltaire, et mieux cela vaudra pour l'auteur. Le théâtre antique se passait parfaitement de ces inutiles affections, et laissait de côté cette corde que l'argot littéraire d'à présent qualifierait du nom un peu vulgaire de *ficelle*. Dans notre théâtre, l'amour, si utile

ou même si nécessaire que l'aient fait l'usage et la disposition des esprits, n'est qu'un accessoire, du moins l'amour tel que sont chargés de le représenter les personnages qui lui ont emprunté son nom. Car il est bon d'observer que cette passion n'appartient pas exclusivement aux rôles d'amoureux. Oreste pousse la tendresse jusqu'au dévouement le plus absolu, jusqu'à la folie, jusqu'au crime ; Alceste adore une coquette qui se moque de lui, et cet amour, à lui tout seul, combat contre la haine qu'il a vouée au genre humain ; don Juan aime et est aimé plus qu'homme au monde, et pourtant ce ne sont pas là des amoureux, mais bien des premiers rôles. A eux les grands mouvements de l'âme ; à eux les jalousies terribles, les dévouements sublimes, les ardeurs folles et emportées ; à eux la mer orageuse de l'amour, avec ses grandes tempêtes, son tumulte et son agitation : aux amoureux le pays de Tendre, avec ses petites joies, ses petits chagrins, ses petits obstacles. Aux premiers la passion, : aux seconds tout au plus le sentiment.

Les artistes qui tiennent l'emploi dont nous parlons, prennent eux-mêmes le nom d'*amoureux*. De tous les genres de rôles, c'est peut-être celui qui demande le plus de qualités réunies. Tous les autres admettent certains défauts, et permettent même à un comédien habile de faire tourner ses défauts à son avantage. Un organe défectueux, rauque ou nasillard, un visage grotesque, une tournure commune ne sont pas incompatibles avec le théâtre, et certains acteurs ont su tirer si bon parti de ce qui semblait devoir leur nuire, qu'ils ont fini ou par faire oublier ces défectuosités, ou par faire douter si elles n'étaient pas plutôt acquises par le travail qu'infligées par la nature. Mais, pour les amoureux, c'est autre chose : tout ce qui n'est pas pour eux en eux-mêmes, est contre eux. Une figure agréable, un organe flatteur, de la jeunesse, un débit animé non par une chaleur factice, mais par cette ardeur juvénile si communicative, et par-dessus tout, un maintien noble, une démarche aisée, une distinction naturelle ; telles sont les conditions si rarement réunies, qu'exige cette spécialité, et qui font un des emplois les plus difficiles, d'un emploi que nous avons présenté comme un des plus insignifiants.

Au reste, on aurait tort de prendre trop à la lettre cette insignifiance, qui est loin d'être sans exception. Il y a de charmants rôles dans l'emploi des amoureux. Ainsi le *Menteur*, ainsi *Valère* du Tartufe, *Clitandre* des Femmes savantes, le *Marquis* de Turcaret, et plus récemment *Oscar* du Jeune Mari, *don Juan d'Autriche, Saverny* de Marion Delorme, etc. D'ailleurs, nous avons pris, en commençant, le mot et la chose dans leur acception la plus stricte, et en pratique, le domaine des *amoureux* s'élargit beaucoup. C'est ce qui explique les grandes réputations conquises dans cet emploi. Molé, Armand, Fleury, ont joué les amoureux et ont laissé tous trois un nom, rendu célèbre surtout par cette exquise distinction qu'étudiait chez eux la bonne compagnie; grâce à la nature et à l'art, ils avaient porté à ce point de perfection l'imitation des grandes manières, que cette imitation était devenue un objet d'étude pour leurs modèles. Mademoiselle Mars aussi jouait les amoureuses; et l'on sait quels souvenirs elle a laissés, quoiqu'elle ait eu le tort de diminuer les regrets, en prolongeant le plaisir outre mesure; quoique la génération présente, qui l'a vue vieille sans l'avoir vue vieillir, n'ait pu apprécier en elle que cette intelligente habileté, accrue par ces mêmes années qui avaient fait déjà disparaître la beauté et la grâce, si vantées autrefois. — Aujourd'hui l'emploi périclite : mademoiselle Mars n'est pas encore remplacée; Menjaud a quitté le théâtre irrévocablement; Firmin l'a suivi en laissant peu d'espoir de retour, et leurs héritiers sont encore au-dessous de l'horizon. Il ne nous reste guère que des amoureux de vaudeville. Pour la plupart de ceux-là, la partie la plus importante de l'art consiste dans la coupe du gilet et la couleur de la cravate, et les succès qu'ils cherchent à l'aide de ces moyens sont tout à fait en dehors de l'art dramatique. Il faut, au reste, que ce genre de succès, généralement attaché à l'emploi, leur tienne bien au cœur; ce qui le prouve, c'est la ténacité avec laquelle ils se cramponnent à leur position. L'âge arrive, et ils ferment l'oreille à ses avertissements; l'embonpoint épaissit leur taille, et ils ne tiennent nul compte de cet accident, fort commun chez eux, presque général même, quoiqu'on n'ait pu encore découvrir les sources d'où leur provient cette grâce d'état. Enfin, de cette obstination déraisonnable à lutter contre les invincibles envahissements des années, il résulte un spectacle risible et affligeant en même temps. Bien entendu néanmoins que le talent peut excuser une pareille faiblesse, et que la supériorité un peu sur le retour est de beaucoup préférable à la médiocrité, si jeune et si parée qu'elle soit d'avantages extérieurs. D'ailleurs le talent ne va pas sans l'intelligence, et l'artiste intelligent sait modifier, selon ce qu'il a ou ce qui lui manque, les personnages qu'il est chargé de représenter.

Finissons par quelques détails techniques : on a pu comprendre que le nom d'amoureux, appliqué à certains rôles, se donne par suite aux artistes qui jouent ces rôles. L'emploi se subdivise, suivant leur importance, en premier, second, troisième amoureux. Les acteurs qui le tiennent s'appellent aussi *jeunes*

premiers, *jeunes premières* : cette dénomination s'emploie surtout pour le drame. Dans les troupes lyriques, ils prennent le nom, soit des principaux rôles de leur répertoire, soit des sujets qui s'y sont distingués, soit enfin du genre de leur voix : ainsi l'on dit un *Colin*, un *Elleviou*, un *ténor*. On ne peut appliquer qu'en partie aux amoureux lyriques ce que nous avons dit des autres. La voix de *haute-contre* ou ténor étant beaucoup plus rare que les *barytons* et même que les *basses*, le ténor touche nécessairement les plus gros appointements, et son emploi se place en première ligne.   **S. A. CHOLER.**

AMOVIBLE. *(Politique.)* Signifie qui n'exerce un emploi que pour un temps. Ce mot s'applique aux personnes et aux choses. On dit : *un fonctionnaire amovible, une place amovible.*

L'amovibilité des emplois est un des premiers principes des gouvernements démocratiques. Il est de leur essence d'être toujours en garde contre la séduction du pouvoir, qui corrompt les citoyens les plus vertueux. La liberté, ombrageuse et jalouse, déplace fréquemment les hommes pour ne subir le joug d'aucun. Elle n'admet que des magistratures temporaires, et en borne plus ou moins la durée, selon le caractère des institutions qui régissent le pays.

Dans les États aristocratiques, au contraire, les familles privilégiées s'emparent des emplois publics, et l'inamovibilité est un de leurs principaux moyens pour rester en possession constante de l'influence politique et de l'action administrative. Cette inamovibilité ne se borne point à la vie des titulaires; l'hérédité transmet les places de père en fils, et forme ce qu'on appelle les familles patriciennes. L'élection, en se corrompant, conduit peu à peu à ce résultat. C'est ainsi qu'à Venise le droit de suffrage se concentra progressivement dans les maisons nobles, qu'enfin les premières familles s'emparèrent du pouvoir, et que l'élection, définitivement abolie, fut remplacée par l'hérédité.

Dans les républiques, l'inamovible oligarchie opprime les citoyens; dans les États monarchiques, elle dépossède ou elle tue les monarques qui lui semblent menacer ses privilèges ou ses droits. Ainsi s'expliquent les sombres cruautés de Venise et les terribles catastrophes de Saint-Pétersbourg.

Sous le despotisme asiatique, tout est amovible comme la volonté du maître. Son caprice élève ou renverse; les grands et les petits sont de niveau : c'est l'égalité de tous sous un seul.

L'inamovibilité des places, quelle qu'elle soit, pouvant présenter une résistance, est incompatible avec son pouvoir. Un tel État ne se maintient que par la force matérielle ; mais quand cette force refuse l'obéissance, ou que seulement elle hésite, le pouvoir souverain est compromis ; quand elle résiste, il se brise avec éclat. C'est ainsi que, dans la décadence de Rome, des milices séditieuses couronnaient et égorgeaient tour à tour les empereurs ; qu'en Russie les Strélitz étaient les maîtres du trône plutôt qu'ils n'en étaient les gardiens, et qu'à Constantinople les janissaires ensanglantaient le sérail, quand il menaçait ou même quand il ne respectait pas leurs priviléges. Alors la force matérielle est une sorte de démocratie permanente et armée, la plus à craindre de toutes, parce que ses éléments sont toujours les mêmes, et qu'on ne peut ni les corrompre ni les dissoudre aussi facilement que ceux de la démocratie civile.

Dans les pays plus civilisés, la monarchie absolue, qui ne repose que sur la force des soldats, n'a pas des dangers moins grands à courir. L'esprit qui anime la nation devient tôt ou tard l'esprit de l'armée ; et quand l'armée devient pouvoir délibérant, le pouvoir souverain, sans refuge et sans appui, capitule pour ne pas tomber, et ne fait que retarder sa chute. La dernière révolution d'Espagne en est un mémorable exemple. Les idées de liberté étaient passées dans la partie éclairée du pays jusque dans l'armée : le pays n'obéissait que par la crainte des soldats ; mais le jour où ceux-ci cessèrent de se soumettre, la nation cessa de trembler, et la révolution fut faite. Dans ces grandes crises des peuples, les trônes deviennent amovibles pour n'avoir pas reconnu certaines inamovibilités ou souffert certaines résistances, les princes qui les occupent, ou les courtisans qui les entourent, ne voyant jamais, dans les remparts qui défendent la puissance, que des obstacles qui la bornent.

Le grand problème du gouvernement, c'est cette juste division des pouvoirs qui les balance par leur propre poids ; c'est ce mélange heureux d'aristocratie et de démocratie qui, en défendant leurs droits, maintiennent les droits du trône, qui aient besoin de son appui comme il a besoin de leur soutien, et qui trouvent en lui un régulateur pour qui la justice soit un devoir autant qu'un profit. Ce gouvernement est éclos du sein de l'Angleterre encore barbare ; les premières semences de liberté y ont germé dans une terre féodale. L'élection par voie de suffrages a consacré l'amovibilité dans l'administration ; mais, à mesure que les classes moyennes ont acquis des lumières et des richesses, l'aristocratie, qui luttait contre le trône en faveur du peuple qui était à elle, s'est unie avec le trône contre le peuple qui, devenu éclairé et puissant, ne lui appartenait plus.

C'est ainsi que les shérifs, qui partagent avec les juges de paix l'administration du pays, étaient d'abord élus par les villes en vertu de leurs anciennes chartes ; et ce mode de nomination était une puissante garantie des libertés publiques, puisque les shérifs sont chargés de la nomination du jury, véritable gardien de la sûreté individuelle, rempart vivant contre les abus et les vengeances du pouvoir. Mais, après la restauration des Stuarts, l'oppression et la corruption furent telles, que, par un odieux machiavélisme, on fit demander, par les villes elles-mêmes, l'abolition des chartes qui consacraient leurs droits les plus précieux. L'élection des shérifs passa dès lors du peuple à la couronne, et le pouvoir judiciaire devint dépendant du pouvoir exécutif. Ce fut à cette époque que le fameux Shaftsbury, jugeant la liberté irrévocablement perdue, se réfugia en Hollande pour sauver sa tête ; que de fausses conspirations furent imaginées pour perdre les meilleurs citoyens, et que leur sang coula à grands flots sur les échafauds. Les tribunaux, devenus, par une amovibilité remise à la couronne, les instruments des passions dominantes, au lieu d'être les organes purs et impassibles de la justice, ne furent pas la moindre cause de la révolution de 1688, qui précipita les Stuarts du trône, et qui donna naissance au fameux bill des droits. Les shérifs, depuis ce grand événement, sont toujours nommés par la couronne ; mais cette charge est gratuite, elle est même onéreuse à ceux qui l'exercent ; il faut payer une somme considérable pour s'en exempter. Elle est amovible ; mais la durée en est fort courte, de sorte que les hommes investis de ces fonctions importantes, devant rentrer bientôt dans la classe des simples citoyens, vivre au milieu de ceux à la sûreté desquels ils furent commis, et subir eux-mêmes le pouvoir qui leur était confié, ont le plus grand intérêt à s'en acquitter avec honneur, et sont ainsi sujets à la responsabilité la plus réelle et la plus étendue.

En France, avant la révolution de 89, les usurpations successives des rois ayant détruit le pouvoir des états généraux, la monarchie était pour ainsi dire absolue ; elle n'était tempérée que par les grands corps judiciaires. Jusqu'au règne de Charles VI, les membres des parlements n'exerçaient qu'en vertu de commissions annuelles : ce fut à cette époque seulement qu'ils devinrent inamovibles de fait. L'inamovibilité de droit ne fut établie que sous François Ier, qui la vendit, c'est-à-dire qui établit la vénalité des offices. Charles IX et Henri III vendirent ensuite aux titulaires la faculté d'en disposer ; l'hérédité n'en fut consacrée que sous Henri IV.

Alors fut définitivement établie l'inamovibilité vénale. Montesquieu s'en est déclaré le partisan; il pensait qu'il valait mieux subir l'inconvénient de vendre les charges au profit du fisc, que le danger de les voir vendre au profit de l'intrigue, et que les hasards de l'élection royale étaient encore pires que les hasards de l'hérédité.

D'autres publicistes ont été d'une opinion contraire; ils ont craint que la vénalité de l'office n'entraînât de l'officier, et qu'elle n'avilît la magistrature. Montesquieu, selon nous, raisonnait avec justesse sous le régime où il défendait le système de l'hérédité. La seule barrière du pouvoir royal était la puissance judiciaire. Il défendait donc les libertés du pays, en préférant le mode vicieux de la vénalité, qui supposait du moins la possibilité de l'indépendance dans des magistrats propriétaires de leurs charges, à l'élection royale, qui n'aurait peuplé les cours de justice que d'hommes serviles ou complaisants pour le pouvoir, qui, ne trouvant plus d'obstacles, n'aurait plus montré de retenue.

- La révolution de 89 a détruit cet abus, en consacrant les grands principes de l'indépendance judiciaire et de la séparation de la justice et de la police. Toutefois, les places de magistrats ne furent pas d'abord inamovibles; les législateurs de cette époque avaient senti que cette condition, si elle a ses avantages, a aussi ses dangers. La durée des places de judicature fut bornée; mais elles furent soumises à l'élection des citoyens, l'amovibilité des juges ne pouvant, dans le système de l'assemblée constituante, être laissée à la seule volonté de la couronne, qui aurait bientôt dominé le pouvoir judiciaire. Ces législateurs avaient pensé que l'inamovibilité absolue pouvait condamner tout un pays à supporter d'une manière irrévocable les injustices d'un tribunal ignorant et mal composé. Ils ne se dissimulaient pas que le temple des lois peut être souillé autrement que par la forfaiture qui se prouve et se condamne si difficilement. Mais, à mesure que le gouvernement s'est rapproché du système monarchique, on a craint que le désir de se rendre agréables aux électeurs, et de capter les suffrages populaires, ne fît fléchir les magistrats dans l'exercice de leur ministère. Depuis la constitution de l'an vIII, la nomination des juges a été remise à la couronne, et leur inamovibilité a été consacrée comme étant le gage le plus certain de leur indépendance.

Des limites ont été tracées entre les divers pouvoirs par la constitution qui nous régit. Le ministère étant seul responsable, ses agents devaient être nécessairement à sa nomination : ainsi, les places d'administration sont amovibles, et celles de judicature sont inamovibles.

Mais, dans un gouvernement représentatif,

l'amovibilité des emplois, qui est de principe rigoureux, offre de grands dangers pour les libertés et pour la morale publiques, s'ils sont multipliés outre mesure. En créant une multitude de places, le gouvernement exerce des moyens de corruption, à l'aide desquels il vicie les institutions les plus généreuses. Il influence, il domine les élections par cette foule d'agents dont il achète les suffrages avec l'argent de l'État, et il a ainsi une tendance funeste à se rendre inamovible et à décliner la loi toute-puissante de l'opinion publique, dont il dénature ou dont il étouffe la voix. A l'aide de ce système fallacieux, il parvient à exercer, même sur la magistrature, un ascendant destructif de toute indépendance judiciaire; et il dicte les arrêts des tribunaux, soit en faisant élire par ses propres agents, révocables à sa volonté, les jurés qui prononcent sur l'honneur et sur la vie des citoyens qui ont encouru sa disgrâce ou sa colère, soit en établissant, dans les cours de justice, un si grand nombre de degrés, que les juges aient toujours une expectative d'avancement qui excite sans cesse leur ambition, et qui fasse dépendre du pouvoir ministériel toutes les faveurs pécuniaires ou honorifiques qu'ils peuvent espérer.

C'est ainsi que, par la corruption des institutions, tout se trouve interverti dans l'État, et que le pouvoir administratif usurpe l'inamovibilité, tandis qu'il mobilise de fait le pouvoir judiciaire, qui est inamovible de droit. C'est ainsi que la confusion de tous les principes et le vice de tous les règlements organiques dénaturent la constitution de l'État, et qu'en introduisant l'hypocrisie dans les lois, ils établissent le despotisme sous les formes de la légalité, et placent le pays sous le joug le plus perfide et le plus funeste, parce que la liberté même n'est plus qu'une illusion, et que les institutions ne sont que des pièges tendus à la bonne foi publique.

L'amovibilité des emplois, quand ils sont prodigués au point où ils le sont aujourd'hui en France, où tout s'administre et où tout se paie, offre des dangers non moins grands pour la morale publique. La facilité d'en obtenir détourne des carrières utiles une multitude de personnes qui veulent parvenir par la protection, par l'intrigue, souvent même par des moyens moins honorables. La délation, dans les temps de crise, est une des armes favorites des solliciteurs de places; et elle est devenue tellement fréquente, qu'on peut la regarder comme un des plus grands fléaux de nos jours, et comme une des causes les plus puissantes de perversité et de démoralisation.

En Angleterre, il existe bien moins de places salariées; cependant le pouvoir, qui éprouve aussi le besoin de gagner des partisans, établit un grand nombre de places qui sont rétribuées, mais qui n'imposent aucun devoir public à ceux qui les occupent. Ce mode, qui n'est pas plus économique pour l'État, a du moins cet avantage, qu'il ne corrompt que les hommes, tandis qu'en France, avec le système adopté, on corrompt à la fois les hommes et les institutions.

L'amovibilité des places est de l'essence même du gouvernement représentatif; mais il serait à désirer que les conditions en fussent réglées, et qu'elle fût renfermée dans des limites tracées par la sagesse. Il est une multitude d'emplois qui ne s'acquièrent que par de longues études, et qui deviennent une espèce de propriété dont on ne devrait être privé que dans les cas prévus par la loi. Les comptables, par exemple, quand ils gèrent avec probité et avec exactitude, ne peuvent gêner en rien la responsabilité ministérielle; et c'est par le plus étrange abus que leurs emplois, parce qu'ils sont plus ou moins lucratifs, deviennent à l'instant même la proie de chaque parti dont la domination éphémère se succède dans le maniement des affaires. *Amovible* ne veut pas dire révocable suivant le bon plaisir, ou d'après le caprice d'un ministre; ce mot signifie seulement que la durée des fonctions n'est point viagère, et qu'on peut en être privé, après un certain laps de temps, passé lequel on est réélu ou remplacé. Mais le pouvoir a singulièrement élargi le cercle de l'amovibilité, qu'il traduit presque toujours en révocation sans motif; il a voulu, à une certaine époque, regarder comme amovibles les professions publiques, qu'il affectait de confondre avec les fonctions administratives; il a considéré de même les charges ou les offices qui s'achètent moyennant finance, et qui ne s'exercent que sous la condition d'un cautionnement qu'on verse dans les coffres de l'État. Ainsi, le pouvoir voulait avoir les profits de la vénalité des charges, sans en garantir la propriété; ainsi les places de notaire, d'avoué, d'huissier, véritables biens des familles, pouvaient s'y détruire par une volonté ministérielle; ainsi un fils pouvait se voir dépouillé de la fortune de son père; ainsi la confiscation, détruite par la loi de l'État, se trouvait rétablie par la dérogation ou par la fausse application des lois particulières.

Par cet étrange renversement de tous les principes et de tous les droits, il n'y aurait plus de tranquillité pour les citoyens; rien ne serait stable; rien ne serait garanti; et le pays se trouverait enveloppé sous un vaste réseau de servitude, qui s'étendrait du centre jusqu'aux extrémités. Tout ce qui exerce un rang ou un état dans la société, dirigé par la crainte ou par l'intérêt, perdrait toute espèce de droit à l'estime, à la considération publique; il y

aurait deux peuples distincts, celui des administrateurs et celui des administrés; l'élection, source de toute liberté, serait corrompue, et le gouvernement représentatif ne serait qu'un grossier mensonge; plus à craindre que le despotisme, qui du moins ne promet pas trompeusement la liberté, et dont les victimes ne sont pas des dupes.

Cet état de choses serait bien plus insupportable si le pouvoir municipal, enlevé à l'élection populaire, était usurpé par le pouvoir ministériel, et que, se trouvant dans son entière dépendance, loin d'offrir un refuge contre le despotisme, il devînt, par son organisation même, l'exécuteur forcé de toutes ses volontés, et l'approbateur complaisant de tous ses excès.

Tel est, en raccourci, le tableau des avantages et des inconvénients de l'amovibilité des emplois. Le caractère et l'étendue de cette amovibilité ne sauraient être trop rigoureusement fixés, puisque, si elle est le principe d'un grand bien et l'une des conditions d'un gouvernement libre, elle peut, en se viciant, comme toutes les institutions humaines, devenir une source intarissable d'injustices et d'abus.　　　　　　　　ÉTIENNE.

AMPÉLITE. (*Géologie.*) Roche homogène, noire ou grise, laissant, par le frottement sur les corps, une tache, composée de silicates d'alumine et de carbone, infusible, mais changeant de couleur par l'action de la chaleur : on en distingue deux variétés principales.

Ampélite alunifère, c'est-à-dire qui est employée à la fabrication de l'alun. Outre les silicates d'alumine et de carbone, cette roche contient des proportions variables de soufre et de fer, qui lui font qu'elle se décompose très-vite sous l'influence des agents atmosphériques, parce qu'ils déterminent la formation de sulfates de fer et d'alumine. Le terrain houiller est le principal gisement de l'ampélite alunifère; elle s'y présente en couches schistoïdes et quelquefois compactes : cette roche est exploitée pour la fabrication de l'alun, en Auvergne, dans le pays de Liége, dans la Saxe, en Angleterre et jusque dans la Scandinavie.

Ampélite graphique. C'est le crayon des charpentiers, connu sous le nom de pierre d'Italie : une roche schisteuse, noire, devenant blanchâtre, jaunâtre ou rougeâtre par l'action du feu, se couvrant d'une efflorescence blanche par son exposition à l'air. Cette roche est composée de silice, d'alumine, de carbone et de fer. Elle forme des couches à texture schisto-compacte dans les terrains carbonifères et siliceux, et aussi dans quelques roches métamorphiques plus modernes. L'ampélite graphique est exploitée en France, dans le Cotentin, en Italie, en Franconie et en Espagne ; elle est employée en peinture : on en fait surtout des crayons pour les ouvriers.

ROZET.

AMPHIBIE. (*Histoire naturelle.*) Ce mot, qui signifie proprement *double vie*, désigne ordinairement, dans le langage vulgaire, les animaux qui habitent indifféremment sur terre ou dans les eaux : il s'applique conséquemment à la grenouille, à la loutre, au castor, etc. Le naturaliste le prend dans une acception beaucoup plus restreinte. Linné l'imposa exclusivement à l'une des classes du règne animal qu'il forma d'abord des reptiles, des serpents chondroptérygiens, mais qu'il réduisit plus tard, en rapportant ces derniers à la classe des poissons, dont ils font véritablement partie. Plus récemment, G. Cuvier a transporté le nom d'amphibie chez les mammifères, et l'a réservé aux animaux à sang chaud, que la disposition de leurs organes moteurs rend citoyens des deux éléments. Les amphibies de Cuvier, placés après les chats, forment la troisième et dernière tribu de la classe des carnassiers ; leurs membres sont tellement courts et oblitérés, qu'ils ne leur peuvent servir pour marcher ; propres à la natation dans la mer, ils ne peuvent que favoriser une sorte de reptation sur ses rivages. Les amphibies dont il est question ici habitent l'Océan ; ils ne viennent à la côte que pour s'y réchauffer au soleil et allaiter leurs petits ; ils ont le corps allongé, le bassin très-étroit et le poil fort ras : ce sont les phoques et les morses.

Les amphibies de Linné et de Cuvier, tout éloignés qu'ils sont les uns des autres dans l'ordre de la nature, ont cependant un caractère commun fort essentiel : leurs deux circulations se réunissent pour n'en faire qu'une ; leurs deux espèces de sang se mêlent et se confondent ; ils n'ont, en général, qu'une seule oreillette au cœur ; ou, quand il y en a deux, celles-ci communiquent à l'aide du trou de Botal, qui persiste après la naissance, et ne se ferme point comme il arrive dans l'homme, par exemple. On a conséquemment comparé les amphibies aux fœtus des mammifères ; et le fœtus offre, en effet, quelques rapports avec les amphibies. Il vit au milieu des eaux de l'amnios, et le trou de Botal y réduisant le cœur à une sorte d'unité de ventricule, le fœtus a réellement une circulation de phoque ou de reptile. C'est de ce fait que Buffon avait conclu qu'on pouvait rendre amphibies les petits mammifères nouveau-nés, en les tenant immergés dans de l'eau ou dans du lait mis à la température de la mère. Il paraît que nulle expérience n'a été faite à ce sujet. Malgré l'autorité du grand nom de Buffon, il est presque certain qu'un tel essai n'eût pas réussi ; et, sans entasser ici les preuves anatomiques d'où résultent nos doutes, il suffira de faire observer que le fœtus, suspendu dans les eaux de l'amnios, reçoit de sa mère un sang tout respiré, tandis qu'après la naissance, un mammifère, qui n'a plus cet élément de vie, doit respirer par lui-même, et meurt nécessairement pour peu qu'il y ait interruption dans la respiration une fois que cette faculté s'est exercée.

Buffon était parti d'un faux principe ; il imaginait que la conservation du trou de Botal donnait aux êtres sur lesquels on l'observe la précieuse faculté de respirer alternativement dans l'air et dans l'eau. Le trou de Botal n'a d'autre usage que de fournir au sang un moyen d'éviter les poumons, de soustraire la circulation à la compression des vaisseaux pulmonaires, et de rendre celle-ci, par cela même, indépendante des effets de cette compression.

Les reptiles qui, pour les naturalistes attachés à la méthode linnéenne, sont toujours de la classe des amphibies, sont aussi des amphibies plus réels, surtout pour le vulgaire, qui voit la tortue et la grenouille se tenir indifféremment au fond des froids marécages, ou se réchauffant sur les bords de ceux-ci aux rayons d'un soleil ardent. La grenouille et tous les batraciens sont même en quelque sorte plus qu'amphibies, passant de l'état de poisson à l'état de reptile par une métamorphose complète. On les verrait mourir si, dans leur premier état, on les tenait longtemps exposés à l'air, comme, après leur entier développement, ils sont asphyxiés, quand on les tient plongés exclusivement dans l'eau : c'est ici que la double vie existe d'une manière remarquable, mais elle n'est pas simultanée.

Le nom d'amphibie, rarement appliqué aux oiseaux, encore que diverses espèces de cette classe puissent plonger assez longtemps, a été adopté en botanique pour désigner quelques plantes qui vivent indifféremment sur la terre ou dans les flots. De ce nombre est entre autres le *Polygonum amphibium*, belle espèce de renouée, qui croît assez fréquemment dans les environs de Paris, où ses épis de fleurs pourprées la rendent remarquable vers le commencement de l'automne.

BORY DE SAINT-VINCENT.

AMPHIBIENS. (*Histoire naturelle.*) On donne généralement ce nom, d'après M. de Blainville, à une classe d'animaux vertébrés, qui étaient anciennement confondus avec celle des reptiles. Les animaux qui entrent dans cette division, sont désignés par quelques auteurs sous les noms de batraciens urodèles et anoures, et de cécilies.

Le corps des amphibiens varie beaucoup

de forme : il est très-court ou déprimé, d'autres fois lacertiforme et même serpentiforme, à queue entièrement nulle ou assez longue; leur tête est peu ou point distincte du tronc, qui est pourvu de deux paires de membres, ou d'une seule paire, ou entièrement nullipède; ils sont couverts d'une peau constamment nue et plus ou moins muqueuse; ce qui leur a valu le nom de *nudipellifères* que M. de Blainville leur a donné.

L'organisation de ces animaux ne peut être comparée à celle des reptiles; la nature de leurs os, le mode d'articulation des vertèbres, et surtout celle de la tête, qui est pourvue d'un double condyle, ne sont pas les mêmes : les appareils des sens offrent également des différences notables, entre autres, dans la structure de la peau, qui, bien que susceptible d'offrir dans l'épaisseur du derme des espèces de granulations, plus ou moins nombreuses, plus ou moins aplaties, ne présente jamais d'écailles ou de squames comme les reptiles, où elles sont le résultat d'un pincement de toutes les parties de la peau et de l'extension d'un véritable épiderme; l'appareil de la génération n'est pas moins différent, n'étant jamais en connexion directe avec des appendices extérieurs; le produit même de la génération est si particulier, dans les différents états qu'il poursuit avant de parvenir à l'âge adulte, que l'on a été obligé de dire qu'il subit des métamorphoses à peu près comme dans les insectes; et, ce qu'il y a de remarquable, et qui se trouve dans quelques-uns de ceux-ci, c'est que l'animal, à l'un de ces degrés de développement, est pourvu de branchies, et, par conséquent, obligé de vivre dans l'eau, tandis que, dans son état adulte, il les perd pour demeurer complétement pulmoné, et est obligé alors de vivre dans l'air et de le respirer en nature : c'est même de cette particularité de vivre successivement dans l'eau et dans l'air que le nom d'*amphibia* a été tiré et donné à cette classe avec juste raison; aucun des reptiles n'étant dans ce cas, cette dénomination ne pouvait leur être étendue. Enfin, les mœurs et les habitudes des animaux de cette catégorie sont aussi fort différentes de celles des reptiles, surtout quant au séjour, qui est constamment plus ou moins aquatique pour les amphibiens, tandis qu'il ne l'est qu'accidentellement pour les reptiles et même pour un petit nombre d'entre eux.

Les amphibiens sont placés dans la série zoologique entre les reptiles proprement dits et les poissons. Toutefois M. de Blainville met un groupe d'animaux fossiles, les ichthyosauriens, entre la classe des reptiles et celle des amphibiens.

Nous n'entrerons pas ici dans plus de détails sur les animaux de cette classe, nous réservant de parler de leur organisation, de leurs mœurs, etc., dans les articles que nous consacrerons aux divers groupes qui la constituent : nous devons faire connaître seulement les deux principales classifications qui ont été proposées pour les amphibiens.

M. de Blainville subdivise ces animaux en trois sous-ordres particuliers, ceux des BATRACIENS, PSEUDO-SAURIENS et PSEUD-OPHIDIENS : les BATRACIENS contiennent les familles des DORSIPARES (genre principal *pipa*) et des AQUIPARES (genres principaux, *crapaud*, *rainette* et *grenouille*); les PSEUDO-SAURIENS sont subdivisés en SALAMANDRES (genres, *axolotl*, *salamandre*, *triton*); PROTÉES (genres, *protée* et *amphiume*), et SIRÈNES (genre *sirène*); enfin les PSEUD-OPHIDIENS ne comprennent que le genre si curieux des *cécilies*.

Pour MM. Duméril et Bibron, les amphibiens ne sont pas une classe particulière; ces naturalistes en font, sous le nom de BATRACIENS, l'un des ordres des reptiles, et ils les subdivisent en sous-ordres, sections, familles et genres, de la manière suivante :

PÉROMÈLES.		*Céciliotdes.*
ANOURES.	PHRYNAGLOSSES.	*Pipæformes.*
		Raniformes.
	PHANÉROGLOSSES	*Hylæformes.*
		Bufoniformes.
	ATRÉTODÈRES. .	*Salamandroïdes.*
URODÈLES.	PÉROBRANCHES..	*Amphiumoïdes.*
	EXOBRANCHES . .	*Protéides.*

Plusieurs genres entrent dans chacune de ces familles; nous nous bornerons à indiquer les principaux, et nous y renvoyons le lecteur : famille des CÉCILIOÏDES, *Cécilie*; RANIFORMES, *Grenouille*; HYLÆFORMES, *Rainette*; BUFONIFORMES, *Crapaud* et *Sonneur*; PIPÆFORMES, *Pipa* et *Dactylèthe*; SALAMANDROÏDES, *Salamandre* et *Triton*; AMPHIUMOÏDES, *Amphiume*, et PROTÉIDES, *Protée*.

Nous avons fait représenter dans notre *Atlas*, HISTOIRE NATURELLE, pl. 18, les genres principaux appartenant à la classe des AMPHIBIENS : fig. 1, le *Pipa*; fig. 2, le *Crapaud*; fig, 3, la *Rainette*; fig. 4, la *Grenouille*; fig. 5, l'*Axolotl*; fig. 6, la *Salamandre*; fig. 7, le *Triton*; fig. 8, le *Protée*; fig. 9, la *Sirène*, et fig. 10, la *Cécilie*.

Les principaux ouvrages que l'on devra consulter sur les Amphibiens sont les suivants :

Lacépède, *Histoire des quadrupèdes ovipares et des serpents.* in-4°.

Daudin, *Histoire naturelle des Rainettes, Grenouilles, et Crapauds.* 1 vol. in-4°; Paris, 1802; et *Histoire générale et particulière des Reptiles*, ouvrage faisant partie du Buffon de Sonnini. 8 vol. in-8°; Paris, ans X et XI.

Cuvier, *Règne animal.*

De Blainville, *Prodrome d'une classification des animaux*, dans le *Bulletin de la Société philomatique de Paris.* 1816. — Idem, dans les *Nouvelles Annales du Muséum*, tome IV.

Latreille, *Familles du règne animal.* 1 vol. in-8°, 1825.

Duméril et Bibron, *Erpétologie générale*, ouvrage faisant partie des suites à Buffon, de l'édition Roret, tome VIII. 1841.

E. DESMAREST.

AMPHIBOLE. (*Minéralogie.*) Ce minéral, composé essentiellement de silice, de chaux et d'alumine, renferme souvent aussi de l'oxyde de fer, qui lui donne une couleur foncée; il entre dans la composition d'un grand nombre de roches, tantôt en masses compactes, tantôt en masses cristallines, rarement en cristaux bien déterminés. Sa forme primitive est un prisme rhomboïdal et sa forme habituelle un prisme à six faces, terminé par un pointement à trois faces; il présente deux clivages faciles, raye aisément le verre, est plus fusible que le pyroxène, et donne au chalumeau un verre iris ou vert foncé. Sa densité varie de 2,2 à 2,3.

On distingue trois variétés d'amphibole :

1° L'*amphibole trémolite,* qui est gris clair ; elle contient très-peu ou point de fer ;

2° L'*amphibole actinote,* qui est d'une couleur verdâtre;

3° Enfin, L'*amphibole hornblende,* qui est d'un vert foncé.

Ces deux dernières variétés renferment une quantité notable de fer.

Les masses connues sous le nom de *cornéennes,* et que l'on rapporte à l'amphibole, sont tenaces, sonores et présentent quelquefois une cassure pseudo-régulière. La plupart sont magnétiques ainsi que les variétés foncées d'amphibole.

Les principales roches qui contiennent de l'amphibole sont : la *siénite,* ou granit dans lequel le mica est remplacé par l'amphibole, l'*hémithrène,* l'amphibole *hornblende* ou *actinote,* les *cornéennes,* l'*amphibolite,* la *basanite,* la *métaphire,* etc.

Haüy, *Traité de Cristallographie,* 1822, in-8°.
Beudant, *Traité de minéralogie.*
Dufrénoy, *Traité de minéralogie,* 1845, in-8°.

Alex. CHAYET.

AMPHIBOLIE, ἀμφιβολία. (*Philosophie.*) Ce mot, employé en philosophie, a été consacré par Kant, dans sa *Critique de la raison pure,* à une sorte d'amphibologie naturelle, fondée, selon lui, sur les lois mêmes de la pensée, et qui consiste à confondre les notions de l'entendement pur avec les objets de l'expérience, à attribuer à ceux-ci des caractères et des qualités qui appartiennent exclusivement à celles-là. Cette définition, empruntée au *Dictionnaire des sciences philosophiques,* y est rendue plus claire par cet exemple : il y a amphibolie quand on fait de l'identité, qui est une notion *à priori,* une qualité réelle des phénomènes ou des objets que l'expérience nous a fait connaître.

AMPHIBOLITE (*Hornblende* des Allemands). (*Géologie.*) On nomme ainsi toutes les roches dans lesquelles l'amphibole domine notablement sur les autres parties constituantes. Quand une de ces dernières se montre en plus grande abondance que les autres, il en résulte deux variétés, auxquelles on donne, suivant le principe dominant après l'amphibole, les noms de *micacée, grenatique, quarzeuse, serpentineuse,* etc. Les amphibolites forment des masses assez étendues dans les terrains porphyriques et cristallophysiens. Elles se montrent dans beaucoup d'autres en filons, en amas et en couches; elles présentent souvent la structure schistoïde.

L'amphibolite compacte est le *trapp* des anciens minéralogistes.   ROZET.

AMPHIBOLOGIE. (*Grammaire.*) Locution vicieuse qui présente un double sens, résultant surtout d'une mauvaise construction. Le genre de construction latine et grecque que la grammaire élémentaire appelle *que retranché* prête singulièrement à cette défectuosité du discours. Ainsi dans cette phrase : *Naturæ lex jubet homines amare Deùm,* il est parfaitement impossible de déterminer le sens précis, et de dire avec certitude, d'après les *mots,* si c'est Dieu qui doit aimer les hommes, ou les hommes qui doivent aimer Dieu. La facilité avec laquelle les langues anciennes admettaient l'amphibologie était d'un grand secours aux oracles; la plupart de leurs réponses offraient un double sens, de façon que, quel que fût l'événement, l'oracle l'avait toujours prédit.

En français, la clarté étant l'essence même de l'idiome, l'inversion n'existe pas; chaque mot a sa place marquée dans le discours, suivant l'emploi qu'il y remplit, et l'on ne saurait errer ou hésiter à la recherche d'une construction qu'on trouve toute faite. Aussi, cette espèce d'équivoque, sans être complétement inconnue, est-elle beaucoup plus rare dans notre langue que dans les langues anciennes.

La langue philosophique emploie aussi le mot *amphibologie,* et lui donne une signification analogue à celle qu'il a en matière grammaticale. Elle s'en sert pour désigner une proposition qui présente un sens, non pas obscur, mais douteux et double. Aristote, dans son *Traité des Réfutations sophistiques* (c. 4.), a compté l'amphibologie parmi les sophismes.

AMPHICTYONS. (*Antiquité.*) On donnait ce nom aux députés d'abord de sept villes de la Grèce, et ensuite d'un plus grand nombre, qui se réunissaient deux fois l'année, au printemps et en automne, tantôt dans le temple d'Apollon, à Delphes, tantôt dans celui de Cérès, près des Thermopyles. Cette institution avait pour objet de maintenir l'union entre les peuples qui y étaient représentés, et d'assurer à chacun d'eux les moyens d'une résistance utile contre les barbares qui les entouraient et les menaçaient sans cesse de funestes irruptions.

Ces envoyés, délibérant sur les intérêts de leurs États respectifs, avaient le droit de décider ce qu'ils jugeaient avantageux aux Grecs, et d'en poursuivre l'exécution. Leurs décisions et les ordres qui en étaient la suite avaient un caractère sacré.

Est-ce Deucalion, ou Amphictyon, son fils, troisième roi d'Athènes, 1499 ans avant Jésus-Christ, qui fonda le *conseil* ou *tribunal* des amphictyons? Cet établissement est-il dû à un autre Amphictyon, fils d'Hélénus, ou à Acrisius, roi d'Argos, en 1350? ou bien, enfin, est-ce à ce dernier qu'il faut attribuer le perfectionnement d'une pareille assemblée avec l'idée de la réunir deux fois l'an, quand l'institution primitive n'appelait ses membres qu'irrégulièrement et de temps à autre? A travers les ténèbres historiques, il demeure plus probable que l'institution fut l'ouvrage du fils de Deucalion; qu'Acrisius la perfectionna, en régularisant les époques de la réunion des députés au printemps et dans l'automne, et en y ralliant un plus grand nombre de peuples, de manière à faire de tous les Grecs une puissante confédération, non-seulement contre les barbares, mais encore contre les villes grecques qui troubleraient l'harmonie et la concorde de cette nouvelle famille.

Lorsque Philippe, roi de Macédoine, eut terminé la guerre sacrée contre les Phocéens, il fut admis dans le conseil des amphictyons, avec le droit de double suffrage dont jouissait le peuple vaincu.

Les Romains, devenus maîtres de la Grèce, conservèrent aux Grecs soumis cette assemblée utile à la politique du Capitole autant qu'au maintien de la paix dans leur nouvelle conquête. Après la bataille d'Actium, Auguste accorda à la ville de Nicopolis la faculté d'y envoyer des députés; mais les délibérations n'y avaient déjà plus le caractère dont elles avaient si longtemps joui. Strabon, d'ailleurs, assure qu'encore de son temps les amphictyons avaient une existence à laquelle pourtant il survécut.   GARY.

AMPHIGÉNITE. *Voy.* LEUCITOPHYRE.

AMPHIMACRE. (*Prosodie.*) On appelle ainsi, dans les versifications fondées sur la quantité, un pied de trois syllabes, composé d'une brève entre deux longues, ainsi : *prœtium*, *fœminam*. L'amphimacre est rarement usité. Souvent, placé à la fin d'un vers glyconique, alcaïque, asclépiade, etc., il représente un dactyle, grâce à la tolérance qui permet à la dernière syllabe du vers de

changer sa quantité naturelle pour une autre.

Crescentem sequitur cura pecuniam.

La dernière syllabe de *pecuniam*, naturellement longue, devient brève par le droit que lui donne sa position à la fin du vers, et les trois dernières syllabes font l'office d'un dactyle, bien qu'en réalité elles forment un amphimacre.

AMPHINOME. (*Histoire naturelle.*) Bruguières a désigné sous ce nom un genre d'annélides qui a été adopté par la plupart des zoologistes. Les amphinomes ont des antennes au nombre de cinq; une caroncule à l'extrémité antérieure du corps; les pieds biramés, et portant seulement deux cirrhes; les branchies sont en forme de houppes touffues qui couvrent la base des rames supérieures.

Presque toutes les espèces d'amphinomes habitent les régions tropicales ou les mers voisines; une seule, l'AMPHINOME ERRANTE (*Pleione vagans*, Savigny), se trouve dans les mers d'Europe, sur les côtes d'Angleterre.

Voir parmi les auteurs qui ont parlé de ce groupe : Bruguières, *Encyclopédie méthodique.*
Lamarck, *Animaux sans vertèbres*, t. V.
Audouin et Milne Edwards, *Annales des Sciences naturelles*, 1re série, tome XXVIII.
             E. DESMAREST.

AMPHISBÈNE. (*Histoire naturelle.*) Genre de serpent dont le corps est d'un volume égal partout, et dont la queue, de même forme et de même volume que la tête, pourrait être confondue avec elle au premier coup d'œil ; aussi les habitants du Brésil les appellent-ils *Cobra de duas cabeças* : cette disposition de la queue a fait croire qu'ils pouvaient marcher avec une égale facilité en avant et en arrière, et c'est dans cette pensée qu'on leur a appliqué le nom grec d'*Amphisbène*, dont la qualification de *doubles marcheurs*, qu'on leur donne aussi, n'est qu'une traduction.

C'est à Linné que l'on doit la création de ce genre qui, dans ces derniers temps, a été partagé en plusieurs groupes particuliers. La plupart des amphisbènes sont d'Amérique, une seule espèce paraît propre à l'Afrique, et une autre est commune à cette partie du monde et à l'Europe. Celles dont on connaît les mœurs se tiennent dans les nids de termites, des larves desquelles elles se nourrissent presque exclusivement.

Nous citerons l'AMPHISBÈNE CENDRÉE, qui habite l'Espagne, le Portugal et les côtes barbaresques; et les AMPHISBÈNES BLANCHE (*Amphisbena alba*) et ENFUMÉE (*Amphisbena fuliginosa*) qui se trouvent au Brésil et à Cayenne.

MM. Duméril et Bibron (*Erpétologie générale*, Suites à *Buffon*, de l'édition Roret, tome VI, 1843) ont donné de nombreux détails sur les amphisbènes, dont ils font une famille particulière.

E. DESMAREST.

AMPHISCIENS. (*Géographie.*) Habitants de la zone torride, ainsi nommés du grec ἀμφί, *autour*, et σκία, *ombre*, parce que leur ombre tourne, en quelque sorte, autour d'eux, c'est-à-dire que, selon les saisons, ils l'ont tantôt au nord, tantôt au sud. Mais, deux fois par an, le soleil étant directement sur leur zénith, ils n'ont point du tout d'ombre à midi, et pour cela ils sont appelés *Asciens, sans ombre*, de σκία et ἀ *privatif.* Le soleil, s'approchant ainsi d'eux, passant au-dessus de leurs têtes, et s'éloignant ensuite, leur constitue naturellement de doubles saisons, et ils ont dans l'année deux étés et deux hivers, deux printemps et deux automnes. Ce redoublement de saisons est propre aux peuples qui demeurent sous l'équateur, et devient de moins en moins sensible à mesure qu'on se rapproche des tropiques.

AMPHITHÉATRE. (*Architecture.*) On appelle, en général, amphithéâtre une disposition de gradins sur un plan circulaire ou elliptique, et quelquefois même placés sur une ligne droite les uns au-dessus des autres. C'était, chez les anciens, un monument elliptique et quelquefois circulaire, dont la partie du milieu, appelée *arène*, était entourée de plusieurs rangs de gradins ou siéges élevés les uns au-dessus des autres.

Dans ce lieu se donnaient les combats des gladiateurs : ils y étaient ordinairement nus et armés d'une épée; souvent ils portaient sur le bras un filet qui leur servait à envelopper leur ennemi, soit qu'ils se battissent entre eux, soit qu'ils attaquassent des bêtes féroces.

C'est aux Étrusques, peuple superstitieux et sombre, qu'il faut attribuer l'origine des amphithéâtres, qu'ils n'élevèrent que sous l'influence de leur religion. Chez eux, les gladiateurs, choisis parmi les prisonniers ou parmi les esclaves, étaient des victimes immolées aux mânes des héros dans chaque combat. Athénée rapporte que les Romains non-seulement empruntèrent des Étrusques la forme de leurs amphithéâtres, mais encore qu'ils firent venir d'Étrurie des ouvriers pour les construire et des gladiateurs pour s'y exercer.

Quant aux Grecs, ils n'élevèrent d'amphithéâtres qu'après avoir été conquis par les Romains. Selon Winckelmann, Antiochus Épiphane, roi de Syrie, fit venir de Rome les premiers gladiateurs qui aient été introduits en Grèce.

Il paraît constant que les premiers amphithéâtres furent tantôt creusés dans le sol, et tantôt construits en bois. Un des plus curieux en ce genre est celui qu'au rapport de Pline,

Scribonius Curio, tribun du peuple, fit élever à Rome pour y célébrer les jeux qu'il donna à l'occasion des funérailles de son père. Il fit construire deux théâtres en charpente, adossés l'un à l'autre, qui, après les représentations scéniques, étaient mis en mouvement à l'aide de forts pivots en fer (bien que chargés de spectateurs), et se tournaient de telle sorte que les deux demi-cercles, venant à se joindre par leurs extrémités, formaient un amphithéâtre.

Les nombreux accidents qui résultèrent de l'usage de construire les amphithéâtres entièrement en bois, engagèrent Statilius Taurus, qui vivait sous le règne d'Auguste, vers l'an de Rome 725, à en faire élever un dont les murs extérieurs fussent en pierre. Ce monument, érigé dans le Champ-de-Mars, près du cirque Agonal, fut brûlé sous Néron, d'où l'on peut conclure que ses gradins étaient encore en charpente, selon l'ancien usage.

Le premier amphithéâtre entièrement construit en pierre fut le Colisée, qui, commencé par Vespasien, fut terminé sous Titus, son fils.

Les amphithéâtres ayant tous une même disposition, nous ne donnerons ici une description complète que de celui de Nîmes.

Nous passerons ensuite à la description succincte des amphithéâtres les plus remarquables par leur situation, leurs dimensions ou le caractère de leur architecture.

L'amphithéâtre de Nîmes (1) n'a pas les dimensions du Colisée ou des amphithéâtres de Vérone et de Capoue, dont nous parlerons plus loin; mais la gravité de son architecture, la belle distribution de l'ensemble, l'admirable conservation de tout ce qui peut en expliquer jusqu'aux moindres détails, en font un édifice des plus importants pour l'histoire de l'art et pour l'étude des usages auxquels il fût consacré.

D'après un fragment d'inscription, trouvé dans l'enceinte de cet amphithéâtre, sa construction daterait de la seconde moitié du premier siècle de notre ère; il suffit, au reste, de voir cet édifice, pour l'attribuer à la plus belle époque de l'art chez les Romains.

Le plan est elliptique; le grand axe est de

---

(1) *Voyez à l'Atlas*, ARCHITECTURE, *planche* XXIV.

La *fig.* 1 est le plan de cet édifice, à différentes hauteurs; le premier quart inférieur, à gauche, est pris au rez-de-chaussée; le second quart inférieur, à droite, est pris sur la première précinction; le premier quart supérieur, à droite, est pris sur la précinction; enfin, le dernier quart est pris à la hauteur des consoles.

Les *figures* 2 et 3 sont des coupes de l'édifice; la première est destinée à faire voir la disposition des galeries intérieures et des massifs qui supportent les gradins; la seconde indique la disposition des différents escaliers.

La *fig.* 4 représente l'élévation extérieure de l'amphithéâtre.

133^m 38^a, le petit de 101^m 40^c. Un massif de constructions, de 31^m 53^c d'épaisseur, contient cinq vastes galeries de circulation, des aqueducs, de nombreuses salles, et 162 escaliers principaux, conduisant à 35 rangs de gradins qui plongent sur l'arène, espace vide et de forme elliptique, réservé au milieu de l'édifice pour les jeux et les combats. La hauteur totale du monument est de 21^m 32^c, divisés en deux étages : le premier composé de 60 arcades que séparent des contre-forts carrés ou pilastres; le second formé d'un même nombre d'ouvertures et décoré de colonnes doriques engagées que portent des piédestaux. Un attique couronne ces deux ordres; il est divisé dans toute sa circonférence par 120 consoles saillantes, percées verticalement de trous ronds, dont l'usage sera expliqué plus loin.

Les arcades situées aux extrémités des diamètres de l'ellipse sont plus larges que les autres de 65^c chacune; elles conduisent jusqu'à l'arène. Celles du grand axe servaient d'entrée aux combattants et aux animaux : elles sont percées dans des avant-corps de 30^c de saillie. Au nord, vers la ville, la porte pratiquée sur le petit axe est surmontée de deux bustes de taureaux, sculptés en grand relief, et qui paraissent avoir été un emblème de la colonie, puisqu'on les retrouve sur la porte principale de la ville. Cette décoration, reproduite au second étage des arènes, indiquait l'entrée d'honneur réservée aux magistrats qui gouvernaient au nom de l'empereur.

La galerie extérieure du rez-de-chaussée est voûtée en plein cintre; des arcs-doubleaux, portés par des consoles, en soutiennent la construction supérieure. Elle donne entrée, par 30 corridors, à une galerie intérieure qui lui est parallèle, et qui dessert toutes les loges des principaux citoyens de la colonie, disposées sur une première précinction de quatre gradins. L'appui inférieur de ces loges, divisées entre elles par des stalles de pierre, portait les noms des familles ou des corporations auxquelles elles appartenaient, ainsi que le nombre de places qui leur étaient réservées. On a trouvé plusieurs de ces inscriptions. Ce même appui servait de couronnement à un mur de 2^m 69^c d'élévation, nommé *podium*, qui faisait le tour de l'arène, et séparait les spectateurs des combattants. Dans ce mur, composé de grandes dalles de pierre placées verticalement, s'ouvraient quatre portes sur les points cardinaux; on voit encore, au-dessus de celle du nord, dans toute la hauteur de la première précinction, les traces de la loge réservée aux premiers magistrats de la colonie. Au midi, une tribune semblable était consacrée aux décurions et aux juges des jeux.

La seconde précinction, composée de onze rangs de gradins, était destinée aux chevaliers; elle est séparée de la première par un second podium; 48 vomitoires y donnent entrée de la galerie basse et de celle de l'entresol. L'arrivée aux différentes places est facilitée par de petits escaliers taillés dans la hauteur des sièges, vis-à-vis chaque vomitoire.

La troisième précinction, où devaient prendre place les simples citoyens de la colonie, se compose de dix rangs de gradins; elle n'est séparée de la seconde que par une assise plus élevée que les sièges, et couronnée d'un bandeau saillant : les spectateurs arrivaient à ces places par 30 vomitoires auxquels aboutissaient autant d'escaliers venant de la galerie du premier étage.

Cette galerie, aussi large que celle du rez-de-chaussée, un peu moins élevée, présente dans sa construction des détails curieux. Elle est éclairée par les 60 arcades du second ordre extérieur, et se compose d'un pareil nombre de voûtes rampantes, qui, du mur de face, se dirigent vers le centre de l'édifice. Les retombées de ces voûtes sont soutenues, dans une partie de leur longueur, par d'immenses linteaux architravés et d'une seule pièce, dont la portée est diminuée par des consoles; l'espace compris entre deux retombées de voûtes, et situé par conséquent derrière les gros piliers de la façade, est rempli par un arc-doubleau, appareillé dans le sens de la galerie et supporté par des consoles saillantes.

Au sommet des escaliers de la troisième précinction, des paliers de retour conduisent à ceux qui desservent la quatrième, destinée au bas peuple et aux esclaves. Une galerie plus étroite que toutes les autres, et interrompue devant 30 vomitoires par de petits escaliers doubles, porte sur sa voûte demi-circulaire les gradins les plus élevés de l'amphithéâtre, dont le dernier va s'appuyer contre le mur de l'attique.

Quand les jeux étaient interrompus par un orage, les cinq galeries placées aux différents étages de l'édifice pouvaient en un instant mettre les spectateurs à l'abri. A la fin des jeux, lorsque les spectateurs évacuaient l'amphithéâtre, ils le pouvaient faire simultanément et sans confusion, les escaliers s'élargissant toujours en se rapprochant des étages inférieurs d'une quantité égale à la largeur des vomitoires. Cette combinaison pour éviter le désordre était indispensable dans un édifice qui pouvait contenir 24,200 spectateurs.

Pour satisfaire aux besoins d'un aussi grand nombre d'hommes réunis dans le monument, on avait disposé, à tous les étages et dans toutes les galeries de communication, des cuvettes en pierre au nombre de 240; des égouts ha-

bilement disposés dans l'épaisseur des constructions portaient, sans odeur, toutes les
eaux à un aqueduc situé dans les fondations
de l'édifice.

L'architecte avait dû faire une étude spéciale des moyens de dégager des eaux pluvia-
les une construction aussi vaste; et on reconnaît encore quels furent les moyens simples
et ingénieux dont il fit usage pour atteindre
ce but.

Tous les gradins ont une légère pente vers
leurs bords, de sorte que les eaux s'écoulent
du supérieur sur celui qui est au-dessous, aucun obstacle ne les arrêtant depuis le sommet
de l'édifice jusqu'au second podium, qui sert
de limites à la seconde précinction. Retenues
là par ce mur, elles s'y accumuleraient bientôt, si 24 égouts, percés dans l'épaisseur du
marchepied de cette précinction, ne les portaient dans un grand aqueduc circulaire, situé
directement au-dessous. Des dispositions analogues avaient été prises pour dégager la précinction inférieure; mais comme celle-ci n'é-
tait composée que de quatre gradins, 12 égouts
avaient été jugés suffisants.

Les vomitoires ouverts sur l'amphithéâtre
recevant aussi une certaine quantité d'eau,
les galeries inférieures auraient pu en souffrir;
on avait pourvu au desséchement de ces nombreuses ouvertures en plaçant à chacune d'elles un large seuil ayant une légère pente sur
sa longueur et sur sa largeur, et portant l'eau
dans un angle percé d'un trou circulaire, qui
la dirigeait, par des rigoles placées dans la
maçonnerie, jusqu'au grand aqueduc inférieur;
un système de pentes et d'égouts conduisait
aussi au même aqueduc toutes les eaux qui,
battues par le vent, pouvaient entrer dans
les galeries extérieures du rez-de-chaussée et
du premier étage; enfin, l'eau de pluie qui
tombait sur la surface étendue qui forme l'a-
rène, allait, par les pentes du sol, dans un
aqueduc de *Euripe* de forme elliptique, situé
à 2ᵐ 42ᶜ en dehors du podium et couvert de
dalles, sous lesquelles l'eau passait par de
petites rigoles tracées dans les pierres qui bor-
daient l'aqueduc.

Une issue était donnée à toutes les eaux
réunies dans les conduits souterrains, par un
canal qui les portait jusqu'aux fossés de la
ville, situés à peu de distance vers le midi.
Cet égout traverse l'édifice du nord au sud,
en formant un angle obtus au milieu de l'arène,
de sorte qu'il coupe tous les aqueducs intérieurs sur deux points, afin d'éviter les engorgements; de plus, se prolongeant au nord,
sous une partie de la ville, il apportait des
eaux courantes de la fontaine de Nîmes, tant
pour nettoyer les conduits souterrains que
pour donner au besoin, dans l'arène, une
assez grande quantité d'eau pour porter de

petites galères, dans lesquelles se plaçaient les
soldats ou les jouteurs lorsqu'on représentait
les naumachies. Les précautions prises dans le
jointoyement des pierres qui forment le podium, l'isolement ménagé entre ces pierres et
le mur qui porte les gradins inférieurs de la première précinction, pour y placer de la terre
glaise, l'abaissement du sol de l'arène relativement à celui des galeries du rez-de-chaussée,
tout concourt à faire croire que des combats
sur l'eau pouvaient être exécutés dans cet amphithéâtre.

Les amphithéâtres étaient couverts d'une
toile immense qui mettait les spectateurs à
l'abri des rayons du soleil pendant les jeux,
précaution indispensable dans les contrées
méridionales. Cette tente est nommée par les
auteurs anciens *Velarium*, ou *Vela* au pluriel,
ce qui indique qu'elle était composée de plusieurs pièces de toile, formant dans leur ensemble un système complet de couverture
légère.

Nous avons indiqué en commençant une
suite de consoles saillantes en pierre faisant le
tour de l'attique à l'extérieur. Elles sont toutes
percées d'un trou rond, de 30 centimètres,
qui correspond à un autre de même dimension, pratiqué immédiatement au-dessous de
la saillie de la corniche du second ordre. Des
poteaux étaient plantés dans ces trous, et retenus par des colliers en fer dont on retrouve
encore les scellements, et qui avaient pour
but d'éviter le contact immédiat de la pierre
avec le bois, dont le gonflement en temps de
pluie aurait occasionné la rupture des consoles.

Ces poteaux, élevés au-dessus de l'attique,
devaient soutenir la tente par un système de
cordages qui, partant du centre, venaient s'y
rattacher. Mais ces cent vingt poteaux, quel
que fût leur diamètre, n'auraient pu soutenir
le poids d'une aussi grande quantité de cordages et de toiles, surtout lorsque le vent souf-
flait avec violence. L'architecte avait suppléé
à la faiblesse des poteaux, en les arc-boutant
de l'extérieur à l'intérieur, et par conséquent
dans le sens de l'action directe exercée par le
poids de la tente. On trouve en effet au sommet de l'attique des traces de pièces horizontales qui, partant de chaque poteau, allaient
se relier à des poutres verticales placées à l'intérieur, dans des trous pratiqués sur le dernier gradin. Ces sablières horizontales devaient supporter les jambes de force qui con-
tre-butaient les poteaux, et leur donnaient
la possibilité de soutenir le poids du velarium.

On a vu précédemment que la tente était
composée de plusieurs parties distinctes. D'a-
près les notions qu'on peut tirer des textes
anciens sur les *velaria*, il est certain qu'une
partie fixe et d'une seule pièce, quelquefois

décorée de broderies, et affectant à peu près la forme de l'arène, était suspendue au milieu de l'amphithéâtre par les cordages tendus jusqu'aux poteaux; une corde solidement cousue autour permettait un tirage suffisant pour obtenir une tension complète, qui devait se faire au moyen de poulies fixées à l'extrémité des pièces de bois. Des numéros gravés sur les consoles indiquaient aux esclaves attachés à ce service la place qu'ils devaient occuper, et la manœuvre pouvait alors se faire avec régularité.

Mais cette toile centrale ne suffisait pas, l'ombre qu'elle projetait ne mettant à l'abri du soleil qu'une faible partie des spectateurs. Les cordes tendues, au nombre de 120, et se dirigeant de la partie fixe jusqu'aux poteaux, avaient assez de force pour supporter d'autres toiles plus ou moins larges, et dont l'ensemble formait une surface égale à la courbe décrite par les gradins. Fixés aux cordes par des anneaux, ces voiles devenaient mobiles, et pouvaient être tirés du centre à la circonférence, et réciproquement, selon que le besoin d'ombre se faisait sentir dans telle ou telle partie de l'amphithéâtre.

Le poids d'une aussi grande quantité de toiles, de cordages et d'anneaux, devait nécessairement faire fléchir le velarium dans la partie centrale; un vent violent pouvait soulever tout cet ensemble, et causer des ruptures dangereuses pour les spectateurs. On avait obvié à cet inconvénient en fixant de longues cordes à la circonférence de la partie fixe de la tente, et en les amarrant au mur du podium. Vers le gradin inférieur de la première précinction, de nombreux trous de scellement, des rainures formées dans quelques pierres de couronnement, et qui indiquent un frottement causé par la vibration des cordes, expliquent ce complément indispensable à la solidité du velarium.

L'édifice dont nous venons de faire connaître l'ensemble et l'harmonie n'est pas moins remarquable par les soins apportés à sa construction. Trois carrières fournirent les matériaux. La pierre, dure et compacte, a été employée en grand appareil de 2 et 3^m cubes; posées sans ciment, les assises sont si bien taillées qu'on trouve difficilement les joints; des coins en bois de chêne reliaient toutes ces pierres entre elles. Les difficultés que présentait la forme courbe de l'édifice, coupée dans tous les sens par des voûtes rampantes, par les projections variées des portiques, des arcs-doubleaux, etc., ont été surmontées avec une grande précision.

Les Wisigoths, devenus maîtres de la Provence, firent de l'amphithéâtre de Nîmes une forteresse, y ajoutèrent des tours, l'entourèrent d'un fossé, et construisirent des maisons dans l'intérieur. On l'appela alors *castrum Arenarum*, le château des Arènes, nom qu'il a conservé. Le duc Paul y fut assiégé, en 673, par le roi **Wamba**. Le pays passa, en 720, sous la domination des Sarrasins, auxquels les Arènes servirent également de forteresse. Charles-**Martel** les prit en 737, et y fit mettre le feu. Les comtes de Nîmes les réparèrent comme château fort, et en donnèrent la garde à des chevaliers qui, dans les titres contemporains, sont appelés les chevaliers des Arènes, *milites Arenarum*. Ceux-ci les cédèrent, en 1226, à Louis le Jeune, qui y mit garnison. Philippe le Hardi fit combler le fossé. Enfin, en 1391, sous Charles VI, on reconnut que cette forteresse n'était pas tenable; on en construisit une autre, et on l'abandonna à la population. François Ier la visita en 1533, et donna la démolition des maisons qui l'entouraient à l'extérieur. Cet ordre fut exécuté; mais l'intérieur n'a été complétement débarrassé des masures qui l'obstruaient que sous l'administration de M. Villers du Terrage, préfet du Gard.

Colisée. Le nom actuel de cet amphithéâtre est une corruption du latin *colossœum*, nom qui faisait allusion, soit aux immenses proportions de l'édifice, soit à la statue colossale de Néron, haute de 120 pieds et placée dans le voisinage. Bien que Martial semble attribuer à Domitien la construction de cet amphithéâtre, il est constant que le Colisée fut commencé par Vespasien et achevé par Titus, qui dépensa pour sa construction à peu près cinquante millions de notre monnaie, et y employa les bras de douze mille Juifs, conduits à Rome après la prise de Jérusalem. Les fêtes par lesquelles on inaugura le nouvel édifice, durèrent cent jours : cinq mille bêtes féroces y furent tuées.

Jusqu'en 523 le Colisée servit aux jeux publics; et Rome y salua de ses acclamations, de ses applaudissements et de ses cris de haine, les lions bien robustes et bien affamés, les gladiateurs qui tombaient avec grâce les yeux tournés vers l'empereur, les chrétiens qui tombaient courageusement en levant les yeux au ciel, tout ce qui combattait et mourait pour le plaisir du peuple-roi. Il fut réparé à plusieurs reprises, sous les règnes d'Antonin le Pieux, Éliogabale, Alexandre-Sévère et Gordien. Au commencement du sixième siècle, l'empereur Théodoric sauva le Colisée de sa ruine, en le protégeant contre les barbares, qui travaillaient à changer en souvenir l'existence de la ville éternelle. Au onzième siècle, l'amphithéâtre devint un château fort, où se retirèrent plusieurs familles nobles. En 1332, on y donna un grand tournoi. Mais le temps de sa splendeur était bien passé : les derniers empereurs avaient permis de prendre là des matériaux pour construire d'autres édifices : les palais Saint-Marc, Farnèse, de la Chancellerie sont sortis du Colisée; et néanmoins le gigantesque monument est encore debout, étonnant l'œil par son immensité, et l'esprit par les souvenirs qu'il rappelle. Ces actes de vandalisme n'ont cessé qu'au seizième siècle.

La forme du Colisée est elliptique. Il offre à l'extérieur trois rangs de 80 arcades, dont les pieds droits sont ornés chacun d'une colonne à demi engagée. Au-dessus du dernier rang s'élève un mur, divisé aussi par 80 pilastres, entre lesquels sont des fenêtres. Les colonnes du premier étage sont d'ordre dorique, celles du second d'ordre ionique, celles du troisième, ainsi que les pilastres du mur supérieur, d'ordre corinthien. A l'intérieur se trouvaient cinquante rangs de gradins divisés par quatre grandes entrées, et de nombreux escaliers, puis au bas des gradins, le podium, et au-dessous l'arène, longue de 285 pieds, large de 182; la circonférence extérieure de l'édifice est de 1,681 pieds; la hauteur est de 157.

Grâce aux soins de Pie VII et de Léon XII, le Colisée présente, à l'heure qu'il est, un admirable spécimen des immenses constructions romaines. L'arène, les galeries intérieures et extérieures, ont été réparées et déblayées, et une partie du monument, qui a conservé toute sa hauteur sur une étendue de 8 ou 10 arcades, permet de reconstruire par la pensée ces grandes ruines, dont les énormes pierres, rattachées par de solides crampons de bronze, luttent encore contre dix-sept siècles écoulés.

Amphithéâtre de Trajan. Nardini (1) cite l'amphithéâtre circulaire que Trajan fit construire à Rome dans le Champ-de-Mars, et qui fut détruit par Adrien : il ne peut en assigner la place.

Amphithéâtre Castrense. Enclavé dans les murs de Rome, près de Saint-Jean-de-Jérusalem. Il est attribué au règne de Tibère, et dut son nom à sa destination, étant entièrement consacré à des exercices militaires. Non-seulement les soldats s'y exerçaient entre eux à la lutte, au pugilat, mais encore ils s'y battaient contre des bêtes féroces. Nous citerons, à l'appui de cette observation, qu'en y faisant des fouilles, au dix-huitième siècle, on trouva des voûtes souterraines remplies d'ossements de très-gros animaux qui avaient dû servir aux combats. C'est dans le cours de ces travaux que l'on découvrit aussi la belle figure égyptienne d'albâtre ornée d'hiéroglyphes qui se voit à la villa Albani. Près de la porte Majeure était le *vivarium* dans lequel on nourrissait les animaux destinés aux combats.

(1) Livre VII.

L'amphithéâtre Castrense, primitivement *extra muros*, est situé sur le penchant de l'Esquilin, entre les portes Preneste et Célimontane. Aurélien le fit incorporer à la ville, et en mura les arcades extérieures pour en faire un point de défense. Le plan de cet édifice est presque circulaire; son grand diamètre est de 258, son petit de 240 pieds. Quoique très-ruiné, il est encore facile de reconnaître que son élévation extérieure se composait de deux rangs d'arcades, divisées entre elles par des colonnes corinthiennes engagées. Un troisième ordre, beaucoup plus élevé que les deux autres, ornait son attique, qui était percé de croisées en même nombre que les arcades. Il n'existe qu'une seule colonne du deuxième ordre : elle se trouve presque bloquée dans le mur de la ville. La disposition intérieure semble indiquer que les gradins étaient en bois. La construction de cet édifice est d'autant plus intéressante à observer, qu'il est entièrement revêtu de briques travaillées avec la plus grande perfection ; les chapiteaux corinthiens surtout sont remarquables en ce qu'ils sont formés d'assises de briques dans lesquelles sont évidées les masses des feuilles et caulicoles.

Amphithéâtre d'Albano. Il était situé près du couvent des Capucins, sur le penchant de la colline. Une partie de ses gradins sont taillés dans le roc de Péperin. Son diamètre était de 200 pieds environ. Des masses de constructions encore existantes indiquent qu'il avait été élevé à grands frais.

Amphithéâtre d'Otricoli, ville de l'Ombrie, sur les bords du Tibre. Son grand diamètre est de 285 pieds, son petit de 207. La masse de constructions qui porte ses gradins a 48 pieds. Son élévation se compose d'un soubassement élevé pour régulariser le sol; il est percé d'ouvertures demi-circulaires; au-dessus sont deux rangs de galeries, ouvertes chacune de cinquante-deux arcades, divisées par de larges pieds-droits : le tout est couronné par un petit acrotère. L'entrée principale de ce monument est, contre l'usage ordinaire, sur le grand côté de l'ellipse. Elle consiste en un vestibule formé par trois divisions; dans celle du milieu est un escalier montant droit au *podium.* C'est sur cette partie qu'était la tribune consulaire.

Amphithéâtre de Vérone. Son grand diamètre, de dehors en dehors, est de 475 pieds, son petit de 378. Épaisseur des constructions de l'extérieur au *podium,* 121 pieds. Son élévation générale, de 93 pieds 7 pouces et demi de hauteur, est composée de trois rangs d'arcades, au nombre de soixante-douze par étage. Sur les pieds-droits qui divisent ces arcades, sont des avant-corps formant pilastre, qui n'appartiennent à aucun ordre.

L'appareil général est à bossages. Sur la galerie supérieure était un rang de colonnes portant des figures. Les deux entrées principales, pratiquées dans le *podium*, et percées sur le grand axe, étaient couronnées de tribunes fermées par des balustrades, tant sur le devant que sur les côtés. Ces places étaient réservées pour des personnes de distinction. Ce monument, qu'on attribue à Auguste, aurait été, selon Sigonius, élevé par l'empereur Maximien. Serlio prétend tenir de témoins oculaires que cet amphithéâtre était disposé de manière qu'en remplissant d'eau son arène, par le moyen d'aqueducs dont on lui fit voir les vestiges, on y donnait des jeux nautiques. Il sert encore aujourd'hui aux combats de taureaux.

Amphithéâtre de Todi, sur les bords du Tibre. Suétone en parle, et il en reste encore quelques vestiges hors des murs de la ville, près de la porte Romaine.

Amphithéâtre de Rimini. On en trouve des restes derrière le jardin des capucins. On le croit du temps d'Auguste.

Amphithéâtre de Bologne. Il était situé auprès de la porte Majeure, et hors des murs de la ville. Joannes Blaeu (*Theatrum civitatum Italiæ*) mentionne cet amphithéâtre sous le titre de *Teatro maggiore di Marcello*.

Amphithéâtre de Garigliano, ville du royaume de Naples, sur les bords du fleuve du même nom, appelé par les Romains le fleuve *Lyris*. Ce monument, quoique très-ruiné, offre un grand intérêt, quant à sa construction. Outre les masses qui portaient ses gradins inférieurs, il existe encore quelques arcades de la galerie du rez-de-chaussée, desquelles on peut induire que, bâti en briques, cet amphithéâtre était recouvert d'un stuc ou enduit très-fin, pénétré de cire ou autre corps gras, comme il était d'usage chez les Romains. Ces enduits ont conservé un beau poli et une dureté qui ne le cède point au marbre. A l'aide de quelques fouilles, il serait facile de retrouver le plan de l'édifice.

Amphithéâtre de Capoue. Le grand diamètre de cet amphithéâtre est de 528 pieds, le petit de 432. L'épaisseur des constructions, de l'extérieur au *podium*, est de 98 pieds. Les loges des animaux, au nombre de seize, sont pratiquées dans l'épaisseur du *podium*; les escaliers sont formés par deux rampes montantes au même palier, qui distribuait ensuite à deux rampes nouvelles; il n'y avait que deux entrées principales, percées perpendiculairement au petit axe.

Construit en pierres, par assises régulières et à pierres sèches, son élévation générale était composée de trois rangs de galeries, formées par des arcades au nombre de 80 par étage, sur les pieds-droits desquelles

sont des colonnes engagées. Le premier ordre est dorique, avec cette différence seulement que l'ove ou quart de rond du chapiteau est remplacé par une doucine. Chacune de ces arcades paraît avoir été dédiée à une divinité dont la tête est sculptée en relief à la clef. Le second ordre est toscan; le troisième, dont on ne voit que l'indication, est inconnu. Mais il est remarquable que la galerie de ce troisième ordre était double en profondeur; ce qui pouvait former portique avec gradins couverts du côté de l'arène.

La surface rampante, sur laquelle devaient être les gradins, n'a de hauteur, dans la plus grande élévation, que la moitié de sa base. Elle est revêtue d'un enduit très-fin et fort bien conservé; d'où l'on pourrait conclure que les gradins n'étaient qu'en bois.

Amphithéâtre de Pestum. Son grand diamètre est de 156 pieds 7 pouces, son petit de 104 pieds 2 pouces. Les constructions comprises entre la face extérieure et le *podium* ont 30 pieds 6 pouces de largeur. Il paraît avoir été entièrement bâti en briques.

M. Delagardette, auquel nous devons les recherches les plus intéressantes sur ce monument, affirme que l'arène était creusée de 9 pieds environ en contre-bas du sol extérieur. Major, préteur, rapporte y avoir vu dix rangs de siéges et les caveaux qui les portaient; de plus, une arcade du portique inférieur, sur laquelle il était facile de reconnaître l'indication d'une seconde galerie du même genre.

Amphithéâtre de Pola, en *Dalmatie*. Son grand diamètre est de 414 pieds, son petit de 324 pieds 6 pouces. La masse des constructions comprises entre la face extérieure et le *podium* est de 102 pieds. Bâti sur le penchant d'une colline, la moitié des gradins de l'étage inférieur a été taillée dans le roc. Son élévation se compose d'un soubassement, percé de baies carrées dans les parties où le sol a pu le permettre, attendu son inclinaison. Au-dessus sont deux étages de galeries, de soixante-douze arcades chacun, entre lesquelles sont des contre-forts ou espèces de pilastres, dont les chapiteaux n'appartiennent à aucun ordre. Le tout est appareillé en bossages, et a beaucoup de rapport avec l'amphithéâtre de Vérone.

Un troisième étage, formant attique, est percé de croisées qui sont divisées par les rainures qui recevaient la mâture de la *vela*. Dans la partie haute de cet attique, sont des ouvertures de toute la largeur des entre-pilastres, sur 17 pouces de hauteur : elles sont divisées par des dés qui portent encore deux rangs d'assises. Ces jours paraissent avoir été pratiqués pour éclairer une division de plancher dont on voit encore les scellements. Selon Revet, les gradins se succédaient, à partir du *podium*, jusqu'à la hauteur du deuxième étage, qui devait être couronné par un portique intérieur. Les scellements de poutres qu'on remarque dans toutes les parties intérieures de l'édifice, indiquent positivement que tous les gradins devaient être en charpente.

Une particularité remarquable, et dont on ne trouve pas d'exemples dans les autres monuments de ce genre, c'est que son périmètre extérieur est flanqué de quatre avant-corps, percés de deux arcades chacun, dans lesquelles on reconnait facilement qu'étaient pratiqués les escaliers. Serlio pense qu'ils peuvent avoir eu pour objet d'opposer une plus grande résistance aux efforts de la mer, sur les bords de laquelle il est élevé. Il parait constant qu'il n'a jamais été terminé.

Amphithéâtre de Tarragone en Espagne. Son grand diamètre est de 456 pieds, son petit de 366 ; de la face extérieure au *podium*, 98 pieds. Ce dernier avait 13 pieds de hauteur, non compris la balustrade. Bâti sur le penchant d'une colline, au bord de la mer, une partie des gradins de cet amphithéâtre était taillée dans le roc ; le reste était construit en pierre. Il est évident, par les ruines qui existent encore, que son élévation se composait de deux rangs d'arcades, le supérieur pouvant former portique à jour, tant sur la mer que sur l'intérieur du monument. Il parait avoir été construit sous Auguste.

Amphithéâtre d'Arles. La longueur de son grand axe est de 140 mètres ; celle de son petit axe, de 103 mètres. Il a dû avoir 43 rangs de gradins. Comme l'amphithéâtre de Nimes, il a trois ordres d'architecture et est percé de soixante arcades ; mais ses proportions sont plus considérables, et son architecture plus riche. Le premier étage est orné de pilastres d'ordre dorique ; le second, de colonnes d'ordre corinthien. Quatre portes étaient percées aux extrémités des axes. Celle du nord était la principale.

Les arènes d'Arles, comme celles de Nimes, furent, au huitième siècle, transformées en forteresse, et l'on éleva, sur les quatre portes, des tours, dont deux subsistent encore aujourd'hui. Plus tard, on bâtit dans l'intérieur une multitude de petites maisons qui n'ont été démolies que dans ces derniers temps. Les chambres ont, en 1845, alloué des fonds pour la restauration du monument.

Amphithéâtre de Saintes. Ce monument, situé hors des murs de la ville, dans un vallon resserré entre deux collines, sur lesquelles sont assis les faubourgs Saint-Eutrope et Saint-Macoul, occupe toute la largeur du vallon, et s'appuie lui-même au midi et au nord sur la pente des deux coteaux. Il était composé de soixante arcades, presque toutes de proportions différentes.

Amphithéâtre de Bordeaux. Ce monument, vulgairement appelé le *Palais Galiène*, fut construit vers l'an 257. A cette époque, Tirique, sénateur romain et lieutenant des armées, était chargé du gouvernement de l'Aquitaine.

Six murs, distants de 12 pieds entre eux, soutenaient des gradins, qui, suivant Perrault, étaient en bois. Les deux premiers de ces murs avaient 62 pieds d'élévation. Le plus grand diamètre de l'arène était de 238 pieds, le plus petit de 168. Les deux portes, correspondant aux extrémités du grand diamètre, sont encore presque entières ; elles ont 27 pieds de hauteur et 18 de largeur.

Amphithéâtre de Lyon. Il était situé sur la montagne de Fourvière. Il fut construit sous l'empereur Claude (1).

Amphithéâtre de Paris. M. Dulaure, dans son premier volume de l'*Histoire de Paris*, parle d'un amphithéâtre romain qui était placé sur la voie qui, de la cité, conduisait au mont *Cetarius.*

« C'est dans le clos Saint-Victor, dit M. Hé-
« ricart de Thury, dans sa *Description des*
« *Catacombes de Paris*, que se trouvait l'em-
« placement des arènes, qui avaient pro-
« bablement été établies dans une grande car-
« rière, primitivement exploitée à découvert,
« et dont la place avait dû, en effet, préparer
« le local et le disposer favorablement pour
« leur construction. » C'est en faisant faire des fouilles dans cette partie du sol de l'ancien Paris, que M. Héricart de Thury a trouvé et reconnu les fondations de ce monument (2).

Enfin, nous mentionnerons encore l'*amphithéâtre de Doué* (Maine-et-Loire). Ce monument, dont l'âge ne parait pas remonter au delà de l'époque mérovingienne, forme un octogone régulier ; il est entièrement creusé dans la colline sur laquelle la ville de Doué est assise, et a, dans ses plus grandes dimensions, environ 35 mètres de longueur, 28 de largeur, et 7 à 8 mètres de profondeur. On y exécuta, au moyen âge, diverses représentations ; on y joua notamment, au seizième siècle, les *Actes des apôtres* et des *Diableries.*

DEBRET.

M. Magnien a publié dans l'*Annuaire de la Société de l'histoire de France, pour l'année* 1840, une curieuse notice sur les cirques, théâtres et amphithéâtres, construits par les Romains dans les Gaules. Nous en extrayons la liste suivante, qui servira à compléter, du moins pour la France, la nomenclature qui précède :

(1) *Voyez* l'*Histoire de la ville de Lyon*, par Jean de Saint-Aubin.
(2) Suivant quelques antiquaires, le *clos des arènes*, mentionné dans une charte de 1284, ne se rapportait pas à un ouvrage des Romains, mais à un cirque élevé par Chilpéric, qui, en effet, suivant Grégoire de Tours, « fit construire des cirques à Paris et à Sois-
« sons. »

Agen. — *Angers.* — *Autun.* Amphithéâtre découvert dans le siècle dernier, mais aujourd'hui enseveli de nouveau sous les décombres. — *Bavay.* — *Beauvais*, amphithéâtre détruit. — *Besançon*, amphithéâtre depuis longtemps détruit. Les Alains en avaient fait une forteresse au cinquième siècle. — *Béziers*, amphithéâtre taillé en partie dans le roc; ruiné par Charles-Martel. — *Bonnée* (département du Loiret). — *Bourges*, amphithéâtre détruit, appelé *la Fosse des Arènes.* — *Cahors*, amphithéâtre très-dégradé, appelé les *Cadurques.* — *Chenevière* (près de Montargis), amphithéâtre appelé la *Fosse aux Lions.* — *Dôle*, amphithéâtre entièrement détruit. — *Fréjus.* — *Gran*, amphithéâtre appelé le *Château-Julien.* — *Levroux*, amphithéâtre presque entièrement détruit. — *Limoges*, amphithéâtre très-grand, et encore imparfaitement déblayé. — *Lisieux.* — *Le Mans*, amphithéâtre découvert en 1791, et enseveli de nouveau sous les décombres, en 1831. — *Metz*, amphithéâtre entièrement détruit. — *Moyrano* (Jura). — *Narbonne.* — *Néris.* — *Orange.* — *Orléans.* — *Périgueux.* — *Poitiers*, très-grand amphithéâtre, nommé, comme celui de Bordeaux, le *Palais Galiène.* Une tradition populaire en a fait, au moyen âge, la demeure de la fée Mélusine; on l'appelait, au seizième siècle, le *Parlouoire*, ou *Parloir.* — *Reims*, amphithéâtre aujourd'hui entièrement détruit. — *Rodez.* — *Saint Bertrand.* — *Saint-Michel de Touch.* — *Saumur*, amphithéâtre depuis longtemps détruit; on y jouait encore, au seizième siècle, la *Passion* et des *Diableries.* — *Sceaux près Montargis.* — *Soissons*, amphithéâtre depuis longtemps détruit. — *Tintiniac.* — *Vienne*, amphithéâtre en partie taillé dans le roc.

Canina, *Architectura antica descritta*, Rome, 1832, 3 vol. in-fol.

C. Fontana, *L'anfiteatro flavio descritto*, Nell' Hala, 1725, in-fol.

G. Marangoni, *Delle memorie dell' anfiteatro flavio dissertaz.* Rome, 1746, in-4°.

Scip. Maffei, *Verona illustrata*, Verone, 1721, in-fol.

Tom. Temanza, *Delle antiquità di Rimino*, lib. II. Venise, 1741, in-fol.

F. Alvino, *Anfiteatro campano, restaurato et illustrato*, Naples, 1833, in-fol.

De la Gardette, *Ruines de Pæstum*, 1799, in-fol.

Th. Allason, *Views of the antiquities of Pola, in Istria*, Londres, 1819, in-fol.

J. Guiz, *Description des arènes ou de l'amphithéâtre d'Arles*, 1665, in-4°.

De la Curie, *Mémoire sur l'amphithéâtre de Saintes.* (Bulletin de M. de Caumont, t. VIII, p. 245.)

La Bastie, *L'amphithéâtre de Bordeaux, vulgairement appelé le palais Galiène* (Académie des Inscript., t. XII, p. 239.)   **G.**

AMPHIUME. (*Histoire naturelle.*) Genre d'amphibiens de l'Amérique septentrionale, qui, par leur organisation, se rapprochent des tritons. Les amphiumes ont un corps fusiforme très-allongé, dont le plus grand dia-

mètre forme à peu près le vingtième de la longueur totale; la tête est aussi large que le corps, déprimée, arrondie en avant; la langue est peu prononcée, petite, molle, adhérente par toute sa face inférieure; les dents toutes petites; ils ont quatre pieds très-courts, très-distincts les uns des autres, une queue flexible, formant presque le quart de la longueur de l'animal, légèrement comprimée au-dessus; la peau est partout uniformément molle, lisse, mais d'un gris noirâtre en dessus, plus pâle en dessous.

Les amphiumes se trouvent ordinairement enfoncés dans la vase des étangs, ou dans les lieux frais et humides, voisins des eaux; les habitants de l'Amérique septentrionale les ont en horreur, quoiqu'ils ne soient nullement venimeux. MM. Duméril et Bibron en font, sous le nom d'*Amphuimoïdes*, une famille distincte de leur division des pérobranches, dans les Batraciens urodèles.

On n'en connaît que deux espèces, l'AMPHIUME A DEUX DOIGTS (*Amphiuama didactylum*), et l'AMPHIUME A TROIS DOIGTS (*amphiuma tridactylum*).   **E. DESMAREST.**

AMPHORE. (*Antiquité.*) (En grec ἀμφορεύς [ἀμφιφορεύς; chez Homère], de ἀμφί, *des deux côtés*, et φέρειν, porter.) Les Grecs et les Romains donnaient ce nom à un vase de terre cuite, à deux anses, qu'on appelait aussi *diota* et *testa.* Le plus ordinairement, il se terminait en pointe, de sorte que pour lui donner une ferme assiette il fallait faire un trou en terre, ou dans le pavé des caves. C'est sous cette forme qu'on le voit représenté sur les vases peints et sur les médailles, principalement sur celles de l'île de Chio.

On se servait des amphores pour renfermer des olives, des raisins secs, du miel, de l'huile; mais c'était surtout à conserver le vin qu'elles étaient destinées. Pour empêcher l'évaporation du vin, on enduisait le vase de poix et on le fermait avec un bouchon de liége couvert d'un mastic fait de poix, d'huile et de craie, ou de gypse. Par ce moyen le vin se conservait très-longtemps. Pétrone (cap. 34) parle de vin de Falerne âgé de cent ans, renfermé dans des amphores de verre enduites de gypse. Des inscriptions en couleur indiquaient la capacité du vase, l'espèce du vin qu'il contenait et le nom du consul sous lequel il avait été rempli. Les amphores les plus renommées venaient des îles de Samos et de Chio. On y renfermait les vins les plus précieux; celles qui étaient fabriquées dans le pays des Sabins et dans la Campanie étaient plus communes.

Théodore Panofka, *Recherches sur les véritables noms des vases grecs*, 1829, in-fol.

Letronne, *Observations philologiques et archéologiques sur les noms des vases grecs*, 1833, in-4°.

Ussing, *De nominibus vasorum græcorum disputatio*, Copenhague, 1844, in-8°.

                              ALEX. PILLON.

L'unité des mesures de capacité pour les liquides, chez les Romains, s'appelait aussi *amphore* ou *quadrantal* : nous commencerons par faire connaître la valeur et les divisions de cette mesure; nous exposerons ensuite les moyens par lesquels les savants sont arrivés à ces résultats.

I. *Évaluation et divisions de l'amphore.* — L'*amphore* romaine valait, en pintes, 27,80517, et en litres, 25,89542. Il ne faut pas la confondre avec l'amphore attique ou métrétès, qui valait une amphore et demie romaine.

L'*amphore* se divisait en urnes, et en contenait 2; l'urne en conges (*congius*), et en contenait 4; le conge en setiers (*sextarius*), et en contenait 2; le setier en hémines, et en contenait 2; l'hémine en quartarius, et en contenait 2; le quartarius en acétabules, et en contenait 2; l'acétabule contenait 1 1|2 cyathe; le cyathe 4 ligules. En outre, il y avait au-dessus de l'*amphore* une grande mesure, le *culeus*, qui contenait 20 amphores. Le *cadus* et le *dolius* n'étaient pas des mesures d'une dimension déterminée, mais des vases dont la grandeur pouvait varier comme celle de nos tonneaux. Le tableau suivant offre sous un seul coup d'œil ces différentes mesures, en commençant par les plus petites, avec leurs rapports entre elles et leur évaluation en litres :

Mesures romaines de capacité pour les liquides.

	litres	Ligula	Cyathus	Acetabulum	Quartarius	Hemina	Sextarius	Congius	Urna	Amphora	Culeus
Ligula	0, 011239										
Cyathus	0, 044957	4									
Acetabulum	0, 067436	6	1½								
Quartarius	0, 134872	12	3	2							
Hemina	0, 269488	24	6	4	2						
Sextarius	0, 539488	48	12	8	4	2					
Congius	3, 236927	288	72	48	24	12	6				
Urna	12, 947710	1152	288	192	96	48	24	4			
AMPHORA	25, 895420	2304	576	384	192	96	48	8	2		
Culeus	517, 908400	46080	11520	7680	3840	1920	960	160	40	20	

II. *Moyens de découvrir la valeur de* chaque mesure. — Pour les mesures de capacité, comme pour toute autre, les savants avaient deux points à éclaircir : 1° bien déterminer leurs rapports entre elles; 2° bien déterminer la valeur d'une au moins de ces mesures.

1° Pour les rapports des mesures entre elles, ils sont suffisamment indiqués par des passages d'auteurs anciens, dont les uns ont été écrits exprès pour cette fin, et dont les autres impliquent la connaissance de ces rapports : nous pourrions les citer tout au long; nous nous contenterons de les indiquer pour ceux qui voudront y recourir (1). Tous ces témoignages sont rapportés et discutés avec soin, ainsi que les opinions des modernes sur ce sujet, dans l'excellent ouvrage de M. Worm *sur les mesures des anciens*, Stuttgard, 1820, 1 vol., § 66, 67, etc.

2° Rien de plus embarrassant, au premier abord, que de déterminer la valeur d'une mesure qui n'existe plus; car on ne connaît aucune amphore ancienne. Mais les témoignages des anciens s'accordent sur le rapport de l'amphore avec les poids et avec les mesures de longueur qui nous sont bien connus; ils nous apprennent que la capacité de l'amphore égalait le pied cubique romain, et par conséquent équivalait à 1305,452 de nos pouces cubiques; qu'elle contenait 80 livres romaines d'eau, et par conséquent équivalait à 53,47 de nos livres, et à 26175 grammes. De là il était facile de conclure que l'amphore contenait, comme nous l'avons dit, 27,80517 pintes, ou 25,89542 litres. De là aussi il était facile de déduire l'évaluation du culeus, en multipliant par 20; de l'urne, en divisant par 2, etc. C'est en suivant cette marche que nous avons dressé le tableau précédent.   BOUILLET.

AMPLIATION (Lettres d'). C'est le nom qui se donnait autrefois, en France, aux lettres qu'on obtenait en petite chancellerie, afin d'articuler de nouveaux moyens omis dans des lettres de requête civile précédemment obtenues. L'usage en fut aboli par l'ordonnance de 1667.

L'*ampliation* d'un contrat ou d'un acte public est la copie de ces actes dont les grosses ou originaux restent déposés, soit dans les archives publiques, soit chez les notaires. Ainsi, il se trouve parfois dans les titres d'une succession des grosses de contrats de constitution et d'obligations non encore échues. Les créances sont divisées entre plusieurs héritiers, et il ne se trouve qu'un seul titre exécutoire. Alors le notaire annexe la grosse du contrat à la minute de l'acte de partage, et délivre à chacun des héritiers une

(1) *Voyez* Festus, au mot *Quadrantal*; Aul. Gel., *Noct. att.* 1, 20; Breminius Fannius, dans son *Poëme sur les mesures*; Pline, *Hist. nat.* 14, 4; Caton, *Agric.*, 1, 2, 7; Columnell., 3, 3; Vitruv., 6, 9.

ampliation ou copie de cette grosse, avec déclaration, au bas de cette copie, du nom de l'héritier et de la quotité de la créance qui lui est attribuée par le partage. Les ampliations sont soumises par le code de procédure à certaines formalités. La partie qui veut s'en procurer une, doit présenter à cet effet requête au président du tribunal de première instance, et le notaire ne la délivrera qu'en vertu de l'ordonnance qui interviendra.

Ampliation est encore un terme de chancellerie et plus particulièrement de la chancellerie romaine. Un bref ou une bulle d'ampliation est un bref d'augmentation.

AMPLIFICATION. (*Littérature.*) L'amplification, qui consiste à étendre et à développer le sujet que l'on traite, a été fort diversement jugée. Les uns en ont fait une qualité, les autres un défaut. Isocrate l'a définie : « *une manière de s'exprimer qui agrandit les objets ou qui les diminue, une forme qu'on donne à son discours, et qui sert à faire paraître les choses plus grandes ou moindres qu'elles ne sont en effet.* » Cicéron et Quintilien ont maintenu et confirmé cette définition. Voilà pour l'éloge. Mais quelques rhéteurs ont prétendu que l'amplification appartient plutôt au déclamateur et au sophiste qu'au véritable orateur, et ils ont ainsi formulé leur opinion : « *Quand on dit tout ce qu'on doit dire, on n'amplifie pas, et quand on l'a dit, on amplifie, on dit trop.* » Voilà pour le blâme. Examinons maintenant à laquelle de ces deux assertions les résultats qu'a amenés l'usage de l'amplification donneront gain de cause. Malgré notre propension à désapprouver une forme de discours qui n'est souvent qu'un allongement inutile, et un moyen commode de mettre des mots à la place des idées, nous devons avouer que la plupart des poëtes et des orateurs, dont une longue admiration a consacré les exemples, ont fait grand usage de cette méthode. Isocrate et Cicéron, Homère et Virgile, l'Arioste et le Tasse ne s'en sont pas fait faute ; et l'accès qu'ils lui ont donné, combat pour elle. Mais que d'exemples moins illustres agissent dans un autre sens sur la conviction des juges ! Que de plats orateurs, que d'insignifiants écrivains, que de poëtes sans poésie condamnent l'amplification par l'usage qu'ils en ont fait ! Voyez les vers ampoulés de J. B. Rousseau ; voyez la prose académique de Thomas ; voyez l'éloquence enflée et vide qui étale de notre temps, à la barre des tribunaux et en face des bancs législatifs, ses phrases creuses et ses développements sans portée ; défauts que nous remarquons d'autant plus que les qualités contraires ne nous sont pas inconnues, et qu'à notre époque, la véritable éloquence a aussi ses orateurs.

Que conclure de tout cela, si ce n'est que, comme toute chose en ce monde, l'amplification a son bon et son mauvais côté, et que l'usage qu'on en fait l'approuve ou la condamne ? Quand elle n'est qu'un développement donné à l'idée principale, à l'aide d'autres idées dérivant directement de celle-ci, quand elle vient d'une abondance naturelle, qui féconde le discours et l'enrichit, alors l'amplification est une qualité, et on doit lui tenir compte d'une partie des beautés que nous admirons dans l'œuvre allongée par elle. Mais le plus souvent l'amplification provient de la stérilité. Le poëte ou l'orateur, heureux d'avoir trouvé une idée que son imagination avare lui fournit avec peine, la développe, la déroule, la retourne, et ne la quitte pas avant d'en avoir exprimé tout ce qu'elle pouvait contenir, de façon qu'elle reste sèche et décolorée, perdue au milieu de ce labyrinthe de phrases, écrasée sous les figures de rhétorique, ni plus ni moins que les convives de Néron sous leur pluie de fleurs. N'est-ce pas là un immense défaut ; et ne vaut-il pas mieux laisser à l'idée toute sa verdeur et toute sa sève, et par conséquent, toute sa vigueur ? La sobriété n'amène pas toujours la sécheresse ; et, depuis l'énergie concise de Démosthène jusqu'à l'énergique concision de Mirabeau, depuis les réponses laconiennes jusqu'aux proclamations impériales, il ne manque pas d'exemples pour le prouver.

— En termes de collège, on appelle *amplification* les développements faits par les écoliers sur un sujet donné d'avance. Le moindre défaut de ces développements est le manque d'ordre et la diffusion. Voltaire remarque que cet exercice ne peut que déformer les jeunes esprits auxquels on l'impose, et les habituer à des défauts qu'on devrait corriger chez eux à tout prix. Il ajoute qu'il vaudrait mieux leur apprendre à resserrer leurs pensées, à mesurer l'étendue des discours sur le nombre des idées, et à remplacer l'élégance acquise aux dépens de la vigueur, par la force et l'énergie.

S. A. CHOLER.

AMPLITUDE. (*Astronomie.*) C'est la distance d'un astre au premier vertical, à l'instant de son lever ou de son coucher, distance mesurée par l'arc d'horizon, compris entre le lieu où l'astre se trouve alors et le vrai point d'orient et d'occident : on distingue ces deux sortes d'amplitudes par les termes d'*ortive* et d'*occase*. Dans le triangle sphérique rectangle, formé par le méridien, l'horizon et le cercle horaire de l'astre, on connaît, 1° l'arc de méridien intercepté entre le pôle et l'horizon, arc qui est 180° — la latitude l du lieu ; 2° l'arc du cercle horaire compris entre les mêmes limites, arc qui

est 90° ± la déclinaison D de l'astre; on tire
des théorèmes de la trigonométrie sphérique,
la valeur du troisième côté, qui est la distance
de l'astre au méridien, mesurée sur l'horizon,
distance qui est le complément de l'amplitude
a demandée; on obtient ainsi l'équation

$$sin\ a = \frac{sin\ D}{cos\ l}.$$

La réfraction étant d'environ 33' à l'horizon,
ne peut être négligée sans erreur, en sorte
qu'il faut distinguer avec soin le lever vrai de
l'apparent : la parallaxe du soleil et de la lune
doivent aussi entrer dans le calcul, ainsi que
leurs demi-diamètres, si on demande l'amplitude du bord de l'astre. Considérons le triangle sphérique, formé par le méridien et les
arcs menés au pôle et au zénith à l'instant
du lever apparent; nous y connaissons trois
éléments, savoir, 1° la distance du pôle au
zénith, complément de la latitude l, ou =
90° — l; 2° la distance polaire d; 3° enfin, la
distance zénithale, qui était supposée précédemment de 90°, mais qui est en effet = 90°
+ réfraction horizontale — parallaxe horizontale, quantité connue que nous ferons
= 90° + R. On en tire aisément l'angle au
zénith qui est l'*azimut Z*, complément de
l'amplitude, par les équations :

$$2q = l + d - R, cos^2 \tfrac{1}{2} Z = \frac{cos\ q.\ cos\ (d - q)}{cos\ l.\ cos\ R}$$

Dans la navigation, on observe l'amplitude
avec les pinnules d'une boussole, pour en
conclure la déclinaison de l'aiguille aimantée;
car cette amplitude une fois connue par le
calcul, la déclinaison résulte visiblement de
la position qu'affecte l'aiguille à l'instant de
l'observation. Si on est élevé au-dessus du
niveau de la mer, il faut avoir égard à la dépression, et si on observe le bord du soleil ou
de la lune, pour avoir la position du centre,
il faut ajouter ou soustraire le demi-diamètre.
On prend alors :

$R = 33'\ 37'' —$ *parallaxe* + *dépression* ±
demi-diamètre.

Mais en mer on se contente ordinairement
d'une approximation, et on ne tient pas
compte de tous ces éléments. Les marins ont
des tables toutes faites, construites sur la
formule $sin\ a = \frac{sin\ D}{cos\ l}$, qui, d'après la latitude
du lieu du navire, donnent l'amplitude a,
lors du lever ou du coucher de l'astre. Ils
observent le soleil ou la lune à l'instant
où les $\frac{1}{3}$ de son disque paraissent au-dessus de l'horizon, et il est censé que le centre est alors dans l'horizon, parce que la
réfraction l'élève de toute cette quantité. La
direction que suit l'aiguille de la boussole,

comparée à l'amplitude, donne enfin la déclinaison cherchée. *Voyez* DÉCLINAISON DE
L'AIGUILLE AIMANTÉE.　　　FRANCOEUR.

AMPOULE. (*Médecine.*) Ce mot, qui a
pour synonymes *cloche* et *phlyctène*, bien
que ce dernier s'applique plus spécialement
au soulèvement de l'épiderme dans les parties
frappées de gangrène ou atteintes de brûlure, ce mot désigne toute vésicule remplie
d'une sérosité limpide, et se manifeste à la
surface de la peau ou des portions de membranes muqueuses accessibles à l'œil. Vulgairement, les ampoules sont les vésicules qu'une
longue marche fait développer au talon, sur
les côtés de la plante des pieds et sur les parties des orteils qui sont en contact avec le
sol.

Les ampoules se montrent aussi fréquemment chez les individus qui se livrent à des
travaux mécaniques dont ils n'ont point l'habitude; en général, elles dépendent d'une
forte pression ou d'un frottement prolongé.

L'ampoule qui succède à une pression
violente et subite, et qui renferme de la sérosité mêlée avec du sang, et même du sang
pur, a reçu le nom de *pinçon.*

Dans tous les cas, la guérison en est facile : le repos de la partie blessée, après la
ponction de l'ampoule et l'évacuation du liquide
qu'elle contient, suffit pour l'amener; l'épiderme soulevé se sèche, se détache, laissant
à sa place un épiderme nouveau qui s'est
formé à l'endroit même où il a été soulevé.

A. DUPONCHEL.

AMPOULE (Sainte). (*Histoire.*) Les Romains désignaient sous le nom d'*ampulla* à
peu près ce que les Grecs nommaient λήκυθος.
C'était une sorte de burette ou de fiole à ventre bombé, dans laquelle ils conservaient l'huile
dont on s'oignait dans les bains et, en général,
des parfums; on voit même, par Apulée, que
ce petit vase paraissait sur les tables, avec
l'huile ou le vinaigre dont on assaisonnait les
mets, en sorte que *ampulla* répondait tout
à fait à ce que nous nommons *burette.* Par
métaphore on applique ce nom à des objets
gonflés, *turgida;* c'est dans ce sens figuré
qu'Horace a dit dans son art poétique :

Projicit *ampullas* et sesquipedalia verba.

C'est également de cette signification tropique
qu'est venu le mot *ampoule* qui fait le sujet
de l'article précédent. Mais ce qui a rendu ce
nom célèbre, c'est le vase que l'on conserva
longtemps dans la cathédrale de Reims et dans
lequel était contenu le saint chrême destiné
au sacre des rois de France.

Suivant Hincmar, archevêque de Reims,
au moment où saint Remi allait baptiser Clovis, le clerc qui portait la fiole du saint chrême,
ne pouvant, à cause de la foule des assistants,

approcher des fonts baptismaux, le saint pré-
.at leva, dans son embarras, les yeux et les
mains vers le ciel, pour en implorer le secours;
et il aperçut une colombe, d'une blancheur éclatante, qui portait à son bec une ampoule, remplie d'une huile sainte, qu'elle lui présenta.
L'odeur agréable de cette liqueur divine sur-
prit les fidèles, et saint Remi, saisi d'admiration pour une marque si peu équivoque de la
protection de Dieu, en oignit le roi des Francs.

Il est inutile d'ajouter que ce récit est indigne
de la critique; pour tout homme de sens, c'est
un de ces mille et un contes pieux dont l'histoire du moyen âge est tissue. Mais ce qu'il
est important de constater, c'est que cette
fable puérile n'a pas même le mérite de remonter au temps de Clovis : elle n'a pas sa
source, comme d'autres miracles de la même
espèce, dans l'hallucination de quelque dévot
ou dans l'enthousiaste crédulité du vulgaire.
C'est un conte fait après coup; et par qui?
très-probablement par Hincmar, dans le but
d'inféoder à son siège épiscopal le droit de
sacrer les rois et de soumettre ainsi la puissance monarchique à l'autorité théocrati-
que. Pénétrés de la foi à un tel miracle, les
rois ne pouvaient plus s'affranchir du sacre,
cérémonie inconnue aux Mérovingiens, et
dont les Carlovingiens avaient fait un moyen
de légitimer leur usurpation. En effet, ni
saint Remi, ni Avitus, évêque de Vienne, qui
avait écrit à Clovis, pour le féliciter sur son
baptême, ni Grégoire de Tours, si crédule pourtant et si exact enregistreur de ces sortes de
fables, ni Nicetius, évêque de Trèves, n'en
font mention. C'est-à-dire que tous les témoignages contemporains sont absolument muets
sur ce miracle, qui cependant, s'il avait été raconté dans leur siècle aurait dû si fort frapper
leur imagination. C'est Hincmar qui en parle
le premier, vers l'an 805; il prétend l'avoir
tiré d'un ancien manuscrit et de différentes
histoires sur lesquelles il a bien soin de ne rien
dire.

Mais à peine a-t-il avancé la fable, qu'elle
est acceptée avec enthousiasme par la plupart des écrivains postérieurs. Aimoin, moine
de l'abbaye de Fleury-sur-Loire, qui vivait
dans le neuvième siècle, rapporte cet événement, dans le premier livre de son histoire,
et affirme que ce fut le Saint-Esprit qui, sous
la figure d'une colombe, apporta la sainte
ampoule. Frodoard, qui vivait au dixième
siècle et qui fut chanoine de Reims, reproduit
les paroles d'Hincmar; Guillaume le Breton,
moine de Saint-Denis, précepteur de Pierre
Charlot, évêque de Noyon, fils naturel de
Philippe-Auguste, lequel Guillaume vivait vers
le milieu du treizième siècle, raconte ce miracle dans le premier livre de sa Philippiade; et
déjà il modifie, de sa propre autorité, la

relation d'Hincmar; il veut ajouter au merveilleux, et il dit comment le démon, que la
conversion de Clovis remplissait de colère et
de dépit, cassa le vase du saint chrême, pour
interrompre et reculer, s'il le pouvait, la cérémonie et pour damner le prince par le péché
d'impatience, puisqu'il lui devenait désormais impossible de le perdre par l'idolâtrie;
selon lui, ce n'est plus la colombe, image du
Saint-Esprit, qui apporta le flacon sacré, mais
un ange. Ces variantes dans le récit du miracle, ces additions successives de chaque
narrateur qui s'efforçait de renchérir sur le
merveilleux rapporté par son prédécesseur,
sont extrêmement fréquentes au moyen âge.
C'est ainsi que chaque légende se forme : elle
commence le plus souvent par une assertion
mensongère, une tradition en l'air, un on dit;
au bout de quelques siècles cet on dit est
devenu une longue légende, dont on donne
minutieusement toutes les particularités; et,
quand on veut révoquer ces faits en doute,
des esprits superficiels se récrient sur le grand
nombre de témoignages. Qu'ils prennent la
peine d'examiner, et ils reconnaîtront que tous
ces prétendus témoignages ne sont que des re-
dites d'une assertion primitive, qui n'a le
plus souvent aucune garantie d'authenticité.

L'Église qui, en matière de miracles, n'a jamais été fort près regardante, et qui, tant
qu'un de ces miracles n'est pas contesté, se
hâte de l'admettre, sauf à le désavouer plus
tard si la critique vient à l'anéantir; l'Église,
disons-nous, s'est hâtée d'accepter le témoignage d'Hincmar, et a formé de toute cette
histoire apocryphe des répons et des prières
solennelles que l'on chantait pendant le sacre
des rois. Durant plusieurs siècles la foi à la
sainte ampoule fut universelle; le superstitieux Louis XI la fit venir, en 1483, au château de Plessis-lez-Tours, espérant par là prolonger sa carrière. Mais la relique ne produisit pas son effet; le monarque mourut cette
année-là même.

C'est à la fin du dix-septième siècle que la
critique, éveillée, a commencé à douter de l'o-
rigine céleste de la sainte ampoule. Jacques
Chifflet n'eut pas de peine à montrer la
fraude d'Hincmar. L'abbé Pluche, dans une
lettre qu'il écrivit en 1719, s'efforça de défendre l'authenticité du miracle; mais, il faut
en convenir, le moment de la critique fondée
sur des idées réellement solides et logiques n'é-
tait pas encore arrivé. C'était entre Chifflet
et Pluche plutôt une question de nationalité
provinciale que de critique sérieuse. Pluche
était natif de Reims, et défendait le palla-
dium de sa ville; Chifflet n'ébranlait la foi à
l'huile sainte de saint Remi que pour faire
valoir le saint suaire que Besançon, sa patrie,
prétendait posséder. La saine raison n'était

point encore en jeu. En 1793, au mois de février, le conventionnel Rhul (du Bas Rhin) brisa sur la place de l'Hôtel de ville de Reims cette fiole vénérée, qu'on trouva remplie d'une huile rougeâtre et figée. L'antiquaire peut regretter cet acte, qu'il qualifie peut-être de vandalisme; le philosophe ne le regrettera pas. Quand les néophytes chrétiens détruisaient, dans leur indignation contre le paganisme, les statues des faux dieux, on avait au moins à regretter des chefs-d'œuvre du ciseau antique; ici on n'a perdu qu'une fiole sans intérêt, œuvre de quelque moine, et dans laquelle la superstition trouverait peut-être encore un de ces aliments empoisonnés que d'autres objets lui offrent déjà en assez grand nombre.

L'abbé de Vertot, *Dissertation sur la sainte ampoule*, dans le tome II, p. 620, de l'ancienne collection des Mémoires de l'Académie des Inscriptions et belles-lettres.

Géruzez, *Description historique et statistique de la ville de Reims*, 2 vol. in-8°, 1817, tom. I, p. 299-300.

Alf. Maury, *Essai sur les légendes pieuses du moyen âge*, in-8°, 1843, p. 183.

ALFRED MAURY.

AMPOULÉ. (*Rhétorique.*) On appelle style ampoulé le style qui emploie des mots à prétentions, des phrases ambitieuses pour exprimer les choses les plus simples, et qui ne réussit qu'à s'enfler en voulant se grandir. Ce vice se rencontre quelquefois à la naissance des littératures engendrées par l'imitation, et plus souvent encore aux époques de décadence, où le goût, faussé par des admirations imposées et convenues, regarde en arrière, au lieu de jeter les yeux en avant; où la poésie cherche, dans une impuissante reproduction des chefs-d'œuvre reçus, l'approbation toute formulée du passé, au lieu de conquérir, par l'invention et l'indépendance, l'admiration de l'avenir. L'imitation outre-passe toujours le modèle; et il est rare que de ses qualités elle ne fasse pas des défauts. Stace et Claudien voulaient être grands comme les poëtes d'autrefois, et pour hausser leur petite taille ils n'ont rien trouvé de mieux que de monter sur des échasses. En France, pendant les années impériales, si pleines de gloire militaire, si insignifiantes littérairement parlant, il s'est trouvé que le maître aimait surtout Corneille, Corneille, l'homme aux grandes idées, le politique aux grandes vues, le poëte aux grands mots. Soit que ce goût eût été inspiré à Napoléon par les tendances tant soit peu ridicules de son époque vers les grandeurs romaines; soit que le siècle, en adoptant ces tendances, eût préconçu les sympathies du maître futur, toujours est-il que l'imitation cornélienne germait sous les pavés, et que l'empereur en eut pour son argent. Seulement, comme toutes les belles organisations de son temps dépensaient

leur énergie sur les champs de bataille, et que la poésie s'en allait en action, il ne trouva chez les écrivains qui s'étaient chargés de lui rendre vivant le poëte qu'il aimait, que des mots au lieu de pensées, que des dissertations vides de sens, au lieu de ces profonds raisonnements qui lui faisaient dire : « Si Corneille eût « vécu de mon temps, je l'aurais fait minis-« tre; » que des phrases ampoulées, au lieu de ce beau style un peu emphatique, mais arrivant par l'emphase à une véritable grandeur.

Cette ambitieuse faiblesse de la littérature impériale a été l'un des principaux griefs sur lesquels la nouvelle école s'est appuyée pour accomplir sa révolution. Celle-ci non plus n'est pas complétement étrangère à la recherche exagérée du style. Mais toujours est-il qu'elle a une excuse toute prête à ce défaut qu'elle avoue et toute neuve. Son but est louable, puisqu'il s'agit d'arriver à cette couleur et à cette vérité d'effet qu'elle regarde avec raison comme si désirable; on ne peut guère blâmer en eux-mêmes ses moyens, cette distribution de l'ombre et de la lumière, cet emploi des contrastes, cette recherche incessante de la poésie, poursuivie à travers les œuvres de Dieu et la pensée humaine, poursuivie partout où elle est, c'est-à-dire partout. On ne peut blâmer que l'abus de ces bonnes choses, cet impitoyable abus qui change la grandeur en petitesse et du style élevé fait le style ampoulé. S. A. CHOLER.

AMPULLAIRE. (*Histoire naturelle.*) Genre de mollusques, créé par Lamarck aux dépens de l'ancien groupe des colimaçons (*helix*), et adopté par tous les zoologistes. Les ampullaires présentent pour caractères génériques : une coquille globuleuse, ventrue, ombiliquée à sa base, sans callosité au bord gauche, comme dans les watices, l'ouverture entière plus longue que large, à bords réunis, le droit, non réfléchi et tranchant, généralement assez mince, épidermé; un opercule calcaire ou corné. L'animal des ampullaires n'est pas encore bien connu.

Toutes les espèces habitent les eaux douces des pays chauds. Olivier, néanmoins, dans un voyage au Levant, prétend en avoir trouvé une espèce vivante dans le lac Maréotis, dont les eaux saumâtres sont également peuplées de coquilles marines. Elles vivent à la manière des paludines, et paraissent avoir les mêmes mœurs. Il y en a quelques-unes de fossiles; mais presque toutes celles que l'on a citées doivent actuellement faire partie du genre watice.

Nous ne citerons parmi les espèces vivantes que : l'AMPULLAIRE IDOLE, *ampullaria rugosa*, qui habite le Mississipi; l'AMPULAIRE DES CÉLÈBES que MM. Quoy et Gaimard ont fait connaître d'une manière complète dans le *Voyage de l'Astrolabe*, planche 57, et l'am-

pullaria carinata que M. Caillaud a rapporté d'Égypte.   E. DESMAREST.

AMPURIAS (Comté d'). (*Histoire.*) Le comté d'Ampurias et de *Péralada* ou Pierrelate, autrefois un des plus considérables de la Marche d'Espagne, était borné à l'est par la mer, au nord par les Pyrénées, qui le séparaient du Roussillon, à l'ouest par le comté de Besalu, et au sud par celui de Gironne.

Ampurias, *Emporiæ* ou *Emporium*, l'ancienne capitale du pays, était connue de Strabon. Dans son état florissant, elle avait quatre milles de circuit et renfermait une population nombreuse. Elle fut érigée en évêché vers le commencement du sixième siècle ; au huitième, elle perdit, par suite de l'invasion des Sarrasins, une partie de son importance; plus tard, ce ne fut plus qu'un simple village; et Castello devint le chef-lieu du comté d'Ampurias.

Dans son origine, ce pays fut régi, jusqu'à Gaucelin inclusivement, par les mêmes comtes que le Roussillon. Nous trouvons cependant un prédécesseur de Gaucélin, qui paraît n'avoir possédé que le comté d'Ampurias; c'est *Irmingarius*, qui vainquit les Sarrasins près de Majorque, en 813.

Gaucelin, après la mort du précédent, réunit le comté d'Ampurias à celui de Roussillon. Il fut accusé de conspiration contre Louis le Débonnaire, se justifia, et prouva sa fidélité en défendant Châlons-sur-Saône contre Lothaire, fils révolté de ce prince. Pris par le rebelle, il fut condamné à perdre la tête (834.)

Suniaire Ier, comte de Roussillon, gouverna le comté d'Ampurias jusqu'en 843. Il vivait encore lorsqu'il fut remplacé à Ampurias par Alaric.

Alaric fut donc substitué à Suniaire Ier, en 843.

Suniaire II lui succéda. Il vivait en 884, comme le prouvent des actes existants.

Bencion, fils aîné de Suniaire II, fut son successeur. Il posséda le comté dès avant 909, et par conséquent du vivant de son père.

Gauzbert, second fils de Suniaire II, jouit du comté d'Ampurias dès l'an 922. Des actes attestent son existence en 925, 931 et 935.

Gaufred, son fils, lui succéda. Il fut en faveur auprès du roi Lothaire, qui lui fit don des territoires de Collioure et de Bagnols. Il termina sa carrière en 991 au plus tard.

Hugues, son fils aîné, vécut tout au plus jusqu'à l'an 1004.

Pons Ier, fils et successeur de Hugues, assista au concile de Tuluje, en Roussillon (1041), où la trêve de Dieu fut établie. Il fut présent, en 1064, à la consécration de l'église de Castello, et vivait encore en 1068. Il peut avoir prolongé sa vie jusqu'en 1079.

Hugues II remplaça son père. La première époque certaine de son gouvernement est 1079. Il s'allia (1084) avec Gilabert, comte de Roussillon. Il fortifia la ville de Castello. La date de sa mort est inconnue.

Pons-Hugues Ier, fils et successeur de Hugues II, chercha les moyens de recouvrer par les armes le comté de Péralada, donné par son père à son oncle Bérenger; il eut aussi de grandes contestations avec le comte de Roussillon. Il se reconnut vassal du comte de Barcelone, et fut contraint par lui de céder à toutes les exigences de ses ennemis, et de respecter les droits de l'Église de Gironne. Il mourut en 1160 au plus tard.

Hugues III, son fils aîné, lui succéda. L'an 1178, il vit ravager impunément le comté d'Ampurias par les Sarrasins de Majorque. Longtemps après (1229), le roi don Jayme ayant entrepris la conquête de Majorque, Hugues lui amena des forces et contribua par sa valeur à l'heureux succès de cette expédition. Il mourut en 1230. Sous son règne Alphonse II, roi d'Aragon, renonça à la seigneurie de Péralada, qui lui était venue entre les mains par succession. Le comte fit un traité avec don Pèdre II, roi d'Aragon, portant que le comté d'Ampurias serait uni et annexé aux États de ce prince.

1230. *Pons-Hugues II*, fils du précédent, confirma (1234) les priviléges de la ville de Castello, et lui en accorda de nouveaux (1240). Il tint une grande assemblée composée de toute la noblesse du comté et de plusieurs ecclésiastiques, où l'on fit divers règlements utiles pour le gouvernement du pays. Il fut excommunié par l'évêque, à cause de ses démêlés avec l'évêque de Gironne, et reçut l'absolution en 1258. Il mourut le 27 décembre 1267.

1268. *Hugues IV*, successeur de son père, confirma (1268) les priviléges accordés par ses prédécesseurs à la ville de Castello. En 1275, il eut à soutenir une guerre contre le roi don Jayme. Il finit sa carrière en 1277 au plus tard.

1277. *Pons-Hugues III*, fils de Hugues IV, lui succéda. Il fut attaché à don Pèdre III, roi d'Aragon, qu'il servit avec zèle contre Philippe le Hardi, roi de France; celui-ci, marchant contre don Pèdre, rencontra tout d'abord le comté d'Ampurias et le ravagea. Pons-Hugues reçut du roi d'Aragon l'investiture de la vicomté de Bar et des châteaux de Castel-Follit, de Montagut, de Monros et de Munyol (1285.) Il accorda quelques immunités aux habitants de Castello (1299, 1308).

Malgaulin, dont on ignore la naissance, fut le dernier des anciens comtes d'Ampurias. Le premier acte de son gouvernement date de 1314. Il fit la guerre (1319) à l'infant Alphonse, comte d'Urgel. Il mourut en 132*x*.

Après la mort de Malgaulin, le roi d'Aragon donna le comté d'Ampurias à l'infant don Pèdre, son fils, qui l'échangea contre l'apanage de son frère don Bérenger. De là il passa aux ducs de Cardonne et de Ségorbe, et ensuite aux ducs de Médina-Cœli, héritiers des ducs de Cardonne et de Ségorbe.

Le comté d'Ampurias fait aujourd'hui partie de la Catalogne. Le bourg qui porte ce nom est situé sur le golfe de Rosa, à l'embouchure de la Fluvia; il a 2,200 habitants.

Art de vérifier les dates, éd. in-8°, 1re part. après J. C., t. X, p. 55.

LÉON RENIER.

AMPUTATION. (*Chirurgie.*) *Amputare*, couper. Opération qui consiste à retrancher par la section une partie quelconque du corps humain. Bien que le mot amputation puisse s'appliquer à l'excision de certaines parties, comme la langue, la mamelle, on ne l'emploie guère que pour indiquer la section d'un membre ou d'une partie d'un membre, et l'amputation n'est décrite que dans ce sens par les auteurs. *Voyez* RÉSECTION.

On distingue les amputations dans la *continuité* des amputations dans la *contiguïté*, suivant qu'elles sont pratiquées sur un point quelconque de la longueur des os, ou au niveau d'une articulation, de telle façon que le plan de section passe entre les surfaces articulaires. Les amputations sont dites circulaires, ovalaires, ou à lambeaux, suivant le procédé que l'on suit dans la section du membre et la forme de la plaie qui en résulte.

Cette opération faite dans la continuité des os est peut-être celle qui, entre toutes les autres, demande le moins de connaissances anatomiques; elle doit sans doute à cette cause d'avoir été tellement perfectionnée et si bien décrite par les anciens, que l'art moderne a beaucoup moins modifié et beaucoup moins amélioré leurs méthodes à cet égard qu'à beaucoup d'autres. Toutefois Hippocrate parle peu de l'amputation, et ses doctrines sur ce sujet doivent être laissées dans l'oubli; mais on trouve dans Celse la description d'un procédé suivi de nos jours par beaucoup de chirurgiens. M. Dezeimeris pense même que l'auteur latin, en renvoyant, pour le pansement après l'opération, à ce qu'il dit ailleurs des plaies, donne implicitement le précepte de lier les vaisseaux après l'amputation. Il est certain que, s'il ne s'exprime pas à cet égard d'une manière positive, du moins il ne recommande aucune des pratiques barbares qui furent suivies plus tard, et dont Ambroise Paré délivra les malheureux amputés. On est revenu, en Allemagne, aux procédés de Celse, et l'on a plusieurs fois pratiqué des amputations sans faire de ligatures, et en se contentant, pour arrêter l'hémorragie, de tenir le moignon élevé et couvert de linges imbibés d'eau froide, au lieu de l'éponge vinaigrée du chirurgien romain.

Entre Celse et les temps modernes, différents auteurs, parmi lesquels on remarque l'Arabe Albucasis, sans modifier beaucoup les procédés opératoires, posèrent des préceptes nouveaux et utiles sur les conditions dans lesquelles il convenait d'amputer et sur le point où l'opération devait ou pouvait être faite.

Les cas dans lesquels on doit pratiquer l'amputation des membres varient à l'infini, et ne sauraient être indiqués d'une manière précise, puisqu'une foule de considérations dépendantes de l'âge et de la constitution du sujet, des conditions dans lesquelles il se trouve, etc., peuvent modifier à cet égard les conclusions que le chirurgien tire de son diagnostic. Le seul fait invariable sur lequel on ne peut hésiter, c'est, dans le cas où une blessure rend l'amputation inévitable, la nécessité d'amputer immédiatement et de manière que le moins de temps possible s'écoule entre l'accident et l'opération. C'est à M. Larrey qu'on doit d'avoir posé ce principe, confirmé par l'expérience et sur lequel s'accordent tous les hommes de l'art.

Un autre précepte, qui résulte aussi de l'expérience, et dont la transgression laisse presque toujours aux chirurgiens des regrets amers, c'est de ne jamais faire d'amputations de convenance, c'est-à-dire, de ne pas essayer de remédier par l'amputation à une difformité gênante, mais qui pourtant ne saurait compromettre la vie.

Les instruments qui servent à pratiquer l'amputation des membres ont varié suivant les temps. Botal avait imaginé, pour séparer d'un seul coup la partie à retrancher, un appareil, composé de deux couperets, l'un inférieur, sur lequel on plaçait le membre à amputer, l'autre supérieur et qui, chargé d'un poids assez fort, venait tomber sur le premier : c'était, comme on voit, une machine analogue à celle du supplice. De nos jours M. Mayor, frappé de la promptitude avec laquelle les bouchers tranchent d'un seul coup de grosses masses de viande à l'aide de leur couperet, voulut remettre en usage le procédé de Botal, ou du moins quelque chose qui en diffère très-peu; mais toute la science et toute l'ingénieuse habileté du chirurgien de Lausanne ne pourront faire admettre un procédé trop brutal et trop inintelligent pour produire un résultat régulier.

Dans l'école de Paris, on n'emploie pour les amputations que le couteau et la scie. Le couteau, dont la lame était autrefois courbe et semblable à celle d'une petite faucille, est maintenant droit, à un ou deux tranchants : dans ce dernier cas, il porte le nom de couteau interosseux ; ses dimensions varient suivant la partie sur laquelle on opère.

La scie est d'une forme assez analogue à celle des scies à métaux ; on doit se munir d'un ou deux feuillets de rechange : à ces deux instruments il faut ajouter des pinces à disséquer et un ténaculum. *Voyez* ce mot.

Les pièces d'appareil sont deux bandes de 3 à 5 mètres de long sur 0^m,06 de large, des compresses longuettes, du linge fenêtré, de la charpie, du gros fil dit de Bretagne, de la cire à frotter, des éponges fines, des bandelettes agglutinatives et du cérat.

Avant de procéder à l'opération, le chirurgien s'assure de l'état des instruments et de l'appareil. Il indique ensuite aux aides la manœuvre dont chacun d'eux est chargé. C'est de leur habileté non moins que de celle du chirurgien que dépend le succès de l'opération.

Le point important dans l'amputation, c'est que la section des parties molles ait lieu de telle sorte, que la plaie forme un cône dont la base corresponde aux bords de la plaie et le sommet au centre du membre. L'os se trouve ainsi facilement recouvert par les muscles et la peau, condition importante pour la guérison du malade et pour la formation d'une cicatrice régulière et solide.

Les procédés pour l'amputation circulaire peuvent se réduire à deux. L'un consiste à couper les parties molles en plusieurs temps et toujours plus haut à mesure qu'on approche de l'os; dans l'autre, on coupe, en un seul temps, jusqu'à l'os la peau et les muscles préalablement rétractés avec force par un aide. On scie ensuite l'os, ou les os, après avoir soigneusement incisé les muscles qui les revêtent et le périoste; puis on pratique la ligature de tous les vaisseaux artériels qui donnent du sang et l'on procède au pansement.

L'appareil dont on couvre la plaie et ses abords doit être léger, quoique solide, surtout en campagne; et l'on doit toujours, sauf dans les cas exceptionnels, chercher à obtenir, au moins pour une partie de la plaie, la réunion sans suppuration ou réunion par première intention. *Voyez* RÉUNION.

On ampute, soit dans la continuité, soit dans la contiguïté, suivant les exigences. Les anciens redoutaient les amputations dans la contiguïté ou, comme on dit de nos jours, les amputations dans l'article. Aujourd'hui ce sont, en général, celles-là qui présentent le plus de chances de succès, si l'on excepte les cas où on opère dans les articulations coxo-fémorales et fémoro-tibiales.

Le point où l'on ampute généralement dans la continuité, ou lieu d'élection, est pour le membre supérieur, au bras comme à l'avant-bras, aussi loin que possible du tronc; on a ainsi l'avantage d'éloigner une grande plaie des organes essentiels à la vie et de laisser au malheureux amputé un moignon, dont il peut encore faire quelque usage.

Au membre inférieur, pour la cuisse, on ampute aussi bas que possible, afin d'avoir une plaie plus petite et plus éloignée du tronc; pour la jambe le lieu d'élection est à l'union du quart supérieur avec les trois quarts inférieurs. On a ainsi un moignon court, facile à garantir des chocs lorsque, fléchi sur la cuisse, il permet à l'amputé de marcher en appuyant son genou sur une jambe de bois. Toutefois dans ces derniers temps, M. Sédillot a proposé d'amputer aussi bas que possible, quand on peut opérer au-dessous du diamètre maximum de la jambe. *Une plaie plus petite, moins de parties molles à cicatriser et moins de suppuration, tels sont les motifs sur lesquels ce professeur fonde sa méthode, sanctionnée d'ailleurs par de beaux succès.*

Les amputations dans la contiguïté se pratiquent dans toutes les articulations, même dans les plus compliquées. Celle que l'on pratique dans l'articulation coxo-fémorale, opération toute moderne, comptait près de cinquante terminaisons funestes, sans un succès, quand deux jeunes soldats furent amputés, vers 1840, l'un en Afrique et l'autre au Val-de-Grâce ; tous deux vivaient encore dix-huit mois après l'opération et leurs plaies étaient presque cicatrisées. Nous n'avons pu savoir s'ils avaient guéri tout à fait. Ni le but ni les limites de cet ouvrage ne comportent une description plus détaillée du manuel opératoire des amputations. Trop incomplètes pour l'étude, nos descriptions ne serviraient qu'à tourmenter quelques malades ; nous renvoyons donc, comme pour toutes les opérations dont nous parlerons plus loin, aux traités ex professo.

Une hygiène spéciale convient aux amputés chez qui le volume à nourrir se trouve diminué, tandis que les forces digestives et l'appétit augmentent en général ; il leur faut une nourriture médiocrement substantielle et peu féculente ; l'exercice en plein air leur est nécessaire pour combattre une tendance assez ordinaire à l'embonpoint. Au reste, parmi les grandes opérations, il en est peu qui comptent plus de succès que l'amputation ; on sait combien certains amputés conservent de vigueur pendant une carrière encore longue, et pour quelques-uns, comme Daumesnil et Caffarelli, leur jambe de bois fut un titre à la plus glorieuse popularité.

Blandin, *Dictionn. de médecine et de chirurg. pratiq.*, art. AMPUTATION.
J. Cloquet, *Dictionn. de medecine*, 2e édit., art. AMPUTATION.
Dezeimeris, *ibid.*

A. LE PILEUR.

AMSTERDAM. ~(*Géographie et histoire.*)
Ville de Hollande et centre principal du commerce de ce pays : elle est située au fond du golfe du Zuyderzée, sur la côte méridionale de l'embranchement auquel sa forme a fait donner le nom de l'Y. La ville est traversée par l'Amstel, petite rivière, à laquelle elle doit son nom : on prononçait autrefois *Amsteldam*.

Amsterdam n'était, au treizième siècle, qu'un petit village, habité par des pêcheurs. Son nom se trouve pour la première fois dans un acte du comte Floris de Hollande, daté de 1275, qui l'exempte de quelques taxes. En 1296, ayant été saccagée, à cause de la part que Guysbert d'Amstel, son seigneur, avait prise au meurtre de Floris, elle passa sous la domination des comtes de Hollande, et son commerce commença à s'établir. Sa prospérité se développa rapidement. Devenue libre, tandis qu'Anvers était encore sous le joug espagnol, Amsterdam vit venir à elle tout le commerce du monde, qu'Anvers avait possédé jusque-là. Il fallut agrandir l'enceinte et construire une nouvelle ville à l'occident de l'ancienne. Amsterdam, ainsi doublée en 1585, s'agrandit encore en 1593, 1612 et 1658. En 1622, on y comptait déjà 100,000 habitants.

Mais Amsterdam avait une redoutable voisine, à qui sa puissance fit ombrage. En 1587, Leicester cherche à s'en emparer par trahison ; et Guillaume II l'attaqua en 1650. Les deux tentatives échouèrent. Telle était alors l'influence d'Amsterdam, que le crédit de ses bourgmestres contre-balançait aux états-généraux celui du stathouder lui-même. Cependant, en 1655, la guerre avec l'Angleterre et la prépondérance décidée de celle-ci sur les mers causèrent une crise dans les destinées de la ville hollandaise : le commerce se ralentit, 4,000 maisons furent abandonnées ; mais, depuis elle se releva brillamment, et tint un haut rang pendant tout le dix-huitième siècle. En 1806, Louis Bonaparte devint roi de Hollande : toutes les puissances ennemies de la France devinrent les ennemies du nouveau royaume. En vain, Louis voulut combattre cette influence dangereuse et transportant le siége de son gouvernement. L'adjonction d'Amsterdam à la France, en 1810, remit ses affaires en souffrance, et elle ne fit que languir jusqu'en 1813. Depuis cette époque elle a repris son ancienne position ; les capitaux y ont afflué de nouveau ; et elle forme encore le centre le plus actif et le plus opulent de la Hollande.

Amsterdam renferme 26,380 maisons, bâties sur pilotis et bien alignées ; elle est traversée par un grand nombre de canaux, bordés de quais, qui communiquent entre eux par 280 ponts. Elle compte 45 églises de différentes confessions, et 5 synagogues. On remarque, parmi les monuments, le magnifique hôtel de ville, construit sur 13,659 pilotis, et orné de fort belles sculptures ; il a été commencé, par Jacques van Kampen, en 1648, achevé en 1655, et a servi de résidence à Louis Bonaparte ; la bourse, le palais de l'amirauté, les hôpitaux, les arsenaux, les chantiers. Il y a à Amsterdam une académie, plusieurs sociétés savantes, plusieurs bibliothèques, trois théâtres, français, hollandais et allemand, un jardin botanique, une école de navigation, et plusieurs sociétés de bienfaisance.

Cette ville fait, comme nous l'avons dit, un commerce immense : elle communique très-facilement avec le milieu du continent par la navigation intérieure. Les approches de son port étaient rendues incommodes par les bancs de sable qui encombrent le Zuyderzée ; mais la construction du canal du Helder, récemment achevé, rend les arrivages bien plus faciles. Les denrées de l'Amérique et de l'Inde trouvent dans la ville hollandaise un grand entrepôt. Les principaux objets d'importation sont les tabacs, les cuirs, le riz, le lin et les grains. Amsterdam renferme des manufactures considérables, des blanchisseries, des filatures, des fabriques de calicots et d'indiennes, des raffineries de sucre, une fonderie de canons et des chantiers. Les ouvriers pour la taille des pierres fines y sont très-habiles.

Le séjour d'Amsterdam n'est pas sans offrir aux étrangers quelques désagréments, dont les principaux sont l'humidité de l'air et la presque impossibilité de se procurer de l'eau potable.

La population, qui en 1814 était de 180,000 âmes, était en 1830 de 202,364 ; sur ce nombre on comptait 90,332 hommes et 112,032 femmes.

Amsterdam est la patrie de plusieurs hommes célèbres, parmi lesquels nous citerons : Jean van Brœckhuysen, né en 1649, poëte-soldat, qui servit sous Ruyter et composa, au milieu des tempêtes, la plupart de ses poésies ; Baruch Spinosa, célèbre philosophe, né en 1632, d'une famille juive portugaise ; Jean Swammerdam, naturaliste, né en 1637 ; Jérôme van Bosch, né en 1740, auteur de poésies latines ; Bilderdyk (Guillaume), grand jurisconsulte, né en 1750. Il vivait encore, il y a quelques années, à Leyde. Il est aussi l'auteur de chants patriotiques, qui passent pour le chef-d'œuvre de la littérature hollandaise en ce genre.

Casp. Commelin, *Beschryving der stadt Amsterdam*, Amsterd. 1693-94, 2 vol. in-fol.
J. Wagenaar, *Beschryving van Amsterdam*, Amsterd. 1760-67, 13 vol. in-8°.

G.

AMULETTE. (*Histoire.*) Ce mot sert à désigner des objets que l'on porte sur le corps et auxquels on attribue la propriété d'écarter, soit les douleurs et les maladies, soit les événements fâcheux ; il n'est que la transcription française du latin *amuleta*, originairement *amoleta*, que Vossius fait dériver d'*amoliri*, éloigner, chasser.

Qu'un danger imminent ait été détourné de dessus la tête d'une personne au naturel crédule et superstitieux, qu'une douleur qui assiégeait cette même personne se soit tout à coup apaisée, qu'un événement heureux soit venu, à l'improviste, la tirer d'un état de misère ou d'inquiétude, rarement son esprit reportera ce changement à sa véritable cause. Au lieu d'y voir le résultat de l'enchaînement des circonstances, du concours des événements amenés par la nature des événements antérieurs, d'une réaction opérée dans l'économie en vertu des lois physiologiques, elle rattachera ce fait à une cause qui lui est parfaitement étrangère, et attribuera la production de ces vicissitudes, auxquelles leur caractère imprévu donne une apparence miraculeuse, à un objet qui leur est au fond indifférent. Que cet objet ait frappé surtout cet esprit superstitieux, que les croyances religieuses qu'il rappelle, dont il est l'image, lui donnent une importance toute spéciale, et dès lors cette fausse association d'idées aura lieu immanquablement : le changement qui s'est opéré sera regardé comme l'effet de l'objet. Une fois justifiée par une circonstance fortuite, par la rencontre d'un événement produit et d'une cause qui n'a pu en aucune façon l'engendrer, mais que l'on tient cependant comme l'amenant nécessairement, la foi à la cause sera définitivement établie; et, cette erreur se propageant, tous les objets de même nature que ceux auxquels on a primitivement attribué une action imaginaire, seront acceptés comme des moyens certains d'enfanter ces heureux événements que l'homme appelle de tous ses vœux. C'est ainsi qu'est née la croyance aux amulettes, superstition grossière, fruit, comme on le voit, de l'ignorance des causes réelles, et dont la persistance est due aux hasards qui semblent confirmer quelquefois l'efficacité de leur emploi.

L'Orient est la patrie des amulettes, ainsi que de la plupart des croyances qui ont exercé le plus d'empire sur l'esprit humain. Les Juifs connaissaient les amulettes, sous le nom de *tothaphoth*. Moïse, pour détruire chez son peuple cette superstition, ordonna que l'on portât à la main ou attachés sur le front les préceptes de la loi; qu'on les inscrivit au seuil des maisons et sur les poteaux de la porte; substituant ainsi à une pratique superstitieuse un usage d'un but tout moral, qui devait sans cesse rappeler à l'Israélite les devoirs qu'il avait à remplir. Mais cette coutume de porter des sentences tirées du Pentateuque inscrites sur ses vêtements, des *tephillim*, comme les nommaient les Hébreux, dégénéra promptement en une superstition absolument semblable à celle que Moïse avait voulu combattre; et l'on attacha bientôt à ces phylactères une vertu matérielle et intrinsèque, qui les transforma en de véritables amulettes : les femmes juives portaient également certains bijoux, auxquels elles attribuaient une puissance préservative. Les *lekhaschim*, ou figures de serpents, dont parle Isaïe, étaient de ce nombre; ils avaient la propriété d'écarter les mauvais esprits et les animaux venimeux. En général, on supposait, par le principe *similia similibus*, que les images d'esprits et d'animaux malfaisants écartaient ces animaux eux-mêmes. C'est ainsi que la croyance qui faisait porter des serpents aux femmes juives fit élever par Moïse le serpent d'airain, pour guérir ceux qui avaient été piqués par ces reptiles.

A l'époque du Christ, l'usage des amulettes et des charmes était fort accrédité chez les Hébreux. On attribuait à Salomon la composition de plusieurs de ceux qu'on tenait comme les plus puissants. L'historien Josèphe nous apprend qu'on chassait avec eux les mauvais esprits et les maladies. Cette superstition provenait évidemment des anciens Persans, chez lesquels les *tahvids* ou *taavids* jouaient identiquement le rôle des phylactères hébreux. On les appliquait de même sur différentes parties du corps, pour se préserver de différents maux. Et ce qui ajoute à la ressemblance, c'est que tous ces tahvids étaient faits au nom de Feridoun, roi célèbre dont l'histoire offre plus d'une analogie avec celle de Salomon.

Les amulettes proprement dits ont été peu usités chez les Grecs et les Romains. Les premiers faisaient quelquefois usage d'anneaux magiques pour se guérir de certaines maladies; ils employaient comme charmes ou talismans, dans leur langage, βασκάνια, certains objets, tels que ceux que les forgerons suspendaient à leur cheminée pour détourner l'envie et le mauvais œil. Des herbes réputées magiques, telles que le *baccar*, avaient une propriété analogue, et l'on s'en ceignait pour ce motif quelquefois le front, ainsi que le rappelle Virgile dans sa septième églogue. Dans la même intention, on portait des colliers de corail et de certains coquillages, et l'on suspendait des phallus au cou des enfants : « Pueris turpicula res in collo quædam suspendebatur, ne quid obsit, bonæ scævæ causa, » écrit Varron.

D'ailleurs, la plupart de ces pratiques superstitieuses n'ont paru chez les Grecs et les Romains qu'assez tard; et c'est à l'époque impériale qu'elles ont été plus particulièrement répandues : elles avaient été apportées avec tout le cortége des doctrines orientales. Les gnostiques, qui semblent avoir été les principaux courtiers des croyances asiatiques dans l'Occident, y ajoutaient une foi très-vive. Leurs abraxas n'étaient autres que des amulettes. C'était à la Perse, à la Syrie, à l'Égypte, qu'ils avaient emprunté cette superstition. Les cylindres persépolitains furent très-probablement des amulettes, aussi bien que les innombrables figurines que l'on trouve dans les tombeaux égyptiens. C'était sans doute de ce dernier peuple que les Israélites les avaient reçues.

Les Arabes, dont les Hébreux n'étaient qu'un rameau, sont extrêmement entêtés de la superstition des amulettes : non-seulement ils font usage des phylactères, comme les Hébreux, et se couvrent le corps de sentences du Coran, ils ont encore des bagues, des pierres précieuses, mille objets divers qu'ils s'imaginaient avoir la vertu de guérir des maladies, de chasser les démons, de détruire les effets du mauvais œil et des charmes. Il existe en leur langue plusieurs traités sur ce sujet ; le plus célèbre est celui d'Albouni.

Chardin nous dit que les Persans composent leurs amulettes des passages de l'Alcoran et des Hhadits (sentences, décisions prononcées par les prophètes). Ils les portent au cou, à la ceinture, mais plus communément au bras, entre le coude et l'épaule, en de petits sacs de soie ou de brocart de toute figure, grands comme un demi-écu. Il a rencontré des gens qui portent jusqu'à sept ou huit de ces sachets cousus sur un ruban ou un bracelet ; il y en a d'autres qui portent ces sortes de papiers superstitieux en de petites boîtes ou en de petits étuis, comme ceux des cure-dents, qui sont faits d'or ou d'argent, pour les mieux conserver, et afin de n'être jamais obligés de les ôter ni jour ni nuit, pas même en se mettant au bain. J'ai vu, ajoute ce voyageur, des gens porter ainsi tout l'Alcoran. Ils appellent les amulettes, *Douaa*, c'est-à-dire vœux et prières ; il y en a pour préserver de toutes sortes de maux et pour obtenir toutes sortes de biens. Par la même superstition, ils en attachent au cou des bêtes et aux cages des oiseaux, quelquefois par douzaines, et enfin ils en pendent aux choses inanimées, comme aux boutiques, dans la pensée que cela leur fera venir des chalands.

Nous voyons, par le curieux ouvrage de Jaffour Chourrif, dont Herklots nous a donné la traduction, que les musulmans qui habitent l'Indostan ne sont pas moins convaincus de la puissance des amulettes. Il y a des règles minutieuses pour composer les *tawiz* (tel est le nom qu'ils ont emprunté aux Persans pour désigner les amulettes) et pour former les *pulita* ou charmes ; non-seulement ils en composent avec des plumes, des cheveux, des os, ou la chair pourrie d'un serpent ; ils écrivent encore des carrés magiques, dans lesquels ils inscrivent des nombres, auxquels ils

attribuent des vertus imaginaires. Ils s'imaginent par ces moyens chasser les maladies et écarter les démons.

La plupart des musulmans de l'Inde ont au cou, au turban, au bras ou au poing, l'*Ism* ou quelque nom sacramentel, écrit sur une plaque de métal, un morceau de porcelaine ou de papier, ou brodé sur un lambeau de kumkhwab ou kingcob, soie tissue de fleurs d'or et d'argent, de menshrou (mushroo), étoffe de soie et de coton.

Les Tartares, les Chinois, les Brahmanistes, portent des amulettes analogues. Les Bouddhistes de l'île de Ceylan s'appliquent sur les parties malades des figures de démons qu'ils s'imaginent favoriser la guérison.

Les chrétiens, les catholiques ont adopté aussi les amulettes. Car comment pourrait-on refuser ce nom aux morceaux prétendus de la vraie croix, aux fragments innombrables de la couronne d'épines, aux scapulaires, aux médailles miraculeuses que tant de personnes plus pieuses qu'éclairées portent autour de leur cou ou sur leur poitrine, et dans lesquels elles placent une confiance qui ne saurait s'accorder avec le bon sens moderne ? Qu'on lise certains traités sur la croix, et l'on verra qu'on attribue à ce signe la vertu de chasser les démons, de guérir les maladies, de préserver des dangers : c'est-à-dire qu'on en fait un amulette. A l'heure qu'il est, il existe des confréries, des congrégations dont tous les membres adoptent ces idées déplorables, qui, si elles sont souvent pour eux un motif de confiance, un aliment à leur dévotion, n'en doivent pas moins être repoussées de ceux qui se refusent sagement aux illusions et cherchent dans la force et la fermeté de leur esprit de plus nobles principes de courage et de résignation. D'ailleurs, le christianisme, loin de rejeter ces idées superstitieuses, que le clergé entretient par tous les moyens, croit même à l'action des amulettes païens qu'il condamne. Si l'Église défend l'usage des talismans, des charmes, des procédés magiques, ce n'est pas qu'elle les juge simplement des sottises indignes de partager avec des vérités sublimes la foi des fidèles, c'est qu'elle les regarde comme l'œuvre du démon ; en sorte qu'elle croit à leur dangereux effet, comme elle croit à la grande puissance de leur auteur. Le concile œcuménique de Laodicée défend l'emploi des phylactères, parce qu'il les tient pour des *liens par lesquels on enchaîne la liberté humaine* : φυλακτήρια ἅτινα ἐστὶ δεσμωτήρια τῶν ψυχῶν, dit-il dans son trente-sixième canon, décision devant laquelle plus d'un partisan de l'infaillibilité des conciles trouverait sa raison assez étrangement embarrassée. Le concile d'Ancyre tient un langage analogue ainsi que le quatrième concile de Carthage. Et le troisième concile de Tours confirme formellement ce que nous venons d'avancer, par la déclaration de son quarante-deuxième canon: « Sed hæc esse laqueos et insidias antiqui hostis, quibus ille perfidus genus humanum decipere nititur. » Enfin, les écrits des Pères de l'Église fourmillent de passages où se laissent voir les mêmes idées.

La croyance aux amulettes s'est rattachée de bonne heure aux rêveries de l'astrologie. A des époques fort reculées, nous voyons déjà que l'on porte en Orient des images de planètes, des figures horoscopiques, auxquelles on suppose une action sur les astres. Comme les Orientaux s'imaginent que ceux-ci agissent sur les pierres, les métaux, tout comme sur les objets animés, ils s'efforcent de choisir les amulettes de façon que l'action mutuelle qui en résulte entre le ciel et l'individu qui en est chargé, soit la plus favorable possible. Il y a des heures, des instants opportuns pour graver les figures symboliques et écrire les formules. Les oracles nomment *thilsem* ces amulettes ainsi fabriquées par l'observation des astres ; et c'est de là qu'est dérivé notre mot *talisman*. Il est probable que ces talismans viennent des Chaldéens. La *kabbale*, que les Juifs ont empruntée à ce peuple, fait grand usage des phylactères et des amulettes. Seulement des noms d'anges et d'esprits sidéraux remplacent souvent pour les kabbalistes les noms ou les figures d'étoiles. Les anneaux magiques, si célèbres en Orient, ne sont qu'une sorte de talisman. De leur forme, de la pierre qui est placée dans leur chaton, de la manière de les tenir et de les faire tourner, résultent souvent des effets merveilleux.

Comme l'emploi des amulettes et des talismans s'est souvent lié aux opérations de la magie, à la confection des charmes, nous renverrons à ces mots pour de plus amples détails. *Voy.* MAGIE.

Julius Reicheltus, *Exercitatio de amuletis.* Argentorati, in-4°, 1676.

Gaffarel, *Curiosités inouïes sur la sculpture talismanique des Persans.* (Différentes éditions latines et françaises.)

Kirchmann, *De Annulis.*

Potter, *Archæologia græca.* lib. 2, c. 18.

Johan. Jahn, *Biblische Archæologie.* Tom. I et II, Wien , 1777, in-8°.

F. Ackermann, *Archæologia biblica breviter exposita.* Vienne, 1829, in-8°.

Herklots, *Qanoon-e-islam or the customs of the moosulmans of India*, London , 1832, in-8°.

Reinaud, *Monuments arabes, persans et turcs du cabinet du duc de Blacas*, 1828, 2 vol. in-8°.

ALFRED MAURY.

AMURE. (*Marine.*) Cordage ou manœuvre fixée à l'un des coins inférieurs d'une basse voile, pour la porter le plus possible dans le lit du vent, et l'ouvrir par conséquent de ce côté. On donne à l'amure le nom de la voile à laquelle elle est attachée; ainsi, on dit *amure*

de misaine, *amure de grand'-voile*. Chaque voile a deux amures, l'une à tribord et l'autre à bâbord; mais on les distingue par leur position relativement au vent; ainsi, l'on dit *amure du vent, amure sous le vent*. On dit qu'un bâtiment est *tribord-amure* quand il présente ce bord au vent, et *bâbord-amure* dans le cas contraire. Un bâtiment, sous ces deux allures, est toujours *au plus près du vent*, c'est-à-dire que ses voiles sont orientées sous l'angle le plus aigu possible avec la quille, relativement au gréement des mâts. *Changer d'amure* signifie *virer de bord*. L'amure des basses voiles, sur les grands bâtiments, est double, pour rendre l'orientement plus facile, à l'aide d'une poulie de renvoi.

Le mot *amure* dérive, dit-on, du trou pratiqué à la muraille (*ad murum*) du bâtiment et par lequel passe la manœuvre.

AMUSETTE. (*Art militaire*.) Canon léger se chargeant avec une livre de balles, qu'on employait à la guerre dans les montagnes. La facilité avec laquelle on pouvait le servir en fit recommander l'emploi par le maréchal de Saxe. Le comte de Lippe-Bukebourg lui fit subir d'importantes améliorations et l'introduisit dans l'infanterie portugaise. Chaque peloton avait une de ces pièces que cinq hommes portaient et servaient. En 1798, le duc de Weimar donna aussi des amusettes à ses chasseurs. Maintenant cette arme est tout à fait tombée en désuétude.

AMYGDALES (Glandes). (*Anatomie, Médecine*.) Ἀμυγδάλη, amande. On nomme *glandes amygdales* ou *tonsilles*, deux agglomérations de cryptes muqueux, ovoïdes, d'une longueur de quatorze à dix-huit millimètres, semblables, par leur forme, à des amandes enveloppées de leur coque ligneuse, et situées, de chaque côté, dans l'arrière-bouche, entre les piliers du voile du palais. Leur face interne, saillante dans l'isthme du gosier, est recouverte par la membrane muqueuse, et présente les orifices d'une douzaine de cellules, qui, comprimées pendant les actes de la mastication et de la déglutition, laissent suinter un mucus transparent et visqueux destiné, en lubrifiant l'isthme du gosier, à faciliter le passage du bol alimentaire dans le pharynx. Leur tissu intérieur est mou et d'un gris rougeâtre. Les amygdales, dont la structure présente une grande analogie avec celle de la caroncule lacrymale (glande située à l'angle interne de l'œil), sont, en raison de leur tissu éminemment vasculaire, sujettes à de nombreuses maladies, qu'on peut diviser en *phlogoses, tumeurs* et *ulcérations*.

La phlogose des amygdales constitue l'*angine tonsillaire*, qui présente des caractères variés. Cette maladie a souvent pour résultat immédiat la formation d'un abcès dans l'épaisseur des amygdales; mais la tuméfaction causée par cette collection de pus n'est que passagère, et disparaît aussitôt que le liquide a été évacué par une ouverture, soit naturelle, soit artificielle.

Il n'en est pas de même de la tuméfaction permanente des amygdales (hypertrophie, induration), qui reconnaît pour cause l'inflammation réitérée de ces organes. Il est d'observation que cette dernière maladie est sujette à de fréquentes récidives, surtout chez les enfants et les femmes, chez les sujets lymphatiques, chez les individus dont la profession exige un exercice violent et prolongé des organes vocaux; il en résulte dans l'une des tonsilles, ou dans les deux à la fois, une augmentation de volume qui en double ou en triple la grosseur. La gêne de la respiration et de la déglutition, l'altération du timbre de la voix, sont les conséquences de cette hypertrophie. Il arrive même quelquefois que les deux glandes grossissent au point de se toucher, et que la mort peut arriver par asphyxie.

Deux sortes de traitements sont employés pour combattre cette affection : l'un est basé sur l'usage de médicaments résolutifs, et peut avoir quelque succès dans les cas les moins graves; l'autre, tout à fait chirurgical, consiste dans l'excision ou l'ablation des parties malades; et c'est le seul réellement efficace, quand le gonflement, déjà ancien, volumineux, indolent, est passé à l'état d'induration.

Les ulcérations des amygdales viennent à la suite d'autres maladies, quelquefois locales, comme l'inflammation, mais, le plus souvent, générales, comme l'infection vénérienne, mercurielle, etc., etc.

A. DUPONCHEL.

ANA. (*Bibliographie.*) Manière de désigner les ouvrages intitulés : *Perroniana, Menagiana, Longuerana,* etc., etc. On a eu la prétention de recueillir dans ces ouvrages les bons mots, les réflexions piquantes, les observations judicieuses de ceux dont ils portent les noms; mais, à l'exception du *Menagiana,* considérablement augmenté par le savant de La Monnoye, aucune de ces compilations n'a joui de l'estime publique. On doit à Desmaiseaux la collection de cinq Ana; elle est intitulée : *Scaligerana, Thuana, Perroniana, Pithœana* et *Colomesiana,* etc., Amsterdam, 1740, 2 vol. in-12. M. Garnier, frère du pair de France, publia, en 1789, un Recueil bien plus considérable, sous le titre : *Ana, ou Collection de bons mots, contes, pensées détachées,* etc., 10 vol. in-8°. On peut se contenter de lire le gros volume intitulé : *Encyclopediana, ou Dictionnaire encyclopédique des ana, contenant ce qu'on a pu recueillir de moins connu ou de plus curieux parmi les saillies*

d'esprit, les écarts de l'imagination, etc.; par La Combe; Paris, Panckoucke, 1791, in-4°. M. Peignot a publié la *Bibliographie raisonnée des ana.* Voyez son *Répertoire de Bibliographies spéciales, curieuses et instructives;* Paris, Renouard, 1810, in-8°. La collection d'ana publiée dans ces derniers temps par un M. Cousin d'Avalon est au-dessous du médiocre.   BARBIER.

Les ana, genre qui remonte à la plus haute antiquité (car les *Memorabilia* de Xénophon, les *Vies des philosophes* de Diogène Laërce étaient des ouvrages de cette sorte), les ana florissaient surtout aux seizième et dix-septième siècles. Ils étaient, à vrai dire, les journaux du temps. La publication successive des premières Gazettes et les journaux à la main leur enlevèrent leur originalité. M. de Bièvre fut, à la fin du dernier siècle, leur providence; et, dans les premières années du dix-neuvième siècle, ils devinrent du goût le plus commun, et ne se sont pas relevés depuis.

On aurait tort cependant de juger des Ana sur ces tristes productions d'aujourd'hui, si méprisées et méprisables. Non pas que nous jugions ce genre d'ouvrage digne d'être ressuscité; mais les meilleurs d'entre ceux qui nous sont parvenus représentent trop vivement leur époque, pour ne pas mériter d'être interrogés quelquefois.

Voyez, outre les ouvrages déjà cités :
D'Artigny, *Nouveaux mémoires d'histoire,* etc., tomes I, III et VII;
Le manuscrit de J. Félicissime Adry, *Histoire raisonnée des ana et mélanges littéraires,* dont il est rendu compte dans les *Annales encyclopédiques* de Millin, 1818, t. II, page 323.

G.

ANABAPTISTES. (*Histoire religieuse.*) Les anabaptistes sont des religionnaires qui parurent à l'époque où le moine allemand Luther prêcha la réforme, et détacha du saint-siége une portion considérable de l'Europe. Leur nom, tiré du grec, signifie *rebaptiseurs;* la rebaptisation était leur dogme fondamental. Ils ont fourni un grand nombre de sectes, qu'Ottius, un de leurs historiens, élève à soixante-dix-sept.

En 1521, deux enthousiastes remuants, Thomas Muntzer ou Munser, prêtre catholique de Zwickau, où il en avait exercé les fonctions, et Nicolas Stork, homme du peuple, ignorant et grossier, prétendirent trouver dans l'Évangile que l'instruction devait précéder le baptême. Au dogme de l'inutilité de ce sacrement pour les enfants, et de la nécessité de rebaptiser les adultes, ils mêlèrent une doctrine antisociale que leur fanatisme éleva contre toute espèce d'autorité reconnue. Luther, effrayé de l'influence dont elle menaçait le dessein qu'il avait conçu, écrivit contre eux. Ils s'étayaient, en effet, de son ouvrage *De libertate christiana.* Déjà aux prises avec les magistrats, ils levèrent l'étendard de la révolte contre eux et contre Luther. Muntzer se proclama le nouveau Gédéon, appelé à établir le royaume de Jésus-Christ. Trente mille fanatiques de la Souabe, de la Thuringe et de la Franconie, prirent à sa voix les armes contre le clergé et les seigneurs. Une victoire sanglante, arrachée à ces *rebaptisés* par les troupes de Jean, électeur de Saxe, Philippe, landgrave de Hesse, et Henri, duc de Brunswick, arrêta ce torrent. Muntzer fut pris à Franknau, et décapité à Mulhausen, après avoir déclaré que ses soldats l'avaient entraîné à des excès étrangers à ses intentions. Nicolas Stork, échappé au supplice, mourut peu après de ses blessures dans un hôpital de la Bavière.

Muntzer accusait Luther de manquer d'enthousiasme. Selon lui, les saintes Écritures n'étaient la parole de Dieu qu'autant que la chaleur de l'âme en fixait le sens. « Prophétisez, écrit-il à Mélanchton, autrement votre théologie ne vaudrait pas une obole ; voyez votre Dieu de près et non de loin. » Il eut des disciples distingués, Stubner, André Carlostade, Martin Cellarius, Jean Deuck ; mais ils n'imitèrent pas ses fureurs : ces deux derniers même abjurèrent la religion de leur maître. Hubmüier, pasteur de Walsusth, qui marchait de trop près sur ses traces, emprisonné à Zurich, converti par Zwingle, rendu à la liberté, fut arrêté en Moravie, et brûlé à Vienne, où sa femme fut noyée. Félix Mansius, traité d'abord comme lui, fut noyé à Zurich pour avoir repris ses prédications. Louis Helzer, précurseur des sociniens, périt en 1529 à Constance, du supplice du feu, que subit comme lui George Jacobi, prêtre catholique, surnommé *Blanwrock*, à cause de ses habits bleus. Cependant Antoine Kursner, Jacob Cantius, Jean Trypmaaker, prêchaient en Allemagne ; Jacques Hutter, Gabriel Scherding, en Moravie ; Michel Hoffmann mourait dans les prisons de Strasbourg : de pelletier il était devenu théologien et pasteur à Kiel. Après avoir essayé de reproduire les sanglantes folies de l'anabaptisme, il s'était rendu dans cette ville sur la foi d'une prophétie qui, le désignant comme un nouvel Élie, lui promettait cent quarante-quatre mille collaborateurs pour la propagation de sa doctrine.

Un boulanger de Harlem, Jean Mathieu ou Mathæi, prit alors un essor nouveau : il se donna douze apôtres, Jean Bocold, les relieurs Gérard, Cnyper, Barthold, Léonard, Hornensis, deux ouvriers nommés Pierre, Jacob Campens, Corneille Brielan, Nicolas Almarianus, Maynard, de Delft, qui, presque tous, terminèrent une vie misérable par une mort tragique. Il avait voulu régler leur mission par un ouvrage intitulé *Restitution* ou *Rétablissement des principes ou dogmes de l'anabaptisme.*

Corruption de la parole de Dieu, nécessité de l'inspiration pour en fixer le sens, abus du baptême des enfants, obligation en ce cas de le réitérer dans l'âge adulte ; *podonipsie* ou lavement des pieds presque sacrement ; règne terrestre et temporel de Jésus-Christ, et ses droits sur toutes les institutions politiques ; présence fantastique et non humaine de son corps dans l'eucharistie ; défense aux sectaires d'accepter des charges civiles, de servir à la guerre ; communauté de biens ; Évangile, unique règle de la foi, rejet de l'Ancien Testament ; liberté sans bornes, fondée sur la nécessité d'obéir à l'inspiration, seule loi de l'*anabaptiste*, et hors de laquelle il ne peut y avoir qu'abus et corruption diabolique : il est aisé par ce précis de calculer les résultats d'une pareille instruction.

En 1534, Jean Bocold et le relieur Gérard, envoyés à Munster par Mathæi, fondèrent dans cette ville le royaume anabaptiste, dont ce chef fut le premier roi, après s'en être soumis les magistrats et le peuple ; mais, attaqué par les troupes de l'évêque de Munster et de l'archevêque de Cologne, il périt dans une bataille qu'il leur livra, et qu'ils perdirent, laissant son sceptre à Jean Bocold, nommé aussi Bockels et Bockelsohon ou Bockelson, et connu surtout sous le nom de *Jean de Leyde.*

Fils d'un bailli de la Haye, orphelin dès l'enfance, réduit au métier de tailleur, Bocold essaya du commerce sans succès, passa quatre ans en Angleterre, où, sans instruction d'ailleurs, il ne put être spectateur indifférent des troubles religieux de son époque. Il visita le Portugal, la Flandre et l'Allemagne, retourna à Leyde, où il épousa la veuve d'un batelier et ouvrit une petite auberge. De l'esprit naturel, quelques idées littéraires, le portèrent à la poésie : il composa des pièces de théâtre qu'il joua lui-même ; et, selon la mode du temps, il forma une école, où l'on disputait sur les saintes Écritures. Devenu roi, il sut maintenir son pouvoir, mais en tyran. Munster assiégé ne fut pris qu'après que les habitants eurent bravé toutes les horreurs de la famine pendant six mois ; et ce fut la trahison qui le perdit. Il expia dans d'horribles tourments son déplorable règne, donna des marques de repentir, et mit fin par sa mort à l'*anabaptisme* guerrier. Les armes de ce bizarre empire étaient un globe surmonté d'une croix et percé par deux glaives. Ses disciples portaient des médailles représentant leur roi en grand costume, avec cette inscription : *un Dieu, une foi, un baptême.* Ses deux principaux complices, Knipperdolling et Chrestking, furent, comme lui, déchirés avec des tenailles ardentes pendant longtemps, et enfin les bourreaux leur enfoncèrent un poignard dans le cœur. Son corps et le leur furent suspendus dans des cages de fer, au clocher de l'église de Saint-Lambert, et les instruments de leur supplice à la porte de l'hôtel de ville de Munster. On y conserve leur souvenir dans une procession annuelle, une tragédie qu'on joue de temps à autre, un roman médiocre imprimé à Leipsik, et un portrait de Bocold et de sa femme, peint par le Flamand Fromèsfloris. Quelques sectaires réunis encore par Jean de Battenburg prirent le nom de *Battenburgistes*.

Les sectes anabaptistes qui ont succédé désavouent le royaume de Munster, détestent la guerre et l'ambition ; et leurs nombreuses églises, qui brillent par une piété solide, comptent des savants distingués, de judicieux écrivains, des hommes éminemment utiles.

Ubbo Philippi, prêtre catholique de Leuwarden en-Frise, versé dans les lettres latines et grecques, et rebaptisé par un émissaire de Mathæi, devint le chef des anabaptistes ; mais il écrivit pour détromper les fanatiques, et parut revenir, en 1536, aux vrais principes de l'Évangile. Mennon Simonis, qu'il avait sacré évêque, le remplaça. Les anabaptistes, qui d'Ubbo avaient pris le nom d'*Ubbites*, adoptèrent celui de *Mennonites*.

Ubbo Philippi avait élevé aussi à l'épiscopat David Jorisz, né à Delft en 1501, d'un bateleur, Georges de Coman. David avait couru le monde avec son père, et peignait très-bien sur verre. L'espoir de jouer un rôle le jeta dans l'anabaptisme, dont il voulait reproduire les sanglantes extravagances. Il avait déjà composé des hymnes pour le culte protestant, recruté en faveur de Jean de Leyde, et encouru la prison par des écrits pleins d'injures graves contre le clergé catholique ; mais bientôt, poursuivi par les lois et les magistrats, il se cacha à Bâle, comme un Flamand son dévouement aux dogmes de Zwingle réduisait à fuir sa patrie. Après onze ans de séjour dans cette ville, il allait être découvert, quand il y mourut avec sa femme. Sa lettre aux magistrats de Genève, relative à l'antitrinitaire Servet, semble laisser croire qu'il en partageait les opinions.

Les anabaptistes se divisaient en quatre branches, composées, l'une des débris du royaume de Munster, l'autre des battenburgistes, la troisième des hoffmanniens, la quatrième des ubbites, devenus ensuite mennonites. Deux synodes, destinés à les réunir, en 1536 et 1538, ne firent que retarder l'indépendance des ubbites, que leur chef avait ramenés à des principes presque évangéliques. Ce fut peut-être le motif de l'espèce d'abjuration d'Ubbo Philippi, qu'on peint comme un homme dégoûté du monde, qui va cultiver, dans la solitude, des vertus qu'il a vainement essayé d'inspi-

rer à ses semblables. Mennon Simonis, son successeur, chercha sans succès à le ramener. Les anabaptistes, auxquels il donna alors son nom, préférèrent se dire disciples de Michel Satler, qui fut étranger à l'anabaptisme guerrier, et s'appeler *téléïobaptistes*, du grec τέλειος, adulte, parce qu'ils tiennent au baptême des adultes, sans être d'ailleurs rigoureux pour la *rebaptisation*.

Mennon Simonis était né en 1496, à Witmaarsen, en Frise. Prêtre catholique, il se signala d'abord contre l'anabaptisme, et se rétracta pour obéir, disait-il, à sa conscience ; il fit éclater contre la cour de Rome une indignation que des protestants jugent exagérée : mais, s'il eut des torts, sa vie fut pauvre, désintéressée, errante et presque mise à prix par Charles-Quint, qui, comme on sait, avait rendu contre les *anabaptistes* une ordonnance condamnant les hommes à être décapités et les femmes à être noyées. Mennon mourut à Oldeslohe, entre Hambourg et Lubeck, dans une retraite que l'amitié lui avait ménagée, et après une espèce de rétractation, contestée par les uns, regardée par les autres comme une preuve de cette sainte frayeur inspirée par les derniers moments aux âmes même les plus pures. Ses disciples ont près de deux cents églises en Hollande ; ils sont répandus en Prusse, dans l'Allemagne, l'Alsace, les Vosges, l'évêché de Bâle et la principauté de Salm. Ils sont distingués par des vertus et des connaissances religieuses et agricoles. Napoléon Bonaparte les affranchit de la conscription militaire, et ne leur imposa que quelques fournitures et des charrois.

Les baptistes anglais ne sont-ils pas aussi des *mennonites ?* Leurs sectes nombreuses se réduisent à deux principales, les *generalbaptists*, qui sont presque tous arminiens, et les *particulars-baptists*, qui professent le calvinisme, pleins de zèle pour la religion et excellents citoyens.

En 1664, les *mennonites* hollandais et allemands formèrent deux églises, aussi sages aujourd'hui qu'elles furent d'abord intolérantes. L'une d'elles, fondée par Samuel Apostool, prédicant mennonite du dix-septième siècle, a fait craindre le retour d'une dangereuse variation de l'*anabaptisme* de Munster et de David Jorisz. Galenus, qui réunissait, selon l'usage des mennonites, les fonctions ecclésiastiques à la profession de médecin, fut le fondateur de l'autre ; il penchait beaucoup pour le *socinianisme*. L'excessive tolérance de ses successeurs les rend presque indifférents pour les dogmes essentiels du christianisme. C'est dans le corps de controverse de ces sectaires, imprimé en hollandais, en 1637, qu'il faut étudier l'histoire et les variations de leur théologie.

L'école primitive, ignorante et fanatique, produisit des excès et des attentats qu'expièrent de cruels supplices. Elle légua son ignorance et une partie de son fanatisme à l'école des hoffmanniens, qui subsiste encore en Allemagne, en Hollande, en Suisse, en Alsace. Ubbo Philippi l'épura en l'éclairant. Mennon Simonis et Apostool maintinrent ses réformes; mais le zèle ardent de David Jorisz y avait réveillé l'enthousiasme antisocial. Les souvenirs d'Ubbo Philippi, les prédications de Satler, tempérèrent cette fougue coupable, et la sagesse des magistrats étouffa l'esprit de révolte. L'école galéniste, unie à celle du socinianisme et du déisme, et surtout à l'église arminienne ou remontrante, substitua aux fureurs éteintes un système vague et commode qui ne retint du christianisme et de l'anabaptisme que les cérémonies consacrées par l'usage et les préceptes de morale généralement reconnus. L'école des baptistes anglais et américains, divisée en deux branches, l'une calviniste, comme nous l'avons dit, l'autre alliée à l'église arminienne, et professant tous les dogmes primitifs établis par les défenseurs de l'église gallicane, devint studieuse, sage, éclairée, et recommandable par les vertus privées et publiques.

Les mennonites prussiens, appelés *clarishen*, sollicités par l'autorité toujours inquiète de l'existence d'une secte dont le premier essor avait été si funeste à l'ordre public, firent en 1668 leur profession de foi. Ils déclarèrent qu'ils croyaient à l'unité personnelle et à la trinité de Dieu, tout en regardant le mot *trinité* comme inutile, et aimant mieux exprimer leur croyance à ce mystère par les mots de l'Écriture sainte; aux opérations surnaturelles du Saint-Esprit; à la divinité, à la nativité de Jésus-Christ, en s'abstenant de toute décision sur la question de savoir s'il a reçu de la sainte Vierge la nature humaine; à la mission du Sauveur, au péché originel, à la justification par la foi, à l'universalité de l'Église, à la dépendance de la doctrine et des institutions de Jésus-Christ et des apôtres, aux préceptes de la charité, aux espérances de l'avenir, au jugement dernier, à la vie éternelle : mais ils ajoutaient qu'ils n'admettaient que la présence spirituelle et non charnelle de Jésus-Christ dans l'eucharistie; qu'ils rejetaient le serment comme proscrit par l'Évangile : que la *podonipsie* ou lavement des pieds, la sainte cène, le baptême des adultes, en renonçant toutefois à la *rebaptisation* des enfants, parce qu'il n'y a qu'un baptême; que le mariage et le ministère ecclésiastique, étaient, selon eux, des institutions divines du premier ordre; qu'ils voyaient dans les magistrats des hommes tenant leur autorité de Dieu, et, par suite, qu'ils professaient

pour eux respect et soumission; qu'enfin ils étaient persuadés de la possibilité d'observer et d'accomplir la loi, avec l'aide de la grâce de Dieu et les secours de leurs ministres qu'ils appellent *exhortateurs*. Des professions semblables furent publiées en 1664 et 1691 par les mennonites d'Amsterdam, et reçues comme le symbole de toute l'école hoffmannienne; et c'est ce fonds de doctrine qui a été expliqué, modifié et épuré par les sectateurs d'Apostool. Les disciples de David Jorisz ont depuis longtemps cessé d'affliger cette école de leurs excès. Les baptistes anglais et américains, appelés particulars-baptists, ajoutent à cette croyance un grand savoir et un zèle sincère. Les general-baptists ou galénistes y joignent les opinions du socinianisme et de l'arminianisme. Tous les anabaptistes, aujourd'hui, sont dignes de la protection et même des bontés de l'autorité publique.

Henr. Ottius, *Annales anabaptistici*. Bâle, 1672.
Fr. Catrou, *Histoire des Anabaptistes*. 1706, in-4°.
                 GARY.

ANABAS. (*Histoire naturelle.*) Ἀναβαίνω, je monte. Genre établi par Cuvier sur une seule espèce de poisson de l'Inde, très-remarquable par les habitudes qu'on lui prête. En effet, Daldorff, lieutenant au service de la compagnie des Indes, qui l'a décrit le premier en 1797, sous le nom de *Perca scandens*, affirme avoir pris un de ces poissons en novembre 1791, dans la fente de l'écorce d'un palmier (*Borassus flabelliformis*). Ce poisson, déjà à 1m,70 au-dessus de l'eau, dit cet observateur, s'efforçait de monter encore; dans ce but, il s'attachait à l'écorce par les épines de ses opercules, et fléchissait sa queue pour se cramponner par les épines de sa nageoire anale; puis il détachait sa tête, allongeait le corps et parvenait par ces divers mouvements à cheminer le long de l'arbre. Le but de cette ascension, suivant Daldorff, était d'éviter d'être emporté par les vagues lors des grandes inondations, et de trouver dans l'aisselle des feuilles l'eau nécessaire à sa respiration, en attendant qu'il pût retourner dans le fleuve qui baignait le pied des arbres. Le missionnaire John fit un récit semblable à l'ichtyologiste Bloch; mais M. le professeur Valenciennes pense que c'est la même histoire racontée par deux auteurs dont l'un l'avait apprise de l'autre. En effet, John était Danois comme Daldorff, tous deux habitaient Tranquebar et s'y occupaient de sciences naturelles. Cependant, M. Reinwardt, qui a vu de ces poissons à Java, a assuré n'avoir rien entendu dire qui puisse confirmer ce fait. Kuhl et Van Hasselt, Boié et Maklot n'en ont jamais parlé, et M. Leschenault, qui savait l'histoire de Daldorff, nie cette habitude de l'anabas, et regarde le fait observé par le naturaliste danois comme un fait isolé. M. Dussumier, qui a vu des milliers de ces poissons à Bombay, où tous les enfants vont les chercher dans les mares, n'a rien observé ni rien entendu raconter de semblable. Il serait bien étonnant, dit M. Valenciennes, qu'une habitude aussi merveilleuse eût échappé à tant d'observateurs habiles et actifs, si elle était constante chez ce poisson.

Toujours est-il que les anabas ont une organisation particulière qui leur permet de vivre longtemps hors de l'eau comme les anguilles de nos eaux douces et les doras d'Amérique. Aussi les jongleurs indiens ont-ils toujours de ces poissons avec eux pour en amuser le peuple. Du reste, c'est un poisson très-petit, d'un vert sombre, rayé quelquefois de bandes plus foncées, d'une chair fade remplie d'arêtes, et qu'on ne mange qu'à cause des vertus médicinales qu'on lui attribue.

DUPONCHEL père.

ANACARDE. (*Technologie.*) C'est le fruit d'un arbre appelé anacardier, de médiocre grandeur, et qui croît naturellement dans les montagnes de l'Inde. Il fournit une grande quantité d'un vernis fort recherché à la Chine et dans les pays voisins. Les amandes d'anacarde, qu'on nomme aussi noix de marais, sont très-bonnes et agréables au goût, surtout étant nouvellement cueillies; elles servent de nourriture aux habitants des îles Philippines et de plusieurs parties de l'Inde. Ces amandes ont un goût de pistache et de châtaigne; on en ôte l'écorce en les faisant rôtir sous la cendre, et on les mange avec les autres mets, soit vertes et confites dans du sel, soit mûres avec du sucre; on en fait une encre excellente, en pilant le fruit vert et le mêlant avec de la lessive et du vinaigre; le suc mucilagineux de l'écorce sert à marquer le linge d'une manière indélébile; on vante du reste les propriétés médicinales de l'anacarde pour certaines maladies de l'homme, ainsi que pour l'art vétérinaire.

LENORMAND et MELET.

ANACHORÈTE. (*Histoire Religieuse.*) Ce mot, tiré du grec ἀναχωρέω, *aller à l'écart*, sert à désigner un homme qui recherche la solitude, afin de se livrer en paix à la vie contemplative, remplaçant la vue des errements humains par la continuelle admiration des œuvres divines, et les distractions du monde par les pratiques de la pénitence.

Ce genre de vie a pris son origine en Orient, où l'antiquité la plus reculée en offre des exemples. L'Évangile nous montre saint Jean-Baptiste, vivant au désert, en attendant la venue du Messie. Jésus-Christ lui-même se retira quelque temps dans la solitude, afin

de se préparer aux travaux et aux dangers de sa divine mission. Après lui, la religion qu'il avait fondée enseignant avant toute chose l'union, prescrivant avant toute chose un fraternel échange de bons offices, l'amour de la retraite ne se fit pas sentir tout d'abord. Mais quand les persécutions eurent rendu difficile la pratique en commun de la vie chrétienne, quelques-uns allèrent pratiquer dans la solitude les vertus que le monde leur défendait, et consacrèrent à Dieu seul une existence dont les hommes ne voulaient pas. L'an 250 après Jésus-Christ, Paul se retira dans le désert de la haute Égypte, et devint ainsi le premier anachorète chrétien dont le nom soit parvenu jusqu'à nous. Aussi a-t-il été surnommé *l'Ermite* ou *le Thébain*. Bientôt il fut suivi dans la *Thébaïde* (nom qu'on donna dès lors à la partie de l'Égypte située au-dessous de Thèbes, et devenue le séjour de ces pieux solitaires) par saint Antoine, et d'autres encore. Saint Antoine réunit autour de lui les ermites épars dans ces déserts, et par une règle fixe les assujettit à des exercices accomplis en commun. Après lui, Pachonius fit comme il avait fait. Les anachorètes devinrent ainsi des *cénobites* (κοινός, commun, βίος, vie); et ce fut là l'origine des ordres monastiques, dont le moindre défaut a été l'inutilité. Des femmes suivirent cet exemple, et évitèrent les dangers du siècle en se retirant dans la solitude ou en se renfermant dans des cloîtres, et s'y soumettant à une règle commune.

Parmi les premiers anachorètes, quelques-uns, plus exaltés que les autres, voulurent joindre aux méditations de la solitude, les mortifications et les privations les plus dures. Ainsi, un certain Siméon crut plaire à Dieu en se condamnant à passer son existence entière en haut d'une colonne (on l'a nommé Siméon le Stylite, de στύλος, colonne), et son exemple trouva des imitateurs.

ANACOLUTHE, terme de grammaire et de rhétorique. Il est formé du grec, *à privatif* et ἀκολουθεῖν, *suivre, accompagner*. En effet, l'anacoluthe est un vice de construction qui a lieu toutes les fois qu'une proposition n'est point dans une connexion logique avec celle qui précède, ou lorsque l'on omet une proposition qui est la conséquence nécessaire d'une autre. Cette signification, applicable à la rhétorique, est un peu plus restreinte, quand il s'agit de grammaire. L'*anacoluthe* indique alors l'omission d'une particule, résultat et complément obligé d'une particule précédente ou subséquente. On peut citer pour exemple ce vers 330 du livre II de l'Énéide, où le *quoi* exigerait un *tel* qui ne s'y trouve point.

ANACRÉONTIQUE. (*Littérature.*) On donne ce nom à un genre de poésie dont Anacréon, de Téos, a créé le modèle. Avant et après lui, d'autres poëtes grecs ont célébré l'amour, ses peines et ses délices ; mais seul il a consacré tous ses chants à cette volupté, qui était chez lui un penchant de la nature, un présent du caractère, un goût de la raison, et la source d'un bonheur sans mélange. Pour le léger Catulle lui-même, l'amour mêle quelque amertume à ses plus douces jouissances ; pour Anacréon, c'est un ministre de plaisir qui n'a jamais vu passer un nuage sur le front de son maître. Le poëte et le dieu sont familiers ensemble ; ils se couronnent tous deux de roses, ils boivent dans la même coupe un nectar délicieux, et composent de moitié des hymnes à Vénus, qui chérit le décent Bacchus, les Grâces ses compagnes, Mercure le maître de l'éloquence, et Apollon l'inventeur de la lyre.

Je ne puis me défendre de croire qu'Horace travaillait beaucoup ses odes à Barine ou à Pyrrha ; la perfection même du style, en me montrant l'inconcevable mérite de la difficulté vaincue, me laisse apercevoir la trace des efforts : Anacréon, plus simple et moins hardiment figuré, semble ne nous offrir que les fruits heureux d'une impression soudaine. Horace cherche à nous séduire, et choisit avec délicatesse les traits dont il compose la peinture de ses plaisirs ; il se met en frais d'esprit et de gaieté, comme un homme aimable qui veut fêter ses hôtes : Anacréon s'abandonne au sentiment du bonheur ; et, quand son cœur en est plein, il prend sa lyre, et n'écoute que sa riante imagination. Quoi qu'il fasse ou qu'il dise, Horace retient toujours quelque chose de la gravité romaine ; jusque dans une palinodie pour se raccommoder avec Tyndaris, il jette de hautes considérations sur les effets de la colère qui renverse les empires : Anacréon a une verve de gaieté d'autant plus franche, qu'il ne court jamais après l'esprit qui ne sait que sourire. Horace fait de la philosophie sur la mort : Anacréon joue avec elle comme avec tout le reste ; dans sa voluptueuse sécurité sur l'avenir, la vie est pour lui un banquet ; il en sortira sans murmurer, comme on sort de table, au signal donné par le maître de la maison. Je ne suis pas assuré que le faible Horace fera bonne contenance devant la messagère d'Atropos : mais pour Anacréon, je réponds de lui ; il mourra le sourire sur les lèvres ; il sera le Socrate de la volupté.

La tendresse du cœur, les délicatesses de l'amour, les ineffables délices de ce sentiment chez les modernes, ne se trouvent nulle part dans les odes érotiques d'Horace ; par conséquent, elles manquent de ce charme qui touche dans Tibulle et dans Parny ; jamais elles ne feront verser une larme. On désire le même

attrait dans Anacréon, ou plutôt on oublie tout, en le lisant, pour se mettre à la place d'un homme si parfaitement heureux. Sous ce rapport, il ressemble à cet enfant naïf qui fut le grand la Fontaine, et qui s'amusait de tout. Seulement Anacréon n'eût point mis au nombre de ses délices

Jusqu'au sombre plaisir d'un cœur mélancolique.

On ne cesse de comparer Panard et Collé avec Anacréon : mais l'ivresse qui leur donne la verve n'est pas de bon ton comme celle de leur maître. Ils ont oublié que l'hôte de Polycrate et le favori des muses n'admettait à sa table que le *verecundum Bacchum*. Le goût devait remarquer cette différence entre un vrai poëte et des chanteurs.

Nous possédons dans le genre créé par Anacréon beaucoup de pièces charmantes. Les unes, sans avoir à nos yeux le prix qu'un hymne d'Anacréon devait avoir pour les Grecs, nous plaisent par la fidèle image d'un modèle quelquefois embelli ; nous les chantons avec plaisir, et comme si, en renonçant aux autres dieux de l'Olympe, nous eussions conservé le culte de Vénus et de son fils. D'autres, telles que les stances de Voltaire,

Si vous voulez que j'aime encore, etc.,

et celles de Chaulieu sur sa solitude, nous révèlent ce qu'on chercherait en vain dans les amours des poëtes anciens. Le *bon vieillard* de Béranger est une autre leçon qui prouve combien on peut étendre les conquêtes du genre anacréontique, sans le dénaturer. La douce gaieté, la mélancolie, le charme des souvenirs, l'amour de la gloire, les généreux sacrifices, et l'espérance d'une mort qui ressemblera au soir d'un beau jour, tout se réunit pour faire de cette ode une pièce achevée.

Voltaire a dit que nous avions en français cent chansons supérieures aux odes d'Anacréon ; ce jugement, vrai à plus d'un égard, n'enlève rien à la gloire du vieillard de Téos. Même dans ses pièces les plus légères, Anacréon donne des exemples utiles aux poëtes. Il a toujours une idée première et unique pour servir de base à ses compositions. Jamais son imagination ne le force à sortir du cadre et du sujet qu'il a choisi. Aucun écrivain ne marche plus rapidement que lui à son but ; et, quand il paraît se jouer dans sa route, il vous conduit tout à coup à un dénoûment imprévu. Clair comme un poëte français, il ne donne jamais d'énigmes à deviner. Horace, au contraire, affecte, jusque dans ses badinages, une hardiesse de figures et des ellipses qui demandent à être traduites par des efforts de la pensée. Anacréon est ingénieux et simple, qualités qui semblent s'exclure ; mais il a surtout un rare mérite, celui des dénoûments heureux. On ne saurait rien ajouter à la fin de la plupart de ses odes; et l'on essayerait vainement de les terminer avec autant de bonheur qu'il l'a fait. Citons deux exemples à l'appui de cette assertion. Des femmes disent au poète : « Anacréon, te voilà vieux ; consulte le miroir, ton front chauve a perdu ses grâces et sa parure. — De ces pertes je ne sais rien, répond le vieillard ; mais je sais que plus on approche du terme, plus il faut jouer comme les enfants. » Où trouver une autre image pour finir aussi bien ce petit dialogue ? Il en est de même de la charmante fable de la *Colombe et du Passant* : pressée d'accomplir les ordres de son maître et de revenir à lui, elle interrompt tout à coup la riante description de son bonheur par ce trait digne de la Fontaine :

Tu sais tout, je t'ai tout conté.
Adieu, berger; en vérité,
J'ai plus jasé qu'une corneille.

Anacréon enfante des tableaux pleins de vie, et ne s'amuse jamais à ces descriptions qui refroidissent et fatiguent le lecteur. Ses vers, légers, harmonieux, élégants, ressemblent aux traits d'un pinceau pur et facile; et, sous plus d'un rapport du style, on ne peut pas refuser de le placer dans le nombre des écrivains auxquels la critique a donné le nom de classiques, parce qu'ils réunissent, dans leur genre, le génie, le bon sens et le goût.

Anacréon, contemporain de Polycrate, tyran de Samos, vivait vers la 71 et la 72e olympiade (l'an 530 avant J. C.). Il reçut de grands honneurs à Athènes; après sa mort, sa statue fut placée, par les habitants de Téos, sa patrie, à côté des statues de Périclès et de Xantippe.

Ses œuvres parurent pour la première fois par les soins de Henri Étienne, qui trouva l'ode XI sur la couverture d'un vieux livre. Parmi les éditions de ce poète, celle qui a été donnée à Strasbourg par Brunck, en 1786, est l'une des plus estimées. Remi Belleau, Lafosse, Seillans, Moutonnet de Clairfons, Mérard de Saint-Just, la Chabeaussière, ont imité ou traduit Anacréon en français. M. de Saint-Victor, leur émule, les a tous effacés par une traduction qui restera; elle est accompagnée du texte et ornée de gravures, d'après les dessins de Girodet. Les traductions italiennes d'Anacréon sont aussi très-nombreuses; on distingue celles de Marchetti, de Rolli, de Cappoza, de Corsini, de Ridolfi, de Gaetani et de Pagnini. Anacréon a eu pour interprètes en anglais, Stanley, Willis, Addison, Fawkes, Urquhart, etc. On estime les traductions allemandes du même poète par Goetz et Overbeck.

P. F. TISSOT.

ANADYR. (*Géographie.*) Rivière de Russie : elle sort du lac Ivachno, sous le cercle polaire, et tombe, après un cours de près de 900 kil., et par 175° 30' long. E., 64° lat. N., dans la partie de la mer de Behring qui prend de là le nom de mer d'Anadyr.

ANAGNOSTE. (*Antiquité.*) Ἀναγνώστης signifie en grec lecteur. Les Romains appelaient *anagnostæ* des esclaves chargés de lire, pendant les repas, des morceaux d'auteurs choisis. Cet usage fut surtout fort répandu du temps de l'empereur Claude, qui aimait entendre, à table, quelque lecture sérieuse; et l'exemple du maître ne manqua pas d'imitateurs. A notre époque, on voit encore cette coutume pratiquée en certains cas. Sans parler des couvents et des collèges, où elle est presque de rigueur, on comprend facilement que la gêne occasionnée par cette double occupation de manger en lisant soi-même, fasse désirer par tous ceux qui prennent solitairement leurs repas, et employer par quelques-uns les services d'un lecteur. Alex. PILLON.

ANAGOGIE, mot qui vient du grec ἀνά, *en haut*, ἄγειν, *conduire*, et signifie en langage mystique un état d'extase, de ravissement de l'âme vers les choses célestes, ou le moyen d'élever l'esprit à cet ordre d'idées. — *Anagogie* signifie encore l'interprétation figurée d'un fait ou d'un texte de la Bible. On en a fait un adjectif, et l'on dit le sens *anagogique* d'un passage des Écritures.

Dans l'antiquité, on nommait *anagogies* des fêtes qu'on célébrait à Eryx, en l'honneur de Vénus, émigrée en Libye, pour invoquer son retour. Seulement, dans ce cas, l'étymologie, en restant la même, avait un autre sens : ἀνά signifiait alors *en arrière, de retour*, et ἀνάγειν voulait dire *rappeler*.

ANAGRAMME. (*Bibliographie.*) Mot tiré du grec (ἀνά, *en arrière*, γράμμα, *lettre*.) La meilleure définition de ce mot me paraît être celle que donnent MM. de Wailly dans leur vocabulaire; c'est, disent-ils, une transposition de lettres, qui dans un mot ou une phrase, fait trouver un autre mot ou une autre phrase. Considérée relativement aux phrases, l'anagramme n'est qu'une bagatelle difficile, peu digne d'occuper un bon esprit. Quant aux mots, l'histoire littéraire présente une foule de noms anagrammatiques, qui méritent plus ou moins d'être connus. Le plus célèbre peut-être est celui de Pierre-Ange Manzolli, médecin du duc de Ferrare (Hercule II d'Est), au commencement du seizième siècle. Pendant près de deux cents ans, il ne fut connu que sous le nom anagrammatique de *Marcello-Palingenio*. Son fameux poème moral, intitulé *Zodiacus vitæ* (1), obtint une grande ré-

(1) Le *Zodiaque de la vie humaine, ou préceptes pour diriger la conduite des hommes*. On en possède

putation. Les savants étaient donc curieux de connaître le père de cet ouvrage. Les uns croyaient l'avoir trouvé dans Marsile-Ficin, traducteur de Platon. Heuman, habile professeur de Gœttingue, avait prétendu en 1723, dans son *Pœcile*, que Marc-Antoine Flaminius, poëte latin très-distingué, était l'auteur du *Zodiacus vitæ*; mais Jacques Facciolati, préfet des études du séminaire de Padoue, lui écrivit en 1725 que les noms de *Pier-Angelo Manzolli* étaient compris dans ceux de *Marcello Palingenio*, et formaient sans doute le véritable nom de celui qui avait composé le poëme auquel on prenait un si grand intérêt. Tous les savants ont applaudi à cette découverte; et, depuis cette époque, *Manzolli* est reconnu pour être le faux Palingène.

On trouvera beaucoup d'exemples d'anagrammes dans l'ouvrage intitulé *Z. Celsprii* (Christ. Serpilii) *de anagrammatismo libri II, quorum prior theoriam, posterior anagrammatographos celebriores, cum appendice selectorum anagrammatum, exhibet.* Ratisbonæ, 1715, in-8°.

BARBIER.

On trouve dans l'antiquité des exemples d'anagramme. Lycophron, 280 ans avant Jésus-Christ, flattait le roi d'Égypte en faisant subir à son nom, Πτολεμαῖος, cette transformation : ἀπὸ μελίτος, qui vient du miel, et à celui de son épouse Ἀρσινόη celle-ci : ἴον Ἥρας, violette de Junon. Le premier exemple d'anagramme fut donné en France par Calvin, qui, à la tête de ses *institutions*, écrivit son nom *Alcuinus* au lieu de *Calvinus*. L'auteur de *Pantagruel* suivit cet exemple, et cacha François Rabelais sous le pseudonyme d'*Alcofribas Nasier*, composé des mêmes lettres.

Le blason, qui employait fréquemment le jeu de mots et le calembour, ne dédaigna pas non plus l'anagramme; on prétend que les *alérions* placés dans les armes de la maison de Lorraine ne sont que l'anagramme de ce mot *Lorraine*. Si la chose est vraie, l'initiative que nous avons attribuée à Calvin, se trouve lui être ravie; mais le fait est contesté.

Lors de l'assassinat de Henri III, les regrets pour le mort et la haine contre le meurtrier inspirèrent les faiseurs d'anagrammes, qui trouvèrent dans le nom de frère Jacques Clément : *c'est l'enfer qui m'a créé.*

Parmi les autres noms propres qu'on a décomposés, on peut citer celui de Pierre de Ronsard dont on a fait *rose de Pindare*; celui de Marie Touchet, la maîtresse de Charles IX, dont on a fait *je charme tout.* Avec Louis XIII, roi de France et de Navarre, on a fait : *roi très-rare, estimé dieu de la fauconnerie;* avec Marie-Thérèse d'Autriche, qui fut la femme de Louis XIV : *mariée au roi très-*

une traduction française, par La Monnerie. La Haye, 1731, in-12.

chrétien. J.-B. Rousseau, rougissant d'avoir un cordonnier pour père, essaya de se faire appeler Verniettes; on transforma ainsi ce nom : *tu te renies.* Les alliés permirent à la femme de Murat, ex-reine de Naples, de prendre le titre de comtesse de *Lipona* ou *Lipano*, comme on l'a écrit quelquefois. Ces deux mots sont l'anagramme de Napoli. Enfin dans révolution française, on a trouvé : *un Corse la finira.*

Il fut une époque où les anagrammes obtinrent une grande faveur; on croyait que les noms anagrammatisés renfermaient des prédictions. De grands personnages faisaient faire ce travail sur leurs noms à Daurat (mort en 1588). Louis XIII récompensait richement un avocat du parlement d'Aix, qui avait composé 500 anagrammes sur son nom. Un nommé Bachet composait un poëme en 1200 vers, intitulé *Anagrammeana*, dont chaque vers renfermait une anagramme.

Aujourd'hui que l'esprit a pris chez nous plus de gravité, ou qu'au moins les occupations, devenues plus nombreuses, ne laissent plus de temps pour de pareilles futilités, l'anagramme a complétement cessé d'être mise en œuvre, et nous nous contentons d'admirer l'inutile dépense d'imagination qu'on a faite jadis pour obtenir ces beaux résultats, sans nous sentir tentés d'imiter ce que nous admirons.

G.

ANALCIME. (*Minéralogie.*) Ce minéral, qui appartient à la famille des zéolithes, cristallise dans le système régulier; il affecte tantôt la forme du trapézoèdre, tantôt celle du cube avec pointement à trois faces sur les huit angles. Les cristaux sont quelquefois brillants et limpides, plus souvent d'un blanc laiteux : les premiers sont disséminés dans les terrains volcaniques, les autres dans les porphyres.

L'analcime est plus dure que la chaux carbonatée; sa densité est 2, 08 et sa composition d'après Klaproth est la suivante :

Silice	48,00
Alumine	24,25
Soude	16,50
Eau	9,00
Oxide de fer	1,75
Perte	0,50
	100.

L'analcime ressemble à l'amphigène; mais ce dernier minéral forme partie essentielle des rochers volcaniques, tandis que le premier ne s'y trouve qu'accidentellement; de plus, l'amphigène est infusible et fendillé dans tous les sens, l'analcime, au contraire, ne présente pas de fentes et est fusible.

Haüy, *Traité de Cristallographie.*
Brard, *Éléments de Minéralogie.*
Beudant, *Minéralogie.*

Dufrenoy *Traité de Minéralogie.*
Brongniard , *Minéralogie.*

ALEXANDRE CHAYET.

ANALECTES. Traduction française de deux mots grecs dérivés de ἀναλέγω, recueillir, et signifiant, l'un, les restes du repas tombés à terre (ἀνάλεκτα), l'autre les esclaves chargés de balayer ces reliefs (ἀνάλεκται). Sur cette étymologie, on a donné le nom d'*analectes* aux recueils littéraires formés de fragments choisis d'un auteur ou de divers auteurs, et plus spécialement quand ces fragments se composent de petites poésies fugitives.

ANALEMME. (*Astronomie.*) C'est la projection des cercles de la sphère sur le plan du méridien. Comme dans cette projection l'équateur et les parallèles sont des lignes droites perpendiculaires à l'axe de rotation diurne de la sphère céleste, le dessin en est extrêmement facile à tracer. On se sert de cette figure pour trouver, par une construction graphique, la hauteur d'un astre à un instant donné, l'heure de son passage au méridien, et enfin, pour résoudre divers problèmes d'astronomie. Mais, comme ces constructions ne donnent jamais que de grossières approximations, on doit en faire peu de cas. On verra dans mon *Uranographie*, n° 215 de la 3ᵉ édition, quelques usages de l'analemme.

FRANCŒUR.

ANALEPTIQUES. (*Thérapeutique.*) Ἀνάληψις, *rétablissement.* On donne ce nom à toutes les substances propres à rétablir les forces épuisées ; ainsi les analeptiques ne sont pas seulement médicamenteux, ils sont encore alimentaires.

Les analeptiques médicamenteux sont pris dans la classe des astringents, des toniques et des excitants, et sont le plus souvent dus à une combinaison de ces différents agents thérapeutiques.

Les analeptiques alimentaires sont les différentes fécules, le sagou, le salep, le chocolat, les bouillons des diverses viandes, les consommés, les œufs, le lait, enfin toutes les substances qui, sans exciter à la manière des médicaments analeptiques, sont faciles à digérer, fournissent des sucs nourriciers abondants, faciles à absorber et à assimiler, et réparent directement les déperditions que les organes ont éprouvées.

Les vins de différentes espèces, mais celui de Bordeaux par-dessus tout, doivent être considérés comme des analeptiques précieux ; réunissant, en effet, à des propriétés toniques et plus ou moins excitantes, des qualités alimentaires assez prononcées, ils présentent ainsi les avantages des deux classes d'analeptiques que nous avons admises. · C. L.

ANALOGIE. (*Grammaire.*) ἀναλογία, *proportion, rapport, correspondance.* On peut distinguer dans les langues deux sortes d'analogies : l'une qui consiste à suivre, dans la construction d'une phrase, le même ordre que suit l'esprit dans la disposition des pensées ; l'autre qui consiste à faire subir aux mots des modifications semblables, pour exprimer les mêmes changements dans les idées. Ainsi, quand on dit : *Alexandre vainquit Darius à Arbelles*, et non : *Ad Arbela Darium vicit Alexander,* on suit dans la construction des mots une marche *analogue* à celle des idées ; la langue est dite alors *analogue* dans sa construction. Quand, après avoir employé la terminaison *ais* pour exprimer dans un cas l'imparfait *J'aimais*, j'emploie la même terminaison, pour le même temps, dans les verbes : *Je parlais, venais, marchais,* etc., il y a analogie dans la structure des mots.

BOUILLET.

ANALOGIE. (*Philosophie.*) Ce mot signifie dans l'usage un ou plusieurs rapports de conformité, de ressemblance entre les choses. L'analogie diffère de l'identité en ce qu'elle a lieu entre des choses distinctes ; et de la similitude, en ce que les choses qu'elle rapproche ont des points semblables et des points différents. En métaphysique, c'est un jugement naturel de l'expérience ; en logique, une preuve ou une forme d'argument ; dans les sciences, un procédé de méthode.

Comme jugement de l'expérience, l'analogie est prochaine ou éloignée. L'analogie prochaine est la perception actuelle de la similitude ou de la connexion de deux ou de plusieurs choses présentes ; elle saisit les propriétés communes, les caractères semblables des objets matériels, la corrélation de ceux-ci avec nos organes, de nos organes avec nos sentiments et nos facultés, enfin de nos sentiments et de nos facultés avec leurs fonctions ; elle saisit les rapports des nombres et des figures, les harmonies des sons et des couleurs, la correspondance des parties de l'économie physique et morale des êtres vivants ; et, par une échelle de gradations qui ne permet à aucune partie de l'univers d'être isolée, s'élevant jusqu'au cœur et jusqu'à l'esprit de l'homme, elle pénètre les rapports intimes qui les unissent, et ceux qui les lient à la société et à l'ordre universel. Tels sont les rapports de similitude que nous apercevons entre les métaux, les végétaux ; entre les substances alimentaires et nos organes ; entre l'action et la volonté, les sentiments et les traits de la physionomie ; entre les signes de la bienveillance, du mépris ou de la haine avec nos affections. Cette première analogie, tout intuitive, est le fondement des espèces et des causes finales ou du rapport des moyens à la fin.

L'analogie éloignée est celle par laquelle,

étant connu le rapport de deux faits, nous concluons l'existence de l'un de l'existence de l'autre ; par exemple, lorsque de la perception d'un sens nous passons à celle d'un autre, du son d'un corps à sa forme, à sa couleur ; de sa couleur à son poids, à son odeur, à sa saveur : c'est le phénomène que les philosophes écossais appellent *perceptions acquises*, dont il est parlé au mot *Association*. Par une autre liaison, nous jugeons de ce que les pierres tombent, de ce que le feu brûle dans les lieux que nous habitons, que les pierres tombent, que le feu brûle dans les lieux où nous ne sommes pas ; que les fruits doivent paraître, quand nous voyons les arbres se couvrir de fleurs ; que le temps sera pluvieux, quand le mercure descend dans le tube du baromètre ; que les êtres qui agissent et donnent des signes de joie ou de douleur, et dont les actions sont dirigées vers un but, sont sensibles, animés d'une volonté et d'une intelligence, comme nous ; qu'ils aiment, comme nous, la vérité et la justice, et que nous pouvons ajouter foi à leurs discours et nous fier à leur parole, à moins qu'une analogie contraire ne modifie ce jugement. C'est ainsi que la succession des phénomènes et des mouvements réguliers et donnés à des fins périodiques, révèlent à notre esprit une cause intelligente. Cette seconde analogie, vulgairement nommée *induction*, qu'il ne faut pas confondre avec l'induction scientifique, est le fondement de la connaissance que nous avons des dispositions naturelles et des facultés de nos semblables, et de celles des animaux ; elle est le fondement de la connaissance que nous avons des causes physiques, improprement nommées *efficientes*.

Nous concevons facilement comment se forme en nous la perception de l'analogie prochaine ; c'est une intuition du rapport de deux termes actuellement présents. Mais le jugement inductif, dans lequel un des termes nous apparaît comme une espèce de prescience, de divination, est moins aisé à concevoir. Hume l'explique par l'association des idées (1). Reid, ayant observé que l'association des idées est distincte de la persuasion qui accompagne la prescience, considère le fait comme un principe naturel de l'intelligence qu'il nomme principe d'induction (2). Turgot pareillement le transforme en penchant et ne l'explique pas (3). Nous croyons pouvoir l'envisager comme un fait de mémoire, et nous n'y voyons point d'autre caractère. L'expérience ou l'observation que nous faisons de deux phénomènes, les lie dans notre esprit ; la mémoire s'empare

(1) *Essais sur l'entendement humain*, 4e essai.
(2) *Recherches sur l'entendement humain*, tome II, section 24.
(3) *Vie de Turgot*, par Condorcet.

de cette liaison, et l'une ne peut plus nous apparaître sans rappeler l'autre.

L'analogie prochaine et l'analogie éloignée sont deux procédés que nos sens, nos facultés et le langage exécutent d'abord naturellement, et qui constituent à notre égard l'expérience. Elle supposent que l'univers est régi par des lois constantes et uniformes, et que nous avons une connaissance naturelle de ces lois. Elles nous lient à l'univers et enveloppent notre existence : sans elles je n'ose prendre l'aliment dont je me suis nourri, je n'ose me fier à ma raison, à ma volonté, à mes membres, aux objets qui m'environnent, aux autres hommes, à l'ami que j'ai éprouvé ; l'expérience du passé m'est inutile ; je dois la recommencer sans cesse ; je suis toujours comme au premier pas de la vie, ou plutôt je n'y suis pas ; je péris en naissant, puisque je n'ai en moi aucun principe de continuité ni de liaison avec la nature.

Telle serait la condition de l'humanité et de tout ce qui respire, sans l'analogie. Mais l'homme lui doit surtout cette raison qui le distingue des animaux. C'est elle qui exprime, par des interjections, nos sentiments ; qui peint, par des onomatopées, les bruits naturels ; représente, par des traits figurés, les articulations de la voix ; et, par un procédé plus sévère, classe, au moyen de la réflexion et du langage, les objets, leurs propriétés, leurs rapports ; crée les termes généraux ; ordonne nos pensées par le mécanisme des désinences et de la construction, les embellit par les tropes, par les tours ingénieux, les saillies, les traits d'esprit ; limite la nature par les sons, les figures, les couleurs ; et de cette variété infinie compose les beautés des arts et de la littérature.

L'analogie passe donc du domaine de la sensibilité dans celui de la réflexion, pour présider à la formation du langage et pour régler l'exercice de nos facultés. Comme preuve, elle est ensuite l'appui de la certitude, et la logique l'oppose à la démonstration ou à l'évidence du raisonnement. Ici, les jugements sont abstraits, et leur justesse et leur liaison résultent d'une classification exacte des termes : là, les jugements sont concrets, et les termes ne sont point des termes spéculatifs, mais des phénomènes réels, dont la liaison nous est rappelée par la mémoire. Ici, la vérité est en nous, c'est-à-dire dans la formation de nos idées et dans la manière dont nous les classons ; là, elle est hors de nous, et elle dépend d'une critique de faits plus ou moins exacte. La discussion des faits historiques, la connaissance des hommes, les indices qui nous révèlent leurs actions, la conduite des affaires, la politique, la législation, la morale et la religion lui doivent leurs motifs et leurs arguments les plus importants, elle fournit à la raison la preuve la plus solide de l'existence de Dieu, de sa providence, et de notre destinée future; puisque l'âme ayant ses penchants, ses désirs et ses goûts, comme le corps a ses besoins et ses appétits, ils doivent posséder l'objet vers lequel ils tendent, comme nos besoins et nos passions possèdent le leur dans cette vie. L'analogie ne se borne pas même aux connaissances de vérité probable, elle s'applique à celles de vérité nécessaire, et sert souvent de guide à la démonstration.

Comme méthode d'investigation, elle fonde les axiomes et les formules sur des cas particuliers qu'elle étend à tous les cas, d'après les lois de l'entendement. Elle révèle à Copernic le mouvement de la terre; à Galilée, la théorie de la pesanteur; à Newton, le système du monde, et lui dicte ses règles de philosophie naturelle; à G. Cuvier, l'existence des races qui ont disparu du globe. Elle guide les conjectures du politique, les pronostics du médecin, justifie les hypothèses du physicien et du naturaliste; dirige l'analyse du métaphysicien, du grammairien, du mathématicien : mais ce n'est plus, comme dans l'usage vulgaire, l'induction de l'effet à la cause, du moyen à la fin, d'un cas particulier à un autre cas, d'un exemple à un autre; c'est l'induction systématique, dont Bacon a donné les règles, qu'il a opposées au syllogisme, laquelle consiste à conclure de plusieurs faits particuliers à un seul fait qui les domine tous. *Voyez* INDUCTION.

Tels sont les secours que l'esprit humain doit à l'analogie. Pour en décrire les erreurs, nous aurions à revenir sur les perceptions des sens, les souvenirs de la mémoire, les fictions de l'imagination; sur tous les mouvements de la sensibilité, sur toutes les associations d'idées et sur l'emploi des mots; nous aurions à signaler cette foule de préjugés populaires et d'opinions superstitieuses, puisés dans une fausse interprétation des causes physiques et morales; la terreur des comètes, regardées comme signes de quelque calamité; l'influence des astres sur les destinées humaines, la foi aux sorciers, aux talismans, aux amulettes; l'intolérance et le fanatisme religieux. Les philosophes ne seraient point exempts des fausses analogies, ils rangeraient dans une même classe les cas qui paraissent analogues, et qui cependant ne le sont pas; nous les verrions se contenter d'analogies faibles et très-éloignées, prendre des accidents pour des caractères distinctifs, se créer des principes artificiels qui les écartent de la véritable route de la nature. Mais nous aurions à compulser les annales du genre humain; et le lecteur trouvera dans tous les sujets soumis à ses réflexions un ample supplément à la brièveté de

cet article. Cependant, à mesure qu'on approchera des temps modernes, on remarquera, parmi les peuples, les progrès de la raison dissiper les préjugés de l'ignorance et les erreurs de la superstition, et, parmi les savants, le génie de l'observation et de l'analyse dissiper l'autorité aveugle des principes abstraits.

Condillac, *Logique et Art de raisonner.*
Félice, *Leçons de logique.* Iverdun, 1770.
S'Gravesande. *Introduction à la philosophie.*
Prevost de Genève, *Essais de philosophie,* 2e volume.
Hume, *Essais sur l'entendement humain,* tome 1er.
Reid, *Recherches sur l'entendement humain,* tome II.

SATUR.

ANALYSE. (*Chimie.*) ἀνάλυσις, *résolution*, *analyse.* Le but qu'on se propose dans l'analyse chimique consiste à déterminer les éléments d'un corps composé. Ce genre de recherches comprend deux parties distinctes : dans la première, il s'agit de reconnaître la *nature* des éléments du corps; l'analyse est dite alors *qualitative :* dans la seconde, qui prend le nom d'analyse *quantitative*, on mesure les *proportions* de ces éléments. L'examen que nous avons fait de l'air atmosphérique fournit un exemple d'une analyse chimique complète : on a vu comment nous en avons déterminé la composition qualitative et quantitative, en constatant successivement et par des méthodes différentes 1° qu'il renfermait de l'oxygène, de l'azote, etc.; 2° que ces gaz formaient respectivement les 0,21 et les 0,79 etc. du volume total. Toutes les substances que la nature et les arts nous fournissent donnent lieu à ce double système de recherches; car la composition est l'élément principal de l'histoire chimique d'un corps, et, pour ainsi dire, le fondement de toutes les propriétés qu'il présente.

Les procédés analytiques varient avec l'état d'agrégation de la substance sur laquelle on opère : il est facile de comprendre que l'analyse d'un mélange gazeux doit exiger des méthodes et des appareils qui diffèrent essentiellement de ceux qu'on emploie pour traiter un composé solide. Dans l'impossibilité où nous sommes de présenter ici un traité d'analyse chimique, nous nous bornerons, dans cet article, à résumer la partie de la science qui concerne les corps solides et qui comprend les cas les plus usuels et les plus intéressants. Nous devons d'ailleurs, conformément à la division générale de la chimie, considérer séparément les substances minérales et les substances organiques.

Analyse des substances minérales.

Il est rare qu'on puisse déterminer complétement la composition d'une substance inorganique, autrement que par *voie humide,* c'est-à-dire par l'emploi d'agents chimiques liquides ou en dissolution . Mais, dans un grand nombre de cas, les essais par *voie sèche* fournissent un moyen précieux pour reconnaître la nature d'une substance, trouver les *proportions de quelques-uns de ses éléments*, etc. Les opérations dites de la voie sèche, parce qu'on n'y emploie que l'action de la chaleur et des flux, permettent d'ailleurs de reproduire en petit, dans les laboratoires, ce qui se pratique en grand dans les ateliers où les procédés sont essentiellement analogues. On conçoit dès lors que, dans certaines recherches, la voie sèche doive être préconisée : mais, en général, c'est par l'usage simultané *des deux méthodes qu'on parvient le plus facilement* à faire une analyse complète.

Les moyens qu'emploie le chimiste pour parvenir à la détermination spécifique des éléments, sont fondés sur la connaissance des actions qui se manifestent lorsque les corps sont mis, dans des circonstances convenables, en présence des *réactifs*. On sait, par exemple, qu'en versant une dissolution de baryte dans une liqueur qui contient de l'acide sulfurique, on fait naître un précipité de sulfate de baryte, dont les caractères sont faciles à constater : si donc, dans un liquide qu'on essaye, ce précipité se forme lorsqu'on ajoute de la baryte, on en conclura que le liquide essayé contient de l'acide sulfurique. D'après cela, on dit que la baryte est un *réactif* propre à faire reconnaître l'acide sulfurique.

Les caractères que fournissent les réactifs sont plus ou moins décisifs, suivant que ces caractères appartiennent à un ou à plusieurs corps : ainsi, de ce que l'acide sulfurique fait naître un précipité dans une liqueur, on ne peut pas conclure que cette liqueur renferme de la baryte, parce que la baryte n'est pas la seule substance qui donne un précipité avec l'acide sulfurique : l'oxyde de plomb produit, dans les mêmes circonstances, le même phénomène; il faut donc un examen ultérieur pour décider si la liqueur renferme de l'oxyde de plomb ou de la baryte. — Ces caractères sont aussi plus ou moins sensibles; il faut, pour qu'ils se manifestent, une quantité plus ou moins faible de la susbtance à essayer. L'iode, par exemple, est un réactif très-sensible pour faire reconnaître la fécule; il suffit, en effet, qu'un liquide contienne une très-petite quantité de fécule pour que la coloration bleue qui la décèle devienne apparente, lorsqu'on y ajoute de l'iode.

Voici le tableau des principaux réactifs de la voie humide :

Acide chlorhydrique. C'est l'acide qu'on emploie le plus fréquemment dans les analyses chimiques. Il sert à dissoudre la plupart des substances insolubles dans l'eau. Comme il produit un précipité dans les dissolutions des sels d'argent et de mercure, il est propre à faire reconnaître ces métaux.

Acide azotique. Il sert, comme le précédent, pour dissoudre les substances insolubles dans l'eau, surtout les métaux et les alliages. Dans un grand nombre de cas, on le fait agir comme oxydant, par exemple, lorsqu'on veut transformer en oxyde un sulfure métallique, faire passer le protoxyde de fer au peroxyde, etc. Mêlé à l'acide chlorhydrique, il forme l'eau régale, le seul réactif propre à dissoudre l'or, le platine, etc.

Acide sulfurique. Il produit un précipité dans les dissolutions de baryte, de strontiane, de plomb, et décèle ainsi la présence de ces métaux. Les chlorures, fluorures, etc., traités par l'acide sulfurique, dégagent de l'acide chlorhydrique, de l'acide fluorhydrique, etc., et se reconnaissent à cette réaction.

Ammoniaque. On l'emploie pour distinguer des sels terreux les sels de potasse, de soude, de baryte et de chaux : mis en dissolution, les derniers donnent avec l'ammoniaque un précipité, tandis que les sels terreux n'en donnent point. L'ammoniaque est encore un réactif utile pour découvrir l'oxyde de cuivre, pour distinguer le chlorure d'argent du protochlorure de mercure, etc.

Potasse. Elle précipite tous les sels métalliques et terreux; quand elle est ajoutée en excès, elle redissout quelquefois le précipité formé : c'est ce qui arrive pour les sels d'alumine, par exemple. On profite de cette propriété pour séparer l'alumine de quelques autres oxydes.

Carbonate de potasse. On distingue, au moyen de ce réactif, les sels alcalins de tous les autres : les premiers sont les seuls que le carbonate de potasse ne précipite point. Les carbonates d'ammoniaque et de soude peuvent remplacer, pour cet usage, le carbonate de potasse.

Acide sulfhydrique. C'est le réactif le plus important pour reconnaître les oxydes métalliques proprement dits et les séparer des alcalis et des terres : il n'a point d'action sur les sels alcalins et terreux, tandis qu'il donne, en général, un précipité avec les dissolutions métalliques. Ajoutons que la couleur de ce précipité est souvent caractéristique. — Le sulfhydrate d'ammoniaque peut remplacer, dans la plupart des cas, l'acide sulfhydrique.

Chlorure de barium. La dissolution de chlorure de barium est d'un fréquent usage pour reconnaître l'acide sulfurique et les sulfates.

Azotate d'argent. Il sert à découvrir, dans les dissolutions, l'acide chlorhydrique et les chlorures.

Chlorhydrate d'ammoniaque. Il y a quelques oxydes, la magnésie par exemple, qua l'ammoniaque ne précipite plus, quand la dissolution contient du chlorhydrate d'ammoniaque : de là l'usage de ce réactif pour séparer la magnésie de quelques autres substances, telles que l'alumine.

Acide oxalique. Il sert principalement pour séparer la chaux : on sait que les sels calcaires solubles donnent, avec l'acide oxalique, un précipité d'oxalate de chaux.

Phosphate de soude. Ce sel précipite les dissolutions neutres de magnésie ; et on l'emploie souvent pour séparer cette base des terres qui l'accompagnent.

Chlorure de platine. C'est un des réactifs les plus décisifs de la potasse : il donne, avec les sels de cette base, un précipité jaune, facile à reconnaître.

Fluorure de silicium. Il donne un précipité dans les sels de baryte, et ne trouble point les sels de chaux ni ceux de strontiane : on peut donc l'employer pour distinguer ces sels les uns d'avec les autres.

Cyanure jaune de potassium et de fer. Ce sel, ainsi que le suivant, est un réactif très-sensible pour les sels de fer et pour quelques autres sels métalliques. Dans les dissolutions de protoxyde de fer, il produit un précipité blanc qui bleuit rapidement à l'air ; dans les dissolutions de peroxyde, un précipité bleu de Prusse.

Cyanure rouge de potassium et de fer. Il donne un précipité bleu dans les dissolutions de protoxyde de fer ; il ne trouble pas celles de peroxyde.

Protochlorure d'étain. La dissolution de ce sel est employée pour rechercher l'or : le protochlorure d'étain colore en rouge la dissolution du chlorure d'or, ou y fait naître un précipité de couleur pourprée foncée.

Alcool. On se sert de l'alcool pour précipiter complétement le sulfate de chaux : ce sel y est tout à fait insoluble, tandis qu'il se dissout partiellement dans l'eau.

Les réactifs que nous venons d'énumérer suffisent pour la plupart des analyses par voie humide : il faut y joindre l'eau distillée et le papier de tournesol.

Indiquons maintenant *les réactifs les plus usuels de la voie sèche* : on peut, par rapport à leur mode d'action, les classer de la manière suivante :

Réductifs. On désigne, sous ce nom, toutes les substances propres à enlever l'oxygène aux combinaisons soumises à l'essai. Les réductifs qu'on emploie le plus souvent sont *le charbon* et l'*hydrogène*. Le charbon réduit complétement les oxydes métalliques proprement dits, quand la température est suffisamment élevée : mais il arrive quelquefois qu'il se combine avec le métal devenu libre. Un oxyde de fer, par exemple, chauffé avec du charbon, à une température de 150 degrés pyrométriques, perd tout son oxygène ; mais le fer ne reste pas libre : il entre en combinaison avec le charbon et l'on obtient finalement un fer plus ou moins carburé qui constitue la *fonte.* Dans les expériences d'essai, on se sert ordinairement, pour réduire un oxyde par le charbon, de creusets *brasqués* ou revêtus préalablement à l'intérieur d'une couche de charbon fortement tassé : la réduction a lieu ainsi par cémentation, sans que le combustible soit mêlé avec l'oxyde (*Voy.* Opérations). — Le gaz hydrogène réduit un grand nombre d'oxydes métalliques, à la chaleur rouge ou à la chaleur blanche, et donne le métal parfaitement pur ; mais, comme on ne peut s'en servir qu'à une température peu élevée, les matières, ordinairement mélangées avec l'oxyde, ne se séparent point, par fusion, du métal réduit : cet inconvénient borne l'emploi de l'hydrogène comme réductif aux expériences de recherches.

Oxydants. Les principaux réactifs oxydants sont l'*oxygène de l'air*, la *litharge*, l'*azotate de potasse*, les *peroxydes de fer et de manganèse*, etc. — La plupart des métaux s'oxydent au contact de l'air, soit à la température ordinaire, soit à l'aide de la chaleur : de là les opérations décrites dans un autre article, sous le nom de grillage, coupellation, scorification (*Voy.* Opérations). — La litharge est, comme on sait, le protoxyde de plomb ; elle cède facilement son oxygène et oxyde la plupart des métaux, sauf l'or, l'argent, le mercure, etc. De plus, elle forme, en général, des combinaisons très-fusibles : ces propriétés la rendent *un réactif précieux pour séparer les métaux qu'on vient de nommer de leurs combinaisons.* — L'azotate de potasse est un oxydant très-énergique, parce qu'il se décompose facilement et qu'il renferme une forte proportion d'oxygène. Il oxyde un grand nombre de corps, la plupart des métaux, sauf l'or, l'argent, etc. On s'en sert pour purifier les métaux précieux, et pour préparer certains flux. — Les peroxydes de fer et de manganèse sont rarement employés comme réactifs ; mais, dans les opérations de la voie sèche, ils agissent souvent à la manière des réactifs oxydants, en cédant une partie de leur oxygène.

Désulfurants. Ce sont principalement l'*oxygène de l'air*, le *fer*, la *litharge*, etc. — Dans l'opération du grillage, l'oxygène de l'air peut agir comme désulfurant : les sulfures perdent, dans cette opération, une partie du soufre, qui se dégage à l'état d'acide sulfureux. — Le fer enlève le soufre à l'argent, au mercure, au plomb, à l'étain, etc. ; mais il ne décompose pas totalement les sulfures de cuivre : on s'en sert souvent dans les essais pour désulfurer ces divers métaux. — La litharge est employée, comme désulfurant, dans l'essai des sulfures qui renferment des métaux précieux : elle fait passer le soufre à l'état d'acide sulfureux, qui se dégage; et le métal qu'on veut doser s'obtient à l'état d'alliage avec le plomb : on isole ensuite ce métal en traitant l'alliage par coupellation.

Sulfurants. Les réactifs sulfurants les plus usuels sont *le soufre, le cinabre, la galène, les sulfures alcalins,* etc. — Le soufre a, comme on sait, des affinités très-énergiques : il se combine avec la plupart des métalloïdes et avec un grand nombre de métaux : il réduit, à l'aide de la chaleur, un grand nombre d'oxydes, etc. On s'en sert pour la préparation, par voie sèche, des sulfures alcalins et quelque fois pour l'essai des métaux fins. — Le cinabre ou sulfure de mercure, la galène ou sulfure de plomb sont employés, dans quelques cas, de préférence au soufre, pour sulfurer certains métaux. — Les persulfures alcalins sont les sulfurants les plus énergiques que l'on connaisse : tous les métaux sans exception, les oxydes, même les plus difficiles à réduire, sont changés en sulfures par l'action de ces réactifs. Pour les opérations de la voie sèche, on les emploie rarement tout préparés : on les remplace par des mélanges équivalents qui les produisent dans l'opération même; ces mélanges sont formés de soufre et de carbonate de potasse ou de carbonate de soude en proportions convenables.

Flux ou *fondants.* Ces réactifs sont destinés, en général, à déterminer la fusion. Voici les principaux : *silice, chaux, magnésie, alumine, verre, acide borique, borax, spath fluor, carbonates alcalins, nitre, sel marin, flux noir* (mélange de charbon et de carbonate de potasse), *crème de tartre, sel d'oseille, litharge, cristal, sulfate de plomb,* etc. Quelques-uns de ces composés sont à la fois fondants et réductifs : tels sont le flux noir, la crème de tartre et le sel d'oseille.

Quand on a reconnu la nature des éléments d'un composé, il faut, comme nous l'avons dit, pour compléter l'analyse, procéder à la détermination des proportions de ces éléments. C'est encore par l'emploi convenable des réactifs qu'on parvient à isoler chaque corps élémentaire : on obtient ainsi, non le corps lui-même tel qu'il était dans le composé soumis à l'analyse, mais en général une combinaison connue dans laquelle il entre et dont le poids fournit, par déduction, le poids cherché. C'est ainsi que, pour déterminer le poids du soufre dans un sulfure, on fait ordinairement passer le soufre à l'état d'acide sulfurique, qu'on dose directement et dont on déduit ensuite la quantité de soufre : la composition connue de l'acide sulfurique rend

cette déduction facile, et la détermination proposée se trouve d'ailleurs effectuée rigoureusement par cette voie indirecte, dès qu'on est sûr que tout le soufre du sulfure a été transformé en acide sulfurique.

Comme le résultat final doit toujours être obtenu à l'aide d'une pesée, le réactif employé pour séparer le corps n'est pas indifférent, et doit être choisi de manière à fournir une combinaison du corps bien définie, stable, propre au dosage. Qu'il s'agisse, par exemple, de reconnaître le poids du fer qui entre dans une dissolution donnée : le cyanure de potassium, qui nous indiquait tout à l'heure, par un caractère très-sensible, la présence du fer, est un réactif impropre, si l'on veut le doser, parce que le précipité que donne le cyanure dans les sels de fer est un composé très-complexe qui s'altère très-aisément et dont on ne pourrait tirer le poids du fer sans commettre de graves erreurs. On rejettera donc, dans l'analyse quantitative de la dissolution proposée, l'emploi du cyanure, et il faudra recourir à un réactif qui fournisse le fer à l'état de peroxyde, sous lequel on le dosera. Ce que nous venons de dire du fer s'applique à tous les autres corps : on ne peut les doser avec exactitude qu'à certains états de combinaison.

Les notions générales que nous venons d'exposer suffisent pour donner l'idée du but et des méthodes de l'analyse chimique : nous ne pourrions les étendre davantage sans entrer dans des détails qui appartiennent essentiellement aux traités spéciaux. L'analyse chimique exigeant, en effet, une connaissance approfondie des caractères des corps et tout à la fois une extrême habitude des manipulations, on ne saurait en faire connaître les procédés d'une manière succincte. Nous nous contenterons de les appliquer à un cas particulier.

Proposons nous, par exemple, de faire l'analyse du verre.

L'examen des propriétés physiques et certains essais très-simples dont il sera question dans un autre article (*Voy.* Chalumeau) apprendront d'abord qu'on a affaire à une substance silicifère : si l'on cherche d'ailleurs à dissoudre cette substance, en la traitant par un acide, on reconnaîtra qu'elle est inattaquable par ces réactifs. Ainsi, pour qu'on puisse le mettre en dissolution, ce qui est toujours la première chose à faire, un traitement préliminaire est indispensable. Ce traitement consiste à fondre le verre avec du carbonate de baryte : on introduit ainsi la baryte en combinaison avec la silice, et le silicate, qui constitue le verre, se trouvant maintenant basique, devient attaquable par les acides. En effet, la masse retirée du creuset et mise en digestion avec l'acide chlorhydrique, ne tarde pas à s'y dissoudre complétement, sans laisser aucun résidu.

On sépare alors la silice qui est maintenant en dissolution dans l'acide chlorhydrique, mais qui, chauffée à 200 degrés, devient, comme on sait, complétement insoluble dans cet acide. En évaporant à sec la liqueur obtenue et reprenant, par l'eau, la masse desséchée, la silice ne se dissoudra point, et on la séparera complétement par filtration. Dans cette opération, il est nécessaire d'ajouter un peu d'acide chlorhydrique à l'eau qu'on emploie, parce que, pendant la dessiccation, quelques-unes des bases de la substance peuvent avoir perdu l'acide de combinaison, et sans cette précaution elles ne rentreraient pas en dissolution. La silice séparée sera soumise à divers essais qui en constatent la pureté. Elle doit être blanche et rester blanche, quand on la calcine. Fondue au chalumeau avec de la soude, elle doit donner un verre transparent et incolore : elle doit se dissoudre complétement dans le carbonate de soude et former ainsi une liqueur transparente qui se prend en gelée par refroidissement. Toute propriété différente de celles-là annoncerait que la silice contient une matière étrangère.

La liqueur qu'on a filtrée, pour en séparer la silice, contient, à l'état de chlorures, tous les autres corps qui entrent dans le verre. Pour reconnaître la nature de ces corps, on ajoute à la liqueur de l'ammoniaque caustique en léger excès. L'ammoniaque doit laisser dans la liqueur, outre les alcalis caustiques, la baryte, la chaux, la magnésie, etc., et précipiter, au contraire, l'alumine et les oxydes métalliques. Dans l'exemple que nous avons pris, on verra l'ammoniaque produire un précipité; et ce précipité sera reconnu comme de l'alumine pure aux caractères que nous avons signalés ailleurs. *Voy.* ALUMINIUM.

Examinons maintenant la liqueur qu'on a traitée par l'ammoniaque et dont on a séparé l'alumine. Si le verre contenait quelque métal, comme le zinc ou le cuivre, il faut remarquer que la plus grande partie des oxydes de ces métaux serait restée dissoute par l'excès d'ammoniaque et se retrouverait dans la liqueur que nous allons essayer. Il faut savoir, avant tout, si ce cas se présente : pour s'en assurer, on n'a qu'à essayer la liqueur par l'acide sulfhydrique : l'absence de précipité témoignera ici de l'absence des oxydes métalliques dont nous venons de parler. — Reste à reconnaître la nature des bases qui sont dans la liqueur : ces bases ne peuvent être, comme nous l'avons dit plus haut, que des alcalis fixes, de la chaux, de la baryte, de la strontiane ou de la magnésie. On reconnaîtra ces divers corps aux caractères suivants :

1° si l'addition d'un sulfate dans la liqueur un peu étendue fait naître un précipité, elle contiendra de la baryte, ou de la strontiane, ou l'un et l'autre de ces oxydes; 2° si l'oxalate d'ammoniaque y donne un précipité, on en conclura la présence de la chaux; 3° enfin la magnésie se reconnaîtra au moyen du phosphate de soude, qui .forme avec cette base un sel insoluble : ce sel se précipite quand on ajoute du phosphate de soude à la liqueur, si elle contient de la magnésie. Quant aux alcalis fixes, en excluant, pour plus de simplicité, le cas où le verre les contiendrait tous deux, on saura, par le chlorure de platine, si l'on a affaire à la soude ou à la potasse : ce réactif, comme nous l'avons dit ci-dessus, donne un précipité dans les sels de potasse et n'en produit point dans les sels de soude.

Dans le cas que nous examinons, on accusera ainsi, sans ambiguïté, la présence de la potasse, de la magnésie et de la chaux : mais si l'on a obtenu, comme nous le supposons, un précipité, par l'addition d'un sulfate dans la liqueur, il faudrait décider, par un examen ultérieur, si elle contient de la baryte ou de la strontiane ou les deux substances à la fois. Cet examen n'offrirait point de difficultés; mais, pour ne pas compliquer la question, nous admettrons que le verre soumis à l'analyse ne contient ni baryte, ni strontiane, substances qui, en effet, n'entrent pas dans le verre ordinaire : le précipité que nous avons obtenu en ajoutant un sulfate est dû alors à la présence de la baryte que nous avons ajoutée au verre pour le rendre attaquable par les acides : cette base devra donc être négligée dans l'analyse quantitative.

L'analyse décrite précédemment nous a appris qu'il existe dans le verre de la silice, de l'alumine, de la chaux, de la magnésie et de la potasse . il s'agit maintenant de reconnaître les proportions de chacune de ces substances, dans un poids déterminé du verre. C'est l'objet de l'analyse quantitative : nous allons exposer les moyens de l'exécuter.

La première opération à faire consiste à séparer la silice et s'exécute de tous points comme nous l'avons indiqué pour l'analyse qualitative. Après avoir rendu la substance attaquable par les acides, en la chauffant fortement avec du carbonate de baryte, on dissout la masse dans l'acide chlorhydrique : la dissolution est ensuite évaporée à sec, et le résidu repris par l'eau aiguisée d'acide chlorhydrique : une portion de ce résidu reste dans la liqueur, sans se dissoudre et on le sépare par filtration : c'est la silice. On la lave sur le filtre, on la dessèche et on la pèse.

Avant d'opérer la séparation des autres oxydes contenus dans la liqueur, il faut se débarrasser de la baryte qu'on a ajoutée : pour cela, il suffit de verser de l'acide sulfurique dans la dissolution, jusqu'à ce qu'il ne se produise plus de précipité. On filtre de nouveau; et toute la baryte reste sur le filtre à l'état de sulfate de baryte.

La dissolution ne renferme plus que la chaux, la magnésie et l'alumine : c'est la dernière qu'on séparera d'abord et on emploiera l'ammoniaque pour la précipiter; mais pour qu'elle se précipite seule et que l'ammoniaque laisse la magnésie en dissolution, on devra d'abord ajouter du chlorhydrate d'ammoniaque : la présence de ce sel empêche la précipitation de la magnésie sans nuire à la réaction qui déplace l'alumine, de sorte que l'ammoniaque précipitera la dernière isolément. Ce précipité sera lavé avec soin, calciné fortement et pesé : c'est l'alumine du verre.

Reprenons la dissolution dont on vient de séparer l'alumine et ajoutons-y de l'oxalate d'ammoniaque : la chaux se précipitera à l'état d'oxalate, mais il faudra, pour la doser, la transformer en carbonate, parce que l'oxalate de chaux retient toujours une certaine quantité d'eau qu'il est difficile d'évaluer exactement. On chauffera donc avec précaution l'oxalate obtenu jusqu'à ce qu'il soit converti en carbonate, et le poids de ce sel fournira le poids de la chaux qu'il contient.

Il ne reste plus dans la liqueur que la potasse et la magnésie : mais elles s'y trouvent en présence du chlorhydrate d'ammoniaque qu'on a mis dans la dissolution primitive. Commençons par séparer le sel ammoniacal : pour cela, transformons les chlorures en sulfates, en ajoutant de l'acide sulfurique, et soumettons le liquide à l'action de la chaleur : l'acide chlorhydrique, l'ammoniaque se volatiliseront, et il ne restera que des sulfates de potasse et de magnésie avec l'excès d'acide sulfurique. En traitant alors par l'acétate de baryte en excès, tout l'acide sulfurique sera précipité et les sulfates transformés en acétates : le précipité sera séparé par filtration, et la dissolution d'acétates, évaporée à sec, fournira un résidu qui sera calciné pour convertir en carbonates les acétates qu'il contient. Mais, de ces trois carbonates, un seul est soluble; c'est le carbonate de potasse : ayant donc lavé la masse calcinée, on séparera ce carbonate qu'on obtiendra à l'état solide, en évaporant la dissolution. Le poids du sel calciné donnera le poids de la potasse.

Le résidu du dernier lavage se compose de carbonate de baryte et de carbonate de magnésie : en le traitant par l'acide sulfurique, on fera repasser les carbonates à l'état de sulfates. Reprenant par l'eau, le sulfate de magnésie se trouvera séparé du sulfate de baryte, qui est insoluble : on évaporera la dissolution à sec, et le résidu de sulfate de magné-

sie sera calciné et pesé : d'après le poids de ce sel, on pourra calculer le poids de la magnésie.

Nous ne donnerons ici que cet exemple d'analyse : on en trouvera d'autres dans le cours de l'ouvrage. Nous renvoyons d'ailleurs à un article spécial tout ce qui concerne les essais par voie sèche *Voy.* ESSAIS.

Analyse des substances organiques.

Les substances organiques présentent une composition constante quant à la nature des éléments, on peut exposer d'une manière générale les procédés qu'on met en usage pour les analyser. On sait que ces substances sont essentiellement formées d'oxygène, de carbone, d'hydrogène et d'azote : l'analyse est donc la même pour toutes, et se réduit en général à déterminer les proportions des quatre corps simples que nous venons de nommer.

Nous supposerons d'abord que la matière organique ne renferme que du carbone, de l'hydrogène et de l'oxygène. La méthode qu'on emploie pour l'analyser consiste à transformer l'hydrogène en eau, le carbone en acide carbonique, et à doser ces deux nouveaux produits : les poids de l'eau et de l'acide carbonique étant déterminés, on en déduit les poids de l'hydrogène et du carbone; et ceux-ci font connaître, par différence, le poids de l'oxygène contenu dans la matière soumise à l'analyse. L'opération que nous allons décrire se compose ainsi de trois parties principales : 1° combustion *complète* de la matière organique pour convertir l'hydrogène en eau et le carbone en acide carbonique; 2° dosage de l'eau; 3° dosage de l'acide carbonique.

C'est l'oxyde de cuivre qu'on emploie pour brûler la matière organique : il doit être préparé avec soin, soit par l'oxydation directe du cuivre, soit par la calcination de l'azotate ou du carbonate. Les produits qu'on obtient ainsi sont tous également purs, mais diffèrent par l'état d'agrégation : la décomposition des sels fournit un oxyde moins agrégé que celui qui provient du grillage du métal et plus facile à réduire. Suivant la nature de la matière organique, et sa combustibilité plus ou moins grande, on se sert de l'un ou de l'autre de ces oxydes. — La combustion s'effectue dans un tube en verre AB (CHIMIE, pl, 1, *fig.* 2), de 10 à 12 millimètres de diamètre et de 40 à 50 centimètres de longueur. Ce tube est fermé et étiré en pointe à l'une de ses extrémités et ouvert à l'autre : il doit être capable de résister à la chaleur rouge sans fondre ni se déformer, et, pour qu'il remplisse ces conditions, il faut le prendre en verre vert et l'entourer d'une feuille de clinquant dans les parties qui doivent être chauffées le plus fortement.

Pour que la combustion s'opère régulièment et complètement, la matière organique doit être mélangée intimement avec l'oxyde de cuivre, et le mélange placé dans le tube entre deux couches d'oxyde pur : toute la masse est d'ailleurs divisée par des planures de cuivre grillées. Ces dispositions ont pour but de faciliter la circulation des gaz et de les mettre partout en contact avec la substance qui fournit l'oxygène et qui est constamment maintenue au rouge : on évite ainsi les combustions incomplètes, qui donneraient des gaz carburés ou des vapeurs goudronneuses, tandis que les seuls produits qu'on veut former sont, comme on l'a dit, l'acide carbonique et l'eau.

On se sert, pour chauffer le tube à combustion, d'un fourneau long en terre, analogue à celui que les repasseuses emploient pour chauffer leurs fers : la cavité du fourneau est remplie d'un lit de cendre, sur lequel repose une grille en fer. Le tube est maintenu par des fils de fer à quelques centimètres au-dessus de la grille. On chauffe successivement la couche d'oxyde antérieure, placée du côté ouvert du tube, puis la couche postérieure, enfin la couche intermédiaire. Dans ces circonstances, l'oxyde de cuivre est réduit par l'hydrogène et le carbone contenus dans la matière organique. Celle-ci se décompose complétement et fournit de l'eau et de l'acide carbonique. Il s'agit maintenant de recueillir ces deux produits.

Pour recueillir l'eau, on adapte à l'extrémité ouverte du tube à combustion un nouveau tube, *a*, rempli de chlorure de calcium et exactement taré. La vapeur d'eau vient se condenser sur le chlorure pendant le dégagement des gaz, et ceux-ci s'échappent par l'ouverture *c*. Quand la combustion est terminée, et avant que l'appareil soit refroidi, on casse la pointe A, et on ajuste au tube AB un autre tube à chlorure, semblable à *a* : en aspirant par *c*, on produit un courant d'air qui se dessèche sur le chlorure placé en A et qui entraîne en *a* les dernières parties d'eau restées dans l'appareil. On démonte alors le tube *a*, on le pèse, et l'excès du poids actuel sur le poids primitif donne le poids de l'eau produite dans la combustion de la matière organique et par suite celui de l'hydrogène qu'elle contenait.

On peut, dans la même opération, recueillir à la fois l'eau et l'acide carbonique; il suffit, pour cela, d'ajouter à la suite du tube à chlorure, *a*, l'appareil L, propre à recevoir l'acide carbonique. Cet appareil, appelé *tube de Liebig* du nom de son inventeur, porte plusieurs renflements, comme l'indique la figure : il contient une dissolution concentrée de potasse caustique, et les gaz qui le traversent, maintenus longtemps au contact de l'alcali, s'y dépouillent complétement d'acide carbonique. Quand la combustion est achevée et que tout

dégagement de gaz a cessé, on casse la pointe A et on aspire par l'extrémité ouverte du tube à boules : on détermine ainsi un courant d'air, qui chasse l'acide carbonique restant et l'amène sur la potasse. Comme l'air introduit amènerait de la vapeur d'eau et de l'acide carbonique, puisqu'il en existe toujours dans l'atmosphère, il faut adapter à l'extrémité A un tube à potasse destiné à retenir l'eau et l'acide carbonique. Après l'opération, on pèse le tube L dont le poids primitif avait été déterminé avec soin : l'excès du poids actuel sur ce dernier donne le poids de l'acide carbonique absorbé, et on en déduit le poids du carbone que renfermait la matière organique soumise à l'analyse. — Connaissant ainsi, par deux dosages, les quantités du carbone et d'hydrogène, on obtient la quantité d'oxygène par différence, c'est-à-dire en retranchant du poids de la matière analysée les poids de l'hydrogène et du carbone qu'elle contenait.

Pour que le procédé que nous venons de décrire fournisse des résultats exacts, il faut, comme on voit, que la combustion de la substance organique soit complète : il peut arriver qu'en opérant de cette manière on ne parvienne pas à brûler, en totalité, le charbon qui est mis à nu par la décomposition de cette substance. On est obligé alors de produire, à la fin de l'opération, un dégagement supplémentaire d'oxygène, destiné à convertir ce charbon en acide carbonique. Le tube à combustion doit, dans ce cas, porter, à l'extrémité A, un tube rempli de chlorate de potasse fondu. En chauffant ce sel, on le décompose : de l'oxygène pur s'en dégage qui sert à brûler l'excès de charbon et, en même temps, à chasser de l'appareil les dernières parties d'acide carbonique.

Nous avons supposé plus haut que la matière organique soumise à l'analyse n'était point azotée; s'il en était autrement, si elle contenait de l'azote, ce gaz pourrait, en présence de l'oxyde de cuivre, donner naissance à de l'oxyde d'azote; et celui-ci, transformé par l'oxygène en acide hypoazotique, serait absorbé par la potasse : on aurait ainsi une cause d'erreur. La méthode que nous avons donnée doit donc subir quelques modifications pour être applicable à l'analyse d'une substance azotée. Voyons comment on devra opérer dans ce cas.

On dosera directement, comme nous l'avons fait tout à l'heure, l'hydrogène et le carbone, l'hydrogène à l'état d'eau et le carbone à l'état d'acide carbonique : on aura soin seulement de placer, dans le tube à combustion, une couche extrême formée de cuivre parfaitement pur (provenant de planures de cuivre grillées et réduites ensuite par l'hydrogène). Les gaz, qui se dégagent, traverseront cette couche decuivre, maintenue à la température rouge, avant d'arriver aux divers appareils de condensation : l'oxyde d'azote, s'il en existe, sera décomposé par le cuivre, tandis que l'eau et l'acide carbonique n'éprouveront aucune altération. On ne recueillera donc dans les tubes de condensation que l'eau et l'acide carbonique, et l'azote les traversera sans s'y fixer. L'addition du cuivre permet ainsi de faire le dosage du carbone et de l'hydrogène par la méthode que nous avons employée, quand la substance n'était point azotée.

Mais il faut encore déterminer la quantité d'azote : c'est l'objet d'une opération distincte que nous allons décrire.

Dans un tube à combustion, un peu plus long que celui qui nous servait précédemment, on introduit successivement du bicarbonate de soude, de l'oxyde de cuivre, le mélange formé par l'oxyde fin et par la matière à analyser, une nouvelle quantité d'oxyde de cuivre, enfin du cuivre pur. Toutes ces matières, disposées par couches superposées, sont entremêlées de fragments de planure grillée, qui divisent la masse et la rendent perméable aux gaz. On adapte au tube à combustion un tube CD qui plonge dans une cuve à mercure et on commence à chauffer le bicarbonate de soude : ce sel, en se décomposant, produit un courant d'acide carbonique et tout l'air de l'appareil se trouve ainsi expulsé. Ces préparatifs étant terminés, on place sur la cuve à mercure une cloche c propre à recueillir les gaz et contenant au-dessus du mercure qui la remplit une couche de potasse caustique en dissolution : la combustion, conduite comme à l'ordinaire, amène tous les gaz dans la cloche. Là, au contact de la potasse, l'acide carbonique est absorbé, et l'azote se trouve isolé. Pour en recueillir les portions, disséminées dans tout l'appareil, on fait passer de nouveau un courant d'acide carbonique en chauffant le bicarbonate de soude. On agite la cloche où tout l'azote est rassemblé, pour favoriser l'absorption de l'acide carbonique ; et, quand le volume du gaz ne change plus, on transporte la cloche sur l'eau, de manière à remplacer, par l'eau, le mercure et la potasse qui s'y trouvent. Le volume de l'azote est alors mesuré, avec les précautions ordinaires, et le volume fait connaître le poids du gaz. L'oxygène se calcule, par différence, quand on a déterminé les poids respectifs de l'hydrogène, du carbone et de l'azote.

Berthier, *Essais par voie sèche*, t. I.
H. Rose, *Traité d'analyse chimique*.
Berzelius, *Traité de Chimie*, t. VIII.
Dumas, *Traité de Chimie*, t. V.

                                        H. Dézé.

ANALYSE. (*Grammaire.*) Faire l'analyse grammaticale, c'est diviser un discours en toutes ses propositions, une proposition en tous ses éléments, et faire connaître tous les caractères de ces éléments, leurs *genre*, *nombre, cas, temps, personne*, etc. Mais, pour faire une telle analyse, il faut d'abord connaître toutes les propositions qui peuvent former un discours, tous les éléments qui peuvent entrer dans une proposition. Il faut donc avoir déjà des uns et des autres une connaissance complète dont une telle analyse ne peut être que le résultat. *Voyez* Discours.

                                        Bouillet.

ANALYSE. (*Littérature.*) Ce terme est didactique. Il appartient également à la littérature et aux sciences. On l'emploie principalement dans la chimie. Dans ce dernier cas, il s'applique à la résolution d'un corps dans ses principes, ou à la division des divers éléments qui le composent. Par les moyens que l'art sait employer, on sépare les différentes matières qui, mêlées ensemble, n'en forment qu'une. On parvient ainsi à savoir ce qu'il est entré d'alliage dans l'or, dans l'argent, ou dans tel autre métal : on découvre les substances vénéneuses que l'on peut extraire d'un minéral ou d'une plante, ou celles que l'on a introduites dans les aliments ou dans les liquides. C'est là ce qu'on appelle *analyser :* cette opération est du ressort des sciences, et nous n'en faisons mention ici qu'à cause de son analogie avec l'analyse appliquée aux productions de l'esprit.

Analyser un ouvrage ou un discours, c'est le réduire à ses parties principales, le dépouiller de ses ornements, pour en mieux connaître l'ordre et la suite. En littérature comme en chimie, c'est par l'analyse que l'on parvient *à séparer le bon or du faux*. L'analyse, comme la dissection dans l'examen des corps, nous apprend à pénétrer dans le secret d'une composition littéraire, à en connaître les ressorts, à deviner les combinaisons que l'auteur a faites pour produire l'ensemble qu'il nous a soumis, et par quel moyen il est parvenu à attendrir, à intéresser, à exciter le rire ou la terreur, à piquer, à soutenir, à renouveler, à accroître la curiosité ; elle nous apprend à découvrir par quelle alliance savante de divers sentiments il a su les modifier, les adoucir les uns par les autres, ou leur donner plus de force.

C'est par l'analyse que l'on apprend à juger les ouvrages des grands maîtres, à les admirer, à les imiter. On ne comprend bien les prodiges de l'horlogerie qu'après en avoir démonté les rouages ; c'est alors seulement que l'on conçoit comment leur ingénieux assemblage produit le mouvement. C'est ainsi que l'analyse nous conduit à concevoir tout le mérite des œuvres du génie. L'esprit d'analyse est indispensable aux gens qui veulent s'instruire et s'éclairer, comme à ceux qui veulent juger sainement des choses. Autant l'analyse est favorable aux bons ouvrages, dans lesquels elle indique et découvre continuellement de nouvelles beautés, autant elle est funeste aux productions défectueuses, dont elle révèle bientôt la faiblesse, ou la nullité, en faisant apercevoir les vices de l'exécution ou l'incorrection du plan, en signalant les faux brillants, les ornements parasites, et le vain luxe qui éblouissent les yeux accoutumés à ne s'arrêter qu'à la superficie des objets. Aussi, a-t-on coutume de dire d'un ouvrage léger, qui séduit par des traits vifs et spirituels et par des agréments peu solides, *qu'il n'est pas susceptible d'analyse*.

L'analyse s'applique au style, aux pensées d'un ouvrage, comme à la composition principale. En réduisant une pensée à sa plus simple expression, en la séparant des grands mots qui la parent, il vous arrive souvent de la trouver fausse. En observant de près le style d'un écrivain, vous le trouverez diffus, ou sec, ou prétentieux, ou boursouflé. L'analyse réduit le style *romantique*, ou nébuleux, à bien peu de chose; c'est un rayon de soleil qui dissipe les vapeurs enfantées par la nuit.

L'analyse, par une opération rapide de l'esprit, peut s'appliquer à ce qui n'est pas écrit, et donner, selon les circonstances où l'on se trouve, leur juste valeur aux serments des amants, aux protestations des gens officieux, aux promesses des hommes en place, aux éloges que l'on reçoit en société, aux formules de politesse. Analysez les paroles d'un courtisan ou d'une excellence, et vous vous apercevrez que le plus souvent ils vous ont parlé sans vous rien dire. Les ambitieux, les flatteurs et les imbéciles ne se laissent enivrer par *l'eau bénite de cour* que faute de l'avoir analysée.

L'analyse réduit souvent un compliment en épigramme, un éloge en satire, une parole officieuse, en apparence, en perfidie.

On appelle analyse le compte rendu d'un ouvrage dans les journaux; ces analyses ne sont le plus souvent que des *extraits*. Les écoliers font des *extraits*, les hommes de mérite seuls font des analyses, où ils discutent et raisonnent. Pour bien analyser un écrit, il faudrait presque être en état de le faire, ou du moins avoir assez d'instruction pour en sentir les beautés et les défauts, pour entrer dans la pensée de celui qui l'a composé.

◦ En mathématiques, on appelle *analyse* l'art de résoudre les problèmes par l'algèbre. Dans le même sens on nomme *analyste*, celui qui est versé dans l'analyse. On dit de même *analytique* de ce qui tient de l'analyse, comme méthode analytique, examen analytique; et *analytiquement*, de ce qui se fait par analyse ou par voie analytique. La critique doit procéder *analytiquement*, quand elle veut appuyer ses arrêts sur des raisons plausibles.

Quand on a épuisé les raisonnements sur une matière, et qu'on ne veut pas pousser plus loin la discussion, on fait ordinairement précéder ses conclusions définitives de cette expression tranchante : *en dernière analyse*. *En dernière analyse*, dit un sot aveuglé par l'orgueil, les ténèbres finiront par l'emporter sur les lumières. *En dernière analyse*, répond l'homme clairvoyant, patient et sage, les lumières finiront par dissiper les ténèbres. *Fiat lux!*   E. DUPATI.

ANALYSE. (*Mathématiques*.) C'est la méthode que l'esprit emploie pour arriver à la solution des problèmes, par une suite de déductions rigoureuses, fondées sur les données et sur des propositions démontrées vraies. Cette méthode consiste ordinairement à regarder les quantités qu'on cherche comme connues, et à vérifier, à l'aide de signes et de symboles, si, en les soumettant aux conditions de la question, elles y satisfont; ces tentatives conduisent à des relations simples entre les données et les inconnues, d'où l'on peut tirer ensuite celles-ci. A proprement parler, l'*analyse* n'est donc qu'une opération de notre entendement, lequel s'aide, pour l'effectuer, du secours de la langue algébrique; et voilà la raison pour laquelle les mots *analyse* et *algèbre* sont ordinairement substitués l'un à l'autre.

La *synthèse* est un mode opposé au précédent : on y procède bien à la résolution des problèmes, en s'aidant du secours des propositions démontrées, mais seulement pour s'assurer que la solution qu'on donne et qu'on est censé avoir trouvée par d'autres voies, répond, en effet, au problème. Dans l'*analyse*, cette solution n'est pas connue; on la cherche par une méthode où l'esprit procède de proche en proche, par une suite de notions intermédiaires entre les relations qu'on connaît et celles qu'on veut découvrir. Dans la *synthèse*, la solution est connue par une sorte de divination, et on ne s'occupe que d'en démontrer la vérité.

Considérée comme embrassant l'algèbre dans son cadre immense, l'*analyse* se subdivise, comme cette science, en diverses branches qui seront traitées séparément aux mots ALGÈBRE, APPLICATION DE L'ALGÈBRE A LA GÉOMÉTRIE, CALCUL DIFFÉRENTIEL, CALCUL INTÉGRAL, etc. (*Voyez* ces divers articles.) Newton, distinguant l'opération de notre esprit qui constitue l'*analyse*, des procédés dont on tire des secours pour aider la faiblesse de notre intelligence, désignait sous le nom d'*Arithmétique universelle* l'ensemble de ces procédés, et de toutes ces branches des mathématiques que l'on est convenu d'appeler *analyse*. FRANCOEUR.

ANALYSE. (*Philosophie.*) L'analyse est un procédé de l'esprit pour découvrir la vérité. Inhérente à la nature de l'intelligence humaine, elle est instinctive avant d'être dirigée par la méthode ; elle consiste à décomposer, à isoler les objets individuels et les idées particlles dans une masse d'objets et d'idées, les parties dans un objet, ou une idée unique. Tout objet, toute idée s'offre à notre vue ou à notre esprit à l'état complexe. Qu'une fleur, un tableau, un corps quelconque frappe nos sens, l'impression première sera vague, confuse, et ne deviendra une notion qu'autant que notre œil, faisant effort pour distinguer chacun des éléments qui le composent, chacun des rapports qui concourent à l'ensemble, les aura divisés pour les mieux voir. L'analyse est donc cette concentration successive de notre intelligence sur les divers points d'un objet.

Comme on le conçoit, du reste, cette opération de l'esprit en implique une autre qui lui est corrélative ; à l'opération qui divise, qui particularise, il faut, pour achever la notion de l'objet, ajouter l'opération qui le recompose, suivant les rapports de ses parties, l'adhérence de ses éléments, le principe de son existence ; cette seconde opération, tellement intimement liée à la première que quelques philosophes ont voulu les confondre, s'appelle synthèse. Il n'y a pas, à la vérité, de synthèse sans analyse, ni d'analyse sans synthèse, puisque pour décomposer un objet dans ses parties il faut avoir la pensée que ces parties appartiennent à un ensemble, et qu'un rapport étudié, implique l'objet total. Cependant, quelque simultanées que soient ces opérations, il existe mentalement entre elles un temps de succession. On peut donc définir l'analyse le procédé qui, un objet étant donné, le décompose dans ses parties simples et ses rapports primordiaux ; la synthèse : le procédé qui, les parties étant connues, ainsi que leurs rapports, reconstitue l'ensemble. Il est superflu de dire qu'il y a des sciences dont la synthèse sera toujours impossible à l'homme, quelque loin qu'aille l'analyse ; telle est la physiologie, dont la synthèse serait la production de la vie. Au point de vue de notre définition, on concevra que, s'il y a de l'analyse dans toute synthèse, à moins qu'elle ne soit le produit de l'imagination ou d'un songe, il vaut mieux, à l'origine des sciences, s'en tenir à l'analyse qui ne conclut pas et recherche, que de pousser jusqu'à la synthèse prématurée qui jetterait la science dans de fausses routes.

Comme l'analyse a souvent besoin, pour mieux observer, de se concentrer alternativement sur certains points isolés des choses, elle prend parfois le nom d'*abstraction ;* comme, à son tour, la synthèse, toujours à la suite de l'analyse, groupe, au fur et à mesure des découvertes, en familles de plus en plus générales, les faits ou les propriétés déterminés par l'analyse, cette synthèse fractionnée s'appelle *classification.* (Voy. ABSTRACTION, CLASSIFICATION). D'un autre côté, comme l'esprit, de certains principes analysés, s'élève à la conception de rapports plus généraux qui reposent sur ces faits primitifs, cette opération, qui est encore la synthèse, prend le nom d'*induction ;* la *déduction* qui part de vérités complexes pour descendre dans les ramifications et les détails, est une espèce d'analyse. Mais, dans les deux cas, l'analyse et la synthèse opèrent simultanément, quoique tantôt l'une, tantôt l'autre, donnent plus particulièrement leur nom à la méthode. L'analyse et la synthèse sont la double échelle de Bacon. La synthèse est au sommet, l'analyse au pied ; mais chaque échelon, qu'on vienne d'en haut ou d'en bas, est à la fois synthèse et analyse.

Les sciences se divisant en sciences d'observation et sciences de raisonnement, l'analyse, dans le premier cas, est *expérimentale*, dans le second, *logique.* Nous avons assez parlé de la première. Le dix-huitième siècle la préconisa outre mesure, et fit de la recherche des idées simples le secret de toutes les découvertes, en morale, en politique, en physique. Il eut raison, mais l'idée simple est la molécule introuvable ; et le dix-huitième siècle, croyant l'avoir trouvée, éleva bien de faux systèmes sur des hypothèses admises comme idées simples. Telle fut la théorie de Condillac fondée sur le fait primitif de la sensation ; telle avait été celle de Descartes, appuyée sur les idées innées. Ces philosophes firent de la synthèse à leur insu.

L'analyse logique est la méthode de l'algèbre et du calcul, comme la synthèse est la méthode de la géométrie, bien qu'il y ait de l'une et de l'autre dans chacune. L'analyse consiste ici à partir de l'énoncé d'un problème comme d'une vérité admise pour arriver par la décomposition des éléments de la proposition jusqu'à une conséquence dernière qui se trouve être un axiome. La synthèse, au contraire, part d'un axiome ou d'une vérité déjà démontrée et, par des combinaisons qu'elle implique ou autorise, arrive à une dernière qui est la proposition à démontrer. La solution dans les deux cas résulte toujours de la comparaison de deux propositions, l'une admise, l'autre à démontrer, avec une suite de propositions secondaires qui servent d'échelons de l'une à l'autre. C'est toujours le rapprochement d'une majeure et d'une conclusion, à l'aide d'un nombre plus ou moins grand de mineures.

Condillac , *Logique.*
Barthélemy Saint-Hilaire , *Traduction de la métaphysique d'Aristote.*
Laromiguière , *Cours de philosophie,* et tous les ouvrages de philosophie moderne.

Cn. Cassou.

ANAMORPHOSE. (*Mathématiques.*) C'est le nom qu'on donne à des figures difformes, qui, vues sous un certain aspect, paraissent régulières et faites dans de justes proportions. Les personnes qui désirent connaître les procédés graphiques dont on se sert pour construire les *anamorphoses*, peuvent consulter le *Nouveau dictionnaire technologique*, et le *Thaumaturgus opticus* du père Nicéron, ouvrages où ce sujet est traité avec étendue.

Francoeur.

ANANAS. *Voy.* Bromelia.

ANAPESTE. (*Prosodie*). Pied de vers grec ou latin composé de deux syllabes brèves et d'une longue, le contraire du dactyle, par exemple lĕgĕrĕnt.

Ce mot vient d'ἀναπαίειν, *frapper en sens contraire*, parce qu'en dansant on battait la mesure à l'inverse du dactyle, d'où les Grecs appelaient ainsi ce pied ἀντιδάκτυλος, à ce que rapporte le grammairien Diomède.

Alex. Pillon.

ANAPHORE. (*Rhétorique*). Ἀνά, *derechef*, φέρω , *je pose.* Figure de rhétorique qui consiste dans la répétition symétrique du même mot, particulièrement au commencement de plusieurs phrases consécutives. C'est un moyen de fixer l'attention. Aujourd'hui que l'on s'inquiète assez peu, et non sans raison, ce semble, des figures de rhétorique, se contentant de la science involontaire de M. Jourdain, et employant, selon le besoin, les artifices du langage sans en connaître autrement la classification méthodique, on tient fort en estime cette sorte de répétition, et on en fait grand usage. Si la chose est bonne en elle-même , l'abus en est mauvais. Il y a tel littérateur, de ceux qui ont entrepris la tâche difficile de régenter les autres, qui a donné à son style cette singulière spécialité de remplir, avec le plus petit nombre de mots, le plus grand nombre de lignes possible. Il cherchait l'originalité; ce n'est pas elle qu'il a trouvée.

ANAPHRODISIE. (*Médecine.*) ἀ privatif, ἀφροδίσια, plaisirs de l'amour. Absence de désirs vénériens. Des causes essentiellement différentes peuvent amener l'anaphrodisie. Elle tient quelquefois à la constitution de l'individu, chez qui l'appareil génital est ou développé d'une manière incomplète, ou condamné à l'inactivité par une sorte d'hébétude organique. Peut-être faut-il rapporter à ce genre d'ana-

phrodisie la continence dans laquelle ont vécu certains hommes, Newton, par exemple ; car les travaux de l'esprit, quelque graves qu'ils soient, n'ont pas, en général, un effet semblable chez les individus bien constitués. Une cause plus commune d'anaphrodisie, c'est l'abus des plaisirs vénériens, à tout âge, mais surtout au début de la puberté. Dans l'Orient, où les rapports sexuels ont lieu avec excès, pour certains individus, à un âge où l'homme n'est encore qu'un enfant, l'anaphrodisie n'est pas rare à l'époque où tous les organes atteignent, dans l'état normal, le maximum de leurs forces.

Les alcooliques pris avec excès et quelques autres substances ont sur les organes génitaux une action spécifique, mais c'est probablement en agissant sur la masse nerveuse tout entière qu'ils les frappent d'impuissance.

Certaines maladies de la moelle épinière, certaines affections des voies urinaires (voyez Pertes séminales) déterminent l'anaphrodisie.

Le remède à cet état varie suivant la cause à laquelle on doit le rapporter, et ce remède facile, et d'une action presque certaine quand il consiste à rendre aux organes leur force par le repos ou la cessation d'excès, ne l'est plus quand une maladie organique ou un vice de constitution détermine l'anaphrodisie.

La matière médicale renferme quelques substances qui , sous le nom d'Aphrodisiaques (*voy.* ce mot), en sont le remède spécifique; mais c'est seulement contre la faiblesse et l'épuisement, non contre la paralysie symptomatique, qu'on peut les employer.

L'anaphrodisie ne peut être constatée par le médecin légiste que dans le cas où l'examen lui permet de reconnaître un vice de conformation suffisant pour la déterminer.

A. Le Pileur.

ANARCHIE. (*Politique.*) Ἀ privatif, ἀρχή, *gouvernement.* Les publicistes républicains ne voient que *despotisme* partout où la démocratie n'existe pas ; les écrivains royalistes ne voient qu'*anarchie* partout où la monarchie ne commande point : il semble que le système social ne puisse trouver un juste milieu entre les bastilles royales et l'ostracisme populaire : entre le château des Sept-Tours et les prisons du 2 septembre. Le sage éprouve une égale horreur du despotisme et de l'anarchie; mais s'il les aperçoit de loin aux deux extrémités de l'échelle sociale, il trouve entre ces deux abîmes un vaste espace où le genre humain peut habiter en repos.

Si l'on a dit avec raison que la monarchie est l'usage d'un pouvoir dont le despotisme est l'abus, c'est par erreur qu'on présente l'anarchie comme le résultat ordinaire de l'état démocratique. Ici le citoyen est isolé, seul contre tous, et ne peut opposer que sa volonté privée aux lois générales d'une cité, maîtresses, quand et comme il lui plaît, d'inviter ou de contraindre à l'obéissance. Les républiques grecques et la république romaine n'ont offert, tant qu'elles furent démocratiques, aucun symptôme d'anarchie.

Lorsque, par le seul ascendant de sa volonté privée, un citoyen lutte contre la volonté générale, il y a opposition; cet état est la conséquence nécessaire du système républicain ou du système représentatif, c'est-à-dire du gouvernement des majorités: la Grèce et Rome nous ont légué l'exemple d'Aristide et de Phocion, de Caton et de Régulus. Les gouvernements délibératifs offrent une lutte perpétuelle d'opinions et de volontés; mais, quoique souvent tumultueuse, cette lutte est toujours sans péril et sans anarchie. L'anarchie n'existe que lorsqu'un citoyen veut détruire ou modifier par la force le gouvernement existant; or ce n'est point dans la démocratie qu'apparaissent ces funestes ambitieux; le citoyen n'y possède ni le crédit, ni la fortune, ni les clients, ni les prolétaires, qui sont les instruments indispensables de ces catastrophes politiques.

Toutes les formes de gouvernement n'ont qu'un seul moyen de s'établir, auquel on a donné le titre de *révolution*; c'est avec ce terrible instrument que le premier Brutus et le premier César ont changé la face de Rome. Dans les mains du peuple, il brise la tyrannie des décemvirs; dans les mains des triumvirs, il mutile les derniers débris de la liberté romaine. C'est par des révolutions que se fondèrent la démocratie de Suisse, la république de Hollande, le système représentatif d'Angleterre et de France, les aristocraties italiennes, l'oligarchie des barons anglais, la féodalité continentale, la monarchie tempérée de Suède, la monarchie absolue du Danemark et le despotisme de la Russie. La révolution est l'unique et souvent funeste levier de toute rénovation politique.

Si toutes les formes de gouvernement n'ont qu'un moyen de s'établir, elles n'ont aussi qu'un moyen de se conserver. Nous verrons ailleurs que l'*insurrection* est la seule voie de conservation qui soit propre à la démocratie; route périlleuse qui conduisit, il est vrai, les Romains au tribunat, mais dans laquelle Spurius Mélius et les deux Gracques trouvèrent la mort.

Si l'on rencontre l'insurrection dans le despotisme, c'est qu'il est, comme la démocratie, une puissance de fait et de force. Dans l'un, l'instrument coercitif est dans une armée spéciale placée à côté du peuple; dans l'autre il est dans le peuple même. Tous les deux opposent donc la force des opprimés à la force des oppresseurs; et si le canon est la suprême

raison du pouvoir absolu, l'insurrection est la dernière ressource des peuples asservis.

La révolution a pour objet de détruire *la forme* du gouvernement quel qu'il soit: l'insurrection, en respectant cette forme, veut changer *le système* actuel des gouvernants. Celle-là pousse les nations de la république à l'aristocratie, ou de la monarchie à la république; celle-ci demande le rétablissement des coutumes anciennes (les tribuns réclamant les antiques lois agraires) ou la réparation de quelque tort nouveau (les tribuns invoquant des lois contre l'usure); mais l'insurrection dans la démocratie n'a jamais menacé la république romaine; et l'insurrection dans le despotisme n'a jamais brisé son sceptre de fer; nous le voyons survivre aux empereurs qu'on dépose et aux sultans qu'on étrangle.

L'anarchie qu'on croit le résultat nécessaire de l'État démocratique, est l'apanage exclusif et déplorable du gouvernement aristocratique. Rome républicaine procède sans cesse par l'insurrection; c'est un désordre passager qui appelle un ordre durable. Mais dès que l'assassinat des Gracques, couvert d'une odieuse impunité, eut prouvé que l'amour de la patrie n'était qu'une témérité glorieuse, mais fatale et stérile dans une république corrompue, Rome, courbée sous le patriciat, ne possède plus le courage qui ose chercher la liberté à travers le péril. Le règne de l'insurrection est passé, celui de l'anarchie commence; on ne combat plus pour la république, mais pour l'empire; et le sang ne ruisselle que pour décider à qui restera le pouvoir. Marius s'appuie sur le peuple, Sylla sur le sénat, Catilina sur les prolétaires, Cicéron sur la tribune, Crassus sur des trésors, Pompée sur les légions romaines, César sur les phalanges étrangères. C'est en vain que, rallumant les flambeaux populaires des antiques insurrections, Brutus ose invoquer la liberté; ces rois du monde, que le luxe a façonnés à la servitude, adorent à genoux la robe sanglante et le testament de César, tandis que le grand citoyen mourant est réduit à méconnaître la vertu et à désespérer des dieux, parce que son âme républicaine avait trop méconnu son siècle et trop espéré des hommes. Durant soixante ans, la mort succède à la mort, l'anarchie à l'anarchie, un triumvirat à un autre, et ce gouffre de désordre et de sang ne se ferme qu'au moment où l'heureux Octave, libre d'ennemis et de rivaux, fait asseoir la fortune sur l'autel de la liberté.

C'est le vice d'une loi ancienne ou le besoin d'une loi nouvelle qui détermine l'insurrection, c'est la soif du pouvoir qui crée l'anarchie: celle-là est une guerre de principes, celle-ci une lutte de personnes; et l'anarchie ne se trouve que dans l'aristocratie, par la raison que là seulement se trouvent aussi les grands patronages et les vives ambitions. La preuve de cette vérité se lit dans toutes les pages de l'histoire de ces petites oligarchies si improprement nommées, par un historien, les républiques italiennes.

Lorsque l'aristocratie est un gouvernement de fait, l'anarchie le trouble comme un événement inattendu ; c'est une violence qui s'oppose à une autre violence, comme dans les républiques de la Grèce depuis le siècle de Périclès, comme dans les petits États d'Italie depuis leur naissance jusqu'à leur chute. Mais partout où l'aristocratie est un gouvernement de droit, l'anarchie est de droit aussi ; car celle-ci étant destinée à conserver celle-là, il doit exister entre les deux une corrélation impossible à détruire. Alors la loi qui constitue le gouvernement aristocratique, forcée de lui donner un contre-poids, pose en principe le droit d'anarchie, règle les troubles possibles et organise le désordre futur. C'est ainsi que les seigneurs féodaux pouvaient s'armer contre le roi de France quand celui-ci leur *rehoit* jugement ; c'est ainsi que le tribunal des hauts barons pouvait déclarer la guerre au roi d'Angleterre, et poursuivre la réparation d'un tort quelconque, par une violence qui ne devait respecter que la vie du monarque ; c'est ainsi que les palatins pouvaient, par leurs *rokkos*, chasser les rois de Pologne ; c'est ainsi, enfin, qu'une résistance anarchique se retrouve même dans la *bulle d'or*.

Tous les gouvernements donnent aux opprimés des moyens de résistance contre les oppresseurs. L'*hostilité de l'opinion* est le contre-poids du système républicain ou représentatif : les *murmures* et les *émeutes* dans la monarchie, la *révolte* dans le despotisme, l'*insurrection* dans la démocratie, l'*anarchie* dans l'état oligarchique, ne sont que des moyens d'opposition ; et, comme on le voit par leur nom même, l'intensité de ces résistances est toujours en proportion de la force qui appartient à la nature de chaque gouvernement.

Les moyens d'opposition ne sauraient se détruire, parce qu'ils sont dans la nature même des choses ; mais il est des gouvernements assez habiles pour en modifier l'explosion et le résultat : c'est ainsi, pour ne point sortir de notre sujet, que les évêques, en s'interdisant l'anarchie armée, pouvaient accuser les papes et s'accuser entre eux devant ces assemblées démocratiques connues sous le nom de conciles ; c'est ainsi que Venise avait remis à une dictature invisible et inquisitoriale le droit de vie et de mort sur les patriciens qui tenteraient d'envahir le pouvoir ou d'exciter la liberté. Si l'Église prit la démocratie pour arbitre entre l'aristocratie et l'anarchie, c'est que le clergé

sortait alors de la classe du peuple et des derniers rangs de la société ; et si Venise en appela au despotisme des inquisiteurs d'État, c'est que les grandes réunions démocratiques auraient pu frapper le patriciat, tandis qu'une tyrannie patricienne devait respecter l'aristocratie, alors même qu'elle frappait quelques aristocrates.

Sous la France féodale on ne voit qu'anarchie ; on ne trouve que révolte dans la France monarchique. Mais l'historien devait distinguer, dans cette déplorable suite de troubles, de vols et d'assassinats, trois grands actes qui semblent dominer toutes nos annales : la jacquerie, la ligue, et le 14 juillet 1789. La jacquerie ne fut pas une révolte, mais une insurrection ; tout en elle était démocratique. Les seigneurs féodaux sentirent qu'ils frappaient leur véritable ennemi, si l'on en juge par les épouvantables rigueurs qu'ils déployèrent contre les insurgés. La monarchie, moins cruelle et plus habile, s'institua l'héritière universelle des haines démocratiques ; elle les tourna contre la féodalité : les rois, l'oriflamme à la main, le clergé, la bannière haute, se mirent à la tête du peuple, et commencèrent cette vaste jacquerie monarchique qui ne finit que par la destruction entière du système féodal. Tous les esprits sages ont apprécié avec justesse le 14 juillet. Il n'en est pas ainsi de la ligue : ce n'était pas seulement une guerre de religion ; et, si l'on se rappelle les doctrines qu'on émit alors sur les droits des peuples, sur les devoirs de l'empire et du sacerdoce, il est facile de se convaincre que l'on portait dans l'ordre politique le génie démocratique de l'Évangile. L'esprit du protestantisme, que les rois d'Angleterre et les puissances du Nord avaient circonscrit dans la haine de la puissance romaine, pour envahir les domaines du clergé romain, attaquait à la fois en France et le pape et le roi. Si les protestants eussent mis à leur tête un autre chef que Henri IV, c'en était fait de la double puissance. Le couteau de Jacques Clément changea la face du monde : il sauva le trône de saint Louis et la chaire de saint Pierre. Par l'assassinat de Henri III, Henri IV devient roi de France, et la démocratie succombe à son avénement ; il devient fils aîné de l'Église, et dès lors la réforme a pour général le roi même de ses ennemis. A la mort de Henri III, la ligue cesse d'être une anarchie religieuse luttant contre une insurrection démocratique ; ce n'est plus qu'une guerre de légitimité. Le but change, et les moyens changent aussi. Toute grandeur disparaît : la lutte n'est plus un appel à la valeur, mais un appel à la corruption ; on ne combat pas avec l'épée, mais avec la bourse ; on achète les places qu'il faut prendre, les généraux qu'il faut vaincre ; et si quelques soldats expirent encore dans les escarmouches de parade, c'est pour placer sur le visage des traîtres le masque moins odieux de la lâcheté, c'est pour enluminer de sang humain ce courage facile qui va chercher des victoires qui l'attendent entre la trahison et la vénalité.

Les massacres de septembre, toutes les émeutes du directoire, sont des triomphes anarchiques. Ce sont des factions luttant contre des factions, des ambitieux combattant des ambitieux ; et les journées de vendémiaire sont les seules où le peuple, sans chefs et sans instigation étrangère, ait osé défendre les principes démocratiques sous le canon du pouvoir.

Si la corrélation qui existe entre ces mots insurrection et démocratie, anarchie et aristocratie, révolte et monarchie, tient à la nature même de ces gouvernements, toutefois chacun d'eux peut, à la suite de quelque usurpation de pouvoir, se tourner plus ou moins violemment en état aristocratique, et alors l'anarchie domine toutes les émeutes ; c'est elle qui trouble la république hollandaise pour l'asservir à la maison d'Orange par l'assassinat de Barnevelt ; c'est elle qui suscite la fronde pour soumettre le ministère à une faction ; c'est elle enfin qui soulève, non le peuple et les janissaires, dont les insurrections réclament un autre système de gouvernement, mais les révoltes de ces pachas qui veulent porter au vizirat leurs protecteurs ou leurs créatures.

Par leur nature même, les gouvernements résistent plus ou moins fortement à ces violences aristocratiques. La monarchie, presque toujours impuissante contre l'insurrection, déjoue sans cesse les menées anarchiques de quelques grands seigneurs turbulents ; le despotisme, si faible contre la révolte de ses propres agents qu'il offre un échange perpétuel de soulèvements et d'amnisties, résiste longuement aux insurrections populaires. La démocratie succombe seule sans retour sous les émeutes aristocratiques : la raison de cette différence est simple ; lorsque des citoyens sont assez puissants pour introduire l'anarchie dans la république, la démocratie a déjà cessé d'exister.

Tous les livres de politique renferment de violentes déclamations contre l'anarchie ; nous verrons au mot GUERRE CIVILE qu'elle mérite tout le mal qu'on peut en dire ; mais nous y verrons aussi que, semblable à toutes les crises politiques, elle peut quelquefois exercer sur les sociétés une influence intellectuelle et morale assez puissante pour agrandir les caractères, élever les esprits, ennoblir les âmes, et déterminer ces époques de gloire ou de bonheur qui n'apparaissent qu'une fois pour chaque nation. Les peuples asservis par la corruption ou l'amour des richesses n'ont plus l'audace des troubles civils ; ils respirent en silence dans leurs maisons, comme les morts reposent en paix dans leur tombe. La vie politique manque aux uns, la vie humaine manque aux autres ; le citoyen est mort sous la pourpre vénale, autant que l'homme sous le linceul funéraire : mais, quelque passion qui les fasse mouvoir, les peuples qui se meuvent vivent encore.   J.-P. PAGÈS.

ANASARQUE. (*Médecine.*) (Ἀνὰ, entre, σὰρξ, chair). On a ainsi nommé une infiltration de sérosité, une véritable hydropisie du tissu cellulaire, principalement dans sa partie souscutanée, qui commence ordinairement par les membres inférieurs, et se montre d'abord autour des malléoles. En général, l'infiltration est plus considérable vers les parties declives ; quelquefois elle devient telle, que le corps acquiert un volume énorme. Les parties tuméfiées deviennent dures et conservent quelque temps l'empreinte du doigt qu'on a appuyé dessus. La peau s'amincit, devient luisante et d'un blanc mat, elle est quelquefois distendue au point de se rompre par places. Rarement l'infiltration est générale : le plus ordinairement elle siége aux membres inférieurs ; on la voit pourtant se produire aux membres supérieurs seulement. Le siége du mal varie avec la cause. L'augmentation de la sécrétion normale du tissu cellulaire, la diminution ou la cessation de l'absorption cellulaire ou de la perspiration, telles sont les causes directes de l'anasarque. On l'a nommée *active* ou *passive*, suivant qu'elle se rapporte à la première ou à la seconde. Bien souvent, du reste, ces deux causes agissent de concert, et il est toujours plus facile de démontrer l'action de la seconde que celle de la première, dont les effets sont d'ailleurs beaucoup plus rares. Parmi les causes premières de l'anasarque, on doit compter tout ce qui peut influer sur l'accumulation de sérosité dans le tissu cellulaire. Dance cite un cas d'anasarque, survenu à la suite d'une suppression des règles par un accès de colère ; on ne trouve guère dans les auteurs d'exemple plus positif d'anasarque active. L'action du froid humide citée par le professeur Bouillaud, avec l'abus des boissons aqueuses, et la répercussion de la transpiration comme causes de l'anasarque active, nous semblent se rapporter au moins autant à l'anasarque passive, puisque alors l'infiltration du tissu cellulaire a surtout lieu par suppression de la perspiration, l'évaporation étant presque nulle dans une atmosphère humide, et les fonctions de la peau se rétablissant avec peine, quand elles ont été brusquement suspendues.

C'est surtout à la suite de certaines affections éruptives, comme la rougeole et la scarlatine, que l'impression de l'air froid cause l'infiltration du tissu cellulaire. Mais la cause la plus commune de l'anasarque ce sont les obstacles au cours du sang. C'est au professeur Bouillaud qu'on doit d'avoir démontré la part que prend à l'anasarque symptomatique le rétrécissement des orifices du cœur et des gros vaisseaux ; certaines affections de viscères que le sang doit traverser pour y subir une modification, comme le foie, les reins et la rate, amènent aussi l'anasarque.

Le pronostic de l'anasarque est plus ou moins grave suivant la cause qui la détermine. Parmi les moyens employés pour la combattre, les évacuants et les sudorifiques tiennent encore le premier rang. Quant aux scarifications, tentées dans quelques cas avec succès, la gangrène qu'on les accuse d'entraîner quelquefois, doit en faire rejeter l'emploi, sauf dans le cas où la suffocation devient imminente. La compression, les frictions, viennent aussi en aide à la nature. On conçoit que l'anasarque a peu de chance de guérison quand elle tient à un vice organique de quelque viscère ; elle se dissipe ordinairement avec la maladie qui la cause, quand celle-ci vient à céder, ou quand le sang gêné dans son cours s'ouvre un passage par des vaisseaux collatéraux dilatés. *Voyez* HYDROPISIE.

Bouillaud , *Dict. de médecine et de chirurgie pratique*, art. ANASARQUE.
Dance, *Dict. de médecine*, 2ᵉ édit., art. ANASARQUE.

A. LE PILEUR.

ANASTOMOSE. (*Anatomie.*) 'Αναστόμωσις, *action d'ouvrir*, *aboutchement*. On nomme ainsi l'aboutchement, la réunion de deux vaisseaux qui s'ouvrent l'un dans l'autre, et par extension le tronc qui, dans certains cas, va de l'un à l'autre. C'est par les anastomoses que sont formés les réseaux artériels, veineux et lymphatiques ; c'est surtout après la division des troncs vasculaires en rameaux d'un ordre inférieur que l'on observe les anastomoses. On en rencontre cependant d'un calibre considérable ; la veine azygos, par exemple, est un véritable tronc anastomotique.

On a nommé anastomose la réunion des rameaux nerveux, et l'on a cru à leur fusion, mais il n'y a qu'adossement et non soudure des filets nerveux qui poursuivent leur trajet sans communication intime, de leur point d'émergence dans l'encéphale ou la moelle, aux extrémités. *Voy.* ARTÈRES, VEINES, NERFS.

A. LE PILEUR.

ANATHÈME. (*Histoire religieuse.*) Ce mot vient du grec ἀνάθημα, qui signifie *chose mise à part*, *séparée*. Suivant le sens originel du mot, on peut concevoir que cette chose a été mise à part, ou dans un but de consécration et de privilége, ou dans un but de proscription. Les deux acceptions eurent cours, en effet, dans les premiers siècles ; et il n'est pas rare de trouver dans les Pères de l'Église le mot anathème employé pour désigner les offrandes et les ex-voto que la piété ou la reconnaissance des fidèles consacrait à la Divinité dans les temples. Toutefois, cette dernière acception ne s'est pas conservée, et le mot a eu, dans tout le moyen âge, un retentissement terrible.

L'anathème ne s'entend donc plus que d'une sentence qui rejette hors du sein de la société religieuse ceux qui en sont atteints.

Toutes les religions de prosélytisme, appuyées sur une révélation particulière de la Divinité, se sont servies de l'anathème contre des membres dissidents ou ennemis ; mais le catholicisme a plus particulièrement donné à cette condamnation une forme systématique. En cela, il imitait le judaïsme. Le mot anathème est l'équivalent du mot hébreu *cherem*, qui signifie perdre, détruire, exterminer. La Bible offre plusieurs exemples d'anathème ou de *cherem*, porté au nom de la Divinité. Moïse veut qu'on voue à l'anathème les villes des Chananéens qui ne se rendront pas aux Israélites, et ceux qui adoreront les faux dieux (*Deut.* VII, 2, 26 ; *Exod.* XXII, 19). Le peuple hébreu, assemblé à Maspha, dévoue à l'anathème quiconque ne marchera pas contre ceux de Benjamin, pour venger l'outrage fait à la femme d'un jeune lévite (*Juges*, XIX). Saül dévoue à l'anathème quiconque mangera avant le coucher du soleil dans la poursuite des Philistins (*Rois*, 24). Chez les Juifs l'anathème emportait la mort.

L'Église chrétienne n'avait pas, comme le judaïsme, de sanction terrestre ; elle ne prononça l'anathème qu'en vue de la vie future. Plus terrible que l'excommunication, qui n'était qu'une séparation momentanée de la communion des fidèles, l'anathème avait pour résultat de dévouer aux feux éternels ceux qui l'avaient encouru. Il fut ordinairement porté contre les hérétiques qui combattaient les dogmes ou la souveraineté de l'Église ; presque tous les décrets des conciles, tant généraux que particuliers, appelés à décider des questions de foi, se terminaient par une suite d'anathèmes contre quiconque soutiendrait l'opinion qu'ils venaient de condamner, ou en émettrait de contraires aux déclarations promulguées. La formule ordinaire était celle-ci : *Si quis dixerit.... negaverit.... anathema sit. Voyez* presque tous les canons du concile de Nicée, ap. Fleury, *Histoire ecclésiastique*, tom. III.

CH. CASSOU.

ANATIFE. (*Anatifa.*) Genre de mollusques, de la classe des cirrhopodes ou cirrhipèdes, établi par Bruguières, et qui, d'après les modifications qu'il a subies depuis, se réduit aujourd'hui à cinq ou six espèces. Mais, avant de parler de l'organisation et des mœurs de ces animaux, disons un mot de l'étymologie curieuse du nom qui leur a été donné par les premiers conchyliologistes. Ce nom, qui, d'après les deux mots latins dont il se compose, *anas* et *ferre*, veut dire : *je porte* ou *je produis un canard*, a pris son origine dans un ancien préjugé des habitants des côtes de l'Écosse, qui croyaient que les oies et les canards sauvages naissaient de ces coquilles. D'après cette croyance, l'anatife était un fruit qui croissait au bord de la mer, et qui, parvenu à sa maturité, tombait dans l'eau, et s'ouvrait ensuite pour laisser sortir de sa coque, selon les uns, l'espèce d'oie nommée *bernache* ou *barnacle*, et selon les autres, la *macreuse*. Cette opinion absurde, qui se conserve encore parmi les pêcheurs de certains pays, a été réfutée par Albert le Grand dans le treizième siècle et par d'autres savants dans les siècles suivants; et cependant, dit Cuvier, il s'est encore trouvé, au dix-septième siècle, des gens assez dépourvus de jugement pour la soutenir dans de longs mémoires (1).

La coquille des anatifes est aplatie sur les côtés, cunéiforme, testacée ou simplement membraneuse, et ordinairement composée de cinq valves, dont deux sont de chaque côté, tandis que la cinquième, linéaire, souvent carénée, est placée sur le bord dorsal, ou lie entre elles les valves latérales, qu'on peut comparer, dit Cuvier, aux valves des lamellibranches, divisées chacune en deux parties. Ces valves sont réunies les unes aux autres par la membrane ou tunique sous l'épiderme de laquelle elles se forment; leur accroissement s'opère par la transsudation de la membrane interne, mais en partant de divers centres pour chaque valve. Pour les valves latérales, les lames d'accroissement sont disposées sur les bords qui sont contigus. Pour la cinquième valve, l'accroissement a lieu tout autour, mais surtout aux extrémités.

Le nombre des espèces, comme nous l'avons dit plus haut, s'élève de cinq à six, parmi lesquelles nous citerons la plus connue, l'*anatifa lævis*, espèce qui vit en société dans toutes les mers, et qui est vulgairement connue sur les côtes de France sous les noms de *bernache* ou *brenache*, *barnacle* ou *bernacle*, et de *sapinette* dans quelques ports.

Ces mollusques s'attachent aux rochers, aux pieux, aux quilles des vaisseaux; ce qui fait que dans nos ports on peut journellement en observer d'exotiques. Les uns paraissent

(1) *Voy.* Sibbaldi, *Philos. trans.*, vol. II, p. 84; Moray, *a Relation concerning barnacles*; *Philos. trans.*, vol. XIII; Moinichen, *Concha anat. vindicata*, etc., Hafn, 1097. Stalpart, Grew, etc.

toujours groupés ou vivre en société; attachés les uns sur les autres, ils forment ainsi des espèces de bouquets, tandis que les autres semblent vivre isolément.

Chez certaines espèces, le pédicule qui les soutient est fort court; mais il est ordinairement long, et a même près d'un pied de longueur dans quelques autres. Il est tendineux, flexible, susceptible de s'allonger et de se contracter à la volonté de l'animal, qui trouve ainsi le moyen d'atteindre sa proie.

Les anatifes préfèrent les lieux battus par les vagues. Ils se nourrissent de petits animaux marins qu'ils absorbent au moyen du tourbillon excité dans l'eau par leurs tentacules ciliés, qu'ils roulent et déroulent alternativement avec la plus grande promptitude.

Ils sont hermaphrodites et vivipares; mais on manque d'observations sur leur mode d'accroissement.

On mange ces animaux, dit Bosc, plutôt par la persuasion qu'ils sont aphrodisiaques que par tout autre motif, car ils sont généralement très-petits, et il aurait dû ajouter, peu succulents.

DUPONCHEL père.

ANATOLIE (*Géographie*), (d'un mot grec qui veut dire *Levant*), eyalet ou pachalik de la Turquie d'Asie, est formée de la portion occidentale de l'ancienne Asie Mineure, s'étend de 24° 13′ à 36° long. E., et a pour capitale Koutaïeh. Trois de ses côtés sont maritimes; sa frontière est seule est continentale. L'Anatolie est subdivisée en 18 livahs ou sandjakats, dont 7 seulement sont réellement soumis au pacha de Koutaïeh, leur chef nominal. Ce sont : 1° Sinope, Kastemouni, Boli, Bartin, Isnikmid, Bourse, sur la mer Noire; 2° Moudaniah, Haïvali, Pergame, Sart, Smyrne, Guzel-Hissar, Ayasolouk, sur l'Archipel; 3° Adalia, ou Satalieh, sur la Méditerranée; 4° Karahissar, Angora, Kiankari ou Kanghri, le long de la frontière de l'est; 5° Koutaïeh à l'intérieur. *Voyez* ASIE MINEURE.

ANATOMIE. (*Histoire naturelle.*) C'est la partie de la science qui a pour objet la détermination de la nature, du nombre et des relations des organes ou des tissus qui constituent les êtres vivants. Longtemps imparfaite, et considérée comme une science indépendante, elle ne fut appliquée qu'à l'étude de l'homme. En restreignant à lui seul ce que l'anatomie doit faire connaître, l'homme lui avait ôté la plus grande partie de son importance et les moyens comparatifs nécessaires pour apprécier le jeu de toutes les fonctions du corps même dont l'anatomie s'occupait spécialement. Ce n'est que de nos jours que, prenant un essor véritablement philosophique, abandonnant des voies longtemps et routinièrement suivies, et recherchant la vérité sans s'astreindre aux limites dans lesquelles trois mille ans d'habitude emprisonnèrent le génie humain, l'on a vu de bons esprits généraliser leurs idées en anatomie, et reconnaître combien on était loin du but de cette science, *quand on n'avait examiné que la contexture d'un seul animal.* Sous le nom d'anatomie comparée, aujourd'hui à peu près abandonné, on commença d'abord, vers la fin du dernier siècle, l'examen de quelques êtres voisins de l'homme par des rapports extérieurs, ou que diverses relations en rapprochent. Les parties constitutives de ceux-ci furent observées, et, grâce à de pareilles recherches, une foule d'erreurs et de conjectures disparurent pour faire place à des idées exactes.

L'étude de l'anatomie dut originairement être déterminée par le besoin qu'on éprouva de porter remède aux lésions d'organes et aux maladies qui affligent l'humanité. Par une singularité remarquable, lorsque l'anatomie naissante n'était, en quelque sorte, qu'un auxiliaire de l'art de guérir, des préjugés religieux s'opposaient à la dissection du corps humain, *qui seule cependant pouvait fournir* à l'anatomie les moyens d'opérer et de chercher le fond des choses; la dissection n'était permise que sur les animaux : on eût cru commettre un sacrilége en interrogeant, le fer à la main, le corps de son semblable. Il est certain que les anciens en disséquèrent que des animaux, et que c'est d'après des recherches faites sur le singe qu'ils jugèrent la conformation de leurs pareils. Ce n'est que depuis peu de siècles que l'homme a interrogé l'organisation de l'homme pour se connaître enfin lui-même; les corps des suppliciés furent les premiers et longtemps les seuls sur lesquels on osa s'exercer, et la difficulté de se procurer ces objets d'étude retarda les progrès d'une branche de nos connaissances qui ne commence guère à prendre une forme qu'au temps de ce Vésale dont l'illustre et vénérable Portal a fait un éloge si mérité dans l'histoire de la science qui nous occupe.

Si l'on recherche des traces de l'anatomie chez les anciens, on n'en trouve que de fort confuses. Il est probable que les embaumeurs égyptiens furent les premiers qui portèrent leur attention sur cette partie essentielle des *connaissances humaines;* il n'est pas possible que l'exercice des sinistres fonctions de tels préparateurs ne leur eût donné les connaissances que des opinions religieuses ne permettaient guère qu'à eux d'acquérir, et qu'ils n'aient employé ces connaissances pour pratiquer l'art de soulager leurs semblables. A la même époque, les prêtres, inondant du sang des victimes les autels de leurs dieux, et sacrifiant, presque partout, des hommes en expiation, durent, comme les embaumeurs, se

familiariser avec la contexture des victimes qu'ils dépeçaient; aussi, devinrent-ils les premiers médecins des peuples grossiers, en fondant sur eux un empire presque indestructible, à l'aide des terreurs dont ils tourmentaient leur esprit, et du soulagement qu'ils procuraient à leurs souffrances physiques. Si les prêtres juifs ne furent pas les premiers des anatomistes, ils durent au moins devenir les plus habiles des bouchers; l'un des principaux livres attribués au fondateur de leur loi peut être considéré comme un traité sur l'art d'égorger des bêtes, de couper proprement la viande, et d'en séparer les os, afin de réserver les parties les plus délicates pour le culte de l'autel.

Quoi qu'il en soit, l'anatomie ne se borne plus maintenant à l'étude du corps humain. L'histoire naturelle, qui longtemps emprunta les caractères des êtres variés dont elle s'occupe des formes extérieures que présentent ces êtres, a dû se perfectionner en prenant des bases plus fixes; elle a cherché ces bases dans l'organisation intime, et bientôt on a généralement reconnu combien cette manière d'étudier était préférable à celle qui, pour ainsi dire, s'arrêtait à l'écorce. C'est alors qu'on a vu à quel point le vulgaire, qui ne juge que par ce qui frappe ses premiers regards, et des savants qui s'étaient montrés pareils au vulgaire par leur manière superficielle d'observer, avaient fait de monstrueux rapprochements d'êtres qui, pour se ressembler beaucoup, quand on les considère superficiellement, étaient, dans la nature, séparés les uns des autres par un espace immense; tandis que d'autres, qu'on eût crus devoir être fort éloignés, se rapprochaient par des intimités qu'on ne pouvait reconnaître qu'en pénétrant dans eux-mêmes. Ainsi les cétacés, par exemple, cessèrent d'être des poissons, pour se rapprocher de notre espèce, ou du moins pour rentrer dans la classe où nous marchons les premiers; ainsi, la désignation de quadrupède devint de nulle valeur, et les chauves-souris ne furent plus comprises parmi les oiseaux.

La vie, dans chaque être, n'est autre chose que la somme des actions produites par un assemblage d'organes qui constitue l'être. Il est donc évident que l'on ne peut se faire d'idée exacte de la nature d'une créature que par la détermination du nombre, des relations et de la nature des organes dont elle est formée : cette détermination est proprement ce que l'on doit appeler anatomie. On voit, par cet énoncé, jusqu'où l'on se tromperait en restreignant l'anatomie à la connaissance de la contexture d'une seule espèce, cette espèce fût-elle l'homme lui-même; et nous oserions presque dire qu'un travail où l'homme seul serait décrit anatomiquement, ne devrait pas avoir plus d'importance aux yeux du véritable naturaliste, que ce beau *Traité de la chenille du saule*, qui, tout remarquable qu'il est, n'a pas suffi pour élever Lyonet au-dessus de la ligne des monographies.

Si l'on ne connaît qu'une espèce, l'on ne peut déterminer ses rapports, il faut se résoudre à l'ignorance de ce qu'elle a de commun ou de différentiel avec les autres; et même, à ne considérer cette anatomie spéciale que sous le point de vue médical, celui qui s'y consacre se prive des moyens de reconnaître ailleurs, soit où certains organes, soit où certains tissus arrivent à leur plus complet développement, et la vraie structure de ces mêmes organes et tissus, perpétuellement rudimentaires dans l'homme, excepté peut-être dans quelques cas pathologiques accidentels; et les cas même, assez rares, où les anomalies de structure et de position dans les organes d'une même espèce, rentrant sous la condition normale chez d'autres espèces, ne peuvent encore être ramenés à des lois fixes qu'en cherchant dans les derniers états l'explication des autres. Le principal inconvénient de toute anatomie spéciale est de ne pouvoir déterminer la part d'action de chaque organe d'une manière exacte; car il faudrait, pour apprécier cette part, voir ce qui resterait d'action dans le tout, quand cet organe serait *retranché*; mais ce retranchement devient impossible, et Cuvier a dit ingénieusement à ce sujet : « Les machines qui sont l'objet de nos recherches ne peuvent être démontées sans être détruites. » Cependant les expériences qu'il ne nous est pas donné de faire sont toutes préparées dans les divers degrés de combinaisons qu'offre l'immense série des êtres vivants; il faut donc les y suivre par la comparaison.

Le but vers lequel durent tendre les naturalistes, dès qu'ils sentirent la *nécessité* de prendre l'anatomie pour base de leurs études et de leurs classifications, fut de ramener la conformation de chaque être à un seul et même type, et de comparer leurs divers organes pour indiquer soit la dissemblance, soit l'analogie de ceux-ci. L'homme fut naturellement le point de départ de toute comparaison; et de l'organisation de ce dominateur, on marcha à celle des autres créatures, en faisant ressortir moins ses rapports que ses dissemblances, pour en déduire des *caractères* de genres, de classes et d'espèces.

La forme et les fonctions des organes ayant été soigneusement étudiées, on remarqua que la forme était trop peu constante et sujette à trop de variations pour qu'elle pût devenir la plus importante des considérations anatomiques; l'analogie des fonctions présentait une route bien autrement philosophique, et c'est

de son examen que sont sorties ces vérités méconnues jusqu'à l'époque où les Cuvier et les Geoffroi-Saint-Hilaire sont venus donner au siècle actuel cette impulsion à laquelle l'anatomie doit un tel développement, qu'on la peut considérer aujourd'hui comme la base, non-seulement de l'histoire naturelle, et le principal auxiliaire de l'art de guérir, mais encore comme le vrai flambeau de toute vérité morale.

Geoffroi-Saint-Hilaire particulièrement, ayant approfondi l'étude de l'organisation des animaux vertébrés, après avoir entrevu chez ces animaux *l'unité de composition*, est parvenu à poser les véritables bases de la marche à suivre en anatomie; sa doctrine des analogies, établie et développée dans le premier volume de sa *Philosophie anatomique*, fournit une méthode claire et simple pour la détermination des organes constitutifs, méthode qui permet de ramener à des parties déjà connues, des parties que la grande dissemblance et de leurs formes et de leur usage apparent avait fait classer sous des noms fort différents. C'est à l'aide de cette théorie que notre illustre confrère a pu établir l'identité des pièces osseuses du squelette des poissons avec celles qui composent la charpente des autres vertébrés, ce que jusqu'à lui on n'avait pu faire; les monstres eux-mêmes sont rentrés à sa voix dans la règle commune, et l'on a découvert en eux, soit rudimentairement, soit dans quelque état d'altération qui les faisait d'abord méconnaître, jusqu'aux moindres pièces qui existent dans l'état normal. Les oiseaux, par exemple, que l'on croyait totalement dépourvus de dents, examinés dans un nouvel esprit d'analogie, ont présenté un système dentaire complet, de figure particulière il est vrai, mais analogue au système dentaire des autres animaux quant à la position et à l'origine des matériaux. Ainsi, la substance cornée qui entoure le bec, représente ce système dentaire comme substance d'origine commune, c'est-à-dire fournie par les mêmes vaisseaux et les mêmes nerfs; sa structure est différente de celle que nous désignons généralement par le nom de dents; mais la différence n'est pas telle qu'on eût pu la supposer au premier coup d'œil, car les dents de l'état fœtal présentent chez nous-mêmes l'état corné que conserve, durant toute la vie de l'oiseau, la substance qui s'est épanchée pour revêtir son bec. C'est par l'emploi d'une telle marche en anatomie que l'on parviendra à découvrir les véritables bases d'une physiologie animale et d'une classification des êtres vivants conforme aux plans de la nature elle-même; c'est par cette marche qu'on pourra parvenir à la solution du plus important de tous les problèmes, l'organisation des êtres.

L'anatomie, considérée philosophiquement et ainsi étendue à tous les êtres organisés, est encore la principale base de l'étude des végétaux, c'est-à-dire de la botanique, aussi bien qu'elle l'est du règne animal. Elle ne cherche pas dans les plantes des parties qui n'y sauraient exister; mais, par sa marche comparative, elle prouve plus d'un rapport existant entre des créatures dont les hommes les plus superficiels ont saisi les énormes différences. Cependant, si l'organisation des parties qui composent le végétal nous offre une simplicité et une uniformité qu'on n'observe point dans l'animal, tel qu'on le comprend généralement, il serait possible qu'on trouvât de l'un à l'autre des points intermédiaires où l'observateur ne pourrait s'arrêter pour déterminer si tel être appartient plutôt à un règne qu'à l'autre; mais, pour établir cette suite de décroissance ou de développement des analogues, qui, de l'état de plante, peuvent élever les êtres à celui d'animaux, ou de diminution qui peuvent rabaisser l'animal à la simple condition des végétaux, il faut entrer dans l'organisation matérielle des organes et des tissus; nous renverrons aux mots ORGANES et TISSUS pour développer nos idées à cet égard. *Voyez* ANATOMIE COMPARÉE.

BORY DE SAINT-VINCENT.

ANATOMIE HUMAINE. (*Médecine.*) Ἀνὰ, *entre*, τέμνειν, *couper.* Dans l'acception la plus ordinaire de ce mot, on entend par anatomie l'étude de la structure, de la situation et des rapports des parties dont se compose le corps humain. C'est aussi ce que l'on appelle l'*anatomie humaine.*

Dans une acception plus générale et plus philosophique, l'anatomie est la science de l'organisation considérée dans les différents êtres, depuis le plus simple des végétaux agames jusqu'au phanérogame le plus composé, depuis le dernier des zoophytes jusqu'à l'homme.

Mais la série des corps organisés forme une chaîne immense dont une foule de travaux accumulés depuis plusieurs siècles n'ont pu encore mesurer toute l'étendue. L'air, la terre, la profondeur des eaux, sont peuplés par des êtres vivants qui, par leurs variétés infinies d'organisation, de forme et de grandeur, attestent l'inépuisable fécondité de la nature. Ainsi, tandis que chez le mammifère la vie est entretenue par le concours des appareils les plus compliqués, l'on trouve, à l'autre extrémité de l'échelle, des animaux, tels que l'hydre, dont la vie de relation semble à peu près nulle, et dont les fonctions nutritives se réduisent à une simple assimilation. Celui qui chercherait dans la forme des vertèbres le type de l'animalité aurait sans doute de la peine à reconnaître un animal dans l'étoile de mer,

ou dans la caroline, rangée tour à tour parmi les végétaux et les animaux. Enfin tous les degrés de la grandeur semblent avoir été comme interposés entre l'énorme cachalot, semblable à une île flottante, et l'animalcule infusoire dont le microscope découvre des milliers dans une goutte de liquide. Mais cet animalcule infusoire lui-même, qui semble pour nos yeux l'infiniment petit, peut devenir à son tour une masse gigantesque relativement à d'autres êtres que des instruments plus parfaits nous découvriraient sans doute. Cependant tous ces êtres jouissent de la vie, tous possèdent la merveilleuse faculté de résister avec une énergie variable aux lois générales qui régissent les corps inorganiques.

L'anatomie, considérée comme la science qui traite de l'organisation de tous les êtres vivants, est donc la plus vaste de toutes les sciences; l'étude approfondie de quelques-uns de ces êtres, des insectes par exemple, a suffi pour occuper la vie de plusieurs savants. De là la nécessité d'établir dans la science de l'anatomiste plusieurs grandes divisions qui ont chacune un but distinct, une application spéciale, et qui deviennent autant de branches importantes des connaissances humaines.

Deux divisions principales se présentent d'abord naturellement. L'une comprend l'anatomie appliquée au corps des animaux : c'est la *zootomie* (de ζῶον, *animal*, et τέμνειν, *couper*).

La seconde division comprend l'anatomie appliquée au corps des végétaux : c'est l'anatomie végétale, ou phytotomie (de φυτόν, *plante*).

La phytotomie ne nous occupera point ici. Rappelons seulement que l'anatomie végétale fut longtemps entièrement négligée. Leeuwenhoek, Malpighi, Grew et Hales décrivirent tour à tour les organes internes des plantes, et en dévoilèrent les usages. De nos jours, MM. Richard, Desfontaines, Mirbel, Gaudichaud ont enrichi de précieuses découvertes la science de l'organisation végétale. Malgré les travaux de tant d'hommes illustres, la phytotomie est encore loin d'être aussi avancée que la zootomie.

La zootomie elle-même se subdivise en plusieurs branches.

Lorsqu'elle compare l'organisation dans les différentes classes d'animaux, elle prend le nom d'*anatomie comparée* ou *comparative.*

Si les animaux n'existaient point, a dit Buffon, l'homme serait moins connu. L'anatomie comparée peut fournir en effet les plus vives lumières pour apprécier la structure ou l'usage des différentes parties du corps humain. Dans cette étude, on imite jusqu'à un certain point le physicien qui, dans ses expériences ou dans ses calculs, décompose les phénomènes, et les étudie à son gré dans leurs divers degrés de simplicité ou de complication. Le physiologiste ne saurait ainsi isoler des phénomènes sur un animal sans les altérer, et sans changer les conditions du problème qu'il se propose de résoudre. Mais la solution dè ce problème devient naturellement plus facile dans les classes d'êtres où une organisation plus simple donne naissance à des phénomènes moins compliqués.

Les bonnes classifications zoologiques reposent essentiellement sur la connaissance et la comparaison des organes intérieurs des animaux. M. Cuvier, par exemple, a pris l'anatomie comparée pour base de sa division du règne animal en quatre grandes classes : savoir, les vertébrés, les mollusques, les articulés et les radiaires.

L'anatomie, appliquée à l'étude du corps d'un seul animal, se désigne d'après le nom de celui-ci : c'est ainsi que l'on dit l'anatomie de l'homme, du cheval, etc. L'anatomie des animaux domestiques prend le nom générique d'*anatomie vétérinaire.*

L'anatomie humaine elle-même peut être envisagée et étudiée sous un grand nombre de points de vue différents. De là plusieurs espèces d'anatomies.

Lorsque l'anatomie s'occupe de décrire les tissus analogues, abstraction faite des organes ou appareils d'organes que ces tissus concourent à former par leur assemblage, elle reçoit la dénomination d'*anatomie générale.*

Parmi ces tissus ou systèmes, les uns existent partout, et semblent destinés, soit à former la trame des autres tissus, soit à leur apporter la nutrition et la vie : tels sont les systèmes cellulaire, vasculaire et nerveux. Les autres systèmes sont moins généralement répandus; leur organisation, leur mode de vitalité, leurs fonctions, établissent entre eux les différences les plus tranchées : tels sont les tissus muqueux, cutané, séreux, osseux, fibreux, cartilagineux, musculaire, etc.

Vaguement entrevue par d'anciens auteurs, l'anatomie générale fut réellement créée par le génie de Bichat.

L'*anatomie descriptive* s'occupe spécialement de faire connaître la structure, la situation et les rapports des différents organes. Pour atteindre ce but, elle suit différentes méthodes, et admet plusieurs divisions.

L'étude des os, dont l'assemblage forme la charpente du corps humain, constitue une première partie de l'anatomie descriptive; c'est l'*ostéologie.* On nomme *syndesmologie* l'étude des ligaments qui unissent les os entre eux.

L'étude des muscles, de ces parties essentiellement contractiles, destinées à imprimer aux os, comme à autant de leviers, les mouvements les plus variés, constitue la *myologie.*

Un ordre de vaisseaux (les artères) va porter du cœur à toutes les parties les matériaux nutritifs. D'autres vaisseaux (les veines) rapportent le sang vers le cœur. D'autres enfin (les lymphatiques) charrient, soit le liquide nutritif ou chyle qu'ils ont absorbé à la surface de l'intestin grêle, soit un liquide incolore (la lymphe) dont l'origine et les usages ne sont point encore bien connus. L'*angiologie* est cette partie de l'anatomie qui s'occupe de la description des vaisseaux.

Les sensations à l'aide desquelles l'homme entretient des rapports avec le monde extérieur, les mouvements imprimés aux muscles par la volonté, ne peuvent avoir lieu qu'autant que les nerfs établissent une libre communication entre le cerveau et les organes. D'autres nerfs, différents des précédents par leur origine, leur distribution, leur structure et leurs propriétés, semblent spécialement destinés à présider aux fonctions nutritives. La connaissance des nerfs est le but de la *névrologie.*

Enfin, une quatrième partie de l'anatomie descriptive, la *splanchnologie,* fait connaître les organes des sens, de la voix, de la génération, et les viscères contenus dans les cavités du crâne, du thorax et de l'abdomen.

L'ordre que nous venons d'indiquer n'est pas le plus philosophique, aussi ne le suit-on plus aujourd'hui. Un de ses inconvénients était d'isoler des parties qui, par la similitude de leurs fonctions doivent se trouver réunies. Ainsi, par exemple, l'on étudiait le cœur et le cerveau dans la splanchnologie, les vaisseaux et les nerfs dans l'angiologie. Dans les traités d'anatomie publiés dans ces derniers temps, le cœur et le cerveau sont étudiés comme centres l'un de la circulation, l'autre du système nerveux, avec les vaisseaux et les nerfs.

L'*anatomie physiologique* étudie les organes en même temps que les fonctions qu'ils remplissent.

L'*Anatomie descriptive* de Bichat est une anatomie physiologique.

L'anatomie descriptive peut encore avoir pour but spécial de guider l'instrument du chirurgien à travers nos organes. Elle étudie alors spécialement les rapports et la situation des différentes parties que l'instrument peut atteindre : c'est ce qu'on appelle l'*anatomie chirurgicale* ou *de rapports.* L'on a surtout étudié, dans ces derniers temps, cette espèce d'anatomie, et l'on a tracé dans ce sens des descriptions partielles des diverses régions du corps.

Enfin, l'anatomie descriptive prend le nom d'*anatomie pittoresque,* lorsqu'elle est étudiée par les peintres et par les sculpteurs, dans le but de connaître les parties extérieures et visibles du corps, leurs nombreux contours, les modifications imprimées aux formes par la contraction musculaire, les rapports des attitudes et des mouvements avec cette même contraction.

Mais l'anatomie n'étudie pas seulement les organes dans leur état sain ; elle nous apprend aussi à connaître les nombreuses altérations que ces mêmes organes peuvent subir dans leur forme, leur volume, leur développement et leur structure. Sous l'influence de causes morbides, plus ou moins bien déterminées, des tissus nouveaux se développent souvent au milieu de nos parties. Parmi ces *tissus accidentels*, les uns ont leurs analogues dans l'économie. C'est ainsi, par exemple, qu'à une époque avancée de la vie le tissu osseux tend à envahir une foule d'organes, et spécialement les artères ; c'est encore ainsi que des membranes séreuses, des masses fibreuses, des plaques cartilagineuses, des touffes de poils, etc., se forment quelquefois de toutes pièces. D'autres tissus accidentels n'ont point leur analogue dans l'économie : tels sont le tubercule, le squirre, le tissu encéphaloïde, la mélanose. Tous se présentent sous deux états : 1° en corps durs : c'est leur état de crudité ; 2° dans un état de ramollissement plus ou moins complet. N'entraînant souvent aucun dérangement dans la santé, tant qu'ils sont dans leur premier état, ces tissus exercent constamment la plus funeste influence, dès qu'ils commencent à se ramollir. Enfin, soit dans l'intérieur des grandes cavités, soit dans le parenchyme même des organes, naissent et croissent un grand nombre d'animaux parasites, variables par leur structure, leur forme, leur grandeur et leur nombre.

L'anatomie, appliquée à l'étude de ces diverses lésions, prend le nom d'*anatomie pathologique.*

Après avoir défini l'anatomie, signalé ses différentes espèces, et donné une idée générale des nombreux objets dont elle s'occupe, portons nos regards sur l'histoire de cette science, et indiquons, dans une rapide esquisse, soit les hommes supérieurs dont les immortels travaux ont surtout hâté ses progrès, soit les grandes découvertes qui, souvent dues au hasard ou aux recherches assidues de la médiocrité laborieuse, ne peuvent être fécondées que par le génie.

Chez quel peuple chercherons-nous les premières traces de la culture de l'anatomie? Chez l'habitant de la Chine et de l'Inde, ces antiques berceaux de la civilisation, la science de l'organisation ne paraît avoir consisté que dans quelques notions bizarres ou erronées, en rapport avec les préjugés religieux et politiques. Sur les bords du Gange en particulier, le dogme de la métempsycose apportait un grand obstacle aux dissections des animaux.

Il semble que la coutume d'embaumer les cadavres aurait dû être chez les Égyptiens une circonstance favorable aux progrès de l'anatomie ; mais ce peuple vouait au mépris et ne regardait qu'avec horreur les hommes qui assuraient aux cadavres cette sorte d'immortalité du tombeau. Adorateur des plus vils animaux, l'Égyptien eût puni de mort celui qui aurait osé soumettre à un examen sacrilège les restes inanimés de ces bizarres divinités. On trouve dans Homère des indications anatomiques assez précises, notamment à propos de la veine cave et des vaisseaux du cou ; mais ces notions ne s'élèvent pas au-dessus de celles que les bouchers acquièrent par la pratique de leur métier.

Au milieu d'Athènes, éclairée par la philosophie, ce furent encore les préjugés religieux qui apportèrent un obstacle invincible à la culture de l'anatomie. La victoire ne garantit pas du supplice les généraux athéniens qui avaient employé à poursuivre l'ennemi un temps qu'ils auraient dû consacrer à ensevelir les guerriers tués dans le combat. Quelle peine, ainsi que le remarque Vicq-d'Azir, les Grecs auraient-ils donc réservée à ceux qui auraient violé les tombeaux? Mais du moins, chez les Grecs, la dissection des animaux ne fut point proscrite ; Démocrite, Empédocle, Alcméon, furent d'habiles zootomistes. C'est sur des animaux qu'Hippocrate lui-même paraît avoir étudié l'anatomie, et l'impossibilité d'y acquérir des connaissances précises, l'arrêta dans la voie de la chirurgie.

Jusqu'à l'époque des conquêtes d'Alexandre, l'anatomie fit peu de progrès. Mais alors les relations multipliées qui s'établirent entre les peuples affaiblirent les préjugés, en augmentant la masse des lumières et en multipliant le choc des opinions. Alors le vaste génie d'Aristote, embrassant l'universalité des connaissances humaines, sut imprimer à la plupart une nouvelle et féconde impulsion. En même temps qu'Aristote écrivait des traités sur la métaphysique, la politique et la morale, il cultivait toutes les branches des sciences naturelles, il disséquait des milliers d'animaux qu'Alexandre lui envoyait de toutes les parties de l'Asie. L'*Histoire des animaux* fut le résultat de ce noble concours du pouvoir et du génie. Aristote compare souvent dans son ouvrage l'organisation de l'homme et celle des animaux, cependant rien ne prouve qu'il ait disséqué des cadavres humains.

Une nouvelle ère commença pour l'anatomie dans la ville fondée par Alexandre, sous le règne des premiers Ptolémées. C'est dans Alexandrie que les médecins, protégés par ces princes, furent pour la première fois autorisés à ouvrir des cadavres d'hommes. Hérophile,

Érasistrate, Eudème, furent alors les véritables fondateurs de l'anatomie humaine, et l'enrichirent d'importantes découvertes. On a à peine retenu le nom de la plupart de leurs successeurs, qui négligèrent l'étude de l'anatomie pour les futiles hypothèses d'une physiologie spéculative.

Aucun des médecins de Rome ne fut remarquable comme anatomiste. Galien lui-même ne paraît avoir examiné que des corps d'animaux; c'est surtout d'après des dissections de singes que ses descriptions ont été faites. Il nous apprend que, de son temps, l'on allait à Alexandrie pour voir des squelettes, encore a-t-on dit que ces squelettes étaient de bronze.

Pendant un intervalle de plus de mille années, l'anatomie cessa d'être cultivée; et, lorsqu'après cette désastreuse époque d'ignorance et de barbarie, les sciences commencèrent à jeter de nouveau une faible lueur, on ne chercha d'abord à connaître la science de l'organisation que dans les livres de Galien. Les médecins se mirent ensuite à disséquer des corps d'animaux. Enfin, en 1515, Mondini de Luzzi, professeur de Bologne, disséqua publiquement, pour la première fois, deux cadavres humains. Son exemple fut bientôt suivi par un grand nombre de médecins. Mais tous, asservis aux idées de Galien, se traînaient péniblement dans la route tracée par ce grand homme, et les faits étaient perdus pour eux. On en vit plusieurs ne pas craindre d'admettre que la nature avait changé depuis Galien, plutôt que d'avouer que Galien s'était trompé. Ce fut seulement dans le seizième siècle qu'un homme de génie, Vésale, osa douter de l'infaillibilité de Galien, et renverser son autorité. Bientôt Eustachi, Fallope, Varole, s'illustrèrent par l'ardeur avec laquelle ils se livrèrent à l'étude de l'anatomie humaine, et par les nombreuses découvertes qui en furent le résultat. C'est à cette même époque, où le retour vers la culture des sciences signalait, en quelque sorte, le réveil de l'esprit humain, que Charles-Quint écrivit aux docteurs en théologie de l'université de Salamanque, pour savoir si l'on pouvait, sans péché mortel, disséquer un cadavre humain!

C'est véritablement dans le seizième siècle que l'anatomie de l'homme fut créée. Les différentes parties du squelette furent alors bien connues pour la première fois. Les osselets de l'ouïe furent découverts et décrits.

Jusqu'à cette époque, les veines, plus apparentes après la mort que les artères, à cause du sang qui les remplit ordinairement, avaient surtout fixé l'attention des anatomistes. Cependant elles étaient encore bien peu connues, puisque l'on croyait encore, avec Galien,

qu'elles tiraient toutes leur origine du foie. La terminaison des veines au cœur fut enfin simultanément découverte par plusieurs anatomistes, et en même temps les artères commencèrent à être plus spécialement étudiées.

Ce n'est pas sans un vif intérêt que l'on voit les anatomistes s'élever peu à peu à la connaissance du mouvement circulatoire du sang, à mesure qu'ils acquièrent des notions plus exactes sur l'ensemble du système vasculaire. C'est ainsi, par exemple, que l'isolement complet des deux parties du cœur et le mode de distribution des vaisseaux qui se rendent à cet organe ou qui en partent, conduisirent Columbus et Michel Servet à admettre l'existence de la circulation pulmonaire. Mais c'était à Harvey qu'était réservée la gloire de démontrer, par la méthode expérimentale, un phénomène dont les simples connaissances anatomiques avaient porté à soupçonner l'existence.

Les muscles des différentes régions du corps devinrent l'objet des plus minutieuses recherches, et dès lors on put jeter les fondements de la mécanique animale. L'origine des nerfs fut reconnue et décrite, la situation, la forme, les rapports des viscères furent exactement appréciés. Cependant, quelques hommes s'efforçaient encore de renverser les observations des modernes par l'autorité des anciens. Césalpin, par exemple, accumulait les raisonnements les plus bizarres pour démontrer, avec Aristote, que tous les nerfs naissaient du cœur.

Dans le dix-septième siècle, les connaissances anatomiques acquises dans le siècle précédent furent rendues plus précises; on donna des différentes parties du corps des descriptions plus exactes et plus méthodiques. L'on fit aussi de précieuses découvertes : l'une des plus importantes fut celle du système lymphatique, qu'avaient entrevu les anatomistes d'Alexandrie. La connaissance des vaisseaux lymphatiques exerça sur les théories physiologiques et médicales une influence presque aussi grande que la découverte de la circulation du sang.

L'art des injections, poussé par Ruysch au plus haut degré de perfection, les recherches microscopiques appliquées à l'étude de l'organisation, ouvrirent de nouvelles routes à l'investigation des anatomistes.

On avait en quelque sorte épuisé la description des formes extérieures; on voulut alors pénétrer la texture intime des organes. Mais trop souvent, dans ce genre de recherches, l'on imagina au lieu d'observer. Malpighi, par exemple, admettait, dans le cerveau, les poumons, le foie, la rate et les reins, une structure glanduleuse, tandis que Ruysch regardait toutes ces parties comme essentiellement vasculaires. On chercha aussi à démêler le lacis inextricable formé par les fibres du cœur; mais on voit avec peine qu'étudiées par un grand nombre d'anatomistes, ces fibres furent différemment décrites par chacun d'eux.

Les organes des sens, et spécialement ceux de la vue et de l'ouïe, devinrent l'objet des plus savantes recherches : le cristallin fut étudié par le célèbre astronome Kepler, et le siége de la vision fut placé, pour la première fois, dans la rétine par Christophe Sheiner.

Vers le milieu du dix-huitième siècle, les immenses travaux de Haller montrèrent les liens intimes qui unissent l'anatomie et la physiologie. Une nouvelle direction fut imprimée à ces deux sciences. La physiologie surtout changea de face; et, dès qu'on ne sépara plus son étude de celle de l'anatomie, elle tendit à devenir une science positive.

L'anatomie et la physiologie conservent encore aujourd'hui la forme qui leur a été donnée par Haller. Ce grand homme semble avoir inspiré les belles et nombreuses recherches entreprises sur toutes les branches de l'anatomie pendant les quarante dernières années qui viennent de s'écouler. Les travaux de Hunter, de Sœmmering, des deux Meckel, de Reil, de Scarpa, de Mascagni, de Gall, de Bichat, de Chaussier, etc., pour ne parler que des morts, remplissent principalement cette période. Rappelons enfin, comme l'un des plus beaux titres des anatomistes de nos jours, les curieuses recherches faites récemment en France et en Allemagne sur le développement des systèmes nerveux, vasculaire et osseux.

Dès que la dissection des cadavres humains eut été permise aux anatomistes, ils portèrent toute leur attention sur les organes de l'homme, et l'étude du corps des animaux fut momentanément abandonnée. Ce n'est qu'à une époque assez rapprochée de nous que la zootomie fut de nouveau cultivée. Les mémoires de l'Académie des sciences, ceux des curieux de la nature, contiennent d'utiles travaux sur l'anatomie comparée. L'infatigable Malpighi fut l'un des premiers qui cherchèrent à éclairer l'organisation de l'homme, en la comparant à celle des animaux. Swammerdam, Perrault, Réaumur, Geoffroy, Trembley, parcoururent avec gloire la même carrière. Plus tard, le collaborateur de Buffon, le laborieux Daubenton, enrichit d'un grand nombre de dissections d'animaux l'histoire naturelle de son illustre ami. Peu de temps après, Vicq-d'Azir conçut l'étude de l'anatomie comparée sur un plan beaucoup plus vaste et plus philosophique qu'aucun de ses prédécesseurs. Doué d'un savoir profond, d'un esprit pénétrant, d'une éloquence entraînante, que n'aurait-il point fait pour la science, si la mort ne l'eût frappé à l'entrée de la carrière!

A côté de tant de noms illustres, nous pouvons citer avec orgueil, parmi nos contemporains, les noms des Cuvier, des Lacépède, des Duméril, des Geoffroy-Saint-Hilaire, des Blainville, etc., qui, par le nombre et l'importance de leurs travaux, ont si puissamment contribué aux progrès de l'anatomie comparée.

Lorsque l'anatomie humaine commença à être bien connue, les médecins durent naturellement chercher dans la lésion des organes internes la cause des phénomènes morbides. Aussi, dès le seizième siècle, l'on trouve quelques rudiments de la culture de l'anatomie pathologique. Eustachi la préconisait dès lors comme l'un des plus sûrs moyens de perfectionner le diagnostic. Dans les deux siècles suivants, Baillou, Horstius, Bartholin, Tulpius, Ruysch, Félix Plater, Théophile Bonet surtout, cherchèrent à éclairer le diagnostic par l'examen des lésions cadavériques. Mais les travaux de ces hommes célèbres furent tous surpassés par les immortelles recherches de Morgagni. Avant lui, les descriptions étaient inexactes, les faits mal interprétés, et la cause de la maladie ou de la mort, placée dans des lésions qui leur étaient souvent tout à fait étrangères. Morgagni sut le plus ordinairement se garantir de ces défauts; et, rapprochant toujours les symptômes et les lésions, il donna aux recherches d'anatomie pathologique un bien plus haut degré d'intérêt et d'utilité. Enfin, de nos jours, l'anatomie de l'homme malade a acquis encore un plus grand degré de perfection entre les mains des médecins français. La description exacte des différents tissus accidentels est l'un des plus beaux résultats de leurs travaux. L'anatomie générale, en permettant d'envisager les lésions des organes dans les différents tissus, a ouvert aussi, dans ces derniers temps, un champ neuf et fécond aux recherches d'anatomie pathologique.

L'étude de l'anatomie présente plus d'un genre d'utilité. Ce n'est pas seulement au médecin, c'est aux artistes, aux savants, aux philosophes, que cette étude est souvent indispensable.

Le médecin doit étudier l'anatomie sous différents points de vue, selon la partie de son art qu'il cultive. Se livre-t-il spécialement à la chirurgie, l'*anatomie des rapports*, telle que nous l'avons définie, ne saurait lui être trop familière. La plus petite opération n'est pas pour lui sans danger, si, dans un membre, par exemple, le trajet des nerfs, la situation des vaisseaux, la direction des fibres musculaires, la disposition des ten-

dons et des aponévroses, ne lui sont pas minutieusement connus. Étudie-t-il la médecine
proprement dite, il ne'saurait trop méditer
sur la situation, les rapports et la structure
des différentes parties renfermées dans les
grandes cavités du corps. L'*anatomie générale*
doit aussi lui être très-familière ; c'est en
considérant les différences que présente chaque tissu dans son organisation, dans ses
propriétés vitales et organiques, dans ses
sympathies, que le médecin pourra acquérir
les notions les plus précieuses sur une foule
d'altérations morbides, et sur leurs nombreuses complications. Enfin, l'*anatomie pathologique* deviendra pour lui une source inépuisable de recherches et d'instruction. C'est
incontestablement à la culture de l'anatomie
pathologique que les médecins modernes sont
redevables de leur supériorité sur les anciens, sous le rapport du diagnostic. Une
connaissance plus exacte du siége des maladies a dû aussi conduire à l'emploi de méthodes thérapeutiques plus rationnelles. Cependant, l'anatomie morbide n'a point jeté un
jour égal sur toutes les parties de la pathologie.
Elle ne nous a point éclairés sur le *siége*
d'une foule d'affections nerveuses qui ne
laissent après elles, dans les organes, aucune
trace de lésion. Elle a augmenté avec raison
le nombre des fièvres symptomatiques ; mais
elle n'a point encore suffisamment prouvé
que toutes les fièvres fussent le résultat d'une
altération locale ; elle n'a pas encore expliqué
la cause immédiate d'un grand nombre de
morts, etc. L'anatomie pathologique est donc
une des bases les plus sûres sur lesquelles
puisse reposer la médecine ; mais on doit
avouer qu'il est beaucoup de phénomènes
morbides pour l'explication desquels cette
science est tout à fait insuffisante.

La connaissance des fonctions d'un organe
suppose nécessairement la connaissance de
sa structure. Ainsi, sans anatomie, la physiologie ne saurait exister.

L'étude de l'*anatomie pittoresque* est
très-importante pour l'artiste qui cherche à
reproduire les formes humaines sur le marbre
ou sur la toile. On doit s'étonner sans doute
que les anciens, si peu versés dans l'anatomie,
aient cependant conservé dans leurs belles
statues l'exactitude des formes et des saillies
osseuses ou musculaires. Sous ce rapport, on
ne saurait trop admirer l'Apollon du Belvé-
dère, dont l'attitude sublime n'appartient
plus à la terre ; le Laocoon, dont la douleur
semble se faire sentir dans chaque contraction
musculaire ; le Gladiateur combattant, dont
la pose est si bien coordonnée avec le jeu des
différents muscles qui soulèvent la peau.
Au reste, cette perfection, atteinte par les anciens, prouve que c'est plutôt dans l'observa-

tion et l'étude attentive de la nature que
dans les dissections qu'un artiste doit puiser
ses connaissances anatomiques. Michel-Ange,
entraîné par la science de l'amphithéâtre, fait
sentir le modelé des muscles même dans les
figures de femme ; mais son génie donne à ces
figures un tel caractère de grandeur, qu'on
les trouve, pour ainsi dire, plus belles que la
nature. Les artistes de la décadence croient être
aussi grands que le maître, en se montrant
anatomistes comme lui ; mais ils ne font que des
écorchés lourds et difformes.

Le métaphysicien, qui analyse la pensée et
décompose l'intelligence, ne saurait négliger
sans inconvénient l'étude de l'anatomie. La
connaissance du cerveau, des nerfs, des organes des sens, devrait être, ce me semble,
en métaphysique, le véritable point de départ.
Les plus grands métaphysiciens des siècles
derniers, Descartes, Locke, Malebranche,
Condillac, furent versés dans l'anatomie.

Le physicien lui-même trouvera souvent,
dans la considération des organes des animaux, d'importantes applications à faire aux
différentes parties de la physique. Ce fut
l'étude de la structure de l'œil qui porta Euler
à concevoir la possibilité des lunettes achro-
matiques. Nous avons vu de nos jours les
instruments à anche, perfectionnés à l'aide
d'une sorte de languette analogue à l'épiglotte.
Il n'est pas impossible que l'examen de la
disposition de l'organe de l'ouïe ne conduise
les physiciens à des vues neuves sur le mécanisme de la production et de la propagation
des sons.

Enfin, la connaissance de l'anatomie ne
devrait-elle point entrer dans le système de
toute bonne éducation ? Le cerveau, centre
commun où aboutit la perception et d'où part
la volonté ; les organes des sens et de la voix,
si supérieurs aux instruments d'acoustique,
d'optique et de musique, inventés par les
hommes ; les organes de la digestion, où
l'aliment grossier se métamorphose en un
suc nutritif ; les poumons, qui transforment
ce suc en un sang réparateur ; le cœur et ses
vaisseaux, dont l'ensemble représente la plus
parfaite des machines hydrauliques ; les organes sécréteurs, où, sous l'influence d'une
sorte de chimie vitale, s'élaborent les liquides
les plus variés ; les os et les muscles, où se
trouvent réunies les conditions les plus parfaites de l'équilibre et du mouvement ; ne
sont-ce pas là des objets aussi dignes des
méditations de tout homme instruit que la
forme d'une plante, ou la décomposition
d'un sel ? Espérons que, libres des préjugés
vulgaires, les philosophes, les littérateurs,
tous ceux qui sont jaloux d'étendre le domaine de leurs idées par la contemplation des
œuvres de la nature, cultiveront de plus en

plus l'anatomie. Cette science a inspiré des vers sublimes à Pope, à Voltaire et à Delille.

Boyer, *Anatomie descriptive.*
Carus , *Anatomie comparée.*
Cruveilhier, *Anatomie pathologique*, avec planches, et *Anatomie descriptive.*
Bourgery, *Anatomie de l'homme*, avec planches.

MARC et ANDRAL.

Explication des planches d'anatomie humaine (1).

PLANCHE I.

Ostéologie.

Figure 1. *Squelette vu de face.*

1, os frontal ou coronal.
2, os pariétal droit.
3, os malaire, ou de la pommette.
4, os lacrymal, ou os unguis.
5, os maxillaire supérieur.
6, os maxillaire inférieur.
7, vertèbres du cou.
8, clavicule.
9, humérus, ou os du bras.
10, radius.
11, cubitus.
12, os de la main.
13, os sternum.
14, côtes, au nombre de douze de chaque côté ; les sept supérieures qui aboutissent au sternum, sont nommées sternales, ou vraies côtes ; les cinq inférieures s'appellent asternales, ou fausses côtes.
15, les cinq vertèbres des lombes.
16, os coxal, ou os de la hanche.
17, os ischion.
18, trou sous-pubien.
19, fémur, ou os de la cuisse.
20, rotule.
21, péroné.
22, tibia.
23, le pied, vu par la face sus-plantaire.

Figure 2. Squelette vu de dos.

1, suture médiane.
2, les sept vertèbres du cou.
3, scapulum, ou omoplate.
4, les douze vertèbres du dos.
5, os sacrum.
6, os coccyx.
7, calcanéum ou os du talon.

PLANCHE II.

Myologie.

Figure 1.

1, portion frontale du muscle occipito-frontal, ou épicranien.
2, muscle naso-palpébral, ou orbiculaire des paupières.
3, grand zygomatique.
4, maxillo-labial, ou triangulaire des lèvres.
5, le grand susmaxillo-labial, ou releveur de la lèvre supérieure;
6, le labial, ou orbiculaire des lèvres.
7, le mento-labial, ou carré du menton.
8, le thoraco-facial, ou peaussier.

(1) *Voy.* l'Atlas, ANATOMIE, planches I, II, III, IV, V, VI, VII et VIII.

9, portion du deltoïde.
10, muscle bi-scapulo-radial, ou biceps du bras.
11, huméro-sus-radial, ou le long suspinateur.
12, l'épitrochlo-radial, ou long pronateur.
13, l'épitrochlo-palmaire, ou long palmaire.
14, l'épitrochlo-métacarpien, ou radial antérieur.
15, le métacarpo-phalangien du pouce, ou adducteur du pouce.
16, le palmaire cutané.
17, l'aponévrose palmaire.
18, le sterno-huméral, ou grand pectoral.
19, ligne médiane de l'abdomen, ou ligne blanche.
20, muscle sternopubien, ou muscle droit.
21, muscle pubio-sus-ombilical, ou pyramidal du bas-ventre.
22, muscle du fascia lata.
23, ilio-pré-tibial, ou muscle couturier.
24, muscle ilio-rotulien, ou droit antérieur de la cuisse.
25, portion du muscle tri-fémoro rotulien, ou triceps fémoral.
26, portion du muscle sous-pubio-pré-tibial, ou droit interne de la cuisse.
27, le ligament tibial, ou inférieur de la rotule.
28, le tibio-sus-tarsien, ou muscle jambier antérieur.
29, le péronéo-sus-phalangettien commun, ou long extenseur commun des orteils.
30, ligament annulaire du tarse.

Figure 2.

1, portion occipitale du muscle occipitofrontal, ou épicranien.
2, portion saillante du muscle sternomastoïdien.
3, le dorso-sus-acromien, ou muscle trapèze.
4, portion du muscle sous-acromio-huméral, ou deltoïde.
5, le scapulo-huméro-olécranien, ou triceps brachial
6, l'épicondylo-sus-phalangettien commun, ou extenseur commun des doigts.
7, portion du scapulum.
8, l'épicondylo-sus-métacarpien, ou second radial externe.
9, le lombo-huméral, muscle grand dorsal ou très large du dos.
10, le sacro-fémoral, ou muscle grand fessier.
11, portion du muscle tri-fémoro-rotulien, ou triceps de la cuisse.
12, ischio-fémoro-péronier, ou biceps de la cuisse.
13, bi-fémoro-calcanien, ou les muscles jumeaux de la jambe.

PLANCHE III.

Figure 1.

Coupe de la tête et du tronc sur la ligne médiane.

a-a, cavité abdominale.
b, cavité buccale.
c, cervelet.
f, fosses nasales (on a laissé la cloison qui les sépare).
g, glotte.
h, hypocondre droit, formé par la voussure du diaphragme.
l, langue.

m-m, moelle épinière.

p, glande pinéale.

q, terminaison de la moelle dite queue de cheval.

s, sacrum.

t, cavité thoracique.

œ, œsophage.

br, branches coupées à leur origine.

c, a, commissure blanche.

cb-cb, cavité du bassin.

c c, corps calleux.

c y, commissure grise.

c i, crête iliaque.

c o, chiasma des nerfs optiques coupé sur la ligne médiane.

c p, corps pituitaire.

c x, coccyx.

e g, épiglotte.

l a, lobe antérieur du cerveau (côté droit).

l p, lobe postérieur.

m a, moelle allongée.

o p, saillie de l'os pubis.

p q, protubérance annulaire.

s l, septum lucidum (séparant les ventricules).

s p, symphyse du pubis.

s t, s t, sternum.

v c, septième vertèbre cervicale.

v d, douzième vertèbre dorsale.

v l, première vertèbre lombaire.

Figure 2. *Axe céphalo-rachidien.*

a, protubérance annulaire.

c, cervelet.

E.E.E.E.E.E, encéphale.

m, moelle allongée.

p, corps pituitaire.

s, scissure de Sylvius.

e m, éminence mamillaire.

l a, lobe antérieur du cerveau, côté gauche.

l p, lobe postérieur.

1, 1re paire, nerf olfactif.

2, 2e — nerf optique.

3, 3e — nerf moteur oculaire commun.

4, 4e — nerf pathétique.

5, 5e — nerf trifacial ou trijumeau.

6, 6e — nerf moteur oculaire externe.

7, 7e — nerf facial.

8, 8e — nerf auditif.

9, 9e — nerf glosso-pharyngien.

10, 10e — nerf pneumo-gastrique.

11, 11e — nerf grand hypoglosse.

12, 12e paire — nerf spinal ou accessoire de Willis.

de 13 à 20 inclusivement, paires cervicales.

de 13 à 16 inclusivement, plexus cervical.

de 17 à 21, plexus brachial.

de 21 à 33, paires dorsales.

de 34 à 38, paires lombaires et plexus lombaire.

de 39 à 43, paires sacrées et plexus sacré.

c, saillie du cœur contenue dans le péricarde.

PLANCHE IV.

Figure 1.

e, saillie de l'estomac.

f, foie.

i, intestin grêle.

l, larynx.

m, médiastin antérieur.

p p, poumons.

t, corps thyroïde.

v, vessie.

a, apophyse xyphoïde.

b c, tronc veineux brachio-céphalique : on voit son congénère du côté droit,

c a, colon ascendant.

c c, cœcum.

c l, clavicule.

c r, carotide primitive : on voit sa congénère à gauche.

c t, colon transverse.

d h, face supérieure de l'hypocondre gauche : on voit de même l'hypocondre droit.

e p, portion du grand épiploon.

j u, jugulaire interne : on voit sa congénère du côté droit.

pa — pa, paroi abdominale renversée.

s t, sternum coupé pour laisser voir le médiastin antérieur.

t a, trachée-artère.

Figure 2.

a, aorte.

c, cœur.

h, veine phrénique inférieure, tronc commun des veines sushépatiques.

i i, artères iliaques primitives.

j j, veines jugulaires internes.

m, artère mésentérique supérieure.

o, oreillettes.

r r, artères rénales.

s, artère splénique.

a p, artère pulmonaire.

bc-bc, troncs veineux brachio-céphaliques.

ca-ca, artères carotides primitives.

c g, artère coronaire stomachique.

c i, veine cave inférieure.

c œ, tronc cœliaque.

c r, crosse de l'aorte.

c s, veine cave supérieure.

h p, artère hépatique.

i e, artère iliaque externe.

i h, artère iliaque interne ou hypogastrique.

m i, artère mésentérique inférieure.

sc-sc, artères sous-clavière.

m, artère sacrée moyenne.

sp-sp, artères spermatiques.

t a, trajet de l'aorte derrière le cœur.

v b, tronc artériel brachio-céphalique.

vi-vi, veines iliaques.

vr-vr, veines rénales.

v h, veines sus-hépatiques.

PLANCHE V.

Figure 1.

a, appendice cœcal ou vermiforme.

e, estomac.

1, grand cul-de-sac de l'estomac.

2, grande courbure.

3, petite courbure.

4, région cardiaque.

5, région pilorique.

f f, foie vu par sa face inférieure ou concave.

i, intestin grêle (iléon).

r, rectum.

v, vésicule du fiel.

c a, colon ascendant.

c c, cœcum.

c d, colon descendant.

c h, canal hépatique.

c k, conduit cystique.

c l, canal cholédoque.

a p, canal pancréatique.

e t, colon transverse.

d d, duodenum.

ig-ig, intestin grêle (jejunum et iléon).

r s, portion du rectum enveloppée par le sphincter de l'anus.

s c, sphincter iliaque ou romaine du colon.

Figure 2.

a, aorte.

b b, bronches.

c, cœur.

p p, poumons.

a p, artère pulmonaire.

b c, tronc artériel brachio-céphalique.

c a, crosse de l'aorte.

c i, veine cave inférieure.

c p-c p, carotides primitives.

c s, veine cave supérieure.

o d, oreillette droite.

o g, oreillette gauche.

sc-sc, artère sous-clavière.

t a, trachée-artère.

t b, trajet de la trachée et des bronches derrière les gros vaisseaux.

vc-vc, vaisseaux coronaires du cœur.

Figure 3.

Cette figure est plutôt une construction imaginaire, destinée à faire comprendre le mécanisme de la circulation, qu'une représentation de la nature.

a, aorte.

a p, orifice de l'artère pulmonaire dans le ventricule droit.

ap'-ap', divisions principales de l'artère pulmonaire.

c a, crosse de l'aorte.

c i, veine cave inférieure.

co-co, cloisons auriculo-ventriculaires formées par les valvules mitrale à droite, tricuspide à gauche.

cs cs, veine cave supérieure.

c v, cloison interventriculaire.

p a, orifice de l'aorte.

o d, cavité de l'oreillette droite.

o g, cavité de l'oreillette gauche.

v d, ventricule droit.

v g, ventricule gauche.

v p, orifice auriculaire des veines pulmonaires.

vp'-vp'-vp'-vp', veines pulmonaires.

PLANCHE VI.

Figure 1.

a a atlas coupé sur la ligne médiane pour laisser voir l'apophyse odontoïde et la moelle épinière.

c s, cornet supérieur.

c m, cornet moyen.

c i, cornet inférieur.

e, cellules ethmoïdales.

f, fosse cérébrale antérieure, côté droit.

f, fosse cérébrale postérieure, côté droit.

f', fosse cérébelleuse, côté droit.

g, muscle génio-glosse.

h, os hyoïde.

l, langue.

o, olive.

p, pédoncules du cerveau.

p', pédoncules du cervelet.

r, renflement cervical de la moelle.

a e, apophyse épineuse de la sixième vertèbre cervicale.

a x, axis.

c m, muscle carré du menton.

c o, os coronal.

l v, cartilages ou ligaments intervertébraux.

c p, origine de la cinquième paire.

c r, apophyse cristagalli.

c v, corps de la troisième vertèbre cervicale.

c y, cartilage thyroïde.

di-di, dents incisives.

e g, épiglotte.

f n, fosses nasales.

g h, muscle génio-hyoïdien.

g l, glotte.

i e, muscle interépineux de la cinquième à la sixième cervicale.

l l, luette.

m i, os maxillaire inférieur.

m, os maxillaire supérieur.

o a, muscle occipito-atloïdien.

o c, os occipital vu sur son épaisseur.

o d, apophyse odontoïde de l'axis.

œ, œsophage.

ol-ol, muscle orbiculaire des lèvres.

o n, os propres du nez.

p h, pharynx.

sf, sinus frontaux.

s p, os sphénoïde.

ss-ss, sinus sphénoïdaux.

s t, selle turcique.

t a, trachée-artère.

t e, orifice de la trompe d'Eustache.

Figure 2.

a, antitragus.

c, conque de l'oreille.

ff, fenêtres ronde et ovale faisant communiquer la caisse du tympan avec le vestibule.

g, cavité glénoïde, qui reçoit le condyle de la mâchoire inférieure.

l, limaçon.

m, apophyse mastoïde.

p, pavillon de l'oreille.

r-r, rocher.

s, apophyse styloïde.

t, os temporal.

v, vestibule.

c c, portion du canal carotidien.

c t, caisse du tympan.

n a, nerf acoustique.

sc-sc-sc, canaux semi-circulaires.

t a, trompe d'Eustache.

t p, membrane du tympan.

Figure 3.

a, apophyse montante de l'os maxillaire supérieur.

c, coronal.

n, os propres du nez.

o-o, muscle grand oblique.

o', insertion du grand oblique au globe de l'œil.

p, poulie de renvoi du grand oblique.

r, releveur de la paupière supérieure.

t, trou sous-orbitaire.

3, apophyse zygomatique coupée.

de-de, droit externe coupé.

di, droit inférieur.

d s, droit supérieur.

d t, droit interne.
n o, nerf optique.
s f, sinus frontaux.

Figure 4.

e, cornée.
i-i, iris.
k-k, procès ciliaires.
o, nerf optique.
p, pupille.
r-r rétine.
s-s, sclérotique.
c a, chambre antérieure.
cp-cp, chambre postérieure.
c n, canal de Petit.
ch-ch, choroïde.
: r, cristallin.

PLANCHE VII.

Situation du cœur et de l'aorte.

1, 2, 3, 4, 5, 6, côtes supérieures de l'un et l'autre côté, coupées.
7, 7, clavicules coupées.
8, 8, muscles intercostaux.
9, 9, muscles grands pectoraux coupés.
10, 10, muscles scalènes antérieurs.
11, 11, portion sternale et, 12, 12, portion claviculaire des muscles sterno-cléidomastoïdiens coupés.
13, cartilage thyroïde.
14, 14, muscles sterno-hyoïdiens coupés.
15, 15, muscles sterno-thyroïdiens et, 16, 16, muscles omoplates-hyoïdiens.
17, 17, glande thyroïde.
18, trachée-artère.
19, 19, les poumons.
20, 20, 20, 20, les plèvres.
21, 21, 21, le péricarde ouvert, et dans lequel on aperçoit le cœur.
22, tronc commun des veines sous-clavière et jugulaire droites.
23, tronc commun des veines sous-clavière et jugulaire gauches.
24, tronc de la veine cave supérieure.
25, tronc de la même veine descendant dans l'oreillette droite, et recouvert par le péricarde.
26, oreillette droite du cœur.
27, appendice de l'oreillette précédente.
28, ventricule droit ou pulmonaire du cœur.
29, artère pulmonaire naissant du ventricule droit du cœur.
30, division droite de l'artère pulmonaire se rendant au poumon correspondant, en passant sous la crosse de l'aorte.
31, division gauche de l'artère pulmonaire.
32, oreillette gauche.
33, ventricule gauche ou aortique du cœur.
34, 34, 34, rameaux de l'artère coronaire droite recouverts par le péricarde.
35, rameau antérieur de l'artère coronaire gauche descendant le long de la rainure antérieure du cœur, jusqu'à la pointe de cet organe.
36, tronc de l'aorte s'élevant entre l'artère pulmonaire et l'oreillette droite.
37, crosse de l'aorte.
38, tronc commun des artères carotide et sous-clavière droites, ou artères brachio-céphaliques.

39, artère carotide droite.
40, artère sous-clavière droite.
41, artère vertébrale.
42, tronc de l'artère thyroïdienne inférieure.
43, rameau thyroïdien.
44, artère scapulaire transverse.
45, artère cervicale superficielle.
46, artère cervicale ascendante.
47, artère mammaire interne.
48, tronc de l'artère sous-clavière sortant de l'intervalle qui se trouve entre les muscles scalènes antérieur et postérieur.
49, artère carotide gauche.
50, artère sous-clavière gauche.
51, artère vertébrale.
52, artère thyroïdienne inférieure.
53, rameau thyroïdien.
54, artère cervicale ascendante.
55, artère scapulaire transverse.
56, artère cervicale superficielle.
57, artère mammaire gauche.
58, artère sous-clavière passant entre les scalènes, et descendant obliquement sur la première côte.
59, 59, rameaux de l'artère thyroïdienne inférieure.
60, 60, rameaux de l'artère thyroïdienne supérieure.

PLANCHE VIII.

Figure I. — Structure extérieure du cœur.

1, sinus des veines caves ou oreillette droite.
2, appendice de l'oreillette précédente.
3, sinus des veines pulmonaires ou oreillette gauche.
4, appendice de l'oreillette précédente.
5, veine pulmonaire gauche supérieure.
6, veine pulmonaire gauche inférieure.
7, veine cave supérieure.
8, coupe faite à la naissance de l'artère pulmonaire.
9, aorte.
10, tronc brachio-céphalique.
11, artère carotide gauche.
12, artère sous-clavière gauche.
13, artère coronaire droite ou inférieure.
14, artère coronaire gauche ou supérieure.
15, rameau circonflexe de l'artère précédente.
16, rameau antérieur de la grande veine coronaire.
17, petite veine s'ouvrant dans l'oreillette droite.
18, pointe du cœur.

Fig. 2. — Structure intérieure du cœur.

1, 2, 3, 4, grandes colonnes charnues dont les tendons se terminent à la grande portion de la valvule mitrale.
5, autres filets tendineux qui naissent de la cloison des ventricules, et s'insèrent à la petite portion de la valvule mitrale.
6, grande portion et, 7, petite portion de la valvule mitrale. Entre ces deux portions, existe l'orifice auriculo-ventriculaire.
8, fibres charnues saillantes dans le ventricule, et se croisant dans différentes directions.
9, 10, 11, valvules semi-lunaires antérieure et postérieure et inférieure.
12, 12, 12, sinus des valvules semi-lunaires.
13, 13, 13, tubercules d'Arantius des mêmes valvules.

11, ouverture de l'artère coronaire antérieure.
16, ouverture de l'artère coronaire postérieure.
16, aorte ouverte.
17, artère pulmonaire divisée par la coupe du ventricule gauche.
18, pointe du cœur.
19, 19, coupe des parols du ventricule.

ANATOMIE COMPARÉE. L'anatomie comparée est la science qui nous fait connaître l'organisation des animaux. Elle a été ainsi nommée, parce que, dans le principe, elle avait pour objet la comparaison de l'organisation de l'homme avec celle des animaux. Moins restreinte aujourd'hui, l'anatomie comparée comprend l'étude des différences et des analogies que présentent entre eux les organes et les systèmes organiques, non-seulement dans toute la série animale, mais encore dans la série des développements successifs que revêt chaque espèce animale, avant d'arriver à son développement complet.

I. Historique.

L'origine de l'anatomie comparée remonte à une haute antiquité. Il paraît certain que les prêtres égyptiens possédaient sur cette science des notions assez étendues, qui furent la source à laquelle vinrent puiser les philosophes de la Grèce, qui seuls se livrèrent à son étude dans ces temps reculés. Les écoles de Pythagore et de Thalès fournirent quelques anatomistes, parmi lesquels il faut citer Ampédocle, Démocrite et Anaxagore, le maître de Périclès et de Socrate. Mais il faut arriver jusqu'à Aristote pour trouver de véritables connaissances scientifiques sur l'anatomie comparée, qui le réclame comme son fondateur. Ce grand homme porta dans l'étude de la nature un esprit véritablement scientifique, recueillant les faits avec soin, les classant avec méthode, les comparant entre eux, et en déduisant les conséquences qui en découlaient naturellement. Son premier chapitre de l'histoire des animaux est une sorte de traité d'anatomie comparée, fort remarquable pour le temps où il fut écrit, et dans lequel on trouve déjà la division des animaux en ceux qui ont le sang rouge et ceux qui ont le sang blanc. Après Aristote, qui ne laissa pas d'élèves dignes de lui, nous trouvons Érasistrate, l'un des plus célèbres anatomistes de l'école d'Alexandrie, lequel vit les vaisseaux lactés sur les entrailles d'un chevreau. — Plus tard, Galien étudia l'organisation de l'homme, en disséquant les animaux qui s'en rapprochent le plus, tels que l'orang-outang, espèce rare de singes, qui vit dans les Indes orientales.

Après une longue suite de siècles, l'anatomie comparée, comme les autres sciences, fut enfin tirée de l'oubli, au quatorzième siècle. Vésale, Béranger de Carpi, Colombus et surtout Harvey, l'immortel auteur de la découverte de la circulation, l'enrichirent d'un grand nombre de faits nouveaux. Il est remarquable de voir à cette époque, encore peu avancée, un anatomiste français, Riolan, soutenir déjà que des os fossiles d'une grandeur prodigieuse, attribués à Teutobocchus, roi des Cimbres, avaient appartenu à un éléphant.

A partir de cette époque, presque tous les anatomistes étudièrent à la fois l'homme et les animaux; tels sont : Sténon, Malpighi, Ruish et Swammerdam, à qui nous devons l'histoire complète de l'organisation des insectes et de leurs métamorphoses.

Bientôt l'emploi du microscope livra aux anatomistes tout un monde nouveau, que les recherches de Redi et de Leeuwenhoeck firent connaître.

Haller, Spallanzani, firent servir l'anatomie comparée à la physiologie; et Buffon, Daubenton, Vicq-d'Azir en firent la base solide de la classification zoologique.

Enfin, G. Cuvier, qu'un rare et heureux concours de circonstances avait placé, comme il le dit lui-même, dans une position telle, qu'il ne croyait avoir aucun sujet d'envier celle où se trouvait Aristote, lorsqu'un conquérant, savant lui-même, lui prodiguait des trésors et lui soumettait des armées pour lui faciliter l'étude de la nature, embrassa de son puissant génie tout l'ensemble de l'anatomie comparée, dont il est, à juste titre, considéré comme le second fondateur. Non-seulement Cuvier l'a instituée comme science; non-seulement il en a montré toute l'importance au point de vue de l'histoire naturelle et de la philosophie; mais encore il en a le premier fait l'application raisonnée à la géologie.

Depuis Cuvier, de nombreux anatomistes ont marché sur ses traces; et la science qu'il a créée s'est enrichie d'un grand nombre de faits, de détails, qui tous sont venus se ranger dans les ordres qu'il avait tracés. L'étude du développement des organismes, suivie avec plus de soin, a jeté une lumière nouvelle sur les mystères de la formation des organes, sur les rapports intimes qui existent entre tous les êtres jouissant de l'animalité, et sur quelques-unes des lois qui régissent les modifications fonctionnelles qu'ils nous présentent.

II. Caractères fonctionnels de l'animalité.

Tous les êtres organisés et doués de la vie offrent ce triple caractère : qu'ils proviennent par *génération* d'êtres semblables à eux; qu'ils s'accroissent par un double mouvement d'absorption de molécules nouvelles et d'élimination de molécules anciennes, ce qui constitue essentiellement la *nutrition;* et, enfin, qu'ils finissent par une véritable mort, en retombant sous les lois qui régissent la nature inorganique. Deux facultés générales, celles de se nourrir et de se reproduire caractérisent donc l'organisation en action. Si plusieurs corps organisés n'exercent que ces deux fonctions générales et celles qui en sont les accessoires, il en est un grand nombre d'autres qui remplissent des fonctions particulières, lesquelles non-seulement exigent des organes qui leur soient appropriés, mais encore modifient nécessairement la manière dont les fonctions générales sont exécutées, et, par conséquent, les organes qui sont les instruments de ces fonctions.

De toutes ces facultés moins générales qui supposent l'organisation, mais qui n'en sont pas des suites nécessaires, la faculté de sentir et celle de se mouvoir volontairement sont celles qui influent de la manière la plus remarquable sur les autres fonctions. Ces deux facultés sont entièrement liées : *le mouvement volontaire* suppose *la sensibilité ;* car on ne conçoit pas la *volonté* sans désir et sans sentiment de peine ou de plaisir. Or, pourrions-nous penser que la nature, toujours si prévoyante et si pleine de sollicitude pour toutes ses œuvres, ait pu priver des êtres susceptibles de sentir le plaisir et la douleur, du pouvoir de fuir l'une et de tendre vers l'autre !

Ces deux facultés que nous possédons à un haut degré, nous les attribuons, par analogie, et d'après les apparences, à un grand nombre d'êtres, que nous appelons des êtres *animés* ou *animaux*. L'existence de cette double faculté et du double appareil organique qu'elle nécessite, avec les modifications des autres fonctions plus générales qu'elle entraîne, caractérise essentiellement l'animalité.

En effet, tandis que les végétaux, fixés au sol, absorbent immédiatement, par leurs racines, les parties nutritives des fluides qui l'imbibent, par une action tranquille et continue ; les animaux qui ne sont point fixés, qui changent souvent de lieu, avaient besoin de transporter avec eux la provision de sucs nécessaires à leur nutrition. Aussi, sont-ils pourvus d'une cavité intérieure, dans laquelle ils placent leurs aliments, et dans les parois de laquelle s'ouvrent des pores ou des vaisseaux absorbants, qui sont pour eux, suivant l'expression de Boerhaave, de véritables racines intérieures.

Pour les animaux, munis d'une poche, assez grande pour admettre des substances solides, il a fallu des instruments pour les diviser, des liqueurs pour les dissoudre, etc. En un mot, la nutrition a dû être précédée d'une multitude d'opérations préparatoires dont l'ensemble constitue *la digestion*.

Ainsi, la digestion est une fonction d'un ordre secondaire, propre aux animaux et nécessitée chez eux par la faculté de locomotion dont ils jouissent.

Des modifications, non moins importantes, dérivent de la même cause. Dans les végétaux dont la structure est fort simple, le mouvement du fluide nutritif paraît se faire sous l'influence presque exclusive des agents extérieurs ; dans les animaux, au contraire, la complication et la multiplicité de leurs organes exigeaient des dispositions particulières et des forces plus puissantes pour distribuer le fluide réparateur. De là un système de canaux ramifiés qui constituent deux troncs communiquant ensemble, de manière que l'un reçoit, dans ses racines, le fluide que l'autre a poussé dans ses branches, et le rapporte au centre d'où il doit être chassé de nouveau. A la réunion des deux troncs se trouve une poche contractile munie de soupapes tellement disposées qu'elle pousse avec force dans les artères le sang qu'elle a reçu des veines. La circulation n'est pas un caractère essentiel de l'animalité, puisqu'un grand nombre d'animaux en sont privés et se nourrissent par une simple imbibition du fluide préparé dans le tube digestif. Chez ceux qui en ont une, le sang peut être considéré comme le véhicule des matériaux nutritifs qu'il reçoit du tube digestif, des membranes tégumentaires et des poumons, matériaux qu'il s'incorpore d'une manière intime et qu'il transmet aux organes pour leur conservation ou leur accroissement. C'est par les veines et par un ordre particulier de vaisseaux, les *lymphatiques*, que le sang reçoit les matériaux nutritifs nouveaux ; c'est par les mêmes vaisseaux qu'il reçoit les molécules qui, après avoir vécu dans nos tissus, s'en détachent, pour être rejetées de notre économie.

Mais avant de retourner aux organes le sang veineux doit subir le contact vivifiant de l'air atmosphérique : il doit être modifié par la *respiration*, fonction générale, commune à tous les êtres organisés, et toujours la même au fond, quoique très-différente dans son mécanisme. Chez les animaux qui n'ont pas de circulation, elle se fait par la surface extérieure du corps, ou par des vaisseaux aériens qui portent partout le fluide atmosphérique au contact du sang répandu dans les interstices des tissus organiques. Ceux qui ont une circulation, respirent par un organe spécial, *poumon* ou *branchie*, que traverse le sang veineux et que l'air extérieur pénètre. La respiration pulmonaire ou branchiale est donc une fonction d'un troisième ordre, liée à l'existence de la circulation et, par conséquent, aux facultés que nous avons dit être le caractère de l'animalité.

Ce que nous venons de dire montre quelle influence les facultés propres aux animaux, la *sensibilité* et la *locomotilité*, exercent sur les fonctions communes à tous les êtres organisés, et sur la disposition anatomique des instruments de ces fonctions. Nous verrons plus loin que toutes les fonctions des animaux des divers ordres exercent une influence non moins puissante les unes sur les autres, tant il y a d'ensemble et d'harmonie dans les productions de la nature vivante!

En somme, l'animal vit, se meut et se reproduit. D'où l'on voit que toutes les fonctions des animaux peuvent se diviser en trois ordres : celles qui leur sont essentielles, qui leur donnent le caractère de l'animalité, la sensibilité et le mouvement volontaire : ce sont les fonctions *animales;* celles qui servent à leur nutrition, à l'entretien de la vie individuelle : ce sont les fonctions *nutritives, digestion, absorption, circulation, respiration, transpiration, sécrétions;* enfin la génération, destinée à remplacer les individus qui périssent par des individus nouveaux et à perpétuer la vie de l'espèce.

Après avoir indiqué ces fonctions, jetons un coup d'œil rapide sur les instruments par lesquels elles s'exercent.

Quand on porte son attention sur l'organisme animal, on voit qu'il se compose de parties solides et de parties fluides. Ces dernières, quoique variables en quantité, prédominent toujours sur les premières. Elles comprennent le sang, la lymphe, la sérosité, la graisse et divers produits de sécrétion.

Les parties solides s'offrent à nous sous des aspects très-divers; mais leur division mécanique conduit toujours en dernier résultat à des lamelles ou à des filaments qui paraissent être les particules organiques élémentaires. On peut les rapporter à trois types ou *tissus élémentaires :* le tissu cellulaire, le tissu nerveux et le tissu musculaire.

Le premier existe dans tous les animaux et dans tous les organes. On peut le considérer comme la gangue dans laquelle se développent tous les autres organes et comme la base de la plupart d'entre eux. Ainsi, les membranes ne sont que du tissu cellulaire plus serré, dont les lames sont plus rapprochées, ce que démontre la macération; les vaisseaux ne sont que des membranes contournées en cylindres, et presque toutes les parties molles du corps semblent être un assemblage de vaisseaux et ne différer entre elles que par la nature des liquides que les vaisseaux contiennent, par leur nombre, par leur direction, la constitution de leurs parois, etc. C'est ainsi que l'on peut faire dériver du tissu celluleux les tissus séreux, muqueux, glanduleux, fibreux, fibro-cartilagineux, osseux.

Le tissu nerveux est celui par lequel nous exerçons la faculté de sentir. Il se présente sous la forme de filets, partant de certains centres et se portant à toutes les parties du corps. C'est par les nerfs qui se portent à la périphérie de notre organisme que nous avons la sensation du monde extérieur.

Le tissu ou fibre musculaire est l'organe du mouvement. Cette fibre se contracte et se raccourcit en se fronçant sous l'influence de la volonté. Mais la volonté n'exerce ce pouvoir que par l'intermédiaire du nerf, puisque la fibre n'obéit plus, lorsque celui ci est coupé. Elle se voit partout où des mouvements de dilatation et de resserrement sont nécessaires; mais son principal usage est la formation des *muscles,* qui ne sont autre chose que des faisceaux de fibres contractiles attachés par leurs deux extrémités à des parties mobiles. Lorsque le muscle se contracte, les deux points auxquels il s'insère se rapprochent : tel est le moyen simple par lequel tous les mouvements extérieurs du corps et des membres sont produits.

Chez les animaux rampants, les muscles s'insèrent à la peau; chez ceux qui sont capables de courir, de marcher ou de sauter, ils se fixent à des parties dures dont l'ensemble constitue le squelette et dont les différentes parties, en se réunissant, forment les *articulations.*

Non-seulement le système nerveux central, le *cerveau* influence les muscles par le moyen des nerfs qu'il leur envoie, mais encore il reçoit de toutes parts les impressions qui lui viennent du dehors, en suivant les nerfs qui partent de la périphérie. L'intégrité du nerf sensitif est aussi indispensable à la transmission de la sensation que celle du nerf moteur, pour porter aux muscles l'ordre de la volonté. Qu'on le coupe ou qu'on le lie, la sensation cesse d'être perçue.

Le sens le plus général est le toucher; il existe chez tous les animaux et sur presque toute la surface du corps. Les autres sens ne paraissent en être que des modifications plus perfectionnées et appropriées à des impressions plus délicates. Il est remarquable qu'ils sont tous placés à la tête et dans le voisinage du cerveau. Les organes qui en sont le siége sont merveilleusement adaptés aux qualités des agents dont ils sont destinés à recevoir l'impression : l'œil présente à la lumière des lentilles transparentes qui en rassemblent les rayons; l'oreille offre à l'air des membranes, des fluides, qui en reçoivent les ébranlements; le nez tamise en quelque sorte la colonne d'air qui le traverse pour en saisir les molécules odorantes, et la langue présente au liquide savoureux qu'elle doit goûter sa surface garnie de papilles molles et spongieuses.

Le système nerveux ne nous fait pas connaître seulement ce qui se passe autour de nous, dans le monde extérieur, il nous avertit encore de ce qui a lieu en nous, dans notre monde intérieur. C'est ainsi que nous ressentons certaines douleurs internes, les sensations de fatigue, de la faim, de la soif, etc.

De toutes les sensations qui naissent de nos besoins et nous en avertissent, celle de la faim est une des plus impérieuses qui puissent solliciter l'animal à l'action. Elle lui rappelle instamment la nécessité de fournir de nouveaux matériaux à sa *nutrition*.

Cette fonction est très-compliquée. Les aliments sont pris, divisés, mâchés, insalivés et introduits dans le tube digestif, dont ils traversent toute la longueur. Dans l'estomac, ils sont réduits en une sorte de bouillie homogène qui prend le nom de *chyme;* après quoi ils passent dans l'intestin, long canal contourné sur lui-même, où ils se mêlent aux fluides abondants qu'y versent les glandes intestinales, à la bile, au fluide pancréatique. C'est là qu'ils éprouvent une élaboration dernière qui les rend aptes à fournir les éléments nutritifs. Ceux-ci doivent être absorbés, pendant l'acte de la digestion, par des vaisseaux très-déliés, lymphatiques, qui les versent dans le système veineux général.

Cependant, ces matériaux nouveaux, introduits dans le système veineux, ne peuvent lui rendre immédiatement ses qualités nutritives; ce sang doit encore être soumis à l'action vivifiante de la respiration. Les organes qui servent à cette importante fonction offrent de grandes différences, selon les animaux. Chez ceux qui sont privés de circulation, l'air pénètre, au moyen de vaisseaux connus sous le nom de *trachées*, dans toutes les parties du corps et va trouver le fluide nourricier, qu'il modifie en quelque sorte sur place : telle est la respiration chez les *insectes* et plusieurs *arachnides*. Chez les animaux plus élevés et pourvus d'une circulation sanguine, l'organe respiratoire est constitué soit par un groupe de vésicules recevant l'air par un canal unique et ramifié, et sur les parois desquelles viennent se diviser à l'infini les vaisseaux qui apportent le sang veineux; soit par des lames ou feuillets qui servent de supports aux ramifications vasculaires et qui plongent dans l'eau. Dans le premier cas, l'organe respiratoire est un *poumon*; dans le second, il porte le nom de *branchie*.

A son passage dans l'organe respiratoire, le sang éprouve une véritable combustion; il absorbe de l'oxygène et perd du carbone, qui s'exhale sous forme d'acide carbonique.

Plusieurs autres principes sont encore éliminés du sang par les sécrétions urinaires, cutanées et intestinales. Ces différents moyens d'épuration du sang peuvent jusqu'à un certain point se suppléer l'un l'autre : ils paraissent donc tendre vers un même but.

Tous les phénomènes nutritifs qui se passent dans le corps de l'animal résultent en définitive d'un mouvement continu de composition et de décomposition. En même temps que le sang reçoit les matériaux nutritifs que les lymphatiques ont puisé dans le tube intestinal, il entraîne les molécules qui se séparent des organes, et il abandonne une multitude de substances qui se séparent de lui dans les poumons, le foie, les reins, etc. On donne le nom de *sécrétion* à l'opération par laquelle un fluide est séparé d'un autre, et de *glande* à l'organe chargé de cette séparation. Ces glandes diffèrent beaucoup, quant à leur aspect, à leur forme et à leur volume, mais toutes peuvent être ramenées à deux types élémentaires : les glandes par *dépression* et les glandes par *projection*. L'élément sécréteur est toujours, ainsi que l'a démontré Malpighi, une membrane fine, très-vasculaire et douée d'une propriété qui lui est propre, qu'elle tient de son organisation, celle de séparer de la masse du sang un produit variable, selon le but qu'il doit remplir et l'organe qui le sécrète; or *cette membrane sécrétante,* qui devait avoir une étendue proportionnée à la quantité de produit qu'elle devait fournir, s'est disposée de deux manières, pour offrir le plus de surface avec le moins de volume possible : tantôt elle s'est déprimée en petits sacs, en utricules, en tubes ramifiés et pressés les uns contre les autres; tel est le cas des glandes ordinaires : tantôt, au contraire, elle s'est développée, *projetée* à l'extérieur, en formant des saillies, des villosités, des franges de formes variées. Ce second type d'organes sécréteurs, les *glandes projetées*, découvertes récemment par M. Lacauchie, existent dans les cavités séreuses et synoviales et dans plusieurs organes où leur présence n'avait pas été soupçonnée.

Le foie sécrète la bile, les glandes salivaires la salive, les glandes synoviales la synovie, etc.; mais on peut rattacher aux sécrétions un grand nombre d'autres transformations ou séparations d'humeurs ou de fluides. Ainsi, par exemple, il est permis de penser que le cerveau sépare du sang un fluide particulier, dont la nature nous a échappé jusqu'ici et qui serait l'agent des phénomènes nerveux.

C'est encore à une sécrétion qu'il faut rattacher les phénomènes primitifs de la génération, la formation de la liqueur prolifique et du germe. Les organes de cette fonction sont, d'une part, ceux qui préparent la liqueur prolifique et qui la portent au contact des germes; d'autre part, ceux qui doivent contenir et protéger les germes jusqu'à leur développement complet. Les premiers constituent le sexe masculin, les seconds le sexe féminin. Lorsque l'ovule sécrété par l'ovaire a été fécondé par la liqueur séminale, il se détache de l'ovaire et s'engage dans la trompe qui le conduit dans l'utérus, si l'animal est *vivipare,* ou dans l'*oviductus*, s'il est *ovipare.* Dans le premier cas, le petit germe tire sa nourriture d'un lacis de vaisseaux, qui vont puiser dans le sang de la mère les matériaux de son développement. Dans le second cas, il se nourrit d'une masse organisée, le *jaune* de l'œuf ou *vitellus*, qui lui est attaché par des liens vasculaires et dont le volume est assez considérable pour l'amener à un degré de développement tel qu'il puisse vivre de la vie extérieure après avoir brisé sa coquille.

III. PRINCIPALES DIFFÉRENCES DE L'ORGANISA-TION DES ANIMAUX.

Nous venons de voir, dans ce coup d'œil rapide, jeté sur l'ensemble de l'organisation animale, que les différents systèmes d'organes, tout en atteignant le but fonctionnel qui leur a été assigné, sont loin de présenter à l'anatomiste les mêmes apparences, la même disposition, la même structure. Les différences frappent, au plus léger examen, quand on compare l'organisation des animaux qui se rapprochent le plus de l'homme, du chien, du cheval, par exemple, avec celle des animaux d'une organisation moins élevée, des reptiles, des vers ou des polypes. Cette comparaison, objet principal de l'anatomie comparée, nous fait reconnaître que les fonctions se perfectionnent et se complètent à mesure que les organismes se diversifient et se compliquent; qu'elles se simplifient, au contraire, à mesure que l'on se rapproche de la limite inférieure de l'animalité. Mais soit que l'on parte de l'homme et des animaux supérieurs, pour arriver, en suivant des dégradations successives, aux vers et aux polypes; soit que, prenant l'organisation dans son expression la plus simple, on la suive dans ses complications et ses perfectionnements croissants, l'analyse physiologique nous ramène toujours à ces trois fonctions fondamentales que nous avons dit caractériser l'animalité : savoir, les fonctions animales (sensibilité et locomotilité volontaire), les fonctions vitales ou végétatives, et les fonctions de reproduction. Le but est toujours le même; les moyens de l'atteindre sont infiniment variés. Il suffira, pour en juger, de comparer, ainsi que nous allons le faire, les principaux systèmes d'organes dans la série animale.

Le système *locomoteur* présente deux différences générales importantes : tantôt les os forment un squelette intérieur, autour duquel se disposent les muscles qui doivent les mouvoir; tantôt il n'y a pas de squelette intérieur. Dans le premier cas, la charpente de l'animal est essentiellement constituée par une colonne, formée de pièces superposées et

appelée colonne *vertébrale;* d'où la dénomination de *vertébrés* donnée aux animaux qui en sont pourvus. Ceux qui n'ont pas de vertèbres ou les *invertébrés,* diffèrent beaucoup entre eux : les uns sont entièrement mous, comme les vers; d'autres ont le corps enveloppé de pièces dures, articulées les unes sur les autres, et forment un squelette *extérieur*, comme les insectes et les crustacés; d'autres, enfin, sont renfermés dans des coquilles, comme les mollusques.

Les organes des sensations ne présentent pas moins de différences, tant dans leur partie centrale que dans leurs expansions périphériques. Le système nerveux central offre trois grandes différences : ou bien il forme une masse allongée, placée au-dessus du canal digestif et renfermée dans un étui osseux, comme dans tous les vertébrés; ou bien il est placé au-dessous du tube digestif et renfermé dans la même cavité, comme chez les mollusques et les articulés; ou bien, enfin, il est entièrement confondu avec les autres tissus, comme chez certains animaux, placés sur les plus bas échelons de l'échelle animale, les *zoophytes* ou *polypes*, qui paraissent formés d'une substance homogène, dans laquelle on ne trouve ni vaisseaux, ni nerfs.

Les expansions nerveuses périphériques, ou les organes des *sens*, varient beaucoup, quant à leur nombre et à leur degré de perfection. Trois sens, le toucher, le goût et peut-être l'odorat, paraissent appartenir à tous les animaux. La vue et l'ouïe manquent aux zoophytes, à plusieurs vers articulés et à certains mollusques. Peut-être faut-il admettre que l'organisation si délicate de la peau de ces animaux leur tient, jusqu'à un certain point, lieu de ces sens et leur permet, selon l'expression d'un savant naturaliste, *de palper jusqu'à la lumière.*

Lorsque les organes des sens existent, comme chez l'homme et tous les vertébrés, ils présentent encore des différences infinies dans leur degré de perfection. L'œil, par exemple, présente aux rayons lumineux un appareil de lentilles plus ou moins complet, selon la perfection de l'animal, le milieu dans lequel il vit, etc. L'organe lui-même peut être fixe ou jouir d'une grande mobilité; il peut être protégé, ou non, par des voiles membraneux, qui le garantissent avec plus ou moins d'efficacité de l'action nuisible des corps extérieurs. Des différences analogues se remarquent dans la disposition des autres sens.

Les organes de la vie végétative n'offrent pas moins de variations. Le tube digestif, qui en forme la partie essentielle, présente deux grandes différences. Dans son état le plus simple, chez les zoophytes, c'est un tube, ou un sac à une seule ouverture, qui sert à la fois

d'entrée aux aliments et d'issue aux excréments. Dans tous les autres animaux, il a
deux ouvertures distinctes affectées à chacun
de ces usages. Mais, tantôt ce canal s'étend
directement de la bouche à l'anus; tantôt il
décrit des circonvolutions plus ou moins grandes, qui en augmentent singulièrement l'étendue; tantôt il offre, sur son trajet, des dilatations
variables pour le nombre et la capacité. Une
des différences les plus importantes et qui
influe le plus sur le mode d'alimentation de
chaque espèce, c'est que la bouche peut être
armée de dents capables de broyer, de couper
ou de déchirer des corps durs, ou qu'elle peut
en être dépourvue et ne permettre que l'introduction de corps entiers ou de substances
fluides.

Le produit de la digestion, le *chyle*, parvient aux organes qu'il doit réparer de deux
manières différentes : ou bien il transsude au
travers des parois du tube digestif, pour
baigner toutes les parties du corps, ainsi
qu'on l'observe chez les zoophytes et les insectes, qui n'ont pas de circulation distincte;
ou bien il est recueilli par des vaisseaux particuliers qui le versent dans le sang.

Ce liquide est lui-même tantôt incolore,
blanc ou bleuâtre, comme dans la plupart des
mollusques, tantôt rouge, comme dans les
vertébrés. Parmi ces derniers, les mammifères
ont le chyle blanc et laiteux, tandis que les
oiseaux, les reptiles et les poissons ont le
chyle transparent et semblable à la lymphe
ordinaire.

Quant à la circulation, elle offre aussi de
grandes différences. Nous venons de voir que
quelques animaux n'en ont pas. Ceux qui
en sont doués peuvent l'avoir *simple* ou
double. On dit qu'elle est double lorsque
tout le sang veineux est obligé de traverser
l'organe respiratoire, avant de passer dans
l'arbre artériel; les oiseaux, les mammifères,
les poissons et certains mollusques sont dans
ce cas.

La circulation est simple ou incomplète
lorsqu'une partie du sang veineux rentre
dans le système artériel, sans traverser l'organe
respiratoire ; telle est la circulation des reptiles. Des différences analogues se voient dans le
nombre et la position des organes d'impulsion
du sang, des cœurs. Quand la circulation est
simple, il n'y en a qu'un. Quand elle est double, il peut aussi n'y en avoir qu'un, lequel est
placé tantôt à l'origine de l'artère pulmonaire
ou branchiale, comme dans les poissons, ou
à l'origine de l'aorte, *cœur aortique*, comme
dans les limaçons; mais il y en a le plus souvent deux, l'un pour l'artère pulmonaire, l'autre
pour l'aorte. Ces deux cœurs sont ordinairement réunis en un seul, comme dans l'homme,
et quelquefois séparés, comme dans les *sèches*.

Les organes respiratoires nous présentent
quatre différences principales; ou bien la respiration s'effectue par toute la surface du corps
et n'a pas d'organes distincts, comme chez les
zoophytes; ou bien elle se fait par des *trachées*, sortes de vaisseaux aériens, qui transportent le fluide respirable dans toutes les parties du corps, ainsi qu'on l'observe chez les
insectes, que nous avons vus manquer de circulation; ou bien elle s'opère par des *branchies*;
ou bien enfin par des *poumons*. La respiration branchiale est propre aux animaux qui
vivent dans l'eau : elle s'effectue par des lames, des franges, des houppes qui baignent
dans ce liquide et sur lesquelles vient se ramifier l'artère branchiale. La respiration pulmonaire appartient aux animaux qui jouissent
au plus haut degré de la vie animale; elle se
fait au moyen d'un organe qui peut être comparé à une grande vessie, que l'animal peut
comprimer ou distendre, sur les parois de laquelle vient s'épanouir l'artère pulmonaire, et
qui communique à l'extérieur par un conduit
unique, la *trachée-artère*.

A la respiration pulmonaire se rattache intimement une fonction d'une haute importance
au point de vue du perfectionnement de la vie
animale. Nous voulons parler de la *voix*. La
véritable voix, qu'il ne faut pas confondre avec
certains sons ou bruits que quelques insectes
peuvent produire, en mettant en mouvement
certaines parties élastiques, est propre aux
animaux qui respirent par des poumons. Eux
seuls, en effet, peuvent mettre en mouvement
une colonne d'air capable de faire vibrer les
lèvres tendues d'un appareil particulier qui
porte le nom de *glotte* et dans lequel se forme
le son. Cet appareil se présente avec deux
grandes modifications : tantôt il est placé à la
base de la langue, à l'extrémité antérieure du
tube qui conduit l'air aux poumons et qui fait
dans ce cas l'office de *porte-vent ;* tantôt, au
contraire, il se trouve à l'extrémité pulmonaire
de ce même tube, qui devient alors un *porte-
voix.* La première disposition existe chez les
quadrupèdes et les reptiles; la seconde est propre aux oiseaux.

Les organes destinés à la reproduction de
l'espèce nous offrent aussi de notables différences. Chez les zoophytes, le petit animal
croît sur le corps de l'adulte, comme un bourgeon sur un arbre. Chez les autres animaux, la
reproduction s'effectue par le concours d'organes spéciaux qui constituent les sexes. Le
plus souvent, ceux-ci sont séparés et appartiennent à deux individus différents; chez quelques mollusques les deux sexes sont réunis
sur le même individu. Dans ce dernier cas, qui
constitue l'hermaphrodisme, tantôt la fonction
s'accomplit au moyen des organes d'un seul
individu, comme dans les mollusques bivalves,

tantôt elle exige la réunion de deux individus semblables, ce que nous voyons dans les limaçons. — Quant au produit de la génération, ou bien il se développe comme un bourgeon qui se détache bientôt, pour jouir d'une vie propre ; ou bien c'est un *embryon* qui se greffe aux parois de l'utérus de sa mère, qu'il ne quitte que lorsqu'il est assez développé pour jouir d'une vie indépendante ; ou bien enfin, c'est un germe, enveloppé dans une coque, au milieu d'une substance qui doit servir à son accroissement. Ces trois modes de reproduction sont connus sous les noms de générations *gemmipare, vivipare,* et *ovipare.* Il n'est pas sans intérêt de remarquer que parmi les animaux ovipares, s'il en est quelques-uns, comme la vipère, qui donnent naissance à des petits vivants, c'est que les œufs sont éclos dans l'*oviducte.*

Lorsque le petit animal est né, il présente le plus souvent les mêmes apparences que dans l'état adulte ; mais il en est qui doivent éprouver des changements considérables de forme, perdre certaines parties et en acquérir de nouvelles. Ces *métamorphoses* singulières sont des plus évidentes dans les *insectes,* les *grenouilles* et les *salamandres.*

La plupart des fonctions que nous venons d'examiner exigent des organes nombreux chargés de la préparation de certains liquides utiles à la fonction, ou de l'élimination des matériaux qui doivent être rejetés de l'organisme. Ce sont les organes sécrétoires ou les glandes. Aussi nombreux que variés dans leurs formes, ils offrent cependant trois différences générales qu'il importe de signaler. Dans les zoophytes, ils ne sont pas distincts des autres organes ; dans les articulés privés de circulation, ils représentent des tubes qui plongent dans les organes, pour aller chercher, si l'on peut s'exprimer ainsi, les éléments qu'ils sont chargés de recueillir ; enfin, dans tous les animaux pourvus de circulation, ils forment des masses d'un volume très-variable qui portent le nom de glandes.

Embryogénie. — Nous venons de voir les différences capitales que présentent les animaux comparés entre eux, à leur état de développement complet ; mais l'anatomie comparée ne s'arrête pas là ; elle embrasse toutes les phases de chaque individualité animale, comme elle avait saisi l'ensemble de toute l'animalité ; elle étudie les modifications organiques qui résultent des sexes et des âges ; elle prend chaque animal à la première apparition de l'ovule et de l'œuf, origine première de tout corps organisé ; elle le suit à travers les changements de formes des parties extérieures de l'embryon ; elle pénètre dans son intérieur pour constater l'apparition successive ou simultanée, transitoire ou

permanente de certains organes, pour saisir le mécanisme des métamorphoses qui s'opèrent dans l'ensemble ou les parties des organes, dans leur structure intime et leur composition chimique. Cette étude du développement de l'embryon constitue une science d'origine toute moderne, l'*embryogénie,* science du plus haut intérêt et qui a fourni les bases les plus importantes sur lesquelles s'est élevée l'anatomie *philosophique.*

L'embryogénie a jeté aussi une vive lumière sur une classe de phénomènes qui jusqu'à nos jours avaient paru complétement en dehors des lois ordinaires de la nature ; nous voulons parler des *monstruosités.* A son tour, l'étude de ces formations anormales des organismes a fourni des documents précieux à l'embryogénie, à l'anatomie transcendante et à la physiologie. L'ensemble des déductions tirées de l'anatomie des monstruosités, et que nous n'avons pas à exposer ici, constitue la *Tératologie* (de τέρας, *prodige, monstre,* et λόγος, *discours*). *Voyez* EMBRYOGÉNIE et TÉRATOLOGIE.

IV. ANATOMIE PHILOSOPHIQUE, TRANSCENDANTE, SPÉCULATIVE.

Lorsque après avoir comparé, dans toute l'étendue du règne animal, l'organisation de chaque espèce et les différentes formes qu'elle revêt dans la série de ses développements, on cherche à s'élever à la connaissance des *lois* qui régissent les rapports des organismes, soit qu'on les considère dans leurs évolutions successives dans le même animal, ou dans l'ensemble du règne, soit qu'on les étudie dans leurs différents degrés de composition ou de simplicité, on entre dans le domaine de l'anatomie *philosophique, transcendante,* ou *spéculative.*

Cette science toute moderne, puisque le génie de Cuvier en jeta les premières et les plus solides bases dans les *Considérations sur l'économie animale,* qu'il mit en tête de ses *Leçons d'anatomie comparée,* en 1800, est véritablement *philosophique,* lorsqu'elle revêt les caractères des sciences de raisonnement, qu'elle s'appuie sur des faits bien observés, incontestables, et que ses propositions en sont logiquement déduites. Elle devient *spéculative* lorsque, préjugeant les faits ou les dépassant, elle arrive à des conclusions hypothétiques, auxquelles l'observation refuse son appui.

Loi des conditions d'existence. Cette loi, formulée par l'illustre fondateur de l'anatomie comparée, est fondée sur le principe que tous les organes agissant les uns sur les autres, doivent conserver entre eux des rapports harmoniques. Cette loi éminemment philosophique donna la clef des principales modifications organiques qui font varier à l'infini les rapports des êtres animés et des fonctions particulières qui composent leur existence.

Nous avons indiqué les principales différences que peuvent présenter les organes affectés à chaque fonction dans l'ensemble du règne animal. Or, si l'on supposait les différences d'un organe unies successivement avec celles de tous les autres, on obtiendrait un nombre très-considérable de combinaisons organiques, qui répondraient à autant de classes d'animaux. « Mais ces combinaisons, dit G. Cuvier, qui paraissent possibles, lorsqu'on les considère d'une manière abstraite, n'existent pas dans la nature, parce que les organes ne sont pas seulement rapprochés, mais qu'ils agissent les uns sur les autres et concourent tous ensemble à un but commun. D'après cela, les modifications de l'un d'eux exercent une influence sur celles de tous les autres. Celles de ces modifications qui ne peuvent point exister ensemble s'excluent réciproquement; tandis que d'autres s'appellent, pour ainsi dire, et cela non-seulement dans les organes qui sont entre eux dans un rapport immédiat, mais encore dans ceux qui en paraissent, au premier coup d'œil, les plus éloignés et les plus indépendants. » Ainsi, par exemple, quand il n'y a pas de circulation, il ne peut y avoir d'organe respiratoire spécial; il faut que la respiration se fasse sur place, pour ainsi dire, et par tout le corps. Mais la circulation, lorsqu'elle existe, a besoin d'organes moteurs, et ceux-ci recevant leur force du système nerveux, il s'ensuit que l'existence d'un poumon suppose l'existence d'un système nerveux. C'est pour cette dépendance mutuelle des fonctions et ce secours qu'elles se prêtent réciproquement que sont fondées les lois qui déterminent les rapports de leurs organes, et qui sont d'une nécessité égale à celles des lois métaphysiques ou mathématiques; car il est évident que l'harmonie convenable entre les organes qui agissent les uns sur les autres est une condition nécessaire de l'existence de l'être auquel ils appartiennent; et que si une de ses fonctions était modifiée d'une manière incompatible avec les modifications des autres, cet être ne pourrait pas exister.

La comparaison deux à deux des fonctions de l'économie animale montre cette vérité dans tout son jour. Prenons pour exemple le système des organes digestifs, dans ses rapports avec les systèmes des organes du mouvement et de la sensibilité. La disposition du tube digestif détermine d'une manière absolue le genre d'alimentation de l'animal; il faut donc qu'il trouve dans ses sens et ses organes locomoteurs les moyens de reconnaître et de se procurer les aliments qui lui conviennent, faute de quoi il ne pourrait subsister. C'est ainsi qu'un animal qui ne peut di-

gérer que de la chair, doit, sous peine de destruction de son espèce, avoir la faculté d'apercevoir son gibier, de le poursuivre, de le saisir, de le vaincre, de le dépecer. Il lui faut donc une vue perçante, un odorat fin, de l'adresse et de la force dans les pattes et les mâchoires. Ainsi, jamais une dent tranchante et propre à découper la chair ne se rencontrera avec un pied enveloppé de corne et impropre à saisir. Aussi tout animal à sabot est herbivore et a par conséquent des dents molaires propres à broyer, un estomac très-ample et souvent multiple, un intestin très-long, etc.

En suivant ces comparaisons dans tous les organes, nous trouverions une harmonie constante entre toutes les modifications organiques ou fonctionnelles qu'ils présentent. — Ces lois d'harmonie, de coexistence, ou des conditions d'existence, ayant été déduites de la connaissance de l'influence réciproque des fonctions, et l'observation les ayant confirmées, nous pouvons, dans quelques cas, suivre une marche inverse. Si nous trouvons entre deux organes des rapports constants de *forme*, nous pourrons en conclure qu'ils sont en rapport de *fonction*. Ainsi, le volume considérable du foie chez les animaux qui respirent le moins, et la privation totale où en sont les insectes, qui ont la respiration la plus complète possible, puisque tout leur corps est, pour ainsi dire, un poumon, ont fait penser que le foie supplée jusqu'à un certain point ce dernier organe, en enlevant comme lui au sang ses deux principes combustibles.

Tout en respectant la loi des conditions d'existence et sans jamais sortir du petit nombre de combinaisons possibles entre les modifications essentielles des organes importants, la nature s'est abandonnée à toute sa fécondité dans les modifications des parties accessoires. Pour celles-ci, dit Cuvier, il n'est pas besoin qu'une forme, qu'une disposition soit nécessaire; il semble même souvent qu'elle n'a pas besoin d'être utile pour être réalisée; il suffit qu'elle soit *possible*, c'est-à-dire qu'elle ne détruise pas l'accord de l'ensemble. Aussi, les modifications des organes les moins importants, de ceux qui sont à la surface de l'animal, et qui sont plus particulièrement l'objet de l'histoire naturelle, sont-elles innombrables.

Application de cette loi à la géologie. Paléontologie. Nul n'a poussé aussi loin que Cuvier l'étude de ces influences réciproques des fonctions et des organes les unes sur les autres. C'est par la connaissance approfondie de ces influences que cet homme de génie a pu arriver à la solution de ce problème : Une partie d'un animal étant donnée, un os, une dent seulement, reconstruire cet animal et déterminer les conditions au milieu desquelles il a vécu et ses rapports avec les autres espèces.

C'est par la même voie qu'il est parvenu à retrouver des espèces et des genres entiers des créations antérieures à la nôtre, et qui ont disparu dans les derniers cataclysmes de notre planète.

Cette application de l'anatomie comparée a pris le nom d'anatomie *géologique* ou de *palæontologie*. Elle nous a révélé tout un règne animal dont nous ne trouvons plus que des débris à la surface ou dans l'épaisseur de la croûte du globe. Ces débris sont toutes les parties dures qui ont pu résister à l'action destructive des agents physiques. Ce sont des squelettes, des portions de squelette, des os, des dents, des écailles, ayant appartenu à des animaux vertébrés; ce sont des coquilles de mollusques; certaines parties dures des crustacés, et ces polypiers calcaires qui caractérisent les terrains littoraux. Ce n'est que dans des occasions rares que l'on peut examiner des cadavres entiers des animaux de l'ancien monde, comme certains insectes que l'on trouve dans l'ambre jaune ou le succin; ou comme le rhinocéros et l'éléphant découverts dans la Sibérie et conservés intacts pendant des milliers d'années, au milieu des glaces formées par un refroidissement subit de ces régions, refroidissement que l'on explique par un changement de situation des pôles terrestres. Aussi, l'anatomiste qui se livre à cette étude n'agissant le plus souvent que sur des sujets mutilés, incomplets, doit réunir à une grande habitude une connaissance exacte de tous les détails et de l'ensemble de l'organisation actuellement existante à la surface du globe, pour la comparer avec une organisation dont il ne reste plus que des vestiges.

Unité de composition organique. Si l'anatomie comparée recherche les différences des organismes, elle recherche aussi leurs ressemblances et leurs analogies. On n'a pas tardé à reconnaître que parmi les combinaisons organiques nombreuses que l'organisation animale présente, il en est beaucoup qui ont des parties communes, qui ne diffèrent que très-peu, en sorte qu'en plaçant les unes à côté des autres celles qui se ressemblent le plus, on peut en établir une série qui s'éloigne par degrés d'un type primitif. De là l'idée de l'unité de formation et même de composition de tout le règne animal.

D'après cette idée, tous les êtres pourraient être disposés sur une échelle commençant au plus parfait et finissant au plus simple, à celui qui serait doué des propriétés les moins nombreuses et les plus générales; échelle ou série telle que l'esprit passerait de l'un à l'autre, sans presque apercevoir d'intervalle et comme par nuances insensibles. Cette conception idéale de l'animalité suivant une progression croissante de l'être le plus simple à celui qui est le plus parfait, à l'homme qui apparaît au sommet de la création et qui en est la plus haute personnification, est une des plus belles conceptions de l'anatomie philosophique ou transcendante. Malheureusement elle va plus loin que les faits et n'est pas toujours d'accord avec les résultats de l'observation.

Sans doute, en se tenant dans certaines limites et en prenant chaque organe isolément et le suivant dans toutes les espèces d'une classe, on le voit se dégrader avec une uniformité singulière; on le trouve même encore en vestige dans les espèces où il n'a plus aucun usage : en sorte que la nature semble ne l'y avoir laissé que pour obéir à la loi de ne pas faire de saut, selon l'expression de G. Cuvier. Mais ce qui est vrai pour les organes n'est pas vrai pour les espèces : tel organe est à son plus haut degré de perfection dans une espèce et tel autre dans une espèce toute différente; de sorte qu'il faudrait former autant de séries qu'on aurait pris d'organes pour terme de comparaison.

Ce qui est incontestable, c'est qu'il existe des groupes d'animaux qui se rattachent par des nuances douces et insensibles et qui paraissent évidemment formés sur un même type fondamental. Tels sont les vertébrés, les mollusques, les insectes. Tant qu'on se tient dans les limites de ces groupes, on peut facilement suivre la transition qui conduit du plus simple au plus composé; mais quand il s'agit de lier entre eux chacun de ces groupes, on ne peut méconnaître l'intervalle ou le saut le plus marqué. (Cuvier.)

Recherche des analogies organiques. Les anatomistes qui ont poursuivi l'unité de composition organique ont dû préliminairement se livrer à la détermination des organes semblables ou analogues dans toute la série; détermination souvent pleine de difficultés, à cause des différences de structure, de force, de rapports et de développement qu'il peut offrir. Ainsi, par exemple, les anatomistes ne s'accordent pas sur la détermination de certaines parties de l'encéphale des poissons : les uns appellent couches optiques ce que d'autres prennent pour les hémisphères cérébraux.

Le pancréas, le foie, la rate sont souvent difficiles à distinguer, même dans le type des vertébrés, dont l'organisation est si évidemment conçue d'après le même plan. Meckel avait méconnu la rate chez certains ophidiens, parce qu'elle est soudée avec le pancréas; celui-ci, très-facile à reconnaître dans les trois premières classes des vertébrés, n'existe plus qu'en vestige dans les poissons, chez lesquels on le trouve remplacé par des tubes plus ou moins nombreux qui viennent s'aboucher vers le pylore. Lorsque ces tubes manquent, on a considéré comme l'analogue du pancréas quelques apparences glanduleuses de la muqueuse intestinale. D'où il suit que cet organe, d'abord si distinct, tend de plus en plus à se confondre avec le tube intestinal, dont il n'est qu'une dépendance accessoire.

Les difficultés de ces déterminations sont beaucoup plus grandes quand on descend dans les animaux invertébrés. Ainsi les anatomistes ne s'accordent pas sur la détermination et même sur l'existence du foie dans les articulés : selon M. Duvernay, on aurait pris de grands sinus veineux pour le foie des squilles, et il paraît bien démontré par l'analyse chimique que les tubes aveugles qui s'abouchent dans l'intestin des insectes, et que l'on considérait comme les analogues du foie et aussi du pancréas, ne sont que les analogues des reins. Les difficultés ne sont pas moins grandes pour les autres organes de la digestion, surtout chez les insectes et les mollusques, qui ont tant exercé la sagacité de Cuvier.

Chez les zoophytes, où les organes comme les fonctions, de moins en moins distincts, finissent par disparaître et se fondre les uns dans les autres en une substance d'apparence homogène, les analogies deviennent fort difficiles à saisir. Un emploi fort ingénieux du microscope a servi dans ces derniers temps à y découvrir l'organe générateur mâle : on l'a reconnu à la présence des zoospermes dans sa cavité.

Ces exemples prouvent combien il est souvent difficile de déterminer un même organe dans la série, lors même que l'on suit pour se guider l'analogie fonctionnelle; en d'autres termes, lorsque cet organe remplit les mêmes fonctions. Mais on a poussé plus loin la recherche des organes analogues, dans les cas même où ces organes remplissent des *fonctions différentes.*

Les anatomistes qui se sont jetés dans cette voie difficile se sont souvent égarés, et les déductions auxquelles ils sont arrivés ne sont le plus souvent que des aperçus plus ou moins ingénieux, selon qu'ils se sont plus ou moins éloignés de l'observation, et selon le principe qui les a dirigés dans cette recherche; parmi ces principes théoriques, deux sont célèbres et méritent de nous arrêter; ce sont : le *principe des connexions* et celui, plus général et plus hypothétique encore, de la *répétition des organismes.*

Principe des connexions. Ce principe, formulé et développé par M. Geoffroy Saint-Hilaire, repose sur la dépendance mutuelle, nécessaire et par conséquent invariable des parties. Dans beaucoup de circonstances, il est incontestable en application comme en théorie. Ainsi les organes des sens spéciaux se rattachant d'une manière immédiate, par leurs nerfs, au centre principal du système nerveux, quand on trouve un globe oculaire, on arrive avec certitude, en suivant le nerf optique, à la détermination du cerveau. Le foie étant une annexe physiologique du tube digestif, c'est dans le voisinage de celui-ci et dans l'épaisseur même de ses parois qu'il faudra en chercher la présence. De même, les organes de la respiration ayant toujours des rapports intimes avec les principaux troncs vasculaires, ces connexions feront reconnaître l'organe respiratoire, quelle que soit sa position, soit à l'intérieur, soit à l'extérieur.

Dans les exemples que nous venons de citer, il s'agit de connexions physiologiques, dont le motif est facile à saisir; mais il est certaines connexions que la science n'a pas encore expliquées d'une manière satisfaisante; telle est, par exemple, la situation du principal cordon des nerfs, que l'on trouve constamment à la face abdominale du corps des animaux articulés, *au-dessous* du tube digestif, tandis qu'il est placé à la face dorsale et *au-dessus* chez tous les vertébrés.

Le principe des connexions, surtout lorsqu'il se fonde sur des rapports fonctionnels, peut être d'une véritable utilité dans l'étude des animaux qui ont atteint un certain degré de perfection, dans tous les vertébrés. Mais il devient d'une application difficile et même tout à fait impossible quand on descend dans l'organisation si variée des animaux non vertébrés. Ainsi, et pour ne citer qu'un exemple, les organes reproducteurs des mollusques et des zoophytes présentent les connexions les plus variées et parfois les plus bizarres. Chez quelques polypes on trouve l'ovaire développé à l'extérieur, comme dans les plantes.

Loi de répétition organique. Parmi les théories spéculatives que l'anatomie transcendante a appliquées à la recherche de l'unité de l'organisation animale, celle de la répétition des organismes est une de ses plus larges et aussi de ses plus abstraites conceptions. Elle a pris naissance en Allemagne et elle a été développée par des anatomistes élevés à l'école philosophique de Schilling. Elle est fondée sur ce principe, que chaque partie de l'univers est faite sur le *modèle* de l'ensemble et chaque division de la partie sur le modèle de celle-ci.

Tous les anatomistes philosophes qui sont partis de cette idée sont loin de s'entendre sur le modèle idéal de l'univers et par conséquent sur le type primitif qui se répète dans les organismes. L'exposition de toutes ces théories faites d'imagination nous entraînerait trop loin. Voyons seulement à quels résultats a conduit cette idée mère, appliquée à l'anatomie comparée.

Quand on examine le squelette des animaux

vertébrés, il est facile de reconnaître dans son ensemble une unité de plan et par conséquent de pensée créatrice. Cette vérité, démontrée aujourd'hui, apparaît dans tout son jour quand on étudie comparativement, comme l'a fait M. Geoffroy Saint-Hilaire, le squelette du fœtus des mammifères et des oiseaux avec celui des reptiles et des poissons. On s'assure bien évidemment que le crâne est formé de plusieurs vertèbres modifiées, et qu'il est l'analogue par conséquent d'un tronçon de colonne vertébrale.

En généralisant les faits vrais dans certaines limites, et leur appliquant la loi de répétition organique, on est arrivé à ce résultat, que la tête *répète* à elle seule tout l'animal ; la cavité cranienne répète la cavité rachidienne, la cavité buccale l'abdomen, les fosses nasales le thorax, le front répétant la tête elle-même. Cet exemple suffira pour faire apprécier la valeur pratique de cette hypothèse.

Au reste, dans l'étude de ces ressemblances organiques, il faut savoir s'arrêter; car si l'on veut démontrer l'identité, ou seulement l'analogie de toutes les parties composant le squelette, on est forcé d'admettre de simples conjectures pour l'expression de la vérité, et l'on se trouve dans un dédale d'opinions contradictoires. Ainsi l'opercule des poissons a été considéré comme l'analogue du cartilage tyroïde divisé, comme les pariétaux détachés du crâne, comme l'os jugal, et certaines pièces de mâchoire des reptiles, comme les analogues des osselets de l'ouïe, et enfin comme n'ayant pas d'analogue dans les autres vertébrés.

Développement graduel des organismes. Nous rattachons à l'hypothèse précédente celle du développement graduel et successif des animaux. Car si chaque partie de l'animal représente le tout à son développement complet, il pourrait se faire que chaque animal supérieur représentât successivement et d'une manière temporaire, dans la série de ses développements, l'organisation des animaux placés au-dessous de lui dans l'échelle des êtres. D'après cette doctrine, soutenue par de grands anatomistes, non-seulement les êtres animés pourraient être rangés dans une échelle de progression qui, partant du degré le plus simple de l'animalité, conduirait par des nuances insensibles à sa haute expression représentée par l'organisation des mammifères ; mais encore tout animal supérieur, avant d'arriver à son état adulte, revêtirait successivement les caractères essentiels de tous les animaux placés au-dessous de lui dans l'échelle dont il devait monter tous les degrés. D'où il suit que l'homme qui en occupe l'échelon le plus élevé, avant d'atteindre la perfection organique qui le distingue, passe par tous les degrés inférieurs de l'organisation à partir de

celle du polype, des vers, des mollusques, puis des poissons et des reptiles.

Tel est le principe fondamental qui domine l'embryogénie. Les recherches de M. Geoffroy Saint-Hilaire sur le squelette du fœtus des mammifères et des oiseaux, qu'il a trouvé représenter celui des reptiles à l'état adulte, viennent à l'appui de ces idées. Mais les métamorphoses étonnantes que subissent sous nos yeux certains reptiles batraciens et les insectes en ont paru fournir la démonstration complète. On sait en effet que, parmi ces derniers, les lépidoptères ou papillons revêtent, avant d'arriver à leur état parfait, plusieurs formes transitoires. Au sortir de l'œuf ils se présentent sous la forme de *larve* ou de chenille. Celle-ci s'enveloppe d'une coque particulière, qu'elle produit elle-même, et dont elle tisse les fils comme nous le voyons dans le *ver à soie*, lequel n'est autre chose que la chenille d'un papillon du genre *bombix*, et devient chrysalide. Après cette période de réclusion, tout entière employée à l'accomplissement des changements organiques les plus merveilleux, après s'être dépouillé de certains organes pour en acquérir de tout différents, l'animal brise sa coque et s'élance dans les airs, brillant des plus riches couleurs. A le voir sucer le miel des fleurs, qui pourrait reconnaître la chenille hideuse et rampante qui naguère dévorait les feuilles et jusqu'à l'écorce des plantes?

Les modifications organiques qui résultent de ces métamorphoses ne portent pas seulement sur la forme des organes, ou sur les moins importants de ceux-ci ; elles s'étendent jusqu'aux fonctions. Ainsi, certaines larves qui vivent dans l'eau jouiront de la vie aérienne lorsqu'elles seront devenues insectes parfaits. D'autres échangent des mâchoires puissantes contre une trompe ou suçoir propre à aspirer des matières liquides.

Des métamorphoses aussi remarquables se voient dans un degré d'organisation plus élevé, dans la classe des reptiles. Les grenouilles et les crapauds se présentent d'abord sous la forme de *têtards* qui vivent dans l'eau et respirent par des branchies. Bientôt le têtard, en suivant son développement, perd sa queue et ses branchies, pendant qu'il acquiert de nouveaux organes, propres à l'existence nouvelle à laquelle il est appelé.

Ces curieux phénomènes, en démontrant la succession des développements et la transformation des organismes inférieurs en organismes plus perfectionnés, méritent la plus sérieuse attention dans l'étude de l'embryogénie. D'autre part, l'embryotomie des animaux supérieurs montre incontestablement que les organismes éprouvent d'importantes modifications, que certains organes disparais-

sent pour faire place à d'autres. C'est même
sur cette donnée qu'est basée toute la doctrine
de la production des monstruosités par défaut. Le développement du fœtus s'arrêtant
dans quelques-unes de ses parties, il repré-
sentera plus tard une des phases de son développement normal.

Mais faut-il conclure de ces faits qu'un animal supérieur ne peut atteindre ce degré
de supériorité organique qu'en remontant tous
les degrés de l'échelle animale? Une pareille
conclusion, dans l'état actuel de la science, ne
repose pas sur l'observation, elle la dépasse.
Comment démontrer, en effet, que le fœtus des
mammifères ait une respiration branchiale,
avant de posséder une respiration pulmonaire? Il est vrai qu'on avait cru trouver des
organes de respiration branchiale dans les très-
jeunes fœtus de mammifères ; mais il a été démontré, depuis, que les fentes cervicales, que
l'on avait prises pour des ouvertures branchiales, étaient fermées par l'amnios, et qu'elles
n'avaient d'ailleurs aucune ressemblance avec
des branchies. D'une autre part, il est démontré
que les premiers linéaments des embryons des
vertébrés se composent de la moelle épinière,
laquelle se montre avant tous les autres
systèmes. Comment, dès lors, concilier ce développement primitif et prédominant du système nerveux central dans les animaux supérieurs, avec cette idée qu'ils revêtent d'abord
les caractères des animaux les plus simples, qui
n'ont pas de système nerveux distinct?

En somme, la doctrine de l'unité dans
l'organisation animale, cette grande et belle
conception, a séduit un grand nombre d'anatomistes penseurs, qui en poursuivent activement la démonstration. Mais elle a aussi rencontré de puissants adversaires, parmi lesquels
il suffit de nommer G. Cuvier. Cuvier n'admettait pas l'existence de la *série animale*. Il soutenait que les êtres animés, loin de former une
ligne continue et sans interruption, en forment
plusieurs marchant parallèlement : que dès
lors un seul plan organique ne suffit plus et
qu'il en faut plusieurs, puisqu'il y a plusieurs
gradations parallèles. L'unité, pour lui, réside
dans les *fonctions* essentielles et générales
qui constituent les conditions absolues de l'a-
nimalité, et c'est en vain que l'anatomie transcendante la cherche dans les *organes*.

V. APPLICATION DE L'ANATOMIE COMPARÉE A LA CLASSIFICATION DES ANIMAUX.

L'anatomie comparée, en conduisant à l'appréciation exacte des ressemblances et des
différences organiques que présentent tous
les animaux, est la seule base solide de leur
classification. Pour y arriver, il faut que l'on
puisse assigner à chaque classe et à chacune de ses subdivisions des qualités com-

munes touchant la plus grande partie des organes. Pour établir les grandes divisions, il
faut choisir des caractères importants qui expriment l'ensemble de certaines combinaisons
organiques, en même temps qu'elles excluent
les combinaisons organiques qui caractérisent
les autres groupes. Il est donc nécessaire de
considérer d'abord les organes les plus essentiels, ceux que les naturalistes appellent de
premier rang. Mais toutes les modifications
d'un organe de premier rang ne sont pas également propres à fournir des caractères pour
les grandes divisions, celles qui peuvent influer directement sur la fonction qu'il est
destiné à remplir, et conséquemment sur les
autres appareils en vertu de la loi des *conditions d'existence*, que nous avons précédemment exposée. Les groupes secondaires, les
classes, les familles, les genres, reçoivent leurs
caractères des modifications d'organes de second ou de troisième ordre, ou des modifications
moins essentielles d'organes du premier rang.

C'est d'après ces principes que G. Cuvier
a créé sa classification. Cette classification est
donc fondée sur l'organisation et basée sur le
principe des affinités naturelles. Elle suit l'ordre descendant, c'est-à-dire que le type le plus
complexe est placé au sommet et le plus simple
au bas de l'échelle. Cette marche, plus appropriée aux besoins de l'étude, puisqu'elle conduit du connu à l'inconnu, a été généralement
adoptée. Cependant on a tenté d'y apporter diverses modifications plus ou moins heureuses et
qui ont eu peu de succès. Lamarck a cru devoir
suivre une marche inverse, l'ordre ascendant,
comme répondant mieux à l'idée de la génération successive des êtres. Toutefois, ce
renversement n'a pas notablement changé les
groupes principaux. M. de Blainville, au contraire, a donné une classification fondée sur
des bases nouvelles et en opposition avec
celles de la classification de Cuvier. Selon cet
auteur, le règne animal doit être partagé en
trois groupes primordiaux, fondés sur les formes générales des animaux et sur la relation
de ces formes avec le système nerveux.

Ces idées n'étant pas encore généralement
admises, nous suivrons la classification de Cuvier.

Il importe de remarquer que nous ne donnerons ici que les caractères des embranchements et des classes, renvoyant l'histoire des
familles et des genres aux articles spéciaux
qui leur seront réservés dans cet ouvrage.
Voyez les articles MAMMIFÈRES, OISEAUX, MOL-
LUSQUES, etc.

Tous les animaux connus peuvent se rapporter à deux grandes divisions; celle des
animaux à vertèbres : *vertébrés*, et celle
des animaux sans vertèbres : *invertébrés*.
Ceux-ci se divisent en *articulés*, en *mollus-*

ques et en *rayonnés*. Le règne animal se trouve ainsi partagé en quatre grands em- branchements, dont le tableau suivant résume les principaux caractères :

Animaux

Ayant un *squelette intérieur*, formé de *vertèbres*, et renfermant dans un étui osseux un système nerveux cérébro-spinal très-développé; le sang rouge; des mâchoires superposées; des organes distincts pour la vue, l'ouïe, l'odorat et le goût; jamais plus de quatre membres, et des sexes toujours séparés. — **Ier Embranchement A. VERTÉBRÉS.**

N'ayant ni *vertèbres*, ni *squelette intérieur*, ni système nerveux cérébro-spinal. Sang presque toujours blanc.

  Corps formé de deux moitiés symétriques. Une chaîne nerveuse ganglionnaire « bien distincte. En général des yeux, mais ni organes auditifs, ni organes olfactifs.

  Un *squelette extérieur* formé par des anneaux cutanés. Système nerveux symétrique et longitudinal. Mâchoires latérales. Sang en général blanc, mais non toujours. — **IIe Embranchement. A. ARTICULÉS.**

  Point d'anneaux articulés, ni de squelette extérieur. Corps mou, souvent logé dans une coquille. Système nerveux formé de masses éparses. Sang blanc. En général, ni membres, ni mâchoires. — **IIIe Embranchement. A. MOLLUSQUES.**

  Corps rayonné; système nerveux nul ou rudimentaire. Sang blanc. Point de système circulatoire complet. Point d'organes spéciaux des sens. — **IVe Embranchement. A. RAYONNÉS.**

A. *Vertébrés*. Cet embranchement renferme les animaux dont la structure est la plus compliquée, et dont les facultés sont les plus variées et les plus parfaites.

Le corps et les membres des animaux vertébrés sont soutenus par une charpente solide, formée de pièces mobiles les unes sur les autres et constituant le squelette. Ce squelette forme des cavités pour recevoir les principaux viscères en même temps qu'il est recouvert de parties molles et particulièrement des muscles destinés à en mouvoir les diverses parties. La partie essentielle forme la colonne vertébrale, creusée d'un canal pour loger le faisceau commun des nerfs, portant à son extrémité antérieure un renflement, qui est la tête, et se prolongeant souvent en arrière pour former la queue.

Les membres disposés par paires sont ordinairement au nombre de quatre, jamais plus; mais ils peuvent être réduits à deux, ou même manquer entièrement.

Le système nerveux central, très-développé, forme une masse médullaire renfermée dans le crâne, se prolongeant plus ou moins dans le canal vertébral et toujours placée *au-dessus*

du canal alimentaire. Les organes des sens sont au nombre de cinq. Les yeux sont mobiles, et l'odorat réside dans des fosses spéciales, creusées à la partie antérieure de la tête.

Le système circulatoire est complet; les globules du sang sont rouges, et le cœur forme au moins deux cavités.

Le tube digestif est très-compliqué; il y a toujours deux mâchoires, placées l'une au-dessus ou au-devant de l'autre : des glandes salivaires, un foie, une rate, un pancréas lui sont annexés. Il y a toujours deux reins destinés à la séparation de l'urine; et ces deux reins sont constamment surmontés des capsules atrabilaires.

Les animaux vertébrés se divisent en *vivipares* et en *ovipares*, selon que les petits sortent vivants du corps de leur mère, ou qu'ils naissent enfermés dans une coque avec les matériaux qui doivent servir à leur développement. Les premiers forment la *classe* des *mammifères*, les seconds comprennent trois classes : les *oiseaux*, les *reptiles* et les *poissons*. Les vertébrés forment donc quatre classes, dont le tableau suivant indique les caractères différentiels :

Animaux vertébrés

Vivipares. L'embryon adhère à la matrice, s'y développe et tire sa nourriture d'un placenta. Des mamelles. Des poils. — **MAMMIFÈRES.**

Ovipares, ou ovovivipares. Point de matrice, de placenta, ni de communication vasoulaire entre l'embryon et la mère. Point de mamelles.

  Respiration aérienne et des poumons, à l'âge adulte.

  Sang chaud. Circulation double et complète. Des ailes et des plumes. Respiration toujours aérienne. — **OISEAUX.**

  Sang froid. Circulation incomplète. Jamais de plumes ni d'ailes proprement dites. Peau nue ou couverte d'écailles. Respiration aérienne à l'âge adulte; quelquefois des branchies dans le jeune âge. — **REPTILES.**

  Respiration aquatique et des branchies pendant toute la durée de la vie. Sang froid. Des nageoires. Peau garnie d'écailles. — **POISSONS.**

Mammifères. Les animaux qui forment cette classe tirent leurs caractères essentiels de leur mode de génération. Leur embryon s'attache à l'utérus au moyen d'un placenta, véritable touffe vasculaire, par laquelle il reçoit de sa mère les éléments de son développement, comme il en recevra bientôt, après sa naissance, une nourriture délicate préparée par des organes spéciaux, les mamelles. Les mammifères sont placés à juste titre en tête du règne animal, en raison de la perfection de leur organisation et de leurs facultés. Ils ont le sang chaud, à globules arrondis; un cœur à deux ventricules complétement séparés et à deux oreillettes. Leur sang veineux traverse en totalité les poumons, avant de passer dans le cœur gauche et les artères. — Leur circulation est', par conséquent, double et complète : leurs vaisseaux lactés renferment un chyle blanc et traversent un grand nombre de glandes conglobées ou ganglions lymphatiques.

Ils respirent par des poumons, renfermés dans la poitrine et libres dans cette cavité. Celle-ci est séparée dans la cavité abdominale, par une cloison musculeuse, le *diaphragme.* Ils n'ont qu'un larynx situé à la base de la langue et couvert d'une épiglotte.

Leur cerveau, volumineux et plus compliqué que dans les autres classes, remplit le crâne et présente certaines parties qui lui sont propres, comme le corps calleux, la voûte à trois piliers, la protubérance annulaire. Leurs yeux n'ont que deux paupières; leur tympan contient quatre osselets et un véritable limaçon contourné en spirale. Leur peau est recouverte de poils plus ou moins nombreux, qui forment parfois des écailles cornées ou des piquants.

Les *ovipares* ou *ovovivipares* comprennent des animaux très-différents, quant à leur organisation et à leur manière de vivre, mais offrant tous ce caractère commun qu'ils se reproduisent par des œufs, et qu'ils n'ont, par conséquent, ni utérus, ni placenta, ni mamelles. Quelques-uns donnent naissance à des petits vivants et pourraient, au premier abord, sembler vivipares; mais il est facile de s'assurer qu'ils produisent des œufs, lesquels se couvent et éclosent dans le corps de l'animal, d'où le nom *d'ovovivipares* donné aux animaux qui offrent cette particularité. — Parmi les vivipares, les uns ont une respiration aérienne et des poumons; les autres une respiration aquatique et des branchies. Les premiers ont, ou bien le sang chaud et la circulation double, comme les mammifères : ce sont les oiseaux; ou bien, le sang froid et la circulation incomplète : ce sont les reptiles. Les seconds sont les poissons.

Oiseaux. Les oiseaux se rapprochent des mammifères par leur organisation compliquée et l'énergie de leurs facultés motrices; mais ils s'en distinguent essentiellement par leur mode de reproduction. Ils forment le type le plus élevé des ovipares. Au lieu de se fixer aux parois de l'utérus ou de l'oviducte, l'embryon en est entièrement séparé, et sa nourriture préparée d'avance est renfermée dans un sac qui communique avec l'intestin : c'est le *vitellus* ou jaune de l'*œuf.*

Les oiseaux ont un cerveau peu développé; ils n'ont ni corps calleux ni pont de Varole. Leur respiration est aérienne et leurs poumons, fixés contre les côtes, sont enveloppés d'une membrane percée de grands trous qui conduisent l'air dans plusieurs cavités de la poitrine, du ventre, des aisselles, et jusque dans les os. La circulation est double comme dans les mammifères, et les globules du sang sont elliptiques.

L'estomac des oiseaux est composé de trois poches : le *jabot*, le *ventricule succenturier* et le *gésier*; le rectum, les organes de la génération et les artères s'ouvrent dans une poche commune, qui prend le nom de *cloaque.*

Leur corps est généralement organisé pour le vol; il est couvert de plumes qui tombent deux fois par an. Leurs membres antérieurs sont modifiés pour constituer les ailes. Enfin, leur voix, si pleine de mélodie dans quelques espèces, se produit dans un larynx inférieur, placé à la partie inférieure de la trachée, tout près des poumons.

Reptiles. Les reptiles forment la troisième classe des vertébrés. Ils respirent l'air, comme les mammifères et les oiseaux. Mais ils ont une circulation incomplète et le sang froid, c'est-à-dire que leur température est celle du milieu dans lequel ils sont plongés. Le cœur ne présente qu'un seul ventricule, lequel n'envoie dans les poumons qu'une portion du sang veineux, l'autre portion se mêlant intimement au sang artériel. Leurs globules sanguins sont elliptiques, comme chez les oiseaux; et leurs poumons, en l'absence du diaphragme, flottent dans la même cavité que les autres viscères, et ne se laissent pas traverser par l'air, comme on l'observe chez les oiseaux.

Les organes du mouvement sont très-divers dans la classe des reptiles; les uns marchent, les autres volent, d'autres nagent, et la plupart ne peuvent que ramper. Leur oreille n'a pas de limaçon. Leur peau est nue ou couverte d'écailles.

Poissons. Tandis que chez les oiseaux tout paraît disposé pour la vie aérienne, l'organisation des poissons est adaptée à leur vie aquatique. Les poissons respirent, par l'intermédiaire de l'eau, l'air atmosphérique dissous dans ce liquide. Leurs branchies, fixées aux branches de l'os hyoïde et placées sur les côtés du cou, se composent d'un grand nombre de lames, sur lesquelles vient se ramifier l'artère branchiale. L'eau que les poissons avalent passe entre ces lames et s'échappe en dehors par deux ouvertures qui portent le nom d'*ouïes*. Ils n'ont, par conséquent, ni larynx ni voix. Le sang, envoyé aux branchies par le cœur, revient dans le tronc aortique, sans repasser par le cœur, et se distribue partout pour revenir à cet organe par les veines.

Le corps des poissons est disposé pour nager ; outre les quatre nageoires, qui représentent les membres, ils en ont sur le dos, sous le ventre et à l'extrémité caudale. Quelques-uns en manquent entièrement. Leurs narines ne servent pas à la respiration ; leur oreille est cachée dans le crâne ; leur peau est nue ou couverte d'écailles. Leur pancréas est souvent remplacé par des cœcums plus ou moins nombreux et ramifiés, qui s'ouvrent près du pylore.

Enfin, quelques poissons sont *ovovivipares*, comme la vipère chez les reptiles. Mais chez la plupart, il n'y a pas même d'accouplement et le mâle féconde les œufs après leur sortie de l'oviducte.

B. Invertébrés. Les animaux invertébrés n'ont pas autant de caractères communs que les vertébrés, et ils ne forment pas une série aussi régulière. Leur squelette, lorsqu'ils en ont un, est placé à l'extérieur (squelette extérieur). Leur système nerveux n'a pas sa partie centrale renfermée dans un étui osseux ; elle flotte dans la même cavité que les autres viscères. Le cerveau seul est placé au-dessus du canal alimentaire, tandis que le reste du système nerveux, après avoir formé un collier à l'œsophage, se prolonge à la face ventrale. Ils ne respirent pas par des poumons *vésiculaires,* et aucun d'eux n'a de voix. Ceux qui ont des membres en ont au moins six.

Les animaux invertébrés forment trois embranchements : les articulés, les mollusques et les rayonnés.

A. Animaux articulés. — Les nombreux animaux compris dans cet embranchement n'ont ni vertèbres, ni squelette intérieur ; mais leur corps est renfermé en entier dans un système d'anneaux plus ou moins durs et articulés les uns avec les autres. Ces anneaux ne sont pas des os ; ils ne sont que des portions de peau endurcies, encroûtées de matières calcaires ou cornées ; mais relativement à la protection des viscères et à l'exercice de la locomotion, ils en remplissent les fonctions ; et l'on peut dire que les articulés ont un véritable *squelette extérieur.*

Leur système nerveux central se compose d'une double chaîne de ganglions ou noyaux médullaires, disposés par paires de chaque côté de la ligne médiane et placés à la face inférieure du corps, au-dessus du canal digestif. Tantôt les ganglions de cette double chaîne nerveuse restent distincts et ne communiquent entre eux que par des filets ; tantôt ils se confondent et ne forment plus qu'une seule série, placée sur la ligne médiane. D'autres ganglions, situés dans l'extrémité céphalique, devant et au-dessus du canal digestif, constituent le cerveau, fournissent les nerfs optiques, et communiquent avec les ganglions de la chaîne abdominale par deux filets qui embrassent l'œsophage en manière de collier.

Les mâchoires, au lieu d'être placées l'une devant l'autre, sont situées de chaque côté et se meuvent de dedans en dehors. Le foie, s'il existe, est représenté par des tubes plus ou moins nombreux qui s'ouvrent dans l'intestin.

Les membres peuvent manquer ; mais, dans la plupart des cas, ils sont au nombre de six, et quelquefois de plusieurs centaines. Leurs yeux sont parfois très-nombreux et leur appareil auditif manque ou est à l'état de vestige.

Les articulés se reproduisent par des œufs ; leurs sexes sont séparés.

Les articulés se divisent, comme les vertébrés, en quatre classes : les *insectes,* les *arachnides, les crustacés* et les *annélides.* Les caractères distinctifs de ces quatre classes sont résumés dans ce tableau :

Animaux articulés.	Pieds articulés, sang blanc.	Respiration aérienne se faisant à l'aide de poumons ou de trachées qui communiquent au dehors par des ouvertures nommées stygmates.	Des trachées. Système sanguin réduit à un simple vaisseau dorsal. En général des métamorphoses. Pattes au nombre de six ou de plus de vingt-quatre. Des antennes, et en général des ailes.	INSECTES.
			Des poumons ou des trachées. Un système artériel ramifié et des veines. Pas de métamorphoses. Pattes au nombre de huit. Ni antennes, ni ailes.	ARACHNIDES.
		Respiration aquatique, s'effectuant à l'aide de branchies ou seulement par certaines parties de la surface cutanée. Un système circulatoire. Pattes au nombre de dix, douze, quatorze, et quelquefois plus. Quatre antennes, point d'ailes.		CRUSTACÉS.
		Point de pieds articulés ; ces organes formés, lorsqu'ils existent, par des tubercules charnus armés de soies roides, ou remplacés par des soies seulement. Sang rouge. Respiration aquatique, ou s'effectuant par la surface cutanée.		ANNÉLIDES.

Insectes. Ils forment en quelque sorte le type des animaux articulés. Leur corps se compose de trois segments distincts ; la tête, le corselet ou thorax, et l'abdomen. La tête porte les yeux, les *antennes* et la bouche ; le thorax porte les pieds et les ailes ; enfin l'abdomen est comme suspendu en arrière du corselet, auquel il ne tient quelquefois que par un pédicule mince ; il renferme la plus grande partie des viscères. — Les antennes sont de petites verges articulées, mobiles et insérées sur la tête, au-devant des yeux : elles sont au nombre de deux seulement. Leurs yeux sont de deux sortes : *simples* et *lisses*, ou *composés* et *à facettes*. On les trouve ordinairement réunis sur le même individu, et en nombre plus ou moins grand.

La bouche est formée de six pièces, diversement disposées selon qu'elle est destinée à broyer ou couper les aliments solides, ou à sucer des liquides. Le thorax se compose de trois anneaux, portant chacun une paire de pattes. Les ailes, quand elles existent, sont au nombre de deux ou de quatre.

Les insectes ont une respiration aérienne très-complète. Elle s'opère au moyen de vaisseaux très-nombreux, appelés *trachées*, lesquels communiquent à l'extérieur et se ramifient dans tous les organes pour y porter le fluide et le mettre en contact avec le sang. Celui-ci est blanc et répandu dans les interstices des organes. Le système circulatoire, tout à fait rudimentaire, ne se compose que d'un seul vaisseau dorsal, agité de quelques mouvements alternatifs de dilatation et de resserrement, mais sans ramifications. Toutes leurs glandes sont constituées par des vaisseaux ou tubes fermés par une de leurs extrémités et flottant dans la cavité abdominale.

Les insectes se reproduisent par des œufs, et la plupart éprouvent, avant d'atteindre leur état adulte, des changements fort remarquables de forme et de structure, qui portent le nom de *métamorphoses*. La métamorphose est *complète* lorsque l'insecte passe successivement par l'état de *larve* ou de *chenille*, et de *chrysalide* ou de *nymphe immobile*, avant d'arriver à son état parfait : elle est *incomplète* lorsqu'il n'éprouve d'autre changement que celui qui résulte du développement ultérieur de ses ailes.

Arachnides. Cette classe tire son nom de l'araignée, qui en forme le type. Elle se distingue de celle des insectes par la réunion de la tête au corselet, lesquels ne forment plus qu'un seul segment ; par le nombre des pattes, l'absence d'antennes et un développement plus complet des systèmes vasculaire et nerveux. Le cœur occupe l'abdomen ; il a la forme d'un gros vaisseau longitudinal. La respiration est aérienne, et se fait tantôt par des trachées, comme dans les insectes, *arachnides trachéennes*, tantôt par des sacs pulmonaires qui reçoivent, comme les trachées, l'air par des stygmates, placés à la partie inférieure de l'abdomen, *arachnides pulmonaires*.

Les arachnides ont souvent plusieurs paires d'yeux lisses : parfois elles n'en ont qu'une ou même point. Leur bouche varie beaucoup, selon leur genre de vie. Celles qui sont parasites sont munies d'une trompe ; celles qui mènent une vie errante ont des organes masticateurs.

Leurs pattes sont presque toujours au nombre de huit, longues, grêles et terminées par des crochets. Les arachnides naissent par des œufs et n'éprouvent pas de métamorphoses : quelquefois cependant les jeunes n'ont que six pattes.

Crustacés. Les animaux de cette classe ont le corps revêtu de pièces écailleuses, qui leur forment une sorte de squelette extérieur. Leur tête, tantôt distincte, comme dans les insectes, tantôt confondue avec le corselet, comme dans les arachnides, porte presque toujours deux antennes, deux yeux composés et mobiles, et de fortes mâchoires latérales. — Leur estomac est armé de dents à l'extérieur ; et des tubes sécrétoires nombreux versent dans l'intestin une humeur brune qui leur tient lieu de bile. Leur système circulatoire est très-distinct ; il est formé de vaisseaux et d'un cœur volumineux. Leur respiration aquatique se fait par des branchies, très-variables quant à leur forme et à leur structure : quelquefois ces organes manquent et paraissent remplacés par les téguments communs. Leurs pattes thoraciques, ou *ambulatoires*, sont ordinairement au nombre de cinq ou de sept paires ; et, de plus, leur abdomen supporte une double série d'appendices appelés *fausses pattes*.

Annélides. Les annélides sont rangés dans les articulés, parce que leur corps se compose d'une longue suite d'anneaux ; mais ils diffèrent des animaux qui forment les classes précédentes, par la mollesse de leur enveloppe cutanée et par l'absence de membres articulés. Leurs organes locomoteurs ne consistent qu'en tubercules charnus, garnis de soies roides, ou même en simples soies, ou enfin en ventouses situées à chaque extrémité de l'animal. Leur sang est rouge et circule dans des vaisseaux assez compliqués. La respiration se fait par des branchies ou par la surface cutanée. Leur système nerveux est peu développé. Enfin, les sexes sont réunis, mais il paraît que l'union de deux individus est nécessaire à la fécondation.

B. — Animaux mollusques. Les mollusques diffèrent des animaux vertébrés par l'absence complète de squelette intérieur et de canal vertébral; ils diffèrent des articulés par l'absence d'anneaux résistants, capables de leur constituer une squelette extérieur. Leur corps est charnu, mou et sans membres articulés. Tantôt leur peau est complètement nue; tantôt elle sécrète une substance calcaire, destinée à protéger l'animal et qui porte le nom de coquille.

Le système nerveux des mollusques est assez développé : il se compose de plusieurs masses médullaires, dont une, située dans la tête, au-dessus de l'œsophage, prend le nom de cerveau. Leur sang est blanc ou bleuâtre; et leur système circulatoire est complet. Ils ont un cœur aortique et deux cœurs pulmonaires. Ils respirent en général par des branchies. — Leur système digestif offre de nombreuses variétés de dispositions; mais leur foie est généralement volumineux. Leurs sens varient aussi pour le nombre, les uns ayant des yeux et des oreilles, tandis que d'autres paraissent réduits au goût et au toucher. Les organes de la génération n'offrent pas moins de variétés; tantôt les sexes sont séparés; tantôt ils sont réunis, et dans ce dernier cas, qui constitue l'hermaphrodisme, quelques-uns peuvent se féconder eux-mêmes, tandis que d'autres ont besoin d'un accouplement réciproque.

L'embranchement des mollusques ne forme qu'une classe, divisée elle-même en six ordres.

C. — *Animaux rayonnés ou zoophytes.* Les êtres qui forment cet embranchement sont nombreux et très-variés; mais ils se ressemblent tous en ce qu'ils ont les parties de leur corps disposées en étoiles ou comme les rayons d'un cercle, au centre duquel serait leur bouche. Leur structure est fort peu compliquée. Ils n'ont ni cœur, ni vaisseaux, ni système nerveux. Parfois cependant on trouve quelques vestiges rudimentaires de ce dernier. Quelques-uns n'ont pas même d'organes spéciaux pour la reproduction.

Les rayonnés sont divisés en cinq classes, savoir :

Les *Échinodermes,* dont l'intestin est distinct et flottant dans une cavité qui loge, en même temps, d'autres organes pour la respiration, la génération et une sorte de circulation. — Leur peau est ordinairement garnie d'épines mobiles, comme dans les étoiles de mer.

Les *Acalipsus,* ou *Orties de mer* n'ont ni organes respiratoires ni organes circulatoires distincts. Leur cavité digestive ne communique au dehors que par une ouverture qui sert à la fois de bouche et d'anus. Leur corps offre une forme circulaire et rayonnante.

Les *Vers intestinaux,* dont le corps ressemble à celui des annélides, et qui n'ont pas d'organes spéciaux pour la circulation et la respiration.

Les *Polypes,* petits animaux gélatineux dont l'ouverture unique de la cavité digestive est entourée de tentacules, et dont la structure est des plus simples.

Les *Infusoires* enfin, dont la structure est également fort simple et que l'on découvre, à l'aide du microscope, dans les eaux stagnantes.

L'anatomie comparée a été l'objet d'un assez grand nombre de travaux dont les plus anciens remontent à une époque fort reculée. Ludwig, qui s'est occupé spécialement de l'histoire de cette science, l'a divisée en quatre périodes. La première comprend les travaux de Démocrite, d'Aristote, de Galien, de Pline, de Rondelet, etc. ; la seconde, ceux de Harvey, de Severini, de Malpighi, de Swammerdam, etc. : elle s'étend de 1600 à 1685; la troisième commence à 1686 et finit en 1749 : elle embrasse les travaux de Valentini, de Duvernoy, de Haller, de Monro, de Trembley, etc.; enfin dans la quatrième, qui dure encore, se trouvent les traités de Daubenton, de Pallas, de Spallanzani, de Hewson, de Fontana, de Hunter, de Muller, de Scarpa, de Vicq-d'Azyr, de Blumenbach, de Rudolphi, de Cuvier, de Treviranus, de Meckel, d'Oken, de Geoffroi-Saint-Hilaire, de Carus, etc., etc.

Les travaux des deux premières périodes, intéressants au point de vue historique, ne donnent qu'une idée bien imparfaite de ce que peut être l'anatomie comparée; c'est dans ceux de la troisième et de la quatrième qu'on doit chercher des faits positifs servant de base à des idées philosophiques des plus élevées.

Pour ne pas grossir inutilement cette indication bibliographique, nous nous contenterons de mentionner les travaux les plus remarquables et les plus utiles à ceux qui voudraient se livrer à l'étude de l'anatomie comparée.

Aristote, *De historia animalium libri X.* — *De partibus animalium libri V.* — *De generatione animalium libri V.*

Valentini, *Amphitheatrum zootomicum, tabulis quamplurimis exhibens historiam animalium anatomicam.* Giessen, 1720, in-fol.

Vicq-d'Azyr, *Système anatomique des animaux,* dans l'*Encyclopédie méthodique,* t. II.

Cuvier, *Leçons d'anatomie comparée.*

Blumenbach, *Handbuch der Vergleichenden Anatomie.* Gœttingue, 1818.

Carus, *Lehrbuch der Zootomie,* etc., Leipzig, 1818.

Meckel, *Système der Vergleichenden Anatomie.* Halle, 1821 et ann. suivantes, traduit en français par Riester et Sanson.

De Blainville, *De l'organisation des animaux, ou Principes de l'anatomie comparée.* Paris, 1822.

Hollard, *Précis d'anatomie comparée,* Paris, 1837. — Ce dernier ouvrage, exécuté d'après les idées de M. de Blainville, a l'avantage de renfermer sous un petit volume tous les faits importants de l'anatomie comparée et toutes les idées capitales qui en découlent.

H. DE CASTELNAU.

Explication des planches d'anatomie com-
parée (1).

Conformation comparée des squelettes, dans
divers ordres des quatre classes des animaux
vertébrés.

PLANCHE I.

Mammifères.

Fig. 1. — *Squelette d'un quadrumane* (gibbon noir). — *f*, os frontal. — *p*, os pariétal. — *m*, maxillaire supérieur. — *m'*, maxillaire inférieur. — *vc*, vertèbres cervicales. — *vd*, vertèbres dorsales. — *vl*, vertèbres lombaires. — *sa*, sacrum. — *cc*, coccyx. — *s*, sternum. — *c*, côtes. — *cl*, clavicule. — *o*, omoplate. — *h*, humérus. — *cu*, cubitus. — *r*, radius. — *ca*, carpe. — *mc*, métacarpe. — *ph*, phalanges. — *i*, os iliaques. — *f*, fémur. — *ro*, rotule. — *ti*, tibia. — *pé*, péroné. — *ta*, tarse. — *mt*, métatarse. — *ph*, phalanges.

Fig. 2. — *Squelette d'un carnassier* (chauve-souris); animal chez lequel les membres antérieurs sont transformés en ailes. — *p*, pariétal. — *m*, maxillaire supérieur. — *m'*, maxillaire inférieur. — *vc*, vertèbres cervicales. — *vl*, vertèbres lombaires. — *cr*, coccyx. — *s*, sternum. — *co*, côtes. — *cl*, claviculos. — *o*, omoplate. — *h*, humérus. — *r*, radius. — *cu*, cubitus. — *ca*, carpe. — *po*, pouce. — *mc*, métacarpe. — *ph*, phalanges. — *i*, os iliaques. — *f*, fémur. — *ro*, rotule. — *ti*, tibia. — *pé*, péroné. — *ta*, tarse. — *mt*, métatarse. — *ph*, phalanges.

Fig. 3. — *Squelette d'un carnivore* (renard); pieds disposés pour la marche digitigrade, c'est-à-dire n'appuyant que sur les phalanges ou les doigts. Le carpe et le métacarpe, le tarse et le métatarse sont relevés en l'air. — *p*, pariétal. — *m*, maxillaire supérieur. — *m'*, maxillaire inférieur. — *vc*, vertèbres cervicales. — *vd*, vertèbres dorsales. — *vl*, vertèbres lombaires. — *c*, coccyx et queue. — *s*, sternum. — *co*, côtes. — *o*, omoplate — *h*, humérus. — *r*, radius. — *cu*, cubitus. — *ca*, carpe. — *mc*, métacarpe. — *ph*, phalanges. — *i*, os iliaques. — *f*, fémur. — *ti*, tibia. — *ta*, tarse. — *mt*, métatarse. — *ph*, phalanges.

Fig. 4. — *Squelette d'un pachyderme* (éléphant). — *p*, pariétal. — *m*, maxillaire supérieur, dont la partie antérieure est creusée pour recevoir la racine de la défense. — *m'*, maxillaire inférieur. — *vc*, vertèbres cervicales. — *vd*, vertèbres dorsales. — *vl*, vertèbres lombaires. — *c*, coccyx et queue. — *s*, sternum. — *co*, côtes. — *o*, omoplate. — *h*, humérus. — *r*, radius. — *cu*, cubitus. — *ca*, carpe. — *mc*, métacarpe. — *ph*, phalanges. — *i*, os iliaques. — *f*, fémur. — *ti*, tibia. — *pé*, péroné. — *ta*, tarse. — *mt*, métatarse. — *ph*, phalanges.

Fig. 5. — *Squelette d'un cétacé* (baleine). — *cr*, crâne. — *m*, maxillaire supérieur, sur lequel sont fixés les fanons. — *m'*, maxillaire inférieur. — *vd*, vertèbres dorsales. — *vl*, vertèbres lombaires, se continuant par les vertèbres de la queue, sans autre différence que celle du volume. — *co*, côtes. — *o*, omoplate. — *h*, humérus. — *r*, radius. — *cu*, cubitus. — *ta*, tarse. — *mt*, métatarse. — *ph*, phalanges. Il n'y a pas de membre postérieur. Les rudiments du bassin étant suspendus dans les chairs', il n'est pas possible de distinguer les vertèbres sacrées d'avec les vertèbres lombaires.

Oiseaux.

Fig. 6. — *Squelette d'un rapace* (vautour). — *c*, crâne. — *m*, maxillaire supérieur. — *m'*, maxillaire inférieur, suspendu au crâne par un os intermédiaire, nommé *carré*. — *vc*, vertèbres cervicales. — *vd*, vertèbres dorsales. — *c*, vertèbres du coccyx et de la queue. Le caractère essentiel de la colonne vertébrale des oiseaux est une fixité presque absolue dans les régions dorsale et sacrée, et une extrême mobilité dans la région cervicale. Il est digne de remarque aussi que la consolidation des divers points des vertèbres est très-rapide, et existe déjà à la sortie de l'œuf. — *s*, sternum. — *c'*, clavicule bifurquée. — *co*, côtes. — *o*, omoplate. — *h*, humérus. — *r*, radius. — *cu*, cubitus. — *ca*, os du carpe. — *po*, os métacarpien du pouce. — *ind*, os métacarpien du doigt indicateur. — *d*, petit doigt. — *i*, os iliaques. — *f*, fémur. — *ro*, poulie pour les tendons extenseurs à l'extrémité du tibia· *t*. — *p*, péroné. — *ta*, os du tarse et du métatarse. — *ph*, phalanges.

Fig. 7. — *Squelette d'un passereau* (merle). Les mêmes os sont désignés par les mêmes lettres que dans la figure précédente.

Fig. 8. — *Squelette d'un gallinacé* (pigeon). Le développement considérable que présentent le sternum et les ailes, indique les habitudes de ces oiseaux, qui sont d'excellents voiliers. L'aile a été relevée, afin de montrer comment l'épaule et les côtes s'attachent au sternum. Voir, pour la description des os, les indications de la sixième figure.

Fig. 9. — *Squelette d'un échassier* (ibis). La longueur du cou et des pattes explique les habitudes de ces oiseaux, qui vivent sur le bord des eaux et y marchent à gué, pour y surprendre des poissons ou des mollusques.

Les lettres explicatives de cette figure représentent les mêmes parties que celles de la fig. 6.

Fig. 10. — *Squelette d'un palmipède* (cormoran). La longueur du cou se prête à la nécessité qu'éprouvent ces sortes d'oiseaux de plonger sous l'eau, et de chercher leurs aliments au fond de la vase des ruisseaux et des rivières. Quelques-uns d'entre eux sont d'excellents voiliers, et ont alors, comme le cormoran, un sternum très-développé. Sa forme approche de celle d'un bouclier, et sa face antérieure porte, sur la ligne moyenne, une crête élevée, comparable à la quille d'un navire, et qui ne manque que chez les oiseaux qui ne volent pas du tout, tels que le casoar, l'autruche, le touyou. — *cr*, le crâne. — *ms*, mâchoire supérieure. — *mi*, mâchoire inférieure. — *c*, os carré auquel est suspendu la mâchoire inférieure. — *vc*, vertèbres du cou. — *vd*, vertèbres du dos. — *s*, sacrum. — *vq*, vertèbres de la queue. — *st*, sternum. — *cl*, clavicule. — *o*, omoplate. — *h*, humérus. — *cu*, cubitus et radius. — *p*, pouce. — *d*, doigt. — *f*, fémur. — *t*, tibia. — *ta*, tarse.

(1) Voy. à l'ATLAS, les 10 premières planches d'histoire naturelle. Pour le type de l'Anatomie comparée, l'espèce humaine, voyez les planches d'Anatomie humaine.

PLANCHE II.

Reptiles.

Fig. 1. — *Squelette d'un chélonien* (tortue). On a enlevé le *plastron* sternal, pour mettre à découvert les os des membres et le bassin. — *t*, tête renversée. — *m'*, maxillaire inférieur. — *vc*, vertèbres cervicales. — *vd*, vertèbres dorsales, soudées ensemble et avec les côtes, et constituant le bouclier dorsal désigné sous le nom de *carapace*. — *o*, l'omoplate, au lieu d'être placée sur les côtes et la colonne vertébrale, comme dans les autres animaux, est attachée en dessous, et se trouve en quelque sorte rentrée dans l'intérieur de la poitrine. L'extrémité inférieure de l'omoplate s'articule avec deux os : l'un, — *c''*, analogue à l'os coracoïdien des oiseaux, reste libre; l'autre, représentant la clavicule — *c'*, se réunit au plastron, de façon que les deux épaules forment un anneau, dans lequel passent l'œsophage et la trachée-artère. Les os du bassin — *i*, sont également suspendus à la carapace entre le bouclier et le plastron. Les membres offrent à peu près les mêmes parties que dans le squelette des mammifères, et ces parties sont désignées par les mêmes lettres.

Fig. 2. — *Squelette d'un saurien* (crocodile.) Les côtes de ces reptiles sont mobiles, et s'élèvent et s'abaissent alternativement pour la respiration; le nombre de ces os est considérable; ils sont en partie attachés au sternum, en partie réunis entre eux par leur extrémité inférieure. Les membres, conformés pour la marche, sont si courts, que le ventre de l'animal traîne jusqu'à terre. La mâchoire inférieure est suspendue au crâne par un os tympanique. Les lettres explicatives de cette figure représentent les mêmes parties que dans la planche I.

Fig. 3. — *Squelette d'un ophidien* (couleuvre). Les vertèbres forment à elles seules presque tout le squelette; le nombre des vertèbres et des côtes est, en général, très-considérable. Il n'existe presque jamais de sternum. La mâchoire inférieure — *m'*, est suspendue au crâne par un os intermédiaire.

Amphibiens.

Fig. 4. — *Squelette d'un batracien* (grenouille). La colonne vertébrale se compose de neuf vertèbres, à corps concave en avant et convexe en arrière. Les os du bassin sont très-allongés en arrière, et parallèles à la colonne vertébrale. Les os du tarse sont très-allongés, et pourraient être pris, si l'on y regardait superficiellement, pour le tibia et le péroné.

Poissons.

Fig. 5. — *Squelette d'un poisson osseux* (perche). — *a*, le crâne. — *b*, orbite. — *c*, narines. — *d*, os inter-maxillaire. — *e*, os maxillaires. — *f*, mâchoire inférieure. — *g*, os sous-orbitaires. — *h*, os tympanique, et les autres pièces osseuses qui séparent la bouche des joues et qui supportent la mâchoire inférieure. — *i*, opercule. — *j*, os préoperculaire. — *t*, os de l'épaule. — *m*, os du bras. — *n*, os coracoïdes. — *o*, nageoire pectorale. — *p*, bassin. — *q*, nageoire ventrale. — *r*, vertèbres. — *s*, côtes. — *t*, os inter-épineux — *u*, épine osseuse de la première nageoire

dorsale. — *v*, nageoire cartilagineuse de la deuxième nageoire dorsale. — *x*, nageoire anale. — *y*, nageoire caudale.

Fig. 6. — *Squelette d'un poisson cartilagineux* (unge). Le squelette est vu, ici, supérieurement et un peu de trois quarts. Le crâne de ces poissons n'offrant pas de sutures, on ne peut qu'indiquer les régions analogues à celles du crâne des poissons osseux. — *a*, région frontale. — *a'*, apophyse anté-orbitaire. — *a''*, apophyse post-orbitaire. — *b*, région pariétale. — *c*, région occipitale. — *g*, région ethmoïdienne. — *i*, région mastoïdienne. — *h*, os hyoïde portant à son bord postérieur sept cartilages en forme de côtes. — *br*, arcs branchiaux composés chacun de quatre pièces. — *v*, colonne vertébrale. — *o*, côtes. — *p*, os inter-épineux supportant les nageoires verticales. — *q*, ceinture osseuse d'une seule pièce, qui porte les nageoires pectorales. — *q'*, extrémité de cette ceinture, qui représente les scapulaires des poissons osseux. — *r*, os du métacarpe. — *s*, phalanges qui constituent les nageoires pectorales. — *t*, ceinture osseuse qui porte les nageoires ventrales, et qui représente le bassin des autres vertébrés. — *u*, os du métatarse. — *v*, phalanges qui constituent les nageoires ventrales.

PLANCHE III.

Conformation comparée de la tête, dans divers ordres de la classe des mammifères.

Fig. 1. — *Bimanes* (homme adulte, vu de profil). — *f*, os frontal. — *p*, os pariétal. — *t*, os temporal. — *o*, os occipital. — *z*, arcade zygomatique. — *s*, apophyse styloïde du temporal. — *m*, mâchoire supérieure, garnie de dents incisives, canines et molaires. — *n'*, ouverture antérieure des fosses nasales. — *m'*, mâchoire inférieure, garnie de dents incisives, canines et molaires. Les mêmes lettres désignent les mêmes os dans les figures qui suivent.

Fig. 2. — *Quadrumanes* (orang, simia troglodytes).

Fig. 3. — *Carnassiers* (vampire; phyllostoma, spectrum).

Fig. 4. — *Marsupiaux* (wombat, didelphis ursina).

Fig. 5. — *Édentés* (oryctérope du Cap, myrme cophaga).

Fig. 6. — *Pachydermes* (cheval, equus).

Fig. 7. — *Ruminants* (muntjac, muntjacus).

Fig. 8. — *Cétacés* (dauphin, delphinus phocœna). — *a*, enfoncement au-dessous de la narine, qui reçoit les poches destinées à lancer l'eau.

Conformation comparée de la tête, dans divers ordres de la classe des oiseaux.

Fig. 9. — *Tête de la grande harpie* (rapaces). Les os dont se compose le crâne se soudent de très-bonne heure dans les oiseaux. — *a*, portion encéphalique du crâne, terminée latéralement par l'apophyse post-orbitaire *a'*. — *b*, lame osseuse du sphénoïde qui forme la cloison inter-orbitaire, percée dans son milieu. — *c*, ouvertures des narines. — *d*, cornets cartilagineux, vus par la solution de continuité qui existe à la base du bec entre le maxillaire — *e'*, le jugal — *f*, et le lacrymal — *g*. Le lacrymal fournit dans les oiseaux de proie l'apophyse sourcilière *g'*. — *h*, cavité tympanique. — *i*, caisse ou os carré, avec lequel s'articule la mâchoire inférieure *m*.

Les lettres explicatives des autres têtes représentent les mêmes parties.

Fig. 10. — *Tête osseuse de bruant (Passereaux)*.

Fig. 11. — *Tête osseuse de l'aramacoa (grimpeurs)*.

Fig. 12. — *Tête osseuse du grand coq de bruyère (gallinacés)*.

Fig. 13. — *Tête osseuse du héron commun (échassiers)*.

Fig. 14. — *Tête osseuse du canard (palmipèdes)*.

PLANCHE IV.

Conformation comparée des membres dans divers ordres des mammifères.

Fig. 1. — *Ordre des quadrumanes* (le gibbon *noir*, simia). Extrémités disposées pour la station sur les quatre pieds et pour la préhension. Dans la marche, les mains appuient en grande partie sur le sol, et les pieds, seulement sur leur bord externe, afin de laisser au pouce la faculté de s'opposer aux autres doigts. Le talon étant un peu relevé n'appuie pas entièrement sur le sol. Animaux faits pour vivre sur les arbres plutôt que sur la terre. — a, extrémité antérieure. — *r*, radius. — *cu*, cubitus. — *ca*, carpe. — *mc*, métacarpe. — *ph*, phalanges. — b, extrémité postérieure. — *t*, tibia. — *p*, péroné. — *ta*, tarse. — *mt*, métatarse. — *ph*, phalanges.

Fig. 2. — *Ordre des carnassiers, famille des insectivores* (le hérisson, erinaceus europæus). Pieds courts, disposés pour fouir; marche plantigrade, c'est-à-dire sur toute la plante du pied. — a, extrémité antérieure. — *h*, humérus. — *r*, radius. — *cu*, cubitus. — *ca*, carpe. — *mc*, métacarpe. — *ph*, phalange. — b, extrémité postérieure. — *f*, fémur. — *ro*, rotule. — *t*, tibia. — *p*, péroné. — *ta*, tarse. — *mt*, métatarse. — *ph*, phalanges.

Fig. 3. — *Ordre des carnassiers, famille des amphibies* (le phoque, phoca vitulina). Membres transformés en rames natatoires; humérus très-court. — a, extrémité antérieure. — *h*, humérus. — *r*, radius. — *cu*, cubitus — *ca*, carpe. — *mc*, métacarpe. — *ph*, phalange. — b, extrémité postérieure. — *f*, fémur. — *ro*, rotule. — *ti*, tibia. — *ta*, tarse. — *mt*, métatarse. — *ph*, phalanges.

Fig. 4. — *Ordre des pachydermes* (le cochon, sus scrofa). Pieds disposés pour la marche sur la dernière phalange seulement, ou sur l'extrémité des doigts, enveloppés d'un sabot; les deux premières phalanges sont relevées ainsi que le carpe et le métacarpe, le tarse et le métatarse. Extrémité antérieure. — *r*, radius. — *cu*, cubitus. — *ca*, carpe. — *mc*, métacarpe. — *ph*, phalanges.

Fig. 5. — *Ordre des ruminants* (le mouton, ovis). Pieds également disposés pour la marche sur l'extrémité des doigts. Le métacarpe et le métatarse réduits à un seul os qu'on nomme vulgairement le canon; les doigts seulement au nombre de deux, enveloppés aussi d'un sabot à leur extrémité postérieure. — *t*, tibia. — *p*, péroné. — *ta*, tarse. — *mt*, métatarse. — *ph*, phalanges.

Fig. 6. — *Ordre des cétacés* (le dauphin, delphinus delphis). Extrémité antérieure aplatie et disposée pour la natation; extrémité postérieure nulle. Extrémité antérieure. — *h*, humérus. — *r*, radius. — *cu*, cubitus. — *ca*, carpe. — *mc*, métacarpe. — *ph*, phalanges.

Disposition comparée des muscles, dans la série animale.

Vertébrés.

Fig. 7. — *Couche musculaire externe d'une jeune chèvre*. — 1, sphincter des paupières. — 2, sphincter de la bouche. — 3, buccinateur. — 4, zigomatiques de la lèvre supérieure et du nez. — 5, muscles de la lèvre inférieure. — 6, temporal. — 7, masséter. — 8, muscles des oreilles. — 9, digastrique. — 10, muscle qui agit comme trapèze et élévateur du bras. — 11, trachélo-mastoïdien et scalène, muscle qui est analogue au sterno-cleido-mastoïdien, et dont l'extrémité supérieure se divise en deux tendons, dont l'externe marche le long de la gaine du masséter, mais dont l'interne se réunit avec le tendon du trachélo-mastoïdien. — 13, sterno-thyroïdien. — 14, trachée-artère. — 15, large du dos. — 16, long du dos. — 17, oblique descendant. — 18, droit du bas-ventre. — 19, grand dentelé. — 20, grand pectoral : (20 a, sa portion supérieure, qui se rend à la tête du humérus ; — 20 b, sa portion inférieure, qui, croisant la précédente, gagne l'extrémité inférieure de l'humérus). — 21 a, sous-épineux. — 21 b, sur-épineux. — 22, anconés. — 23, biceps (il se compose réellement ici de deux muscles. — 23, est l'externe, ou la courte tête, et, — 23 a, l'interne, ou la longue tête). — 24, extenseur du métacarpe. — 25, extenseur du doigt externe. — 26, fléchisseur externe du carpe; — 27, adducteur des doigts. — 28, extenseur du doigt interne. — 29, fléchisseur interne du carpe. — 30, fléchisseur des doigts, dont les tendons surpassent de beaucoup les extenseurs en force. — 31, moyen fessier. — 32, muscle du fascia lata. — 33, droit de la cuisse. — 34, coccygiens. — 35, extenseur de la jambe. — 36, demi-membraneux et demi-tendineux. — 36 a, demi-membraneux. — 37, biceps fémoral. — 38, gastro-cnémiens. — 39, fléchisseur des doigts. — 40, extenseur du doigt interne. — 41, tibial antérieur. — 42, extenseur du doigt interne et adducteur des doigts. — 43, tendon, qui tient en quelque sorte lieu d'un fléchisseur sublime des doigts, et qui est perforé par le fléchisseur proprement dit. — 44, couturier. — 45, grand adducteur.

Fig. 8. — *Muscles du faucon*. — 1, grand complexus. — 2, petit complexus. — 3, fléchisseur latéral de la tête. — 4, long fléchisseur de la tête. — 5, grand extenseur du cou. — 6, 7, muscles demi-épineux du cou et du dos. — 8, fléchisseur supérieur de la tête. — 9, fléchisseur inférieur ou long de la tête. — 11, élévateur du coccyx. — 12, abaisseur du coccyx. — 19, oblique externe du bas-ventre. — 20, grand pectoral. — 22, deltoïde. — 23, sous-scapulaire. — 25, biceps brachial. — 26, supinateur. — 30, a, portion qui se porte au carpe. — 37, grand fessier. — 38, premier abducteur de la cuisse. — 39, couturier. — 40, large de la cuisse. — 41, grêle de la cuisse, dont le tendon, passant sur le genou, se joint au fléchisseur perforé des orteils. — 43, premier fléchisseur antérieur du la jambe. — 48, muscle pyramidal qui ouvre le bec. — 50, long ligament de la mâchoire inférieure. — 51, muscle cutané de la tête. — 52, masséter antérieur.

Fig. 9. — *Muscles du crapaud commun.* — *a*, grand dorsal. — *b*, biceps. — *c*, trapèze. — *d*, triceps. — *e*, long dorsal. — *f*, abducteur.

Fig. 10. — *Muscles de la perche.* — *a*, moitié inférieure de la grande masse musculaire latérale; — *a'*, sa moitié supérieure. — *b*, et *c*, points où ces masses se divisent pour la sortie des nageoires pectorales et ventrales. — *d*, muscles longitudinaux moyens inférieurs. — *f*, les moyens supérieurs. — *g*, muscles particuliers de la dorsale. — *i*, muscles particuliers de l'anale. — *k*, muscles particuliers de la caudale. — *ll*, grandes masses communes des muscles des mâchoires. — *m*, muscles de l'opercule et de la première intercôte du crâne. — *b*, attache des muscles latéraux supérieurs à l'occiput. — ψ, ligne latérale entre les masses musculaires; le nerf a été retiré, et la masse musculaire supérieure repoussée en haut.

Articulés.

Fig. 11. — Profil intérieur du tronc et de l'abdomen du hanneton; et, plus particulièrement, la première couche des muscles ou la plus interne; le cloaque, l'étui du pénis, sa pince, ainsi que les six premiers stigmates abdominaux.

PLANCHE V.

Anatomie comparée du système nerveux dans la série animale.

Les fig. 1 et 2 représentent *l'encéphale dans les mammifères*, c'est-à-dire le cerveau, le cervelet, la protubérance cérébrale, la moelle épinière et les nerfs qui en partent. La figure 2 est plus forte, et met en évidence l'origine des nerfs à la base du cerveau. Ces deux figures, ainsi que la figure 3, représentent l'encéphale de l'homme. — *c*, cerveau vu en dessous. — *s*, portion antérieure du sillon, qui sépare les deux hémisphères du cerveau. — *la*, lobe antérieur du cerveau. — *lm*, lobe moyen. — *lp*, lobe postérieur, en majeure partie caché par le cervelet. — *cv*, cervelet, dont la partie moyenne est cachée par le commencement de la moelle épinière. — *pa*, protubérance annulaire, ou pont de Varole, qui passe devant l'origine de la moelle épinière, et réunit en avant les deux moitiés du cervelet. — *me*, moelle épinière. — *pc*, pédoncules du cerveau, formés par des faisceaux de fibres qui viennent de la moelle épinière et s'enfoncent dans les hémisphères cérébraux. — *n*, 1, nerfs de la première paire, ou nerfs olfactifs, qui se rendent au nez. — *n*, 2, nerfs de la seconde paire, ou nerfs optiques, qui, après s'être croisés, se rendent aux yeux. — *n*, 3, nerfs de la troisième paire, se rendant aux muscles moteurs de l'œil. — *n*, 4, nerfs de la quatrième paire, se rendant également aux muscles de l'œil. — *n*, 5, nerfs de la cinquième paire, ou nerfs trifaciaux, qui se distribuent au sourcil, à la joue, aux dents, à la langue, etc. — *n*, 6, nerfs de la sixième paire, se rendant aux muscles de l'œil. — *n*, 7, nerfs de la septième paire, ou nerfs faciaux, se rendant à la face et au cou. — *n*, 8, nerfs de la huitième paire, ou nerfs acoustiques,

se rendant à l'oreille. — *n*, 9, nerfs de la neuvième paire, ou glosso-pharyngiens, qui se rendent de la langue au pharynx, etc. — *n*, 10, nerfs de la dixième paire, ou pneumo-gastriques, qui descendent le long du cou, et vont se distribuer aux poumons, à l'estomac, etc. — *n*, 11, nerfs de la onzième paire, ou grands hypoglosses, qui se rendent à la langue, etc. — *n*, 12, nerfs de la douzième paire, ou nerfs spinaux, qui naissent des côtés de la partie supérieure de la moelle épinière, remontent dans l'intérieur du crâne, et se distribuent à divers muscles du cou. — *n*, 13, nerfs de la treizième paire, ou nerfs occipitaux. — *n*, 14, premiers nerfs cervicaux qui sortent de la colonne vertébrale entre les deux premières vertèbres. — *n*, 15 et suivants, nerfs de la moelle épinière se rendant aux diverses parties du corps. — *pb*, plexus brachial formé par les nerfs qui se rendent aux membres supérieurs. — *nb*, nerfs du bras. — *ps*, plexus lombaire et sciatique, d'où naissent les nerfs des membres inférieurs. — *ns*, nerf sciatique, ou nerf principal de la cuisse. — *qc*, racines des derniers nerfs de la moelle épinière, formant un faisceau appelé la queue de cheval. — *ra*, racines antérieures des nerfs de la moelle épinière. — *rp*, racines postérieures. — *g*, ganglions situés sur le trajet de la racine postérieure de tous ces nerfs.

Fig. 3. — *Cerveau de profil, du côté droit*, de manière à faire voir les rapports du cerveau — *c*, du cervelet — *c'*, et de la protubérance cérébrale. Cet hémisphère est creusé par de nombreuses circonvolutions.

Fig. 4. — *Cerveau de chat, vu en dessous.* — 1, renflements des nerfs olfactifs; l'un d'eux a été ouvert pour montrer la cavité qui y est creusée. — *a*, hémisphères. — *b*, lobe postérieur moyen. — *d*, cuisse du cerveau. — *e*, pont de Varole. — *i*, cervelet. — *k*, globules médullaires. — 2, nerfs optiques. — 3, nerf pathétique. — 5, ligament. — 8, nerf auditif.

Fig. 5. — *Cerveau de lièvre, vu en dessous et ouvert;* l'hémisphère droit a été enlevé. — 1, renflements des nerfs olfactifs. — *a*, hémisphère dont les circonvolutions sont à peine sensibles. — *a*, lobe postérieur. — *b*, tubercule quadri-jumeau antérieur droit. — *c*, le postérieur droit. — *d*, bord postérieur du corps calleux. — *f*, corps strié. — *y*, corne d'Ammon. — *i*, racine droite du nerf optique, sur le ganglion droit de l'hémisphère. — *m*, lobes latéraux. — *o*, lames médullaires à la surface du cervelet. — *p*, quatrième ventricule. — *q*, arbre de vie.

Fig. 6. — *Cerveau d'oiseau.* Cet organe dans le dindon; vu en dessus. — *a*, hémisphères antérieurs. — *b*, masses optiques, refoulées vers la face inférieure. — *c*, cervelet et moelle allongée.

Fig. 7. — *Cerveau de pigeon, vu en dessous.* — *a*, cerveau. — *b*, masses optiques. — *c*, cervelet. — 1, 2, 3, 4, 5, 6, paires de nerfs.

Fig. 8. — *Cerveau de reptile.* Cet organe dans la tortue bourbeuse; vu en dessous. — *b*, grands hémisphères. — *c*, nerfs olfactifs. — 1, nerfs optiques. — 2, nerfs auditifs. — *c'*, moelle allongée.

Fig. 9. — *Cerveau du même animal, vu en dessus et ouvert au côté gauche.* — *a*, grands hémisphères du cerveau. — *b*, masses optiques. — *c*, cervelet. — *a*, grand ventricule latéral gauche du cerveau, avec le corps cannelé qu'on y aperçoit. — b', masse optique gauche ouverte. — 5, 8, 9, 10, 11, paires de nerfs.

Fig. 10. — *Cerveau et moelle épinière de poisson.* Cet organe dans un cyprin, vu par le haut et de grandeur naturelle. — a, rudiments d'hémisphère ou de ganglions olfactifs. — b, masses optiques. — c, cervelet.

Fig. 11. — *Cerveau de la trigle, vu en dessus.* — 1, nerfs olfactifs. — a, masse postérieure. — b, masses optiques. — c, cervelet. La masse optique gauche, qui est ouverte, laisse apercevoir ses ganglions intérieurs. — d', paires de ganglions de la moelle allongée.

Fig. 12. — *Système nerveux d'arachnide.* — m, masse médullaire de la poitrine, d'où partent coniquement les nerfs des pattes. — a, ganglion cérébral. — e, nerfs des organes manducatoires. — r, double cordon nerveux. — b, ganglion dans l'abdomen. — pp, n, nerf de l'intestin, des branchies, des organes génitaux, etc.

Fig. 13. — *Système nerveux d'insecte.* — a, cerveau ou ganglion céphalique. — b, nerfs optiques. — c, nerfs de la tête. — d, cordons nerveux qui unissent le cerveau aux ganglions thoraciques, et qui forment un collier autour de l'œsophage. — e, e, e, ganglions thoraciques et abdominaux. — f, cordons nerveux qui les unissent entre eux. — g, nerfs des diverses parties du corps.

Fig. 14. — *Système nerveux du hanneton.* — 1, lobes du ganglion sus-œsophagien. — a, nerfs optiques. — b, yeux; celui de droite est représenté ouvert. — 2, ganglion sous-œsophagien. — 3, ganglion du prothorax; il fournit deux paires de nerfs, dont une seule, — 3', a été figurée, et se rend principalement aux parties antérieures. — 4, ganglion du mésothorax, fournissant deux paires de nerfs, l'une — 4', pour les ailes, l'autre — 4", pour les pattes intermédiaires. — 5, ganglion du métathorax, donnant quatre paires de nerfs, dont l'antérieure — 5', se rend aux pattes postérieures, et les autres — 5", aux premiers anneaux de l'abdomen. — 6, ganglion représentant les ganglions abdominaux ordinaires; outre les deux cordons médullaires 6', 6", qui en sortent ligne à l'extrémité postérieure du corps, il en envoie de chaque côté cinq paires — 6"', qui se distribuent aux quatrième, cinquième, sixième, septième et huitième segments abdominaux. — c, ganglion du système sus-intestinal, lequel, après être passé sous le ganglion sus-œsophagien, s'unit à deux paires de ganglions, qui sont les ganglions vitaux. — d, nerfs mandibulaires. — e, nerfs antennaires. Les deux filets qui les croisent obliquement, et qui ne sont pas indiqués par des lettres, sont les nerfs maxillaires.

Planche VI.

Anatomie comparée des organes des sens.

Vision.

Fig. 1. — *Section verticale de l'œil humain.* — a, la cornée transparente, modification de la sclérotique ou de l'enveloppe antérieure de l'œil. — g, g, muscles qui servent à mouvoir l'œil, et qui s'attachent à cette enveloppe. — i, i, iris.

— d, d, procès ciliaires. — m, m, la rétine, membrane nerveuse appliquée en dedans d'une membrane vasculaire, nommée *choroïde.* — c, le cristallin. — o, le nerf optique.

Fig. 2. — *Coupe horizontale de l'œil du lynx.*

Fig. 3. — *Coupe de l'œil de l'aigle.* — k, cristallin. — d, corps ciliaire. — e, prolongement en forme de peigne de la choroïde. — g, rétine.

Fig. 4. — *Coupe de l'œil grossi de la tortue bourbeuse.* — a, l'iris. — b, prolongements ciliaires. — c, rétine. — d, choroïde. — e, sclérotique. — f, cristallin.

Fig. 5. — *Coupe horizontale de l'œil du brochet.* — c, le pli falciforme de la choroïde qui fait saillie dans le corps vitré à travers la rétine.

Fig. 6. — *Coupe horizontale de l'œil de la sèche,* pour montrer le renflement du nerf optique, et la manière dont le cristallin est embrassé par les corps ciliaires.

Fig. 7. — b, *coupe d'un œil d'insecte.* — a, nerf optique, fibres du nerf optique entourées de pigment. — v, corps vitré pyramidal. — d, cornée.

Fig. 8. — *Portion de la cornée transparente de l'œil composé d'un abeille, très-grossie.* — a, a, a, sa face de forme hexagonale. — b, b, poils qui naissent dans les interstices de chaque cornéule.

Fig. 9. — *Organisation des yeux lisses dans la chenille du saule.* — a, a, a, a, a, a, les six yeux dont la chenille est pourvue de chaque côté. — b, cercle rouge et épais dans lequel ils sont placés. — c, nerf optique partagé en six branches, — d, qui vont chacune aboutir à l'extrémité postérieure d'un œil. — e, trachée qui se partage en six autres branches (f, f) se distribuant à chaque œil.

Fig. 10. — *Nerf simple du scorpion de Tunis.* — a, cristallin. — b, cornée. — c, pigment. — d, corps vitré. — e, expansion du nerf optique. — f, nerf optique.

Fig. 11. — *Coupe longitudinale de l'œil de l'écrevisse.* — a, nerf optique. — b, son rayonnement à travers le pigment accumulé en couches concentriques. — c, coupe de la cornée à facettes. — e, renflement des muscles, situés le long du nerf optique, qui meuvent l'œil.

Fig. 12. — *Coupe longitudinale d'un œil d'écrevisse.* — a, pigmentum qui sépare les cônes vitrés. — b, pigmentum d'abord plus foncé, puis plus clair en — c, et de nouveau plus foncé en — d, qui sépare ses filets nerveux.

Ouïe.

Fig. 13. — *Coupe verticale de l'appareil de l'ouïe.* — p, pavillon de l'oreille. — co, conque. — c, a, conduit auriculaire. — t, tympan derrière lequel se voit la caisse (cai.). — t, c, trompe d'Eustache. — f, o, fenêtre ovale. — v, vestibule. — l, limaçon. — c, s, c, canaux semi-circulaires. — n, a, nerf acoustique. — r, rocher. — c, cellules creusées dans l'os temporal. — f, g, fosse glénoïdale servant à l'articulation de la mâchoire inférieure. — a, m, apophyse mastoïde.

Fig. 14. — *Labyrinthe de l'oreille interne.* — a, fenêtre ronde. — b, vestibule. — c, fenêtre ovale. — d, canal demi-circulaire horizontal. —

e, canal vertical postérieur. — *f*, canal vertical supérieur. — *g*, limaçon.

Fig. 15. — *Le tympan avec les osselets de l'ouïe.* — *t*, tympan. — *ma*, le marteau. — *m*, manche du marteau qui s'appuie sur le tympan. — *m, m*, muscle du marteau. — *en*, enclume. — *ét*, étrier. — *mé*, muscle de l'étrier.

Fig. 16. — *Les osselets de l'ouïe séparés.* — *m*, marteau. — *en*, enclume. — *l*, os lenticulaire. — *é*, étrier.

Fig. 17. — *Organe auditif de l'écrevisse, vu en dedans.* — *a*, le petit bouton osseux ouvert en long. — *b*, le petit sac auditif. — *d*, partie de la membrane de la fenêtre du vestibule. — *e*, nerf auditif. — *h*, substance ligamenteuse qui fixe le sac auditif à la surface interne du crâne.

Fig. 18. — *Canaux demi-circulaires et osselets de l'ouïe de l'oreille droite.* — *a*, *b*, *d*, canaux supérieur, médian et inférieur. — *1*, osselet de l'ouïe. — *e*, bord osseux de la capsule ouverte du limaçon, — *e*. — *p*, bouteille du limaçon. — *é*, nerf du limaçon, — *f*, ou des deux cartilages du limaçon.

Fig. 19. — *Labyrinthe membraneux, situé dans la cavité crânienne d'une baudroie.* — *a*, *a*, *a*, les trois canaux demi-circulaires. — *b*, petit sac auditif postérieur. — *c*, sac auditif antérieur. — *d*, branche du nerf auditif allant au sac auditif, qui est l'analogue du vestibule. — *e*, nerf des canaux demi-circulaires. — *f*, branches maxillaires.

Fig. 20. — *Situation du labyrinthe mou de la tortue bourbeuse, au côté de la cavité crânienne, dans l'enfoncement du rocher.* — *a*, nerf vague, avec l'accessoire. — *b*, nerf acoustique.

Odorat. — Goût.

Fig. 21. — Nerf de la cinquième paire, et principales distributions de ses trois branches. — *a*, tronc du nerf trifacial. — *b*, nerf ophthalmique. — *c*, nerf maxillaire supérieur. — *d*, ganglion de Meckel. — *e*, rameaux dentaires s'introduisant dans les racines des dents molaires. — *f*, nerf maxillaire inférieur. — *g*, nerf lingual, s'avançant vers la pointe de la langue, entre les muscles de cet organe. — *h*, nerf dentaire inférieur, se distribuant aux dents molaires, et sortant en rayonnant par le trou mentonnier, pour aller se perdre dans les muscles de la face.

Fig. 22. — Nerfs qui se distribuent à la membrane pituitaire de la cloison des fosses nasales du côté gauche. — *a*, rameau ethmoïdal de la branche nasale du nerf ophthalmique. — *b*, tronc du nerf maxillaire supérieur. — *c*, branche nerveuse qui se porte de ce ganglion au ganglion sphéno-palatin. — *d, e*, nerf vidien. — *f*, rameau du nerf naso-palatin. — *g*, rameau du nerf dentaire antérieur. — *h*, rameaux internes du nerf olfactif.

Fig. 23. — Coupe verticale et transversale qui divise les fosses nasales dans leur partie moyenne, pour montrer leur disposition intérieure. — *a*, lame verticale de l'ethmoïde. — *b*, cornets moyens des fosses nasales. — *c*, cellules ethmoïdales. — *d*, cornet inférieur. — *e*, vomer. — *f*, partie antérieure du sinus maxillaire. — *g*, apophyse palatine de l'os sus-maxillaire. — *h*, voûte palatine. — *i*, cornet moyen. — *j*, portion de la face interne du crâne qui surmonte la voûte des fosses nasales, et qui est en rapport avec ces cavités par les trous de la lame criblée de l'ethmoïde.

Toucher.

Fig. 24. — *Composition d'une figure synthétique de la peau humaine.* — *a*, derme. — *b*, matière cornée épidermique. — *c*, vaisseaux et nerfs qui entrent dans le derme ou qui en sortent. — *d*, intervalle rempli par les filaments capillaires. — *e*, papilles nerveuses. — *f*, organe sudorifère. — *g*, son canal excréteur spiroïde, qui traverse le derme, passe derrière les papilles et se fait jour dans un des pores de l'épiderme. — *h*, vaisseaux inhalants, naissant de la couche la plus extérieure de la matière cornée, se ramifiant et s'anastomosant avant de pénétrer dans le derme par les ouvertures qui donnent passage aux spires de l'organe sudorifère. — *i*, organe chromatogène ou sécréteur des écailles. On n'en voit qu'une partie coupée, parce qu'il s'étend suivant la longueur des sillons. Ses canaux excréteurs s'ouvrent dans les sillons, entre deux rangées de papilles. — *j*, organe sécréteur du mucus. — *k*, son canal excréteur aboutit dans les sillons du derme entre les papilles. Là, ce mucus, mêlé d'écailles, d'abord fluide, se soudifie par couches successives à droite et à gauche, comme on le voit sur la coupe de la peau faite au travers des sillons — *l* ; mais, dans la section longitudinale — *m*, ces couches présentent des séries de lignes droites, superposées comme les feuillets d'un gâteau. C'est aussi de cette manière que le tissu corné se décompose par la macération. La face supérieure de l'épiderme présente des sillons, — *n*, qui répondent à ceux du derme, et des lignes saillantes papillaires, — *o*, séparées par des fissures transversales, — *p*, au fond desquelles se trouvent les pores des canaux sudorifères.

Fig. 25. — *a*, groupes de papilles humaines, vues au microscope. — *b*, derme.

Fig. 26. — Fragment de la face inférieure de l'épiderme en contact avec le derme. Cette figure représente le canevas réticulaire de Malpighi. — *a*, cloisons saillantes reçues dans les sillons du derme, percées latéralement de petits trous pour le passage des vaisseaux lymphatiques. — *b*, cloisons interpapillaires perforées par les canaux sudorifères. — *c*, trous qui servent de gaine aux papilles.

Fig. 27. — *Peau de baleine.* — *a*, derme. — *b*, une partie de la matière cornée a été séparée du derme de vive force, et reste comme entr'ouverte, pour faire voir la grande quantité de papilles nerveuses qui se dégagent de leur enveloppe comme d'un fourreau ; le reste, — *c*, montre les papilles libres et flottantes.

Fig. 28. — *Peau humaine.* — *a*, derme. — *b*, — papilles. — *c*, matière cornée soulevée en — *d*, pour faire voir son origine dans les sillons du derme, entre les papilles. Les prolongements déchirés correspondent aux canaux excréteurs de l'appareil chromatogène.

PLANCHE VII.

Disposition comparée des organes de la digestion, de la respiration et de la circulation dans la série animale.

Vertébrés.

Fig. 1. — *Disposition des viscères thoraciques et abdominaux dans le singe.* — a, glande maxillaire. — b, glande parotide. — c, trachée-artère. — d, pharynx. — e, poumons. — f, œsophage. — g, thorax. — h, cœur. — i, artère aorte. — j, diaphragme. — l, estomac. — m, pancréas. — n, foie. — o, vésicule du fiel. — p, rate. — q, reins. — r, cœcum. — s, appendice du cœcum. — t, intestin grêle. — u, rectum. — v, vessie.

Fig. 2. — *Estomac d'un animal ruminant.* — æ, œsophage. — p, panse. — b, bonnet. — f, feuillet. — c, caillets. — d, intestins.

Fig. 3. — *Disposition des viscères dans le pigeon.* — a, gésier garni de ses muscles rayonnants. — a', — b, circonvolutions des petits intestins. — c , foie dont le lobe gauche est séparé en deux parties par une scissure, c'. — d, pancréas entouré de l'anse duodénale. — e , cœur muni de l'oreillette droite, — e', et de la gauche, e'''. — f, artère pulmonaire gauche. — f', aorte donnant naissance, immédiatement après sa sortie du cœur, aux deux sous-clavières gauche et droite, f''. — g, cellules aériennes antérieures, qui reçoivent l'air des ouvertures supérieures et latérales du poumon, qui sont en grande partie situées hors de la poitrine, à la base du cou, et qui pénètrent dans les vertèbres du cou, les os de la tête, ceux du sternum et ceux des ailes. — h, cellules aériennes latérales, divisées en plusieurs loges par des cloisons transversales, et qui pénètrent entre toutes les parties des viscères, dans les vertèbres dorsales, les côtes, le bassin et les extrémités postérieures. — i, trachée-artère. — h , œsophage.

Fig. 4. — *Estomac du héron ;* on ne voit que la fin de l'œsophage, le jabot n'a pas été dessiné. — b, ventricule succenturié. — c, gésier dont on reconnaît très-bien les fibres musculaires. — d, duodénum. — f, foie. — e, vésicule du fiel. — g, h, les deux canaux hépato-cystiques. — i, canal cystique. — h, le canal hépatique. — l, m, n, les trois canaux pancréatiques. — o o pancréas — p, rate. — q, tronc cœliaque. — r r, veine-porte.

Fig. 5. — *Anatomie de reptile.* tortue-coui (*testudo radiata*). La fig. montre en — a , la plaque hyoïde ou les cornes moyennes; en — c, c , les cornes postérieures; en — d, d, le mylo-hyoïdien, portion antérieure ; — e, e, portion moyenne ; — f, f, portion postérieure. Cette dernière portion répond au péaussier du cou. Ce muscle étant le premier que l'on rencontre après avoir ouvert la peau, a été coupé dans la ligne médiane, et ses deux moitiés latérales ont été renversées, pour faire voir les organes qu'elles recouvrent. — g, est le génio-hyoïdien moyen, moitié droite, coupée vers la ligne moyenne.

Dans cette fig. 5, on a dû faire disparaître l'œsophage, l'estomac, tout le canal intestinal, sauf le rectum qu'on voit en — i, et les annexes du canal alimentaire, pour faire voir les organes de la circulation et de la respiration, ainsi que ceux de la génération et de la sécrétion urinaire.

Le cœur — 1, est en position et vu par sa face inférieure ; — 2, est l'oreillette gauche ; — 3 , l'oreillette droite ; — 4, le tronc commun des artères pulmonaires ; — 5, la branche droite de ce tronc ; — 6, la branche gauche ; — 7, le tronc commun de l'aorte postérieure et de l'aorte droite antérieure. — 8 , branche droite et — 9 , gauche de l'aorte antérieure. — 10 , sous-clavière ou axillaire gauche. — 11, carotide commune gauche. — 12, sous-clavière. — 13, carotide commune droite. — 14, continuation de l'aorte droite postérieure. — 15, continuation de l'aorte gauche postérieure. — 16, tronc commun des artères des viscères digestifs, ou tronc cœliaque. — 17, réunion des deux aortes postérieures. — 17', est la trachée-artère ; — 18, la branche droite ; — 19, la branche gauche ; — 20, le poumon gauche ; — 21 , le poumon droit ; — k, k, la série des poches externes de chacun des poumons : elles y sont distinguées par des sillons transverses qui répondent aux cloisons qui les séparent ; — l , l, les poches internes de ces mêmes poumons. — m, m, sillon longitudinal qui répond à la séparation de ces deux séries de poches. La ligne ponctuée — q, q, q , indique la forme et l'étendue de la vessie urinaire. — r , r, les deux reins.

Fig. 6. — *Couleuvre à collier femelle.* — a, a, trachée-artère ; — b, veine cave supérieure gauche. — c , veine cave supérieure droite. — d , glande thyroïde ; — e, oreillette gauche du cœur, — f, oreillette droite. — h, cœur. — g , estomac. — i, veine cave inférieure. — j, poumon gauche rudimentaire. — k, poumon droit très-développé. — l , foie. — m, vésicule biliaire. — n, glande pancréatique. — o , duodénum, suivi de l'intestin. — p, oviducte. — q, reins. — r, urétères. — s , leurs orifices dans le cloaque. — t, les œufs disposés comme les grains d'un chapelet, les uns à la suite des autres. — x , les ouvertures des oviductes dans le cloaque.

Fig. 7. — *Cavité abdominale ouverte d'un squale mâle.* — a , cœur. — b , foie, dont le lobe gauche a été enlevé. — c , œsophage. — d , portion supérieure de l'estomac. — e , portion pylorique de l'estomac. — f , dilatation de l'estomac et le duodénum. — g , duodénum et pancréas. — h , intestin à valvules. — i , appendice creux de l'intestin. — k , rate. — l , cloaque. — q , rein. — r r, fentes qui conduisent dans la cavité abdominale.

PLANCHE VIII.

Mollusques.

Fig. 1. — *Anatomie de l'huître.* — a , l'une des valves de la coquille. — b , charnière. — c, manteau du côté gauche. — d , portion du lobe droit du manteau. — e, muscle. — f, la bouche. — g, les tentacules labiaux. — h , foie. — i , intestin. — j, anus. — k , branchies. — l , cœur.

Arachnides.

Fig. 2 — *Anatomie d'un arachnide.* Vue anatomique de la face inférieure du corps de la mygale maçonne femelle ; le plastron largement perforé, et une partie de la peau de l'abdomen renversée en dehors. — a, mandibules. — b, maxillaire offrant un creux bordé de dents en arcade, au voisinage de la lèvre. — c , c , hanches. Entre elles se voit le ganglion nerveux principal , ses branches et son double cordon postérieur, terminé par un autre renflement ganglionnaire. Un des nombreux filets donnés par celui-ci va jusqu'aux fillères, en côtoyant l'ovaire qui le cache en partie. — *d*, *d'*, plaques operculaires des poumons avec leur stigmate. Sur la plaque antérieure, et audevant d'elle, est, de chaque côté, un faux stigmate répondant à des attaches de muscles. — *e*, le poumon antérieur gauche, renversé avec la peau, à laquelle il adhère près du stigmate, par le moyen d'une lame cornée qui soutient les feuillets membraneux. Ceux-ci ont été figurés en petit nombre, pour éviter la confusion. — *e'*, le poumon postérieur gauche, masqué par un grand muscle — *f*, et par le pannicule charnu de l'abdomen. — *g*, sillon dans lequel est la vulve. A l'un des angles, on voit s'insérer l'oviducte ; l'ovaire gauche lui fait suite ; ses ovules se détachent bien des granulations du foie qui remplit tout l'abdomen, et de l'organe sécréteur de la soie, visible au voisinage des filières. — *h*, filière et anus bilabié.

Insectes.

Fig. 3. — *Système général des trachées dans la mante.* M. Marcel de Serres divise les trachées des insectes en deux classes, les *trachées tubulaires* et les *trachées vésiculaires.* les trachées qu'on voit ici représentées appartiennent toutes à la classe des trachées-*tubulaires ;* mais dans cette même classe, M. Marcel de Serres a distingué deux ordres de trachées, celles qu'il nomme *artérielles*, et celles qu'il désigne sous le nom de *pulmonaires.* — *a*, *a*, *a*, *a*, *a,a*, *a*, *a*, naissance des trachées *artérielles* aux stigmates du thorax et à ceux de l'abdomen. — *b*, *b'*, trajet que suivent les trachées *artérielles*, les unes extérieurement, les autres plus profondément. — *c*, *c*, *c*, trachées *pulmonaires* s'anastomosant avec les trachées artérielles, mais ne prenant pas leur origine directement aux stigmates. — *d*, trachées se rendant aux diverses parties de la bouche. — *e*, *e*, trachées des antennes. — *f*, trachée circulaire de l'œil. — *g*, trachées artérielles qui se distribuent de la première paire de pattes. — *h*, trachées de la deuxième paire de pattes, et qui naissent des trachées pulmonaires. — *i*, trachées de la troisième paire de pattes. — *k*, trachées fournies par un tronc des trachées artérielles, et qui se portent aux organes de la génération.

Fig. 4. — *Appareil digestif ou canal intestinal dans un insecte coléoptère carnassier*, le carabe doré. — *a*, tête et parties de la bouche. — *b*, œsophage. — *c*, jabot. — *d*, gésier qui, dans son intérieur, renferme des pièces cornées *d'*, propres à la trituration. — *e*, ventricule chylifique, ou estomac proprement dit ; il est ici couvert de papilles, que l'on distingue mieux en *c'*, et dont une est représentée isolément et excessivement grossie en *e''.* — *f*, intestin grêle. — *g*, gros intestin ou cœcum. — *h*, dernier segment de l'abdomen qui cache l'ouverture anale. — *i*, vaisseaux hépatiques ou vaisseaux biliaires, *cœcums*, *intestins grêles ;* ils forment chacun une anse, dont les deux bouts ont leur insertion distincte au ventricule chylifique *k.* — *n*, appareil de sécrétion *excrémentielle*, situé dans le voisinage de l'anus, versant au dehors un liquide caustique. — *k*, organe sécréteur formé par la réunion de

petits utricules arrondis, disposés en grappes. — *l*, canal afférent. — *m*, vessie ou reservoir. — *n*, canal excréteur.

Fig. 5. — *Position des divers organes dans la chenille du sphinx.* — *a,a,a*, vaisseau dorsal. — *Canal digestif :* — *b*, œsophage. — *b'*, jabot de succion, qui n'est qu'une modification du jabot ordinaire, lequel a été déjeté de la ligne médiane ; il n'existe que chez l'insecte parfait. — *c*, ventricule chylifique ; les vaisseaux biliaires rampent à sa surface, et leurs anses s'étendent jusque sur l'intestin. — *d*, intestin grêle. — *e*, cœcum. — *f*, rectum presque confondu avec le cœcum. — *Système nerveux :* — *g*, ganglion sus-œsophagien. — *h*, cordon latéral qui l'unit à — *i*, ganglion sous-œsophagien ; ces deux ganglions et leur cordon ne s'aperçoivent très-distinctement que dans la chenille ; la concentration du système nerveux les rend déjà moins distincts dans la chrysalide ; et, dans l'insecte parfait, la figure ne montre plus qu'une masse en apparence unique, occupée en grande partie par le nerf optique. — *lll*, portions sous-intestinales du système nerveux.

Crustacés.

Fig. 6. — *Position des divers organes dans le crabe tourteau.* — *p*, portion de la membrane cutanée qui tapisse la carapace. — *c*, cœur. — *ao*, artère ophthalmique. — *a,a*, artère abdominale. — *b*, branchies dans leur position naturelle. — *b'*, branchies renversées en dehors, pour montrer leurs vaisseaux efférents. — *f*, voûte des flancs. — *f'*, appendice flabelliforme (ou fouet) des pattes mâchoires. — *e*, estomac. — *m*, muscles de l'estomac. — *fo*, foie. — *g*, appareil de la reproduction.

Fig. 7. — *Anatomie de l'holoturie.* — *a*, œsophage, naissant de l'orifice oral. — *c*, prolongement de l'œsophage. — *d*, circonvolutions intestinales. — *e*, organes sexuels. — *p*, leur ouverture. — *c*, région de l'oviducte, où il est entouré de plusieurs organes semblables à des cœcums qui appartiennent peut-être au sexe masculin. — *f*, mésentère. — *n*, les oviductes. — *i*, branche droite et adhérente de l'organe respiratoire. — *k*, branche gauche et libre du même organe. — *m*, branche accessoire de l'organe respiratoire gauche. — *g*, cloaque entouré de fibres musculaires. — *q*, vésicule centrale oblongue du système vasculaire externe. — *r*, tentacules disposés autour de la bouche, avec leurs vaisseaux.

PLANCHE IX.

Anatomie comparée des organes respiratoires dans les mammifères, les reptiles, les poissons et les insectes.

Fig. 1. — *Poumons et cœur d'un fœtus de manati.* — *a*, le cœur, fendu à la pointe. — *b*, thymus. — *c*, hyoïde. — *d*, os styloïde. — *e*, aorte. — *f*, poumons.

Fig. 2. — *Cœur d'un serpent.*

Fig. 3. — *Organes respiratoires de la grenouille*, *région gutturale, avec les poumons ouverts.* — *a*, hyoïde. — *b*, poumon droit. — *c*, poumon gauche. — *d*, larynx avec les ligaments vocaux.

Fig. 4. — *Principaux vaisseaux sanguins du têtard de la salamandre.* — *a*, artère qui part du ventricule unique du cœur, et se divise en six branches, *ab*, qui se rendent aux trois paires de branchies et s'y ramifient : on les appelle *artères branchiales.*— *br*, les branchies dans lesquelles on voit se distribuer les artères branchiales et naître les veines branchiales, *vb*, qui reçoivent le sang, après son passage à travers les lamelles des branchies. Celles des deux dernières paires de branchies se réunissent pour fournir de chaque côté un vaisseau *c*, qui, en se réunissant à son tour avec celui du côté opposé, forme l'artère aorte ventrale ou artère dorsale *av*, laquelle se dirige en arrière et distribue le sang à la plus grande partie du corps. La veine branchiale de la première paire de branchies se recourbe en avant, et porte le sang vers la tête *tt*.—*f*, petite branche anastomotique extrêmement fine, qui unit l'artère et la veine branchiale entre elles à la base de la première branchie, et qui, en s'élargissant plus tard, permettra ausang de passer du premier de ces vaisseaux dans le second , sans traverser la branchie.—3, vaisseau qui, en se réunissant avec un filet situé plus en dedans, joint également l'artère et la veine des branchies postérieures.— *o*, artère orbitaire.—*ap*, artères pulmonaires rudimentaires.

Fig. 5. — *Cœur de poisson.* — *a*, oreillette.— *b*, ventricule.— *vl*, valvules.

Fig. 6. — *Portion de thorax et abdomen d'un carabe, vu en dessus, pour mettre en évidence les stigmates.* — *a*, stigmate thoracique, qui est rendu visible par l'enlèvement de la moitié du corselet. — *b, c,d, e, f, g, h*, les sept paires de stigmates abdominaux.

Fig. 7. — Tronc trachéen se divisant en deux branches. On voit que le fil élastique est interrompu à l'endroit de la bifurcation, et qu'il ne forme plus que des portions de cercle. — *a*, cercle corné ou *péritrème*, au pourtour duquel la trachée adhère. — *b, b, b, b, b, b*, nombreux rameaux qui en naissent dès son origine.

Fig. 8. — *Un des stigmates de la chenille du saule.* — *a*, membrane du corps de la chenille qui entoure le stigmate. — *b, c, d*, muscles intérieurs qui ouvrent et ferment le stigmate. — *c*, le rebord du stigmate qui présente à l'intérieur une fente longitudinale, dont les bords sont formés par une forêt de tiges barbues.

Fig. 9. — Un faux stigmate, vu par sa face interne, et fort considérablement grossi.

PLANCHE X.

Anatomie comparée des organes de la circulation dans les mammifères, les reptiles et les poissons.

Fig. 1. — *Cœur et vaisseaux principaux dans l'homme adulte*, — *c*, cœur. — *o, d*, oreillette droite.— *a, p*, artère pulmonaire. — *o, g*, oreillette gauche. — *v, d*, ventricule droit. — *v, g*, ventricule gauche. — *v, c, i*, veine cave inférieure. — *v, c, s*, veine cave supérieure. — *v, p*, veine-porte. — *a, o*, aorte. — *b, c*, tronc brachiocéphalique. —*c'*, carotide primitive gauche. — *s, c*, artère sous-clavière gauche. — *i, i*, artères iliaques primitives.

Fig. 2. — *Cœur ouvert, pour montrer les cavités contenues dans l'intérieur de cet organe.* — *o*, ouverture auriculo-ventriculaire gauche. — *o'*, ouverture auriculo-ventriculaire droite.

Cette figure montre la disposition de la valvule *v*, qui ferme l'ouverture auriculo-ventriculaire pendant la contraction du ventricule *v*, et empêche le sang de pénétrer dans l'oreillette *o*; on voit partir des bords de cette valvule des freins qui se fixent par leur extrémité inférieure aux parois du ventricule *c*; ils sont charnus comme le reste du cœur, et servent à empêcher la valvule de se renverser dans l'oreillette, lorsque le sang, pressé par le ventricule, la soulève. — L'artère est également ouverte pour montrer les valvules *v*, qui en garnissent l'entrée, et qui sont conformées autrement que celles du ventricule.

Fig. 3.—*Oreillette et ventricule droits du cœur.* — *v, c, i*, veine cave inférieure.— *v, c, s*, veine cave supérieure. — *o, d*, oreillette droite. — *v, d*, ventricule droit. — *a, p*, artère pulmonaire. — *a, o*, artère aorte.

Fig. 4. — *Oreillette et ventricule gauches du cœur.* — *v, p*, veines pulmonaires. — *o, g*, oreillette gauche. — *v, g*, ventricule gauche. — *a, o*, artère aorte. — *v, c, s*, veine cave supérieure. - *v, c, i*, veine cave inférieure.

Fig. 5. — *Cœur et principaux vaisseaux d'une tortue.* — *v*, ventricule. — *o, d*, oreillette droite, qui reçoit le sang par le gros tronc veineux *vc*, et le verse dans le ventricule *v*.— *o, g*, oreillette gauche, qui reçoit le sang artériel venant des poumons par les veines pulmonaires *vp*, et le verse également dans le ventricule. — *ag*, et *ad*, les deux artères aortes qui naissent du ventricule unique, et qui, après s'être portées en arrière, s'unissent pour former l'artère aorte verticale *av*.— *ac*, branche de l'aorte droite, qui fournit les artères carotides, brachiales, etc. — *ap, ap*, les deux artères pulmonaires, dont le tronc commun naît du ventricule à côté des artères aortes.

Fig. 6. — *Cœur et vaisseaux du crocodile.* Cette figure fait voir la cavité de l'oreillette droite *o, d*; l'on y remarque une ouverture oblongue, formée par l'écartement de deux valvules *v, m*, disposées de manière à permettre l'afflux du sang dans la cavité auriculaire, et à s'opposer à son reflux dans les trois veines caves et les coronaires, qui débouchent dans le confluent ou sinus commun n° 2. Cette figure représente la cavité du ventricule droit *v, d* · on y voit l'orifice auriculo-ventriculaire garni de deux valvules *v, m*; celui du tronc pulmonaire n° 11 ayant aussi deux valvules semi-lunaires *s, s*; enfin, celui de la branche aortique n° 2, ou l'analogue du canal artériel.

Le cœur du crocodile, en apparence très-compliqué, se compose de deux oreillettes distinctes *od, og*, et de deux ventricules *vd, vg*, parfaitement cloisonnés, comme chez les mammifères. Il existe cependant une particularité très-remarquable qui le différencie, et le ramène aux conditions de sa classe; cette particularité consiste dans la présence d'une grosse branche *a*, qui naît du ventricule droit, à côté du tronc pulmonaire, et se joint, au moyen d'une anastomose très-courte, avec une branche provenant du ventricule gauche; ce qui établit le mélange du sang. Le principal vaisseau qui en résulte prend le nom d'aorte descendante, et fournit à tous les organes inférieurs. Quant aux organes supérieurs, le sang arrive à la tête par les deux carotides communes *c, c'*, qui naissent du même tronc que la crosse, c'est-à-dire du ventricule gauche *vg*. De là il résulte évidemment que le sang arrive artériel à la tête, tandis que celui qui va à tous les autres organes est plus ou moins mélangé. Après cette singulière distribution, tout le sang revient au cœur par deux veines caves supérieures, par la veine cave inférieure et par le tronc des veines coronaires. Il est reçu par l'oreillette droite au moyen d'une ouverture oblongue garnie de deux valvules *vm*, et passe dans le ventricule droit *vd* par l'ouverture auriculo-ventriculaire, garnie de deux valvules *vm*, semblables aux précédentes. Dans ce ventricule se trouvent l'orifice du tronc pulmonaire et celui de la branche *a*; le premier est garni de deux valvules sigmoïdes *cv*, le second, d'une petite valvule mitrale. Le sang qui passe par cette dernière ouverture va dans le tronc *a*, et se comporte comme nous l'avons déjà dit. Celui qui arrive dans le tronc pulmonaire va aux poumons par les artères, et revient, au moyen des veines pulmonaires, dans l'oreillette gauche *og*; celle-ci le chasse dans le ventricule correspondant, qui le fait passer dans le tronc, d'où il est conduit dans la crosse de l'aorte et dans les carotides communes.

Fig. 7. — *Figure du cœur et circulation dans les sauriens.* — Le cœur des chéloniens, ainsi que celui des sauriens, est formé de deux oreillettes bien distinctes *od, og*, et d'un ventricule unique, dans lequel se trouve une large membrane *mm*, tendue par des colonnes charnues; celle-ci est disposée de manière à pouvoir servir de valvule aux deux orifices auriculo-ventriculaires, et à empêcher le sang de refluer dans les oreillettes. Du ventricule commun du cœur des tortues naissent les troncs *a, b, c*, fig. 5. Le premier se bifurque en donnant la branche *a*, qui fournit les carotides communes, les brachiales, etc., et la branche *b*, qui constitue la crosse aortique droite. Le deuxième, *p, p* donne la crosse aortique gauche. Le troisième, *c*, donne les artères pulmonaires *p, p*.

Chez les lézards, les trois artères dont nous venons de parler se comportent de la manière suivante : la première donne les artères pulmonaires nos 2, 3; la deuxième constitue la crosse aortique gauche; la troisième donne trois branches nos 5, 6, 7, qui concourent à former les deux crosses.

La circulation générale est la même dans le cœur de ces deux vertébrés. Chez la tortue, le sang veineux arrive par un gros tronc dans l'oreillette droite *od*, fig. 5, passe dans le ventricule unique, où il rencontre le sang artériel envoyé par l'oreillette gauche *og*, et va ensuite, par la contraction du ventricule, dans toutes les branches que nous avons indiquées. Chez le lézard, le sang veineux arrive par un tronc commun *v, c*, dans l'oreillette droite, et l'artériel parvient dans l'oreillette gauche par les artères pulmonaires réunies en un tronc commun *v, p*. La contraction simultanée des oreillettes le pousse dans le ventricule, où le mélange a lieu. Après cela, le sang se distribue dans tous les organes, par les trois principaux troncs qui partent du ventricule commun.

Fig. 8. — *Principaux vaisseaux sanguins du têtard de la salamandre;* c'est un état de développement plus avancé que celui qui est représenté dans la figure 4 de la planche IX. Ici, l'animal est parfait; les mêmes parties sont indiquées par les mêmes lettres. Les vaisseaux des branchies sont devenus rudimentaires, et les artères pulmonaires beaucoup développées; les vaisseaux qui portaient le sang aux branchies moyennes se continuent sans interruption avec ceux *c*, qui recevaient ce liquide après son passage à travers ces organes, et forment ainsi, de chaque côté du cœur, une crosse aortique; tandis que les vaisseaux de la branchie antérieure se sont modifiés, pour constituer les artères carotides.

Fig. 9.—*Circulation du sang dans les poissons.* Le cœur des poissons, composé d'un ventricule unique et d'une seule oreillette, rend la circulation de cette dernière classe de vertébrés on ne peut plus simple : tout le sang veineux arrive dans l'oreillette, passe dans le ventricule, traverse les vaisseaux branchiaux, et se rend dans le tronc dorsal, qui constitue l'aorte descendante.

On a cru devoir figurer l'ensemble de la circulation branchiale d'une raie, pour en donner une idée exacte et générale. La *figure* 10 représente le cœur de la raie : *a*, est l'oreillette qui reçoit les veines caves *vc*; — *v*, est le ventricule à colonnes charnues très-prononcées; — *vl*, sont les deux lames d'une valvule mitrale placée à l'orifice auriculo-ventriculaire. De la partie supérieure du ventricule s'élève le tronc commun *t*, garni d'un grand nombre de petites valvules sigmoïdes incomplètes. Ce tronc n° 1, fig. 9, donne deux grosses branches *a, b*, se continue en droite ligne, et finit par se bifurquer. Toutes les branches qui dérivent de ce tronc produisent des rameaux qui fournissent à leur tour vingt à trente ramuscules se subdivisant en une multitude de filets, dont les dernières radicules constituent le réseau vasculaire destiné à préparer l'oxygénation du sang.

Des vaisseaux semblables (*c, d*,) à ceux que nous venons de décrire, se réunissent pour aller former les branches *e, f, g*, qui constituent le vaisseau dorsal *h*.

Les branches *i*, envoient le sang à la tête; les ramuscules *j*, constituent les artères cardiaques; et enfin les petites branches *k*, sont destinées aux muscles qui font agir les branchies. Comme on le voit, tout le sang veineux passe par les branchies avant de se distribuer aux organes.

Fig. 10. — *Cœur de la raie.*

Circulation du sang dans le fœtus humain.

Fig. 11. — *Disposition des vaisseaux dans un fœtus à terme.* — 1, placenta. — 2, portion de l'amnios. — 3, portion du chorion. — 4, veines du placenta se réunissant en un seul tronc. — 5, veine ombilicale — 6, rameaux de cette veine entrant dans le foie. — 7, veine porte. — 8, rameaux hépatiques de la veine porte. — 9, conduit veineux. — 10, veine cave inférieure. — 11, veines rénales. — 12, veine hépatique. — 13, veine cave supérieure. — 14, cœur tourné sur le côté droit. — 15, ventricule droit. — 16, artère pulmonaire. — 17, conduit artériel. — 18, artère pulmonaire gauche coupée. — 19, veines pulmonaires gauches. — 20, oreillette gauche. — 21, ventricule gauche. — 22, aorte. — 23, aorte descendante. — 24, artère cœliaque coupée. — 25, artère rénale gauche; — 26, artères iliaques. — 27, artères hypogastriques. — 28, artères ombilicales se portant vers l'anneau ombilical. — 29, les mêmes artères se rendant au placenta en serpentant. — 30, foie renversé. — 31, vésicule biliaire. — 32, reins. — 33, capsules surrénales.

Fig. 12. — *Circulation du sang dans un fœtus de quatre mois passés.* — *ov*, trou ovale. — *to*. trou de Botal. — *v*, *e*, valvule d'Eustache. — *v*, *c*, *v'*, *c'*, veines caves supérieure et inférieure. — *p*, veine porte. — *cœ*, cœur.

Fig. 13. — *Circulation du sang dans un fœtus de cinq mois.* — *o*, *d*, oreillette droite. — *o*, *g*, oreillette gauche. — *cœ*, cœur. — *v*, *c*, *v'*, *c'*, veines caves supérieure et inférieure. — *p*, veine porte.

TABLE DES ARTICLES

CONTENUS DANS LE DEUXIÈME VOLUME.

FIN DU DEUXIÈME VOLUME.

www.ingramcontent.com/pod-product-compliance
Lightning Source LLC
Chambersburg PA
CBHW072010270326
41928CB00009B/1605